北京教育志丛书
（1991—2010）

北京市学校志稿

（基础教育卷）

北京教育志编纂委员会办公室　编

方志出版社
Publishing House of Local Records

图书在版编目 (CIP) 数据

北京市学校志稿. 基础教育卷 / 北京教育志编纂委员会办公室编. -- 北京 : 方志出版社，2021.9
（北京教育志丛书. 1991—2010）
ISBN 978-7-5144-4833-7

Ⅰ. ①北… Ⅱ. ①北… Ⅲ. ①中小学—校史—北京
Ⅳ. ① G639.281

中国版本图书馆 CIP 数据核字（2021）第 263995 号

· 北京教育志丛书（1991—2010）·

北京市学校志稿（基础教育卷）

编　　者：北京教育志编纂委员会办公室
责任编辑：齐　笑

出 版 者：方志出版社
地址　北京市朝阳区潘家园东里 9 号（国家方志馆 4 层）
邮编　100021
网址　http://www.zgfzcb.cn
发　　行：方志出版社图书营销中心
电话　（010）67110500
经　　销：各地新华书店
印　　刷：北京中科印刷有限公司

开　　本：710mm × 1000mm　1/16
印　　张：36.25
字　　数：947 千字
版　　次：2021 年 9 月第 1 版　2021 年 9 月第 1 次印刷

ISBN 978-7-5144-4833-7　**定价：**120.00 元

主　编：赵长顺　王永刚

副主编：郑　明　林　业　张　驰

参与编写人员：

马亚军　勾庆祥　石明廷　石金生　白文会　刘　云
刘五庆　刘源源　关　英　纪海英　李士文　李士新
李金艳　李艳平　李晶华　杨　芳　杨晓靖　杨海蓉
吴玉仙　邹生娥　宋亚甫　宋　佳　宋晓勇　张东安
张红英　张纪元　张　明　张美丽　张　婷　张翠珍
张　暹　武　楠　周君姝　周海玉　赵长顺　赵月香
赵文新　郝宏来　郝洪春　姜　玮　祖峥嵘　高春蕾
高瑞清　益建春　彭　悦　葛明军　韩　巍　潘　军
穆向琳

序

1991 年至 2010 年，适逢中国改革开放大潮，伴随社会经济快速发展及人民群众日益增长的文化和教育需求，北京教育进入了历史上最快的发展时期。

二十年里，北京教育在党和政府的领导下，以办好人民满意的首都教育为指针，锐意改革，加大投入，不断加强学校建设和师资队伍建设，深入开展素质教育，各级各类教育协调发展，继在全国率先普及九年义务教育后，又逐步普及高中阶段教育，并迈入了高等教育普及化阶段。提出教育现代化的目标，探索义务教育均衡发展，建设高水平的一流大学，创建学习型社会，努力为人民群众提供公平、优质的教育。

二十年中，北京教育的发展以改革创新为动力，先后进行了教育领导管理体制改革、办学管理体制改革、学校内部管理体制改革、招生及保障体制改革。同时积极开展教育评价创新、学业评价创新、教育督导工作创新。在教育教学中，尤其课程改革、教材建设、教学方法等方面不断探索新路。同时，合作开放办学迈上新台阶，国际合作、省际合作和与港澳台合作不断加强，奥林匹克教育也取得了突出成绩。在教育信息化方面的深入推进促进首都教育现代化建设。

二十年来，北京教育为首都建设和国家社会主义现代化建设做出巨大的贡献。各级各类教育培养了社会需要的人才；学习型城市建设提高了首都居民的文化素质，丰富了人们的精神需求；高校和教育科研机构在自然科学、哲学和社会科学、教育科学研究上硕果累累；在校企合作、校地合作、科研成果转化、志愿者服务、奥运和国家庆典等社会服务方面成绩显著；在支援边疆教育方面，北京与内蒙古、西藏、新疆、青海等省份携手并进。

当前，北京教育面临着为北京坚持"四个中心"的城市战略定位，建设国际一流的和谐宜居之都提供人力资源支撑的艰巨任务。

《北京教育志丛书（1991—2010）》是 1995 年出版的《北京教育志丛书》的续篇，系统记载 1991 年至 2010 年间北京教育的历史与现状，传播首都教育工作者光辉的业绩，为广大教育工作者、为教育科学研究，提供珍贵的资料。我们希望《北京教育志丛书（1991—2010）》的出版，能够激发首都教育工作者的社会责任感，为北京教育谱写更加灿烂的篇章。

《北京教育志丛书（1991—2010）》编委会

凡 例

1. 本志稿以马克思列宁主义、毛泽东思想、邓小平理论、“三个代表”重要思想、科学发展观、习近平新时代中国特色社会主义思想为指导，坚持辩证唯物主义和历史唯物主义的立场、观点和方法，力图客观、准确地记述北京行政区划内中小学、幼儿园发展变化过程。

2. 本志稿接续第一轮志书《北京普通教育志稿（中卷）》，记述上限为1991年1月1日，下限至2010年12月31日，对个别重大变化适当追溯或补记。

3. 2010年6月，北京市调整首都功能核心区行政区划，撤销西城区和宣武区，设立新的西城区，撤销东城区和崇文区，设立新的东城区。本志以2010年首都功能核心区行政区划调整前的区划设置为类目。

4. 各类目分设幼儿园、小学、普通中学、特殊教育和工读教育学校四类细目。细目下以学校为子目，客观记述其建置沿革、地理位置、办学特点和2010年办学规模。同时，以学校一览表完整展示2010年在册学校基本资料。依据2010年教育事业统计规范，学前教育分为教育部门办、集体办、民办、其他部门办四类，中小学分为教育部门和集体办、民办、其他部门办三类。

5. 断限期内北京学校布局调整频繁。各类目后的附表，以第一轮志书为依据，补充记述1991年至2010年撤并、更名学校，以及直属事业单位（不含教学单位）情况。

6. 学校名称首次出现使用全称，其后使用规范性简称。

目　录

东城区

幼儿园

小学

西城区

普通中学

特殊教育和工读教育学校

崇文区

幼儿园

宣武区

普通中学

特殊教育学校

朝阳区

幼儿园

特殊教育和工读教育学校

丰台区

幼儿园

小学

普通中学

石景山区

普通中学

特殊教育和工读教育学校

房山区

幼儿园

小学

普通中学

通州区

幼儿园

小学

普通中学

特殊教育和工读教育学校

顺义区

幼儿园

小学

普通中学

特殊教育学校

昌平区

幼儿园

小学

普通中学

特殊教育学校

大兴区

幼儿园

小学

普通中学

特殊教育学校

门头沟区

幼儿园

普通中学

特殊教育学校

平谷区

幼儿园

小学

普通中学

特殊教育学校

密云县

幼儿园

小学

普通中学

特殊教育学校

延庆县

幼儿园

小学

东城区

幼儿园

北京市艾毅幼儿园

园址：东城区东直门外大街35号东湖别墅C座

2004年建园，为民办园，日托制。2010年，该园租用东湖别墅场地，其中教学场地535平方米，可使用游乐室250平方米，户外游戏场地300平方米。拥有普通教室4个。教职工22人，其中专任教师12人，保健员1人。开设4个教学班。幼儿入园20人、离园8人、在园60人。党支部书记、园长赵葆森。

北京市第一幼儿园

园址：东城区东四北大街汪芝麻胡同19号

1949年建园，原名北京市第一托儿所，1954年改为现名。2000年9月，成立一幼附属实验园。2009年10月，接收原东城职教中心附属幼儿园，改名为北京市第一幼儿园海晟分园。该园为教育部门办园，北京市示范幼儿园，寄宿制和日托制兼收。2010年，该园占地面积5584平方米，建筑面积6000平方米。在编教职工85人，其中专任教师47人；中学高级职称教师2人，北京市特级教师1人，市级骨干教师3人。教学班13个，幼儿人数419人。党支部书记、园长冯惠燕。

北京市第一幼儿园附属实验园

园址：东城区安外小黄庄一区7号楼

2000年9月，北京市第一幼儿园成立附属实验园，由中外教师共同研究学前幼儿学习英语的兴趣、方法，是一所民办公助的寄宿制幼儿园。2010年，该园占地面积1740平方米，建筑面积1856平方米。全园共有教职工46人，其中专任教师20人，保健员2人。教学班6个（小班2个、中班2个、大班2个）。入园60人，在园195人，离园70人。党支部书记、园长冯惠燕。

北京市第二幼儿园

园址：东城区北新桥三条38号

1949年建园，前身是基督教会办女青年会托儿所。1952年更名为北京市第一托儿所二部。1954年改现名。2004年7月东城区布局调整，雍和宫幼儿园与二幼合并，二幼从原址东城区甘雨胡同迁至现址。2006年被认定为一级一类幼儿园和北京市早期教育基地。该园为教育部门办园，日托制。2010年，该园占地面积3600平方米、校舍建筑面积2441平方米。专用教室14个，普通教室11个。全园教职工51人，其中专任教师35人。教学班9个。幼儿新生入园96人、离园109人、在园264人。党支部书记、园长铁艳红。

北京市第三幼儿园

园址：东城区中华路4号（中山公园内）

1947年创建于中央公园（今中山公园），初名私立儿童康乐部。1950年改名为北京市第二托儿所。1954年改现名。1993年，老一辈无产阶级革命家杨成武亲笔题写园名“北京市第三幼儿园”。2005年起，利用位于中山公园的资源优势，以让幼儿在自主、自发、开放、动态的“大自然、大社会”课程中快乐成长为教育目标。课程设计坚持与陈鹤琴“活教育”思想、独特的教育资源、幼儿的发展水平和发展特点相结合。该园为教育部门办园，北京市一级一类幼儿园，日托制。2010年，该园占地面积2110平方米，建筑面积993平方米。开设5个教学班，入园幼儿167人。教职工26人，其中专任教师18人。党支部书记、园长张旻。

北京市第七幼儿园

园址：东城区宝钞胡同23号

1933年建园，前身为俄国东正教创办的幼儿园。1956年更名为北小街幼儿园。1973年迁入现址并改为现名。同年，东城区草场幼儿园合并到第七幼儿园。该园为教育部门办园，寄宿制和日托制兼收。2010年，该园占地面积2800平方米、校舍建筑面积2643平方米。专用教室5个，普通教室8个。教职工41人，其中专任教师28人，保健员2人。开设亲子班2个，每班12名幼儿；教学班8个。幼儿入园67人、离园57人、在园215人。党支部书记、园长王素苓。

北京市东城区大方家回民幼儿园

园址：东城区朝阳门南小街后芳嘉园3号

2003年3月，由东城区大方家幼儿园（创建于1935年）与东城区回民幼儿园（创建于1985年）合并建立。该园为教育部门办园，日托制。2010年，该园占地面积3385平方米、校舍建筑面积3494平方米。专用教室4个，普通教室6个。教职工34人，其中专任教师23人、保育员1人。开设6个教学班和4个亲子班。幼儿入园62人、离园73人、在园158人。党支部书记、园长蔡秀萍。

北京市东城区东华门幼儿园

园址：东城区北河沿大街149号

1924年建园，初为私立孔德幼稚园，1952年改现名。1997年定为一级一类幼儿园，1999年被评为卫生保健示范园，2000年被评为东城区体育十佳幼儿园、育人环境建设样板园，2001年被评为北京市示范园，2002年被评为北京市早期教育示范基地，2010年12月被评为北京市健康促进幼儿园。该园为教育部门办园，日托制，分为本部和小班部两地办学。2010年，该园占地面积2210平方米、校舍建筑面积3383平方米，小班部占地面积782平方米，校舍建筑面积804.74平方米。专用教室4个，普通教室8个。教职工52人，其中专任教师30人，保育员4人，保健员3人。开设教学班13个。幼儿入园112人、离园114人、在园358人。党支部书记、园长郝建秋。

北京市东城区东棉花胡同幼儿园

园址：东城区东棉花胡同20号

1954年建园，前身为新都幼儿园，1983年改为现名。2010年7月，新中街幼儿园园长同时任该园园长，成为东城区学前系统首家“一长执两校”的试点单位。同年9月，该园引进“开心数学”多媒体教学辅助系统，并配置交互式电子白板。该园为教育部门办园，日托制。2010年，该园占地面积1726平方米、校舍建筑面积1104平方米。专用教室2个，普通教室8个。教职工34人，其中专任教师26人，保健员2人。开设7个教学班。幼儿入园136人、离园64人、在园220人。党支部书记、园长李丽华。

北京市东城区东四五条幼儿园

园址：东城区东四五条41号

1957年建园。1985年由全国妇联资助在原址重新修建一幢四层小楼。1989年被评为北京市首批一级一类幼儿园、北京市家教试点园。2001年被全国妇联、教育部授予全国优秀（示范）家长学校称号。2001年10月获2001年度北京市基础教育研究先进幼儿园。2003年被认定为第二批北京市早期教育示范基地。2003年被认定为第三批北京市示范幼儿园。2006年9月取消住宿制，由住宿日托混合制改为日托制。2010年该园占地面积2477平方米、校舍建筑面积2980平方米。专用教室6个，教学班12个。教职工46人，其中专任教师29人，保健员2人。开设12个教学班。幼儿入园146人、离园84人、在园 378 人。党支部书记、园长戴晓萱。

北京市东城区分司厅幼儿园

园址：东城区分司厅胡同 57 号

1925 年建园，前身是河北省立第三模范幼稚园，1951 年改为现名。2003 年被命名为北京市第二批早教基地。该园自 2002 年开始对智力残障和肢体残障儿童进行矫正和补偿。2004 年建立北京市第一个特殊儿童教育资源教室。2006 年被评为首批学前特殊儿童教育示范基地。2007 年被评为北京市示范幼儿园。该园为教育部门办园，日托制。2010 年，该园占地面积 3192 平方米、校舍建筑面积 1688 平方米。固定资产 286.53 万元。专用教室 2 个，普通教室 7 个。教职工 40 人，其中专任教师 27 人，保健员 2 人。开设 8 个教学班，2 个亲子班。幼儿入园 68 人、离园 65 人、在园 231 人。党支部书记、园长付春香。

北京市东城区华丰幼儿园

园址：东城区和平里六区 21 号楼

1965 年建园，前身为北京市东城区教工托儿所，园址华丰胡同 11 号。1986 年 12 月改现名。1992 年 3 月迁至现址。2004 年 7 月通过北京市一级一类园验收。该园为教育部门办园，日托制。2010 年，该园占地面积 1593 平方米、校舍建筑面积 1638 平方米。专用教室 6 个，普通教室 6 个。教职工 30 人，其中专任教师 20 人，保健员 2 人。开设 6 个教学班。幼儿入园 60 人、离园 73 人、在园 181 人。党支部书记、园长温跃琴。

北京市东城区新中街幼儿园

园址：东城区东直门外胡家园小区 24 号楼

1958 年建园。1995 年 11 月作为胡家园住宅小区配套工程，由新中街二条一号迁至现址。1997 年被评为北京市一级二类幼儿园，2004 年升级为北京市一级一类幼儿园，2009 年被评为北京市示范幼儿园。2010 年，在区教委“一长两校”教育管理体系改革中，园长同时兼任东城区东棉花胡同幼儿园园长。同年在鼓楼大街草厂胡同开办新中街幼儿园分园。该园为教育部门办园，日托、半日托兼整托混合制。2010 年，该园占地 2002 平方米、建筑面积 1824 平方米。开设 8 个教学班及 6 个亲子班。幼儿入园 83 人，离园 74 人，在园 246 人。教职工 45 人，其中专任教师 31 人。党支部书记、园长李丽华。

表 1　　2010 年东城区幼儿园一览表

序号	幼儿园名称	建园时间	举办者
1	北京市第一幼儿园	1949 年	教育部门办
2	北京市第一幼儿园附属实验园	2000 年	教育部门办
3	北京市第二幼儿园	1949 年	教育部门办
4	北京市第三幼儿园	1947 年	教育部门办
5	北京市第七幼儿园	1933 年	教育部门办
6	北京市东城区大方家回民幼儿园	2003 年	教育部门办
7	北京市东城区东华门幼儿园	1922 年	教育部门办
8	北京市东城区东棉花胡同幼儿园	1954 年	教育部门办
9	北京市东城区东四五条幼儿园	1957 年	教育部门办
10	北京市东城区分司厅幼儿园	1925 年	教育部门办
11	北京市东城区华丰幼儿园	1965 年	教育部门办
12	北京市东城区新中街幼儿园	1958 年	教育部门办
13	北京市东城区卫生局第三幼儿园	1951 年	其他部门办
14	北京市东城区卫生局第一幼儿园	1949 年	其他部门办
15	北京市鸿运达物业管理有限责任公司第一幼儿园	1958 年	其他部门办
16	北京市自来水集团有限责任公司东直门幼儿园	—	其他部门办
17	财政部幼儿园	1950 年	其他部门办
18	国家安全监督管理总局机关幼儿园	1952 年	其他部门办

续表 1

序号	幼儿园名称	建园时间	举办者
19	国家林业局幼儿园	1953 年	其他部门办
20	化工幼儿园	1953 年	其他部门办
21	商务部幼儿园	1953 年	其他部门办
22	冶金幼儿园	1951 年	其他部门办
23	中国民用航空局机关幼儿园	1956 年	其他部门办
24	中国人民解放军北京军区总医院幼儿园	—	其他部门办
25	中国人民解放军空军后勤部蓝天幼儿园	1954 年	其他部门办
26	中国人民解放军总政治部幼儿园	1940 年	其他部门办
27	北京市东城区安定门大经厂幼儿园	—	集体办
28	北京市东城区北新桥北新幼儿园	—	集体办
29	北京市东城区和平里街道柏林托儿所	—	集体办
30	北京市东城区和平里一区幼儿园	—	集体办
31	北京市东城区交道口兴华幼儿园	—	集体办
32	北京市东城区景山黄化门幼儿园	—	集体办
33	北京市东城区景山魏家幼儿园	1958 年	集体办
34	北京市艾毅幼儿园	2004 年	民办
35	北京市东城区世纪贝贝自然教育幼儿园	2002 年	民办

说明：“—”为资料缺失

小学

北京市东城区安外三条小学

校址：东城区安外上龙北巷 3 号

1974 年 7 月在东城区西河沿成立，1998 年 7 月，学校迁至现址。2001 年 7 月，安外大街小学并入。2007 年 9 月，学校围绕足球特色开发校本课程。作为北京市体育传统项目学校，2009 年，学校被评为实施《国家体育锻炼标准》的标兵校，在区田径单项赛中获团体总分第一名，被评为北京市体育传统项目学校先进单位；女子足球队连续五年获得全国冠军。2007 年组建男子足球队。

2010 年，学校占地面积 6708 平方米、建筑面积 5535 平方米、操场面积 2800 平方米。图书室藏书 3.22 万册。普通教室 23 个、专用教室 7 个。教职工 43 人,其中专任教师 31 人。教学班 12 个。毕业 42 人，招生 52 人，在校生 323 人。党支部书记、校长程洪。

北京市东城区北池子小学

校址：东城区北池子大街 46 号

1933 年建校，前身是北平市市立第四十三小学校，1973 年定现校名。2006 年，与北京书协、北京书法学校共建成为“中国书法特色教育共建学校”。2009 年入选东城区传统文化教育基地第二批成员校——北京市青少年民族民间文化艺术教育基地成员单位。2010 年 7 月，被东城区教委授予东城区小学实施素质教育特色校。2010 年，学校占地面积 6000 平方米、建筑面积 2198 平方米，体育场面积 1370 平方米。图书馆藏书 2.35 万册。普通教室 17 个、专用教室 1 个。教职工 36 人,其中专任教师 23 人。教学班 11 个。毕业 32 人、招生 36 人、在校生 213 人。党支部书记、校长陈玉霞。

北京市东城区北锣鼓巷小学

校址：东城区安定门内千福巷 5 号

1939 年建校，初为北京市香山慈幼院第五分校，1963 年 9 月改名为北锣鼓巷小学。1994 年 7 月草厂小学并入。1999 年 7 月中绦小学并入。学校开设阅读校本课程。这是校级语文学科的科研课题“阅读教学中与文本有效对话”的再延伸。利用晨读时间组织学生收听古诗文诵读，并在学校开展以“阅读、悦读、越读”为主题的阅读周活动。学校实施“小班化”特色工程，利用教育资源，走进社区开展三结合实践体验活动已形成德育特色。

2010 年，学校占地面积 1900 平方米、建筑面积 2733 平方米、体育场面积 800 平方米。图书馆藏书 3 万册。普通教室 15 个、专用教室 6 个。教职工 40 人，其中专任教师 31 人。教学班 12 个。毕业 65 人、招生 55 人、在校生 304 人。校训：团结、诚实、勤学、向上。党支部书记、校长李毓彤。

北京市东城区北新桥小学

校址：东城区东直门北大街乙 2 号

1952 年建校，原位于东直门大街 197 号，1993 年迁至现址。2000 年以后，学生总数降至 200 人左右。学校实施小班化教育，是东城区实施小班化教育研究实验校。2010 年，学校占地面积 4040 平方米、建筑面积 3607 平方米、体育场面积 1830 平方米。图书馆藏书 1.6 万册。教职工 21 人，其中专任教师 16 人。教学班 6 个。毕业 24 人、招生 26 人、在校生 140 人。党支部书记、校长张连洁。

北京市东城区春江小学

校址：东城区南水关胡同 60 号

1946 年建校，前身为原东单区基督教女青年会创办的贫困儿童补习班。1970 年改为春江小学。2010 年，学校占地面积 2628 平方米、建筑面积 3316 平方米，图书馆藏书 1.5 万册。普通教室 6 个、专用教室 7 个。教职工 28 人，其中专任教师 18 人，本科以上学历 14 人。开设教学班 6 个。毕业 24 人、招生 12 人、在校生 107 人。校训：勤奋诚实，友爱进取。党支部书记、校长李艳玲。

北京市东城区灯市口小学

校址：东城区灯市口北巷 14 号（中、高年级部）
东城区礼士胡同 123 号（低年级部）

1864 年建校，前身是由美国基督教公理会出资创办的男蒙馆，1956 年改灯市口小学。1996 年 7 月至 2007 年 7 月间，灯市口小学先后合并东四西大街小学、王府井小学、东皇城根小学、麻线小学、大甜水井小学、南池子小学、礼士胡同小学、西花厅小学共八所学校。1998 年灯市口小学扩建综合教学楼及地下体育馆。学校围绕科技、艺术、体育先后开设三大基地，金帆合唱团、火焰俱乐部篮球队、机器人项目在各种竞赛中先后多次获奖。

2010 年，学校占地面积 14875 平方米、建筑面积 17733 平方米、体育场面积 5840 平方米。图书室藏书 6.25 万册。普通教室 42 个、专用教室 12 个。教职工 132 人，其中专任教师 107 人；特级教师 1 人，北京市骨干教师 4 人。教学班 42 个。毕业生 274 人、招生 171 人、在校生 1504 人。校训：致知力行、合作创新。党支部书记丁福环、校长王岚。

北京市东城区地坛小学

校址：东城区安外大街和平里九区甲 2 号

1918 年建校，初为北郊平民学校。1962 年更名为北京市东城区地坛小学。2010 年，学校占地面积 7267 平方米、建筑面积 6869 平方米，体育场（馆）面积 3081 平方米。图书室藏书 2.5 万册。普通教室 23 个，专用教室 8 个。教职工 65 人，其中专任教师 53 人，高级职称教师 1 人。教学班 23 个。毕业 141 人、招生 112 人、在校生 756 人。党支部书记、校长杨森。

北京市东城区东高房小学

校址：东城区沙滩北街东高房胡同 13 号

1916 年建校，初为市立东高房简易小学。1960 年与景山学校合并。1961 年重建，定现名。学校着力打造绿色环保校园，开创艺术教育。成立“春之声”手风琴乐团，“春之鼓”打击乐乐团，“春之舞”男生舞蹈团，“春之剧”戏剧社，“春之匠”传统工艺社。2010 年，学校占地面积 2675 平方米、建筑面积 3880 平方米，体育场面积 660 平方米。图书馆藏书 1.9 万册。普通教室 14 个、专用教室 10 个。教职工 38 人，其中专任教师 30 人。教学班 12 个。毕业 51 人、招生 40 人、在校生 230 人。党支部书记、校长张宏。

北京市东城区东交民巷小学

校址：东城区台基厂大街 14 号

1955 年建校，原校舍为东交民巷天主教堂及其所属十余间平房建筑。1982 年 6 月崇文门路口东北角的北京市第一八五中学撤销，改建为东交民巷小学分校。1987 年 6 月，东交民巷小学本校东侧的新教学楼竣工，学校师生全部迁入新校舍，校址变更为台基厂大街 14 号，同时分校撤销。2001 年学校开始英语口语课题实验。2002 年 7 月东城区南城根小学并入，2006 年 7 月铁路第一子弟小学并入。学校注重校本英语和校本德育特色发展。2008 年 12 月 23 日在人民大会堂举办主题为“童年童心童趣”的第八届英语节。2010 年，学校占地面积 10326 平方米、建筑面积 12332 平方米。图书室藏书 3 万册。普通教室 36 个、专用教室 5 个。教职工 125 人，其中专任教师 97 人；高级职称教师 2 人，北京市骨干教师 1 人。教学班 36 个。毕业 234 人、招生 187 人、在校生 1202 人。党支部书记马长江、校长王文利。

北京市东城区东四九条小学

校址：东城区东四九条 67 号

1944 年建校，前身是东四十一条国民小学。1973 年改现名。学校在抓好课堂教学改革的同时，注重学生全面发展，先后成立航模、舰模、美术等兴趣小组。2010 年，学校占地面积 4900 余平方米，其中教学楼建筑面积 5355 平方米、操场面积 1930 平方米。普通教室 18 个、专用教室 8 个。教职工 60 人，其中，专任教师 50 人。教学班 18 个。毕业 108 人、招生 82 人、在校生 573 人。党支部书记、校长乐波。

北京市东城区东四七条小学

校址：东城区东四七条 31 号

1957 年建校。1995 年 7 月，东城区吉祥胡同小学部分师生并入。2003 年 11 月，东城区东四三条小学部分师生并入。2006 年 7 月，东城区育芳胡同小学全体师生并入。2008 年 4 月，与东城区史家小学结为深度联盟学校。1993 年 3 月 5 日，学校成立学雷锋义务打气队。2005 年，东城区政府授予红领巾义务打气队“学雷锋小队”光荣称号。

2010 年，学校占地面积 6328 平方米、建筑面积 6928.15 平方米，体育场面积 2250 平方米。图书馆藏书 5.3 万册。普通教室 17 个、专用教室 7 个。教职工 63 人，其中专任教师 52 人。开设教学班 17 个。毕业生 73 人、招生 106 人、在校生 489 人。党支部副书记、副校长李静华（主持工作）。

北京市东城区东四十四条小学

校址：东城区东四十四条 100 号（南校）
东城区东四十三条 73 号（东校）
东城区板桥胡同乙 3 号（北校）

1947 年建校，初为船板胡同初级小学。1978 年改为现名。2003 年 4 月东四十四条小学与东四十三条小学合并成立新的东四十四条小学。2001 年 5 月，通过改革作业形式为主题推进小班教育。2005 至 2006 学年度首次开设校本课程。2009 年 5 月，学校开设蓝天博览课课程。低年级开展美术学科课程；中年级结合手工技能开展课程；高年级开展探究性学习，五年级研究造纸，六年级研究磨豆腐。2008 年 3 月至 2009 年 7 月，板桥胡同乙 3 号西大殿进行全面改造。

2010 年，学校占地面积 6212 平方米、建筑面积 8199 平方米，体育场面积 1888 平方米。图书馆藏书 4.78 万册。普通教室 32 个、专用教室 17 个。教职工 53 人，其中专任教师 42 人。教学班 18 个。毕业 96 人、招生 72 人、在校生 442 人。党支部书记、校长王志平。

北京市东城区方家胡同小学

校址：东城区方家胡同 15 ～ 17 号

1906 年建校，初为私立初等小学堂（具体校名不详）。1912 年 11 月，学校改属于京师学务局，定名为京师公立第二十七小学堂。1969 年定现名。2005 年 7 月，与东城区国学小学合并。1993 年，老校长老舍塑像揭幕。学校组织学生开展古诗文诵读、茶艺、书法、国画、曲艺等丰富多彩的活动，并以古诗文、老舍先生的作品为校本教材开设阅读课。2006 年 10 月，庆祝建校百年。2009 年，依据学校独特的地域文化资源优势，结合办学特色，开设《弟子规新解》地方课程。

2010年，学校占地面积6995平方米、建筑面积3229平方米，体育场面积400平方米。图书馆藏书2.5万册。普通教室18个，专用教室9个。教职工49人，其中专任教师39人。教学班14个。毕业79人、招生64人、在校生356人。校训：发扬老舍精神，做真善美的人。党支部书记、校长贾小如。

北京市东城区分司厅小学

校址：东城区鼓楼东大街小经厂胡同2号

1914年建校，初为京兆模范小学，1935年改名分司厅小学。1958年改为九年一贯制学校，更名分司厅中学。1963年独立小学建制，改现名。至2010年，学校先后荣获全国现代教育技术实验校、全国少年儿童科学体验活动示范学校、全国中华古诗文经典诵读优秀校以及北京市文明礼仪示范校、北京市艺术教育特色校、北京市学生金帆艺术团（话剧）承办校等多项荣誉称号。

2010年，学校占地面积4319平方米、建筑面积5897平方米，体育场面积1912平方米。图书馆藏书5.7万册。普通教室26个、专用教室1个。教职工76人，其中专任教师58人，北京市骨干教师3人。开设教学班25个。毕业187人，招生140人，在校生955人。党支部书记、校长刘惠兰。

北京市东城区府学胡同小学

校址：东城区府学胡同65号

始建于1368年，当时由报恩寺改为孔庙。1370年改建大兴县学，1421年建顺天府学。1903年名为顺天府高等小学堂。1958年改现名。1965年，学校一分为二，东半部分称为府学胡同第一小学，被定为东城区18所重点中小学之一，西半部分称为府学胡同第二小学。1973年，府学胡同第一小学恢复北京市东城区府学胡同小学校名。府学胡同第二小学改为北京市第一九四中学，后又改为东城区少年宫。1991年，东城区少年宫迁往新址，原府学二小校址（府学西半部）交归府学胡同小学。学校完整地保留着殿（大成殿）、堂（明伦堂）、阁（魁星阁）、祠（文天祥祠）的古代建筑。1995年7月吉祥小学并入，2000年7月宽街小学并入，2003年7月香饵小学并入。2000年至2002年，学校实施改建工程，进行了仿古式的改建，恢复顺天学堂的原状，重修孔庙、魁星阁等极具中国传统文化特色的建筑。2007年，府学胡同小学文化建设工程启动。此次校园建设工程以"琴棋书画、大成殿、魁星阁、紫轩、北楼"5个区域为基础，在保持府学小学传统风貌的基础上进行施工建设，从而使府学小学呈现传统和现代相结合的校园文化特色。

2010年，学校占地面积19696平方米、建筑面积13446平方米，操场面积5360平方米。图书馆藏书10.10万册。普通教室66个、专用教室25个。教职工198人，其中专任教师167人；高级职称教师4人，特级教师1人，北京市骨干教师5人，北京市学科教学带头人1人。教学班65个。毕业551人、招生483人、在校生2963人。党支部书记、校长马丁一。

北京市东城区和平里第二小学

校址：东城区和平里东街民旺南胡同20号

1954年建校，初为五四七厂工人子弟学校。1956年改现名。学校坚持课内外结合，先后成立男女篮球队、形体组、剑桥英语等十几个课外小组，开设综合实践类、心理健康类、体育类14门校本课程。学校被评为提高小学生学习质量联合革新计划（联合国）实验学校。2010年，学校占地面积4340平方米、建筑面积5832平方米，体育场（馆）面积1500平方米。图书馆藏书2.9万册。普通教室23个、专用教室9个。教职工47人，其中专任教师38人。教学班17个。毕业生57人、招生53人、在校生415人。党支部书记、校长王京香。

北京市东城区和平里第九小学

校址：东城区和平里七区20号楼

1968年建校。1989年由林业部牵头出资改建。1991年学校搬入新校舍。20世纪

90年代开展健身圈健身运动，1992年学校被国家教委、国家体委评为体育锻炼先进校。2010年，学校化石科普馆开馆，系列展出辽宁省朝阳市出土的约14000万年前形成的珍稀化石。

2010年，学校占地面积3745平方米、建筑面积5281平方米，体育场面积1563平方米。图书馆藏书5.1万册。普通教室30个、专用教室8个。教职工82人，其中专任教师67人，北京市骨干教师11人。开设教学班31个。毕业生204人、招生214人、在校生1228人。校训：文明、勤奋、健美、活泼。党支部书记、校长单宁。

北京市东城区和平里第三小学

校址：东城区和平里兴化路九号

1956年建校。1970年与和平里第五小学合并成立十年一贯制的和平里学校。1981年该校初中部和小学部拆分，在现址恢复和平里第三小学建制。2010年学校占地面积5042平方米、建筑面积5402平方米，体育场面积1650平方米。图书馆藏书2.87万册。普通教室18个、专用教室7个。教职工37人，其中专任教师28人。教学班12个。毕业55人、招生54人、在校生300人。党支部书记、校长杜娟。

北京市东城区和平里第四小学

校址：东城区和平里交林夹道1号

1960年2月建校。1993年，学校被批准成立业余艺术学校，命名为“艺苑业余学校”。1996年7月，和平里六小的15名教师和五、六年级各2个教学班并入和平里四小。2010年，学校占地面积7208平方米、建筑面积8038平方米，体育场面积2265平方米。图书馆藏书3.5万册。普通教室41个、专用教室15个。教职工111人，其中专任教师94人；高级职称教师5人，特级教师2人，北京市骨干教师4人。毕业283人、招生265人、在校生1596人。党支部书记、校长吴田荣。

北京市东城区和平里第一小学

校址：东城区和平里中街甲21号

1955年建校，前身为东四区和平里小学，校址为和平里一区5号。1958年改现名。1987年学校迁至现址。1996年7月，东城区和平里第六小学的部分教师和班级并入。学校设有古筝队、管乐团、幸福鸟剧社、快克鸟舞蹈队等社团。学校是北京市篮球传统校。2010年，学校占地面积5020平方米、建筑面积6886平方米，体育场面积1690平方米。图书馆藏书3.35万册。普通教室28个、专用教室8个。教职工72人,其中专任教师57人，北京市骨干教师2人。开设教学班28个。毕业104人、招生156人、在校生982人。校训：团结、勤奋、活泼、创新。党支部书记、校长彭藐。

北京市东城区黑芝麻胡同小学

校址：东城区黑芝麻胡同11号（西校区）
东城区前圆恩寺胡同9号(东校区)

学校历史可上溯至1644年建立的镶黄旗官学。1958年改为现名。自1991年，学校开设英语口语组、象棋组及排球队等多个兴趣小组。1994年5月，学校被评为北京市东城区美术实验校。2000年9月，东城区圆恩寺小学和宽街小学（部分年级和教师）并入该校。2006年学校开发墙上德育课程，同年入选陶行知教育思想实践基地。2008年，与中国传媒大学合作共同开发“媒介素养教育实验课”。2010年开始，学校组建自己的志愿者授课团队，研发“理财小高手”校本课程。

2010年，学校占地面积7551平方米、建筑面积5998平方米,体育场面积1670平方米。图书馆藏书4.5万册。普通教室32个、专用教室3个。教职工98人,其中专任教师75人，高级职称教师1人。教学班32个。毕业130人、招生153人、在校生1022人。校训：勤奋、文明、健美、创新。党支部书记黄金秀、校长杜军。

北京市东城区回民小学

校址：东城区朝内大街124号

1986年3月由东城区南门仓小学改建而成。同年9月朝阳门内东门仓小学并入回民小学，并改为回民小学本校（北豆芽胡同24号），原南门仓小学校址改为回民小学分校（南门仓18号）。2001年12月，因本校校址被列为危改拆迁区，学校师生分别搬至东四三条小学、朝阳门小学、北京市第一六四中学上课。2003年9月，与朝阳门小学合并组建新的回民小学，全校迁入东城区朝内大街124号（原朝阳门小学校址）。

建校以来，学校使民族多元文化教育融入学校的课程建设中，融入丰富多彩的课内外活动中。1991年荣获全国少先队优秀大队，1992年、1998年均荣获北京市民族团结进步先进集体。2009年2月，北京市首家小学校园民族博物馆落成。2009年4月，学校被评为北京市首批民族团结示范校。2010年，学校占地面积4426平方米，建筑面积7558平方米，体育场面积1860平方米。图书室藏书总数2.6万册。普通教室18个、专用教室9个。教职工61人，其中专任教师48人。教学班18个。毕业86人、招生72人、在校生496人。党支部书记、校长鲍宇红。

北京市东城区帽儿胡同小学

校址：东城区帽儿胡同17号

1950年10月建校，初为民声小学，属民办公助性质。1951年，由政府接收并改现名。2005年9月，东城教委利用学校现有场地改建为"帽儿课程活动中心"，为周边学校学生提供课程服务。2009年9月起停止招收一年级新生，本区域内的适龄儿童划片进入东城区黑芝麻胡同小学。2010年7月1日起，学校就读的94名学生并入黑芝麻胡同小学，区教委在帽儿胡同小学的基础上升级改造为全区校外教育资源中心，共装备舞蹈艺苑、音乐天地、媒介素养空间等17个专业教室，配备了大量的专业设备和器材。

2010年，学校图书馆（室）藏书10720册，订阅杂志、报纸5种。固定资产总值462万元。拥有计算机77台，多媒体教室座位50个，专用教室17个。教职工17人，其中专任教师16人。党支部书记、校长周心悦。

北京市东城区美术馆后街小学

校址：东城区美术馆后街57号

1936年建校，名为私立大佛寺西街简易小学。1975年改为现名。1991年与北京市第二十五中学联合建立育美篮球俱乐部，在全国"苗苗杯"女子篮球邀请赛中，连续六届获得冠军。2005年，学校被评为实施素质教育特色校。2007年，学校成立100人的舞蹈团和近200人的民乐团。2010年，学校占地面积2670平方米、建筑面积3372平方米，体育场面积800平方米。图书馆藏书2.3万册。普通教室17个、专用教室5个。教职工52人，其中专任教师49人。教学班17个。毕业85人、招生76人、在校生496人。校训：勤奋守纪，文明健美。党支部书记、校长朱宏伟。

北京市东城区青年湖小学

校址：东城区安德里北街20号

1965年建校，2004年9月1日迁入新教学楼。2010年，学校占地面积4922平方米、建筑面积12825平方米，体育场面积1500平方米。图书馆藏书1.69万册。普通教室16个、专用教室9个。教职工49人，其中专任教师35人，高级职称教师1人。教学班13个。毕业生72人、招生35人、在校生274人。校训：文明、守纪、求实、进取。党支部书记、校长吴健。

北京市东城区师范学校附属小学

校址：东城区安定门外东河沿乙7号

1954年9月建校，前身为冶金部子弟小学，校址在西城区三官庙。1956年迁至东城区安德路。1974年改名为北京市青年湖学校（十年一贯制学校）。1983年学校分设为东城区师范学校和东城区师范学校附属小学（6年制小学）。1987年附小迁至现校址。学校重视对学生进行素质教育，培养学生兴趣爱好，有十多个课外小组，开设的校本课程受到学生的喜爱。学校曾获得全国红旗大队；北京市健康促进学校、北京市体育达标先进单位等称号。

2010年，学校占地面积4500平方米、建筑面积4827平方米，图书馆藏书2.8万册。普通教室22个、专用教室5个。教职工56人，其中专任教师 50 人。开设教学班 22 个。毕业 87 人、招生 102 人、在校生 608 人。校训：诚信、勤奋、创新、健康。党支部书记、校长郑蕙。

北京市东城区什锦花园小学

校址：东城区美术馆后街 48 号

1950 年 10 月建校，前身为北京市第三区隆福寺小学，1952 年合并私立三一小学，更名为东四区隆福寺小学，1964 年学校迁往东城区什锦花园胡同，更名为北京市东城区什锦花园小学。1973 年更名为东城区什锦花园小学。

2010 年，学校占地面积 3651 平方米，建筑面积 1672 平方米，体育场面积 1200 平方米。图书室藏书 2.06 万册。普通教室 14 个、专用教室 1 个。教职工 36 人，其中专任教师 23 人。开设教学班 11 个。毕业 35 人、招生 40 人、在校生 200 人。党支部书记、校长郭红。

北京市东城区史家胡同小学

校址：东城区朝内北小街南弓匠营胡同 2 号

1939 年建校。1994 年，学校改建校舍。2005 年 5 月，学校迁入位于朝内北小街南弓匠营胡同的新校址。学校成立东城区小学课程资源中心，构建“区域共享的优质课程体系”。课程资源中心的 17 个现代化资源教室向学区内 11 所学校以及全区开放。学校一校多址，即高年级部、低年级部、育芳分部（东城区小学课程资源中心史家小学基地）。至 2010 年，学校舞蹈团、合唱团、科技团获北京市中小学金帆舞蹈团、金帆合唱团、金鹏科技团称号。

2010 年，学校占地面积 24023 平方米、建筑面积 39554 平方米，体育场（馆）面积 7616 平方米。图书馆藏书 6 万册。普通教室 78 个、专用教室 21 个。教职工 248 人，其中专任教师 216 人；特级教师 2 人，北京市学科教学带头人 1 人，北京市骨干教师 9 人。教学班 78 个。毕业生 469 人、招生 594 人、在校生 3454 人。党支部书记洪伟、校长王欢。

北京市东城区史家小学分校

校址：东城区北门仓 1 号

2003 年 2 月，东城区东直门小学、东城区培红小学、东城区北门仓小学三所学校合并组建史家小学分校。学校利用运动会、新年联欢会、文化节、艺术节、科技节、游戏节和各类综合实践活动等契机，开展以“爱”为特色的系列活动。2009 年，学校成为北京市校本课程建设的基地校。至 2010 年学校有 2 名教师被评为北京市“紫禁杯优秀班主任”。

2010 年，学校占地面积 7800 平方米、建筑面积 7280 平方米，体育场面积 4600 平方米。图书馆藏书 6 万册。普通教室 39 个、专用教室 7 个。教职工 133 人，其中专任教师 109 人；特级教师 1 人，北京市骨干教师 1 人。教学班 39 个。毕业 218 人，招生 237 人，在校生 1503 人。校训：学习与生命同行。党支部书记、校长滕亚杰。

北京市东城区曙光小学

校址：东城区东直门外东中街铜厂子胡同 8 号

1963 年建校，校址东直门新中街 10 号。2003 年 6 月新中街小学并入。2004 年 7 月，曙光小学迁至现校址（北京市第一六三中学校址）。2008 年 6 月 30 日，一六三中与五十五中合并，学生从原校址撤出，校址整体由曙光小学使用。2010 年，学校占地面积 8080 平方米、建筑面积 8552 平方米，体育场（馆）面积 2700 平方米。图书馆（室）藏书 4.98 万册。普通教室 30 个，专用教室 12 个。教职工 98 人，其中专任教师 79 人；高级职称教师 1 人，北京市骨干教师 1 人。开设教学班 30 个。毕业 157 人、招生 147 人、在校生 988 人。党支部书记、校长张文馈。

北京市东城区遂安伯小学

校址：东城区金宝街 65 号

1958 年 9 月建校。1998 年开展中华古诗文诵读活动，平均每天有十分钟的古诗诵读时间，被中国青少年发展基金会评为首批“全国古诗文诵读优秀校”，连续获得“全国古诗文诵读优秀校”称号，并被授予全国古诗文诵读五年成果奖。

2010年，学校占地面积4218平方米、建筑面积4009平方米,体育场面积1000平方米。图书馆藏书2.88万册。普通教室12个、专用教室6个。教职工40人,其中专任教师34人。开设教学班12个。毕业67人、招生36人、在校生273人。校训:团结、勤奋、求实、创新。党支部书记、校长郭桂霞。

北京市东城区西中街小学

校址：东城区十字坡东里10号楼

1935年8月建校，前身为北平市立朝外中街小学，1958年改为现名。学校是东城区实施素质教育窗口校、北京市艺术教育特色学校。2010年，学校占地面积4383平方米、建筑面积4000平方米，体育场面积2040平方米。图书馆藏书4万余册。普通教室24个、专用教室6个。教职工70人，其中专任教师58人，北京市学科教学带头人1人。教学班24个。毕业生156人、招生148人、在校生941人。党支部书记、校长张连洁。

北京市东城区西总布小学

校址：东城区西总布胡同19号

1906年建校，初为私立东三省小学堂。1980年改为现名。1994年7月，春松小学新五年级一班并入该校。1995年9月，学校参加马芯兰教材教改实验，分析教材结构，学习和研究马老师的教学思想。1996年5月，学校推出一年级马芯兰教材实验课。2001年7月春雨小学部分师生并入。2010年，学校占地面积4116平方米、建筑面积3914平方米，体育场面积900平方米。图书馆藏书3万册。普通教室12个、专用教室6个。教职工48人,其中专任教师34人。教学班12个。毕业46人、招生31人、在校生265人。校训：爱生活，让心灵充满阳光。党支部书记、校长李俊琴。

北京市东城区校尉胡同小学

校址：东城区校尉胡同8号

1949年4月建校，当时是私立学校，名为贤良小学。1956年，改名校尉营小学。1975年按地址命名为校尉胡同小学。至2010年，学校开发17门校本课程。2010年，学校占地面积3445平方米，建筑面积6615平方米，体育馆面积700平方米，操场面积1390平方米。图书室藏书2.6万册。普通教室18个、专用教室7个。教职工53人，其中专任教师36人。开设教学班18个。毕业77人、招生72人、在校生469人。校训:团结、勤奋、健美、创新。党支部书记、校长高淳。

北京市东城区新开路东总布小学

校址：东城区新开路胡同55号

学校前身可追溯到1728年（雍正六年）创立的正蓝旗官学。1891年名为京师公立第五高等小学堂，系八旗子弟学校。1934年更名为东单新开路小学。1958年定名北京市东城区新开路小学。2010年7月，东城区新开路小学与东城区东总布胡同小学合并组建东城区新开路东总布小学。东总布胡同小学建于1962年。2002年7月，东总布胡同小学接收春雨小学。2004年5月东总布胡同小学贡院头条2号校址被占用，学校借新开路小学、春雨小学与西总布小学校舍办学。

2010年，新开路东总布小学占地面积2830平方米、建筑面积3793平方米，体育场面积500平方米。图书馆藏书2.7万册。普通教室13个、专用教室4个。教职工47人，其中专任教师36人。教学班13个。毕业67人、招生56人、在校生312人。校训:仁爱、和谐、共赢。党支部书记、校长赵红。

北京市东城区新鲜胡同小学

校址：东城区朝阳门内南小街新鲜胡同36号

前身为1729年设立的正白旗官学。1902年定名为八旗第三高等小学堂。1912年改名京师公立第三小学校。1934年改名北平市立新鲜胡同小学。1958年改为现名。2001年，随朝阳门地区危房改造建设工程，以新鲜胡同小学分校置换，在原校址南侧建四层教学楼。2007年9月投入使用。2010年6月，新鲜胡同小学与二中分校结为深度联盟校。至

2010年，新鲜胡同小学形成5大类19门校本课程。

2010年，学校占地面积5235.92平方米、建筑面积4648平方米，体育场（馆）面积2200平方米。图书馆藏书2.85万册。普通教室12个、专用教室6个。教职工34人，其中专任教师28人。毕业37人、招生46人、在校生272人。党支部书记、校长孙文燕。

北京市东城区雍和宫小学

校址：东城区藏经馆胡同27号

1935年建校，初为北平市内三区自治会创办的识字班。1936年，改为雍和宫简易小学。1949年更名为太保街小学。1975年改为十年一贯制北新桥学校。1980年恢复小学建制，改现名。学校以茶文化为校本课程。学校两位中级茶艺师和几名初级评茶员共同编写学校茶文化系列校本教材：一年级《茶趣》、二年级《茶俗》三年级《识茶》、四年级《饮茶》、五年级《茶具》、六年级《茶史》。

2010年，学校占地面积4533.7平方米、建筑面积3846平方米。图书馆藏书3.34万册。普通教室12个、专用教室9个。教职工38人，其中专任教师27人。开设教学班12个。毕业43人、招生41人、在校生258人。校训：和谐进取，快乐成长。党支部书记、校长袁建平。

北京市东城区织染局胡同小学

校址：东城区水簸箕胡同甲5号

1958年7月建校，初名华严寺小学，位于织染局胡同3号，同年10月改为现名。1974年学校地址变更到现址。织染局小学是现代化微型小学。学校建有学生体质健康监测中心和北京第一所应急体验教室，设有学生广播电视台、心理咨询室、形体教室等，全校每个教室均为现代化多媒体教室。

2010年，学校占地面积3364平方米、建筑面积3964平方米，体育场面积1135平方米。图书馆藏书1.64万册。普通教室12个、专用教室10个。教职工35人，其中专任教师28人。开设教学班8个。毕业22人、招生40人、在校生183人。校训：学会选择、善行天下。党支部书记、校长王凤岭。

北京市汇文第一小学

校址：北京站西街丁香胡同7号（本校）
北京站东街大羊毛胡同（分校）

1871年建校，前身是美以美教会创建培元斋（基督教崇文门内亚斯立堂附设蒙学馆），1978更名为北京市东城区丁香胡同小学。1998年盔甲厂小学并入丁香胡同小学，当年学校经市教育局批准恢复寄宿制。2010年12月22日，在学校“百有四十”校庆活动中，恢复学校“北京市汇文第一小学”校名。

2006年8月开始，学校相继开发“文香集萃”“丁香花语”“走近南北极”“邮政邮票知识多”等课程，并逐步形成体系。学校是首批北京市科技示范校。2010年，学校占地面积11186平方米、建筑面积9859平方米，体育场面积2750平方米。图书馆藏书4.89万册。普通教室30个、专用教室8个。在职工86人，其中专任教师74人；高级职称教师1人，北京市骨干教师2人。教学班29个。毕业148人、招生129人、在校生920人。党支部书记、校长郑智学。

中央工艺美院附中艺美小学

校址：东城区东直门外胡家园小区20号

1938年建校，前身是东城区二里庄小学。2000年，学校更名为中央工艺美院附中艺美小学。学校是东城区一所艺术教育特色校，营造美育校园文化，通过发展剪纸艺术特色，培养学生的自信心、细心、耐心。教学楼内不同楼层采用不同风格的剪纸，操场中有学校美术教师创作的大幅壁画“中华美德故事墙”。

2010年，学校占地面积3840平方米、建筑面积3215平方米，体育场面积1340平方米。图书馆藏书3.7万册。普通教室18个、专用教室3个。教职工56人，其中专任教师39人。教学班18个。毕业94人、招生73人、在校生496人。党支部书记、校长刘春艳。

表 2　　2010 年东城区小学一览表

序号	学校名称	建校时间	举办者
1	北京市东城区安外三条小学	1974 年	教育部门和集体办
2	北京市东城区北池子小学	1933 年	教育部门和集体办
3	北京市东城区北锣鼓巷小学	1939 年	教育部门和集体办
4	北京市东城区北新桥小学	1952 年	教育部门和集体办
5	北京市东城区春江小学	1946 年	教育部门和集体办
6	北京市东城区灯市口小学	1864 年	教育部门和集体办
7	北京市东城区地坛小学	1918 年	教育部门和集体办
8	北京市东城区东高房小学	1916 年	教育部门和集体办
9	北京市东城区东交民巷小学	1955 年	教育部门和集体办
10	北京市东城区东四九条小学	1944 年	教育部门和集体办
11	北京市东城区东四七条小学	1957 年	教育部门和集体办
12	北京市东城区东四十四条小学	1947 年	教育部门和集体办
13	北京市东城区方家胡同小学	1906 年	教育部门和集体办
14	北京市东城区分司厅小学	1914 年	教育部门和集体办
15	北京市东城区府学胡同小学	1368 年	教育部门和集体办
16	北京市东城区和平里第二小学	1954 年	教育部门和集体办
17	北京市东城区和平里第九小学	1968 年	教育部门和集体办
18	北京市东城区和平里第三小学	1956 年	教育部门和集体办
19	北京市东城区和平里第四小学	1960 年	教育部门和集体办
20	北京市东城区和平里第一小学	1955 年	教育部门和集体办
21	北京市东城区黑芝麻胡同小学	1644 年	教育部门和集体办
22	北京市东城区回民小学	1986 年	教育部门和集体办
23	北京市东城区帽儿胡同小学	1950 年	教育部门和集体办
24	北京市东城区美术馆后街小学	1936 年	教育部门和集体办
25	北京市东城区青年湖小学	1965 年	教育部门和集体办
26	北京市东城区师范学校附属小学	1954 年	教育部门和集体办
27	北京市东城区什锦花园小学	1950 年	教育部门和集体办
28	北京市东城区史家胡同小学	1939 年	教育部门和集体办
29	北京市东城区史家小学分校	2003 年	教育部门和集体办
30	北京市东城区曙光小学	1963 年	教育部门和集体办
31	北京市东城区遂安伯小学	1958 年	教育部门和集体办
32	北京市东城区西中街小学	1935 年	教育部门和集体办
33	北京市东城区西总布小学	1906 年	教育部门和集体办
34	北京市东城区校尉胡同小学	1949 年	教育部门和集体办
35	北京市东城区新开路东总布小学	2010 年	教育部门和集体办
36	北京市东城区新鲜胡同小学	1729 年	教育部门和集体办
37	北京市东城区雍和宫小学	1935 年	教育部门和集体办
38	北京市东城区织染局小学	1958 年	教育部门和集体办
39	北京市汇文第一小学	1871 年	教育部门和集体办
40	中央工艺美院附中艺美小学	1938 年	教育部门和集体办

普通中学

北京景山学校

校址：东城区灯市口大街 53 号

1960 年建校。1969 年改称曙光学校。1971 年恢复景山学校校名。2003 年，被北京市教委认定为北京市示范性普通高中。至 2010 年，学校以教书育人为本，构建优化基础学科课程，加强综合实践活动课程，开发校园文化课程，实现国家课程校本化，校本课程系列化的新的课程体系。先后有9名学生获北京市中学银帆奖。学校被评为北京市科技示范校、排球传统校、舞蹈传统校。

2010年，学校为十二年一贯制学校，占地面积30143平方米、建筑面积43078平方米、体育场地12481平方米。图书馆藏书14.9万册。普通教室89个、专用教室19个、实验室14个。教职工370人，其中专任教师252人；高级职称教师102人，市级骨干教师5人，特级教师2人。开设教学班81个（小学班40个、初中班29个、高中班12个）。毕业811人（小学304人、初中242人、高中265人），招生651人（小学263人、初中220人、高中168人），在校生2886人（小学1408人、初中983人、高中495人）。校训:明理勤奋,严谨创新。党支部书记陈茹珊，校长范禄燕。

北京市第一中学

校址：东城区宝钞胡同甲12号

起源于1644年创立的八旗官学。1897年正式定名为经正书院，1904年改称觉罗八旗高等学堂。1949年改为现名。学校以课堂教学改革为重点，积极探索新课程教学改革。学校每年开设艺术类、科技类、体育类、语言类四类校本课程。2009年建立示范班，建班的目的是为让它在各个方面成为其他班级、所有学生学习的典范。示范班班主任全部是北京市紫禁杯优秀班主任。

2010年，学校占地面积19544平方米、建筑面积11761平方米，体育场面积5400平方米。图书馆藏书6.75万册。普通教室46个、专用教室19个、实验室6个。教职工166人，其中专任教师133人；高级职称教师39人，特级教师1人，北京市骨干教师1人。教学班35个（小学7个、初中14个、高中14个）。毕业277人（小学32人、初中120人、高中125人），招生262人（小学23人、初中129人、高中120人），在校生1004人（小学161人、初中407人、高中436人）。校训:勤奋、和谐、求实、创新。党支部书记毛玮华，校长汤朝晖。

北京市第二中学

校址：东城区内务部街15号

始建于1724年，初为左翼宗学。1910年改建为左翼八旗中学堂。1912年改属京师学务局，改名京师公立第二中学堂。1949年10月改为现名。1995年合并西花厅小学。1998年，实施初高中分离，初中部实行民办公助改革，独立设校为北京市第二中学分校，北京市第二中学改为高中校。自2001年，学校启动“研究型课程”的开发与研究，注重学科间的交叉、渗透和互补。高中招生采取单独命题、单独组考、单独阅卷；会考采取自主命题，自行组考，尝试“学分制”管理；进行“分层教学”试验及研究。2003年入选北京市示范性普通高中，同年合并北京市第八十五中学。2004年5月，校长钮小桦主持东城区首批“名校长工作室”。2008年，高三学生王安妮作为唯一中学生代表参加在希腊雅典举行的北京第29届奥林匹克运动会圣火交接仪式。金帆舞蹈团55名学生参加开幕式文艺表演《笑脸》的演出。教师孟艳担任开幕式《自然》篇章编导组组长。至2009年年底，15个学科全部举行市级新课程教学研讨活动,校长钮小桦主持的《北京二中开发“阶梯式模块”结构与“生成性”课程体系的操作实践》获北京市教学成果（基础教育）一等奖。2010年设立初三直升班,命名为“2010航班”。

2010年，学校占地面积42654平方米，建筑面积38441平方米，体育场面积9584平方米。图书馆藏书9.8万册。普通教室42个、专用教室21个、实验室27个。教职工210人，其中专任教师138人；高级职称教师61人，特级教师6人，市级学科带头人2人，市级骨干教师7人。高中教学班36个。毕业387人，招生382人，在校生1185人。高中录取分数线539分（本区），应届高考本科一批上线率理科99.2%，文科96%。党支部书记刘志田，校长钮小桦。

北京市第二中学分校

校址：东城区朝内南竹杆胡同81号

1998年建校，属民办公助初中校，校址

西花厅胡同（原西花厅小学校址）。1998至2005年，二中分校财务及人事独立，管理、教育、教学与北京二中资源共享。2003年7月15日，北京市第八十五中学建制撤销，初中师生及校园并入二中分校。2005年5月，迁址到朝阳门内南竹杆胡同81号（原北京市第八十五中学校址）。2005年5月20日，召开二中分校第一次行政会，从此二中分校独立管理。2008年9月，办学性质变更为公办学校。

2010年，学校为公办初中校，占地面积9045平方米、建筑面积15269平方米，体育场面积4580平方米。图书馆藏书4.9万册。普通教室37个、专用教室12个、实验室5个。教职工140人，其中专任教师119人，高级职称教师38人。毕业465人，招生550人，在校生1489人。党支部书记刘志田，校长钮小桦。

北京市第五中学

校址：东城区细管胡同13号

1928年建校，前身是北平市平民学校。1950年改为现名。1993年9月投资2500万元翻建的新校舍。1996年合并北京市第二十三中学，1998年在二十二中旧址组建民办公助初中北京五中分校，招收初中生，本校招收高中生。2003年，东城区师范学校划入五中，成为五中北校区。2004年入选北京市示范性普通高中校。学校1996年开设选修课，包括文学戏剧语言类、思维科技类、心理发展类、生活操作类及体育、艺术、美学等各类选修课132门。并出版特色校本教材，如《昆虫识记》《青少年学素描》等。特级教师梁婕编的18集教学录像片《中学语言听说读教学》在中央电视台播放，12集《美育之光》在北京电视台播放。

2010年，学校占地面积33835平方米、建筑面积32108平方米，体育场面积5719平方米。图书馆藏书10万册。普通教室87个，专用教室12个，实验室12个。教职工187人，其中专任教师110人；高级职称教师65人，特级教师3人，北京市骨干教师4人。开设高中教学班26个。毕业372人，招高中生353人，在校生1105人。高中录取分数线529分（本区），应届高考本科上线率100%。党支部书记张斌平，校长尚金华。

北京市第五中学分校

校址：东城区鼓楼东大街152号

1998年，北京市第五中学在北京市第二十三中学校址，试办办学体制改革试点初中校，并定名为北京市第五中学分校。2008年，办学体制改革试点终止，改为公办校，同时东城综合高中（校址地安门东大街127号）并入五中分校，成为五中分校南址。2010年9月南址改扩建工程奠基。2010年，学校为公办初中校，占地面积8033平方米、建筑面积8160平方米，操场面积2350平方米。图书馆藏书9.2万册。普通教室26个、专用教室6个、实验室4个。教职工187人，其中专任教师112人；高级职称教师34人，北京市骨干教师1人。教学班34个。毕业435人，招生539人，在校生1627人。校训：锻造品格、启迪智慧、陶冶情操、强健体魄。党支部书记关伟，校长杨春林。

北京市第二十一中学

校址：东城区交道口北二条57号

1865年建校，前身是美国基督教长老会建立的崇实馆。1952年改为现名。20世纪90年代，学校在旧木楼的基础上进行翻盖，恢复原有校园格局。该校与法国驻华大使馆文化处合作举办法语课余班，高中法语实验班每年都有学生赴法留学。学校开展丰富课余活动，力争学生毕业时，每一名学生都能写一笔好字、刻一方印章、打一手乒乓球、弹一曲钢琴、讲一口法语。

2010年，学校占地面积7128平方米，建筑面积12298平方米，体育场面积1800平方米，图书馆藏书4.7万册。普通教室39个，专用教室9个，实验室10个。教职工125人，其中专任教师86人，高级职称教师17人。教学班24个（初中班12个、高中班12个）。毕业205人（初中101人、高中104人），招生185人（初中62人、高中123人），在校生652人（初中256人、高中396人）。高中录取分数线 451 分（本区）。党支部书记闫来凤，校长左耘。

北京市第二十二中学

校址：东城区交道口东大街 77 号

1924 年建校，校名为北京市私立大中公学。1952 年改现名。2002 年与交道口中学合并。北京市第二十二中学创办融教育、艺体学科于一体的校本课程，课程种类繁多，异彩纷呈。学校是北京市篮球传统校，是北京市金帆交响乐团。

2010 年，学校占地面积 22507 平方米，建筑面积 29430 平方米，体育馆面积 416.74 平方米。图书馆藏书 6.07 万册。普通教室 46 个，专用教室 10 个，实验室 11 个。教职工 233 人，其中专任教师 178 人，高级职称教师 52 人。教学班 44 个（初中班 24 个、高中班 20 个）。毕业 630 人（初中 389 人、高中 241 人），招生 569 人（初中 374 人、高中 195 人），在校生 1749 人（初中 1072 人、高中 677 人）。党支部书记董淑英，校长高宇军。

北京市第二十四中学

校址：东城区外交部街 31 号

1923 年建校，前身是北京私立大同中学校，1952 年定现名。1994 年 7 月，接管春松小学校舍和退休教师，命名为北京市第二十四中学分校。1996 年 7 月，合并北京市第一二十四中学初中部分。2003 年 7 月，合并北京市第一九五中学，一九五中校址改为北京市第二十四中学北分校。学校坚持开展科技节、体育节、艺术节，以及科技、文艺、体育等兴趣小组和社团活动，开设“弟子规”“快乐成长课堂”“职业生涯规划与指导”等校本课程。

2010 年，学校占地面积 21162 平方米、建筑面积 22926 平方米，体育场面积 8714 平方米。图书馆藏书 11.6 万册。固定资产总值 2446 万元。普通教室 56 个、专用教室 9 个、实验室 11 个。教职工 171 人，其中专任教师 118 人；高级职称教师 31 人，北京市骨干教师 1 人。教学班 36 个（初中班 18 个、高中班 18 个）。毕业 416 人（初中 194 人、高中 222 人），招生 377 人（初中 185 人、高中 192 人），在校生 1184 人（初中 561 人、高中 623 人）。高中录取分数线 477 分（本区）。党支部书记欧阳伟，校长毕国英。

北京市第二十五中学

校址：东城区灯市口大街 55 号

1864 年建校，前身是由美国基督教公理会创办的男蒙馆。1952 年改为现名。1991 年 9 月，原灯市口幼儿园撤销，园址并入。1996 年 4 月，实行“民办公助”改制实验。2000 年，北京市第二十五中学在廊坊市东方大学城设立分部。2005 年实施中加合作办学项目，学制三年。2009 年，学校由民办公助办学体制回归公办。20 世纪 90 年代，学校恢复百年老校古建风貌，复建双元门、知行楼，修缮贝氏楼、贝满中斋、邵氏楼。2002 年，自筹经费 3500 万元建成现代化图书实验计算机大楼。2008 年，每位教师均配备电脑，所有教室安装多媒体设备。学校为北京市篮球、乒乓球传统项目学校、北京市民族民俗传统文化基地校、在体育、科技、艺术等领域多次在全国市区比赛获得优异成绩。2003 年以来，累计招收外籍学生 214 名。

2010 年，学校占地面积 15416 平方米、建筑面积 16347.88 平方米，体育场面积 6197 平方米。图书馆藏书 15 万册。普通教室 48 个、专用教室 4 个、实验室 9 个。教职工 221 人，其中专任教师 168 人；高级职称教师 45 人，北京市骨干教师 1 人，北京市学科教学带头人 1 人。教学班 50 个（初中班 24 个、高中班 26 个）。毕业 510 人（初中 322 人、高中 188 人），招生 522 人（初中 289 人、高中 233 人），在校生 1673 人（初中 866 人、高中 807 人）。在校生中寄宿生 170 人。高中录取分数线 460 分（本区）。校训：致知力行。党支部书记袁利军，校长邓少军。

北京市第二十七中学

校址：东城区东华门大街智德前巷 11 号

创建于 1917 年，初为私立孔德女子学校。1928 年迁至现址，学校逐步形成幼稚园、小学部、初中部、高中部、大学预科全覆盖的完整教育体系。1952年改为现名，为全日制完全中学。

2010年，学校占地面积14010平方米、建筑面积10690平方米，体育场面积5082平方米。图书馆藏书7.5万册。普通教室47个、专用教室25个、实验室8个。教职工163人，其中专任教师120人；高级职称教师29人，北京市骨干教师4人。教学班36个（初中班18个、高中班18个）。毕业458人（初中228人、高中230人），招生402人（初中202人、高中200人），在校生1249人（初中604人、高中645人）。高中录取分数线488分（本区）。党支部书记陈继红，校长王时。

北京市第五十四中学

校址：东城区和平里六区9号

1955年建校，为全日制完全中学。1994年7月25日，与北京市花园中学合并，花园中学校址改为五十四中分校。2002年10月23日，学校被批准为管乐队特长生校。2010年学校占地面积18140平方米，校舍建筑面积18412平方米，操场面积6100平方米。学校图书馆（室）藏书7万余册。普通教室56个，专用教室7个，实验室9个。教职工165人，其中专任教师113人。教学班30个（初中班18个、高中班12个），毕业388人（初中244人、高中144人），招生313人（初中186人、高中127人），在校生989人（初中600人、高中389人）。党支部书记赵佩芳，校长陈红。

北京市第五十五中学

校址：东城区新中街12号

1954年建校。1994年，学校被国际文凭组织（IBO）批准为国际文凭学校，并指定为亚太地区总部国际文凭中学项目的示范校。1996年9月，全面开展国际文凭项目（MYP）教育和大学预科（DP）教育。2005年入选北京市示范性普通高中。2008年成为世界汉语教学理事单位。2004年起新建教学楼、实验楼、国际部，设有生物组培实验室、生物情景教室、历史教室、美术教室等特色教室。2006年北京市第一六三中学并入该校。

2010年，学校占地面积31005平方米、建筑面积22551平方米，体育场（馆）面积9788平方米。图书馆藏书2.9万册。固定资产总值4813万元。普通教室60个、专用教室13个、实验室12个。教职工251人，其中专任教师163人；高级职称教师77人，北京市骨干教师2人，北京市学科教学带头人2人。教学班34个（初中班18个、高中班16个）。毕业451人（初中240人、高中211人），招生473人（初中254人、高中219人），在校生1302人（初中715人、高中587人）。高中录取分数线513分（本区）。党支部书记高燕辉，校长罗强。

北京市第六十五中学

校址：东城区北河沿大街115号

始建于1864年，前身名为私立育英学校。1955年高中部迁至北河沿独立设校，成为北京市第一所纯高中校。1968年改为完全中学。1995年7月，北京市第一六八中学并入。1994年六十五中成立金帆舞蹈团。1996年起成立生态社团、机器人社团、电脑制作社团等十几个涵盖自然科学和社会科学的社团。

2010年，学校占地面积16541平方米，建筑面积24218平方米，操场面积4800平方米。图书馆藏书9.9万册。普通教室43个，专用教室7个，实验室9个。教职工189人，其中专任教师126人；高级职称教师39人，特级教师1人，北京市骨干教师7人。教学班38个（初中班18个、高中班20个）。毕业481人（初中248人、高中240人），招生429人（初中240人、高中189人），在校生1355人（初中709人、高中646人）。党支部书记白桂英，校长薛丽霞。

北京市第一二五中学

校址：东城区崇内大街后沟胡同乙2号

1872年建校，前身是美国基督教会美以美会创办的京都幕贞书院。1931年改为私立，更名为北京私立慕贞女子中学。1951年更名为北京市育新女子中学。1968年实行男女合校。1972年定为现名，是一所全日制完全中学。2002 年开始，学校在初中各年级开办英语实验班。2005 年起，学校在高中开办英语实验班。

2010 年，学校占地面积 7537 平方米、建筑面积 9813 平方米，体育场面积 3500 平方米。图书馆藏书 4.5 万册。普通教室 23 个、专用教室 6 个、实验室 6 个。教职工 103 人，专任教师 73 人；高级职称教师 24 人。设教学班 19 个（初中班 8 个、高中班 11 个）。毕业 133 人（初中 43 人、高中 90 人），招生 157 人（初中 33 人、高中 128 人），在校生 531 人（初中 177 人、高中 354 人）。校训：悦心健体，笃学力行。党支部书记张红云，校长李建国。

北京市第一四二中学（北京宏志中学）

校址：东城区和平里中街 43 号

1963 年建校，前身是北京市地坛中学，1968 年更名为北京市第一四二中学。2000 年 4 月，在一四二中的基础上成立北京宏志中学，形成“一套班子，两所学校”。其中，一四二中是完全中学，面向东城区招收初中和普通高中学生；宏志中学是普通高中，是专门招收家庭贫困且品学兼优生的中学，学生在校享受“四免一补”（免学杂费、书本费、校服费、住宿费，每人每月给予一定数额的伙食补贴）和有质量的基础教育。2004 年 9 月 10 日，中共中央总书记、国家主席胡锦涛到校视察，探望教职工，指出“宏志中学的创办是一个很有意义的创举，一定要把贫困孩子上学的事办好”。2009 年 11 月 27 日，北京宏志中学与四川什邡市禾丰博爱中学两校签署《北京—什邡学校对口支援与合作协议》。2010 年，学校成为中医药文化教育进校园的重点实验基地。

2010 年，学校占地面积 12000 平方米、建筑面积 12274 平方米，体育场面积 5000 平方米。图书馆藏书 5 万册。普通教室 29 个、专用教室 13 个、实验室 8 个。教职工 160 人，其中专任教师 115 人；高级职称教师 30 人，北京市学科教学带头人 1 人。开设教学班 27 个（初中班 7 个、高中班 20 个）。毕业 309 人（初中 67 人、高中 242 人）；招生 288 人（初中 82 人、高中 206 人），在校生 917 人（初中 245 人、高中 672 人），寄宿生 421 人。高中录取分数线 469 分（本区）。校训：宏图寄党恩，志远为国强，赤诚报社会。党支部书记李运良，校长熊劲。

北京市第一六五中学

校址：东城区育群胡同 45 号

1870 年建校，前身是美国基督教长老会创办崇慈女校，1952 年改名北京市第十一女子中学，1972 年改为现名。1996 年，被全国少工委、中国少年报社评为“全国队报金奖学校”。1997 年 6 月，学校颁布了《一六五中学学生手册》，从 10 个方面制定规范。1999 年 4 月，学校获世界卫生组织“健康促进校”金牌奖。2000 年，北京市第七十四中学并入。

2010 年，学校占地面积 12976 平方米、建筑面积 17632 平方米，体育场面积 4300 平方米。图书馆藏书 8.2 万册。普通教室 37 个、专用教室 4 个、实验室 8 个。教职工 160 人，其中专任教师 106 人；高级职称教师 27 人，北京市骨干教师 1 人。开设教学班 31 个（初中班 18 个、高中班 13 个）。毕业 306 人（初中 171 人、高中 135 人）；招生 231 人（初中 111 人、高中 120 人）；在校生 819 人（初中 419 人、高中 400 人）。高中录取分数线 459 分（本区）。党支部书记郭鸿（副书记主持工作），校长单志敏。

北京市第一六六中学

校址：东城区同福夹道 3 号（西校区）

东城区东四六条甲 44 号（东校区）

1864 年建校，前身是美国基督教公理会创建的贝满女中。1952 年 9 月，学校由政府接管，更名北京市第十二女子中学。1955 年被列为全市十所重点校之一。1963 年起高中部办成完全中学。1968 年开始男女兼收。1971 年定现名。2003 年 7 月，北京市第一二八中学和北京市一六四中学（初中部）并入，学校开始分东、西两址办学。2005 年入选北京市示范性普通高中。2006 年，学校与新建的房山区良乡第五中学建立友好校，并将该校命名为北京市第一六六中学分校。学校以北京市金鹏科技团、北京市青少年科技俱乐部为龙头开展科学素养教育，以冰心文学社、冰心文学班、冰心记者团为龙头开展文学素养教育，以北京市体育项目传统校、金百合体育俱乐部为龙头开展体育与健康素养教育，以北京市金帆管乐团、金帆话剧团、校舞蹈团、合唱团为龙头开展艺术素养教育。

2010年，学校占地面积19838平方米、建筑面积24975.2平方米，体育场面积569平方米。图书馆藏书11万册。普通教室53个，专用教室20个，实验室12个。教职工239人，其中专任教师180人；高级职称教师68人，特级教师2人，北京市骨干教师4人，北京市学科教学带头人3人。教学班48个（初中班24个、高中班24个）。毕业694人（初中373人、高中321人），招生650人（初中359人、高中291人），在校生1995人（初中1069人、高中926人）。高中录取分数线511分（本区）。校训：敬业乐群，求实进取。党支部书记陈靖，校长王蕾。

北京市第一七一中学

校址：东城区和平里北街8号（南校区）
东城区兴化路9号（北校区）

1958年建校，前身是东城区红旗学校。1969年改为完全普通中学。1972年改为现名。1991年8月迁至现址。2002年，北京市和平里中学并入，成为北校区。2005年入选北京市示范性普通高中。

2010年，学校占地面积29372平方米、建筑面积58605.86平方米，体育场面积15856.96平方米。图书馆藏书12.8万册。普通教室71个、专用教室48个、实验室21个。教职工284人，其中专任教师210人；高级职称教师64人，特级教师3人，北京市骨干教师4人。教学班66个（初中班39个、高中班27个）。毕业991人（初中622人、高中369人），招生887人（初中607人、高中280人），在校生2770人（初中1739人、高中1031人）。高中录取分数线522分（本区）。校训：立志勤劳，严谨优美。党支部书记雷宏，校长陈爱玉。

北京市第一七七中学

校址：东城区安定门外青年湖南街23号

1964年建校，前身是北京市安定门中学，1972年改为现名。1991年学校设有初中一至三个年级和职业高中班共18个班。职业高中设有饭店服务和汽车维修专业、旅游导游专业和国防预备役专业。2000年停办职业高中，恢复普通高中招生。

2010年，学校占地面积8157平方米、建筑面积12239平方米，体育场面积2620平方米。图书馆藏书3.3万册。普通教室17个、专用教室4个、实验室5个。教职工78人，其中专任教师51人；高级职称教师17人。开设教学班13个（初中班5个、高中班8个）。毕业42人（初中12人、高中30人），招生58人（19人、高中39人），在校生294人（初中96人、高中198人）。校训：自尊自强，勤奋求实。党支部书记战起荣，校长石兰芳。

北京市东直门中学

校址：东城区东直门内北顺城街2号

1935年建校，前身是北平市市立第二女子中学。1952年改为北京市第二女子中学，1967年改为北京市反修路中学，1980年改现名。2005年学校被认定为北京市示范性普通高中。学校拥有与教育、教学、科研配套的教学实验中心、心理健康服务中心、信息技术中心、体育活动中心、艺术中心、科普活动中心、茶艺和通用技术专用教室等。

2010年，学校有两个校区，总占地面积32675平方米，总建筑面积43680平方米。普通教室51个、专用教室9个、实验室12个。教职工227人，其中专任教师162人；高级职称教师69人，市级骨干教师1人。开设教学班51个（初中班29个、高中班22个）。毕业665人（初中405人、高中260人），招生687人（初中415人、高中272人）；在校生1969人（初中1169人、高中800人）。高中录取分数线520分（本区）。校训：爱国爱校，尊师爱生，治学严谨，自强不息。党支部书记陈宇，校长赵景芝。

北京市国子监中学

校址：东城区国子监街26号

1962年建校，初名国子监中学，1972年更名北京市第一四三中学。2001年，学校开展学生教市民学英语和孔庙英语小导游活动，并逐渐形成特色。2002年9月，恢复北京市国子监中学校名。2002年6月，学校英语实验班经批准提前招生。2005年学校开始将国学育人特色办学纳入学校计划，营造育人氛围，开展特色活动。2005年，加固整修后的教学楼投入使用。

2010年，学校为初中校，占地面积4880平方米、建筑面积5600平方米，体育场面积1450平方米。图书馆藏书1.52万册。普通教室17个、专用教室6个、实验室3个。教职工83人，其中专任教师59人。初中教学班15个。毕业105人，招生113人，在校生402人。校训：勤学、尚德、致美。党支部书记常维宪，校长卜海燕。

中央工艺美术学院附属中学

校址：东城区东直门外胡家园小区23号楼

始建于1964年，定名为胡家园小学。1973年改为北京市第一九七中学。1980年，学校申请创办东城区首批职业高中校，1984年开设包装设计专业，1987年创办北京市包装职业学校。1989年，北京市第一九七中学更名为中央工艺美术学院附属中学。从这一年开始，中央工艺美术学院附属中学和北京市包装职业学校两校一址，成为初中、普高、职高三位一体的美术特色学校。2000年，北京市包装职业学校更名为北京市美术职业学校。2001年11月，中央工艺美院附中成为清华大学美术学院全国首批生源基地学校。2003年，市教委批复中央工艺美院附中替代科目会考申请，以素描、色彩和速写三科代替物理、化学和生物会考。自此，学校高中不再开设理、化、生三门课程，把这三科的课时全部划分给美术专业。2007年，学校研发，由高教出版社出版的《美术特色学校高中美术系列教材》，在全国的发行量超过20万册。

2010年，学校占地面积10117.36平方米、建筑面积15936平方米，体育场面积3600平方米。图书馆藏书2.38万册。普通教室32个、专用教室29个、实验室3个。教职工160人，其中专任教师128人；高级职称教师40人，北京市骨干教师1人。教学班25个（初中班12个、高中班13个）。毕业231人（初中122人、高中109人），招生291人（初中152人、高中139人），在校生871人（初中401人、高中470人）。高中录取分数线460分。党支部书记李芹，校长王泽旭。

表3　2010年东城区普通中学一览表

序号	学校名称	建校时间	举办者
1	北京景山学校	1960年	教育部门和集体办
2	北京市第一中学	1644年	教育部门和集体办
3	北京市第二中学	1724年	教育部门和集体办
4	北京市第二中学分校	1998年	教育部门和集体办
5	北京市第五中学	1928年	教育部门和集体办
6	北京市第五中学分校	1998年	教育部门和集体办
7	北京市第二十一中学	1865年	教育部门和集体办
8	北京市第二十二中学	1924年	教育部门和集体办
9	北京市第二十四中学	1923年	教育部门和集体办
10	北京市第二十五中学	1864年	教育部门和集体办
11	北京市第二十七中学	1917年	教育部门和集体办
12	北京市第五十四中学	1955年	教育部门和集体办
13	北京市第五十五中学	1954年	教育部门和集体办
14	北京市第六十五中学	1864年	教育部门和集体办

续表 3

序号	学校名称	建校时间	举办者
15	北京市第一二五中学	1872 年	教育部门和集体办
16	北京市第一四二中学（北京宏志中学）	1963 年	教育部门和集体办
17	北京市第一六五中学	1870 年	教育部门和集体办
18	北京市第一六六中学	1864 年	教育部门和集体办
19	北京市第一七一中学	1958 年	教育部门和集体办
20	北京市第一七七中学	1964 年	教育部门和集体办
21	北京市东直门中学	1935 年	教育部门和集体办
22	北京市国子监中学	1962 年	教育部门和集体办
23	北京市和平北路学校	1997 年	教育部门和集体办
24	中央工艺美术学院附属中学	1964 年	教育部门和集体办
25	北京经济技术开发区实验学校	2000 年	民办
26	北京市外国语学校	1999 年	民办
27	北京市翔宇中学	1995 年	民办
28	北京市阳光情学校	1999 年	民办

特殊教育和工读教育学校

北京市东城区特殊教育学校

校址：东城区安定门外小黄庄路一区 16 楼

2002 年 7 月，北京市第一聋人学校和东城区培智中心学校合并组建东城区特殊教育学校。该校是对听力障碍、智力障碍（含脑瘫、自闭症）两类有特殊教育需要学生实施九年义务教育的半住宿制学校。学校分听障部和智障部两个业务部门。2004 年 3 月，学校成立东城区残疾人职业技能培训学校，以残疾人岗前就业培训为主，开设家政、计算机两个专业。2004 年，学校与西总布小学合作，开展残障学生随班就读双学籍管理。2009 年起与中国残疾人艺术团合作办学，培养艺术人才，有艺术团成员近 30 名。学校被授予北京市特殊教育工作先进集体、首都文明单位、全国三八红旗集体、全国先进基层党组织等多项光荣称号。

2010 年，学校占地面积 5230 平方米，建筑面积 3751 平方米，体育场面积 2858 平方米。图书室藏书 2.55 万册。普通教室 21 个、专用教室 14 个。教职工 70 人，其中专任教师 54 人；高级职称教师 2 人，特级教师 1 人，本科及以上学历 52 人。教学班 21 个。毕业 16 人，招生 17 人，在校生 180 人。党支部书记、校长周晔。

北京市东城区工读学校

校址：顺义区后沙峪镇古城村裕民大街 11 号

1978 年创建，是对有违法和轻微犯罪行为的中学生进行特殊教育的半工半读学校。1994 年学校获“全国青少年犯罪研究先进集体”荣誉称号。1996 年秋季开始实施五年制教育实验改革。1996 年学校第一次集体组织学生参加汽车维修工（初级）和管道工（初级）的专业取证考试，以后根据专业逐年增加取证的科目和等级难度。1997 年 12 月，学校被评为全国“未成年人保护工作先进集体”。2001 年 12 月 6 日，学校成立北京市世纪职业技能培训学校。2003 年 9 月 1 日学校开设女生班，所设班级为物业管理文员班。

2010 年东城区工读学校占地面积 82667 平方米、建筑面积 15308 平方米。图书馆藏书 1.68 万册。普通教室 14 个、专用教室 6 个、实验室 3 个。教职工 66 人，其中专任教师 34 人，高级职称教师 6 人。教学班 13 个（初中班 5 个、高中班 8 个）。毕业 104 人（初中 41 人、高中 63 人），招生 80 人（初中 46 人、高中 34 人），在校生 206 人（初中 85 人、高中 121 人），其中寄宿生 206 人。校训：立身图强。党支部书记陈权、校长杨剑虹。

附表

表 4 1991—2010 年东城区小学撤并更名一览表

序号	学校名称	建校时间	撤并或更名说明
1	北京市第一聋人学校	1935 年	2002 年 7 月与东城区培智中心学校合并组建东城区特殊教育学校
2	北京市东城区安外大街小学	1916 年	2001 年 7 月并入北京市东城区安外三条小学
3	北京市东城区北门仓小学	1948 年	2003 年 2 月与东城区培红小学、东城区东直门小学合并成立北京市东城区史家小学分校
4	北京市东城区草厂小学	1927 年	1994 年 7 月并入东城区北锣鼓巷小学
5	北京市东城区春松小学	1951 年	1994 年 7 月撤销
6	北京市东城区春雨小学	1903 年	2002 年 7 月撤销
7	北京市东城区大甜水井小学	1906 年	2003 年并入到北京市东城区灯市口小学
8	北京市东城区丁香胡同小学	1871 年	2010 年恢复北京市汇文第一小学校名
9	北京市东城区东皇城根小学	1960 年	1995 年并入北京市东城区灯市口小学
10	北京市东城区东四三条小学	1949 年	2003 年 11 月并入北京市东城区东四七条小学
11	北京市东城区东四十三条小学	1939 年	2003 年 4 月并入北京市东城区东四十四条小学
12	北京市东城区东四西大街小学	1912 年	1996 年并入北京市东城区灯市口小学
13	北京市东城区东直门小学	1904 年	2003 年 2 月与东城区培红小学、东城区东直门小学合并成立北京市东城区史家小学分校
14	北京市东城区东总布小学	1975 年	2010 年 7 月与东城区新开路小学合并成立北京市东城区新开路东总布小学
15	北京市东城区二里庄小学	1938 年	2000 年更名为中央工艺美院附中艺美小学
16	北京市东城区国学胡同小学	1936 年	2005 年 7 月并入北京市东城区方家胡同小学
17	北京市东城区和平里第六小学	1963 年	1996 年 7 月分别并入北京市东城区和平里第一小学和北京市东城区和平里第四小学
18	北京市东城区吉祥胡同小学	1901 年	1995 年 7 月并入北京市东城区府学胡同小学
19	北京市东城区宽街小学	1919 年	2000 年 7 月并入北京市东城区府学胡同小学
20	北京市东城区宽街小学	1919 年	2000 年 9 月并入北京市东城区黑芝麻胡同小学
21	北京市东城区盔甲厂小学	1957 年	1998 年 7 月分别并入北京市东城区西总布小学和北京市东城区丁香胡同小学
22	北京市东城区礼士胡同小学	1956 年	2007 年并入东城区灯市口小学
23	北京市东城区麻线小学	1948 年	1995 年撤销
24	北京市东城区南城根小学	1913 年	2002 年 7 月并入北京市东城区东交民巷小学
25	北京市东城区南池子小学	1940 年	2001 年并入北京市东城区灯市口小学
26	北京市东城区培红小学	1948 年	2003 年 2 月与东城区北门仓小学、东城区东直门小学合并成立北京市东城区史家小学分校
27	北京市东城区培智中心学校	1986 年	2002 年 7 月与北京市第一聋人学校合并组建东城区特殊教育学校
28	北京市东城区前圆恩寺小学	1902 年	2000 年 9 月并入北京市东城区黑芝麻胡同小学
29	北京市东城区王府井小学	1922 年	2000 年撤销
30	北京市东城区西花厅小学	1960 年	1995 年撤销
31	北京市东城区香饵胡同小学	1906 年	2003 年 7 月并入北京市东城区府学胡同小学
32	北京市东城区新开路小学	1891 年	2010 年 7 月与东城区东总布小学合并成立北京市东城区新开路东总布小学
33	北京市东城区新中街小学	1959 年	2003 年 6 月并入北京市东城区曙光小学
34	北京市东城区育芳胡同小学	1902 年	2006 年 7 月撤销
35	北京市东城区朝阳门小学	1922 年	2003 年 9 月与东城区回民小学合并成立新的回民小学

续表 4

序号	学校名称	建校时间	撤并或更名说明
36	北京市东城区中绦胡同小学	1943 年	1999 年 7 月并入北京市东城区北锣鼓巷小学
37	北京市铁路职工第一子弟小学	1922 年	2006 年 7 月并入东城区东交民巷小学

表 5　1991—2010 年东城区普通中学撤并更名一览表

序号	学校名称	建校时间	撤并或更名说明
1	北京市第二十三中学	1950 年	1996 年 9 月更名为北京市第五中学分校
2	北京市第七十四中学	1965 年	2000 年并入北京市第一六五中学
3	北京市第八十五中学	1957 年	2003 年并入北京市第二中学分校
4	北京市第一二四中学	1923 年	1996 年 7 月初中并入北京市第二十四中学，职业高中并入北京市第一九零中学
5	北京市第一二八中学	1958 年	2003 年 7 月并入北京市第一六六中学
6	北京第一四二中学	1963 年	2000 年，在原有基础上成立北京宏志中学，在原校名后加挂北京宏志中学牌子
7	北京市第一四三中学	1962 年	2002 年 9 月恢复北京市国子监中学校名
8	北京市第一六三中学	1968 年	2006 年 7 月并入北京市第五十五中学
9	北京市第一六四中学	1935 年	2003 年 7 月并入北京市第一六六中学
10	北京市第一六八中学	1968 年	1995 年 7 月并入北京市第六十五中学
11	北京市第一九五中学	1974 年	2003 年 7 月并入北京市第二十四中学
12	北京市地安门中学	1902 年	1998 年更名为北京市东城综合高中
13	北京市东城区师范学校	1958 年	2003 年 9 月并入北京市第五中学
14	北京市东城综合高中	1902 年	2008 年 3 月并入北京市第五中学分校
15	北京市和平里中学	1972 年	2002 年并入北京市第一七一中学

表 6　2010 年东城区教委直属事业单位一览表

序号	单位名称	成立时间	地址	沿革
1	北京市东城区教育委员会房管所	1982 年	东城区地安门东大街 47 号	1982 年东城区教育局基建财务科剥离自管房管理工作，设立东城区教育局房管所。2001 年改称东城区教育委员会房管所。主要负责东城区教育系统的房产、地产、基建和修缮的管理工作。同时承担防汛、供暖、绿化美化校园及直管教工宿舍管理工作
2	北京市东城区北新桥少年之家	1974 年	东城区东直门内南小街 5 号	原名是北新桥少年宫，占地面积 848 平方米，建筑面积 658 平方米。1977 年改名为东城区北新桥少年之家。2007 年东城区少年美术馆并入
3	北京市东城区教师研修中心	1991 年	东城区交道口东公街 9 号	由东城区教科研中心和北京教育学院东城分院合并组建，是集教研、科研、进修为一体的干部、教师研修机构
4	北京市东城区教育技术装备部	1992 年	东城区鼓楼东大街小经厂胡同 26 号	主要承担东城教育系统政府采购、固定资产管理、设备维护、注销等管理工作
5	北京市东城区教育考试中心	2002 年	东城区和平里中街 37 号	由东城区教育局教行科、高招办、成人教育局成招办合并组建。主要负责全区初中、高中招生计划的编制工作、小学升初中入学工作、高级中等学校招生考试工作、普通高中会考工作、普通高等学校招生考试工作、成人高等学校招生考试工作、高等教育自学考试工作等

续表 6

序号	单位名称	成立时间	地址	沿革
6	北京市东城区教育信息中心	2006 年	东城区交道口东公街 9 号	前身是东城区电教馆，属教育学院东城分院下属部门，2006 年 1 月正式独立为法人单位
7	北京市东城区青少年科技馆	1983 年	东城区安外大街 33 号	1983 年 8 月东城区建国门少年之家改建为东城区青少年科技馆，地址北京市崇文门南城根 1 号。1997 年 4 月迁址东城区骑河楼北巷甲 6 号。2001 年 8 月迁至现址。主要负责全区中小学生的科技教育工作及全区科技教师培训工作
8	北京市东城区青少年课外活动指导服务中心	2004 年	东城区金鱼胡同 10 号	职责主要为全面实施“蓝天工程”，加强青少年课外教育活动的管理、指导与服务
9	北京市东城区少年宫	1956 年	东城区东直门南大街 10 号	初为北京市东单区少年之家，地址在朝阳门外大街，1959 年 3 月，东单区、东四区合并为东城区，两区少年之家合并为东城区少年之家，合并后以车辇店胡同 13 号为本部。1972 年 11 月更名为东城区少年宫。1982 年 7 月少年宫从车辇店迁到东城区府学胡同 65 号。1991 年 5 月迁至现址
10	北京市东城区朝阳门少年之家	1958 年	东城区安定门外安德路西营房 2 号院	初为东单区少年之家，位于史家胡同 64 号。1959 年改名东城区少年之家史家胡同活动站。1975 年改名东城区朝阳门少年之家。1998 年迁址于东城区安定门外西河沿。2009 年 10 月迁现址
11	北京市东城区中小学卫生保健所	1981 年	东城区东四九条胡同 49 号	原位于东城区北河沿大街甲 149 号，1993 年暂时搬迁到东城区北新桥三条 21 中西楼地下室，1995 年 8 月迁入东城区汪芝麻胡同 37 号，2007 年 1 月迁入现址

西城区

幼儿园

北京洁如幼儿园

园址：西城区成方街 29 号

1949 年 8 月建园，初名洁如保育院。2002 年 5 月改现名。2003 年 4 月迁现址。2006 年，由西城区卫生局转归西城区教委管理。2009 年，被评为北京市一级一类幼儿园。2010 年，该园为教育部门办园，寄宿和日托兼收。占地面积 3178 平方米、校舍建筑面积 3382 平方米。专用教室 4 个，普通教室 9 个。教职工 59 人，其中，教师 38 人，保健员 2 人。开设 9 个教学班。幼儿入园 95 人、离园 44 人、在园 289 人。党支部书记、园长李朝晖。

北京市北海幼儿园

园址：西城区地安门西大街 22 号

1949 年 3 月，中国人民解放军北京军事管制委员会接收北平市社会局托儿所，同年改现名。1999 年 11 月，西城区后海幼儿园（西城区后海北沿 23 号）并入北海幼儿园，专门招收两岁半左右的幼儿。2001 年被评为首批北京市示范幼儿园。2000 年以后，幼儿园进一步明确办园理念，以“倾心于孩子的今天，着眼于孩子的明天”为宗旨，提出“让教师快乐地工作，让幼儿快乐地成长”的“双快乐，双发展”管理理念和“承中求新、爱中求融、做中求精、乐中求进”的办园原则，并逐渐形成“实施主体性教育，人人在快乐发展中做最好的自己”的办园特色，确立“培养快乐、大气、自主、自信的中华儿童”的幼儿培养目标，以及“打造中华学前教育第一品牌”的办园目标。

2010 年，该园为教育部门办园，日托和寄宿兼收。占地面积 25346 平方米、校舍建筑面积 9421 平方米。拥有 11 个蒙台梭利教室、一个可容纳 40 名幼儿的计算机教室，3 个儿童功能室及体育走廊、健身房、儿童游泳馆等，普通教室 13 个。教职工 131 人，其中，教师 93 人，保健员 6 人。开设 22 个教学班。幼儿入园 207 人、离园 149 人、在园 658 人。党支部书记、园长柳茹。

北京市第六幼儿园

园址：西城区旧鼓楼大街大石桥胡同 43 号

1954 年建园。北京市一级一类幼儿园，北京市西城区“幸福成长儿童早期教育示范基地”。幼儿园开设亲子教育课程，为 0 ～ 3 岁散居儿童提供早期教育服务。2010 年，该园为教育部门办园，寄宿制。占地面积 10341 平方米，建筑面积 5124 平方米。专用教室 3 个，普通教室 11 个。教职工 69 人，其中，教师 46 人，保健员 4 人。开设 12 个教学班。幼儿入园 121 人、离园 106 人、在园 355 人。党支部书记、园长陈小明。

北京市西城区长安幼儿园

园址：西城区前门西大街 139 号

1955 年建园，初名西城区鲍家街幼儿

园，园址西城区前老莱街 38 号。1994 年被评为北京市一级一类幼儿园。2004 年 7 月 29 日迁至现址，2004 年 12 月改现名。

2010 年，该园为教育部门办园，日托制。占地面积 3400 平方米，校舍建筑面积 1396 平方米。有音乐教室、美术教室和社区亲子活动室各 1 个，普通教室 7 个。教职工 31 人，其中，教师 23 人，保健医 1 人。开设 8 个教学班。幼儿入园 76 人、离园 65 人、在园 212 人。园训：团结、进取、创新、奉献。党支部书记、园长赵建华。

北京市西城区华新幼儿园

园址：西城区西四北四条 8 号

1992 年成立，由西城区新文化街幼儿园和西城区华嘉幼儿园合并组建，园址为西城区辟才胡同西口南榆钱胡同 17 号。2004 年，迁址到西城区西四北四条甲 8 号。西城区新文化街幼儿园 1932 年建园，西城区新文化街幼儿园 1974 年建园。副园长李凤杰（主持工作）。

北京市西城区洁民幼儿园

园址：西城区马甸裕中西里小区 36 号楼

前身是京师第一蒙养院，1903 年建园。1922 年更名私立洁民幼稚园，1964 年改为市立幼儿园定现名。1995 年迁现址。1998 年被评为北京市一级一类幼儿园。2005 年被评为北京市示范幼儿园。幼儿园通过国际合作与潜心实践，逐步形成“自然化教育”的办园特色。充分利用大自然及生活中的真实情景，充分尊重幼儿的自然本性及身心发展规律，将教育自然地融入幼儿的生活，在自然的状态下让幼儿学会生活，使幼儿在自然中获得全面发展。

2010 年，该园为教育部门办园，日托制。占地面积 4200 平方米，建筑面积 2568 平方米，图书室藏书 8000 余册。教职工 32 人，其中专任教师 23 人，保健医 2 人，本科 1 人、专科 1 人。开设 9 个教学班。幼儿入园 82 人、离园 53 人、在园 209 人。党支部书记、园长张雪红。

北京市西城区棉花胡同幼儿园

园址：西城区棉花胡同 78 号

1957 年建园。2006 年 9 月，西城区平安里幼儿园并入棉花胡同幼儿园，平安里园址改为棉花胡同幼儿园日托部。2010 年，该园为教育部门办园，日托和寄宿兼收。占地面积 5259 平方米，校舍建筑面积 5374 平方米。专用教室 6 个，普通教室 19 个。教职工 94 人，其中，教师 72 人，保健员 5 人。开设 20 个教学班。幼儿入园 182 人、离园 120 人、在园 629 人。园训：爱业奉献、勤奋进取、严谨求实、诚恳服务。党支部书记、园长李建丽。

北京市西城区民族团结幼儿园

园址：西城区新外大街新明胡同乙 1 号
西城区德外黄寺大街 23 号

前身是西城区东绒线胡同幼儿园，1956 年建园。1992 年更名为西城区回民幼儿园。2001 年 10 月迁入西城区新外大街新明胡同乙 1 号。2006 年新增德外黄寺园区。2007 年改现名。

2010 年，该园为教育部门办园，日托制。一园两址，包括早教中心、托小部、中大部三部。占地面积 4800 平方米，校舍建筑面积 3520 平方米。现有教职工 40 人，其中专任教师 34 人，保健医 2 人。开设 11 个教学班。幼儿入园 148 人、离园 46 人、在园 300 人。幼儿园以招收少数民族幼儿为主，涉及 9 个民族（汉、回、满、维吾尔、蒙古、朝鲜、撒拉、白、苗）。党支部副书记、副园长单银雪（主持工作）。

北京市西城区培智中心学校展览路幼儿园

园址：西城区西直门外大街德宝新园 23 号

前身是西城区育红幼儿园，1975 年建园。2009 年 10 月，西城区培智中心学校与西城区育红幼儿园合并，幼儿园迁现址、改现名。该园自 1993 年起，积极开展智障儿童早期教育康复工作。2006 年，幼儿园创建普教班，招收正常幼儿入园，成为一所“残健合一，共同发展”的特色幼儿园。2009 年合并后，同时设有普通幼儿班和特教幼儿班，并开设各种特色课程。

2010年，西城区培智中心学校（含展览路幼儿园）占地面积6157平方米、建筑面积6043平方米、体育场（馆）面积2626平方米。图书馆（室）藏书15816册。普通教室18个，专用教室18个。教职工60人，其中专任教师51人；高级职称教师1人。幼儿园部开设教学班7个（含1个特教班）。在园幼儿135人，其中，智障幼儿8人。园训：勤奋、向上、自立、自强。党支部书记、园长芦燕云。

北京市西城区曙光幼儿园

园址：西城区西直门小后仓36号

1956年建园，前身是北京市立幼儿师范学校附属第二幼儿园。1970年改现名。2002年入选全国教育科学“十五”计划教育部重点课题“改善在职幼儿教师培训过程与方式的研究”的实验研究基地。2003年被评为北京市示范幼儿园。2010年被评为联合国教科文组织中国可持续发展（ESD）项目实验学校。

2010年，该园为教育部门办园，日托制。占地面积3197平方米，校舍建筑面积1570平方米。固定资产142.6万元。拥有音乐教室1个、普通教室7个。教职工32人，其中，教师21人，保健员2人。开设8个教学班。幼儿入园67人、离园68人、在园218人。党支部书记、副园长王晓红（主持工作）。

北京市西城区西四北幼儿园

园址：西城区西四北三条11号

1996年由西城区府前街幼儿园与西城区西四北七条幼儿园合并成立。2006年1月，西城区卫生局所属婴幼儿保教实验院并入。2010年，该园为教育部门办园，日托制。占地面积3775平方米，建筑面积1976平方米。教职工57人，其中专任教师30人，保健员1人。开设12个教学班。幼儿入园121人、离园68人、在园353人。园训：团结、进取、求实、创新。党支部书记、园长于清。

表7　2010年西城区幼儿园一览表

序号	幼儿园名称	建园时间	举办者
1	北京洁如幼儿园	1949年	教育部门办
2	北京市北海幼儿园	1949年	教育部门办
3	北京市第六幼儿园	1954年	教育部门办
4	北京市西城区长安幼儿园	1955年	教育部门办
5	北京市西城区华新幼儿园	1992年	教育部门办
6	北京市西城区洁民幼儿园	1903年	教育部门办
7	北京市西城区棉花胡同幼儿园	1957年	教育部门办
8	北京市西城区民族团结幼儿园	1956年	教育部门办
9	北京市西城区培智中心学校展览路幼儿园	2009年	教育部门办
10	北京市西城区曙光幼儿园	1956年	教育部门办
11	北京市西城区西四北幼儿园	1996年	教育部门办
12	北京军区空军蓝天宇锋幼儿园	1953年	其他部门办
13	北京市公安局幼儿园	1949年	其他部门办
14	北京市农业局幼儿园	1937年	其他部门办
15	公安部幼儿园	1950年	其他部门办
16	国家发展和改革委员会三里河幼儿园	1956年	其他部门办
17	机械部机关幼儿园	1953年	其他部门办
18	商业部三里河幼儿园	1957年	其他部门办
19	文化部幼儿园	1950年	其他部门办
20	物资部机关幼儿园	1973年	其他部门办

续表 7

序号	幼儿园名称	建园时间	举办者
21	中共中央办公厅警卫局北长街幼儿园	1948 年	其他部门办
22	中共中央直属机关事务管理局实验幼儿园	1968 年	其他部门办
23	中共中央组织部机关服务中心幼儿园	1948 年	其他部门办
24	中国儿童中心实验幼儿园	1999 年	其他部门办
25	中国人民解放军北京卫戍区直属机关幼儿园	1959 年	其他部门办
26	中国人民解放军解放军报社幼儿园	1975 年	其他部门办
27	中石油华油北京服务总公司幼儿园	1950 年	其他部门办
28	北京市西城区金融街街道新京畿道幼儿园	1958 年	集体办
29	北京市西城区什刹海街道大拐棒幼儿园	1956 年	集体办
30	北京市西城区新街口街道高井幼儿园	1958 年	集体办
31	北京市西城区新街口街道果子市幼儿园	1958 年	集体办
32	北京市西城区月坛街道办事处第四幼儿园	1972 年	集体办
33	北京市西城区月坛街道办事处第一幼儿园	1970 年	集体办
34	北京市西城区展览路街道北营幼儿园	1985 年	集体办
35	北京德采幼儿园	1993 年	民办
36	北京市西城区广电银河艺术幼儿园	2005 年	民办
37	北京市西城区幸福泉幼儿园	1999 年	民办

小学

北京第二实验小学

校址：西城区新文化街 111 号

前身是京师女子师范学堂附属两等小学堂，1909 年建校。1955 年定现名。2001 年，西城区新文化街第二小学并入，在新文化街第二小学原址成立低年级部，称为“王府校区”。2004 年在西城区北礼士路第二小学原址成立第二个低年级部，称为“官园校区”。1998 年，学校成立艺术团，民乐队和音乐队在金帆音乐厅举办专场音乐会。

2010 年，学校占地面积 37009 平方米，建筑面积 41447 平方米，体育场（馆）面积 10000 平方米。普通教室 81 个，专用教室 20 个。各教室均配有多媒体教学设施，连接互联网。图书馆藏书 10 万册，设有教师、学生阅览室 7 个。教职工 233 人，其中专任教师 186 人，高级职称教师 15 人，特级教师 5 人，市级骨干带头人 9 人。有教学班 83 个，在校生 3454 人，毕业 485 人，招生 612 人。校训：酷爱读书、勇于探索、崇尚文明、追求健美。党委书记冯红，校长李烈。

北京雷锋小学

校址：西城区旧鼓楼大街西绦胡同甲 2 号

1946 年建校，前身是西城区双寺小学。1990 年改现名。1996 年获少先队特色工作示范校称号。2001 年被西城区政府授予爱国主义教育基地称号。研发校本教材《雷锋精神代代相传》。2008 年获全国思想道德建设案例评选一等奖。

2010 年，学校占地面积 4348 平方米，建筑面积 5081 平方米，体育场面积 1672 平方米。图书馆藏书 16465 册。普通教室 11 个、专用教室 9 个。教职工 25 人，其中专任教师 19 人。开设教学班 7 个。毕业 26 人，招生 27 人、在校生 131 人。校训：像雷锋那样做人成才。党支部书记、校长郝雅玲。

北京市西城区白云路小学

校址：北京市西城区白云路 2 号

1960 年建校，前身是西城区复兴路小学，1988 年改为现名。学校自 1998 年进行可持续发展教育的研究，形成以可持续发展教育为核心的办学特色。学校编辑出版以尊重教育为主题的《素质教育新探索——白云路小学育人模式》及《尊重人》《尊重环境与资源》《尊重传统文化》《尊重世界优秀文化》校本教材。至2010年,学校曾被评为中国地球奖、全国创建绿色学校先进单位、国家级首批可持续发展教育示范校，学校的可持续发展教育园成为北京市社会大课堂节能减排的教育基地。

2010年，学校占地面积6196平方米，建筑面积7147平方米，体育场面积2400平方米。图书馆藏书2万册。普通教室24个，专用教室7个。教职工59人，其中专任教师48人。开设教学班24个。毕业105人，招生128人，在校生742人。校训：勤奋、自主、合作、创新。党支部书记、校长杨东燕。

北京市西城区北长街小学

校址：西城区北长街71号

前身是京师教育会附设平民小学，1925年建校。1958年改现名。2002年起，学校开办住宿部。同年，学校成为北京市批准招收外国学生的试点学校。2010年，学校占地面积7342平方米,建筑面积2637平方米,操场1391平方米。学校藏书1.6万册。普通教室12个,专用教室5个。教职工33人,其中专任教师26人。开设教学班12个。毕业49人,招生53人,在校生338人。校训:文明、勤奋、健康、活泼。党支部书记、校长张洁。

北京市西城区北礼士路第一小学

校址：西城区北礼士路133号

前身是北平市市立阜外陆公墓简易小学，1931年建校，1951年改现名。学校开发《写字——书法教育》校本课程，研发低中高年级《中国书法与文化》的校本教材。2010年，学校占地面积5161平方米，建筑面积5006平方米,体育场面积2700平方米。图书馆藏书31039册。普通教室15个，专用教室9个。教职工46人，其中专任教师39人;高级职称教师2人。开设教学班15个。毕业74人，招生63人，在校生374人。校训：律己、团结、勤奋、向上。党支部书记、校长史丽薇。

北京市西城区长安小学

校址：西城区东绒线胡同41号

前身是宗室觉罗八旗第八高等小学堂，1903年建校。1979年更名为北京市西城区东绒线胡同小学。1999年，北京市西城区和平门小学并入。2001年，北京市西城区东栓小学并入并改现名。学校先后建立六部口交通中队、府右街交通中队、府右街消防中队等5个教育基地。聘请交通、消防、国防、爱国主义教育、卫生健康等领域校外辅导员。科技教育为学校的特色，2006年获得头脑奥林匹克全国小学组第一名，并代表中国参加在美国举行的第27届头脑奥林匹克世界决赛。

2010年，学校占地面积8130平方米，建筑面积3991平方米，体育场面积956平方米。图书馆藏书10459册。普通教室18个，专用教室6个。教职工43人,其中专任教师35人。开设教学班14个。毕业73人，招生71人，在校生410人。校训:勤奋、团结、实践、创新。党支部书记、校长崔富云。

北京市西城区厂桥小学

校址：西城区地安门西大街167号

前身是右翼八期第一初等小学堂，1904年建校。1976年停办，1979年复校并定现名。2004年，北海小学部分师生并入。2010年，学校占地面积3552平方米，建筑面积4308平方米，体育场面积1208平方米。图书馆藏书1.18万册。普通教室19个，专用教室4个。教职工54人，其中专任教师47人；高级职称教师1人。开设教学班19个。毕业生95人、招生113人、在校生587人。校训:文明、勤奋、健康、创新。党支部书记、校长田杰。

北京市西城区德胜门外第二小学

校址：西城区德胜门外八道湾胡同3号

1963年建校并定现名。1975年改为十年一贯制学校，更名为北京市德胜门学校。1976年恢复6年制小学和校名。2000年，学校开设心理课程，创设西城区第一个心育活动室。

2010年，学校占地面积6858平方米，建筑面积5494平方米，体育场面积3013平方米。图书馆藏书3.27万册。普通教室17个，专用教室7个。教职工35人，其中专任教师33人。开设教学班12个。毕业46人，招生42人，在校生263人。校训：诚实、勤奋、文明、活泼。党支部书记、校长董桂兴。

北京市西城区奋斗小学

校址：西城区闹市口大街月台胡同15号

前身是第八战区副长官部奋斗小学，1940年建校，1956年改现名。1999年，西城区太平湖小学、西城区新文化街第三小学并入。2001年9月，学校创办寄宿部。学校创编校本教材《爱国名将傅作义》，将爱国主义教育渗透到课堂之中，依托校史，逐渐形成"质朴、平和、坚韧"的学校文化。

2010年，学校占地面积11200平方米，建筑面积16452平方米，体育场（馆）面积4775.86平方米。图书馆藏书75959册。普通教室36个，专用教室36个。教职工95人，其中专任教师83人；高级职称教师6人，市级骨干教师3人。开设教学班37个。毕业260人；招生248人；在校生1450人，其中寄宿学生674人。校训：团结奋斗，诚实活泼。党支部书记、校长见培炎。

北京市西城区复兴门外第一小学

校址：西城区复兴门外大街地藏庵23号

前身是海淀区真武庙小学，1953年建校，1963年改现名。2005年，西城区月坛小学和铁路第七小学并入。学校以艺术、体育、科技教育为特色发展项目，注重学生的实际参与、亲身体验、特色展示。2010年，学校占地面积17594平方米，建筑面积14404平方米，体育场面积8200平方米。图书馆藏书61358册。普通教室38个，专用教室21个。教职工111人，其中专任教师91人；高级职称教师1人。开设教学班38个。毕业157人，招生209人，在校生1115人。校训：文明、勤奋、团结、活泼。党支部书记、校长贾晓霞。

北京市西城区阜成门外第一小学

校址：西城区阜成门外大街甲十号

1950年建校，前身是圆广寺小学。1955年迁现址。1964年改现名。学校成立航模组、航空组、电子技师、计算机小组、气象小组等科技小组。2008年，学校成立民乐团、合唱团、舞蹈团。

2010年，学校占地面积8242平方米，建筑面积5438平方米，操场面积3125平方米。图书室藏书2.57万册。学校有普通教室24个，专用教室7个。教职工58人，其中专任教师53人；高级职称教师2人。开设教学班24个。毕业118人，招生156人，在校生853人。校训：诚信、友善、求实、创新。党支部书记、校长刘凯。

北京市西城区官园小学

校址：西城区东廊下胡同19号
西城区官园胡同甲1号

前身是北京市西城区福绥境第二小学，1965年建校，1966年改现名。2003年，与西城区福绥境小学、西城区庆丰小学合并组建新的西城区官园小学。学校以民族团结教育、对台教育为办学特色。2005年，学校获全国经典诵读示范校称号。

2010年，学校占地面积5946平方米，建筑面积5762平方米，体育场面积1500平方米。图书室藏书31017册。普通教室18个，专用教室12个。教职工53人，其中专任教师39人。开设教学班18个。毕业67人，招生86人，在校学生489人。校训：健康、快乐、求善、求美。党支部书记、校长李丽杰。

北京市西城区宏庙小学

校址：西城区西单北大街宏庙胡同13号

1883年，镶蓝旗官学自西单北东斜街迁出，移建于西斜街。当时学校有房31间，自此以后，学校在此办学不辍，后人也就把这年确定为宏庙小学的建校之始。1901年，镶蓝旗官学改名为宗室觉罗八旗第六高等小学堂。1958年定现名。学校自主编写以篮球为内容的校本教材。以课间操为切入点，自创“篮球”操。该校是全国体育传统项目训练先进校及示范校、中国青少年素质教育研究基地、全国现代教育技术实验校、全国可持续发展教育示范校，获中国WHO健康促进校金奖。

2010年，学校占地面积4961平方米，建筑面积8068平方米，体育场面积1718平方米。图书馆藏书42245册。普通教室26个，专用教室9个。教职工75人，其中专任教师56人；高级职称教师1人，北京市骨干教师1人。开设教学班26个。毕业160人，招生180人，在校生990人。校训：勤奋、诚实、友爱、活泼。党支部书记、校长张萍。

北京市西城区护国寺小学

校址：西城区护国寺东巷7号

1955年建校。2003年7月，西城区刘海小学并入该校。学校尝试“重阅读，重积累”的实践之路，结合课程标准要求开展“背诵古诗80首”达标活动，使学生养成背诵习惯。2010年，学校占地面积7975平方米，建筑面积5056平方米，体育场面积1586平方米。图书馆藏书1.8万册。普通教室11个，专用教室6个。教职工31人，其中专任教师23人。开设教学班11个。毕业23人，招生50人，在校生261人。校训：团结、文明、勤奋、进取。党支部书记、校长汤国强。

北京市西城区华嘉小学

校址：西城区华嘉胡同19号

前身是北京市市立大水车胡同小学，1941年建校，1996年锦什坊街小学并入，同年，学校迁至华嘉胡同19号。1999年改现名。2002年，西城区太平桥小学和西城区武定小学并入。学校重视节水教育，编研校本教材《小水滴旅行记》。学校开设机器人、无线电测向、科幻画、生物、巧巧手等科技兴趣小组。

2010年，学校占地面积6416平方米，建筑面积6000平方米，体育场面积1566平方米。图书馆藏书2.7万册。普通教室15个，专用教室6个。教职工53人，其中专任教师45人。开设教学班14个。毕业51人，招生63人，在校生342人。校训：健康、文明、勤奋、创新。党支部书记、校长张文。

北京市西城区黄城根小学

校址：西城区西黄城根北街3号（本部）
西城区育强胡同3号（低年级部）

前身是内务府三旗初等第六小学堂，1904年建校。1906年改为北洋官立第二小学堂。1958年改现名。2007年，西城区兵马司小学并入。学校建有少先队电视台、红领巾广播站、机器人编程、舞蹈社团、合唱社团、中国鼓社团、卡酷动漫社团等各种兴趣小组。学校先后被评为全国现代技术实验学校、全国部级活动课程实验基地、全国育人办有特色学校。

2010年，学校占地面积9920平方米，建筑面积10467平方米，体育场面积2008平方米。图书馆藏书5万册。普通教室45个，专用教室12个。教职工142人，其中专任教师117人；高级职称教师4人，特级教师2人，北京市骨干教师4人、北京市学科教学带头人15人。开设教学班42个。毕业199人，招生365人，在校生1656人。党总支书记姚静薇，校长麦峰。

北京市西城区进步小学

校址：西城区西外大街榆树馆胡同1号

前身是法国天主教会于阜成门外藤公栅栏天主教堂西创办的庆育小学堂，清末光绪年间建校。1958年定名西城区进步巷小学。2001年，西城区西直门外小学并入。2002年改现名。2003年迁现址。2003年，西城区北礼士路第二小学和西城区新兴中巷小学并入。2004年，西城区展新小学并入。2004年，学校的管乐团被市教委命名为“北京市学生金帆艺术团管乐分团”。2010年，被团中央授予国家一级学生乐仪队荣誉称号。

2010年，学校占地面积12000平方米，建筑面积10470平方米，体育场面积8000平方米。图书馆藏书3.14万册。普通教室27个，专用教室7个。教职工78人，其中专任教师69人；北京市骨干教师1人。开设教学班26个。毕业116人，招生112人，在校生746人。党支部书记、校长杨芳。

北京市西城区力学小学

校址：西城区力学胡同47号

前身为私立艺文小学，1931年建校，1967年改为现名。学校长年坚持在教师、学生中开展读书活动，学校广播站有“力学福娃读书乐”专栏，每年评选“读书小状元”。2010年，学校占地面积5740平方米，建筑面积6936平方米，体育场面积2100平方米。图书馆藏书2.8万册。普通教室19个，专用教室12个。教职工38人，其中专任教师27人；高级职称教师1人。开设教学班13个。毕业54人，招生72人，在校生334人。校训：努力学习、继承传统、全面发展、奋发向上。党支部书记、校长张健。

北京市西城区柳荫街小学

校址：西城区西煤厂胡同7号

前身是西城区西煤厂小学，1964年建校，1997年7月改现名。2002年7月，西城区大翔凤小学并入。学校建立“十岗”教育机制，实现德育教育课程化。

2010年，学校占地面积7154平方米，建筑面积3070平方米，体育场面积951平方米。图书馆藏书3.5万册。普通教室12个，专用教室10个。教职工33人，其中专任教师27人。开设教学班12个。毕业46人，招生46人，在校生296人。校训：勤奋、文明、健美、创新。党支部书记、校长尤福平。

北京市西城区民族团结小学

校址：西城区德胜门外大街安德路142号

前身为北平市第十五区德胜门外关厢简易小学，1933年建校，1971年更名为西城区德外关厢小学。1995年7月改现名。2002年11月，西城区德胜门外第四小学并入。2005年9月，西城区德胜门外第五小学并入。学校少数民族学生包括回族、满族、蒙古族、苗族、土家族、朝鲜族、瑶族、达斡尔族等。每个教学班都以少数民族命名，每班有班旗、班徽、班歌、班舞，以班级为主体展开多种民族活动。

2010年，学校占地面积15000平方米，建筑面积16500平方米，体育场面积4600平方米。图书馆藏书2万册。普通教室27个，专用教室11个。教职工69人，其中专任教师53人。开设教学班26个。毕业88人，招生131人，在校生674人。校训：团结、文明、快乐、向上。党支部书记、校长张红。

北京市西城区青龙桥小学

校址：西城区复兴门外真武庙四条六里71号

1957年建校。学校成立民乐团、合唱团、美术社团、科技社团、运动队等丰富学生课余生活的社团组织，并逐步形成校本课程。校民乐团为北京市“金帆民乐团”。2010年，学校占地面积7469平方米，建筑面积7017平方米，体育场面积3000平方米。图书馆藏书1.54万册。普通教室24个，专用教室16个。教职工51人，其中专任教师42人；北京市骨干教师2人，北京市学科教学带头人1人。开设教学班19个。毕业74人，招生88人，在校生510人。校训：诚实、勤奋、健美、创新。党支部书记、校长赵庆丽。

北京市西城区三里河第三小学

校址：西城区三里河三区36号（本部）
西城区三里河三区32号（分部）

1958年建校。2004年，西城区复兴门外第二小学并入。学校注重挖掘传统，形成学校文化；培育教育情怀，形成优美师德；关注育人质量，教育教学并重。2010年，学校占地面积12779平方米，建筑面积12709平方米，体育场（馆）面积5074平方米。图书馆（室）藏书11万册。普通教室38个，专用教室12个。教职工93人，其中专任教师80人；高级职称教师1人，北京市学科教学带头人1人。开设教学班33个。在校生1129人，招生211人，毕业155人。校训：团结、文明、勤奋、健美。党支部书记、校长邢晓琰。

北京市西城区师范学校附属小学

校址：西城区六铺炕北小街3号（南校区）
西城区黄寺大街23号院8号（北校区）

前身是燃料工业部北郊小学，1953年建校，1978年改现名。1999年，西城区师范学校撤销，与西城区师范学校附属小学组建西城区实验学校（九年一贯制学校），2005年西城区师范学校附属小学恢复独立建制。该校是首批北京市基础教育课程改革样本实验校。学校依托西城区教育研修网，创立“附小在线”协作组。

2010年，学校占地面积14670平方米，建筑面积11243平方米，体育场面积5968平方米。图书馆藏书3.5万册。普通教室50个，专用教室19个。教职工125人，其中专任教师115人；高级职称教师1人。开设50个教学班。毕业260人，招生335人，在校生1947人。党支部书记、校长李庆元。

北京市西城区什刹海小学

校址：西城区地安门内大街恭俭胡同41号（低年级部）
西城区米粮库胡同16号（中、高年级部）

2002年，西城区西板桥小学（1916年建校）和西城区米粮库小学（1946年建校）合并组建什刹海小学。学校与北京市什刹海体校合作办学，承担体校生小学阶段的义务教育任务。2010年，学校占地面积为5578平方米，建筑面积为3798平方米，操场面积为600平方米。图书15204册。普通教室16个，专用教室8个。教职工38人，其中专任教师28人。开设教学班16个（10个班的学生来源于什刹海体校）。毕业68人，招生32人，在校生400人。校训：团结、勤奋、守纪、创新。党支部书记、校长张东兵。

北京市西城区涭水河小学

校址：西城区涭水河胡同45号旁门

1923年建校，初为平民学校，1928年改为北方中学附属小学，校名为北方小学。1966年改现名。1995年学校从三年级开始开设心理辅导课，到2002年在全校铺开。学校是排球特色学校。

2010年，学校占地面积4089平方米，建筑面积3003平方米，体育场面积1960平方米，学校图书室藏书23149册。普通教室12个，专用教室6个。教职工30人，其中专任教师26人。开设12个教学班，毕业44人，招生54人，在校生304人。校训：做有修养的人。党支部书记、校长丁海雁。

北京市西城区顺城街第一小学

校址：西城区前门西大街135号

前身是北洋提督衙门学塾，1891年建校。1905年，更名为北洋官立第一小学堂。1958年改现名。1997年，西城区宣武门小学并入。2000年，西城区西绒线小学并入。1995年年底，学校承担中国WHO和中国健康研究所创建健康促进学校示范校合作项目，连续三年获得铜奖、银奖和金奖。学校少先队大队被评为全国红旗大队。

2010年，学校占地面积7960平方米，建筑面积5663平方米，体育场面积1493平方米。图书馆藏书21464万册。普通教室20个，专用教室8个。教职工54人，其中专任教师48人；高级职称教师1人。开设教学班16个。毕业57人，招生50人，在校生419人。校训：文明、健美、勤奋、向上。党支部书记、校长赵路线。

北京市西城区四根柏小学

校址：西城区赵登禹路58号

1933年建校，初为私立东北小学，1949年定现名。2003年，西城区后广平小学并入。2007年开始，每两年举办一届“微笑节”，定期开展各项主题教育活动，在节日当天学校邀请“微笑母亲、微笑家庭”代表参加表彰庆祝活动。

2010年，学校占地面积6650平方米，建筑面积5536平方米，体育场面积600平方米。图书馆藏书3.57万册。普通教室21个，专用教室4个。教职工51人，其中专任教师41人；高级职称教师2人。开设教学班21个。毕业89人，招生104人，在校生583人。校训：

健康、乐学、自信、微笑。党支部书记、校长韩力。

北京市西城区文兴街小学

校址：西城区文兴街4号

前身是西城区郝家湾小学，1961年建校，1963年改现名。2010年，学校提出“以人为本，促师生和谐发展”的办学理念。发展科技特色，让学生在绿色人文和科学普及的环境中，从小树立远大志向。2010年，学校占地面积8158平方米，建筑面积6060平方米，体育馆面积332平方米。图书馆藏书2.6616万册。普通教室15个，专用教室7个。教职工36人，其中专任教师26人；高级职称教师1人，北京市骨干教师1人。开设教学班12个。毕业51人，招生48人，在校生298人。党支部书记、校长贾秋慧。

北京市西城区五路通小学

校址：西城区黄寺大街什坊街甲6号

1960年建校。学校确立以美育为特色，开展“寓美育与教育全过程”的专题研究。开设音乐课、美术课、书法课、形体课、舞蹈课等艺术类课程，同时开办各类兴趣小组。校管乐队已发展为拥有120余人、配备齐全的大型乐队。

2010年，学校占地面积8925平方米，建筑面积5706平方米，体育场面积4380平方米。图书馆藏书3.64万册。普通教室27个，专用教室15个。教职工70人，其中专任教师61人；高级职称教师1人。开设教学班26个。毕业生154人，招生143人，在校生880人。党支部书记、校长张洁。

北京市西城区西单小学

校址：西城区中京畿道1号

前身是京师第一蒙养院附设女子两等小学堂，1903年建校。1958年更名为西城区大木仓小学。1996年，西城区二龙路小学并入组建新的大木仓小学。2002年，学校迁址中京畿道1号，改现名。2005年，学校将棒球引入体育课堂，《快乐棒球》课程的开发与实施形成以棒球为特色的小学体育校本课程。

2010，学校占地面积7400平方米，建筑面积13987平方米，体育场面积200平方米。图书馆藏书15000册。普通教室17个，专用教室8个。教职工41人，其中专任教师35人；北京市骨干教师2人。开设教学班17个。毕业70人，招生92人，在校生401人。校训：自主、协作、善学、创新。党支部书记、校长吴润山。

北京市西城区西什库小学

校址：西城区刘兰塑胡同14号

1897年，西什库教堂主教法籍人士林懋德创办儿童主日学。1910年，学校始称私立圣心（新）小学堂，为初级小学堂，后改为私立盛新小学堂。1952年，改现名。1997年、2010年，学校两次进行全面整修，在保持原貌的基础上，改建小礼堂、录课教室，增添现代化教学设施。2007年，学校教学楼列为第一批北京市近现代建筑文物。2009年与法国大使馆合作开展国际化教育，开设法语班。

2010年，学校占地面积5218平方米，建筑面积3229平方米，体育场面积1259平方米。图书馆藏书1.4万册。普通教室12个，专用教室6个。教职工32人，其中专任教师27人；高级职称教师1人。开设教学班12。毕业42人，招生49人，在校生279人。校训：诚实、团结、勤奋、活泼。党支部书记、校长阮平。

北京市西城区西四北四条小学

校址：西城区西四北四条胡同47号

1903年建校，初为八旗第四高等小学堂。1972年改现名。1999年，西城区西四北三条小学2个教学班并入。2004年，西城区西四北小学并入。2005年，被评为全国教育技术研究重点课题实验校。

2010年，学校占地面积10305平方米，建筑面积4970平方米，运动场面积2373平方米。图书室藏书25425册。普通教室22个，专用教室10个。教职工53人，其中专任教师44人；高级职称教师1人。开设教学班22个。毕业85人，招生92人，在校生625人。校训：健康、乐学、合作、创新。党支部书记、校长谢彬。

北京市西城区新街口东街小学

校址：西城区新街口东街5号

前身是邱家胡同小学，1937年建校，1967年改现名。学校以“传承民族文化、提高道德修养”为主题开展学打太极拳，诵读古诗文的系列活动。把学习太极拳、诵读古诗和《弟子规》，作为学生德育学习的内容。

2010年，学校占地面积6155平方米，建筑面积3734平方米，体育场面积2078平方米。图书馆藏书2.1万册。普通教室12个，专用教室6个。教职工37人，其中专任教师28人。开设教学班12个。毕业50人，招生56人，在校生255人。校训：团结、勤奋、文明、健美。党支部书记、校长朱铁林。

北京市西城区鸦儿胡同小学

校址：西城区鸦儿胡同25号（南校区）
西城区鼓楼西大街63号（北校区）

前身为鼓楼西大街基督堂设立的非正规小学，1900年被毁。后在鼓楼西边的鸦儿胡同重建，分别设崇实国民学校、崇实女学校第一分校（均为初级小学），另在新街口设崇实女学校第二分校。1916年三校并存。1931年改名崇实崇慈合组小学。1952年定现名。2003年7月，北京市西城区孝友小学并入。

2010年，学校占地面积8291平方米、建筑面积3946平方米，体育场面积1080平方米。图书室藏书1.04万册。教职工43人，其中专任教师31人；高级职称教师1人。开设教学班15个。毕业56人，招生58人，在校生401人。校训：诚实、乐群、勤奋、健美。党支部书记、校长樊和香。

北京市西城区银河小学

校址：西城区阜成门北营房中街57号

前身是私立育生回民小学，1950年建校，1965年更名为西城区北营房小学。1998年改为寄宿制学校。1999年改现名。学校实行小班化开放式教学，封闭式科学管理，学校开设舞蹈、声乐、京剧、轮滑、书法、绘画、古诗文诵读、课外英语课，形成科学的课程体系，特别是艺术教育形成特色。2007年，被评为北京市艺术教育特色校。

2010年，学校占地面积6136平方米，建筑面积6384平方米，体育场面积5036平方米。图书馆藏书4万册。普通教室12个，专用教室20个。教职工35人，其中专任教师27人；高级职称教师1人，北京市骨干教师1人。开设教学班12个。毕业51人，招生52人，在校生325人。校训：文明、守纪、勤奋、创新。党支部书记、校长孟迎春。

北京市西城区玉桃园小学

校址：西直门内大街玉桃园三区10号

前身是北平市西直门内马相胡同简易小学，1935年建校，1970年定名西城区马相小学。1993年，接收撤销的新街口小学部分师生。2000年，西城区西直门第二小学并入，马相小学改现名，校址改现址。2005年，西城区东教场小学并入。

2010年，学校占地面积9300平方米，建筑面积6029平方米，体育运动场4836平方米。图书27000册。普通教室23个，专用教室8个。教职工80人，其中专任教师66人；高级职称教师2人。开设教学班23个。毕业94人，招生100人、在校生601人。校训：团结、勤奋、诚实、健康。党支部书记、校长李颖。

北京市西城区育民小学

校址：西城区真武头条8号

前身是中央财政部子弟学校，1959年建校，学校构建“求精、求真、求美”的核心文化，创新“大小德育双轨制”和“铸爱养习”主线教育特色。学校先后被评为全国少年儿童先进集体、全国红旗大队。

2010年，学校占地面积13905平方米，建筑面积18789平方米，体育场面积2636.6平方米。图书馆藏书4.9万册。普通教室47个，专用教室16个。教职工92人，其中专任教师80人；高级职称教师7人，特级教师3人，北京市骨干教师6人，北京市学科教学带头人2人。开设教学班39个。毕业247人，招生217人，在校生1228人。校训：勤奋、文明、活泼、健美。党支部书记、校长翟京华。

北京市西城区育翔小学

校址：西城区马甸南村乙 14 号

前身是空军子弟寄宿制完全小学，1954 年建校。2003 年西城区双秀小学并入。2004 年，迁现址。2000 年起，学校先后参与“现代学校文化建设与素质教育研究”“主体教育与我国基础教育现代化发展的理论与实验研究”等课题，且独立承担全国教育科学规划“跨世纪园丁工程”专设课题“小学人文精神启蒙教育的研究”。1 名教师被评为全国优秀教师。

2010 年，学校占地面积 10344 平方米，建筑面积 9265 平方米，体育场面积 4314 平方米。图书室藏书 5.9 万册。普通教室 44 个，专用教室 11 个。教职工 104 人，其中专任教师 100 人；高级职称教师 3 人，本科及以上学历 73 人。开设教学班 44 个。毕业 243 人，招生 316 人，在校生 1638 人。校训：诚实、善学、健美、和谐。党支部书记、校长胡晓峰。

北京市西城区裕中小学

校址：西城区裕中西里 29 号楼

1988 年建校，因租用朝阳区五路居小学校舍上课，临时称五路居西城班。1990 年迁现址、改现名。学校创建与环境问题有关的特色班级，组织生物兴趣小组、天文小组等社团活动。学校重视学生文体活动，优势项目有田径、足球、跆拳道，学校被评为北京市冬季体育锻炼先进单位。

2010 年，学校占地面积 6251 平方米，建筑面积 4733 平方米，体育场面积 1200 平方米。图书馆藏书 4.11 万册。普通教室 26 个，专用教室 2 个。教职工 43 个，其中专任教师 37 人；高级职称教师 27 人，本科及以上学历 28 人。开设教学班 16 个。毕业 76 人，招生 52 人，在校生 377 人。校训：勤奋、文明、团结、健美。党支部书记、校长张亚玲。

北京市西城区展览路第一小学

校址：西城区百万庄中里七号

前身是北京市海淀区百万庄小学，1955 年建校，1958 年改现名。1998 年，西城区展览路第二小学、西城区下关小学并入。2000 年，西城区展览路第三小学并入。2006 年，西城区百万庄小学并入。学校拥有一支高素质的金帆合唱团，拥有芽芽团、苗苗团、花蕾团等专业儿童演唱团体。

2010 年，学校占地面积 16615 平方米，建筑面积 13345 平方米，体育场面积 6840 平方米。图书馆藏书 4.23 万册。普通教室 41 个，专用教室 19 个。教职工 111 人，其中专任教师 96 人；高级职称教师 1 人，北京市骨干教师 1 人。开设教学班 37 个。毕业 213 人，招生 195 人，在校生 1149 人。校训：文明、守纪、勤奋、团结。党支部书记、校长张新华。

北京市西城区中古友谊小学

校址：西城区三里河一区 39 号

前身是国家计委职工子弟小学，1954 年建校，1964 年改现名。2004 年 7 月，学校新教学楼落成，原教学楼拆除平整后扩建操场和体育馆。2005 年，西城区阜成门外第二小学并入。学校长期与古巴大使馆保持友好关系，每年的 4 月、6 月、9 月都与大使馆的儿童开展联谊交流活动，历任古巴大使和夫人都到学校参观，进行文化交流。

2010 年，学校占地面积 140402 平方米，建筑面积 16292 平方米，体育场面积 2961 平方米。图书馆藏书 2.57 万册。普通教室 36 个，专用教室 17 个。教职工 100 人，其中专任教师 95 人；高级职称教师 2 人，北京市骨干教师 1 人。开设教学班 36 个。毕业 214 人，招生 233 人，在校生 1257 人。校训：传承友谊，追求卓越。党支部书记、校长吴小瑜。

北京市西城区中华路小学

校址：西城区前半壁街 48 号

前身是北沟沿清真寺建私立伊斯兰小学，1943 年建校，1977 年改现名。1993 年，西城区新街口小学部分教师、学生并入。2010 年 11 月，学校迁现址。学校采用小班化教学方式。学校是排球传统学校，长期以来坚持向全体学生普及排球知识和技能。

2010 年，学校占地面积 2440 平方米，建筑面积 2210 平方米，体育场面积 1040 平方米。图书馆藏书总数 21000 册。普通教室 9 个，专用教室4个。教职工26人，其中专任教师19人。开设8个教学班。毕业55人，招生17人，在校生170人。校训:团结、诚实、文明、勤奋。党支部书记、校长郭慧明。

北京市西城区自忠小学

校址：西城区府右街丙27号

前身是北平市私立自忠小学校，1948年建校。1988年定现名。1998年，西城区后达里小学并入。2003年，西城区府右街小学并入。"继承和发扬张自忠将军的爱国主义精神"是学校的教育特色。1996年被确定为市级体育田径传统项目学校。

2010年，学校占地面积12638平方米，建筑面积5990平方米，体育场面积2800平方米。图书馆藏书5.3万册。有普通教室30个，专用教室10个。教职工60人，其中专任教师58人。开设教学班29个。毕业125人，招生160人，在校生874人。校训:诚实、文明、勤奋、进取。党支部书记、校长王淑明。

表8 2010年西城区小学一览表

序号	学校名称	建校时间	举办者
1	北京第二实验小学	1909年	教育部门和集体办
2	北京雷锋小学	1946年	教育部门和集体办
3	北京市西城区白云路小学	1960年	教育部门和集体办
4	北京市西城区北长街小学	1925年	教育部门和集体办
5	北京市西城区北礼士路第一小学	1931年	教育部门和集体办
6	北京市西城区长安小学	1903年	教育部门和集体办
7	北京市西城区厂桥小学	1904年	教育部门和集体办
8	北京市西城区德胜门外第二小学	1963年	教育部门和集体办
9	北京市西城区奋斗小学	1940年	教育部门和集体办
10	北京市西城区复兴门外第一小学	1953年	教育部门和集体办
11	北京市西城区阜成门外第一小学	1950年	教育部门和集体办
12	北京市西城区官园小学	1965年	教育部门和集体办
13	北京市西城区宏庙小学	1903年	教育部门和集体办
14	北京市西城区护国寺小学	1955年	教育部门和集体办
15	北京市西城区华嘉小学	1939年	教育部门和集体办
16	北京市西城区黄城根小学	1906年	教育部门和集体办
17	北京市西城区进步小学	1918年	教育部门和集体办
18	北京市西城区力学小学	1931年	教育部门和集体办
19	北京市西城区柳荫街小学	1964年	教育部门和集体办
20	北京市西城区民族团结小学	1933年	教育部门和集体办
21	北京市西城区青龙桥小学	1957年	教育部门和集体办
22	北京市西城区三里河第三小学	1958年	教育部门和集体办
23	北京市西城区师范学校附属小学	1955年	教育部门和集体办
24	北京市西城区什刹海小学	1946年	教育部门和集体办
25	北京市西城区浸水河小学	1923年	教育部门和集体办
26	北京市西城区顺城街第一小学	1905年	教育部门和集体办
27	北京市西城区四根柏小学	1933年	教育部门和集体办
28	北京市西城区文兴街小学	1961年	教育部门和集体办
29	北京市西城区五路通小学	1960年	教育部门和集体办
30	北京市西城区西单小学	1903年	教育部门和集体办
31	北京市西城区西什库小学	1897年	教育部门和集体办
32	北京市西城区西四北四条小学	1903年	教育部门和集体办

续表 8

序号	学校名称	建校时间	举办者
33	北京市西城区新街口东街小学	1937 年	教育部门和集体办
34	北京市西城区鸦儿胡同小学	1900 年	教育部门和集体办
35	北京市西城区银河小学	1950 年	教育部门和集体办
36	北京市西城区玉桃园小学	1935 年	教育部门和集体办
37	北京市西城区育民小学	1959 年	教育部门和集体办
38	北京市西城区育翔小学	1954 年	教育部门和集体办
39	北京市西城区裕中小学	1988 年	教育部门和集体办
40	北京市西城区展览路第一小学	1955 年	教育部门和集体办
41	北京市西城区中古友谊小学	1954 年	教育部门和集体办
42	北京市西城区中华路小学	1943 年	教育部门和集体办
43	北京市西城区自忠小学	1948 年	教育部门和集体办
44	北京师范大学亚太实验学校	1992 年	其他部门办

普通中学

北京教育学院附属中学

校址：西城区新街口大四条 48 号（高中部）
西城区新街口东新开胡同 23 号（初中部）

2008 年 1 月成立，由北京市丰盛中学和北京教育学院西城分院附属中学合并组建。同年 2 月西城区政府批复同意两校合并组建教育学院附中，同年 6 月，西城区机构编制委员会批复同意撤销北京市丰盛中学和北京教育学院西城分院附属中学建制，将其合并成立北京教育学院附属中学。

2010 年，学校占地面积 21959 平方米，建筑面积 24323 平方米，体育场面积 8222.6 平方米。图书馆藏书 88390 册。普通教室 36 个，专用教室 19 个，实验室 11 个。教职工 226 人，其中专任教师 145 人；高级职称教师 47 人。开设教学班 39 个（初中班 18 个、高中班 21 个）。毕业 377 人（初中 147 人、高中 230 人），招生 347 人（初中 175 人、高中 172 人），在校生 1016 人（初中 455 人、高中 561 人），在校生中寄宿生 60 人。校训：志诚、勤奋、健康、发展。党支部书记金培京，校长张延华。

北京师范大学第二附属中学

校址：西城区新外大街 12 号

前身是北京市第四十六中学，1953 年建校。1960 年更名为北京师范大学第二附属中学，由北京师范大学和北京市双重管理。1992 年开设理科实验班。1995 年开设文科实验班。2002 年，被评为北京市示范性普通高中。2007 年，成为北京市高中自主排课课程改革实验样本学校。2008 年，成立“国际部”，开办首届 PGA 高中国际课程班。2010 年，学校重新装修学校图书馆、电子阅览室、文心书屋，开设项目式学习实验班。

2010 年，学校占地面积 65390 平方米，校舍建筑面积 97375 平方米。体育场面积 6080.96 平方米。图书馆藏书约 10 万册。普通教室 32 个，专用教室 10 个，实验室 10 个。教职工 198 人，其中专任教师 149 人；高级职称教师 51 人，特级教师 6 人，市级学科带头人 1 人，市级骨干教师 8 人。开设教学班 65 个（初中班 19 个、高中班 46 个）。毕业生 596 人（初中 235 人、高中 361 人），招生 689 人（初中 270 人、高中 419 人），在校生 1956 人（初中 750 人、高中 1206 人）。校训：笃志、博学、质朴、方正。党支部书记、校长曹保义。

北京师范大学附属实验中学

校址：西城区二龙路 14 号

前身是北京女子师范学校附属女子中学，

1917年建校，1978年定现名。2002年，被评为北京市示范性普通高中校。20世纪90年代初，率先构建“必修+专修+选修+活动课”的课程体系，通过专修课实现“基础分流”，通过选修课与活动课充分挖掘并发挥学生特长。学校是女子排球和田径传统项目校，并在游泳队探索“教体结合”培养高水平运动人才的新模式。学校金帆舞蹈团、民乐团、合唱团创新艺术人才培养模式。学校通过“直通车项目”和“校长推荐计划”推荐学生进入世界知名学府深造

2010年，学校占地面积35000平方米，建筑面积51000平方米，体育场面积10034平方米。图书馆藏书13万册。普通教室71个，专用教室46个,实验室36个。教职工296人，其中专任教师220人；高级职称教师119人，特级教师7人，北京市骨干教师11人，北京市学科教学带头人2人。开设教学班34个。毕业429人，招生392人；在校生1242人，包括寄宿生350人。校训:诚信，严谨，求是，拓新。党委书记程凤春，校长蔡晓东。

北京师范大学附属实验中学分校

校址：西城区辟才胡同80号

1998年5月建校，民办公助实验校。前身是1964年建校的北京市第三十七中学。北师大实验中学分校成立后，三十七中初中部师生并入，职业高中部并入北京市第三十四中学。2009年9月，结束体制改革实验，变更为实验中学初中部。2010年11月，西城区人民政府和北京师范大学达成协议，北师大实验中学分校由北京师范大学和西城区人民政府共同主办、北师大实验中学承办，保留独立法人单位建制和独立账号，学制初中，西城区教育委员会负责进行业务指导。

2010年，学校占地面积8600平方米，建筑面积29930平方米，体育场面积3313平方米。普通教室71个，专用教室46个，实验室36个。教职工305人，其中专任教师227人;高级职称教师119人，特级教师7人，北京市骨干教师11人，北京市学科教学带头人2人（教室数、教师数为北京师范大学附属实验中学和实验中学分校合计数）。开设教学班36个，毕业432人，招生473人，在校生1430人。校长陈国才。校训:诚信、严谨、求实、拓新。

北京师范大学亚太实验学校

校址：昌平区东三旗

前身是对外贸易经济合作部职工子弟学校，1991年建校。1995年9月，初中部、高中部成立。2001年3月改现名，举办者改为北京师范大学。2002年3月被批准为办学体制改革试点学校。2003年8月，获得招收外籍学生资格。2010年，学校是一所集小学、初中为一体，寄宿生、走读生兼收的全日制学校，具有完全中学资质。学校占地面积80000平方米，建筑面积35858平方米，体育场面积24890平方米。图书馆藏书3.98万册。普通教室53个，专用教室16个，实验室6个。教职工169人,其中专任教师116人；高级职称教师12人。开设教学班51个（小学42个、初中9个）。毕业254人(小学187人、初中67人)，招生420人（小学304人、初中116人），在校生1538人（小学1243人、初中295人）。校训：明德、博学、尚美、拓新。党支部书记、校长徐向东。

北京市第三中学

校址：西城区富国街3号

前身是宗室觉罗八旗右翼宗学，1724年建校。1912年，改为京师公立第三中学校。1950年定现名。2002年，北京市新街口中学并入，成为北京三中初中部。2010年，北京市西四中学部分并入，学校初中部迁至西城区大红罗厂街甲25号。学校在1998年成立“北京市青少年曲艺培训中心”，以后又成立合唱队、民乐队、舞蹈队等学校文艺团体，并组建民族艺术特长班。

2010年，学校占地面积31927平方米，建筑面积31529平方米，体育场（馆）面积700平方米。图书馆藏书71408册。普通教室36个，专用教室12个，实验室11个。教职工220人，其中专任教师157人；高级职称教师39人，北京市骨干教师1人，大学本科学历153人。开设教学班42个，其中，初中

24个，高中18个。毕业434人（初中206人、高中228人），招生284人（初中138人、高中147人），在校学生1186人（初中646人、高中540人）。校训：求真、文明、勤奋、健美。党支部书记孙建栋，校长顾晓霞。

北京市第四中学

校址：西城区西黄城根北街甲2号

1906年在西什库13号建顺天中学堂，1949年改为现名。1978年，被确定为北京市重点中学。2001年4月28日，北京四中网校成立。2002年，国际部设立，开始招收来自日本、韩国、新西兰等国家的留学生。2004年，设立初中部恢复初中招生。2005年，北京市北海中学并入，在北海中学校址设立北京四中东校区。2008年，接收北京市西城区民族团结中学部分师生。2010年，高中部开设出国留学班。2006年，开设科技创新实验班。2007年，开设人文实验班。2010年，开设以第一任校长王道元先生命名的“道元创新实验班”。

学校是奥运体育后备人才训练基地，是北京市体育局命名的篮球传统项目学校。学校科技俱乐部学生参加不同形式的野外考察，并进入科学院、研究所参观、实践。至2010年，学校学生有30多项研究成果获得国际及全国科技创新大赛大奖，有6人获得“北京市市长奖”。在国际奥林匹克竞赛中，学生共获得9枚金牌、4枚银牌、3枚铜牌。

2010年，学校占地面积68942平方米，建筑面积63810平方米，体育场面积27775平方米。图书馆藏书169915册。普通教室69个，专用教室34个，实验室29个。教职工332人，其中专任教师234人；高级职称教师105人，特级教师4人，北京市学科教学带头人3人，市级骨干教师4人。开设教学班60个（初中班24个、高中班36个）。毕业864人（初中400人、高中464人），招生782人（初中320人、高中462人），在校生2406人（初中949人、高中1457人）。校训：勤奋、严谨、民主、开拓。党委书记张云裳，校长刘长铭。

北京市第七中学

校址：西城区安德路69号

前身是北平市私立镜湖中学，1931年建校，1949年定现名。2002年，北京市双秀实验学校初中部并入。1994年4月，学校被认定为“北京市体育传统项目学校”（足球）。2000年被评为北京市足球传统校先进单位。2010年被评为全国青少年英语技能交流展示活动优秀学校。

2010年，学校占地面积22449平方米，建筑面积20288平方米，体育场（馆）面积786.5平方米。图书馆藏书66717册。普通教室30个，专用教室15个，实验室10个。教职工150人，其中专任教师98人；高级职称教师38人，特级教师1人。开设教学班30个（初中班12个、高中班18个）。毕业254人（初中97人、高中157人）；招生301人（初中146人、高中155人）；在校生939人（初中440人、高中499人）。校训：厚德、博爱、励学、敦行。党支部副书记王喜林（主持工作），校长王文利。

北京市第八中学

校址：西城区学院小街2号（高中部）
西城区西便门外东大街乙2号
（初中部）

前身是1921年建校的北京私立四存中学和1947年建校的北平市市立第八中学。1949年两校合并，改现名。学校原位于按院胡同30号。1998年初中部迁现址。2000年高中部迁现址。1993年，学校成立教育科研室，组织和管理各级各类课题的研究。2002年，建成生物中心，有十万级无菌操作室、无菌培养室、智能化温室。2002年，成立学生交响乐团，2007年被授予北京市金帆交响乐团称号。2003年被评为北京市示范高中。学校是北京市金鹏科技团分团、北京市中小学科技活动示范校、北京市“翱翔计划”化学与生命科学基地校、“雏鹰计划”试点校、北京市早期科技后备人才培养计划基地校、北京青少年科技俱乐部基地校、国家级体育传统校、北京市无线电运动协会成员校、全国青少年电子技师北京地区认证单位。学校还是世界超常儿童理事会和亚太地区超常儿童联合会会员，1999 年，“超常儿童鉴别与培养”课题获全国教育科学优秀成果二等奖。

2010 年，学校占地面积 43423 平方米，建筑面积 59080 平方米，体育场面积 23751 平方米。图书馆藏书 148822 册。普通教室 70 个，专用教室 10 个，实验室 22 个。教职工 305 人，专任教师 230 人；高级职称教师 91 人，特级教师 3 人，北京市骨干教师 4 人，北京市学科教学带头人 2 人。开设教学班 57 个（初中班 25 个、高中班 27 个，素质班 1 个，超常教育实验班 4 个）。毕业 699 人（初中 335 人、高中 329 人、超常教育实验班 35 人）；招生 601 人（初中 272 人、高中 260 人、素质班 34 人、超常教育实验班 35 人）；在校生 1991 人（初中 918 人、高中 936 人，素质班 34 人，超常教育实验班 103 人），在校生中，寄宿生 182 人。校训：勤奋、进取、和谐、致美。党委书记张凤兰，校长台峰。

北京市第八中学分校

校址：西城区复兴门外大街乙 20 号

1952 年建校，由 1930 建校的私立协化女子中学和 1943 年建校的私立新华中学合并组建，定校名北京市第三十三中学。1994 年，西城区白云观北里 11 号作为第三十三中分校，开始“一校两址”办学。1997 年，学校停止高中招生，调整为一所纯初中校。2008 年，与北京市第八中学签订联合办学协议。同年 6 月改现名。

2010 年，学校占地面积 10696 平方米、校舍建筑面积 11747 平方米，体育场面积 3362 平方米。图书馆藏书 3.8 万册。普通教室 28 个，专用教室 10 个，实验室 7 个。教职工 96 人，其中专任教师 67 人；高级职称教师 18 人，北京市骨干教师 1 人。开设初中教学班 24 个。毕业生 171 人，招生 293 人，在校生 826 人。校训：勤奋、进取、和谐、致美。党支部书记赵国振，校长刘际蓁。

北京市第十三中学

校址：西城区柳荫街 27 号（高中部）

西城区鼓楼西大街 148 号（初中部）

前身为公教大学预科，1925 年建校，1950 年改称辅仁大学附属中学，1951 年改为现名。2003 年 7 月，北京市第一八四中学并入。1995 年 6 月，学校被授予全国环境教育先进单位。2000 年，成为首批全国绿色学校。2005 年，被评为北京市示范性普通高中。

2010 年，学校总占地面积 28245 平方米，建筑面积 25994 平方米，体育场 8360 平方米。图书馆藏书 10580 册。普通教室 39 个，专用教室 27 个、实验室 16 个。教职工 174 人，其中专任教师 125 人；高级职称教师 55 人。开设教学班 36 个。毕业生 409 人，招生 368 人，在校生 1198 人。校训：坚定、勤奋、强健、创新。党总支副书记范雪梅（主持工作），校长马景林。

北京市第十三中学分校

校址：西城区德胜门内西绦胡同 59 号

前身是 1958 年建校的北京市第一零六中学。1998 年 6 月，实施民办公助实验，实行独立法人、人员自聘、经费自筹体制改革，改为现名。2008 年，结束民办公助实验，转为公办初中校。至 2010 年，学校被评为北京市优质初中校、综合治理优类校、师德先进校、心理教育特色校、课程改革先进校。

2010 年，学校占地面积 8128 平方米，建筑面积 8675 平方米，体育场面积 2863 平方米。图书藏书 4.66 万册。普通教室 24 个，专用教室 14 个，实验室 6 个。教职工 89 人，其中专任教师 64 人；高级职称教师 14 人。开设教学班 24 个，毕业 329 人，招生 324 人，在校生 938 人。校训：坚定、勤奋、强健、创新。党支部书记蔡伟，校长田铁鑫。

北京市第三十一中学

校址：西城区西绒线胡同 33 号

1874 建校，前身是英国中华圣公会创办的崇德学堂。1897 年，崇德学堂停办。1905 年，英国人伯夏理会长在象坊桥中华圣公会院内重建崇德学堂。1952年改现名。1996年成立邓稼先班。1997年，为云南绿春县培养品学兼优的少数民族高中生，至2007年，共培养六届49人。2000年，被授予中国青少年素质教育研究实践基地。

2010年，学校占地面积17257平方米，建筑面积11291平方米，体育场面积5600平方米。图书馆藏书9.06万册。普通教室30个，专用教室20个，实验室9个。教职工146人，其中专任教师101人；高级职称教师31人。开设教学班30个（初中班12个、高中班18个）。毕业262人（初中118人、高中144人）；招生256人（初中141人、高中146人）；在校生883人（初中434人、高中449人）。校训：崇德、敬业、健身。党总支书记刘翠梅，校长张礼斌。

北京市第三十五中学

校址：西城区太平桥大街小口袋胡同19号（高中部）

西城区月坛北街甲1号（初中部）

1923年建校，初名私立志成中学。1952年改现名。2001年，北京市第一一二中学并入，校址为现初中部。2010年，北京市西四中学撤销，部分师生并入。1997年被评为北京市篮球先进传统校。2001年，学校成立学生自管会，开展体验性、实践性教育活动和丰富多彩的社团活动。2005年，被评为北京市示范性普通高中。2010年5月，与中国科学院京区科协联合举办“中科院科技创新人才早期培养班”。同年，成为教育部重点规划课题“高中办学多样化研究”实验学校。

2010年，学校占地面积33661平方米，建筑面积25917平方米，体育场面积10680平方米。图书馆藏书10.47万册。普通教室66个，专用教室36个，实验室21个。教职工297人，其中专任教师221人；高级职称教师72人，特级教师1人，北京市骨干教师2人。开设教学班62个（初中班34个、高中班28个）。毕业623人（初中311人、高中312人），招生706人（初中400人、高中306人），在校生2310人（初中1318人、高中992人）。校训：诚真勇毅，勤美严实。党委书记钟国晨，校长朱建民。

北京市第三十九中学

校址：西城区西黄城根北街6号

学校前身是两所教会学校。其一为天主教遣使会天使修道生书院1784年创办的北平市私立耕莘中学校；其二为天主教北京教区若瑟修女会1904年创办的北平市私立光华女子中学校。1952年，两校合并改现名。2002年学校取得了招收外国留学生的教育资质，创立外国学生部。2007年，北京市第二十九中学部分师生并入。

2010年，学校占地面积8600平方米，建筑面积16930平方米；另有分校一所，校址在西什库大街78号，占地面积3296平方米，建筑面积1559.4平方米。图书馆藏书6.20万册。普通教室28个，专用教室10个、实验室9个。教职工121人，其中专任教师90人；高级职称教师24人。开设教学班24个（初中班12个、高中班12个）。毕业197人（初中88人、高中109人）；招生284人（初中148人、高中136人）；在校生718人（初中348人、高中370人）。校训：团结、奋进、求实、创新。党支部书记常晓玲，校长丁锋。

北京市第四十一中学

校址：西城区西四北二条58号

前身是京师私立平民学校，1921年建校，1952年改为现名。2001年7月，东教学楼（诚毅楼）落成。2004年，福绥境社区居委会与学校签订共建社区志愿者雏鹰成长档案协议书，学生志愿者服务队与社区空巢老人签订志愿服务协议。

2010年，学校占地面积11202平方米，建筑面积9051平方米，体育场面积4000平方米。图书馆藏书3.27万册。普通教室26个，专用教室14个，实验室3个。教职工120人，其中专任教师90人；高级职称教师26人。开设教学班24个（初中班12个、高中班14个）。毕业249人（初中114人、高中135人）；招生227人（初中116人、高中111人），在校生 704 人（初中 331 人、高中 373 人）。校训：诚、毅、勤、朴。党支部书记郝建富，校长薛松。

北京市第四十四中学

校址：西城区三里河南横街 1 号

1953 年建校。学校先后获得北京市中小学校园环境示范学校、北京市健康促进学校、北京市家庭教育先进集体、北京市实验教学普及工作先进单位。学校是联合国教科文组织中国 ESD 项目示范学校。

2010 年，学校占地面积 15259 平方米，建筑面积 19354 平方米，体育场面积 7293 平方米。图书馆藏书 50109 万册。普通教室 30 个，专用教室 6 个，实验室 9 个。教职工 138 人，其中专任教师 93 人；高级职称教师 26 人。开设教学班 30 个（初中班 12 个、高中班 18 个）。毕业 325 人（初中 129 人、高中 196 人），招生 323 人（初中 151 人、高中 172 人），在校生 1013 人（初中 454 人、高中 559 人）。校训：求实、奋进、做人、成才。党支部书记朱东辉，校长张景星。

北京市第五十六中学

校址：西城区文兴街 3 号

1955 年建校。2004 年，北京市第七十七中学部分学生并入。学校作为民族团结教育传统校，设有民族团结教育展廊，民族英雄、杰出人物展室，自编校本教材《民族知识》《民族歌曲教育读本》《民族体育》。

2010 年，学校占地面积 10159.29 平方米，建筑面积 9600 平方米，体育场面积 5100 平方米。图书馆藏书 4.15 万册。普通教室 24 个，专用教室 6 个，实验室 7 个。教职工 114 人，其中专任教师 76 人；高级职称教师 26 人，北京市骨干教师 1 人，北京市学科教学带头人 1 人。开设教学班 24 个（初中班 12 个、高中班 12 个）。毕业 224 人（初中 96 人、高中 128 人），招生 223 人（初中 118 人、高中 105 人），在校生 651 人（初中 308 人、高中 343 人）。校训：理想远大，知识丰富，体魄健壮，争取成功。党支部书记崔锦峰，校长梁平捷。

北京市第一五四中学

校址：西城区百万庄南街 14 号

1964 年建校。2007 年，北京市第二十九中学撤销，部分教职工并入。学校以课堂教育为主渠道，以心理健康教育和法制教育为两翼，配有心理专业教师、咨询室、咨询辅导课、宣传和档案，在校生违法犯罪率为零。举办艺术节、科技节、体育节。

2010 年，学校占地面积 8100 平方米，建筑面积 9157 平方米，体育场面积 3000 平方米。图书馆藏书 64095 册。普通教室 24 个，专用教室 6 个，实验室 6 个。教职工 112 人，其中专任教师 76 人；高级职称教师 15 人。开设教学班 24 个（初中班 12 个、高中班 12 个）。毕业 221 人（初中 121 人、高中 100 人）；招生 189 人（初中 80 人、高中 109 人）；在校生 588 人（初中 237 人、高中 351 人）。校训：团结、进取、奋发、求实。党支部书记赵晓军，校长苏跃。

北京市第一五六中学

校址：西城区太平仓胡同 16 号

1932 年建校，前身是私立辅仁大学附属女子中学；1952 年改称北京市第六女子中学，1968 年起男女生兼收，定现名。2007 年，学校成立沈鹏书法艺术学校，招收书法、艺术特长学生。

2010 年，学校占地面积 12533 平方米，建筑面积 15497 平方米，体育场面积 3000 平方米。图书馆藏书 7.3 万册。普通教室 30 个，专用教室 9 个，实验室 8 个。教职工 148 人，其中专任教师 111 人；高级职称教师 34 人，北京市学科教学带头人 1 人。开设教学班 30 个（初中班 12 个、高中班 18 个）。毕业 371 人（初中 143 人、高中 228 人），招生 350 人（初中 160 人、高中 190 人），在校生 1054 人（初中 472 人、高中 582 人）。校训：勤思、笃学、砺志、明德。党总支书记马保立，校长吴伟东。

北京市第一五九中学

校址：西城区王府仓胡同 23 号

前身是北平私立幼稚师范学校，1931 年建校，1972 年改现名。1997 年，北京市第一三二中学并入。2003年，北京市第三十八中学并入。2003年，为了恢复历代帝王庙文化遗址迁现址。1992年，学校组建学校心理教育咨询机构。1993年，在全校学生中建立心理档案，开展个性心理教育。1999年，成立心理辅导室。2000年起，学校参与国家级“十五”计划课题尊重教育课题,研究创设“明礼教育”实验班，开展“中学生‘明礼’教育内容和方法的研究”课题,自编校本教材《中学生礼仪三字歌》。

2010年，占地面积21806平方米，建筑面积24660平方米，体育场面积14000平方米。图书馆藏书7.9万册。普通教室39个，专用教室74个、实验室12个。教职工190人，其中专任教师135人；高级职称教师48人，北京市骨干教师1人。开设教学班38个（初中班18个、高中班20个）。毕业410人（初中202人、高中208人），招生360人（初中211人、高中149人），在校生1138人（初中612人、高中526人）。校训：勤思、严谨、求实、创新。党支部书记刘纳新，校长李亚明。

北京市第一六一中学

校址：西城区大宴乐胡同11号

1913年建校，前身是京师公立第一女子中学。1972年改现名。2000年，北京市第三十中学初中部并入。2004年，北京市长安中学并入。至此，形成行政办公区、北校区、中校区、南校区的办学格局。2008年，北京市第二十九中学建制撤销，离退休人员和应届初三毕业生并入。2007年,学校被评为“国家级语言文字示范校”。2008年，学校被评为“全国三八红旗集体”。学校开设有校本必修课和选修课，包括汉字的书写与演变、英语口语、学习方法指导等。学校设有红领巾合唱团、学生管乐团、学生民乐团等学生社团。

2010年，学校共五处校址，除大宴乐胡同主校区外，另有行政办公区西城区北长街131号，北校区西城区北长街113号，中校区西城区西长安街1号，南校区西城区前门西大街43号。学校总占地面积45442平方米、建筑面积30828平方米，体育场面积12050.00平方米。图书馆藏书15.22万册。普通教室51个，专用教室23个，实验室21个。教职工283人，其中专任教师200人；高级职称教师96人，特级教师2人，北京市骨干教师1人、北京市学科教学带头人1人；本科以上学历186人。开设教学班51个（初中班25个、高中班26个）。毕业644人（初中308人、高336人）；招生670人（初中372人、高中298人）；在校生1858人（初中966人、高中892人）。校训:诚真，做人诚实守信，做事求真务实。党总支书记王云,校长丁大伟。

北京市第二一四中学

校址：西城区月坛北街18号

1975年建校，是一所公办全日制完全中学。学校已先后开发科技类“趣味单片机”“趣味物理”，心理类“敞开心”“守望心灵”，生涯规划类“启航”等校本课程。无线电测向活动是学校传统项目，曾获得全国比赛第二名。2010年，学校占地面积8331平方米，建筑面积9051平方米，体育场面积5304平方米。图书馆藏书4.9万册。普通教室26个，专用教室8个，实验室6个。教职工110人，其中专任教师71人；高级职称教师25人。开设教学班24个（初中班12个、高中班12个）。毕业229人（初中104人、高中125人），招生223人（初中111人、高中112人），在校生688人（初中323人、高中365人）。校训：做最好的自己！党支部书记杜小龙，校长钟秀萍。

北京市二龙路中学

校址：西城区西单大木仓胡同39号

前身是私立弘达学院，1922年建校，1960年定现名。1999年，学校在初一年级推行英语分层走班教学试验。学校组队在无线电测向比赛中获全国第二。至2010年，学校每学期开设多门选修课供学生自主选修，学校开展多项科研活动，组织艺术体操、舞蹈、航模等各类课外活动小组十余个。

2010年，学校占地面积10656平方米，校舍建筑面积9795平方米，体育场面积4524平方米。图书馆藏书5.32万册。普通教室24个，专用教室7个，实验室6个。教职工112

人，其中专任教师 81 人；高级职称教师 26 人。开设教学班 24 个（初中班 12 个、高中班 12 个）。毕业 296 人（初中 138 人、高中 158 人），招生 238 人（初中 115 人、高中 123 人），在校生 734 人（初中 340 人、高中 394 人）。校训：勤学、慎思、求是、笃行。党支部书记姜诗卷，校长金菡。

北京市鲁迅中学

校址：西城区新文化街 45 号

前身是笃志学堂，1901 年建校，1952 年更名为北京市第八女子中学。1972 年更名为北京市第一五八中学，1996 年定现名。2007 年 9 月，北京市第二十九中学部分师生并入。1991 年，学校制定“弘扬鲁迅精神的基地，加强文科教学的窗口”的办学目标。树立鲁迅先生石雕像，设立永久性鲁迅生平展室，为刘和珍、杨德群纪念碑所在的文化园作专门的园林设计。学校荣获全国爱国主义教育示范校、全国校园环境文化艺术先进校、全国中小学外语教研工作示范校。

2010 年，学校占地面积 15638 平方米，建筑面积 13088 平方米，体育场面积 3743 平方米。图书馆藏书 2.2 万册。普通教室 30 个，专用教室 13 个，实验室 7 个。教职工 130 人，其中专任教师 98 人；高级职称教师 33 人，北京市骨干教师 1 人。开设教学班 28 个（初中班 12 个、高中班 16 个）。毕业 223 人（初中 90 人、高中 138 人）。招生 247 人（初中 132 人、高中 115 人）；在校生 809 人（初中 384 人、高中 425 人）。校训：实事求是、博采众长、坚韧不拔、笃志报国。党支部书记张济生，校长严虹。

北京市三帆中学

校址：西城区新风街 7 号

1997 年 3 月，北京师范大学第二附属中学创办民办公助学校北京市三帆中学，作为北师大二附中初中部，开展办学体制改革实验。1999 年，北京市第四十六中学并入三帆中学。2009 年结束办学体制改革试点，转为公办初中校，由北京师范大学与西城区人民政府共同主办。学校曾被评为全国童心红丝带同伴教育活动先进校、全国中小学信息技术道德教育示范校、首都文明单位。

2010 年，学校为初中校，占地面积 15040 平方米，建筑面积 10800 平方米，体育场面积 3703.79 平方米，绿化面积 4000 平方米。图书馆藏书 6 万册。普通教室 42 个，专用教室 16 个、实验室 8 个。教职工 109 人，其中专任教师 58 人；高级职称教师 22 人，北京市骨干教师 2 人，北京市学科教学带头人 1 人。开设教学班 24 个。毕业 297 人，招生 320 人，在校生 953 人。校训：方正、质朴、博学、笃志。党支部书记朱建军，校长李永康。

北京市私立汇才中学

校址：西城区白云观街北里 11 号

1993 年 4 月建校。创办伊始，学校在西城一所公立校内办公，仅有 1 个教学班。1996 年，办学规模从 1 个教学班扩大至 6 个教学班，共百名学生，30 余名教职工。1997 年至 1998 年，学校在城南开办分校。2000 年，学校在现址建立独立校区，总校、分校进行合并、重组。至 2010 年，学校已发展成为具有一定规模、全日制、正规学历教育的民办完全中学，经费自筹。

2010 年，学校占地面积 7640 平方米，建筑面积 8180 平方米，体育场面积 6400 平方米。图书馆藏书 1.6 万册。普通教室 34 个，专用教室 4 个，实验室 3 个。教职工 173 人，其中专任教师 137 人；高级职称教师 102 人，特级教师 1 人，北京市骨干教师 2 人，北京市学科教学带头人 1 人。开设教学班 40 个（初中班 15 个、高中班 25 个）。毕业 413 人（初中 175 人、高中 238 人）；招生 456 人（初中 141 人、高中 315 人）；在校生 1340 人（初中 504 人、高中 836 人），包括寄宿生 251 人。校训：奉献、求实、合作、创新。党支部书记米秀荣，校长侯昱。

北京市铁路第二中学

校址：西城区月坛西街 5 号（本部）
西城区三里河东路 9 号（毕业年级部）

1955 年建校，初名北京铁路分局北京铁路职工子弟第二中学。2004年，学校由铁路系统移交北京市西城区政府，更名为北京市铁路第二中学。2005年、2007年，先后合并北京市第四十二中学和北京市铁路第三中学。2005年，被评为北京市示范性普通高中。

2010年，学校占地面积42716平方米，建筑面积59625平方米，体育场面积13580平方米。图书馆藏书145351册。普通教室87个，专用教室20个，实验室23个。教职工351人，其中专任教师249人；高级职称教师100人，北京市骨干教师1人。开设教学班共72个（初中班36个、高中班26个）。毕业721人（初中343人、高中388人）；招生748人（初中366人、高中382人）；在校生2484人（初中1301人、高中1183人），住宿生413人。党总支书记于文坤，校长王俊成。

北京市西城区实验学校

校址：西城区六铺炕一巷2号

1999年建校，由撤销的北京市西城区师范学校和北京市西城区师范学校附属小学合并组建，为九年一贯制学校。2000年，增设普通高中，开始十二年一贯制的实验。2005年9月，西城区实验学校中学部、小学部分立，中学沿用现校名，小学恢复北京市西城区师范学校附属小学校名。2003年，开始参与区小班化教学实验。2005年，与北京师范大学第二附属中学合办英语实验班。

2010年，学校占地面积14107平方米，建筑面积12797平方米，体育场面积7419平方米。图书馆藏书4.17万册。普通教室30个，专用教室18个、实验室11个。教职工127人，其中专任教师93人；高级职称教师25人，北京市骨干教师1人。开设教学班30个（初中班18个、高中班12个）。毕业281人（初中192人、高中92人），招生270人（初中167人、高中103人），在校生860人（初中549人、高中311人）。校训：厚德、笃志、博学、健体。党总支书记梁波，校长钱明。

北京市西城外国语学校

校址：西城区西直门外南路6号

前身是南堂中学，1944年建校。1973年更名为北京市第一五五中学。1989年，改现名。1991年，初中开始提前招收英语专业生。1996年，开办民办公助外国语类初级中学北京市志远外国语学校，试办期为三年，校址在北京西城区外国语学校东侧小楼。1996年6月，面向全市提前招生。1998年9月，北京西城区外国语学校和北京市志远外国语学校合并，定校名为北京市西城外国语学校，成为一所具有外语特色的普通完全中学和职业中专教育的体制改革实验试点校。1997年，于顺义区林河工业开发区建寄宿部。2000年9月，职高停办。2002年，北京市第九十八中学并入。2003年，寄宿部迁至北京市育荣国际教育园区。2005年原北京市第一一零中学并入。2005年，被评为北京市范校性普通高中。2009年，被认定为国家实验区可持续发展教育示范校。

2010年，学校占地面积43899平方米，建筑面积51983平方米。体育场（馆）面积14951平方米。图书馆藏书12万册。普通教室62个，专用教室，实验室31个。教职工292人，其中专任教师198人；高级职称教师103人，特级教师1人，北京市骨干教师2人，北京市学科教学带头人1人。开设教学班62个（初中班36个、高中班26个）。毕业846人（初中582人、高中264人）；招生606人（中358人、高中248人）；在校生1933人（初中1187人、高中746人），在校生中寄宿生213人。校训：热爱生活、分享智慧、享受挑战。党委书记钟淳，校长尉小珑。

北京市裕中中学

校址：西城区德胜门外裕中西里21号楼

1992年建校，系区属公办初中。1994年率先将操场面向社区居民开放，1997年被国家体委评为全国群众体育先进集体。学校开设篮球、民族舞、无线电测向等十几门校本特色课程。学生自主成立文艺类、体育类和科技类的学生社团，组建裕中之声校园广播站，成立班级师友合作学习小组。

2010年，学校占地面积8556平方米，建筑面积6530平方米，体育场面积4800平方米。

图书馆藏书 3.6 万册。普通教室 15 个，专用教室 7 个，实验室 5 个。教职工 61 人。其中专任教师 42 人；高级职称教师 10 人。开设初中教学班 12 个。毕业生 73 人，招生 83 人，在校学生 314 人。校训：守纪、求实、勤奋、进取。党支部书记于文红，校长赵妍菲。

北京市月坛中学

校址：西城区南礼士路二条 1 号

1963 年建校。1993 年，学校将日语作为第一外语，从初一到高三全程学习日语，英语为选修课。与日本 100 多所学校建立友好关系，每年接待日本各级各类访问团 40 多个，20 年来共接待上千个来自日本各地的参观交流团。

2010 年，学校占地面积 13188 平方米，建筑面积 14689 平方米，体育场面积 5928 平方米。图书馆藏书 1.9 万册。普通教室 21 个，专用教室 6 个，实验室 4 个。教职工 104 人，其中专任教师 69 人；高级职称教师 17 人。开设教学班 20 个（初中班 12 个、高中班 8 个）。毕业 205 人（初中 121 人、高中 84 人）；招生 176 人（初中 104 人、高中 72 人）；在校生 511 人（初中 318 人、高中 193 人）。校训：团结、勤奋、开拓。党支部书记马晓燕，校长张文生。

表 9　　2010 年西城区普通中学一览表

序号	学校名称	建校时间	举办者
1	北京教育学院附属中学	2008 年	教育部门和集体办
2	北京师范大学附属实验中学分校	1998 年	教育部门和集体办
3	北京市第三中学	1724 年	教育部门和集体办
4	北京市第四中学	1907 年	教育部门和集体办
5	北京市第七中学	1931 年	教育部门和集体办
6	北京市第八中学	1921 年	教育部门和集体办
7	北京市第八中学分校	2008 年	教育部门和集体办
8	北京市第十三中学	1925 年	教育部门和集体办
9	北京市第十三中学分校	1998 年	教育部门和集体办
10	北京市第三十[illegible]中学	1874 年	教育部门和集体办
11	北京市第三十五中学	1923 年	教育部门和集体办
12	北京市第三十九中学	1784 年	教育部门和集体办
13	北京市第四十一中学	1921 年	教育部门和集体办
14	北京市第四十四中学	1953 年	教育部门和集体办
15	北京市第五十六中学	1955 年	教育部门和集体办
16	北京市第一零零中学	1958 年	教育部门和集体办
17	北京市第一五四中学	1964 年	教育部门和集体办
18	北京市第一五六中学	1932 年	教育部门和集体办
19	北京市第一五九中学	1931 年	教育部门和集体办
20	北京市第一六一中学	1913 年	教育部门和集体办
21	北京市第二一四中学	1975 年	教育部门和集体办
22	北京市二龙路中学	1922 年	教育部门和集体办
23	北京市鲁迅中学	1901 年	教育部门和集体办
24	北京市三帆中学	1997 年	教育部门和集体办
25	北京市铁路第二中学	1955 年	教育部门和集体办
26	北京市西城区实验学校	1999 年	教育部门和集体办
27	北京市西城外国语学校	1944 年	教育部门和集体办
28	北京市裕中中学	1992 年	教育部门和集体办
29	北京市月坛中学	1963 年	教育部门和集体办

续表 9

序号	学校名称	建校时间	举办者
30	北京师范大学第二附属中学	1960 年	其他部门办
31	北京师范大学附属实验中学	1917 年	其他部门办
32	北京师范大学亚太实验学校	2001 年	其他部门办
33	北京市新光中学	2003 年	其他部门办
34	北京市私立汇才中学	1993 年	民办

特殊教育和工读教育学校

北京市启喑实验学校

校址：西城区西直门内大街东教场胡同 5 号

2010 年 9 月，北京市第二聋人学校（1919 年建校）、北京市第四聋人学校（1959 年建校）在现址合并组建启喑实验学校。北京市第二聋人学校 1997 年由北京市第二聋哑学校更名。北京市第四聋人学校 1996 由北京市第四聋哑学校更名。启喑学校是一所专门为聋生提供康复学习服务、教职工队伍精良、功能设备齐全的特殊学校。含学前康复部、小学部、初中部、普高部、职高部。学校配备有多种言语听力康复设备及现代教学设备，十五年一贯制。设有听力检测室、个训室、心理咨询室、资源指导中心、阶梯礼堂、室内篮球场、乒乓球室，及计算机、美术、缝纫、茶艺、调酒、烹饪、书法、工艺、美发、按摩、物理实验室、化学实验室等多个专业教室。义务部劳动与艺术课程开设有插花、陶艺、手工制作、烙铁画、书法、舞蹈等，高中部坚持职普与才艺并重。

2010 年，学校占地面积 8703 平方米，建筑面积 23224 平方米。教学班 27 个，其中，普通高中 11 个班，职业高中 4 个班，初中 5 个班，小学 7 个班，学前班 2 个班。教职工 113 人。党支部书记刘瑞连、校长王克南。

北京市西城区培智中心学校

校址：西城区西直门外大街德宝新园 23 号

1958 年建校。2009 年 10 月，学校与西城区育红幼儿园合并，由祖家街育强胡同 1 号迁至现址。1991 年至 2000 年，学校采用全国统编轻度培智教材，分学科开展教学。学校以班级授课制为主，重度班每班不超过 4 名学生，中度班每班 8 ～ 10 名学生，轻度班每班 10 ～ 14 名学生。按照低年级（一至三年级）、中年级（四至六年级）、高年级（七至九年级）、职业劳动训练四个阶段教学。主要学科有数学、语文、常识、劳动、美术、音乐、体育，高年级设有职业教育课程。2001 年，学校由以“分科”教学为主的教学模式转变为“综合课”教学，实施“包班制”，个别教育计划（IEP）普遍实施。学校教师自编综合教材，学校取消期末考试，变“期末考试”为“能力展示”。学校将每天下午的教学变成兴趣小组活动，成立美工、舞蹈、体育、刻磁、编织等多个兴趣小组。。

西城培智中心学校是全国最早开展特奥运动的学校，从 2002 年 5 月至 2010 年 6 月，有 100 多人次参加市级、国家级乃至国际级的特奥运动会，在柔道、举重、田径、体操、篮球、足球、棒球、轮滑、滚球、游泳、男子 100 米、女子 4×100 米接力、女子铅球和网球等比赛中获 76 枚金牌、73 枚银牌、60 枚铜牌、2 个第四名、2 个第五名和 1 个第六名的好成绩。2007 年，教师和学生 12 人入选国家队，参加第十三届世界夏季特殊奥林匹克运动会，获得 1 金、5 银、10 铜和 1 个第四名。

2010 年，学校（含展览路幼儿园）占地面积 6157 平方米，建筑面积 6043 平方米，体育场面积 2626 平方米。图书馆藏书 15816 册。普通教室 18 个，专用教室 18 个，11 个主题教室。教职工 60 人，其中专任教师 51 人；高级职称教师 1 人。培智部开设教学班 11 个，毕业 8 人，招生 25 人，在校生 113 人。校训：勤奋、向上、自立、自强。党支部书记、校长芦燕云。

北京市西城区育华中学

校址：大兴区西红门路 10 号

前身是北京市西城区工读学校，1978 年建校，1999 年改现名。2001 年由安定门外迁至现址。学校主要担负着对有违法和轻微犯罪及品行偏常的中学生进行教育、转化和心理矫治的任务。学校主要面向西城、宣武、大兴普通中学中不适应所在学校学习和流失到社会上的学生招生。学校有初中部和职高部，初中开齐普通中学所有课程，另设法制教育课和街舞、书法、剪纸等校本课程。职高课程按照教学大纲进行教学，参加国家组织的模块考试，同时进行为期一年左右的社会实践。

2010 年，学校占地面积 10005 平方米，建筑面积 6000 平方米，体育场面积 2500 平方米。图书室藏书 1.2 万册。普通教室 10 个，专用教室 8 个，实验室 2 个。教职工 62 人，其中专任教师 44 人；高级职称教师 11 人。开设教学班 8 个（初中班 5 个、高中班 3 个）。毕业 62 人（初中 52 人、高中 10 人），招生 49 人（初中 39 人、高中 10 人），在校生 79 人（初中 45 人、高中 34 人），工读预备生 280 人。校训：爱国、守法、尊孝、尚学。党支部副书记崔建华（主持工作），校长袁宝恩。

附表

表 10　　1991—2010 年西城区小学撤并更名一览表

序号	学校名称	建校时间	撤并或更名说明
1	北京市西城区按院胡同小学	1916 年	2001 年并入西城区太平桥小学
2	北京市西城区百万庄小学	1964 年	2006 年并入西城区展览路第一小学
3	北京市西城区半壁街小学	1911 年	2002 年并入西城区后广平小学
4	北京市西城区北海小学	1917 年	2004 年并入西城区厂桥小学
5	北京市西城区北礼士路第二小学	1908 年	2003 年并入西城区进步小学
6	北京市西城区北顺城街小学	1939 年	1993 年并入西城区按院胡同小学
7	北京市西城区北营房小学	1950 年	1999 年更名为西城区银河小学
8	北京市西城区大木仓小学	1903 年	2002 年 8 月迁址中京畿道 1 号，更名西城区西单小学
9	北京市西城区大水车小学	1939 年	1996 年迁址华嘉胡同 19 号，1999 年更名为西城区华嘉小学
10	北京市西城区大翔凤小学	1948 年	2002 年 7 月并入西城区柳荫街小学
11	北京市西城区德胜门外第四小学	1965 年	2002 年 11 月并入西城区民族团结小学
12	北京市西城区德胜门外第五小学	1936 年	2005 年 9 月并入西城区民族团结小学
13	北京市西城区德胜门外关厢小学	1933 年	1995 年 7 月更名为西城区民族团结小学
14	北京市西城区东教场小学	1937 年	2005 年并入西城区玉桃园小学
15	北京市西城区东绒线小学	1903 年	2001 年更名为西城区长安小学
16	北京市西城区东栓小学	1950 年	2001 年 7 月并入西城区东绒线小学
17	北京市西城区二龙路小学	1945 年	1996 年并入西城区大木仓小学
18	北京市西城区福绥境小学	1904 年	2003 年并入西城区官园小学
19	北京市西城区府右街小学	1908 年	2003 年并入西城区自忠小学。
20	北京市西城区复兴门外第二小学	1983 年	2004 年并入西城区三里河第三小学
21	北京市西城区阜成门外第二小学	1964 年	2005 年并入西城区中古友谊小学
22	北京市西城区广宁伯街小学	1935 年	1997 年并入西城区按院胡同小学
23	北京市西城区和平门小学	1950 年	1999 年 11 月并入西城区东绒线小学
24	北京市西城区弘善小学	1916 年	1997 年 9 月并入西城区刘海小学
25	北京市西城区后达里小学	1945 年	1998 年并入西城区自忠小学

续表 10

序号	学校名称	建校时间	撤并或更名说明
26	北京市西城区后广平小学	1916 年	2003 年并入西城区四根柏小学
27	北京市西城区锦什坊街小学	1934 年	1996 年并入西城区大水车小学
28	北京市西城区进步巷小学	1918 年	2002 年更名为西城区进步小学
29	北京市西城区刘海小学	1943 年	2003 年 7 月并入西城区护国寺小学
30	北京市西城区马相小学	1935 年	2000 年与西城区西直门第二小学合并组建西城区玉桃园小学
31	北京市西城区米粮库小学	1946 年	2002 年与西城区西板桥小学合并成立西城区什刹海小学
32	北京市西城区庆丰小学	1972 年	2003 年并入西城区官园小学
33	北京市西城区实验学校	1999 年	2005 年学校中学部小学部分立，恢复西城区师范学校附属小学独立建制
34	北京市西城区师范学校附属小学	1953 年	1999 年与西城区师范学校合并组建西城区实验学校，2005 年小学部恢复西城区师范学校附属小学建制
35	北京市西城区双秀实验学校	1998 年	2000 年撤销。初中部的编制及人员并入北京市第七中学。恢复该校原小学建制，恢复原校名为西城区双秀小学
36	北京市西城区双秀小学	1991 年	1998 年改为西城区双秀实验学校，2000 年恢复双秀小学建制。2003 年并入西城区育翔小学
37	北京市西城区太平湖小学	1947 年	1999 年 4 月并入西城区奋斗小学
38	北京市西城区太平街小学	1959 年	1998 年并入西城区福绥境小学
39	北京市西城区太平桥小学	1902 年	2002 年并入西城区华嘉小学
40	北京市西城区铁路第七小学	1954 年	2005 年并入西城区复兴门外第一小学
41	北京市西城区铁路第十小学	1956 年	2004 年并入西城区育民小学
42	北京市西城区武定小学	1904 年	2002 年并入西城区华嘉小学
43	北京市西城区西板桥小学	1916 年	2002 年与西城区米粮库小学合并成立西城区什刹海小学
44	北京市西城区西煤厂小学	1964 年	1997 年 7 月更名为西城区柳荫街小学
45	北京市西城区西绒线小学	1973 年	2000 年并入西城区顺城街第一小学
46	北京市西城区西四北三条小学	1924 年	1999 年 7 月并入北京市西四北四条小学
47	北京市西城区西四北小学	1939 年	2004 年 7 月并入西城区西四北四条小学
48	北京市西城区西四南小学	1948 年	1997 年并入西城区兵马司小学
49	北京市西城区西直门第二小学	1935 年	2000 年与西城区马相小学合并组建西城区玉桃园小学
50	北京市西城区西直门外小学	1902 年	2001 年并入进步西城区进步巷小学
51	北京市西城区下关小学	1949 年	1998 年并入西城区展览路第一小学
52	北京市西城区孝友小学	1950 年	2003 年 7 月并入西城区鸦儿胡同小学
53	北京市西城区新街口大三条小学	1905 年	2001 年并入西城区东教场小学
54	北京市西城区新街口小学	1946 年	1993 年撤销
55	北京市西城区新文化街第二小学	1935 年	2001 年并入北京第二实验校
56	北京市西城区新文化街第三小学	1935 年	1999 年 4 月并入西城区奋斗小学
57	北京市西城区新兴中巷小学	1958 年	2003 年并入西城区进步小学
58	北京市西城区宣武门小学	1938 年	1997 年并入西城区顺城街一小
59	北京市西城区月坛小学	1963 年	2005 年并入西城区复兴门外第一小学
60	北京市西城区展览路第二小学	1955 年	1998 年并入西城区展览路第一小学
61	北京市西城区展览路第三小学	1970 年	2000 年并入西城区展览路第一小学
62	北京市西城区展新小学	1977 年	2004 年并入西城区进步小学

表 11　　1991—2010 年西城区普通中学撤并更名一览表

序号	学校名称	建校时间	撤并或更名说明
1	北京教育学院西城分院附属中学	1997 年	2008 年与北京市丰盛中学合并成立北京教育学院附属中学
2	北京市爱华外语实验学校	2002 年	2006 年终止办学
3	北京市安德路中学	1963 年	2002 年更名为北京市西城区民族团结中学
4	北京市北海中学	1929 年	2005 年并入北京市第四中学
5	北京市长安中学	1999 年	2004 年并入北京市第一六一中学
6	北京市第六中学	1923 年	1999 年与北京市第二十八中学合并成立北京市长安中学
7	北京市第二十八中学	1925 年	1999 年与北京市第六中学合并成立北京市长安中学
8	北京市第二十九中学	1906 年	2008 年撤销
9	北京市第三十中学	1905 年	2000 年并入北京市第一六一中学
10	北京市第三十三中学	1930 年	2008 年更名北京市第八中学分校
11	北京市第三十七中学	1964 年	1998 年职业高中师生并入北京市第三十四中学，初中师生并入北京师范大学附属实验中学分校
12	北京市第三十八中学	1929 年	2003 年并入北京市第一五九中学
13	北京市第四十二中学	1964 年	2005 年并入北京市铁路第二中学
14	北京市第四十六中学	1965 年	1999 年并入北京市三帆中学
15	北京市第五十三中学	1954 年	1997 年与北京市第一五七中学合并成立北京教育学院西城分院附属中学
16	北京市第七十七中学	1956 年	2004 年并入北京市第五十六中学
17	北京市第一一零中学	1951 年	2005 年并入北京市西城外国语学校
18	北京市第一零六中学	1958 年	1998 年更名为北京市第十三中学分校
19	北京市第一一二中学	1968 年	2001 年并入北京市第三十五中学
20	北京市第一五五中学	1944 年	1991 年更名北京市西城区外国语学校
21	北京市第一五七中学	1943 年	1997 年与北京市第五十三中学合并成立北京教育学院西城分院附属中学
22	北京市第一五八中学	1901 年	1996 年 3 月更名北京市鲁迅中学
23	北京市第一八四中学	1973 年	2003 年并入北京市第十三中学
24	北京市丰盛中学	1923 年	2008 年与教育学院西城分院附属中学合并成立北京教育学院附属中学
25	北京市双秀实验学校	1998 年	2002 年建制撤销，初中部并入北京市第七中学
26	北京市铁路第三中学	1962 年	2008 年并入北京铁路第二中学
27	北京市西城区民族团结中学	1963 年	2008 年撤销
28	北京市西城区师范学校	1956 年	1999 年与西城区师范学校附属小学合并组建北京市西城区实验学校
29	北京市西四中学	1961 年	2010 年撤销
30	北京市新街口中学	1963 年	2002 年并入北京市第三中学
31	北京市志远外国语学校	1996 年	1998 年并入北京市西城区外国语学校
32	北京铁路分局北京铁路职工子弟第二中学	1955 年	2005 年更名为北京市铁路第二中学
33	北京铁路分局北京铁路职工子弟第三中学	1962 年	2004 年更名为北京市铁路第三中学
34	北京铁路分局北京铁路职工子弟第六中学	1975 年	2000 年 7 月并入北京铁路分局职工子弟第三中学

表 12　　1991—2010 年西城区特殊教育学校撤并更名一览表

序号	学校名称	建校时间	撤并或更名说明
1	北京市第二聋哑学校	1919 年	1996 年更名北京市第二聋人学校

续表 12

序号	学校名称	建校时间	撤并或更名说明
2	北京市第四聋哑学校	1959 年	1996 年更名北京市第四聋人学校
3	北京市第二聋人学校	1919 年	2010 年 9 月北京市第二聋人学校和北京市第四聋人学校合并组建北京市启喑实验学校
4	北京市第四聋人学校	1959 年	

表 13　　2010 年西城区教委直属事业单位一览表

序号	单位名称	成立时间	地址	沿革
1	北京市西城区德胜少年宫（德胜社区学校）	1973 年	西城区安德路 140 号	原为德胜门少年之家，位于德胜门外大街 200 号，2005 年 9 月迁入民族团结小学南侧现址，更为现名
2	北京市西城区丰盛少年宫（什刹海社区教育学校）	1975 年	西城区阜成门内大街 315 号	原为西城区丰盛少年之家，2004 年 7 月合并月坛少年之家。2005 年 12 月更为现名
3	北京市西城区教育考试中心	2002 年	西城区西直门内大街 186 号	考试中心接受北京教育考试院和西城区教育委员会的领导，其主要职责是负责辖区内各级各类的教育考试及招生工作
4	北京市西城区教育信息技术中心	2008 年	西城区白纸坊街道白纸坊西街 8 号楼	2008 年 12 月从西城区教育研修学院分离，独立设置
5	北京市西城区教育研修学院	2005 年	西城区东新开胡同 67 号 西城区西四北五条甲一号	2005 年 9 月，整合教育学院西城分院、西城区教育教学研究中心、西城区现代教育技术中心，成立北京市西城区教育研修学院，承担着教育系统干部教师培训的组织、协调、指导、管理和服务等工作
6	北京市西城区金融街少年宫（金融街社区教育学校）	1975 年	西城区鲍家街甲 2 号	原名二龙路少年之家，2005 年更为现名
7	北京市西城区青少年科技馆	1981 年	西城区南礼士路三条 2 号	1981 年在西城区西直门内大街 126 号建立西城区青少年科技实验站，1987 年改名为科技馆。2005 年 11 月迁至现址周转办公。2009 年 8 月青少年科技馆新馆在西城区月坛北街 3 号（原月坛小学）奠基动工
8	北京市西城区青少年美术馆	1981 年	西城区和平门外东街甲 1 号	是北京市唯一以“美术馆”命名的校外教育机构，以开展美术书法教育活动为主要内容
9	北京市西城区少年宫	1956 年	西城区新街口南大街前公用胡同 15 号	园址为具有北京特色的古典四合院建筑，是北京市市级文物保护单位。2010 年少年宫设有科技、文学艺术、体育、学科、群众文化、少先队工作 6 大类 30 个专业项目
10	北京市西城区西长安街少年宫（西长安街社区教育学校）	2005 年	西城区后达里 7 号	沿用原西长安街少年之家办公地址，承担青少年教育、社区教育、家长学校三类任务
11	北京市西城区新街口少年宫（新街口社区教育学校）	1973 年	西四北三条甲 16 号	原为福绥境少年之家，位于安平巷福绥境大楼东北角。2005 年 12 月更为现名并迁至现址
12	北京市西城区展览路少年宫（展览路社区教育学校）	1976 年	西城区月坛北街 25 号	原为西长安街少年之家，位于西单东二条五号，2004 年 9 月迁入现址（原阜成门外第二小学），并更名为展览路少年宫。2005 年 2 月，以现有教育机构作为资源，成立展览路社区教育学校，实行“一个机构、两块牌子”

崇文区

幼儿园

北京军区空军育翔幼儿园

园址：崇文区板厂南里11号

1952年建园，是空军蓝天幼儿艺术团的主要组成园所之一。1991年，被评为北京市一级一类幼儿园，2004年被评为空军、军区空军示范幼儿园，2006年被评为崇文区示范幼儿园，2009年被评为北京市示范幼儿园，2010年被评为全军示范园。幼儿园坚持实施全面发展教育。以教科研促进幼儿园全面发展、促进教师队伍的专业成长。在促进幼儿全面发展的基础上，一直将艺术教育作为园所的办园特色。该园隶属于北京军区空军司令部，教学业务归崇文区教委管辖，日托制。2010年，该园占地面积5300平方米，园所建筑面积6180平方米。专用教室6个，幼儿活动室20个。教职工122人，其中，教师48人，保健医6人。开设20个教学班。幼儿入园198人，离园170人，在园676人。党支部书记常黎明，园长许丽萍。

北京市崇文区安乐幼儿园

园址：崇文区永定门外杨家园路10号

前身是永外教工幼儿园，1974年建园，1985年改现名，开始面向社会招生。2000年，幼儿园扩大招生为10个教学班，幼儿327人。2001年6月，幼儿园确定建立园级大教研即年级教研组、特色兴趣教研组、保育教研组的教研网络管理目标。2009年和2010年，开展“为幼儿数学启蒙教育创设环境”专题研究，促使教师重视幼儿数学教育，普及数学学科知识，并以此为载体，引导教师逐渐理解并掌握如何真正使幼儿在快乐中得到发展。2010年，该园为教育部门办园，日托制。占地面积2364平方米，校舍建筑面积1837平方米。固定资产273.79万元。普通教室10个，专用教室1个。教职工44人，其中，教师26人，保健医1人。开设10个教学班。幼儿入园87人、离园84人、在园290人。党支部书记王秀茹，园长郑淑娟。

北京市崇文区第二幼儿园

园址：崇文区广渠门内大街31号

1958年建园。1991年，幼儿园位于崇文区安华北里64号。2006年8月，配合区教育统筹规划工作，幼儿园腾空南楼，为部分拆迁做准备，由10个班缩减至4个班。2006年至2007年，幼儿园2个大班及6名教师分别移至北京市第五幼儿园和育翔幼儿园。2009年9月，迁入现址。该园为北京市示范幼儿园，教育部门办园，日托制。2010年，该园占地面积1549平方米，校舍建筑面积3879平方米。专用教室4个，普通教室14个。教职工54人，其中，教师29人，保健员3人。开设15个教学班。幼儿园入园150人、离园46人、在园426人。党支部书记何佩云，园长李岩。

北京市崇文区第三幼儿园

园址：崇文区幸福北里甲12号

前身是幸福大楼幼儿园，1959年12月建园，1972年改现名。1993年，与台湾奇德尔幼教事业股份有限公司合作办园，实行“园所国有、与台合作、园长负责、自负盈亏”管理体制。2007年，被评为北京市示范幼儿园。2009年，结束办园体制改革试点。该园为教育部门办园，日托制。2010年，该园占地面积3988平方米，校舍建筑面积3216平方米。活动室15间，专用教室7间。教职工75人，其中，教师47人，保健医3人。开设15个教学班。幼儿入园142人、离园103人、在园502人。党支部书记石宝萍，园长范佩芬。

北京市崇文区光明幼儿园

园址：崇文区光明楼25楼

前身是崇文区教工幼儿园，1961年6月建园。1967年改为现名。1989年，被评为北京市一级一类幼儿园。1997年，被北京市教委确定为贯彻《幼儿园工作规程》试点园，同年被认定为北京市外事窗口单位。2002年，被评为首批北京市社区儿童早期教育示范基地。2005年，被评为北京市示范幼儿园。2010年，该园占地面积5500平方米，建筑面积4390平方米。拥有活动室、卧室、盥洗室配套用房13套及亲子教室、计算机房、多功能厅等专用教室。教职工67人，其中，教师36人，保健员4人。教学班13个。幼儿入园113人，离园109人，在园421人。党支部书记张萍，园长申玉荣。

北京市崇文区红湖幼儿园

园址：崇文区龙潭北里小区三条3号

1958年建园。2003年3月，开展水墨画教学特色课展示活动。2008年，开展“阳光体育2.5小时”活动，幼儿通过户外集体活动、球类运动、体能测试项目活动、亲子活动等锻炼体质，增强体能。2010年，该园为街道办园，寄宿制、日托制兼收。占地面积4440平方米。教职工28人，其中，教师15人，保健员1人，均为大专以上学历。开设11个教学班。幼儿入园118人，离园147人，在园为340人。党支部书记何建茹，园长闫军丽。

北京市崇文区回民幼儿园

园址：崇文区东花市北里东区12号楼

1982年建园。1991年位于法华寺东街17号，园舍面积750平方米，有5个班，180名幼儿，教职工27人。1994年迁现址。1995年，被评为北京市一级一类幼儿园。该园为教育部门办园，寄宿制和日托制兼收。2010年，该园占地面积1400平方米，校舍建筑面积700平方米。拥有多功能厅教室1个，普通教室9个。教职工41人，其中，教师26人。开设9个教学班。幼儿入园92人，离园75人，在园319人。党支部书记、园长梁文红。

北京市崇文区前门幼儿园

园址：崇文区东花市北里西区9号

前身是崇文区东柳树井幼儿园，1956年建园，位于崇文区珠市口东大街66号。2000年8月，由于崇文区两广路扩宽，幼儿园迁至崇文区西兴隆街135号，同年12月改现名。2004年4月，被评为北京市一级一类幼儿园。2006年1月迁现址，与北京市大地实验幼儿园共用一个园址办园。该园为教育部门办园。2010年，有教职工25人，其中，教师12人。党支部书记、园长邹平。

北京市崇文区西草市幼儿园

园址：崇文区西草市东街60号

1958年建园。1995年12月起，增加双休日班。1994年至2008年，随着城市道路建设和危旧房改造，先后从5所幼儿园调入19名教师。2010年，该园为街道办园，日托制。占地面积1030平方米，校舍建筑面积632平方米。普通教室5个。教职工20人，其中，教师13人，保健员1人。开设5个教学班。幼儿入园30人，离园35人，在园153人。党支部书记崔淑云，园长张秀玲。

北京市崇文区永定门幼儿园

园址：崇文区永定门车站路12号

1978年建园。原归属于北京铁路分局，2004年，整建制划归崇文区教委，改现名。

2005年，幼儿园开展传统文化教育及保健刮痧活动，活动被国家列入中国学前教育研究会“十一五”研究课题。该园为教育部门办园，日托制。2010年，该园占地面积2222平方米，校舍建筑面积1085平方米。普通教室4个，专用教室1个。教职工25人，其中，教师14人。开设4个教学班。幼儿入园9人，离园22人，在园106人。党支部书记、园长张玉姚。

北京市崇文区永东幼儿园

园址：崇文区永定门东街中里23号

1979年建园。1993年，被评为北京市一级一类幼儿园。该园为教育部门办园，日托制。2010年，该园占地面积1200平方米，校舍建筑面积803平方米。固定资产145万元。专用教室6个，普通教室6个。教职工32人，其中，教师16人，保健医1人。开设6个教学班。幼儿入园65人，离园49人，在园191人。党支部书记韩蔷，园长徐锦英。

北京市崇文托儿所

园址：崇文区法华南里甲14号

1980年建园，地处崇文门西大街4楼8门102号，隶属崇文区卫生局。1998年5月18日，迁址到崇文区法华南里甲14号。1992年11月27日，被评为北京市二级一类幼儿园，1999年7月，被评为北京市一级一类幼儿园，有5个教学班、33名教职工，156名幼儿。2000年3月22日，合并天坛托儿所，天坛托儿所更名为崇文托儿所分所。2004年7月，崇文托儿所分所撤销。2008年1月1日，崇文托儿所归属崇文区教委。2009年11月，被评为北京市学前儿童特殊教育示范基地，并接收两名特殊儿童随班就读。

2010年，该园占地面积1330平方米，建筑面积1026平方米。普通教室7个。教职工36人，其中，教师18人，保健医2人。开设7个教学班。幼儿入园51人，离园46人，在园202人。党支部书记、园长单金雪。

北京市大地实验幼儿园

园址：崇文区东花市北里西区9号

1996年建园，由北京市崇文区幼儿教育研究中心与台湾大地幼稚园合作开办，是北京市首批京台合作办学的学前教育机构之一，1997年2月正式开园。台方投入开办经费108万元，首批接受幼儿35人。2008年12月，被评为北京市一级一类幼儿园。2009年12月，被评为全国优秀民办幼儿园。该园为民办园，日托制。

2010年，该园占地面积3344平方米，校舍建筑面积3017平方米。专用教室7个，普通教室13个。教职工49人，其中，教师22人、保健医3人。开设13个教学班。幼儿入园119人，离园112人，在园381人。党支部书记、园长邹平。

北京市第五幼儿园

园址：崇文区夕照寺街3号

1954年建园，1998年承办法华寺小区幼儿园，将其更名为北京市第五幼儿园分园，为民办公助性质。2001年5月，被评为北京市示范幼儿园。2004年，因校舍加固，全园迁至丰台区草桥幼儿园周转一年，2005年8月回迁现址。该园为教育部门办园，是首批北京市一级一类幼儿园与北京市示范幼儿园，寄宿制、日托制兼收。2010年，该园占地面积8360平方米，建筑面积7040平方米。专用教室7个，普通教室16个。教职工85人，其中，教师53人，保育员9人。开设教学班16个。幼儿入园177人，离园143人，在园591人。党支部书记、园长朱小娟。

北京市第五幼儿园分园

园址：崇文区法华南里小区33号楼

1998年9月开园，是经市教委批准创办的“民办公助”幼儿园，日托制与寄宿制兼收。办园初期有教职工37人，开设6个教学班，收托2岁半至6岁幼儿165人。2007年，教师吴巍被授予“全国优秀教师”称号。2010年，该园占地面积1823.77平方米，园所建筑面积1686.07平方米。专用教室1个，普通教室7个。教职工12人，其中，教师4人，保健医1人。开设7个教学班。幼儿入园93人、离园39人，在园

213人。党支部书记、园长朱小娟。

中共北京市委机关幼儿园

园址：崇文区光明路1号

1955年建园。1991年，被评为北京市一级一类幼儿园。1996年，招收社会幼儿入园。2002年6月，成立幸福宝宝亲子园，通过平时班、周末班、送教下社区、育儿咨询等多种形式开展独具特色的早期教育，2004年，被评为北京市社区儿童早期教育示范基地。2010年，该园隶属于北京市委办公厅，日托制。占地面积6283平方米，专用教室4个，普通教室12个。教职工52人，其中，教师26人，保健员3人。开设6个教学班。幼儿入园42人，离园11人，在园159人。党支部书记、园长苏京平。

表14　　2010年崇文区幼儿园一览表

序号	幼儿园名称	建园时间	举办者
1	北京市崇文区安乐幼儿园	1974年	教育部门办
2	北京市崇文区第二幼儿园	1958年	教育部门办
3	北京市崇文区第三幼儿园	1959年	教育部门办
4	北京市崇文区光明幼儿园	1961年	教育部门办
5	北京市崇文区回民幼儿园	1982年	教育部门办
6	北京市崇文区前门幼儿园	1956年	教育部门办
7	北京市崇文区永定门幼儿园	1978年	教育部门办
8	北京市崇文区永东幼儿园	1979年	教育部门办
9	北京市崇文托儿所	1980年	教育部门办
10	北京市第五幼儿园	1954年	教育部门办
11	北京军区空军育翔幼儿园	1952年	其他部门办
12	中共北京市委机关幼儿园	1955年	其他部门办
13	北京市崇文区红湖幼儿园	1958年	集体办
14	北京市崇文区西草市幼儿园	1958年	集体办
15	北京市第五幼儿园分园	1998年	民办
16	北京市大地实验幼儿园	1996年	京台合作

小学

北京第一师范学校附属小学

校址：崇文区永定门外安乐林路17号

前身是北京第三师范学校附属小学，1957年建校，1960年改现名。2004年7月，崇文区桃杨路小学并入。1991年至2000年，学校围绕课堂教学进行探索，形成快乐教育的课堂教学特色，制定快乐教育课堂教学评价标准，初步建构小学快乐教育的教学体系。1994年，总结出微笑教学法、快乐作业法等15种教学方法。1994年至2010年，学校获市基础教育首届教学成果一等奖，首都文明单位、全国信息技术实验校等称号。

2010年，学校占地面积14196平方米，建筑面积7130平方米，体育场（馆）面积5594平方米。图书馆藏书77080册。普通教室49个、专用教室18个。教职工120人，其中专任教师108人；高级职称教师3人，北京市学科教学带头人1人，市级骨干教师5人。开设教学班40个。毕业283人，招生242人，在校生1403人。党支部书记、校长张忠萍。

北京市崇文区板厂小学

校址：崇文区板厂南里7号

1947年建校，1949年定名私立新建小学，1967年改现名。1999年接收育锋小学4个教学班学生200人、教师10人。学校有全国优秀辅导员1人，孟二冬式优秀教师1人，北京市德育先进 3 人，北京市优秀教师 2 人。

2010 年，学校占地面积 3950 平方米，建筑面积 3551 平方米，操场面积 1800 平方米。藏书总数 11801 册。开设教学班 28 个。教职工数 76 人，其中专任教师 64 人。普通教室 28 个，专用教室 5 个，实验室 1 个。毕业 155 人，招生 149 人，在校生 1073 人。党支部书记、校长冯雅男。

北京市崇文区宝华里小学

校址：崇文区永外沙子口路 63 号

1957 年建校。宝华里小学将“爱国主义教育”作为学校的办学特色。1991 年、2005 年和 2010 年,学校分别举办“一二·九”运动 56 周年纪念活动、“咏抗战诗歌、抒爱国情怀”活动和“舞动七彩阳光、唱响四好少年”的“六一”庆祝大会等活动，对学生进行爱国主义教育。2009 年，被评为“北京市百所爱国主义教育先进学校”和“全国德育管理先进学校”。

2010 年，学校占地面积 6390 平方米，建筑面积 4898 平方米，体育场面积 1980 平方米。图书馆藏书 20486 册。普通教室 24 个，专用教室 10 个，实验室 1 个。教职工 65 人，其中专任教师 52 人。开设 24 个教学班。毕业 110 人，招生 159 人，在校生 832 人。党支部书记、校长张德利。

北京市崇文区崇文小学

校址：崇文区花市枣苑 12 号

1960 年建校，为寄宿制小学，位于崇文区培新街 8 号。2003 年 9 月学校迁至崇文区花市枣苑 12 号。2003 年以来，学校立足寄宿制学校的特点，研究探讨“以情移情”办学思想，并逐步形成“用爱、用情、用心做教育”的教育理念。2010 年，学校占地面积 14960 平方米，建筑面积 14540 平方米，操场面积 5632 平方米,体育场面积 846 平方米。图书馆藏书 27809 册。普通教室 27 个，专用教室 6 个，实验室 1 个。教职工 74 人，其中专任教师 53 人；北京市骨干教师 1 人。毕业 148 人、招生 172 人、在校生 1002 人。党支部书记、校长白淑兰。

北京市崇文区定安里小学

校址：崇文区定安里 26 号

前身是北京市崇文师范学校第二附属小学，1958 年建校，1969 年改为现名。1996 年 9 月，寄宿部成立，成为公立走读、寄宿双轨制学校。学校开发“礼仪行为训练小课”“礼仪文化阅读课程”“礼仪文化经典诵读”等礼仪教育校本课程。2010 年，学校占地面积 7035 平方米，建筑面积 3838 平方米，操场面积 2000 平方米。藏书 18897 册。普通教室 17 个，专用教室 6 个，实验室 1 个。教职工 56 人，其中专任教师 39 人，区级骨干教师 5 人。开设教学班 17 个。毕业 55 人，招生 143 人，在校生 518 人。党支部书记、校长韩彻。

北京市崇文区革新里小学

校址：崇文区永外管村 5 号

前身是慈济第六民众学校，1929 年建校，1965 年改为现名。1999 年 6 月，桃杨路三条小学四、五年级学生及 20 名教师并入革新里小学。2006 年 7 月，永建里小学合并到革新里小学。学校开设软陶艺术、形体健美、舞蹈等十几项学生喜闻乐见的艺术课堂。

2010 年，学校占地面积 5597 平方米，建筑面积 4767 平方米，操场面积 1978 平方米。图书馆藏书 20996 册。普通教室 23 个，专用教室 8 个，实验室 1 个。教职工 79 人，其中专任教师 57 人；北京市骨干教师 1 人，北京市学科教学带头人 1 人。开设教学班 23 个。毕业 92 人，招生 118 人，在校生 760 人。党支部书记、校长刘燕君。

北京市崇文区光明小学

校址：崇文区光明路甲 12 号

前身是崇文区夕照寺小学，1960 年建校，1964 年迁至龙潭北里三条 2 号，改现名。1998 年，幸福小学并入。1996 年，校长刘永胜提出“我能行”的教育理念，在光明小学实行“我能行”教育。1999 年教师武琼获北京教师最高荣誉“人民教师”奖。1999 年，接收育锋小学部分学生和教职工。2001 年，承办城南分校。2010 年，学校占地面积 16828 平方米，建筑面积 10222 平方米。操场面积 6618 平方米，图书馆藏书 81480 册。普通教室 51 个，专用教室 16 个。教职工 166 人，其中专任教师 132 人，高级职称教师 9 人，特级教师 2 人，北京市骨干教师 3 人，北京市学科教学带头人 2 人。教学班 51 个。毕业 312 人，招生 271 人，在校学生 1791 人。党支部书记王平，校长廖文胜。

北京市崇文区花市小学

校址：崇文区东花市北里西区 1 号

1994 年，崇文区下三条小学和崇文区白桥大街小学合并成立花市小学。1994 年，学校有 35 个教学班，教职工 109 人，专任教师 71 人，学生 1400 人，占地面积 5636 平方米，建筑面积 4227 平方米。1994 年，东花市第二小学部分教职工及学生并入。1994 年至 2010 年，实施小班化教育实验。2010 年 9 月，学校与大地幼儿园结成合作"共同体"，共同进行幼小衔接改革试点。学校和大地幼儿园联手开办的"花市・大地"幼稚园于 2010 年 9 月正式开园，105 个大地幼儿园大班的孩子进入学校开设的 3 个幼小衔接班。2010 年，学校占地面积 5728 平方米，建筑面积 4735 平方米，体育场面积 2500 平方米。图书馆藏书 28470 册。固定资产总值 860 万元。普通教室 17 个，专用教室 12 个，实验室 1 个。教职工 37 人，其中专任教师 28 人，本科及以上学历 24 人。开设教学班 12 个。毕业 31 人，招生 36 人，在校生 288 人。党支部书记、校长郝海鸥。

北京市崇文区回民小学

校址：崇文区东花市大街 99 号

前身是京师清真公立第五初等小学堂，1909 年建校。1989 年改现名。1993 年，新教学楼落成。2002 年，刚毅小学部分师生并入，同年 9 月，新建教学宿舍楼投入使用。1991 年至 2010 年，学校确立"存唐风宋韵，葆诗馨墨香，为文化真人"的办学思想，从 2004 年开始，着力打造学校特色。2010 年 6 月，崇文区回民小学藏头诗入选崇文区第三批非物质文化遗产名录。2010 年，学校占地面积 3457 平方米，建筑面积 5227 平方米，体育场（馆）面积 781 平方米。图书馆藏书 13555 册。普通教室 15 个，专用教室 5 个，实验室 1 个。教职工 53 人，其中专任教师 37 人，北京市骨干教师 1 人。开设教学班 15 个。毕业 50 人，招生 76 人，在校生 390 人。党支部书记杨雪，校长赵丹阳。

北京市崇文区金台小学

校址：崇文区东晓市街 203 号

学校起源于始建于 1700 年京兆尹钱晋锡设立的大兴、宛平两县的义学，称为首善义学。至 1750 年，首善义学经过大规模的修缮扩建，改名为金台书院。民国初期，金台书院遗址被利用举办京师公立第十六高等小学国民学校，1923 年，学校更名为京师公立第十六小学校。中华人民共和国成立后，学校曾改为北京市九区中心小学、崇文区东晓市小学、崇文区清华街小学。2000 年 6 月，崇文区西园子小学与崇文区清华街小学合并组建金台小学。学校一校两址，分校位于祈年大街东侧的西园子 32 号。2007 年 9 月 1 日，学校教学班搬到本校上课。2007 年，学校研发、构建金台"慧心巧思"校本课程体系，以"巧手促巧心，巧教促巧学，巧读促博学"为核心，促进师生共同成长。2008 年 5 月，分校借给崇文科技馆使用。

2010 年，学校占地面积 6625 平方米，建筑面积 5141 平方米，体育场（馆）面积 1450 平方米。图书馆（室）藏书 16431 册。普通教室 12 个，专用教室 3 个，实验室 1 个。教职工 41 人，其中专任教师 30 人。开设教学班 12 个。毕业 55 人，招生 40 人，在校生 274 人。党支部书记、校长张弦。

北京市崇文区精忠街小学

校址：崇文区精忠街 11 号

前身是京师警察厅举办精忠庙贫儿半日学校，1915 年建校，1952 年更名为北京市崇文区精忠庙小学，1981 年改现名。2003 年，紫竹林小学六年级学生及教师并入该校。2008 年，学校提出"精忠报国教育——精修学业，忠诚报国"特色办学理念，旨在通过"精忠报国教育"特色办学，继承北宋抗金名将岳飞和古今人士的爱国传统进行爱国主义教育。2010年，学校占地面积2400平方米，建筑面积3617.8平方米，操场面积500平方米。图书室藏书16182册。普通教室12个，专用教室7个。教职工46人,其中专任教师32人。开设教学班12个。毕业44人，招生35人，在校生242人。党支部书记、校长刘久杰。

北京市崇文区景泰小学

校址：崇文区永外杨家园路10号

1958年建校，前身是李村小学，1998年2月改为现名。1995年1月，学校被定为九年义务教育教材实验窗口校。1999年，少先队大队获全国红旗大队称号。2009年11月，学校获全国示范家长学校称号。

2010年，学校占地面积5348平方米，建筑面积4148平方米,体育场面积1800平方米，藏书33235册。普通教室27个,专用教室5个。教职工80人，其中专任教师67人；高级职称教师1人，北京市骨干教师1人。开设教学班27个。毕业178人，招生184人，在校生1019人。党支部书记、校长陈培荣。

北京市崇文区培新小学

校址：崇文区幸福大街幸福巷4号

前身是崇文区八圣高庙小学，1952年建校，1966年改现名。1999年1月，育锋小学六年级学生165人及18名教职工并入。2010年，学校占地面积10400平方米，建筑面积7113平方米，体育场面积2300平方米。图书馆藏书39193册。普通教室37个，专用教室16个，实验室3个。教职工97人，其中专任教师87人；高级职称教师2人，北京市骨干教师2人。开设教学班37个。毕业生214人，招生204人,在校生1298人。党支部书记赵霞，校长张燕。

北京市崇文区前门小学

校址：崇文区西河沿甲211号（寄宿部）
崇文区新怡小区9号（走读部）

前身是清朝廷在前门外打磨厂内中段路北的李真人祠开办的巴氏觉罗学堂，1869年建校。1903年，巴氏觉罗学堂在铁柱宫庙的基础上进行扩建，更名为“铁柱宫学堂”。1912年，铁柱宫学堂更名为京师公立第十七小学校。几经更名，中华人民共和国成立后更名为北京市第八区中心小学，1973年改为崇文区打磨厂小学。1996年，打磨厂小学与崇文区同乐小学合并，定名前门小学，分为一校两址，校本部位于崇文区西打磨厂51号，分校在崇文区同乐胡同4号。2006年1月18日，崇文区长巷四条小学、冰窖厂小学并入北京市崇文区前门小学。此后，分走读部（西河沿甲211号）和寄宿部（双玉中街甲35号）两址办学，原址崇文区西打磨厂51号和崇文区同乐胡同4号因前门地区拆迁停用。2008年9月1日，前门小学走读部迁入崇文区新怡小区9号新址。2009年8月31日，前门小学寄宿部迁入西河沿甲211号。2004年3月，学校开设经典诵读校本课程。该课程选用《中国文化儿童经典诵读》校本教材，利用每天晨读、短课训练时间，学习《弟子规》《三字经》《论语》等中国传统儒家、道家优秀作品，开展中华传统美德教育。

2010年，学校占地面积13379平方米，建筑面积10240平方米，体育场面积6009平方米。图书馆藏书35773册。普通教室32个，专用教室14个，实验室2个。教职工118人，其中专任教师90人；市级骨干教师2人。开设教学班31个。毕业178人，招生152人，在校生806人，在校生中寄宿生354人。党支部书记闻宝华，校长于立宁。

北京市崇文区体育馆路小学

校址：崇文区法华南里21号

前身为崇文区东四块玉小学，1952年建校，地址为崇文区体育馆西路33号，1965年改现名。2000年7月，龙潭路小学并入。2001年，学校修缮北面平房，增加3个教室。2003年7月，向新小学所有在校学生和6名教师并入。2009年,法华寺街小学并入。同年，体育馆路小学迁入现址。1995年，学校开展小学作文整体改革研究。2004年9月，提出以课堂实践为主渠道，开展“体验式学习方式”“课程资源的开发和利用”“教师的角色”等研究课题。

2010年，学校占地面积5524平方米，建筑面积4580平方米，体育场面积平方米2462平方米。图书馆藏书60000册。普通教室25个，专用教室5个，实验室1个。教职工87人，其中专任教师66人。开设教学班25个。毕业161人，招生120人，在校生835人。党支部书记、校长黄建荣。

北京市崇文区天坛东里小学

校址：崇文区天坛东里内8号

1976年建校。1991年，成为市小学足球传统项目校。1991年至2010年，在市区举办的小学生足球赛中，一直保持前五名的好成绩。1992年始，学校被认定为“中国教育学会书法研究会实验学校”。2010年，学校占地面积5454.06平方米，建筑面积2768平方米，体育场面积2498平方米，图书室藏书20945册。普通教室12个，专用教室6个。教职工43人，其中专任教师32人。开设教学班12个。毕业69人，招生81人，在校生377人。党支部书记、校长彭爱军。

北京市崇文区天坛南里小学

校址：天坛南里西区16号

前身是北京市永定门学校，1968年建校，系十年一贯制学校，设小学部和初中部。1972年小学部独立，改现名。1992年确定为北京市足球体育传统项目学校。1995年，永定门中学小学部11个班389名学生和语文、数学名教师随班并入。2003年7月，南中轴线改造，紫竹林小学一至四年级学生和语文、数学教师并入。2010年，学校占地面积3925平方米，建筑面积3298平方米，操场面积1200平方米。图书馆藏书22777册。普通教室12个，专用教室11个。教职工48人，其中专任教师36人。开设教学班12个。毕业48人，招生48人，在校生279人。党支部书记、校长周志光。

北京市崇文区新景小学

校址：崇文区西花市南里西区7号楼

2004年12月建校，由崇文区天龙东里小学与上三条小学合并成立，于2005年2月正式投入使用。2005年5月，崇文区翟家口小学并入。学校以“创建学习型校园”为办学特色和发展方向。通过自我超越、改善心智模式建立共同愿景、团队学习、系统思考的修炼方式，形成人人是学习之人、时时是学习之机、处处是学习之所的学习氛围。

2010年，学校占地面积8500平方米，建筑面积6814.9平方米。操场面积5206平方米。图书藏量41288册。普通教室24个，专用教室6个。教职工89人，其中专任教师70人，市级骨干教师1人。毕业156人，招生108人，在校生626人，开设24个教学班。党支部书记李月华，校长王卫军。

北京市崇文区永生小学

校址：崇文区永生巷6号旁门

前身是私立惠我小学第四分校，1946年建校，1964年定现名。学校以“和谐育人，主动发展”办学理念，并朝着“适合教育”的办学特色发展。学校成立适合师生发展的“红领巾政治学院”“小公仆管理学院”“小翻译外交学院”“小孔雀艺术学院”“小作家文学院”“小数学家研究院”“小发明家科学院”“健与美军体学院”。2010年，学校占地面积2250平方米，校舍建筑面积1930平方米，体育场面积300平方米，图书馆藏书12130册。普通教室13个，专用教室4个。教职工53人，其中专任教师40人；高级职称教师1人。开设13个教学班。毕业46人，招生58人，在校生304人。党支部书记、校长卢红玲。

北京市崇文区忠实里小学

校址：崇文区广渠门外忠实里南街乙58号

1969年8月建校并定名。2006年1月，崇文区广渠门小学并入。2004年9月，成立10个课外活动小组，开办合唱、舞蹈、软硬笔书法、体育、公艺、英语、计算机等8类兴趣班，学生参与率达87%。2010年，学校占地面积2493.5平方米，建筑面积2304.5平方米，操场面积522平方米。图书室藏书28639册。普通教室16个，专用教室2个，实验室1个。教职工42人，其中专任教师31人。开设教学班11个。毕业69人，招生29人，在校生254人。党支部书记、校长李博阳。

表 15　　2010 年崇文区小学一览表

序号	学校名称	建校时间	举办者
1	北京第一师范学校附属小学	1957 年	教育部门和集体办
2	北京市崇文区板厂小学	1947 年	教育部门和集体办
3	北京市崇文区宝华里小学	1957 年	教育部门和集体办
4	北京市崇文区崇文小学	1960 年	教育部门和集体办
5	北京市崇文区定安里小学	1958 年	教育部门和集体办
6	北京市崇文区革新里小学	1929 年	教育部门和集体办
7	北京市崇文区光明小学	1960 年	教育部门和集体办
8	北京市崇文区红桥小学	1997 年	教育部门和集体办
9	北京市崇文区花市小学	1994 年	教育部门和集体办
10	北京市崇文区回民小学	1909 年	教育部门和集体办
11	北京市崇文区金台小学	1700 年	教育部门和集体办
12	北京市崇文区精忠街小学	1915 年	教育部门和集体办
13	北京市崇文区景泰小学	1958 年	教育部门和集体办
14	北京市崇文区培新小学	1952 年	教育部门和集体办
15	北京市崇文区前门小学	1869 年	教育部门和集体办
16	北京市崇文区体育馆路小学	1952 年	教育部门和集体办
17	北京市崇文区天坛东里小学	1976 年	教育部门和集体办
18	北京市崇文区天坛南里小学	1968 年	教育部门和集体办
19	北京市崇文区新景小学	2004 年	教育部门和集体办
20	北京市崇文区新怡小学	2008 年	教育部门和集体办
21	北京市崇文区永生小学	1946 年	教育部门和集体办
22	北京市崇文区忠实里小学	1969 年	教育部门和集体办
23	北京市东城区法华寺街小学	1949 年	教育部门和集体办

普通中学

北京汇文中学

校址：崇文区培新街 6 号

前身是美国基督教美以美会在崇文门内设立的蒙学馆，1871 年建校。1928 年改名为北平私立汇文中学。1989 年定现名。1992 年恢复以杰出校友、中外名人命名的“英雄班”制度。1994 年，学校尝试高中自主招生改革。学校在计划招生人数范围内，通过数学、英语、专项心理测试从崇文区学籍或具有崇文区户籍的应届初中毕业生中提前招收 103 名学生。1997 年 6 月，北京汇文中学国际部即“北京汇文语言文化学校”被批准为“接待华侨、外籍华人学生来京学习的定点校”。1998 年 7 月起，汇文中学停止初中招生，成为普通高中校。2002 年 9 月，入选北京市示范性普通高中。2002 年至 2004 年，崇文小学和崇文二幼调整，校址并入汇文中学。2000 年 11 月，被批准为可招收外籍学生的学校。2005 年 7 月，恢复招收初中学生。

2010 年，学校占地面积 53946 平方米，建筑面积 57407 平方米。其中，体育场（馆）面积 28469 平方米。图书馆藏书 96929 册。普通教室 63 个，专用教室 13 个，实验室 11 个。教职工 192 人，其中专任教师 135 人，高级职称教师 50 人，市级骨干教师 5 人，市级特级教师 3 人。开设教学班 41 个（初中班 14 个、高中班 27 个）。毕业 485 人（初中 156 人、高中 329 人），招生 532 人（初中 215 人、高中 317 人），在校生 1575 人（初中 542 人、包括寄宿生 3 人；高中 1033 人，包括寄宿生 164 人），另有外省份借读生 95 人（初中 9 人、高中 86 人）。党支部书记白瑞祥，校长陈维嘉。

北京市崇文门中学

校址：崇文区东花市北里西区5号

前身是北京市曙光路中学，1968年建校，1986年改现名。1991年学校是一所职普共存的学校，有初中和职业教育中师班。学校共有教学班15个，其中初中10个，职业教育中师班5个。1996年，北京市崇文区幼儿师范学校从北京市第二一零中学调整到北京市崇文门中学。调整后，学校内设初中部和职业中专部，初中部对外挂北京市崇文门中学牌子，职业中专部对外保留原北京市崇文区幼儿师范学校牌子。该校事业编制数由原112名增加为124名，其隶属关系、规格、经费渠道等均保持不变。1996年至1999年，学校高中部开办空乘、导游（实用英语）、文秘和幼儿师范专业。幼儿师范主要学习的课程有幼儿教育学、幼儿心理学、幼儿卫生学，美术、手工、钢琴、舞蹈、声乐、视唱。学生达到六级水平才能拿到毕业证。2000年，学校经市教委批准由原来职普并存校转制为完全中学，其中高中作为综合高中。学校职业教育专业学生同时具有普高和职高双重学籍。2004年至2010年，学校不再招收职业教育学生。

2010年，学校占地面积9542平方米，建筑面积8509平方米。图书馆藏书41213册。普通教室27个，专用教室10个，实验室3个。教职工108人，其中专任教师78人，高级职称教师17人。开设教学班22个（初中班8个、高中班14个）。毕业生151人（初中85人、高中66人），招生201人（初中64人、高中137人），在校生719人（初中244人、高中475人）。党支部书记赵秀兰，校长刘福盛。

北京市第十一中学

校址：崇文区金鱼池西区1号（西校区）
崇文区东晓市街101号（东校区）

1950年建校。1997年7月10日，北京市第一七八中学高二3个班、高三3个班并入。1998年6月5日，学校在永定门中学校址试办普通初级中学，进行民办公助体制改革实验，并定名为“北京市第十一中学分校”。试办期暂定为三年。2000年9月，北京市第十一中学分校脱离北京市第十一中学，成为独立法人单位。2002年，崇文区政府为支持北京市第十一中学申办示范性普通高中，将正在新建的金鱼池小区配套学校交给十一中使用，成为十一中金鱼池校区（西校区）。2003年7月，北京市第一七八中学并入。2004年9月1日，金鱼池校区正式全面投入使用。2010年7月，东晓市校区开始进行抗震加固，初中周转到崇文区少年宫上课。2008年9月1日，学校开设体育选修课程，包括乒乓球、羽毛球、手球、健与美、健身操、篮球等8个子课程。2009年9月，根据新课程改革关于开展综合实践活动课的要求，在高一年级开展研究性学习。

2010年，学校占地面积27083平方米，建筑面积39743平方米，体育场（馆）面积13200平方米。图书馆藏书总数71791册。普通教室53个，专用教室16个，实验室16个。教职工217人，其中专任教师159人，高级职称教师41人，北京市骨干教师2人，北京市学科带头人1人。开设教学班46个（初中班22个、高中班24个）。毕业616人（初中281人、高中335人），招生528人（初中282人、高中246人），在校生1704人（初中854人、高中850人），在校生中寄宿生97人。党支部书记许光前，校长果淑兰。

北京市第十一中学分校

校址：崇文区天坛南里14号

前身是北京市永定门中学，1968年建校。1993年，永定门中学撤销职业高中，其专业调到北京市第一七九中学。永定门中学与永定门东街小学合并，更名为北京市永定门学校，永定门东街小学共17个班，13个班迁入永定门中学。1998年，在永定门学校的基础上建立北京市第十一中学分校，性质是自收自支的体制改革校。2008年，终止十一中分校办学体制改革试点，将北京市十一中分校（自收自支单位）撤销并入北京市永定门学校（全额拨款单位）。同年，永定门学校更名为北京市第十一中学分校。终止办学体制改革试点校后为三年制普通初级中学，只招收初中生。学校利用传统优势，开发校本课程，开设文化类、体育类、科技类、艺术类校本课程22种。

2010年，学校占地面积8417平方米，建筑面积7113平方米,体育场面积4208平方米。图书馆藏书33963册。普通教室25间，专用教室1间，实验室4间。教职工75人，其中专任教师53人，高级职称教师4人。开设教学班18个。毕业184人，招生246人，在校生721人。党支部书记沈志强，校长贾长林。

北京市第五十中学

地址：崇文区夕照寺大街13号

1953年建校，2004年9月，北京市天坛中学并入，北京教育学院崇文分院校舍划入。2005年12月，被确定为北京市示范性普通高中。2006年，北京市第九十二中学承办五十中学分校，九十二中更名为五十中学分校。1992年，北京市化学奥林匹克学校崇文分校在五十中正式成立。1992年，学校先后成立北京市中学生金帆艺术团的舞美团、电声乐团、声乐小乐团；组建“校园之声”广播站。2008年，学校开展校本课程建设研究，并在课程建设中体现学校文化，在丰富多彩的校本课程和研究性学习、综合实践活动中体现学校特色。学校在高一、高二年级推出30多种学科校本选修课程。

2010年，学校占地面积27910平方米，建筑面积24360平方米，体育场面积10125平方米。图书馆藏书96382册。普通教室54个，专用教室13个，实验室8个。教职工216人，其中专任教师152人；高级职称教师49人，北京市学科教学带头人1人。开设教学班49个（初中班24个、高中班25个）。毕业692人（初中345人、高中347人），招生587人（初中298人、高中289人），在校生1903人（初中969人、高中934人），在校生中寄宿生105人。党支部书记段云霞，校长于海明。

北京市第五十中学分校

校址：崇文区永外安乐林路14号

前身是北京市第九十二中学，1957年建校。1995年在崇文区学校布局调整中，被确定为永外地区唯一的一所普通完全中学。为进一步优化教育环境，使教育资源得到共享，2005年1月学校与北京九十中学合并成立新的九十二中。2006年4月，在九十二中学基础上，成立北京市第五十中学分校，其完全中学性质不变，原九十二中学保留建制。2006年10月，学校成立教师专业化发展工作室。

2010年，学校占地面积12200平方米，建筑面积6592平方米，体育场面积5600平方米。图书馆藏书71653册。普通教室34个，专用教室7个，实验室5个。教职工146人，其中专任教师102人，高级职称教师23人。开设教学班30个（初中班18个、高中班12个）。毕业281人（初中140人、高中141人），招生316人（初中176人、高中140人），在校生952人（初中534人、高中418人）。党支部书记周玉玲，校长张立发。

北京市第九十六中学

校址：崇文区崇文门西小街3号（本校）
崇文门外大街新世界家园甲5号
（南校区）

1958年建校。学校是传统体育项目校，传统项目篮球自1991年3月以来，多次获得市、区级重要比赛冠军。1995年，学校团委获“北京市红旗团委”称号。2004年7月，北京市第二二三中学并入，原二二三中学作为其西分校。2005年10月，西分校师生全部迁入本校，二二三中学校舍（西分校）拆除。2005年，北京市崇文门外大街新世界家园甲5号成为该校南校区,自1995年10月始，学校聘请美国教师为高一、高二学生上英语口语课。

2010年，学校本部占地面积11632平方米，建筑面积14129平方米。南校区占地面积6726平方米，建筑面积4560平方米，体育场（馆）面积6300平方米。图书馆藏书37689册。普通教室46个，专用教室3个，实验室9个。教职工128人，其中专任教师86人，高级职称教师14人，开设教学班25个（初中班12个、高中班13个）。毕业300人（初中131人、高中班169人），招生 263 人（初中 114 人、高中 149 人），在校生 841 人（初中 376 人、高中 465 人）。校训：团结、求实、勤奋、进取。党支部书记景宝龙，校长石庆萍。

北京市第一零九中学

校址：崇文区幸福大街 43 号

1958 年建校，原址位于天坛东路 58 号。1997 年，北京市第二一零中学并入、2001 年北京市第四十九中学并入。2001 年，学校本部迁至幸福大街 43 号，旧址改为一零九中分校，部分班级在旧址上课。2005 年 10 月，入选北京市示范性普通高中。2010 年 7 月，撤销天坛东路 58 号分校，固定资产由北京产权交易所有限公司接收。学校开设美高班，美育特色突出。学校是“京剧进校园”北京市试点校。学校有两个管弦乐团，2010 年，学校获北京市中小学金帆艺术奖。

2010 年，学校占地面积 36215 平方米，建筑面积 16343 平方米，体育场面积 13543 平方米。普通教室 50 个，专用教室 27 个。实验室 7 个。教职工 293 人，其中专任教师 205 人；高级职称教师 51 人。开设教学班 50 个（初中班 22 个、高中班 28 个）。毕业 592 人（初中 285 人、高中 307 人），招生 512 人（初中 240 人、高中 272 人），在校生 1750 人（初中 800 人、高中 950 人），在校生中包括寄宿生 228 人。校训：明德、修身、笃学、求真。党支部书记孙文达，校长刘炳辉。

北京市第一一四中学

校址：崇文区永外西革新里 114 号

1965 年 8 月建校，1995 年，学校实验大楼竣工。1997 年，职高部由 3 个教学班扩大到 14 个教学班。学校更名为“北京商科学校”（附设初中部）。1999 年，学校撤办职高，改为初中校，恢复现校名，实施小班教学制。6 月，原崇文区树人学校 4 个初中班 120 余名学生以及 10 名教师并入该校。10 月，试办初中寄宿班。1999 年 5 月，与中国棋院、北京棋院联手创建棋类特色学校。2001 年学校被北京棋院、棋协命名为“北京市棋类普及教育定点校”。2000 年 4 月，学校开办寄宿班，9 月，学校初步完成走读、寄宿双轨制改革，共招收 4 个寄宿班、150 名寄宿生。2005 年年初，成为北京市垒球传统校。

2010 年，学校占地面积 9676 平方米，建筑面积 7973 平方米，体育场面积 3850 平方米。图书室藏书 37319 册。普通教室 21 个，专用教室 5 个，实验室 3 个。教职工 90 人，其中专任教师 55 人，高级职称教师 6 人，北京市骨干教师 1 人。开设教学班 17 个。毕业 136 人，招生 153 人，在校生 461 人。在校生中寄宿生 152 人。校训：健康友爱、乐学敏思；勤奋严谨，和谐创新。党支部书记、校长杨维杰。

北京市第一一五中学（崇文区体育运动学校）

校址：崇文区天坛东路 13 号

1987 年成立，接受崇文区教委、崇文区体育局双重领导。2000 年前，校级领导干部由双方调配组成。2000 年起，由体育局负责任命和考核校级领导。学校教师来自崇文区中、小学各个年级的任课教师。学校既要完成学生九年义务教育，还肩负着培养输送体育人才的任务。学校设 7 个教学班，其中小学 4 个年级（三至六年级），中学 3 个年级（初一至初三），学生保持在 120 人左右，训练项目有田径、游泳、足球、射击、射箭、举重、篮球、排球、乒乓球、柔道、围棋等。学校采用半读半训的方式，教学内容和区普教系统基本相同，减少体育等科目。在校学生全部参加崇文区中学统一考试及小学毕业考试，并全部合格毕业。

2010 年，学校占地面积 3852.4 平方米，建筑面积 2757.6 平方米，体育场面积 1094.8 平方米。普通教室 8 个，专用教室 1 个，实验教室 2 个。教职工 16 人、其中专任教师 12 人，高级职称教师 1 人。开设教学班 3 个（小学 1 个、初中 2 个）。招生 5 人，毕业 36 人，在校生 27 人。党支部书记、校长马石庄。

北京市广渠门中学

校址：北京市崇文区白桥大街甲 1 号

前身是北京市第十五女子中学，1954 年

8 月建校，1972 年改现名。1992 年北京市第五十二中学并入广渠门中学。1995 年创立“宏志班”，为家庭生活贫困、品学兼优的学生免费提供高中教育。7 月，北京市第二二五中学并入。2003 年 1 月，学校因危改拆迁周转至天坛东路 3 号。10 月，北京市第五十九中学并入。2004 年 9 月，新校舍正式投入使用。2005 年 12 月，被确定为北京市示范性普通高中。2007 年，高中从原来每周两节体育课增至每天一节体育课。学校有篮球队、足球队、排球队等多支体育运动队，有广厦文学社、翰逸书法社、棋社、星光合唱团、管乐团、舞蹈团、金鹏科技团等 20 多个学生社团。2010 年 11 月，广渠门中学被评为“全国艺术教育先进单位”。2010 年，学校有全国劳动模范、北京市劳动模范各 1 名。

2010 年，学校占地面积 20034 平方米，建筑面积 27814.98 平方米，体育场（馆）面积 10300 平方米。图书馆藏书 89699 册。普通教室 51 个，专用教室 13 个，实验室 11 个。教职工 249 人，其中专任教师 166 人；高级职称教师 53 人，北京市学科教学带头人 1 人、市级骨干教师 4 人，特级教师 2 人。开设教学班 51 个（初中班 24 个、高中班 27 个）。毕业 687 人（初中 346 人、高中 341 人），招生 594 人（初中 319 人、高中 275 人），在校生 1967 人（初中 1016 人、高中 951 人），在校生中寄宿生 354 人。党支部书记杨秋文，校长吴甡。

北京市龙潭中学

校址：崇文区板厂南里 3 号

1969 年，北京市第五十中学分校独立建制更名为北京市龙潭中学。学校为完全中学，是北京市篮球项目传统校。2010 年，北京市龙潭中学占地面积 8278 平方米，建筑面积 7826 平方米，体育场面积 3000 平方米。图书馆藏书 38866 册。普通教室 22 个，专用教室 4 个，实验室 5 个。教职工 113 人，其中专任教师 74 人，高级职称教师 12 人。开设教学班 22 个（初中班 10 个、高中班 12 个）。毕业 247 人（109 人、高中 138 人），招生 217 人（初中 73 人、高中 144 人），在校生 775 人（初中 256 人、高中 519 人）。党支部书记孟辉，校长赵庆毅。

北京市前门外国语学校

校址：崇文区前门东大街甲 14 号

前身是北京市第一零七中学，1962 年建校。旧址在前门外鲜鱼口内草厂九条 10 号。1979 年迁入现址更名为北京市前门中学。1994 年，停止高中招生。1996 年，在前门中学基础上成立北京前门外国语学校，原校名保留，性质为办学体制改革试点校。2002 年 6 月，北京市第一一六中学学生和 28 名教师并入前门外国语学校，一一六中学撤销建制，改称前门外国语学校分校。2008 年 4 月，学校终止办学体制改革试点校试点，转为公立学校。2008 年 9 月，北京市前门中学校名撤销，学校正式定名北京市前门外国语学校，为全日制初中校。1996 年，学校确立外语教学特色。2000 年，学校创建第一届英语话剧节。

2010 年，学校占地面积 6517.7 平方米，建筑面积 5635.7 平方米，体育场面积 2429 平方米。图书馆藏书 40622 册。普通教室 18 个，专用教室 20 个，实验室 5 个。教职工 81 人，其中专任教师 56 人，高级职称教师 11 人。开设教学班 18 个。毕业 206 人，招生 224 人，在校生 711 人。党支部书记、校长张景海。

北京市文汇中学

校址：崇文区广渠门外忠实里东区 9 号楼

1998 年 5 月，汇文中学校友会承接北京市第二零九中学的 18 个教学班以及校舍、设备，实施民办公助改革试点，第二零九中学改现名。2000 年 8 月，初二、初三年级搬入汇文中学上课，初一年级搬入天坛东里 3 号上课，共有教学班 30 个。2003 年，学校迁入现址。2005 年 6 月，崇文区实验中学并入，实验中学不再招生，教职工和学生正式纳入文汇中学。2008 年，文汇中学取消办学体制改革试点校试点，转为公办校，招收初中生。

2010 年，学校为初级中学，占地面积 13024 平方米，建筑面积 13958 平方米，体育场面积 6935 平方米。图书馆藏书 43183 册。普通教室 28 个，专用教室 16 个，实验室 6 个。教职工 108 人，其中专任教师 81 人，高级职称教师 23 人。开设教学班 28 个。毕业 431 人，招生 434 人，在校生 1141 人，在校生中有寄宿生 90 人。党支部书记、校长王桃桃。

表 16　　2010 年崇文区普通中学一览表

序号	学校名称	建校时间	举办者
1	北京汇文中学	1871 年	教育部门和集体办
2	北京市崇文门中学	1968 年	教育部门和集体办
3	北京市第十一中学	1950 年	教育部门和集体办
4	北京市第十一中学分校	1998 年	教育部门和集体办
5	北京市第五十中学	1953 年	教育部门和集体办
6	北京市第五十中学分校	2006 年	教育部门和集体办
7	北京市第九十六中学	1958 年	教育部门和集体办
8	北京市第一零九中学	1958 年	教育部门和集体办
9	北京市第一一四中学	1965 年	教育部门和集体办
10	北京市第一一五中学	1987 年	教育部门和集体办
11	北京市广渠门中学	1954 年	教育部门和集体办
12	北京市龙潭中学	1969 年	教育部门和集体办
13	北京市前门外国语学校	1996 年	教育部门和集体办
14	北京市文汇中学	1997 年	教育部门和集体办

特殊教育学校

北京市崇文区培智中心学校

校址：崇文区体育馆西路 33 号

1987 年建校，原校址在锦绣三条 9 号，2000 年迁至崇文区清华街 46 号。2010 年 9 月，迁入现址，是一所以智障儿童为主要招生对象的特殊教育学校。2010 年，学校中重度智障学生占 80%；分康复训练、教学训练、职业培训三个阶段 9 个教学班，全部为走读。2004 年，开设社区实践课程，包括社区地理、居家、出行、休闲娱乐、购物、公共设施、政府机构和信息查询 8 项知识与技能。学校根据北京市培智学校课程设置的要求，将学校分为康复训练部、义务教育部和职劳培训部三个部门。康复训练部开设认知、沟通、艺术休闲、唱游律动、运动康复等课程，义务教育阶段开设实用语文、实用数学、音乐、美术、体育等课程。潜能课程为该校的校本课程，将学生打乱班级，按照学生的兴趣与实际能力进行分班，先后开设舞蹈、电子琴、合唱、葫芦丝演奏、打击乐、美工、软陶制作、特奥体育训练等多个潜能课程。

2010 年，学校占地面积 3659 平方米，建筑面积 2550 平方米，体育场面积 1009 平方米。图书馆藏书 767 册。普通教室 10 个，专用教室 12 个。教职工 28 人，其中专任教师 20 人。开设教学班 10 个。毕业 15 人，招生 12 人，在校生 90 人。党支部书记李文敏，校长马鸿。

附表

表 17　　1991—2010 年崇文区小学撤并更名一览表

序号	学校名称	建校时间	撤并或更名说明
1	北京市崇文区白桥大街小学	1968 年	1994 年与崇文区下三条小学合并成立北京市崇文区花市小学
2	北京市崇文区冰窖厂小学	1953 年	2006 年并入崇文区前门小学

续表 17

序号	学校名称	建校时间	撤并或更名说明
3	北京市崇文区草厂九条小学	1926 年	1998 年 9 月并入崇文区长巷四条小学
4	北京市崇文区茶食胡同小学	1961 年	2000 年并入崇文区翟家口小学
5	北京市崇文区长巷四条小学	1956 年	2006 年并入崇文区前门小学
6	北京市崇文区打磨厂小学	1918 年	1996 年 9 月与崇文区同乐小学合并建立崇文区前门小学
7	北京市崇文区大石桥小学	1944 年	1995 年并入崇文区瑛子胡同小学
8	北京市崇文区翟家口小学	1957 年	2005 年并入崇文区新景小学
9	北京市崇文区东八角小学	1914 年	1999 年并入北京市崇文区河泊厂小学
10	北京市崇文区东花市第二小学	1958 年	1994 年撤销，师生并入崇文区花市小学和崇文区回民小学
11	北京市崇文区东唐小学	1948 年	1997 年 9 月与崇文区赞东小学合并组建崇文区红桥小学
12	北京市崇文区东晓市小学	1906 年	1998 年 7 月撤销，师生分流到西园子小学、清华街小学、锦绣街小学三所学校
13	北京市崇文区法华寺街小学	1949 年	2009 年并入崇文区体育馆路小学
14	北京市崇文区刚毅小学	1997 年	2002 年撤销，师生并入崇文区天龙东里小学和崇文区回民小学
15	北京市崇文区革新里小学	1929 年	1997 年 7 月更名北京市树人学校。1999 年恢复革新里小学
16	北京市崇文区广渠门小学	1949 年	2006 年并入崇文区忠实里小学
17	北京市崇文区河泊厂小学	1947 年	2002 年并入崇文区翟家口小学
18	北京市崇文区红桥小学	1997 年	2009 年并入崇文区永生小学
19	北京市崇文区花市上头条小学	1952 年	1999 年并入北京市崇文区上三条小学
20	北京市崇文区锦绣街小学	1955 年	2001 年撤销，师生并入崇文区精忠街小学和崇文区金台小学
21	北京市崇文区龙潭路小学	1953 年	2000 年并入崇文区体育馆路小学
22	北京市崇文区清华街小学	1948 年	2000 年 7 月与崇文区西园子小学合并成立崇文区金台小学
23	北京市崇文区上三条小学	1945 年	2004 年与崇文区天龙东里小学合并成立崇文区新景小学
24	北京市崇文区上堂子小学	1918 年	2000 年撤销，师生并入崇文区天龙东里小学、崇文区回民小学和崇文区花市小学
25	北京市崇文区手帕胡同小学	1909 年	1997 年与崇文区瑛子胡同小学合并组建崇文区刚毅小学
26	北京市崇文区桃杨路三条小学	1965 年	1999 年并入崇文区革新里小学
27	北京市崇文区桃杨路小学	1955 年	2004 年并入北京第一师范附属小学
28	北京市崇文区天龙东里小学	1953 年	2004 年与崇文区上三条小学合并成立崇文区新景小学
29	北京市崇文区同乐小学	1903 年	1996 年 9 月与崇文区打磨厂小学合并建立崇文区前门小学
30	北京市崇文区西园子小学	1956 年	2000 年 7 月与崇文区清华街小学合并成立崇文区金台小学
31	北京市崇文区下三条小学	1951 年	1994 年与崇文区白桥大街小学合并成立北京市崇文区花市小学
32	北京市崇文区向新小学	1967 年	2003 年并入崇文区体育馆路小学
33	北京市崇文区幸福小学	1958 年	1998 年并入崇文区光明小学
34	北京市崇文区瑛子胡同小学	1965 年	1997 年与崇文区手帕胡同小学合并组建崇文区刚毅小学
35	北京市崇文区营房宽街小学	1911 年	1995 年并入崇文区法华寺街小学
36	北京市崇文区永定门东街小学	1915 年	1993 年并入北京市永定门中学，建立永定门中学小学部
37	北京市崇文区永建里小学	1949 年	2006 年并入崇文区革新里小学
38	北京市崇文区育峰小学	1875 年	1999 年撤销，师生并入崇文区板厂小学、崇文区光明小学、崇文区培新小学
39	北京市崇文区赞东小学	1956 年	1997 年 9 月与崇文区东唐小学合并组建崇文区红桥小学
40	北京市崇文区紫竹林小学	1950 年	2003 年师生并入崇文区精忠街小学和崇文区天坛南里小学
41	北京市永定门中学小学部	1993 年	1995 年并入崇文区天坛南里小学

表 18　　1991—2010 年崇文区普通中学撤并更名一览表

序号	学校名称	建校时间	撤并或更名说明
1	北京市崇文实验中学	1995 年	办学体制改革试点初中校。2005 年并入北京市文汇中学
2	北京市第四十九中学	1952 年	2001 年并入北京市第一零九中学
3	北京市第五十二中学	1964 年	1992 年并入北京市广渠门中学
4	北京市第五十九中学	1955 年	2003 年并入北京市广渠门中学
5	北京市第九十中学	1957 年	2005 年并入北京市第九十二中学
6	北京市第九十二中学	1957 年	2006 年 4 月更名为北京市第五十中学分校
7	北京市第一一六中学	1958 年	2002 年 6 月撤销建制。初中学生和 28 名教师并入前门外国语学校；职业高中学生和教师并入原计划统计学校
8	北京市第一七八中学	1969 年	2003 年并入北京市第十一中学
9	北京市第二零一中学	1974 年	1999 年并入北京市第四十九中学
10	北京市第二零九中学	1976 年	1998 年实施民办公助体制改革试点，定名为北京市文汇中学
11	北京市第二一零中学	1975 年	1997 年并入北京市第一零九中学
12	北京市第二二三中学	1975 年	2004 年并入北京市第九十六中学
13	北京市第二二五中学	1975 年	1995 年并入北京市广渠门中学
14	北京市前门中学	1962 年	2008 年更名为北京市前门外国语学校
15	北京市树人学校	1997 年	1999 年建制撤销，恢复革新里小学。树人学校初一、初二年级学生以及 10 名教师调整到北京市第一一四中学
16	北京市天坛中学	1963 年	2004 年并入北京市第五十中学
17	北京市永定门学校	1993 年	1998 年更名为北京市第十一中学分校
18	北京市永定门中学	1968 年	1993 年与永定门东街小学合并组建北京市永定门学校

宣武区

幼儿园

北京市第四幼儿园

园址：宣武区南樱桃园三条7号
宣武区广安门外湾子丽水莲花胡同3号

1954年建园。1992年被评为北京市一级一类幼儿园。2004年，被评为北京市师范幼儿园。至2010年，幼儿园在开展“十五”计划课题“培养幼儿自我保护意识与能力”的研究中，以“自我保护”为切入点，初步形成较为系统的幼儿自我保护教育方案。先后出版《幼儿自我保护新童谣》《幼儿良好习惯新童谣》《幼儿卫生健康小常识》等6本自我保护教材。2010年，幼儿园为教育部门办园，寄宿制。有专任教师35人，教学班7个。离园97人，入园60人，在园227人。党支部书记、园长吴欣萍。

北京市宣武区长椿街幼儿园

园址：宣武区西便门东里11号

前身是范家胡同幼儿园，1955年建园。1976年改现名。2007年5月迁现址。1999年评为北京市一级一类幼儿园。2010年，该园为教育部门办园，日托制。占地面积3585.43平方米，校舍建筑面积3183.16平方米。有专用教室3间、普通教室16个。教职工37人，其中教师28人，保育员2人。全园共开设8个教学班，幼儿入园80人，离园62人，在园240人。党支部书记、园长韩平花。

北京市宣武区和平门幼儿园

园址：西城区上斜街66号

前身是和平门教工幼儿园，1975年建园。1985年改现名。该园开展幼儿园美术活动与启蒙教育的实践研究，逐步形成自己的美术教学办园特色。1994年被评为美术教育科研基地。1998年被评为北京市一级一类幼儿园。2001年10月被评为北京市教育科研先进幼儿园。2002年入选北京市首批早期教育示范基地。2010年，幼儿园为教育部门办园，日托制。占地面积1713平方米，建筑面积1970平方米，操场面积405平方米。图书室藏书1974册。普通教室6个，各种专用教室3个。教职工29人，其中专任教师19人。开设教学班7个。离园39人，入园105人，在园264人。党支部书记、园长李洁。

北京市宣武区虎坊路幼儿园

园址：宣武区虎坊路小区甲14号

1948年建园，最初是铸新学校幼稚班。1968年改现名。1995年7月，虎坊路幼儿园与大川路幼儿园合并，大川路幼儿园为虎坊路幼儿园分园。1989年，被评为北京市一级一类幼儿园。2003年被认定为北京市婴幼儿早期教育示范基地。

2010年，该园为教育部门办园，日托制。

占地面积2130平方米，校舍建筑面积1808平方米。拥有图书室等专用教室1个，普通教室10个。教职工37人，其中专任教师26人，保健员2人。开设11个教学班。离园88人，入园131人，在园310人。党支部书记、园长陈淑华。

北京市宣武区槐柏幼儿园

园址：宣武区槐柏树街南里10号楼

1981年建园。1998年7月被评为北京市一级一类幼儿园。2003年12月被评为北京市示范园。推出《加强教育思想的管理，实施课程改革》《多元智能理论》《以图画故事书为载体，提高幼儿美术表达能力》等园本课程。2010年，幼儿园为教育部门办园，日托制。占地面积3755平方米，校舍面积2755平方米。固定资产总值247.88万元。图书3876册。教职工人数34人，其中专任教师20人，保育员4人。开设10个教学班。离园60人，入园135人，在园280人。党支部书记、园长申桂红。

北京市宣武区回民幼儿园

园址：宣武区南横西街119号

前身是枣林街托儿所，1956年建园。1982年定现名。2006年8月迁现址。1999年被评为北京市一级一类幼儿园。2007年被评为北京市示范幼儿园。2009年被评为北京市早期教育示范基地。2010年3月被评为北京市三八红旗集体。2010年，幼儿园为教育部门办园，日托制。占地面2500平方米，建筑面积3420.48平方米。专用教室2个，普通教室8个。教职工37人，其中，教师24人，保健员2人。开设8个教学班。离园64人，入园59人，在园226人。党支部书记、园长孟春燕。

北京市宣武区马连道幼儿园

园址：宣武区广外红莲中里10号

1982年10月建园。1991年7月迁现址。1994年7月，幼儿园撤销。1995年2月，恢复办园。1997年12月，被评为北京市一级幼儿园。2000年5月，被评为北京市一类幼儿园。2008年10月，成为北京市早期教育示范基地园。2010年，幼儿园为教育部门办园，日托制。占地面积2100平方米，建筑面积1350平方米，操场面积726平方米。图书室藏书1400册。专用教室7个，活动室8个。教职工42人，其中专任教师17人，保健员2人。开设教学班11个。离园65人，入园119人，在园277人。党支部书记、园长朱洁。

北京市宣武区三教寺幼儿园

园址：宣武区里仁街12号

1955年建园，2005年4月迁现址。1997年被评为北京市一级一类幼儿园。2010年被评为北京市社区儿童早期教育示范基地。2010年被评为北京市示范幼儿园。2010年，该园为教育部门办园，日托制。占地面积5406平方米，校舍建筑面积4698平方米。拥有专用教室6个，普通教室10个。教职工48人，其中，教师27人，保健员1人，大专学历1人。开设14个教学班。离园97人、入园164人、在园353人。党支部书记、园长王岚。

北京市宣武区三义里第二幼儿园

园址：宣武区广外三义西里7—2号

1987年9月建园。1996年6月被评为北京市一级一类幼儿园。2006年6月，开发教材《儿童手工制作快乐屋》《纸雕窗花》。2009年9月，被评为北京市早期教育示范基地。2010年，该园为教育部门办园，日托制。占地面积1989平方米、校舍建筑面积1191平方米。拥有民间美术专用教室1个，普通教室6个。教职工29人，其中，教师19人，保健员1人。开设6个教学班。离园61人，入园96人，在园230人。党支部书记、园长周爱玲。

北京市宣武区三义里第一幼儿园

园址：宣武区广外三义东里9号

1987年11月建园。2000年，被评为一级一类幼儿园。2002年，入选北京市首批20个婴幼儿早期教育示范基地。2010年，该园为教育部门办园，日托制。占地面积1518平方米，建筑面积1294平方米，活动场地890平方米。普通活动室6个，专用教室2个。教职工33人，其中专任教师20人，保健员2人。开设7个教学班。离园38人，入园59人，在园217人。党支部书记、园长曲云丹。

北京市宣武区小百合幼儿园

园址：宣武区长椿街甲1号

前身是西城区西便门幼儿园，1989年9月建园，2000年迁现址。2003年更改现名。2002年被评为北京市一级一类幼儿园。2007年，入选北京市学前儿童特殊教育示范基地。2010年，该园为教育部门办园，日托制。占地面积为1502平方米，校舍建筑面积1458平方米。普通教室6个。教职工28人。开设7个教学班。离园56人，入园56人，在园199人。党支部书记、园长王燕梅。

北京市宣武区实验幼儿园

园址：宣武区南新华街21号

1915年建园，最初是在西城区鲍家街授水河设立的2个半日教学班。1979年改现名。1993年被评选为一级一类园。2001年被评为北京市示范园。2001年，投资40万修建两个楼顶的平台塑胶场地，扩大幼儿的活动场地500平方米。教师李玉英前后被评为全国劳动模范、全国优秀教师、北京市特级教师、北京市人民教师等称号，享受国务院颁发的政府特殊津贴。2010年，该园为教育部门办园，日托制。教职工33人，其中专任教师20人，大专学历8人、本科学历12人，小高级职称教师12人。党支部书记、园长金幼中。

表19　　2010年宣武区幼儿园一览表

序号	幼儿园名称	建园时间	举办者
1	北京市宣武区长椿街幼儿园	1956年	教育部门办
2	北京市宣武区第四幼儿园	1954年	教育部门办
3	北京市宣武区和平门幼儿园	1975年	教育部门办
4	北京市宣武区虎坊路幼儿园	1948年	教育部门办
5	北京市宣武区槐柏幼儿园	1981年	教育部门办
6	北京市宣武区回民幼儿园	1956年	教育部门办
7	北京市宣武区马连道幼儿园	1982年	教育部门办
8	北京市宣武区名苑幼儿园	1949年	教育部门办
9	北京市宣武区三教寺幼儿园	1955年	教育部门办
10	北京市宣武区三义里第二幼儿园	1987年	教育部门办
11	北京市宣武区三义里第一幼儿园	1987年	教育部门办
12	北京市宣武区实验幼儿园	1915年	教育部门办
13	北京市宣武区小百合幼儿园	1989年	教育部门办
14	北京印钞有限公司幼儿园	1950年	其他部门办
15	国务院机关事务管理局花园村幼儿园	2010年	其他部门办
16	华电（北京）热电有限公司幼儿园	1978年	其他部门办
17	市府大楼幼儿园	1952年	其他部门办
18	北京市宣武区大安澜营幼儿园	1958年	集体办
19	北京市宣武区南菜园幼儿园	1962年	集体办
20	北京市宣武区西柳树井幼儿园	1956年	集体办
21	北京市宣武区里仁街幼儿园	2007年	民办
22	北京市宣武区幸福时光陶然幼儿园	2004年	民办
23	汇佳北欧幼儿园	2008年	民办
24	警娃艺术幼儿园	2004年	民办
25	中铁信达经贸有限公司幼儿园	1991年	民办

小学

北京第一实验小学

校址：宣武区南新华街17号

前身是国立北京高等师范学校附属小学校，1912年建校。1955年10月改现名。2001年7月北京市宣武实验小学并入。2004年12月，学校管乐团荣获金帆艺术团称号。2005年8月，北京第一实验学校彩虹分校成立。

2010年，学校占地面积16250平方米，建筑面积21582平方米，体育场（馆）面积1156平方米。图书馆藏书八万册。普通教室33个，专用教室10个。教职工115人，其中专任教师88人；高级职称教师12人，北京市学科教学带头人1人，市级骨干教师4人。开设教学班25个。毕业320人，招生138人，在校生972人，包括寄宿生180人。校训:求真、感恩、知耻、砺行。党支部书记韩玉平，校长颜凤岑。

北京第一实验小学前门分校

校址：宣武区和平门外东街甲5号

2007年6月，北京市宣武区西河沿小学撤销，在其基础上建立北京第一实验小学前门分校。由北京第一实验小学选派骨干教师，共享教育资源。2010年学校占地面积3915平方米，校舍建筑面积5285.6平方米，运动场地面积1140平方米。图书馆藏书3000册。普通教室12个,专用教室8个。教职工26人，其中专任教师22人。开设教学班12个。毕业17人，招生57人，在校生238人。校训：求真、感恩、知耻、砺行。党支部书记、校长韩桂新。

北京市宣武区白纸坊小学

校址：宣武区白广路乙27号

前身是财政部印刷局员工子弟小学，1976年定现名。2001年9月，北京市宣武区白纸坊西街小学部分师生并入。2000年，被全国少工委评为全国队报金奖学校。2006年4月，参加全国教育科学“十五”计划教育部重点课题“综合实践活动及师资建设”实验工作，被评为课题先进实验学校。2008年3月，荣获全国红十字模范校荣誉称号。2010年，学校占地面积5999平方米，建筑面积4364平方米，操场面积3450平方米。学校图书室藏书1.8万册。普通教室12个，专用教室7个。教职工42人，其中专任教师33人；高级职称教师1人。开设教学12个。毕业55人，招生61人，在校生350人。党支部书记、校长王红。

北京市宣武区半步桥小学

校址：宣武区白纸坊东街27号

前身是北京第一师范学校第二附属小学，1956年建校。1958年改现名。1999年，北京市宣武区自新路小学并入。2007年，北京市宣武区菜市口小学并入。学校是北京市乒乓球传统项目学校。2010年，学校占地面积6861平方米、建筑面积8718平方米，体育场面积1110平方米。图书室藏书4万册。普通教室25个、专用教室15个。教职工82人，其中专任教师82人；高级职称教师1人。开设教学班25个。毕业141人，招生112人，在校生704人。党支部书记李桂平，校长李增龙。

北京市宣武区椿树馆小学

校址：宣武区广安门外南街43号

1965年建校。至2010年，学校获得北京市争当小小科学家优秀创新实践特等奖、北京市鼓乐队风采展示奖、北京市少先队星星火炬奖；多次被评为北京市特殊教育先进学校、北京市随班就读先进校、北京市优秀特殊教育教研组等称号。2010年，占地面积4519平方米，建筑面积4258平方米，图书室藏书2.27万册。普通教室12个，专用教室17个。教职工41人,其中专业教师27人。开设教学班12个。毕业44人，招生58人，在校生260人。校训：爱国、立志、进取、创新。党支部书记、校长陈玲。

北京市宣武区福州馆小学

校址：宣武区福州馆街3号

前身是私立人民小学，1949年建校。1951年改现名。2000年，北京市宣武区虎坊桥小学并入。2003年7月，北京市宣武区粉坊琉璃街小学并入。2007年7月，北京市宣武区中横街小学并入。学校为学生设立"科技活动日""体育活动日"艺术活动日"，开设舞蹈、书法、手球等20多个课外小组和专业队。学校还拥有一支近100多人的七色光五星级鼓乐队，多次在市、区鼓乐队大赛中获奖，承担过多种大型活动。

2010年，学校占地面积3021.98平方米、校舍建筑面积2639.4平方米，运动场地面积900平方米。图书馆藏书1.5万册。普通教室11个，专用教室4个。教职工40人，其中专任教师36人。开设教学班11个。毕业53人，招生27人，在校生262人。校训：文明、勤奋、健美、向上。党支部书记山淑兰，校长赵秀琪。

北京市宣武区广安门外第一小学

校址：宣武区广安门外红居南街2号

前身是北京市宣武区大红庙小学，1957年建校。1974年改现名。1996年，北京市宣武区南新里小学并入。2001年被评为北京市足球体育传统学校。

2010年，学校占地面积10683平方米，校舍建筑面积6057平方米，运动场地面积1250平方米。图书室藏书4.99万册。普通教室19个，专用教室11个。有教职工48人，其中专任教师38人；高级职称教师1人。开设教学班19个。毕业学生77人，招生95人，在校学生524人。党支部书记、校长刘建文。

北京市宣武区红莲小学

校址：宣武区红莲中里14号

1987年建校。学校深化课题研究工作，全员参与各级课题，提升专业素养。2010年，学校占地面积5942平方米，建筑面积4788平方米，体育场面积2384平方米。图书馆藏书17578册。普通教室14个，专用教室10个。教职工38人，其中专任教师37人。开设教学班14个。毕业生80人，招生101人，在校生358人。校训：勤奋、文明、创新、合作、健美。党支部副书记（主持工作）、校长郭雪莉。

北京市宣武区后孙公园小学

校址：宣武区后孙公园胡同3号

1951年建校。1996年，北京市宣武区梁家园小学并入。1998年4月成为"建立特殊教育资源教室，提高智残儿童随班就读质量"的实验研究试点，开辟有特殊教育资源教室，为弱智儿童精心设计语言训练角、文化学习角、肢体训练角、游戏活动角等学习、生活环境，选派经过特教专门训练的优秀青年教师任专职辅导员。2010年，学校占地面积4290平方米，建筑面积4512平方米，体育场面积1100平方米。图书馆藏书23432册。普通教室13个，专用教室6个。教职工40人，其中专任教师34人。开设教学班13个。毕业53人，招生57人，在校生317人。党支部书记、校长何东方。

北京市宣武区回民小学

校址：宣武区牛街西里一区5号

前身是清镇中学附属第一小学，1929年建校。1982年改现名。2002年，北京市宣武区牛街民族小学并入。2002年9月，迁现址。2004年，北京市宣武区教子民族小学并入。2009年4月80年校庆之际学校民族博物馆开馆。2010年，入选北京市民族教育基地。

2010年，学校占地面积6895.67平方米，建筑面积10493平方米，操场面积3773平方米。图书室藏书2.12万册。普通教室24个、专用教室10个，实验室1个。教职工75人，其中专任教师58人；高级职称教师2人，北京市学科教学带头人1人，市级骨干教师2人。开设教学班24个。毕业138人，招生120人，在校生781人。党支部书记、校长杨永军。

北京市宣武区康乐里小学

校址：宣武区储库营胡同康乐里2号

1950年建校，初为中国人民银行总行职工子弟小学。1957年改现名。1997年恢复寄宿制。2000年，北京市宣武区下斜街小学并入。学校开设走进博物馆、走进剧场、空竹等校本课程，成立合唱、篮球、田径、空竹、阳光测向、航模等社团。2007年学校奥林匹克教育博物馆建成。2010年，学校占地面积8370平方米，建筑总面积13454平方米，体育场地2984平方米。图书馆藏书56174册。教职工110人，其中专任教师82人；高级职称教师5人，市级骨干教师2人。开设教学班33个。毕业200人，招生178人，在校学生1204人，其中寄宿学生554人。党支部书记、校长刁立春。

北京市宣武区琉璃厂小学

校址：宣武区琉璃巷3号

前身是洁如小学，1946年创办，1952年改现名。1995年，北京市宣武区椿树小学并入。2000年，北京市宣武区虎坊桥小学并入。1996年，学校开展“小学生学科能力发展与培养”课题研究。从儿童心理学、教育发展心理学的角度探讨小学生的学科能力结构、发展特点、培养途径和方法。2010年，学校占地面积3163平方米，建筑面积3743平方米，体育场面积560平方米。图书馆藏书近21047册。普通教室12个，专用教室4个。教职工30人，其中专任教师25人。开设教学班10个。毕业40人，招生71人，在校生265人。党支部书记、校长裴智慧。

北京市宣武区南菜园小学

校址：宣武区菜园街28号

1955年建校，前身是菜园小学。1979年定现名。2001年，北京市宣武区白纸坊西街小学部分师生并入。学校自1986年学校开展学雷锋活动，始终秉持以雷锋精神建校育人，形成学校独有的文化魅力。2009年，学校的志愿服务团队正式成立，全校师生走向社会，践行志愿服务。2005年，南菜园小学管乐团成立。2010年，学校占地面积4567平方米，建筑面积3968平方米，体育场（馆）面积2300平方米。图书室藏书2万册。普通教室12个，专用教室7个。教职工40人，其中专任教师32人；高级职称教师1人。开设教学班12个。毕业60人，招生50人，在校生325人。党支部书记郝云湘，校长耿洁。

北京市宣武区青年湖小学

校址：宣武区鸭子桥北里13号

1980年建校。学校以书法、科技、综合实践为特色带动各项教育活动，至2010年，获得全国写字教育实验校、中国教育协会书法专业委员会写字实验校、全国书法教育先进单位等称号。2010年，学校占地面积3585.41平方米，建筑面积3405平方米，操场面积1151.49平方米。图书室藏书18899册。普通教室12个，各种专用教室6个。教职工36人，其中专任教师33人。开设教学班12个。毕业41人，招生52人，在校学生348人。校训：一笔一画写好字，一生一世做真人。党支部书记许朝晖，校长刘颖。

北京市宣武区三义里小学

校址：宣武区广外三义里4号

前身是北京市丰台区马连道小学第一小学，1951年建校。1981年改现名。2001年7月北京市宣武区马连道二小并入。2003年7月，北京市宣武区南丰小学并入。学校开发《茶艺》《鼓乐》《信技》三门校本课程。2010年，学校占地面积4770.37平方米，建筑面积1810.08平方米，体育场面积1860.4平方米。图书室藏书17524册。普通教室16个，专用教室8个。教职工49人，其中专任教师40人；高级职称教师1人。开设教学班16个。毕业73人，招生55人，在校446人。党支部书记、校长王良妍。

北京市宣武区上斜街小学

校址：宣武区上斜街37号

前身是北平市宣武外上斜街小学，1935年建校。1978年定现名。2010年，学校占地面积2818平方米，校舍建筑面积3678平方米，体育运动场面积962平方米。图书室藏书18856册。教职工51人，其中专任教师38人。开设教学班12个。招生56人，毕业51人，在校学生317人，随班就读学生16人。党支部书记、校长韩建丽。

北京市宣武区师范学校附属第二小学

校址：宣武区登莱胡同29号

前身是私立登莱胶小学，1949年10月

建校。1969 年改为登莱胡同小学。1987 年改现名。1997 年至 2002 年，北京市宣武区广安门内大街第一小学和第二小学师生先后并入。2002 年 1 月，北京市宣武区南线阁小学并入。2010 年，学校占地面积 8309 平方米、建筑面积 4441 平方米，图书室藏书 2 万册。普通教室 23 个，专用教室 5 个。教职工 61 人，其中专任教师 58 人，北京市骨干教师 1 人。开设教学班 22 个。毕业 86 人，招生 97 人，在校生 554 人。校训:诚实、守法、勤奋、创新。党支部副书记（主持支部工作）郑沛云，校长郭志洁。

北京市宣武区太平街小学

校址：宣武区太平街西巷 6 号

1960 年建校。2002 年 7 月，北京市宣武区阡儿路小学并入。2010 年，学校占地面积 6917 平方米，建筑面积 4414 平方米，操场面积 1620 平方米。图书室藏书 17556 册。普通教室 7 个，各种专用教室 8 个。教职工 35 人，其中专任教师 24 人。开设教学班 7 个。毕业 41 人，招生 18 人，在校生 148 人。党支部书记、校长张淑华。

北京市宣武区炭儿胡同小学

校址：宣武区炭儿胡同 11 号

前身是私立穆荣小学，1950 年建校。1981 年定现名。1999 年，北京市宣武区沙土园小学并入。2001 年，北京市宣武区东英小学并入。2006 年，北京市宣武区煤市街小学并入。2007 年，北京市宣武区棕树斜街小学并入。2010 年,学校占地面积 2795.36 平方米、建筑面积 755.36 平方米，操场面积 560.00 平方米。图书室藏书 45625 册。普通教室 22 个，专用教室 3 个。教职工 59 人，其中专任教师 50 人;高级职称教师 1 人。开设教学班 22 个。毕业 76 人，招生 122 人，在校生 555 人。校训：勤奋、文明、活泼、健美。党支部书记、校长王东清。

北京市宣武区陶然亭小学

校址：宣武区龙泉胡同 5 号

前身是龙泉寺主持在龙泉寺创办的孤儿院，1906 年建校，后更名为龙泉初级小学堂。1976 年定现名。学校先后被评为首都精神文明单位、全国中华古诗文诵读工程优秀集体。2010 年，学校占地面积 7261 平方米，校舍建筑面积 5398 平方米，运动场地面积 1900 平方米。普通教室 23 个，11 个专业教室。图书馆藏书 2.98 万册。教职工 65 人，其中高级职称教师 2 人。开设教学班 23 个。党支部书记、校长李幻贞。

北京市宣武区天宁寺小学

校址：宣武区天宁寺前街 35 号

前身是公立第二区西便门外天宁寺短期小学，1936 年建校。1949 年改现名。2003 年 1 月，北京市宣武区小马厂小学并入。1997 年 10 月，天宁寺小学成立扬帆铜管乐团。2010 年，学校占地面积 6338.16 平方米，建筑面积 3904 平方米。图书 21897 册。普通教室 13 个，5 个专业教室。操场面积 2300 平方米。教职工 39 人，其中，高级职称教师 1 人。开设教学班 13 个。毕业 57 人，招生 67 人，在校生 329 人。党支部书记、校长刘保丽。

北京市宣武区香厂路小学

校址：宣武区香厂路 31 号（本校）

宣武区板章胡同 5 号（分校）

1965 年建校。1999 年 7 月，北京市宣武区板章胡同小学和北京市宣武区腊竹胡同小学并入。1991 年，学校成立学生篮球队。学校从 1998 年开始，坚持进行三轮小班化教育的课题研究。2010 年，学校一校两址办学，占地面积合计 3485 平方米，建筑面积合计 3397 平方米，操场面积合计 770 平方米。图书馆藏书 28957 册。普通教室 20 个，专用教室 7 个。教职工 56 人，其中专任教师 45 人。开设教学班 20 个。毕业 90 人,招生 79 人,在校生 483 人。党支部书记、校长谢普兵。

北京市宣武区新世纪实验小学

校址：宣武区南纬路 2 号

1996 年建校，由北京市宣武区南纬路小学和北京市宣武区福长街小学合并而成。学校秉承“和谐、发展、幸福”办学理念，借助天桥得天独厚的区域性传统文化资源，开发建设民俗文化校本课程，打造着具有地域文化特征的办学特色。2010年，学校占地面积4100平方米，建筑面积3150平方米，操场2000平方米。图书馆藏书1.7万册。普通教室15个，专用教室7个。教职工54人，其中专任教师44人。开设教学班15个。毕业91人，招生37人，在校生403人。校训：博爱、自律、勤奋、健美。党支部书记、校长贾绍清。

北京市宣武区右安门二小学

校址：宣武区右安门大街67号院

前身为轻工业部子弟小学，1958年建校。1978年改现名。学校在古诗诵读方面，连续12年获得北京市专项活动荣誉，成为学校的特色活动。学校通过开展学校读书节、艺术节、科技节、红领巾读书活动、古诗文诵读活动、工艺制作等大型活动，以及兴趣小组活动，培养学生的兴趣，展示学生的特长，促进学生素质的全面提高。2010年，学校占地面积1300平方米，建筑面积5810平方米，体育场面积600平方米。图书馆藏书1.5万册。普通教室11个，专用教室12个。教职工41人，其中专任教师25人。开设教学班9个。毕业28人，招生76人，在校生238人。校训：勤奋、求实、团结、进取。党支部书记、校长王军艳。

北京市宣武师范学校附属第一小学

校址：宣武区右安门内大街26号

前身是京师官立第一初等小学堂，1908年8月建校。1958年更名为北京市宣武区师范学校附属第一小学。2000年，北京市宣武区姚家井小学并入。2003年，北京市宣武区里仁街小学并入。2010年12月改现名。2004年，学校成立首届语文青年骨干教师培训班，聘请特级教师指导青年教师开展每周一次的培训活动。2004年编印校本教材《童谣伴童年》出版。2007年6月，学校申报的“北京新童谣”被列入北京市非物质文化遗产名录。

2010年，学校占地面积12966.84平方米，建筑面积18909.35平方米，体育场面积5944平方米。图书馆藏书72434册。通用教室36个，专用教室14个。有教职工120人，其中专任教师110人；高级职称教师5人，市级骨干教师3人。开设教学班36个。毕业262人，招生203人，在校生1501人。校训：勤奋、诚实、健康、向上。党支部书记、校长杨英。

北京小学

校址：宣武区槐柏树街9号

1949年建校。1952年改名北京市第一小学，1956年北京市第二小学并入，恢复北京小学校名。1991年10月，北京小学科体楼落成。1994年，学生宿舍楼竣工。1995年，北京小学恢复寄宿。2001年，智能化教学楼竣工。2004年，北京小学广外分校成立。2010年，占地面积28600平方米，校舍建筑面积53000平方米，运动场面积6500平方米。图书馆藏书50000册。普通教室59个，专用教室11个。教职工189人，其中专任教师157人；高级职称教师10人，特级教师3人，北京市骨干教师8人。开设教学班59个（含广外分校23个班）。毕业302人，招生306人，在校生2119人。校训：脚踏实地做事，顶天立地做人。党总支书记高玉丽，校长李明新。

北京小学走读部

校址：宣武区北线阁街12号

前身是北京市宣武区北线阁小学，1957年建校。2005年，北京市宣武区广义街小学并入。同年，北京市第一三四中学校舍划归学校。2006年3月，北京市宣武区西便门小学并入，并改现名。2010年，学校占地面积8828平方米，建筑面积2249平方米，体育场1200平方米，图书馆藏书4万册。教职工89人，其中专任教师72人；高级职称教师3人。开设教学班23个。毕业130人，招生110人，在校生736人。党支部书记、校长桑海燕。

表 20　　2010 年宣武区小学一览表

序号	学校名称	建校时间	举办者
1	北京第一实验小学	1912 年	教育部门和集体办
2	北京市宣武区白纸坊小学	1929 年	教育部门和集体办
3	北京市宣武区半步桥小学	1956 年	教育部门和集体办
4	北京市宣武区椿树馆小学	1965 年	教育部门和集体办
5	北京市宣武区福州馆小学	1949 年	教育部门和集体办
6	北京市宣武区广安门外大街第一小学	1957 年	教育部门和集体办
7	北京市宣武区红莲小学	1987 年	教育部门和集体办
8	北京市宣武区后孙公园小学	1951 年	教育部门和集体办
9	北京市宣武区回民小学	1929 年	教育部门和集体办
10	北京市宣武区康乐里小学	1950 年	教育部门和集体办
11	北京市宣武区琉璃厂小学	1946 年	教育部门和集体办
12	北京市宣武区南菜园小学	1958 年	教育部门和集体办
13	北京市宣武区青年湖小学	1980 年	教育部门和集体办
14	北京市宣武区三义里小学	1951 年	教育部门和集体办
15	北京市宣武区上斜街小学	1935 年	教育部门和集体办
16	北京市宣武区实验一小前门分校	2007 年	教育部门和集体办
17	北京市宣武区太平街小学	1960 年	教育部门和集体办
18	北京市宣武区炭儿胡同小学	1950 年	教育部门和集体办
19	北京市宣武区陶然亭小学	1906 年	教育部门和集体办
20	北京市宣武区天宁寺小学	1949 年	教育部门和集体办
21	北京市宣武区香厂路小学	1965 年	教育部门和集体办
22	北京市宣武区新世纪实验小学	1996 年	教育部门和集体办
23	北京市宣武区右安门大街第二小学	1956 年	教育部门和集体办
24	北京市宣武师范附属第二小学	1949 年	教育部门和集体办
25	北京市宣武师范附属第一小学	1908 年	教育部门和集体办
26	北京市育才学校小学部	1937 年	教育部门和集体办
27	北京小学	1949 年	教育部门和集体办
28	北京小学走读部	2006 年	教育部门和集体办

普通中学

北京教育学院宣武分院附属中学

校址：宣武区南樱桃园新安中里二巷 10 号

前身是北京市宣武区白纸坊中学，1960 年建校。1968 年更名为北京第一三八中学。2005 年 6 月改现名。2005 年 7 月，接收北京第一四六中学、北京第一三四中学部分师生。2006 年，接收北京前门西街中学部分教师。2008 年，接收北京第七十八中学部分师生。2010 年，学校占地面积 8290.67 平方米，建筑面积 7304.78 平方米，体育场面积 1747 平方米。图书馆藏书 70854 册。普通教室 21 个，专用教室 4 个，实验室 5 个。教职工 99 人，其中专任教师 70 人；高级职称教师 18 人。开设教学班 21 个。毕业 149 人，招生 172 人，在校生 490 人。校训：文明、朴实、勤学、守纪。党支部书记蔺学凤，校长杨丽华。

北京师范大学附属中学

校址：宣武区南新华街 18 号

前身是五城学堂，1901 年建校，1902 年更名为五城中学堂。1978 年改现名。2003 年 3 月 21 日，北京市宣武区和平门中学正式并入。学校开办培养拔尖人才的钱学森班、理科实验班、文科实验班、外语实验班和中美合作国际化人才项目班，授课均由各科一流教师担任。外语教学突出是师大附中的一个特色。1991年，庆祝建校90周年，恢复出版校刊。1992年，在大兴县黄村建立师大附中分校。1996年，北京市教工委决定在全市教育系统中展开向学校优秀教师、全国劳动模范、“五一劳动奖章”获得者、优秀共产党员标兵张明珠学习的活动。2002年9月，获评北京市示范性普通高中。2008年3月，市教委批复同意学校进行“自主安排普通高中新课程”实验和自行组织会考。

2010年，学校占地面积43877平方米，建筑面积48078平方米，体育场面积9400平方米。图书馆藏书176998册。普通教室72个，专用教室33个,实验室22个。教职工258人，其中专任教师196人；高级职称教师100人，特级教师6人，北京市骨干教师11人，北京市学科教学带头人4人。开设教学班55个(初中班23个、高中班32个)。毕业703人(初中253人、高中450人)；招生682人(初中320人、高中362人)；在校生2054人(初中878人、高中1176人)，包括寄宿生人187人。高中录取分数线514分(西城区)，应届高考本科上线率99.6%。党支部书记、校长刘沪。

北京市北纬路中学

校址：宣武区北纬路46号

前身是北京市万明路中学，1963年建校。1985年改现名。2009年，校本德育课程《节日文化》《空竹》进入课堂，成为初、高中新生特色课程。2010年,学校重建,停止招收新生。

2010年，学校占地面积7145.61平方米，建筑面积10938平方米，体育场面积1100平方米。图书馆藏书58409册。普通教室25个，专业教室4个。教职员工102人，其中专任教师90人；高级职称教师29人。开设教学班17个。毕业161人，在校生444人(初中251人、高中193人)。校训：团结、勤奋、求实、向上。党支部书记张新华，校长李志东。

北京市第十四中学

校址：宣武区莲花河南街2号

前身为畿辅学堂，1906年建校。1951年改现名。1998年，初、高中分离，初中部划出成立北京市第十四中学分校。2004年，北京市第一三一中学并入。2005年，北京市第二零四中学并入。2005年被评为北京市示范性普通高中。2008年，北京市第十四中学分校并入。2009年10月高中部迁现址。1991年9月，成立体育分校。1992年5月，被北京市体委、北京市教育局命名为“北京市体育传统项目校(田径)”。2001年8月，学生公寓楼建成并投入使用，可容纳500名学生入住。

2010年，学校占地面积71359.82平方米，建筑面积68476.55平方米，体育场面积27588平方米。图书馆藏书11.7万册。普通教室67个，专用教室21个，实验室16个。教职工313人，其中专任教师214人；高级职称教师82人，特级教师2人，北京市骨干教师6人。开设教学班55个。毕业767人，招生581人，在校生1927人。校训：团结、勤奋、求实、创新。党支部书记、校长王建宗。

北京市第十五中学

校址：宣武区育新街2号

1952年建校。1998年，初中部、高中部分离，初中部与北京市第一三九中学合并，成立北京市第十五中学分校。2003年2月，国际部正式成立。2008年，北京市第十五中学分校并入。1993年开始，学校与高校开展“二十一世纪中学——大学一体化贯通教育研究”，聘请北京大学、清华大学的多名教师为客座教授，定期举办讲座。2001年入选北京市示范性普通高中。2002年至2010年学校多名学生在北京市青少年科技创新大赛上获得一等奖，全国青少年科技创新大赛一等奖和因特英才奖以及北京市青少年科技创新市长奖。2010年，被评为北京市体育传统项目学校。开设奥林匹克机器人竞赛、数学知识应用与建模、电影与写作四大类70多门特色校本课程。

2010年，学校占地面积43463平方米，建筑面积31479平方米，体育场(馆)面积19182平方米。图书馆藏书16.7万册。普通教室60个，专用教室14个，实验室14个。教职工270人，其中专任教师165人；高级职称教师76人,北京市学科教学带头人1人，市级骨干教师4人，特级教师1人。开设教学班54个。毕业773人，招生611人，在校生2163人。校训:惜时、笃学、修诚、尽责。党支部书记苏冰，校长郜亚臣。

北京市第四十三中学

校址：宣武区后孙公园37号

前身是北平市私立惜阴中学，1947年6月建校。1952年定现名。1998年入选北京市艺术传统校。2001年入选北京市重点对外参观单位。2003年，北京市梁家园中学并入。

2010年，学校为完全中学，占地面积17008平方米，建筑面积17181平方米，体育场面积6624平方米。图书馆藏书77336册。普通教室36个,专用教室16个,实验室10个。教职工154人，其中专任教师97人；高级职称教师23人。开设教学班26个。毕业239人，招生213人,在校生723人。校训：团结进取、勤奋求实。党支部书记杨洸，校长陈利华。

北京市第六十二中学

校址：宣武区太平街西巷四号

1955年建校。1999年到2002年学校自筹经费改善教学及校园环境。2009年学校绿之队“家庭洗手废水收集再利用冲厕装置”项目获2010年度“留住一桶水一起去世博！”全国社区水资源优化使用方案积极参与奖。

2010年，学校占地面积9753平方米，建筑面积8467平方米，运动场地面积1389平方米。图书馆藏书2.5万册。普通教室25个，专业教室3个，实验室5个。教职工154人，其中专任教师129人；高级职称教师26人。开设教学班22个。毕业233人，招生220人，在校生723人。党支部书记倪志远,校长成君。

北京市第六十三中学

校址：宣武区白广路33号

前身是北京市女五中分校，1952年建校。1955年，招收男生，并更名为北京市第六十三中学。1987年，更名为北京市师范学院分院附属中学。1995年，恢复北京市第六十三中学校名。2003年，与宣武体育学校合作对初中阶段的体育特长生进行保证体育特长训练与德、智、体全面发展的教育试点实践。

2010年，学校占地面积9022平方米，建筑面积8673平方米，体育场地面积2065平方米。图书馆藏书5万册。普通教室36个、专用教室10个、实验室6个。教职工123人，其中专任教师77人；高级职称教师17人。开设教学班20个。毕业165人，招生159人，在校生544人。校训:自强、和谐、厚德、博学。党支部书记张文胜，校长李秀芬。

北京市第六十六中学

校址：宣武区枣林前街111号

前身是北京市第十六女子中学，1954年5月建校。1955年5月，招收男生，改现名。2002年10月，北京市第一三三中学并入。自此学校分为东、西两址。1996年12月，学校被批准为北京市体育项目传统校（乒乓球）。2005年，被评为北京市示范性普通高中。学校开设78门校本课程，内容涉及科技、艺术、体育、文化教育等。

2010年，学校为完全中学，占地面积31620平方米，建筑面积24492平方米，体育馆面积10679平方米。图书馆藏书122496册。普通教室58个，专用教室4个，实验室9个。教职工222人，其中专任教师157人；高级职称教师46人，北京市骨干教师1人。开设教学班44个。毕业488人，招生518人，在校生1466人。党支部书记朱贺超,校长李淑芬。

北京市第一四零中学

校址：宣武区盆儿胡同58号

前身为京师闽学堂，1925年建校，1950年学校改称北京市第五女子中学。1970年，改现名。学校是手球体育传统校，1996年至1999年连续获得全国手球（女子A组）中学生组第一名。2005年，北京市首批初中建设工程32所重点建设的学校之一。2009年开始，学校每学年定期开设10多门校本和研究性学习课程。

2010年，学校为完全中学，占地面积13000平方米，建筑面积13234平方米，体育场面积6425平方米，图书馆藏书3.95万册。普通教室23个，专用教室16个，实验室8个。

教职工 108 人，其中专任教师 82 人；高级职称教师 22 人。开设教学班 17 个。毕业 132 人，招生 263 人，在校生 438 人。校训：崇学、砺志、明德、创新。党支部书记李学宁，校长童薇。

北京市广安中学

校址：宣武区枣林斜街 55 号

前身是北京市第四十三中分校，1962 年建校。1964 年，更名为北京市广安中学。1971 年起招收高中学生。1985 年，改办职业高中，高中部更名为北京市广安门中学职业高中。1993 年，职高部撤销，仅保留了初中部。2001 年 5 月，挂牌成立"流动人口子女就读学校"，开始兼收流动人口子女就读。

2010 年，学校占地面积 10041.27 平方米，建筑面积 2209.23 平方米，操场面积 5226.88 平方米。图书馆藏书 36333 册。普通教室 18 个，各种专用教室 13 个，实验室 3 个。教职工 70 人，其中专任教师 41 人，高级教师 9 人。开设教学班 12 个。毕业班学生 70 人，招生 144 人，在校学生 303 人。校训：健康、文明、勤奋、创新。党支部书记郝新生，校长周冀生。

北京市华夏女子中学

校址：宣武区广安门外红莲中里 12 号

1996 年建校。2001 年 7 月至 2006 年 9 月，华夏女中为办学体制改革试点校。2006 年 10 月，转为公办校。2010 年，学校为完全中学，占地面积 12109.75 平方米，建筑面积 9589 平方米，运动场地面积 4500 平方米。图书馆藏书 3.9 万册。普通教室 18 个，专用教室 19 个，实验室 5 个。教职工 91 人，其中专任教师 60 人；高级职称教师 18 人。开设教学班 18 个。毕业 200 人，招生 192 人，在校生 573 人。校训"博学、博爱"。党支部书记洪霞，校长宋立琴。

北京市回民学校

校址：宣武区广内大街 225 号

前身是国立回民学院，1949 年 10 月建校。1985 年定现名。2002 年，被评为北京市示范性普通高中。2003 年，北京市第一八一中学并入。1992 年，继续成为北京市足球传统体育项目学校。1995 年，被正式确定为北京市民乐项目传统校，组队参加第五届全国民族运动会，9 个表演项目全部获奖。1996 年，政府共投资 600 万元为回民学校修建图书馆楼、学生食堂、篮球馆等。2002 年，首次招收初中寄宿生。2009 年，与北京理工大学签订共同合作培养足球后备人才的意向协定，同时确定将回民学校作为北京理工大学的足球培训基地。

2010 年，学校占地面积 51651.43 平方米、建筑面积 35291.35 平方米，体育场面积 15103.53 平方米。图书馆藏书 10 万册。普通教室 52 个，专用教室 19 个，实验室 9 个。教职工 237 人，其中专任教师 164 人；高级职称教师 63 人，北京市骨干教师 2 人，北京市学科带头人 1 人。开设教学班 49 个。毕业 648 人，招生 604 人，在校生 1824 人。校训：立德、笃学、健康、和谐。党支部书记魏健，校长王静。

北京市徐悲鸿中学

校址：宣武区右安门内西街甲 10 号

1996 年 8 月建校，性质为民办公助具有美术特色的完全中学。1997 年高中部改为职业高中部，并按国家有关规定设置专业。2001 年 12 月，转制为艺术特色普通高中校。1997 年 10 月建立徐悲鸿中学黄山悲鸿艺术培训基地。2003 年，建成 600 平方米的天光画室和楼层扩建，同年设置全国艺术类高校在京专业招生考试点。2009 年，转制成为公办美术特色高中。

2010 年，学校占地面积 3571 平方米，建筑面积 7125 平方米、体育场面积 940 平方米。图书馆藏书 15123 册。普通教室 12 个，专业教室 14 个。教职工 27 人，其中专任教师 17 人；高级职称教师 1 人。开设教学班 7 个。毕业 111 人，招生 71 人，在校生 252 人。校训：精、勤、诚、毅、求美、求真。党支部书记、校长周小林。

北京市宣武外国语实验学校

校址：宣武区南菜园街 35 号

1963 年建校。1984 年，高中部改为职业高中，定名北京市工商行政管理学校，两校"一套班子、两块牌子"。2000 年，北京市第一四八中学并入，职业高中部并入北京市宣武区第一职业学校。2002年6月，更名北京市宣武区外国语学校。2003年7月，北京市工商行政管理学校被取消。2005年7月，学校开始招收高中生。2010年改现名。学校是以外语为特色的完全中学。学校开发“了解世界”校本课程，开设听力、口语、写作三门课程以及日语、德语、法语等小语种课。学校是北京市对外开放单位，每年都要承接外事活动。

2010年，学校占地面积8120平方米，建筑面积3434平方米，操场面积2310平方米。图书室藏书3500册。普通教室26个，专用教室5个，实验室3个。教职员工128人，其中专任教师78人；高级职称教师24人。开设教学班26个。毕业256人，招生223人，在校生690人。校训：博学至德。党支部书记吴俊红，校长桑春茂。

北京市育才学校

校址：宣武区东经路21号

前身为鲁迅师范附属干部子弟小学班，1937年建校于延安。1956年改现名。1994年，被批准为重点外事接待单位。1998年，濮存慧被评为全国优秀教师。2002年，北京市第八十八中学并入。同年，国际部成立，开始招收外国学生。2004年，被评为北京市示范性普通高中。中国儿童少年基金会和公安部联合在育才学校设立“春蕾班”，招收革命老区品学兼优、家庭贫困的学生和全国公安系统英烈子女。2005年，开办首届“因材施教儿童教育实验班”。2010年，命名首届“徐特立班”，该班由首届中科院实验班90名升入中学的学生组成。

2010年，学校为十二年一贯制，占地面积72201平方米，建筑面积44775平方米，体育场（馆）面积1658平方米。图书馆藏书11.52万册。普通教室87个，专用教室33个，实验室13个。教职工417人，其中专任教师299人；高级职称教师82人，特级教师1人，北京市骨干教师8人，北京市学科教学带头人1人；本科及以上学历283人。开设教学班86个。毕业845人，招生775人，在校生3197人。校训：忧天下，启心智，扬优长。党支部书记齐建军，校长刘继忠。

北京市徐悲鸿中学初中部

校址：宣武区永安路寿长街1号

前身是城隍庙小学，1973年建校。1960年，更名为永安路小学。1973年，更名为北京市第一八二中学。1996年9月改现名。1996年9月至2008年8月，学校性质为民办公助。2008年9月起，学校性质为公立学校。

2010年，学校占地面积6702.99平方米，建筑面积5575平方米，体育场面积2200平方米。图书馆藏书1.34万册。普通教室12个，专用教室6个，实验室3个。教职工52人，其中专任教师39人；高级职称教师8人。开设教学班11个。毕业81人，招生84人，在校生302人。校训：精勤诚毅，求美求真。党支部书记、校长张琳。

表21　　2010年宣武区普通中学一览表

序号	学校名称	建校时间	举办者
1	北京市北纬路中学	1963年	教育部门和集体办
2	北京市第十四中学	1906年	教育部门和集体办
3	北京市第十五中学	1952年	教育部门和集体办
4	北京市第四十三中学	1947年	教育部门和集体办
5	北京市第六十二中学	1956年	教育部门和集体办
6	北京市第六十三中学	1955年	教育部门和集体办
7	北京市第六十六中学	1955年	教育部门和集体办
8	北京市第七十八中学	1962年	教育部门和集体办
9	北京市第一三八中学	1960年	教育部门和集体办
10	北京市第一四零中学	1925年	教育部门和集体办
11	北京市和平门中学	1963年	教育部门和集体办

续表 21

序号	学校名称	建校时间	举办者
12	北京市华夏女子中学	1996 年	教育部门和集体办
13	北京市回民学校	1949 年	教育部门和集体办
14	北京市清河中学	—	教育部门和集体办
15	北京市徐悲鸿中学	1996 年	教育部门和集体办
16	北京市徐悲鸿中学初中部	1973 年	教育部门和集体办
17	北京育才学校	1937 年	教育部门和集体办
18	北京师范大学附属中学	1901 年	其他部门办

说明："—"为资料缺失

特殊教育学校

北京市宣武培智学校

校址：宣武区新桥胡同 1 号（义务教育部）
宣武区南马道 17 号（职业教育部）

1982 年建校，1992 年 9 月搬迁至宣武区米市胡同 67 号，校舍为三层教学楼。1996 年，成立职业教育部，宣武区米市胡同幼儿园撤并，园址归入宣武区培智中心学校，成为职教部校舍。2002 年，职教部从米市胡同迁至现址。2008 年 1 月，义务教育部迁现址。2010 年 7 月改现名。1994 年 9 月，学校成立宣武区聋儿康复中心，开始接收 3 ～ 6 岁听障儿童进行语言训练。1996 年 9 月，建立大龄智障青年职业教育部，对 16 岁以上智障学生提供职业教育训练。1997 年 2 月，实现送教上门服务。2001 年，获"全国特殊教育先进区"称号。2002 年 10 月，宣武区特殊教育中心揭牌。2004 年 10 月，成立成年智障康复训练中心。2006 年，获"全国三八红旗集体"荣誉称号。2007 年 2 月，北京市残联在学校挂牌"手拉手"成年智障职业康复站。

2010 年，学校占地面积 7419 平方米，建筑面积 6621.2 平方米，体育场面积 2100 平方米。图书馆藏书 18571 册。普通教室 10 个，专用教室 22 个。教职工 59 人，其中专任教师 55 人。开设教学班 21 个。毕业 19 人,其中，义务教育 11 人，职业教育 8 人；招生 28 人，其中，学前教育 5 人、义务教育 10 人，职业教育 13 人；在校生 203 人，其中，学前教育 12 人，义务教育 88 人，职业教育 103 人。校训：我爱学习。党支部书记、校长康慨伶。

附表

表 22　　1991—2010 年宣武区小学撤并更名一览表

序号	学校名称	建校时间	撤并或更名说明
1	北京市宣武区白纸坊西街小学	1965 年	2001 年撤销
2	北京市宣武区板章胡同小学	1956 年	1999 年并入宣武区香厂路小学
3	北京市宣武区北线阁小学	1957 年	2006 年与宣武区西便门小学合并成立北京小学走读部
4	北京市宣武区菜市口小学	1907 年	2007 年并入宣武区半步桥小学
5	北京市宣武区椿树小学	1949 年	1995 年并入宣武区琉璃厂小学
6	北京市宣武区大吉巷小学	1932 年	1995 年撤销
7	北京市宣武区东英小学	1973 年	2001 年并入宣武区炭儿胡同小学
8	北京市宣武区粉坊琉璃街小学	1917 年	2003 年并入宣武区福州馆小学
9	北京市宣武区福长街小学	1949 年	1996 年与宣武区南纬路小学合并成立北京市宣武区新世纪实验小学
10	北京市宣武区广安门大街第一小学	1912 年	2002 年撤销

续表 22

序号	学校名称	建校时间	撤并或更名说明
11	北京市宣武区广安门内大街第二小学	1951 年	1997 年并入宣武区广安门内大街第一小学
12	北京市宣武区广义街小学	1957 年	2005 年并入宣武区北线阁小学
13	北京市宣武区虎坊桥小学	1906 年	2000 年并入宣武区福州馆小学
14	北京市宣武区虎坊桥小学	1906 年	2000 年并入宣武区琉璃厂小学
15	北京市宣武区槐柏树小学	1991 年	1999 年并入宣武区西便门小学
16	北京市宣武区教子民族小学	1964 年	2004 年并入宣武区回民小学
17	北京市宣武区腊竹胡同小学	1956 年	1999 年并入宣武区香厂路小学
18	北京市宣武区老墙根第一小学	1949 年	1997 年撤销
19	北京市宣武区里仁街小学	1956 年	2003 年并入宣武区师范学校第一附属小学
20	北京市宣武区梁家园小学	1920 年	1997 年并入宣武区虎坊桥小学
21	北京市宣武区留学路小学	1916 年	1995 年撤销
22	北京市宣武区马连道第二小学	1964 年	2001 年并入宣武区三义里小学
23	北京市宣武区煤市街小学	1954 年	2006 年撤销
24	北京市宣武区米市胡同第一小学	1964 年	2003 年 4 月，并入宣武区中横街小学
25	北京市宣武区南丰小学	1950 年	2003 年并入宣武区三义里小学
26	北京市宣武区南横街小学	1938 年	1995 年并入宣武区米市胡同第一小学
27	北京市宣武区南纬路小学	1954 年	1996 年与宣武区福长街小学合并成立北京市宣武区新世纪实验小学
28	北京市宣武区南线阁小学	1965 年	2002 年并入宣武区师范学校第二小学
29	北京市宣武区南新里小学	1948 年	1996 年并入宣武区广安门外第一小学
30	北京市宣武区牛街民族小学	1907 年	2002 年并入北京市宣武区回民小学
31	北京市宣武区阡儿路小学	1950 年	2002 年并入宣武区太平街小学
32	北京市宣武区沙土园小学	1937 年	1999 年撤销
33	北京市宣武区师范学校附属第一小学	1908 年	2010 年 12 月更名为北京市宣武师范学校附属第一小学
34	北京市宣武区实验小学	1989 年	2001 年撤销
35	北京市宣武区铁门小学	1949 年	1991 年撤销
36	北京市宣武区西便门小学	1906 年	2006 年与宣武区北线阁小学合并成立北京小学走读部
37	北京市宣武区西河沿小学	1932 年	2007 年撤销
38	北京市宣武区下斜街小学	1935 年	2000 年并入宣武区康乐里小学
39	北京市宣武区小马厂小学	1971 年	2003 年并入宣武区天宁寺小学
40	北京市宣武区宣外大街小学	1952 年	2004 年撤销
41	北京市宣武区姚家井小学	1953 年	2000 年并入宣武区第一师范附属小学
42	北京市宣武区永光小学	1950 年	2000 年并入宣武区宣外大街小学
43	北京市宣武区中横街小学	1936 年	2007 年并入宣武区福州馆小学
44	北京市宣武区自新路小学	1946 年	1999 年并入宣武区半步桥小学
45	北京市宣武区棕树斜街小学	1955 年	2007 年并入宣武区炭儿胡同小学

表 23　　1991—2010 年宣武区普通中学撤并更名一览表

序号	学校名称	建校时间	撤并或更名说明
1	北京市莱市口中学	1964 年	1991 年初中部分并入北京市第一三六中学
2	北京市第十四中学分校	1998 年	2008 年并入北京市第十四中学
3	北京市第十五中学分校	1998 年	2008 年并入北京市第十五中学
4	北京市第七十八中学	1962 年	2008 年撤销
5	北京市第八十八中学	1965 年	2002 年并入北京市育才学校

续表 23

序号	学校名称	建校时间	撤并或更名说明
6	北京市第八十九中学	1956 年	1994 年并入北京市第四十三中学
7	北京市第九十五中学	1957 年	2002 年并入北京师范大学附属中学
8	北京市第五十一中学	1954 年	2003 年并入北京市第一四零中学
9	北京市第一三一中学	1964 年	2004 年并入北京市第十四中学
10	北京市第一三三中学	1973 年	2002 年并入北京市第六十六中学
11	北京市第一三四中学	1963 年	2005 年撤销
12	北京市第一三八中学	1960 年	2005 年更名为北京教育学院宣武分院附属中学
13	北京市第一三九中学	1968 年	1998 年与北京市第十五中学合并成立北京市第十五中学分校
14	北京市第一三六中学	1963 年	2001 年并入北京市第十四中学分校
15	北京市第一四六中学	1955 年	2005 年撤销
16	北京市第一四八中学	1969 年	2000 年初中部并入与北京市南菜园中学，职业高中部并入宣武区第一职业学校
17	北京市第一七零中学	1974 年	1991 年并入北京市第一三一中学
18	北京市第一八一中学	1972 年	2003 年并入北京市回民学校。
19	北京市第一八二中学	1971 年	1996 年 9 月更名为北京市徐悲鸿中学初中部
20	北京市第二零四中学	1975 年	2005 年并入北京市第十四中学
21	北京市梁家园中学	1998 年	2003 年并入北京市第四十三中学
22	北京市南菜园中学	1963 年	2002 年更名为北京市宣武区外国语实验学校，2010 年更名为北京市宣武外国语实验学校
23	北京市前门西街中学	1981 年	2005 年撤销
24	北京市师范学院分院附属中学	1955 年	1995 年恢复北京市第六十三中学校名

朝阳区

幼儿园

北京市朝阳区安华里第二幼儿园

园址：朝阳区安华西里1区23号楼
（安华部）
朝阳区安贞西里4区19号楼
（安贞部）

1992年7月，在安华西里1区23号楼建园。1999年5月，成为北京市一级一类幼儿园。2000年4月，安贞里第二幼儿园并入，为幼儿园安贞部。2002年，成为市级示范园、北京市早期教育示范基地。2010年，幼儿园为教育部门办园，日托制。占地面积6024平方米，建筑面积4551平方米。专用教室1个，普通教室10个。教职工48人，其中专任教师38人，保健员1人。开设教学班10个。幼儿入园97人，离园101人，在园315人。园训：和谐、向上、文明、创新。党支部书记、园长郭文英。

北京市朝阳区安华里幼儿园

园址：朝阳区安华里2区12号（总园）
朝阳区安贞西里1区18号楼
（安贞部）

1991年在安华里2区12号建园。2006年6月，成为市级一级一类幼儿园。2007年，安贞里第一幼儿园并入。2010年，幼儿园为教育部门办园，日托制。占地面积5787平方米，建筑面积3343平方米。专用教室3个，普通教室12个。教职工51人，其中专任教师40人，保健员2人。开设教学班12个。幼儿入园171人，离园71人，在园372人。园训：纯朴、融合、超越。党支部书记、园长于杰。

北京市朝阳区奥园幼儿园

园址：朝阳区东坝中路京奥家园611号楼

2010年3月在现址建园，为教育部门办园，日托制园。占地面积4296平方米，建筑面积3401平方米。专用教室2个，普通教室12个。教职工20人，其中专任教师16人，保健员1人。开设教学班4个。幼儿入园60人，在园60人。园训：崇德、和谐、睿智、创新。党支部书记、园长赵红。

北京市朝阳区春宇幼儿园

园址：北京市朝阳区磨房北里127楼

1958年6月1日建园，初为北京汽车制造厂第一幼儿园。2000年，体制改革为具有国有股份（北汽集团）的民办幼儿园，并更名为北京市朝阳区春宇幼儿园。2007年被评定为北京市一级一类幼儿园。

2010年，幼儿园占地面积3448平方米，建筑面积2593平方米。普通教室14个。教职工66人，其中，教师28人。开设14个教学班。幼儿入园165人，离园152人，在园521人。园训：和谐、向上、快乐、创新。党支部书记、园长舒茳。

北京市朝阳区翠成幼儿园

园址：朝阳区翠成馨园 B211 楼

2010 年在现址建园，为教育部门办园，日托制。占地面积 3644 平方米，建筑面积 3636 平方米。专用教室 1 个，普通教室 12 个。教职工 17 人，其中专任教师 13 人，保健员 1 人，专科以上 1 人。开设教学班 4 个，其中小班 3 个、中班 1 个。幼儿入园 121 人，在园 121 人。园训：和谐、奋进、创新、发展。党支部书记、园长张爱军。

北京市朝阳区垡头幼儿园

园址：朝阳区垡头 2 区 12 号楼（总园）
朝阳区王四营乡白鹿司中街 5 号（分园）

1985 年在垡头 2 区 12 号楼建园。2006 年 8 月，接收朝阳区王四营乡白鹿司中街 5 号柏阳景园小区配套幼儿园为分园。2010 年，幼儿园为教育部门办园，日托制。占地面积 6065 平方米，建筑面积 3223 平方米。专用教室 4 个，普通教室 11 个。教职工 50 人，其中专任教师 41 人，保健员 3 人。开设教学班 11 个。幼儿入园 120 人，离园 95 人，在园 316 人。园训：求真、务实、和谐、发展。党支部书记、园长何志红。

北京市朝阳区光华路幼儿园

园址：朝阳区通惠家园惠生园 16 号楼

1983 年建园，园址在光华东里 19 号楼。2006 年 11 月，成为北京市早期教育示范基地。2007 年 10 月，迁至现址。2010 年，幼儿园为教育部门办园，日托制。占地面积 1500 平方米，建筑面积 1050 平方米。专用教室 1 个，普通教室 6 个。教职工 30 人，其中专任教师 24 人，保健员 1 人。开设教学班 6 个。幼儿入园 66 人，离园 70 人、在园 192 人。园训：优雅、挚爱、和谐、精致。党支部书记、园长肖颖。

北京市朝阳区和平街幼儿园

园址：朝阳区和平街 8 区 6 号楼（南园）
朝阳区胜古南里 3 号楼（北园）

1958 年建园。1999 年 5 月，胜古庄幼儿园并入，为北园，原幼儿园为南园。2004 年 1 月，成为北京市早期教育示范基地。2005 年成为市级示范幼儿园。2010 年，幼儿园为教育部门办园，日托制。占地面积 5233 平方米，建筑面积 4016 平方米。专用教室 1 个，普通教室 11 个。教职工 48 人，其中专任教师 39 人，保健员 2 人。开设教学班 11 个。幼儿入园 110 人，离园 90 人，在园 312 人。园训：诚信、乐群、博学、笃行。党支部书记、园长王秀丽。

北京市朝阳区花家地幼儿园

园址：朝阳区花家地小区 11 号楼

1995 年在现址建园。2003 年 4 月，成为北京市一级一类幼儿园。2010 年，幼儿园为教育部门办园，日托制。占地面积 2671 平方米，建筑面积 2103 平方米。专用教室 1 个，普通教室 7 个。教职工 33 人，其中专任教师 21 人，保健员 1 人。开设教学班 7 个。幼儿入园 96 人，离园 83 人，在园 208 人。园训：和谐、求真、严谨、创新。党支部书记、园长李凤莲。

北京市朝阳区华洋紫竹幼儿园

园址：朝阳区管庄双柳北街 1 号院 9 号楼

2010 年 2 月在现址建园，为教育部门办园，日托制。占地面积 3000 平方米，建筑面积 2200 平方米。专用教室 1 个，普通教室 8 个。教职工 17 人，其中专任教师 13 人，保健员 1 人。开设教学班 3 个（小班 3 个）。幼儿入园 85 人，在园 85 人。园训：和谐、奉献、勤思、创新。党支部书记、园长刘红梅。

北京市朝阳区惠新里幼儿园

园址：朝阳区惠新里 230 号楼（惠新部）
朝阳区北苑家园紫绶园 11 号楼（北苑部）

1995 年在惠新里 230 号楼建园。2010 年 9 月，将紫绶园小学校区作为北苑部。2010 年，幼儿园为教育部门办园，日托制。占地面积 13466 平方米，建筑面积 7798 平方米。普通教室 23 个，专用教室 6 个。教职工 56 人，其中专任教师 47 人，保育员 2 人。开设教学班 11 个。幼儿入园 116 人，离园 113 人，在园 319 人。园训：勤奋学习、团结合作、求实创新、乐于奉献。党支部书记、园长徐立芬。

北京市朝阳区京通幼儿园

园址：朝阳区京通苑 38 号楼

1999 年在现址建园。2003 年 4 月，成为北京市一级一类幼儿园。2004 年 12 月，成为北京市早期教育示范基地。2010 年 4 月，成为市级示范幼儿园。2010 年，幼儿园为教育部门办园，日托制。占地面积 2849 平方米，建筑面积 1157 平方米。专用教室 1 个，普通教室 8 个。教职工 33 人，其中专任教师 23 人，保健员 2 人。开设教学班 8 个。幼儿入园 113 人，离园 70 人，在园 260 人。园训：团结奉献、进取创新、和谐发展。党支部书记、园长宋晓红。

北京市朝阳区劲松第二幼儿园

园址：朝阳区劲松 7 区 711 号楼（总园）
朝阳区华威西里 43 号楼（分园）

1984 年建园。1991 年，成为北京市一级二类幼儿园、朝阳区示范幼儿园。2004 年 8 月，并入劲松第一幼儿园，为幼儿园二部。2009 年 8 月，劲松第一幼儿园华威分部与幼儿园二部独立，复名劲松第二幼儿园。2010 年，幼儿园为教育部门办园，日托制。占地面积 5750 平方米，建筑面积 3679 平方米。普通教室 11 个。教职工 44 人，其中专任教师 36 人，保健员 2 人。开设教学班 11 个。幼儿入园 84 人，离园 110 人，在园 294 人。园训：团结、进取、和谐、发展。党支部书记、园长李国霞。

北京市朝阳区劲松第一幼儿园

园址：朝阳区劲松 1 区 126 号楼
（劲松园区）
朝阳区青年路 29 号院 18 号楼
（华纺易城园区）

1981 年建园。2000 年，成为北京市一级一类幼儿园。2001 年 3 月，华威幼儿园并入，为幼儿园华威分部。2003 年，成为市级示范园。2004 年 8 月，劲松第二幼儿园并入，为幼儿园二分部。2009 年 8 月，两个分部与幼儿园剥离。同年 9 月，建华纺易城园区。2010 年，幼儿园为教育部门办园，日托制。占地面积 6442 平方米，建筑面积 5832 平方米。专用教室 2 个，普通教室 15 个。教职工 58 人，其中保健员 3 人。开设教学班 15 个。幼儿入园 177 人，离园 70 人，在园 450 人。园训：团结、尊重、和谐、创新。党支部书记、园长于渊莘。

北京市朝阳区康泉新城幼儿园

园址：朝阳区双桥东路 12 号院 5 号楼

2010 年建园，为教育部门办园，日托制。占地面积 4600 平方米，建筑面积 3701 平方米。专用教室 1 个，普通教室 8 个。教职工 19 人，其中专任教师 13 人，保健员 1 人。开设教学班 4 个。幼儿入园 74 人，在园 74 人。园训：放飞孩子的理想，成就教师的事业，拓展园所的未来。党支部书记（空缺），园长李敬。

北京市朝阳区清友实验幼儿园

园址：朝阳区北苑家园清友园小区 13 号楼

2004 年在现址建园。2006 年，成为北京市一级一类幼儿园。2008 年，转制为教育部门办园。2010 年，幼儿园为教育部门办园，日托制。占地面积 4380 平方米，建筑面积 3017 平方米。专用教室 1 个，普通教室 12 个。教职工 64 人，其中专任教师 30 人，保健员 5 人。开设教学班 12 个。幼儿入园 121 人，离园 93 人，在园 386 人。园训：和谐、向上、文明、创新。党支部书记郭文英，园长贾玉玲。

北京市朝阳区群星幼儿园

园址：朝阳区西坝河西里 12 号楼

1989 年在现址建园。2010 年，幼儿园为教育部门办园，日托制。占地面积 2120 平方米，建筑面积 1546 平方米。普通教室 6 个。教职工 28 人，其中专任教师 21 人，保健员 1 人。开设教学班 6 个。幼儿入园 60 人，离园 50 人，在园 173 人。园训：健康、快乐、自主、创新。党支部书记、园长裴金凤。

北京市朝阳区三里屯幼儿园

园址：朝阳区朝外大街吉庆里 3 号楼

1958 年建园，园址在南三里屯东 17 楼。1991 年，成为市级示范幼儿园。同年，成为北京市体育特色幼儿园。1998 年 5 月，成为北京市一级一类幼儿园。2002 年，成为北京市早期教育示范基地。2004 年 12 月迁至现址。2006 年，成为市级示范幼儿园。同年，成为北京市体育特色幼儿园。2010 年，幼儿园为教育部门办园，日托制。占地面积 3108 平方米，建筑面积 2872 平方米。普通教室 10 个。教职工 43 人，其中专任教师 34 人，保健员 2 人。开设教学班 10 个。幼儿入园 95 人，离园 96 人，在园 257 人。园训：团结律己、宽容赏识、敬业爱幼、创新奉献。党支部书记、园长颜磊。

北京市朝阳区手牵手幼儿园

园址：朝阳区双桥双惠苑小区内甲 2 号

2006 年 6 月 19 日建园。2006 年 2 月，中国传媒大学幼儿园参加朝阳区教育国有资产管理中心招标。2006 年 3 月，获取双惠小区配套设施幼儿园承办权，幼儿园定名北京市朝阳区手牵手幼儿园。2010 年，幼儿园为民办园，占地面积 2760 平方米，建筑面积 2158 平方米。普通教室 8 个，专用教室 2 个。教职工 42 人，其中，教师 20 人。开设 8 个教学班。幼儿入园 128 人，离园 50 人，在园 260 人。园训：细节决定差别，服务决定成败。园长陈红。

北京市朝阳区水碓北里幼儿园

园址：朝阳区水碓北里 10 号楼

1982 年在水碓东路 5 号建园，原名为团结湖第二幼儿园。1996 年 8 月，迁至现址，10 月，更为现名。2010 年，幼儿园为教育部门办园，日托制。占地面积 2649 平方米，建筑面积 2323 平方米。专用教室 1 个，普通教室 9 个。教职工 40 人，其中专任教师 34 人，保健员 1 人，专科以上 1 人。开设教学班 9 个。幼儿入园 97 人，离园 66 人，在园 264 人。园训：博学、创新、和谐、发展。党支部书记、园长刘晓琴。

北京市朝阳区松榆里幼儿园

园址：朝阳区松榆里 21 号楼

1994 年在现址建园。2010 年，幼儿园为教育部门办园，日托制。占地面积 3893 平方米，建筑面积 3437 平方米。专用教室 1 个，普通教室 9 个。教职工 39 人，其中专任教师 32 人，保健员 2 人。开设教学班 9 个。幼儿入园 105 人，离园 68 人，在园 249 人。园训：和谐、奉献、勤思、创新。党支部书记、园长李国良。

北京市朝阳区团结湖第一幼儿园

园址：朝阳区团结湖北头条 11 号楼

1981 年在现址建园。2010 年，幼儿园为教育部门办园，日托制。占地面积 2268 平方米，建筑面积 2169 平方米。专用教室 1 个，普通教室 10 个。教职工 48 人，其中专任教师 31 人，保健员 2 人。开设教学班 9 个。幼儿入园 115 人、离园 63 人，在园 263 人。园训：真、善、美。党支部书记、园长吴豫安。

北京市朝阳区团结湖第一幼儿园福怡苑分园

园址：朝阳区定福庄北街福怡苑小区 6 号楼

2003 年在现址建园。2004 年，成为北京市一级一类幼儿园、北京市早期教育示范基地。2009 年转制为教育部门办园。2010 年，幼儿园为教育部门办园，日托制。占地面积 2734 平方米，建筑面积 3253 平方米。专用教室 3 个，普通教室 12 个。在编教职工 12 人，其中专任教师 7 人，保健员 1 人。自聘教职工 51 人，其中专任教师 25 人，保健员 1 人。开设教学班 12 个。幼儿入园 138 人，离园 93 人，在园 399 人。园训：真诚、尊重、协作、包容。党支部书记（联合支部）、园长曹慧弟。

北京市朝阳区望京新城幼儿园

园址：朝阳区望京西园 4 区 409 号楼

2002 年 1 月在现址建园。2008 年，转制为教育部门办园。2010 年，幼儿园为教育部门办园，日托制。占地面积 3390 平方米，建筑面积 3358 平方米。专用教室 3 个，普通教室 12 个。教职工 56 人，其中专任教师 41 人，保健员 2 人。开设教学班 12 个，其中小班 5 个、中班 3 个、大班 4 个。幼儿入园 143 人，离园 122 人，在园 403 人。园训：尊重、友爱、快乐、发展。党支部书记孟昭荣，园长关贤。

北京市朝阳区西坝河第三幼儿园

园址：朝阳区西坝河中里 20 号（总园）
朝阳区利泽西园 115 号（分园）

1991 年 9 月，在西坝河中里 20 号建园。2002 年 7 月，成为朝阳区艺术职业学校实训基地。2004 年 3 月，朝阳区艺术职业学校更名为北京市民族文化艺术职业学校，幼儿园成为民族文化艺术职业学校实训基地。2007 年 9 月，建望京分园。2010 年，幼儿园为教育部门办园，日托制。占地面积 2217 平方米，建筑面积 1723 平方米。专用教室 2 个，普通教室 14 个。教职工 66 人，其中专任教师 42 人，保育员 2 人，专科以上 1 人。开设教学班 14 个。幼儿入园 125 人，离园 50 人，在园 389 人。园训：快乐、自信、睿智、发展。党支部书记吴少君，园长林安杰。

北京市朝阳区西坝河第一幼儿园

园址：朝阳区西坝河东里 71 号楼（总园）
朝阳区望京南湖中园小区 237 号楼（分园）

1990 年 9 月在西坝河东里 71 号楼建园。1997 年，成为北京市一级二类幼儿园。2000 年 9 月，建望京分园。2010 年，幼儿园为教育部门办园，日托制。占地面积 7814 平方米，建筑面积 5190 平方米。专用教室 4 个，普通教室 19 个。教职工 64 人，其中专任教师 57 人，保育员 2 人，专科以上 2 人。开设教学班 18 个。幼儿入园 196 人，离园 123 人，在园 457 人。园训：尊重、求实、开拓、进取。党支部书记、园长王岩。

北京市朝阳区新世纪幼儿园

园址：北京市朝阳区金台里甲 5 号楼
北京市朝阳区新街大院 16 号

1953 年 11 月 10 日建园，原名为北京汽车摩托车联合制造公司幼儿园。由于生源较多，于 1958 年在新街大院 16 号又扩建一所园址，为一园两址办园。2001 年，市教委批准为体制改革试点园，北京市一级一类幼儿园。2000 年，更名北京市朝阳区新世纪幼儿园。2010 年，幼儿园为民办园，占地面积 3800 平方米，建筑面积 4200 平方米。普通教室 18 个，专用教室 2 个。教职工 85 人，其中，教师 36 人。开设 18 个教学班，幼儿入园 550 人，离园 180 人，在园 370 人。园训：创新、勤奋、服务、育人。党支书记、园长王庆红。

北京市朝阳区新源里第二幼儿园

园址：朝阳区三源里北小街 7 号

1984 年在现址建园。2002 年，成为北京市一级一类幼儿园。2010 年，幼儿园为教育部门办园，日托制。占地面积 2288 平方米，建筑面积 1999 平方米。普通教室 8 个。教职工 36 人，其中专任教师 23 人，保健员 1 人。开设教学班 7 个。幼儿入园 90 人，离园 60 人，在园 220 人。园训：自信、尊重、务实、创新。党支部书记、园长孟昭荣。

北京市朝阳区新源里幼儿园

园址：朝阳区东直门外新源里 12 号（总园）
朝阳区新源西里中街 17 号（分园）

1974 年建园。2001 年，新源西里幼儿园并入，原园址成为幼儿园分园。同年，成为“残健合一，随班就读”试点园。2005 年，成为北京市首批学前特殊教育示范基地。2007 年，被评为北京市早期教育示范基地。2009 年 10 月，成为北京市特殊教育工作先进单位。2010 年，幼儿园为教育部门办园，日托制。占地面积 5227 平方米，建筑面积 4239 平方米。专用教室 1 个，普通教室 12 个。教职工 56 人，其中专任教师 40 人，保健员 2 人。开设教学班 12 个。幼儿入园 107 人，离园 102 人，在园 370 人。园训：和谐、奉献、创新、发展。党支部书记、园长李莹。

北京市朝阳区秀园幼儿园

园址：朝阳区亚运村安慧北里秀园 19 号楼

1995 年 6 月在现址建园。2003 年，成为北京市一级一类幼儿园。2010 年，幼儿园为教育部门办园，日托制。占地面积 5092 平方米，建筑面积 3010 平方米。专用教室 2 个，普通教室 10 个。教职工 41 人，其中专任教师 35 人，保健员 2 人。开设教学班 10 个。幼儿入园 135 人，离园 93 人，在园 347 人。园训：以“爱”为魂，以“实”为本。党支部书记、园长李宏珍。

北京市朝阳区枣营幼儿园

园址：朝阳区枣营北里 26 号楼

1994 年在现址建园。2010 年，幼儿园为教育部门办园，日托制。占地面积 2557 平方米，建筑面积 1986 平方米。普通教室 9 个。教职工 31 人，其中专任教师 25 人，保健员 1 人。开设教学班 9 个。幼儿入园 75 人，离园 76 人，在园 255 人。园训：开拓进取、严谨务实、敬业创优、文明向上。党支部书记、园长杨丽欣。

表 24　　2010 年朝阳区幼儿园一览表

序号	幼儿园名称	建园时间	举办者
1	北京市朝阳区安华里第二幼儿园	1992 年	教育部门办
2	北京市朝阳区安华里幼儿园	1991 年	教育部门办
3	北京市朝阳区奥园幼儿园	2010 年	教育部门办
4	北京市朝阳区翠成幼儿园	2010 年	教育部门办
5	北京市朝阳区垡头幼儿园	1985 年	教育部门办
6	北京市朝阳区光华路幼儿园	1983 年	教育部门办
7	北京市朝阳区和平街幼儿园	1958 年	教育部门办
8	北京市朝阳区花家地幼儿园	1995 年	教育部门办
9	北京市朝阳区华洋紫竹幼儿园	2010 年	教育部门办
10	北京市朝阳区惠新里幼儿园	1995 年	教育部门办
11	北京市朝阳区京通幼儿园	1999 年	教育部门办
12	北京市朝阳区劲松第二幼儿园	1984 年	教育部门办
13	北京市朝阳区劲松第一幼儿园	1981 年	教育部门办
14	北京市朝阳区康泉新城幼儿园	2010 年	教育部门办
15	北京市朝阳区清友实验幼儿园	2004 年	教育部门办
16	北京市朝阳区群星幼儿园	1989 年	教育部门办
17	北京市朝阳区三里屯幼儿园	1958 年	教育部门办
18	北京市朝阳区水碓北里幼儿园	1982 年	教育部门办
19	北京市朝阳区松榆里幼儿园	1994 年	教育部门办
20	北京市朝阳区团结湖第一幼儿园	1981 年	教育部门办
21	北京市朝阳区团结湖第一幼儿园福怡苑分园	2003 年	教育部门办
22	北京市朝阳区望京新城幼儿园	2002 年	教育部门办
23	北京市朝阳区西坝河第三幼儿园	1991 年	教育部门办
24	北京市朝阳区西坝河第一幼儿园	1990 年	教育部门办
25	北京市朝阳区新源里第二幼儿园	1984 年	教育部门办
26	北京市朝阳区新源里幼儿园	1974 年	教育部门办
27	北京市朝阳区秀园幼儿园	1995 年	教育部门办
28	北京市朝阳区枣营幼儿园	1994 年	教育部门办
29	北京电子城幼儿园	1956 年	其他部门办
30	北京飞机维修工程有限公司幼儿园	1958 年	其他部门办
31	北京工业大学后勤服务集团幼儿教育中心	1960 年	其他部门办
32	北京航空制造工程研究所银梦幼儿园	—	其他部门办
33	北京卷烟厂幼儿园	1970 年	其他部门办
34	北京蓝岛大厦幼儿园	—	其他部门办
35	北京师范大学实验幼儿园	—	其他部门办
36	北京市建材制品总厂幼儿园	1959 年	其他部门办
37	北京市朝阳区安贞街道中心幼儿园	1995 年	其他部门办

续表 24

序号	幼儿园名称	建园时间	举办者
38	北京市朝阳区蓓蕾幼儿园	—	其他部门办
39	北京市朝阳区黑庄户乡中心幼儿园	1995 年	其他部门办
40	北京市朝阳区呼家楼街道中心幼儿园	1995 年	其他部门办
41	北京市朝阳区环宇幼儿园	—	其他部门办
42	北京市朝阳区佳华安琪幼儿园	—	其他部门办
43	北京市朝阳区建筑工程公司幼儿园	1995 年	其他部门办
44	北京市朝阳区金雁飞鸣幼儿园	—	其他部门办
45	北京市朝阳区金盏乡中心幼儿园	1995 年	其他部门办
46	北京市朝阳区九龙幼儿园	—	其他部门办
47	北京市朝阳区六里屯街道中心幼儿园	1995 年	其他部门办
48	北京市朝阳区南磨房乡幼儿园	1995 年	其他部门办
49	北京市朝阳区培新幼儿园	1995 年	其他部门办
50	北京市朝阳区十八里店乡横街子村向阳幼儿园	1995 年	其他部门办
51	北京市朝阳区十八里店乡西直河村东明幼儿园	1995 年	其他部门办
52	北京市朝阳区十八里店乡幼儿园	1995 年	其他部门办
53	北京市朝阳区十八里店兴华幼儿园	1995 年	其他部门办
54	北京市朝阳区双井街道中心幼儿园	1995 年	其他部门办
55	北京市朝阳区双桥幼儿园	1995 年	其他部门办
56	北京市朝阳区松彩幼儿园	—	其他部门办
57	北京市朝阳区松榆东里幼儿园	—	其他部门办
58	北京市朝阳区童欣幼儿园	—	其他部门办
59	北京市朝阳区团结湖街道中心幼儿园	1995 年	其他部门办
60	北京市朝阳区王四营乡幼儿园	1995 年	其他部门办
61	北京市朝阳区香河园街道西坝河东里幼儿园	1995 年	其他部门办
62	北京市朝阳区香河园街道中心幼儿园	1995 年	其他部门办
63	北京市朝阳区星海艺术幼儿园	—	其他部门办
64	北京市朝阳区亚运村第二幼儿园	1995 年	其他部门办
65	北京市朝阳区亚运村第一幼儿园	1995 年	其他部门办
66	北京市朝阳区亚运村中心幼儿园	1995 年	其他部门办
67	北京市朝阳区雨禾艺术幼儿园	—	其他部门办
68	北京市朝阳区政府机关幼儿园	1958 年	其他部门办
69	北京市朝阳区左家庄街道中心幼儿园	1995 年	其他部门办
70	北京市朝阳区左家庄幼儿园	—	其他部门办
71	北京首都机场物业管理有限公司幼教中心第二幼儿园	1958 年	其他部门办
72	北京首都机场物业管理有限公司幼教中心第一幼儿园	1958 年	其他部门办
73	农业部机关幼儿园	1995 年	其他部门办
74	普天首信通信设备厂幼儿园	—	其他部门办
75	十北京市朝阳区八里店乡吕家营村幼儿园	1995 年	其他部门办
76	市工商联安贞东里幼儿园	—	其他部门办
77	首都机场物业管理有限公司幼教中心第三幼儿园	1990 年	其他部门办
78	外交部幼儿园	1950 年	其他部门办
79	中国传媒大学幼儿园	—	其他部门办
80	中国建筑材料科学研究院幼儿园	1958 年	其他部门办
81	中国科学院第四幼儿园	1995 年	其他部门办
82	中国聋儿康复研究中心启聪幼儿园	1990 年	其他部门办
83	中国农业机械化科学研究院幼儿园	1960 年	其他部门办
84	中国人民解放军 61599 部队幼儿园	—	其他部门办

续表 24

序号	幼儿园名称	建园时间	举办者
85	中国人民解放军 63918 部队幼儿园	—	其他部门办
86	中国人民解放军 63961 部队幼儿园	—	其他部门办
87	中国人民解放军北京军区空军育翔幼儿园	—	其他部门办
88	中国人民解放军总装备部后勤部幼儿园	—	其他部门办
89	中国人民解放军总装备部直属机关幼儿园	—	其他部门办
90	中华女子学院附属实验幼儿园	—	其他部门办
91	中建一局建设发展公司幼儿园	—	其他部门办
92	北京市朝阳区爱丽尔幼儿园	2005 年	民办
93	北京市朝阳区艾毅多元智能幼儿园	2009 年	民办
94	北京市朝阳区艾毅双语幼儿园	2006 年	民办
95	北京市朝阳区拔翠蓝天双语幼儿园	2010 年	民办
96	北京市朝阳区百年嘉华幼儿园	2009 年	民办
97	北京市朝阳区百年实验艺术幼儿园	2006 年	民办
98	北京市朝阳区北方之星民族幼儿园	2005 年	民办
99	北京市朝阳区博凯智能全纳幼儿园	1997 年	民办
100	北京市朝阳区彩虹路幼儿园	2008 年	民办
101	北京市朝阳区春田花花幼儿园	2006 年	民办
102	北京市朝阳区春宇幼儿园	2007 年	民办
103	北京市朝阳区聪明娃娃幼儿园	2010 年	民办
104	北京市朝阳区德福双语幼儿园	2006 年	民办
105	北京市朝阳区东方子樞双语幼儿园	2010 年	民办
106	北京市朝阳区二十一世纪实验幼儿园	2004 年	民办
107	北京市朝阳区甘露艺术幼儿园	2005 年	民办
108	北京市朝阳区格顿双语幼儿园	2008 年	民办
109	北京市朝阳区根姆赞蒂双语幼儿园	2007 年	民办
110	北京市朝阳区管庄建东苑幼儿园	2007 年	民办
111	北京市朝阳区海嘉实验幼儿园	2005 年	民办
112	北京市朝阳区合生罗马幼儿园	2007 年	民办
113	北京市朝阳区红黄蓝和平里幼儿园	2010 年	民办
114	北京市朝阳区红黄蓝新天地幼儿园	2010 年	民办
115	北京市朝阳区红黄蓝幼儿园	2009 年	民办
116	北京市朝阳区红黄蓝中灿幼儿园	2010 年	民办
117	北京市朝阳区花家地婴幼儿培育中心	2006 年	民办
118	北京市朝阳区汇佳幼儿园	2005 年	民办
119	北京市朝阳区家育苑幼托中心	2005 年	民办
120	北京市朝阳区金蓓蕾幼儿园	2010 年	民办
121	北京市朝阳区金色摇篮潜能开发婴幼园	1996 年	民办
122	北京市朝阳区金雁幼儿园	2008 年	民办
123	北京市朝阳区精诚实验幼儿园	2007 年	民办
124	北京市朝阳区凯尔宝宝婴幼园	2007 年	民办
125	北京市朝阳区可儿苹果幼儿园	2010 年	民办
126	北京市朝阳区可儿幼儿园	2006 年	民办
127	北京市朝阳区乐儿幼儿园	2008 年	民办
128	北京市朝阳区立城苑小金星幼儿园	2010 年	民办
129	北京市朝阳区刘诗昆音乐艺术幼儿园	2000 年	民办
130	北京市朝阳区满天星幼儿园	2007 年	民办
131	北京市朝阳区美格双语幼儿园	2005 年	民办

续表 24

序号	幼儿园名称	建园时间	举办者
132	北京市朝阳区美真幼儿园	2007 年	民办
133	北京市朝阳区名山幼儿园	2009 年	民办
134	北京市朝阳区培华实验幼儿园	2009 年	民办
135	北京市朝阳区培基双语幼儿园	2000 年	民办
136	北京市朝阳区奇德儿奥尔夫艺术幼儿园	2009 年	民办
137	北京市朝阳区启航双语幼儿园	2001 年	民办
138	北京市朝阳区启明东润双语幼儿园	2003 年	民办
139	北京市朝阳区启明国风双语幼儿园	2010 年	民办
140	北京市朝阳区巧智博仁双语幼儿园	2010 年	民办
141	北京市朝阳区青苗幼儿园	2001 年	民办
142	北京市朝阳区三为园托幼中心	2006 年	民办
143	北京市朝阳区石佛营幼儿园	2010 年	民办
144	北京市朝阳区世纪阳光幼儿园	2008 年	民办
145	北京市朝阳区手牵手幼儿园	2006 年	民办
146	北京市朝阳区双龙幼儿园	2010 年	民办
147	北京市朝阳区双叶幼稚园	2010 年	民办
148	北京市朝阳区孙瑞雪至尊宝宝幼儿园	2005 年	民办
149	北京市朝阳区太阳花开音乐艺术幼儿园	2009 年	民办
150	北京市朝阳区唐纳朝来幼儿园	2005 年	民办
151	北京市朝阳区陶乐园托幼中心	2005 年	民办
152	北京市朝阳区天爱双语才艺幼儿园	2001 年	民办
153	北京市朝阳区威斯顿幼儿园	2009 年	民办
154	北京市朝阳区为明实验幼儿园	2008 年	民办
155	北京市朝阳区卧龙幼儿园	2005 年	民办
156	北京市朝阳区先策幼儿园	2008 年	民办
157	北京市朝阳区向日葵艺术幼儿园	2002 年	民办
158	北京市朝阳区小金星幼儿园	2009 年	民办
159	北京市朝阳区小牛津双语才艺幼儿园	2008 年	民办
160	北京市朝阳区小橡树三元桥幼儿园	2001 年	民办
161	北京市朝阳区新世纪幼儿园	2007 年	民办
162	北京市朝阳区新园双语幼儿园	2009 年	民办
163	北京市朝阳区星河湾德福幼儿园	2007 年	民办
164	北京市朝阳区幸福泉北苑幼儿园	2002 年	民办
165	北京市朝阳区幸福泉世茂幼儿园	2007 年	民办
166	北京市朝阳区幸福天使幼儿园	2001 年	民办
167	北京市朝阳区亚奥幼儿园	2005 年	民办
168	北京市朝阳区阳光启迪幼儿园	2004 年	民办
169	北京市朝阳区阳光幼儿园	2008 年	民办
170	北京市朝阳区伊顿慧智华侨城双语幼儿园	2010 年	民办
171	北京市朝阳区伊顿双语幼儿园	2006 年	民办
172	北京市朝阳区伊顿智慧双语幼儿园	2009 年	民办
173	北京市朝阳区中和艺术幼儿园	2003 年	民办
174	北京市朝阳区中育万科青青幼儿园	2004 年	民办
175	北京市朝阳区忠德双语幼儿园	2006 年	民办
176	中国教育学会幼儿园	2005 年	民办

说明：“—”为资料缺失

小学

北京师范大学奥林匹克花园实验小学

校址：朝阳区东坝京奥家园 288 号

2006 年建校，由朝阳区教委与北京师范大学合作建立。2010 年，学校占地面积 24100 平方米，建筑面积 14755 平方米，体育场面积 1072 平方米。图书馆藏书 21000 册。普通教室 36 个，专用教室 20 个。教职工 39 人，其中专任教师 35 人；北京市骨干教师 1 人。开设教学班 19 个。毕业 16 人，招生 138 人，在校生 542 人。校训：立德、明礼、睿智、笃信、亲近自然。党支部书记、校长董仕峰。

北京师范大学朝阳附属小学

校址：朝阳区林萃路倚林佳园 26 号楼

2008 年 9 月建校，由朝阳区教委与北京师范大学合作建立。2010 年，学校占地面积 9760 平方米，建筑面积 6779 平方米，体育场面积 3696 平方米。图书馆藏书 30500 册。普通教室 18 个、专用教室 3 个。教职工 19 人，其中专任教师 15 人。开设教学班 6 个。招生 110 人，在校生 244 人。校训：乐学、会学、创新、自信。党支部书记、校长赵宗国。

北京市朝阳区安华里第一小学

校址：朝阳区安华西里 3 区 3 号楼

1936 年建，初名北平市北郊区安外外馆小学，校址安定门外外馆前街 1 号。1946 年，更名为北平市十九区第十一、十二保国民学校。1986 年，迁至安华里小区，更名为北京市朝阳区安华里第一小学。1993 年，安华里三小师生并入。2005 年，安华里二小师生并入。2010 年，学校占地面积 13177 平方米，建筑面积 2149 平方米，体育场面积 2020 平方米。图书馆藏书 21743 册。普通教室 15 个，专用教室 5 个。教职工 41 人，其中专任教师 34 人。开设教学班 15 个。毕业 58 人，招生 60 人，在校生 318 人。校训：勤奋文明、健美向上。党支部书记、校长刘继军。

北京市朝阳区安慧北里第二小学

校址：朝阳区安慧北里秀园 18 号楼

2000 年 9 月在安慧北里小学走读部基础上建校。2010 年，学校占地面积 7729 平方米，建筑面积 3180 平方米，体育场面积 2700 平方米，图书馆藏书 27035 册。普通教室数 12 个、专用教室 8 个。教职工 31 人，其中专任教师 30 人，北京市骨干教师 2 人。开设教学班 12 个，毕业 40 人，招生 61 人，在校生 337 人。校训：立德、善学、健体、求新。党支部书记、校长马桂兰。

北京市朝阳区安慧北里小学

校址：朝阳区安慧北里安园 9 号楼

1994 年建校，初名安慧里第三小学。1997 年，更为现名，实行走读、寄宿双轨制。1999 年 11 月，寄宿部迁至安慧北里安园 9 号楼。2000 年 9 月，走读部剥离，原校址建安慧北里第二小学。2010 年，学校占地面积 7200 平方米，建筑面积 4958 平方米，体育场面积 3335 平方米。图书馆藏书 15005 册。普通教室 12 个，专用教室 7 个。教职工 36 人，其中专任教师 34 人，北京市骨干教师 1 人。开设教学班 12 个，毕业 42 人，招生 47 人，在校生 292 人。校训：自主、合作、创新、发展。党支部书记、校长刘惠兰。

北京市朝阳区安慧里中心小学

校址：朝阳区安慧里 4 区 12 号楼（低年级部）
朝阳区安慧里 1 区 10 号楼（高年级部）

1991 年，在安定门外安慧里建安慧里小学。1996 年 6 月，安慧里二小并入，更名为安慧里中心小学。2002 年，育慧里小学并入，师生在原校址上课。学校是北京市艺术教育特色校。2010 年，学校占地面积 20760 平方米，建筑面积 13356 平方米，体育场面积 7606 平方米。图书馆藏书 46328 册。普通教室 27 个，专用教室 13 个。教职工 69 人，其中专任教师 68 人；高级职称教师 2 人，市级骨干教师1人。开设教学班27个，毕业132人，招生129人，在校生899人。校训：诚实、勇敢、勤奋、自强。党支部书记鲍迎秋，校长孟夏。

北京市朝阳区安苑北里小学

校址：朝阳区安苑北里6号楼

1990年建校。2010年，学校占地面积8166平方米，建筑面积3018平方米，体育场面积3345平方米。图书馆藏书总数17246册。专用教室7个，普通教室12个。教职工33人，其中专任教师27人。开设教学班12个，毕业50人，招生59人，在校生277人。校训：勤奋、文明、求实、创新。党支部书记、校长刘云峰。

北京市朝阳区安贞里第二小学

校址：朝阳区安贞西里2区28号楼

1986年建校。1997年，五路居小学并入。2004年，安贞里第三小学并入。2010年，学校占地面积8096平方米，建筑面积3416平方米，体育场面积4331平方米。图书馆藏书43961册。普通教室20个，专用教室12个。教职工46人，其中专任教师40人。开设教学班12个。毕业58人，招生88人，在校生448人。校训：文明、守纪、勤学、健体。党支部书记、校长张丽红。

北京市朝阳区安贞里第一小学

校址：朝阳区安贞里2区17号楼

1985年建校。2003年1月，胜古庄小学部分师生并入。2010年，学校占地面积4807平方米、建筑面积3488平方米，体育场面积1984平方米。图书馆藏书15709册。普通教室12个，专用教室8个。教职工33人，其中专任教师32人；高级职称教师1人。开设教学班12个。毕业36人，招生54人，在校生268人。校训：诚实、勇敢、勤学、守纪。党支部书记、校长雷海燕。

北京市朝阳区八里桥小学

校址：朝阳区八里桥村

1989年建校，由航天航空工业部625所办的育新小学和北京卫戍区某部办的培新小学移交区教育局后合并组成。2010年，学校占地面积7017平方米，建筑面积2159平方米，体育场面积2500平方米。图书馆藏书21659册。普通教室15个，专用教室3个。教职工34人，其中专任教师33人。开设教学班15个，毕业46人，招生99人，在校生427人。校训：强我、强校、强家、强国。党支部书记、校长蔺龙燕。

北京市朝阳区八里庄中心小学

校址：朝阳区慈云寺北里117号

2010年建校，由八里庄二小、八里庄三小和育人学校南校合并组建。2010年，学校占地面积17770平方米，建筑面积10560平方米，体育场面积3735平方米。图书馆藏书27750册。普通教室30个，专用教室11个。教职工71人，其中专任教师70人。开设教学班28个，毕业142人，招生151人，在校生716人。校训：七彩阳光，多彩童年。党支部书记王萍，校长郝朝阳。

北京市朝阳区白家庄小学

校址：朝阳区三里屯南路40号（本部北校）
朝阳区核桃园北里甲2号（本部南校）
朝阳区望京西园4区408楼（望京新城校区）
朝阳区望京西园1区117楼(望京科技园校区)

1956年10月建校。1998年8月，增设白家庄小学望京新城校区。2002年8月，增设白家庄小学望京科技园校区。2003年5月，核桃园小学并入，原校址为学校南校区，一校四址。2010年，学校占地面积29855平方米，建筑面积22254平方米，体育场面积14086平方米。图书馆藏书74234册。普通教室82个、专用教室31个。教职工228人，其中专任教师193人；高级职称教师4人，北京市骨干教师9人。开设教学班81个。毕业308人，招生361人，在校生2481人。校训：和谐、拼搏、务实、求新。党支部书记陈晓辉，校长祖雪媛。

北京市朝阳区半壁店小学

校址：朝阳区广渠路东半壁店村

1969年建校。2010年，学校占地面积11500平方米，建筑面积2360平方米，体育场面积4700平方米。图书馆藏书21467册。普通教室12个，专用教室7个。教职工30人，其中专任教师26人。开设教学班12个，毕业31人，招生65人，在校生299人。校训：做最好的自己。党支部书记、校长王玉春。

北京市朝阳区北皋中心小学

校址：朝阳区马南里小区

1918年建校，初名大兴县北皋村国民学校。1979年，更为现名。2005年，红桥小学并入。2010年7月，迁现址。同年，马泉营小学并入。2010年，学校占地面积7226平方米，建筑面积2726平方米，体育场面积2101平方米。图书馆藏书27000册。普通教室22个，专用教室8个。教职工65人，其中专任教师61人。开设教学班22个，毕业98人，招生134人，在校生617人。校训：用爱心编织梦想，让快乐洒满校园。党支部书记徐伟，校长蔡颖。

北京市朝阳区北花园小学

校址：朝阳区高碑店乡北花园村

1930年建校，初名私立求新小学。1958年，更为现名。2010年，学校占地面积3482平方米，建筑面积1248平方米，体育场面积1058平方米。图书馆藏书13470册。普通教室11个、专用教室3个。教职工22人，其中专任教师20人。开设教学班12个。毕业39人，招生51人，在校生265人。校训：厚德、自强、乐学、求新。党支部书记、校长杨旭明。

北京市朝阳区北马各庄小学

校址：朝阳区马各庄村

1946年建校，初名通县八区北马各庄小学。1958年，划入北京市朝阳区，更名为现名。2010年，学校占地面积7555平方米，建筑面积2088平方米，体育场面积4750平方米。图书馆藏书16343册。普通教室14个，专用教室6个。教职工32人，其中专任教师28人。开设教学班13个。毕业29人，招生76人，在校生358人。校训：美感使人追求自我完善。党支部书记、校长刘莉。

北京市朝阳区北苑小学

校址：朝阳区来广营乡北苑村临3号

1952年建校。2010年，学校占地面积9040平方米，建筑面积1936平方米，体育场面积2729平方米。图书馆藏书28224册。普通教室13个，专用教室5个。教职工33人，其中专任教师30人。开设教学班13个，毕业52人，招生66人，在校生392人。校训：勤奋、守纪、健康、快乐。党支部书记、校长左中秋。

北京市朝阳区孛罗营小学

校址：朝阳区王四营乡孛罗营村194号

1947年建校，初为王四营乡孛罗营村建民办小学。1958年更为现名。1993年9月，迁现址。2010年，学校占地面积9772平方米，建筑面积1577平方米，体育场面积6505平方米。图书馆藏书17991册。普通教室11个、专用教室4个。教职工26人，其中专任教师25人。开设教学班11个。毕业25人，招生53人，在校生296人。校训：团结、勤奋、活泼、健美。党支部书记、校长郑青。

北京市朝阳区柏阳学校

校址：朝阳区王四营乡柏阳景园白鹿司中街1号（东校区）
朝阳区王四营乡柏阳景园白鹿司中街3号（西校区）

1968年建校，初名北京市朝阳区白鹿司小学。2006年7月，迁至王四营乡柏阳景园白鹿司中街1号楼、3号楼，更为现名。2010年，学校占地面积12850平方米，建筑面积10779平方米。体育场面积5100平方米。图书馆藏书25000册。普通教室21个、专用教室14个。教职工54人，其中专任教师53人。开设教学班21个。毕业44人，招生140人，在校生660人。校训：勤奋好学、文明守纪、健康乐观、志存高远。党支部书记、校长赵玉喜。

北京市朝阳区长店小学

校址：朝阳区金盏乡长店村南

1917年建校，初名大兴县长店国民学校，系村办私塾。1958年，更为现名。2010年，学校占地面积7429平方米，建筑面积1490平方米,体育场面积2400平方米。图书馆藏书19503册。普通教室6个，专用教室5个。教职工17人，其中专任教师14人。开设教学班6个。毕业21人，招生16人，在校生94人。党支部书记郭勇，校长王海燕。

北京市朝阳区垂杨柳第四小学

校址：朝阳区百子湾西里430号

1971年在垂杨柳北区建校。1993年，垂杨柳第五小学并入。2010年，迁至现址，水南庄小学部分师生并入。2010年，学校占地面积7200平方米，建筑面积3600平方米，体育场（馆）面积3000平方米。图书馆（室）藏书17000册。固定资产总值302万元。普通教室12个，专用教室6个。教职工32人，其中专任教师24人；高级职称教师1人。开设教学班11个。毕业74人，招生46人，在校生234人。校训：勤奋、遵纪、活泼、团结。党支部书记、校长王凤新。

北京市朝阳区垂杨柳中心小学

校址：朝阳区百子湾西里112号（金都校区）
朝阳区垂杨柳南里3号楼（低年级部）
朝阳区垂杨柳中里（高年级部）

1962年建垂杨柳小学，1963年更名为北京市朝阳区垂杨柳第一小学。1978年更名为现名。2006年，垂杨柳第三小学并入。2008年8月，设立金都校区。2010年，水南庄小学部分师生并入，一校三址。2010年，学校占地面积10670平方米，建筑面积6200平方米，体育场面积1300平方米。图书馆藏书12675册。普通教室48个、专用教室21个。教职工118人，其中专任教师107人；高级职称教师3人，北京市骨干教师4人。开设教学班49个。毕业165人，招生173人，在校生1485人。校训：健康、文雅、自主、阳光。党支部书记、校长佟旌。

北京市朝阳区大黄庄小学

校址：朝阳区高碑店乡大黄庄1号

1936年建校，初名北平市东郊区大黄庄短期小学。1958年，更为现名。2010年，学校占地面积6520平方米，建筑面积1905平方米，体育场面积2244平方米。图书馆藏书10000册。普通教室12个，专用教室4个。教职工28人，其中专任教师26人。开设教学班12个。毕业44人，招生49人，在校生296人。校训:生活自理，学习自主，行为自尊，健康自强。党支部书记、校长李红艳。

北京市朝阳区大山子第二小学

校址：朝阳区酒仙桥路甲1号

1965年建校。2010年，学校占地面积3533平方米，建筑面积2538平方米，体育场1560平方米。图书室藏书17439册。普通教室14个，专用教室5个。教职工34人，其中专任教师26人。开设教学班14个。毕业60人，招生86人，在校生388人。校训：生命没有彩排，快乐不应错过。党支部书记、校长陶德生。

北京市朝阳区大望路小学

校址：朝阳区西大望路5号

1995年建校。2010年，学校占地面积3960平方米，建筑面积3015平方米，体育场面积1800平方米。图书馆藏书14212册。普通教室13个，专用教室5个。教职工33人，其中专任教师31人。开设教学班13个，毕业48人，招生60人，在校生335人。校训：能文能武，身心两健。党支部书记、校长赵艳艳。

北京市朝阳区定福庄第二小学

校址：朝阳区定福庄南里2号

1954年建校，初名中央燃料工业部干部学校附属小学。1969年更为现名。2002年7月，定福庄第三小学并入。2010年，学校占地面积18254平方米，建筑面积8585平方米，体育场面积3800平方米。图书馆藏书38172册。普通教室27个，专用教室21个。教职工68人，其中专任教师64人，北京市骨干教师1人。开设教学班27个。毕业118人，招生139人，在校生816人。校训：美心美行。党支部书记、校长张丽荣。

北京市朝阳区定福庄第四小学

校址：朝阳区定福庄北街

1989年建校。2010年，学校占地面积5508平方米，建筑面积3879平方米，体育场2400平方米。图书馆藏书15657册。普通教室15个，专用教室6个。教职工40人，其中专任教师38人。开设教学班15个。毕业110人，招生37人，在校生415人。校训：团结、活泼、勤奋、进取。党支部书记、校长吴春霞。

北京市朝阳区定福庄第一小学

校址：朝阳区三间房西里

1930年建校，初名通县定福庄小学。1969年更为现名。1992年，迁现址。1993年，定福庄第三小学特教班并入。2010年，学校占地面积9231平方米，建筑面积4318平方米，体育场面积4920平方米。图书馆藏书20093册。普通教室20个，专用教室4个。教职工40人，其中专任教师37人。开设教学班13个。毕业62人，招生75人，在校生362人。校训：诚实、自信、健康、发展。党支部书记、校长杨志强。

北京市朝阳区定辛庄小学

校址：朝阳区黑庄户乡定辛庄村北

1927年建校，初名通县定辛庄小学。1958年，更为现名。2010年，学校占地面积7276平方米，建筑面积2297平方米，体育场面积1575平方米。图书馆藏书11202册。普通教室12个，专用教室5个。教职工29人，其中专任教师28人。开设教学班12个。毕业30人，招生74人，在校生361人。校训：做人、求知、健体、创新。党支部书记、校长冯继炎。

北京市朝阳区东坝中心小学

校址：朝阳区东坝镇东坝河村娘娘庙街72号（本部）

朝阳区东坝镇西门街84号（分部1）

朝阳区东坝镇白衣庵街（分部2）

1923年建校，初名北平市东郊区东坝镇简易小学。1958年，更为现名。2000年，位于东坝乡三岔河村校舍交还教委。2008年8月，东坝第三小学并入。2010年8月，驹子房小学并入。2010年，学校占地面积11637平方米，建筑面积4093平方米，体育场面积1938平方米。图书馆藏书47987册。普通教室30个，专用教室6个。教职工87人，其中专任教师79人。开设教学班30个。毕业57人，招生160人，在校生951人。校训：健康、自信、努力、成功。党支部书记雷德敬，校长肖海岩。

北京市朝阳区豆各庄中心小学

校址：朝阳区豆各庄村南（总校）

朝阳区水牛房村东（分校）

1918年建校，初名通县豆各庄小学校。1958年更为现名。2008年，水牛房小学并入，原校址作为学校分校，一校两址。2010年，学校占地面积14978平方米，建筑面积2682平方米，体育场面积4920平方米。图书馆藏书24394册。普通教室18个，专用教室6个。教职工47人，其中专任教师46人。开设教学班18个。毕业57人，招生63人，在校生456人。校训：健康、和谐、诚信、创新。党支部书记、校长胡焕春。

北京市朝阳区垡头第二小学

校址：朝阳区垡头西里3区9号楼

1984年建校。2010年，学校占地面积9087平方米，建筑面积2288平方米，体育场面积3542平方米。图书馆藏书25231册。普通教室19个，专用教室4个。教职工52人，其中专任教师50人；高级职称教师1人，北京市学科教学带头人1人。开设教学班19个。毕业102人，招生109人，在校生657人。校训：

团结、勤奋、求实、创新。党支部书记赵丽萍，校长涂桂庆。

北京市朝阳区垡头小学

校址：朝阳区垡头西里8号

1949年建校，初名北京市第十区后垡头小学。1958年更为现名。2010年，学校占地面积10646平方米，建筑面积3052平方米，体育场面积2828平方米。图书馆藏书24335册。普通教室21个，专用教室7个。教职工49人，其中专任教师43人。开设教学班21个。毕业88人，招生108人，在校生665人。校训：诚实、勤勉、健康、自信。党支部书记、校长蒋学凤。

北京市朝阳区芳草地国际学校

校址：朝阳区日坛北路1号（总校、含国际部）
朝阳区双花园南里15号院1号楼（双花园校区）
朝阳区北四环东路71号（万和城校区）
丰台区丽泽路金泰小区1号院4号楼（丽泽分校）

1956年建外交部子弟小学。1958年更名为芳草地小学。1996年9月，东光路小学并入。1998年，增设世纪小学校区。2001年9月，光华路第四小学并入。2003年，增设远洋校区。2008年，更为现名，形成集团化办学模式。同年，增设双花园校区；世纪小学、远洋小学与学校剥离，成为独立法人单位。2009年，增设万和城校区。2010年，承办丰台区丽泽分校。

2010年，学校占地面积38344平方米发，建筑面积30485平方米，体育场面积15801平方米。图书馆藏书44276册。普通教室122个，专用教室45个。教职工214人，其中专任教师201人；高级职称教师14人，特级教师1人，北京市学科教学带头人5人。开设教学班82个。毕业170人，招生339人，在校生1482人。校训：崇文、尚德、晓礼、友好。党支部书记苏国华，校长刘飞。

北京市朝阳区芳草地国际学校世纪小学

校址：朝阳区育慧东路3号

2008年10月建校，前身是1998年设立的芳草地小学世纪小学校区。2010年，学校占地面积10500平方米，建筑面积7773平方米，体育场面积6100平方米。图书馆藏书30863册。普通教室28个，专用教室15个。教职工62人，其中专任教师58人；高级职称教师1人，北京市学科教学带头人1人。开设教学班23个。毕业106人，招生156人，在校生804人。校训：崇文、尚德、晓礼、友好。党支部书记、校长张向华。

北京市朝阳区芳草地国际学校远洋小学

校址：朝阳区八里庄西里78号

2008年10月建校，前身是2003年设立的芳草地小学远洋校区。2010年，学校占地面积8500平方米，建筑面积6462平方米，体育场面积3481平方米。图书馆藏书20000册。普通教室25个，专用教室8个。教职工64人，其中专任教师60人；北京市骨干教师3人。开设教学班25个。毕业105人，招生125人，在校生843人。校训：崇文、尚德、晓礼、友好。党支部书记、校长于亚玲。

北京市朝阳区甘露园小学

校址：朝阳区甘露园南里1区18号楼

1996年建校。1999年3月，学校开设国际象棋特色校本课程。2010年，学校占地面积8300平方米，建筑面积5672平方米，体育场面积2300平方米。图书馆藏书18124册。普通教室21个，专用教室7个。教职工43人，其中专任教师37人。开设教学班19个。毕业61人，招生86人，在校生433人。校训：习德、益智、健体。党支部书记、校长王卫华。

北京市朝阳区高碑店中心小学

校址：朝阳区高碑店乡高碑店村425号

1936年建校，初名北平市东郊区高碑店短期小学。1958年更为现名。2009年9月，迁至第十七中学高中部借址办学。2008年至2010年，开发《走进高碑店，走进古典家具》《少儿高跷》《茶艺》《民俗剪纸》等校本课程。

2010年，学校教职工33人，其中专任教师32人；高级职称教师1人，北京市骨干教师1人。开设教学班13个。毕业63人，招生96人，在校生340人。校训：勤奋、创新、文明、健康。党支部书记、校长孙雪梅。

北京市朝阳区高家园小学

校址：朝阳区高家园小区112号

1987年建校。2010年，学校占地面积6933平方米，建筑面积4065平方米，体育场面积2400平方米。图书馆藏书14723册。普通教室16个，专用教室5个。教职工36人，其中专任教师32人。开设教学班16个。毕业51人，招生91人，在校生462人。校训：勤奋、健美、求实、创新。党支部书记、校长李晓玉。

北京市朝阳区官庄小学

校址：朝阳区王四营乡官庄村

1949年建校，初名为北京市东郊区第十七区国民小学。1958年更为现名。2010年，学校占地面积12000平方米，建筑面积2894平方米。体育场面积4850平方米。图书馆藏书27257册。普通教室15个，专用教室5个。教职工35人，其中专任教师34人。开设教学班15个。毕业53人，招生103人，在校生433人。校训：诚实、勤奋、活泼、守纪。党支部书记、校长李永增。

北京市朝阳区管庄中心小学

校址：朝阳区管庄东里55号（本校）
朝阳区管庄西里建东苑小区19号楼（分校）

1953年建校，初名重工业部建工局管庄职工子弟小学。1978年更为现名。2005年，增设建东苑分校。2010年，学校占地面积19572平方米，建筑面积8985平方米，体育场面积6999平方米。图书馆藏书67151册。普通教室39个，专用教室14个。教职工105人，其中专任教师90人；高级职称教师2人，特级教师2人。开设教学班39个。毕业235人，招生210人，在校生1360人。校训：德、文、能、乐。党支部书记沈静，校长夏青峰。

北京市朝阳区光华路小学

校址：朝阳区建国门外光华东里19号楼（东校区）
朝阳区建国门外光华西里5号（西校区）

1957年建校，初名北京市朝阳区豫王坟第一小学。1972年，更名为光华路第一小学。2008年5月，光华路第二小学并入，光华路第一小学更名为现名。2010年，学校占地面积10598平方米，建筑面积5810平方米，体育场面积3246平方米。图书馆藏书43466册。普通教室34个，专用教室10个。教职工51人，其中专任教师48人。开设教学班19个。毕业114人，招生109人，在校生533人。校训：团结、勤奋、活泼、创新。党支部书记、校长陈筱梅。

北京市朝阳区国美家园小学

校址：朝阳区青年路西里1号院1号楼

2007年7月建校。2010年，学校占地面积13300平方米，建筑面积11179平方米，体育场面积3557平方米。图书馆藏书30000册。普通教室24个，专用教室8个。教职工33人，其中专任教师30人。开设教学班18个。毕业20人，招生118人，在校生428人。校训：仁义礼智信，做有素养的中国人。党支部书记、校长李玮。

北京市朝阳区和平街中心小学

校址：朝阳区和平街12区
朝阳区和平街14区
朝阳区和平街13区临甲20号楼2号院

1965年建北京市朝阳区和平街第三小学。1976年更为现名。2002年，和平街一小、和平街四小并入，形成一校三址。2010年，学校占地面积15895平方米，建筑面积7236平方米，体育场面积5086平方米。图书馆藏书58169册。普通教室22个，专用教室16个。教职工53人，其中专任教师46人。开设教学班23个（其中占用专用教室1间）。毕业43人，招生87人，在校生542人。

校训:团结、进取、求实、创新。党支部书记、校长胡爱国。

北京市朝阳区和平小学

校址：朝阳区垂杨柳南街13号

1964年建校，初名北京市朝阳区垂杨柳第二小学。2004年7月，和平村第一小学、和平村第二小学并入，更为现名。2010年，学校占地面积20110平方米，建筑面积12552平方米，体育场面积5016平方米。图书馆藏书48627册。普通教室54个，专用教室12个。教职工35人，其中专任教师31人，北京市学科带头人2人。开设教学班12个。毕业65人,招生55人,在校生303人。校训：文、行、忠、信。党支部书记、校长李洪祥。

北京市朝阳区黑庄户中心小学

校址：朝阳区黑庄户乡黑庄户村

1925年建校，初名通县黑庄户村小学。1990年，更为现名。1994年，迁现址。1998年，大鲁店小学、郎各庄小学并入。2010年，学校占地面积15936平方米，建筑面积4850平方米，体育场面积5354平方米。图书馆藏书20094册。普通教室数21个,专用教室4个。教职工50人，其中专任教师48人。开设教学班19个。毕业73人，招生133人，在校生588人。校训：崇德、尚文、健美、和谐。党支部书记、校长刘国青。

北京市朝阳区呼家楼中心小学

校址：朝阳区呼家楼西里七巷12号（本部）
朝阳区南豆各庄5号院（分校）
朝阳区呼家楼西里甲5号(低年级部)

1962年建校。2004年,增设万科青青校区,校址南豆各庄5号院。2009年，呼家楼第一小学并入,原校址为小学低年级部。一校三址。2010年，学校占地面积34318平方米，建筑面积18760平方米，体育场面积18186平方米。图书馆藏书58253册。普通教室67个，专用教室36个。教职工170人，其中专任教师146人，北京市骨干教师5人。开设教学班58个。毕业215人，招生332人，在校生1858人。校训：朴、诚、敏、健。党支部书记辛惠如，校长马骏。

北京市朝阳区花家地第二小学

校址：朝阳区花家地西里113号楼

1999年7月建校。2010年，学校占地面积7471平方米，建筑面积4205平方米，体育场面积4920平方米。图书室藏书15000册。固定资产总值564万元。普通教室18个，专用教室6个。教职工43人，其中专任教师42人。开设教学班18个。毕业93人，招生90人，在校生473人。校训:勤奋和谐求实创新。党支部书记、校长郭建华。

北京市朝阳区花家地实验小学

校址：朝阳区望京中环南路花家地小区18号楼（本部）
朝阳区朝来绿色家园蕴实园6号（朝来校区）

1994年7月建校，为民办公助学校。1996年，转为朝阳区教委办直属小学。2005年8月,来广营中心小学并入,设为朝来校区,一校两址。2010年，学校占地面积22677平方米，建筑面积15173平方米，体育场面积7675平方米。图书馆藏书69868册。普通教室56个，专用教室23个。教职工133人，其中专任教师119人；高级职称教师2人，北京市级骨干教师2人。开设教学班52个。毕业235人，招生403人，在校生1777人。校训：勤奋、和谐、求实、创新。党支部书记刘世涛，校长张治齐。

北京市朝阳区华严里小学

校址：朝阳区华严北里21号楼

1991年建校。2005年7月，祁家豁子小学并入。2010年，学校占地面积13071平方米，建筑面积7170平方米，体育场面积5085平方米。图书馆藏书23294册。普通教室14个，专用教室5个。教职工31人，其中专任教师28人。开设教学班12个。毕业40人，招生61人,在校生315人。校训:至善、尚美、求真。党支部书记、校长李新宇。

北京市朝阳区黄杉木店小学

校址：朝阳区石各庄村 533 号（临时校址）

1936 年建校，初名黄杉木店村初级小学。1958 年，更为现名。2004 年 11 月，迁至现址。2010 年，学校占地面积 11802 平方米，建筑面积 1619 平方米，体育场面积 2880 平方米。图书馆藏书 16964 册。普通教室 13 个，专用教室 1 个。教职工 32 人，其中专任教师 30 人。开设教学班 13 个。毕业 44 人，招生 66 人，在校生 372 人。校训：平凡不平庸，修贤莫等闲。党支部书记、校长董军。

北京市朝阳区黄胄艺术实验小学

校址：朝阳区西坝河西里 15 号楼

朝阳区西坝河中里 37 号楼

1987 年建北京市朝阳区西坝河第四小学。2003 年 8 月，更为现名。2004 年 8 月，西坝河第二小学并入。2010 年，学校占地面积 13233 平方米，建筑面积 6407 平方米，体育场面积 6200 平方米。图书馆藏书 33464 册。普通教室 22 个，专用教室 14 个。教职工 47 人，其中专任教师 43 人。开设教学班 17 个。毕业 70 人，招生 59 人，在校生 382 人。校训：以书为友，以艺术为友，以好习惯为友。党支部书记、校长沈淑芳。

北京市朝阳区惠新里小学

校址：朝阳区惠新里甲 243 号楼

1936 年在朝阳区安定门外药王庙村建校，初名慧中庵短期小学，1950 年更为药王庙小学。1993 年，迁至现址，更为现名。2010 年，学校占地面积 6784 平方米，建筑面积 4768 平方米，体育场面积 640 平方米。图书馆藏书 33038 册。普通教室 20 个，专用教室 11 个。教职工 52 人，其中专任教师 52 人。开设教学班 20 个。毕业 82 人，招生 101 人，在校生 544 人。校训：团结、进取、勤奋、健美。党支部书记、校长郑瑛。

北京市朝阳区慧忠北里第二小学

校址：朝阳区慧忠北里 409 号楼

2002 年建校。同年，大屯中心小学并入。2010 年，学校占地面积 8783 平方米，建筑面积 5502 平方米，体育场面积 3811 平方米。图书馆藏书 26335 册。普通教室 21 个，专用教室 8 个。教职工 48 人，其中专任教师 39 人。开设教学班 12 个。毕业 105 人，招生 106 人，在校生 512 人。校训：崇德、健体、求知、创新。党支部书记、校长李建平。

北京市朝阳区慧忠里小学

校址：朝阳区安定门外慧忠里小区 414 号

1950 年，建东郊区大屯中心小学，校址安定门外慧忠里。1969 年，更名为慧中寺小学。1987 年，学校校舍用做亚运会场地建设用地。1993 年，迁入慧忠里小区 414 号，学校更名为北京市朝阳区慧忠里小学。2001 年 3 月，辛店小学部分师生并入。

2010 年，学校占地面积 9218 平方米，建筑面积 3360 平方米，体育场面积 3447 平方米。图书馆藏书 21463 册。普通教室 24 个，专用教室 17 个。教职工 43 人，其中专任教师 38 人。开设教学班 17 个。毕业 61 人，招生 68 人，在校生 534 人。校训：求真、求善、求美、求新。党支部书记、校长吴莹。

北京市朝阳区将台路小学

校址：朝阳区芳园里小区

1981 年建校。2010 年，学校占地面积 8193 平方米，建筑面积 3865 平方米，体育场面积 2890 平方米。图书馆藏书 24042 册。普通教室 14 个，专用教室 7 个。教职工 39 人，其中专任教师 33 人。开设教学班 14 个。毕业 76 人，招生 52 人，在校生 389 人。校训：真诚做人，质朴做事。党支部书记、校长王亚冬。

北京市朝阳区将台洼小学

校址：朝阳区东风乡将台洼村

1956 年建校，初名北京市朝阳区驼房营小学分校。1970 年，更为现名。2010 年，学校占地面积 14767 平方米，建筑面积 966 平方米，体育场面积 8825 平方米。图书馆藏书 23000 册。普通教室 12 个，专用教室 1 个。教职工 25 人，其中专任教师 23 人，北京市骨干教师 1 人。开设教学班 12 个。毕业 24 人，招生 75 人，在校生 326 人。校训：快乐生活每一天。党支部书记、校长唐伟。

北京市朝阳区金色摇篮全程实验小学

校址：朝阳区亚运村慧忠北里 119 号

2000 年 9 月建校，民办校，校名北京市全程超越实验学校，校址昌平区。2005 年，迁址朝阳区慧忠北里，更为现名。2010 年，学校总占地面积 7560 平方米，建筑面积 6869 平方米，体育场（馆）面积 2992 平方米。图书馆（室）藏书 1.95 万册，电子图书 1000 册，订阅杂志、报纸 10 种。普通教室 18 个，专用教室 24 个。教职工 121 人，其中专任教师 61 人。开设教学班 18 个。在校生 418 人。校训：做中华栋梁。党支书记、校长程跃。

北京市朝阳区京通小学

校址：朝阳区京通苑 39 号楼

1999 年建校。2010 年，学校占地面积 8600 平方米，建筑面积 5320 平方米，体育场面积 5400 平方米。图书馆藏书 25961 册。普通教室 23 个，专用教室 8 个。教职工 52 人，其中专任教师 50 人。开设教学班 23 个。毕业 112 人，招生 122 人，在校生 653 人。校训：我学习、我成长、我幸福。党支部书记、校长张冬云。

北京市朝阳区精诚实验小学

校址：朝阳区和平里十三区

朝阳区华严里 34 号

2001 年 9 月 2 日建校，民办校。2007 年 7 月 1 日，经朝阳区教委批准，增设华严里校区。2010 年，学校占地面积 9159 平方米，建筑面积 6283 平方米，体育场（馆）面积 2632 平方米。图书馆（室）藏书 5877 册，订阅杂志、报纸 6 种。普通教室 35 个，专用教室 9 个。教职工 86 人，其中专任教师 54 人。开设教学班 28 个。毕业 55 人，招生 116 人，在校生 57 人。校训：自信、感恩、善学、求新。校长徐谦恭。

北京市朝阳区劲松第二小学

校址：朝阳区劲松 4 区 417 楼

1981 年建校。2010 年，学校占地面积 4941 平方米，建筑面积 3426 平方米，体育场面积 2094 平方米。图书馆藏书 21590 册。普通教室 14 个，专用教室 5 个。教职工 33 人，其中专任教师 32 人；高级职称教师 1 人。开设教学班 14 个。毕业 67 人，招生 61 人，在校生 369 人。校训：健康、快乐、明理、求知。党支部书记、校长常平。

北京市朝阳区劲松第三小学

校址：朝阳区广渠门外东架松 24 号

1982 年建校，位于劲松七区 706 楼。2001 年 11 月，架松小学并入，学校迁至现址（原架松小学校址），原校址划归劲松四小办学。2010 年，学校占地面积 15211 平方米，建筑面积 7029 平方米，体育场面积 6377 平方米。图书馆藏书 26106 册。普通教室 23 个，专用教室 8 个。教职工 59 人，其中专任教师 51 人；高级职称教师 2 人，北京市骨干教师 2 人。开设教学班 23 个。毕业 113 人，招生 126 人、在校生 644 人。校训：健康、好学、乐群。党支部书记、校长钟亚丽。

北京市朝阳区劲松第四小学

校址：朝阳区劲松 7 区甲 713 楼（本部）

朝阳区劲松 7 区 706 楼（南校区）

1983 年建校，位于劲松八区 821 楼。1993 年 8 月迁现址（本部）。2001 年 7 月，劲松第三小学校址划归学校办学，一校两址。学校被评为教育部全国艺术教育先进单位，舞蹈教师韩洁获“全国五一劳动奖章”。2010 年，学校占地面积 12765 平方米，建筑面积 9085 平方米，体育场面积 3028 平方米。图书馆藏书 32980 册。普通教室 51 个，专用教室 13 个。教职工 100 人，其中专任教师 84 人，北京市骨干教师 2 人。开设教学班 36 个。毕业 166 人，招生 193 人，在校生 1044 人。校训：做最好的我。党支部书记李德云，校长陈金荣。

北京市朝阳区劲松第一小学

校址：朝阳区劲松一区 124 楼

1979 年建校。学校组建男、女篮球队和行进管乐队；开展中国象棋活动，代表市区参赛，多次获全国、北京市团体冠亚军。

2010 年，学校占地面积 4022 平方米，建筑面积 3708 平方米，体育场面积 1416 平方米。图书馆藏书 22762 册。普通教室 15 个，专用教室 6 个。教职工 35 人，其中专任教师 34 人。开设教学班 15 个。毕业 56 人，招生 42 人，在校生 340 人。校训：和谐、严谨、文雅。党支部书记、校长吴娅西。

北京市朝阳区酒仙桥中心小学

校址：朝阳区酒仙桥路乙 28 号（本部）
朝阳区东八间房村（分校）

1959 年建校，初名北京市第九十四中学小学部。1962 年更为现名。2002 年 7 月，酒仙桥第三小学并入。2009 年，东八间房小学并入，原校址设为分校。2010 年，学校占地面积 18466 平方米，建筑面积 6906 平方米，体育场面积 5407 平方米。图书馆藏书 58153 册。普通教室 32 个，专用教室 9 个。教职工 79 人，其中专任教师 70 人，北京市骨干教师 2 人。开设教学班 31 个。毕业 152 人，招生 159 人，在校生 948 人。校训：日新于和，尽美于谐。党支部书记、校长马跃阳。

北京市朝阳区酒仙桥第二小学

校址：朝阳区酒仙桥红霞路 9 号

1960 年建校。2002 年 7 月，原址翻建，在酒仙桥第三小学原址办学。2004 年 5 月，迁回原址。2004 年 9 月，酒仙桥第四小学并入。2010 年，学校占地面积 9082 平方米，建筑面积 8342 平方米，体育场 3177 平方米。图书馆藏书 29466 册。普通教室 27 个。专用教室 11 个。教职工 63 人，其中专任教师 55 人。开设教学班 27 个，毕业 101 人，招生 140 人，在校生 794 人。校训：文明、勤奋、健美、创新。党支部书记、校长张晓玲。

北京市朝阳区康静里小学

校址：朝阳区康静里单店西路 12 号（本校）
朝阳区东坝乡单店西村（单店分校）

1995 年 8 月建校。2010 年，单店小学、西坝小学并入。2010 年，学校占地面积 11707 平方米，建筑面积 4466 平方米，体育场面积 5650 平方米。图书馆藏书 41029 册。普通教室 18 个，专用教室 6 个。教职工 62 人，其中专任教师 55 人，北京市骨干教师 1 人。开设教学班 25 个。毕业 92 人，招生 85 人，在校生 531 人。校训：礼责同行，超越自我。党支部书记陈繁民，校长王茜。

北京市朝阳区康乐园小学

校址：朝阳区康家园小区 14 号

1996 年 7 月建校。2010 年，学校占地面积 10000 平方米，建筑面积 5500 平方米，体育场面积 5500 平方米。图书馆藏书 20662 册。普通教室 24 个，专用教室 10 个。教职工 44 人，其中专任教师 41 人，北京市骨干教师 1 人。开设教学班 15 个。毕业 82 人，招生 88 人，在校生 386 人。校训：康心强体、乐学践行、平实进取、和谐发展。党支部书记、校长孟宪文。

北京市朝阳区科学园小学

校址：朝阳区科学园南里 7 区 703 号楼

1996 年建校。2000 年，北顶小学并入。2010 年，学校占地面积 6490 平方米，建筑面积 4125 平方米，体育场面积 2410 平方米。图书馆藏书 22751 册。普通教室 12 个，专用教室 8 个。教职工 32 人，其中专任教师 30 人。开设教学班 12 个。毕业 55 人，招生 66 人，在校生 350 人。校训：自理、自律、自主、自强。党支部书记、校长徐彬。

北京市朝阳区老君堂小学

校址：朝阳区十八里店乡老君堂村 287 号

1949 年，建北京市第十一区老君堂小学。1958 年更为现名。1993 年迁现址。2010 年，学校占地面积 7075 平方米，建筑面积 1328 平方米，体育场面积 3520 平方米。图书馆藏书 12184 册。普通教室 14 个，专用教室 4 个。教职工 30 人，其中专任教师 27 人。开设教学班 13 个。毕业 24 人，招生 80 人，在校生 361 人。校训：晓礼、博学、健体、励志。党支部书记、校长尹竹凤。

北京市朝阳区龙爪树小学

校址：朝阳区龙爪树 834 号

1933 年北平南郊龙爪村建私立长春堂小

学校。1958年，更为现名。2010年，学校占地面积12059平方米，建筑面积2953平方米，体育场面积9056平方米。图书馆藏书22340册。普通教室13个，专用教室5个。教职工32人，其中专任教师27人。开设教学班13个。毕业41人，招生98人，在校生376人。校训：乐学、良行、律己、立人。党支部书记、校长张小伟。

北京市朝阳区楼梓庄小学

校址：朝阳区金盏金融服务园区

1917年建校，初名建通县楼梓庄国民学校。1978年，更名为楼梓庄中心小学。1994年，迁至楼梓庄乡曹各庄村。1995年9月，东窑小学、曹各庄小学并入，更名为现名。1999年9月，皮村小学、黎各庄小学、沙窝小学并入。2002年9月，高安屯小学并入。2010年，学校占地面积18630平方米，建筑面积7452平方米，体育场面积5056平方米。图书馆藏书32731册。普通教室29个，专用教室13个。教职工60人，其中专任教师51人。开设教学班24个。毕业111人，招生152人，在校生815人。校训：知行合一，文质彬彬。党支部书记田金良，校长张德利。

北京市朝阳区罗马嘉园小学

校址：朝阳区罗马嘉园小区107号

2008年9月建校。同年，十里堡二小并入。2010年，学校占地面积7500平方米，建筑面积6380平方米，体育场面积1200平方米。图书馆藏书15000册。普通教室18个，专用教室8个。教职工19人，其中专任教师18人。开设教学班7个。毕业15人，招生52人，在校生172人。校训：千里之行，始于足下。党支部书记、校长付琳。

北京市朝阳区奶子房小学

校址：朝阳区奶子房西村

1918年建校，初名大兴县奶子房国民学校。1958年更为现名。2000年迁现址。2010年，学校占地面积9210平方米，建筑面积1194平方米，体育场面积4460平方米。图书馆藏书16114册。普通教室13个、专用教室3个。教职工28人，其中专任教师27人。开设教学班12个。毕业49人，招生72人，在校生399人。校训：立德、健体、好学、向上。党支部书记、校长吴国荣。

北京市朝阳区南磨房中心小学

校址：朝阳区松榆东里3号（本校）

朝阳区双龙南里226号（分校）

1950年建校，初名北京市十区南磨房小学。1978年更名为现名。2001年7月，松榆东里小学并入，学校迁至松榆东里3号。2006年，双龙南里小学并入，校址为学校分部，一校两址。2010年，学校占地面积27370平方米，建筑面积15756平方米，体育场面积5010平方米。图书馆藏书38966册。专用教室18个，普通教室28个。教职工66人，其中专任教师59人，北京市骨干教师1人。开设教学班28个。毕业117人，招生147人，在校生798人。校训：勤学、敏思、诚朴、守纪。党支部书记王存有，校长杨晔。

北京市朝阳区南沙滩小学

校址：朝阳区南沙滩33号

1989年9月建校。2010年，学校占地面积6538平方米，建筑面积2750平方米，体育场面积2840平方米。图书馆藏书16243册。普通教室18个，专用教室5个。教职工46人，其中专任教师40人，北京市骨干教师1人。开设教学班18个。毕业77人，招生118人，在校生604人。校训：忠爱、诚信。党支部书记、校长王虹。

北京市朝阳区南中街民族小学

校址：朝阳区雅宝里1号

1936年建校，初名北平市南下坡小学。1984年更为现名。1998年1月，南中街第二小学并入。学校以位于附近日坛公园内回族烈士马骏墓地为德育教育基地，开展爱国主义教育、革命传统教育、民族团结教育并形成传统。2010年，学校占地面积4032平方米，建筑面积5692平方米，体育场面积1749平方米。图书馆藏书21168册。普通教室14个，专用教室5个。教职工25人，其中专任教师21人。开设教学班14个。毕业22人，招生

59 人，在校生 247 人。有少数民族教师 6 人，少数民族学生 29 人。校训：团结、诚信、勤思、创新。党支部书记、校长张振国。

北京市朝阳区牌坊小学

校址：朝阳区小红门乡牌坊中街 5 号

1931 年建北平市南郊区牌坊民众学校。1958 年，更为现名。2010 年，学校占地面积 7988 平方米，建筑面积 2291 平方米，体育场面积 3560 平方米。图书馆藏书 22506 册。普通教室 15 个，专用教室 6 个。教职工 39 人，其中专任教师 36 人。开设教学班 15 个。毕业 41 人，招生 77 人，在校生 413 人。校训：立志、懂礼、强身、会学。党支部书记、校长乔湘平。

北京市朝阳区平房小学

校址：朝阳区平房南后街 96 号

1936 年建校，初名北平东郊区平房村短期小学。1958 年，更为现名。1993 年 8 月，迁现址。2005 年，石各庄小学并入。2010 年 10 月，姚家园小学并入。2010 年，学校占地面积 18792 平方米，建筑面积 5976 平方米，体育场面积 12893 平方米。图书馆藏书 30308 册。普通教室 24 个，专用教室 10 个。教职工 58 人，其中专任教师 51 人。开设教学班 24 个（含特教班 1 个）。毕业 74 人，招生 110 人，在校生 643 人。校训：读千古美文，做快乐的人。党支部书记、校长李洪海。

北京市朝阳区平乐园小学

校址：朝阳区平乐园小区 103 号楼

1996 年 9 月建校。2003 年 1 月，大郊亭小学并入。2010 年，学校占地面积 7980 平方米，建筑面积 4945 平方米，体育场面积 3770 平方米。图书馆藏书 25326 册。普通教室 21 个，专用教室 6 个。教职工 50 人，其中专任教师 42 人。开设教学班 20 个。毕业 88 人，招生 86 人，在校生 575 人。校训：团结、进取、文明、健康。党支部书记、校长李琛。

北京市朝阳区祁庄小学

校址：朝阳区十八里店乡吕家营村 140 号

1951 年，建吕家营民办学校。1958 年更为现名。2001 年 9 月，迁现址。2010 年，学校占地面积 18000 平方米，建筑面积 4789 平方米，体育场面积 8900 平方米。图书馆藏书 22806 册。普通教室 21 个，专用教室 9 个。教职工 44 人，其中专任教师 35 人。开设教学班 20 个。毕业 53 人，招生 111 人，在校生 566 人。校训：聪明、懂事、健康、可爱。党支部书记、校长梅桂英。

北京市朝阳区日坛小学

校址：朝阳区通惠家园惠生园 20 号（四惠校区）
朝阳区十里堡甲 3 号院 13 号（东恒校区）

1962 年建校，初名北京市朝阳区芳草地小学分校。1963 年更为现名。2003 年，体育场路小学并入。2004 年，东大桥小学并入。2003 年 9 月，设立望馨花园分校，校址利泽西园 210 楼。2005 年，迁至通惠家园惠生园 20 号楼。2008 年，望馨花园分校独立办学，定名为北京市朝阳区望欣园小学。2008 年 12 月，设立日坛小学东恒校区，校址十里堡甲 3 号院 13 号。2010 年，学校占地面积 13641 平方米，建筑面积 10731 平方米，体育场面积 2723 平方米。图书馆藏书 33846 册。普通教室 31 个，专用教室 14 个。教职工 61 人，其中专任教师 60 人。开设教学班 26 个。毕业 43 人，招生 145 人，在校生 630 人。校训：诚、爱、勤、美、和。党支部书记、校长魏小娟。

北京市朝阳区瑞祥民族小学

校址：朝阳区管庄瑞祥里 17 号

1946 年建校，初名通县杨闸小学。1987 年，更名为北京市朝阳区杨闸民族小学。2003 年 8 月迁现址。2004 年，重兴寺小学并入，更为现名。2010 年，学校占地面积 14133 平方米，建筑面积 8600 平方米，体育场面积 5516 平方米。图书馆藏书 28090 册。普通教室 23 个，专用教室 10 个。教职工 60 人，其中专任教师 55 人；高级职称教师 1 人。开设教学班 23 个。毕业 133 人，招生 140 人，在校生 687 人。在校少数民族教师 10 人，学生 57 人。校训：我努力、我收获。党支部书记、校长巫静。

北京市朝阳区三里屯小学

校址：朝阳区三里屯东街 4 号（总校）
朝阳区柳芳北里 18 号（分校）

1963 年建北京市朝阳区三里屯第三小学。2001 年，三里屯第二小学并入，更名为北京市朝阳区三里屯中心小学。2002 年 9 月，更为现名。2003 年，柳芳里小学并入。2004 年年初，三里屯第一小学并入。2010 年，学校占地面积 13546 平方米，建筑面积 8992 平方米，体育场面积 6940 平方米。图书室藏书 60187 册。普通教室 34 个，专用教室 16 个。教职工 66 人，其中专任教师 55 人，北京市骨干教师 2 人。开设教学班 24 个。毕业 96 人，招生 137 人，在校生 631 人。校训：健康、团结、文明、创新。党支部书记沈春燕，校长朱勇哲。

北京市朝阳区沙板庄小学

校址：朝阳区农光里 1 号

1952 年建校，初名华北农业机械厂子弟小学。1978 年更为现名。2010 年，学校占地面积 8628 平方米，建筑面积 4526 平方米，体育场面积 2345 平方米。图书馆藏书 22150 册。普通教室 20 个，专用教室 22 个。教职工 48 人，其中专任教师 43 人；高级职称教师 1 人，北京市学科教学带头人 1 人。开设教学班 20 个。毕业 78 人，招生 107 人，在校生 539 人。校训：尚德、博学、励志、创新。党支部书记、校长郝荣利。

北京市朝阳区上辛堡小学

校址：朝阳区孙河乡上辛堡村

1928 年建校，初名大兴县辛堡村国民学校。1958 年更为现名。2002 年，沙子营小学并入。2010 年，学校占地面积 13781 平方米，建筑面积 22095 平方米，体育场面积 7597 平方米。图书馆藏书 27218 册。普通教室 12 个，专用教室 5 个。教职工 31 人，其中专任教师 26 人。开设教学班 12 个。毕业 35 人，招生 70 人，在校生 300 人。校训：关爱博学、笃信笃行。党支部书记、校长金福生。

北京市朝阳区芍药居小学

校址：朝阳区芍药居北里 212 号楼

2002 年建校。2010 年，学校占地面积 7221 平方米，建筑面积 4521 平方米，体育场面积 1264 平方米。图书馆藏书 10298 册。普通教室 12 个，专用教室 6 个。教职工 30 人，其中专任教师 29 人，市、区级骨干教师 2 人。开设教学班 12 个。毕业 19 人，招生 72 人，在校生 304 人。校训：求实、创新、团结、勤奋。党支部书记、校长王利方。

北京市朝阳区十八里店小学

校址：朝阳区十八里店乡十八里店村 885 号

1950 年，十八里店村建村办小学。1978 年更为现名。1993 年 11 月迁现址。2010 年，学校占地面积 15600 平方米，建筑面积 8400 平方米，体育场面积 7200 平方米。图书馆藏书 24712 册。普通教室 23 个，专用教室 11 个。教职工 51 人，其中专任教师 49 人。开设教学班 21 个。毕业 88 人，招生 154 人，在校生 750 人。校训：团结、守纪、求实、创新。党支部书记陈春红，校长崔永生。

北京市朝阳区十里堡第一小学

校址：朝阳区十里堡 7 号

1954 年建校，初名北京第一棉纺厂子弟小学。1958 年，更名为现名。2004 年至 2010 年，因企业危房改造，学校借址康乐园小学办学。2010 年，学校占地面积 10105 平方米，建筑面积 5129 平方米，体育场面积 4100 平方米。图书馆藏书 11857 册。普通教室 24 个，专用教室 10 个。教职工 10 人，其中专任教师 10 人。开设教学班 9 个。无毕业生，招生 30 人，在校生 170 人。校训：明理、致学、知行、求真。党支部书记、校长孟宪文。

北京市朝阳区实验小学

校址：朝阳区幸福 1 村 4 巷 36 号

1956 年建北京市东郊区幸福二村小学。1977 年更名为北京市朝阳区幸福村中心小学。2000 年，更为现名。同年，幸福村第二小学并入。20 世纪 90 年代初，该校特级教师马芯兰进行教学、教法改革实验，与小学数学教学研究专家和经验丰富一线教师共同编写马芯兰教学实验教材，并培训实验教师，在全国范围内，开展教学实验改革与推广。

2010年，学校占地面积14961平方米，建筑面积15906平方米，体育场面积6322平方米。图书馆藏书40052册。普通教室43个，专用教室19个。教职工124人，其中专任教师120人；高级职称教师3人，北京市学科教学带头人2人。开设教学班46个。毕业298人，招生189人，在校生1451人。校训：敦品、励学、达才、成德。党支部书记王萍，校长陈立华。

北京市朝阳区石佛营小学

校址:朝阳区石佛营东里125号（东校区）
朝阳区石佛营西里28号（西校区）

1946年建校，初名北平市十三区第十五保国民学校。1958年更为现名。2000年，石佛营第二小学并入，学校迁至原石佛营二小校址办学。2006年，石佛营西里28号校址复归学校。2008年，辛庄小学并入。2010年，学校占地面积13000平方米，建筑面积7129平方米，体育场面积10600平方米。图书馆藏书20000册。普通教室28个，专用教室8个。教职工65人，其中专任教师63人。开设教学班27个。毕业96人，招生122人，在校生664人。校训：让每一天都有收获。党支部书记马俊成，校长郭立云。

北京市朝阳区曙光里小学

校址：朝阳区三元桥北曙光里社区40号

1984年建校。2010年，学校占地面积6373平方米，建筑面积4685平方米，体育场面积2080平方米。图书馆藏书21402册。普通教室18个、专用教室8个。教职工42人，其中专任教师40人。开设教学班17个。毕业47人，招生60人，在校生358人。校训：勤奋、孝敬、求实、创新。党支部书记、校长李明轩。

北京市朝阳区双桥第二小学

校址：朝阳区双桥中路临乙5号

1955年建校，初名国营双桥农场子弟学校。1962年更为现名。2000年7月，双树小学并入。2006年，学校体操项目获全国、北京市比赛前三名。2010年，学校占地面积13087平方米，建筑面积7574平方米，体育场面积5340平方米。图书馆藏书20457册。普通教室24个，专用教室11个。教职工48人，其中专任教师47人。开设教学班21个。毕业78人，招生131人，在校生654人。校训：做人、求知健体创新。党支部书记、校长张秀勇。

北京市朝阳区双桥第一小学

校址：朝阳区双桥中路咸宁侯村4号
（本部）
朝阳区双桥中路小寺村（分校）

1946年建校，初名通县八区双桥小学。1979年更名为双桥中心小学。2006年，更为现名。2008年10月，双桥第三小学并入。2010年，学校占地面积10498平方米，建筑面积6078平方米，体育场面积8493平方米。图书馆藏书33242册。普通教室29个、专用教室14个。教职工68人，其中专任教师47人。开设教学班21个。毕业78人，招生131人，在校生654人。校训：乐学、明礼、尚美、求真。党支部书记汤文义，校长王霞。

北京市朝阳区松榆里小学

校址：朝阳区松榆里14号楼

1993年建校。2010年，学校占地面积6705平方米，建筑面积4714平方米，体育场面积3101平方米。图书馆藏书24202册。普通教室24个，专用教室9个。教职工60人，其中专任教师55人。开设教学班24个。毕业115人，招生118人，在校生681人。校训：崇德、惜时、乐学、勤勉。党支部书记、校长杜红军。

北京市朝阳区田华小学

校址：朝阳区紫南家园210号

1948年建校，初为村办小学，位于南楼梓庄村，1950年改为公办小学，更名为后俸小学。1993年6月，更为现名。2005年1月迁现址。2010年，学校占地面积11895平方米，建筑面积 3963 平方米，体育场面积 3486 平方米。图书馆藏书 17823 册。普通教室 18 个，专用教室 7 个。教职工 43 人，其中专任教师 38 人。开设教学班 18 个。毕业 63 人，招生 99 人，在校生 539 人。校训：求知、明理、善思、立德。党支部书记、校长周学真。

北京市朝阳区团结湖第二小学

校址：朝阳区团结湖中路南二条 1 号楼

1981 年建校。2010 年，学校占地面积 4336 平方米，建筑面积 2693 平方米，体育场 2000 平方米。图书馆藏书 26441 册。普通教室 16 个，专用教室 5 个。教职工 39 人，其中专任教师 33 人。开设教学班 16 个。毕业 61 人，招生 62 人，在校生 407 人。校训：诚实、勤奋、文明、进取。党支部书记、校长程宏。

北京市朝阳区团结湖小学

校址：朝阳区团结湖北头条 10 号楼（团结湖校区）

朝阳区六里屯 13 号楼（丽水嘉园校区）

1981 年建校，初名团结湖第三小学。2003 年 8 月，团结湖第一小学并入，更为现名，迁至团结湖北头条 10 号楼小学。2010 年 1 月，设立丽水嘉园校区。2010 年，学校占地面积 13041 平方米，建筑面积 13269 平方米，体育场面积 5807 平方米。图书馆藏书 53150 册。普通教室 36 个，专用教室 15 个。教职工 58 人，其中专任教师 57 人。开设教学班 31 个。毕业 115 人，招生 183 人，在校生 702 人。校训：快乐、诚实、勤奋、创新。党支部书记、校长赵翠丽。

北京市朝阳区驼房营小学

校址：朝阳区将台乡驼房营村 210 号

1933 年建校，初名北平东郊区驼房营简易小学。1958 年更为现名。2001 年，西八间房小学并入。2009 年 9 月，学校开发消防教育主题校本教材，通过课堂教学，系统学习消防知识，提高学生自护自救能力。2010 年，学校占地面积 6812 平方米，建筑面积 3000 平方米，体育场面积 2832 平方米。图书馆藏书 21738 册。普通教室 12 个，专用教室 5 个。教职工 31 人，其中专任教师 28 人。开设教学班 12 个。毕业 46 人，招生 69 人，在校生 363 人。校训：文明、勤奋、求实、创新。党支部书记、校长陈晖。

北京市朝阳区万子营民族小学

校址：朝阳区黑庄户乡万子营东村

1915 年建校，初名通县万子营小学堂。1988 年更为现名。2010 年，学校占地面积 15174 平方米，建筑面积 2397 平方米，体育场面积 2838 平方米。图书馆藏书 15000 册。普通教室 13 个，专用教室 2 个。教职工 31 人，其中专任教师 27 人。开设教学班 13 个。毕业 48 人，招生 70 人，在校生 385 人。少数民族学生 13 人，少数民族教师 3 人。校训：做人、求知、健体、创新。党支部书记、校长杨玉芹。

北京市朝阳区王四营中心小学

校址：朝阳区王四营乡观音景园 201 号楼

1947 年建校，初名北平市十四区第十五保国民学校。1989 年更为现名。2004 年，南花园小学、观音堂小学并入，迁现址。2010 年，学校占地面积 8728 平方米，建筑面积 7045 平方米，体育场面积 5993 平方米。图书馆藏书 35869 册。普通教室 30 个，专用教室 12 个。教职工 66 人，其中专任教师 64 人，北京市骨干教师 2 人。开设教学班 28 个。毕业 102 人，招生 171 人，在校生 840 人。校训：砺志、尚美、求真、创新。党支部书记、校长张会来。

北京市朝阳区望花路小学

校址：朝阳区望花路东里 7 号

1983 年，建西八间房学校。校址朝阳区西八间房北站，系中小学合校，1987 年中学部搬出，小学独立，更名为西八间房第二小学。2000 年，更为现名。2010 年，学校占地面积 9180 平方米，建筑面积 5235 平方米，体育场面积 3200 平方米。图书馆藏书 24648 册。普通教室 20 个，专用教室 6 个。教职工 44 人，其中专任教师 38 人，高级职称教师 1 人。开设教学班 16 个。毕业 89 人，招生 79 人，在校生 473 人。校训:修德、明智、立身、博学。党支部书记、校长丁兆惠。

北京市朝阳区望京南湖东园小学

校址：朝阳区望京南湖东园 1 区 109 号楼（本部）

朝阳区红军营东路青年城小区 8 号院（分校）

1949 年建校，初名南湖渠中心小学，校址来广营乡南湖渠村。1991 年，更名为南湖渠第一小学。2000 年 1 月，迁至望京南湖东园 1 区 109 号楼，更为现名。2006 年 7 月，清河营小学和勇士营小学并入。2010 年，学校占地面积 20073 平方米，建筑面积 13833 平方米，体育场面积 9088 平方米。图书馆藏书 33909 册。普通教室 50 个，专用教室 24 个。教职工 125 人，其中专任教师 110 人，北京市骨干教师 5 人。开设教学班 49 个。毕业 219 人，招生 255 人，在校生 1251 人。校训:自信、包容、超越。党支部书记赵宁，校长高俊梅。

北京市朝阳区望京新城南湖中园小学

校址：朝阳区南湖中园 2 区 239 号

1999 年建校。2001 年，南湖渠第二小学并入。2010 年，学校占地面积 16469 平方米，建筑面积 9830 平方米，体育场面积 4400 平方米。图书馆藏书 33447 册。普通教室 28 个，专用教室 11 个。教职工 83 人，其中专任教师 77 人；高级职称教师 1 人，北京市骨干教师 3 人。开设教学班 33 个。毕业 158 人，招生 180 人，在校生 1017 人。校训:关爱、发展，让生命精彩。党支部书记、校长沈颖。

北京市朝阳区望欣园小学

校址：朝阳区望京利泽西园 210 号楼

2008 年建校，由日坛小学望馨花园分校和北湖渠小学合并组建。2010 年，学校占地面积 9649 平方米，建筑面积 6037 平方米，体育场面积 4780 平方米。图书馆藏书 34596 册。普通教室 18 个，专用教室 9 个。教职工 42 人,其中专任教师 37 人。开设教学班 16 个。毕业 59 人，招生 61 人，在校生 457 人。校训:健康、快乐、成己、达人。党支部书记、校长杨绣川。

北京市朝阳区苇沟小学

校址：朝阳区孙河乡前苇沟村

1946 年建校，初名河北省通县苇沟村国民学校。1958 年，更为现名。2010 年，学校占地面积 5580 平方米,建筑面积 1425 平方米，体育场面积 1290 平方米。图书馆藏书 12666 册。普通教室 10 个，专用教室 4 个。教职工 23 人,其中专任教师 21 人。开设教学班 6 个。毕业 19 人，招生 19 人，在校生 186 人。校训:遵循规律、尊重个体、润泽生命。党支部书记、校长金柱。

北京市朝阳区武圣庙小学

校址:朝阳区松榆西里 3 号楼（高年级部）

朝阳区松榆西里 40 号楼(低年级部)

1987 年建校。2003 年，迁至松榆西里 3 号楼。2006 年，十里河小学和松榆里第二小学并入，一校两址。2010 年，学校占地面积 10380 平方米，建筑面积 7073 平方米，体育场（馆）面积 4578 平方米。图书馆藏书 27086 册。普通教室 24 个，专用教室 7 个。教职工 53 人，其中专任教师 47 人。开设教学班 22 个。毕业 88 人，招生 91 人，在校生 612 人。校训：诚信、文明、乐学、进取。党支部书记、校长燕森山。

北京市朝阳区西坝河第三小学

校址：朝阳区西坝河东里 19 号楼

1985 年建校。2010 年，学校占地面积 6997 平方米，建筑面积 3600 平方米，体育场面积 4653 平方米。图书馆藏书 20694 册。普通教室 18 个,专用教室 5 个。教职工 44 人,其中专任教师 38 人。开设教学班 17 个。毕业 62 人，招生 57 人，在校生 321 人。校训:诚实、团结、勤奋、进取。党支部书记、校长马惠玲。

北京市朝阳区西直河小学

校址：朝阳区十八里店乡西直河村

1949 年建校，初名北京市十一区西直河村民办小学。1958 年更为现名。2010 年，学校占地面积10790平方米，建筑面积1638平方米，体育场面积4716平方米。图书馆藏书21660册，固定资产总值646万元。普通教室13个，专用教室4个。教职工29人，其中专任教师24人。开设教学班12个。毕业31人，招生71人,在校生351人。校训:西小是我家，我们都爱她。党支部书记、校长周秀娟。

北京市朝阳区下三条中心小学

校址：朝阳门外杨家胡同3号

1949年建校，初名北京市十三区第一中心小学。1958年更为现名。2007年,迁至现址。同年9月，朝阳小学并入。1999年，学校组建校排球队，到2010年，获北京市冠军4次。2010年，学校占地面积4063平方米，建筑面积1650平方米，体育场面积900平方米。图书馆藏书15066册。普通教室12个，专用教室3个。教职工29人，其中专任教师28人。开设教学班12个。毕业24人，招生45人，在校生263人。校训:尚学、笃行、乐群、创新。党支部书记、校长田俊峰。

北京市朝阳区小关北里小学

校址：朝阳区小关北里205号楼

2001年建校。2002年小关小学并入。2010年，学校占地面积6726平方米，建筑面积4234平方米，体育场面积2948平方米。图书馆藏书24954册。普通教室13个，专用教室7个。教职工34人,其中专任教师29人。开设教学班13个。毕业37人，招生61人，在校生327人。校训：牢记责任，享受学习。党支部书记、校长田秀英。

北京市朝阳区小红门中心小学

校址：朝阳区小红门后街130号

1950年建校，初名北京市第十一区第三中心小学第一分校。1958年更为现名。2010年，学校占地面积8444平方米，建筑面积2769平方米，体育场面积1800平方米。图书馆藏书19500册。普通教室16个，专用教室5个。教职工35人，其中专任教师31人。开设教学班14个。毕业30人，招生77人，在校生370人。校训：爱校、勤奋、健美、成才。党支部书记、校长郝卫民。

北京市朝阳区小武基小学

校址：朝阳区十八里店乡小武基村46号

1949年建校，初名北京市十一区南阳庄小学。1958年更为现名。2010年，学校占地面积6576平方米，建筑面积1332平方米，体育场面积1903平方米。图书馆藏书14000册。普通教室15个，专用教室4个。教职工36人,其中专任教师31人。开设教学班14个。毕业27人，招生101人，在校生385人。校训：团结、勤奋、求实、创新。党支部书记、校长孙旺。

北京市朝阳区肖村小学

校址：朝阳区肖村后街15号

1949年建校，初名北京市十一区肖村小学。1958年更为现名。2010年，学校占地面积6500平方米，建筑面积1680平方米，体育场面积1800平方米。图书馆藏书14451册。普通教室14个,专用教室5个。教职工28人，其中专任教师27人。开设教学班12个。毕业45人，招生70人，在校生378人。校训：争做美丽教师，共建美丽校园。党支部书记、校长李凤霞。

北京市朝阳区新升小学

校址：朝阳区周庄嘉园东里甲28号

1969年建校。2004年2月，迁至周庄大队幼儿园借址办学。2008年6月，迁现址。2010年，学校占地面积17088平方米，建筑面积7838平方米，体育场面积7900平方米。图书馆藏书23768册。普通教室23个，专用教室11个。教职工48人,其中专任教师43人。开设教学班19个。毕业45人，招生130人，在校生528人。校训：习惯奠基人生、品德成就未来。党支部书记、校长乔育芳。

北京市朝阳区新源里第四小学

校址:朝阳区三源里北小街5号楼（本部）
朝阳区三源里街13号楼（分部）
朝阳区牛王庙甲1号（东坝河校区）

1950年建校。2002年6月，新源里第二小学并入。2003年6月,东坝河小学并入。2010年,学校占地面积12777平方米,建筑面积4778平方米,体育场面积4995平方米。图书馆藏书48265册。普通教室22个,专用教室18个。教职工64人,其中专任教师60人,北京市骨干教师1人。开设教学班22个。毕业100人,招生102人,在校生534人。校训:求实求新、求和、求美。党支部书记王彤,校长肖燕华。

北京市朝阳区新源里小学

校址:朝阳区新源里12号

1969年建校。2010年,学校占地面积6964平方米,建筑面积3395平方米,体育场面积4034平方米。图书馆藏书20736册。普通教室15个,专用教室11个。教职工39人,其中专任教师34人。开设教学班16个。毕业42人,招生83人,在校生366人。校训:阳光、担当、笃学、敏行。党支部书记、校长李岱淼。

北京市朝阳区新源西里小学

校址:朝阳区新源西里中街17号

1983年建校。1984年2月,市区定为普通小学附设特殊教育班实验校,成为普特融合教育学校。2009年8月,学校获全国特殊教育工作先进单位、北京市特殊教育先进单位称号。2010年,学校占地面积5075平方米,建筑面积3454平方米,体育场面积2475平方米。图书馆藏书21800册。普通教室数17个,专用教室4个。教职工41,其中专任教师39人;高级职称教师1人。开设教学班17个(含特殊教育)。毕业20人,招生20人,在校生137人。校训:博爱、自信、平等、和谐。党支部书记、校长梁松梅。

北京市朝阳区兴隆小学

校址:朝阳区建国路29号兴隆家园31号楼

2006年7月建校。2010年,学校占地面积8496平方米,建筑面积5928平方米,体育场面积4391平方米。图书馆藏书18350册。普通教室21个,专用教室8个。教职工38人,其中专任教师36人。开设教学班20个。毕业38人,招生84人,在校生375人。校训:爱读书、善思考、懂礼仪、强体魄。党支部书记、校长李景艳。

北京市朝阳区星河实验小学

校址:朝阳区四季星河路1号院

2007年5月建校。2010年,学校占地面积12600平方米,建筑面积7880平方米,体育场面积6100平方米。图书馆藏书25000册。普通教室36个,专用教室8个。教职工69人,其中专任教师65人;高级职称教师1人,北京市骨干教师2人,北京市特级教师1人。开设教学班27个。毕业30人,招生178人,在校生774人。校训:博学、明德、强身、励志。党支部书记、校长马芯兰。

北京市朝阳区永安里小学

校址:朝阳区永安里中街甲4号

1959年建永安里第一小学。1982年更为现名。2007年,建国里小学并入。2010年,学校占地面积13242平方米,建筑面积10159平方米,体育场面积4422平方米。图书馆藏书31277册。普通教室17个,专用教室6个。教职工40人,其中专任教师38人,北京市骨干教师1人。开设教学班17个。毕业73人,招生80人,在校生380人。校训:厚德博学,自主创新。党支部书记、校长赵军。

北京市朝阳区于家围小学

校址:朝阳区豆各庄乡石槽村

1946年,通县于家围村、东马各庄村、石槽村均设有村办小学1所。1959年,三校合一,在于家围村内建校,定现名。2010年,学校占地面积13400平方米,建筑面积1388平方米,体育场面积4200平方米。图书馆藏书21000册。普通教室12个,专用教室7个。教职工27人,其中专任教师24人。开设教学班12个。毕业21人,招生70人,在校生296人。校训:文明、勤奋、乐学、健体。党支部书记胡焕春,校长杨旭明。

北京市朝阳区育人学校

校址:朝阳区八里庄北里114号

1995年8月建校,初名八里庄北里小学。

1998年9月，学校并入八里庄中心小学，校址八里庄东里9号楼，分南北校区两址办学。1999年，八里庄中心小学更名为北京市朝阳区体育运动学校。2000年，增设初中，为九年一贯制。2004年，更名为北京市朝阳区育人学校。2007年11月，地区改造，南校区师生借址国美家园小学办学。2009年6月，育人学校初中部教师和学生并入八里庄第三中学，小学部保留，校址用于育人学校小学部办学。同年9月，借址办学师生并入新成立的八里庄中心小学，育人学校变为1所独立小学。自1995年建校起，足球队是学校办学特色之一。学校评为北京市足球项目传统校。2010年，学校占地面积9266平方米，建筑面积6350平方米，体育场（馆）面积3079平方米。图书馆藏书35529册，普通教室18个，专用教室8个。教职工31人，其中专任教师28人。开设教学班12个。毕业45人，招生64人，在校生339人。校训：进德修业，自强不息。党支部书记、校长李续山。

北京市朝阳区枣营小学

校址：朝阳区枣营北里12号楼

1958年建校，初名北京市朝阳区六里屯小学分校。1968年独立建制。1978年更名为枣子营小学。2000年，枣营第二小学并入，更为现名，并迁至现址。2002年4月，六里屯小学并入。2010年，学校占地面积7517平方米，建筑面积4353平方米，体育场面积3372平方米。图书馆藏书21576册。普通教室16个，专用教室8个。教职工41人，其中专任教师38人。开设教学班16个。毕业71人，招生81人，在校生421人。校训：微笑着对待自己，微笑着对待别人。党支部书记、校长李福平。

北京市朝阳区张家店小学

校址：朝阳区十八里店乡横街子19号

1952年十八里店乡横街子村建村小。1958年，更为现名。1993年，成立绿色成长护幼苗少年军校，获首都先进少年军校称号。2010年，学校占地面积5298平方米，建筑面积1346平方米，体育场面积2110平方米。图书馆藏书16616册。普通教室13个，专用教室2个。教职工28人，其中专任教师24人。开设教学班13个。毕业19人，招生70人，在校生320人。校训：明理、笃学、诚信、创新。党支部书记、校长孙文纪。

北京市朝阳区针织路小学

校址：朝阳区金台西路2号院

1950年建校，初名北京机械学院附属小学。1974年更为现名。2008年9月，呼家楼第三小学并入。2010年，学校占地面积10227平方米，建筑面积8423平方米，体育场面积5060平方米。图书馆藏书34779册。普通教室17个，专用教室9个。教职工43人，其中专任教师36人。开设教学班15个。毕业97人，招生87人，在校生412人。校训：礼、爱、诚、勤。党支部书记、校长康艳惠。

北京市朝阳区左家庄第二小学

校址：朝阳区东直门外左家庄前街2号

1955年建校，初名北京城建二公司子弟小学。1958年更为现名。2010年，学校占地面积5584平方米，建筑面积4126平方米，体育场面积3336平方米。图书馆藏书21432册。普通教室17个，专用教室8个。教职工42人，其中专任教师35人。开设教学班17个。毕业78人，招生61人，在校生361人。校训：明礼、诚信、合作、至善。党支部书记、校长包连玉。

北京市朝阳区朝阳外语小学

校址：朝阳区北三环东路胜古家园后

2005年6月24日建校，民办校。2010年学校占地面积8000平方米，建筑面积6512平方米，体育场（馆）面积2000平方米。图书馆藏书5000册，电子图书500册，订阅杂志、报纸10种。普通教室14个，专用教室5个。教职工69人，其中专任教师33人。开设教学班12个。毕业10人，招生38人；在校生217人。校训：明德修身笃学成才。党支部书记周秀琴，校长刘利泉。

北京市朝阳师范学校附属小学

校址：朝阳区和平街11区17号楼（和平街校区）
朝阳区利泽西园116号楼（望京校区）
朝阳区太阳宫夏家园8号楼东侧（太阳星城校区）

1958年，建北京市朝阳区和平街第二小学。1985年更为现名。1998年，开办寄宿部。2003年8月，东湖渠小学并入，设为望京校区。2006年3月，寄宿部迁至太阳星城，设为太阳星城校区。2008年3月，西坝河小学并入。

2010年，学校占地面积22642平方米，建筑面积16317平方米，体育场面积8886平方米。图书馆藏书74276册。普通教室63个、专用教室21个。教职工148人，其中专任教师134人；高级职称教师1人，北京市骨干教师2人。开设教学班57个。毕业187人，招生309人，在校生1468人。校训：明理砺志，积极向上，乐学会学，健康成长。党支部书记穆英，校长齐振军。

表25　　2010年朝阳区小学一览表

序号	学校名称	建校时间	举办者
1	北京师范大学奥林匹克花园实验小学	2006年	教育部门和集体办
2	北京师范大学朝阳附属小学	2008年	教育部门和集体办
3	北京市朝阳区安华里第一小学	1936年	教育部门和集体办
4	北京市朝阳区安慧北里第二小学	2000年	教育部门和集体办
5	北京市朝阳区安慧北里小学	1994年	教育部门和集体办
6	北京市朝阳区安慧里中心小学	1991年	教育部门和集体办
7	北京市朝阳区安苑北里小学	1990年	教育部门和集体办
8	北京市朝阳区安贞里第二小学	1986年	教育部门和集体办
9	北京市朝阳区安贞里第一小学	1985年	教育部门和集体办
10	北京市朝阳区八里桥小学	1989年	教育部门和集体办
11	北京市朝阳区八里庄中心小学	2009年	教育部门和集体办
12	北京市朝阳区白家庄小学	1956年	教育部门和集体办
13	北京市朝阳区半壁店小学	1969年	教育部门和集体办
14	北京市朝阳区北皋中心小学	1918年	教育部门和集体办
15	北京市朝阳区北花园小学	1930年	教育部门和集体办
16	北京市朝阳区北马各庄小学	1946年	教育部门和集体办
17	北京市朝阳区北苑小学	1952年	教育部门和集体办
18	北京市朝阳区孛罗营小学	1947年	教育部门和集体办
19	北京市朝阳区柏阳学校	1968年	教育部门和集体办
20	北京市朝阳区长店小学	1917年	教育部门和集体办
21	北京市朝阳区垂杨柳第四小学	1971年	教育部门和集体办
22	北京市朝阳区垂杨柳中心小学	1962年	教育部门和集体办
23	北京市朝阳区大黄庄小学	1936年	教育部门和集体办
24	北京市朝阳区大山子第二小学	1965年	教育部门和集体办
25	北京市朝阳区大望路小学	1995年	教育部门和集体办
26	北京市朝阳区定福庄第二小学	1954年	教育部门和集体办
27	北京市朝阳区定福庄第四小学	1989年	教育部门和集体办
28	北京市朝阳区定福庄第一小学	1930年	教育部门和集体办
29	北京市朝阳区定辛庄小学	1927年	教育部门和集体办
30	北京市朝阳区东坝中心小学	1923年	教育部门和集体办
31	北京市朝阳区豆各庄中心小学	1918年	教育部门和集体办
32	北京市朝阳区垡头第二小学	1984年	教育部门和集体办
33	北京市朝阳区垡头小学	1949年	教育部门和集体办

续表 25

序号	学校名称	建校时间	举办者
34	北京市朝阳区芳草地国际学校	1956 年	教育部门和集体办
35	北京市朝阳区芳草地国际学校世纪小学	2008 年	教育部门和集体办
36	北京市朝阳区芳草地国际学校远洋小学	2008 年	教育部门和集体办
37	北京市朝阳区甘露园小学	1996 年	教育部门和集体办
38	北京市朝阳区高碑店中心小学	1936 年	教育部门和集体办
39	北京市朝阳区高家园小学	1987 年	教育部门和集体办
40	北京市朝阳区官庄小学	1948 年	教育部门和集体办
41	北京市朝阳区管庄中心小学	1953 年	教育部门和集体办
42	北京市朝阳区光华路小学	1957 年	教育部门和集体办
43	北京市朝阳区国美家园小学	2007 年	教育部门和集体办
44	北京市朝阳区和平街中心小学	1965 年	教育部门和集体办
45	北京市朝阳区和平小学	1964 年	教育部门和集体办
46	北京市朝阳区黑庄户中心小学	1925 年	教育部门和集体办
47	北京市朝阳区呼家楼中心小学	1962 年	教育部门和集体办
48	北京市朝阳区花家地第二小学	1999 年	教育部门和集体办
49	北京市朝阳区花家地实验小学	1994 年	教育部门和集体办
50	北京市朝阳区华严里小学	1991 年	教育部门和集体办
51	北京市朝阳区黄杉木店小学	1936 年	教育部门和集体办
52	北京市朝阳区黄胄艺术实验小学	1987 年	教育部门和集体办
53	北京市朝阳区惠新里小学	1936 年	教育部门和集体办
54	北京市朝阳区慧忠北里第二小学	2002 年	教育部门和集体办
55	北京市朝阳区慧忠里小学	1950 年	教育部门和集体办
56	北京市朝阳区将台路小学	1981 年	教育部门和集体办
57	北京市朝阳区将台洼小学	1956 年	教育部门和集体办
58	北京市朝阳区京通小学	1999 年	教育部门和集体办
59	北京市朝阳区劲松第二小学	1981 年	教育部门和集体办
60	北京市朝阳区劲松第三小学	1982 年	教育部门和集体办
61	北京市朝阳区劲松第四小学	1983 年	教育部门和集体办
62	北京市朝阳区劲松第一小学	1979 年	教育部门和集体办
63	北京市朝阳区酒仙桥第二小学	1960 年	教育部门和集体办
64	北京市朝阳区酒仙桥中心小学	1959 年	教育部门和集体办
65	北京市朝阳区康静里小学	1995 年	教育部门和集体办
66	北京市朝阳区康乐园小学	1996 年	教育部门和集体办
67	北京市朝阳区科学园小学	1996 年	教育部门和集体办
68	北京市朝阳区老君堂小学	1949 年	教育部门和集体办
69	北京市朝阳区龙爪树小学	1933 年	教育部门和集体办
70	北京市朝阳区楼梓庄小学	1917 年	教育部门和集体办
71	北京市朝阳区罗马嘉园小学	2008 年	教育部门和集体办
72	北京市朝阳区奶子房小学	1918 年	教育部门和集体办
73	北京市朝阳区南磨房中心小学	1950 年	教育部门和集体办
74	北京市朝阳区南沙滩小学	1989 年	教育部门和集体办
75	北京市朝阳区南中街民族小学	1936 年	教育部门和集体办
76	北京市朝阳区牌坊小学	1931 年	教育部门和集体办
77	北京市朝阳区平房小学	1936 年	教育部门和集体办
78	北京市朝阳区平乐园小学	1996 年	教育部门和集体办
79	北京市朝阳区祁庄小学	1951 年	教育部门和集体办
80	北京市朝阳区日坛小学	1962 年	教育部门和集体办

续表 25

序号	学校名称	建校时间	举办者
81	北京市朝阳区瑞祥民族小学	1946 年	教育部门和集体办
82	北京市朝阳区三里屯小学	1963 年	教育部门和集体办
83	北京市朝阳区沙板庄小学	1952 年	教育部门和集体办
84	北京市朝阳区上辛堡小学	1928 年	教育部门和集体办
85	北京市朝阳区芍药居小学	2002 年	教育部门和集体办
86	北京市朝阳区十八里店小学	1950 年	教育部门和集体办
87	北京市朝阳区十里堡第一小学	1954 年	教育部门和集体办
88	北京市朝阳区实验小学	1956 年	教育部门和集体办
89	北京市朝阳区石佛营小学	1946 年	教育部门和集体办
90	北京市朝阳区曙光里小学	1984 年	教育部门和集体办
91	北京市朝阳区双桥第二小学	1955 年	教育部门和集体办
92	北京市朝阳区双桥第一小学	1946 年	教育部门和集体办
93	北京市朝阳区松榆里小学	1993 年	教育部门和集体办
94	北京市朝阳区田华小学	1948 年	教育部门和集体办
95	北京市朝阳区团结湖第二小学	1981 年	教育部门和集体办
96	北京市朝阳区团结湖小学	1981 年	教育部门和集体办
97	北京市朝阳区驼房营小学	1933 年	教育部门和集体办
98	北京市朝阳区万子营民族小学	1915 年	教育部门和集体办
99	北京市朝阳区王四营中心小学	1947 年	教育部门和集体办
100	北京市朝阳区望花路小学	1983 年	教育部门和集体办
101	北京市朝阳区望京南湖东园小学	1949 年	教育部门和集体办
102	北京市朝阳区望京新城南湖中园小学	1999 年	教育部门和集体办
103	北京市朝阳区望欣园小学	2008 年	教育部门和集体办
104	北京市朝阳区苇沟小学	1946 年	教育部门和集体办
105	北京市朝阳区武圣庙小学	1987 年	教育部门和集体办
106	北京市朝阳区西坝河第三小学	1985 年	教育部门和集体办
107	北京市朝阳区西直河小学	1949 年	教育部门和集体办
108	北京市朝阳区下三条中心小学	1949 年	教育部门和集体办
109	北京市朝阳区小关北里小学	2001 年	教育部门和集体办
110	北京市朝阳区小红门中心小学	1950 年	教育部门和集体办
111	北京市朝阳区小武基小学	1949 年	教育部门和集体办
112	北京市朝阳区肖村小学	1949 年	教育部门和集体办
113	北京市朝阳区新升小学	1969 年	教育部门和集体办
114	北京市朝阳区新源里第四小学	1950 年	教育部门和集体办
115	北京市朝阳区新源里小学	1969 年	教育部门和集体办
116	北京市朝阳区新源西里小学	1983 年	教育部门和集体办
117	北京市朝阳区兴隆小学	2006 年	教育部门和集体办
118	北京市朝阳区星河实验小学	2007 年	教育部门和集体办
119	北京市朝阳区永安里小学	1959 年	教育部门和集体办
120	北京市朝阳区于家围小学	1946 年	教育部门和集体办
121	北京市朝阳区育人学校	1995 年	教育部门和集体办
122	北京市朝阳区枣营小学	1958 年	教育部门和集体办
123	北京市朝阳区张家店小学	1952 年	教育部门和集体办
124	北京市朝阳区针织路小学	1950 年	教育部门和集体办
125	北京市朝阳区左家庄第二小学	1955 年	教育部门和集体办
126	北京市朝阳师范学校附属小学	1958 年	教育部门和集体办
127	北京市朝阳区金色摇篮全程实验小学	2000 年	民办

续表 25

序号	学校名称	建校时间	举办者
128	北京市朝阳区精诚实验小学	2001 年	民办
129	北京市朝阳区启明星双语学校	2008 年	民办
130	北京市朝阳区青苗国际双语小学	2006 年	民办
131	北京市朝阳区朝阳外语小学	2005 年	民办

普通中学

北京拔萃双语学校

校址：朝阳区平房乡北街 137 号

2003年3月成立，十二年一贯制民办学校。2010 年学校占地面积 74762 平方米、建筑面积 48528 平方米，体育场（馆）面积 17606 平方米。图书馆（室）藏书 13500 册。教职工 281 人，其中，专任教师 126 人；高级职称教师 46 人。开设教学班 50 个（高中班 8 个、初中班 18 个、小学班 24 个）。毕业 612 人（高中 222 人、初中 250 人、小学 140 人），招生 642 人（高中 89 人、初中 262 人、小学 291 人），在校生 1748 人（高中 317 人、初中 609 人、小学 822 人），寄宿生 1748 人。高中录取分数线 511 分（本区），应届高考本科上线率 53%。校训：知恩图报、严谨笃学、志存高远、出类拔萃。党总支书记闫晓萍，校长万小平。

北京服装学院附属中学

校址：朝阳区静安里甲 30 号（高中部）
朝阳区柳芳南里 20 号楼（初中部）

1965 年建校，初名北京市三里屯第二中学。1987 年，更为现名。2003 年 7 月，柳芳里中学和左家庄中学并入，柳芳里中学校址改为学校初中部，左家庄中学校址改为学校高中部。2007 年至 2010 年，学校女排分获全国三好杯、跃进杯比赛第一名，4 次获北京市中学女排比赛第一名。2010 年，学校占地面积 25881 平方米，建筑面积 11172 平方米、体育场面积 10334 平方米。图书馆藏书 86300 册。普通教室 29 个，专用教室 11 个、实验室 8 个。教职工 71 人，其中专任教师 53 人；高级职称教师 7 人，北京市骨干教师 1 人。开设教学班 12 个。毕业 107 人，招生 54 人，在校生 341 人。校训：团结、奋进、求实、创新。党总支书记安月珍，校长夏树林。

北京工业大学附属中学

校址：朝阳区垂杨柳中街甲 1 号
朝阳区双井大路园 0 号（高中部）
朝阳区东三环南路 54 号院（初中部）

1957 年建校，初名为北京市第一零二中学。1982 年，更为现名。2002 年，增设朝阳区东三环南路 54 号院校区，初中迁入。2005 年，增设朝阳区大路园 0 号校区，高中迁入。2010 年，垂杨柳中街甲 1 号校园加固，暂无学生。学校总占地面积 30280 平方米，建筑总面积 27693 平方米，体育场面积 17973 平方米。图书馆藏书 93365 册。普通教室 100 个，专用教室 42 个，实验室 36 个。教职工 222 人，其中专任教师 162 人；高级职称教师 69 人，特级教师 7 人，北京市学科教学带头人 1 人，北京市骨干教师 6 人。开设教学班 49 个（初中班 23 个、高中班 26 个）。毕业 613 人（初中 293 人、高中 320 人），招生 595 人（初中 262 人、高中 333 人），在校生 1739 人（初中 817 人、高中 921 人，含寄宿生 218 人）。校训：敬业、务本、质朴、诚信。党总支书记徐树荣，校长李军。

北京化工大学附属中学

校址：朝阳区惠新里 1 区 38 号楼（高中部）
朝阳区安苑北里小区 7 号（初中部）
朝阳区来广营朝来绿色家园 E 区 1 号（朝来校区）

1983 年建校，初名北京市和平街第四中学。1986 年 4 月，更名为北京化工学院附属中学。1999 年 4 月，惠新里中学并入；同年 9 月，高中部迁至惠新里中学校址。2004 年

4月，更为现名。2006年9月，建来广营校区。2005年12月，安苑北里中学并入；初中部迁入安苑北里中学原校址。

2010年，学校占地面积52444平方米，建筑面积26491平方米、体育场面积14800平方米。图书馆藏书73549册。普通教室60个，专用教室29个、实验室11个。教职工181人，其中专任教师144人；高级职称教师24人，特级教师1人，北京市骨干教师1人。开设教学班41个（初中班21个、高中班20个）。毕业422人（初中185人、高中237人），招生412人（初中196人、高中216人），在校生1222人（初中580人、高中642人）。校训：厚德、勤奋、强体。党支部书记贾泽毅，校长杨林。

北京教育科学研究院附属实验中学

校址：朝阳区望京西园四区428号

1998年5月建校，为民办公助体制改革高中试点校。2002年9月，增设初中部，为完全中学。2004年9月，第四十八中学并入。2007年9月，高中停招。2008年12月，结束民办公助体制改革试点，转制为教育部门办学。2010年9月，高中停办，成为初级中学。2010年，学校占地面积15498平方米，建筑面积8925平方米，体育场面积8525平方米。图书馆藏书25597册。普通教室17个，专用教室9个，实验室4个。教职工43人，其中专任教师33人；高级职称教师2人。开设教学班17个。毕业90人，招生231人，在校生474人。校训：爱、信、笃、恒。党支部书记马英志，校长刘素梅。

北京青年政治学院附属中学

校址：朝阳区大山子西里10号（中学部）
朝阳区大山子王爷坟8号（小学部）

1965年建校，初名北京市大山子中学。2002年3月，更为现名。2005年7月，大山子第一小学并入，成为十二年一贯制学校。2006年10月，成立国际部。2010年，学校占地面积18990平方米，建筑面积11966平方米，体育场面积8828平方米。图书馆藏书78273册。普通教室54个，专业教室5个，实验室5个。教职工148人，其中专任教师112人；高级职称教师17人，北京市骨干教师1人。开设教学班45个（小学班15个、初中班12个、高中班15个、国际留学生班3个）。毕业309人（小学100人、初中114人、高中95人），招生338人（小学93人、初中100人、高中145人），在校生1134人（小学439人、初中266人、高中429人），留学生83人。校训：尚德、至诚、崇思、唯美。党支部书记汤兢萍，校长姜源。

北京师范大学朝阳附属中学

校址：朝阳区林萃西里8号

2008年9月建校，是朝阳区教委与北京师范大学合作举办的初中校。2009年9月开学。2010年，学校占地面积12867平方米，建筑面积15933平方米，体育场面积7292平方米。图书馆藏书3200册。普通教室12个，专用教室13个，实验室5个。教职工35人，其中专任教师27人；高级职称教师3人。开设初中教学班12个。无毕业生，招生181人，在校生348人。校训：诚、爱、勤、勇、智。党支部书记宋广东，校长蒋立红。

北京世青国际学校

校址：朝阳区花家地北里18号（本部）
朝阳区高家园小区210号（分部）

2000年11月15日建校，校址朝阳区亮马桥路40号，民办完全高中。2008年7月，迁至朝阳区花家地北里18号，并更名为北京世青国际学校。2010年，学校占地面积5700平方米，建筑面积7400平方米，体育场（馆）面积2100平方米。图书馆（室）藏书22670册，电子图书1200册，订阅杂志、报纸11种。普通教室35个，专用教室21个，实验室1个。教职工102人，其中，高级职称教师10人。专任教师78人。开设教学班26个（高中班12个、初中班14个）。毕业137人（高中76人、初中61人），招生131人（高中73人、初中58人），在校生375人（高中194人、初中181人）。校训：真诚、宽容、博爱、探究、质疑、执着终身学者、与自然共存。党总支书记、校长王虹。

北京市安慧北里中学

校址：朝阳区安慧北里安园5号

1995年5月建校。2010年，学校占地面积11288平方米，建筑面积11911平方米，体育场面积5100平方米。图书室藏书17194册。普通教室18个，专用教室10个、实验室3个。教职工67人，其中专任教师59人；高级职称教师7人，北京市骨干教师1人。开设教学班18个。毕业153人，招生187人，在校生540人。校训：真诚、自强、勤奋、守纪。党支部书记、校长张广福。

北京市八里庄第三中学

校址：朝阳区八里庄北里203楼

1973年建校，初名北京市十里堡第二中学。1981年9月，更为现名。1997年9月，首次招收封闭班。1999年7月，职高烹饪班停招。2005年9月，封闭班停止招生。2009年6月，北京市育人学校初中部并入。2010年，学校占地面积10000平方米，建筑面积8500平方米，体育场面积1000平方米。图书馆藏书33331册。普通教室18个，专用教室7个，实验室3个。教职工87人，其中专任教师69人；高级职称教师12人。开设初中教学班19个。毕业153人，招生198人，在校生567人。校训：团结、勤奋、求实、创新。党支部书记薛宝来，校长冯志兰。

北京市草场地中学

校址：朝阳区崔各庄乡草场地77号

1958年建校。2010年，学校为初中校。占地面积18454平方米，建筑面积3775平方米，体育场面积10295平方米。图书馆藏书15866册。普通教室12个，专用教室4个，实验室3个。教职工37人，其中专任教师29人；高级职称教师2人，北京市骨干教师1人。开设教学班12个。招生135人，毕业85人，在校生336人。校训：文明、诚信、和谐、发展。党支部书记、校长南朝凤。

北京市北苑中学

校址：朝阳区安定门外北苑村

1972年1月建校。1991年9月，开办泥彩塑职业高中班，为职普结合校。1993年，与同仁堂医药公司合作，开办中草药技术职业高中班。1996年，职高停办。2010年，学校为初中校。占地面积21995平方米，建筑面积8228平方米、体育场面积6100平方米。图书馆藏书31325册。普通教室17个，专用教室13个，实验室3个。教职工63人，其中专任教师52人；高级职称教师10人，北京市骨干教师1人。开设初中教学班17个。毕业86人，招生135人，在校生507人。校训：忠诚、勤奋、团结、健美。党支部书记、校长代宝刚。

北京市陈经纶中学

校址：朝阳区朝外大街38号（本校）
朝阳区北苑路86号院3区7号（嘉铭分校）
朝阳区广渠路28号院307楼（帝景分校）

1921年建校，初名为崇贞平民女子学园，校址朝外碑楼胡同。1931年，迁入朝外大街38号。1945年，更名为北平市第四女子中学。1949年，更名为北京市第四女子中学。1967年，更名为北京市朝阳中学。1989年，香港企业家陈经纶先生捐资2700万元改建学校。1991年6月，更名为北京市陈经纶中学。1992年8月，评为北京市先进体育传统项目学校。1993年9月，获全国群众体育先进单位称号。1994年7月，学校享受市重点中学待遇，高中面向全市招生。1998年9月至2003年8月，初高中分离，为高中校。2003年9月，复办初中；同年，设立嘉铭分校（九年一贯制校区）。2007年9月，增设帝景校区（九年一贯制校区）。2010年，学校占地面积67341平方米，总建筑面积59284平方米，体育场总面积32660平方米。图书馆藏书153160册。普通教室106个，专用教室41个，实验室19个。教职工386人，其中专任教师308人；高级职称教师95人，特级教师4人，北京市学科教学带头人3人，市级骨干教师16人。开设教学班106个（小学36个、初中37个、高中33个）。毕业927人（小学134人、初中

348 人、高中 445 人），招生 1100 人（小学 214 人、初中 502 人、高中 384 人），在校生 3841 人（小学 1154 人、初中 1424 人、高中 1263 人）。校训：老实、宜强、勤奋、创新。党总支书记刘永芬，校长张德庆。

北京市陈经纶中学分校

校址：朝阳区南湖东园 223 号（南湖东园校区）
朝阳区望京利泽西街 4 号院（东湖湾校区）

1998 年 6 月建校，为民办公助体制改革初中试点校。1998 年，在陈经纶中学上课。1999 年 9 月，迁至望京南湖东园 223 号。同年 12 月，接管花家地西里中学，教学实行一体化管理。2009 年 12 月，结束民办公助改革试，转制为教育部门办学。2010 年，增加东湖湾校区，一校两址。同年，花家地西里中学师生并入，花家地西里中学校舍用于首都师范大学实验学校办学。2010 年，学校占地面积 13421 平方米，建筑面积 6658 平方米，体育场面积 5893 平方米。图书馆藏书 36422 册。普通教室 30 个，专用教室 13 个，实验室 6 个。教职工 122 人，其中专任教师 90 人；高级职称教师 20 人。开设教学班 32 个。毕业 502 人，招生 295 人，在校生 1288 人。校训：老实、宜强、勤奋、创新。党支部书记、校长汪水明。

北京市垂杨柳中学

校址：朝阳区松榆里 20 号（高中部）
朝阳区松榆西里 2 号（初中部）

1963 年 12 月成立，由北京市垂杨柳第一中学、北京市松榆里中学和北京市松榆里第二中学 3 校合并组建。2010 年，学校占地面积 32981 平方米、建筑面积 13597 平方米，体育场面积 24250 平方米。图书馆藏书 87281 册。普通教室 39 个，专用教室 10 个，实验室 8 个。教职工 147 人，其中专任教师 103 人；高级职称教师 34 人，特级教师 1 人，北京市骨干教师 1 人。开设教学班 38 个（初中 21 个、高中 17 个）。毕业 404 人（初中 215 人、高中 189 人），招生 441 人（初中 210 人、高中 231 人），在校生 1223 人（初中 595 人、高中 628 人）。校训：严谨、求实、团结、进取。党支部书记刘强，校长陈秀珍。

北京市大望路中学

校址：朝阳区西大望路下甸甲一号

1982 年建校。1987 年，为职普结合校。2002 年，职高停招，复为初级中学。2010 年，学校占地面积 9650 平方米，建筑面积 7612 平方米，体育场面积 3200 平方米。图书馆藏书 25916 册。普通教室 12 个，专用教室 9 个，实验室 3 个。教职工 42 人，其中专任教师 27 人，高级职称教师 5 人。开设教学班 12 个。毕业 32 人，招生 104 人，在校生 280 人。校训：励志、强身、博学笃行。党支部书记、校长陆新立。

北京市第十六中学

校址：朝阳区东坝乡红松园甲 3 号

1951 年建校，校址朝阳区东坝乡东坝镇西门，初中校。1995 年迁现址。同年，高杨树中学并入。2010 年，学校占地面积 34250 平方米，建筑面积 7184 平方米，体育场面积 21425 平方米。图书馆藏书 32065 册。普通教室 18 个，专用教室 13 个，实验室 3 个。教职工 82 人，其中专任教师 54 人；高级职称教师教师 11 人，北京市骨干教师 1 人。开设初中教学班 18 个。毕业 124 人，招生 208 人，在校生 572 人。校训：养成好习惯，胸怀责任心。党支部书记臧永红，校长聂廷武。

北京市第十七中学

校址：朝阳区百子湾家园 404 号

1952 年建校。1996 年，与北京冶金管理干部学院、中日经济技术研究院共同举办中等、高等职业班。1998 年，中等、高等职业班停办。同年，高碑店中学并入，增设陶家湾校区。2008 年 9 月，增设百子湾校区。2009 年 8 月，增设赛洛城校区。2010 年，学校一校四址，分别为朝阳区百子湾家园 404 号（本部）、朝阳区高碑店村西店村甲 1 号（高碑店校区）、朝阳区陶家湾甲 80 号（陶家湾校区）、朝阳区百子湾东里 105 号（赛洛城校区)。学校总占地面积105102平方米，总建筑面积48600平方米，体育场面积39865平方米。图书馆藏书140523册。普通教室78个，专用教室40个,实验室28个。教职工207人，其中专任教师165人；高级职称教师48人，特级教师4人，北京市学科教学带头人2人，市级骨干教师9人。开设教学班51个(初中26个、高中25个)。毕业501人(初中219人、高中282人),招生573人(初中384人、高中268人),在校生1728人(初中874人、高中854人)。校训；求真创造，爱满天下。党支部书记徐名松，校长张顺。

北京市第七十一中学

校址：朝阳区小红门路5号

1954年建校，初中校。1958年发展为完全中学。1993年8月高中停办。2010年，学校占地面积24757平方米，建筑面积9107平方米、体育场面积9300平方米。图书馆藏书29811册。普通教室18个，专用教室7个，实验室3个。教职工65人，其中专任教师42人;高级职称教师4人，北京市骨干教师2人。开设教学班17个。毕业84人，招生165人，在校生429人。校训:正直、勤奋、团结、自强。党支部书记、校长郭延峰。

北京市第八十中学

校址：朝阳区望京北路甲16号(高中部)
朝阳区白家庄西里2号(初中部)

1956年建校。2002年8月，高中部迁入新建望京校区，原校址为初中部。同年9月，国际部成立。2003年起，每年招收20名西藏学生。同年，被评为北京市金帆艺术团、国家级田径传统校。至2010年，田径队获世界级中学生田径运动会奖项14人次，国家级中学生田径运动会比赛奖项70人次，市级比赛奖项500人次。学校是北京市普通高中示范校和北京市对外开放单位。

2010年，学校占地面积128444平方米，建筑面积109215平方米、体育场面积38587平方米。图书馆藏书160182册。普通教室83个，专用教室12个,实验室30个。教职工340人，其中专任教师259人；高级职称教师101人，特级教师13人，北京市学科教学带头人3人，北京市骨干教师10人。开设教学班81个(初中班34个、高中班47个)。毕业805人(初中374人、高中431人),招生912人(初中366人、高中400人),在校生2686人(初中1167人、高中1519人)。校训：勤奋、求实、创造、奉献。党总支书记李宝辛，校长田树林。

北京市第八十中学管庄分校

校址：朝阳区管庄西里

2001年6月建校，初名北京市陈经纶中学分校二部，为民办公助体制改革初中试点校。2004年7月，更为现名。2009年12月，转制为教育部门办学。2010年，学校占地面积10400平方米，建筑面积4244平方米，体育场面积3600平方米。图书馆藏书26157册。普通教室14个，专用教室8个，实验室3个。教职工23人，其中专任教师20人；高级职称教师4人。开设教学班12个。毕业157人，招生154人，在校生481人。校训:求真善美、做创新人。党支部书记姚殿云、校长孟广烈。

北京市第八十中学体育运动学校

校址：朝阳区平房乡平房村1861号

2004年建校，九年一贯制，隶属北京市第八十中学分校。同年7月，变为独立法人。2005年，国家体育总局认定为国家高水平体育人才后备基地。2010年,学校借址办学(平房村1861号)。图书馆藏书10420册。普通教室6个，专用教室1个，实验室3个。教职工27人，其中专任教师17人，本科以上23人；高级职称教师3人。开设初中、小学教学班7个。毕业93人(含小学30人),招生56人，在校生213人(含小学29人)。校训：文明、好学、拼搏、荣誉。党支部书记、校长赵炳金。

北京市第九十四中学

校址：朝阳区花家地北里18、19号楼(初中部)
朝阳区南湖中园315号(高中部)

1956年建校，校址朝阳区酒仙桥七街坊。

1988年迁至朝阳区酒仙桥十街坊。1996年7月，花家地实验中学并入，学校迁至花家地北里18号、19号楼办学，原址用于酒仙桥二中办学。2003年开始招收外国留学生。2005年，成为北京市普通高中示范校。2007年，建南湖中园校区高中部。2010年，学校占地面积56843平方米，建筑面积42971平方米，体育场面积18746平方米。图书馆藏书105227册。普通教室44个，专用教室23个，实验室13个。教职工185人，其中专任教师137人；高级职称教师55人，特级教师2人，北京市学科教学带头人1人，北京市骨干教师1人。开设教学班40个（初中班11个、高中班29个）。毕业457人（初中122人、高中335人），招生463人（初中131人、高中320人），在校生1403人（初中400人、高中963人）。校训：求真、重德、勤学、守纪。党总支书记孙世泉，校长陈汉龙。

北京市第九十四中学机场分校

校址：首都机场燕翔西里19号（中学部）

首都机场燕翔东里11号（分校）

1981年建校，初名北京市首都机场中学，校址首都机场南路东里21号。2005年，迁至北京市第一三零中学原校址办学，原校址改为求实职业学校机场校区。2006年7月，学校与首都机场第一小学合并，实行九年一贯制，并更为现名。2010年，首都机场第二小学并入。2010年，学校占地面积29832平方米，建筑面积9731平方米，体育场面积11141平方米。图书馆藏书73823册。普通教室40个，专用教室24个，实验室3个。教职工123人，其中专任教师114人，高级职称教师4人。开设教学班40个（小学班29个，中学班11个）。毕业314人（小学124、初中66人），招生324人（小学129人，初中122人），在校生1405人（小学804人，初中325人）。校训：严谨、求实、文明、好学。党支部书记、校长刘杰。

北京市第九十七中学

校址：朝阳区黄杉木店路206号

1953年建校。1993年增办职业技术培训班。1996年，为职普结合校。1997年9月，成立许绍发—北京九十七中乒乓球学校。1999年至2005年，包揽北京市中小学乒乓球男女单打及团体冠军，代表北京市参加全国比赛。2001年，评为北京市乒乓球传统校。2002年，职高停办，改为初中校。2006年4月，迁至现址借址办学，原校址用作城市建设用地。

2010年，学校占地面积6002平方米，建筑面积6269平方米，图书馆藏书33503册。普通教室16个，专用教室5个，实验室2个。教职工56人，其中专任教师42人；高级职称教师5人，北京市骨干教师1人。开设教学班16个。毕业85人，招生186人，在校生462人。校训：做合格学生，做高尚的人。党支部书记刘淑清，校长张文秋。

北京市第一一九中学

校址：朝阳区建国门外永安西里10号

朝阳区建国门外三道街24号(分校)

1958年建校。1996年，北京第二外国语学院附属中学并入，为东校区。2000年1月，东校区独立办学。2008年4月，北京市建国里中学并入，一校两址。2010年，学校占地面积19294平方米，建筑面积20810平方米，体育场面积10242平方米。图书馆藏书85998册。普通教室29个，专用教室10个，实验室7个。教职工122人，其中专任教师108人；高级职称教师22人，北京市骨干教师2人。开设教学班28个(初中班12个、高中班16个)。毕业260人（初中100人、高中160人），招生246人（初中115人、高中131人），在校生765人（初中311人、高中444人）。校训：和谐、守纪、健康、向上。党支部书记张松涛，校长金云峰。

北京市定福庄中学

校址：朝阳区定福庄西里1号

1963年建校。1991年被评为北京市体育田径项目传统校、北京市劳动技术课窗口校。2010年，学校占地面积16602平方米，建筑面积11862平方米，体育场面积4233平方米。图书馆藏书50246册。普通教室19个，专用教室18个，实验室5个。教职工63人，其中专任教师 50 人，高级职称教师 7 人。开设初中教学班 16 个。毕业 133 人，招生 178 人，在校生 407 人。校训：博观约取、厚积薄发。党支部书记姜立军，校长马京梅。

北京市东方德才学校

校址：朝阳区水碓子北里 9 号楼（高中部）
朝阳区小庄东里 38 号（初中部、小学部）
朝阳区延静西里 9 号院（东方社区教育中心）
朝阳区道家园甲 7 号（小学部）
朝阳区金台里 40 号（小学高部）

1958 年建校，初名北京市第一二零中学。1986 年，更名为北京经济学院附属中学。1998 年更为现名。同年，延静里中学、首经贸附小、红庙二小、红庙三小、甜水园小学、金台路小学、水碓子北里小学并入，成为十二年一贯制学校。2010 年，学校占地面积 37720 平方米、建筑面积 26169 平方米，体育场面积 9909 平方米。图书馆藏书 152847 册。普通教室 72 个，专用教室 20 个，实验室 8 个。教职工 311 人，其中专任教师 245 人；高级职称教师 36 人，北京市骨干教师 5 人，本科及以上学历 238 人。开设教学班 68 个（高中班 19 个、初中班 18 个、小学班 31 个）。毕业 671 人（高中 234 人、初中 172 人、小学 265 人），招生 531 人（高中 199 人、初中 214 人、小学 112 人），在校生 2108 人（高中 623 人、初中 594 人、小学 869 人）。校训：崇德、善学、合作、创新。党支部书记纪锡占，校长王彪。

北京市东方培新学校

校址：朝阳区朝外慈云里甲 1 号（中学部）
朝阳区朝外英家坟 2 号楼（小学部）

1981 年 9 月建校，初名北京市慈云寺中学。1999 年 8 月，英家坟小学并入，更为现名，实行九年一贯制，小学原校址借东方职业学校办学。2009 年 9 月，原英家坟小学校址归还学校，学校一校两址办学。2010 年，学校占地面积 15004 平方米，建筑面积 5945 平方米，体育场面积 6560 平方米。图书馆藏书 34905 册。普通教室 37 个、专用教室 19 个，实验室 3 个。教职工 92 人，其中专任教师 77 人；高级职称教师 5 人。开设教学班 31 个（初中班 17 个、小学班 14 个）。毕业 199 人（初中 134 人、小学 65 人），招生 277 人（初中 212 人、小学 65 人），在校生 988 人（初中 555 人、小学 433 人）校训：诚实、知礼、快乐、博学。党支部书记陈磊，校长徐刚。

北京市豆各庄中学

校址：朝阳区南豆各庄村

1958 年建校。成为初中校，1991 年改为职普结合校。2002 年，职高停招，恢复为初中校。2010 年，学校占地面积 34164 平方米，建筑面积 2803 平方米，体育场面积 16917 平方米。图书馆藏书 16420 册。普通教室 20 个，专用教室 7 个，实验室 3 个。教职工 37 人，其中专任教师 28 人，高级职称教师 6 人。开设教学班 8 个。毕业 42 人，招生 55 人，在校生 165 人。校训：学会做人，学会求知。党支部书记、校长郑斌威。

北京市垡头中学

校址：朝阳区垡头西里 3 区 2 号
朝阳区垡头西里 1 区 6 号楼南侧
朝阳区王四营乡官庄村东

1973 年建校。1997 年，第八十一中初中部并入。2000 年，与北京联合大学合办高中，2001 年高中停办。2010 年，学校占地面积 21762 平方米，建筑面积 14664 平方米，体育场面积 5470 平方米。图书馆藏书 30933 册。普通教室 18 个，专用教室 11 个，实验室 4 个。教职工 64 人，其中专任教师 53 人，高级职称教师 4 人。开设初中教学班 18 个。毕业 159 人，招生 174 人，在校生 526 人。校训：有礼、有志、勤奋、向上。党支部书记王菊香，校长耿启华。

北京市高家园中学

校址：朝阳区将台路高家园小区 210 号

1987 年建校，初名北京市西八间房学校。

1987年12月，学校中、小学分立，更为现名。1997年6月，大山子第二中学并入。2010年，学校占地面积13299平方米，建筑面积5755平方米，体育场面积5207平方米。图书馆藏书23886册。普通教室14个，专用教室9个，实验室3个。教职工47人，其中专任教师41人；高级职称教师7人，北京市骨干教师1人。开设初中教学班16个。毕业84人，招生199人，在校生485人。校训：团结、勤奋、进取。党支部书记、校长王松。

北京市和平街第一中学

校址：朝阳区和平街8区16楼（和平街校区）
朝阳区北苑家园莲葩园1号楼（北苑校区中学部）
朝阳区北苑家园清友园15号楼（北苑校区小学部）

1960年建校，初名北京市和平街中学。1969年更为现名。2002年5月，增设北苑校区初中部，校址北苑家园清友园15号楼。2003年11月，建北苑校区高中部，校址北苑家园莲葩园1号楼。2006年9月，接收首批新疆内地高中班学生80人。2010年9月，将原北苑校区初中部与高中部合并至北苑家园莲葩园1号，为北苑校区中学部。同年，紫绶园小学并入，为北苑校区小学部。8月，小学部迁入北苑家园清友园15号楼，原小学部校址用于惠新里幼儿园办园。2010年，学校为十二年一贯制，占地面积61966平方米，建筑面积48782平方米，体育场面积30817平方米。图书馆藏书142682册。普通教室112个，专用教室36个，实验室22个。教职工253人，其中专任教师208人；高级职称教师64人，特级教师1人，北京市学科教学带头人1人，北京市骨干教师23人。开设教学班83个（小学22个、初中24个、高中37个）。毕业835人（小学160人、初中255人、高中420人），招生812人（小学131人、初中273人、高中408人），在校生2736人（小学710人、初中815人、高中1211人）。中学校训：立志、勤奋、求实、开拓，小学校训：求知、守纪、友爱、健体。党总支书记耿学友，校长芦艳苹。

北京市黑庄户中学

校址：朝阳区黑庄户乡政府东侧

1967年建校，初名北京市红庄中学，初中校。1984年9月改为职普结合校。1991年10月，更为现名。2003年7月，职高停办，恢复为初中校。2010年，学校占地面积18797平方米，建筑面积7412平方米，体育场面积8692平方米。图书馆藏书23248册。普通教室18个，专用教室18个，实验室3个。教职工35人，其中专任教师24人，高级职称教师5人。开设教学班10个。毕业人数56人，招生112人，在校学生270人。校训：团结拼搏，求实向上。党支部书记、校长王柏成。

北京市呼家楼中学

校址：朝阳区呼家楼西里南街2号

1961年建校。2010年，学校占地面积14344平方米、建筑面积8156平方米，体育场面积6900平方米。图书馆藏书39569册。普通教室19个，专用教室7个，实验室5个。教职工67人，其中专任教师61人，高级职称教师9人。开设教学班19个（初中班11个、高中班8个）。毕业162人（初中59人、高中103人），招生222人（初中140人、高中82人），在校生541人（初中320人、高中221人）。校训：志向高远，自强不息。党支部书记、校长王红梅。

北京市虎城中学

校址：朝阳区磨房北里小区230号

1996年6月建校。2010年，学校占地面积11215平方米，建筑面积8220平方米，体育场面积4118平方米。图书馆藏书36458册。普通教室23个，专用教室17个，实验室3个。教职工65人，其中专任教师60人；高级职称教师4人。开设教学班22个。毕业156人，招生216人，在校生599人。校训：把握黄金时光，夯实人生基础。党支部书记、校长刘彤。

北京市华侨城黄冈中学

校址：朝阳区东四环金蝉欢乐园1号院甲1号（高中部）
朝阳区翠成馨园317号（初中部）
朝阳区翠成馨园219号（小学部）

2008年7月建校，是朝阳区教委与湖北省黄冈中学合作举办的初级中学，校址东四环金蝉欢乐园1号院甲1号。2010年9月，接收朝阳区翠成小区2处新校址，增加高中、小学，改为十二年一贯制，形成一校三址。2010年，学校占地面积20900平方米，建筑面积12060平方米，体育场面积8907平方米。图书馆藏书20869册。普通教室26个，专用教室15个，实验室8个。教职工70人，其中专任教师62人；高级职称教师6人，特级教师3人，北京市骨干教师1人。开设教学班26个（小学4个，初中14个、高中8个）。无毕业生，招生479人（小学135人、初中204人、高中140人），在校生898人（小学135人、初中478人、高中285人）。校训：严谨、求实、和谐、进取。党支部书记梁占英，校长徐超。

北京市金盏学校

校址：朝阳区金盏大街1号

1958年建校，初名北京市金盏中学。1974年，增设高中。1982年，高中停办。2010年，金盏小学并入，更名为北京市金盏学校，九年一贯制。2010年，学校占地面积28240平方米，建筑面积5330平方米，体育场面积19360平方米。图书馆藏书31605册。普通教室26个，专用教室6个，实验室3个。教职工89人，其中专任教师71人，高级职称教师6人。开设教学班24个（小学12个、初中12个）。毕业103人（小学48人、初中55人），招生188人（小学67人、初中121人），在校生589人（小学324人、初中256人）。校训：博学济世，厚德立身。党支部书记、校长李兵。

北京市劲松第三中学

校址：朝阳区劲松4区406楼

1981年建校。2002年至2008年，开设英语实验班。2010年，学校占地面积7350平方米，建筑面积9015平方米，体育场面积2637平方米。图书馆藏书22000册。普通教室18个，专用教室14个，实验室5个。教职工66人，其中专任教师55人；高级职称教师13人。开设教学班18个。毕业230人，招生188人，在校生594人。校训：诚信、勤奋、坚毅、创新。党支部书记温淑萍，校长靳玉文。

北京市劲松第四中学

校址：朝阳区潘家园华威西里48号楼

1982年建校，校址朝阳区劲松七区。1993年8月迁现址。原校址划归劲松四小办学。2010年，学校占地面积8340平方米，建筑面积11946平方米，体育场面积3900平方米。图书馆藏书54745册。普通教室18个，专用教室10个，实验室5个。教职工81人，其中专任教师70人；高级职称教师19人。开设教学班16个（初中12个、高中4个）。毕业211人（初中127人、高中84人），招生150人（全部为初中生、高中未招生），在校生566人（初中414人、高中152人）。校训：尊重、团结、求实、发展。党支部书记于龙，校长徐妍。

北京市劲松第一中学

校址：朝阳区劲松1区125号楼（西校）
朝阳区农光里100号（东校）

1979年建校，初名北京市垂杨柳第三中学。1981年更为现名。1982年为完全中学。1985年，停办普通高中，开设两年制职业高中班。1992年9月，职高班并入劲松职业高中，学校复为初级中学。2004年7月，劲松第二中学并入。2010年，学校占地面积15604平方米，建筑面积12227平方米，体育场面积7238平方米。图书馆藏书97000册。普通教室24个，实验室4个，专用教室8个。教职工108人，其中专任教师87人；高级职称教师13人，北京市骨干教师1人。开设教学班22个。毕业194人，招生161人，在校生526人。校训：学会做人、学会做事、共同发展。党支部书记杨风祥，校长徐卫。

北京市酒仙桥第一中学

校址：朝阳区酒仙桥南路甲7号（本部）
朝阳区十街坊3号院（分部）

1963年建校，初名北京市酒仙桥中学。1975年，更为现名。1993年，高中停办，复为初级中学。2000年，酒仙桥第三中并入。2007年9月，酒仙桥第二中学并入。2010年，学校占地面积24484平方米，建筑面积18831平方米，体育场面积11327平方米。图书馆藏书69115册。普通教室30个，专用教室11个，实验室5个。教职工93人，其中专任教师82人，高级职称教师13人。开设教学班28个。毕业282人，招生278人，在校生819人。校训：自尊、自信、自律、自强。党支部书记姜宝忠，校长牛辉刚。

北京市楼梓庄中学

校址：朝阳区金盏乡楼梓庄村北后街2号

1958年建校，校址朝阳区楼梓庄乡。1993年9月迁现址。2010年，学校为初中校，占地面积66666平方米，建筑面积7122平方米，体育场面积57231平方米。图书馆藏书27000册。普通教室16个，专用教室3个，实验室4个。教职工50人，其中专任教师39人，高级职称教师2人。开设教学班12个。毕业74人，招生135人，在校生342人。校训：团结、勤奋、求实、守纪。党支部书记王利华，校长张通民。

北京市民族学校

校址：朝阳区常营民族家园12号

1920年长营村建民办私塾，1947年，成为完全小学，更名为河北省通县长营乡中心小学。1981年，更名为北京市朝阳区长营民族小学。1994年11月，迁至新校区东苇路9号办学。1995年11月，十里堡小学并入。1997年1月更为现名，九年一贯制。1999年9月，五里桥小学并入。2003年8月，迁现址。2010年，学校占地面积20651平方米，建筑面积14762平方米，体育场面积9300平方米。图书馆藏书51244册。普通教室32个，专用教室14个，实验室4个。教职工97人，其中专任教师77人；高级职称教师4人，北京市骨干教师2人。开设教学班32个（小学20个、中学12个）。毕业200人（小学95人、中学105人），招生225人（小学104人、中学121人），在校生966人（小学664人、中学302人，含少数民族学生93人）。校训：团结、勤奋、务实、创新。党支部书记徐建生，校长侯运。

北京市奶子房中学

校址：朝阳区崔各庄乡奶子房626号

1958年建校。学校原位于奶子房村西，1993年迁现址，原校址划归奶子房小学办学。2010年，学校占地面积20400平方米，建筑面积3055平方米，体育场面积9440平方米。图书馆藏书28730册。普通教室12个，专用教室4个，实验室3个。教职工39人，其中专任教师33人，高级职称教师2人。开设教学班12个。毕业25人，招生139人，在校生307人。校训：立德践行，自强不息。党支部书记、校长曲建华。

北京市日坛中学

校址：朝阳区建国门外光华西里4号（本部）
朝阳区东三环北路36号（光华路校区）
朝阳区南十里居38号（东润枫景校区）
朝阳区东四环北路6号2区（阳光上东小学）

1963年建校。2001年2月，光华路中学并入，为光华路校区。2001年7月，原光华路第三小学校址划归学校，9月增设职高。2002年，职高停招。2003年9月，增设日坛中学东润枫景分校，招收小学及初中学生，为十二年一贯制。2004年9月，学校拆迁重建，在东方德才学校、白家庄中学和八十中学借址办学。同年，获接收外国留学生和外籍教师资格。2007年9月1日，增设阳光上东小学，招收小学一年级一个班。2009年9月，初一、初二、高一、高二年级回迁学校上课。2010年，学校分永安里校区、光华路校区、东润枫景校区、阳光上东小学校区四址办学。

2010年，学校总占地面积56971平方米、建筑面积31507平方米，体育场面积15200平方米。图书馆藏书158600册。普通教室79个，专用教室44个，实验室62个。教职工275人，其中专任教师207人；高级职称教师75人，特级教师4人，北京市学科教学带头人2人，北京市骨干教师7人。开设教学班74个（小学班16个、初中班24个、高中班34个）。毕业620人（小学78人、初中277人、高中265人），招生645人（小学56人、初中280人、高中309人），在校生2041人（小学358人、初中836人、高中847人）。校训：修德、培智、强体、求美。党总支书记李献国，校长赵欣。

北京市润丰学校

校址：朝阳区青年路西里6号院

2010年5月建校，九年一贯制。2010年，学校占地面积21800平方米，建筑面积30250平方米，体育场面积9330平方米。普通教室36个，专用教室5个。教职工7人，其中专任教师7人；高级职称教师2人，特级教师1人。小学部开设教学班3个。无毕业生，招生60人，在校生60人。校训：勤勉、文雅、活泼、奋进。党支部书记张大有，校长卓立。

北京市三里屯第一中学

校址：朝阳区北三里屯甲5号（三里屯校区）
朝阳区幸福村路41号（幸福村校区）
朝阳区百子湾路现代城百子园20号（百子园校区）

1963年建校，初名北京市三里屯中学。1985年，更名为北京联合大学机械工程学院附属中学。2000年，北京市幸福村中学并入。2003年，更为现名，2008年，增设百子园校区，学校形成一校三址，实行十二年一贯制。2010年，学校占地面积46280平方米，建筑面积27301平方米，体育场面积19879平方米。图书馆藏书86120册。普通教室57个，专用教室29个，实验室12个。教职工203人，其中专任教师138人；高级职称教师34人，特级教师1人，北京市骨干教师2人。开设教学班开设教学班41个（初中班16个、高中班22个、小学班5个）。毕业422人（初中179人、高中243人），招生469人（小学60人、初中174人、高中235人），在校生1347人（小学127人、初中463人、高中753人）。校训：爱家、爱校、爱国、求真、求善、求美。党总支书记雷永才，校长曹力。

北京市十八里店中学

校址：朝阳区十八里店乡周庄甲1号

1996年建校，由小武基中学和张家店中学合并组建。2010年，学校占地面积43218平方米、建筑面积13860平方米，体育场面积12621平方米。图书馆藏书50854册。普通教室18个，专用教室8个，实验室6个。教职工73人，其中专任教师53人，高级职称教师6人。开设教学班18个。毕业129人，招生221人，在校生567人。校训：求实、严谨、团结、奋进。党支部书记、校长郭振伟。

北京市双桥中学

校址：朝阳区双桥中路

1959年建校。1991年，与北京市电子工业学校合办中专班，1998年停办。2010年，学校为初中校，占地面积21394平方米，建筑面积4337平方米，体育场面积8450平方米。图书馆藏书30094册。普通教室19个，专用教室15个，实验室5个。教职工47人，其中专任教师30人；高级职称教师3人。开设初中教学班12个。毕业99人，招生88人，在校生324人。校训：崇真、扬善、勤学、励志。党支部书记、校长田伟秋。

北京市私立新亚中学

校址：北京市朝阳区十八里店886号

1995年5月建校，是一所民办完全中学。2010年，学校总占地面积37.86亩，建筑面积12478.78平方米，体育场（馆）面积9345.8平方米。教职工212人，其中专任教师127人；高级职称教师95人。开设教学班25个（高中班18个、初中班7个）。建校以来累计毕业3218人（高中2531人、初中687人）。校训：勤奋进取，惜时成才，党支部书记田小英，校长王亚伟。

北京市体育场路中学

校址：朝阳区工体南路1号

1973年建校。2009年10月，白家庄中学并入。2010年，学校占地面积2897平方米，建筑面积3636平方米，体育场（馆）面积850平方米。图书馆（室）藏书25755册。普通教室10个，专用教室7个，实验室3个。教职工52人，其中专任教师26人；高级职称教师9人。教学班6个。毕业60人，招生60人，在校生135人。校训：勤奋、求知、文明、诚实。党支部书记、校长靖丽。

北京市同仁中学

校址：朝阳区甘露园南里1区10号

1995年3月建校，初名北京市裕民高级中学，借定福庄第一小学旧址办学。1996年4月，迁至现址，更为现名，为民办公助体制改革完全中学试点校。2008年4月，转制为教育部门办学。2010年，学校占地面积13811平方米，建筑面积6998平方米，体育场面积7775平方米。图书室藏书12327册。普通教室17个，专用教室13个，实验室3个。教职工18人，其中专任教师13人，高级职称教师2人。开设初中教学班10个。毕业80人，招生90人，在校生229人。校训：厚德、博雅、笃学、敏行。党支部书记空缺，校长韩振民。

北京市团结湖第三中学

校址：朝阳区水碓子东路14号（初中部）
朝阳区团结湖中路8号（高中部）

1981年5月建校。2007年3月，水碓子中学并入。2010年，学校占地面积17446平方米，建筑面积13084平方米，体育场面积7624平方米。图书馆藏书81714册，固定资产总值2651万元。普通教室42个，专用教室23个，实验室9个。教职工160人，其中专任教师147人；高级职称教师19人，北京市骨干教师1人。开设教学班36个（初中班21个、高中班15个）。毕业433人（初中323人、高中110人），招生314人（初中226人、高中88人），在校生1045人（初中749人、高中296人）。校训：团结、勤奋、求实、创新。党总支书记弓学义，校长韩希文。

北京市望京实验学校

校址：朝阳区望京西园三区313号（总校）
朝阳区望京东园113号（宝星分校）

1973年建校，初名北京市新中街中学，校址朝阳区工体北路新中西街1号，初中校。1991年，改为职普结合校。2002年，职高停办，学校迁至望京西园3区313号。同年9月，更为现名，增设小学部，实行九年一贯制。2007年，增设望京东园113号建宝星分校。2010年，学校占地面积25385平方米，建筑面积17885平方米，体育场面积8390平方米。图书馆藏书72844册。普通教室41个，专用教室39个，实验室5个。教职工134人，其中专任教师101人；高级职称教师22人，北京市学科教学带头人1人，北京市骨干教师2人。开设教学班40个（小学22个、初中18个）。毕业260人（小学83人、初中177人），招生362人（小学140人、初中222人），在校生1254人（小学660人、初中594人）。校训：诚实守信、务实求真、志存高远。党支部书记黄翔，校长董树莉。

北京市温榆河双语实验学校

校址：朝阳区崔各庄乡崔各庄村北

2007年7月建校，是由孙河中学、崔各庄中学、崔各庄小学合并的九年一贯制学校。2009年8月，孙河中心小学、康营民族小学并入。2010年，学校占地面积38777平方米，建筑面积15824平方米。图书馆藏书139273册。普通教室64个，专用教室17个，实验室4个。教职工150人，其中专任教师137人，高级职称4人。开设教学班48个（含小学34个、初中12个）。毕业204人（小学119人、初中85人），招生225人（小学107人、初中118人），在校生数1297人（小学889人、初中408人）。校训：博爱、自强、创新、感恩。党支部书记刘克侠，校长尹逊枫。

北京市五路居第一中学

校址：朝阳区安贞西里 1 区 13 楼

1985 年建校。1994 年 1 月，接收五路居二中初一年级师生。2004 年 9 月，接收安贞里中学初一、初二师生。2010 年，学校占地面积 12793 平方米，建筑面积 7168 平方米，体育场（馆）面积 6120 平方米。图书馆藏书 26674 册。普通教室 24 个，专用教室 6 个，实验室 3 个。教职工 54 人，其中专任教师 47 人，高级职称教师 11 人。开设初中教学班 12 个。毕业 124 人，招生 94 人，在校生 300 人。校训：堂堂正正做人，踏踏实实做事。党支部书记、校长钮志敏。

北京市樱花园实验学校

校址：朝阳区樱花园小区 16 号楼（中学部）
朝阳区樱花园小区 18 号楼（小学部）

1984 年建校，初名为北京市樱花园中学。2004 年 1 月，洼里中学、化工学院附属小学并入，更为现名，九年一贯制。2010 年，学校占地面积 13499 平方米，建筑面积 9585 平方米，体育场面积 6577 平方米。图书馆藏书 43125 册。普通教室 30 个，专用教室 20 个，实验室 3 个。教职工 96 人，其中专任教师 87 人；高级职称教师 9 人，北京市骨干教师 1 人。开设教学班 29 个（初中 18 个、小学 11 个）。毕业 239 人（初中 198 人、小学 41 人），招生 249 人（初中 197 人、小学 52 人），在校生 779 人（初中 535 人、小学 240 人）。校训：诚信、博学、创新、高效。党支部书记张静，校长孙宝贵。

北京市枣营中学

校址：朝阳区枣营南里 1 号

1975 年建校，初名北京市金台路中学。1992 年 8 月，迁至现址，更为现名。1995 年，职高招生。1999 年，星火中学初中部并入。2001 年，职高停办，复为初级中学。2010 年，学校占地面积 6838 平方米，建筑面积 3800 平方米，体育场面积 3419 平方米。图书馆藏书 28368 册。普通教室 12 个，专用教室 9 个，实验室 3 个。教职工 44 人，其中专任教师 38 人；高级职称教师 7 人，特级教师 1 人，北京市骨干教师 1 人，北京市学科教学带头人 1 人。开设初中教学班 12 个。毕业 74 人，招生 117 人，在校生 295 人。校训：德为本、勤为径、富为强。党支部书记、校长邱继勇。

北京市朝阳区爱迪外国语学校

校址：北京市朝阳区楼梓庄路 8 号

2004 年 1 月 13 日建校，校址朝阳区楼梓庄路 8 号，十二年一贯制民办学校。2010 年学校占地面积 67000 平方米，建筑面积 24000 平方米，体育场（馆）面积 15000 平方米。图书馆藏书 12000 册。普通教室 47 个，专用教室 1 个，实验室 2 个。拥有计算机 202 台。教职工 135 人，其中，高级职称教师 3 人。专任教师 93 人，开设教学班 30 个（初中班 14 个、小学班 16 个）。毕业 224 人（初中 136 人、小学 88 人），招生 117 人（初中 71 人、小学 46 人），在校生 689 人（初中 328 人、小学 361 人），寄宿生 446 人。校训：学会做人、学会做事、学会求知、学会共处。党总支书赵艳华记，校长张广珍。

北京市朝阳区青苗国际双语学校

校址：朝阳区东四环北路 6 号二区 35 号楼

2006 年 2 月 10 日建校，民办校，设立小学及初中学段，学制为 9 年。2010 年学校占地面积 8500 平方米，建筑面积 5800 平方米，体育场（馆）面积 3300 平方米。图书馆藏书 42758 册。普通教室 38 个，专用教室 6 个。教职工 103 人，其中，专任教师 80 人。开设教学班 20 个。毕业 40 人，招生 92 人，在校生 362 人。校训：给予种子生长的力量，相信生命成长的奇迹！（The Magic Power of Growing！）党支书记、校长施华。

北京市朝阳外国语学校

校址：朝阳区慧忠里 232 号

1998 年 5 月，在朝阳区慧忠里 232 号建校，为民办公助体制改革初中试点校。2009 年 12 月，完成转制，为教育部门办学。2010 年，学校 5 址办学，分别是朝阳区慧忠里 232 号（初中部）、朝阳区慧忠北里 203 号（高中部）、朝阳区慧忠里 216 号（小学低年级部）、朝阳区枫林绿洲 23 号（小学高年级部）、朝阳区慧忠里 217 号（住宿部）。学校总占地面积 34538 平方米，建筑面积 25787 平方米，体育场面积 15800 平方米。图书馆藏书 24981 册。普通教室 130 个，专用教室 20 个，实验室 13 个。教职工 164 人，其中专任教师 155 人；高级职称 8 人。开设教学班 103 个（小学班 27 个、初中班 58 个、高中班 18 个）。毕业 789 人（小学 97 人、初中 499 人、高中 193 人），招生 845 人（小学 153 人、初中 480 人、高中 212 人），在校生 2590 人（小学 874 人、初中 1502 人、高中 214 人）。校训：做最好的自己。党支部书记、校长郝又明。

北京市忠德学校

校址：北京市朝阳区东苇路 9 号

2003 年 6 月建校，九年一贯制民办校。2010 年，学校占地面积 38497 平方米，建筑面积 19072 平方米，体育场（馆）面积 19090 平方米。图书馆藏书 16400 册。普通教室 47 个，专用教室 14 个，实验室 4 个。教职工 176 人，其中，高级职称教师 3 人。专任教师 136 人，开设教学班 47 个（初中 5 个、小学 42 个）。毕业 197 人（初中 21 人、小学 176 人），招生 224 人（初中 43 人、小学 181 人），在校生 1375 人（初中 127 人、小学 1248 人），寄宿生 234 人。校训：忠诚守信，自强不息。党支部书记李曼，校长郑玉珍。

北京西藏中学

校址：朝阳区北四环东路高原街 1 号

1987 年建校，是接受西藏教科委和北京市教委双重领导的寄宿制中学。每年由西藏自治区择优选送应届小学毕业生 90 人，预科学习 1 年，初中学习 3 年后，大部分转入中专、中技，少数升入本校高中；高中班由西藏自治区从内地举办的藏语班经统一考试择优 100 人组成。

2010 年，学校占地面积 35869 平方米，建筑面积 28053 平方米，体育场面积 10600 平方米。图书馆藏书 40888 册。普通教室 20 个，专用教室 17 个，实验室 6 个。教职工 128 人，其中专任教师 57 人；高级职称教师 31 人，市级骨干教师 2 人。开设高中教学班 18 个。毕业 263 人、招生 270 人、在校生 813 人。校长李士成。

北京信息工程学院附属中学

校址：朝阳区德胜门外南沙滩 6 号（高中部）
朝阳区华严北里 68 号（初中部）

1968 年建校，初名北京市南沙滩中学。1989 年，更名为现名。2009 年 1 月，华严里中学并入。2010 年，学校占地面积 24099 平方米，建筑面积 14861 平方米，体育场面积 9956 平方米。图书馆藏书 43834 册。普通教室 27 个，专用教室 17 个，实验室 2 个。教职工 118 人，其中专任教师 112 人；高级职称教师 15 人，特级教师 1 人。开设教学班 28 个（初中 13 个、高中 15 个）。毕业 137 人（初中 72 人、高中 65 人），招生 254 人（初中 125 人、高中 129 人），在校生 638 人（初中 300 人、高中 338 人）。校训：学真、积善、成才、致美。党支部书记王月胜，校长姜国宝。

北京中医学院附属中学

校址：朝阳区和平街 15 区

1975 年建校，初名北京市和平街第三中学。1985 年 7 月，更为现名。2000 年 9 月，北京市和平街第二中学并入。2010 年，学校占地面积 17868 平方米，建筑面积 13972 平方米，体育场面积 11195 平方米。图书馆藏书 65471 册。普通教室 27 个，专用教室 17 个，实验室 6 个。教职工 97 人，其中专任教师 69 人；高级职称教师 26 人。开设教学班 21 个（初中 8 个、高中 13 个）。毕业 197 人（初中 46 人、高中 151 人），招生 191 人（初中 89 人、高中 102 人），在校生 616 人（初中 192 人、高中 424 人）。校训：重德、勤学、自信、自强。党支部书记张启国，校长曲全乐。

华中师范大学第一附属中学朝阳学校

校址：朝阳区东四环外姚家园路北
（星火西路辛庄二街）

2010 年 7 月建校，由朝阳区教委与武汉市华中师范大学第一附属中学合作举办，为完全中学。2010 年，学校占地面积 34000

平方米，建筑面积17050平方米，体育场面积6488平方米。图书馆藏书10000册。普通教室14个，专用教室6个，实验室1个。教职工19人，其中专任教师13人；高级职称教师1人。开设初中教学班4个。无毕业生，招生136人，在校生136人。校训：厚德、博雅、笃学、敏行。党支部书记曹高仁，校长汪新华。

清华大学附属中学朝阳学校

校址：朝阳区新源街31号（主校址）

朝阳区新源西里中街8号(分校址)

1969年建校，初名北京市新源里中学。2000年8月，新源里三中并入。2001年，新源里二小并入。2010年5月5日，学校与清华大学附属中学合作办学，更为现名。2010年，学校占地面积22768平方米，建筑面积22107平方米，体育场面积12802平方米。图书馆藏书104016册。普通教室40个，专用教室15个，实验室10个。教职工182人，其中专任教师146人；高级职称教师49人，北京市骨干教师1人。开设教学班35个（初中15个、高中20个）。毕业473人（初中213人、高中260人），招生447人（初中202人、高中232人），在校1215人（初中464人、高中734人）。校训：严谨、求实、勤奋、向上。党总支书记郭建华，校长王殿军。

首都师范大学附属实验学校

校址:朝阳区望京花园133号（花园校区）

朝阳区花家地西里2区105号

（花西校区）

1999年建校，初名首都师范大学附属望京中学，为民办公助体制改革试点校，完全中学。2001年6月更为现名，增设望京花园133号为小学部，一校两址，实行十二年一贯制。2007年3月，结束民办公助体制改革试点，转制为教育部门办学。2009年，高中停办，来广营校址归还首都师范大学。2010年2月，初中部迁至原花家地西里中学校址。

2010年，学校占地面积30461平方米，建筑面积20100平方米，体育场面积12411平方米。图书馆藏书51039册。普通教室63个，专用教室16个，实验室5个。教职工128人，其中专任教师120人；高级职称教师14人，北京市骨干教师1人。开设教学班52个（小学25个、初中27人）。毕业424人（小学172人、252），招生532人（含小学123人、初中409人），在校生1750人（小学814人、初中936人）。校训：尊重、明德、求真。党总支书记、校长刘彦弟。

中国建筑材料科学研究院附属中学

校址：朝阳区管庄东里（高中部）

管庄乡政府西侧（初中部）

1957年建校，初名管庄建材工业部子弟中学。1958年更名为北京市第一三四中学，1959年，更名为北京市管庄中学。1986年4月，更名为北京第二外国语学院附属中学。1996年，并入北京市第一一九中学，为学校东校区。2000年1月，东校区独立办学，改为现名。同年，杨闸中学和管庄第二中学并入，杨闸中学校址为学校南校区，初中迁至办学，高中部在本部办学，管庄第二中学校址由陈经纶中学分校二部（2004年更名为八十中学管庄分校）办学。2010年，学校占地面积29724平方米，建筑面积8385平方米，体育场（馆）面积2470平方米。图书馆（室）藏书74714册，固定资产总值1862万元。普通教室36个，专用教室2个，实验室6个。教职工134人，其中专任教师122人；高级职称教师13人，特级教师1人。开设教学班31个（初中班24个、高中班7个）。毕业294人（初中209人、高中85人），招生287人（初中195人、高中86人），在校生849人（初中608人、高中241人）。校训：勤学、多思、善行。党支部书记王秋水，校长付晓洁。

中国旅游学院附属中学

校址：朝阳区八里庄西里10号

朝阳区八里庄东里10号

1964年建校，初名北京市八里庄第一中学。1988年4月，改现名。1999年，职高停办。同年7月，八里庄第二中学及十里堡中学初中部并入。2010年，学校占地面积11858平方米，建筑面积8760平方米，体育场面积3180平方米。图书馆藏书50294册。普通教室24个，专用教室8个，实验室6个。教职工95人，其中专任教师59人；高级职称教师11人。开设教学班22个。毕业207人，招生260人，在校生623人。校训：尊师、爱校、勤学、上进。党支部书记王长江，校长崇静。

表26　　2010年朝阳区普通中学一览表

序号	学校名称	建校时间	举办者
1	北京服装学院附属中学	1965年	教育部门和集体办
2	北京工业大学附属中学	1957年	教育部门和集体办
3	北京化工大学附属中学	1983年	教育部门和集体办
4	北京教育科学研究院附属实验中学	1998年	教育部门和集体办
5	北京青年政治学院附属中学	1965年	教育部门和集体办
6	北京师范大学朝阳附属中学	2008年	教育部门和集体办
7	北京市安慧北里中学	1995年	教育部门和集体办
8	北京市八里庄第三中学	1973年	教育部门和集体办
9	北京市北苑中学	1972年	教育部门和集体办
10	北京市草场地中学	1958年	教育部门和集体办
11	北京市陈经纶中学	1921年	教育部门和集体办
12	北京市陈经纶中学分校	1998年	教育部门和集体办
13	北京市垂杨柳中学	1963年	教育部门和集体办
14	北京市大望路中学	1982年	教育部门和集体办
15	北京市第十六中学	1951年	教育部门和集体办
16	北京市第十七中学	1952年	教育部门和集体办
17	北京市第七十一中学	1954年	教育部门和集体办
18	北京市第八十中学	1956年	教育部门和集体办
19	北京市第八十中学管庄分校	2001年	教育部门和集体办
20	北京市第八十中学体育运动学校	2004年	教育部门和集体办
21	北京市第九十四中学	1956年	教育部门和集体办
22	北京市第九十四中学机场分校	1981年	教育部门和集体办
23	北京市第九十七中学	1957年	教育部门和集体办
24	北京市第一一九中学	1958年	教育部门和集体办
25	北京市定福庄中学	1963年	教育部门和集体办
26	北京市东方德才学校	1958年	教育部门和集体办
27	北京市东方培新学校	1981年	教育部门和集体办
28	北京市豆各庄中学	1958年	教育部门和集体办
29	北京市垡头中学	1973年	教育部门和集体办
30	北京市高家园中学	1987年	教育部门和集体办
31	北京市和平街第一中学	1960年	教育部门和集体办
32	北京市黑庄户中学	1967年	教育部门和集体办
33	北京市呼家楼中学	1961年	教育部门和集体办
34	北京市虎城中学	1996年	教育部门和集体办
35	北京市华侨城黄冈中学	2008年	教育部门和集体办
36	北京市金盏学校	1958年	教育部门和集体办
37	北京市劲松第三中学	1981年	教育部门和集体办
38	北京市劲松第四中学	1982年	教育部门和集体办
39	北京市劲松第一中学	1979年	教育部门和集体办
40	北京市酒仙桥第一中学	1963年	教育部门和集体办
41	北京市楼梓庄中学	1958年	教育部门和集体办
42	北京市民族学校	1920年	教育部门和集体办

续表 26

序号	学校名称	建校时间	举办者
43	北京市奶子房中学	1958 年	教育部门和集体办
44	北京市日坛中学	1963 年	教育部门和集体办
45	北京市润丰学校	2010 年	教育部门和集体办
46	北京市三里屯第一中学	1963 年	教育部门和集体办
47	北京市十八里店中学	1996 年	教育部门和集体办
48	北京市双桥中学	1959 年	教育部门和集体办
49	北京市体育场路中学	1973 年	教育部门和集体办
50	北京市同仁中学	1995 年	教育部门和集体办
51	北京市团结湖第三中学	1980 年	教育部门和集体办
52	北京市望京实验学校	1973 年	教育部门和集体办
53	北京市温榆河双语实验学校	2007 年	教育部门和集体办
54	北京市五路居第一中学	1985 年	教育部门和集体办
55	北京市樱花园实验学校	1984 年	教育部门和集体办
56	北京市枣营中学	1975 年	教育部门和集体办
57	北京市朝阳外国语学校	1998 年	教育部门和集体办
58	北京西藏中学	1987 年	教育部门和集体办
59	北京信息工程学院附属中学	1968 年	教育部门和集体办
60	北京中医学院附属中学	1975 年	教育部门和集体办
61	芳草地国际学校富力分校	—	教育部门和集体办
62	华中师范大学第一附属中学朝阳学校	2010 年	教育部门和集体办
63	清华大学附属中学朝阳学校	1969 年	教育部门和集体办
64	首都师范大学附属实验学校	1999 年	教育部门和集体办
65	中国建筑材料科学研究院附属中学	1957 年	教育部门和集体办
66	中国旅游学院附属中学	1964 年	教育部门和集体办
67	北京拔萃双语学校	2003 年	民办
68	北京国际艺术与科学学校	—	民办
69	北京世青国际学校	2000 年	民办
70	北京市私立北方学校	—	民办
71	北京市私立新亚中学	1995 年	民办
72	北京市亚奥学校	—	民办
73	北京市朝阳区爱迪外国语学校	2004 年	民办
74	北京市忠德学校	2003 年	民办

说明：“—”为资料缺失

特殊教育和工读教育学校

北京市朝阳区安华学校

校址：朝阳区安华西里 2 区 12 号

1988 年建校，初名北京市朝阳区培智中心学校。1995 年 9 月，迁至西坝河东里 103 号办学。1998 年 7 月迁至现址。同年 10 月更名为现名。2001 年，开设 0 ～ 6 岁特殊儿童学前教育。2005 年，增设残疾学生职业教育高中部，开设烹调、美容美发、餐饮服务和家政服务专业。2010 年，学校占地面积 5628 平方米，建筑面积 3984 平方米，体育场面积 2600 平方米。图书馆藏书 5000 册。普通教室 18 个，专用教室 22 个。教职工 64 人，其中专任教师 58 人。开设教学班 20 个。毕业 29 人，招生 32 人，在校生 169 人。校训：尊重、关爱、健康、快乐。党支部书记、校长龙建友。

北京市朝阳区工读学校（北京市劲松第六中学）

校址：朝阳区广渠门外广和里八巷 2 号

1978 年建校。负责管理朝阳区、平谷区普通初中学校工读托管生和预备生。学校法人单位为北京市劲松第六中学。1989 年，创办北京市朝阳区职业技术学校（非独立法人单位），承担职高 3 个年级本校生源和部分社会生源职业技能教育教学工作。1993 年，创办北京市朝阳区电梯职业技能培训学校，承担本校生源的职业劳动技能鉴定认证和社会生源职业技能培训任务。1997 年，成立朝阳区青少年心理健康教育中心，为普通中学学生、社会人员提供心理教育和咨询服务。2002 年，成立朝阳区青少年法制教育中心，为普通中学学生提供法制教育服务。2010 年，学校占地面积 14565 平方米，建筑面积 6476 万平方米，体育场面积 4000 平方米。图书馆藏书 2 万册。普通教室 21 个，专用教室 15 个，实验室 3 个。教职工 78 人，其中专任教师 65 人，高级职称教师 16 人。开设初、高中教学班 14 个。招生 29 人，毕业生 35 人，在校生 213 人。校训：自强不息，实现梦想。党支部书记姜立军，校长张美玲。

附表

表 27　　1991—2010 年朝阳区小学撤并更名一览表

序号	学校名称	建校时间	撤并或更名说明
1	北京经济学院附属小学	1960 年	1997 年，更名为首都经济贸易大学附属小学，1998 年 6 月并入北京市东方德才学校
2	北京市朝阳区安华里第二小学	1988 年	2005 年并入朝阳区安华里第一小学
3	北京市朝阳区安华里第三小学	1992 年	1993 年并入朝阳区安华里第一小学
4	北京市朝阳区安慧里第二小学	1992 年	1996 年与朝阳区安慧里小学合并，成立朝阳区安慧里中心小学
5	北京市朝阳区安慧里第三小学	1994 年	1997 年更名为朝阳区安慧北里小学
6	北京市朝阳区安慧里小学	1991 年	1996 年与朝阳区安慧里第二小学合并，更名为朝阳区安慧里中心小学
7	北京市朝阳区安贞里第三小学	1988 年	2004 年并入朝阳区安贞里第二小学
8	北京市朝阳区八里庄北里小学	1995 年	1998 年并入朝阳区八里庄中心小学
9	北京市朝阳区八里庄第二小学	1955 年	1955 年建第二棉纺织厂职工子弟小学，1956 年更名为朝阳区八里庄第二小学，1958 年更名为朝阳区八里庄中心小学，1999 年更名为朝阳区体育运动学校 2004 年，更名为朝阳区育人学校
10	北京市朝阳区八里庄第三小学	1960 年	2010 年与朝阳区八里庄二小、朝阳区育人学校（小学部）合并，成立朝阳区八里庄中心小学
11	北京市朝阳区八里庄第一小学	1949 年	2010 年并入八里庄中心小学
12	北京市朝阳区白鹿司小学	1968 年	2006 年更名为朝阳区柏阳学校
13	北京市朝阳区白新庄小学	1985 年	2003 年撤销
14	北京市朝阳区北甸小学	1918 年	2008 年并入北京市温榆河双语实验学校
15	北京市朝阳区北顶小学	1936 年	2000 年学生分流至朝阳区科学园小学、育慧里小学、南沙滩小学
16	北京市朝阳区北湖渠小学	1949 年	2008 年与朝阳区日坛小学望馨花园分校合并，更名为朝阳区望欣园小学
17	北京市朝阳区北花园小学	1930 年	2010 年并入朝阳区兴隆小学
18	北京市朝阳区北马坊小学	1917 年	2001 年并入朝阳区金盏小学（2010 年金盏小学并入北京市金盏学校）
19	北京市朝阳区曹各庄小学	1946 年	1995 年并入朝阳区楼梓庄小学
20	北京市朝阳区长营民族小学	1920 年	2006 年更名为北京市民族学校
21	北京市朝阳区垂杨柳第二小学	1964 年	2004 年更名朝阳区和平小学

续表 27

序号	学校名称	建校时间	撤并或更名说明
22	北京市朝阳区垂杨柳第三小学	1991 年	2006 年并入朝阳区垂杨柳中心小学
23	北京市朝阳区垂杨柳第五小学	1987 年	1993 年并入朝阳区垂杨柳第四小学
24	北京市朝阳区崔各庄小学	1918 年	2007 年与北京市孙河中学、北京市崔各庄中学合并成立北京市温榆河双语实验学校
25	北京市朝阳区大郊亭小学	1930 年	2003 年并入朝阳区平乐园小学
26	北京市朝阳区大鲁店小学	1921 年	1998 年并入朝阳区黑庄户中心小学
27	北京市朝阳区大山子第一小学	1960 年	2005 年并入北京青年政治学院附属中学成为小学部
28	北京市朝阳区大屯中心小学	1918 年	2002 年并入北京朝阳区慧忠北里第二小学
29	北京市朝阳区大望京小学	1936 年	2009 年并入北京市温榆河双语实验学校
30	北京市朝阳区单店小学	1958 年	2010 年并入朝阳区康静里小学
31	北京市朝阳区定福庄第三小学	1981 年	2002 年并入朝阳区定福庄第二小学
32	北京市朝阳区东八间房小学	1949 年	2009 年并入朝阳区酒仙桥中心小学
33	北京市朝阳区东坝第三小学	1930 年	2008 年并入朝阳区东坝中心小学
34	北京市朝阳区东坝河小学	1950 年	2003 年并入朝阳区新源里第四小学
35	北京市朝阳区东大桥小学	1930 年	2004 年并入朝阳区日坛小学
36	北京市朝阳区东光路小学	1967 年	1996 年撤销
37	北京市朝阳区东湖渠小学	1949 年	2003 年并入北京市朝阳师范学校附属小学
38	北京市朝阳区东小井小学	1950 年	2010 年并入朝阳区驹子房小学
39	北京市朝阳区东窑小学	1948 年	1995 年并入朝阳区楼梓庄小学
40	北京市朝阳区高安屯小学	1946 年	2002 年并入朝阳区楼梓庄小学
41	北京市朝阳区关西庄小学	1947 年	2007 年学校撤销
42	北京市朝阳区关庄小学	1949 年	2007 年学校撤销
43	北京市朝阳区观音堂小学	1968 年	2004 年并入朝阳区王四营中心小学
44	北京市朝阳区光华路第二小学	1962 年	2008 年并入朝阳区光华路第一小学，成立朝阳区光华路小学
45	北京市朝阳区光华路第三小学	1965 年	1996 年停止招生，2001 年并入光华路一小，学校撤销
46	北京市朝阳区光华路第四小学	1979 年	2001 年 9 月并入朝阳区芳草地国际学校
47	北京市朝阳区光华路第一小学	1957 年	2008 年 5 月更名为光华路小学；同年，光华路第二小学并入
48	北京市朝阳区和平村第二小学	1957 年	2004 年并入朝阳区和平小学
49	北京市朝阳区和平村第一小学	1957 年	2004 年并入朝阳区和平小学
50	北京市朝阳区和平街第四小学	1968 年	2002 年并入朝阳区和平街中心小学
51	北京市朝阳区和平街第一小学	1957 年	2002 年并入朝阳区和平街中心小学
52	北京市朝阳区核桃园小学	1991 年	2003 年并入朝阳区白家庄小学
53	北京市朝阳区红军营小学	1944 年	2001 年与朝阳区立水桥小学合并，并迁至紫绶园小区，成立朝阳区紫绶园小学
54	北京市朝阳区红庙第二小学	1964 年	1998 年并入北京东方德才学校
55	北京市朝阳区红庙第三小学	1988 年	1998 年并入北京东方德才学校
56	北京市朝阳区红桥小学	1949 年	2005 年并入朝阳区北皋中心小学
57	北京市朝阳区后俸小学	1948 年	1993 年更名为朝阳区田华小学
58	北京市朝阳区呼家楼第二小学	1968 年	2004 年并入朝阳区呼家楼第一小学
59	北京市朝阳区呼家楼第三小学	1979 年	2008 年并入朝阳区针织路小学
60	北京市朝阳区呼家楼第一小学	1950 年	2009 年并入朝阳区呼家楼中心小学
61	北京市朝阳区惠中寺小学	1950 年	1950 年建东郊区大屯中心小学，1969 年更名为朝阳区惠中寺小学，1993 年更名为北京市阳区慧忠里小学
62	北京市朝阳区架松小学	1936 年	2001 年并入朝阳区劲松第三小学
63	北京市朝阳区建国里小学	1936 年	2007 年并入朝阳区永安里小学

续表 27

序号	学校名称	建校时间	撤并或更名说明
64	北京市朝阳区金台路小学	1950 年	1998 年并入北京东方德才学校
65	北京市朝阳区金盏小学	1917 年	2010 年与北京市金盏中学合并，成立北京市金盏学校
66	北京市朝阳区酒仙桥第三小学	1966 年	2002 年并入朝阳区酒仙桥中心小学
67	北京市朝阳区酒仙桥第四小学	1982 年	2004 年并入朝阳区酒仙桥第二小学
68	北京市朝阳区驹子房小学	1918 年	2010 年并入朝阳区东坝中心小学
69	北京市朝阳区康营民族小学	1911 年	2009 年并入北京市温榆河双语实验学校
70	北京市朝阳区来广营乡中心小学	1918 年	2005 年并入朝阳区花家地实验小学
71	北京市朝阳区郎各庄小学	1943 年	1998 年并入朝阳区黑庄户中心小学
72	北京市朝阳区黎各庄小学	1946 年	1999 年并入朝阳区楼梓庄小学
73	北京市朝阳区立水桥小学	1947 年	2002 年更名为朝阳区紫绶园小学（2010 年并入北京市和平街第一中学）
74	北京市朝阳区亮马桥小学	1936 年	2003 年并入朝阳区东八间房小学
75	北京市朝阳区柳芳里小学	1989 年	2003 年并入朝阳区三里屯小学
76	北京市朝阳区六里屯小学	1931 年	2002 年并入朝阳区枣子营小学
77	北京市朝阳区马泉营小学	1917 年	2010 年并入朝阳区北皋中心小学
78	北京市朝阳区南湖渠第二小学	1991 年	2001 年并入朝阳区望京新城南湖中园小学
79	北京市朝阳区南花园小学	1968 年	2003 年并入朝阳区王四营中心小学
80	北京市朝阳区南新园小学	1998 年	2002 年师生并入朝阳区双龙南里小学，校舍划归北京市虎城中学
81	北京市朝阳区南中街第二小学	1930 年	1998 年并入朝阳区南中街民族小学
82	北京市朝阳区培智中心学校	1988 年	1998 年更名为朝阳区安华学校
83	北京市朝阳区皮村小学	1952 年	1999 年并入朝阳区楼梓庄小学
84	北京市朝阳区祁家豁子小学	1958 年	2005 年并入朝阳区华严里小学
85	北京市朝阳区清河营小学	1949 年月	2006 年并入朝阳区望京南湖东园小学青年城分校
86	北京市朝阳区三里屯第二小学	1960 年	2001 年并入朝阳区三里屯中心小学
87	北京市朝阳区三里屯第三小学	1963 年	2001 年更名为朝阳区三里屯中心小学，2002 年更名为朝阳区三里屯小学
88	北京市朝阳区三里屯第一小学	1936 年	2004 年并入朝阳区三里屯小学
89	北京市朝阳区沙窝小学	1948 年	1999 年并入朝阳区楼梓庄小学
90	北京市朝阳区沙子营小学	1950 年	2002 年并入朝阳区上辛堡小学
91	北京市朝阳区胜古庄小学	1950 年	2003 年并入朝阳区安贞里第一小学
92	北京市朝阳区十里堡第二小学	1953 年	2008 年并入朝阳区罗马嘉园小学
93	北京市朝阳区十里堡小学	1946 年	1995 年并入北京市长营民族小学
94	北京市朝阳区十里河小学	1936 年	2006 年并入朝阳区武圣庙小学
95	北京市朝阳区石佛营第二小学	1996 年	2000 年并入朝阳区石佛营小学
96	北京市朝阳区石各庄小学	1951 年	2005 年并入朝阳区平房小学
97	北京市朝阳区首都机场第一小学	1958 年	1958 年，建民航管理局子弟学校，1983 年更名为首都机场第一小学。2006 年与首都机场中学合并更名北京市第九十四中学机场分校
98	北京市朝阳区双龙南里小学	1995 年	2006 年并入朝阳区南磨房中心小学
99	北京市朝阳区双桥第三小学	1985 年	2008 年并入朝阳区双桥第一小学
100	北京市朝阳区双树小学	1946 年	2000 年并入朝阳区双桥第二小学
101	北京市朝阳区水碓子北里小学	1962 年	1998 年并入北京东方德才学校
102	北京市朝阳区水碓子小学	1962 年	2001 年撤销师生分流至学区各校
103	北京市朝阳区水南庄小学	1953 年	2010 年分别并入朝阳区垂杨柳中心小学、朝阳区垂杨柳第四小学
104	北京市朝阳区水牛房小学	1923 年	2008 年并入朝阳区豆各庄中心小学

续表 27

序号	学校名称	建校时间	撤并或更名说明
105	北京市朝阳区松榆东里小学	1997 年	2001 年并入朝阳区南磨房中心小学
106	北京市朝阳区松榆里第二小学	1993 年	2006 年并入朝阳区武圣庙小学
107	北京市朝阳区孙河中心小学	1919 年	2009 年并入北京市温榆河双语实验学校
108	北京市朝阳区太阳宫小学	1969 年	2002 年并入朝阳区西坝河小学
109	北京市朝阳区体育场路小学	1954 年	2003 年并入朝阳区日坛小学
110	北京市朝阳区甜水园小学	1994 年	1998 年并入北京东方德才学校
111	北京市朝阳区团结湖第三小学	1981 年	2003 年更名朝阳区团结湖小学
112	北京市朝阳区团结湖第一小学	1979 年	2003 年并入朝阳区团结湖第三小学
113	北京市朝阳区洼边第二小学	1950 年	2004 年撤销
114	北京市朝阳区洼边小学	1951 年	2003 年撤销
115	北京市朝阳区洼里小学	1950 年	2004 年撤销
116	北京市朝阳区五里桥小学	1946 年	1999 年并入北京市民族学校
117	北京市朝阳区五路居小学	1984 年	1997 年并入朝阳区安贞里第二小学
118	北京市朝阳区西八间房第二小学	1982 年	2000 年更名为朝阳区望花路小学
119	北京市朝阳区西八间房小学	1949 年	2001 年并入朝阳区驼房营小学
120	北京市朝阳区西坝河第二小学	1986 年	2004 年并入朝阳区黄胄艺术实验小学
121	北京市朝阳区西坝河第四小学	1987 年	2003 年更名为朝阳区黄胄艺术实验小学
122	北京市朝阳区西坝河小学	1949 年	2008 年并入北京市朝阳师范学校附属小学
123	北京市朝阳区西坝小学	1923 年	2010 年并入朝阳区康静里小学
124	北京市朝阳区小关小学	1985 年	2002 年并入朝阳区小关北里小学
125	北京市朝阳区新源里第二小学	1984 年	2002 年并入朝阳区新源里第四小学
126	北京市朝阳区新源里第三小学	1983 年	2000 年并入朝阳区新源里第二小学
127	北京市朝阳区辛店小学	1949 年	2001 年并入朝阳区慧忠里小学
128	北京市朝阳区辛庄小学	1950 年	2008 年并入朝阳区石佛营小学
129	北京市朝阳区幸福村第二小学	1964 年	2000 年学生并入朝阳区实验小学
130	北京市朝阳区幸福村中心小学	1956 年	2000 年更名为朝阳区实验小学
131	北京市朝阳区杨闸民族小学	1946 年	2004 年更名为朝阳区瑞祥民族小学
132	北京市朝阳区羊坊小学	1935 年	2003 年撤销
133	北京市朝阳区仰山小学	1949 年	2005 年并入朝阳区关西庄小学
134	北京市朝阳区姚家园小学	1948 年	2010 年并入朝阳区平房小学
135	北京市朝阳区药王庙小学	1936 年	1993 年更名为朝阳区惠新里小学
136	北京市朝阳区樱花西街小学	1984 年	1997 年并入朝阳区胜古庄小学
137	北京市朝阳区樱花园小学	1987 年	1992 年学校更名为北京化工学院附属小学，2004 年并入樱花园实验学校
138	北京市朝阳区英家坟小学	1936 年	1999 年并入北京市东方培新学校
139	北京市朝阳区勇士营小学	1969 年	2006 年并入朝阳区望京南湖东园小学青年城分校
140	北京市朝阳区育慧里小学	2000 年	2005 年并入朝阳区安慧里中心小学
141	北京市朝阳区枣子营第二小学	1994 年	2000 年并入朝阳区枣子营小学
142	北京市朝阳区朝阳小学	1967 年	2007 年并入朝阳区下三条中心小学
143	北京市朝阳区重兴寺小学	1946 年	2004 年并入朝阳区瑞祥民族小学
144	北京市朝阳区紫绶园小学	2001 年	2010 年并入北京市和平街第一中学
145	北京市朝阳区左家庄第一小学	1953 年	2007 年学校撤销
146	首都机场第二小学	1983 年	2010 年并入北京市第九十四中机场分校
147	首都经济贸易大学附属小学	1960 年	1998 年并入北京东方德才学校

表 28　　1991—2010 年朝阳区普通中学撤并更名一览表

序号	学校名称	建校时间	撤并或更名说明
1	北京第二外国语学院附属中学	1957 年	1996 年并入北京市第一一九中学（作为东校区）。2000 年独立办学命名为中国建筑科学研究院附属中学
2	北京市安苑北里中学	1990 年	2005 年并入北京化工大学附属中学
3	北京市安贞里中学	1988 年	2004 年初中师生并入北京市五路居第一中学；行政及退休人员并入民族艺术职业学校
4	北京市八里庄第二中学	1973 年	1999 年并入中国旅游学院附属中学
5	北京市白家庄第二中学	1975 年	1980 年更名为北京市团结湖第二中学，2003 年更名为北京金融商贸职业技术学校，2010 年并入北京市求实职业学校
6	北京市白家庄中学	1964 年	2009 年并入北京市体育场路中学
7	北京市垂杨柳第一中学	1963 年	2003 年与北京市松榆里中学、北京市松榆里第二中学合并，更名北京市垂杨柳中学
8	北京市慈云寺中学	1981 年	1999 年更名为北京市东方培新学校
9	北京市崔各庄中学	1969 年	2007 年与北京市孙河中学、朝阳区崔各庄小学合并成立北京市温榆河双语实验学校
10	北京市大山子第二中学	1984 年	1997 年并入北京市高家园中学
11	北京市第四十八中学	1952 年	2004 年并入北京教育科学研究院附属实验中学
12	北京市第六十四中学	1955 年	1998 年陈经纶中学分校借校编制办学
13	北京市第八十一中学	1956 年	1997 年并入北京市垡头中学
14	北京市第八十二中学	1956 年	1998 年并入对外经济贸易大学附属中学
15	北京市第一三零中学	1962 年	2004 年并入北京市求实职业学校
16	北京市垡头第二中学	1984 年	1997 年并入北京市垡头中学
17	北京市高碑店中学	1994 年	1998 年并入北京市第十七中学
18	北京市高杨树中学	1979 年	1995 年并入北京市第十六中学
19	北京市关东店中学	1979 年	2003 年并入朝阳区白家庄中学
20	北京市管庄第二中学	1983 年	2000 年并入中国建筑材料科学研究院附属中学
21	北京市光华路中学	1973 年	2001 年并入北京市日坛中学
22	北京市和平村中学	1973 年	1982 年更名为北京市劲松第二中学，2004 年并入北京市劲松第一中学
23	北京市和平街第二中学	1969 年	2000 年并入北京中医学院附属中学
24	北京市花家地实验中学	1995 年	1996 年并入北京市第九十四中学
25	北京市花家地西里中学	1999 年	2010 年学生及在编教师并入陈经纶中学分校，校舍、资产及离退休教职工划归首都师范大学附属实验学校
26	北京市华严里中学	1995 年	2009 年 1 月并入北京信息工程学院附属中学
27	北京市惠新里中学	1994 年	1999 年并入北京化工学院附属中学
28	北京市建国里中学	1973 年	2008 年并入北京市第一一九中学
29	北京市将台路中学	1975 年	1993 年更名为北京市将台路职业高中，2004 年更名为北京市电气工程学校
30	北京市金台路中学	1975 年	1992 年迁至朝阳区麦子店地区，并更名为北京市枣营中学
31	北京市金盏中学	1958 年	2010 年与朝阳区金盏小学合更名立北京市金盏学校
32	北京市劲松第五中学	1974 年	1996 年并入北京市劲松第二中学
33	北京市酒仙桥第二中学	1975 年	2007 年并入北京市酒仙桥第一中学
34	北京市酒仙桥第三中学	1985 年	2000 年并入北京市酒仙桥第一中学
35	北京市柳芳里中学	1990 年	2003 年并入北京服装学院附属中学
36	北京市南磨房中学	1972 年	1999 年更名为北京市松榆里第二中学，2003 年并入垂杨柳中学

续表 28

序号	学校名称	建校时间	撤并或更名说明
37	北京市南沙滩中学	1968 年	1989 年更名为北京信息工程学院附属中学
38	北京市十里堡中学初中部	1973 年	1999 年初中部并入中国旅游学院附属中学
39	北京市首都机场中学	1981 年	2006 年与首都机场第一小学合并，更名北京市第九十四中学机场分校
40	北京市水碓子中学	1976 年	2007 年并入北京市团结湖第三中学
41	北京市松榆里中学	1994 年	2003 年并入北京市垂杨柳中学
42	北京市孙河中学	1956 年	2007 年与北京市崔各庄中学、朝阳区崔各庄小学合并成立北京市温榆河双语实验学校
43	北京市团结湖第一中学	1979 年	2003 年并入朝阳区水碓子中学
44	北京市洼里中学	1969 年	2004 年并入北京市樱花园实验学校
45	北京市五路居第二中学	1986 年	1995 年并入北京市五路居第一中学
46	北京市小武基中学	1956 年	1996 年与北京市张家店中学合并，成立北京市十八里店中学
47	北京市新源里第二中学	1983 年	1995 年更名为北京市新源里职业高中
48	北京市新源里第三中学	1983 年	2000 年并入新源里中学
49	北京市新源里中学	1969 年	2010 年更名为清华大学附属中学朝阳分校
50	北京市新中街中学	1973 年	2002 年更名为北京市望京实验学校
51	北京市星火中学	1968 年	1999 年并入北京市枣子营中学
52	北京市幸福村中学	1975 年	2000 年并入北京市三里屯第一中学
53	北京市延静里中学	1987 年	1998 年并入北京市东方德才学校
54	北京市杨闸中学	1956 年	2000 年并入中国建筑材料科学研究院附属中学
55	北京市樱花园中学	1984 年	2004 年更名为北京市樱花园实验学校
56	北京市张家店中学	1958 年	1995 年与北京市小武基中学合并，成立北京市十八里店中学
57	北京市朝英中学	1984 年	2000 年初中并入左家庄中学，职高教师并入新源里职高
58	北京市左家庄中学	1984 年	2003 年并入北京服装学院附属中学
59	对外经济贸易大学附属中学	1960 年	2004 年并入北京市金融商贸职业技术学校

表 29　　2010 年朝阳区教委直属事业单位一览表

序号	单位名称	成立时间	地址	沿革
1	北京教育学院朝阳分院	1982 年	朝阳区甜水园 1 号	前身是 1982 年成立的朝阳区第一教师进修学校，校址建国门外永安南里。1994 年 5 月更名为北京教育学院朝阳分院。1996 年 11 月，教育行政学校、第二教师进修学校小学教师进修部并入。1997 年，迁至甜水园 1 号。1999 年 6 月，区教研中心并入。2002 年 6 月，职业技术教育中心、成人教育研究室并入。2003 年 3 月，教研中心、职成教研室剥离
2	北京市朝阳区教育国有资产管理中心	1971 年	朝阳区西坝河东里 103 号楼	初为教育局校办工厂科。1982 年 12 月改为校办企业公司。1988 年更名为校办企业总公司。1999 年 9 月校办企业总公司和职业教育实习生产管理办公室合并成立朝阳区教育国有资产管理中心。2000 年 3 月，区教委基建房管中心并入

续表 29

序号	单位名称	成立时间	地址	沿革
3	北京市朝阳区教育委员会教学设备中心	1992 年	朝阳区安华里 2 区 5 号楼	始称朝阳区教育局仓库。1998 年 4 月更为现名。主要职能是负责该区教学设备预算、决算，设备管理，设备采购，设备验收，资产处置，节能节水等方面工作
4	北京市朝阳区教育委员会老干部管理服务中心	2002 年	朝阳区水碓子东路 5 号楼	由区教委老干部活动站、老年大学、祥和老年公寓合并组建
5	北京市朝阳区教育委员会项目资金管理中心	2009 年	朝阳区石佛营西里 28 号楼	主要职能是负责该区学生就学资助、助学贷款管理以及系统内人员工资统发核算等工作。中心成立后，3 月成立的学生资助管理中心纳入其管理
6	北京市朝阳区教育研究中心	1997 年	朝阳区柳芳南里 14 号楼	1999 年 6 月，并入教育学院朝阳分院。2003 年 3 月，中学教研室、小学教研室、学前教研室、教科所、职成教研室从北京教育学院朝阳分院剥离，独立办公，恢复教研中心职能。主要职能是组织指导各类学校（园）的教育教学和教科研业务工作；组织编写地方乡土教材和教辅资料；研究解决本区教育教学中存在难点问题等
7	北京市朝阳区青少年活动中心	1991 年	朝阳区红庙延静西里 19 号	由朝阳区少年宫和朝阳区青少年科技馆合并组建。1999 年 3 月建立朝阳区少儿图书馆，地址安华西里 1 区 1 号楼北。2000 年 1 月朝阳区新源里少年之家并入，地址三源里北小街甲 1 号。2010 年，中心有红庙本部、新源里分部、安华里分部 3 个教学场所
8	北京市朝阳区人才服务中心教育人才分中心	1992 年	朝阳区水碓子北里 14 号	初名朝阳区教育局教职工交流服务中心。2000 年 1 月更名朝阳区教育委员会教职工交流服务中心。2001 年 7 月更为现名
9	北京市朝阳区现代教育技术信息网络中心（朝阳区教育委员会宣传教育中心）	2001 年	朝阳区水碓子北里 14 号	初名朝阳区现代教育技术信息网络中心。2010 年 3 月成立朝阳区教育委员会宣传教育中心。宣教中心和信息网络中心以“两块牌子、一套人马、一体化管理、合署办公”模式运行
10	北京市朝阳区招生考试中心	1998 年	朝阳区团结湖南路 1 号	主要职能是负责朝阳区小学、初中入学；高级中等学校招生考试；普通高中毕业会考；普通高等学校招生考试，成人高等学校招生考试；高等教育自学考试；全国计算机等级考试；小学、初中、高中学籍管理及普教事业综合统计等工作
11	北京市朝阳区中小学卫生保健所	1983 年	朝阳区团结湖路 23 号	主要职能：承担中小学生的卫生保健、健康教育、体质监测、常见病防治、突发公共卫生事件防控，以及教职工的健康体检、健康培训和健康指导工作和学校校医培训、学校卫生工作研究、学校食品卫生安全管理等
12	朝阳区社会力量办学管理所	1996 年	朝阳区胜古北里甲 9 号	原为区成人教育局直属单位。1998 年，并入区教委。主要职能是负责民办学校党政工一体化工作，负责该区民办学校管理人员培训教育和政策辅导、业务咨询工作

丰台区

幼儿园

北京市丰台区长辛店第一幼儿园

园址：丰台区长辛店曹家口26号

1982年建园，初为丰台区长辛店教工幼儿园，地址丰台区长辛店大寺口20号。1998年6月，更名为北京市丰台区长辛店第一幼儿园。2007年7月，迁至长辛店曹家口26号。2009年，接收长辛店陈庄大街9号的分园。2010年7月，总园（曹家口园）通过北京市一级一类幼儿园等级验收。2010年，两园占地面积共5703平方米，建筑面积2068平方米，图书3000册。教职工31人，其中专任教师28人。在园幼儿233人，离园58人。教学班7个，其中大班2个，中班2个，小班3个。党支部书记、园长王晓红。

北京市丰台区东罗园幼儿园

园址：丰台区赵公口小区1号楼

幼儿园的前身是始建于1974年的丰台区大红门教工托儿所，开办于东罗园小学院内。1992年迁到现址，改名为丰台区东罗园幼儿园。2000年被北京市教委评为一级一类幼儿园。2010年，被评为北京市早期教育示范基地。2010年，幼儿园占地面积2026平方米，校舍建筑面积1515平方米。开设9个教学班。教职工32人，其中专任教师32人。幼儿入园112人，毕业70人，在园297人。党支部书记、园长赵丽君。

北京市丰台区樊家村教工幼儿园

园址：丰台区芳菲路88号院12号楼

1972年建园。2009年，入选北京市一级一类幼儿园。2010年，幼儿占地面积2900平方米，园舍建筑面积2082平方米。教职工38人，其中专任教师20人。开设8个教学班。幼儿入园99人，离园85人，在园250人。党支部书记、园长张明英。

北京市丰台区方庄第一幼儿园

园址：丰台区芳古园一区16号

1991年7月成立，初名北京市丰台区芳古园幼儿园。1996年12月更名为北京市丰台区方庄第一幼儿园。1991年至1996年期间为创业阶段，该园提出“团结奋进、务本求实、扎实发展、争创佳绩”的办园目标。1997年至2005年为发展阶段，教职工在转变教育观念的基础上，认真开展教育实践研究，保教工作质量得到全面提升，成为北京市一级一类幼儿园和丰台区示范园。2006年至2010年为稳步提高阶段，该园形成“温馨之爱、和谐统一、自主发展”的良好园所文化。2010年，幼儿园占地面积3540平方米，建筑面积2467平方米。教职工34人，其中专任教师24人。开设教学班11个。幼儿入园94人，离园71人，在园幼儿360人。党支部书记、园长何艳华。

北京市丰台区芳庄第二幼儿园

园址：丰台区方庄小区芳星园3区22号楼

1992年成立，位于丰台区方庄小区芳星园3区22号。占地面积2025平方米、建筑面积1861平方米，户外活动场地1030平方米。2003年，开办分园星星艺术幼儿园，位于丰台区西罗园南里小区34号，占地面积为2640平方米，建筑面积2696平方米，户外活动场地为1245平方米。1998年，通过验收被评为北京市一级一类园。2008年，入选北京市市级示范幼儿园。2010年，主园与分园共有16个教学班。在园幼儿500余人。园所藏有3000余册图书。教职工80余人，其中专任教师50人，市级骨干教师1人。党支部书记、园长孔震英。

北京市丰台区芳庄第三幼儿园

园址：丰台区方庄芳城园一区8号楼

1995年10月成立，1998年，被北京市教委评为北京市一级一类幼儿园。2000年1月18日，方庄第五幼儿园合并到芳庄三幼，为芳庄三幼分园。2002年，芳庄三幼成立北京市首家“乖宝贝亲子乐园”，启动0～3岁早教工程。2003年，被评为市级示范园。2004年，被授予“北京市社区儿童早期教育示范基地”称号。2010年，幼儿园占地面积8246平方米，建筑面积4932平方米。教学班18个。在园幼儿554人。教职工66人，其中，北京市骨干教师1人。党支部书记、园长吴东慧。

北京市丰台区丰台第二幼儿园

园址：丰台区丰台北路望园东里8号楼

1989年成立。建园初期，幼儿园地址在丰台东大街东里9号楼，占地面积500平方米，共6个教学班，教职工18人，在园幼儿约为180人。1997年，丰台二幼迁址到丰台望园西里小区，占地面积1527平方米，建筑面积1798平方米，6个教学班。2000年，丰台二幼在丰台望园东里小区开办分园(简称东园)，占地面积2234平方米，建筑面积2124平方米，8个教学班。1998年，丰台二幼被北京市教委评为北京市一级一类园。2002年，被评为北京市早期教育示范基地。2010年，被评为北京市示范幼儿园。

2010年，丰台二幼为一园两址，两园占地面积共计3761平方米，东园和西园各有一栋两层教学楼，建筑面积共计3922平方米。东园开设大、中、小教学班8个，1个亲子班；西园开设大、中、小教学班6个。两园共计15个教学班，收托幼儿400余人。教职工76人，其中专任教师33人；市级骨干教师1人。党支部书记、园长游向红。

北京市丰台区丰台第六幼儿园

园址：丰台区丰台正阳小区7号楼

1971年成立，前身是丰台教工托儿所。2001年，晋级北京市二级二类幼儿园，并更名为丰台教工幼儿园。2002年，迁址于正阳小区内。2004年，被评为北京市一级一类幼儿园；2007年，更名为北京市丰台区丰台第六幼儿园，并通过验收成为丰台区区级示范园。2009年6月创建的三环新城园，于2010年评为北京市一级一类幼儿园。

2010年，丰台第六幼儿园一园两址，正阳园位于丰台区正阳小区7号楼，三环新城园位于丰桥路7号三环新城8号院内。全园占地面积6400多平方米，建筑面积5233平方米。开设15个教学班。幼儿入园211人，离园70人，在园434人。教职工38人，其中专任教师26人。党支部书记、园长闫俊喜。

北京市丰台区丰台第三幼儿园

园址：丰台区五里店南里29号楼

1992年7月建园，2009年9月开设大成园，位于长安新城大成南里一区17号楼。1997年，被评为北京市一级一类幼儿园。1999年，被评为丰台区优秀教研组。2001年，被评为丰台区卫生保健示范园，同年成为幼儿交通安全教育示范基地。2003年，被评为北京市社区儿童早期教育示范基地。2004年，成为国家教育部重点课题优秀研究单位。2006年，被评为丰台区示范幼儿园。2010年，成为北京市创造教育研究先进单位，同年评为丰台区教育创新先进集体。

2010年，五里店园占地面积3425平方米，校舍建筑面积1858平方米；大成园占地面积1875平方米，校舍建筑面积1687平方米。教职工37人，其中专任教师29人，保健员2人。开设11个教学班。幼儿入园110人，离园60人，在园310人。党支部书记、园长梁莉。

北京市丰台区丰台第四幼儿园

园址：丰台区丰台桥南造甲南里17号

1994年10月成立，时有6个教学班。2001年4月分园成立，园址丰台区新发地银地家园A区14号，时有12个教学班。1999年6月和2005年，幼儿园分别入选北京市一级一类幼儿园、北京市社区儿童早期教育示范基地。2010年，全园占地总面积5507平方米；总园校舍建筑面积1470平方米，分园校舍建筑面积3400平方米。教职工55人，其中专任教师47人。全园共开设20个教学班。新入园幼儿169人，离园162人，在园589人。党支部书记、园长刘银玉。

北京市丰台区丰台第五幼儿园

园址：丰台区丰台桥南韩庄子东里甲一号

幼儿园前身是1994年建园的丰台铁路幼儿园。2005年1月，由区教委接收改制为市立园，更现名。2006年至2009年，该园先后入选北京市一级一类幼儿园、北京市社区儿童早期教育示范基地、丰台区示范园。2009年5月，接收三环新城分园（丰桥路7号三环新城7号院），此后一园两址办学。2010年，总园占地面积5752平方米，建筑面积3400平方米，13个教学班，在园幼儿360人。分园占地面积3044平方米，建筑面积1195平方米，7个教学班。在园幼儿187人。全园教职工61人，其中专任教师44人。党支部书记顾文华，园长彭俊红。

北京市丰台区丰台第一幼儿园

园址：丰台区东大街27号

1960年成立，原名北大地幼儿园，建在丰台示范学校院内。1987年，更名为丰台第一幼儿园。1990年12月28日迁入现址。幼儿园占地面积5840平方米，建筑面积3119平方米。2003年7月，丰台一幼丰益园开园，该园位于丰台区丰益花园3号院6号楼。2009年9月1日，丰台一幼民族园开园，该园位于丰台东大街东里9号。1991年，被评为北京市一级一类幼儿园。1995年，进行“国家所有，园长承办，经费自筹，办园自主”的“国有民办”改革。1999年，被评为北京市卫生保健示范园。2001年，被评为北京市教育科研先进幼儿园。2002年，被评为北京市示范园。

2010年，丰台第一幼儿园一园三址，分为总园（东大街园）、丰益分园、民族分园，总占地面积12362平方米，建筑面积7371平方米。多功能教室3个，玩家图书馆4个，幼儿图书馆2个。全园教职工90人。其中，教师57人。全园设有26个教学班，在园幼儿830人。园训：崇德、尚美、健体、乐学。党支部书记、园长朱继文。

北京市丰台区嘉园第一幼儿园

园址：丰台区马家堡嘉园二里25号楼

1957年7月建园，原名为丰台区五爱屯幼儿园，位于五爱屯街11号，是丰台区第一所市立幼儿园。1999年6月，五爱屯幼儿园迁入现址，更名为嘉园第一幼儿园，原五爱屯幼儿园成为分园。该园是北京市一级一类幼儿园、北京市早期教育示范基地、丰台区示范幼儿园。2010年，幼儿园占地面积4902平方米，户外活动场地面积2700平方米，校舍建筑面积2469平方米。固定资产401.5万元。教职工69人，其中专任教师26人，保健员2人。开设10个教学班。2010年幼儿入园155人，离园142人，在园406人。党支部书记、园长郑淑敏。

北京市丰台区南苑教工幼儿园

园址：丰台区南苑东长街12号

幼儿园前身是成立于1974年7月的丰台区南苑教工托儿所，系乡办幼儿园，主要招收乡办学校教师子女。1978年，改为教育局管理，更名为丰台区南苑教工幼儿园，面向全市招生。该园为北京市二级二类园所、北京市早期教育基地、丰台区早期亲子教育基地。2010年，园所占地面积2400平方米，建筑面积1300平方米。2010年，教职工23人，其中专任教师21人，专职保健医1人，兼职保健医1人。拥有7个教学班，其中小班3个、中班2个、大班2个。幼儿在园199人。2001年至2010年，该园共有离园幼儿718人。党支部书记、园长张培红。

北京市丰台区蒲黄榆第二幼儿园

园址：丰台区蒲安里8号楼

1984年建园，占地面积1309平方米，建筑面积1189平方米。2006年，被评为丰台区示范幼儿园、“十二五”幼儿教育科学研究规划课题实验园。2010年11月，承办建邦华府分园。分园位于建邦华府小区内，占地面积2000平方米，建筑面积1500平方米。2010年，幼儿园为市级一级一类园，教职工48人，其中专任教师22人，市级骨干教师1人。开设教学班12个。园训：敬业、勤业、乐业、精业。党支部书记、园长翟丽娟。

北京市丰台区蒲黄榆第一幼儿园

园址：丰台区蒲黄榆三里甲三号

1982年建园。该园系北京市一级一类幼儿园、北京市早期教育基地、北京市示范幼儿园。2004年，在城南嘉园益城园开办分园。2010年，幼儿园占地面积7955平方米，建筑面积5639平方米。图书1930册。18个教学班，在园幼儿共625人。教职工77人，其中，保育员6人。党支部书记、园长穆新莉。

北京市丰台区青塔第二幼儿园

园址：丰台区青塔小区秀园7号

1998年成立。该园系北京市一级一类幼儿园、北京市示范园、北京市早期教育基地、北京市特殊教育示范基地。幼儿园秉承“环境育人”的教育理念，使环境设施融入环保特色，充分利用废旧物，打造出形态各异、功能多样的教育环境。2002年10月，合并丰台区青塔幼儿园。2010年，园所占地面积7667平方米，建筑面积4471平方米，图书1.12万册。教职工50人，其中专任教师37人。教学班13个，亲子班4个，在园幼儿410人。党支部书记、园长权明。

北京市丰台区群英幼儿园

园址：丰台区西罗园三区十号楼

1992年11月建园，2005年，被评为北京市一级一类幼儿园。该园为日托制、公办幼儿园。2008年群英幼儿园利用比邻北京京剧院的区位优势资源，创办幼儿京剧文化特色，成为首家北京京剧院“京剧进园”的特色园。2009年《运用民间美术环境发展幼儿主动学习能力》论文获北京市京研杯优秀论文评选一等奖。2010年，幼儿园占地面积2980平方米，建筑面积1520平方米。教职工30人，其中专任教师28人。开设11个教学班，幼儿入园230人，离园60人，在园170人。党支部书记、园长范建华。

北京市丰台区实验幼儿园

园址：丰台区方庄芳群园二区十号楼

1995年建园，采用国有民办方式创办。2010年，丰台区实验幼儿园隶属丰台教委，为日托制。占地面积3440平方米，校舍建筑面积3010平方米。教职工81人，其中专任教师57人，保健员2人。开设18个教学班。幼儿入园143人，离园137人，在园508人。党支部书记、园长彭俊娟。

北京市丰台区西罗园幼儿园

园址：丰台区洋桥北里32号

1991年成立。2000年，幼儿园将武术教学融入常规教学和幼儿的日常活动中。同年，幼儿园被评为北京市一级一类幼儿园。2002年，被命名为北京市早期教育基地。2003年，被评为丰台区示范幼儿园。

2010年，幼儿园占地面积4036平方米，建筑面积2556平方米，塑胶运动场面积1100平方米，绿化面积300平方米。教职工37人，其中专任教师32人。开设14个教学班。幼儿入园173人，离园118人、在园幼儿380余人。党支部书记、园长马玉华。

北京市丰台区育英幼儿园

园址：丰台区洋桥西里 33 号

1993 年成立，为直属丰台教委的日托制幼儿园。2000 年，评为北京市一级一类幼儿园。2007 年，成为北京市早期教育示范基地。2008 年，成为北京市 A 级食堂单位。2009 年，成为丰台区示范园。2010 年，幼儿园占地面积 4006 平方米，校舍建筑面积 2900 平方米。幼儿园教职工 34 人，其中专任教师 25 人。开设 12 个教学班，幼儿入园 110 人，离园 92 人，在园 360 人。党支部书记、园长田丽。

表 30　　2010 年丰台区幼儿园一览表

序号	幼儿园名称	建园时间	举办者
1	北京市丰台区长辛店第一幼儿园	1982 年	教育部门办
2	北京市丰台区东罗园幼儿园	1974 年	教育部门办
3	北京市丰台区樊家村教工幼儿园	1972 年	教育部门办
4	北京市丰台区方庄第一幼儿园	1991 年	教育部门办
5	北京市丰台区芳庄第二幼儿园	1995 年	教育部门办
6	北京市丰台区芳庄第三幼儿园	1995 年	教育部门办
7	北京市丰台区丰台第二幼儿园	1989 年	教育部门办
8	北京市丰台区丰台第六幼儿园	1971 年	教育部门办
9	北京市丰台区丰台第三幼儿园	1992 年	教育部门办
10	北京市丰台区丰台第四幼儿园	1994 年	教育部门办
11	北京市丰台区丰台第五幼儿园	1994 年	教育部门办
12	北京市丰台区丰台第一幼儿园	1960 年	教育部门办
13	北京市丰台区嘉园第一幼儿园	1957 年	教育部门办
14	北京市丰台区南苑教工幼儿园	1974 年	教育部门办
15	北京市丰台区蒲黄榆第二幼儿园	1984 年	教育部门办
16	北京市丰台区蒲黄榆第一幼儿园	1982 年	教育部门办
17	北京市丰台区青塔第二幼儿园	1998 年	教育部门办
18	北京市丰台区群英幼儿园	1992 年	教育部门办
19	北京市丰台区实验幼儿园	1995 年	教育部门办
20	北京市丰台区西罗园幼儿园	1991 年	教育部门办
21	北京市丰台区育英幼儿园	1993 年	教育部门办
22	八一电影制片厂幼儿园	—	其他部门办
23	北京北方车辆集团有限公司幼儿园	—	其他部门办
24	北京二七车辆厂幼儿园	—	其他部门办
25	北京二七机车厂托儿所	—	其他部门办
26	北京市丰台区人民政府机关幼儿园	—	其他部门办
27	北京市环球橡胶厂幼儿园	—	其他部门办
28	北京市南厢物资经营公司托儿所	—	其他部门办
29	芳星第一幼儿园	—	其他部门办
30	空军直属机关蓝天幼儿园	—	其他部门办
31	空军装备研究院蓝天幼儿园分园	—	其他部门办
32	中国航天科技集团公司第十一研究院幼儿园	—	其他部门办
33	中国航天科技集团公司第一研究院航天幼儿园	—	其他部门办
34	中国人民解放军 62030 部队院务管理处幼儿园	—	其他部门办
35	中国人民解放军 62301 部队幼儿园	—	其他部门办
36	中国人民解放军 63963 部队幼儿园	—	其他部门办
37	中国人民解放军 66040 部队机关幼儿园	—	其他部门办

续表 30

序号	幼儿园名称	建园时间	举办者
38	中国人民解放军 95810 部队幼儿园	—	其他部门办
39	中国人民解放军海军航空兵部幼儿园	—	其他部门办
40	中国人民解放军空军工程设计研究局幼儿园	—	其他部门办
41	中国人民解放军三０二医院幼儿园	—	其他部门办
42	中国人民解放军总参谋部第五十一研究所幼园	—	其他部门办
43	中国人民解放军总后勤部六一幼儿园	—	其他部门办
44	装甲兵工程学院幼儿园	—	其他部门办
45	北京市丰台区草桥幼儿园	—	集体办
46	北京市丰台区长辛店大街幼儿园	—	集体办
47	北京市丰台区大红门街道办事处东楼幼儿园	—	集体办
48	北京市丰台区大红门幼儿园	—	集体办
49	北京市丰台区大井幼儿园	—	集体办
50	北京市丰台区靛厂幼儿园	—	集体办
51	北京市丰台区东管头幼儿园	—	集体办
52	北京市丰台区东铁营办事处第二幼儿园	—	集体办
53	北京市丰台区芳群第二幼儿园	—	集体办
54	北京市丰台区分中寺幼儿园	—	集体办
55	北京市丰台区丰台镇正阳幼儿园	—	集体办
56	北京市丰台区花乡白盆窑村中心幼儿园	—	集体办
57	北京市丰台区花乡郭公庄幼儿园	—	集体办
58	北京市丰台区黄土岗乡中心幼儿园	—	集体办
59	北京市丰台区看丹村中心幼儿园	—	集体办
60	北京市丰台区卢沟桥街道办事处五里店幼儿园	—	集体办
61	北京市丰台区卢沟桥街道第二幼儿园	—	集体办
62	北京市丰台区卢沟桥幼儿园	—	集体办
63	北京市丰台区南苑乡西铁营幼儿园	—	集体办
64	北京市丰台区南苑镇新开路幼儿园	—	集体办
65	北京市丰台区三路居幼儿园	—	集体办
66	北京市丰台区太平桥东里幼儿园	—	集体办
67	北京市丰台区宛平幼儿园	—	集体办
68	北京市丰台区西局幼儿园	—	集体办
69	北京市丰台区西罗园第二幼儿园	—	集体办
70	北京市丰台区西罗园第一幼儿园	—	集体办
71	北京市丰台区小井幼儿园	—	集体办
72	北京市丰台区新发地农工商联合公司中心幼儿园	—	集体办
73	北京市丰台区榆树庄园艺术幼儿园	—	集体办
74	北京市丰台区岳各庄幼儿园	—	集体办
75	北京航天华盛幼儿园	—	民办
76	北京开发红黄蓝双语幼儿园	—	民办
77	北京市北方之星艺术幼儿园	—	民办
78	北京市丰台区宝贝星河幼儿园	—	民办
79	北京市丰台区北大地西区幼儿园	—	民办
80	北京市丰台区北方之星幼儿园	—	民办
81	北京市丰台区大地美域双语幼儿园	—	民办
82	北京市丰台区德美双语幼儿园	—	民办
83	北京市丰台区方庄鹤立实验幼儿园	—	民办
84	北京市丰台区芳茹双语艺术幼儿园	—	民办

续表 30

序号	幼儿园名称	建园时间	举办者
85	北京市丰台区高娃钢琴幼儿园	—	民办
86	北京市丰台区海嘉实验幼儿园	—	民办
87	北京市丰台区红黄蓝多元智能实验幼儿园	—	民办
88	北京市丰台区环雅阳光双语幼儿园	—	民办
89	北京市丰台区汇佳实验幼儿园	—	民办
90	北京市丰台区汇英阳光音乐幼儿园	—	民办
91	北京市丰台区嘉德双语幼儿园	—	民办
92	北京市丰台区嘉萌实验艺术幼儿园	—	民办
93	北京市丰台区嘉园实验艺术幼儿园	—	民办
94	北京市丰台区金贝德实验幼儿园	—	民办
95	北京市丰台区立杰小红帽艺术幼儿园	—	民办
96	北京市丰台区美格双语幼儿园	—	民办
97	北京市丰台区明悦峰景双语幼儿园	—	民办
98	北京市丰台区翩翩艺术幼儿园	—	民办
99	北京市丰台区世纪阳光幼儿园	—	民办
100	北京市丰台区首科双语传媒幼儿园	—	民办
101	北京市丰台区小红帽艺术幼儿园	—	民办
102	北京市丰台区笑笑幼教集团南洋之星幼儿园	—	民办
103	北京市丰台区星星天地幼儿园	—	民办
104	北京市丰台区雅瀚艺术幼儿园	—	民办
105	北京市丰台区阳光起点锦城幼儿园	—	民办
106	北京市丰台区阳光起点幼儿园	—	民办
107	北京市丰台区意馨艺术幼儿园	—	民办
108	北京市丰台区英才幼儿园	—	民办
109	北京市丰台区友爱谷潜能开发双语幼儿园	—	民办
110	北京市丰台区幼师附属实验艺术幼儿园	—	民办
111	北京市丰台区真爱幼儿园	—	民办
112	北京市丰台怡海幼儿园	—	民办
113	北京市星桥幼儿园	—	民办
114	北京市邮政管理局海慧寺幼儿园	—	民办
115	北京欣宇幼儿园	—	民办
116	北京育强体育才艺幼儿园	—	民办

说明：“—”为资料缺失

小学

北京长辛店铁路小学

校址：丰台区长辛店崔村一里 7 号

始建于 1911 年 2 月，初名长辛店机厂内附设厂工夜学所，专为厂中十岁左右学徒工人及职工子弟补习中法文字及粗浅算术。1918 年 10 月，改称北京长辛店扶轮小学校，校址为二七工厂医院后的扶轮胡同，归交通部直辖。1937 年，学校迁至长辛店自来水胡同，1946 年迁至崔村，并最终定址。1948 年 12 月，校名改为长辛店铁路职工子弟学校，隶属天津铁路局，以后学校归属北京铁路局。1969 年 5 月，划归北京二七机车车辆工厂管理，校名改为北京市长辛店二七小学。1981 年 1 月 1 日，学校归属二七机车工厂管理，学校改为北京长辛店铁路小学。2006 年 10 月，学校移交丰台区，结束企业办学的历史。2009 年 7 月，长辛店第八小学并入北京长辛店铁路小学。

1991 年，学校有教职员工 123 人，在校生1640人。1996年5月10日，学校与装甲兵工程学院学员六队共建，成立少年军校。20世纪90年代后期，二七厂企业生存和发展面临危机，从1998年开始二七厂对学校的投入逐年减少，学校的办学条件越来越困难，在校生1225人。2007年暑假，丰台教委投入资金对学校教学楼进行了全面装修。1991年至2010年，北京长辛店铁路小学共培养小学毕业生3533人。2010年，学校占地面积11433平方米，建筑面积7140平方米，塑胶操场3843.5平方米；图书馆藏书3万册。开设教学班18个，招生122人，毕业96人，在校生581人。教职工63人，其中专任教师50人。党支部书记陈民，校长孙少红。2013年4月，学校改名为北京市丰台区扶轮小学。

北京二七车辆厂小学

校址：丰台区张郭庄南路3号

学校始建于1964年，校名为丰台区长辛店第九小学。1985年，改制为铁道部所属，更名为北京二七车辆厂小学。2005年，与二七车辆厂中学合并，更名为北京市二七车辆厂学校小学部。2006年10月，归丰台教委所属。学校积极探索校本课程建设，通过“动手做”校本课程及学生“动手做”才艺展示活动，培养学生实践及动手能力。学校申报的《动手做》校本课程、《国学经典诵读》课程被丰台区定为重点扶植课程。2010年，学校占地面积7352平方米，建筑面积3718平方米，塑胶操场面积4800平方米。图书室藏书1.6万册。固定资产总值456.74万元。教职工49人，其中专任教师43人。开设教学班17个。毕业75人，招生98人，在校生567人。党支部书记、校长陈宝忠。

北京市丰台区白盆窑小学

校址：丰台区花乡白盆窑村70号

1949年成立，校址在白盆窑村西。1993年9月，学校新校址落成并使用，同时花乡白盆窑村所辖的汾庄小学学生和教师全部并为白盆窑小学。随着白盆窑地区的新村规划和建设，村民就近搬迁，2010年一年级新生停招，入学儿童进入周边学校就读。2010年，学校占地面积15000平方米，建筑面积2700平方米，体育场面积4700平方米。图书馆藏书2.06万册。教职工24人，其中专任教师22人。开设教学班10个。毕业36人，在校生309人。党支部书记、校长侯健。

北京市丰台区保台小学

校址：丰台区西南花乡保台村140号

1969年建校。建校初期，学校位于保台路南侧，1993年9月，学校迁入保台村，投入46万元，建成10个教室6个办公室的新校园。2010年9月，由于旧村改造，学校搬入新建的保台村老年活动站周转。学校体育成绩在区级各类比赛中成绩突出。1991年、1994年、1996年被评为北京市体育达标先进集体。1997年、1999年、2000年跳绳比赛获丰台区团体前三名。2010年，学校占地面积8000平方米，建筑面积1417平方米，体育场面积4000平方米。图书馆藏书2.04万册。教职工13人，其中专任教师12人。开设教学班6个，毕业生19人，在校生128人。党支部书记、校长林燕萍。

北京市丰台区草桥小学

校址：丰台区草桥欣园四区

前身是1945年创立的是草桥薛姓家族私塾。1947年，改为公办，改名十六区十七堡小学。1953年，改名镇国寺小学。1961年定为现名。1991年，草桥小学开设国画、民乐、书法、儿童广播剧、田径等各种兴趣班，形成学校的办学特色。1998年，学校获得丰台区师德先进学校、丰台区体育管理先进校等。2010年，学校占地面积15560平方米，建筑面积4708平方米，体育场面积5630平方米。图书馆藏书3万册。教职工50人，其中专任教师49人。开设教学班21个。毕业106人，招生127人，在校生711人。党支部书记、校长林艳玲。

北京市丰台区长辛店第二小学

校址：丰台区长辛店大街262号

丰台区长辛店西后街甲53号

1937年3月建校，初名宛平县第一小学，校址在火神庙口内。1950年学校迁到现址，改名为长辛店小学。1971年，学校改名为长辛店第二小学。1998年，长辛店二小、三小、四小合并成立新的长辛店第二小学。合并后原长辛店二小、四小两处校址保留使用。学校先后参与的国家级课题研究1个，市级课题研究4个，区级课题研究3个，校级课题研究4个。2005年至2010年，学校教师有50多人次在区级及以上教学业务竞赛中获得一等奖。1名教师获北京市“紫禁杯”优秀班主任一等奖。

2010年，学校占地面积7689平方米，建筑面积2424平方米，运动场面积3000平方米。图书1.76万册。开设教学班16个，招生89人，毕业77人，在校生531人。教职工41人，其中专任教师41人。党支部书记、校长董山。

北京市丰台区长辛店第七小学

校址：丰台区长辛店陈庄大街4号

学校成立于1963年。1991年，学校有12个教学班，400余人。1991年1月，长辛店第七小学与长辛店第六小学合并成立新的长辛店第七小学。合并后的学校办学规模进一步扩大，教学资源不断丰富。学校获得全国少先队红旗大队、北京市信息化建设先进校丰台区小学规范化工程特色发展学校等称号。

2010年，学校占地面积4710平方米，建筑面积3168平方米，体育场面积1886平方米。图书室藏书3.5万册。教职工45人，其中专任教师38人。开设教学班18个，毕业学生97人，招生119人，在校学生650人。党支部书记、校长李旭红。

北京市丰台区长辛店第一小学

校址：丰台区长辛店大街145号

1938年成立，时名丰台区长辛店镇公所小学，校址长辛店娘娘庙。1949年，人民政府接管后更名为长辛店镇中心小学。1971年，改为现名。1989年，秋国家投资拆除娘娘庙的大部分建筑（只保留了一间娘娘庙的配殿），在原址上新建教学楼。1998年5月，长辛店第五小学并入。2009年7月，学校将办学目标定位为“和谐教育”，提炼出“以人为本、和谐共生”的办学理念和“以沟通促理解、以尊重促和谐、以服务促提高、以创新促发展”的管理理念。2010年1月，学校被丰台区教委认定为“丰台区进步校”。

2010年，学校占地面积6422.5平方米，建筑面积2356.15平方米，体育场面积3000平方米。图书馆藏书1.69万册。开设教学班22个，毕业109人，招生129人，在校生775人。教职工57人，其中专任教师56人；高级职称教师2人。党支部书记、校长吴亚民。

北京市丰台区长辛店中心小学

校址：丰台区槐树岭5号

1998年10月成立，截至2004年9月，长辛店镇域内北岗洼小学、大灰厂小学、李家峪小学、吕村小学、太子峪小学、下营小学、辛庄小学、张郭庄小学、赵辛店小学陆续被合并进学校。学校以艺术、体育、科技为办学特色，先后成立学生管乐、合唱、舞蹈等社团。

2010年，学校占地面积4.1万平方米，建筑面积1.2万平方米，体育场（馆）面积2.1万平方米；图书馆藏书3.09万册。教职工142人，其中专任教师112人；高级职称教师1人。开设教学班41个，毕业216人，招生264人，在校生1601人。党支部书记、校长刁全贵。

北京市丰台区成寿寺小学

校址：丰台区成寿寺村76号

学校始建于1950年。1990年有6个年级10个班。2001年至2010年，学校先后开发小足球、航模课程、围棋、书法等课程以及校园腰鼓、校园戏剧、校园科普等文体活动。学校1名教师被评为北京市“紫禁杯”优秀班主任，1名教师被评为丰台区骨干班主任，3名教师被评为丰台区优秀班主任。2010年，学校占地面积7396平方米，建筑面积2279平方米，体育场面积1500平方米。图书室藏书2.5万册。教职工31人，其中专任教师29人。开设教学班12个，毕业69人，招生79人，在校生434人。党支部书记、校长吴新升。

北京市丰台区翠林小学

校址：丰台区右安门外翠林小区三里4号楼

1997年2月建校，是丰台教委直属的公办寄宿制学校。2009年，学校成为北京市小学美育研究会团体会员校。学校艺术特色鲜明，在市、区中小学生艺术节比赛中，参赛舞蹈全部获得一、二、三等奖。2010年，学校占地面积9510平方米，建筑面积4700平方米。教职员工37人，其中专任教师34人。党支部书记、校长刘洪。

北京市丰台区大红门第二小学

校址：丰台区大红门东后街157号

1949年成立,1969年定为现名。1960年，学校被评为全国教育系统红旗学校。2010年，获得丰台区经济技术教育创新成果奖，被评为丰台区经济技术教育创新先进班组。2010年，学校占地面积3266平方米，建筑面积1477平方米。教学班14个，在校生430人。教职工30人，其中专任教师27人。党支部书记、校长武金英。

北京市丰台区大红门第一小学

校址：丰台区大红门西前街24号

学校前身是1938年在宛平县大红门村菩萨庙内成立的大红门小学。1987年定为现名。1991年至2010年，学校先后被评为北京市课程教材改革实验先进单位、丰台区素质教育优质校、丰台区“全面育人办有特色”先进学校等。2010年，学校占地面积5403平方米，建筑面积5279平方米，体育场面积600平方米。图书馆藏书3万册。教职工72人，其中专任教师70人；高级职称教师2人，北京市骨干教师2人。开设教学班29个，在校学生1054人,毕业生146人,招收新生221人。党支部书记、校长马丽丽。

北京市丰台区靛厂小学

校址：丰台区靛厂村甲300号

1936年建校，1949年定名靛厂小学。1993年建成新教学楼。1994年，经市教委农村中心校达标验收后，确认为中心小学。2005年7月至2010年，靛厂小学先后参与和主持中国教育学会“十一五”重点课题“小学数学问题情境创设的策略研究”、北京市教育科研规划课题“通过鼓励创见技能的研究，提高教师的专业能力”等课题。2010年，学校占地面积11259平方米，建筑面积4273平方米,塑胶运动场面积4431平方米。2010年，教职工48人，其中专任教师34人。开设教学班14个，毕业52人，招生86人，在校生493人。党支部书记洪春，校长李德华。

北京市丰台区东高地第二小学

校址：丰台区万源东里75号

1962年建校。1990年，学校有普通教室16个，专用教室6个。1991年至2010年，学校教师12人次获北京市先进个人，学校教师22人次在市级以上教育教学竞赛中获奖。2010年,沈静洁被评为北京市劳动模范。同年，学校自行开发并编撰航天系列教材《魅力航天》《魅力宇宙》，开设经典音乐鉴赏、踢键等课程。

2010年，学校占地面积11200平方米，建筑面积4186平方米，运动场面积4620平方米。教职工59人，其中专任教师52人；北京市骨干教师3人，高级职称教师1人。开设教学班25个。招生127人，毕业125人，在校生836人。党支部书记、校长吴萍华。

北京市丰台区东高地第三小学

校址：丰台区东高地梅源小区

1969年建校，成立之初校址在东高地万源北路5号。1998年，迁入东高地梅源小区。1991年至2000年，学校坚持规范建设，发展科技特色。2005年至2010年，学校进入“特色教育引领，文化建设熏陶”发展时期，利用近邻中国运载火箭技术研究院的资源优势，提出“时空探索教育”办学理念，开发《航天教育》校本课程，成立学校科技专家组。2001年，学校被批准为EPD项目实验校，开展环境人口可持续发展的研究。2002年，入选北京市哲学社会科学“十五”计划项目“学科教学中创造能力培养的研究与实践”实验学校。2006年，被评为先进实验学校。2007年，入选北京市教育科学“十一五”规划重点课题“创造性教学的研究与实验”实验校。2010年，被评为先进实验学校。

2010年，学校占地面积7300平方米，建筑面积4154平方米，体育场面积2600平方米。图书馆藏书2.8万册。教职工55人，其中专任教师50人；北京市骨干教师1人，高级职称教师1人。开设教学班24个，招生160人，在校生819人。党支部书记、校长陈翠敏。

北京市丰台区东高地第四小学

校址：丰台区万源南路2号

1971年成立，临近中国运载火箭技术研究院，学生多为航天人的子女。1999年，航天部一分院出资近20万元，粉刷学校的教学楼。2001年，学校引进微格教学实验，提升教师能力。2004年，学校作为北京市的代表参加“第五届全国青年教师语文阅读教学”竞赛，青年教师耿春龙获得二等奖及最具潜质奖。2005年5月，耿春龙被评为北京市劳动模范。2008年，学校根据培养目标，在全校师生及家长朋友中开展了征集校徽活动，最终定稿“和谐美少年”。2009年9月，学校教师罗俊被授予全国中小学优秀德育课教师、全国教育系统巾帼建功标兵、全国模范教师称号。

2010年，学校占地面积8608平方米，建筑面积3048平方米。图书馆藏书2.5万册。教职工67人，其中专任教师59人；北京市学科教学带头人1人，高级职称教师1人。开设教学班28个。毕业136人，招生155人，在校生1015人。党支部书记、校长徐艳红。

北京市丰台区东高地第一小学

校址：丰台区东高地斜街1号

1955年建校。初名国营211厂子弟小学。1956年，市教育局接管，改名为北京银燕小学。1962年定为现名。1996年，学校组建“银燕少年艺术团”。1999年，学校翻建原校舍，新建教学楼竣工。2001年5月，学校在多元智能理论指导下，进行“大课小上的英语”“小课大上的品德”“多元评价的语文”等系列课堂教学改革。2006年，组建“银燕机器人兴趣小组”。

2010年，学校占地面积11499平方米，建筑面积5426平方米，体育场面积3500平方米。图书馆藏书1.5万册。教职工54人，其中专任教师53人；北京市骨干教师1人。开设教学班24个。毕业152人，招生148人，在校生856人。党支部书记、校长张雪丽。

北京市丰台区东罗园小学

校址：丰台区马公庄5号楼

1964年，丰台区苏家坡小学分校独立设校，定名丰台区东罗园小学。1988年，学校少先队大队被评为全国少先队建设优秀大队。1989年，学校新建教学楼。2009年，与北师大基础教育研究院合作开展“运用‘基于学生发展的校本研究’模式，提升外来务工人员子女教育质量”课题研究。1991年至2010年，学校先后被评为全国综合实践活动课题研究先进单位、北京市信息技术建设与应用先进校、北京市综合实践活动课程特色学校等。

2010年，学校占地面积5563平方米，建筑面积3970平方米。运动场面积2800平方米。图书1.8万册。教学班16个，招生110人，毕业80人，在校生520人，其中借读生占在校生总数的95%。教职工38人，其中专任教师34人；市级骨干教师2人。党支部书记、校长王艳荣。

北京市丰台区东铁匠营第二小学

校址：丰台区永外铁营259号

1951年建校，初名南苑区第四中心小学校。1960年定为现名。学校开发以篮球为主体的特色校本课程，将篮球课纳入课程计划。校篮球队连续几年在市、区级比赛中获奖，入选丰台区传统体育项目学校。2005年，学校将每年的4月确定为“星光杯”星级教师课堂教学评优活动月，逐步形成“老年教师当模范，中年教师做示范，青年教师合规范”的良好风气。2010年9月，学校开展争创“星级少年”评选活动。

2010年，学校占地面积8846平方米，建筑面积4481平方米，运动场面积3345平方米。开设教学班18个，招生91人，毕业105人，在校生 610 人。教职工 49 人，其中专任教师 45 人。党支部书记、校长许芳。

北京市丰台区东铁匠营第一小学

校址：丰台区永外蒲黄榆路胡村 1 号

1960 年建校，初名东铁匠营中心小学校，系城镇 6 年制完全小学，有 6 个年级 18 个班，学生 600 人，教职工 33 人。1968 年改为现名。校训：勤奋、文明、健美。1990 年被评为电化教育优类校。2005 年，在丰台区石榴园南里小区内建立东铁匠营第一小学分校，形成一校两址（分别是浦黄榆路胡村 1 号、石榴园南里 7 号）。2001 年至 2010 年，学校获得“元心理与学生素质和人类社会发展研究”先进示范校、国家“十五”计划课题“整体构建学校德育体系深化研究与推广实验”先进校、全国少先队优秀雏鹰大队等荣誉。

2010 年，学校占地面积 24067 平方米，建筑总面积 8677 平方米。教学班 28 个，学生 826 人，教职工 70 人。教职员工 69 人，其中专任教师 61 人；高级职称教师 1 人，市级骨干教师 4 人。党支部书记、校长徐绯。

北京市丰台区樊家村小学

校址：丰台区南大园 290 号

学校建于 1918 年，初名京师南郊公立刘家村民国小学校，首任校长关耀华。1921 年学校停办。1930 年，学校迁址至樊家村药王庙，改名为樊家村启民私塾小学。1951 年 7 月，学校由丰台区人民政府接管，改为现名。1958 年至 1977 年，设马神庙分校和刘家村分校。1962 年，迁入丰台区新村三里一号。1996 年 7 月，迁入现校址。学校重视校园文化的建设，设计了“七个一”的校园文化景观，即“一园、一厅、一楼、一柱、一角、一窗、一标识”。2000 年 10 月，荣获北京市“星星火炬奖”。2006 年 3 月，被北京市妇女联合会、北京市总工会命名为“北京市三八红旗集体”。2007 年 7 月，被授予全国青少年文明礼仪教育示范基地称号。

2010 年，学校占地面积 11559 平方米，建筑面积 5269 平方米，体育场面积 4900 平方米。图书馆藏书 2 万册。教职工 53 人，其中专任教师 44 人；高级职称教师 1 人，北京市骨干教师 2 人。开设教学班 18 个，毕业 106 人，招生 111 人，在校生 681 人。党支部书记、校长张晓红。

北京市丰台区芳城园小学

校址：丰台区方庄芳城园二区 1 号楼

1994 年 9 月成立。建校之初学校即以美术为学校特色。2006 年，学校把美术定位于学校校本课程。2010 年，被评为丰台区首批全面实施素质教育优质学校。2010 年，学校占地面积 7894 平方米，建筑面积 3447 平方米，体育场面积 2292 平方米。学校有普通教室 18 个，专用教室 8 个。图书室藏书 1.8 万册。教职工 48 人，其中专任教师 32 人；高级职称教师 1 人。学校开设 18 个教学班，毕业生 99 人，招生 120 人，在校生 556 人。党支部书记、校长刘爱华。

北京市丰台区芳古园小学

校址：丰台区芳方庄小区古园一区 19 号
丰台区芳方庄小区古园二区 8 号

1991 年成立。学校在“校无大小，至精则胜”的办学理念指导下，坚持“全员服务精细管理”的管理理念，用素质教育思想和新课程改革指导日常教育教学工作。2010 年，学校占地面积 12183 平方米，建筑面积 5940 平方米，体育场面积 3769 平方米。图书室藏书 2.99 万册。教职工 56 人，其中专任教师 53 人；高级职称教师 1 人，北京市骨干教师 1 人。开设教学班 24 个，毕业 81 人，招生 131 人，在校生 699 人。党支部书记、校长申瑞芝。

北京市丰台区芳群园第一小学

校址：丰台区方庄芳群园一区 14 号楼

1992 年建校。2010 年，学校占地面积 6000 平方米，拥有一栋联排的三层教学楼和两层办公楼。建筑面积 2206 平方米，体育场面积 2000 平方米，图书室藏书 1.5 万册。教师 30 人，其中专任教师 25 人。开设教学班 13 个，毕业 72 人，招生 47 人，在校生 397 人。

党支部书记、校长王君霞。

北京市丰台区芳星园第二小学

校址：丰台区方庄小区芳星园三区21号楼

1990年建校。2007年，学校开办科技制作、简笔画、硬笔书法、计算机、运动技能、足球、编织、折纸、T恤衫创意秀、合唱等社团。学校先后被评为丰台区教学管理先进校、丰台区全面育人办有特色先进校等。2010年，学校占地面积6183平方米，建筑面积3397平方米。开设18个教学班，在校生550人。教职工44人。党支部书记、校长孙曾红。

北京市丰台区芳星园小学

校址：丰台区方庄芳星园二区9号楼

1955年建校，初名八里河小学，校址左安门外东八里河甲19号，1988年9月，迁入现址，更名为芳星园小学。1990年，有6个年级18个班，学生707人，教职工46人。

2008年至2010年，学校先后有9名教师被评为市区级骨干。2005年至2010年学校先后获得了北京市星星火炬奖、丰台区红旗大队等荣誉。学校承担了“十一五”市级课题“打造合作学习型教研组提高课堂实效性”的课题研究。2010年，学校占地面积8000平方米，建筑面积1593.9平方米，体育场面积4335平方米。图书室藏书2.54万册。教职工48人，其中专任教师45人；北京市骨干教师1人。开设教学班19个。毕业105人，招生97人，在校生598人。党支部书记、校长王志清。

北京市丰台区分钟寺小学

校址：丰台区分钟寺村450号

1969年，成寿寺小学分校独立建校，定名分钟寺小学。1996年11月，学校新建教学楼。1997年，乒乓球馆建成并投入使用。1999年6月，学校被评为丰台区乒乓球项目传统校。10月，学校举办首届丰台区“分小杯”乒乓球比赛。2003年，编写校本教材《乒乓精神伴我成长》，2007年，被评为丰台区优秀校本课程。2010年，学校图书室藏书1.8万册。教职工37人，其中专任教师28人。开设教学班16个，毕业63人，招生128人，在校生587人。党支部书记、校长余芳。

北京市丰台区丰台第八小学

校址：丰台区桥南韩庄子小区二里8号

1992年7月成立。1994年，学校开设围棋校本课程，出版《走进围棋》校本教材。2004年1月，学校被命名为丰台区第一所围棋特色校。2005年至2010年学校教师获得北京市“紫禁杯”优秀班主任2人。2007年，学校提出“合和共成长”教育理念。2010年，学校占地面积6912平方米，建筑面积2358平方米，体育场面积3500平方米。图书馆藏书2万册。教职工51人，其中专任教师48人；高级职称教师1人，北京市骨干教师1人。教学班21个，招生118人，毕业72人，在校生761人。党支部书记、校长孙淑凤。

北京市丰台区丰台第二小学

校址：丰台区丰台南路107号

1963年建校。当时为满足桥南学生就学的需要，市委将建造人民大会堂剩余材料拨发给丰台区建造这所学校，仅用10个月工期建起一座三层教学楼。1990年，学校少先队被评为全国“红旗大队”。2002年，学校导入微格教学模式提高教师执教能力。2008年5月，学校开展全校性的说课活动。2009年，加强对备课质量的监控，实施单元主备负责制。2010年，学校梳理出“云志教育”的办学理念体系。同年，政府投资600万元对学校进行抗震加固。

2010年，学校占地面积7224平方米，建筑面积3244平方米，体育场面积2077平方米。图书室藏书2.43万册。教职工43人，其中专任教师36人。开设19个教学班，毕业92人，招生148人，在校生675人。党支部书记、校长刘海莉。

北京市丰台区丰台第六小学

校址：丰台区丰台镇七里庄138号

1949年9月成立，初名丰台区周庄子小学，

1982年6月，更名为丰台第六小学。1991年至2010年，学校先后全国科普教育组织工作先进集体等奖励。2010年，学校建筑面积4140平方米，占地面积3988平方米。共有18个普通教室，8个专业教室。图书17212册。教职工52人，其中专任教师48人。教学班18个，在校生532人。党支部书记、校长张蕾。

北京市丰台区丰台第七小学

校址：丰台区东大街东里

1987年建校，系城镇6年制完全小学。2005年，学校提出以教科研为引领、培养研究型教师、促教学质量提高的发展思路。2008年，学校入选丰台区数学研修工作站3所基地校之一。2010年，学校占地面积4922平方米，建筑面积3284平方米，体育场面积2038平方米。图书馆藏书2.19万册。教学班18个，在校生数600人。教职工45人，其中专任教师44人。党支部书记、校长施京平。

北京市丰台区丰台第五小学

校址：丰台区西四环南路78号

前身是1951年在丰草河北创建的丰台区第九中心小学，1952年合并周边的小学后更名为丰台镇中心小学。1963年和1965年分出部分师生建立了丰台一小和丰台三小（现丰师附小），随后更名为丰台第五小学。2000年在丰台区银地家园小区开办丰台五小银地分校。2005年在丰台区京铁家园开办第二所分校丰台五小京铁校区。2009年学校提出"精彩天地、幸福摇篮"的办学总目标，幸福教育包括激扬自我、共建关爱、创造精彩、积淀幸福四个要素。

2010年，丰台五小一校三址（本校：丰台区西四环南路78号；银地校区：丰台区银地家园小区A区17号楼；京铁校区：丰台区京铁家园一区8号楼），总占地面积42000平方米，建筑面积约21000平方米，体育场（馆）面积13000平方米。图书61481册。教职工187人，其中专任教师167人；高级职称教师4人，北京市骨干教师6人。开设教学班72个。毕业407人，招生430人，在校生2842人。党支部书记、校长李磊。

北京市丰台区丰台第一小学

校址：丰台区东安街头条2号（本校）

丰台区丰益城市花园小区（丰益分校）

丰台区远洋自然小区（远洋分校）

学校建于1963年。2003年8月和2008年9月，相继成立丰益分校、远洋分校，形成一校三址。1991年8月，丰台一小新教学楼竣工。1993年5月，成立"少年风帆军乐团"。1997年9月，丰台一小与总后西仓库59997部队被中宣部、总后政治部评为军民共建社会主义精神文明先进单位。2000年3月7日，丰台第一小学心理咨询室挂牌成立。2002年5月31日，举办"世纪之星"——新世纪首届音乐会。2005年5月，召开"新课程新教材新课堂"教学研讨会。2009年1月，丰台第一小学被中央精神文明建设指导委员会评为"全国文明单位"。

2010年，学校占地面积31860平方米，建筑面积17745.59平方米、体育场（馆）面积8798平方米。图书馆藏书10.81万册。毕业435人，招生550人，在校生2947人。教职工184人，其中专任教师182人；高级职称教师2人，市级骨干教师8人。开设教学班78个。党支部书记、校长殷楠。

北京市丰台区丰体时代小学

校址：丰台区丰体南路1号院10号楼

1949年7月成立，初名大井小学，校址在大井村365号。2005年9月，学校更为现名。学校开设《国学》地方课程、《经典品悟》校本课程，开设沙包打垒校本课程，利用体育大课间进行民族传统体育项目训练。2009年，与丰台区少年宫合作建立丰台区少年宫基地校，合作开设美术、歌舞、科技、器乐4大类21门兴趣课程，由少年宫师资周一至周五到校授课。

2010年，学校占地面积7660平方米，建筑面积4335平方米，体育场面积3200平方米。图书1.5万册。2010年，教职工43人，其中专任教师42人。教学班19个。招生134人，毕业56人，在校生数621人。党支部书记、校长张拥军。

北京市丰台区高立庄小学

校址：丰台区花乡高立庄村

学校前身是1941年在高立庄村一座破庙内成立的国民小学。1949年，改名为北京市十五区高立庄小学。1960年改为现名。1975年迁至现址。2008年前由花乡教委所属，2008年3月归属于丰台区教委。学校于2003年、2005年、2006年、2007年4次获得全国经典诵读工程优秀校荣誉。2003年，被评为北京古诗文诵读特色校，3名教师被评为全国古诗文诵读工程先进个人、14名教师被评为北京市古诗文诵读活动先进个人。400余人次的学生先后被评为古诗文诵读之星。

2010年，学校占地面积4255平方米，建筑面积1210平方米，运动场面积1485平方米。图书2.14万册。在职教师14人，代课教师1人。在校学生225人。党支部书记、校长王兰。

北京市丰台区槐房小学

校址：丰台区南苑乡槐房村335号

1926年建校，是丰台区一所农村完全小学。1991年归南苑乡教委管理。2002年，由槐房村140号搬进新校舍。2007年，学校划归区教委管理。2010年，学校占地面积13289平方米，建筑面积1480平方米，塑胶运动场面积2100多平方米。图书近7万册。开设教学班17个，招生105人，毕业120人，在校生620人。教职工30人，其中专任教师30人。党支部书记、校长辛洁。

北京市丰台区黄土岗小学

校址：丰台区黄土岗3号

1949年建校，初为私人学堂。1952年改为公办。1956年，改名为黄土岗中心小学。1966年改为现名。1998年，学校迁至新址黄土岗3号。2010年，学校占地面积13000平方米，固定资产总值712.5万元。图书室藏书1万余册。在校学生603人，教学班18个。教职工31人，其中专任教师29人；北京市“紫禁杯”优秀班主任1人。党支部书记、校长李静。

北京市丰台区纪家庙小学

校址：丰台区于家胡同59号

1942年建校，校名花神庙第二中心小学。1976年，更名为纪家庙小学。1992年，由花乡政府和纪家庙村联合出资建新校舍。2007年，学校初步形成学校花文化建设特色。至2010年学校获得全国德育先进校、北京市课程改革先进校、北京市综合实践活动特色校等荣誉。

2010年，学校占地面积6500平方米，建筑面积4043平方米，体育用地2090平方米。普通教室17个，专业教室8个。图书馆藏书15933册。教职工40人，其中专任教师38人；北京市优秀教师1人，北京市“紫禁杯”优秀班主任2人。在校学生565人。党支部书记、校长王红。

北京市丰台区角门小学

校址：丰台区角门东里甲30号

1991年建校。学校一贯秉承“让每个孩子在角门小学生活的快乐自信”的办学理念，努力为学生营造宽松和谐的受教育氛围。2005年至2010年，1名语文教师参加北京市教师基本功大赛获二等奖；1名美术教师参加北京市教学评优活动获一等奖。学校低年级、高年级和科任教研组先后获丰台区优秀青年教师集体称号。教师中有北京市优秀青年教师1人，丰台区先进教育工作者、师德先进个人10余人，市区级优秀班主任6人。

2010年，学校占地面积约7900平方米，建筑面积4429平方米，体育场面积3575平方米。图书馆藏书1.6万册。教学班15个，在校学生470人，其中借读生317人，占在校生总数的67%。教职工38人。党支部书记、校长张会军。

北京市丰台区看丹小学

校址：丰台区建新路36号

1925年建校，1949年人民政府接管后，先后改名丰台区第五中心小学、黄土岗公社看丹大队看丹小学，1979年改为现名。1989年迁到现址。学校原址位于看丹村155号，为明朝时为纪念医学家孙思邈而建的的药王庙。药王庙1984年被公布为区级文物保护单位。现看丹小学校址即为历史古迹药王庙的一部分，校园内现在遗存有三棵参天古树，其中两棵是北京市市树国槐，另外一棵是银杏树。这三棵古树于1987年6月被北京市园林局定为二级国家保护古树。1998年3月21日，学校被定为古树教育基地。1989年，建起教学楼。校训“勤奋、健康、团结、创优”。2009年以来，启动校园环境工程，校园绿化达50%，建起红领巾园林。1991年以来，学校先后被评为全国少先队红旗大队、全国少先队优秀中队等。

2010年，学校占地面积8290平方米，建筑面积3131平方米，体育场面积3765平方米。普通教室15个，专用教室5个。图书室藏书1.5万册。教职工30人，其中专任教师28人；高级职称教师1人，北京市骨干教师1人。开设教学班13个，毕业55人，招生120人，在校生484人。党支部书记、校长陈宝玉。

北京市丰台区六里桥小学

校址：丰台区莲花池南里15号

学校起源于1935年在六里桥五显财神庙内成立的财神庙小学。1950年改名为小井中心小学。1972年，定名为丰台区六里桥小学。1994年，学校创建少年棒球队和少年交通警校。2004年，学校把棒球训练的内容开发成校本课程，学生参加国际、国内、市级、区级青少年棒球比赛，多次获奖。曾获北京市体育大会软式垒球比赛第一名；在全国青少年棒球比赛中两次获得全国冠军，并多次获得亚军；2008年、2012年在MLB中国联赛北京赛区分别获得第三名、第六名；多人代表中国少年棒球队参加世界少年棒球锦标赛；为高一级专业学校输送百余名队员。2010年，获北京市教委组织的阳光体育棒球普及一等奖。

2010年，学校发展成为一校两址：六里桥校区坐落在莲花池公园南侧；莲香园校区地处八一电影制片厂北门附近的莲香园小区内。学校占地面积8000平方米，建筑面积4988平方米。图书室藏书2万册。教职工36人，其中专任教师33人。教学班13个，毕业60人，招生75人。党支部书记郑毅梅，校长冯玉梅。

北京市丰台区六圈小学

校址：丰台区富锦嘉园小区

学校前身是始建于1905年的六圈村学堂，1912年改为公办，1950年改为郭公庄小学分校。1968年独立建校，并改为现名。2004年9月，搬入富锦嘉园三区12号。2010年，学校占地面积7720平方米，建筑面积4864平方米。体育场面积2055平方米。图书馆藏书1.7万册，招生80人，毕业56人，开设17个教学班，在校生601人，借读生占学生总数的87%。教职工40人，其中专任教师39人。党支部书记张淑凤，校长陈罕芙。

北京市丰台区卢沟桥第二小学

校址：丰台区卢沟桥南里32号

1986年建校。1990年有6个年级18个班，学生670人，教职工37人。专任教师30人。1996年，学校被认定为北京市电化教学优类校。2006年以来，学校以卢沟桥民族传统文化为校本课程核心，开发对联、空竹、剪纸等近20门校本课程。2001年至2010年，卢沟桥二小共培养小学毕业生967人。2010年，学校占地面积8671平方米、建筑面积3234平方米，体育场面积4692平方米。图书室藏书16391册。教职工57人，其中专任教师57人；北京市骨干教师1人，高级职称教师1人。开设教学班20个，毕业150人，招生120人，在校生807人。党支部书记、校长张利民。

北京市丰台区卢沟桥第一小学

校址：丰台区卢沟桥城内街155号

学校前身是1921年成立的宛平县立小学堂。1986年改为现名。1990年，学校少先队大队被评为市先进集体，并被命名为“星星火炬大队”。学校坚持以校本课程建设为载体，创建学校文化。2006年10月，学校课题研究专著《挖掘卢沟桥宛平社区资源打造德育品牌学校——丰台区卢沟桥第一小学德育校本课程探索之路》出版。2010年，学校研究设计出小导游德育文化墙，主题为：我的家乡我来说。

2010年，学校占地面积10450平方米，建筑面积2140平方米，体育场面积3500平方米。图书馆藏书1.7万册。教职工36人，其中专任教师31人。开设教学班13个，毕业75人，招生86人，在校生484人。党支部书记、校长李静。

北京市丰台区马家堡小学

校址：丰台区马家堡西里52号

1951年成立，初名南苑区第三中心小学。1958年改为现名。2010年，学校占地面积4681平方米，建筑面积3309平方米。在校生620人。党支部书记、校长王毅。

北京市丰台区南宫中心小学

校址：丰台区王佐镇云岗新村78号

1996年7月成立，由丰台区云岗新村小学、佃起小学、南岗洼小学、王庄小学、庄户小学、贺照云小学合并组建。2003年至2009年，教师刘显洋、胡秀伟、张懿民先后被评为北京市优秀教师。2010年，学校占地面积21700平方米，建筑面积7441平方米，体育场面积12800平方米。图书馆藏书2.5万册。开设教学班30个，招生217人，毕业141人，在校生952人。教职工98人，其中专任教师94人。党支部书记、校长马新。

北京市丰台区南苑第四小学

校址：丰台区南苑机场警备东路六号一区

1959年建校，建校之时是一所部队子弟学校，名为北京市红鹰小学。1970年，学校归属地方管理，学校更名为丰台区南苑第四小学。2003年至2005年9月，学校操场建设和多媒体教学设备建设基本竣工。2005年至2010年，教师有15篇论文在市级以上刊物发表。2007年9月，学校开设“小学生硬笔书法”“合唱课程”等校本课程。

2010年，学校占地面积11797平方米，建筑面积3406平方米，体育场面积6425平方米。图书馆藏书1.5万册。教职工33人，其中专任教师27人；特级教师1人。开设教学班12个。毕业61人，招生66人，在校生383人。党支部书记、校长蒋梅荣。

北京市丰台区南苑镇第一小学

校址：丰台区南苑镇公所胡同22号

学校前身是1933年建校的大兴县自强小学，校址在南苑镇二道街3号。1949年，由人民政府接管，改名南苑镇中心小学。1958年迁至现址。1984年改为现名。学校先后被评为全国教育科学“十一五”规划课题研究先进单位、北京市科研先进校，连续多年获艺术、科技教育先进校，北京市中小学航天模型竞赛先进单位等。

2010年，学校占地面积10523平方米，建筑面积4432平方米，操场面积2833平方米。图书室有图书2.33万册。固定资产总值408万元。在校生843人，24个教学班。教职工60人，其中专任教师54人。党支部书记、校长李淑捷。

北京市丰台区蒲黄榆第三小学

校址：丰台区蒲安里15号

1986年建校，属小区配套小学。学校以“和谐教育”为办学的核心理念，重视两支队伍建设。结合学校实际，以教育教学分析为抓手落实教育教学质量监控。1991年至2010年，学校有多人被评为北京市“紫禁杯”优秀班主任、丰台区优秀教育工作者、丰台区师德标兵、丰台区优秀共产党员。2010年，学校占地面积5224平方米，建筑面积774平方米，体育场面积3600平方米。图书室藏书1.7万册。教职工29人，其中专任教师24人。开设教学班12个，毕业51人，招生60人，在校生292人。党支部书记、校长张光彦。

北京市丰台区蒲黄榆第一小学

校址：丰台区蒲黄榆西里3号楼

1964年建校。学校始终坚持“和谐发展、学有所长、全面育人”的办学方向，努力构建“适合学生发展的课程体系”。1991年至2010年，学校开有“小足球”课程、“口风琴”课程，设有校合唱队、计算机小组、绘画小组等，每年举办师生运动会、校园剧展演、经典诵读活动。学校先后被评为北京市足球绿茵成长计划定点学校、中央教科所科研课题实验先进学校、丰台区足球项目体验特色学校。2010年，学校占地面积3703平方米，体育场2078平方米，普通教室18个，专用教室6个。图书室藏书2万册。开设16个教学班，教职工39人，其中，高级职称教师1人，北京市骨干教师1人。党支部书记、校长张小军。

北京市丰台区人民村小学

地址：丰台区人民村58号

1957年建校，前身是一所农村完全小学。1997年9月新建教学楼投入使用。2001年起，学校充分发挥课间操在全面提高学生体能和健康水平方面的积极作用，进行课间操内容的整合和形式的创新，学校先后连续六年荣获北京市百所课间操优秀校称号。

2010年，学校占地面积4605平方米，建筑面积2397平方米，图书室藏书19171册。教职工31人，其中专任教师28人。开设教学班13个，毕业57人，招生123人，在校生496人。党支部书记、校长赵艳蓉。

北京市丰台区师范学校附属小学

校址：丰台区文体路30号

1965年建校，初名丰台镇第三小学。1985年改为现名，同年被评为市教育系统先进集体。1965年至1990年，向市级和国家级运动队输送了百名运动员。1997年以来，学校先后参与全国教育科学“九五”重点课题“中国基础教育现代化实施策略研究”和专项课题“运用现代教育技术促进素质教育实施”，全国教育技术重点课题“互动反馈技术条件下单元整体教学的研究”等。1999年，学校被评为北京市教育科学研究先进学校。2000年，学校被教育部命名为全国现代教育技术千所实验校。2005年，被评为北京市基础教育科学研究先进学校。2004年，建立丰师附小城南校区。

2010年，学校占地面积8514平方米，建筑面积5244平方米，体育场面积3600平方米。学校图书馆藏书3.6万册。教职工118人，其中专任教师70人；高级技术职务教师2人，市级骨干教师3人。开设教学班48个，毕业292人，招生285人，在校生1719人。党支部书记、校长田昆升。

北京市丰台区实验小学

校址：丰台区科学城恒富街1号

1996年建校，是丰台区教委直属的半走读、半寄宿制公办小学。学校在办学中实践中整合教育资源，逐步探究“阳光管理”“阳光校园”“阳光文化”等教育课题，先后编辑出版《杏坛新雨后》《稚笔童言》《耕耘者的足迹》《躬耕润德》等教育书目。2010年，学校占地面积12000平方米，建筑面积9600平方米。图书馆藏书1.2万册。教职工70人，其中专任教师54人；高级职称教师3人，市级骨干教师3人人。开设25个教学班，招生160人，毕业157人，在校生1010人。党支部书记、校长段兰华。

北京市丰台区时光小学

校址：丰台区石榴园北里20号

学校原名时村小学，建于1951年，由一所庙宇改造。首任校长易炳勇。初建时仅3名教职工，10余名学生（扫盲班）。“文化大革命”期间学校归属南苑乡政府，1978年后归属丰台教委。1996年底，随着石榴园小区的改造搬迁到石榴园北里小区。2002年4月，更名为丰台区时光小学。学校先后被评为丰台区花毽特色学校、丰台区科技月活动先进集体和中小学艺术节先进学校。2010年11月，两名教师参加北京市教学基本功大赛分获二、三等奖。

2010年，学校占地9158平方米，建筑面积4983平方米，体育场面积4888平方米。图书馆藏书11923册。教职工43人，其中专任教师36人。开设教学班18个。毕业106人，招生112人，在校生696人。党支部书记、校长林燕鸣。

北京市丰台区石榴庄小学

校址：丰台区石榴庄南里2号

1993年石榴庄一小和石榴庄二小合并

成立石榴庄小学。学校开发出博文类、约礼类、立身类、求新类四大系列校本课程。其中博文类中的“古诗文诵读”课程分为《学而时习》《温故知新》《学以致用》三册，收录志存高远、浪漫情怀、清言雅行等不同类型的经典诗文。2010年，学校占地面积14150平方米，建筑面积4650平方米，体育场面积5800平方米。图书馆藏书2.9万册。学校教职工39人，其中专任教师34人；北京市骨干教师2人。开设教学班16个。毕业70人，招生105人，在校生550人。党支部书记、校长祁红。

北京市丰台区首科花园小学

校址：丰台区太平桥路550号

1950年成立，原名丰台区太平桥第一小学，1990年校址太平桥村550号。1998年9月迁入太平桥村幼儿园。2006年1月，迁入首科花园现址，并更名为丰台区首科花园小学。2010年，学校接收三路居和东管头小学的29名干部教师和264名学生。

2010年，学校占地面积7666平方米，建筑面积5889平方米，体育场面积3270.6平方米。图书馆藏书1.85万册。教职工61人，其中专任教师59人。开设教学班24个，毕业112人，招生160人，在校生866人。党支部书记李思琴，校长刘红燕。

北京市丰台区四合庄小学

校址：丰台区花乡育仁里小区2号院

1976年樊家村小学马神庙分校独立设校，定名四合庄小学。校址原为四合庄村内马神庙，2000年9月迁至现址。美术和体育教育是学校的特色。学生多人获得市、区级奖项，曾被评为“北京市体育工作先进校”。

2010年，学校占地面积6592平方米，建筑面积3155平方米，学生运动场面积6768平方米。图书馆藏书1.97万册。开设教学班15个，毕业28人，招生64人，在校生460人，其中大部分为来京务工人员子女。教职工33人，其中专任教师28人。党支部书记、校长杨美凤。

北京市丰台区苏家坡小学

校址：丰台区大红门路15号

学校1952年成立，初名南苑区第二中心小学。1958年改为现名。学校结合来京务工人员子女多的特点，加强学校德育实效性研究。采取以“小手拉大手”的方法，学校教育学生，再由学生教育家长，让学校教育影响家庭教育。2001年至2010年，学校共培养小学毕业生700余人。

2010年，学校占地面积3040平方米，校舍面积1150平方米，均为平房建筑。普通教室7个，专业教室5个。图书室藏书1.56万册。教职工21人，其中专任教师17人。开设教学班7个。毕业50人，招生37人，在校生232人。党支部书记、校长王春林。

北京市丰台区太平桥第二小学

校址：丰台区太平桥8号

1987年建校。建校初期只有11名教师，100余名学生。1991年至2010年，学校被评为丰台区科技教育先进集体、北京市少先队组织建设规范示范校、北京市星星火炬奖，荣获丰台区红旗大队、丰台区优秀少先队大队等荣誉称号。教师参加全国、市、区级论文大赛获奖600人次。

2010年，学校占地面积8000多平方米，建筑面积5600多平方米；塑胶运动场面积1800平方米，风雨操场面积530平方米。图书室藏书1.69万册。2010年，教职工51人，其中专任教师45人。开设教学班20个，招收新生150人，毕业生76人，在校生702人。党支部书记、校长杨国梅。

北京市丰台区万柳园小学

校址：丰台区玉泉营桥西万柳园小区10号楼

1991年建校，初名丰台区赵庄小学，1993年随着万柳园小区的整体规划更名为万柳园小学。学校以武术校本课程为建设特色。学校有多个国家级、市级、区级科研课题，先后荣获北京市基础教育课程建设先进单位、北京市星星火炬红旗大队等荣誉。2010年，学校占地面积6360平方米，建筑面积3649平方米，操场面积1800平方米。图书馆藏书

1.67 万册。开设教学班 13 个，在校生 447 人。教职工 31 人，其中专任教师 31 人。党支部书记、校长曹洁。

北京市丰台区万泉寺小学

校址：丰台区万泉寺 270 号

1969 年建校，是丰台区教委直属小学。至 2010 年，学校先后从海淀、朝阳等区调入优秀教师，聘用首都师范大学、北京教育学院等优秀师范类本科毕业生任教，共引进优秀教师 28 人。学校开发多样化的校本课程，满足学生不同需求。多门校本课程在市区等多项竞赛中取得优异成绩。学校是丰台区柔道特色校。

2010 年，学校占地面积 4800 平方米。图书馆建筑面积 60 平方米，藏书 1.8 万册。开设教学班 18 个，在校学生总数 622 人。教职工 42 人，其中专任教师 34 人。党支部书记、校长张建超。

北京市丰台区五爱屯小学

校址：丰台区南苑镇西宏苑小区 6 号

1952 年建校，1965 年分为五爱屯一小、二小。1986 年，五爱屯二小与武警十一支队礼炮中队成立北京市第一所少年军校。1995 年，该地区进行平房拆迁改造，五爱屯一小、二小合并，再次定名为五爱屯小学。学校以学生为本，借助少年军校这个载体，拓展少年军校的内涵。1996 年，学校召开少年军校成立 10 周年现场会。2006 年，丰台区教委在学校共建基地召开少年军校成立 20 周年庆祝表彰大会。学校立足于特色，编纂一至六年级《学军尚武》校本课程，把少年军校的课外活动，渗透到课堂中去。

2010 年，学校占地面积 7820.07 平方米，建筑面积 6195.71 平方米，操场面积 4736.50 平方米。图书馆藏书 20531 册。教职工 46 人，其中专任教师 40 人。开设教学班 20 个，毕业 91 人，招生 146 人，在校生 685 人。党支部书记、校长杨静。

北京市丰台区西罗园第六小学

校址：丰台区西罗园南里 9 号楼

1996 年 9 月成立。建校初期，只有一至四年级 5 个教学班，16 名教职工。1998 年成为一所完全小学。2001 年 9 月，学校成为首批课改实验校。学校先后组建朗诵、美术、书法等 12 个学生社团。2010 年，学校占地面积 5848 平方米、建筑面积 4297 平方米，体育场面积 2555 平方米。图书馆藏书 2 万册。学校招生 110 人，毕业 96 人，教学班 17 个，在校生数 538 人。教职工 41 人，其中专任教师 40 人；高级职称教师 1 人，北京市骨干教师 2 人。党支部书记孙秀兰，校长房建国。

北京市丰台区西罗园第四小学

校址：丰台区洋桥西里 31 号

学校建于 1992 年。学校以“管理规范、师资优良、质量合格”为办学目标，以“培养具有基础牢、品行正、爱学习、会生活的学生”为办学宗旨，坚持“尊重人、服务人、发展人”教育观念，不断促进教师学生的发展。2010 年，学校占地面积 7589 平方米，建筑面积 3479 平方米，全塑胶操场面积达 3920 平方米。图书馆藏书 1.5 万册。教学班 12 个，在校生 329 人。教职工 27 人，其中专任教师 24 人。党支部书记、校长陈卫东。

北京市丰台区西罗园第五小学

校址：丰台区西罗园三区 16 号楼

学校成立于 1994 年 7 月。1999 年 9 月，西罗园第二小学并入。学校重视教科研工作，1998 年参加联合国教科文组织“环境、人口与可持续发展”教育（简称 EPD 教育）实验研究。2001 年 5 月，被批准为 EPD 教育实验学校。2007 年 5 月，学校与智利长江学校建立友好姊妹学校关系。2008 年 10 月，学校研发小学生读书指导教材，开设小学生读书指导校本课程。2001 年至 2010 年，西罗园第五小学共培养小学毕业生 1086 人。2010 年，学校占地面积 9726.24 平方米，建筑面积 5500 平方米，体育场面积 3127 平方米。图书馆藏书 17899 册。教职工 53 人，其中专任教师 50 人。开设教学班 18 个。毕业 99 人，招生 115 人，在校生 665 人。党支部书记、校长吴家荣。

北京市丰台区西罗园小学

校址：丰台区海户西里12号楼

1986年建校。学校隶属于丰台区教委，是西罗园地区成立的第一所小学。1998年，学校成立少年科技军校，以及水箭、火箭、计算机、科幻画等科技兴趣小组。在历届市、区的科技活动竞赛中多次获奖，连续十几年荣获丰台区科技节先进学校。市级科研课题“运用信息技术创设有效教学情境的策略研究”中期成果报告荣获北京市课题成果评比一等奖。

2010年，学校占地面积6128平方米，建筑面积3600平方米，体育场面积3000平方米。图书馆藏书1.53万册。教职工37人，其中市级骨干教师1人。开设教学班14个，毕业学生80人、招生110人、在校生478人。党支部书记、校长闫卫华。

北京市丰台区西马场第一小学

校址：丰台区西马场金润小区2区25楼

1964年建校，校址永定门外大红门西路24号。2007年5月迁至现址。2005年至2010年，学校成立天文组，聘请教师定期上天文课，培养孩子探索精神；学校与丰台体校联手，成立丰台区少年足球训练基地，多次参加市区或全国少年小西甲足球联赛，取得优异成绩。

2010年，学校占地面积6608平方米，建筑面积5427平方米；另有220平方米的天文厅，130平方米的多媒体教室。教学班18个，在校学生580人。教职工45人。党支部书记、校长赵秀云。

北京市丰台区西铁匠营小学

校址：丰台区右安门外西铁匠营村110号

1968年建校。学校由于面积小，环境差，班级数最多时12个，教师最多时22人，学校秉承“有教无类”的办学理念，结合学生近100%为外地打工子女的实际，开展丰富多彩有实效的教育教学工作。2005年，被评为丰台区中小学全面实施素质教育教学质量先进学校。2010年，学校占地面积3367平方米。7个教学班，学生167人。教师16人。党支部书记、校长解立霞。

北京市丰台区小井小学

校址：丰台区小井村338号

1949年在小井村庙内建校。1988年，区教育局投资改建校舍，新建教学楼1栋，同年年底迁入新校舍。学校倡导愉悦向上的文化，即愉悦管理、愉悦教学、愉悦学习。学校的办学理念是让师生每一天都愉悦。学校是丰台区游泳特色校。2010年，学校占地面积5255平方米，建筑面积3468平方米，体育场面积1380平方米。图书馆藏书17001册。教职工44人，其中专任教师39人。开设教学班13个。毕业78人，招生83人，在校生488人。党支部书记刘军，校长白文梅。

北京市丰台区西局小学

地址：丰台区西局后街81号

1973年建校。原为六里桥小学分校，招收西局村一、二年级适龄学生入学。1973年，成为独立法人单位，开办完全小学。2010年，学校教职工共有29人，班级9个，学生260人，学校占地面积2983平方米。党支部书记、校长孙向东。

北京市丰台区小屯小学

校址：丰台区小屯路150号

始建于1948年，初名小屯保国民小学。1949年改为小屯中心小学。1963年学校扩大，建立两个分校（郭庄分校、五里店分校）。1970年，郭庄分校撤销，五里店分校独立，改为现校名。1990年有6个年级15个班，学生480人，教职工33人。2010年，学校占地面积6977平方米，建筑面积2522平方米。教职工45人，专任教师36人。在校学生609人。党支部书记、校长崔秀芳。

北京市丰台区新发地小学

校址：丰台区新发地天伦锦城12号楼

1950年建校，初名不详。1956年改为黄土岗小学分校。1961年改为陈留小学分校。1969年独立建校，改为现名。2004年8月，学校由丰台区花乡二甲地村迁入现址。2000

年以来，学校实施“阳光少年”“阳光教师”“阳光校园”“向阳教育”四个阳光工程。学校根据学生需求开发了六类16门校本课程。2010年，学校占地面积11650平方米，建筑面积9056平方米，分为教学、办公和住宿三个区域。教学班27个，在校生961人，82%为外地务工农民子女，他们来自24个省份，10个民族。教职工57人，其中专任教师50人。党支部书记、校长徐学敏。

北京市丰台区新宫小学

地址：丰台区新宫村37号

1969年建校。1994年，新宫村投资将平房校舍改建成教学楼。2005年，学校通过北京市农村完小验收。2010年，获丰台区定向越野比赛男子和女子两项团体冠军。2010年，学校占地面积10691平方米，建筑面积3217平方米。14个教学班，近500名学生，32名教师。党支部书记、校长刘彤。

北京市丰台区阳春小学

校址：丰台区花乡羊坊村111号

学校前身是1950年成立的羊坊小学，1995年8月改名为阳春小学。1993年学校通过农村完小验收。1995年，建设新校区，绿化面积760平方米。2003年，修建塑胶操场3842平方米，直跑道70米，环形跑道200米。2008年，增加辅助用房128平方米。2010年，学校占地面积10108平方米，建筑面积2565平方米，体育场面积4947平方米。图书馆藏书18166万册。教职工25人，其中专任教师25人。开设教学班11个，毕业生59人，招生75人，在校生434人。党支部书记、校长刘彤。

北京市丰台区右安门第一小学

校址：丰台区右安门外东二街51号

1955年建校。2009年9月，右安门第一小学与右安门第二小学合并，成立新的右安门第一小学。2010年，东管头小学及三路居小学并入。2001年至2010年，右安门第一小学共培养毕业生1980人。2009年起，右安门一小借助北京市校舍抗震加固工程，加快特色示范校建设。学校硬件建设融入规范、人文、绿色、环保的理念，最大限度地方便师生的工作和学习。至2010年9月，建设工程硬件建设基本竣工，政府累计投资近2000万元。2010年，学校招生180人，毕业160人，教学班30个，在校生数1000人。教职工78人。一校两址，建筑总面积10000平方米，塑胶运动场面积5400平方米。图书5.05万册。党支部书记、校长张悦峰。

北京市丰台区玉林小学

校址：丰台区玉林里18号

学校前身是1915年建立的民办贫民学校，校址在右安门外西三条，1949年改为右安门三官庙小学。1983年改名为北京市丰台区右安门第三小学。1997年9月迁入现址。2006年更名为玉林小学。2001年至2010年，学校有3人获得北京市“紫禁杯”优秀班主任称号，1人获北京市优秀教师称号。2008年，学校确立“识字习礼做向善之人”的开学典礼特色传统。2010年，学校占地面积8859平方米，建筑面积7072平方米，体育场（馆）面积3750平方米。图书室藏书4991册。教职工43人，其中专任教师38人。开设教学班18个。毕业79人，招生107人，在校生553人。党支部书记、校长梁秀桥。

北京市丰台区岳各庄小学

校址：丰台区岳各庄村47号

1964年靛厂小学分校独立建校，定为现校名。学校地处岳各庄北桥东侧。改革开放后，随着岳各庄村村民生活水平的提高，以及岳各庄批发市场、小井批发市场等批发市场的建立，本地生源逐渐减少，岳各庄小学主要为进城务工人员子女解决教育问题。2010年，学校占地面积6581平方米，建筑面积3881平方米。教职工30人，专任教师20人。在校学生452人。党支部书记、校长郭玉荣。

北京市丰台区云岗第二小学

校址：云岗南区西里23号

学校始于1959年筹备建设的部队子弟小

学。1972 年独立设校。1990 年有 6 个年级 24 个班，学生 802 人，教职工 53 人。2002 年至 2010 年，先后有 3 名学生由四年级升入北京八中少年班。学校在历次市区教学质量抽测、统测中均名列前茅。2010 年，学校占地面积 11248 平方米，建筑面积 4993 平方米，体育运动场面积 4000 平方米。图书 33830 册。开设 31 个教学班，招生 195 人，毕业 158 人，在校生 1086 人。教职工 75 人，其中专任教师 63 人。党支部书记、校长张德江。

北京市丰台区云岗第一小学

校址：丰台区云岗北区西里 7 号

1959 年筹备建设，作为当时的国防部第五研究院三分院的子弟小学，校名暂定为中国人民解放军第 0683 部队子弟小学。1960 年 11 月，学校正式成立，校名也随同三院改为中国人民解放军总字 744 部队小学。1965 年交归丰台区，改名为北京市丰台区云岗学校。1971 年中、小学独立建置，小学改名丰台区云岗小学。1972 年，云岗小学分为云岗第一小学、第二小学。

1990 年以前，云岗一小坚持“教学为主，育人为本”全面推进素质教育，全先后培养几十名优秀运动员、文艺特长生、学科尖子生。2000 年以来，学校确立以“全面实施素质教育，培养具有航天素养的未来创造者”为培养目标。2008 年，学校开发《航天知识篇》《行为训练篇》《数学思维训练》《各年级学生习作资源库》等校本课程。2010 年，学校占地面积 10500 平方米，建筑面积 4757 平方米，体育场面积 3500 平方米。图书馆藏书 1.63 万册。教职工 66 人，其中专任教师 63 人，北京市“紫禁杯”优秀班主任 5 人。学校开设教学班 24 个，毕业生 133 人，招生 123 人，在校生 775 人。党支部书记、校长孔秀云。

北京市丰台区郑常庄第一小学

校址：丰台区大成路长安新城南里一区 11 号楼

学校前身是 1947 年建校的北平市第十六区蒋家坟小学。1956 年更名为岳各庄中心小学。1963 年 9 月，中心小学一分为二，村南为郑常庄第一小学（农村完小），村北为郑常庄第二小学（接收居民户口生源为主，后并入大成学校）。2007 年 7 月，郑常庄第一小学由郑常庄村迁入长安新城小区新校址。2010 年，学校占地面积 5850 平方米，建筑面积 4722 平方米，体育场面积 2350 平方米。图书馆藏书 35706 册。教职工 68 人，其中专任教师 58 人。开设教学班 21 个，毕业生 62 人、招生 111 人、在校学生 831 人。党支部书记、校长张波。2011 年 9 月学校改为北京市丰台区长安新城小学。

北京铁路职工子弟第十一小学

校址：丰台区西四环南路 93 号

学校建于 1923 年，初名丰台扶轮小学。1973 年学校经北京铁路分局统一命名为北京铁路职工子弟第十一小学。2002 年 9 月，北京铁十二小编制撤消，并入铁十一小。2004 年 6 月，学校划归丰台区教委。1991 年至 2010 年，学校 19 次荣获北京市少儿棒球比赛第一名；多次组队代表中国少儿棒球队参加世界少儿棒球锦标赛。先后被命名为是北京市传统体育项目棒球学校、全国青少年棒球发展计划定点培训学校、全国学校文化创新实践基地校。

2010 年，学校占地面积 18694 平方米，建筑面积 7622 平方米，体育用地面积 4512 平方米，环形跑道长 200 米。图书馆藏书 2.4 万册。教职工 67 人，其中专任教师 55 人；高级职称教师 1 人，北京市骨干教师 2 人。开设教学班 20 个，毕业 77 人，在校生 603 人。党支部书记、校长杨凤娥。

北京小学丰台万年花城分校

校址：丰台区万年花城万芳园 2 区 4 号楼

学校成立于 2009 年。2010 年年底，学校占地面积 12600 平方米，建筑面积 12600 平方米，操场面积 2000 平方米。图书馆藏书 3.5 万册。学校只有一、二年级 8 个班，共 284 人，其中本地居民学生占 40%，外省市借读学生占 60%。教职工 30 人，其中专任教师有 25 人；3 名市级骨干教师和 7 名区级骨干教师。党支部书记、校长刘显洋。

北京朝阳芳草地国际学校丽泽分校

校址：丰台区丽泽路1号院4号楼

2010年9月1日成立，丽泽商务区重要配套设施之一。学校隶属于丰台区教委，是丰台区引进优质教育资源，与朝阳区教委合作办学的成果。芳草地国际学校派出骨干管理人员及骨干教师到丽泽分校任职任教。建设之初，坚持与国际化小学相匹配的人性化设计，并提高配套小学的强弱电设计标准，完全达到国际学校的入驻使用条件。

2010年，学校占地面积9590平方米，建筑面积8950平方米，塑胶运动场面积1012平方米。学校现有24个普通教室，14个专用教室，5个功能教室，藏书3万余册。教职员工13人，其中北京市学科带头人1人，北京市骨干教师3人。招生56人，在校生56人。党支部书记何凤珍，校长缐永正。

表31　　2010年丰台区小学一览表

序号	学校名称	建校时间	举办者
1	北京长辛店铁路小学	1918年	教育部门和集体办
2	北京二七车辆厂小学	1964年	教育部门和集体办
3	北京市丰台区白盆窑小学	1949年	教育部门和集体办
4	北京市丰台区保台小学	1969年	教育部门和集体办
5	北京市丰台区草桥小学	1947年	教育部门和集体办
6	北京市丰台区长辛店第二小学	1971年	教育部门和集体办
7	北京市丰台区长辛店第七小学	1963年	教育部门和集体办
8	北京市丰台区长辛店第一小学	1949年	教育部门和集体办
9	北京市丰台区长辛店中心小学	1998年	教育部门和集体办
10	北京市丰台区成寿寺小学	1950年	教育部门和集体办
11	北京市丰台区翠林小学	1997年	教育部门和集体办
12	北京市丰台区大红门第二小学	1969年	教育部门和集体办
13	北京市丰台区大红门第一小学	1987年	教育部门和集体办
14	北京市丰台区靛厂小学	1936年	教育部门和集体办
15	北京市丰台区东高地第二小学	1962年	教育部门和集体办
16	北京市丰台区东高地第三小学	1969年	教育部门和集体办
17	北京市丰台区东高地第四小学	1971年	教育部门和集体办
18	北京市丰台区东高地第一小学	1955年	教育部门和集体办
19	北京市丰台区东罗园小学	1964年	教育部门和集体办
20	北京市丰台区东铁匠营第二小学	1951年	教育部门和集体办
21	北京市丰台区东铁匠营第一小学	1960年	教育部门和集体办
22	北京市丰台区樊家村小学	1951年	教育部门和集体办
23	北京市丰台区芳城园小学	1994年	教育部门和集体办
24	北京市丰台区芳古园小学	1991年	教育部门和集体办
25	北京市丰台区芳群园第一小学	1992年	教育部门和集体办
26	北京市丰台区芳星园第二小学	1990年	教育部门和集体办
27	北京市丰台区芳星园第小学学	1955年	教育部门和集体办
28	北京市丰台区分钟寺小学	1969年	教育部门和集体办
29	北京市丰台区丰台第八小学	1992年	教育部门和集体办
30	北京市丰台区丰台第二小学	1963年	教育部门和集体办
31	北京市丰台区丰台第六小学	1949年	教育部门和集体办
32	北京市丰台区丰台第七小学	1987年	教育部门和集体办
33	北京市丰台区丰台第五小学	1952年	教育部门和集体办
34	北京市丰台区丰台第一小学	1963年	教育部门和集体办

续表 31

序号	学校名称	建校时间	举办者
35	北京市丰台区丰体时代小学	1949 年	教育部门和集体办
36	北京市丰台区高立庄小学	1949 年	教育部门和集体办
37	北京市丰台区槐房小学	1926 年	教育部门和集体办
38	北京市丰台区黄土岗小学	1952 年	教育部门和集体办
39	北京市丰台区纪家庙小学	1942 年	教育部门和集体办
40	北京市丰台区角门小学	1991 年	教育部门和集体办
41	北京市丰台区看丹小学	1925 年	教育部门和集体办
42	北京市丰台区六里桥小学	1972 年	教育部门和集体办
43	北京市丰台区六圈小学	1912 年	教育部门和集体办
44	北京市丰台区卢沟桥第二小学	1986 年	教育部门和集体办
45	北京市丰台区卢沟桥第一小学	1986 年	教育部门和集体办
46	北京市丰台区马家堡小学	1951 年	教育部门和集体办
47	北京市丰台区南宫中心小学	1996 年	教育部门和集体办
48	北京市丰台区南苑第四小学	1959 年	教育部门和集体办
49	北京市丰台区南苑镇第一小学	1984 年	教育部门和集体办
50	北京市丰台区蒲黄榆第三小学	1986 年	教育部门和集体办
51	北京市丰台区蒲黄榆第一小学	1964 年	教育部门和集体办
52	北京市丰台区人民村小学	1957 年	教育部门和集体办
53	北京市丰台区师范学校附属小学	1965 年	教育部门和集体办
54	北京市丰台区实验小学	1996 年	教育部门和集体办
55	北京市丰台区时光小学	1951 年	教育部门和集体办
56	北京市丰台区石榴庄小学	1993 年	教育部门和集体办
57	北京市丰台区首科花园小学	1950 年	教育部门和集体办
58	北京市丰台区四合庄小学	1976 年	教育部门和集体办
59	北京市丰台区苏家坡小学	1958 年	教育部门和集体办
60	北京市丰台区太平桥第二小学	1987 年	教育部门和集体办
61	北京市丰台区万柳园小学	1991 年	教育部门和集体办
62	北京市丰台区万泉寺小学	1969 年	教育部门和集体办
63	北京市丰台区五爱屯小学	1952 年	教育部门和集体办
64	北京市丰台区西局小学	1973 年	教育部门和集体办
65	北京市丰台区西罗园第六小学	1996 年	教育部门和集体办
66	北京市丰台区西罗园第四小学	1992 年	教育部门和集体办
67	北京市丰台区西罗园第五小学	1994 年	教育部门和集体办
68	北京市丰台区西罗园小学	1986 年	教育部门和集体办
69	北京市丰台区西马场第一小学	1964 年	教育部门和集体办
70	北京市丰台区西铁匠营小学	1968 年	教育部门和集体办
71	北京市丰台区小井小学	1949 年	教育部门和集体办
72	北京市丰台区小屯小学	1948 年	教育部门和集体办
73	北京市丰台区新发地小学	1950 年	教育部门和集体办
74	北京市丰台区新宫小学	1969 年	教育部门和集体办
75	北京市丰台区阳春小学	1950 年	教育部门和集体办
76	北京市丰台区右安门第一小学	1955 年	教育部门和集体办
77	北京市丰台区玉林小学	1983 年	教育部门和集体办
78	北京市丰台区岳各庄小学	1964 年	教育部门和集体办
79	北京市丰台区云岗第二小学	1972 年	教育部门和集体办

续表 31

序号	学校名称	建校时间	举办者
80	北京市丰台区云岗第一小学	1960 年	教育部门和集体办
81	北京市丰台区郑常庄第一小学	1947 年	教育部门和集体办
82	北京铁路职工子弟第十一小学	1973 年	教育部门和集体办
83	北京小学丰台万年花城分校	2009 年	教育部门和集体办
84	北京朝阳芳草地国际学校丽泽分校	2010 年	教育部门和集体办
85	北京第二实验小学怡海分校	—	民办
86	北京第一实验小学彩虹分校	—	民办
87	北京市丰台区康华小学	—	民办
88	北京市丰台区晓月苑小学	—	民办
89	北京市蓝天丰苑学校	—	民办

说明：“—”为资料缺失

普通中学

北京教育学院丰台分院附属学校

校址：丰台区丰桥路 6 号院内 10 号楼

前身为丰台区郭公庄中学，始建于 1958 年，地处丰台区黄土岗公社郭公庄村 443 号。1973 年，学校增设高中部。1983 年，普通高中改为职业高中，成为一所职业高中与普通初中共存校。1995 年，被市政府、市文教办、市人事局评为市社区教育先进学校。1983 至 1996 年，学校女子篮球队多次获区中学组冠军。1997 年，职业高中完成分离，学校转制为普通初中校。2002 年暑假，市、区、乡投资改建校舍。2010 年 1 月 1 日迁至现址，改建为九年一贯制学校，定名北京教育学院丰台分院附属学校。

2010 年，学校占地面积 22083 平方米，建筑面积 11050 平方米。图书馆藏书 1.8 万册。教职工 93 人，其中专任教师 54 人；高级职称教师 5 人，北京市骨干教师 1 人。开设教学班 15 个（小学班 6 个、初中班 9 个）。毕业 122 人，招生 40 人，在校生 426 人。党支部书记、校长徐晓华。

北京市大成学校

校址：丰台区青塔小区 c 区

1998 年，丰台区第五中学和丰台区小屯中学合并成立北京市大成中学。2000 年，开办高中。2004 年，合并丰台区青塔一小和丰台区青塔二小，更名为北京市大成学校。学校位于丰台、海淀、石景山三区交界的青塔小区，为十二年一贯制学校。

2003 年，学校尝试美术特色办学。2005 年被授予“北京市艺术教育特色学校“称号，高中美术特长生面向全市招生。2010 年，获北京市教科院“中英基础教育合作学习实验项目优秀奖”。2010 年，学校占地面积 42983 平方米，建筑面积 19948.8 平方米，体育场面积 20794 平方米。图书馆藏书 55472 册。教职工 286 人，其中专任教师 266 人；高级职称教师 33 人，北京市骨干教师 3 人。开设教学班 69 个，毕业 463 人，招生 467 人，在校生 2383 人。党支部书记郭长利，校长徐朝晖。

北京市第十中学

校址：丰台区长辛店南关东里 1 号（高中部）
丰台区长辛店镇南口东山坡（初中部）
丰台区岳各庄一号（东校区）

1949 年 9 月成立，1978 年被列为区重点中学。1990 年有 6 个年级 14 个班，学生 1400 人，教职工 170 人。2001 年 5 月，投资 400 万元建成运动场。运动场占地面积 8525 平方米，外环塑胶跑道，场内人工草坪，包括两个标准篮球场以及多种体育器械。2003 年 7 月至 8 月，区教委完成学校校舍改造工程。工程建筑面积 20883 平方米，包括新建 6 间专业教室、2 间实验室，完成 3 栋教学楼装修，总投资 900 万元。2004 年，学校入选北京市示范性普通高中。2007 年，被评为全国红十字模范校。学校连续多年获得丰台区教学优质校称号。

2010 年，学校三个校区占地面积 53861 平方米，建筑面积 34147 平方米，体育场 22764 平方米。图书馆藏书 12.90 万册。教职工 231 人，其中专任教师 164 人；高级职称教师 72 人，市级骨干教师 8 人。开设教学班 48 个（初中班 20 个、高中班 28 个）。毕业 696 人（初中 296 人、高中 400 人），招生 563 人（初中 239 人、高中 324 人），在校生 1820 人（初中 745 人、高中 1075 人）。党支部书记魏世华，校长林晓红。

北京市第十二中学

校址：丰台区益泽路 15 号

1934 年建校，校址位于卢沟桥畔的龙王庙，校名为宛平简易师范学校。1951 年改为现名。1953 年设高中部，成为城镇完全中学。1964 年，被北京市教育局定为市级重点中学。1978 年，再次被确定为北京市首批 14 所重点中学之一。1996 年，外语教研组组长王维敏获全国五一劳动奖章。2001 年，高中迁入现址（丰台区益泽路 15 号），同年被确定为北京市首批示范性普通高中。学校现有一校三址，分别为本部（位于丰台区益泽路 15 号）、科丰校区（丰台区西四环南路 93 号）、草桥校区（丰台区草桥东路 26 号）。

20 世纪 80 年代，学校重视“双基教学”，高考成绩和办学质量达到北京市前列水平。学校形成“同心同德、兢兢业业、求实创新”的校训并传承下来。在全国率先成立校办工厂，为学生提供学生实践基地。学校举办中美国际课程班，引进国际课程。学校被命名为教育部现代教育示范基地、中华优秀文化艺术传承学校、北京市“翱翔计划”“雏鹰计划”“后备人才计划”基地校、北京市科技教育示范学校、北京市传统体育项目学校、北京市金鹏科技团分团、北京市金帆民乐团分团、北京大学中学校长实名制推荐学校，清华大学“新百年领军计划”优质生源基地校。2010 年，学校占地面积 85669 平方米，建筑面积 70258 平方米，体育场面积 29735 平方米。图书馆藏书 15.24 万册。教职工 404 人，其中专任教师 286 人；高级职称教师 139 人，特级教师 7 人，北京市骨干教师 15 人，北京市学科教学带头人 5 人。开设教学班 83 个（初中班 53 个、高中班 30 个），招生 1023 人，在校生 3241 人。党支部书记管杰，校长李有毅。

北京市第十八中学

校址：丰台区方庄芳星园二区 11 号

学校前身是 1951 年在南苑中心小学院内开办的两个中学班，1952 年，被命名为北京市第十八中学。1955 年，学校从南苑迁至大红门。1978 年，被评为丰台区重点中学。1990 年，学校初、高中分离，初中部留在大红门，更名为赵登禹中学；高中部迁至方庄小区，仍沿用北京市第十八中学校名。2005 年，学校被评为北京市示范性普通高中。

1995 年，被评为北京市科技教育示范学校。2005 年，被评为北京市金鹏科技团，形成航模、机器人、定向越野等传统项目。至 2010 年，学校开设诸多体育类选修课，如航模、乒乓球、羽毛球、篮球、足球、高尔夫、板球等十多个门类；成立新星体育俱乐部，组建乒乓球、足球、击剑、桥牌等高水平运动队。2010 年，学校占地面积 38460 平方米，校舍建筑面积 19634 平方米，体育场面积 20434 平方米。图书 4.02 万册。招生 449 人，毕业 315 人，教学班 45 个（初中 21 个、高中 24 个），在校生 1496 人。教职工 193 人，其中专任教师 144 人；高级职称教师 36 人。党支部书记申智民，校长钟灵。

北京市芳星园中学

校址：丰台区方庄芳城园 3 区 10 号

1989 年建校，学校原址方庄芳星园 3 区，2002 年合并芳城园中学后迁至现址。学校是丰台区教委直属初级中学。学校开设多门校本课程，学生的合唱、京剧、科技、足球等社团多次获奖。2010 年，学校占地面积 12613 平方米，建筑面积 6422 平方米，体育场面积 6000 平方米。图书馆藏书 1.6 万册。教职工 71 人，其中专任教师 53 人；高级职称教师人 12 人，北京市学科教学带头人 1 人。开设初中教学班 12 个。毕业 85 人，招生 120 人，在校生 305 人。党支部书记、校长王瑛琨。

北京市丰台区长辛店第三中学

校址：丰台区朱家坟一里 44 号

2007 年 7 月，长辛店第三中学和六一八厂子弟小学合并组建北京市丰台区长辛店学校。2007 年至 2010 年，还沿用北京市丰台区长辛店第三中学校牌。长辛店第三中学始建于 1968 年，六一八厂子弟小学始建于 1955 年。长辛店学校为公办九年一贯制学校。学校在不断完善三级课程的基础上，先后开发国学、舞蹈、绳韵等以“端正”教育为主题的校本课程。2010 年，学校占地面积 19669 平方米，建筑面积 13794 平方米。图书馆藏书 47441 册。教职工 122 人，其中专任教师 80 人；高级职称教师 12 人。开设教学班 25 个。毕业 144 人（初中 105 人、小学 39 人），招生 171 人（初中 95 人、小学 76 人），在校生 760 人（初中 337 人、小学 423 人）。党支部书记李霞，校长王立华。2011 年，学校更名为北京市丰台区长辛店学校。

北京市丰台区长辛店第一中学

校址：丰台区长辛店桥西扶轮胡同 45 号

1962 年建校，是丰台区教委所属的初中校。2003 年 7 月、2007 年 7 月，分别合并长辛店第二中学、长辛店铁路中学。校内小红楼为长辛店留法勤工俭学旧址。学校利用共建单位装甲兵工程学校丰富的教育资源，以军事大讲堂校本课为载体，培养学生的国防意识及国防知识，拓宽学生知识视野。

2010 年，学校占地面积 13422 平方米，建筑面积 7300 平方米，塑胶体育场 4000 平方米。图书馆藏书 3.2 万册。教学班 14 个，学生 380 余人，教职工 92 人，其中专任教师 63 人；高级职称教师 23 人，北京市“紫禁杯”优秀班主任 1 人。党支部书记王志斌，校长王亚荣。

北京市丰台区东铁匠营第二中学

校址：丰台区石榴园北里 4 号

1964 年建校，是一所纯初中校。20 世纪 80 年代曾举办职业高中。2000 年以来，学校在丰台区科技节中已经连续多年获区先进校荣誉称号。学校 2006 年、2007 年、2008 年连续三年代表北京市参加全国青少年未来工程师博览与竞赛，均获得全国第一名。学校于 2010 年被评为丰台区特色发展实验校。2010 年，学校占地面 10856 平方米，建筑面积 5800 平方米，体育场面积 4000 平方米。图书馆藏书 14538 册。教职工 58 人，其中专任教师 43 人；高级职称教师 2 人。开设教学班 13 个。毕业 120 人，招生 124 人，在校生 353 人。党支部书记、校长刘志泉。

北京市丰台区东铁匠营第一中学

校址：丰台区刘家窑东里 7 号

1959 年 9 月建校，初名北京市第一三五中学，1962 年，改名为丰台区东铁匠营中学。1965 年改为现名。1971 年，发展为完全中学。2000 年 6 月，合并丰台区蒲黄榆第一中学。2010 年，学校占地面积 21363 平方米，建筑面积 15409 平方米，体育场面积 9600 平方米。图书馆藏书 4.07 万册。教职工 140 人，其中专任教师 96 人；高级职称教师 28 人。开设教学班 24 个。毕业 631 人，招生 257 人，在校生 661 人。党支部书记、校长王弋。

北京市丰台区丰台第八中学

校址：丰台区北大地一里 16 号

1994 年 7 月创建，是丰台区教委所属的全日制初中校。学校 1998 年、2000 年、2002 年、2004 年连续四届被授予“北京市中小学百所课间操优秀校”荣誉称号。2010 年，被评为 2010 年丰台区中考优质校、北京市健康促进学校，获得第四届“师慧杯”团体总分表扬奖和 2010 年丰台区中学教学管理绩效优秀奖。2010 年，学校占地面积 7367 平方米，建筑面积 4507 平方米。图书馆藏书 1.9 万册。开设 26 个教学班，在校学生 930 人。教职工 93 人，其中专任教师 78 人；高级职称教师 8 人。党支部书记、校长刘磊。

北京市丰台区丰台第二中学

校址：丰台区丰台镇东安街头条3号

1963年建校，是一所完全中学。建校之初，学校是一所普通校，2001年入选丰台区示范校。2005年入选北京市示范性普通高中。2001年9月，在北京市率先开设研究性学习，开发有本校特色的校本课程，非中高考课程实行“以兴趣、爱好为出发点的跑班授课制”。至2010年，学校中考成绩各科总平均分等各项指标均名列全区前列。

2010年，学校占地面积23713平方米、建筑面积17065平方米，体育场面积6000平方米。图书馆藏书7.76万册。教职工224人，其中专任教师164人；高级职称教师56人，特级教师2人，北京市骨干教师9人，北京市学科教学带头人2人。开设教学班45个。毕业617人，招生528人，在校生1762人。党支部书记李真，校长王志江。

北京市丰台区丰台第七中学

校址：丰台区新村四里三号

1980年建校，是一所位于新村地区初中学校。2005年，学校根据学生身心发展特点，在全校范围内开设国画、书法、汽车设计、舞蹈、合唱、灵风听音等课程及社团，其中国画和合唱校本课程被评为区级校本课程；灵风听音社团被评为区级特色社团。2010年，学校占地面积9638平方米，建筑面积5113平方米，体育场面积3060平方米。图书1.27万册。教职工58人，其中专任教师33人。开设教学班12个。在校生332人，生源以新村社区、花乡地区及外地来京务工的随迁子女为主。党支部书记、校长焦素琴。

北京市丰台区丰台第一中学

校址：丰台区丰台桥南新华街2号

1956年建校，初名北京市第八十八中学。1959年更名丰台中学。1962年定名为北京市丰台区丰台第一中学。2002年5月、2007年4月丰台四中和北京铁路五中分别并入丰台一中，形成目前“大初中小高中”办学格局。学校的校本课程有《沥粉画》《形体》《京剧》《空手道》等。2010年，学校被丰台区认定为空手道体育项目特色学校。

2010年，学校占地面积14600多平方米，建筑面积12930平方米。图书馆藏书4.3万册。教职工176人，其中专任教师120人；高级职称教师36人，市区级骨干教师6人。开设27个教学班，其中初中班18个，高中班9个。校训：修德、明志、博学、笃行。党支部书记徐曙炜，校长李晨辉。

北京市丰台区丰台路中学

校址：丰台区西四环中路103号

1956年建校，初名北京市第八十七中学。1959年改名为北京市丰台区岳各庄中学。1971年发展为完全中学。1986年更为现名。学校以校本课程开发与学生社团建设为突破口，鼓励全校师生参与学校文化建设与管理，在自我管理、自我服务中不断提高师生自身的道德水平和文化修养。

2010年，学校占地面积14984平方米，建筑面积9242平方米，体育场面积5300平方米。图书馆藏书1.96万册。教职工65人，其中专任教师47人；特级教师1人，高级职称教师10人。开设教学班14个。毕业81人，招生192人，在校生331人，包括寄宿生20人。党支部书记、校长姜波。

北京市丰台区和义学校

校址：丰台区南苑北里三区12号楼

1999年建校，因邻近和义小区得名“和义学校”。学校系九年一贯制学校，坚持“每天进步一点点”的教育工作理念，在教育内容、形式等方面不断丰富与创新。学校在不同年级开设陶笛、曲棍球、足球等20多门校本课程。2010年，学校占地面积22358.47平方米，建筑面积7771平方米。图书室藏书3.9万册。普通教室44个，专用教室18个，实验室4个。教职工114人，其中专任教师99人；高级职称教师16人，北京市骨干教师2人。开设教学班38个（初中18个、小学20个），毕业1112人（初中489人、小学623人）。党支部书记王朝欣，校长王海燕。

北京市丰台区槐树岭学校

校址：丰台区槐树岭2号院

1968年建校，初名丰台区德才学校。1979年改校名为槐树岭中学。2001年3月，槐树岭中学与槐树岭小学合并组建丰台区槐树岭学校。学校在校生603人，教师91人，实施小学到高中连读教育实验，学制12年。2004年1月，合并大灰厂中学。2007年，槐树岭学校中小学分开，中学与二七车辆厂中学合并成立新的丰台区槐树岭学校，学校转制为初中校。2009年5月，市、区政府投资约1300万元改建校舍。2010年，学校占地面积22681平方米，建筑面积4615平方米。图书室藏书15108册。教职工77人，其中专任教师40人；高级职称教师21人。开设教学班12个。毕业78人，招生101人，在校生295人。党支部书记陈天宝，校长张冬梅。

北京市丰台区黄土岗中学

校址：丰台区南四环西路16号

1955年建校，当时学校的占地面积4260平方米，校名北京市第七十三中学。1959年改为现名。学校曾办有初中、高中和职业高中，1997年转制为初中校。学校在20世纪90年代曾两度被市、区列为基础薄弱校。1997年11月，由丰台区教委和花乡政府共同投资600万元，对学校进行改造，1998年11月正式竣工，基本达到初中建设工程标准要求。2007年，被评为丰台区初中教学进步校。2009年，被评为丰台区中考优类校。

2010年，学校占地面积15300平方米，建筑面积5338平方米，塑胶运动场面积4500平方米。图书馆藏书2.29万册。教职工46人，其中专任教师32人；高级职称教师3人。开设初中教学班10个。毕业50人，招生154人，在校学生292人。党支部书记孟凡山，校长冯明。

北京市丰台区角门中学

校址：丰台区马家堡路122号

1976年建校，是马家堡地区、角门地区、西马厂地区唯一的一所公办初中校。学校办学理念是“让每一个学生都进步和发展”；校训“团结、奉献、求实、争优”。2010年，学校占地面积18231平方米，操场面积8000平方米。教学班12个，学生400多人，教职工89人。党支部书记、校长王振民。

北京市丰台区看丹中学

校址：丰区台看丹桥建新路19号

1971年成立，建校之初为完全中学，曾创造出高考录取率全区第一的成绩。1983年学校由普教转为职教，创办职高。1996年与东方财经日语大学联合创办财会大专班，实现“3+2”的办学模式。2000年，学校在校生1200余人，其中大专班240多人，职高生近700人，初中生270余人。2004年开始与内蒙古阿拉善左旗职业中专进行联合办学，并与西南物流等单位合作，开辟“校企联合、厂校挂钩”办学模式新探索。2005年，学校职高部合并到丰台区职业教育中心校，学校转制为纯初中校。2006年，学校被确定为北京市初中建设工程重点项目学校之一。

2010年，学校占地面积16616平方米，建筑面积6105多平方米，塑胶运动场面积5500平方米。图书馆藏书17396册。开设教学班12个。在校生329人。教职工54人，其中专任教师37人；高级职称教师8人。党支部书记李迎红，校长陈天宝。

北京市丰台区卢沟桥中学

校址：丰台区晓月苑小区垂虹街2号

1974年建校，初为农村5年制完全中学，1988年，普通高中停办，改为职业高中。1999年，职业高中停办，转制为初中校。1999年9月，为支持中国人民抗日战争雕塑园建设，学校由卢沟桥城南街221号迁址永定河畔晓月苑小区。学校利用紧邻历史古迹卢沟桥、抗日战争纪念馆和抗战雕塑园的优势，组织学生义务宣讲员队伍，宣传卢沟桥地域文化。学校开设10门校本课程，包括航模海模、数独、摄影等。

2010年，学校占地14000平方米，建筑面积7746平方米，教学设施齐全。教职工67人，其中，高级职称教师6人。开设初中教学班 14 个。毕业 130 人，招生 154 人，在校生 447 人。党支部书记张延福，校长刘凤林。

北京市丰台区南顶中学

校址：丰台区大红门路 60 号

1981 年 9 月成立，初名时村中学，1982 年更为现名。2006 年，学校改造纳入北京市初中建设工程重点建设项目，至 2009 年，学校办学条件得到根本改善。2010 年，学校为初级中学，占地面积 10500 平方米，拥有两座教学楼，总建筑面积 6936 平方米，体育场面积 5380 平方米。图书馆藏书 2.08 万册。教职工 61 人，其中专任教师 38 人；高级职称教师 6 人。开设初中教学班 12 个。毕业 75 人，招生 128 人，在校生 312 人。党支部书记、校长齐伟哲。

北京市丰台区南苑中学

校址：丰台区红房子西路 1 号

始建于 1950 年，由小学和初中组成，校名为南苑中学，地址在南苑安家胡同。1955 年，在大红门建立北京市第十八中学，分南北两校。北校叫十八中，南苑中学为十八中分校。同年，十八中分校更名为北京市第七十二中学。1958 年，从安家胡同迁址南苑西路一号，更名为北京丰台区南苑中学。1976 年曾设普通高中。1986 年又增设职业高中。1993 年普通高中停办，改办职业高中，1999 年职业高中停办，改为初中校。

2010 年，学校占地面积 17260 平方米、建筑面积 6614 平方米。图书馆藏书 20868 册。教职工 68 人，其中专任教师 55 人；高级职称教师 6 人。开设初中班 15 个，在校生 500 人。党支部书记、校长栗培志。

北京市丰台区实验学校

校址：丰台区程庄路 90 号

1989 年建校，是一所集幼儿园（大班）、小学、初中、高中于一体的完全学校。2010 年，学校占地面积 59032 平方米，建筑面积 29646 平方米，体育场（馆）面积 23703 平方米。图书馆藏书 6.37 万册。固定资产总值 3354 万元。普通教室 79 个，专用教室 15 个，实验室 8 个。教职工 271 人，其中专任教师 186 人；高级职称教师 34 人，北京市学科教学带头人 1 人，市级骨干教师 5 人。开设教学班 66 个（小学班 30 个、初中班 18 个、高中班 18 个）。毕业 618 人（小学 194 人、初中 203 人、高中 221 人），招生 627 人（小学 207 人、初中 200 人、高中 220 人），在校生 2389 人（小学 1127 人、初中 596 人、高中 666 人），寄宿生 180 人。高中录取分数线 450 分（丰台区），应届高考本科上线率 35.4%。党支部书记张瑞斌，校长石磊。

北京市丰台区王佐学校

校址：丰台区王佐镇西王佐村 25 号

2003 年 7 月西王佐小学、沙锅村小学、西庄店小学、大富庄小学、洛平小学、怪村小学、魏各庄小学 7 所小学和王佐中学合并组建九年一贯制学校丰台区王佐学校。学校结合农村地域特点，创办体育特色，招收体育特长生，成立青少年体育俱乐部，组建跆拳道、乒乓球、篮球、足球、田径等训练队，其中田径为学校传统项目。2010 年，学校占地面积 62730 平方米，建筑面积 21110 平方米，体育场面积 15796 平方米，综合馆面积 253 平方米。图书馆藏书 5 万册。教职工 177 人，其中专任教师 110 人；高级职称教师 11 人。开设教学班 42 个（小学 24 个、中学 18 个），招生 271 人（小学 110 人、初中 161 人），毕业 276 人（小学 118 人、初中 158 人），在校生 1235 人（小学 540 人、初中 695 人）。2010 年 7 月前党支部书记黄玉兰，校长王弋；7 月后党支部书记、校长单鸾娇。

北京市丰台区左安门中学

校址：丰台区成寿寺路四方景园五区 9 号楼

1970 年建校，初名丰台区成寿寺中学，校址南三环东路 7 号。创办时是一所初、高中并存的完全中学。1984 年普通高中转办为职业高中，1985 年改校名为左安门中学。1992 年，停办职业高中，与北京市第一轻工业学校和第二商业学校联合办中专。2004 年最后一批中专学生毕业，学校转制为纯初中学校。2007 年 1 月，迁到南三环东路四方景园小区新址。英语是学校的优势学科，软式排球校本课程是学校特色。2009年，学校与韩国苍龙中学结为友好学校。2010年起，学校与葛玉宏围棋道场合作开设实验班，围棋成为学校发展的另一特色。

2010年，学校占地面积20000平方米，总建筑面积8800平方米，塑胶运动场面积6755平方米。图书馆藏书1.57万册。开设初中教学班12个。毕业87人，招生116人，在校生319人。教职工73人，其中专任教师44人；高级职称教师6人。党支部书记王长林，校长何百忠。

北京市航天中学

校址：丰台区万源北路3号（本部）
丰台区万源南里甲41号（高中部）

2003年建校。学校由丰台区教委主办、中国运载火箭技术研究院和丰台区政府共同出资兴建。2009年，合并东高地地区的三所中学（航天中学、东高地一中、东高地外国语学校），成立新的航天中学。2009年，学校将科技引进课堂，自主研发具有“航天科技”特色的校本课程和研究性学习课程。2010年1月，与英国两所中学结为友好校，每年暑期组建学生访英夏令营。2010年6月，学校申报市、区“航天科技”特色建设项目校获批，开始探索“航天科技”特色之路。依托航天运载火箭院，与东高地科技馆合作，将航天专家、科技馆老师请进来，为学生开辟科技二课堂。

2010年，学校为完全中学。总占地面积70156平方米，建筑面积36089平方米，体育场面积27394平方米。图书馆藏书50517册。教职工330人，其中专任教师233人；高级职称教师83人，北京市骨干教师1人。学校开设教学班61个。毕业596人，招生632人，在校生1915人。党支部书记、校长柳学袖。

北京市首都师范大学附属丽泽中学

校址：丰台区北大街7号（高中部）
丰台区西四环南路62号（初中部）

学校前身是1958年成立的北京市丰台区师范学校。1963年，丰台师范撤销，改建为丰台三中。1970年9月，丰台区在南苑党校恢复建立丰台师范学校。1991年，丰台三中在校学生1078人，教职工184人。2000年7月，丰台区教委与首都师范大学签订联合举办首师大附属丽泽中学协议，丰台师范学校、丰台三中合并组建首师大附属丽泽中学，首师大定期派专家、教授讲学，并培训教师。同时，该校被确定为首师大教育实习基地。2001年5月18日，学校正式成立。2004年，丽泽中学开发了跆拳道等校特色本课程。2007年，承办第二届全国中学生跆拳道锦标赛。2009年，中国中学生体育协会跆拳道分会在学校成立。学校先后获得北京市初中建设工程先进学校、北京市高中学校特色建设项目校等荣誉。

2010年，学校占地面积33万平方米，建筑面积23.4万平方米。图书49956册。2010年，教职工286人，其中专任教师189人；高级职称教师60人，北京市骨干教师6人，北京市学科教学带头人1人。开设教学班50个（初中班25个、高中班25个）。招生577人，毕业585人，在校生1737人。高中录取分数线456分（本区），应届高考本科上线率83.3%。党支部书记臧富仁，校长卫晓明。

北京市太平桥中学

校址：丰台区西客站南路27号

1989年7月成立。1999年，合并六里桥中学。2003年，挂牌成立丰台区初中美术特色学校。2010年，成为丰台区首批学校特色发展行动研究实验校、丰台区乒乓球特色校和丰台区首批全面实施素质教育优质校。2014年6月，太平桥中学和首科花园小学合并为九年一贯制学校，更名为清华大学附属中学丰台学校。学校由清华大学附属中学承办，并保持独立建制，具有独立法人地位，区属公办中学性质不变。

2010年，学校为初级中学，占地面积16000平方米，建筑面积11310平方米，体育场（馆）总面积6175平方米。图书馆藏书2.7万册。教职工105人，其中专任教师64人；高级职称教师13人，北京市骨干教师1人。学校开设教学班17个。毕业148人，招生238人，在校生共602人，包括寄宿生36人。

党支部书记、校长李宏。

北京市西罗园学校

校址：丰台区西罗园二区 21 号楼

1989 年建校，初名北京市西罗园第一中学。1992 年，与西罗园三小合并，更名为北京市西罗园学校。学校是丰台区第一所九年一贯制学校。学校的校训是：坚韧、尽责、笃学、创新。2010 年，学校占地面积 20117 平方米，有中学部、小学部教学办公楼各一栋，总建筑面积 9290 平方米（其中中学部 5584 平方米、小学部 3258 平方米），平房 448 平方米，操场面积 7574 平方米。中学部 12 个教学班、小学部 15 个教学班，在校生 879 人。教职工 95 人，其中专任教师 87 人；高级职称教师 12 人。党支部书记、校长张建湖。

北京市洋桥学校

校址：丰台区洋桥北里小区 6 号

1992 年 7 月建校，属于洋桥北里小区配套教育设施。1993 年学校开始招生。1997 年与洋桥职业高中分离，并于 1998 年合并西罗园二中，形成九年一贯制体系。学校与北京非物质文化遗产艺术大师滑树林合作建立学生传统工艺制作工作室，开展“非物质文化遗产进课堂”活动，学校开设树叶贴画、艺术插花、数独技巧、英语情景剧、语文人著赏析等系列校本课程与综合实践活动，培养学生全方面的素质。学校注重教师队伍建设，连续两年被评为课改先进校，多名教师被评为课改先进工作者。

2010 年，学校占地面积 21000 平方米，建筑面积 13000 平方米。学校有两个操场，大操场为 200 米塑胶运动场，面积 5000 平方米；小操场为人工草皮，面积 2000 平方米。图书 7.58 万册。中小学招生 180 人，毕业 70 人，教学班 26 个，在校生数 726 人。教职工 81 人，其中专任教师 69 人；高级职称教师 22 人。党支部书记、校长徐朝辉。

北京市右安门外国语学校

校址：丰台区右安门外玉林东里三区 19 号

1968 年建校，初名右安门第二中学。2002 年，经市教委批准成为公办全日制初中英语特色校，定名为北京市右安门外国语学校。2007 年，实施初中建设工程，学校校园环境有了很大改观。2010 年，学校占地面积 10333 平方米，建筑面积 6276 平方米，塑胶运动场面积 2570 平方米。图书馆藏书 30152 册。教职工 68 人，其中专任教师 49 人；高级职称教师 11 人，北京市骨干教师 1 人。开设教学班 15 个。初三毕业 105 人，招收初一新生 160 人，在校初中生共 473 人。党支部书记、校长冯雪。

北京市云岗中学

校址：丰台区云岗北区东里一号

1959 年建校。前身为航天部（原七机部）第三研究设计院子弟小学。1965 年 9 月成立云岗学校中学部，1971 年与小学部分开，更名为云岗中学。1976 年云岗中学分设云岗一中、二中。1997 年 7 月，云岗一中、二中合并成立北京市云岗中学。2007 年起，学校构建以科技教育为特色的校本课程体系。在航模及机器人程序设计方面，多名学生多次参加国际国内比赛并取得优异的成绩。2008 年，获北京市第 28 届科技创新大赛优秀科技实践活动奖。2009 年，被评为北京市教育信息化工作先进单位。

2010 年，学校占地面积 38000 平方米，建筑面积 16019 平方米、体育场地面积 9786 平方米。普通教室 43 个，专用教室 13 个，实验室 8 个。图书馆藏书 5.64 万册。教职工 168 人，其中专任教师 119 人；高级职称 38 人，市级骨干教师 1 人。开设教学班 30 个（初中班 18 个、高中班 12 个）。毕业 346 人（初中毕业 201 人、高中 145 人），招生 385 人（初中 227 人、高中 158 人），在校学生 1119 人（初中 668 人、高中 451 人）。高中录取分数线（本区）431 分，高考本科上线率 55.56%。党支部书记李琦，校长葛保红。

北京市赵登禹学校

校址：丰台区马家堡嘉园一里 17 号

1951 年建校，初名北京市第十八中学，校址丰台区大红门东前街 74 号。1993 年 8

月，初中部与高中部分离，初中部更名为北京市大红门中学。1997年12月，经市政府、市教委批准用抗日爱国将领赵登禹将军的名字命名为北京市赵登禹中学。1998年7月，学校接收南苑北里中、小学两个校区，同时接收南苑第三小学成立北京市赵登禹中学分校。1999年9月，南苑北里校区分校独立，成立北京市丰台区和义学校。2002年9月，赵登禹中学迁到马家堡嘉园小区。2003年6月，学校接收嘉园小学，更名为北京市赵登禹学校，成为九年一贯制学校。2005年9月，中学部迁入嘉园一里小区17号楼新校址，小学部迁入嘉园二里43号楼。现在学校一校两址。

学校秉承"爱国、求知"的校训，2007年至2010年，连续四年被评为中考优质校，被评为北京市初中建设工程先进校、丰台区素质教育优质校。2010年，学校占地面积37033.33平方米，建筑面积17881.68平方米，体育场面积15371.43平方米。图书馆藏书55496册。教职工140人，其中专任教师124人；高级职称教师20人。开设教学班45个（小学班22个、初中班23个）。毕业360人（小学100人、初中260人），招生378人（小学134人、初中244人），在校生1480人（小学754人、初中726人）。党支部书记孟领先，校长徐唯。

首都医科大学附属中学

校址：丰台区右安门外翠林小区二里22号

1957年建校，初名北京市第一零三中学，后更名为右安门第一中学。1989年，与首都医学院合作办学，并更名为首都医学院附属中学。1995年，更名为首都医科大学附属中学。1996年，迁入翠林小区现校址。2007年，与右安门三中合并。学校是丰台区示范性普通高中。

2010年，学校占地面积39533平方米，建筑面积18363.18平方米，体育场（馆）面积17860平方米。图书馆藏书37263册。开设教学班31个（初中班12个、高中班19个）。毕业321人（初中107人、高中214人），招生377人（初中137人、高中240人），在校生774人（初中120人、高中654人）。教职工179人，其中专任教师145人；高级职称教师36人，北京市骨干教师1人。党支部书记郝景元，校长郑洁。

表32　2010年丰台区普通中学一览表

序号	学校名称	建校时间	举办者
1	北京教育学院丰台分院附属学校	1958年	教育部门和集体办
2	北京市大成学校	1998年	教育部门和集体办
3	北京市第十中学	1949年	教育部门和集体办
4	北京市第十二中学	1934年	教育部门和集体办
5	北京市第十八中学	1951年	教育部门和集体办
6	北京市芳星园中学	1989年	教育部门和集体办
7	北京市丰台区长辛店第三中学	1968年	教育部门和集体办
8	北京市丰台区长辛店第一中学	1962年	教育部门和集体办
9	北京市丰台区东铁匠营第二中学	1964年	教育部门和集体办
10	北京市丰台区东铁匠营第一中学	1959年	教育部门和集体办
11	北京市丰台区丰台第八中学	1994年	教育部门和集体办
12	北京市丰台区丰台第二中学	1963年	教育部门和集体办
13	北京市丰台区丰台第七中学	1980年	教育部门和集体办
14	北京市丰台区丰台第一中学	1956年	教育部门和集体办
15	北京市丰台区丰台路中学	1956年	教育部门和集体办
16	北京市丰台区和义学校	1999年	教育部门和集体办
17	北京市丰台区槐树岭学校	1968年	教育部门和集体办
18	北京市丰台区黄土岗中学	1955年	教育部门和集体办
19	北京市丰台区角门中学	1976年	教育部门和集体办

续表 32

序号	学校名称	建校时间	举办者
20	北京市丰台区看丹中学	1971 年	教育部门和集体办
21	北京市丰台区卢沟桥中学	1974 年	教育部门和集体办
22	北京市丰台区南顶中学	1981 年	教育部门和集体办
23	北京市丰台区南苑中学	1950 年	教育部门和集体办
24	北京市丰台区实验学校	1989 年	教育部门和集体办
25	北京市丰台区王佐学校	2003 年	教育部门和集体办
26	北京市丰台区左安门中学	1970 年	教育部门和集体办
27	北京市航天中学	2003 年	教育部门和集体办
28	北京市首都师范大学附属丽泽中学	1991 年	教育部门和集体办
29	北京市太平桥中学	1989 年	教育部门和集体办
30	北京市西罗园学校	1989 年	教育部门和集体办
31	北京市洋桥学校	1992 年	教育部门和集体办
32	北京市右安门外国语学校	1968 年	教育部门和集体办
33	北京市云岗中学	1959 年	教育部门和集体办
34	北京市赵登禹学校	1951 年	教育部门和集体办
35	首都医科大学附属中学	1957 年	教育部门和集体办
36	北京市第二二二中学	1994 年	其他部门办
37	北京市第十二中学体育分校	—	其他部门办
38	北大附属实验学校	2001 年	民办
39	北京市第八中学怡海分校	1998 年	民办
40	北京市第十二中学高中分校	—	民办
41	北京市丰华中学	1999 年	民办
42	北京市明德中学	1996 年	民办
43	北京市圣云中学	2008 年	民办
44	北京市中桥外国语学校	2000 年	民办
45	北京新桥外国语学校		民办

说明：“—”为资料缺失

特殊教育和工读教育学校

北京市丰台区培智中心学校

校址：丰台方庄芳星园一区 7 号楼

丰台区培智中心学校始建于 1991 年，是一所以招收智力残障学生为教育对象的九年一贯制特殊教育学校。学校结合特殊教育学校的办学特点积极组织开展针对特殊学生的社会实践和社会融合活动。学校组织残障学生参加残疾学生书画展及竞赛并多次获得奖项。在参加全国及北京市举办的特殊奥林匹克体育比赛中，学校多名残障学生荣获金、银、铜牌。学校已经毕业 100 多名残障学生。

2010 年，学校占地面积 2520 平方米，建筑面积 1779 平方米。学校拥有计算机房、多媒体教学设备、闭路电视系统，以及职劳专用教室。教职工 24 人，其中专业教学人员 17 人。党支部书记、校长张北平。

北京市丰台区工读学校

校址：丰台区长辛店西峰寺 60 号

1978 年建校，是北京市六所工读特教之一，面向丰台、石景山、通州三个区招收普通中学学困生。学校实行小班教学制，每个班级学生在 15 人左右；实行住宿制，周一学生来校，周五放学回家，只招收初中义务教育阶段男生。班级设班主任一人，全天 24 小时跟班管理。学校现实行一日生活管理，以养成教育为主，辅助开展法制教育、心理辅导、情感教育等综合德育教育。2000年至2010年的10年中，学校举办办校外法制教育短期教育班17个，受教育问题学生386人。

2001年，学校挂牌建立丰台区法制、军训基地。学校根据普通学校需求，举办为期15天法制、军训培训，内容以军事训练、法制教育、人格教育、禁毒教育、安全教育为主。2003年，学校得到丰台司法局支持，组建法律援助共建学校。至2010年，全区26所学校近万人次中小学生在基地接受军训教育、法制教育。2010年，学校占地面积22929平方米，校舍建筑面积7911平方米，操场面积3600平方米。图书室藏书种类7653种,共计15610册。教职员工34人，其中专任教师15人；高级职称教师4人。校训：求真、求实、求聚、求新。党支部书记、校长苗森。

附表

表33　　1991—2010年丰台区小学撤并更名一览表

序号	学校名称	建校时间	撤并或更名说明
1	北京市丰台区北岗洼小学	1918年	1999年并入长赵辛店小学。2002年赵辛店小学并入长辛店中心小学
2	北京市丰台区长辛店第八小学	1963年	2009年7月撤销长辛店第八小学，师生并入北京长辛店铁路小学
3	北京市丰台区长辛店第六小学	1920年	1991年并入长辛店第七小学
4	北京市丰台区长辛店第三小学	1948年	1998年并入到长辛店第二小学
5	北京市丰台区长辛店第四小学	1956年	1998年并入到长辛店第二小学
6	北京市丰台区陈留小学	1981年	2004年陈留小学并入新发地小学
7	北京市丰台区大富庄小学	1931年	2003年7月学校撤销，成立王佐学校
8	北京市丰台区大灰厂小学	1928年	1998年并入长辛店中心小学
9	北京市丰台区大井小学	1949年	2005年9月学校更名为丰台区丰体时代小学
10	北京市丰台区大瓦窑小学	1921年	2009年大瓦窑小学并入丰台区实验学校
11	北京市丰台区佃起小学	1948年	1996年7月学校撤销，成立北京市丰台区南宫中心小学
12	北京市丰台区东管头小学	1952年	2010年学校撤销，师生分流到首科花园小学
13	北京市丰台区芳古园第二小学	1993年	2003年芳古园二小并入芳古园小学
14	北京市丰台区汾庄小学	1979年	1993年9月并入到白盆窑小学
15	北京市丰台区怪村小学	1964年	2003年7月学校撤销，成立王佐学校
16	北京市丰台区郭公庄小学	1943年	2010年学校撤销，师生分流到六圈小学、新发地小学、四合庄小学
17	北京市丰台区贺照云小学	1920年	1996年7月学校撤销，成立北京市丰台区南宫中心小学
18	北京市丰台区槐树岭学校小学部	1962年	2007年7月二七车辆厂学校小学部与槐树岭学校小学部合并，更名为长辛店第九小学
19	北京市丰台区嘉园小学	1999年	2003年并入赵登禹学校
20	北京市丰台区老庄子小学	1968年	2000年并入卢沟桥二小
21	北京市丰台区李家峪小学	1945年	1997年并入吕村小学。2004年吕村小学并入长辛店中心小学
22	北京市丰台区洛平小学	1975年	2003年7月学校撤销，成立王佐学校
23	北京市丰台区吕村小学	1944年	2004年并入长辛店中心小学
24	北京市丰台区南岗洼小学	1951年	1996年7月学校撤销，成立北京市丰台区南宫中心小学
25	北京市丰台区南苑第三小学	1998年	2003年并入和义学校
26	北京市丰台区蒲黄榆第二小学	1983年	1996年与蒲黄榆第二中学合并，更名为蒲黄榆学校。1998年蒲黄榆学校并入丰台区职教中心学校
27	北京市丰台区青塔第二小学	1996年	2004年青塔二小并入大成学校

续表 33

序号	学校名称	建校时间	撤并或更名说明
28	北京市丰台区青塔第一小学	1993 年	2004 年并入大成学校
29	北京市丰台区三路居小学	1952 年	2010 年学校撤销，师生分流到首科花园小学
30	北京市丰台区沙锅村小学	1948 年	2003 年 7 月学校撤销，成立王佐学校
31	北京市丰台区时村小学	1951 年	2002 年 4 月更名为丰台区时光小学
32	北京市丰台区石榴庄二小	1972 年	1993 年与石榴庄第一小学合并，更名为石榴庄第一小学
33	北京市丰台区石榴庄一小	1951 年	1993 年与石榴庄第二小学合并，更名为石榴庄第一小学
34	北京市丰台区太平桥第一小学	1950 年	2006 年 1 月迁入新址，太平桥第一小学更名为丰台区首科花园小学
35	北京市丰台区太子峪小学	1953 年	1998 年并入长辛店中心小学
36	北京市丰台区田各庄小学	1988 年	2002 年并入大井小学。2005 年大井小学更名为丰体时代小学
37	北京市丰台区王庄小学	1948 年	1996 年 7 月学校撤销，成立北京市丰台区南宫中心小学
38	北京市丰台区魏各庄小学	1950 年	2003 年 7 月学校撤销，成立王佐学校
39	北京市丰台区五爱屯第二小学	1965 年	1995 年五爱屯一小、二小合并，更名为五爱屯小学
40	北京市丰台区五爱屯第一小学	1965 年	1995 年五爱屯一小、二小合并，更名为五爱屯小学
41	北京市丰台区五里店第二小学	1990 年	2000 年并入丰台区实验学校
42	北京市丰台区五里店第一小学	1972 年	1997 年并入五里店第二小学。2000 年五里店第二小学并到丰台区实验学校
43	北京市丰台区西罗园第二小学	1989 年	1999 年 9 月并入西罗园五小
44	北京市丰台区西罗园第三小学	1989 年	1993 年与西罗园第一中学合并，更名为北京市西罗园学校
45	北京市丰台区西洼地小学	1970 年	1998 年并入南苑第一小学
46	北京市丰台区西王佐小学	1948 年	2003 年 7 月学校撤销，成立王佐学校
47	北京市丰台区西庄店小学	1965 年	2003 年 7 月学校撤销，成立王佐学校
48	北京市丰台区下营小学	1950 年	1998 年并入长辛店中心小学
49	北京市丰台区小瓦窑小学	1950 年	2010 年学校撤销。师生分流到长安新城小学、小屯小学
50	北京市丰台区辛庄小学	1953 年	1998 年并入长辛店中心小学
51	北京市丰台区羊坊小学	1950 年	1995 年更名为阳春小学
52	北京市丰台区永合庄小学	1968 年	1991 年学校撤销，师生到老庄子小学。2000 年老庄子小学并入卢沟桥二小
53	北京市丰台区右安门第二小学	1961 年	2009 年 9 月原右安门第一小学与右安门第二小学合并，成立新右安门一小
54	北京市丰台区右安门第三小学	1953 年	2006 年右安门三小更名为玉林小学
55	北京市丰台区云岗新村小学	1975 年	1996 年 7 月学校撤销，成立北京市丰台区南宫中心小学
56	北京市丰台区张郭庄小学	1921 年	1998 年并入长辛店中心小学
57	北京市丰台区张仪村小学	1946 年	2010 年学校撤销，师生分流到周边学校
58	北京市丰台区赵辛店小学	1942 年	2002 年并入长辛店中心小学
59	北京市丰台区郑常庄第二小学	1965 年	2000 年并入青塔二小
60	北京市丰台区庄户小学	1950 年	1996 年 7 月学校撤销，成立北京市丰台区南宫中心小学
61	北京铁路第十二小学	1965 年	2003 年铁十二小并入铁十一小
62	丰台区马厂小学	1949 年	1996 年并入实验小学
63	铁道部北方车辆厂第二小学	1977 年	1998 年一小、二小合并为北方车辆厂子弟小学。2007 年北方车辆厂子弟小学并入长辛店三中，长辛店三中更名长辛店学校
64	铁道部北方车辆厂第一小学	1955 年	1998 年一小、二小合并为北方车辆厂子弟小学。2007 年北方车辆厂子弟小学并入长辛店三中，长辛店三中更名长辛店学校

续表 33

序号	学校名称	建校时间	撤并或更名说明
65	铁道部二七车辆厂学校小学部	1964 年	2005 年与二七车辆厂中学合并，更名为北京市二七车辆厂学校小学部。2007 年学校更名为长辛店第九小学
66	铁道部丰台桥梁厂子弟小学	1956 年	2003 年学校撤销，教师回厂，部分学生到樊家村小学

表 34　1991—2010 年丰台区普通中学撤并更名一览表

序号	学校名称	建校时间	撤并或更名说明
1	北京二七车辆厂中学	1955 年	2007 年并入槐树岭学校
2	北京市丰台第六中学	1976 年	1995 年并入丰台区城市园林建设学校。2010 年，合并到洋桥职业学校
3	北京市丰台区长辛店第二中学	1965 年	2007 年 7 月撤销，师生分流到长辛店一中、北京十中
4	北京市丰台区长辛店第三中学	1968 年	2007 年 7 月与北方车辆厂小学合并，更名为丰台区长辛店学校
5	北京市丰台区大成中学	2000 年	2004 年更名为大成学校
6	北京市丰台区大灰厂中学	1958 年	2004 年 1 月并入到槐树岭学校
7	北京市丰台区东高地第二中学	1968 年	2002 年与东高地第四中学合并，成立东高地外国语学校
8	北京市丰台区东高地第三中学	1974 年	2006 年并入东高地外国语学校
9	北京市丰台区东高地第四中学	1981 年	2002 年与东高地第二中学合并，成立东高地外国语学校
10	北京市丰台区东高地第一中学	1959 年	2009 年东高地地区三所中学（原航天中学，东高地一中，东高地外国语学校）合并，成立新航天中学
11	北京市丰台区芳城园中学	1989 年	2002 年并入芳星园中学
12	北京市丰台区丰台第三中学	1963 年	2001 年 5 月更名为首都师范大学附属丽泽中学
13	北京市丰台区丰台第四中学	1974 年	2002 年并入丰台一中
14	北京市丰台区丰台第五中学	1974 年	1998 年与小屯中学合并，成立大成中学
15	北京市丰台区郭公庄中学	1959 年	2010 年 1 月撤销，成立北京教育学院丰台分院附属学校
16	北京市丰台区槐树岭中学	1962 年	1993 年与下营中学合并，更名为槐树岭中学。2001 年槐树岭中学与槐树岭小学合并，更名为槐树岭学校
17	北京市丰台区六里桥中学	1968 年	1999 年合并到太平桥中学
18	北京市丰台区蒲黄榆第一中学	1979 年	2000 年 6 月并入东铁营一中
19	北京市丰台区蒲黄榆二中	1983 年	1996 年与蒲黄榆二小合并，更名为蒲黄榆学校。1998 年蒲黄榆学校合并到丰台区职教中心学校
20	北京市丰台区三路居中学	1958 年	2010 年撤销，师生分流到首医附中、太平桥中学、分院附属中学、丰台路中学、右安门中学
21	北京市丰台区王庄中学	1958 年	1998 年与魏各庄中学、王佐中学合并，成立新王佐中学。2003 年 7 月新王佐中学与西部 7 所小学合并，成立王佐学校
22	北京市丰台区王佐中学	1978 年	1998 年与魏各庄中学、王庄中学合并，成立新王佐中学。2003 年 7 月新王佐中学与西部 7 所小学合并，成立王佐学校
23	北京市丰台区魏各庄中学	1958 年	1998 年与王庄中学、王佐中学合并，成立新王佐中学。2003 年 7 月新王佐中学与西部 7 所小学合并，成立王佐学校
24	北京市丰台区西罗园第二中学	1996 年	1998 年并入洋桥学校
25	北京市丰台区西罗园第一中学	1989 年	1993 年与西罗园三小合并，更名为北京市西罗园学校
26	北京市丰台区下营中学	1968 年	1993 年下营中学并入槐树岭中学。2001 年槐树岭中学与槐树岭小学合并，更名为槐树岭学校
27	北京市丰台区小屯中学	1968 年	1998 年与丰台五中合并，成立大成中学

续表 34

序号	学校名称	建校时间	撤并或更名说明
28	北京市丰台区右安门第二中学	1968 年	2002 年更名右安门外国语学校
29	北京市丰台区右安门第三中学	1973 年	2007 年并入到首都医科大学附属中学
30	北京市丰台区云岗第二中学	1976 年	1997 年 7 月云岗一中、二中合并，成立北京市云岗中学
31	北京市丰台区云岗第三中学	1983 年	1987 年更名为云岗职业高中。1995 年与丰台六中、丰南职业高中三所学校整合，成立丰台区城市园林学校。2010 年城市园林学校合并到洋桥职业学校
32	北京市丰台区云岗第一中学	1959 年	1997 年 7 月云岗一中、二中合并，成立北京市云岗中学
33	北京市丰台师范学校	1958 年	2000 年 1 月丰台师范并入丰台三中
34	北京市航天中学	2003 年	2009 年东高地地区三所中学（原航天中学，东高地一中，东高地外国语学校）合并，成立新航天中学
35	北京市赵登禹中学	1951 年	1997 年 12 月更名为北京市赵登禹中学。2003 年 6 月学校接收嘉园小学，更名为北京市赵登禹学校
36	北京铁路第四中学	1963 年	1999 年撤销，师生分流到北京铁路五中。2007 年铁路五中并入丰台一中
37	北京铁路第五中学	1973 年	2007 年并入丰台一中
38	首都医学院附属中学	1957 年	1995 年更名为首都医科大学附属中学
39	铁道部桥梁厂子弟中学	1974 年	2003 年学校撤销。教师回桥梁厂

表 35　　2010 年丰台区教委直属事业单位一览表

序号	单位名称	成立时间	地址	沿革
1	北京教育学院丰台分院	1958 年	丰台区太平桥西里 43 号楼	初名北京市丰台区教师进修学校，编制、机构设在区教育局小教科。“文化大革命”中被迫中断六年，1972 年在丰台师范学校恢复办学，编制、机构属丰台师范学校。1979 年正式复校，恢复原校名。2010 年，丰台分院分为三个校址：六里桥本部、大红门校址、七里庄校址。总占地面积为 8991 平方米，教职工 188 人
2	北京市丰台区教委修建队	1979 年	丰台区五里店 200 号	初名丰台教育局修建队，办公地点在丰台文体路 40 号。1996 年更为现名，1998 年迁至现址
3	北京市丰台区教育发展服务中心	2003 年	丰台区新华街三里 11 号楼	前身是原丰台区教育局（现丰台区教育委员会）下设的勤工俭学办公室。1991 年，更名为北京市丰台区校办企业公司。1992 年，变更为北京市丰台区校办企业总公司，主要职责是管理和发展校办企业、补充教育经费不足等。2003 年 3 月，更名为北京市丰台区教育发展服务中心
4	北京市丰台区教育教学设备装备处	1995 年	丰台区丰台镇新华街三里 11 号楼	前身为丰台区教育局仓库。1995 年仓库人员与教育局财务科负责教育装备采购、调配人员合并，组成丰台区教育教学设备装备处
5	北京市丰台区体育卫生中心	1984 年	丰台区桥南拾号房 16 号	初名丰台区中小学生卫生保健所。1996 年更为现名，同时挂北京市丰台区中小学生卫生保健所牌子
6	北京市丰台区招生考试中心	2001 年	丰台镇东安街 1 号	成立于 2001 年，负责全区义务教育阶段入学、中考中招、高中会考、高考高招、成考成招、自学考试及中、小学学籍管理

石景山区

幼儿园

北京市石景山区八角北路幼儿园

园址：石景山区八角北路甲18号

1986年建园。1999年起，幼儿园确定以“幼儿民间美术”为园所发展特色。2005年，幼儿园开展“幼儿民间体育游戏”园本课题研究，创编出“有趣的降落伞”“二龙戏珠”“跳房子”“摸瞎子”等游戏。1993年，入选市体育先进单位。1994年、2001年2次被评为市优秀教研组。1995年，1名教师获市“幼儿园青年教师半日评优活动”二等奖。2000年，1名教师获市泥工大赛特等奖。2003年，入选北京市一级一类幼儿园。2010年，幼儿园为日托制。占地面积3300平方米，校舍建筑面积2007平方米。教职工39人，其中专任教师28人，保健员2人。开设9个教学班。幼儿入园80人，离园70人，在园310人。党支部书记、园长鲁建平。

北京市石景山区八角幼儿园

园址：石景山区八角南路甲18号

1985年9月建园，1986年5月开始招生。2001年，幼儿园青年教研组获石景山区青年文明号。2003年，入选北京市一级一类幼儿园。2004年，幼儿园被评为区教育科研先进单位。2007年，获区教委园本培训示范校称号。2010年，幼儿园有区级骨干教师4人、区教学能手1人。大专以上学历占全园教职工总数52%，幼教高级职称教师占全园教职工总数40%。2003年8月，幼儿园引进台湾C.P.M（儿童玩具图书馆）。2007年5月，幼儿园开展“C.P.M课程观摩研讨展示活动”。2010年，幼儿园编纂C.P.M研究成果《八角幼儿园园本教研经验汇编》，形成数学教学特色。

2010年，幼儿园日托制。占地面积2000多平方米，建筑面积1326平方米。普通教室7个。教职工28人，其中专任教师17人，保健员1人。开设7个教学班。幼儿入园150人，毕业45人，在园幼儿260人。党支部书记、园长王雅君。

北京市石景山区第二幼儿园

园址：石景山区八角南路东街

1981年1月建园。2005年，为北京市一级一类幼儿园。1995年，幼儿园开办绘画、小提琴、手风琴、古筝、舞蹈等艺术兴趣班。2004—2010年，幼儿园确定以“表演游戏”为幼儿园教学特色，成立幼儿太鼓队，先后开展“在表演游戏中促进幼儿主体性发展”“表演游戏特点及指导策略”等专题研究。2010年，幼儿园日托制。占地面积2260平方米，建筑面积1557平方米。专用教室3个，普通教室6个。教职工33人，其中专任教师26人、保健员1人。共开设7个教学班。幼儿入园80人，离园54人，在园258人。党支部书记、园长佟桂香。

北京市石景山区第三幼儿园

园址：石景山区海特花园小区内

1982年创建于苹果园露天剧场西，1999年，迁址到海特花园。幼儿园占地面积

4320平方米，建筑面积3320平方米，是北京市首批一级一类全日制幼儿园、北京市社区儿童早期教育示范基地。2005年，入选北京市示范幼儿园。幼儿园注重科研引领，以科研推动园本课程建设。幼儿园立项北京市教育科学规划办、北京市学前教育研究会、石景山区教育科学规划办等多项课题，先后开展“借助主题实践活动培养幼儿听说能力”“利用儿歌培养幼儿交往礼仪”等实践研究，初步形成语言特色课程。2010年，幼儿园教职工48人，其中专任教师36人，教师大专及以上学历达100%，后勤行政人员12人。高级教师7人，区级骨干教师4人，园级骨干教师9人，专职保健医生3人。开设11个教学班。幼儿园入园118人，在园335人。党支部书记、园长王斌。

北京市石景山区实验幼儿园

园址：石景山区八角北里

1989年建园。1992年，幼儿园被评为北京市体育幼儿园；1992—2002年，幼儿园连续获北京市幼儿体操比赛一等奖、二等奖。1999年，被评为北京市体育特色幼儿园。1998年，幼儿园承担北京市“九五”重点科研课题“电化教育促进幼儿言语能力发展”研究。2001年，该课题获北京市学前教育研究会“九五”课题优秀奖。2000年6月，入选北京市一级一类幼儿园。2002年，入选北京市社区早期教育示范基地。2003年，被评为北京市示范幼儿园。

2010年，幼儿园占地面积8184平方米、校舍建筑面积4234平方米。教职工54人，其中专任教师36人，保健员2人。开设9个教学班。幼儿入园96人，离园89人，在园286人。党支部书记、园长张艳君。

北京市石景山区师范学校附属幼儿园

园址：石景山区永乐小区甲42号院

1992年建园。2003年，被评为北京市社区儿童早期教育示范基地。2007年，被评为北京市学前儿童特殊教育示范基地。2009年，被评为北京市一级一类幼儿园。2001年开始，幼儿园开展“不同年龄班幼儿适宜开展的户外体育活动”研究。2002年，获北京市第十三届幼儿基本体操表演大会甲组二等奖。2005年，获第十五届北京市幼儿基本体操表演大会甲组A套一等奖。幼儿园还开展“童心画语”用美术语言表现童心世界活动。2002年，获第六届《曙光杯》全国少儿书法绘画大赛优胜奖。2004年，获第四届“星星河“全国少年儿童美术书法摄影大赛集体三等奖。

2010年，幼儿园日托制。占地面积3371.45平方米，建筑面积2224平方米。固定资产316.8万元。教职工38人，其中专任教师29人，保健员1人。开设8个教学班。幼儿入园123人，离园97人，在园270人。党支部书记、园长齐景华。

北京市石景山区幼儿园

园址：石景山区古城南里17号

1984年建园。2002年，被评为北京市一级一类幼儿园。2003年，被评为北京市早期教育示范基地。2007年，被评为北京市学前儿童特殊教育示范基地、北京市《幼儿园教育指导纲要》试点园和北京市幼儿师范学校学生实习基地。2010年11月，被评为北京市示范幼儿园。

2010年，幼儿园日托制。占地面积3093平方米，建筑面积1796平方米。固定资产249万元。教职工38人，其中专任教师29人，保健员1人；市区骨干教师4人。入园幼儿65人，离园55人，在园242人。党支部书记、园长左丽君。

表36　　2010年石景山区幼儿园一览表

序号	幼儿园名称	建园时间	举办者
1	北京市京源学校幼儿部	1997年	教育部门办
2	北京市石景山区八角北路幼儿园	1986年	教育部门办
3	北京市石景山区八角幼儿园	1985年	教育部门办
4	北京市石景山区师范学校师范学校附属幼儿园	1992年	教育部门办

续表 36

序号	幼儿园名称	建园时间	举办者
5	北京市石景山区实验幼儿园	1989 年	教育部门办
6	北京市石景山区石景山区第二幼儿园	1981 年	教育部门办
7	北京市石景山区石景山区第三幼儿园	1982 年	教育部门办
8	北京市石景山区幼儿园	1984 年	教育部门办
9	北京金色未来幼教中心首钢大地八角幼儿园	—	其他部门办
10	北京金色未来幼教中心首钢大地古城幼儿园	—	其他部门办
11	北京金色未来幼教中心首钢大地金顶街幼儿园	—	其他部门办
12	北京金色未来幼教中心首钢大地老山幼儿园	—	其他部门办
13	北京金色未来幼教中心首钢大地模式口幼儿园	—	其他部门办
14	北京金色未来幼教中心首钢大地苹果园幼儿园	—	其他部门办
15	北京军区联勤部机关幼儿园	—	其他部门办
16	北京军区司令部幼儿园	—	其他部门办
17	北京军区政治部幼儿园	—	其他部门办
18	北京军区装备部幼儿园	—	其他部门办
19	北京特钢燕鼎金地幼教中心	—	其他部门办
20	首钢大地东里幼儿园	—	其他部门办
21	首钢矿山街道居民管理委员会第二幼儿园	—	其他部门办
22	首钢矿山街道居民管理委员会第三幼儿园	—	其他部门办
23	首钢矿山街道居民管理委员会水厂幼儿园	—	其他部门办
24	中国科学院高能物理研究所幼儿园	—	其他部门办
25	北京市石景山区向阳农工商公司幼儿园	—	集体办
26	古城地区民族幼儿园	—	集体办
27	北京金色未来幼教中心金苹果幼儿园	—	民办
28	北京市石景山区方舟双语艺术幼儿园	—	民办
29	北京市石景山区灵童潜能开发幼稚园	—	民办
30	北京市石景山区民办北方之星幼儿园	—	民办
31	北京市石景山区瑞吉欧双语艺术幼儿园	—	民办
32	北京市石景山区首钢大地现代幼儿园	—	民办
33	北京市石景山区希望之星幼儿园	—	民办
34	北京市石景山区新世纪幼儿园	—	民办
35	北京市石景山区新世界国际幼儿园	—	民办

说明：“—”为资料缺失

小学

北京教育学院石景山分院附属小学

校址：北京市石景山区古城小街 18 号

1960 年建校，初名石景山区古城中心小学分校。古城中心小学前身为老的古城小学，建于民国初年。1961 年，古城中心小学改名为老古城小学，分校独立成校，成为新的古城中心小学。2000 年 9 月，石景山区新古城小学、古城第五小学并入古城中心小学。2008 年，改名为北京教育学院石景山分院附属小学。

2002 年，学校被确定为国家攀登计划项目儿童英语学习实验课题组试验学校。2005 年，被评为北京市教科研先进学校。学校开设钢琴、古筝、无线电、武术等多种校本课程。自 2002 年以来，先后接待来自美国和全国各地的教育访问团 20 余个。2010 年，学校占地面积 25000 平方米，建筑面积 10330 平方米，体育场面积 4524 平方米。图书馆藏书

51102册。教职工74人，其中专任教师63人。开设教学班26个。毕业121人，招生150人，在校生800多人。党支部书记王景山，校长赵士雪。

北京市石景山区爱乐实验小学

校址：石景山区重聚园19号

1984年建校，初名石景山区古城第六小学，是古城南里居民小区的配套小学，是为吸引市内单位入住石景山而兴办的“按重点规格办学”的“窗口学校”。2008年5月，古城第六小学接手重聚园地区的一所新校址，暂时命名为重聚园小学。2009年6月，与中央音乐学院合作共建全国首家音乐教育实验基地，更名为北京市爱乐实验小学。学校一校两址办学。

1992年，学校成立少年军校。1996年，获“北京市先进少年军校”称号。2001年，学校成为课改首轮市级十所实验样本学校之一，是全市课改实验工作中唯一全学科教材实施改革的学校。2003年度、2005年度，获北京市教育科研先进校。2010年，学校占地面积8000多平方米，建筑面积5254平方米，操场面积2200平方米。图书室藏书27787册。教职工44人，其中专任教师42人。开设教学班15个。毕业120人、招生79人、在校生420人。党支部书记刘彩春，校长张竟芳。

北京市石景山区八角北路小学

校址：石景山区八角北路52号院

1986年建校。1986年10月，原杨庄小学教师学生全部迁到现校址上课，杨庄小学撤销。1997年2月，杨庄小学恢复，八角北路小学部分教师学生被分配到杨庄小学。1997年3月，学校组建管乐队。2002年12月25日，学校召开“图像韵文快速识字”展示会。2004年，出版《快速识字手册》。

2010年，学校占地面积7305平方米，建筑面积3359平方米，体育场面积2828平方米。图书室藏书5万册。教职工64人，其中专任教师63人。开设教学班21个。毕业89人，招生98人，在校生604人。党支部书记沈广会，校长吴继红。

北京市石景山区北辛安小学

校址：石景山区北辛安南岔13号

始建于1912年，名为河北省宛平县第一区北辛安镇两级（初级、高级）小学。1958年改为现名。1964年，分出12个班组建北辛安第二小学，原校改名为北辛安第一小学。1981年，北辛安第一小学和第二小学合并，复名为北辛安小学。学校每年4月开展读书节，5月至6月开展艺术节，11月开展体育节，12月开展科技节。2006年，开发以跳绳为主的校本课程《体育活动课》。2009年开始将每周五定为“跳绳比赛日”，开展“跳绳擂台赛”。

2010年，学校占地面积12176平方米，建筑面积2526平方米，体育场面积4000平方米。图书馆藏书2.2万册。教职工22人，其中专任教师18人。开设教学班6个。毕业33人，招生39人，在校生207人。党支部书记、校长章雯。

北京市石景山区第二实验小学

校址：石景山区老山西街21号

2005年7月，石景山区八角第二小学（建于1981年）、老山第二小学（建于1985年）合并组建石景山区第二实验小学。2005年11月，学校举办首届科技节。2006年，学校通过北京市科技教育示范学校验收认定。学校以科技教育为特色，开发无线电测向、足球和数独三个校本课程。2010年，建成“校园安保室”。

2010年，学校占地面积7520平方米，建筑面积3400平方米，体育场面积3100平方米。图书馆藏书2.9万册。教职工40人，其中专任教师39人。开设教学班13个。毕业61人，招生73人，在校生339人。党支部书记、校长苑爱红。

北京市石景山区电厂路小学

校址：石景山区高井路18号

1984年7月1日建校，借用高井电厂供应科的小楼开始办学，当时只有17名教师、一至六年级6个班177名学生。1985年9月，学校现址新楼完工，全校师生搬进新楼上课。

1998年上半年，高井小学的大部分师生、财务并入学校。1996年年初，学校建立舞蹈、美术、科技等十余个课外兴趣小组。1997年11月，学校编排的舞蹈《我们的家园》获第四届北京市学生艺术节二等奖。2005年2月，组建民族鼓乐团。2006年2月，开发空竹特色项目。2007年，学校将空竹、民族鼓乐开发为校本课程。2007年6月，鼓乐团《秦王点兵》在第一届《鼓动北京》青少年鼓乐邀请赛中获得了儿童组团体金奖。2008年，学校被评为国家级可持续发展示范校及北京市中小学艺术教育特色学校。

2010年，学校占地面积7184平方米，建筑面积2696平方米，体育场面积2482平方米。图书室藏书1.83万册。教职工38人，其中专任教师36人。开设教学班13个。毕业48人，招生63人，在校生347人。党支部书记王丽娟，校长傅立新。

北京市石景山区古城第二小学

校址：石景山区古城南路（本部）
石景山区古城地铁家园西门
（低年级部）

1965年建校。1980年，被定为石景山区重点小学。1986年被北京市政府命名为中秘友谊小学。1995年，被评为“全面发展突出校”。1999年1月，石景山八角小学并入。2005年，成为石景山区绿色教育品牌校。2011年，加盟北京古城教育集团。

1990—2010年，学校12次获得石景山区中小学田径运动会小学组团体总分第一名。2001年，建立石景山区第一所少年警校——自强雏鹰少年警校，被命名为石景山区科技活动先进单位。2007年，承办区武术进校园现场会。学校坚持开展“科技小能人”科技活动，利用每周一次的“小能人”电视专题节目演示学生作品，包括少年电子技师的制作、日常生活的小发明、手工艺品制作、电脑操作以及学生感兴趣的玩具等。2010年，学校占地面积10565平方米，建筑面积5578平方米，体育场（馆）面积3023平方米。图书馆藏书2.5万册。教职工104人，其中专任教师99人；高级职称教师1人，北京市骨干教师3人。开设教学班38个。毕业264人，招生284人，在校生1484人。党支部书记、校长王英。

北京市石景山区广宁村小学

校址：石景山区广宁村新立街151号

1934年建校，名称为华商电灯公司发电厂子弟小学。校址石景山区广宁村新立街151号。此后演变为石景山发电厂职工子弟学校、红电小学等，1956年更为现名。学校校训为“勤奋　守纪　诚实　俭朴”；办学特色为“信息技术与学科整合”。2010年，学校占地面积5749.72平方米，建筑面积3311平方米，操场面积1700平方米。图书室藏书23267册。教职工24人，其中专任教师24人。开设教学班6个。毕业24人，在校生145人。党支部书记、校长苏银德。

北京市石景山区海特花园小学

校址：北京市石景山区海特花园小区

1998年建校，是一所全员实施小班化教育的公办学校。2003年，学校开设校本课程“图书课”，培养学生们浓厚的阅读兴趣和良好的阅读习惯。2008年，学校将中华传统优秀蒙学经典文化诵读作为学校开发的校本课程。2009年，编写适合儿童阅读蒙学读本——《海特花园小学中华传统优秀蒙学读本》。学校设置形体、水墨画、书法、剪纸、篆刻、游泳、武术、计算机等特色课程，同时开设管乐队、轮滑、拉丁舞等特色兴趣小组。

2010年，学校占地面积4700平方米、建筑面积7900平方米，体育场面积2000平方米。图书馆藏书3万册。普通教室16个，专用教室6个。教职工45人，其中专任教师35人。开设教学班17个。毕业58人，招生84人，在校生400人。党支部书记、校长吴幼颖。

北京市石景山区红旗小学

校址：北京市石景山区高井甲32号

1958年建校。原名北京军区后勤部田村红旗学校，是一所集幼儿园、小学为一体的学校，最早坐落于海淀区。1968年，红旗学校小学部分迁入现址移交地方独立成校，定现校名。学校秉承部队子弟学校的优良传统，加强国防教育，成立少年军校，在2005年和2009年获得石景山区“先进少年军校”称号。2010年，学校获得北京市百所爱国主义示范校称号。学校开设15个小社团，如小星星舞蹈团、华罗庚数学社团、ABC英语社团、书画社等，参与率达到100%。2005年，学校在北京军区联勤部支持下，在军营游泳馆开设游泳课。

2010年，学校占地面积10828平方米、建筑面积2428平方米，体育场面积5000平方米。图书馆藏书3.1万册。教职工25人，其中专任教师20人。开设教学班7个。毕业28人，招生60人，在校生186人。党支部书记兼校长孔德英。

北京市石景山区金顶街第二小学

校址：石景山区金顶北路71号

1957年建校。2002年开始，学校开设校本课程《美文诵读》，开设围棋、走进数学乐园、花样跳绳、小足球等校本课程；成立蒲公英文学社、红领巾监督岗、“小巧手”十字绣等社团组织。2009年，开展花样跳绳运动，每月最后一天的大课间时间开展“挑战吉尼斯校园跳绳纪录”活动，约70%的学生参与到挑战赛的练习中。自2009年以来，学生体质健康标准优秀率及达标率逐年上升，近视率、龋齿患病率和肥胖率逐年下降。2010年5月，学校被纳入北京市第九中学教育集团。

2010年，学校占地面积11938平方米，建筑面积5415平方米，体育场面积3178平方米。图书馆藏书17652册。教职工77人，其中专任教师67人；高级职称教师34人，市、区级骨干教师9人。开设教学班30个。毕业178人，招生190人，在校生1062人。党支部书记郝殿海，校长王淑凤。

北京市石景山区金顶街第四小学

校址：石景山区金顶北路

1965年建校。1990年有6个年级21个班，806名学生，54名教职工。2006年7月，苹果园第三小学因区域发展规划分流，金顶街第四小学共计接收在职教师15人，退休教师12人，学生100余人。2006年年初，学校确立以“书法艺术”为载体的特色发展目标，传承中华传统文化。学校开发了健体益智类、艺术修养类、人文素养类、科学素养类4大类23门课程，包括太极扇、武术、跳皮筋、数独乐园等。2010年5月，学校加入北京第九中学教育集团。

2010年，学校占地面积9646平方米，建筑面积3827平方米，体育场面积5800平方米。图书馆藏书1.8万册。教职工42人，其中专任教师36人；北京市骨干教师1人。开设教学班13个。毕业65人，招生70人，在校生420人。党支部书记李鸣，校长陈娜。

北京市石景山区京原小学

校址：石景山区鲁谷路66号

1994年7月建校，当年9月1日正式开课。建校初，学校规模较小，一直以小班化教学为特色。1998年10月至12月，操场进行大面积改建，将土场地改建成水泥铺石场地，并且在南侧建6米宽75米长的塑胶跑道；2003年，又将操场全部改建成塑胶场地，彻底改变室外的活动环境。2009年7月至10月，学校进行抗震加固改造，学校的硬件设施（包括专业教室）达到北京市义务教育阶段办学标准。学校2007年开设第一门校本课程《古诗文经典诵读》，2008年开设乒乓球课程和数学思维训练课程。同时建立音乐、美术、体育、劳技、科学等多个兴趣社团。学校以“经典诵读”为核心，围绕“书香教育”打造“书香文化”。

2010年，学校占地面积6571平方米，建筑面积1843平方米，体育场面积2906平方米。图书室藏书25949册。教职工37人，其中专任教师29人。开设教学班12个。毕业43人，招生56人，在校生321人。党支部书记赵秀荣，校长厉左艺。

北京市石景山区六一小学

校址：石景山区八大处路乙2号

1961年6月1日建校，全称中国人民解放军北京军区直属队六一小学。原校址位于宣武区龙泉寺（陶然亭公园附近），属于北京军区直属单位。1964年底1965年初迁移到现校址，并移交北京市教育局，更名为北京市石景山区六一小学。2003年7月，合并西下庄小学。2007—2010年，学校开发校本课程，以体育、艺术美为主，低年级开设了形体操、纸工、合唱等课程；中年级开设了军体拳、素描、管乐等课程；高年级开设轮滑、茶艺等课程。

2010年，学校占地面积21982平方米，建筑面积11767平方米，体育场面积6926平方米。图书馆藏书31677册。教职工97人，其中专任教师100人；北京市骨干教师2人。开设教学班32个。毕业151人，招生177人，在校生1103人。党支部书记王淑凤，校长王京兰。

北京市石景山区麻峪小学

校址：石景山区麻峪南街51号

1912年建校。“善成大拙方为妙，学至如愚始见奇”是麻峪小学1912年建校初期的校训，蕴含着麻峪小学的办学思想。2000年9月，麻峪小学面对外地务工人员子女教育需求，全面招收务工子女入学，成为北京市第一所接受务工人员子女的公办学校。2000年至2006年先后解决区域内近千名打工子弟就学。2010年，筹备幼儿部，解决区域内学前儿童入园难的问题，初步形成“小幼一体”模式。

20世纪80年代，学校成立全区第一支小学腰鼓队。1999年，学校被评为全国中小学JIP（提高中学生学习质量整体改革国家行动计划）课题研究科研先进学校。2005年至2010年，学校成立百人武术团和下属班级分社团，全面开展武德教育和武术基本功的训练。学校自编《麻峪小学校本课程用书》《麻峪小学校本课程纲要》《麻峪小学校本课程读本》，创编武术校本课程。2010年，学校占地面积8537平方米，建筑面积4183平方米，体育场面积2100平方米。图书馆藏书2.86万册。教职工40人，其中专任教师32人。毕业生37人，招生58人，在校生301人。党支部书记、校长肖印军。2016年5月，被评为北京市第三批“百年学校”。

北京市石景山区炮厂小学

校址：石景山区西山山麓7312厂院内

学校建于1986年。1995年，黑石头小学并入石景山区炮厂小学。1998年合并高井小学。2007年，学校开展“利用天泰山地域资源，构建在可持续发展模式下校本课程”研究，每年10月组织一至三年级学生辨识天泰山植物活动，组织四到六年级学生“走进慈善寺”，临摹建筑彩绘、碑拓等。2009年4月，被评为北京市未成年人保护工作先进集体，2010年，入选首都中小学校园文化建设创新校。

2010年，学校占地面积6215平方米，建筑面积2222平方米，体育场面积2348平方米。图书馆藏书26205册。教职工28人，其中专任教师28人。开设教学班7个。毕业30人，招生25人，在校生174人。党支部书记、校长张立田。

北京市石景山区苹果园第二小学

校址：石景山区苹果园一区甲十号

1959年9月1日建校，初名北京市丰台区苹果园第二小学。1967年因行政区划调整，改称石景山区苹果园第二小学。1989年，作为首钢宿舍区配套工程，由首钢公司出资，重建教学楼。2006年，合并苹果园第三小学。2010年，学校启动“少年学院”建设，采取“导师引领、自主探究、合作创新”的模式，开展小课题研究。

2010年，学校占地面积5546平方米，建筑面积4378平方米。图书馆藏书29250册。教职工63人，其中专任教师53人；北京市骨干教师1人。开设教学班23个。毕业124人，招生117人，在校生666人。党支部书记张群，校长马强。

北京市石景山区师范学校附属小学

校址：石景山区永乐东小区

1992年11月1日建校，2002年9月，石景山区鲁谷小学部分师生并入。2006年2月，石景山区永乐小学部分师生并入。

2005年，学校确定以茶艺为主要办学特色，举办茶艺表演、茶知识、茶儿歌、茶诗、茶画、茶字等竞赛，举办学校茶文化艺术节，创办小茶人社团。2005年，学生小茶人表演队荣获“北京市十佳小茶人表演队”称号。2007年，学校被认定为“中国茶叶流通协会青少年教育基地”和“老舍茶馆青少年教育基地”。2010年，学校占地面积5580平方米，建筑面积2996平方米，学校设有轮滑塑胶操场和环形轮滑跑道。图书馆藏书1.5万册。教职工48人，其中专任教师39人；北京市骨干教师2人。开设教学班13个。毕业76人，招生63人，在校生356人。党支部书记、校长王瑞敏。

北京市石景山区实验小学

校址：石景山区八角北里

1988年建校，初名八角第三小学，1990年更名为石景山区实验小学学。2003年，石景山区科技艺术实验学校并入。2007年，入选北京市小学规范化建设示范校。学校秉承“尊重、合作、和谐、发展”的办学理念，2004年提出“德才健美相济，持续多元发展”的育人目标。2009年，学校从课堂与课程、专题活动和校园环境三方面构建具有“扬长教育”特色的实验小学育人模式。创建三大类（科学类课程，人文类课程，资源类课程）26门校本课程。

2010年，学校占地面积15877平方米，建筑面积9545平方米，体育场面积6894平方米。图书馆藏书4万册。教职工105人，其中专任教师89人；高级职称教师2人，北京市骨干教师2人。开设教学班35个。毕业194人，招生225人，在校生1296人。党支部书记、校长叶艳。

北京市石景山区石景山第二小学

校址：石景山区模式口东里五小区

1990年9月建校。石景山小学原校址位于模式口西里现石景山中学校址。1991年9月，学校迁至现址。1993年，学校组建腰鼓队，确定以腰鼓特色促进美育、智育发展。2002年7月，合并模式口小学。2006年，学校确立特色办学方向，即创建“美育特色学校”。2007年，学校与金顶街社区合作，将太极拳和京剧引入课堂。2010年，学校占地面积6622平方米，建筑面积3633平方米，体育场面积3196平方米。图书室藏书17243册。教职工36人，其中专任教师34人。开设教学班11个。毕业36人，在校生252人。党支部书记、校长张国琴。

北京市石景山区石景山小学

校址：石景山区模式口西里甲32号

1987年建校。1990年8月，分流二年级至五年级各两个教学班，教师25人，在模式口东里成立了石景山第二小学。1994年7月，石景山小学第二次分流学生约300人，在模式口西里成立首钢子弟小学。1998年8月，石景山小学接收首钢子弟小学学生400人、教师8人，并借用首钢子弟小学部分校舍。1999年9月，首钢子弟小学师生全部回到石景山小学。

1993年5月，学校成立石景山小学管乐队，聘请中国人民解放军军乐团10名教师作为指导教练。1993年7月，组建少年铜管乐队。1994年，在北京市管乐大赛中荣获一等奖，并被团市委命名“北京市少年国际乐仪队”。2010年，确定“宏中华龙之精神，做优秀龙的传人”为学校的办学特色，开发具有龙文化特色的校本课程——《中华武术》武术课程、《龙腾四海》舞龙课程、《龙吟诵魂》爱国诗歌诵读课程、《龙的传人》中华名人传记课程等。2010年，学校占地面积7235.2平方米，建筑面积3523.2平方米；体育场面积2716平方米。图书馆藏书2.7万册。固定资产总值953.7万元。教职工36人，其中专任教师36人。开设教学班14个。毕业80人，招生80人，在校生429人。党支部书记、校长蒋新华。

北京市石景山区水泥厂小学

校址：石景山区京原路68号

1964年年初建，学校当时作为老古城小学的一个教学点，有两个教学班，至1968年发展成全日制公办小学并正式命名。自2002年开始，外来务工人员子女逐渐达到在校学生的80%以上。学校针对外来务工子女教育特点，全面培养学生的良好行为习惯、学习习惯、劳动习惯、卫生习惯。2006年，参与“北京市外来务工子女教育”课题，研究经验在“北京市外来务工子女教育”研讨会上作经验交流。2007年，教师孙凤琴的班会获得北京市、石景山区班会设计一等奖与现场展示一等奖。2008年，孙凤琴被评为第二十一届北京市中小学紫禁杯优秀班主任。

2010年，学校占地面积4333平方米，建筑面积2340平方米，体育场面积1800平方米。图书室藏书1.78万册。教职工20人，其中专任教师18人。开设教学班6个。毕业29人，招生30人，在校生180人。党支部书记周燕苹，校长蒋景明。

北京市石景山区五里坨小学

校址：石景山区五里坨车站路7号

1915年在西街的玉皇庙内建校，归河北省宛平县管辖，按初小、高小两个学段把几十名学生分成两个复式班，分别由两名教师任教。1948年，又在后街关帝庙内设立分校。1949年，定校名为北京市第十九区第四中心小学。1958年，改校名为五里坨小学。1998年，接收石景山区五五小学教师5人，学生63人。1999年，增建多功能厅建筑面积258平方米，使用面积194平方米。2002年，学校操场整修，铺设塑胶跑道等。2006年，学校整体装修，改善学校环境。2008年，学校确定学校特色发展项目为乒乓球运动。在一至六年级开设形体课，一至四年级开设武术课。坚持每天组织学生锻炼一小时，每月开展一项群众性体育竞赛活动，每学期一次学生体能监测及分析。2010年，教学楼抗震加固完成，学校环境优美。

2010年，学校占地面积10052平方米，建筑面积3778平方米，体育场面积4750平方米。图书馆藏书1.5万册。教职工46人，其中专任教师42人。开设教学班16个。毕业生73人，招生81人，学生总数461人。党支部书记、校长王迎梅。

北京市石景山区西黄村小学

校址：石景山区八大处路102号

1948年在村西头显应寺内建校。1949年，定校名为北京市第十九区第二中心小学。1958年改为现校名。1987年迁入现址。2006年，学校被确定为北京市民族团结教育试点学校，学校围绕民族艺术、民族文化、民族精神、民族风情四个纬度设计民族教育内容。2007年开设“葫芦丝”校本课程。2008年，开设“京剧脸谱”“楼道体育”“跳8字”“民族韵律操”等校本课程。学校被评为2010—2011学年度北京市基础教育课程建设先进单位。

2010年，学校占地面积8174平方米，建筑面积3195平方米，体育场面积3880平方米。图书馆藏书1.9万册。教职工37人，其中专任教师35人。开设教学班14个。毕业79人，招生60人，在校生402人。党支部书记李新兵，校长李晓钧。

北京市石景山区先锋小学

校址：石景山区绍家坡1号

1960年7月20日建校，初名北京军区装甲兵先锋小学校，隶属北京军区装甲兵，校址在北京市昌平县南口。1964年10月23日，先锋小学全部移交北京，由北京市教育局交昌平县文教局管理，更名为北京市昌平区第一先锋小学。1966年1月6日，迁到石景山区绍家坡，由石景山教育局管理，更为现名。

1994年9月，先锋小学组建第一支小足球队。2000年，学生组建女足球队。学校足球队多次获得国家级、市级、区级奖项。2008年4月29日，石景山区先锋小学被授予石景山区足球传统学校。2008年，“翼先锋足球社团”获全国优秀小社团。2010年，学校占地面积8239平方米，建筑面积4784平方米，体育场面积1800平方米。图书馆藏书1.6万册。教职工33人，其中专任教师30人；北京市骨干教师1人。开设教学班12个。毕业45人，招生50人，在校生290人。党支部书记、校长魏春英。

北京市石景山区向阳小学

校址：石景山区衙门口大横街

1912年，宛平县在衙门口村成立公立两级小学（包括初小和高小），后改为宛平县第一区衙门口小学。中华人民共和国成立前夕，改为衙门口乡中心国民学校，孙敬修老师曾经在这里任教。1948年12月，石景山区全境解放。此后，学校改名为“石景山第三中心小学”，为衙门口村及周边村庄学龄前儿童提供初小、高小的启蒙教育。1967年，衙门口村改名为向阳村，衙门口小学也改名为向阳小学。2002年，因修建五环路，向阳小学拆迁搬入现址。

1991年至1995年，学校面向全体教师开展简笔画培训和英语培训。1999年起，学校开展“三字一话一画”为内容的苦练基本功活动。通过三年扎实训练，45岁以下教师的普通话基本过关，大部分教师能熟练运用简笔画促进教学。1999年，承办全市劳动学科现场会。2001年，学校实施“绿色课堂教学改进行动计划”，采用多种形式加强教师业务培训。2010年，学校占地面积14400平方米，建筑面积4000平方米，体育场面积3965平方米。图书馆藏书17412册。教职工38人，其中专任教师37人。开设教学班20个。毕业生76人，招生100人，在校生653人。党支部书记、校长李润华。

北京市石景山区杨庄小学

校址：石景山区杨庄小区

1997年3月建校，初名北京市石景山区杨庄学校（小学部）。1999年1月，小学部独立办学，更为现名。2008年，教师张雪梅获得北京市紫金杯班主任一等奖。同年，学校利用紧邻石景山少儿图书馆的优势，开展“阅读课堂——图书馆”半日活动、“诵读国学经典”、“走进国子监—孔庙”等活动。2010年学校开发武术、踢毽、跆拳道、机器人等4类17门校本课程，在国家级课题“基础教育跨越式创新探索试验”研究中，获课题综合成果一等奖。2010年，小学占地面积5925平方米，建筑面积3400平方米，运动场面积2000平方米。图书室藏书14288册。教职工35人，其中专任教师27人。开设教学班12个。毕业生71人，招生49人，在校学生357人。党支部书记谢雪，校长张美玲。

北京市石景山区银河小学

校址：石景山区六合园甲24号

2005年7月，石景山区永乐第二小学、石景山区永乐第三小学和永乐小学三校合并组建石景山区银河小学。石景山区永乐第二小学1988年7月建校，位于石景山区永乐小区；石景山区永乐第三小学1995年建校，位于石景山区五芳园；永乐小学1964年7月建校，位于石景山区永乐东区。三校合并后又陆续并入鲁谷小学，银河小学的主体由这四所学校人员构成。银河小学是一所艺术气息浓郁的特色学校，2008年成为北京市艺术特色学校，北京市教育科学“十二五”规划课题“构建民族器乐校本课程，探索学生特长发展、情感培养的研究”以优秀结题，艺术教育一直是学校内涵发展和建立自信的主线，民乐团、合唱团、舞蹈团多次在市、区艺术节上获一二等奖。

2010年，学校占地面积21872平方米，建筑面积9330平方米，体育场面积7320平方米。图书室藏书3.3万册。教职工102人，其中专任教师81人。开设教学班31个。毕业160人，招生97人，在校生830人。党支部书记刘桂文，校长杨丽红。

北京市石景山区玉泉路小学

校址：石景山区玉泉西街何家坟北

1980年9月建校。学校成立之初暂时借玉泉路中学的教学楼中的一层开展教学活动。1988年9月迁至现址。学校地处石景山、海淀、丰台三区交界处，一直以招收外来务工人员子女为主。2002年，学校办成石景山区东部“流动人口子女学校”。2003年9月，温家宝总理亲临学校看望老师和同学，并亲笔题词“同在蓝天下，共同成长进步”。学校初步构建阳光育人体系，开发五类的校本课程，其中“阳光阅读校本课程”将近3万册图书搬进教室、办公室，制作开放式书架，使师生每天与书相伴，构建起书香文化，并通过阅读促进打工子弟的成长。

2010年，学校占地面积2107平方米，建筑面积2007平方米，体育场面积700平方米。图书馆藏书22398册。教职工34人，其中专任教师33人。开设教学班12个。毕业48人，招生70人，在校生376人。党支部书记陈军，校长王建华。

北京市石景山外语实验小学

校址：石景山区西黄村首钢黄南苑小区7号院

2002年建校。建校之初，只设立两个学前班，一班25人，二班23人。2003年9月，设立一年级，学前班扩大到3个教学班。2008年9月，办学模式初具规模，全校6个年级，每个年级两个教学班，每班30名学生。学校的育人目标是“全面健康发展，凸显人文素养，培养国际视野，彰显英语特长”。学生做到6个100%：100%达到英语课标三级水平；100%汉语阅读量达200万字以上；100%到15家以上的博物（展览）馆参观学习；100%掌握一项健身技能；100%拥有一项爱好特长；100%参加10人以上社会公益实践活动。2004年，举办首届“苗苗杯”英语节。

2010年，学校占地面积8659平方米、建筑面积4498平方米，体育场面积2970平方米。图书馆藏书1.76万册。教职工40人，其中专任教师11人；高级职称教师2人，北京市骨干教师1人，北京市学科教学带头人1人。开设教学班12个。毕业53人，招生60人，在校生358人。党支部书记、校长刘世彬。

表37　　2010年石景山区小学一览表

序号	学校名称	建校时间	举办者
1	北京教育学院石景山分院附属小学	1960年	教育部门和集体办
2	北京市石景山区爱乐实验小学	1984年	教育部门和集体办
3	北京市石景山区八角北路小学	1986年	教育部门和集体办
4	北京市石景山区北辛安小学	1912年	教育部门和集体办
5	北京市石景山区第二实验小学	2005年	教育部门和集体办
6	北京市石景山区电厂路小学	1984年	教育部门和集体办
7	北京市石景山区古城第二小学	1965年	教育部门和集体办
8	北京市石景山区古城第六小学	1984年	教育部门和集体办
9	北京市石景山区广宁村小学	1934年	教育部门和集体办
10	北京市石景山区海特花园小学	1998年	教育部门和集体办
11	北京市石景山区红旗小学	1958年	教育部门和集体办
12	北京市石景山区金顶街第二小学	1957年	教育部门和集体办
13	北京市石景山区金顶街第四小学	1965年	教育部门和集体办
14	北京市石景山区京原小学	1994年	教育部门和集体办
15	北京市石景山区六一小学	1961年	教育部门和集体办
16	北京市石景山区麻峪小学	1912年	教育部门和集体办
17	北京市石景山区炮厂小学	1986年	教育部门和集体办
18	北京市石景山区苹果园第二小学	1959年	教育部门和集体办
19	北京市石景山区师范学校附属小学	1992年	教育部门和集体办
20	北京市石景山区实验小学	1988年	教育部门和集体办
21	北京市石景山区石景山第二小学	1990年	教育部门和集体办
22	北京市石景山区石景山小学	1987年	教育部门和集体办
23	北京市石景山区水泥厂小学	1964年	教育部门和集体办
24	北京市石景山区五里坨小学	1915年	教育部门和集体办
25	北京市石景山区西黄村小学	1948年	教育部门和集体办
26	北京市石景山区先锋小学	1960年	教育部门和集体办
27	北京市石景山区向阳小学	1912年	教育部门和集体办
28	北京市石景山区杨庄小学	1997年	教育部门和集体办
29	北京市石景山区银河小学	2005年	教育部门和集体办
30	北京市石景山区玉泉路小学	1980年	教育部门和集体办

续表 37

序号	学校名称	建校时间	举办者
31	北京市石景山外语实验小学	2002 年	教育部门和集体办
32	首钢矿业公司职工子弟学校	1960 年	其他部门办

普通中学

北京佳汇中学

校址：石景山区模式口南里

1998 年 5 月建校，利用原首钢总公司子弟中学校址办学，为北京市第一批教育体制改革试点的民办公助初级中学。学校实行董事会领导下的校长负责制。2004 年，学校挂牌北京市第九中学初中部。2010 年 5 月，加入北京市第九中学教育集团。2010 年 9 月 1 日，学校结束“民办公助”试验并正式转为民办学校。学校办学以舞蹈为特色，体育活动以田径为特色。每年招收舞蹈特长生 10 ～ 15 人，每周课余参加九中金帆舞蹈团排练。每年招收田径特长生 10 ～ 15 人，每天课后参加九中田径训练。2010 年 9 月，学校开设书法课、钢琴课和机器人课。2010 年，学生张林森北京市青少年科技创新大赛一等奖和全国青少年科技创新奖。

2010 年，学校占地面积 9452 平方米，建筑用地面积 8030 平方米，运动场地面积 3343 平方米。图书馆藏书 2.18 万册。教职工 113 人，其中专任教师 89 人，高级职称教师 62 人。开设初中教学班 19 个。毕业 216 人，招生 227 人，在校生 744 人。校训：忠孝诚信，礼义廉耻。校务委员会主任兼校长麻宝山。

北京教育学院石景山分院附属学校

校址：石景山区古城东街 5 号

学校前身是 1965 年 9 月建校的北京市八角中学，初中学制，1973—1986 年开设高中班。1985 年，石景山区道路规划，学校由八角村迁至现址。2000 年 6 月，古城第五中学并入，教学班由 12 个增至 19 个。2007 年 6 月，学校更名为北京教育学院石景山分院附属学校，由北京教育学院石景山分院实行一体化领导。

2000 年，学校完成操场、实验室，图书馆、阅览室、微机室，美术、音乐等专用教室的改造，修建多功能教室。2001 年至 2006 年，学校开设科学、人文、艺术、体育四大类选修课程 20 个，编写校本教材 20 本。2005 年，女子威风锣鼓队参加世纪坛申奥成功庆典，东方雄狮表演队为石景山区春节假日表演保留节目。学校为区政府命名的民间艺术特色校。2010 年，学校占地面积 8498 平方米，建筑面积 6068 平方米，体育场面积 4816 平方米。图书馆藏书 17626 册。教职工 59 人，其中专任教师 43 人；高级职称教师 5 人，市级骨干教师 1 人。开设初中教学班 12 个。毕业 84 人，招生 87 人，在校生 246 人。党支部书记王景山，校长赵士雪。

北京景山学校远洋分校

校址：石景山区鲁谷东街 22 号

2007 年 5 月建校。学校聘请北京景山学校部分语文、数学骨干教师任教，实行小学五年、初中四年、高中三年的十二年一贯制。2007 年，首招小学一和五年级共 6 个教学班，学生 220 人。2008 年，首招初中教学班 2 个、学生 87 人。学校开发健美操、平面设计等 20 项校本课程。小学部钢琴、形体和科学为必修课，中学建构理、化、生学科为主的生态校园课程。每年举办“远洋杯”教学大赛。

2010 年，学校占地面积 2.36 万平方米，建筑面积 2.38 万平方米，体育场面积 1200 平方米。图书馆藏书 1.5 万册。教职工 88 人，其中专任教师 83 人；高级职称教师 6 人，北京市骨干教师 2 人。开设教学班 30 个（小学班 24 个、初中班 6 个）。毕业 72 人（初中），招生 180 人（小学），在校生 818 人（小学 598 人、初中 220 人）。党支部书记兼执行校长徐秀筠。

北京师范大学励耘实验学校

校址：石景山区八大处路 8 号

1967 年 12 月建校，初名北京市八大处中学，学制为完全中学。2010 年 7 月，石景山区教委与北京师范大学合作，整合八大处地区教育资源，建立小学、初中、高中十二年一贯制公办学校，学校更名为北京师范大学励耘实验学校。校名“励耘”出自北师大校长陈垣先生的“励耘书屋”，有“励精图志，勤奋耕耘”的内涵。校训：励精图治，勤奋耕耘。

1995 年，学校开办寄宿制，成立石景山少年军校分校，代表石景山区参加北京市军训成果十周年汇报表演。2006—2010 年，学校创办高中美术班，共招收美术生 150 人，艺术类本科上线率达 81.5%。自建校来，共培养万余名初、高中毕业生。2010 年，学校占地面积 28760 平方米，建筑面积 15072 平方米，体育场 15000 平方米（其中塑胶操场 12019 平方米）。图书馆藏书 4.17 万册。教职工 119 人，其中专任教师 88 人；高级职称教师 17 人，北京市骨干教师 1 人。开设教学班 29 个（初中班 15 个、高中班 14 个）。毕业 245 人（初中 91 人、高中 154 人），招生 396 人（初中 240 人、高中 156 人），在校生 900 人（初中 431 人、高中 469 人），包括寄宿生 100 余人。高中录取分数线 460 分（本区普通班），应届高考本科上线率 50.4%。党支部书记胡志勇，校长林福森。

北京市第九中学

校址：石景山区模式口大街 16 号

1946 年，建于门头沟区城子镇，原名私立门头沟中学，学制为完全中学。1947 年，更名河北省私立介寿中学。1948 年年底，门头沟解放，更名门城中学。1949 年 5 月，更名北平市立第九中学，继之定名北京市第九中学。1950 年夏，于石景山区建立九中分校。1951 年，九中本校统合到分校，校名北京市第九中学。2010 年 2 月，石景山区教育资源整合，北方工业大学附属中学并入，并更为北京市第九中学分校，为初中学制。2010 年 5 月，北京市第九中学教育集团成立，集团成员校包括北京市第九中学、北京市第九中学分校、北京市佳汇中学、石景山区金顶街第二小学、石景山区金顶街第四小学。

1987 年，学校建立学生金帆舞蹈艺术团，1991 年，校足球队获北京市中小学生“金帆杯”足球赛高中组冠军。1995 年，荣膺北京市“全面育人，办有特色校”称号。1995 年，学校成立学生课外活动小组 70 余个。参加市中小学生艺术节舞蹈比赛、青少年艺术体操锦标赛，获冠军、“金帆艺术奖”。1998 年，获得首届全国中小学生文艺会演一等奖。1997 年，转制为完全高中校。2002—2005 年，学校分别被认定北京市体育传统项目（田径）校、“北京市健康促进学校”、中国大学生篮球人才培训基地。2003 年 5 月，入选北京市示范性普通高中。2004 年，获得招收外籍学生资格，成立国际部。2010 年 8 月，成立新疆部，设立内地新疆高中班，首届有维吾尔族等 5 个民族 85 名新疆学生就读。

2010 年，北京市第九中学为高级中学，占地面积 5.7 万平方米，建筑面积 2.6 万平方米，体育场（馆）面积 2.9 万平方米。图书馆藏书 80701 册。教职工 177 人，其中专任教师 123 人；高级职称教师 55 人，特级教师 2 人，北京市骨干教师 5 人，北京市学科带头人 2 人。高中毕业 417 人，招生 379 人；教学班 34 个，在校生 1277 人。校训：砺身·砺志·博爱·博学。党总支书记吕丽，校长郝显军。

北京市第九中学分校

校址：石景山区金顶北路 8 号

2004 年 7 月，石景山区教委整合北京市金顶街第二中学和北京市金顶山中学生源和部分师资，整合金顶街二中、金顶街职业高中校舍，成立北京市北方工业大学附属中学。2005 年，北方工大附中与北京市第九中学联合开办教学改革实验班，招生数量由 2004 年的 165 人上升到 2005 年的 287 人。2006 年，与山东中华莱州武校联合办学，成立北京分校。2007 年，北方工大附中增设茶艺、古筝、舞蹈、书法绘画、陶艺等校本课程；完善德育大课表，增加校园绿化、社区公益劳动等实践教育内容。2010 年 2 月，学校并入北京市第九中学，更名北京市第九中学分校（北京市第九中学初中部）。

2010年，学校占地面31874平方米，建筑面积16265平方米，体育场面积12224平方米。图书馆藏书30775册。教职工115人，其中专任教师71人；高级职称教师13人。开设初中教学班25个。毕业319人，招生390人，在校生957人，其中包括寄宿生28人。党支部书记吕丽，校长郝显军。

北京市高井中学

校址：石景山区高井路26号

1974年1月建校，初为公办初中校。1975年2月，招高中生。1984年停招。1993年7月，区政府规划扩建广宁路，广宁村中学撤销，并入高井中学。学校教职工人数由85人增加到125人。1996年，教学班24个，学生897人，教职工126人。1999年4月，与北京师范大学心理系联手建立实验教学基地，开设心理健康教育讲座。2000年，成立北师大教科研实验基地。2002年，学校调整确定办学目标为“环境优美、管理规范、质量较高、办有特色、社会认可、家长满意、学生受益的西部地区具有内涵发展的初中校”。2003年2月，建立心理咨询室，开通心理信箱、心理热线。开设“阳光心语”校本课程，编制《了解、发展、完善》上、下两册校本教材。2005年，被评为市“阳光心语行动”示范校。2007年，市、区投资586万元完成学校整体装修和设备设施更新。学校编印《有趣的微生物》《为艺术增添翅膀》《与夫子品国学》《中华传统节日》等校本教材。

2010年，学校占地面积16789平方米、建筑面积6622平方米，体育场5133平方米。图书馆藏书20642册。教职工70人，其中专任教师43人；高级职称教师8人。开设初中教学班15个。毕业112人，招生149人，在校生428人，包括寄宿生53人。党支部书记、校长刘福花。

北京市古城高级中学

校址：石景山区古城南路6号

学校前身是建于1959年的北京古城中学。1999年3月，北京古城中学由公办学校改为民办公助校，进行办学体制改革试点实验。改制后，校名为北京市古城高级中学，初中部保持公办，高中部试点民办公助。高中部民办方是北京市天时厨房设备厂。2004年7月，北京市古城高级中学初中部、古城第四中学合并组建北京市古城外国语学校，与北京市古城高级中学实行一体化领导。2009年9月，北京市古城高级中学恢复公办校体制。同时调整初、高中部（古城外国语学校、古城高级中学）一校两址带来的不便，将毕业年级教学班调整到古城外国语学校校区，非毕业年级教学班调整到古城高级中学校区，教职员工打通使用，使所有教职员工真正融合，形成真正意义上的一所完全中学。

1990年，古城中学占地面积10073平方米，建筑面积5388平方米。两座教学楼，教室25个，有图书馆、学生阅览室、教师资料室、理化生实验室、音乐和美术专业教室、计算机教室、网络化语音教室、多媒体演播教室。教职工80人，其中专任教师50人。20个教学班、学生670人。1992年，古城中学实施岗位责任制、德育管理体系，在全区“中学德育现场会”做经验总结汇报并向全区推广。1997—1998年，参加联合国教科文组织亚太地区组织的中学JIP第二轮实验科研课题实验，获北京市人民政府“首届基础教育教学成果一等奖”，连续二届获北京市基础教育教学研究成果一等奖。2004年7月，古城外国语学校、古城高级中学实行一体化领导后，学校教职工共239人，其中古城外国语学校113人，古城高级中学126人。学生1166人。

2010年，学校占地面积34285.71平方米，建筑面积15944平方米，体育场面积10287平方米。教职工174人（高中部113人、初中部61人），其中专任教师142人；高级职称教师25人，市、区骨干教师10人。教学班28个（初中班16个、高中班12个）。毕业194人（初中109人、高中85人），招生251人（初中170人、高中81人），在校生663人（初中411人、高中252人），包括高中寄宿生21人。高中录取分数线469分（本区），应届高考本科上线率85.15%。党支部书记贾金发，校长曹彦彦。

北京市京源学校

校址：石景山区京原路10号

1996年7月12日建校，初名北京市京源中学。1996年9月，初中部招生。1997年9月，成立幼儿部。1998年9月，开办小学部。1999年3月，学校更名北京市京源学校，构架学前、基础教育一体化教育模式。2002年4月8日，学校实行公办民助办学体制改革试点。2010年9月，结束办学体制改革试点，恢复公办校办学体制。

1997年，建立北京金帆书画院石景山分院。2003—2004年，幼儿部由二级二类园升为一级一类园。2004年5月，学校设立国际部，接收美国、韩国、马来西亚、印尼、蒙古、巴西等世界各国10～18岁青少年学习，首批国际生5人入学。2005年，获“北京市创建学习型学校先进单位”称号。2008年，学校入选北京市青少年科技创新学院“翱翔计划”实验基地校。2010年，北京市京源学校占地面积46522平方米（幼儿部5058平方米、小学部4663平方米、中学部36811平方米），建筑面积30537平方米（幼儿部4655平方米、小学部4895平方米、中学部20987平方米）。图书馆藏书90657册。教职工261人，其中专任教师205人；高级职称教师39人，北京市级骨干教师6人。开设教学班64个（幼儿班12个、小学班18个、初中班22个、高中班12个）。毕业516人（幼儿72人、小学55人、初中300人、高中89人），招生564人（幼儿88人、小学83人、初中290人、高中103人），在校生2091人（幼儿347人、小学488人、初中965人、高中291人）。校训：健康、和谐、勤奋、进取。党支部书记温淑敏，校长白宏宽。

北京市蓝天第二中学

校址：石景山区老山西里甲2号

原名北京市第七十五中学，1955年建于石景山区衙门口村，公办初级中学。1982年，迁入现址，并更名为北京市老山中学。2004年7月，学校调整办学方向，并更名北京市蓝天第二中学，重点招收流动人员子弟就学。学生均来自内蒙古、河北、安徽、河南等地，农民工子女占学生总数的90%。

2010年，学校为初中校，占地面积11124平方米，建筑面积5089平方米，体育场面积3717平方米。图书馆藏书3万册。教职工64人，其中专任教师46人；高级职称教师6人。开设初中教学班16个。毕业137人，招生135人，在校生486人。教职工66人。专任教师42人。教学班15个，学生437人。党支部书记、校长王立山。

北京市蓝天第一中学

校址：石景山区苹果园三区

原名北京市金顶街中学，1963年9月建校，校址石景山区金顶街二区，为初中校。1976年，学制为完全中学。1983年2月，开办电工专业，1986年9月，改名北京市金顶街职业高中。2000年6月，停招职高生，招收外地来京人员子弟入读初中，转办为外地来京人员子弟学校。2002年7月，最后一届职高生毕业，恢复原校名北京市金顶街中学。2004年7月，区教委布局调整，学校迁入现址，并更名为北京市蓝天第一中学。

1986—1992年，先后与首钢公司、石景山发电厂、石景山中专、石景山区武装部联合办学，增加建筑、图书管理、汽车维修与驾驶、热工、文秘、宝玉石鉴定等专业。1995年9月，与校办公司签约合办电梯专业。1993—1998年，学校成立威则工贸公司，其中威则汽车修理部改为学生实习工厂。1999年5月，增办娱乐健身服务专业和美术装潢设计专业。2000年，金顶街职业高中增挂外地来京人员子弟学校的牌子，创办北京市首家招收外地来京人员子弟接受初中教育的公办校，在校生800余人。2010年，学校占地面积10703平方米，建筑面积6889平方米，体育场面积3824平方米。图书馆藏书23590册。教职工65人，其中专任教师44人；高级职称教师8人。开设初中教学班12个。毕业96人，招生116人，在校生384人。党支部书记、校长牛淑英。

北京市礼文中学

校址：石景山区老山东里甲 19 号

1996 年建校，民办高中学校。学校由新西兰归国华侨、原中央财经大学国际贸易专家欧阳达松教授、曹礼南教授夫妇共同创建，实行董事会领导、校长负责制。校名“礼文”取自《论语》“君子博学于文，约之以礼”。1997 年 9 月，招收首批学生 25 人，全部住校，实行封闭式管理。校址石景山鲁谷社区原永乐中学院内。1999 年 6 月，迁至石景山老山社区原老山二中校舍，占地面积 6946 平方米，建筑面积 4350 平方米。教学班由 1 个增至 7 个，学生增到 313 人。2001 年，始招初中生 25 人。1999 年，学校实施“青云工程”，资助品学兼优、家境贫困生。至 2010 年，共资助全免费生 57 人，单项免费生 300 余人。2009 年入选北京外国语大学“中国基础英语素质教育”实验基地。

2010 年，礼文中学占地面积 13360 平方米、建筑面积达 7824 平方米，体育场面积 3378 平方米。图书馆藏书 1.7 万册。教职工 74 人，其中专任教师 54 人；高级职称教师 10 人。学校开设教学班 16 个（高中班）。毕业 214 人，招生及转入 359 人，在册高中生 919 人，包括住宿生 87 人。董事长兼书记欧阳达松，校长欧阳蒙。

北京市苹果园中学

校址：石景山区苹果园南路 25 号

1956 年建校，初名北京市第七十六中学，1958 年，更名北京市丰台区苹果园中学。1960 年 9 月，划属海淀区，改名北京市苹果园中学。1961 年，划归石景山区办事处。1964 年，设高中，建制为完全中学。1997 年停办初中，为高中校。2007 年，北京市西井中学并入苹果园中学，成为苹果园中学分校，恢复初中招生。

2010 年，学校占地面积 49416 平方米、建筑面积 31765 平方米，体育场面积 15980 平方米。图书馆藏书 44389 册。教职工 152 人，其中专任教师 105 人；高级职称教师 43 人；市级骨干教师 4 人。开设教学班 28 个。毕业 364 人，招生 304 人，在校生 988 人，其中住宿生 80 人。高中录取分数线 482 分（石景山区），应届高考本科上线率理科 70.04%、文科 55.08%。党支部书记张跃民，校长于志勇。

北京市苹果园中学分校

校址：石景山区西井路

前身是建于 1973 年的北京市西井中学，初中校。2007 年 7 月，更名北京市苹果园中学分校，与苹果园中学实行一体化管理，实行“一个法人代表、两套机构”的行政管理模式，两校资源共享。1991 年，学生毕业率 100%，获区初三中考达标超标奖。2007 年，学校实施北京市初中建设工程，整体改造校园环境。至 2010 年，学校连续三年获区教育教学设计和实践大赛群星奖，为教育部“十一五”规划项目友善用脑课题实验基地，区“数独推广示范校园”。

2010 年，学校占地面积 13148 平方米，建筑面积 8696 平方米，体育场面积 4540 平方米。图书馆藏书 2.7 万册。教职工 62 人，其中专任教师 44 人；高级职称教师 7 人。开设初中教学班 13 个。招生 121 人，毕业 93 人，在校生 335 人。党支部书记张跃民，校长刘志成。

北京市石景山区实验中学

校址：石景山区八角路 40 号

1989 年建校，为公办初中校。1991—1994 年，学校工作重点夯实管理基础。语文、数学学科被评为为市、区先进教研组。1998—2000 年，学校确定“办成区特色校、进入区先进校”的发展目标。组建八角社区实验中学盘鼓队（河南民间艺术）。2003 年，学校举办科技节、体育节、艺术节，并形成传统。2006 年，学校形成“以人为本、可持续发展教育”的办学理念，整合历届科技节、艺术节、体育节内容，开发 30 门校本课程。至 2010 年，学校共培养 6000 余名合格初中毕业生。

2010 年，学校占地面积 1.7 平方米、建筑面积 1.5 平方米，体育场面积 9119 平方米。图书馆藏书 3.66 万册。教职工 102 人，其中专任教师 74 人；高级职称教师 15 人。开设初中教学班 24 个。毕业 314 人，招生 288 人，在校生 909 人。党支部书记、校长冯岩。

北京市石景山区石景山中学

校址：石景山区模式口西里甲 31 号

1988 年 9 月建校，为公办初中校。为避免与区域内撤销的“北京市石景山中学”重名，故定名“北京市石景山区石景山中学”。学校筹备三年后，始招初一年级 4 个教学班 160 人。1998 年 9 月，首钢子弟学校停办，教师 18 人、学生 300 人并入；因校舍不足，8 个教学班暂借相邻的首钢附属小学校舍。2001—2005 年，学校兴建“科技活动室”，成立车模、航模、无线电等科技活动小组 27 个。2003 年 12 月，学生周硕发明的“电话防盗装置”，获全国第三届宋庆龄少年儿童发明优秀奖。2006—2010 年，区教委投资 300 余万元，整体改造校园环境。至 2010 年，学校获全国教育科研成果一等奖，全国教育科研工作先进集体，市、区教育科研先进单位称号。

2010 年，校园占地面积 11000 平方米，建筑面积 4984 平方米。图书馆藏书 32810 册。教职工 62 人，其中专任教师 36 人；高级职称教师 13 人。开设初中教学班 12 个。毕业生 85 人，招生 105 人，在校生 303 人。校训“团结进取、求实创新”。党支部书记周秀英，校长李先平。

北京市天泰中学

校址：石景山区石门路 342 号

学校前身是 1958 年建校的北京市五里坨中学，隶属丰台区。1963 年划归石景山区。20 世纪 70—80 年代由初中校过渡为完全中学。2006 年，更名为北京市天泰中学。

1991 年，学生学业及格率全区第五位、优秀率第八位。1997 年始，每年开展“希望杯”综合素质表彰活动。学校与河北省崇礼县狮子沟中学开展“手拉手”联谊活动，每年暑假组织学生与到农村孩子同吃同住同劳动，体验生活。2006 年，成立学校朗诵艺术团，研发校本课程，形成校园文化。2006—2010 年，学校生源全部为就近免费入学，外来务工流动人口子女占 89.4%。2010 年，学校占地面积 19198 平方米，建筑面积 7517 平方米，体育场面积 5000 平方米。图书馆藏书 3.58 万册。教职工 55 人，其中专任教师 28 人；高级职称教师 11 人。开设教学班 10 个，毕业 52 人，招生 66 人，在校生 263 人。党支部书记吴世霞，校长焦凤儒。

北京市同文中学

校址：石景山区永乐东区甲 8 号院

2005 年 7 月，北京市永乐中学和北京市永乐第二中学合并组建北京市同文中学，该校是石景山区最东部一所公办初中校。永乐中学建于 1965 年，学制为完全中学，1994 年停办高中；永乐第二中学建于 1992 年，为初中校。

2009 年，学校开设英语、篮球、足球、乒乓球、健美操、声乐等校本课程。2010 年，学校成立机器人、木梁承重、水火箭、风筝、车模、航模等社团。2010 年，学校占地面积 17030 平方米，校舍建筑面积 8799 平方米，体育场面积 7091 平方米。图书馆藏书 2.63 万册。教职工 105 人，其中专任教师 64 人；高级职称教师 7 人。开设初中教学班 22 个。毕业 145 人，招生 193 人，在校生 546 人。党支部书记、校长叶奔。

北京市杨庄中学

校址：石景山区八角北路 53 号

1977 年建校，为公办初中校。20 世纪 80 年代末 90 年代初，学校摘掉“基础薄弱校”的帽子。1991—1995 年，学校硬化操场，整修校园，建设多功能厅，改善校容校貌。狠抓班主任队伍建设，首建“三好生班”，由全国普教系统劳动模范田秀琴任班主任。1994 年学校有 24 个教学班，学生人数首次过千，初步形成体育特色。1996—2000 年，学生中考成绩稳居全区前五。加强学生体育锻炼，开设田径等专业项目的训练，连续 5 年被评为为区体育工作先进单位、区教育先进单位。2000 年，入选“北京市体育项目田径传统校”。至 2010 年，连续被评为石景山人民群众满意学校、石景山区教育先进单位。

2010 年，学校占地面积 12483 平方米，建筑面积7187平方米，体育场面积4727平方米。图书馆藏书46248册。教职工108人，其中专任教师79人；高级职称教师12人。开设初中教学班24个。毕业247人，招生219人，在校生782人。党支部书记曾科建，校长李苹。

首钢矿业公司职工子弟学校

校址：河北省迁安市首钢矿区滨河村

1960年，首钢矿业公司职工子弟学校建于河北省迁安市，属于首都钢铁公司企业办校。首钢矿业公司负责行政管理，石景山区教育委员会协同教育教学业务指导，依法完成国家课程教育教学计划。初、高中毕业升学考试隶属北京市考区，设有北京市中、高考考点。1960年首建小学，招收职工子弟30人，采取复式教学。1961年，首建26名学生的初中班。1974年，始办两个高中班，从本校初中招生80人。1990年，首钢矿山公司职工子弟学校更名为首钢矿业公司职工子弟学校，办学体制为企办12年一贯制，下属首钢矿业公司职工子弟学校第一（1992年分为第一中学、第四中学）、第二、第三中学，第一、第二（2005年整合为中心小学）、第三小学（1997年更名为第五中学）；共计学生5042人、143个教学班，教职工360人。

1990—1995年，借鉴企业管理模式，实施教育承包制，教学成绩连续攀升，蝉联黑色冶金矿山系统高考升学三连冠；物理学科以“主线复习法的实验与探究”为主题参加北京市国际物理教育研讨会。1996—2000年，推行“TQC”全面育人质量管理法，学生23人获市、区学科竞赛奖，31人获全国作文征文奖；教师10篇论文参加北京市、区研讨，4篇获全国冶金教育学会年会奖；2所学校赢得全国青少年美术大赛金奖。2001—2005年，加强以制治校管理，完善建立70项规章制度；强化教师培训培养，被评为石景山区“十五”继续教育校本培训示范校；2002年1人以651高分夺得石景山高考理科“状元”；2004—2005年，3人获得石景山区中考特优生。

2006—2010年，围绕“领导放心、群众满意、校有特色、质量一流”的办学目标，努力打造“为每一名学生负责，让每一名家长满意”的优质校。2008年，举办“奥运在我心中”子弟学校首届师生美术作品展，部分优秀作品编辑成册被北京市奥运教育办公室收藏。2009年，学校开发《口风琴》《走进首钢矿山》等9个学科23门校本课程。

2010年，首钢矿业公司职工子弟学校下设首钢矿业公司职工子弟学校第一、第二、第三、第四、第五中学，以及中心小学共6所学校。学校占地面积63314.24平方米，建筑面积25180.61平方米，体育场（馆）面积39992平方米。图书馆藏书7.77万册。教职工285人，其中专任教师232人；高级职称教师35人。开设教学班89个（小学班44个、初中班31个、高中班14个）。毕业739人（小学265人、初中327人、高中147人），招生643人（小学185人、初中267人、高中191人），在校生2589人（小学1146人、初中938人、高中505人）。党委书记许学义、校长武书育。

表38　　2010年石景山区普通中学一览表

序号	学校名称	建校时间	举办者
1	北方工业大学附属中学	2004年	教育部门和集体办
2	北京八大处中学	1967年	教育部门和集体办
3	北京教育学院石景山分院附属学校	2007年	教育部门和集体办
4	北京景山学校远洋分校	2007年	教育部门和集体办
5	北京市第九中学	1946年	教育部门和集体办
6	北京市第九中学分校	2010年	教育部门和集体办
7	北京市高井中学	1974年	教育部门和集体办
8	北京市古城高级中学	1959年	教育部门和集体办
9	北京市古城外国语学校	2004年	教育部门和集体办
10	北京市京源学校	1996年	教育部门和集体办

续表 38

序号	学校名称	建校时间	举办者
11	北京市蓝天第二中学	1955 年	教育部门和集体办
12	北京市蓝天第一中学	2004 年	教育部门和集体办
13	北京市苹果园中学	1956 年	教育部门和集体办
14	北京市苹果园中学分校	2007 年	教育部门和集体办
15	北京市石景山区实验中学	1989 年	教育部门和集体办
16	北京市石景山区石景山中学	1988 年	教育部门和集体办
17	北京市天泰中学	1958 年	教育部门和集体办
18	北京市同文中学	2005 年	教育部门和集体办
19	北京市杨庄中学	1977 年	教育部门和集体办
20	首钢矿业公司职工子弟学校	1960 年	其他部门办
21	北京佳汇中学	1998 年	民办
22	北京市礼文中学	1996 年	民办
23	北京市石景山区华奥学校	—	民办
24	北京市石景山区黄庄学校	2009 年	民办
25	北京市石景山区台京学校	—	民办
26	北京市艺考高级中学	2002 年	民办

说明：“—”为资料缺失

特殊教育学校

北京市石景山区培智中心学校

校址：石景山区模式口西里 43 栋楼后

1987 年，学校在鲁谷小学、八角小学、苹果园第三小学辅读班的基础上成立，校址石景山区袁家胡同 18 号。1999 年，迁址到模式口西里。学校开展以“技能为主”的全面教育，初步形成“早期教育、九年义务教育、职业教育和劳动康复（社区安置）”四段式一体化教学模式。开设实用语文、实用数学、社会实践等实用指导性课程，自编教材《生活语文》《中度智障学生生活语文》《生活数学》《智障儿童民族文化教材》。

2010 年，学校占地面积 5396 平方米，建筑面积 3441 平方米，体育场面积 1236.2 平方米。图书室藏书 5000 册。教职工 31 人，其中专任教师 27 人。开设教学班 10 个。学生 100 人，其中脑瘫学生 14 人，自闭症学生 11 人，精神障碍学生 1 人，听障学生 1 人，综合残疾学生 8 人。毕业 11 人，招生 6 人，在校生 100 人。党支部书记、校长李辉。

附表

表 39 1991—2010 年石景山区小学撤并更名一览表

序号	学校名称	建校时间	撤并或更名说明
1	北方工业大学附属小学	1984 年	2000 年并入石景山区实验小学、石景山区西黄村小学
2	北京市广宁村中学	1958 年	1993 年 7 月，区政府规划扩建广宁路，广宁村中学撤销并入高井中学
3	北京市石景山区八角第二小学	1981 年	2005 年 7 月与老山第二小学合并组建建石景山区第二实验小学
4	北京市石景山区八角小学	1933 年	1999 年 5 撤销，教师分别并入石景山区实验小学、古城第二小学
5	北京市石景山区高井小学	1945 年	1998 年上半年，高井小学的大部分师生、财务并入电厂路小学。1999 年 3 月 16 日，撤销高井小学建制

续表 39

序号	学校名称	建校时间	撤并或更名说明
6	北京市石景山区古城第五小学	1972 年	2000 年 9 月并入古城中心小学
7	北京市石景山区古城中心小学	1960 年	2008 年改名为北京教育学院石景山分院附属小学
8	北京市石景山区黑石头小学	1956 年	1995 年 9 月 1 日黑石头小学撤销，人员编制并入石景山区炮厂小学
9	北京市石景山区科技艺术实验学校	—	2003 年并入石景山区实验小学
10	北京市石景山区老古城小学	1918 年	2010 年撤销
11	北京市石景山区老山第二小学	1985 年	2005 年 7 月与八角第二小学合并组建建石景山区第二实验小学
12	北京市石景山区老山小学	1982 年	2000 年 10 月并入石景山区八角二小
13	北京市石景山区鲁谷小学	1949 年	2002 年 9 月并入石景山区师范学校附属小学
14	北京市石景山区模式口小学	—	2002 年 7 月并入石景山区石景山第二小学
15	北京市石景山区苹果园第三小学	1959 年	2006 年 7 月分别并入金顶街四小、海特花园小学、苹果园第二小学
16	北京市石景山区首钢工学院附属小学	1994 年	1998 年并入石景山小学
17	北京市石景山区首钢子弟小学	1994 年	1998 年 8 月并入石景山小学
18	北京市石景山区水屯小学	1950 年	1995 年 9 月撤销
19	北京市石景山区五五小学	1961 年	1998 年，五里坨小学接收石景山区五五小学教师 5 人，学生 63 人。1999 年 5 月 13 日，撤销五五小学建制
20	北京市石景山区西下庄小学	1952 年	2003 年 7 月并入石景山区六一小学
21	北京市石景山区新古城小学	1946 年	2000 年 9 月并入古城中心小学
22	北京市石景山区永乐第二小学	1988 年	2005 年 7 月与永乐小学、永乐第三小学合并组建银河小学
23	北京市石景山区永乐第三小学	1995 年	2005 年 7 月与永乐小学、永乐第二小学合并组建银河小学
24	北京市石景山区永乐小学	1964 年	2005 年 7 月与永乐第二小学、永乐第三小学合并组建银河小学
25	首钢矿业公司职工子弟学校第二小学	1987 年	2005 年与首钢矿业公司职工子弟学校第一小学整合为首钢矿业公司职工子弟学校中心小学
26	首钢矿业公司职工子弟学校第三小学	1962 年	1997 年实行九年一贯制办学，更名成立首钢矿业公司职工子弟学校第五中学
27	首钢矿业公司职工子弟学校第一小学	1960 年	2005 年与首钢矿业公司职工子弟学校第二小学整合为首钢矿业公司职工子弟学校中心小学

说明：“—”为资料缺失

表 40　　1991—2010 年石景山区普通中学撤并更名一览表

序号	学校名称	建校时间	撤并或更名说明
1	北京市八角中学	1965 年	2007 年 6 月更名为北京教育学院石景山分院附属学校
2	北京市北方工业大学附属中学	2004 年	2010 年 2 月更名北京市第九中学分校
3	北京市古城第四中学	1979 年	2004 年与古城中学初中部合并组建北京市古城外国语学校
4	北京市古城第五中学	1981 年	2000 年 6 月并入北京市八角中学。2007 年 6 月，学校更名为北京教育学院石景山分院附属学校
5	北京市古城中学	1959 年	1999 年 3 月更名北京市古城高级中学，进行办学体制改革试点实验
6	北京市金顶街第二中学	1974 年	2004 年 7 月与金顶山中学合并组建北方工业大学附属中学
7	北京市金顶街中学	1963 年	2004 年 7 月名为北京市蓝天第一中学，并由石景山区金顶街二区迁址到石景山区苹果园三区更

续表 40

序号	学校名称	建校时间	撤并或更名说明
8	北京市金顶山中学	1972 年	2004 年 7 月与金顶街第二中学合并组建北方工业大学附属中学
9	北京市老山中学	1955 年	2004 年 7 月学校调整办学方向，更名北京市蓝天第二中学
10	北京市五里坨中学	1958 年	2006 年更名北京市天泰中学
11	北京市西井中学	1956 年	2007 年撤销原北京市西井中学，成立苹果园中学分校

表 41　　2010 年石景山区教委直属事业单位一览表

序号	单位名称	成立时间	地址	沿革
1	北京教育学石景山分院	1999 年	石景山区八角西 95 号	前身是始建于 1976 年 10 月的石景山区教育局教研室，1978 年更名为石景山区教师进修学校，1984 年更名为石景山区教育局科学研究所，1985 年恢复使用石景山区教师进修学校名称。1999 年 4 月成立北京教育学院石景山分院
2	北京市石景山区教育局教育技术装备站	1997 年	石景山区八大处路甲 28 号院	原址位于石景山区鲁谷五芳园小区，名为北京市石景山区教育局教育技术装备站，2002 年 5 月更现名。2003 年 5 月因政府规划用地，迁至现址
3	北京市石景山区教育委员会会计核算中心	2004 年	石景山区城南里 19-1 号	工作职责包括会计核算与学生资助两方面工作
4	北京市石景山区教育信息中心	2005 年	石景山区八角西街 95 号	负责全区教育系统信息技术教师的培训、管理；信息技术建设、应用与管理；教育资源建设；学生课外辅导与竞赛；教育网络平台的维护工作；完成北京市教委和区教委交办的其他工作
5	北京市石景山区校办资产管理中心	1981 年	石景山区西井三区教工楼北侧	前身是北京市石景山区教育局生产服务公司。1984 年 9 月，更名北京市石景山区校办工业公司，位于石景山区八角西街。2004 年 4 月，更名北京市石景山区校办资产管理中心，迁至现址
6	北京市石景山区中小学卫生保健所	1983 年	石景山区永乐西小区	初名北京市石景山区教育局中小学卫生保健所，1998 年 3 月更名北京市石景山区中小学卫生保健所。2006 年因苹果园交通枢纽建设，迁至现址
7	石景山区教育委员会基建房管中心	2003	石景山区古城十万平小区原古五中院内	前身是建于 1979 年 8 月的石景山区教育局修造厂。1982 年 2 月，更名为石景山区教育局房管所，位于石景山区苹果园六区西侧。2002 年 1 月更名为石景山区教育委员会房管所。2002 年 12 月更名为石景山区教育委员会基建房管中心，迁至现址

海淀区

幼儿园

北京明天幼稚集团

园址：海淀区塔院小区迎春园甲7号

1995年3月25日成立。集团最初由10所幼儿园组建，即海淀区塔院幼儿园、知春里幼儿园、双榆树东区幼儿园、双榆树南区幼儿园、万寿寺幼儿园、金沟河幼儿园、五孔桥幼儿园、定慧西里幼儿园、彩和坊幼儿园、志强幼儿园。1995年4月，集团与汕头潮之阳学校联合开办潮之阳幼儿园。2003年10月，集团被确认为海淀区示范幼儿园。2009年11月，集团被批准为联合国教科文组织可持续发展教育（ESD）项目成员学校。集团建设覆盖集团全体幼儿的集团立美教育课程，实施奥尔夫教育、园外生态体验课程和游泳等特色课程教育，重视幼儿对艺术的情感激发和体验。集团还建设体现园所特色的“立美教育”课程，通过内容丰富、形式多样和手段新颖的园本立美课程的实施来促进幼儿全面发展。

2010年，集团在海淀区拥有19所直属幼儿园，在全国20余省市拥有100余所联盟幼儿园。直属幼儿园寄宿制和日托制兼收。占地总面积65740平方米，校舍总建筑面积54345平方米。专用教室41个，普通教室158个。教职工552人,其中专任教师346人，保健员21人；高级职称教师1人。开设195个教学班。幼儿入园2225人，离园1084人，在园4983人，园训：启蒙明天，播种未来，涂人生最佳底色。党支部书记、总院长郑佳珍。

北京市海淀区北部新区实验幼儿园

园址：海淀区温泉镇白家疃西口观麓园18号

该园2010年10月成立，区教委公办园，日托制。占地面积4328.91平方米，校舍建筑面积2723.50平方米。专用教室4个，普通教室8个。教职工54人，其中，教师23人，保健员1人。开设8个教学班。在园幼儿人数424人，其中少数民族幼儿15人。党支部书记、园长肖延红。

北京市海淀区恩济里幼儿园

园址：海淀区恩济里小区十号（主园）
海淀区八宝庄小区甲26号（分园）

创建于1995年，前身为市文教办公室自建园。1997年正式划归为海淀区教委管理，更名为海淀区恩济里幼儿园，成为市立全日制幼儿园。1998年3月，建立八宝庄分园。2002年12月20日，通过海淀区一级一类幼儿园的验收。2003年7月，通过北京市一级一类幼儿园的验收。

从2006年开始，幼儿园的办园规模逐步扩大，初步形成“艺术教育生活化”的课程特色。2010年，占地总面积为2927平方米，建筑面积3207平方米，户外活动场地面积 873.5 平方米。12 个教学班，325 名在园儿童和 36 名教职工，其中教师大专以上学历达 92%。园训：协作、创新、成长。党支部书记、园长雷海环。

北京市海淀区富力桃园幼儿园

园址：海淀区西三旗建材东里富力桃园小区

该园 2010 年 5 月成立，区教委公办办园，日托制。占地面积 4300 平方米，校舍建筑面积 3000 平方米。园长赵福葵。

北京市海淀区美和园幼儿园

园址：海淀区清河小营西路 48 号美和园小区西 5 号楼

该园 2010 年 5 月成立，同年 12 月 1 日正式开园，是海淀区政府突出解决清河地区“入园难”“入园贵”难题的具体行动之一。园所占地面积 4679.91 平方米，建筑面积 3760 平方米。12 个教学班，收托 360 名幼儿。全部办园经费来自于财政补贴，开班资金 40 万元。开园之初，有 1 个中班、2 个小班、1 个托班。有教职工 24 人。党支部书记、园长白春芝。

北京市海淀区苏家坨镇幼儿园

园址：海淀区苏家坨镇经适房小区

2010 年 11 月成立，是海淀区教委为缓解海淀北部新区幼儿“入园难”问题，特批成立的一批全额拨款性质的公立幼儿园之一。占地面积 4503 平方米，活动场地约 1519 平方米。设 8 个教学班。园训：学会做人，学会做事，学会生活。党支部书记、园长巨光玲。

北京市海淀区颐慧佳园幼儿园

园址：海淀区颐慧佳园 17 号楼

2010 年 5 月 19 日成立。2010 年 12 月 1 日正式开园。该园为区教委公办园，日托制。占地面积 1940.93 平方米，校舍建筑面积 346.07 平方米。拥有普通教室 6 个。教职工 5 人，其中，教师 2 人，保健员 1 人。开设 1 个小班。幼儿入园 11 人，在园 11 人。园训：爱润童心、厚德树人。党支部书记、园长孙湘红。

北京市六一幼儿院

园址：海淀区青龙桥六间房 1 号（本部）
海淀区肖家河（西山庭院部）

六一幼儿院前身是延安第二保育院，建于 1945 年 6 月 1 日，1950 年迁至北京玉泉山下，由中央教育部命名为北京市六一幼儿院。1989 年，被首批认定为北京市一级一类幼儿园。1998 年 11 月，成立六一幼儿院“马背摇篮”合唱团。2001 年 4 月，入选北京市示范园。2002 年，入选北京市早期教育示范基地。2005 年 9 月，六一幼儿院在海淀区肖家河成立分院西山庭院部。六一幼儿院在教学科研领域一直发挥引领作用，承担着国家级、市级和区级的各类课题，积累研究经验，拥有国家级、市级、区级师德楷模、师德标兵及师德先进个人 10 人。

2010 年，北京市六一幼儿院一园两址，本院占地面积约 7 万多平方米，建筑面积 17000 多平方米；分院占地面积约为 900 多平方米。幼儿院有教职工 115 人，高级职称教师 2 人。本院有 21 个教学班，幼儿近 800 人；分院有 6 个教学班、2 个亲子班，幼儿近 200 人。党支部书记、院长刘燕。

表 42　　2010 年海淀区幼儿园一览表

序号	幼儿园名称	建园时间	举办者
1	北京明天幼稚集团	1995 年	教育部门办
2	北京市海淀区北部新区实验幼儿园	2010 年	教育部门办
3	北京市海淀区恩济里幼儿园	1997 年	教育部门办
4	北京市海淀区富力桃园幼儿园	2010 年	教育部门办
5	北京市海淀区美和园幼儿园	2010 年	教育部门办
6	北京市海淀区苏家坨镇幼儿园	2020 年	教育部门办
7	北京市海淀区颐慧佳园幼儿园	2010 年	教育部门办

续表 42

序号	幼儿园名称	建园时间	举办者
8	北京市立新学校幼儿园	1920 年	教育部门办
9	北京市六一幼儿院	1945 年	教育部门办
10	北京大学医学部幼儿园	1956 年	其他部门办
11	北京大学幼教中心	1952 年	其他部门办
12	北京公交鸿运承幼教中心第三幼儿园	1958 年	其他部门办
13	北京航空材料研究院幼儿园	1956 年	其他部门办
14	北京航空航天大学幼儿园	1954 年	其他部门办
15	北京交通大学幼儿园	1952 年	其他部门办
16	北京科技大学幼儿教育中心	1953 年	其他部门办
17	北京理工后勤集团幼教中心	1951 年	其他部门办
18	北京林业大学幼儿园	1952 年	其他部门办
19	北京师范大学实验幼儿园	1915 年	其他部门办
20	北京师范大学实验幼儿园西苑分园	—	其他部门办
21	北京市海淀区北太平庄街道蓟门里幼儿园	1985 年	其他部门办
22	北京市海淀区北太平庄街道威凯幼儿园	1958 年	其他部门办
23	北京市海淀区翠湖幼儿园	1961 年	其他部门办
24	北京市海淀区海淀街道厂洼幼儿园	1991 年	其他部门办
25	北京市海淀区海淀乡青龙桥幼儿园	—	其他部门办
26	北京市海淀区海淀乡中心幼儿园	1975 年	其他部门办
27	北京市海淀区人民政府机关幼儿园	1954 年	其他部门办
28	北京市海淀区四季青兰靛厂幼儿园	—	其他部门办
29	北京市海淀区四季青香山幼儿园	1986 年	其他部门办
30	北京市海淀区四季青育红幼儿园	1979 年	其他部门办
31	北京市海淀区四季青镇北坞幼儿园	1958 年	其他部门办
32	北京市海淀区四季青镇常青幼儿园	1979 年	其他部门办
33	北京市海淀区四季青镇南平庄幼儿园	1978 年	其他部门办
34	北京市海淀区苏家坨镇苏三四村幼儿园	—	其他部门办
35	北京市海淀区苏家坨镇温馨幼儿园	2001 年	其他部门办
36	北京市海淀区苏家坨镇中心幼儿园	2000 年	其他部门办
37	北京市海淀区万寿路街道翠微幼儿园	1998 年	其他部门办
38	北京市海淀区温泉镇白家疃中心幼儿园	1978 年	其他部门办
39	北京市海淀区温泉镇东埠头村幼儿园	—	其他部门办
40	北京市海淀区温泉镇太舟坞村幼儿园	—	其他部门办
41	北京市海淀区西北旺屯佃村幼儿园	—	其他部门办
42	北京市海淀区西北旺镇小牛坊村幼儿园	—	其他部门办
43	北京市海淀区小星星双语艺术幼儿园	1983 年	其他部门办
44	北京市海淀区学院路街道展春园幼儿园	1980 年	其他部门办
45	北京市海淀区羊坊店第一幼儿园	—	其他部门办
46	北京市海淀区中关村街道第一幼儿园	1975 年	其他部门办
47	北京市海淀区紫竹院街道第二幼儿园	1985 年	其他部门办
48	北京市农林科学院幼儿园	1978 年	其他部门办
49	北京市清华洁华幼儿园	1948 年	其他部门办
50	北京市水务局幼儿园	1974 年	其他部门办
51	北京市银河之星幼儿园	1987 年	其他部门办
52	北京五色土实验婴幼园	1958 年	其他部门办

续表 42

序号	幼儿园名称	建园时间	举办者
53	北京馨星幼儿园	1984 年	其他部门办
54	北京应用物理与计算数学所九一幼儿园	1960 年	其他部门办
55	北京邮电大学幼儿教育中心	1956 年	其他部门办
56	北京有色金属研究总院幼儿园	1952 年	其他部门办
57	北京语言大学幼儿园	1973 年	其他部门办
58	北京育新实验幼儿园	1997 年	其他部门办
59	第二炮兵机关幼儿园	1992 年	其他部门办
60	钢铁研究总院幼儿园	1953 年	其他部门办
61	国防大学第一幼儿园	1975 年	其他部门办
62	国土资源部机关服务局幼儿园	—	其他部门办
63	国务院机关事务管理局花园村幼儿园	1951 年	其他部门办
64	海淀区西北旺镇东玉河村幼儿园	—	其他部门办
65	海淀区西北旺镇皇后店村幼儿园	—	其他部门办
66	海淀区西北旺镇亮甲店村幼儿园	—	其他部门办
67	海淀区西北旺镇西玉河村幼儿园	—	其他部门办
68	海淀区西北旺镇永丰屯村幼儿园	—	其他部门办
69	海军总医院幼儿园	1958 年	其他部门办
70	航天工业机关燕郊幼儿园	1957 年	其他部门办
71	核工业第二研究设计院幼儿园	1960 年	其他部门办
72	解放军总参谋部管理保障部幼儿园	1956 年	其他部门办
73	解放军总医院第一附属医院幼儿园	1976 年	其他部门办
74	空军 95968 部队幼儿园	1960 年	其他部门办
75	空军航空医学研究所附属医院幼儿园	1979 年	其他部门办
76	空军直属机关蓝天幼儿园	1952 年	其他部门办
77	空军指挥学院幼儿园	1958 年	其他部门办
78	空军装备研究院蓝天幼儿园	1956 年	其他部门办
79	首都师范大学幼教中心	1956 年	其他部门办
80	武警总部机关幼儿园	1992 年	其他部门办
81	新华社机关事务管理局保育院	1948 年	其他部门办
82	中共中央办公厅警卫局万寿路幼儿园	1994 年	其他部门办
83	中国兵器工业机关服务中心幼儿园	1959 年	其他部门办
84	中国航天机电集团第二研究院幼儿园	1959 年	其他部门办
85	中国科学院第七幼儿园	2004 年	其他部门办
86	中国科学院第三幼儿园	1954 年	其他部门办
87	中国科学院第一幼儿园	1979 年	其他部门办
88	中国科学院幼儿园	1954 年	其他部门办
89	中国林业科学研究院幼儿园	1978 年	其他部门办
90	中国农业大学东区幼儿园	1954 年	其他部门办
91	中国农业大学西校区幼儿园	1926 年	其他部门办
92	中国农业科学院幼儿园	1957 年	其他部门办
93	中国气象局幼儿园	1953 年	其他部门办
94	中国人民大学幼儿园	1947 年	其他部门办
95	中国人民解放军 61046 部队幼儿园	1968 年	其他部门办
96	中国人民解放军 61195 部队前哨幼儿园	1943 年	其他部门办
97	中国人民解放军 61672 部队幼儿园	1991 年	其他部门办

续表 42

序号	幼儿园名称	建园时间	举办者
98	中国人民解放军 61886 部队幼儿园	1987 年	其他部门办
99	中国人民解放军 63916 部队幼儿园	1972 年	其他部门办
100	中国人民解放军 63919 部队幼儿园	1971 年	其他部门办
101	中国人民解放军 63921 部队幼儿园	1977 年	其他部门办
102	中国人民解放军 66400 部队政治部幼儿园	1974 年	其他部门办
103	中国人民解放军 93462 部队幼儿园	1979 年	其他部门办
104	中国人民解放军北京军区炮兵幼儿园	1950 年	其他部门办
105	中国人民解放军国防大学第二幼儿园	1954 年	其他部门办
106	中国人民解放军海军北京示范幼儿园	1952 年	其他部门办
107	中国人民解放军海军直属机关第三幼儿园	1974 年	其他部门办
108	中国人民解放军后勤指挥学院幼儿园	1956 年	其他部门办
109	中国人民解放军军乐团幼儿园	1986 年	其他部门办
110	中国人民解放军军事科学院幼儿园	1956 年	其他部门办
111	中国人民解放军军事医学科学院幼儿园	1956 年	其他部门办
112	中国人民解放军空军总医院幼儿园	—	其他部门办
113	中国人民解放军总参谋部测绘局幼儿园	1959 年	其他部门办
114	中国人民解放军总参通信部幼儿园	1946 年	其他部门办
115	中国人民解放军总后勤部五一幼儿园	1951 年	其他部门办
116	中国人民解放军总医院幼儿园	1958 年	其他部门办
117	中国石油勘探开发研究院幼儿园	1958 年	其他部门办
118	中国铁道科学研究院幼儿园	1953 年	其他部门办
119	中国音乐学院附属艺术幼儿园	1993 年	其他部门办
120	中央民族大学幼儿园	1955 年	其他部门办
121	住房和城乡建设部幼儿园	1954 年	其他部门办
122	总参军训和兵种部机关第二幼儿园	1952 年	其他部门办
123	总参军训和兵种部机关第三幼儿园	1952 年	其他部门办
124	总参军训和兵种部机关第一幼儿园	1951 年	其他部门办
125	总参谋部管理保障部北极寺幼儿园	1985 年	其他部门办
126	总装备部后勤部小营幼儿园	1997 年	其他部门办
127	北京岭南幼儿园	1996 年	民办
128	北京市二十一世纪实验幼儿园	1995 年	民办
129	北京市海淀区本真双语艺术幼稚园	1995 年	民办
130	北京市海淀区博雅双语艺术幼儿园	2004 年	民办
131	北京市海淀区二十一世纪实验幼儿园	1995 年	民办
132	北京市海淀区红黄蓝多元智能实验幼儿园	2004 年	民办
133	北京市海淀区红缨幼儿园	2007 年	民办
134	北京市海淀区凯尔宝宝婴幼园	2004 年	民办
135	北京市海淀区领秀硅谷凯尔宝宝婴幼园	2005 年	民办
136	北京市海淀区启明华清幼儿园	2001 年	民办
137	北京市海淀区世纪汇佳幼儿园	2004 年	民办
138	北京市海淀区世纪新汇佳幼儿园刘老师	2004 年	民办
139	北京市海淀区太阳幼儿园	1953 年	民办
140	北京市海淀区万泉汇佳幼儿园	2003 年	民办
141	北京市海淀区现代艺术幼儿园	2005 年	民办
142	北京市海淀区小汉顿幼儿园	2006 年	民办

续表 42

序号	幼儿园名称	建园时间	举办者
143	北京市海淀区英才美丽园幼儿园	2003 年	民办
144	北京市海淀区英才幼儿园	1993 年	民办
145	北京市海淀区朝昭双语婴幼园	2003 年	民办
146	北京市海淀区中科幼教中关村实验幼儿园	2008 年	民办
147	北京市世纪阳光幼儿园董院长	2003 年	民办
148	北京市私立繁星实验幼儿园	1993 年	民办
149	北京市未来之星实验幼儿园	20 世纪 60 年代	民办
150	北京市育龙幼儿园	1998 年	民办
151	北京小天使美语幼儿园	2000 年	民办
152	北京阳光儿童早期教育实验中心	1993 年	民办

说明：“—”为资料缺失

小学

北方交通大学附属小学

校址：海淀区上园村 3 号院

1968 年建校，初名海淀区向阳小学。当时，学校有学生 700 人左右，教师 40 人左右，为全日制小学。2000 年，学校更名为北方交通大学附属小学。2007 年，北下关小学并入，学校形成一校两址办学模式。学校在实践课堂、实践作业、实践社团、实践育德四个方面做出积极地探索和大胆的尝试，在培养学生的实践能力和创新精神方面取得成果。学校先后被评为海淀区科技教育示范学校、海淀区教学管理先进学校、海淀区德育管理先进学校等。

2010 年，学校占地面积 9038 平方米，建筑面积 5242 平方米。图书馆藏书 3.82 万册。普通教室 34 个。教职工 74 人，专任教师 68 人。开设教学班 34 个，在校生 1051 人。校训：博学、慎思、明辨、笃行。党支部书记、校长马福兴。

北京大学附属小学

校址：海淀区北京大学燕东园

前身为京师大学堂附属小学堂，始建于 1906 年，1923 年更名为燕京大学附小。1952 年，更名为北京大学附属小学。1959 年，北大附小迁至北京大学燕东园内的王家花园。1998 年，投入 120 万安装具有双向遥控、多点直播、开路闭路同时转送的闭路电视，建立局域网和多媒体网合一的电子教室，修建具有系列体育活动器材的儿童乐园，并美化装修教学楼。2003 年，学校被评为全国古诗文诵读先进校。同年，被评为海淀区基础教育改革先进校。2004 年，被评为北京市教科研先进校、北京市基础教育改革先进校。2005 年 9 月 1 日，学校新教学楼及宿舍楼于投入使用。教学楼分为南楼、中楼和北楼，建筑面积 12370 平方米；宿舍楼建筑 3240 平方米。2006 年 9 月，教师李瑜加入北京市“教与学”教师展示团队参加全国英语大赛，获得全国一等奖。2010 年 4 月，学校京剧团《天女散花》《孙悟空斗罗汉》获北京市中小学生艺术节大赛一等奖。学校的科技、京剧特色分别被命名为北京金鹏科技团科技分团和北京市金帆艺术团。10 月，校长尹超获得第三届北京市海淀区杰出人才贡献奖。

2010 年，学校占地面积 26850 平方米，建筑面积 19837 平方米，体育场面积 6000 平方米。图书馆藏书 8.7 万册。普通教室 74 个，专用教室 22 个，实验室 6 个。教职工 179 人，其中专任教师 150 人；高级职称教师 7 人，北京市学科教学带头人 3 人，市级骨干教师 8 人。开设教学班 74 个。毕业 449 人，招生 315 人，在校生 3002 人，其中，寄宿生 272 人。校训：专心地学习，痛快地游玩。党支部书记、校长尹超。

北京航空航天大学附属小学

校址：海淀区学院路37号北京航空航天大学院内

1954年创建，初名北京航空学院附属小学。1988年，更名为北京航空航天大学附属小学。1995—2004年，隶属海淀区教育局东升中心学区。2005年1月起隶属海淀区教委双榆树中心学区。

1992年，学校入选市体育体统项目（排球）学校。1994年12月，学校被区教育局评为办有特色先进校。同年，被全国少工委授予少先队"雏鹰大队"和"雏鹰行动达标基地"。2000年11月，被评为北京市基础教育教育科研先进学校。2002年，被国家体育总局命名为国家级青少年体育俱乐部。2008年5月，学校参赛作品"绿色节能校园"获海淀区第二届青少年未来工程师竞赛第一名。学校校本课程包括三类：一是"长课程"，包括综合实践活动、创新思维、人和自然、信息技术等；二是"短课程"，包括中华美文、信息交流、国防教育等；三是"微型课程"，即晨曲欣赏课。2010年，学校占地面积10626平方米，建筑面积7442平方米，体育场面积6668平方米。图书馆（室）藏书4.30万册。普通教室27个，专用教室12个。教职工69人，其中专任教师64人。开设教学班27个。毕业221人，招生210人，在校生1142人。校训：养成好习惯做好每件事。党支部书记、校长王群。

北京科技大学附属小学

校址：海淀区学院路30号

1953年9月5日建校，初名北京钢铁工业学院职工子弟小学。1988年，随大学更名为北京科技大学附属小学。1998年，学校承办上地实验小学，2001年承办海淀外国语实验学校小学寄宿部。2003年，合并成府小学，承接华清嘉园配套小学。2009年，合并西北旺小学，承接海淀北部新区百旺新城配套小学。学校依托北京科技大学的优质教育资源，结合学校校本课程的开发，利用学校的游泳、无线电测向、足球、机器人、篮球的特色优势，给学生开拓可发展的空间。

2010年，学校占地面积11000平方米，建筑面积5980平方米，体育场面积4747平方米。图书馆藏书1.5万册。普通教室23个，专用教室7个。教职工34人，其中专任教师30人；高级职称教师1人。开设教学班23个，毕业119人，招生130人，在校生734人。校训：诚实勇敢、团结守纪、勤奋创新、活泼健美。党支部书记、校长张美娜。

北京理工大学附属小学

校址：海淀区中关村南大街五号

1953年建校，位于北京理工大学校内西北隅，为北京理工大学子弟学校。学校利用理工大学的资源优势，开展科技教育活动，连续六年获得海淀区"科技教育先进校"的荣誉称号。2004年9月，学校在四至六年级开设"智能机器人"课。学生在该校机器人辅导教师梁潆的指导下取得优异的比赛成绩，连续八年在北京市机器人FLL项目竞赛中获得第一名，获得2010年全国冠军。1990年至2010年间，理工附小先后被评为北京市科技示范校、全国强少年科技创新大赛一等奖、北京市金鹏科技奖、北京市科技示范校。

2010年，学校占地面积8160平方米，建筑面积6853.35平方米，体育场面积4800平方米。图书馆藏书1.7万册。普通教室12个，专用教室5个。教职工28人，其中专任教师27人。开设教学班12个。毕业72人，招生71人，在校生405人。校训：勤奋、求实、团结、守纪。党支部书记，校长柏淑芳。

北京林业大学附属小学

校址：海淀区清华东路35号北京林业大学院内

1960年建校，是林学院附属子弟小学。1963年，改由海淀区管理。1990年1月，林院附小回归林业大学，改名为北京林业大学附属小学。学校依托北京林业大学的绿色资源，借助北京林业大学"知山知水、树木树人"的办学理念，充分挖掘大学课程资源和人才资源。学校聘请大学教授，确定动物、植物、插花艺术等12个领域校本课程科目。2005年

12月，学校获得海淀区基础教育课程改革实验先进单位称号。2008年11月20日，因五年级教学质量抽测成绩名列前茅，校长在海淀区教学质量分析大会交流经验。2009年1月，被评为海淀区教学管理先进校。2010年，学校占地面积6305平方米，建筑面积3171平方米，体育场面积2000平方米。普通教室12个，专用教室6个。教职工29人，其中专任教师26人；北京市骨干教师1人，高级职称教师2人。开设教学班12个。毕业93人，招生97人。校训：勤学、博思、明理、笃行。党支部书记、校长高慧贤。

北京农业大学附属小学

校址：圆明园西路3号中国农业大学西院内

1958年9月，北京农业大学创办农业大学附设小学。1967年，交由地方管理，学校更名为立新小学。1968年，更名马连洼第二小学。1995年，学校更名为北京农业大学附属小学。2009年，学校改造翻建1958年建成的主教学楼和平房、临建房，加固2002年建设的综合楼。2010年，农大附小占地面积11721.68平方米，建筑面积2468平方米，体育场面积平方米。图书馆藏书3.36万册。教职工60人，其中，北京市骨干教师1人。开设教学班22个。毕业120人，招生146人，在校生901人。党支部书记、校长张树兰。

北京师范大学实验小学

校址：海淀区新街口外大街19号

1958年创建。学校依托于北京师范大学教育学科、心理学科及学科教学等的研究优势，以“实验”为特色，进行教学体制、教材教法等改革实验，创设必修课和课外兴趣选修课并行的课程体系。学校先后获得全国现代教育技术实验学校、北京市教育科研先进学校、北京市“十五”继续教育校本培训示范校等荣誉。

2010年，学校占地面积13800平方米，建筑面积12188.4平方米，体育场面积8050平方米。图书馆藏书8.4万册。普通教室43个，专用教室13个，实验室4个。教职工113人，其中专任教师99人；高级职称教师5人，北京市特级教师1人，市级骨干教师6人。开设教学班43个。毕业266人，招生242人，在校生1760人。校训：团结、活泼、勤奋、向上。党支部书记、校长吴建民。

北京石油学院附属小学

校址：海淀区学院路20号（本校）

海淀区志新村25号（南校区）

海淀区二里庄小区24号院（东校区）

学校始建于1957年9月。初建之时，由北京石油学院承办，校舍由三排工棚组成，6个年级，6个教学班，175名学生，10名教职工，第一届毕业生只有18人。1968年，划属东升人民公社管理。1979年，归属海淀区教育局领导。2004年，海淀区志新第二小学并入北京石油学院附属小学。2011年5月，石油附小承办西三旗地区马坊新村二期配套小学，配套学校命名“北京石油学院附属实验小学”。6月，二里庄小区配套学校作为石油附小的一个校区，与石油附小作为同一法人单位，由石油附小负责管理。

2010年，学校占地面积16947平方米、建筑面积17567平方米，体育场（馆）面积4840平方米。图书馆藏书90603册。普通教室3369平方米，专用教室600平方米。教职工130人，其中专任教师120人；北京市骨干教师6人。开设教学班58个。毕业407人，招生348人，在校生2144人。校训：博爱、求真、尽善、致美。党支部书记常有盛，校长肖英。

北京市枫丹实验小学

校址：海淀区建材城中里1号

2005年建校，建校之初有3个教学班，32名学生和7名教师。学校组建合唱团、管乐团、花样跳皮筋社团、机器人社团等特色社团。2010年，学校占地面积6600平方米，建筑面积6355平方米。教学班14个，在校学生400余人。教职工30人。校训：勤奋学习，快乐成长！党支部书记、校长陈冬培。

北京市海淀区八里庄小学

校址：海淀区八里庄街七号

1934年1月建校，校名为北平市立阜外

八里庄小学。1976年改为现名。1996年，学校参加国家课程改革实验。2002年，参加北京市课程改革实验。2010年，学校占地面积11714.77平方米，建筑面积3408.7平方米，体育场面积2596平方米。普通教室20个，专用教室5个。教职工47人，其中专任教师47人。开设教学班20个。毕业113人,招生94人,在校生570人。校训：团结、勤奋、求实、进取。党支部书记、校长张艳红。

北京市海淀区白家疃小学

校址：海淀区温泉镇白家疃村

1949年2月建校。校园原为清代怡贤亲王家祠，校园里还留有古戏台、石碑等遗迹。清代大学子曹雪芹曾在这里居住五年，完成《红楼梦》的初稿。1995年11月，海淀区辛庄小学并入白家疃小学。学校注重特色教学和素质教育。2006年9月，与一所民办武术学校联合办学，带动学校习武之风。2010年4月，获得海淀区"教学先进校""德育先进校""健康促进校"等称号。

2010年，学校占地面积12000平方米，建筑面积2871平方米，体育场面积3040平方米。图书馆藏书23000册。普通教室20个，专用教室20个。教职工32人，其中专任教师30人。开设教学班14个。毕业85人，招生90人，在校生500多人。校训：学文明理，习武强身。党支部书记、校长李保卫。

北京市海淀区白水洼小学

校址：海淀区上庄镇白水洼村南

1920年创建。1954年,命名为白水洼小学，当时校舍是白水洼村北的一座寺庙。1969年后拆庙，逐渐建成拥有13个教室的平房学校。1995年11月，双塔小学、梅所屯小学并入。1997年，学校搬迁至白水洼村南。学校服务范围为白水洼、双塔、西闸、梅所屯4个村的学生。1997年8月，新教学楼落成。2000年9月，通过北京市农村完小验收。学校结合农村实际，开设民间花会校本课程《民间花会》，内容以舞龙、舞狮、踩高跷、民族秧歌、民俗大鼓为主。

2010年，学校占地面积16382.94平方米，建筑面积3678平方米，体育场面积6600平方米。图书馆藏书2.08万册。普通教室9个，专用教室4个。教职工20人，其中专任教师15人；市级骨干教师1人。教学班9个，学生304人。校训：团结、文明、勤奋、活泼。党支部书记、校长李立新。

北京市海淀区北安河中心小学

校址：海淀区苏家坨镇北安河村环谷园路2号

建于1912年，时称宛平县立北安河小学。1959年改为现名。学校地处海淀区西北边缘，位于鹫峰国家森林公园和阳台山自然风景区的脚下。学校重视足球运动，开展七人制足球活动。曾获北京市中小学生校园足球联赛第三名、北京市传统项目学校足球比赛小学甲组第二名、北京市中小学生联赛第三名。

2010年，学校占地面积约22500平方米，建筑面积4166平方米。全校有18个教室，内设多媒体、音乐、美术、自然、阅读等多个专用教室，12个教学班。教师22人，学生近400人。在校生中外地农民工子女约50%。党支部书记、校长郝金山。

北京市海淀区北洼路小学

校址：海淀区车道沟南里36号

1985年建校，1986年9月1日正式开学。1988年，学校管乐团成立，是海淀区小学中第一支管乐队。2008年汶川大地震期间，学校接收几名来自地震灾区的学生就读，费用全免。2008年，获北京市垒球团体赛一等奖。2009年，学校体育场所对外开放，同年购进垒球训练设备成为国家垒球训练基地校。2010年，学校占地面积6414平方米，建筑面积4272平方米，体育场面积2206平方米。图书馆藏书15243册。普通教室24个，专用教室6个。教职工41人,其中专任教师36人；北京市骨干教师1人。开设教学班18个。毕业86人，招生103人，在校生556人。校训：勤奋、健康、文明、守纪。党支部书记、校长钱军。

北京市海淀区彩和坊小学

校址：海淀区彩和坊路 19 号

1960 年建校，初为农业部子弟小学。1964 年改为现名。1993 年 7 月，海淀区南海淀小学撤销，部分教师并入彩和坊小学。2001 年 12 月因中关村西区改造，海淀区南大街小学撤销,部分教师和四至六年级学生并入学校。学校通过艺术团开展丰富的校园活动，学生在艺术、文体、科学等各类比赛中多次获奖。学校先后承担“九五”至“十二五”期间的“小学生主体性发展实验”“小组合作式学习方式研究”“通过心理辅导增强德育实效性”“小班化课堂教学模式研究”等多个研究课题。

2010 年，学校占地面积 11441.55 平方米，建筑面积 6711.63 平方米，体育场面积 1891 平方米。图书馆藏书 2.79 万册。普通教室 26 个，专用教室 4 个。教职工 55 人，其中专任教师 53 人。开设教学班 26 个。毕业 133 人，招生 125 人，在校生 762 人。校训：明德日新、明哲修身。党支部书记、校长袁靖。

北京市海淀区车道沟小学

校址：海淀区车道沟村 1 号

1990 年 9 月建校。建校时有 5 个年级 10 个班，487 名学生，29 名教职工。学校占地面积 6666 平方米，建筑面积 3294.74 平方米，有 18 个教室，6 个专用教室。2010 年，学校占地面积 8160 平方米，建筑面积 6853.35 平方米，体育场面积 4800 平方米。图书馆藏书 1.7 万册。普通教室 12 个，专用教室 5 个。教职工 28 人，其中专任教师 27 人。开设教学班 12 个。毕业 72 人，招生 71 人、在校生 405 人。校训：勤奋、团结、健美、求实。党支部书记、校长康跃。

北京市海淀区翠微小学

校址：海淀区翠微路 20 号（本校）
海淀区翠微中里 22 号（西校区）
海淀区柳林馆南路 18 号（东校区）
海淀区北部新区高科技园区
（北校区）

1956 年 9 月建校，由中央军委通信部、训练总监部和北京大学子弟小学联合创办，属于部队子弟小学。1964 年，移交地方管理。1994 年 7 月，翠微小学、罗道庄小学、卫国学校小学部三校合并，校名为北京市海淀区翠微小学。同年 12 月，海淀区温泉小学并入翠微小学，翠微小学成为规模办学试点校。学校从 1997 年开始尝试聘请外籍教师进行英语教学。2007 年已经发展到近 50 名外籍教师，在 90 个班授课。翠微小学重视体育，2000 年获得北京市体育传统项目学校称号，体育组评为北京市劳模集体。2009 年 4 月，创办国家级青少年体育俱乐部。2010 年，被评为海淀区阳光体育明星学校。学校先后创办合唱团、金帆民乐团、管乐团、舞蹈团、戏剧社、金帆书画院等社团。

2010 年，学校占地面积 6377 平方米，建筑面积 40579.55 平方米，体育场面积 35825 平方米。图书馆藏书 9.84 万册。普通教室 96 个，专用教室 30 个。教职工 200 人，其中专任教师 193 人；高级职称教师 5 人，北京市骨干教师 10 人。开设教学班 94 个。毕业 548 人，招生 539 人,在校生 3480 人。校训：明德至翠、笃行于微。党支部书记、校长张彦祥。

北京市海淀区大牛坊小学

校址：海淀区西北旺镇大牛坊村 100 号

1964 年建校，学校是海淀区北部一所普通的农村小学。1990 年有 6 个年级 8 个班。1995 年 11 月，海淀区永丰屯小学并入。合并后，学校一校两址，办学规模 12 个班。2010 年，学校总占地面积 21685 平方米。12 个教学班。学生 397 人。教职工 29 人。党支部书记、校长付龙。

北京市海淀区第二实验小学

校址：海淀区清河镇西

1946 年 4 月 14 日创办，初名华北被服呢革总厂清河制呢厂员工子弟小学。1958 年 2 月，更名为海淀区清河第二小学，归地方教育部门领导。1986 年，朱房小学并入。1998 年，学校新建校舍工程竣工典礼。1999 年 5 月，清河第二小学、清宁路小学合并，定名北京市海淀区第二实验小学。2001 年，学校第二栋教学楼竣工。2007年，接管当代城市家园配套小学，形成兼有走读和寄宿学生，一校四址的办学格局。即本校校区（原清河二小校址）、汇缘校区（原朱房小学校址）、清宁校区（原清宁路小学校址）、当代校区（当代城市家园）。“十五”“十一五”期间学校承担4项国家级、2项北京市级、9项海淀区级课题的研究。1996年，学校组织学生开展“少年军校”等校外教育活动。2000年5月，举办首届艺术节。2002年4月，举办第一届体育节。2005年，校长张国立被评为北京市先进工作者。

2010年，学校占地面积40499平方米，建筑面积21855平方米，体育场面积9914平方米。图书馆藏书11.8万册。普通教室77个，专用教室25个。教职工194人，其中专任教师169人；高级职称教师3人，北京市骨干教师3人。开设教学班77个。毕业372人，招生455人，在校生2861人。校训：勤奋学习，快乐生活，全面发展，健康成长。党支部书记杨素琴，校长张国立。

北京市海淀区第三实验小学

校址：海淀区王庄路42号

1969年2月建校，初名东风小学，主要招收地质大学的子弟。1976年，学校更名为四道口小学。1996年9月，学校更名为地质小学。1999年5月，暂安处小学并人，形成一校两址。2004年1月，与东升小学合并，同年6月更名为海淀区第三实验小学。学校设计开发“大课间快乐活动”“午间自律安排”“体验式社会实践”“公平竞争小干部”“快乐有序新年大观园”等教育活动。至2010年，学校被评为北京市城镇支援农村教育先进集体、联合国教科文组织EPD项目实验校等称号。

2010年，学校占地面积11191平方米，建筑面积8305平方米，体育场面积5196平方米。图书馆藏书7.83万册。普通教室36个，专用教室14个。教职工75人，其中专任教师68人。开设教学班35个。毕业167人，招生187人，在校生1027人。校训：自律、自主、自尊、自强。党支部书记、校长赵瑗。

北京市海淀区第四实验小学

校址：海淀区香山南路南河滩15号

2005年，海淀区红旗村小学和门头村小学合并。2006年11月，合并后的学校定名为北京市海淀区第四实验小学。门头村小学始建于1950年，海淀区红旗村小学始建于1966年。1997年5月19日17时20分，海淀区红旗村小学音乐教师杜丽丽和该校几位师生在香山南路318路公交车站候车时，一辆待修的大型平板车突然失控冲向站台，杜丽丽为保护两名小学生英勇牺牲。7月，北京市政府批准杜丽丽为革命烈士，并追授她“舍己救人优秀青年教师”荣誉称号。2008年1月，海淀区第四实验小学迁入香山南路南河滩新校址。2008年，学校参与海淀区学校特色创建项目。2009年被评为海淀区中小学艺术教育特色学校。2010年11月，被评为海淀区德育、教学管理先进学校。

2010年，学校占地面积约14000平方米，建筑面积约5000平方米，体育场面积11455平方米。图书馆藏书3.88万册。普通教室24个，专用教室6个。教职工51人，其中专任教师48人。开设教学班21个。毕业92人，招生120人，在校生619人。校训：挑战困难，超越自我，追求卓越。党支部书记、校长梁燕秀。

北京市海淀区定慧里小学

校址：海淀区定慧西里18号

1991年建校。1996年，学校加入教育部“九五”重点课题“未来世纪教育教材改革实验”。实验新世纪教材为现北师大版教材。学校教师先后开发编写《定慧里小学晨诵集》《定心慧行喜悦人生》校园文化读本。2010年，学校占地面积10122平方米，建筑面积10263平方米，体育场面积1500平方米。图书馆藏书5万册。普通教室20个，专用教室10个。开设20个教学班，700名学生。教职工50人，其中专任教师46人。校训：诚实做人，踏实做事。党支部书记、校长刘海忠。

北京市海淀区东北旺中心小学

校址：海定区竹园西街8号

1911年由私塾发展为村办初级小学，校

址为海淀区东北旺乡马连洼村北庙。1948年后被冠名为马连洼小学。1994年，迁入现校址，更名为东北旺中心小学。1994年以前，马连洼小学是一所纯农村完小，招生范围仅限于本村农民子女，学生总数不足300人。1994年后的新校址占地面积25000平方米，建筑面积6800平方米，设计容量24个教学班，有8个专用教室。1998年，学校学生总数接近400人。2006年以后，随着外来务工子女的涌入，学生总数逐年上升。至2010年，学校一至六年级教学班30个，接近1000名学生。在学校的特色教育中，以防震减灾教育为突破口，先后组织一系列教育活动。2004年10月，成为全国第一所校园避难场所。2004年12月，被认定为海淀区第一所防灾减灾科普教育基地。2005年7月，被评为全国首批防震减灾科普教育基地。党支部书记、校长梁永立。

北京市海淀区东埠头小学

校址：海淀区温泉镇东埠头村

1958建校，系村办学校。原属昌平县，1959年划归海淀区，同时发展为完全小学。1995年2月至8月，更名为温泉中心小学。1995年8月，恢复东埠头小学校名。1995年11月，太舟坞小学及杨家庄小学并入，保留太舟坞小学校址，一校两址办学。1999年，农民工子女占学生总数的91%。针对学生差距，学校以培养良好习惯为突破口，把培养“自尊、自信、自立、自强”的中国人，定为学校育人目标。2007年至2010年，学校确定《有趣的葫芦》《从这里起航》《快乐的唱》为特色发展课程。

2010年，学校占地面积14271平方米、建筑面积3184平方米，体育场面积7000平方米。图书馆藏59268册。普通教室21个、专用教室9个、实验室2个。教职工36人，其中专任教师35人。开设教学班21个。毕业77人，招生127人，在校生618人。校训：播种希望造就精彩。党支部书记、校长张智。

北京市海淀区东马坊小学

校址：海淀区东马坊村20号

1947年建校，校址在东马坊村南寺庙内。1995年11月，海淀区上庄第二小学、海淀区常乐小学、海淀区西马坊小学并入。学校重视教育科研工作，2000年起，先后参与“提高课余活动的德育实效性”“提高课堂教学实效性的研究”“变异理论在小学数学课堂教学中的实践研究”等区级科研课题。学校开设鼓乐队、合唱队、象棋组、书法组、美术组等兴趣小组，开展乒乓球、踢毽子、跳绳、越野赛等体育竞赛活动，学生多次在海淀区运动会中获奖。2010年4月被评为海淀区体育传统特色校（跳绳）。

2010年，学校占地面积14731.38平方米，建筑面积2358.54平方米，体育场面积5344.8平方米。图书馆藏书2.1万册。普通教室12个，专用教室5个。教职工23人，其中专任教师22人。开设教学班12个。毕业60人，招生73人，在校生361人。校训：团结、文明、勤奋、向上。党支部书记、校长史海深。

北京市海淀区二里沟中心小学

校址：海淀区二里沟中街44号

1955年建校，初名外贸部子弟小学，是海淀区最早的对外开放学校。1968年，移交海淀区教育局。1984年，更名为二里沟中心小学。1992年9月，学校获北京市体育田径传统校称号。1996年4月，学校成立少年军校。1997年4月，学校被命名为北京市红十字学校。1998年7月，海向群学校小学部并入。1998年和1999年10月，学校男、女篮球队获海淀区冠军。1996年9月，成为全国第一所进行21世纪教材改革试验的学校。2005年10月，启动“环境人口与可持续发展”教育项目（EPD），编写《走进绿色生活》校本教材。

2010年，学校占地面积15148平方米，建筑面积15134平方米，运动场面积9200平方米。图书馆藏书4.98万册。普通教室39个，专用教室18个。教职工83人，其中专任教师81人；高级职称教师1人。开设教学班39个。毕业210人，招生313人，在校学生1512人。校训：自主、自爱、诚信、健美。党支部书记、校长郑云宏。

北京市海淀区丰联小学

校址：海淀区西北旺镇辛店村

1987年建校。学校教学面向全体学生，针对不同层次的学生采取不同的指导办法，努力提供优质教育。2010年，学校占地面积17600平方米，建筑面积1968平方米，体育场面积1080平方米。图书馆藏书2.37万册。普通教室13个,专用教室5个。教职工21人，其中专任教师20人。开设教学班13个。毕业51人，招生86人，在校生378人。党支部书记、校长柳增富。

北京市海淀区行知实验学校

校址：海淀区四季青镇双槐树村2号

1994年9月组建，初名打工子弟小学，是一所专门接受外地来京的儿童就读的民办学校。2003年12月，经海淀区教委批准，冠名北京市海淀区行知实验学校，面向海淀区南部来京打工子弟招生。2010年，学校占地面积4648平方米，建筑面积1860平方米，操场面积960平方米。图书室藏书1.2万册。教育经费来源主要依靠征收学生学费，地方财政有一定的支持。普通教室24个，专用教室2个。教职工66人，其中专任教师48人。开设教学班24个，在校生1020人。校训：思维宽阔一点、灵活一点。党支部书记、校长易本耀。

北京市海淀区宏丰小学

校址：海淀区西北旺镇亮甲店村

学校前身是1945年由私塾发展为农村初级小学的亮甲店小学。1960年，易名为宏丰小学。1974年至1980年，增设初中戴帽班，改为北京市宏丰学校。1980年，初中戴帽班并入永丰中学，恢复小学建制，定为现名。2010年，学校占地面积9847平方米，建筑面积2250平方米，体育场面积5987平方米。图书馆藏书2.3万册。普通教室13个，专用教室4个。教职工30人,其中专任教师28人。教学班13个。毕业43人，招生70人，在校生413人。校训：团结、活泼、勤奋、进取。党支部书记、校长崔占清。

北京市海淀区红山小学

校址：海淀区红山口甲三号红山小学

学校位于中国人民解放军国防大学院内，1957年建校。学校注重培养学生的行为习惯和学习习惯，小班互动式教学，丰富多彩的课外活动，提高学生的学习兴趣，为学生的全面发展创造优越的条件。2010年，学校拥有计算机教室、多媒体教室、现代化的闭路电视系统、计算机网络系统。学校教师中有海淀区教育系统北京市紫禁杯优秀班主任3人；海淀区学科带头人4人。

2010年，学校占地面积5310平方米，建筑面积5097平方米。教职工44人，专任教师37人。开设教学班18个。毕业88人，招生102人，在校生609人。校训:坚毅、高远、包容、稳健。党支部书记、校长姜文杰。

北京市海淀区红星小学

校址：海淀区北安河路36号

1975年建校，由原草场小学、宏伟小学和西埠头小学合并而成，位于北安河乡西埠头村，是一所公办农村全日制完全小学。1997年，学校迁入现校址，占地面积14400平方米。生源主要来自草场、西埠头、七王坟三个村和居住在周边的外地来京务工人员子女。学校将空竹纳入校本课程及特色发展项目。2003年，被评为德育管理先进学校。2010年，学校占地面积14400平方米，校舍建筑面积2942平方米。教学班6个，在校生130人，其中外省份借读学生81人。教职工14人，其中专任教师12人。校训:全面发展，学有所长。党支部书记、校长王秀君。

北京市海淀区红英小学

校址：海淀区东北旺乡韩家川村西
海淀区西北旺镇冷泉村100号

1960年建校，原属驻地部队子弟学校，后归属海淀区教委管理。2000年，学校提出阳光教育的办学理念，明确阳光少年的培养目标,形成阳光教育的“理念文化、课程文化、管理文化和校园文化”。2006年，冷泉小学并入。至2010年，红英有两个校区（红英校区、冷泉校区）。党支部书记、校长陈淑兰。

北京市海淀区花园村第二小学

校址：海淀区花园村 4 号

1967 年建校，当时只有 4 个教学班，26 名教师。1996 年，拆除北平房建设北教学楼。1997 年，兼并海淀区潘庄小学，一校两址办学。学校每年举办科技节、艺术节、体育节、文化节，开设天文、气象、无线电等校本课程，组建民乐团、京剧团、舞蹈团，为学生成长搭建平台。2004 年，学校获得 ISO9000 国际管理体系认证。

2010 年，学校占地面积 3846.82 平方米，建筑面积 8860.89 平方米，体育场面积 1160 平方米。图书馆藏书 1.83 万册。普通教室 31 个，专用教室 6 个。教职工 73 人，其中专任教师 66 人；高级职称教师 34 人。开设教学班 31 个。毕业 165 人，招生 170 人，在校生 1104 人。校训：勤学博思，明理笃行。党支部书记、校长赵建捷。

北京市海淀区今典小学

校址：海淀区红联北村 83 号

1951 年建校，初名海淀区打钟庙小学。2000 年 10 月，更名为北京市海淀区今典小学。2003 年 8 月，文慧园小学、明光村小学、今典小学三校合并，成立新的今典小学。

2010 年，学校占地面积 27305.46 平方米，建筑面积 16993.91 平方米，体育操场面积 9000 平方米。图书室藏书 8.22 万册。普通教室 30 个，专用教室 16 个。教职工 78 人，其中专任教师 76 人；高级职称教师 1 人。开设教学班 35 个。毕业生 188 人，招生 162 人，在校生 995 人。党支部书记、校长宋鸿莲。

北京市海淀区九一小学

校址：海淀区塔院花园路 1 号

1962 年，由二机部九院创建。1969 年，移交海淀区。2002 年 4 月，九一小学和毗邻的塔院小学合并，校名海淀区九一小学，一校两址办学。2003 年 9 月起，学校开展小班化教育与学生个性发展的研究实验，全校专业教师参加研究实验，教师参与研究的子课题累计达到 50 多个。学校先后被评为海淀区科技示范校、全国教育科学“十五”计划课题研究先进学校、全国中小学思想道德建设活动先进单位及集体一等奖等。2010 年，学校占地面积 15630 平方米，建筑面积 7590 平方米，体育场面积 4500 平方米。图书馆藏书 4.87 万册。普通教室 24 个，专用教室 10 个。教职工 52 人，其中专任教师 49 人；高级职称教师 27 人，北京市骨干教师 1 人。开设教学班 23 个。毕业 80 人，招生 82 人，在校生 604 人。校训：团结、勤奋、诚实、守纪。党支部书记、校长刘京丽。

北京市海淀区巨山小学

校址：海淀区四季青镇巨山村

海淀区四季青镇北辛庄

前身是 1951 年由私塾改建的公办西山中心小学分校。1969 年，独立建校，定名巨山小学。1995 年 11 月，北辛庄小学并入，形成一校两址的办学格局。当年共 6 个年级 22 个班，94% 以上学生是进京务工人员子女，生源状况复杂。学校针对生源特点，创编德育校本教材以及《跳绳》《虎文化》《葫芦丝》等包含民族技能的校本教材。2007 年 11 月，学校研究成果《全纳教育塑造学生健康人格》获北京市首届中小学德育成果奖。2010 年 12 月，被评为海淀区素质教育优质校。

2010 年，学校占地面积 10982 平方米，建筑面积 3614 平方米，体育场面积 1200 平方米。图书馆藏书 78631 册。普通教室 19 个，专用教室 8 个。教职工 41 人，其中专任教师 36 人；北京市骨干教师 1 人。开设教学班 19 个。毕业 101 人，招生 123 人，在校生 709 人。校训：我负责，我能行，我快乐。党支部书记、校长王亚苹。2014 年 7 月，海淀区巨山小学、西山小学、陶行知小学合并为北京市海淀区教师进修学校附属实验小学。

北京市海淀区冷泉小学

校址：海淀区西北旺镇冷泉村 100 号

1949 年建校。2005 年，在海淀教委的牵头下，冷泉小学融入红英小学，教育教学归属红英小学管理，教师团队也逐渐融合，但学校建制保留。2010 年，学校占地面积 1.2

万平方米，建筑面积2788平方米，体育场面积5000平方米。图书馆（室）藏书1.6万册。普通教室20个，专用教室4个。教职工22人，其中专任教师21人。开设教学班13个。毕业53人，招生94人，在校生401人。校训：卓越在于习得。党支部书记、校长陈淑兰。

北京市海淀区亮甲店小学

校址：海淀区西四环八里庄亮甲店1号

1948年建校，初为设在亮甲店村云净寺内的儿童识字班，解放后命名为亮甲店小学。1991年，全校开设武术课。学校武术队曾获得北京市中小学首届振兴中华“牡丹杯”武术团体比赛总分第一。1993年，学校将民族舞、民族器乐引进课堂。1997年3月，学校成立“志强少年军校”。2007年，学校在原有特色人人会竹笛、人人能背百首古诗、人人会习武的基础上，又把“做中学”课题引进学校。

2010年，学校占地面积10657.22平方米，建筑面积10916.1平方米，体育场面积3323平方米。图书馆藏书3.17万册。普通教室55个，专用教室17个。教职工42人，其中专任教师36人。开设教学班18个。毕业60人，招生126人，在校生552人。校训：诚实、守纪、奋进、阳光。党支部书记、校长郑亚伶。

北京市海淀区六郎庄小学

校址：海淀区六郎庄村慈佑街1号

学校起源于清末私塾，1937年左右发展成为短期小学。1956年，发展为完全小学六郎庄小学。1990年，学校有6个年级，13个教学班，30名教职员工，367名学生。学校占地面积4330平方米，建筑面积1170平方米。1991年，在海淀区少代会上，六郎庄小学少先队员代表“呼吁重修校舍，改善办学条件”。后经多部门调研决定，在学校原址西北方向200米处批复15120平方米粮田新建学校。1992年7月13日开工，1993年8月竣工，9月1日开学典礼正式使用。1993年，冰心老人为学校题词“专心地学习痛快地游戏”。2007年1月，学校由海淀学区调整到西苑学区。

2010年，学校占地面积14637平方米，建筑面积6265平方米，体育场面积3040平方米。图书馆藏书18429册。普通教室20个，专用教室6个。教职工42人，其中专任教师18人。开设教学班20个。毕业103人，招生144人，在校生733人。党支部书记、校长杨荣辉。

北京市海淀区六一小学

校址：海淀区恩济里小区

1950年在大栁棒胡同建校，最初为公安部队子弟学校——六一学校。1964年，转交地方管理。1970年，中、小学部分开，小学部命名为北京市海淀区六一小学。1994年迁入现址。学校建立红十字组，设有红十字会展室，组织编写红十字校本教材。每年5月8日世界红十字日，学校都会举行纪念活动。2006年，学校被评为北京市红十字示范校。2007年，学校被评为全国红十字模范校。

2010年，海淀区六一小学占地面积8000多平方米，建筑面积5900平方米，体育场面积2625平方米。图书馆藏书19548册。普通教室19个，专用教室9个。教职工40人，其中专任教师35人。开设教学班17个。毕业83人，招生93人，在校生483人。校训：诚实、友爱、勤学、守纪。党支部书记、校长董洪霞。

北京市海淀区民族小学

校址：海淀区德外后黑寺甲1号

1890年建校。建校初期，学校名为马甸回民义学，校址设在马甸清真寺内，当时只招收回民子弟。1915年后，马甸小学被逐渐改造成新式小学，更名为广育小学。20世纪30年代中期，学校迁往现校址——后黑寺后院，改名为市立马甸小学。1949年中华人民共和国成立后，更名为北京市海淀区马甸小学。2004年，学校更名为北京市海淀区民族小学。

2004年，冠海集团向学校捐资300万元支持学校校园环境整修工程。2007年，学校馨星民乐团成立。2008年，学校四合院古建修缮完成。2010年，学校在北京音乐厅举行庆祝建校120周年专场音乐会。学校开设民族文化校本课程，如《爱我中华》《藏头诗》《联海漫游》《泥塑》《书法》《快乐童谣》等。学校先后被评为全国可持续发展示范校、北京市民族教育基地、北京市非物质文化遗产传承示范校、北京市校园网球教育基地等。

2010年，学校占地面积22525平方米，建筑面积7746平方米，体育场面积7400平方米。图书馆藏书2万册。普通教室25个，专用教室11个。教职工53人，其中专任教师31人；北京市骨干教师1人。开设教学班25个。毕业87人，招生197人，在校生711人，学校有少数民族教师11人、少数民族学生85人。校训：做最好的我。党支部书记、校长马万成。

北京市海淀区培星小学

校址：海淀区厢红旗董四墓村36号（北校区）

海淀区厢红旗19号（南校区）

学校前身是1949年由私塾改办的私立培育小学，1950年改称董四墓小学。1964年，由军事科学院子弟学校改名的厢红旗小学归并到地方学校董四墓小学。1966年，更名为培红小学。1995年11月，培红小学与海淀区红星小学合并成立培星小学，培红小学董四墓村校址为北校区，红星小学厢红旗19号校址为南校区。1991年9月1日，培红小学（北校区）新教学楼启用。1996年9月至2006年7月，一年级在南校区上课，二至六年级在北校区上课。2000年，学校开始与周边11个科研院所、部队大院签署共建协议，确立6个实践基地。2002年5月，启动第一轮校本教材编写工作，编写《我快乐、我成长》（综合实践）、《刮画与软陶》《形体》（艺术）、《快快乐乐学动画》校本教材。2003年，在海淀区率先开设综合实践活动课。2004年，被评为北京市基础教育课程教材改革实验先进单位。2004年12月31日，培星小学阳光电视台开播。2008年，成为北师大和海淀区教委合作的“学校文化创建”课题8所实验校之一。2008年9月1日，培星小学南校区新教学楼竣工，三至六年级学生到南校区上课。

2010年，学校占地面积18404平方米，建筑面积8113平方米，体育场面积500平方米。图书馆藏书41675册。普通教室33个，专用教室17个。教职工72人，其中专任教师71人。开设教学班30个。毕业158人，招生131人，在校生867人。校训：厚德博学，追求卓越。党支部书记、校长朱郁。

北京市海淀区培英小学

校址：海淀区太平路19号

1954年，中国人民解放军炮兵部、装甲兵部、工程兵部、总后营房部和三零一医院联合组建友谊小学，为培英小学前身。1962年，友谊小学一分为二，其中，炮兵部和总后营房部组建培英小学。1995年11月，友谊小学并入培英小学；2002年，培英小学和沙窝小学合并后继续沿用培英小学校名。学校重视国防教育，先后被评为首都先进少年军校、中小学国防教育示范学校。学校组建管乐团、合唱队、舞蹈队，重视科技活动普及，校内成立63个兴趣小组，教师人人有小组，学生参与率100%。

2010年，培英小学占地面积14093平方米，建筑面积16777平方米，体育场面积1200平方米。图书馆藏书5万册。普通教室4个，专用教室4个。教职工83人，其中专任教师82人；北京市骨干教师1人、北京市学科教学带头人5人。开设教学班36个。毕业201人，招生221人，在校生1338人。校训：遵纪、守信、合作、创新。党支部书记、校长张建芬。

北京市海淀区七一小学

校址：海淀区莲花池西路1号

1954年10月，海军司令部成立七一小学，招收海军干部子女。1964年，学校移交地方管理。1995年11月，什坊院小学并入七一小学。1996年7月，学校成立“海军三八五零二部队少年军校”。1997年，被评为首都先进少年军校。2000年，七一小学被确定为北京市海淀区体育（游泳）传统项目学校。2002年学校开办寄宿部。学校对学生提出“四会”要求：会唱10～30首革命歌曲，会写毛笔字，会演奏一种乐器，会游泳。学校连续被评为海淀区课外活动先进学校。2003年1月，七一小学游泳队获得北京市中小学生游泳比赛团体第一名。2005 年 12 月，学校借助海军海娃艺术团的优势成立海军海娃艺术团七一小学分团。2005 年，被评为海淀区首批小学素质教育优质校。

2010 年，学校占地面积 22477 平方米，建筑面积 20049 平方米，体育场面积 10332 平方米。图书馆藏书 21047 册。普通教室 54 个，专用教室 18 个。教职工 137 人，其中专任教师 133 人；高级职称教师 2 人，北京市骨干教师 2 人。开设教学班 54 个。毕业 348 人，招生 319 人，在校生 2235 人，另有非本市户籍借读学生 614 人。校训：文明、勤奋、健美、创新。党支部书记、校长许培军。

北京市海淀区前八家小学

校址：海淀区东升乡前八家村 7 号

1927 年由私塾改为初级小学，1942 年称八家小学，1963 定为现名。1991 年，有 6 个年级，16 个教学班，655 名学生。学校开设美术、舞蹈、书法、合唱等十多个兴趣小组。1998 年，学校成立“四香书画苑”。2005 年 5 月，学校举办“放飞童心，快乐成长”首届艺术节。2010 年 1 月 15 日，学校承办团市委、市少工委“和谐北京温暖之都——校园关爱行动”启动仪式。学校 95% 学生为打工子弟，学校千方百计改善办学条件，为打工子弟人员提供公平、优质的教育。

2010 年，学校占地面积 10123.15 平方米，建筑面积 3119.87 平方米，体育场面积 3000 平方米。图书馆藏书 2 万多册。普通教室 15 个，专用教室 7 个。教职工 34 人，其中专任教师 32 人。开设教学班 13 个。校训：文明、勤奋、团结、健美。党支部书记、校长王靖。

北京市海淀区前进小学

校址：海淀区健安西路 32 号后门

1962 年由总参测绘局创办，1964 年移交海淀区。1997 年，学校成立鼓号队。1998 年，重新翻盖教学楼。2003 年，成立少年军校。学校重视艺术教育，学校的舞蹈队获北京市舞蹈大赛一等奖，海淀区集体舞一等奖。2009 年，被评为海淀区艺术教育特色校。2009 年 4 月开始“定向越野”的校本课程开发工作，学校连续两年春季开展全校性的“定向越野比赛”。2010 年，获得海淀区体育特色校称号。2010 年，学校占地面积 9186.03 平方米，建筑面积 6484.13 平方米，体育场面积 2800 平方米。图书馆藏书 1.6 万册。普通教室 14 个，专用教室 8 个。教职工 36 人，其中专任教师 35 人；高级职称教师 1 人，北京市学科教学带头人 1 人。开设教学班 14 个。毕业 79 人，招生 89 人，在校生 364 人。校训：每天前进一小步，人生收获一大步。党支部书记、校长王立平。

北京市海淀区前沙涧小学

校址：海淀区苏家坨镇前沙涧村

1948 年建校，原属昌平县管辖。1958 年，划归海淀区，定现名。学生主要来自苏家坨镇前沙涧村、后沙涧村和外来务工人员子女。1995 年 11 月，海淀区后沙涧小学并入前沙涧小学。2010 年，学校占地面积 18802.05 平方米，建筑面积 2893.77 平方米，体育场面积 6790 平方米。图书馆藏书 1.56 万册。普通教室 8 个，专用教室 5 个。教职工 17 人，其中专任教师 17 人。开设教学班 8 个。毕业 57 人，招生 49 人，在校生 225 人。校训：团结文明、进取创新。党支部书记、校长杜德强。

北京市海淀区前章村小学

校址：海淀区上庄镇前章村东口

学校初建于 1916 年，1946 年改为全日制完全小学。1994 年，上庄镇的四个大队及镇企业单位捐资助学，学校从前章村村西迁至前章村东口。1995 年 11 月，海淀区西辛屯小学、后章村小学并入。学校以艺术教育为突破口，组建学校管乐团、民乐团、民族打击乐、合唱、舞蹈、儿童歌舞剧等艺术社团。2008 年 11 月，学校首次参加北京市艺术节戏剧专场，获得二等奖。2008 年 12 月，学校获得海淀区德育先进校称号。2009 年 5 月，学校获全国歌舞剧试点校称号。

2010 年，学校占地面积 25026 平方米，建筑面积 4520 平方米，体育场面积 7480 平方米。图书馆藏书 15360 册。普通教室 7 个，专用教室5个。教职工12人，其中专任教师10人。教学班7个，在校生238人，其中农民工随迁子女163人，随班就读人数5人。毕业40人，招生39人。校训：团结、勤奋、求实、向上。党支部书记、校长管全玲。

北京市海淀区清河第四小学

校址：海淀区西三旗东新都地区

1960年，昌平县东小口小学分校成为独立小学，校名为新都小学，受海淀区管辖。1969年，学校改为小学"戴帽"中学。1974年，中小学部分开，小学部改名为清河第四小学。20世纪90年代初，学校新建书法专用教室，招聘书法专职教师，书法被正式列入清河第四小学的校本课程。1992年，成为海淀区第一所书法艺术特色学校。2000年，被命名为"北京金帆书画院（海淀分院）美育实验学校"。2009年，创建书法小院，绘制书法墙。

2010年，学校占地面积9102平方米，建筑面积6924平方米，体育场面积380米。图书馆藏书34453册。教职工55人，其中专任教师48人。开设教学班24个。毕业164人，招生159人，在校生915人。校训：勤奋、文明、健美、创新。党支部书记、校长陈东培。

北京市海淀区清河第五小学

校址：海淀区圆明园东路北京体育大学家属院内

学校前身是朱房小学分校（建校时间不详）。1975年，由北京体育大学和树村投资重建，更名为清河第五小学。1990年，学校被命名为舞蹈传统校。1992年，学校开展游泳活动。2001年，被命名为北京市游泳传统校。至2010年，学校外来务工随迁子女占到83%。

2010年，学校占地面积3780平方米，建筑面积3116平方米。图书馆藏书2.1万册。普通教室19个，专用教室3个，实验室1个。教职工29人，其中专任教师17人。开设教学班19个。毕业110人，招生175人，在校生606余人。校训：团结、勤奋、求实、文明。党支部书记、校长胡爱华。

北京市海淀区清河第一小学

校址：海淀区清河一街73号

学校前身是1948年建校的私立穆明小学，中华人民共和国成立后由政府接管。1954年定为现名。2004年12月，清河一小与清河镇中心小学合并，成立新的海淀区清河第一小学。清河镇中心小学始建于清光绪年间，1994年2月与清河三小合并。新的清河一小一校三址，校址分别是清河一街73号（本校）、清河二街71号（原清河镇中心小学校址）、清河清河四街1号（原清河三小校址）。2007年7月，清河一小分校迁出原清河镇中心小学校址。

2010年，学校占地面积10275.24平方米，建筑面积9406.67平方米，体育场面积8000平方米。图书馆藏书15.85万册。普通教室39个，专用教室15个。教职工75人，其中专任教师71人；北京市骨干教师1人、海淀区学科教学带头人10人。开设教学班36个。在校生1162人，毕业157人。校训：品德高尚、知识渊博、聪明睿智、身体健康。党支部书记、校长杨维全。

北京市海淀区清华东路小学

校址：海淀区清华东路4号

1954年建校，初名北京市海淀区九间房小学，学校占地面积约8938平方米，建筑面积4181平方米。2003年11月，更为现名。2000年11月，由于建八达岭高速公路的绿化带拆除约400平方米的教学用房；2006年，由于奥运工程清华东路改造，又拆除建设面积1820平方米。学校以艺术教育为抓手，开设《古筝》《线描画》等校本课程。学生们达到"人人会一样乐器，个个都具备一项特长"的素质教育目标。校本课程《线描装饰画》一书在全国出版发行。学校曾连续7年荣获海淀区文明单位。

2010年，学校占地面积约7477平方米，建筑面积3226平方米。教学班14个，学生438人，教职工35人。校训：与真知为友，与诚信相伴。党支部书记、校长赵芳。

北京市海淀区群英小学

校址：海淀区翠微路19号

1956年建校，初名群英学校，是中国人民解放军总后勤部子弟小学，小学中学一贯制学校。1982年因办学规模已发展到45个教学班，群英学校拆分为北京市第二零六中学和群英小学。至2010年，学校先后承担国家级、市级教育科学研究的实验项目，在文化育人、艺术教育以及教学策略研究方面成果突出，被评为全国思想道德先进集体、中国青少年科学技术普及示范校、全国优秀少年军校等。学校开设合唱团、舞蹈团、管乐团等多种课外活动社团。

2010年，学校占地面积12605平方米，建筑面积9020平方米。开设26个教学班，在校生883人，招生201人，毕业生154人。生源主要来自周边部队军人、职工子女。教职工67人，其中专任教师57人。校训：见贤思齐、至善至美。党支部书记、校长杜美英。

北京市海淀区上地实验小学

校址：海淀区上地东里五区

学校前身是始建于1920年的上地小学。1998年9月，试点办学体制改革，增设寄宿部，更名为海淀区上地实验小学，由海淀区中关村第二小学承办。2009年，结束办学体制改革试点转为公办，并独立办学。至2010年，学校开设24个活动课程，涉及艺术、科技、天文、体育、语言等多个领域供学生选择。学校创办红领巾通讯社，开展红领巾编辑部、广播站、电视台三个媒体社团。学校先后被评为海淀区教学管理先进校、北京市课程改革先进单位等。

2010年，学校占地面积11958.19平方米，建筑面积9460平方米，体育场面积5508平方米。图书馆藏书3万册。普通教室61个、专用教室10个、实验室2个。教职工147人，其中专任教师145人；高级职称教师4人，北京市学科教学带头人1人，北京市骨干教师1人。开设教学班61个。在校生2500余人，其中寄宿生83人。校训：上善若水，地灵人杰。党支部书记焦蔚茹，校长倪百明。

北京市海淀区上庄中心小学

校址：海淀区上庄镇上庄村1号

20世纪30年代皂甲屯村设皂甲屯小学。1989年，皂甲屯小学、上庄小学、东小营小学合并，在现址成立上庄中心小学，面向上庄镇上庄村、皂甲屯村、北玉河村、南玉河村、李家坟村、永泰庄村、东小营村、罗家坟村招生。2000年，学校开展研究性学习的研究，以学习小组形式培养学生的合作能力、探索精神。2008年以来，学校开展爱老敬老教育，每年都要评选出尊敬长辈的好孩子。2009年，学校将原来的兴趣班调整为“学生社团”，将社团工作交由学生承担，做到“学生的社团，学生说了算”。2009年，学校开始低年级识字教学研究，通过开展猜谜语、开火车、摘苹果、精彩剪报等游戏活动，激发学生识字的兴趣。2009年10月，成立北京市第一家红领巾少儿驾校、少儿警校。

2010年，学校占地面积31490平方米，建筑面积6610平方米，体育场面积13130平方米。图书馆（室）藏书4.9万册。普通教室18个，专用教室4个。教职工36人，其中专任教师31人。开设教学班18个，毕业83人，招生112人，在校生566人。校训：启迪智慧，润泽心灵。党支部书记、校长毛向军。

北京市海淀区实验小学

校址：海淀区西三环北路107号（本部）
海淀区阜成路10号（阜成分部）
海淀区厂洼街4号（苏州街分部）

1965年建校，初名海淀花园村小学，办学规模为18个教学班，办学初期教职工35人，720余名学生。1990年，改名为北京市海淀区实验小学。1995年11月，阜成路学校小学部划转实验小学。当时阜成路学校小学部有24个教学班，学生930余名，教职工60人，退休教师29人。合校后学校55个教学班，学生4000余人，教职工201人，学校占地面积15266平方米。2002年7月，海淀区紫竹院小学合并到实验小学，当时紫竹院小学有14个教学班，教职工34人，退休教工35人，学生300余人。并入后学校有 74 个教学班，学生 3900 余人，教职工 204 人。2003 年，区政府及海淀区教委为学校征地 3000 平方米扩建操场。2004 年 7 月，海淀区苏州街小学并入，当时苏州街小学有 11 个教学班，教职工 22 人，学生 365 人。至此，学校总占地面积 33071.18 平方米，其中本部 14508.18 平方米，阜成分部 6632.23 平方米，苏州街分部 11930.77 平方米。2003 年至 2007 年，学校舞蹈队三获北京市学生舞蹈比赛一等奖，合唱团获北京市学生合唱比赛五连冠。

2010 年，学校总占地面积 33071.18 平方米，109 个教学班（本部 51 个、阜成分部 39 个，苏州街分部 19 个）。在校学生 4500 余人，其中寄宿生 351 人。学校教职工 275 人，其中专任教师 264 人；高级职称教师 7 人，市级骨干教师 11 人。校训：团结、勤奋、诚实、活泼。党支部书记赵璐玫，校长赵树辉。

北京市海淀区双榆树第一小学

校址：海淀区双榆树东里 32 号

学校前身为始建于 1972 年的红民村小学。1981 年，红民村小学一部分独立设校，定为现名。1996 年 12 月，大钟寺一小并入双榆树第一小学。1999 年 9 月，学校成立小足球队。2004 年 9 月，与人大附中联合成立人大附中足球俱乐部小学部，开发以足球为特色的校本课程。2010 年 9 月，组建武术队，并在北京市传统武术比赛中获得多个奖项。2010 年，学校占地面积 4869 平方米，建筑面积 7265 平方米，体育场面积 1485 平方米。图书馆藏书 3.05 万册。普通教室 26 个，专用教室 4 个。教职工 54 人，其中专任教师 50 人。开设教学班 18 个。毕业 134 人，招生 158 人，在校生 898 人。校训：忠孝、仁爱、勤奋、健体。党支部书记、校长刘昱旻。

北京市海淀区双榆树中心小学

校址：海淀区双榆树西里 36 号

学校前身为始建于 1972 年的红民村小学。1983 年，红民村小学的一部分由双榆树东里迁至现址改称双榆树第二小学。1986 年 9 月，更名为双榆树中心小学。2003 年，成立“数字化小班”，使用计算机教学。新生入学伊始即做到人手一机，通过文字处理、软件开发、视频交流等教学形式提高教学效率。至 2010 年，学校被评为海淀区国防教育先进校、海淀区科技教育先进校、海淀区艺术传统校等。

2010 年，学校占地面积 4737.89 平方米，建筑面积 1765.34 平方米，体育场面积 1465 平方米。图书馆藏书 20211 册。普通教室 20 个，专用教室 3 个。教职工 43 人，其中专任教师 43 人；高级职称教师 1 人，北京市骨干教师 1 人。开设教学班 20 个。毕业 97 人，招生 100 人，在校生 548 人。校训：勤奋、文明、活泼、健美。党支部书记、校长朱丹。

北京市海淀区四王府小学

校址：海淀区香山正白旗甲 9 号

学校前身是始建于 1916 年的京师西郊公立第九小学校。1957 年定为现名。学校依托周边环境教育学生热爱动植物、热爱大自然。学校开设中华武术、民间剪纸艺术、软硬笔书法、古诗文诵读等校本特色课程，以及中华民族舞蹈、国画技巧、书法等兴趣小组。2007 年 9 月 26 日，学校举办“继往开来再创辉煌”百年庆典活动。校训：每天进步一点点。党支部书记、校长马燕。

北京市海淀区苏家坨三四村小学

校址：海淀区苏家坨镇三四村南区 146 号

1942 年建校，时称昌平县苏中心小学，是一所公立农村全日制完全小学。1969 年改现名。1989 年，三星庄小学并入。1995 年 11 月，海淀区苏一二小学并入。2010 年 6 月，学校将太平鼓纳入校本课程及特色发展项目。2010 年 11 月，被评为德育管理先进学校。2010 年，学校占地面积 14328 平方米，建筑面积 1464 平方米，体育场面积 3162 平方米。图书馆藏书 1.78 万册。普通教室 7 个，专用教室 4 个。教职工 16 人，其中专任教师 14 人；北京市骨干教师 1 人。开设教学班 7 个。毕业 36 人，招生 54 人，在校生 213 人。校训：团结、勤奋、广学、进取。党支部书记、校长李雪琴。

北京市海淀区苏家坨中心小学

校址：海淀区苏家坨镇西小营村南环路2号

1948年建校，初名西小营小学。1990年，成为苏家坨学区中心校。1995年11月，与柳林小学合并成立苏家坨中心小学。学校培养学生技能，落实“写一笔好字，掌握一向生活技能，学会一项民族技艺，学会一项体育技能和背一百首古诗”的“五个一”办学特色。先后开发《群星璀璨润千秋》《泥趣》《丝网花》等校本教材。学校被海淀区命名为体育明星校、海淀区首批乡村少年宫。

2010年，学校占地面积11500平方米，其中建筑面积2290平方米，体育场面积2728平方米。图书馆藏书1.66万册。普通教室11个，专用教室6个。教职工26人，其中专任教师22人；北京市优秀教师、优秀德育工作者各1人，北京市“紫禁杯”班主任5人。开设教学班11个。毕业人38人，招生73人，在校生330人。校训：团结勤奋，创新进取。党支部书记、校长杜德强。

北京市海淀区台头小学

校址：海淀区苏家坨镇聂各庄路13号

1923年建校，时称宛平县台头学校，是一所村办初级小学。1949年改称昌平县台头中心小学。1958年，划归海淀区文教局领导，易名为海淀区台头小学。1994年，聂各庄小学并入台头小学。学生来源为台头村、梁家园村、聂各庄村、车耳营村。2010年4月起将民族传统艺术快板引入课堂。2010年，学校占地面积44146平方米，建筑面积3667平方米。教职工14人，其中专任教师13人。教学班6个，学生176人，其中外省份借读学生126人。校训：团结、勤奋、乐学、向上。党支部书记、校长翟金利。

北京市海淀区太平路小学

校址：海淀区采石路9号

1954年12月建校，由中国人民解放军铁道兵司令部创办，初名中国人民解放军铁道兵子弟小学。1956年，改称军委西翠路小学。1964年，交海淀区文教局管理，易名为太平路小学。1997年，建立全国第一所手拉手地球村环保小学。2002年，校舍翻建。2008年，被评为海淀区素质教育优质校。2008年，被评为北京2008年奥林匹克教育示范学校。至2010年，学校获得全国“手拉手”先进学校等荣誉称号。多名教师获得北京市“紫禁杯”优秀班主任、北京市先进支教工作者等称号。

2010年，学校占地面积15182平方米，建筑面积7129平方米，体育场面积3100平方米。图书馆藏书32669册。普通教室37个，专用教室7个。教职工78人，其中专任教师71人。开设教学班37个。毕业240人，招生217人、在校生1411人。校训：文雅、活泼、勤奋、创新。党支部书记、校长张和平。

北京市海淀区唐家岭小学

校址：海淀区唐家岭村

唐家岭小学始建于1948年，1953年归属海淀区管理。学校80%以上的学生为流动人口子女。学校以“实施平等教育，使每个孩子都得到发展”为办学理念。2010年，学校占地面积16700平方米，建筑面积2614平方米，体育场面积7175平方米。图书馆（室）藏书1.33万册。普通教室28个，专用教室3个。教职工20人，其中专任教师20人。开设教学班12个，毕业43人，招生63人，在校生311人。校训：文明、健美、勤奋、向上。党支部书记、校长张桂江。

北京市海淀区陶行知小学

校址：海淀区四季青镇西冉村99号

海淀区陶行知小学是一所建于中华人民共和国成立初期的公办小学。初名海淀区北坞小学，2008年9月，更名为陶行知小学，是海淀区政府指定的进城务工人员子女教育试点校。2009年，北京市改造北坞村，陶行知小学于2009年9月迁址至海淀区西冉村。学校占地面积5248平方米，建筑面积1357平方米。2010年，学校教学班12个，在校学生近300人，其中本市户口学生10人。学校在编教职工24人。学校区级学科带头人1人。校训：爱、真、行。党支部书记、校长司常水。

北京市海淀区田村中心小学

校址：海淀区田村后街

1948年建校，初名田村小学。1984年改为现名。1991年6月，学校数学成绩全区统考第一名，语文全区第四名。1991年9月，海淀区双槐树小学并入田村中心小学。同年，田村中心小学被评为海淀区教学窗口校。1995年11月，北京市海淀区龚村小学并入，为中心小学分校。1995年，学校《小学实施成功教育的研究与探索》《课堂教学中成功教育的研究》《课程改革中进城务工人员随迁子女成功教育的研究》等课题被确定为区规划重点课题。

2010年，学校占地面积16333平方米，建筑面积7252.56平方米，体育场面积17333平方米。图书馆藏书4万册。普通教室30个，专用教室11个。教职工57人，其中专任教师54人；高级职称教师1人，北京市骨干教师1人，北京市学科教学带头人1人。开设教学班28个。毕业132人，招生192人，在校生998人。党支部书记、校长王忠慧。

北京市海淀区图强第二小学

校址：海淀区五棵松正大南路四号

1982年5月建校。2008年1月，图强第一小学取消建制，整体并入图强第二小学。2009年6月，学校被评为海淀区素质教育优质校。学校中有北京市骨干教师、中学高级教师、区级学科带头人、区级“世纪杯”获奖教师、区青年岗位能手等。学校开设语文阅读课程、数学思维训练、英语说唱等校本课程，成立科技、艺术、体育等学生社团50多个。

2010年，学校占地面积10939平方米，建筑面积10276平方米。教学班36个，学生1196人。招生237人，毕业201人。教职工86人，其中专任教师76人。校训：求实、创新、奋发、图强。党支部书记、校长熊国兰。

北京市海淀区万泉河小学

校址：海淀区芙蓉里小区十号楼东侧

1920年由海淀镇黄庄的冯际堂等人在军机处路北创办。之后迁到老虎洞东口内路北，改名为时中小学。1949年后改为真武庙小学、老虎洞小学。1985年，老虎洞小学迁址到芙蓉里小区的万泉河畔，7月1日起改名为万泉河小学。乒乓球、游泳是学校的传统特色项目，每年在全国、市、区比赛中均取得优异成绩。2010年，学校成立海淀区第一批红领巾通讯社校园记者站，并荣获北京市优秀记者站称号。

2010年，万泉河小学占地面积8042平方米，建筑面积4915平方米，体育场面积1062平方米。图书馆藏书2.5万册。普通教室18个，专用教室5个。教职工35人，其中专任教师33人。开设教学班18个。毕业89人，招生87人，在校生574人。校训：诚实、进取、健美、创新。党支部书记、校长王爱英。

北京市海淀区万泉小学

校址：海淀区万泉庄甲一号（万泉北校区）
海淀区曙光花园望河园13号
（曙光南校区）

万泉小学前身为私立西郊日新小学。1933年11月1日，改为北平市立坊属万泉庄简易小学。1935年10月，改为市立区属小学。1949年3月，随着行政区划分改为第十六区万泉庄国民小学，1950年10月，改为海淀区万泉庄小学。1995年9月，更名为海淀区万泉小学。1995年，万泉小学由海淀区房地产开发经营公司承办，实行产权国有、企业承办、自筹资金、自主管理，成为北京市唯一一所国有企业承办的办学体制改革试点学校。2001年，万泉小学由企业办学回归区教委管理。2003年6月，合并厂西门小学，成立万泉小学分校，暂借海淀区教师进修学校附属中学世纪城校区办学。2005年8月，万泉小学分校正式迁入海淀区曙光花园望河园13号，成立曙光校区。学校先后入选北京市课程改革先进单位、北京市金帆艺术学校、北京市体育传统学校。2010年，中国空间技术研究院载人航天总体部在万泉小学建立“中国航天科普教育基地”。

2010年，万泉小学南北校区占地面积13421.39平方米，建筑面积16247.65平方米。普通教室77个，专用教室14个。教职工171人，其中专任教师167人；高级职称教师5人，北京市骨干教师5人，北京市学科教学带头人1人。开设教学班77个。毕业372人、招生407人，在校生2880人。校训：健康体魄、阳光心态、乐学善思、创新发展。党支部书记、校长景小霞。

北京市海淀区万寿寺小学

校址：海淀区万寿寺北里16号

1965年建校。学校坚持走内涵发展之路。仅1997年以来，就有1500余名学生从这里毕业走进高一级学府，其中不乏童星孙佳星、围棋国手陈耀烨等名人。先后培养出中学高级教师2人，市级骨干教师2人，区级学科带头人8人，区级骨干教师12人。1994年，学校排球队获得北京市小学组男子第二名。1999年，获得海淀区排球锦标赛小学女子组第二名。2005年，获得北京市小学生振兴中华杯排球比赛小学女子乙组第三名。

2010年，学校占地面积3467平方米，建筑面积4474平方米，体育场面积1500平方米。图书馆藏书17123册。普通教室17个。教职工37人，其中专任教师31人。开设教学班17个。毕业82人，招生77人，在校生549人。党支部书记、校长徐宝如。

北京市海淀区魏公村小学

校址：海淀区魏公村小区23号楼

1951年建校。2009年，学校成为海淀区垃圾分类试点校，学校少先队开展“手拉手地球村”环保教育活动。2010年5月，学校组织“校园吉尼斯”活动，鼓励引导队员主动学习、积极锻炼、挑战自我。学校重视校本教研活动，2010年，语文教研组获得“海淀区青年先锋”集体荣誉称号。2010年，学校占地面积6714平方米，建筑面积3921平方米。图书馆藏书16102册。普通教室15个。教职工34人，其中专任教师31人。开设教学班15个。毕业89人，招生42人，在校生410。校训：勤奋、活泼、诚实、健美。党支部书记、校长徐宝如。

北京市海淀区温泉中心小学

校址：海淀区温泉镇环山村

温泉中心小学前身是和平小学，创建于1955年，隶属中航工业621所，为解决军工企业家属子女就学而创建。1984年，学校重建，由中航工业621所院内迁到现址。1985年，学校划归海淀区。1995年更为现名。学校开设英语课本剧、无线电、单片机等校本课程。2006年，学校被评为海淀区科技教育示范校。2010年在“北京市中小学生天文观测”比赛中荣获团体一等奖。2010年，学生参加ID创新大赛获得全国一等奖。2010年，学校开设20个教学班，学生650人。教职工43人。校训：和乐自然，君子不器。党支部书记、校长丁刚。

北京市海淀区五一小学

校址：海淀区永定路127号

学校前身是1954年5月1日成立的中国人民解放军总后勤部子弟小学，同年与中国人民解放军总后勤部保育院合并命名为新北京五一小学。1964年12月，新北京五一小学划归海淀区政府，改名为海淀区五一小学。2002年7月，永定路第一小学、永定路第二小学并入五一小学。2004年，学校管乐团被命名为金帆管乐团。2007年4月，学校金帆管乐团赴比利时参加第55届欧洲国际青少年音乐节荣获金奖。学校教师多次获得全国教育系统劳动模范、北京市紫禁杯班主任、全国优秀教师、北京市“紫禁杯”优秀班主任等称号。

2010年，学校占地面积79333平方米，建筑面积55522平方米，体育场面积11400平方米。图书馆藏书174505册。普通教室120个，专用教室58个。教职工244人，其中专任教师215人；特级教师1人、北京市骨干教师8人。开设教学班110个。毕业703人、招生626人，在校生4245人。校训：厚德、乐学、健体、奋进。党支部书记王凌安，校长陈姗。

北京市海淀区西二旗小学

校址：海淀区西二旗智学苑小区

学校前身是私塾学校，1930年建校，中华人民共和国成立后改为公办小学。1995年11月，海淀区马连洼第一小学并入。2003年7月，学校由西二旗村迁入现址。2005年5月，学校被评为北京市科研先进学校。2010年9

月，被评为海淀区素质优质校。学校开设经典诗文诵读、数学阅读、外语自然拼读、篆刻等校本课程，与北京师范大学、北京市社科院建立合作关系，形成学科教学团队发展特色。

2010年，学校占地面积9891平方米，建筑面积6228平方米，体育场面积5512平方米。图书馆藏书21536册。普通教室24个，专用教室8个。教职工54人，其中专任教师44人；北京市骨干教师2人。校训：博爱、诚信、求真、创新。党支部书记、校长李春梅。

北京市海淀区西山小学

校址：海淀区四季青镇黑塔村142号

学校前身是始建于1930年的村办黑塔小学。20世纪60年代改名西山中心小学，20世纪70年代改为现名。根据教师与学生的特点，学校利用各种资源开设校本课程，艺术课程包括腰鼓、大鼓、葫芦丝，体育课程有大众健美操，技能课程开设科技制作、计算机等。

2010年，学校占地面积7642平方米，建筑面积2341.76平方米，体育场面积3200平方米。图书馆藏书2.7万册。普通教室18个，专用教室3个。教职工28人，其中专任教师27人。开设教学班13个。毕业56人，招生64人，在校生422人。校训：诚信、努力、争优、创新。党支部书记、校长王亚苹。

北京市海淀区西颐小学

校址：海淀区北三环西路49号

学校前身是建于1959年的国务院外国专家局子弟小学，是北京市批准的可以招收外国专家子女入学的公办小学。1962年，移交海淀区管理，更为现名。2002年，海淀区西颐小学与海淀区立新小学合并为新的西颐小学。学校主要接收辖区内适龄儿童（含流动人口），及各国专家子女入学。学校把“振兴京剧艺术，弘扬民族文化”作为艺术教育突破口。2002年9月，成立海淀少年京昆艺术团。2004年至2009年，连续获得中国少儿戏曲小梅花比赛金奖。2008年4月，西颐小学少儿京剧团入选北京市学生金帆艺术团。学校利用国际化背景优势，突出国际化教育特点。2004年5月，举办第一届国际文化教育节。2007年4月，挂牌“世界城市合作实验学校”。

2010年，学校占地面积10222平方米，建筑面积7800平方米，体育场面积3097平方米。图书馆藏书45090册。教职工51人，其中专任教师44人。开设教学班22个。毕业89人，招生138人，在校575人。校训：明德、乐学、健体、创新。党支部书记、校长肖建宇。

北京市海淀区西玉河小学

校址：海淀区西北旺镇西玉河村

学校前身是1948年建校的是私塾小学。1950年，改为乡管的公立学校，办学地点是村中旧庙。1966年，发展为完全小学，定名西玉河小学。1991年，由乡、区教育局、村三方集资修建新校舍。1992年，学校迁入新址。1995年11月，东玉河小学、皇后店小学并入西玉河小学。2004年，学校确定民族文化教育办学特色。2009年，打工子弟增多，学校通过剪纸、缠纸粽等手工活动使学生感触到民族文化的内涵。

2010年，学校占地面积7003平方米，建筑面积2381平方米，体育场面积1325平方米。图书馆藏书1.55万册。普通教室12个，专用教室4个。教职工22人，其中专任教师22人。开设教学班12个。毕业58人，招生60人，在校生307人。校训：仁爱、正义、礼貌、智慧、诚信。党支部书记、校长付龙。

北京市海淀区西苑小学

校址：海淀区西苑操场甲1号

1957年建校，建校之初为中央国家机关直属干部子弟小学，名为华北西苑小学。1964年，改为海淀区管理，改现名。1995年2月，一亩园小学归并入学校。2003年7月，颐和园小学归并入学校。学校依托颐和园、圆明园、中国农业大学等社区教育资源，组织开展社会大课堂多学科教育教学活动。至2010年，学校获北京市少先队“星星火炬奖”、首都先进少年军校、北京市教育科研先进学校等称号。

2010年，学校占地面积7600平方米，建筑面积6676平方米，体育场面积3200平方米。

图书馆藏书47000册。普通教室24个，专用教室5个。教职工50人,其中专任教师48人。开设教学班21个。毕业82人，招生86人，在校生582人。校训:友爱、进步、勤奋、健美。党支部书记、校长李辉。

北京市海淀区香山小学

校址：海淀区香山北正黄旗36号

香山小学的前身是始建于清代乾隆十五年（1750）的香山健锐营八旗官学。光绪二十八年（1902）改为香山八旗高等小学堂。1972年改为香山小学。1997年4月，北京市海淀区文物普查组对学校校址进行普查登记，确定学校现址为清代建筑，整体布局完整，是研究西山健锐营八旗官学的重要实物资料。1997年，学校有房屋93间，门楼2间。院落总面积5250平方米，房屋建筑面积共1485平方米。1999年1月27日，海淀区政府批准学校校址为区级文物保护单位。学校1986年至2008年曾开办过学前班。2001—2003年学校建有寄宿部。学校依托文化优势，进行"香山文化伴我成长"教育科学研究，号召全校师生走出校门，调研香山地区的历史名人遗迹，增长学生课外知识，培养学生实践能力。2005年9月，学校成立"童墨轩"画室，开设书法、国画课，传授国画和书法技巧。2008年，学校成立古筝班。2008年年初，学校开展"追忆百年校史"活动，通过举办百年校史展览，编写校志等一系列活动，对师生进行传统文化教育。

2010年，学校占地面积15002平方米，建筑面积4279平方米。教职工33人，其中专任教师31人。开设教学班18个。毕业83人，招生139人，在校生612人。校训:勤奋文明，活泼健美，勤劳勇毅，自强不息。党支部书记、校长程立新。

北京市海淀区向东小学

校址：海淀区西外太平庄13号

1968年9月建校，初名海淀区北下关小学一分校。建校之初，学校共有6个年级24个教学班。1969年9月，更名为向东小学。学校以"海洋教育"为办学特色，通过"中华鲟回家""走进海洋馆玩中学""携手北极精灵，共倡低碳生活""中国海岛""关爱水生动物，我们在行动"等社会实践，普及海洋科普知识。校本教材《走进海洋》获得2007年海淀区"教育科研创新成果奖"，《认识海洋》获得2008年"课程改革专项成果奖"。2005年9月，被命名为北京市首家海洋科普实验学校。2006年12月，少先队"海洋中队行动"获得全国少工委授予的"十大魅力杯"奖。2009年9月，被国家海洋学会命名为全国海洋科普教育基地。2010年10月，获北京市课程建设先进单位称号。

2010年，学校占地面积6451.21平方米，建筑面积5242平方米，体育场面积2910平方米。图书馆藏书3万册。普通教室21个，专用教室8个。教职工32人，其中专任教师28人；高级职称教师13人，北京市骨干教师1人。开设教学班21个。毕业68人，招生157人，在校生730人。校训：自信、包容、奋斗、自由。党支部书记、校长张国胜。

北京市海淀区肖家河小学

校址：海淀区肖家河王庄1号

1947年建校，初名北王庄小学。1982年，定名肖家河小学。1996年12月，海淀区树村小学并入，树村小学原校址在1996年至2006年7月出租，2006年9月收回，设为肖家河小学分校。2010年，肖家河小学占地面积15781平方米，建筑面积2300平方米。图书馆藏书12630册。普通教室20个、专用教室1个。教职工41人，其中专任教师37人。开设教学班17个。毕业100人，招生60人，在校生750人。校训：文明、自信、健体、乐学。党支部书记、校长梅凤华。

北京市海淀区星火小学

校址：海淀区新外大街小西天志强园

1961年9月1日建校，原为中国人民解放军总参谋部子弟学校。1964年移交海淀区。1998年7月，太平庄小学并入星火小学。原太平庄小学校址设为星火小学本校，原星火小学校址为分校。2000年,本校新教学楼启用。2010年，分校校舍全面改造。2010年，学校占地面积11000平方米，建筑面积5818平方米，体育场面积2800平方米。图书馆藏书2.6万册。普通教室15个，专用教室5个。拥有计算机233台。教职工31人，其中专任教师31人；高级职称教师18人。开设教学班15个。毕业58人，招生96人，在校生450人。校训：勤奋、诚实、礼貌、健美。党支部书记、校长王玉华。

北京市海淀区学府苑小学

校址：海淀区学清路32号

1952年5月建校，初名海淀区六道口小学。2009年7月1日更为现名。学校更名后，生源每年以两个班的速度递增。2003—2004学年度，学校立项“小班化教学”区级科研课题，3个年级6个教学班13名教师参与科研教学工作。2010年7月，启动“小学作文教学序列化的策略研究”“数学课堂有效练习的实施策略研究”科研课题。学校以跳绳为特色体育项目，花式跳绳队坚持长期训练。

2010年，学校占地面积9067平方米，建筑面积5610平方米，体育场面积3031平方米。图书馆藏书28880册。普通教室20个，专用教室8个。教职工42人，其中专任教师29人。开设教学班18个。毕业52人，招生109人，在校生498人。校训：像大树一样茁壮成长。党支部书记、校长秦新路。

北京市海淀区学院路小学

校址：海淀区蓟门里小区

1984年3月建校，时有6个年级，8个教学班，244名学生，16名教职工，其中教师14人。2007年，荣获海淀区随班就读优秀学校。2008年，荣获北京市一等资源教室。学校落实全纳教育理念，关注全体学生的发展。2009年，荣获北京市特殊教育工作先进集体。2010年，荣获全国中国少年先锋队鼓乐团一级分团称号。2010年，学校占地面积7420平方米，建筑面积4231.37平方米，体育场面积2853.50平方米。图书馆藏书1.95万册。普通教室15个，专用教室5个。教职工26人，其中专任教师24人；高级职称教师17人。开设教学班13个。毕业62人，招生62人，在校生409人。校训：团结、紧张、严肃、活泼。党支部书记、校长宋宝瑞。

北京市海淀区羊坊店第四小学

校址：海淀区羊坊店路114号

1958年9月建校，初名北京有色金属研究设计总院子弟小学，校址羊坊店路甲56号，是一所全日制小学。1969年，划归海淀区管理。1995年3月，羊坊店四小迁至现址与羊坊店学校小学部合并，校名仍为羊坊店四小。1996年12月，羊坊店一小并入羊坊店四小。2004年，完成学校操场改造工程。学校开展校本课程、斯坦福英语课程，国防教育形成特色。2005年9月，参加区国防教育成果展示，模拟原子弹爆炸，侦毒、救护、防化演练，获得区特色表演一等奖。

2010年，学校占地面积10135平方米，建筑面积8428平方米，体育场面积3689平方米。图书馆藏书3.06万册。普通教室25个，专用教室12个。教职工58人，其中专任教师52人，北京市骨干教师2人。开设25个教学班。毕业158人，招生140人，在校生919人。校训：团结、勤奋、健美、创新。党支部书记祝莉娟、校长李静。

北京市海淀区羊坊店第五小学

校址：海淀区北蜂窝路9号

1953年建校，初名北京铁路局职工子弟第五小学。1999年，铁路实验小学并入铁路第五子弟小学。2004年7月，移交海淀教委管理，更名北京市海淀区羊坊店第五小学。羊坊店第五小学90%的教师都是老铁五的教师，60%以上的学生都是铁路职工的子女或三代。2010年，学校初步形成一套原创的中国铁路校本教材。学生合唱团连续多年在市、区合唱节比赛中获得一等奖。学校先后被评为全国中小学计算机教育实验校、现代教育技术实验学校、北京市电化教育优类校等称号。

2010年，学校占地面积7506.5平方米，建筑面积11257.59平方米，有30个教学班，12个专业教室。图书馆藏图书3万余册。教职工 72 人，其中专任教师 64 人；市、区学科带头人和骨干教师 15 人。校训：勤奋、文明、诚实、团结。党支部书记、校长尹丽莉。

北京市海淀区羊坊店中心小学

校址：海淀区北蜂窝路 66 号

1945 年 7 月建校，时名羊坊店小学。1984 年 3 月 20 日，学校更名为羊坊店中心小学。1995 年，羊坊店第二小学并入。2001 年，学校开始奥林匹克教育。2005 年，羊坊店中心小学成为全国首例全面开展奥林匹克教育研究的小学。同年，入选首批北京 2008 奥林匹克教育示范学校。

2010 年，学校占地面积 11750.11 平方米，建筑面积 13451.95 平方米。普通教室 37 个，专用教室 13 个。教职工 77 人，其中专任教师 75 人；高级职称教师 3 人，市级骨干教师 1 人。校训：让优秀成为习惯、让习惯成就卓越。党支部书记祝莉娟、校长李冬菊。

北京市海淀区艺术师范附属小学

校址：海淀区明光村 23 号

1950 年 7 月建校，初名海淀区明光寺小学。学校建在明光寺村神州庙内，有 2 间教室，没有电，是一所"没有围墙的"农村学校，条件极其艰苦。1992 年，学校作为海淀艺术师范学校教育教学实践基地更名为北京市海淀区艺术师范附属小学。1993 年，学校迁入明光村 23 号新校区。2006 年，学校接收区域内被取缔的非法民办学校的 100 多名来京务工随迁子女入学。

学校以体育艺术活动为载体，以班级（社团）文化建设为重点，开展德育、体育、艺术教育。学校先后被授予北京市健康促进学校、海淀区平安校园等荣誉称号。2010 年，学校占地面积 5580 平方米，建筑面积 3442 平方米，体育场面积 2211 平方米。图书馆藏书 2 万册。普通教室 12 个，专用教室 6 个、实验室 1 个。拥有计算机 111 台。教职工 27 人，其中专任教师 25 人；高级职称教师 1 人。开设教学班 12 个，在校生 416 人。校训：勤奋、团结、求实、进取。党支部书记、校长王瑞兰。

北京市海淀区银燕小学

校址：海淀区蓝靛厂火器营厢红旗 48 号

1958 年建校，初为空军指挥学院子弟小学，1963 年移交海淀区管理。2003 年 9 月，学校建立航模表演队。2004 年 9 月，学校建立脑功能开发校本课。2005 年 7 月，学校校办厂撤销，厂房改为科技专业教室。2005 年 9 月，海淀区蓝靛厂小学并入银燕小学。2010 年，学校占地面积 5016 平方米，建筑面积 934 平方米，体育场面积 2184 平方米。图书馆藏书近 1.2 万册。普通教室 18 个，专用教室 10 个。教职工 41 人，其中专任教师 41 人。开设教学班 17 个。毕业 76 人，招生 132 人，在校生 522 人。校训：团结、守纪、勤奋、诚实。党支部书记、校长卓健忠。

北京市海淀区永丰中心小学

校址：海淀区西北旺镇永丰中心小学

学校前身是始建于 1932 年的六里屯小学。学校原位于永丰乡六里屯村，现校址位于中关村永丰科技园内，1994 年竣工。1995 年 11 月，六里屯小学更名为海淀区永丰中心小学。2007 年 9 月，屯佃小学作为分校由永丰中心小学统一管理。

2010 年，学校占地面积（含屯佃分校）23636 平方米，建筑面积 5586 平方米。25 个教学班，学生 809 人，其中外来务工人员子女 728 人，占全校的 90%。教职工 59 人。校训：自尊、自强、博学、诚信。党支部书记、校长陆鸿平。

北京市海淀区永泰小学

校址：海淀区清河永泰小区东里 49 号（本校）
海淀区清缘里中区 11 号（南校区）
海淀区后屯村 1 号（北校区）

学校前身是始建于 1919 年的昌平县第七区第八国民小学。1956 年，改为海淀区南马坊小学。1995 年，学校迁至永泰小区东里 49 号。1997 年，改名为永泰小学。2000 年 1 月，永泰小学合并清河第三小学。清河三小前身为海淀区后屯小学，成立于 1934 年，

1994年10月更名为海淀区清河第三小学。1994年9月，永泰小学创设特色教育，成立学生腰鼓队、威风锣鼓队。腰鼓队多次被全国、市、区邀请参加文艺展演。1997年10月，学校投入6万元购置50台手风琴，在三、四、五年级各一个班开展手风琴校本课程实验。2000年5月，制订学校发展五年计划，明确重点发展美育，以美育促进德育，让永泰小学的每一位学生掌握一项音乐、美术技能。确定学校每年的9月为“学书法诵古诗”艺术节，12月为“手风琴”艺术节。2003年，书法校本教材《强强学书法》获得北京市教育改革成果三等奖。至2007年，学校手风琴校本课程在二至四年级各个班级全面开设。

2010年，学校占地面积24148平方米，建筑面积11432平方米，体育场面积6515平方米。图书馆藏书64975册。普通教室46个，专用教室22个。教职工103人，其中专任教师99人。开设教学班46个，毕业163人，招生127人。校训：做最好的自己！党支部书记、校长闫伟。

北京市海淀区玉泉小学

校址：海淀区金沟河路35号

1960年7月，中国人民解放军政治学院创办玉泉路附属小学。1964年，学校划归海淀区管理，更名为海淀区玉泉路小学。1982年，更名为北京市海淀区玉泉小学。2006年，海淀区金沟河小学（创办于1947年）和海淀区采石路小学（北京育英学校分校）先后合并到玉泉小学。1999年，学校新建一栋教学楼，扩大教学面积。

2010年，学校占地面积15011平方米，建筑面积9318平方米，体育场面积5383平方米。图书馆藏书35923册。普通教室46个，专用教室12个。教职工116人，其中专任教师113人。开设教学班46个。毕业232人，招生252人，在校生1625人，其中本市户口学生1294人，借读生331人。校训：奋发、进取、求实、创新。党支部书记祝莉娟，校长刘占军。

北京市海淀区育鹰小学

校址：海淀区德外西三旗

1960年9月建校，是空军第二高等专科学校幼儿园的戴帽子弟小学班。1961年，学校与幼儿园分设，定为现名。1964年，划归海淀区管理。1991年4月，学校成立育鹰小学少年军校。1995年11月，被北京市命名为“首都先进少年军校”。学校先后开发国防教育校本课程11册88个项目。1996年7月，投资27.5万元购置48台计算机，开设计算机课。学校连续10年在全国、市区无线电测向比赛中获奖。学校先后荣获全国国防教育特色学校、海淀区科技教育示范校、北京市基础教育学生综合素质评价工作先进集体等称号。2005年9月，学校接收西三旗社区雪梨澳乡学校，命名为育鹰小学东校部。

2010年，占地面积8539.37平方米，建筑面积7539.37平方米，体育场面积3743平方米。图书馆藏书38991册。普通教室38个，专用教室8个。教职工73人。开设教学班34个，在校生1300人。校训：文明、勤奋、健美、创新。党支部书记、校长赵芳。

北京市海淀区振兴小学

校址：海淀区上庄镇梅所屯村（本校）

海淀区西北旺镇大牛坊村（分校）

1999年9月由汤四平创办，为民办非营利的打工子弟学校。2005年，经海淀区教委审批备案。学校力筹资金改善教学环境，2008至2010年，得到多个基金会和企业的资助。2010年，学校被教育部中国教师发展基金会评为全国民办教育先进集体。同年，市教委调拨桌椅、多媒体设备、图书等改善办学条件。北京林业大学团委和学校结成支教帮扶对子，开展七彩课堂教学。学校聘请民间花会艺术传承人进学校指导学生学习民族舞蹈、舞龙、舞狮等，成立口风琴、电子琴、葫芦丝乐队。2010年，学校占地面积10000平方米，建筑面积1345平方米，体育场面积6462平方米。图书藏书0.5万册。教职员工52人。开设教学班28个，在校生

1282人，均为在京务工人员子女。校训：团结进取，活泼向上；德润振兴，诚筑梦想。党支部书记魏艳华，校长汤四平。

北京市海淀区知春里小学

校址：海淀区知春里小区甲22号

1984年7月建校，校址知春里31号。1993年迁入现址。学校成立管乐团、合唱团、舞蹈团、鼓号队学生社团16个。学校开发《小学生美德英语歌曲》《小学曲棍球》《小学高年级心理健康教育》等校本课程，拓展学生的知识领域。学校是海淀区中小学艺术体育特色校，排球、武术、书法绘画等具有特色。

2010年，学校占地面积9546平方米，建筑面积8901平方米，体育场面积4000平方米。图书馆藏书22731册。普通教室29个，专用教室8个。教职工65人，其中专任教师62人。教学班29个，毕业165人，招生115人，在校生953人。校训：立德、启智、健体、尚美。党支部书记、校长尹军。

北京市海淀区中关村第二小学

校址：海淀区中关村北一条10号（中关村校区）

海淀区中关村东路16号（华清校区）

海淀区后厂村路66号（百旺校区）

1971年9月，中关村小学的一个分部独立办学，名为中关村第二小学。1996年，被认定为海淀区教育现代化试点学校。1998年，学校承办上地实验小学。自1999年开始，中关村二小作为海淀区首批实验校开展可持续发展教育的实践探索。学校金帆少年交响乐团是全国唯一一支由小学生组成的交响乐团，多次荣获全国、市、区一等奖和金奖。学校开展英语特色教学，绝大部分学生已达到英语口语三级以上水平。2001年，承办海淀外国语实验学校小学寄宿部。2003年，合并成府小学、承接华清嘉园配套小学。2009年，合并西北旺小学，承接海淀北部新区百旺新城配套小学。至2010年，学校被评为北京市教育科研工作先进小学、基础教育课程改革实验先进单位、海淀区首批小学素质教育优质校等。

2010年，学校占地面积55579平方米，建筑面积48944平方米，体育场（馆）面积18338平方米。图书馆藏书100362册。普通教室154个，专用教室42个。教职工233人，其中专任教师226人；高级职称教师4人，市级学科带头人2人，市级骨干教师5人。开设教学班98个。毕业生570人，招生756人，在校生3904人。校训：团结、勤奋、诚实、活泼。党支部书记杨福利，校长杨刚。

北京市海淀区中关村第三小学

校址：海淀区中关村南一街4号

1981年7月建校。1990年学校办学规模为6个年级45个教学班。1999年，开始招收寄宿生。2000年6月，学校挂牌围棋学校。2003年9月1日，新建万柳校区。2004年7月，学校金帆合唱团在德国布莱梅参加世界合唱比赛获银奖。2005年9月，万柳校区4号楼投入使用。学校构建包括“共处课程、探索课程、展示课程”三大体系的“大家课程”，实施自主排课和开放式选修，学生可以根据自己的兴趣参与多门选修。多名教师被评为北京市支教工作先进个人、北京市“紫禁杯”优秀班主任等。

2010年，学校占地面积29098平方米，建筑面积33996平方米，体育场面积13377平方米。图书馆藏书15万册。普通教室131个，专用教室30个。教职工328人，其中专任教师319人；高级职称教师5人，北京市骨干教师9人，北京市学科教学带头人1人。开设教学班131个。寄宿生635人。毕业1123人，招生1295人。校训：学会做人、学会求知、学会共处、学会创造。党支部书记曹雪梅，校长高雪东。

北京市海淀区中关村第四小学

校址：海淀区大钟寺东路太阳园小区14号

2003年9月建校，是海淀区为适应中关村地区发展而特批的一所公办小学。2005年7月，学校实施“学习与发展共同体”（LDC项目）教改实验。2006年9月，独立开发校本课程“和平教育”。11月，举办首届“做个心中有数的人”数学竞赛。2007年12月，举办首届课堂教学风格研究活动。2009年5月，成立中关村第四小学发展委员会。12月，海淀区举办刘可钦校长办学实践研讨会。2010年，学校改革管理机构，设立教师发展中心、学生发展中心、校务中心、资源信息中心、质量促进中心，实施中心制的扁平管理结构。2010年，学校占地面积10703平方米，建筑面积4478平方米，体育场面积5390平方米。图书馆藏书2.07万册。普通教室31个，专用教室7个，实验室2个。教职工71人，其中专任教师71人；高级职称教师34人。开设教学班31个。校训：忠于祖国，做负责任的未来世界公民。党支部书记、校长刘可钦。

北京市海淀区中关村第一小学

校址：海淀区中关村南二街5号（本部）
海淀区肖家河天秀小区4号（天秀校区）
海淀区大有北里149号（党校校区）

1949年建校。1996年，学校教师尚学敏获得全国"五一劳动奖章"。1998年6月，开始招收寄宿生。2003年，承办天秀小区内配套小学，新建天秀校区。2003年2月28日至3月1日，海淀区举办中关村第一小学谭玉芬校长办学思想研讨会暨校长论坛。2004年，成立国际部，具备招收外籍学生资格。2009年7月，刘畅校长教育专著《教人幸福地生活》由高等教育出版社出版。2010年，合并北宫门小学，建立党校校区。学校自20世纪80年代学校开展教学改革实验，曾获北京市先进集体称号。学校建有北京金鹏科技团，先后被授予国家基础教育课程改革试验先进单位、全国教育科学教改实验先进单位、北京市科研管理先进学校、北京市中小学科技教育示范学校、北京市（田径、篮球、健美操、排球）体育项目传统学校等称号。

2010年，学校占地面积35712.67平方米，建筑面积41871.83平方米，体育场面积14500平方米。图书馆藏书60万册。普通教室120个，专用教室45个。教职工326人，其中专任教师316人；高级职称教师5人，特级教师2人，北京市骨干教师8人，北京市学科教学带头人1人。开设教学班127个。毕业1044人，招生642人，在校生4808人。校训：科学启智，教育立身。党支部书记岳顺丽，校长刘畅。

北京市海淀区中坞小学

校址：海淀区中坞村174号

1965年建校。随着外来人口增多，学校外来人员子女学生有所增加，高峰时期达到600多人。1995年11月，海淀区闵庄小学并入中坞小学，为其分校。学校长期坚持组织学生跳绳，2004年开设校本课程《跳绳》和《古诗文经典诵读》。2005年，学校聘请口琴演奏艺术专家白燕生等教授才艺课——口琴，并组建100人左右的"启明星口琴交响乐团。2007年，被评为中华古诗文经典诵读工程全国优秀学校。

2010年，学校占地面积8566平方米，建筑面积2549平方米，体育场面积3086平方米。图书馆藏书3.7万册。普通教室14个，专用教室3个，实验室1个。教职工29人，其中专任教师30人。开设教学班12个。校训：自强不息，最求卓越。党支部书记、校长牛来云。

北京市海淀区周家巷小学

校址：海淀区军庄路1号

1949年3月建校，名为宛平县立周家巷小学，是一所初级小学。1957年，改称海淀区周家巷小学，并发展为完全小学。1989年，南安河小学并入周家巷小学。2002年、2003年被海淀区教委评为德育管理先进学校和教学管理先进学校。学校成立"阳光体育中心""彩虹艺术中心"，开设科技、艺术、体育等多学科选修课。2010年，学校占地面积8267平方米，建筑面积2000平方米，体育场面积5068平方米。普通教室12个，教学班6个，学生130人，其中外省份借读学生82人。教职工14人，其中专任教师12人。党支部书记、校长赵万元。

北京医科大学附属小学

校址：海淀区花园路甲3号

1949年建五道庙小学。1970年，改称志新小学。1999年，改名北京医科大学附属小学。2000年7月，合并海淀区健翔桥小学。2005年11月，合并牡丹园小学。

自2003年始，学校在六个年级开设剪纸课，做到“每人一剪，每周一课”。2009年9月被评为海淀区艺术教育特色学校，同年出版学校剪纸校本教材。2010年，占地面积19226平方米，校舍建筑面积13619平方米。图书馆藏书7万册。普通教室62个，专用教室7个、实验室6个。教职工86人，其中专任教师80人。开设教学班36个。校训：学无涯心有境。党支部书记、校长贾鸿。

清华大学附属小学

校址：海淀区清华大学校园内

清华附小的前身是成志学校，成立于1915年，专为清华教职员工子弟求学而设。1952年8月，成志学校中学部和小学部分离，小学部更名为清华大学附设小学。1960年，更名为清华大学附属小学。从1999年9月起，清华附小开始试行清华大学“大、中、小学英语一条龙”《小学英语》实验教材，开展对小学英语教学研究与实践。2001年，清华附小拆除旧校舍并在原址上重新兴建新学校。2002年9月1日，清华附小新校舍竣工。2003年，在清华大学的指导下，清华附小开设交互式网上课堂。2008年至2009年，海淀区为学校特级教师窦桂梅、张红成立工作室。清华附小的《小学英语实验教科书》和《窦桂梅与主题教学》两项成果获得海淀区“十五”优秀教育教学研究成果一等奖。2008年，《大、中、小学英语教学一条龙阶段研究报告》获北京市第五届教育科学研究优秀成果三等奖。2010年，在国家教育部组织的首次全国基础教育课程改革教学研究成果评选中，清华附小“小学英语教学研究与实践”获全国基础教育课程改革教学研究成果三等奖。

2010年，学校占地面积33000平方米，建筑面积12120平方米，体育场面积728平方米，操场占地18000平方米。图书馆藏书64630册。普通教室40个，专用教室15个。教职工85人，其中专任教师73人；高级职称教师5人，特级教师2人，市级骨干教师2人。开设教学班35个。毕业166人，招生187人，在校生1313余人。校训：立人为本、成志于学。党支部书记马银兰，校长赵颖。

首都师范大学附属小学

校址：海淀区通汇路9号

1994年7月，海淀区远大小学、西冉村小学、北高庄小学合并组建四季青中心小学。1995年，学校被评为海淀区农村中心校先进校。2003年1月，学校从旧址迁入通汇路9号新址。2010年1月，海淀区教委与首师大签约合作建设海淀区四季青中心小学；3月，学校更名为首都师范大学附属小学。2010年，学校承办全国“学习优势教育高效合作学习设计”研讨会，校长宋继东获得“北京市五四奖章”。

2010年，学校占地面积26644.56平方米，建筑面积14115.50平方米，体育场面积10313平方米。图书馆藏书65080册。普通教室36个，专用教室15个。教职工85人，其中专任教师80人；高级职称教师2人，北京市骨干教师1人。开设教学班36个。毕业152人，招生237人，在校生1209人。校训：求索成习惯，真爱成自然，童心伴每天。党支部书记史淑英，校长宋继东。

中国农业科学院附属小学

校址：海淀区中关村南大街12号

1950年建校，初名华北农研子弟学校。1958年，移交海淀区，改名为北京市海淀区大钟寺第二小学。1996年6月，更名为中国农业科学院附属小学。2002年，中央财经大学附属小学并入，学校一校两址办学。2004年，学校管乐团被北京市教委评为“金帆管乐团”。2006年，学校管乐团美国参加第二届管乐世界杯器乐比赛获少年组金奖。2009年，学校开发60多种校本选修课。至2010年，学校获得北京市中小学艺术教育特色学校、海淀区素质教育优质校等称号。

2010年，学校占地面积11917.92平方米，建筑面积15273.74平方米，体育场面积1728平方米。图书馆藏书7.5万册。普通教室54个，专用教室26个。教职工109人，其中专任教师 107 人；高级职称教师 1 人，北京市骨干教师 2 人，北京市学科教学带头人 1 人。开设教学班 48 个。校训：新鲜生活每一天。党支部书记、校长刘芳。

中国人民大学附属小学

校址：海淀区蓝靛厂路 18 号

1954 年，中国人民大学在西城区张自忠路铁一号筹建寄宿制职工子弟小学，定名为中国人民大学职工子弟小学。1958 年，历经先后两次迁址，定址在西郊中国人民大学校园内。1978 年，中国人民大学复校，小学定名为中国人民大学附属小学。2005 年 8 月，学校由中国人民大学院内迁入世纪城社区现址。

1991 年 6 月，学校在全市范围内首先推出《小学生素质教育成长手册》，并在北京市素质教育研讨会上进行汇报、推广。1992 年 9 月，参与“北京市中小学教育质量综合评价”课题研究，获得北京市“七五”教育科学研究成果一等奖。1993 年，被评为北京市先进学校。1996 年，被命名为“北京市足球传统校。2004 年 9 月，举办国际科研课题“个性化作文”研讨会，举办市级科研课题“国际理解教育”研讨会。2008 年 1 月，一年级考试实行改革，以闯关游戏代替试卷，并提出“让作业可爱起来”探讨作业改革。2009 年 5 月，“水艺芳”游泳馆落成。9 月，“学术苑”美术、科学专业教学楼落成；首次开设七门“小语种选修课”；开设选修课“七彩课程小护照”。2010 年，学校开展小课题研究，教师根据不同年龄学生的特点，设计童趣性作业，根据学生的个别差异，设计分层作业。2010 年 10 月，举办首届男孩节、女孩节。学校先后获得北京市基础教育课程建设先进单位、北京市特殊教育工作先进单位、北京市金帆京剧艺术团、北京市中小学科技金鹏示范校、北京市中小学艺术特色学校等荣誉。

2010 年，学校占地面积 21998 平方米，建筑面积 31000 平方米，体育场面积 15344 平方米。图书馆藏书近 4 万册。普通教室 94 个，专用教室 31 个。教职工 248 人，其中专任教师 220 人；高级职称教师 6 人，特级教师 1 人，北京市骨干教师 4 人，北京市学科教学带头人 1 人。开设教学班 94 个。毕业 625 人，招生 627 人，在校生 3827 人。校训：健康、活泼、乐学、友爱。党支部书记、校长郑瑞芳。

表 43　　2010 年海淀区小学一览表

序号	学校名称	建校时间	举办者
1	北方交通大学附属小学	1968 年	教育部门和集体办
2	北京农业大学附属小学	1958 年	教育部门和集体办
3	北京石油学院附属小学	1957 年	教育部门和集体办
4	北京市海淀区八里庄小学	1934 年	教育部门和集体办
5	北京市海淀区白家疃小学	1949 年	教育部门和集体办
6	北京市海淀区白水洼小学	1920 年	教育部门和集体办
7	北京市海淀区北安河中心小学	1912 年	教育部门和集体办
8	北京市海淀区北洼路小学	1985 年	教育部门和集体办
9	北京市海淀区彩和坊小学	1960 年	教育部门和集体办
10	北京市海淀区车道沟小学	1990 年	教育部门和集体办
11	北京市海淀区翠微小学	1956 年	教育部门和集体办
12	北京市海淀区大牛坊小学	1964 年	教育部门和集体办
13	北京市海淀区第二实验小学	1946 年	教育部门和集体办
14	北京市海淀区第三实验小学	1969 年	教育部门和集体办
15	北京市海淀区第四实验小学	2006 年	教育部门和集体办
16	北京市海淀区定慧里小学	1991 年	教育部门和集体办
17	北京市海淀区东北旺中心小学	1911 年	教育部门和集体办
18	北京市海淀区东埠头小学	1958 年	教育部门和集体办

续表 43

序号	学校名称	建校时间	举办者
19	北京市海淀区东马坊小学	1947 年	教育部门和集体办
20	北京市海淀区二里沟中心小学	1955 年	教育部门和集体办
21	北京市海淀区丰联小学	1987 年	教育部门和集体办
22	北京市海淀区枫丹实验小学	2005 年	教育部门和集体办
23	北京市海淀区宏丰小学	1945 年	教育部门和集体办
24	北京市海淀区红山小学	1957 年	教育部门和集体办
25	北京市海淀区红星小学	1975 年	教育部门和集体办
26	北京市海淀区红英小学	1960 年	教育部门和集体办
27	北京市海淀区花园村第二小学	1967 年	教育部门和集体办
28	北京市海淀区今典小学	1951 年	教育部门和集体办
29	北京市海淀区九一小学	1962 年	教育部门和集体办
30	北京市海淀区巨山小学	1951 年	教育部门和集体办
31	北京市海淀区冷泉小学	1949 年	教育部门和集体办
32	北京市海淀区亮甲店小学	1948 年	教育部门和集体办
33	北京市海淀区六郎庄小学	1937 年	教育部门和集体办
34	北京市海淀区六一小学	1950 年	教育部门和集体办
35	北京市海淀区民族小学	1890 年	教育部门和集体办
36	北京市海淀区培星小学	1949 年	教育部门和集体办
37	北京市海淀区培英小学	1954 年	教育部门和集体办
38	北京市海淀区七一小学	1954 年	教育部门和集体办
39	北京市海淀区前八家小学	1927 年	教育部门和集体办
40	北京市海淀区前进小学	1962 年	教育部门和集体办
41	北京市海淀区前沙涧小学	1948 年	教育部门和集体办
42	北京市海淀区前章村小学	1916 年	教育部门和集体办
43	北京市海淀区清河第四小学	1960 年	教育部门和集体办
44	北京市海淀区清河第五小学	1975 年	教育部门和集体办
45	北京市海淀区清河第一小学	1948 年	教育部门和集体办
46	北京市海淀区清华东路小学	1954 年	教育部门和集体办
47	北京市海淀区群英小学	1956 年	教育部门和集体办
48	北京市海淀区上地实验小学	1920 年	教育部门和集体办
49	北京市海淀区上庄中心小学	20 世纪 30 年代	教育部门和集体办
50	北京市海淀区实验小学	1965 年	教育部门和集体办
51	北京市海淀区双榆树第一小学	1972 年	教育部门和集体办
52	北京市海淀区双榆树中心小学	1972 年	教育部门和集体办
53	北京市海淀区四王府小学	1916 年	教育部门和集体办
54	北京市海淀区苏家坨三四村小学	1942 年	教育部门和集体办
55	北京市海淀区苏家坨中心小学	1948 年	教育部门和集体办
56	北京市海淀区台头小学	1923 年	教育部门和集体办
57	北京市海淀区太平路小学	1954 年	教育部门和集体办
58	北京市海淀区唐家岭小学	1948 年	教育部门和集体办
59	北京市海淀区陶行知小学	1949 年	教育部门和集体办
60	北京市海淀区田村中心小学	1948 年	教育部门和集体办
61	北京市海淀区图强第二小学	1982 年	教育部门和集体办
62	北京市海淀区万泉河小学	1920 年	教育部门和集体办

续表 43

序号	学校名称	建校时间	举办者
63	北京市海淀区万泉小学	1933 年	教育部门和集体办
64	北京市海淀区万寿寺小学	1965 年	教育部门和集体办
65	北京市海淀区魏公村小学	1951 年	教育部门和集体办
66	北京市海淀区温泉中心小学	1955 年	教育部门和集体办
67	北京市海淀区五一小学	1954 年	教育部门和集体办
68	北京市海淀区西二旗小学	1930 年	教育部门和集体办
69	北京市海淀区西山小学	1930 年	教育部门和集体办
70	北京市海淀区西颐小学	1959 年	教育部门和集体办
71	北京市海淀区西玉河小学	1948 年	教育部门和集体办
72	北京市海淀区西苑小学	1957 年	教育部门和集体办
73	北京市海淀区香山小学	1750 年	教育部门和集体办
74	北京市海淀区向东小学	1968 年	教育部门和集体办
75	北京市海淀区肖家河小学	1947 年	教育部门和集体办
76	北京市海淀区星火小学	1961 年	教育部门和集体办
77	北京市海淀区学府苑小学	1952 年	教育部门和集体办
78	北京市海淀区学院路小学	1984 年	教育部门和集体办
79	北京市海淀区羊坊店第四小学	1958 年	教育部门和集体办
80	北京市海淀区羊坊店第五小学	1953 年	教育部门和集体办
81	北京市海淀区羊坊店中心小学	1945 年	教育部门和集体办
82	北京市海淀区艺术师范附属小学	1950 年	教育部门和集体办
83	北京市海淀区银燕小学	1958 年	教育部门和集体办
84	北京市海淀区永丰中心小学	1932 年	教育部门和集体办
85	北京市海淀区永泰小学	1919 年	教育部门和集体办
86	北京市海淀区玉泉小学	1960 年	教育部门和集体办
87	北京市海淀区育鹰小学	1960 年	教育部门和集体办
88	北京市海淀区知春里小学	1987 年	教育部门和集体办
89	北京市海淀区中关村第二小学	1971 年	教育部门和集体办
90	北京市海淀区中关村第三小学	1981 年	教育部门和集体办
91	北京市海淀区中关村第四小学	2003 年	教育部门和集体办
92	北京市海淀区中关村第一小学	1949 年	教育部门和集体办
93	北京市海淀区中坞小学	1965 年	教育部门和集体办
94	北京市海淀区周家巷小学	1949 年	教育部门和集体办
95	北京医科大学附属小学	1949 年	教育部门和集体办
96	首都师范大学附属小学	1994 年	教育部门和集体办
97	中国农业科学院附属小学	1950 年	教育部门和集体办
98	北京大学附属小学	1906 年	其他部门办
99	北京航空航天大学附属小学	1954 年	其他部门办
100	北京科技大学附属小学	1953 年	其他部门办
101	北京理工大学附属小学	1953 年	其他部门办
102	北京林业大学附属小学	1960 年	其他部门办
103	北京师范大学实验小学	1958 年	其他部门办
104	清华大学附属小学	1915 年	其他部门办
105	中国人民大学附属小学	1954 年	其他部门办
106	北京市海淀区行知实验学校	1994 年	民办
107	北京市海淀区振兴小学	1999 年	民办

普通中学

北大附中香山学校

校址：海淀区香山南辛村1号

1959年8月建校，始称香山中学。原为初中校，主要招收周边农村子弟。后随着学生增多，开始招收高中学生，成为完中校。1995年3月，学校高中部与北大附中合作，创办办学体制改革试点校——北大附中香山分校，与香山中学并存。2007年，北大附中香山分校回归公办，与香山中学合并，更名为北大附中香山学校。

2010年，占地面积22425平方米，建筑面积15196平方米，体育场面积3553平方米。图书馆藏书2万册。普通教室24个，专用教室5个，实验室5个。教职工76人，其中专任教师57人；高级职称教师7人。开设教学班25个。毕业320人，招生290人；在校生1050人（初中483人、高中567人），寄宿生513人。校训：学会做人，学会做事，学会学习，学会健身，学会创造。党支部书记李继英，校长董秀英。

北方交通大学附属中学

校址：海淀区皂君庙12号（北校区）

海淀区上园村3号（南校区）

1957年建校，初名北京铁道学院附属中学。1997年1月，更名为北方交通大学附属中学。2004年，被评为北京市示范性高中校。2006年，北方交通大学第二附属中学（初中校）并入交大附中，成为交大附中南校区。学校设立交大附中金帆书画院、模联社团、“星瑞天文社”、单片机社团活动等社团组织，为学生量身定制包括创意科技课程、美感艺术课程、德性价值课程、心理体育课程、文化积淀课程在内的多维幸福课程（200余门）。学生在科技、艺术方面多次获得国际金奖，学校先后获得全国棒球、垒球、田径单项冠军。

2010年，学校占地面积35444.82平方米，建筑面积50690平方米，体育场面积1.77万平方米。图书馆藏书12万册。普通教室63个，专用教室35个，实验室12个。教职工371人，其中专任教师278人；高级职称教师108人，特级教师2人，北京市骨干教师9人，北京市学科教学带头人2人。开设教学班84个（初中50个、高中34个）。在校生3838人（初中2269人、高中1569人），寄宿生449人。高中录取分数线509分（本区）。校训：饮水思源、爱国荣校。党支部书记、校长李玉梅。

北京大学附属中学

校址：海淀区大泥湾路甲81号

1960年建校。作为北京大学“小学—中学—大学—研究生院”四级火箭培养模式的重要组成部分，附中从成立开始就受到北京大学的高度重视和全力扶持。北大附中的办学特色表现在培养的学生高素质上。1978年，北大附中成为北京市重点中学。1995年，经海淀区教委批准北大附中实行自行命题考试。1997年，市教委确定北大附中等5所学校为市首批科技示范校。2000年5月20日，北大附中深圳南山分校成立。2001年，初中部恢复招生。2002年10月8日，北大附中新疆昌吉分校开学。2002年，北大附中入选北京市示范性普通高中。2004年12月，北大附中入选北京市学生金帆艺术团。2008年，北大附中入选北京首批“翱翔计划”基地学校。2009年11月，获得北京市中小学生乒乓球超级联赛团体高中组冠军。2010年，学校开始实行走班制、小班化教学。2010年，设立导师制度，取消班主任制。至2010年，共培养8位“奥林匹克”金牌获得者和3位“雷达杯”少年科学英才第一名，26名学生获北京市中学生最高奖“金帆奖”“银帆奖”。

北大附中培养和引进一批优秀青年骨干教师。1996年4月，北大附中数学教师张思明当选北京十大杰出青年。2000年，北大附中青年数学教师李宁在全国青年教师说课比赛中获一等奖。2002年11月22—25日，音乐教师康万德参加全国第三届音乐教师基本功比赛获得一等奖。2004年，张思明主持全国教育科学规划重点课题“跨世纪园丁工程特级教师计划专设课题”之“中学数学创新实践活动的设计与实施”获北京市第二届基础教育教学成果一等奖。

2010 年，学校占地面积 5 万平方米，建筑面积 5.99 万平方米，体育场（馆）面积 1.6 万平方米。普通教室 77 个，专用教室 32 个、实验室 14 个。教职工 173 人，其中专任教师 142 人。开设教学班 58 个（初中班 18 个、高中班 40 个）。在校生 2037 人（初中 685 人、高中 1352 人），包括外省份借读生 166 人。校训：勤奋、严谨、求实、创新。党支部书记生玉海，校长王铮。

北京钢铁学院附属中学

校址：海淀区志新路 36 号

1960 年创建，初为高级中学。1968 年，回归海淀区管理，并发展为完全中学。1994 年，海淀区教育局将当时刚建成的志新村中学暂借学校使用，成为学校的东校区。2003 年，学校从志新村中学搬回，同时校旁的海淀外语电子职业高中校址划归钢院附中，学校结束一校两址办学。2001 年，学校的门牌号由海淀区学院路 30 号变更为海淀区志新路 36 号，校门由科技大学（原北京钢铁学院）校园内移到志新路。2003 年，学校被批准进入高中示范校建设序列，开始长达 5 年的新校园基本建设。2010 年，学校成立国际部。同年，正式启动区级示范高中校申报工作。2013 年 9 月，学校更名北京科技大学附属中学。

学校确立以无线电测向活动为学校特色。2000 年，开始设立无线电电台，成为海淀区第一所在中学生中开展业余无线电通信的学校。2001 年，学校编写《无线电军事测向试用教材》，这是海淀区首次学校自编教材。2002 年，学校组建水球队。2003 年 2 月 16 日，入选全国无线电测向重点单位，全国共有 9 所重点学校。学校曾连续三年获北京市“金鹏奖”，先后有 6 人获得北京市中小学生“银帆奖”。2010 年，学校占地面积 51.8 亩，建筑面积 36311 平方米，体育场面积 12270 平方米。图书馆藏书 51389 册。普通教室 44 个，专用教室 8 个、实验室 25 个。教职工 144 人，其中专任教师 100 人；高级职称教师 20 人，北京市骨干教师 1 人。开设教学班 41 个（初中班 14 个、高中班 27 个）。在校生 1439 人（初中 476 人、高中 963 人）。高中录取分数线 464 分（本区）。校训：团结、守纪、求实、勇进。党支部书记、校长纪世铭。

北京航空航天大学附属中学

校址：海淀区学院路 37 号

1960 年 9 月建校，隶属于北京航空学院。1988 年，北京航空学院易名，学校由北京航空学院附属中学改名为北京航空航天大学附属中学。2006 年 2 月，与人大附中签约合作共建，聘任人大附中刘彭芝、王珉珠任北航附中校长、书记。学校利用北航优质资源，形成以航空航天科学技术为龙头，以航模和机器人为亮点的科技教育特色。2008 年，创办北京航空航天大学后备人才培养基地和北航附中科技俱乐部。截至 2010 年 12 月，已与北航 14 个院系、研究所建立稳定的合作关系，附中学生可以进入北航 8 个科技课堂训练中心、22 个实验室学习。学校开发科学素养、人文素养、体育健康、艺术审美、综合技能等五大领域的校本课程。学校多次获得北京市“金鹏奖”，航模队曾获得世界航天模型锦标赛团体冠军，学校机器人小组获第 27 届青少年科技创新大赛一等奖、第七届市青少年机器人竞赛一等奖。在“未来工程师全国挑战赛”中，学生获得“木梁承重”项目全国一等奖和最佳结构设计奖。学校是区体育传统项目（排球）学校，男子排球队曾获得匈牙利世界中学生排球赛冠军，5 次获得北京市冠军。

2010 年，学校占地面积 14450 平方米，建筑面积 12193 平方米，体育场面积 3293 平方米。图书馆藏书 3 万册。普通教室 33 个，专用教室 9 个，实验室 9 个。教职工 140 人，其中专任教师 103 人；高级职称教师 65 人，特级教师 1 人、北京市骨干教师 3 人。开设 33 个教学班（初中班 18 个、高中班 15 个），在校生 1262 人（初中 637 人、高中 625 人）。高中录取分数线 500 分（本区）。校训：通古今识，立凌云志，明是非理，成栋梁材。党支部书记吴鹏程，校长于秀娟。

北京矿业学院附属中学

校址：海淀区学院路丁 11 号

1960 年 9 月，由北京矿业学院创建，是一所住宿制高中学校，面向全国招生。1968 年成为一所非寄宿制的初中学校，划归到海淀区管辖。1972 年初成为一所完全中学。1992 年，学校建立中国第一支中学橄榄球队。此后陆续开设无线电、计算机及网络、航空、船模、球类等校本课程。至 2010 年，学校承担各级各类课题 30 余项，入选 EPD 教育项目实验学校、联合国教科文组织中国可持续发展教育(ESD)项目实验学校、市课改基地校等。

2010 年，学校占地面积 230000 平方米，建筑面积 22000 平方米，体育场面积 7787 平方米。图书馆藏书 3 万册。普通教室 30 个，专用教室 7 个，实验室 6 个。教职工 110 人，其中专任教师 95 人；高级职称教师 27 人，北京市骨干教师 1 人。开设教学班 30 个（初中班 15 个、高中班 15 个），在校生 1000 余人（初中近 500 人、高中 540 人）。高中录取分数线 450 分（本区）。校训：严谨、求实、和谐、进取。党支部书记、校长敖雪丹。2015 年 4 月，学校更名为中国矿业大学（北京）附属中学。

北京理工大学附属中学

校址：海淀区车道沟东路 1 号（本校）

海淀区紫竹院南路 11 号（分校）

1950 年建校，建校之初曾为北京市工农速成中学、北京工业学院附属中学，1980 年，成为海淀区重点中学。1990 年，更名为北京理工大学附属中学。1995 年，曙光学校（由董其武将军于 1951 年出资建立）并入北京理工大学附属中学。2001 年，原学校初中部（潘庄校址，紫竹院南路 11 号）转为公助民办体制，成为附中分校。2004 年 4 月 7 日，学校被评为北京市示范性普通高中。2010 年 3 月 22 日，理工大附中被命名为全国气象科普教育基地。学校建有棒球、板球、软式垒球、男子排球运动队，多次获奖。

2010 年，学校占地面积 4.2 万平方米，建筑面积 4 万平方米，体育场面积 1.50 万平方米。图书馆藏书 9.30 万册。普通教室 58 个，专用教室 44 个。教职工 227 人，其中专任教师 200 人；高级职称教师 73 人；特级教师 4 人，北京市学科教学带头人 1 人，市级骨干教师 7 人。开设教学班 56 个（初中 30 个、高中 26 个）。在校生 2355 人（初中 1237 人、高中 1118 人）。高中录取分数线 514 分（海淀区）。校训：厚德、积学、沉毅、笃行。党支部书记、校长曲艳霞。

北京理工大学附属中学分校

校址：海淀区紫竹院南路 11 号

2001 年 7 月成立，初名北京市京工中学。学校是以北京理工大学附属中学初中部及原理工附中分校为基础转制成立的民办学校，面向全国招收初中学生（含住宿生）。办学当年招收首届初一学生，2004 年 8 月开始招收高一学生。2010 年 8 月，因校舍有限停止招收高一新生。学校领导和任课教师均由北京理工大学附中统一安排，同时吸纳全国优秀教师加盟。学校有专任教师 70 余人，具有硕士学位或研究生课程班结业的教师占 40%。学校共培养出数十名海淀区中考物理、化学、英语、语文学科的单科状元。2010 年，被评为全国民办教育先进集体。

2010 年，学校占地面积 9000 平方米，建筑面积 7200 平方米，体育场 3300 平方米。图书馆藏书 2 万册。普通教室 22 个，专用教室 4 个，实验室 4 个。教职工 98 人，其中专任教师 70 人；高级职称教师 34 人。开设教学班 22 个（初中班 18 个、高中班 4 个）。在校生 771 人（初中 669 人、高中 102 人），寄宿生 90 人。校训：厚德积学、沉毅笃行。党支部书记、校长朱靖华。

北京农业大学附属中学

校址：海淀区圆明园西路 3 号

1960 年，由北京农业大学创建，系全日制高级中学。1969 年，与北京市第一二五中学合并，更名东北旺中学，发展为完全中学。1985 年更为现名。1996 年 12 月，北京市东北旺第二中学初中部并入北京农业大学附属中学，东北旺第二中学的校舍、场地划归农大附中使用。2004年12月底，农大附中南教学大楼落成。2007年8月30日，农大附中招收首届内地新疆高中班。该班共有80名学生。学校体育、科技教育、外语实验教学、团建等方面特色鲜明。曾荣获第九届全国中学生运动会（北京）突出贡献奖、输送竞技体育后备人才贡献奖等。至2010年，多名学生多次在国内国际中学生田径锦标赛中夺得冠军。

2010年，学校占地面积59723平方米，建筑面积49580平方米，体育场面积16383平方米。图书馆藏书62103册。普通教室44个，专用教室12个，实验室15个。教职工199人，其中专任教师152人；高级职称教师48人，北京市骨干教师1人。开设教学班40个（初中班18个、高中班20个，预科2个）。在校生1652人（初中768人、高中884人），寄宿生453人。高中录取分数线449分（本区）。党支部书记、校长李兵。

北京师范大学第三附属中学

校址：海淀区北三环中路甲36号（本校）
海淀区文慧园北路24号（分校）

1959年建校，初名北京市第一二三中学。1993年至1995年改建并扩建学校。1998年9月，增加牡丹园校区。2003年，学校兼并海淀区文慧园中学。2006年12月3日，更名为北京师范大学第三附属中学。学校以“科技，艺术、体育”为主要特色教育内容，其中摄影和定向越野是学校的传统优势项目。学校科技活动、艺术社团、特色体育等已形成规模。1996年成立管乐队。2003年10月，承办首届北京市中学生定向越野锦标赛。2007年，被评为海淀区棒球项目体育传统校。学校培养研究性学习的教师队伍，高中课改三年开展近300个课题研究，其中12个课题在海淀区课题研究评比活动中获奖。2003年，被评为国家基础教育课程改革实验先进单位

2010年，学校占地面积25498平方米，建筑面积20540平方米，体育场面积7963平方米。图书馆藏书79790册。普通教室42个，专用教室31个，实验室8个。教职工153人，其中专任教师135人；高级职称教师35人，北京市骨干教师2人。开设教学班37个（初中18个、高中19个），在校生1470人（初中687人、高中783人）。高中录取分数线472分（本区）。校训：厚德、勤学、守正、拓新。党支部书记、校长齐英春。

北京石油学院附属中学

校址：海淀区学院路20号（石油大院内）

1960年建校，是一所公立完全中学。2004年，由海淀区政府投资，为北京石油学院附属中学建成高中教学及办公综合楼、图书馆、田径运动场、篮排球场，对南教学楼装修改造。2006年，海淀区政府投资修建体育艺术综合馆。2010年，举办建校五十周年校庆。学校发扬“铁人精神”，培育“五唯文化”，即“做人唯贤，学识唯渊，律己唯严，待人唯信，意志唯坚”。学校自主开发出宝石鉴赏、中国陶瓷器史、生物学与健康生活等100多门校本课程。学校开设足球队、篮球队、健美操队等20多个学生社团。学校管乐团2006年组建。学校高中足球队自2008年以来连续多次获得北京市中小学生足球比赛冠军。

2010年，学校占地面积26917平方米，建筑面积9335平方米，体育场面积13885平方米。图书馆藏书40068册。普通教室78个，实验室10个。教职工149人，其中专任教师127人；高级职称教师19人，特级教师1人，北京市骨干教师1人。学校开设教学班40个（初中班18个、高中班22个），在校生1391人（初中642人、高中749人）。校训：团结、勤奋、求实、创新。党支部书记、校长孙丽华。

北京市八一中学

校址：海淀区苏州街29号

1947年3月1日，晋察冀军区荣臻小学校在河北省阜平县沟漕村（今向阳庄）成立。1964年7月，学校移交北京市教育局领导，列为市教育局直属学校，改名为北京市八一学校，分为小学部和初中部。1976年1月，学校撤销小学部，改名为北京市八一中学，成为完全中学，归海淀区教育局领导。1995年6月，海淀第二中学初中部并入北京市

八一中学，海淀二中校舍、场地划归八一中学使用，成为八一中学分校。1997年开始，海淀区政府投资3000多万元，拆除校园南部的旧中学楼和平房教室，建高中新教学楼、实验楼和图书馆楼。1999年，学校对高中楼、图书馆楼、实验楼进行改建。同年，与北京富利房地产开发公司联合创办北京市科迪实验中学。2001年，海淀区对中关村西区进行全面改造和开发，学校分校教学区被拆除，学校重新对校园进行总体规划和大规模建设，改建和新建项目建筑面积达24850平方米，总投资6106.5万元。2003年6月，学校被市教委批准为北京市示范性普通高中。学校以"军魂铸人、学科育人、生态立人"为特色，开设有关军魂、生态、艺术、科信、校园足球、传统文化等特色课程。学校成立翱翔足球俱乐部、金帆管乐团、金帆合唱团、银帆京剧团和武术、健美操、定向越野等体育特长队。1995年8月，徐顺意校长获全国优秀教育工作者称号。2010年3月，学校足球队获北京市体育传统项目学校足球比赛高中组、初中组、小学组冠军。2010年5月，特级教师张亚红被评为北京市先进工作者。

2010年，学校占地面积156562平方米，建筑面积189661平方米。教职工306人，其中专任教师267人；高级职称教师67人，特级教师3人，北京市骨干教师2人，北京市学科教学带头人7人。开设教学班73个（初中班42个、高中班31个），在校生2975人（初中1756人、高中1219人）。校训：继往开来、开拓无前。党支部书记王世东，校长沈军。

北京市北达资源中学

校址：北京大学畅春园

学校前身是1985年创办的北京大学第二附属中学。1998年4月，学校改制为北京大学资源集团主办，北大附中承办的民办初中，同时更名为北达资源中学。2002年，开设由物理、化学、生物三科构成的学科实践课。学校开设20多门选修课程，涉及科学、人文、历史、体育、艺术、诗词、财经等领域。学校先后被评为国家基础教育课程改革实验工作先进单位、中央教育科学研究所重点课题实验学校、全国民办教育先进集体等。2005年，校本教材《学科实践》由北京大学出版社出版。

2010年，学校占地面积13320平方米，建筑面积7023平方米，体育场面积4600平方米。图书馆藏书21311册。普通教室20个，专用教室3个，实验室7个。教职工119人，其中专任教师89人；高级职称教师35人。开设教学班30个。毕业472人，招生457人，在校生1302人。校训：勤奋、严谨、求实、创新。党支部书记栾斌，校长张继达。

北京外国语大学附属外国语学校

校址：海淀区西二旗大街19号

1959年9月建校，初名北京外国语学院附属外国语学校（以下简称北外附校）。1988年，因大学规模扩大，北外附校停办。2001年，北京外国语大学决定重办北外附校，2002年2月，北外附校恢复重建，采用"国有民办"办学机制。恢复重建后的北外附校，是一所集小学、初中、高中于一体的民办寄宿制学校。2002年7月，北外附校租用北京林业大学成人教育学院海淀区西三旗雪梨澳乡校址作为校舍。当年招初一新生126人，4个班。2004年1月，学校迁至租用的房山区长阳镇稻田村南里六号原前进大学校址继续办学。2005年9月，首届高一学生81人入学报到。2006年7月17日，北外附校西二旗新校舍竣工。2006年暑期，学校成立中学部、小学部、国际部，小学部在新学期开始招生。2006年8月，学校从房山区迁往西二旗大街19号校园新址。2006年9月12日，北外附校迎来首批韩国留学生。2006年10月26日，西二旗新校园落成。2010年5月，学校通过招收外国留学生资质的评估工作，成立中加文化教育交流中心。

2010年，学校普通教室88个，专用教室2个，实验室12个。教职工464人，其中专任教师253人；高级职称教师96人，特级教师4人。开设教学班88个（小学班54个、初中班20个、高中班14个）。高中录取分数线460分。校训：团结、紧张、宽容、严谨。党支部书记陈韵，常务副校长王彤。

北京市翠微中学

校址：海淀区翠微路1号

1962年9月建校，1962年至1974年是初中校。1974年招收4个高中班，从此，翠微中学成为完中学校。学校初中设艺术班和英语口语外教班，高中设有实验班，实行分层流动教学。2007年，学校被评为北京市高中课改样本校。2009年，学校参加海淀区第二期中英改革实验校项目。

2010年，学校占地面积11319.93平方米，建筑面积11814平方米，体育场面积4488平方米，图书馆藏书3万册。普通教室27个，专用教室5个，实验室6个。教职工107人，其中专任教师91人；高级职称教师20人。开设教学班27个。毕业380人，招生380人，在校生1100余人（初中近500人、高中660人）。校训：立志、勤奋、文明、进取。党支部书记、校长宋官雅。

北京市第十九中学

校址：海淀区万泉河路83号

学校前身是1916年清华大学、燕京大学教工筹款创办的培元女子小学。1944年定名为培元学校。1952年，培元学校与蓝靛厂中学班合并，新选海淀万泉庄梁家花园为校址，并更名北京市第十九中学。1984年、1993年、2003年校园进行三次大的改造。2004年，阳春光华小区配套新建学校划归北京市第十九中学使用。2005年7月，合并北京市第四十五中学。四十五中坐落于四季青乡牛碌坟37号，1952年建校。至此，十九中一校三址，分为东区（万泉河路）、中区（阳春光华校区）、西区（原四十五中四季青乡校址）。十九中是海淀区第一批重点中学之一。

1984年，学校与海淀体校合作创建手球队，成为北京市手球训练三级网点基地。1989年，成立金帆广播少年民族乐团。1994年，被国家教委命名为全国中小学计算机教育实验学校。1998年，被教育部命名为全国现代教育技术实验学校，1998年，被北京市政府认定为北京市教育系统外事活动重点参观单位。2000年至2010年，学校大力发展计算机、音乐、美术、体育等学科，以特色教育带动学校整体教育、教学水平的提高。2000年，成立金帆书画院海淀分院。2004年，学校被北京市认定为北京市科技教育示范校及北京市艺术教育示范校。2010年4月，入选海淀区通用技术课程基地学校；6月入选海淀区首批示范性普通高中；12月获得金鹏科技奖。

2010年，学校占地面积99088.53平方米，建筑面积85488.66平方米，体育场面积45524平方米。图书馆藏书15.24万册。普通教室77个，专用教室15个，实验室12个。教职工286人，其中专任教师271人；高级职称教师69人，特级教师1人，北京市骨干教师5人。开设教学班82个（初中班46个、高中班36个），在校生2549人（初中1572人、高中977人）。高中录取分数线492分（本区）。校训：好学、力行、知耻。党支部书记余晓灵，校长郭建军。

北京市第二十中学

校址：海淀区清河小营西路11号

1951年9月建校，初名清河中学班。1952年改为现名。1964年，学校分立为清河中学和北京市第二十中学两校。1992年，学校建成实验教学楼。1996年6月，学校艺术教学楼建成，北教学楼东侧建成“语录墙”“五爱墙”等，西侧建成校友亭。学校先后被评为北京市田径传统项目学校（1986年）、北京市艺术传统项目学校（1993年）、北京市科技活动示范校（1997年）。2004年，入选北京市示范性普通高中。

2010年，占地面积72239平方米，建筑面积46443平方米，体育场面积26692平方米。图书馆藏书17万册。普通教室70个，专用教室19个，实验室15个。教职工224人，其中专任教师208人；高级职称教师64人，特级教师6人，北京市骨干教师8人。开设教学班60个（初中班36个、高中班24个），在校生2575人（初中1633人、高中942人），寄宿生396人。高中录取分数线501分（本区）。校训：勤奋、求实、向上。党支部书记张山元，校长陈恒华。

北京市第四十七中学

校址：海淀区苏家坨镇北安河环谷园8号

前身是1923年10月建校的私立北平中法大学附属温泉中学。1950年改为中央重工业部职工子弟温泉中学。1953年7月，学校移交给北京市，校名改为北京市第四十七中学。1993年至2010年学校全面实施素质教育，实施小班化教学实践。1995年，学校高中部试点“公办民助”办学体制改革试验，2007年结束试验，高中回归四十七中。2005年10月，北大附中与四十七中签订协议建立“手拉手”关系。两校举行“手拉手”活动研讨会，同上一节课活动。

2010年，学校占地面积297947平方米，建筑面积45024平方米，体育场面积22629平方米。图书馆藏书58860册。普通教室37个，专用教室8个，实验室7个。教职工88人，其中专任教师62人；高级职称教师12人。开设教学班27个（初中班15个、高中班12个），在校生900人（初中514人、高中386人），包括寄宿生600人。高中录取分数线380分（本区）。校训：勤、诚、平、恒。党支部书记、校长国敬华。

北京市第五十七中学

校址：海淀区北蜂窝中路6号

1954年建校，1955年开始招生，是海淀区一所公立完全中学。1999年，学校天文观测台建成。2001年1月15日，学校成立射箭队。同年建成机器人实验室和飞行模拟实验室，开展飞行模拟活动。2002年11月21日，中国射箭协会在五十七中学举行“全国重点射箭运动学校”挂牌仪式。2003年，首批获得招收英语特长班资格。2004年，首次获得招收科技、艺术特长生资格。2004年，学校建成天象厅、数字宇宙剧场。2007年，学校成立国际部。2008年，现代化图书阅览室建成。

2010年，学校占地面积14567.77平方米，建筑面积15382.8平方米，体育场面积522.0平方米。普通教室46个，专用教室4个，实验室6个。教职工175人，其中专任教师161人；高级职称教师46人。开设教学班46个。毕业543人，招生678人，在校生2073人（初中1084人、高中989人），寄宿生180人。校训：科学、文明、勤奋、创新。党支部书记、校长刘晓昶。

北京市第六十七中学

校址：海淀区厢红旗东门外甲3号

1954年建校，始称青龙桥中学班。1955年改为现名。1958年，增设高中班，成为一所完全中学。1995年，与玉泉山中学合并，学生全部集中在北京市六十七中学就读，玉泉山中学的校舍、场地划归北京市第六十七中学使用。1998年，新建高中教学楼。2005年，新建电教综合楼。

2010年，学校占地面积27397平方米，建筑面积16847平方米。教职工111人，其中专任教师81人。开设教学班30个（初中15个、高中15个），在校生1032人（初中501人、高中531人）。校训：敬业乐群，求实创新。党支部书记、校长王军。

北京市第一零一中学

校址：海淀区颐和园路11号

学校前身是由中共晋察冀中央局、晋察冀边区政府于1946年3月20日创办的张家口市立中学。1955年9月，学校隶属北京市教育局，面向全社会招收学生，定名为北京市第一零一中学。2002年5月24日，双榆树二中并入学校，称北京一零一中初中部。

北京一零一中是北京市示范性普通高中。1995年，根据国家教委“对一些学校实行全部学科或部分学科的免考制度”的意见，学校实行自行命题考试。1996年10月，学校创办全国第一个中学远程教育网——101教育教学网，以共享优秀教育教学资源。至2003年年底，101远程教育网的用户已达十几万户，涉及全国1000多所学校。2003年4月18日，温家宝总理视察学校。2008年，承办北京2008奥林匹克青年营。“九五”期间学校各级立项课题共计11项，“十五”期间教学科研课题立项9项，“十一五”期间结题教学科研课题14项。学校教师中有全国教育系统劳动模范、全国优秀教师、北京市劳动模范、首都五一劳动奖章获得者 7 人，特级教师 13 人，市、区级学科带头人、骨干教师 70 余人。2007 年和 2009 年培养出高考状元 2 人。

2010 年，学校占地面积 21.25 万平方米，建筑面积 5.70 万平方米，体育场面积 4.70 万平方米。图书馆藏书 13.10 万册。普通教室 72 个，专用教室 21 个，实验室 13 个。教职工 363 人，其中专任教师 260 人；高级职称教师 96 人，特级教师 5 人，北京市骨干教师 13 人，北京市学科教学带头人 2 人。开设教学班 83 个（初中班 47 个、高中班 36 个），在校生 3394 人（初中 2031 人、高中 1363 人），寄宿生 549 人。高中录取分数线 526 分（海淀区）。校训：百尺竿头更进一步。党支部书记、校长郭涵。

北京市第一零五中学

校址：海淀区西外高粱桥斜街 3 号

1964 年建校，1973 年，发展为完全中学。1996 年 9 月，学校成立金马民族乐团。2000 年 9 月，经海淀区教委和海淀区体委批准，学校被命名为海淀区业余技击体校。2005 年 12 月，学校自编的校本教材《在古迹环绕下》获海淀区教育科研创新成果奖。2010 年 5 月，与首都师范大学化学系合作建立实习基地校。

2010 年，学校占地面积 16584.01 平方米，建筑面积 15704.38 平方米，体育场面积 5930 平方米。图书馆藏书 3.87 万册。普通教室 35 个，专用教室 9 个，实验室 4 个。教职工 120 人，其中专任教师 97 人；高级职称教师 32 人。开设教学班 35 个（初中 18 个、高中 17 个）。在校生 1205 人，其中寄宿生 658 人。高中录取分数线 394 分（本区）。校训：至微、至显、善作、善成。党支部书记、校长卢冰。

北京市第二零六中学

校址：海淀区翠微路 19 号

1979 年建校，系全日制完全中学。1982 年，从羊坊店村 114 号迁至现址。1985 年，举办职业高中，发展为职普并存校。1995 年年初，职高部并入北京市第一八九中学，二零六中成为纯初中校。2009 年，学校入选北京市初中建设工程重点项目校。

2010 年，学校占地面积 11880 平方米，体育场面积 4510 平方米，建筑面积 4626.36 平方米，普通教室 18 个，实验室 3 个。图书馆藏书 0.6 万册。在校生 460 人，18 个教学班。教职工 60 人，其中专任教师 43 人；高级职称教师 8 人，特级教师 1 人，北京市骨干教师 1 人。校训：严谨、求实、勤奋、进取。党支部书记、校长张仲坤。

北京市二十一世纪国际学校

校址：海淀区恩济庄 46 号

1993 年 5 月成立，校名北京市二十一世纪实验学校。该校由锡华集团投资兴办，是全国首家“政府出政策、企业出资金、专家办学校”的具有国际化特色的民办寄宿制新型学校。2010 年 4 月，学校更名为北京市二十一世纪国际学校。学校采取小班制教学制度。英语教学是学校一大特色，学校连续举办英语单词王比赛、英语知识竞赛、英语歌曲大赛、英语故事会、英语圣诞晚会等。2007 年 6 月，学校与北京市第一零一中学联合引进和举办美国高中 AP 课程。2008 年 7 月，经美国大学理事会批准设立 AP 考点。2010 年 3 月，学校与美国费尔蒙特学校合作开办中美高中双文凭项目。2010 年 5 月，与北京市十一学校签署合作办学协议。至 2010 年，学校被评为北京市优秀民办学校、北京市民办教育先进单位、北京市海淀区创建学习型组织先进单位。

2010 年，学校占地面积 88000 平方米，建筑面积 52514 平方米，体育场面积 14340 平方米。图书馆藏书 2.90 万册。普通教室 59 个，各种专用教室实验室 11 个，教职工 198 人，其中专任教师 136 人；高级职称教师 15 人，特级教师 4 人。开设教学班 34 个（初中班 15 个、高中班 19 个），在校生 1715 人（初中 489 人、高中 478 人），包括寄宿生 1715 人。校训：做豪迈的中国人。党支部书记、校长范胜武。

北京市海淀北部新区实验学校

校址：海淀区苏家坨镇西小营村

1958 年建立，初名北京市苏家坨中学，校址在苏家坨镇苏一二村，是一所公办全日制农村初中校，学制三年。建校之始有 1 个年级，3 个教学班，168 名学生。当时属昌平县管理。1959 年初划归海淀区。1966 年 9 月，增加高中办学。1982 年 7 月，高中停办。1985 年，合并苏家坨二中，校名依然沿用北京市苏家坨中学，为一所纯初中校。1994 年 5 月，学校迁现校址。2005 年 7 月，学校更名为北京市海淀北部新区实验中学。2012 年 11 月，学校与原前沙涧小学合并，更名为北京市海淀北部新区实验学校，成为义务教育九年一贯制学校。

2010 年，学校占地面积 64733 平方米，建筑面积 18797 平方米，体育场面积 16909 平方米。图书馆藏书 39252 册。普通教室 18 个，专用教室 5 个，实验室 3 个。教职工 54 人，其中专任教师 40 人；高级职称教师 5 人，北京市骨干教师 2 人。开设初中教学班 17 个，毕业 182 人，招生 181 人，在校生 551 人。校训：明德、博学、慎思、笃行。党支部书记、校长陈永林。

北京市海淀区尚丽外国语学校

校址：海淀区香山南路四统碑

1993 年创办的民办全日制寄宿制学校，面向全国招生。初期只有小学，1998 年成立中学部。2008 年，成立国际部。2010 年，学校占地面积约 60000 平方米，建筑面积 35767 平方米。专用教室 8 个，实验室 4 个，教职工 180 人，其中专任教师 159 人，包括特级教师 1 人。开设教学班 95 个（初中班 26 个、高中班 33 个、小学班 36 个），在校生 2000 余人（初中近 500 人、高中 540 人、小学 1000 人）。校训：身心健康快乐、行为习惯良好、敏而好学会学，学习成绩优异。党支部书记张勋，校长郑洪栋。

北京市海淀区星星学校

校址：海淀区马连洼菊园小区内

学校是 1997 年成立的九年一贯制民办学校。2001 年，在大兴区郁花园小区建立分校。2004 年，接收国际交流学生，开始面向国际招生。2008 年，并入君谊星星教育集团。2010 年，学校占地 8000 平方米，建筑面积 3178 平方米。体育场面积 5000 平方米。普通教室 16 个，专用教室 6 个。教职工 46 人，其中专任教师 35 人；高级职称教师 6 人。开设初中教学班 10 个，招生 270 人，包括寄宿生 240 人。董事长段君宜，校长陈媛媛。2011 年更名为北京市海淀区崛起实验学校。

北京市海淀实验中学

校址：海淀区白堆子 131 号（初中部）

海淀区紫竹院路 96 号（高中部）

2004 年 12 月，北京市阜成路中学和北京市第一二二中学合并成立北京市海淀实验中学。阜成路中学的前身是建于 1934 年的私立钟氏育才学校，1974 年改名为北京市阜成路学校。1994 年，小学部并入北京市海淀区实验小学。2000 年逐步撤销职业高中，开办普通高中。2001 年，学校更名为北京市阜成路中学。校址现为海淀实验中学初中部。一二二中是 1958 年建立的普通完全中学。校址现为海淀实验中学高中部。

2005 年 5 月，实验中学校园钱学森塑像揭幕，高中理科实验班命名为“钱学森班”。7 月，首次获得招收科技特长生资格。2007 年 11 月，学校开设 AMC 美国数学竞赛辅导、文言文导读、音乐与戏剧表演等 50 多门校本选修课。至 2010 年，学校获得“十五”期间中央教育科学研究所科研教改先进实验学校、全国信息技术示范校等称号。2010 年，学校占地面积 4.5 万平方米，建筑面积 4.6 万平方米，体育场面积 32556 平方米。图书馆藏书 13 万册。普通教室 79 个，专用教室 10 个，实验室 7 个。教职工 285 人，其中专任教师 198 人；高级职称教师 69 人，北京市骨干教师 3 人。开设教学班 79 个（初中 47 个、高中 32 个），毕业 853 人（初中 470 人、高中 383 人）。高中录取分数线 496 分（本区）。校训：团结、勤奋、求实、创新。党支部书记曾海平，校长闫华明。

北京市海淀外国语实验学校

校址：海淀区杏石口路 20 号

1999 年 7 月建校，初名北京市铁富中学。

学校是北京市四博连通用机械新技术公司利用西山中学校址投资举办的民办寄宿制初级中学，校址海淀区四季青乡西平庄。2001年1月，更名为北京市海淀外国语实验学校，并增设普通高中和小学，成为十二年一贯制学校，于同年8月迁至现校址。至2010年，学校设有学前、小学、初中、高中、国际班、美国卡登教育部，才艺培训中心、少儿钢琴培训中心。学校小学部外语课每周9节，开设完全外教的卡登英语班、发展数学特长的思维训练班，以舞蹈、羽毛球为特色的文体培训班。同时，全员开设游泳课、舞蹈课、形体课、钢琴课，对学生进行专业化的训练。学校先后获得北京市民办教育先进单位、北京市羽毛球协会羽毛球培训基地等称号。

2010年，学校占地面积20万平方米，建筑面积9万平方米，体育场面积29775平方米，体育馆面积5568平方米。图书馆藏书5万册。有专业教室240个，教职工775人，其中专任教师322人；高级职称教师37人；外籍教师45人。开设教学班111个（高中17个、初中32个、小学62个），在校生3482人（小学1911人、初中1126人、高中445人），寄宿生3482人。高中录取分数线477分（本区）。校训：面向世界，自强不息。党支部书记、校长章鹏。

北京市建华实验学校

校址：海淀区玉泉路66号

学校始建于1993年，是一所全日制、寄宿制民办学校。办学初期租用丰台洋桥小区校舍，实施十年（小学五年、初中三年、高中二年）一贯制双语教学。1996年，迁入十一学校，与十一学校联合办学。1998年11月，成立董事会，实行董事会领导下的校长负责制。从此，学校走上一条“依托十一学校建设与发展”之路。1999年4月，学校取得社会力量办学许可证。2000年开办高中，建成拥有小学、初中、高中的完全学校，学生人数上升至867人。2009年9月，十一建华实验幼儿园开园。2009年，在全国优秀民办小学评选中，建华实验学校被评为“优秀民办中小学”，李金初校长被评为“优秀民办中小学校长”。

2010年，学校占地面积8272平方米，建筑面积21000平方米，体育场面积3960平方米。图书馆藏书59332册。普通教室36个，专用教室3个。教职工240人，其中专任教师150人；高级职称教师10人，特级教师1人。在校学生共2000余人，其中小学部开设教学班36个，在校学生1000余人，中学部开设教学班23个（初中班10个、高中班13个），在校生1000余人。高中录取分数线497分（本区）。校训：团结友爱、尊敬师长、牢记规则、节约水电、勤奋学习、热爱劳动、积极进取、争做建华好少年。党支部书记刘桂林，校长李金初。

北京市科迪实验中学

校址：海淀区苏家坨镇苏三四村

学校是2000年3月由北京市富利房地产开发公司开办的民办寄宿制完全中学，面向全国招生。学校分为南北校区。南校区包括教学楼、综合楼、宿舍楼、餐厅、图书馆等，北校区是校内学生实践基地，设有家政苑、农耕院和生物园等课外活动场所，以及供学生开展选修课的乒乓球大厅、网球练习场和比赛场。2010年，学校占地面积72004平方米，建筑面积3.2万平方米。图书馆藏书12000册。普通教室39个，专用教室7个，实验室6个。教职工150人，其中专任教师98人；高级职称教师20人。开设教学班36个（初中班24个、高中班12个），在校生1100余人（初中近900人、高中200人），全部住校。高中录取分数线440分（本区）。校训：团结、勤奋、自强、创新。党支部书记、校长张小梅。

北京市立新学校

校址：海淀区阜成路甲3号

立新学校是一所集幼儿园、小学、初中、高中于一体的十五年一贯制学校。学校前身是1920年建校的香山慈幼院，1949年，香山慈幼院总院迁至西安门大街26号。1954年春，香山慈幼院迁入阜成路（白堆子）新校舍，隶属市民政局管理。1967年，增设中学部，成立北京市立新中学，转属海淀区管理。

1973年，北京市立新中学、甘家口第三小学（新生小学）、新生幼儿园合并，定名为北京市立新学校。1999年2月，立新学校作为九年一贯制试点学校，小学部毕业生全部直接升入本校初中部学习，缺额部分由中招办分配学生入学。2000年9月30日，市教委批准立新学校增挂香山慈幼院校牌。2003年9月，甘家口小学并入立新学校。2007年，学校开办住宿部。2010年，立新学校被首批认定为海淀区示范性普通高中、海淀区通用技术课程基地学校。

2010年，学校固定资产总值约8000万元。教职工236人，其中专任教师224人；高级职称教师36人。幼儿园开设9个教学班，1个半日亲子班。小学开设24个教学班，在校生958人。中学开设教学班42个（初中24个、高中18个），在校生1651人（初中988人、高中663人），寄宿生103人。党支部书记、校长刘卫红。

北京市六一中学

校址：海淀区定慧西里17号

1950年6月建校，最初为公安部队子弟学校——六一学校。1970年中、小学部分开，中学部正式命名为北京市六一中学。1993年4月，由八里庄街道恩济庄46号迁入现址。六一中学是北京武术院训练基地，是海淀区体育运动传统项目学校。学校把武术纳入课程管理，开设刀术、棍术、太极拳、跆拳道等选修课程，供学生选择。学校先后荣获全国教改实验先进学校、全国语文教改示范校、北京市体育传统项目学校（武术、散打）等称号。

2010年，学校占地面积15695.49平方米，建筑面积16599.4平方米，体育场面积4972平方米。图书馆藏书6.84万册。普通教室42个，专用教室5个，实验室6个。教职工111人，其中专任教师91人；特级教师4人，高级职称教师24人。开设教学班30个。毕业209人，招生353人，在校生956人（初中325人、高中631人），寄宿生161人。校训：崇德、益智、求实、创新。党支部书记、校长赵畅。

北京市明光中学

校址：海淀区学院南路1号

明光中学是海淀区的一所普通中学，建于1974年。学校以清新校园无烟行动为载体，倡导学生健康成长，1992年，被命名为北京市首批“无烟校”。学校有计划地开展爱国主义教育、革命传统教育、法制教育等主题教育活动和社会实践活动。学校以适度的规模及小班教学彰显其“加工能力”，大幅度提高学生的学业成绩。

2010年，学校占地面积9418.95平方米，建筑面积10526平方米，体育场面积3800平方米。图书馆藏书4.06万册。普通教室24个，专用教室5个，实验室6个。教职工100人，其中专任教师78人；高级职称教师18人。开设教学班24个（初中12个、高中12个），在校生723人（初中318人、高中405人）。高中录取分数线431分（本区）。校训：明德、笃学、健康、求实。党支部书记、校长褚春江。

北京市清河中学

校址：海淀区清河镇一街83号

1951年，清河中心小学附设初中班。1952年，初中班独立建制，命名为北京市第二十中学。1958年开办高中部。1964年，高中部、初中部分离，初中部清河校址不变，命名为北京市清河中学。1993年，北京市清河中学正式变更为纯初中学校。2005年，学校实施初中建设工程。2006年12月，被评为海淀区学习型单位。2010年，学校占地面积18817平方米，建筑面积16587平方米，体育场面积7914平方米。图书馆藏书6万册。普通教室30个，专用教室2个、实验室4个。教职工104人，其中专任教师79人；高级职称教师9人，北京市骨干教师1人。开设教学班30个。毕业270人，招生320人，在校生800余人。校训：健康、和谐、乐学、创新。党支部书记孙玉柱，校长王淑娟。

北京市清华育才实验学校

校址：海淀区闵庄路56号

学校为1997年由清华大学和清华附中的退休教师共同举办的民办学校。学校建校时地址为清华大学北大石桥，处在清华学苑范围内。依托清华大学和清华附中的声誉，首届招收300多名学生。2002年8月1日，学校改在昌平东沙屯临时办学。2004年，学校与北京市第十九中学合作办学，2005年，与清华大学附中合作办学。2005年，学校迁至海淀区闽庄路56号(原四十五中校园)。2010年，学校被评为“全国民办教育先进集体”。学校与新加坡美国高等教育学院合作，开办高中英语加强班；学校与德国瓦尔登堡欧洲高级文理中学合作，开办高中德语加强班。

2010年，学校占地面积44875平方米，建筑面积9314平方米，图书馆藏书5万余册。教职工50人，其中专任教师29人；高级职称教师7人。开设教学班13个(初中班9个、高中班4个)。在校生354人(初中250人、高中104人)。校训：好学、力行、知耻。党支部书记蔡志学，校长李江洲。

北京市清华志清中学

校址：海淀区中关村北大街

1989年，清华大学附属中学老教师协会创办民办中等专业学校北京市清华自清培训学校。1997年，更名为北京市清华志清中学，改为民办全日制普通高级中学。1998年，学校由海淀区树村大队迁至体育大学东侧。2003年6月，北京远洋投资有限公司接管学校。2006年，与韩国合作办学，招收韩国学生。

2010年，学校占地面积13320平方米，建筑面积5234平方米，体育场面积4712平方米。普通教室14个，专用教室3个，实验室3个。教职工60人，其中专任教师23人；高级职称教师12人，特级教师1人。开设高中教学班9个，在校生320人，其中寄宿生120人。校训：知春早学，自强不息，识才仁教，厚德载物。校长魏清。

北京市上地中学

校址：海淀区中关村北大街2号

上地中学成立于2005年7月，2006年正式招生。该校是受海淀区教委委托、由北京市上地实验学校承办的一所公办初中校。绝大部分学生为北大附小、清华附小、中关村二小分校、上地实验小学、清河五小的派位学生，每年共接收4个班大约140人。

2010年，学校占地面积12204平方米，建筑面积7425平方米，体育场面积6524平方米。图书馆藏书16005册。普通教室17个，专用教室8个，实验室3个。教职工56人，其中专任教师44人；高级职称教师5人。开设初中教学班12个。毕业126人，招生143人，在校生372人。党支部书记郭涵，校长关凤杰。

北京市上地实验学校

校址：海淀区上地二街3号

1998年，由北京实创集团与北京市第一零一中学创办。学校办学体制为“国有、公办、民助”，经费形式为差额补贴。2010年起，学校改为公办办学体制。一零一中校长郭涵兼任学校校长，一零一中副校长王桂玲兼任常务副校长。学校每学期开设40～60门选修课，并纳入课表。学校先后在全国和北京市青少年科技创新大赛、天文竞赛、电脑机器人竞赛中取得优异成绩。2006年，初三年级学生丘立薇研究的“相变储能、保温、保水、缓释复合有机肥”课题获第26届北京市科技创新大赛一等奖。

2010年，学校为初级中学，占地面积33413平方米，建筑面积19604平方米，体育场面积16910平方米。图书馆藏书3.10万册。普通教室44个，专用教室10个，实验室6个。教职工118人，其中专任教师94人；高级职称教师14人，北京市骨干教师1人。开设教学班47个。毕业633人，招生525人，在校生2064人。校训：团结、勤奋、求实、创新。党支部书记、校长郭涵。

北京市上庄第二中学

校址：海淀区上庄镇东小营2号

学校前身是1971年建校的白水洼中学分校，1974年，独立建校，更名为北京市上庄第二中学。1992年7月，学校撤销高中，学生分流到温泉二中、第四十七中，变为纯初中校。1998年9月，与北京市皮革工业学校联合办学三年，每年招收室内设计专业初中毕业生1～2个班。至2010年，学校先后被评为海淀区现代教育制度实验学校、海淀北部新区教学管理创新奖等荣誉称号。

2010年，学校为初级中学，占地面积53380平方米，建筑面积6730平方米，体育场面积19980平方米。图书馆藏书29487册。普通教室16个，专用教室6个，实验室3个。教职工38人，其中专任教师28人；高级职称教师3人。开设教学班13个。毕业93人，招生138人，在校生400余人。校训：敬业修身、启智育人；勤学善思，明辨笃行。党支部书记、校长刘卫东。

北京市上庄中学

校址：海淀区上庄镇43号

1973年建校，系农村公办完全中学。建校之初，初中开设12个教学班。1975年，设立高中。1978年后，学校改为初中校，教学班额12个左右。学校是海淀区体育传统项目校，专业为跆拳道和拳击。2010年，学校占地面积26640平方米，建筑面积6772平方米。教职工43人，其中专任教师42人；高级职称教师4人，“紫禁杯”优秀班主任1人。教学班13个，在校生439人，其中，外省份借读生277人。校训：团结、求实、勤奋、严谨。党支部书记、校长张振庆。

北京市师达中学

校址：海淀区闵庄路70号

2001年，首都师范大学附属中学与海淀区四季青成人中等专业学校联合创办师达中学。学校是一所全寄宿制民办完全中学。当年开设初中教学班，共有8个班级，在校生360人。2005年起，新增高中教学班。2005年，学校化学组、语文组被海淀区教委授予国家基础教育课程改革实验先进教研组。学校建有学科类、科技类、活动类社团30余个，其中轮滑是学校的校本课程。2008年，首届高中毕业生三年前入学时录取分数海淀区第35名，高考成绩海淀区第13名，提升22名。

2010年，学校校园建有标准塑胶跑道田径场、足球场、篮球场、排球场等设施。图书和刊物共9万余册。学生2000余人，开设教学班42个（初中30个、高中12个）。专任教师126人，其中，高级职称教师18人。校训：诚实、勤奋、严谨、创新。党支部书记韩国新，校长张国玺。

北京市十一学校

校址：海淀区玉泉路66号

1952年建校，原为中央军委子弟学校，初名十一小学。1962年改为现名。1992年，学校实行“国有民办”办学体制改革。2004年，被评为北京市示范性普通高中，同年6月成立国际部。2009年年底，学校回归公办。

1993年，学校在全国率先设置“综合活动课”，进行课程结构改革，成果获北京市“八五”期间优秀教科研成果奖，并为国家设置“综合实践活动”课程提供实践依据。1994年，学校试行“分层次教学”，实行走班制。同年9月，学校开设全国第一个教师硕士研究生课程班，22名在职教师开始硕士课程学习。1996年，学校开始高中课程改革实验。1998年10月，在全市建设第一个中学千兆校园网，并首批成为“全国现代教育技术实验学校”。1999年，学校进行中学六年一贯制学制改革实验和高中理科实验班课程改革实验。2001年，学校申请北京市“十五”重大哲学社会科学课题“北京市学校文化建设与素质教育的研究”。这是中华人民共和国成立以来第一次由中小学承担的哲社课题研究。该项成果被评为北京德育十大创新成果。2010年，学校实施创新多元育人模式，设立高中科学实验班，成立枣林村书院和自主研修学院，被批准为北京市综合改革实验学校。校长李金初先后当选首届全国中学十大明星校长、全国先进工作者、全国优秀教师等。

2010年，北京十一学校占地面积142870.84平方米，建筑面积150449.89平方米，体育场（馆）面积29211平方米，其中体育馆建筑面积11003.77平方米。图书馆藏书20万册。普通教室218个，学科教室218个，实验室30个。教职工482人，其中专任教师367人；高级职称教师163人，特级教师24人，北京市骨干教师10人，北京市学科教学带头人3人。开设教学班134个。毕业1176人，招生1455人，在校生4008人（初中2232人、高中1776人），包括寄宿生1234人。校训：团结、勤奋、求实、进取。党支部书记、校长李希贵。

北京市仕尚中学

校址：海淀区上庄路117号

学校前身是1998年建校的北京市仁达中学，校址位于海淀路165号。办学初期为初级中学，2002年迁至海淀区上庄乡上庄路117号，并招收高一年级学生。2004年至2005年停办。2006年，更名为北京市仕尚中学。2007年，北京市教委公布取消仕尚中学普通高中招生资格。2010年，学校为民办学校，占地面积135868平方米，建筑面积65380平方米。无在校生。校长肖贵荣。

北京市太平路中学

校址：海淀区太平路8号

1964年建校，1990年有6个年级24个班。1992年3月，召开第一届教科研年会，此后每两年召开一届。2007年，被授予海淀区高中课改基地校。学校重视口琴教学，形成有一定规模和水平的口琴特色学校。2000年，被海淀区教委授予艺术传统项目示范校。

2010年，学校占地面积10240平方米，建筑面积4905平方米，体育场面积3200平方米。图书馆藏书4.19万册。普通教室28个，专用教室7个，实验室3个。教职工110人，其中专任教师87人；高级职称教师20人。开设教学班28个（初中班15个、高中班13个）。毕业310人，招生283人，在校生833人（初中417人、高中416人）。校训：团结、自强、勤奋、求实。党支部书记、校长高新桥。

北京市陶行知中学

校址：海淀区马甸西村2号

1963年建校，初名马甸中学。1968年，改为北京市第一七三中学。2003年，改名陶行知中学。2005年11月，学校成为北京市书法协会在海淀区唯一的一所中学基地学校。学校成立少年行知合唱团，以及古筝、美术、书法、科技、形体等课外小组，形成教学特色。学校是陶行知教育思想实验基地、北京市艺术教育实验校、海淀区课程改革先进单位。

2010年，学校占地面积13036平方米，建筑面积16291.4平方米，体育场面积4450平方米。图书馆藏书5万册。普通教室30个，专用教室23个，实验室4个。教职工78人，其中专任教师64人；高级职称教师19人，紫禁杯优秀班主任3人。开设教学班23个（初中班10个、高中班13个），在校生722人（初中290人、高中432人），寄宿生67人。高中录取分数线421分（本区）。校训：和谐、崇德、勤奋、创新。党支部书记、校长金雅茹。

北京市万泉河中学

校址：海淀区海淀操场乙73号

1985年9月建校，校址位于海淀镇北芙蓉里小区南门东侧，是一所全日制普通初级中学。1994年4月，万泉河中学成为海淀体校分校。1997年到2007年，万泉河中学与海淀区体委、锡华俱乐部共同举办职业高中，设有保龄球服务和游泳救护两个专业。10年间学校曾为北京市各大宾馆健身中心、游泳馆和健身俱乐部培养700多名具有较高专业素质的体育健身管理、服务人才。2006年，万泉河中学参加北京市初中建设工程项目。2007年3月，海淀区万泉河中学试行中学校际留学制。该校初一、初二年级学生6人，到示范高中交大附中“留学”一年。学校教科室被评为2005—2007年海淀区先进教科室，学校被评为“十一五”教研课题先进学校。

2010年，学校为初级中学，占地面积11284平方米，建筑面积8845平方米，校内建有200米运动场一座。教职工57人，其中专任教师43人。开设教学班16个，在校生534人。党支部书记、校长戴文胜。

北京市万寿寺中学

校址：海淀区万寿寺北里14号

1982年9月建校。建校初期，是仅有6个初中班的初中校，20几名教师，后逐步发展成为一所完全中学。1991年，冰心老人为学校题词“春风化雨，教书育人”。1994年，被评为中学JIP实验全国先进学校。2005年10月，万寿寺中学在共建单位武警二支队和中国科技协会支持下，在房山区上窑村建成占地 4 ～ 6 亩社会实践基地。至 2010 年，学校开设宝石鉴赏、自助游攻略、桥牌等几十门选修课。同时组织英语口语、跆拳道、合唱等兴趣小组。

2010 年，学校占地面积 7274 平方米，建筑面积 8417 平方米,体育场面积 3127 平方米。图书馆藏书 3.83 万册。普通教室 20 个，专用教室 8 个，实验室 4 个。教职工 73 人，其中专任教师 69 人；高级职称教师 12 人。开设教学班 18 个（初中 6 个、高中 12 个），在校生 608 人（初中 182 人、高中 426 人）。高中录取分数线 412 分（本区）。校训：精琢超越。党支部书记、校长曲秀敏。

北京市卫国中学

校址：海淀区复兴路 21 号

1960 年建校，系北京卫戍区司令部创建的卫戍区干部子女小学，名为卫戍区子弟小学，校址罗道庄营房内。1964 年，划归海淀区,更名卫国小学,并开始对外招生。1974 年，设初中，改称现名，迁至现址。1995 年，学校小学部全部并入翠微小学。1997 年暑假开始，停止高中招生工作。到 1999 年暑假，最后一批高中毕业生离校，学校成为一所纯初中校。2005 年，卫国中学获得面向全市招收初中寄宿生的资格，成为一所走读与寄宿相结合的学校。

2010 年，学校占地面积 12461.47 平方米，建筑面积 11617.51 平方米，体育场面积 4915.7 平方米。图书馆藏书 3 万册。普通教室 22 个，专用教室 4 个，实验室 3 个。教职工 60 人，其中专任教师 42 人；高级职称教师 9 人。开设教学班 17 个。毕业 167 人，招生 166 人，在校生 511 人，包括寄宿生 31 人。校训：学做真人。党支部书记、校长包振泽。

北京市温泉第二中学

校址：海淀区环山村 2 号院

1974 年 3 月建校，系农村公办完全中学。1989 年，建实验楼（现为学生宿舍）。1995 年 9 月，区长办公会决定区财政拨付 200 万元购置 40 亩地，扩建操场。2005 年，新建学生及青年教师公寓。学校开设拓片技术、青春期教育、三防教育等校本课程。研究编写出《温泉二中音乐校本教材》《韩语与韩国文化》《轮滑》《射箭》等校本教材。

2010 年，学校占地面积 53499 平方米，校舍建筑面积 29062 平方米。学校开设 30 个班级，在校学生 1002 人，其中外省份借读学生 370 人，教职工 105 人。校训：自强、关心、规范、创造。党支部书记、校长孙继刚。

北京市学院路中学

校址：海淀区蓟门里小区北甲 11 号

1982 年建校，是海淀区一所普通初级中学。2002 年，学校在海淀区中小学科技教育工作中成绩卓著，被评为海淀区科技先进校。2004 年 10 月，学校被评为北京市基础教育课程教材改革实验先进单位。2006 年，卫国中学入选北京市初中建设工程项目。2011 年 5 月，学校由中关村中学承办。

2010 年，学校占地面积 9702.31 平方米，建筑面积 10760.82 平方米，体育场面积 5057.16 平方米。图书馆藏书 23765 册。普通教室 16 个，专用教室 3 个，实验室 3 个。其中专任教师 42 人；高级职称教师 6 人。开设教学班 14 个，毕业 95 人，招生 64 人，在校生 226 人。校训：品端、博学、体健、创新。党支部书记、校长国敬华。

北京市一佳高级中学

校址：海淀区双榆树东里 35 号

2000 年成立，是一零一中学创办的民办全日制普通高中。学校设在一零一中学初中部内，一零一中学校长郭涵和党总支书记王燕英担任顾问，一零一中学原副校长王志青任校长。

北京市永定路中学

校址：海淀区金沟河路 13 号

1974 年建校，始称北京市第一八八中学，同年改为现名。2004 年 4 月，学校成为首都师范大学基础课程实验改革试验学校。2010 年，学校占地面积 11733 平方米，校舍建筑面积13428平方米。教职工129人，其中专任教师107人。31个教学班（初中班15个、高中16班个），在校学生992人，其中借读学生184人。校训:严谨、求实、勤奋、创新。党支部书记、校长李继英。

北京市永丰中学

校址：海淀区西北旺镇六里屯村北

1956年建校，最初为永丰屯乡中心小学内附设的两个中学班，隶属昌平县。1958年，划归海淀区，中学独立建校，定名海淀区永丰屯中学。1968年改为现名。1977年恢复高考制度起至1994年，学校举办普通高中和三届职高。1995年暑假，学校迁至现址，改为初中校。2010年，学校占地面积38346平方米，建筑面积8259平方米，有18个专用教室，有400米跑道硬化操场一个。教学班12个，学生493人，教职工49人。校训:团结、勤奋、求实、创新。党支部书记、校长张秀峰。2012年，清华大学附属中学承办永丰中学，改校名为清华大学附属中学永丰学校。

北京市玉渊潭中学

校址：海淀区羊坊店路皇亭子

1964年建校，是一所完全中学。20世纪90年代初期，学校成立管乐队、合唱队、舞蹈队等学生社团，被命名为市级体育传统校、艺术传统校。1991年10月，玉渊潭中学获得市中小学“金帆杯”篮球赛男子高中组冠军。1995年3月，羊坊店学校中学部并入玉渊潭中学，利用羊坊店四小校址作为玉渊潭中学的分校办学。1998年，管乐队参加西安首届国际中学生管乐节获金奖、银奖。2003年，学校外语教育引进斯坦福模式。

2010年，学校占地面积13000平方米，建筑面积13000平方米，体育场面积7400平方米。图书馆藏书10万册。普通教室34个，专用教室17个，实验室6个。教职工112人，其中专任教师98人；高级职称教师16人。开设教学班30个。毕业360人，招生365人，在校生1071人（初中450人、高中621人）。校训:崇德、致爱、笃学、思辨。党支部书记、校长方志坚。

北京市育鸿学校

校址：海淀区复兴路14号

学校前身是1962年建校的空军司令部子弟学校——育鸿小学。1964年12月移交海淀区，1970年设初中部。1977年改为现名。1979年增设高中部。1998年停止高中招生，实行“九年一贯制”。学校依托空军驻京部队、科研院所和博物馆等作为活动载体，确立七类十四大实践基地，组织学生走进军营开展活动，加强对学生爱国主义、英雄主义和革命理想教育，让军人的优秀品质在学生身上发扬光大。学校成立社团23个,包括田径队、足球队、篮球队等。学校先后被评为国家基础教育课程改革实验先进校、北京市教科研先进校等。

2010年，学校占地面积10089平方米，建筑面积9424平方米，体育场面积5184平方米。图书馆藏书38875册。普通教室36个，专用教室13个，实验室3个。教职工99人，其中专任教师90人；高级职称教师13人。开设教学班35个(小学23个班、初中12个班)，在校生学生1100多人。校训：文明、乐学、健美、创新。党支部书记王永勤，校长王小勇。

北京市育英中学

校址：海淀区万寿路西街14号

1964年，北京市育英学校中学部独立设置，命名为北京市育英中学。1995年，北京市第二零六中学并入育英中学，作为育英中学的分校。2001年7月，育英中学建立初中分校—北英中学。2010年，学校占地面积23988.63平方米、建筑面积16560.08平方米，体育场面积4600平方米。图书馆藏书2.88万册。普通教室2个，专用教室4个，实验室7个。教职工186人，其中专任教师154人；高级职称教师36人，北京市骨干教师3人、北京市学科教学带头人1人。教学班54个。毕业625人，招生670人，在校生1944余人。校训:团结、严谨、求实、创新。党支部书记徐素霞，校长张彦彬。

北京市育英学校

校址：海淀区万寿路西街11号

1948年11月21日，在河北平山县西柏坡创立，初名中共中央供给部育英学校。教职工10余人，学生80余人。1949年3月，迁入北京，定名为中共中央直属机关育英小学校，学校实行寄宿制。1956年，学校交由北京市教育局领导，更名为北京育英小学。1958年，学校增设中学部，改名为北京育英学校。1964年，中学部独立建制，命名为北京市育英中学，北京育英学校易名北京育英小学。1966年，学校改为走读制。1970年，学校再次设立中学部，恢复校名北京育英学校。1999年,成立住宿部,恢复招收住宿学生。1999年11月15日，育英学校体育场（馆）落成。学校游泳队在全国中学生运动会、世界少年游泳锦标赛、国际青少年运动会等大赛中多次获得金银铜奖。2001年12月，育英学校获得北京市体育示范校和体育传统项目学校（篮球、游泳）两项称号。

2010年，学校十二年一贯制，占地面积108492平方米，建筑面积112297平方米，体育场面积8420平方米。图书馆藏书13.50万册。普通教室129个，专用教室56个。教职工367人，其中专任教师319人；高级职称教师43人，北京市骨干教师8人，北京市学科教学带头人1人。开设教学班119个(中学54个，小学65个)，招生1010人（中学689人、小学321人），在校生4444人。校训:好好学习，好好学习。党支部书记、校长严华。

北京市知春里中学

校址：海淀区知春东里12号楼

1985年9月建校，建校初期是一个初中学校，学校规模8个班，共有学生340余人。到1988年，发展为完全中学。学校为北京市教育科学研究院实验学校、联合国科教文组织“EPD”教育项目试验学校、区艺术传统项目学校，并与德国柏林市洪堡中学结为友谊校。

2010年，学校占地面积13929平方米，建筑面积22270.72平方米，体育场面积7600平方米。图书馆藏书4.20万册。普通教室33个，专用教室20个，实验室6个。教职工130人，其中专任教师102人；高级职称教师27人。开设教学班33个(初中班18个、高中班15个)，在校生1266人（初中658人、高中608人）。高中录取分数线457分(本区)。校训:学做人、爱读书、会健身。党支部书记、校长郭征。

北京市中关村外国语学校

校址：昌平区朱辛庄321号

学校为2004年9月经海淀区教委批准成立的一所寄宿制民办学校，面向全市招生。办学初期与育新学校合作办学，租用育新学校校舍。2006年9月，借用景山学校昌平分部校舍(平西府镇王府街11号)。2007年8月，搬回海淀区西三旗建材城西路12号。2009年1月，搬至昌平区朱辛庄321号现址。2009年9月，收编西城区育荣实验小学，成立小学部，招生1个班30人。学校强化英语教学。除英语课本外，补充开设朗文国际英语课程。学校设有篮球、排球、羽毛球、乒乓球、舞蹈、古筝等课余活动小组，每年有艺术节、歌咏比赛、运动会、武术操比赛等活动，并开设体育、美术高考培训班。2010年5月，被评为“全国民办先进学校”。

2010年，学校占地面积12000平方米，建筑面积6000平方米，体育场面积4500平方米。图书馆藏书5000册。普通教室14个，专用教室3个，实验室3个。教职工70人，其中专任教师40人；高级职称教师22人，特级教师2人。开设教学班19个（小学班7个、初中班6个、高中班6个），在校生463人（小学班150人、初中170人、高中143人），寄宿生300人。高中录取分数线437分。校训：勤奋好学，和谐致美。董事长韩梅，校长王绍宗。

北京市中关村中学

校址：海淀区科学院南路甲14号

1982年建校。1995年3月，中关村中学更名为中国科学技术大学附属中学（北京）。1998年清华园中学并入。2001年5月恢复中关村中学校名。2003年9月双榆树中学并入。2010年承办学院路中学。2004年6月，中关村中学成为北京市示范性普通高中校。学校以艺体、科技为办学特色，组建创意思维、头脑奥林匹克、航模等科技社团。2004年，学校代表队获国际第25届头脑奥林匹克竞赛世界冠军。2009 年 7 月，学生王达亮的研究项目“蜜蜂飞行特性的实验研究”获第二十四届全国青少年科技创新大赛优秀创新项目一等奖。学校艺术团设管乐、民乐、合唱、舞蹈、京剧、书画院等艺术类社团，团员 400 余人。

2010 年，学校占地面积 54129 平方米，建筑面积 43374 平方米，体育场面积 24905 平方米。图书馆藏书 14 万册。普通教室 90 个，专用教室 53 个，实验室 17 个。教职工 310 人，其中专任教师 260 人；高级职称教师 82 人，市级学科带头人 1 人，市级骨干教师 4 人，特级教师 4 人。开设教学班 90 个（初中班 58 个、高中班 32 个），在校生 3400 人（初中 2300 人、高中 1100 人）。高中录取分数线 508 分（海淀区）。校训：崇德、尚礼、笃学、求真。党支部书记、校长邢筱萍。

北京医学院附属中学

校址：海淀区花园北路 40 号

1960 年 9 月，由北京医学院创建，初为高级中学。1968 年，划归海淀区管理，成为完全中学。1994 年暑假，办北医附中分校。初一年级 6 个班在分校上课。1996 年下半年分校停办。1992 年至 1995 年，学校高考上线率连续四年进入海淀区先进校行列（即前 19 校）。1993 年，获得海淀区教育局颁发的“在教育质量纵深战中成绩显著”锦旗一面。2006 年，学校被评为海淀区艺术教育特色项目校。2007 年 5 月，被区教委命名为高中课改样板校。2008 年 3 月，挂牌北京市金帆书画院海淀分院实验学校。2009 年 12 月，被评为海淀区科技示范校。

2010 年，学校占地面积 21860 平方米，建筑面积 12000 平方米。教学班 30 个（初中班 12 个、高中班 18 个）。在校学生 1028 人。教职工 133 人，其中高级职称教师 24 人，市级骨干教师 2 人。校训：自强自律，求知求实。党支部书记、校长杜茂芝。

海淀区教师进修学校附属实验学校

校址：海淀区八里庄北里 20 号（南校区）
海淀区远大路 34 号（北校区）

1998 年在八里庄北里建校，是海淀区教委所属公立完全中学。学校办学规模为 24 个教学班。2003 年 9 月，位于海淀区远大路 34 号的新校区启用，成为学校的北校区，八里庄校区为南校区。2002 年 7 月，设立高中部。2003 年 9 月，获准招收外籍学生。10 月，国务院侨办批准学校为华文教育基地。2004 年 9 月，高中部迁入北校区。2009 年 6 月，学校与怀柔区汤河口中学签订协议，设立怀柔分校。学校设立人文、科技、经济、艺术及领导力学院，提供数十门拓展选修课程。学校国际部招收来自韩国、美国、蒙古及东南亚地区的国际学生。

2010 年，学校总占地面积 41058.6 平方米（南校区 13207.54 平方米，北校区 27851.06 平方米），总建筑面积 4157.88 平方米，体育场面积 9446 平方米。图书馆藏书 52780 册。普通教室 72 个，专用教室 16 个，实验室 11 个。教职工 225 人，其中专任教师 180 人；高级职称教师 26 人，市级骨干教师 2 人。开设教学班 54 个（初中班 36 个、高中班 18 个）。在校生 1943 人（初中 1358 人、高中 585 人）。高中录取分数线实验班 509 分、统招班 499 分（海淀区）。校训：笃行求知，超越自我。党支部书记赵付祥，校长彭玮。

清华大学附属中学

校址：海淀区中关村北大街清华大学院内

学校前身是始创于 1915 年的成志学校。1952 年，成志学校中学部与燕京大学附属学校合并，更名为清华大学附设中学。1960 年，扩建并首设高中部，更为现名。1995 年 9 月，清华附中与四十七中联合举办清华附中分校（2005 年 1 月起更名为北京市中关村中学分校），以学校国有、公办民助的形式办学。2007 年 8 月，分校回归公办。2009 年 3 月 20 日，清华附中成立清华国际部。2010 年 5 月，清华附中与 3 个区分别签署合作办学协议，清华附中承办海淀区永丰嘉园配套中学，命名为清华大学附属中学永丰学校，承办朝阳区新源里中学，命名为清华大学附属中学朝阳学校，承办昌平新城东区新建校，命名为清华大学附属中学昌平学校。学校与法国巴黎路易世高中、香港圣保罗男女中学、美国意奥兰尼学校等多所学校签订友好协议。

1998 年 5 月，清华大学 4 名主讲教授受聘到清华附中兼课。这是本市首次由大学教授到中学任教。1999 年 9 月 29 日，由清华附中承办的“园丁网”开通。2006 年 11 月，国际天文联合会公布以清华附中 2006 届毕业生朱若辰（Zhu ruo chen）的名字命名一颗编号为 217311 小行星。2007 年 3 月 20 日，清华大学附属中学设立瑞穗奖励基金。2008 年 9 月 25 日，清华附中科技俱乐部成立。2009 年 7 月，清华附中启动优才培养计划，为学生的个性发展提供广阔空间。学校先后有 150 多人次获得北京市金帆奖、银帆奖。学生多次在国际奥林匹克竞赛、全国计算机信息学竞赛、英特尔国际科学与工程大奖赛、北京市青少年科技创新大赛、世界航空模型锦标赛中获奖。学校重视体育、艺术活动。2007 年 8 月，清华附中男子篮球队代表中国参加亚洲中学生男子篮球锦标赛获得冠军。2007 年 9 月，清华大学艺术教育中心“艺术教育基地”在清华附中挂牌。2008 年 11 月 7 日，学校被命名为“中国射击协会后备人才培训基地”暨“中国射击协会重点射击学校”。2008 年 4 月，学校民乐团被命名为北京市学生金帆艺术团。2009 年 7 月，清华附中获得全国中学生田径锦标赛团体冠军。2009 年 12 月，清华附中获第十四届世界中学生运动会金牌。

2010 年，学校占地面积 80000 平方米、建筑面积 60000 平方米、体育场面积 22650 平方米。图书馆藏书 12 万册。普通教室 85 个，专用教室 31 个，实验室 20 个。教职工 314 人，其中专任教师 196 人；高级职称教师 92 人，特级教师 15 人，北京市学科教学带头人 5 人，市级骨干教师 9 人。开设教学班 68 个。毕业 835 人，招生 881 人，在校生 2538 人。校训：自强不息，厚德载物。党支部书记方妍，校长王殿军。

人大附中西山学校

校址：海淀区马连洼南路

2009 年 9 月建校。该校是由中国人民大学附属中学冠名并实施具体管理的西山华府住宅小区配套学校，是区教委所属全额拨款的独立法人事业单位。2010 年，人大附中西山学校占地面积 13986 平方米，建筑面积 20952 平方米，体育场面积 2000 平方米。普通教室 43 个，专用教室 10 个，实验室 10 个。教职工 24 人，其中专任教师 21 人；高级职称教师 8 人。开设教学班 4 个，招生 143 人，在校生 143 人。党支部书记许作良，校长舒大军。

首都师范大学第二附属中学

校址：海淀区增光路 50 号（初中部）
海淀区彰化路 8 号（高中部）

1964 年建校，初为北京市花园村中学，2004 年，更名为首都师范大学第二附属中学。同年 9 月，承办曙光花园小区配套校（彰化路 8 号），至此学校的校区扩大成两个教学区。2001 年，学校在上级部门的支持下投资 400 万元改造教学楼。2006 年，学校成立国际部。2009 年，学校举办建校 45 周年纪念活动，开展中英学校发展计划合作项目研究，成功申办海淀区艺术、科技示范校。2010 年，学校被评为海淀区“十一五”校本培训特色校。音乐、美术、科技是学校的特色。学校先后建设 MIDI 教室、跆拳道、机器人、舞蹈等专业教室，开发音乐、美术、科技特色课程。

2010 年，学校占地面积 29566.93 平方米，建筑面积 5923.69 平方米，体育场面积 13502.82 平方米。普通教室 47 个，专用教室 15 个，实验室 15 个。教职工 191 人，其中专任教师 163 人；高级职称教师 47 人，北京市骨干教师 1 人。开设教学班 47 个（初中班 24 个、高中班 23 个），在校生 1916 人（初中 1037 人、高中 879 人），寄宿生 78 人。校训：以学为本，养心育智，树德立仁，创新发展。党支部书记周延龄，校长王连龙。

首都师范大学附属育新学校

校址：海淀区西三旗育新花园 34 号
（小学部）
海淀区西三旗东路新康园 4 号
（中学部）

1997 年 8 月建校，十二年制一贯制学校。

2007年8月，中学部迁入新康校区，中小学两部分址办学。2000年，学校成立第一支校级藤球队。2008年，成立国际部，接收外国学生来校就读。2009年，海淀区高中体育会考总分第一。2010年12月，中学部被评为海淀区第二批普通高中示范校。

2010年，学校占地面积40194平方米，建筑面积6608平方米，体育场面积17766平方米。图书馆藏书6.20万册。普通教室68个，专用教室20个，实验室8个。教职工201人，其中专任教师179人；高级职称教师43人，北京市骨干教师4人。开设教学班72个（小学班36个、初中班18个、高中班18个），在校生2807人，其中寄宿生1295人。高中录取分数线496分（本区）。校训：勤奋、好学、和谐、致美。党支部书记周俊杰，校长张金成。

首都师范大学附属中学

校址：海淀区北洼路33号

学校始建于1914年，初名正志中学。1952年，学校与上义中学合并，改称北京市立第三十八中学。1954年，更名为北京市第四十二中学。1958年，学校归属北京师范学院，定名为北京师范学院附属中学。1978年，成为首批市级重点中学。1992年，北京师范学院更名为首都师范大学，附中随之更名为首都师范大学附属中学。2002年，学校被认定为首批北京市示范性高中。2007年，首师大附中被人事部、教育部授予“全国教育系统先进集体”称号。2008年被北京市妇联、北京市总工会、北京市人事局评为北京市“三八红旗集体”。2009年5月18日，学校与昌平区北七家镇政府签署合作办学协议，共同建设首都师范大学附属中学昌平学校。2010年3月，学校与海淀区教委签署协议，承办北京市育强中学。

1993年10月，首师大附中牵头全国各地100多所重点中学成立“全国知名中学科研联合体”。1994年6月，获北京市中小学体育传统项目学校“育美杯”篮球比赛高中组冠军。1995年，实行学校自行命题考试实验。2001年3月，学校创办“创新教育实验班”。2002年3月，国际交流部成立。2004年9月，与香港圣士提反女子中学建立友好姊妹学校关系。2005年1月，数字化物理实验室建成。该实验室拥有30套数字化设备。2005年9月，综合教学楼落成，建筑面积10416平方米，地上5层，设18个普通教室，3个能容纳150人小报告厅，1个容纳600人大报告厅，以及篮球馆、图书馆等。2007年4月，建成校展览馆。2008年，与美国德怀特学校（The Dwight School）合作，实施中美课程实验项目。

2010年，学校占地面积33100平方米，建筑面积24026平方米、体育场面积12930平方米。图书馆藏书10万册。普通教室49个，专用教室17个、实验室16个。教职工241人，其中专任教师151人；高级职称教师69人，特级教师9人，北京市学科教学带头人1人，市级骨干教师5人。开设教学班47个（初中班12个、高中班29个、中美课程实验班6个），在校生1975人（初中560人、高中1415人），包括外籍学生15人。高中录取分数线524分（海淀区）。校训：自觉、勤奋、求实、创新。党支部书记金晓莉，校长沈杰。

首都师范大学附属中学第一分校

校址：海淀区阜石路甲59号

1953年建校，最初为北京军区后勤部七一幼儿园，后改为红旗小学，1965年，移交地方成立育强中学。初期为初中校，后发展成初、高中完全校。1986年，招收以园林花卉为主专业的职业高中班。1988年，取消普通高中。1995年，成为纯初中学校。2010年，育强中学由首师大附中承办，更名为首都师范大学附属中学第一分校。

2010年，学校占地面积50300平方米，校舍建筑面积12104平方米。体育场面积6560平方米。图书馆藏书22979册。普通教室2765平方米，专用教室221平方米，实验室258平方米。教职工45人，其中专任教师32人；高级职称教师4人。开设教学班14个。在校学生399人，招生100人，毕业105人。校训：做成功的育强人。党支部书记金晓莉，校长石彦伦。

中国地质大学附属中学

校址：海淀区成府路20号

1959年9月建校，初名北京地质学院附属中学，为一所寄宿制高中。1968年，划归海淀区管理。1972年，发展为完全中学。1995年夏,学校更名为中国地质大学附属中学。

1990年夏季，与地质矿产部合作兴建教2楼，学校使用1～3层。1997年暑假，学校在区劳动局支援下自筹资金兴建教5楼。学校先后被评为国家级中小学心理健康教育基地、全国EPD课题实验学校、中国青少年科普“示范学校”、北京市哲学与社会科学“十五”和教育部“十一五”规划课题“友善用脑”实验学校等称号。

2010年，学校占地面积22000平方米，建筑面积15646平方米，体育场面积7000平方米。图书馆藏书65000册。普通教室35个，专用教室12个，实验室6个。教职工122人，其中专任教师95人；高级职称教师25人，北京市骨干教师2人。开设教学班30个（初中班15个、高中班15个），在校生1018人（初中459人、高中559人）。高中录取分数线454分（本区）。校训：自信、自律、自主、自强。党支部书记、校长杨复兴。

中国人民大学附属中学

校址：海淀区中关村大街37号

1950年1月建校，初为北京实验工农速成中学。1960年，学校更名为中国人民大学附属中学。人大附中是北京市首批示范高中校，曾荣获“全国教育系统先进集体”等多项国家级荣誉。学校设有初中部、高中部、国际课程中心以及国际部；以各种形式帮扶和受托管理近10所学校，并在此基础上建立人大附中联合学校总校。学校已先后和14个国家以及港澳台地区的46所世界一流学校建立友好关系，与其中的9所学校开设教师培养、学科研究等多项合作项目。学校还多次承办“芬兰知名校长课程改革研讨会”“中英名校长论坛”“国际名校长论坛”“世界名中学校长论坛”等国际会议，同时发起成立国际名校长联盟。人大附中也是亚洲首个G20全球校长峰会组织成员。人大附中校长刘彭芝先后被评为全国教育系统先进工作者、全国先进女职工、全国三八红旗手、首届全国中学十大明星校长等荣誉称号。

1992年，人大附中足球队与北京国兴电子有限公司共同创建北京国兴三高足球俱乐部。1995年5月，人大附中合唱团成立。1998年，建立全国中学第一个汽车模拟驾驶教室，开设汽车模拟驾驶课。1998年4月与加拿大渥太华理科高中开通视频远程互动教学。1999年1月26日，市教委同意中国人民大学附属中学从1999年起举办超常儿童实验班。实验班招收小学六年级毕业生，每年招两个班。2005年10月，人大附中被评为北京市基础教育课程教材改革实验先进单位。学校开出国家选修课程100余门，开发校本选修课程220余门，包括法、德、西班牙、阿拉伯等12门第二外语选修课和英语物理、英语戏剧等18门外教学科英语。

2010年，学校占地面积94557平方米，建筑面积95995平方米、体育场面积22760平方米。图书馆藏书15万册。普通教室130个，专用教室30个,实验室21个。教职工417人，其中专任教师326人；高级职称教师220人，特级教师33人，北京市学科教学带头人5人，市级骨干教师15人。开设教学班124个（初中班58个、高中班66个）,在校生5018人（初中2419人、高中2599人，含外籍学生）。高中录取分数线548分（海淀区）。校训：崇德、博学、创新、求实。党支部书记王珉珠，校长刘彭芝。

中国人民大学附属中学第二分校

校址：海淀区蓝靛厂路25号

1964年建校，前身为北京市蓝靛厂中学。学校最初为一所简易的初级中学，校址在蓝靛厂火器营甲51号。1973年，学校增设高中部，由初级中学升级为全日制完全中学。1992年9月学校迁入现址。2009年12月，海淀区教委与中国人民大学附属中学签订协议，委托人大附中管理北京市蓝靛厂中学。2010年7月，北京市蓝靛厂中学正式更名为中国人民大学附属中学第二分校。学校在每个年级中选派部分优秀学生到人大附中访学，学校教师每周到人大附中听课、备课。学校开设韩国语、机器人、多元文化理解等50多门选修课。2010年10月，校跳绳队在亚洲跳绳锦标赛中国区选拔赛及2010河洛跳绳节上获团体二等奖。2010年10月，校舞蹈队参加海淀区中学生集体舞比赛获得二等奖。

2010年，学校占地面积40000平方米，建筑面积22674平方米，体育场面积23300平方米。图书馆藏书5万余册。普通教室30个，专用教室8个，实验室6个。教职工119人，教学班25个（初中班19个、高中班6个），在校生936人（初中720人、高中216人），其中随迁子女339人，绝大多数为初中生。党支部书记王小欣，校长刘卫民。

中国人民大学附属中学分校

校址：海淀区双榆树南里2区3号

学校前身为1964年建校的西颐中学。2001年4月12日，北京市西颐中学与海淀区双榆树第三小学合并，更名为北京市西颐实验学校，成为海淀区正式命名的第一所公办十二年制双语实验学校。2003年12月，中国人民大学附属中学与海淀区教委签订协议，由中国人民大学附属中学承办北京市西颐实验学校。2006年7月，西颐实验学校更名为中国人民大学附属中学分校。中国人民大学附属中学对北京市西颐实验学校的学生和教职员工全部妥善安排。

2009年7月至2010年7月，学校第一届和第二届初、高中学生毕业，在中考和高考中成绩优异。高考一本上线率接近100%。2010年，学校共有38个班级，在校学生1365人，其中外省份借读学生131人。教职工164人。学校占地面积15887平方米，校舍建筑面积7803平方米。党支部书记孙京虎，校长王珉珠。

中央民族大学附属中学

校址：海淀区法华寺甲5号

学校前身是成立于1913年的国立蒙藏学校。1951年改称中央民族学院附属中学。1990年，民大附中从海淀区蓝靛厂空军指挥学院迁至现校址。1993年12月，更名为中央民族大学附属中学。1999年9月，民大附中开办新疆实验班。该实验班为克拉玛依地区少数民族学生举办，共招收64名学生，入学成绩最低分只有174分。2001年8月，民大附中新疆实验班高考升学率达到100%。2003年1月28日，教育部批准民大附中按计划招收京外少数民族学生，高考毕业时纳入北京市统一考试和统一录取。2004年8月31日，民大附中“民族希望之星”班揭牌，51名学生来自18个省份20个民族。2005年7月，经国家民委、教育部批准，学校进行自主招生改革试点，共招收36个民族381名学生。2009年，民大附中被全国民族教育协会评为民族中学示范校，田琳校长评为北京市民族团结先进个人。2010年11月1日，民大附中成为北京大学校长实名制推荐资格校。学校重视民族体育运动，1995年，获北京市第四届民族中学珍珠球比赛女子组第一名。2002年，参加北京市第六届民族传统体育运动会取得女子团体总分第二名；男子团体总分第三名。

2010年，学校占地面积占地面积22678平方米，建筑面积22807.56平方米，体育场面积4293.96平方米。图书馆藏书20153册，普通教室30个、专用教室20个，实验室6个。教职工110人（含少数民族23人），其中专任教师89人；高级职称教师33人，特级教师2人，市级骨干教师1人。开设高中教学班30个。毕业465人，招生465人，在校生1721人，包括全国25个省区地区50个民族学生。校训：各美其美，美美与共。党支部书记于布仁巴雅尔，校长田琳。

表44　　2010年海淀区普通中学一览表

序号	学校名称	建校时间	举办者
1	北大附中香山学校	1959年	教育部门和集体办
2	北方交通大学附属中学	1957年	教育部门和集体办
3	北京钢铁学院附属中学	1960年	教育部门和集体办

续表 44

序号	学校名称	建校时间	举办者
4	北京矿业学院附属中学	1960 年	教育部门和集体办
5	北京农业大学附属中学	1960 年	教育部门和集体办
6	北京师范大学第三附属中学	1959 年	教育部门和集体办
7	北京石油学院附属中学	1960 年	教育部门和集体办
8	北京市八一中学	1947 年	教育部门和集体办
9	北京市翠微中学	1962 年	教育部门和集体办
10	北京市第二零六中学	1979 年	教育部门和集体办
11	北京市第二十中学	1951 年	教育部门和集体办
12	北京市第六十七中学	1954 年	教育部门和集体办
13	北京市第十九中学	1916 年	教育部门和集体办
14	北京市第四十七中学	1923 年	教育部门和集体办
15	北京市第五十七中学	1954 年	教育部门和集体办
16	北京市第一零五中学	1964 年	教育部门和集体办
17	北京市第一零一中学	1946 年	教育部门和集体办
18	北京市海淀北部新区实验学校	1958 年	教育部门和集体办
19	北京市海淀实验中学	2004 年	教育部门和集体办
20	北京市理工大学附属中学	1950 年	教育部门和集体办
21	北京市立新学校	1920 年	教育部门和集体办
22	北京市六一中学	1950 年	教育部门和集体办
23	北京市明光中学	1974 年	教育部门和集体办
24	北京市清河中学	1951 年	教育部门和集体办
25	北京市上地实验学校	1998 年	教育部门和集体办
26	北京市上地中学	2005 年	教育部门和集体办
27	北京市上庄第二中学	1971 年	教育部门和集体办
28	北京市上庄中学	1973 年	教育部门和集体办
29	北京市十一学校	1952 年	教育部门和集体办
30	北京市太平路中学	1964 年	教育部门和集体办
31	北京市陶行知中学	1963 年	教育部门和集体办
32	北京市万泉河中学	1985 年	教育部门和集体办
33	北京市万寿寺中学	1982 年	教育部门和集体办
34	北京市卫国中学	1960 年	教育部门和集体办
35	北京市温泉第二中学	1974 年	教育部门和集体办
36	北京市西颐实验学校	1964 年	教育部门和集体办
37	北京市学院路中学	1982 年	教育部门和集体办
38	北京市永定路中学	1974 年	教育部门和集体办
39	北京市永丰中学	1956 年	教育部门和集体办
40	北京市玉渊潭中学	1964 年	教育部门和集体办
41	北京市育鸿学校	1962 年	教育部门和集体办
42	北京市育英学校	1948 年	教育部门和集体办
43	北京市育英中学	1964 年	教育部门和集体办
44	北京市知春里中学	1985 年	教育部门和集体办
45	北京市中关村中学	1982 年	教育部门和集体办
46	北京医学院附属中学	1960 年	教育部门和集体办
47	海淀区教师进修学校附属实验学校	1998 年	教育部门和集体办
48	人大附中西山学校	2009 年	教育部门和集体办

续表 44

序号	学校名称	建校时间	举办者
49	首都师范大学第二附属中学	1964 年	教育部门和集体办
50	首都师范大学附属中学第一分校	1953 年	教育部门和集体办
51	中国地质大学附属中学	1959 年	教育部门和集体办
52	中国人民大学附属中学第二分校	1964 年	教育部门和集体办
53	北京大学附属中学	1960 年	其他部门办
54	北京航空航天大学附属中学	1960 年	其他部门办
55	清华大学附属中学	1915 年	其他部门办
56	首都师范大学附属育新学校	1997 年	其他部门办
57	首都师范大学附属中学	1914 年	其他部门办
58	中国人民大学附属中学	1950 年	其他部门办
59	中央民族大学附属中学	1913 年	其他部门办
60	北京理工大学附属中学分校	2001 年	民办
61	北京世贤学院附属中学	1995 年	民办
62	北京市北达资源中学	1985 年	民办
63	北京市北外附属外国语学校	1959 年	民办
64	北京市二十一世纪国际学校	1993 年	民办
65	北京市海淀区尚丽外国语学校	1993 年	民办
66	北京市海淀区星星学校	1997 年	民办
67	北京市海淀外国语实验学校	1999 年	民办
68	北京市海淀外国语实验学校	1999 年	民办
69	北京市建华实验学校	1993 年	民办
70	北京市科迪实验中学	2000 年	民办
71	北京市清华育才实验学校	1997 年	民办
72	北京市清华志清中学	1989 年	民办
73	北京市师达中学	2001 年	民办
74	北京市仕尚中学	1998 年	民办
75	北京市一佳高级中学	2000 年	民办
76	北京市中关村外国语学校	2004 年	民办
77	中国人民大学附属中学分校	1964 年	民办

特殊教育和工读教育学校

北京市第三聋人学校

校址：海淀区花园北路 32 号

创建于 1958 年，初名北京市第三聋哑学校。1987 年，创立职业高中，又名北京市残疾人职业高中，一校两牌。1997 年，更名为北京市第三聋人学校，成为集小学、初中、职业高中于一体、兼收听障学生和肢障学生的寄宿制特殊教育学校。

1992 年 1 月 30 日，国务委员、国家教委主任李铁映到北京市第三聋哑学校看望师生，观看学生美工等职业技术表演，并听取学校汇报。1998 年，职业高中新增中国字画裱糊专业。2002 年 2 月和 9 月，学校分别在听障学生职业高中开设物理课和化学课。2002 年 12 月 7 日，学校挂牌中英文化协会赞助项目思维训练实验学校，2001 年，学校开设思维训练实验课程。2003 年 4 月，第三聋人学校取得面向全国招生资格，至年底，招收 13 个省份学生 60 人。2006 年 9 月 22 日，第三聋人学校参加北京市第七届残疾人运动会，获得 3 枚金牌。2009 年 7—8 月，学校全面装修教学楼。2010 年 10—11 月，第三聋人学校举办首届体育文化节。

2010年，学校占地面积11400平方米，建筑面积13000平方米、体育场（馆）面积2000平方米。图书馆藏书3.73万册。普通教室22个，专用教室12个，实验室15个。教职工103人，其中专任教师64人；高级职称教师9人，特级教师1人，北京市特教系统学科带头人2人，北京市学科教学带头人1人，市级骨干教师1人。开设教学班22个。毕业100人，招生75人，在校生292人。在校住宿生256人，走校生36人。校训：学会关心，甘做好人，自强不息，争做能人。党支部书记兼校长郑连成。

北京市海淀寄读学校

校址：海淀区温泉170号

学校前身是1955年7月成立的北京市工读学校，招收有违法和轻微犯罪行为的青少年（含部分流浪儿童）。1966年，工读学校被迫停办。1978年12月，工读学校复办，改校名为北京市海淀工读学校。1996年11月，改为北京市海淀寄读学校。1999年9月，学校成立职高部，开始招收职高学生。2002年6月19日，"北京市海淀区中学生健康成长研究中心"在北京市海淀寄读学校挂牌。2003年11月5日，学苑书屋在北京市海淀寄读学校挂牌。

学校坚持"以人为本，和谐发展"的办学思想，成功地教育、转化、挽救7000多名处于犯罪边缘的问题学生，成功率在95%以上。2010年，学校占地面积54000平方米，建筑面积30290平方米，体育场面积11553平方米。图书馆藏书1.98万册。普通教室17个，专用教室8个，实验室3个。普通教室16个、专用教室8个、实验室2个。教职工93人，其中专任教师72人；高级职称教师21人。开设教学班13个（初中班9个、职高班4个），在校生278人（初中199人、高中79人）。校训：告别昨天面向未来，自尊自重刻苦勤奋，遵纪守法诚实做人。党支部书记、校长肖建国。

北京市海淀区培智中心学校

校址：海淀区人大南路6号

1983年海淀区建立第一个招收智障学生的辅读班——南海淀学校辅读班。当时只有11名学生，随着特殊教育的发展，智障学生人数的增多，1987年10月，海淀区培智中心学校正式成立。2009年，学校成立脑瘫训练中心，开始对脑瘫儿童的康复工作。1993年9月，学校编制一套《手指穴位操》。2003年12月，学校校本教材《儿童生活适应教育训练丛书》出版。2004年5月，学校自主研发的科技软件《伟思童学生综合评估系统》1.0版由万方数据电子出版社出版。2005年3月，出版海淀培智校本教材配套教师用书。2006年7月，6名特奥运动员入选北京代表团，参加在黑龙江省哈尔滨市举行的全国第四届特殊奥林匹克运动会，取得5金2银优异成绩。2009年11月5日，获"全国特殊教育先进学校"称号。2010年4月27日，被评为北京市模范集体。

2010年，学校占地面积6699平方米，建筑面积5930平方米，体育场（馆）面积1480平方米。图书馆藏书14300册。开设教学班22个。毕业4人（义务教育3人、职业教育1人），招生22人（义务教育10人、职业教育12人），在校学生281人（义务教育231人、职业教育50人）。开设教学班22个。教职工63人，其中专任教师62人；高级专业技术职务2人，市区级骨干教师4人。普通教室16个，专用教室20个。校训：文明、勤奋、自强、自立。党支部书记李莹，校长于文。

北京市盲人学校

校址：海淀区五路居11号

1874年，苏格兰基督教圣公会肢残人传教士穆·威廉在北京城西甘雨胡同创建中国历史上第一所残疾人学校瞽叟通文馆。1919年学校曾停办。1921年，英国人戈登·库明重办学校，校址从甘雨胡同迁到西郊八里庄地区，校名改为北平启明瞽目院。1954年，北京市人民政府接管学校，学校改名为北京市盲童学校，由私立改为公立。1985年，学校改现名。1990年，学校新建2300平方米的五层教学实验楼。同年，学校获北京市德育工作先进集体奖。1991年9月，举办全国第一个盲人钢琴调律职业高中班。2006年7月，北京物资储备职工中等专业学校与北京市盲人学校合并，组建新的北京市盲人学校，并在两校原址上重建。新校舍包括综合楼（启明楼）、职教楼（致远楼）、培训楼（厚德楼）、体育馆、学生食堂、学生宿舍等。2008年8月，按摩中专班毕业生平亚丽在导盲犬Lucky的引领下担任北京奥运会火炬手。2009年5月，学校与今日美术馆共同举办“触觉的色彩——北京市盲人学校学生手工作品展”。作品全部由学校基础部的学生创作，包括彩笔画、泥塑、纸艺、软陶作品等。该校是北京唯一一所视障教育学校，设小学（包括0～6岁的学前教育）、初中、普通高中、职业高中和成人中专多种办学层次和办学类型，并承担北京地区普通学校视障学生随班就读的业务指导。

2010年，北京市盲人学校占地面积29656平方米，建筑面积31395.1平方米，体育场（馆）面积1000平方米。图书馆（室）藏书2.52万册，包括盲文版书1.92万册。固定资产总值4901.88万元。普通教室21个，专用教室17个，实验室3个。教职工129人，其中专任教师87人；高级职称教师26人，市级学科教学带头人2人，市级骨干教师1人。毕业65人，招生66人，在校生238人，学生全部寄宿。校训：求知、明理、仁爱、自强。党委书记、校长刘丽波。

附表

表45　1991—2010年海淀区小学撤并更名一览表

序号	学校名称	建校时间	撤并或更名说明
1	北京市海淀区安宁庄小学	1920年	1995年11月并入北京市海淀区清宁路小学
2	北京市海淀区北宫门小学	1957年	2010年并入北京市海淀区中关村小学
3	北京市海淀区北极寺小学	1950年	1999年7月并入北京市海淀区牡丹园小学
4	北京市海淀区北下关小学	1936年	2007年并入北方交通大学附属小学
5	北京市海淀区北辛庄小学	1947年	1995年11月并入北京市海淀区巨山小学
6	北京市海淀区厂西门小学	1910年	2003年6月并入北京市海淀区万泉小学，成为其分校。2005年8月，分校正式迁入曙光花园望河园13号，成立万泉小学曙光校区
7	北京市海淀区成府小学	1947年	2003年并入北京科技大学附属小学
8	北京市海淀区大钟寺第二小学	1951年	1996年6月更名为中国农业科学院附属小学
9	北京市海淀区大钟寺第一小学	1950年	1996年并入北京市海淀区双榆树第一小学
10	北京市海淀区地质小学	1969年	2004年6月更名为北京市海淀区第三实验小学
11	北京市海淀区东升小学	1969年	2004年1月并入北京市海淀区地质小学
12	北京市海淀区东玉河小学	1949年	1995年11月并入北京市海淀区西玉河小学
13	北京市海淀区阜成路学校小学部	1934年	1995年11月并入北京市海淀区实验小学
14	北京市海淀区甘家口小学	1958年	2002年并入北京市立新学校
15	北京市海淀区甘家口小学	1958年	2003年9月并入北京市立新学校
16	北京市海淀区龚村小学	1934年	1995年11月并入北京市海淀区田村中心小学
17	北京市海淀区国家气象局小学	1961年	2004年撤销
18	北京市海淀区和平小学	1955年	1995年更名为北京市海淀区温泉中心小学
19	北京市海淀区红门小学	1950年	1995年11月撤销建制，并入北京市海淀区北坞小学，为其分校
20	北京市海淀区红旗村小学	1960年	2006年11月与门头村小学合并成立北京市海淀区第四实验小学
21	北京市海淀区红星小学	1954年	1995年11月与海淀区培红小学合并成立北京市海淀区培星小学
22	北京市海淀区后屯小学	1934年	1994年10月更名为北京市海淀区清河第三小学
23	北京市海淀区后章村小学	中华人民共和国成立前	1995年11月并入北京市海淀区前章村小学
24	北京市海淀区皇后店小学	1934年	1995年11月并入北京市海淀区西玉河小学
25	北京市海淀区健翔桥小学	1994年	2000年7月并入北京医科大学附属小学

续表 45

序号	学校名称	建校时间	撤并或更名说明
26	北京市海淀区金沟河小学	1947 年	2006 年并入北京市海淀区玉泉小学
27	北京市海淀区蓝靛厂小学	1900 年	2005 年 9 月并入北京市海淀区银燕小学
28	北京市海淀区立新小学	1967 年	2002 年并入北京市海淀区西颐小学
29	北京市海淀区柳林小学	1948 年	1995 年 11 月并入北京市海淀区苏家坨中心小学
30	北京市海淀区六道口小学	1952 年	2007 年 7 月北京市海淀区学府苑小学
31	北京市海淀区六道口小学	1952 年	2008 年 12 月更名为北京市海淀区学府苑小学
32	北京市海淀区六里屯小学	1932 年	1995 年 11 月 26 日更名为北京市海淀区永丰中心小学
33	北京市海淀区罗道庄小学	1949 年	1994 年 7 月并入北京市海淀区翠微小学
34	北京市海淀区马连洼第二小学	1958 年	1995 年 11 月 26 日更名为北京农业大学附属小学
35	北京市海淀区马连洼小学	1948 年	1994 年马连洼小学迁入现在校址，更名为北京市海淀区东北旺中心小学
36	北京市海淀区梅所屯小学	20 世纪 70 年代	1995 年 11 月并入北京市海淀区白水洼小学
37	北京市海淀区门头村小学	1930 年	2006 年 11 月与红旗村小学合并成立北京市海淀区第四实验小学
38	北京市海淀区闵庄小学	1935 年	1995 年 11 月并入北京市海淀区中坞小学，为其分校
39	北京市海淀区明光村小学	1988 年	2003 年 8 月并入北京市海淀区今典小学
40	北京市海淀区明光寺小学	1950 年	1992 年更名为北京市海淀区艺术师范附属小学
41	北京市海淀区牡丹园小学	1993 年 7 月	2005 年 11 月并入北京医科大学附属小学
42	北京市海淀区南大街小学	1959 年	2001 年 12 月学校撤销，部分教师并入海淀区彩和坊小学
43	北京市海淀区南海淀小学	1949 年	1993 年 7 月撤销，部分教师并入彩和坊小学
44	北京市海淀区南马坊小学	1971 年	1998 年 4 月更名为北京市海淀区永泰小学
45	北京市海淀区培红小学	1949 年	1995 年 11 月与海淀区红星小学合并成立北京市海淀区培星小学
46	北京市海淀区清河第三小学	1972 年	1994 年 2 月并入北京市海淀区清河镇中心小学
47	北京市海淀区清河第三小学	1934 年	2000 年 1 月并入北京市海淀区永泰小学
48	北京市海淀区清河镇中心小学	1909 年	2004 年 12 月并入北京市海淀区清河第一小学
49	北京市海淀区青龙桥小学	1932 年	2004 年 5 月并入北京市海淀区北宫门小学
50	北京市海淀区沙窝小学	1951 年	2002 年并入北京市海淀区培英小学
51	北京市海淀区上庄第二小学	1981 年	1995 年 7 月并入北京市海淀区东马坊小学
52	北京市海淀区什坊院小学	1935 年	1995 年 11 月并入北京市海淀区七一小学
53	北京市海淀区树村小学	1950 年	1996 年 12 月并入北京市海淀区肖家河小学
54	北京市海淀区双槐树小学	1950 年	1991 年 9 月并入北京市海淀区田村中心小学
55	北京市海淀区双榆树第三小学	1984 年	2001 年 1 月与西颐中学合并组建北京市西颐实验学校
56	北京市海淀区四道口小学	1969 年	1996 年 9 月更名为北京市海淀区地质小学
57	北京市海淀区苏一二小学	1969 年	1995 年 11 月并入北京市海淀区苏三四小学
58	北京市海淀区苏州街小学	1990 年	2004 年 7 月并入北京市海淀区实验小学
59	北京市海淀区塔院小学	1986 年	2002 年 4 月并入北京市海淀区九一小学。合并后一校两址
60	北京市海淀区太平庄小学	1956 年	1998 年 7 月并入北京市海淀区星火小学
61	北京市海淀区太舟坞小学	1949 年	1995 年 11 月并入北京市海淀区东埠头小学，保留东埠头小学校区，太舟坞小学校区
62	北京市海淀区图强第一小学	1959 年	2008 年 1 月并入北京市海淀区图强第二小学

续表 45

序号	学校名称	建校时间	撤并或更名说明
63	北京市海淀区土井小学	1921 年	1995 年 11 月并入北京市海淀区唐家岭小学
64	北京市海淀区屯佃小学	1926 年	2007 年 9 月并入北京市海淀区永丰中心小学，为其分校
65	北京市海淀区万泉庄小学	1933 年	1995 年 9 月更名为北京市海淀区万泉小学
66	北京市海淀区卫国学校小学部	1949 年	1994 年 7 月并入北京市海淀区翠微小学
67	北京市海淀区温泉小学	1936 年	1994 年 12 月并入北京市海淀区翠微小学
68	北京市海淀区文慧园小学	1985 年	2003 年 8 月并入北京市海淀区今典小学
69	北京市海淀区西北旺小学	1949 年	2009 年并入北京科技大学附属小学
70	北京市海淀区西颐中学	1964 年	2001 年 1 月与双榆树第三小学合并组建北京市西颐实验学校
71	北京市海淀区向阳小学	1968 年	2000 年更名为北方交通大学附属小学
72	北京市海淀区辛庄小学	1949 年	1995 年 11 月并入北京市海淀区白家疃小学
73	北京市海淀区徐各庄小学	1950 年	1995 年 11 月并入北京市海淀区红星小学
74	北京市海淀区杨家庄小学	1936 年	1995 年 11 月并入北京市海淀区东埠头小学
75	北京市海淀区羊坊店第二小学	1954 年	1995 年并入北京市海淀区羊坊店中心小学
76	北京市海淀区羊坊店第四小学	1947 年	1995 年 3 月迁址到羊坊店学校，与羊坊店学校（小学部）合并，校名为北京市海淀区羊坊店第四小学
77	北京市海淀区羊坊店第一小学	1954 年	1996 年 12 月并入北京市海淀区羊坊店第四小学
78	北京市海淀区一亩园小学	1946 年	1995 年 2 月并入北京市海淀区西苑小学
79	北京市海淀区颐和园小学	1942 年	2003 年 7 月并入北京市海淀区西苑小学
80	北京市海淀区永定路第二小学	1965 年	1995 年 3 月并入北京市海淀区五一小学
81	北京市海淀区永定路第一小学	1957 年	1995 年 3 月并入北京市海淀区五一小学
82	北京市海淀区永丰屯小学	1942 年	1995 年 11 月并入北京市海淀区大牛坊小学。合并后一校两址
83	北京市海淀区友谊小学	1955 年	1995 年 11 月并入北京市海淀区培英小学
84	北京市海淀区暂安处小学	1958 年	1999 年 5 月并入北京市海淀区地质小学。合并后一校两址
85	北京市海淀区正福寺小学	1947 年	2006 年撤销
86	北京市海淀区志强小学	1988 年	1995 年 11 月并入北京市海淀区文慧园小学
87	北京市海淀区志新小学	1949 年	1999 年更名为北京医科大学附属小学
88	北京市海淀区紫竹院小学	1954 年	2002 年 7 月并入北京市海淀区实验小学
89	北京市向群学校	1955 年	1998 年 7 月向群学校撤销建制。小学部并入北京市海淀区二里沟中心小学。初中部师生由北京市海淀区旅游职业学校接管
90	北京外国语学院附属小学	1958 年	2005 年撤销
91	中央财经大学附属小学	1997 年	2002 年并入中国农业科学院附属小学
92	中央民族学院附属小学	1956 年	2005 年撤销

表 46　　1991—2010 年海淀区普通中学撤并更名一览表

序号	学校名称	建校时间	撤并或更名说明
1	北大附中香山分校	1995 年	2007 年 8 月结束办学体制改革试验，回归香山中学
2	北京大学第二附属中学	1985 年	1998 年改制为北京市北达资源中学
3	北京市第四十五中学	1952 年	2005 年并入北京市第十九中学
4	北京市第一二二中学	1958 年	2004 年 12 月与北京市阜成路中学合并成立北京市海淀实验中学
5	北京市第一二三中学	1959 年	2006 年 12 月更名为北京师范大学第三附属中学
6	北京市第一七三中学	1963 年	2003 年更名为北京市陶行知中学

续表 46

序号	学校名称	建校时间	撤并或更名说明
7	北京市东北旺第二中学	1975 年	1996 年 12 月并入北京农业大学附属中学
8	北京市阜成路学校	1934 年	2001 年更名为北京市阜成路中学，2004 年 12 月与北京市第一二二中学合并成立北京市海淀实验中学
9	北京市海淀第二中学	1905 年	1995 年 6 月职高部并入北京市信息管理学校，初中部并入北京市八一中学
10	北京市海淀区文慧园中学	1984 年	2003 年并入北京师范大学第三附属中学
11	北京市海淀区羊坊店学校	1943 年	1995 年 3 月小学部并入海淀区羊坊店第四小学，中学部并入北京市玉渊潭中学
12	北京市蓝靛厂中学	1964 年	2010 年 7 月更名为中国人民大学附属中学第二分校
13	北京市清河第三中学	1969 年	2003 年并入北京市第二十中学
14	北京市清华园中学	1963 年	1998 年 7 月，并入中国科学技术大学附属中学，为其分校。2001 年 5 月中国科学技术大学附属中学恢复北京市中关村中学校名
15	北京市青塔院中学	1975 年	1997 年更名为北方交通大学第二附属中学；2007 年并入北方交通大学附属中学
16	北京市仁达中学	1998 年	2006 年更名为北京市仕尚中学
17	北京市曙光中学	1952 年	1996 年 10 月并入北京市理工大学附属中学
18	北京市双榆树第二中学	1986 年	2002 年 5 月并入北京市第一零一中学初中部
19	北京市双榆树中学	1982 年	2003 年 9 月并入北京市中关村中学
20	北京市苏家坨中学	1959 年	2005 年 7 月更名为北京市海淀北部新区实验中学
21	北京市铁富中学	1999 年	2001 年 1 月更名为北京市海淀外国语实验学校
22	北京市西山中学	1979 年	1998 年 9 月并入北京市第四十五中学
23	北京市西颐实验学校	2003 年	2006 年 7 月更名为中国人民大学附属中学分校
24	北京市西颐中学	1964 年	2001 年 1 月与海淀区双榆树第三小学合并成立北京市西颐实验学校
25	北京市香山中学	1959 年	2007 年 8 月更名为北大附中香山学校
26	北京市向群中学	1955 年	1998 年撤销建制。小学部师生并入海淀区二里沟中心小学，初中部师生由海淀区旅游职业学校接管
27	北京市玉泉山中学	1964 年	1995 年并入北京市第六十七中学
28	北京市育强中学	1953 年	2010 年更名为首都师范大学附属中学第一分校
29	北京铁道学院附属中学	1957 年	1997 年 1 月更名为北方交通大学附属中学
30	清华大学第二附属中学	1986 年	1999 年并入清华大学附属中学
31	中国科学技术大学附属中学	1982 年	2001 年 5 月恢复北京市中关村中学校名。1995 年 3 月，中关村中学更名为中国科学技术大学附属中学
32	中央民族学院附属中学	1913 年	1993 年 12 月更名为中央民族大学附属中学

表 47　　2010 年海淀区教委直属事业单位一览表

序号	单位名称	成立时间	地址	沿革
1	北京市海淀区教师进修学校	1973 年	海淀区西四环北路 11 号	1961 年建校于海淀镇海淀大街 26 号，1966 年学校停办。1973 年 10 月，海淀区教育局重建海淀区教师进修学校，12 月底正式挂牌。2003 年因城区改造，迁入现址
2	北京市海淀区教育党校（海淀区中小学干部研修中心）	1997 年	海淀区远大路 29 号	前身是中共海淀区教工委党校，是教工委的工作部门。2005 年，教工委党校办公室与海淀区教师进修学校干训部合署办公。为适应海淀区教育的发展和干部培养的需求，2009 年 7 月 8 日，中共海淀区教工委成立具有独立法人资格的“海淀区教育党校”，同时加挂“海淀区中小学干部研修中心”的牌子

续表 47

序号	单位名称	成立时间	地址	沿革
3	北京市海淀区教育科学研究所	1984 年	海淀区稻香园 30 号	1984 年 10 月教科所筹备小组成立。教科所成立初始，办公地点设在海淀镇老虎洞小学。1996 年 11 月，教科所由花园路 8 号（原北京市二零五中学）迁至海淀大街 28 号区教师进修学校 7 层。1998 年 9 月，为配合中关村西区工程建设，教科所迁至万泉河稻香园 30 号教师进修学校分校一层
4	北京市海淀区教育人才服务中心	1990 年	海淀区丹棱街 10 号新海大厦办公中心 5 层	1990 年经海淀区编制委员批准成立海淀区教育局人才交流服务中心，1995 年成为独立法人，名称为“海淀区教育局人才交流服务中心”，1996 年变更为“海淀区教委人才交流服务中心”，2000 年更名为“海淀区教委人才服务中心”，同时加挂“海淀区人才服务中心教育分中心”牌子。2015 年变更为“北京市海淀区教育人才服务中心（北京市海淀区人才服务中心教育分中心）”，2019 年，加挂的牌子更名为“北京市海淀区人力资源公共服务中心教育分中心”
5	北京市海淀区教育委员会会计核算中心	2009 年	海淀区万泉庄 6 号	负责教委所属各单位日常财务的监管、指导工作；负责各单位经费预算、决算的统计汇总工作；负责各单位财务人员的统一派遣、考核工作
6	北京市海淀区教育委员会中小学体育卫生研究中心	1995 年	海淀区人大南路 6 号	1995 年成立时办公地点为海淀区魏公村小区 4 号楼东侧，2002 年迁到现址
7	北京市海淀区教育委员会中小学卫生保健所	1981 年	海淀区魏公村小区 4 号楼东侧	负责全区中小学生健康体检，传染病监测与常见病防治，学校卫生管理和健康教育，学校卫生人员的业务培训，师生体质健康状况统计和分析，儿童青少年生长发育与疾病防治等工作。1999 年由海淀区彩和坊 19 号迁入现址
8	北京市海淀区教育新闻传播中心	2002 年	海淀区西四环北路 11 号	负责海淀区教育系统的电视宣传、专题片制作、重要活动视频照片拍摄等工作
9	北京市海淀区教育信息中心	1965 年	海淀区美丽园中路美丽园小区甲 1 号楼	1965 年 9 月成立，时称电化教育站，办公地址为海淀镇南大街 38 号。1968 年 10 月解散。1973 年 6 月恢复。1981 年改称海淀区电化教育馆。1998 年电教馆与海淀教师进修学校电教组合并，仍称电教馆，迁入万泉河路稻香园 30 号。2002 年，改名为海淀区教育信息中心，迁址至海淀区花园路 8 号院北区 19 号楼。2009 年迁入现址
10	北京市海淀区青少年活动中心	2000 年	海淀区万柳中路星标家园甲六号院	前身为海淀区少年之家和青少年科技馆，2000 年 7 月，两家单位合并，更名为海淀区青少年活动管理中心，2006 年 5 月迁入现址。海淀区少年之家建于 1957 年 3 月，下设合唱队、戏剧组、舞蹈组。航模组，并开设棋类室、图书室。有组员 800 余人，工作人员 10 余人。1972 年改称海淀区少年宫。青少年科技馆建于 1986 年

续表 47

序号	单位名称	成立时间	地址	沿革
11	北京市海淀区青少年素质教育培训中心	2009 年	海淀区环谷园路8号	承担地区学校的研究性学习、劳动技术、信息技术等综合实践活动课程，结合学校课程设置，组织开展科技、体育、艺术等校外教育活动
12	北京市海淀区学校后勤管理中心	2010 年	海淀区青龙桥功德寺1号	该中心由原房管所、装备部、国资中心、住宅中心整合成立
13	北京市海淀区招生考试中心	1995 年	海淀区知春里31号	中心是各级各类教育考试和招生的办事机构，主要负责小学入学、初中入学、初中毕业升学考试、高中毕业会考、高中学业水平合格性考试、全国普通高考、全国成人高考、全国高等教育自学考试、教师资格证书考试等招生和考试的报名组考工作
14	北京市海淀区职业技术教育中心	1993 年	海淀区彩和坊路甲10号	负责海淀区职业技术教育的教科研干部教师培训，信息咨询，实习场地管理

房山区

幼儿园

北京市房山区长沟镇中心幼儿园

园址：长沟镇西长沟村

该园为全日制乡镇中心园，建于2005年，园舍由原长沟中心小学教学楼改建而成。同年8月，确立为独立法人单位；9月正式开园。2006年7月，通过北京市农村合格园验收。2008年6月，晋升北京市一级二类幼儿园。2005年，被认定为少年儿童书画艺术教育基地。2009年至2010年，开展艺术教育特色实践，探索美术集体教育活动和美工区活动，开展绘画、剪纸、泥塑、纸浆画、粘贴画等美术研究。

2010年，幼儿园占地面积8348平方米，建筑面积5802平方米，户外活动场地面积6625平方米。活动室12间，睡眠室12间。图书室藏书2627册。教职工41人，其中专任教师38人。开设教学班10个，离园幼儿64人，入园幼儿126人，在园幼儿329人。另办有亲子班12个，幼儿150人。党支部书记、园长马凤霞。

北京市房山区长阳镇中心幼儿园

园址：房山区长阳镇葫芦垡村北

建于2005年，同年8月确立为独立法人单位，定现名。长阳镇中心幼儿园是一所全日制乡镇中心园，2005年至2007年，开展早期教育、早期阅读、卫生保健、保教管理等专业培训，促进教师转变观念，适应保教工作。2007年后，通过专家指导、“手拉手”共建、园本培训、骨干带动等手段，引领教师专业发展，推动幼儿园工作规范化发展。2006年1月，通过北京市农村合格园验收。2008年，晋升北京市二级二类幼儿园。

2010年，幼儿园占地面积1500平方米，建筑面积426平方米，户外活动场地面积900平方米。活动室兼睡眠室3间，保健室1间，多功能教室1间。入园幼儿57人，离园幼儿45人，教学班5个，在园幼儿131人。办有亲子班1个，幼儿6人。教职工22人，其中专任教师20人。党支部书记、园长徐志珍。

北京市房山区城关街道办事处中心幼儿园

园址：房山区城关南路7号

建于1976年，名为城关街道办事处幼儿园，1980年改设中心园。2005年8月确立为独立法人单位。2008年10月，在顾册小学内开设顾册分园。2009年9月，在羊头岗小学内开设羊头岗分园，2010年11月，羊头岗分园迁入羊头岗新村小区内。2005年以来，幼儿园改造园所环境，提高保教工作质量，提高幼儿园办园水平。2009年，晋升北京市一级一类幼儿园，被认定为房山区早期教育示范基地。

2010年，幼儿园占地面积2359平方米，建筑面积4100平方米，户外活动场地面积1226平方米。活动室10间，睡眠室10间，活动室兼睡眠室5间。图书室藏书630册。入园幼儿184人，离园幼儿87人，教学班14个，在园幼儿418人。办有亲子班6个，幼儿40人。教职工64人，其中专任教师34人。党支部书记、园长孙玉梅。

北京市房山区大安山乡中心幼儿园

园址：房山区大安山乡大安山村三区55号

2005年8月，幼儿园在大安山乡中心小学附设学前班基础上建立，定现名。2008年9月，在大安山矿社区开设矿区分园。2010年7月，接管民办星宇幼儿园并将矿区分园迁至星宇幼儿园。2008年12月，通过北京市农村合格园验收。2009年12月，晋升北京市二级二类幼儿园。

2010年，幼儿园占地面积3175平方米，建筑面积2379平方米，户外活动场地面积470平方米。活动室兼睡眠室8间。图书室藏书600册。入园幼儿238人，离园幼儿26人，教学班8个，在园幼儿269人。教职工18人，其中专任教师16人。园长王青。

北京市房山区大石窝镇中心幼儿园

园址：房山区大石窝镇石窝村

建于2003年，2005年8月，确立为独立法人单位。2007年9月，使用下滩小学教学楼一楼开设下滩分园。2010年9月，对原南尚乐卫生院改造后开设南尚乐分园。2008年以来，打造剪纸特色。2010年5月，参加了首都博物馆“剪出一片蓝天”第一届幼儿剪纸艺术展。2006年1月，通过北京市农村合格园验收，2008年7月，晋升北京市二级二类幼儿园。

2010年，幼儿园占地面积4317平方米，建筑面积1246平方米，户外活动场地面积2078平方米。活动室兼睡眠室14间，保健室2间，图书室1间。入园98人，离园幼儿113人，开设班级13个，在园幼儿244人。办有亲子班4个，幼儿80人。在职教职工42人，其中专任教师37人。园长张联合。

北京市房山区窦店镇中心幼儿园

园址：房山区窦店镇窦店村

建于1995年3月，同年9月投入使用。2005年8月，确立为独立法人单位。2008年，改造办园条件，建设教师队伍。2009年起，着手打造幼儿园户外民族体育活动特色。2001年至2010年，离园幼儿723人。2008年12月晋升北京市二级二类幼儿园。先后被认定为北京市社区儿童早期教育示范基地，被确定为教育部重点课题“童心童画儿童体验式绘画”实验基地。

2010年，幼儿园占地面积6568平方米，建筑面积1750平方米，户外活动场地面积4818平方米。活动室7间，睡眠间4部。图书室藏书1500册。入园幼儿68人，离园幼儿85人，教学班7个，在园幼儿222人。办有亲子班2个，幼儿24人。教职工30人，其中专任教师24人。园长尤艳利。

北京市房山区窦店镇交道幼儿园

园址：房山区窦店镇交道二街村

建于1995年，园舍由原交道乡政府办公楼改建而成。2005年8月，确立为独立法人单位。2008年，通过北京市农村合格园验收。2009年，晋升北京市二级二类幼儿园。2010年，幼儿园占地面积2387平方米，建筑面积878平方米，户外活动场地面积1834平方米。活动室4间，睡眠室6间，公共活动室3间。入园幼儿43人，毕业幼儿46人，教学班4个，在园幼儿150人。教职工24人，其中专任教师19人。园长张秀英。

北京市房山区房山幼儿园

园址：房山城关南大街32号

建于1958年，由原周口店区委、区政府筹建，当年9月招生，实行寄宿制。2005年，被认定为北京市示范幼儿园。2005年至2008年，同时支教10个乡镇中心园，带动房山区学前教育整体发展。2008年，开展健康教育特色实践，探索、总结出主题式游戏化体操、游戏化体育课、综合性游戏大会等六种体育活动形式，初步形成健康教育特色。2009年，编纂园本教研丛书《幼儿体育活动的创新与实践》。

2010年，幼儿园占地面积4296平方米，建筑面积3852平方米，户外活动场地1500平方米。12个活动室，12个睡眠室。图书室藏书5389册。教职工67人，其中，专任教师39人；北京市骨干教师3人。开设教学班12个，离园幼儿144人，入园幼儿173人，在园幼儿440人。另办有亲子班15个，幼儿191人。党支部书记、园长何成文。

北京市房山区佛子庄乡中心幼儿园

园址：房山区佛子庄乡陈家台村

2004年8月在原陈家台小学旧址改建而成。2005年8月，确立为独立法人单位，同时，在原佛子庄中学和长操小学部分场地开设佛子庄分园和长操分园。2006年8月，在原北窖小学开设北窖分园。幼儿园利用乡土资源自制玩教具，丰富幼儿活动课，打造乡土教育特色。2006年至2010年，离园幼儿269人。2008年12月，晋升北京市二级二类幼儿园，同时通过北京市儿童早期教育示范基地验收。2007年7月，幼儿园自制的玩教具“管编钟”获北京市幼儿园教师玩教具制作评比特等奖。2010年7月，晋升北京市一级二类幼儿园。

2010年，幼儿园占地面积12411平方米，建筑面积3367平方米，户外活动场地面积5173平方米。普通教室7个，专用教室2个。图书室藏书600册。入园幼儿50人，离园幼儿45人，教学班6个，在园幼儿146人。教职工31人，其中专任教师13人。党支部书记、园长栗树龙。

北京市房山区韩村河镇岳各庄幼儿园

园址：房山区韩村河镇岳各庄大街20号

2010年8月成立。幼儿园占地面积1200平方米，建筑面积960平方米，幼儿户外活动场地300平方米。幼儿活动室5间，幼儿睡眠室10间。图书室藏书200册。2010年，入园幼儿70人，开设班级4个。教职工13人，其中专任教师9人。园长王红海。

北京市房山区韩村河镇中心幼儿园

园址：房山区韩村河镇韩村河村

建于1996年3月，初名韩村河幼儿园。幼儿园由韩村河建筑集团总公司出资建造，12月投入使用。2005年8月，确立为独立法人单位，更为现名。2006年12月，晋升北京市二级二类幼儿园，2008年7月，晋升北京市一级二类幼儿园，2009年6月，晋升北京市一级一类幼儿园。2010年，幼儿园占地面积3599平方米，房舍建筑面积2145平方米，户外活动场地面积1504平方米。活动室6间，睡眠室6间。图书室藏书1200册。入园幼儿67人，离园幼儿56人，教学班6个，在园幼儿198人。教职工29人，其中专任教师22人。党支部书记、园长高新颖。

北京市房山区河北镇中心幼儿园

园址：房山区河北镇河南村

建于2002年8月，占用河北中心小学一层教学楼办园。2005年8月，确立为独立法人单位。2008年2月，迁入改建后的河北镇农业银行原址。2010年，开设磁家务分园。幼儿园开展早期阅读、英语实验教学，提升幼儿的语言表达能力及前阅读、前书写、前识字能力；创建泥工坊，利用当地红土资源开展泥塑活动，发展幼儿的动手、动脑、创新能力。2002年至2010年，离园幼儿275人。2010年晋升北京市一级二类幼儿园。

2010年，幼儿园占地面积5443平方米，建筑面积3710平方米，幼儿活动场地面积2759平方米。活动室10间，睡眠室6间，保健室2间。图书室藏书922册。入园幼儿177人，离园幼儿32人，教学班8个，在园幼儿256人。教职工28人，其中专任教师22人。园长黄丽。

北京市房山区良乡幼儿园

园址：房山区拱辰街道乔家胡同16号

建于1985年，1989年投入使用。是房山区教委直属全日制幼儿园，2001年5月，在原址翻建教学楼。2009年10月，在良乡建华路10号开设分园。2004年4月，晋升北京市一级一类幼儿园，2007年10月，被认定为北京市示范幼儿园。2007年以来，发挥示范作用，带动房山区学前教育发展。幼儿园探索“家园共育”办园特色，2010年，编纂北京教育丛书《智慧在这里生长》。园所先后被认定为北京市早期教育示范基地、中国西部教育顾问单位，被评为北京市优秀教研组、北京市学前教育“辛勤育苗”先进单位、北京市普教系统优秀教工之家、北京市园本培训示范园。

2010年，幼儿园占地面积3467平方米，建筑面积2700平方米，户外活动场地2168平方米。活动室12间，睡眠室12间，睡眠室兼活动室5间。图书室藏书6267册。入园幼儿171人，离园幼儿102人，教学班17个，在园幼儿526人。办有亲子班16个，幼儿245人。教职工83人，其中专任教师54人；北京市骨干教师4人。党支部书记、园长何艳萍。

北京市房山区良乡镇官道中心园

园址：房山区良乡镇官道村北大街6号

建于2007年，2008年确立为独立法人单位。2007年8月至2010年7月，占用官道中心小学及下辖完小场地分散办园。2010年8月，在现址实现集中办园。2010年，幼儿园占地面积1025平方米，建筑面积583平方米，户外活动场地面积487平方米。活动室兼睡眠室6间，保健室1间。入园幼儿56人，离园幼儿67人，教学班6个，在园幼儿146人。教职工21人，其中专任教师12人。园长臧春芳。

北京市房山区良乡镇中心幼儿园

园址：房山区拱辰街道罗府街79号

前身是建于1976年的良乡学区幼儿园。1993年5月，更名为良乡地区办事处中心园，隶属良乡镇黄辛庄中心小学。2005年8月，确立为独立法人单位，更为现名。2006年，由于房山区行政规划调整，归属拱辰街道教委。2009年7月，因旧城改造，临时迁入拱辰街道长虹东路甲1号。2013年，迁入现址。

2010年，幼儿园占地面积2980平方米，建筑面积1263平方米，幼儿活动场地面积1717平方米。活动室6间，睡眠室6间。图书室藏书600册。入园幼儿76人，离园幼儿85人，教学班10个，在园幼儿270人。办有亲子班6个，幼儿70人。教职工57人，其中专任教师43人。园长吴艳春。

北京市房山区琉璃河镇南召幼儿园

园址：房山区琉璃河镇西南召村四区64号

建于1987年，由西南召村委会筹建，定名为西南召中心园。2005年8月，确立为独立法人单位，更为现名。2007年以来，挖掘有乡土特色的教育内容，根据幼儿兴趣和年龄特点开展活动，总结出种植、游园、民间体育等活动形式，促进幼儿均衡发展。2010年，幼儿园占地面积3066平方米，建筑面积624平方米，户外活动场地面积772平方米。活动室兼睡眠室5间，保健室1间。图书室藏书200册。2010年入园幼儿48人，离园幼儿35人，教学班5个，在园幼儿150人。教职工25人，其中专任教师22人。园长赵英芹。

北京市房山区琉璃河镇中心园

园址：房山区琉璃河镇三街村1区1号

建于1994年8月，名为琉璃河中心园，是一所全日制乡镇中心园。2005年8月，确立为独立法人单位，更为现名。2009年9月，开设平各庄分园、立教分园和窑上分园。

2009年以来，以民间科学类益智玩具的收集、制作、投放、指导为突破口研究科学领域教育教学。2001年至2010年，毕业幼儿685人。2005年12月，晋升北京市一级二类幼儿园。2008年12月晋升北京市一级一类幼儿园。2010年，幼儿园占地面积3553平方米，建筑面积2900平方米，户外活动场面积1955平方米。活动室兼睡眠室24间，多功能厅1间。图书室藏书1300册。入园幼儿182人，离园幼儿140人，教学班13个，在园幼儿401人。教职工38人，其中专任教师34人。园长张蓓。

北京市房山区南窖乡中心幼儿园

园址：房山区南窖乡南窖村西

建于2005年8月，同时确立为独立法人单位。建园之初，借用乡文化大院房屋作为活动室。2006年9月迁至房山区南窖乡中心小学。2007年，在原南窖中学教师宿舍区进行了新园建设，9月投入使用。2005年至2008年，着重进行新园建设和师资配置，实现学前三年辖区幼儿入园率100%的目标。2007年12月，通过北京市农村合格园验收，2008年11月，晋升北京市二级二类幼儿园。

2010年，幼儿园占地面积1872平方米，建筑面积875平方米，户外活动场地面积362平方米。活动室4间，睡眠室2间。图书室藏书770册。入园幼儿45人，离园幼儿23人，教学班4个，在园幼儿110人。教职工19人，其中专任教师15人。园长王希栓。

北京市房山区蒲洼乡中心园

园址：房山区蒲洼乡蒲洼村

1990年在蒲洼村东滩子建园。2000年8月，迁至蒲洼中心小学院内，和中心小学共用教学楼。2005年8月，确立为独立法人单位。2008年9月，迁至原蒲洼中学，实现独立场地办园。2009年1月，通过北京市农村合格园验收。

2010年，幼儿园占地面积1300平方米，建筑面积540平方米，户外活动场地面积600平方米。活动室1间，睡眠室1间，保健室1间。图书室藏书100册。入园幼儿15人，离园幼儿10人，教学班2个，在园幼儿24人。教职工8人，其中专任教师6人。园长张进新。

北京市房山区青龙湖镇坨里幼儿园

园址：房山区青龙湖镇坨里村

建于1996年9月，由坨里乡政府筹建，园名坨里中心园。2005年8月，确立为独立法人单位，更为现名。2005年，开设沙窝分园。2006年，开设北车营分园。2002年，举办“架沟通桥梁，育世纪花蕾”房山区幼儿园家园共育经验交流现场会。2005年至2007年，开设分园扩大学前教育覆盖面，提高幼儿入园率。2004年9月，通过北京市农村乡镇中心园合格验收。2010年，幼儿园占地面积5010平方米，建筑面积1420平方米，户外活动场地面积2000平方米。活动室兼睡眠室18间，保健室1间。图书室藏书3200册。入园幼儿130人，离园幼儿93人，教学班14个，在园幼儿321人。教职工29人，其中专任教师21人。党支部书记、园长刘玉红。

北京市房山区青龙湖镇中心幼儿园

园址：房山区青龙湖镇豆各庄村

建于1993年，1994年6月投入使用，定名崇各庄乡中心园。2003年，更名为青龙湖镇中心园，同时在原育新小学开设育新分园。2005年8月，确立为独立法人单位。

2001年到2010年，离园幼儿443人。2005年，被认定为北京市级早期教育示范基地。2006年12月，通过北京市二级二类幼儿园验收。2007年12月，晋升北京市一级二类幼儿园。2009年7月晋升北京市一级一类幼儿园，9月，获全国教育系统先进集体称号。2010年，幼儿园总结改革和发展成果，编辑《微波细浪——落实〈纲要〉目标教师半日活动使用手册》一书。2010年，幼儿园占地面积4000平方米，建筑面积2020平方米，户外活动场地面积2600平方米。活动室兼睡眠室11间。图书室藏书5000册。入园幼儿117人，离园幼儿56人，教学班11个，在园幼儿302人。在职教职工37人，其中专任教师34人。党支部书记、园长魏桂霞。

北京市房山区三八幼儿园

园址：房山区城关街道福胜胡同

马桂玲出资兴办的全日制民办幼儿园，1984年5月建园。1995年建成教学楼。2000年6月，在良乡建立昊天分园。2005年，被区教委确定为早教示范基地，被市卫生局认定为食品卫生等级A级单位，被中国少年儿童研究中心认定为“中国青少年素质教育研究”基地。幼儿园打造美术教育特色，兼顾幼儿多方面兴趣的培养，建立舞蹈、围棋、武术、轮滑等特长兴趣班。2010年，总园占地面积960平方米，建筑面积896平方米，活动场地580平方米。在园幼儿176人，教学班7个。亲子班1个，幼儿30人。教职工33人。分园占地面积3600平方米，建筑面积2405平方米，活动场地1060平方米。在园幼儿283人，教学班9个。亲子班1个，幼儿30人。教职工42人。园长马桂玲。

北京市房山区十渡镇中心幼儿园

园址：房山区十渡镇十渡村北大街32号

建于1985年，由原十渡乡政府筹建，园名为十渡乡幼儿园，是一所全日制乡镇中心园，2005年8月确立为独立法人单位，更为现名。2005年至2006年进行园所环境改造。2008年晋升北京市二级二类幼儿园。2010年，幼儿园占地面积4837平方米，建筑面积1520平方米，户外活动场地面积1400平方米。活动室7间，睡眠室7间。图书室藏书460册。入园幼儿67人，离园幼儿58人，教学班7个，在园幼儿161人。教职工22人，其中专任教师11人。党支部书记、园长赵玉兰。

北京市房山区石楼镇中心幼儿园

园址：房山区石楼镇石楼村

建于1991年8月，为石楼村办幼儿园。2003年7月，划归石楼镇中心小学管理。2005年8月，确立为独立法人单位，更为现名。至2010年年底，开设吉羊、夏村、大次洛3所分园。

2005年以来，初步形成了适合农村自然环境的“绿色生态教育”特色。2003年7月，通过北京市农村幼儿园合格验收。2006年12月，通过北京市二级二类园验收。2009年12月，晋升为京市一级二类幼儿园。2010年，幼儿园占地面积5070平方米，建筑面积1200平方米，户外活动场地面积3200平方米。活动室7间，睡眠室7间，活动室兼睡眠室10间。图书室藏书1200册。入园幼儿209人，离园幼儿104人，教学班17个，在园幼儿447人。办有亲子班2个，幼儿60人。教职工46人，其中专任教师29人。党支部书记、园长刘伯永。

北京市房山区史家营乡中心幼儿园

园址：房山区史家营乡北涧村

建于2006年6月，由原史家营中心小学改建，8月确立为独立法人单位。2007年，通过北京市农村合格园验收。2008年，晋升北京市二级二类幼儿园。2010年3月，建筑出现裂痕，幼儿园停用待建，师生迁入柳林水村临时办园。2010年，幼儿园占地面积1162平方米，建筑面积962平方米，户外活动场地面积200平方米。活动室2间，保健室1间。图书室藏书540册。入园幼儿31人，离园幼儿17人，教学班2个，在园幼儿31人。教职工14人，其中专任教师12人。园长王刚。

北京市房山区双语幼儿园

园址：房山区拱辰街道文化路21号

耿红梅举办的全日制民办幼儿园，2001年8月建园。下设3个分园：双语实验幼儿园、双语艺术幼儿园和双语碧波幼儿园。2001年至2010年，共离园幼儿2458人。幼儿园实施“真爱阳光之家”项目工程，与区民政局福利院建立专项对接关系，无偿教养救助16名孤残儿童，其中10人顺利升入小学。开办免费亲子园，受益幼儿人数达300人。董事长耿红梅曾2次荣获房山区三八红旗手、1次荣获房山区先进教育工作者称号。2010年，幼儿园占地面积3200平方米，建筑面积1600平方米，幼儿户外活动场地1200平方米。有活动室12个，图书室藏书2000册。入园幼儿110人，离园幼儿95人，开设教学班12个，在园幼儿405人。办有亲子班2个，亲子幼儿30人。教职工48人，其中专任教师36人。董事长兼党支部书记耿红梅。

北京市房山区西潞街道办事处中心幼儿园

园址：房山区西潞街道佳世苑小区内

建于2007年，2008年12月建成并投入使用。2009年10月，确立为独立法人单位。2010年4月，招收两个托班试运行。2010年9月正式开园。2010年9月，通过北京市农村中心园合格园达标验收；11月晋升北京市一级二类幼儿园。2010年，幼儿园占地面积3900平方米，建筑面积2300平方米，户外活动场地面积1600平方米。活动室9间，睡眠室9间。图书室藏书222册。入园幼儿136人，教学班5个。教职工21人，其中专任教师17人。园长顾兰荣。

北京市房山区霞云岭乡中心幼儿园

园址：房山区霞云岭乡霞云岭村3号

建于2001年9月，由原乡修配厂职工宿舍改建而成。2005年，在霞云岭村西侧新建三层综合楼，8月确立为独立法人单位。至2010年年底，共开设堂上、司马台、庄户台和下石堡4所分园。2006年至2010年，离园幼儿450人。2007年11月，通过北京市农村合格园验收。2008年12月，晋升北京市二级二类幼儿园。

2010年，幼儿园占地面积17255平方米，建筑面积5811平方米，户外活动场地面积2204平方米。活动室兼睡眠室6间。图书室藏书1000册。入园幼儿64人，离园幼儿53人，教学班6个，在园幼儿78人。办有亲子班1个，幼儿20人。教职工14人，其中专任教师10人。党支部书记、园长刘荣国。

北京市房山区小英才实验幼儿园

园址：房山区西潞街道太平庄小区西里

刘立霞举办的全日制民办幼儿园，2006年建园。2010年，幼儿园占地面积2900平方米，建筑面积1553平方米。有活动室兼睡眠室10个，图书室藏书1500册。入园幼儿118人，离园123人。开设10个教学班，在园幼儿380人。教职工45人。园长刘立霞。

北京市房山区阎村镇中心幼儿园

园址：房山区阎村镇开古庄村

建于2006年8月，同时确立为独立法人单位。2006年10月，作为“北京市推进农村学前教育事业发展现场会”分会场，开展观摩展示活动。2008年9月，开设张庄分园。2007年，通过北京市农村合格园验收。2008年12月，晋升北京市二级二类幼儿园。2010年11月，晋升北京市一级二类幼儿园。2010年3月起，开展“幸福的种子”早期阅读课程实验。2010年，幼儿园占地面积8648平方米，建筑面积1651平方米，幼儿户外活动场地5100平方米。活动室兼睡眠室8间，图书室藏书600册。入园幼儿36人，离园幼儿87人，教学班7个，在园幼儿182人。教职工35人，其中专任教师30人。党支部书记、园长卢景和。

北京市房山区张坊镇中心幼儿园

园址：房山区张坊镇西白岱村

建于2003年。2005年8月确立为独立法人单位。2008年在原址翻建，9月重新投入使用。幼儿园注重将游戏贯穿于幼儿一日生活中，促进幼儿全面发展。2003年至2010年，离园幼儿304人。2008年12月，通过北京市农村合格园验收。2009年12月，晋升北京市二级二类幼儿园。2010年12月，晋升北京市一级二类幼儿园。2010年，幼儿园占地面积5642平方米，建筑面积2008平方米，户外活动场地面积2000平方米。活动室兼睡眠室6间。图书室藏书600册。入园幼儿82人，离园幼儿72人，教学班6个，在园幼儿266人。教职工26人，其中专任教师16人。园长王艳书。

北京市房山区周口店镇中心幼儿园

园址：房山区周口店大街南侧

建于2005年8月，同时确立为独立法人单位。2006年至2010年，离园幼儿329人。2007年12月，通过北京市农村合格园验收。2008年12月，晋升北京市二级二类幼儿园。2010年9月，在原西庄小学开设西庄分园，在周口店镇的5所完小设立教学点。

2010年，中心幼儿园占地面积3248平方米（租借场地），建筑面积683平方米，幼儿户外活动场面积768平方米。西庄分园（自有场地）占地面积5645平方米，建筑面积1490平方米，户外活动场地面积4347平方米。活动室13间，睡眠室5间。图书室藏书2300册。全园入园幼儿304人，离园幼儿65人，教学班13个，在园幼儿370人。教职工37人，其中专任教师26人。党支部书记、园长郄凤华。

北京天之骄子智能开发幼儿园

园址：房山区城关西大街8号

雷和举办的全日制民办幼儿园，2002年10月建园。至2010年，被评为区级社区儿童早教指导分中心、市级社区儿童早期教育示范基地，连续6年被区教委评为民办教育先进单位。2010年，幼儿园占地面积8620平方米，建筑面积4900平方米。多功能厅650平方米，幼儿户外活动场地3300平方米。活动室17个，睡眠室12个。入园幼儿163人，离园幼儿62人，班级16个，在园幼儿390人。有亲子班2个，幼儿40人。教职工93人，其中专任教师47人。董事长雷和，园长毕兰芳。

北京王子岛英语幼儿园

园址：阎村镇紫园路20号

北京美亚大洋文化有限公司举办的全日制民办幼儿园，也是加拿大皇桥教育集团素里市教育局和房山区教委教育合作项目之一，具有市外专局、市公安局、市教委审批的聘请外国专家资质。2005年4月建园。幼儿园先后被认定为北京市食品卫生等级A级单位，被评为北京市民办教育先进单位、房山区民办教育先进单位等。2010年，幼儿园占地面积7634平方米，建筑面积2880平方米，幼儿户外活动场地4784平方米。活动室兼睡眠室11个，图书室藏书2000册。入园幼儿96人，离园70人，班级11个，在园幼儿303人，外籍幼儿4人。有亲子班2个，幼儿35人。教职工72人，其中专任教师31人。另长期聘用美国、加拿大籍教师3人。园长刘玉芹。

表48　　2010年房山区幼儿园一览表

序号	幼儿园名称	建园时间	举办者
1	北京市房山区长沟镇中心幼儿园	2005年	教育部门办
2	北京市房山区长阳镇中心幼儿园	2005年	教育部门办
3	北京市房山区城关街道办事处中心园	1980年	教育部门办
4	北京市房山区大安山乡中心幼儿园	2005年	教育部门办
5	北京市房山区大石窝镇中心幼儿园	2003年	教育部门办
6	北京市房山区窦店镇交道幼儿园	2005年	教育部门办
7	北京市房山区窦店镇中心幼儿园	1975年	教育部门办
8	北京市房山区房山幼儿园	1958年	教育部门办
9	北京市房山区佛子庄乡中心幼儿园	2004年	教育部门办
10	北京市房山区韩村河镇岳各庄中心园	2010年	教育部门办
11	北京市房山区韩村河镇中心幼儿园	1996年	教育部门办
12	北京市房山区河北镇中心幼儿园	2005年	教育部门办
13	北京市房山区良乡幼儿园	1985年	教育部门办
14	北京市房山区良乡镇官道中心幼儿园	2007年	教育部门办
15	北京市房山区良乡镇中心幼儿园	1992年	教育部门办
16	北京市房山区琉璃河镇南召幼儿园	2005年	教育部门办
17	北京市房山区琉璃河镇中心幼儿园	1994年	教育部门办
18	北京市房山区南窖乡中心幼儿园	2005年	教育部门办
19	北京市房山区蒲洼乡中心幼儿园	1990年	教育部门办
20	北京市房山区青龙湖镇坨里幼儿园	1996年	教育部门办
21	北京市房山区青龙湖镇中心幼儿园	1993年	教育部门办
22	北京市房山区少年宫附设幼儿园	—	教育部门办
23	北京市房山区十渡镇中心幼儿园	1985年	教育部门办
24	北京市房山区石楼镇中心幼儿园	2003年	教育部门办
25	北京市房山区史家营乡中心幼儿园	2006年	教育部门办
26	北京市房山区西潞街道办事处中心幼儿园	2009年	教育部门办
27	北京市房山区西潞园幼儿园	—	教育部门办
28	北京市房山区霞云岭乡中心幼儿园	2005年	教育部门办
29	北京市房山区阎村镇中心幼儿园	2006年	教育部门办
30	北京市房山区张坊镇中心幼儿园	2003年	教育部门办
31	北京市房山区周口店镇中心幼儿园	2005年	教育部门办
32	北京市房山区城关街道办事处北关幼儿园	—	集体办
33	北京市房山区长沟镇北甘池幼儿园	—	集体办
34	北京市房山区长沟镇北正村幼儿园	—	集体办
35	北京市房山区长沟镇东长沟村幼儿园	—	集体办
36	北京市房山区长沟镇东甘池村幼儿园	—	集体办
37	北京市房山区长阳镇鹤立幼儿园	—	集体办

续表 48

序号	幼儿园名称	建园时间	举办者
38	北京市房山区城关街道六一幼儿园	—	集体办
39	北京市房山区窦店镇芦村幼儿园	—	集体办
40	北京市房山区窦店镇于庄村幼儿园	—	集体办
41	北京市房山区韩村河镇东南章村幼儿园	—	集体办
42	北京市房山区韩村河镇希望艺术幼儿园	—	集体办
43	北京市房山区韩村河镇西东村幼儿园	—	集体办
44	北京市房山区韩村河镇西周各庄村幼儿园	—	集体办
45	北京市房山区韩村河镇尤家坟村幼儿园	—	集体办
46	北京市房山区良乡镇黄辛庄幼儿园	—	集体办
47	北京市房山区琉璃河镇常舍幼儿园	—	集体办
48	北京市房山区琉璃河镇李庄幼儿园	—	集体办
49	北京市房山区琉璃河镇路村幼儿园	—	集体办
50	北京市房山区琉璃河镇务滋幼儿园	—	集体办
51	北京市房山区阳光幼儿园	—	集体办
52	北京邦本物业管理有限公司幼儿园	—	其他部门办
53	中国人民解放军 91395 部队幼儿园	1969 年	其他部门办
54	中国原子能科学研究院幼儿园	1957 年	其他部门办
55	北京爱贝艺术幼儿园	—	民办
56	北京金色童年艺术双语幼儿园	—	民办
57	北京市房山区安琪尔美语幼儿园	—	民办
58	北京市房山区才艺 OK 幼儿园	—	民办
59	北京市房山区彩虹桥双语幼儿园	—	民办
60	北京市房山区长沟镇幸福幼儿园	—	民办
61	北京市房山区长阳镇碧波双语幼儿园	—	民办
62	北京市房山区长阳镇彩虹幼儿园	—	民办
63	北京市房山区长阳镇大宁山庄幼儿园	—	民办
64	北京市房山区长阳镇大森林早教中心	—	民办
65	北京市房山区长阳镇慧博幼儿园	—	民办
66	北京市房山区长阳镇靠山居幼儿园	—	民办
67	北京市房山区长阳镇启明星幼儿园	—	民办
68	北京市房山区长阳镇小博士第一分园	—	民办
69	北京市房山区长阳镇阳光宝贝幼儿园	—	民办
70	北京市房山区城关街道 hello baby 幼儿园	—	民办
71	北京市房山区城关街道办事处东街幼儿园	—	民办
72	北京市房山区城关街道办事处静明幼儿园	—	民办
73	北京市房山区城关街道办事处小水滴幼儿园	—	民办
74	北京市房山区城关街道北市幼儿园	—	民办
75	北京市房山区城关街道顾册幼儿园	—	民办
76	北京市房山区城关街道宏冠娇幼儿园	—	民办
77	北京市房山区城关街道可爱宝贝幼儿园	—	民办
78	北京市房山区城关街道马各庄幼儿园	—	民办
79	北京市房山区城关街道太阳岛幼儿园	—	民办
80	北京市房山区磁家务驰墀幼儿园	—	民办
81	北京市房山区大石窝镇北尚乐村私园	—	民办
82	北京市房山区大石窝镇高庄村私办园	—	民办

续表 48

序号	幼儿园名称	建园时间	举办者
83	北京市房山区大石窝镇南尚乐私办园	—	民办
84	北京市房山区大石窝镇三岔幼儿园	—	民办
85	北京市房山区大石窝镇石窝村私办园	—	民办
86	北京市房山区大石窝镇辛庄幼儿园	—	民办
87	北京市房山区大石窝镇镇江营私办园	—	民办
88	北京市房山区东沿村金太阳幼儿园	—	民办
89	北京市房山区窦店京南嘉园小博士双语幼儿园	—	民办
90	北京市房山区窦店镇爱心幼儿园	—	民办
91	北京市房山区窦店镇北辰幼儿园	—	民办
92	北京市房山区窦店镇蓓蕾幼儿园	—	民办
93	北京市房山区窦店镇春蕾幼儿园	—	民办
94	北京市房山区窦店镇好宝宝双语幼幼儿园	—	民办
95	北京市房山区窦店镇交道二街幼儿园	—	民办
96	北京市房山区窦店镇交道良友幼儿园	—	民办
97	北京市房山区窦店镇可欣幼儿园	—	民办
98	北京市房山区窦店镇普安屯幼儿园	—	民办
99	北京市房山区窦店镇西安庄幼儿园	—	民办
100	北京市房山区窦店镇小叮当双语幼儿园	—	民办
101	北京市房山区窦店镇兴隆庄良友幼儿园	—	民办
102	北京市房山区窦店镇阳光幼儿园	—	民办
103	北京市房山区窦店镇友谊幼儿园	—	民办
104	北京市房山区窦店镇育英幼儿园	—	民办
105	北京市房山区韩村河镇曹章村幼儿园	—	民办
106	北京市房山区韩村河镇东周各庄村幼儿园	—	民办
107	北京市房山区韩村河镇孤山口村幼儿园	—	民办
108	北京市房山区韩村河镇五侯村幼儿园	—	民办
109	北京市房山区韩村河镇西东汝芹幼儿园	—	民办
110	北京市房山区韩村河镇西营村幼儿园	—	民办
111	北京市房山区韩村河镇小次洛幼儿园	—	民办
112	北京市房山区韩村河镇欣悦幼儿园	—	民办
113	北京市房山区韩村河镇育新幼儿园	—	民办
114	北京市房山区韩村河镇岳各庄村幼儿园	—	民办
115	北京市房山区昊天幼儿园	—	民办
116	北京市房山区河北镇磁家务村苗苗幼儿园	—	民办
117	北京市房山区河北镇檀木港村幼儿园	—	民办
118	北京市房山区建人外语艺术幼儿园	—	民办
119	北京市房山区金曙光早教乐园	—	民办
120	北京市房山区良乡双语实验幼儿园	—	民办
121	北京市房山区良乡双语艺术幼儿园	—	民办
122	北京市房山区良乡镇爱贝双语第二幼儿园	—	民办
123	北京市房山区良乡镇东关启蒙幼儿园	—	民办
124	北京市房山区良乡镇东石羊幼儿园	—	民办
125	北京市房山区良乡镇金太阳艺术园	—	民办
126	北京市房山区良乡镇牛牛幼儿园	—	民办
127	北京市房山区良乡镇七彩阳光文化艺术幼儿园	—	民办

续表 48

序号	幼儿园名称	建园时间	举办者
128	北京市房山区良乡镇小太阳幼儿园	—	民办
129	北京市房山区良乡镇新魅力早教园	—	民办
130	北京市房山区良乡镇新世纪童乐园	—	民办
131	北京市房山区琉璃河镇东方育才幼儿园	—	民办
132	北京市房山区琉璃河镇二街幼儿园	—	民办
133	北京市房山区琉璃河镇贾河幼儿园	—	民办
134	北京市房山区琉璃河镇金硕果艺术幼儿园	—	民办
135	北京市房山区琉璃河镇丽水弘恩双语幼儿园	—	民办
136	北京市房山区琉璃河镇刘李店幼儿幼儿园	—	民办
137	北京市房山区琉璃河镇世纪爱心幼儿园	—	民办
138	北京市房山区琉璃河镇天云阳光幼儿园	—	民办
139	北京市房山区琉璃河镇小太阳艺术幼儿园	—	民办
140	北京市房山区琉璃河镇英才幼儿园	—	民办
141	北京市房山区绿城培基双语幼儿园	—	民办
142	北京市房山区青龙湖镇上万幼儿园	—	民办
143	北京市房山区青龙湖镇心心幼儿园	—	民办
144	北京市房山区青龙湖镇阳光双语幼儿园	—	民办
145	北京市房山区三八幼儿园	1984 年	民办
146	北京市房山区石楼镇新世春幼儿园	—	民办
147	北京市房山区太平庄手风琴音乐艺术幼儿园	—	民办
148	北京市房山区童欣幼儿园	—	民办
149	北京市房山区希望之星幼儿园	—	民办
150	北京市房山区西潞街道太平庄中心幼儿园	—	民办
151	北京市房山区西南幼儿园	—	民办
152	北京市房山区小博士幼儿园	—	民办
153	北京市房山区小天使英语艺术幼儿幼儿园	—	民办
154	北京市房山区小英才实验幼儿园	—	民办
155	北京市房山区阎村镇爱心幼儿园	—	民办
156	北京市房山区阎村镇北坊幼儿园	—	民办
157	北京市房山区阎村镇贝乐园艺术培训中心	—	民办
158	北京市房山区阎村镇哆唻咪幼儿园	—	民办
159	北京市房山区阎村镇红苹果艺术幼儿园	—	民办
160	北京市房山区阎村镇金蓓蕾艺术幼儿园	—	民办
161	北京市房山区阎村镇天使之翼童学馆	—	民办
162	北京市房山区阎村镇童馨双语培训中心	—	民办
163	北京市房山区阎村镇希望幼儿园	—	民办
164	北京市房山区阎村镇小董村欣欣幼儿园	—	民办
165	北京市房山区阎村镇小星星幼儿园	—	民办
166	北京市房山区张坊镇快乐小博士幼儿园	—	民办
167	北京市房山区周口店春天幼儿园	—	民办
168	北京市房山区周口店花蕾幼儿园	—	民办
169	北京市房山区周口店小水滴幼儿园	—	民办
170	北京市房山区周口店晓源幼儿园	—	民办
171	北京市房山区周口店幸福幼儿园	—	民办
172	北京市房山区周口店阳光幼儿园	—	民办

续表 48

序号	幼儿园名称	建园时间	举办者
173	北京市房山区周口店云峰寺幼儿园	—	民办
174	北京市房山区周口店周口村幼儿园	—	民办
175	北京天之骄子智能开发幼儿园	2002 年	民办
176	北京王子岛英语幼儿园	—	民办

说明：“—”为资料缺失

小学

北京煤矿机械厂职工子弟学校

校址：房山区城关街道矿机北路 1 号院

1963 年建校，隶属于煤炭部下属的北京煤矿机械厂。2006 年 9 月，学校由厂矿校转制为房山区教委直属学校。此后又撤销高中部和初中部。2010 年 9 月，学校成为房山区教委直属小学。2010 年，学校实施校园整体改造工程，实现办学条件、办学设施的标准化和规范化。至 2010 年，学校获国家煤炭工业局直属机关先进职工之家，北京市中小学生乒乓球比赛团体、单打前三名等荣誉。2010 年，学校占地面积 24000 平方米，建筑面积 6500 平方米，运动场面积 15069 平方米。普通教室 18 个，专用教室 4 个。图书室藏书 6895 册。招生 43 人，毕业 51 人，有教学班 11 个，在校生 247 人。教职工 42 人，其中专任教师 31 人；高级职称教师 12 人。校训：勤、朴、诚、毅。党支部书记姜宝才，校长杨金洲。

北京市房山区长沟镇长沟中心小学

校址：房山区长沟镇西长沟村

建于 1935 年，校址位于西长沟村内大街南侧，系村办初级小学校。1986 年，学校更名为长沟中心小学。1996 年 3 月，迁至现校址。学校坚持以绿色教育思想为指导，形成绿色教育办学特色。2001 年至 2010 年，学校获北京市“三八红旗先进集体”、北京市文明礼仪示范学校、北京市小黄帽路队制先进学校称号。有 2 名教师被评为北京市优秀教师。

2010 年，长沟中心小学下辖北正小学和龙泉河小学 2 所完全小学。中心小学本校占地面积 34000 平方米，建筑面积 6877 平方米，运动场面积 8000 平方米。普通教室 24 个，专用教室 10 个。图书室藏书 3.02 万册。招生 102 人，毕业 109 人，有教学班 20 个，在校生 530 人。教职工 65 人，其中专任教师 38 人。党支部书记、校长张玉杰。

北京市房山区长阳镇长阳中心小学

校址：房山区长阳镇碧桂园小区 B 区

成立于 1935 年，校址长阳村，村办初级小学校。1949 年，成为公办 6 年制完全小学，校名长阳完全小学。1985 年改称现名。2004 年 10 月迁至现址。2010 年年底，下辖西营、水碾屯和张家场 3 所完全小学。2001 年至 2010 年，中心小学毕业 1528 人。

2010 年，中心小学本校占地面积 909 平方米，建筑面积 3168 平方米，塑胶运动场面积 2800 平方米（与长阳中学共用）。普通教室 15 个，专用教室 5 个。图书室藏书 2.85 万册。招生 104 人，毕业 81 人，有 15 个教学班，在校生 557 名（其中随班就读学生 11 人）。教职工 52 人，其中专任教师 38 人。党支部书记、校长霍常利。

北京市房山区长阳镇葫芦垡中心小学

校址：房山区长阳镇葫芦垡村祥和路 2 号

前身是建于 1958 年的葫芦垡小学，1992 年至 2001 年曾用名为夏场中心小学，校址在夏场村北。2002 年 9 月，学校更名为葫芦垡中心小学。2010 年年底，葫芦垡中心小学下辖闫仙垡、公议庄 2 所完全小学。2010 年，中心小学本校占地面积 61900 平方米，建筑面积 2699 平方米，运动场面积 6950 平方米。普通教室 6 个，专用教室 7 个。图书室藏书 1.53 万册。招生 38 人，毕业 23 人，有 6 个教学班，在校生200人。教职工21人，其中专任教师13人。党支部书记、校长石金利。

北京市房山区城关第二小学

校址：房山区城关街道保健路二条51号

1982年建校，名为房山第二小学。1986年9月，更名为房山师范学校附属小学。房山师范撤销后，学校于2002年8月更名为房山区城关第二小学，是房山区教委直属小学。2010年，学校占地面积9227平方米，建筑面积5232平方米，运动场面积3060平方米。普通教室31个，专用教室5个，多功能厅1个。图书室藏书1.98万册。2010年，学校招生205人，毕业189人，教学班31个，在校生1183人。教职工93人，其中专任教师68人；高级职称教师4人，北京市骨干教师2人。党支部书记段一中，校长耿纪华。

北京市房山区城关第三小学

校址：房山区城关街道永安西里25号

1988年11月建校，1989年9月建成。1992年，合并房山区大石河小学。2007年6月，北京市农村小学英语培训项目房山区区域推广经验交流活动在校举行。2009年11月，学校承办全国“十一五”教育实验分课题“中小学语文个性化实验研究”课题房山研讨活动。

2010年，学校占地面积18863平方米，建筑面积5243平方米，运动场面积18502平方米（与房山四中合用）。普通教室22个，专用教室9个。图书室藏书2.26万册。招生134人，毕业106人，有教学班21个，特教班1个，在校生668人。教职工70人，其中专任教师45人；北京市骨干教师1人。党支部书记、校长杜桂芳。

北京市房山区城关街道长育中心小学

校址：房山区城关街道西大街33号

学校前身为洪寺小学，建于1920年，隶属于饶乐府中心小学。1993年3月，更名为长育中心小学。2002年10月，学校承办房山区“走进学校、走进教师、走进学生、走进课堂”观摩活动。2010年4月，承办全国教育科学“十一五”规划课题“和谐德育研究与实验暨中华传统美德教育行动”现场研讨会。2010年年底，长育中心小学下辖饶乐府小学、顾册小学、马各庄小学、田各庄小学、羊头岗小学5所完全小学

2010年，中心小学本校占地面积18100平方米，建筑面积2614平方米，运动场面积8289平方米。普通教室18个，专用教室3个。图书室藏书7852册。招生95人，毕业87人，有17个教学班，在校生543人。教职工69人，其中专任教师43人。党支部书记、校长金海。

北京市房山区城关小学

校址：房山区城关街道东城根3号

1905年，从日本留学回国的赵宗瀛等人将云峰书院改组为房山县高等小学校。该高等小学校面向全县招生，学制三年，教学班3个，学生150人左右。中华人民共和国成立后，学校改称房山县立初级中学校附属小学，1951年，改称房山县城关完全小学校。1978年，改称房山县城关小学。1987年，随区划调整，改称房山区城关小学。

该校是房山区教委直属小学。2001年以来，市、区领导，全国中小学校长研修班等教育团体多次到校视察指导。2005年4月，承办房山区小学素质教育大型展示活动。2005年5月，举行百年校庆活动。2010年，学校占地面积17342平方米，建筑面积6856平方米，塑胶运动场面积5496平方米。普通教室44个，专用教室11个。招生302人，毕业275人，教学班44个，在校生1580人。教职工125人，其中专任教师93人；高级职称教师2人，北京市骨干教师2人。党支部书记、校长穆甫旺。

北京市房山区大安山乡大安山中心小学

校址：房山区大安山乡大安山村

建于1958年，名为大安山小学，校址在房山区大安山乡大安山村。1980年9月，划归北京市矿务局工农区，后改称大安山中心小学（时间不详）。1993年9月，由矿务局工农区重新划归原房山区教育局管理。2006年9月迁至现址。2001年2月，大安山矿子弟学

校划归大安山中心小学，命名为大安山第二完全小学。2005 年 9 月，瞧煤涧小学并入大安山中心小学。2006 年 9 月，西苑小学并入大安山中心小学。2010 年年底，大安山中心小学下辖大安山第二完全小学 1 所完全小学。

2010 年，中心小学本校占地面积 12000 平方米，建筑面积 4676 平方米，运动场面积 2700 平方米。普通教室 6 个，专用教室 7 个。图书室藏书 2.8 万册。招生 26 人，毕业 40 人，有 6 个教学班，在校生 168 人。教职工 34 人，其中专任教师 16 人。党支部书记、校长王文东。

北京市房山区大石窝镇南尚乐中心小学

校址：房山区大石窝镇南尚乐村

前身是建于 1949 年的南尚乐完全小学，1988 年命名为南尚乐中心小学。1992 年重新翻建。2003 年，设立大石窝中心幼儿园，2005 年，幼儿园转制为独立法人单位，归属大石窝镇教委。2010 年年底，南尚乐中心小学下属下滩明德、石窝、广润庄、后石门 4 所完全小学。2010 年，中心小学本校占地面积 21746 平方米，建筑面积 4106 平方米，运动场面积 7700 平方米。普通教室 14 个，专用教室 4 个。图书室藏书 7593 册。招生 59 人，毕业 67 人，有 12 个教学班，在校生 363 人。教职工 52 人，其中专任教师 37 人；北京市骨干教师 1 人。党支部书记、校长李莉萍。

北京市房山区窦店镇窦店中心小学

校址：房山区窦店镇窦店村六区 65 号

窦店中心小学是一所乡属小学，始建于 1940 年。初为民办初级小学，学制 3 年。1941 年，改为村办初级小学，学制 4 年。1945 年，改为 6 年制完全小学。1986 年定现名。1991 年学校新建教学楼，1992 年 5 月 1 日投入使用。2010 年年底，窦店中心小学下辖芦村小学、望楚小学、瓦窑头小学、于庄小学 4 所完全小学。

2010 年，中心小学本校占地面积 17702 平方米，建筑面积 5850 平方米，塑胶运动场面积 6325 平方米。普通教室 18 个，专用教室 9 个，图书室藏书 1.9 万册。招生 112 人，毕业 101 人，教学班 18 个，在校生 670 人。教职工 52 人，其中专任教师 38 人；北京市骨干教师 5 人。校训：明德、尚学、弘毅、健体。党支部书记、校长赵文红。

北京市房山区窦店镇交道中心小学

校址：房山区窦店镇交道一街村

前身是 1942 年建立的村联办 6 年制完全小学。1949 年改为公办。1988 年，改为交道乡交道中心小学。2004 年 4 月，更名为窦店镇交道中心小学。2007 年 8 月，大高舍小学并入交道中心小学。2010 年年底，交道中心小学下辖兴隆庄一所完全小学。

2010 年，中心小学本校占地面积 9730 平方米，建筑面积 3875 平方米，运动场面积 2500 平方米。普通教室 15 个（均为多媒体教室），专用教室 7 个。图书室藏书 1.65 万册。招生 86 人，毕业 82 人，开设 15 个教学班，在校生 463 人。教职工 49 人，其中专任教师 37 人。党支部书记、校长高玉水。

北京市房山区佛子庄乡中心小学

校址：房山区佛子庄乡东班各庄村

建于 1993 年 3 月，由原隶属于北京矿务局工农区办事处的东班各庄乡中心小学与房山区长操乡中心小学合并而成，校址在佛子庄乡陈家台村。2006 年，学校迁至现址。2008 年，学校改为寄宿制中心小学。2007 年 12 月，房山区住宿生管理现场会在校召开。2010 年，学校占地面积 15730 平方米，建筑面积 4729 平方米，塑胶运动场面积 13571 平方米。普通教室 17 个（均为多媒体教室），专用教室 8 个。图书室藏书 4.51 万册。招生 37 人，毕业 83 人，开设 15 个教学班，在校生 373 人。教职工 85 人，其中专任教师 45 人；高级职称教师 2 人。党支部书记马向勇，校长李宝林。

北京市房山区韩村河镇韩村河中心小学

校址：房山区韩村河镇韩村河村圣园路乙一号

学校前身是建于 1937 年的村办初级小学。1948 年改为公办初级小学。1965 年发展成 6

年制完全小学。1987年改为韩村河中心小学。1995年校址迁入韩村河教育中心。2008年11月，承办北京市“十一五”科研课题小学音乐教学成果展示活动。2010年10月，承办北京市小学科学学科研讨会。

2010年，韩村河中心小学下辖曹章和赵各庄2所完全小学。中心小学本校占地面积23851平方米，建筑面积4114平方米，塑胶运动场面积14379平方米（与韩村河中学共用）。普通教室14个，专用教室7个。图书室藏书2.37万册。毕业37人，有12个教学班，在校生307人。教职工41人，其中专任教师25人。高级职称教师2人。党支部书记、校长吕志久。

北京市房山区韩村河镇五侯中心小学

校址：房山区韩村河镇五侯村

始建于1935年，初为村办初级小学。1949年，改为公办完全小学，定名五侯小学。1993年，学校更名为岳各庄乡五侯中心小学。2002年，由岳各庄镇管理划归韩村河镇管理，定现名。至2010年年底，学校下辖天开、宝健希望小学2所完全小学。

2010年，中心小学本校占地面积20922平方米，建筑面积3711平方米，运动场面积12168平方米。普通教室20个，专用教室5个。图书室藏书1.88万册。招生57人，毕业111人，有14个教学班，在校生395人。教职工51人，其中专任教师36人。党支部书记、校长刘永成。

北京市房山区河北镇河北中心小学

校址：房山区河北镇河南村

始建于1912年，原址在河北村西破庙里，校名河北小学。1996年，学校迁至现址改称现名。2010年年底，河北中心小学下辖东庄子、黄土坡和磁家务3所完全小学。2010年，中心小学本校占地面积10208平方米，建筑面积4267平方米，运动场面积5050平方米。普通教室18个，专用教室5个。图书室藏书1.73万册。招生21人，毕业39人，有10个教学班，在校生218人。教职工50人，其中专任教师23人。党支部书记、校长李红莲。

北京市房山区良乡第二小学

校址：房山区拱辰街道北秀街27号

1982年3月建校。该校是一所集普教、特教于一体的区教委直属小学。2009年4月，北京市基础教育研究中心对学校进行视导。2010年12月，北京教科院基础教育研究中心专家来校指导教学工作。至2010年，学校开展的“消防冬令营”活动已有16届，“绿色消费节”德育特色活动已有4届。2010年，学校占地面积19380平方米，建筑面积6207平方米，塑胶运动场面积9020平方米。普通教室40个，专用教室5个，图书室藏书3.7万册。招生206人，毕业228人，有教学班40个（其中特教班5个），在校生1178人。教职工126人，其中专任教师93人；高级职称教师1人，北京市骨干教师3人。校训：团结、求实、勤奋、创新。党支部书记、校长蔡建华。

北京市房山区良乡第三小学

校址：房山区良乡西潞园小区三里11号

1995年7月建校。2006年4月，学校组织向光明小学干部、教师拜师。2007年7月，学校启动“名师工作室”。2001年至2010年，学校获全国和谐平安校园、全国教科研先进单位等奖励。2010年，学校占地面积10530平方米，建筑面积7238平方米，塑胶运动场面积4115平方米。普通教室29个，专用教室2个。图书室藏书2.14万册。招生196人，毕业244人，开设教学班29个，在校生1316人。教职工103人，其中，专任教师79人；高级职称教师1人，北京市骨干教师2人。党支部书记、校长王生。

北京市房山区良乡小学

校址：房山区拱辰街道良乡中路12号

良乡小学发源于清道光二十七年（1847）建立的卓秀书院，最初校址在良乡城东门外。1904年，卓秀书院改为学堂，称为良乡高等小学堂。以后更名良乡县立第一国民学校、良乡县立城关第一小学等校名，1987年改称现名。学校办学质量稳定，文化积淀深厚，办学效益始终走在房山小学教育的前列。2010年，学校占地面积11180平方米，建筑面积6475平方米，运动场面积2484平方米。普通教室38个，专用教室4个。图书室藏书3.74万册。招生221人，毕业285人，有教学班38个，在校生1512人。教职工130人，其中专任教师96人；高级职称教师2人，北京市骨干教师2人。党支部书记、校长黄新。

北京市房山区良乡镇官道中心小学

校址：房山区良乡镇黑古台村

1949年建村办初级小学，名为黑古台小学。1950年改为公办。1958年，发展成6年制完全小学。1994年，在现址建楼房投入使用，并更名为官道中心小学。2010年年底，官道中心小学下辖西石羊和邢家坞2所完全小学。学校民族教育形成特色。2010年，中心小学本校占地面积18200平方米，建筑面积3137平方米，运动场面积11458平方米。普通教室12个，专用教室5个。图书室藏书1.49万册。招生55人，毕业39人，有12个教学班，在校学生295人。教职工43人，其中专任教师25人。党支部书记、校长李小波。

北京市房山区良乡镇良乡中心小学

校址：房山区西潞街道苏庄三里社区

前身是1912年建于苏庄村的私立初等小学校。1949年改为公立4年制初级小学。1968年，改为完全小学，定名苏庄小学。1995年8月，更名为苏庄完全小学，隶属良乡镇黄辛庄中心小学。1999年11月，在现址建楼房，命名为良乡镇良乡中心小学，成为乡属小学。2001年，下辖5所完小及良乡中心幼儿园。2006年，房山区行政规划调整，良乡中心小学归属西潞街道办事处。2010年年底，良乡中心小学下辖太平庄和固村2所完全小学，原东阎村完全小学待建中。学校在艺术教育、校园文化建设、校本课程建设等方面形成特色。2010年，中心小学本校占地面积13293平方米，建筑面积9450平方米，运动场面积17280平方米（与良乡三中共用）。普通教室27个，专用教室9个，图书室藏书2.91万册。招生182人，毕业142人，有27个教学班，在校生978人。教职工86人，其中专任教师65人；高级职称教师2人，北京市学科带头人1人，北京市特级教师1人。党支部书记、校长沙晓燕。

北京市房山区琉璃河水泥厂学校

校址：房山区琉璃河车站前街10号院

1952年3月创建，名为水泥厂职工子弟小学。1998年，水泥厂中小学合并，成为一所十二年一贯制学校，更名为水泥厂学校。2003年，学校初中停止招生。2005年9月，学校转制，由企业办学转为房山区教委直属学校，初中停止办学。2006年9月，学校高中停止招生。2007年7月，学校撤销高中，学生分流到琉璃河中学和房山区第二职业高中学校就读。2009年9月，琉璃河中心小学下属的平各庄完全小学与水泥厂学校合并。2010年，“以美育德、以美启智、以美健体”的尚美教育成为学校特色。

2010年，学校占地面积21500平方米，建筑面积4727平方米，运动场面积5564平方米。普通教室13个，专用教室7个，实验室1个。图书室藏书1.12万册。招生45人，毕业74人。有教学班12个，在校生315人。教职工44人，其中专任教师33人；高级职称教师1人。校训：健康快乐勤奋博学。党支部书记、校长梁丽敏。

北京市房山区琉璃河镇琉璃河中心小学

校址：房山区琉璃河镇二街村

始建于1905年，前身为琉璃河男子初级小学堂和琉璃河女子国民初级小学堂。在随后的70年中先后更名为国民初级小学校、模范国民学校、良乡县立第二完全国民小学。1975年，成立琉璃河小学，迁入琉璃河镇二街村西后街。此后，学校经历琉璃河乡中心小学、琉璃河地区办事处二街完全小学等阶段，2004年定现名。2010年年底，琉璃河中心小学下辖立教、祖村、三街、兴礼4所完全小学。2001年课改以来，学校在开齐、开足国家课程的同时，积极开发校本课程。至2009年，构建三大主题、六大系列的19门校本课程。

2010年，琉璃河中心小学本校占地面积33400平方米，建筑面积5275平方米，塑胶运动场面积25000平方米。普通教室20个，专用教室7个,多功能厅1个。图书室藏书1.09万册。招生94人,毕业86人,有18个教学班，在校生503人。教职工60人，其中专任教师43人。党支部书记、校长李庆华。

北京市房山区琉璃河镇南召中心小学

校址：房山区琉璃河镇西南召村

建于1986年9月，是一所乡属小学。2001年，下辖东南召、路村、常舍、西吕、务滋5所完全小学。2010年年底，南召中心小学下辖路村、常舍、务滋3所完全小学。2010年，中心小学占地面积15201平方米，建筑总面积2472平方米，运动场面积3200平方米。普通教室12个，专用教室3个，实验室1个。图书室藏书3905册。招生37人，毕业47人。有12个教学班，在校生247人。教职工32人，其中专任教师21人。党支部书记、校长石福勤。

北京市房山区琉璃河镇窑上中心小学

校址：房山区琉璃河镇窑上村房窑路27号

始建于1937年，校址位于房山县窑上乡窑上村。原为私立初级小学，1949年改为公办。1951年，扩建成6年制完全小学。1984年迁入现校址。1985年，学校改称窑上中心小学。2010年，窑上中心小学下辖辛立庄1所完全小学。中心小学本校占地面积13794平方米，建筑面积1850平方米，运动场面积6785平方米。普通教室8个，专用教室2个，大会议室1个。招生36人，毕业37人，有7个教学班,在校生195人。教职工26人，其中专任教师18人。党支部书记、校长刘长全。

北京市房山区南窖乡南窖中心小学

校址：房山区南窖乡南窖村

建于1950年，初名南窖小学。2006年，改称南窖中心小学。2005年9月，开始实行寄宿制，成为南窖地区唯一的一所寄宿制小学。2008年，学校与霞云岭中心小学、史家营中心小学组成的三校教研发展合作组获房山区基础教育课程教材改革先进联片教研组。2010年，学校占地面积5683平方米，建筑面积3658平方米，运动场面积1200平方米。普通教室6个，专用教室6个，图书室藏书1.1万册。招生19人，毕业26人，有6个教学班，在校生152人。教职工34人，其中专任教师14人。党支部书记、校长李翠平。

北京市房山区蒲洼乡蒲洼中心小学

校址：房山区蒲洼乡蒲洼村南

始建于1938年,初为村办私塾。1949年，改为公办学校蒲洼小学。1985年，定名蒲洼中心小学。2009年，浦洼中心小学转为完全寄宿制小学。2010年，学校占地面积3828平方米，建筑面积1865平方米，运动场面积450平方米。普通教室6个，专用教室4个。图书室藏书6988册。招生10人,毕业22人，有6个教学班，在校生93人。教职工28人，其中专任教师20人；高级职称教师1人。党支部书记、校长张进新。

北京市房山区青龙湖镇坨里中心小学

校址：房山区青龙湖镇坨里村北

前身是始建于1950年7月的坨里小学。1985年改现名。1992年7月，由坨里村迁入现校址。2010年年底,坨里中心小学下辖上万、北车营和沙窝3所完全小学。学校开设校本课程，形成中华传统美德教育特色。2002年4月，学校承办北京市小学器乐教学研讨会。2010年，中心小学本校占地面积10000平方米，建筑面积5027平方米，运动场面积5946平方米。普通教室22个，专用教室6个，多功能教室1个。图书室藏书1.54万册。招生79人，毕业81人，有19个教学班，在校生532人。教职工61人，其中专任教师38人。党支部书记、校长侯景芳。

北京市房山区青龙湖镇中心小学

校址：房山区青龙湖镇豆各庄村

1947年建校，初为村办完全小学校。1949年改为公办。1970年，学校扩建，迁址村南。1986年称现名。1992年迁至现校址。2000年,学校更名为青龙湖镇中心小学。学校成立“小青龙快乐体验营”，让学生在实践体验中拓展知识，学会合作，提高素养。

2010年，学校下辖大苑村和南四位2所完全小学。中心小学本校占地面积10856平方米，建筑面积4060平方米，运动场面积4383平方米。普通教室12个，专用教室7个。图书室藏书1.94万册。招生66人，毕业50人，有12个教学班，在校生367人。教职工47人，其中专任教师23人；北京市骨干教师1人。党支部书记、校长李国荣。

北京市房山区十渡镇十渡中心小学

校址：房山区十渡镇十渡村

前身是1938年10月八路军抗日先遣队地方工作团筹建的十渡抗日小学。1945年改名十渡小学。1951年，改为公办十渡完全小学，学制6年。1985年改为现名。2001年之前十渡镇共有21所小学，2006年9月，十渡镇所有小学合并至十渡中心小学，迁入原十渡中学校址。学校依托革命老区和国家级旅游区地域优势，与平西抗日烈士纪念馆联谊，开展基地活动，开发校本课程“红色十渡”和“美丽十渡”，形成办学特色。2010年，中心校占地面积14140平方米，建筑面积5715平方米，运动场面积5000平方米，普通教室12个，专用教室6个。图书室藏书1.61万册。招生52人，毕业55人，有11个教学班，在校生320人。教职工55人，其中专任教师21人；高级职称教师1人。党支部书记、校长张福。

北京市房山区石楼镇石楼中心小学

校址：房山区石楼镇石楼村

石楼中心小学始建于1910年，前身是石楼村绅士王邦平在村南菩萨庙中开办的义学。1978年，石楼村在村北建成校舍，学校命名为石楼中心小学。1995年8月，学校迁入现校址。1995年下辖7所完全小学。2010年年底，石楼中心小学下辖大次洛小学、吉羊小学、坨头小学、夏村小学4所完全小学。石楼中心小学在珠心算教育、心理健康教育等方面形成特色。2010年，中心小学本校占地面积16000平方米，建筑面积6162平方米，运动场面积6340平方米。普通教室18个，专用教室10个，图书室藏书1.62万册。招生91人，毕业69人，有教学班18个，在校生496人。教职工56人，其中专任教师32人；北京市骨干教师1人。党支部书记、校长郑迪明。

北京市房山区史家营乡史家营中心小学

校址：房山区史家营乡北洞村

始建于1946年，校址位于史家营乡金鸡台村，名为金鸡台高小。1952年，学校迁往曹家坊村，更名为北京第二十中心小学。1977年，学校迁往史家营村，更名为史家营小学。1990年，学校迁往北涧村，搬进新教学楼,正式更名为史家营中心小学。2009年8月，金鸡台完全小学并入史家营中心小学，学校实行寄宿制。2010年3月，学校地表下沉,暂搬迁至原金鸡台小学上课。同年，学校开发以“百花地域文化”为核心的校本课程，编写《百花家乡》《百花少年唢呐》两本校本教材。2010年，学校占地面积13155平方米，建筑面积6517平方米，运动场面积4096平方米。普通教室12个，专用教室8个，其中多媒体教室17个。图书室藏书1.13万册。招生20人，毕业50人，有教学班8个，在校学生138人。教职工63人，其中专任教师44人；高级职称教师3人。校训：感恩、勤奋、和谐、创新。党支部书记、校长任彩云。

北京市房山区霞云岭乡霞云岭中心小学

校址：房山区霞云岭乡霞云岭村

前身是始建于1938年的霞云岭小学。1986年，更为现名。当年下辖7所完全小学和7所初级小学，部分居住自然片设有单人岗位教学点。2010年年底，霞云岭中心小学下辖龙门台1所完全小学，因龙门台小学改建，师生暂在中心小学上课。学校突出“红色教育”和“自主教育”,创建学校特色。2010年，学校占地面积15938平方米，建筑面积8448平方米，运动场面积4890平方米。普通教室 12 个，专用教室 10 个。图书室藏书 2.8 万册。招生 37 人，毕业 65 人，有 12 个教学班，在校生 211 人。教职工 64 人，其中专任教师 49 人。党支部书记、校长于永旺。

北京市房山区阎村镇阎村中心小学

校址：房山区阎村镇南梨园村

前身是建于 1985 年的南梨园小学，隶属紫草坞乡紫草坞中心小学。2008 年 10 月，在现址建楼房，命名为阎村中心小学，成为乡属小学。2010 年年底，阎村中心小学下辖大董村、炒米店、后阎村、后十三里和北坊 5 所完全小学。学校在体育活动、读书活动、课程改革等方面形成特色。学校是北京市体育传统项目学校。2010 年，中心小学本校占地面积 16280 平方米，建筑面积 4679 平方米，运动场面积 4508 平方米。普通教室 12 个，专用教室 6 个，图书室藏书 1.38 万册。招生 74 人，毕业 51 人，有 12 个教学班，在校生 404 人。教职工 51 人，其中专任教师 37 人。党总支书记、校长贾振江。

北京市房山区张坊镇张坊中心小学

校址：房山区张坊镇张坊村

学校前身是 1930 年创建的村办初级小学，1956 年发展成公办 6 年制完全小学。1985 年定现名。2001 年，下辖西白岱、南白岱、大峪沟、广录庄、北白岱、片上、瓦沟、东关上、蔡家口、千河口 10 所完全小学。2010 年年底，张坊中心小学下辖西白岱、南白岱、瓦沟 3 所完全小学。2010 年，中心小学本校占地面积 11090 平方米，建筑面积 4391 平方米，运动场面积 5800 平方米。普通教室 12 个，专用教室 6 个。图书室藏书 1.11 万册。招生 40 人，毕业 37 人，有 9 个教学班，在校生 218 人。教职工 35 人，其中专任教师 15 人。党支部书记、校长张茂林。

北京市房山区周口店镇周口店中心小学

校址：房山区周口店大街 54 号

学校前身是始建于 1939 年创建的村办初级小学校。1949 年改为公办。1952 年，发展成 6 年制完全小学，校名北京市京西矿区第二十七中心小学。1960 年，称房山县周口店小学。1986 年定现名。2001 年，下辖周口村、大韩继、新街、瓦井、娄子水、黄山店、山口、良各庄、西庄 9 所完全小学。2003 年，在现址建楼房并投入使用。至 2010 年，中心小学毕业 5790 人，下辖新街、瓦井、娄子水、黄山店、长沟峪 5 所完全小学。党支部书记、校长郭普林。

首都师范大学附属良乡实验学校

校址：房山区良乡镇建华路 10 号

学校前身是始建于 1953 年的北京送变电工程局子弟小学，属企业办学，是一所全日制小学，校址在北京六道口。1954 年，校址迁至良乡。1961 年开始举办初中。1972 年，学校更名为北京送变电公司子弟学校，成为十二年一贯制学校，列入北京送变电公司下属单位。1991 年，学校高中停止招生。1993 年 7 月，学校开始办职业高中，办学结构为小学、初中、职高。1999 年 4 月，学校实验“企助民办”办学体制改革。2000 年 6 月 27 日，首都师范大学与北京送变电公司签订联合办学协议。2001 年 3 月，正式更名为首都师范大学附属良乡实验学校。更名后学校办学层次为小学、初中和高中。首师大在师资队伍建设、学校管理、教育质量以及教学设施等方面提供援助和督导。2006 年，学校终止办学体制改革实验。2007 年 8 月，学校划归地方政府办学，纳入房山区教委管理。2009 年 7 月，学校调整合并成一所区教委直属公办小学。

2010 年，学校占地面积 21371 平方米，建筑面积 4712 平方米（其中占地面积 2240 平方米，建筑面积 1560 平方米被幼儿园借用），运动场面积 10308 平方米。普通教室 29 个，专用教室 5 个。图书室藏书 882 册。招生 73 人，毕业 66 人，有教学班 14 个，在校生 434 人。教职工 50 人，其中专任教师 43 人；高级职称教师 10 人，北京市骨干教师 1 人。党支部书记、校长史守礼。2012 年 5 月 21 日，学校更名为北京市房山区良乡第五小学。2016 年 4 月，更名为首都师范大学附属房山小学。

表 49 2010 年房山区小学一览表

序号	学校名称	建校时间	举办者
1	北京煤矿机械厂职工子弟学校	1963 年	教育部门和集体办
2	北京市房山区北潞园学校	2000 年	教育部门和集体办
3	北京市房山区长沟镇北正完全小学	2004 年	教育部门和集体办
4	北京市房山区长沟镇长沟中心小学	1940 年	教育部门和集体办
5	北京市房山区长沟镇龙泉河完全小学	1992 年	教育部门和集体办
6	北京市房山区长阳镇长阳中心小学	1935 年	教育部门和集体办
7	北京市房山区长阳镇公议庄完全小学	1956 年	教育部门和集体办
8	北京市房山区长阳镇葫芦垡中心小学	1938 年	教育部门和集体办
9	北京市房山区长阳镇水碾屯完全小学	—	教育部门和集体办
10	北京市房山区长阳镇西营完全小学	—	教育部门和集体办
11	北京市房山区长阳镇阎仙垡完全小学	1950 年	教育部门和集体办
12	北京市房山区长阳镇张家场完全小学	—	教育部门和集体办
13	北京市房山区城关第二小学	1982 年	教育部门和集体办
14	北京市房山区城关第三小学	1989 年	教育部门和集体办
15	北京市房山区城关街道长育中心小学	1920 年	教育部门和集体办
16	北京市房山区城关小学	1905 年	教育部门和集体办
17	北京市房山区城关镇顾册完全小学	1998 年	教育部门和集体办
18	北京市房山区城关镇马各庄完全小学	1994 年	教育部门和集体办
19	北京市房山区城关镇羊头岗完全小学	1992 年	教育部门和集体办
20	北京市房山区大安山乡大安山中心小学	1958 年	教育部门和集体办
21	北京市房山区大安山中心校第二完全小学	2001 年	教育部门和集体办
22	北京市房山区大宁学校	2009 年	教育部门和集体办
23	北京市房山区大石窝镇广润庄完全小学	—	教育部门和集体办
24	北京市房山区大石窝镇后石门村完全小学	1950 年	教育部门和集体办
25	北京市房山区大石窝镇南尚乐中心小学	1950 年	教育部门和集体办
26	北京市房山区大石窝镇石窝完全小学	1950 年	教育部门和集体办
27	北京市房山区窦店镇窦店中心小学	1990 年	教育部门和集体办
28	北京市房山区窦店镇交道中心小学	1921 年	教育部门和集体办
29	北京市房山区窦店镇芦村完全小学	1989 年	教育部门和集体办
30	北京市房山区窦店镇瓦窑头完全小学	1993 年	教育部门和集体办
31	北京市房山区窦店镇望楚完全小学	1992 年	教育部门和集体办
32	北京市房山区窦店镇下坡店完全小学	1992 年	教育部门和集体办
33	北京市房山区窦店镇兴隆庄完全小学	1942 年	教育部门和集体办
34	北京市房山区窦店镇于庄完全小学	1960 年	教育部门和集体办
35	北京市房山区房山街道饶乐府完全小学	1919 年	教育部门和集体办
36	北京市房山区房山街道田各庄完全小学	1950 年	教育部门和集体办
37	北京市房山区佛子庄乡中心小学	1993 年	教育部门和集体办
38	北京市房山区韩村河镇宝健希望小学	1938 年	教育部门和集体办
39	北京市房山区韩村河镇曹章完全小学	1936 年	教育部门和集体办
40	北京市房山区韩村河镇韩村河中心小学	1937 年	教育部门和集体办
41	北京市房山区韩村河镇天开完全小学	1949 年	教育部门和集体办
42	北京市房山区韩村河镇五侯中心小学	1935 年	教育部门和集体办
43	北京市房山区韩村河镇赵各庄完全小学	1905 年	教育部门和集体办
44	北京市房山区昊天学校	2004 年	教育部门和集体办
45	北京市房山区河北镇磁家务小学	—	教育部门和集体办

续表 49

序号	学校名称	建校时间	举办者
46	北京市房山区河北镇东庄子小学	—	教育部门和集体办
47	北京市房山区良乡第二小学	1982 年	教育部门和集体办
48	北京市房山区良乡第三小学	1995 年	教育部门和集体办
49	北京市房山区良乡行宫园学校	1998 年	教育部门和集体办
50	北京市房山区良乡小学	1904 年	教育部门和集体办
51	北京市房山区良乡镇东沿村完全小学	1978 年	教育部门和集体办
52	北京市房山区良乡镇固村完全小学	1978 年	教育部门和集体办
53	北京市房山区良乡镇官道中心小学	1994 年	教育部门和集体办
54	北京市房山区良乡镇黑古台民族小学	—	教育部门和集体办
55	北京市房山区良乡镇良乡中心小学	1978 年	教育部门和集体办
56	北京市房山区良乡镇太平庄小学	1978 年	教育部门和集体办
57	北京市房山区良乡镇邢家坞完全小学	1970 年	教育部门和集体办
58	北京市房山区琉璃河水泥厂学校	1952 年	教育部门和集体办
59	北京市房山区琉璃河镇常舍完全小学	1951 年	教育部门和集体办
60	北京市房山区琉璃河镇立教完全小学	1914 年	教育部门和集体办
61	北京市房山区琉璃河镇琉璃河中心小学	1905 年	教育部门和集体办
62	北京市房山区琉璃河镇路村完全小学	1951 年	教育部门和集体办
63	北京市房山区琉璃河镇三街完全小学	1950 年	教育部门和集体办
64	北京市房山区琉璃河镇务滋完全小学	1951 年	教育部门和集体办
65	北京市房山区琉璃河镇西南召中心小学	1951 年	教育部门和集体办
66	北京市房山区琉璃河镇辛立庄完全小学	—	教育部门和集体办
67	北京市房山区琉璃河镇兴礼完全小学	1916 年	教育部门和集体办
68	北京市房山区琉璃河镇窑上中心小学	1949 年	教育部门和集体办
69	北京市房山区琉璃河镇祖村完全小学	1907 年	教育部门和集体办
70	北京市房山区明德小学	1950 年	教育部门和集体办
71	北京市房山区南窖乡南窖中心小学	1950 年	教育部门和集体办
72	北京市房山区蒲洼乡蒲洼中心小学	1938 年	教育部门和集体办
73	北京市房山区青龙湖镇北车营完全小学	1949 年	教育部门和集体办
74	北京市房山区青龙湖镇大苑村完全小学	1947 年	教育部门和集体办
75	北京市房山区青龙湖镇南四位完全小学	1924 年	教育部门和集体办
76	北京市房山区青龙湖镇沙窝完全小学	1950 年	教育部门和集体办
77	北京市房山区青龙湖镇上万完全小学	1958 年	教育部门和集体办
78	北京市房山区青龙湖镇坨里中心小学	1947 年	教育部门和集体办
79	北京市房山区青龙湖镇中心小学	1947 年	教育部门和集体办
80	北京市房山区十渡中心小学	1938 年	教育部门和集体办
81	北京市房山区石楼镇大次洛完全小学	1935 年	教育部门和集体办
82	北京市房山区石楼镇吉羊完全小学	1936 年	教育部门和集体办
83	北京市房山区石楼镇坨头完全小学	—	教育部门和集体办
84	北京市房山区石楼镇夏村完全小学	1931 年	教育部门和集体办
85	北京市房山区石楼中心小学	1910 年	教育部门和集体办
86	北京市房山区史家营乡史家营中心小学	2012 年	教育部门和集体办
87	北京市房山区四零一学校	1957 年	教育部门和集体办
88	北京市房山区霞云岭乡龙门台完全小学	—	教育部门和集体办
89	北京市房山区霞云岭乡霞云岭中心小学	1938 年	教育部门和集体办
90	北京市房山区阎村镇北坊完全小学	1950 年	教育部门和集体办

续表 49

序号	学校名称	建校时间	举办者
91	北京市房山区阎村镇炒米店完全小学	1986 年	教育部门和集体办
92	北京市房山区阎村镇大董村完全小学	1952 年	教育部门和集体办
93	北京市房山区阎村镇后十三里完全小学	1949 年	教育部门和集体办
94	北京市房山区阎村镇后沿村完全小学	1976 年	教育部门和集体办
95	北京市房山区阎村镇阎村中心小学	2008 年	教育部门和集体办
96	北京市房山区张坊镇南白岱完全小学	1938 年	教育部门和集体办
97	北京市房山区张坊镇瓦沟完全小学	1943 年	教育部门和集体办
98	北京市房山区张坊镇西白岱完全小学	1940 年	教育部门和集体办
99	北京市房山区张坊镇张坊中心小学	1930 年	教育部门和集体办
100	北京市房山区周口店长沟峪小学	1970 年	教育部门和集体办
101	北京市房山区周口店地区黄山店小学	1948 年	教育部门和集体办
102	北京市房山区周口店地区娄子水完全小学	1942 年	教育部门和集体办
103	北京市房山区周口店地区瓦井完全小学	1945 年	教育部门和集体办
104	北京市房山区周口店地区新街完全小学	1950 年	教育部门和集体办
105	北京市房山区周口店地区周口店中心小学	1953 年	教育部门和集体办
106	房山区河北镇河北小学	1912 年	教育部门和集体办
107	房山区河北镇黄土坡小学	—	教育部门和集体办
108	首都师范大学附属良乡实验学校	1953 年	教育部门和集体办
109	北京房山少林寺文武学校	2000 年	民办
110	北京辅仁音乐学校	—	民办
111	北京中南红星足球学校	—	民办

说明：“—”为资料缺失

普通中学

北京师范大学良乡附属中学

校址：房山区西潞街道苏庄东街 8 号

学校前身是建于 1996 年的良乡三中。1998 年 5 月，房山区人民政府与北京师范大学联合举办学校，命名为北京师范大学良乡附属中学。2003 年 6 月，学校被北京市教委认定为北京市示范性普通高中。

1999 年，学校确定了“修身、志学、健体、报国”校训，构建以提高学生的全面素质、培养学生创新精神和实践能力为核心，由必修课、选修课、课外活动组成的多元化、有弹性、开放式的课程体系。2010 年，学校开设学科拓展等五大类校本课程。至 2010 年，学校先后获中国青少年科学技术普及活动指导纲要实施项目示范学校、北京市德育工作先进校、北京市新课程实施先进校等奖励。在科技活动中，有两名同学分别在 2006 年、2007 年获国际中学生天文奥林匹克竞赛金奖。学校 OM 俱乐部获北京市第一名，学校机器人小组 5 次获北京市一等奖。

2010 年，学校占地面积 63145 平方米，建筑面积 42402 平方米，运动场面积 25394 平方米。普通教室 41 个，专用教室 32 个。图书室藏书 8.61 万册。招生 456 人，毕业 580 人，高中教学班 34 个，在校生 1409 人。教职工 201 人，其中专任教师 117 人；高级职称教师 70 人，北京市学科带头人 6 人，北京市骨干教师 13 人，北京市特级教师 3 人。党总支书记刘广振，校长刘建友。

北京市房山第四中学

校址：房山区城关育新街 1 号

1995 年 8 月 31 日建校，是房山区教委直属初级中学。至 2010 年，学校获得国家重点课题试验研究先进单位、北京市红十字系统先进单位、北京市体育工作先进单位等荣誉。

2010年，学校占地面积37000平方米，建筑面积8008平方米，运动场面积19342平方米。普通教室24个，专用教室7个。图书2.04万册。招生354人，毕业210人，教学班24个，在校生861人。教职工81人，其中专任教师64人；高级职称教师12人，北京市骨干教师1人。党总支书记、校长王塔。

北京市房山区北潞园学校

校址：房山区良乡北潞园生态小区北潞春E5号

2000年8月建校，为企办公助十二年一贯制学校。2003年8月，学校转制为区教委直属十二年一贯制学校。2004年12月，学校撤销高中部，成为区教委直属九年一贯制学校。2006年，学校取得外教聘请资质。2008年，学校成为房山区课堂教学试点评价实验校。2009年，学校成为房山区课堂教学全程评价实验校。2010年，学校占地面积34000平方米，建筑面积19599平方米，塑胶运动场面积16000平方米。普通教室28个，专用教室16个。图书室藏书1.75万册。招生196人，毕业167人，教学班28个，在校生920人。教职工98人，其中专任教师86人；高级职称教师8人。党总支书记、校长张文革。

北京市房山区北洛中学

校址：房山区琉璃河镇北洛村西南

1971年11月11日建校，由北洛、南洛等5个村投资兴建，是房山区乡属初级中学。1987年，兴礼中学并入北洛中学。2003年8月，李庄中学并入北洛中学。学校作为房山区先期课改实验校，积极探索农村初中学校课程建设与管理。2008年5月，学校承办北京市“奥林匹克教育融入阳光体育活动”现场会。2009年10月23日，学校承办第四届北京可持续发展教育国际论坛展示活动。至2010年，学校先后获得国家级语言文字规范化示范学校等称号。2010年，学校为初级中学，占地面积19358平方米，建筑面积6644平方米，运动场面积6480平方米。普通教室18个，专用教室14个。图书室藏书1.27万册。招生109人，毕业120人，教学班11个，在校生377人。教职工52人，其中专任教师41人；高级职称教师28人。党总支书记、校长李学深。

北京市房山区长沟中学

校址：房山区长沟镇东北侧

1958年9月建校，名为北京市房山县长沟中学，1987年更为现名。2004年，北正中学并入长沟中学。2001年，进入北京市规范化学校行列，是联合国教科文组织ESD（前期为EPD）项目实验校。2009年3月，学校与北京开明广泽教育科技发展中心合作成立“长开名师指导团”，推行“周清月结”制度和“学生成长导师制”，并运用学生成长阶梯法开展教育教学活动。学校把“艺术与体育齐飞，特长和升学并举”作为学校的办学特色，健美操、武术是学校传统项目。2009年起，学校开设跆拳道课程。

2010年，学校是房山区教委直属完全中学。占地面积65407平方米，建筑面积19065平方米，运动场面积850平方米。普通教室32个，专用教室30个。图书室藏书2.36万册。招生335人。毕业209人。教学班30个。在校生941人。教职工131人，其中专任教师93人；高级职称教师24人，北京市骨干教师1人。校训：团结、勤奋、求实、创新。党总支书记、校长杨志华。

北京市房山区长阳中学

校址：房山区长阳镇碧桂园小区B区

1972年建校，是房山区乡属初级中学。1982年，撤销高中部，改为初中校。1984年，稻田中学合并到长阳中学。2004年11月15日，学校迁到碧桂园小区内。至2010年，学校先后获得全国教育科学“十五”规划国家重点课题“整体构建学校德育体系深化研究与推广实验”先进实验校等称号。2010年，学校占地面积29100平方米，建筑面积7647平方米，运动场面积11900平方米。普通教室27个，专用教室12个，图书室藏书1.62万册。招生108人，毕业118人，教学班12个，在校生357人。教职工62人，其中专任教师42人；高级职称教师12人。党总支书记李长杰，校长刘文云。

北京市房山区晨曦中学

校址：房山区阎村镇吴庄村南

学校建于1975年，名为南坊中学。1990年8月20日，南坊中学迁至吴庄村南，更名为晨曦中学，是房山区乡属初级中学。2009年3月，学校全面启动“学案导学”课堂教学模式的改革。至2010年，学校连续3年获全国教育科研“十一五”规划课题研究先进实验校称号。2010年，学校占地面积19200平方米，建筑面积1951平方米，运动场面积9690平方米。普通教室9个，专用教室6个。图书室藏书0.12万册。招生85人，毕业77人，教学班9个，在校生278人。教职工42人，其中专任教师35人；高级职称教师3人。党总支书记、校长庞玉才。

北京市房山区大宁学校

校址：房山区长阳镇大宁山庄内

2009年8月建校，是房山区教委直属九年一贯制学校。2010年，学校聘请宣武区回民小学退休高级教师定期来校指导语文教学工作，开展多种形式的课堂教学研讨和观摩活动。2010年7月，学校校刊《春芽》出版。2010年9月，学校网站成立。学校还聘请6名学生作为校长助理。2010年，学校占地面积12000平方米，建筑面积9737平方米，塑胶运动场面积450平方米。普通教室18个，专用教室10个，图书室藏书1.67万册。招生124人(小学80人、初中44人)，毕业46人(小学46人、初中0人)，教学班14个(小学12个、初中2个)，在校生422人(小学387人、初中44人)。教职工46人，其中专任教师34人；高级职称教师1人。党总支书记、校长董辉。

北京市房山区电业中学

校址：房山区良乡镇昊天大街75号

学校前身是建于1952年的北京电力设备总厂电业中学，是集小学、初中、高中于一体的十二年制全国电力系统重点学校。1998年，电业中学转制为北京市首家企业办学体制改革试点学校。2007年8月，由企业办学划归地方管理，更名为北京市房山区电业中学。2009年7月，调整为区教委直属完全中学。

2003年3月，学校承办北京市整体构建学校德育体系深化研究与推广实验现场会。学校编写《地震的奥秘》《科技小发明》《科技历史上的今天》《生存岛》《爱的呼唤》等科技类校本教材。“十一五”期间，获教育部优秀课题研究先进集体称号。2010年，学校占地面积42737平方米，建筑面积14002平方米，运动场面积17750平方米。普通教室32个，专用教室16个。图书室藏书1.06万册。招生284人，毕业243人，教学班24个，在校生677人。教职工127人，其中专任教师105人；高级职称教师41人。校训：求是、进取、友爱、健美。党总支书记崔玉，校长王徜祥。

北京市房山区窦店中学

校址：房山区窦店镇镇政府西侧

房山区乡属初级中学。1958年建校，原址位于窦店村东。1994年11月，学校迁入现址。1995年7月，窦店镇于庄中学并入窦店中学。2000年11月，学校通过北京市规范化学校验收。2000年开始把指导家庭教育作为学校推进素质教育的一个重要举措，形成“家校共育”办学特色。2004年，启动以发展信息技术为教学服务的网络化建设工程，实现多媒体网络教学和电子校务。2004年2月，引入ISO9001国际教育质量管理体系标准。2005年，启动以实现人力资源可持续发展为目标的“成才工程”。2010年4月，学校举办第十届家教论坛年会。

2010年，学校为初级中学，占地面积43336平方米，建筑面积6571平方米，体育场面积23226平方米。普通教室22个，专用教室9个，图书室藏书1.8万册。招生253人，毕业200人，教学班19个，在校生663人。教职工80人，其中专任教师66人；高级职称教师10人，北京市骨干教师2人。党总支书记、校长隗合春。

北京市房山区房山第二中学

校址：房山城关西大街洪寺沿河路5号

1973年建校，属城关镇农村中学。1978年3月，改为房山教育局直属中学。1985年9月，创办首届职业高中班。1989年，职业高中独立，挂牌“房山区第一职业高中”，与房山二中同在一个校园，并由房山二中管理。2002 年 9 月，房山区第一职业高中撤销，房山二中转为区教委直属初级中学。2010 年，学校占地面积 38667 平方米，建筑面积 17899 平方米，运动场面积 9453 平方米。普通教室 36 个，专用教室 20 个,图书室藏书 2.1 万册。招生 283 人，毕业 328 人，教学班 31 个，在校生 1032 人。教职工 147 人，其中专任教师 91 人；高级职称教师 16 人。党总支书记、校长王宏健。

北京市房山区房山第三中学

校址：房山区城关街道饶乐府村东

1992 年建校，由城关地区四所基础薄弱初中校（大石河中学、羊头岗中学、顾册中学、田各庄中学）合并而成，是房山区乡属初级中学。2007 年，学校将课堂评价与校本课题研究紧密结合起来，在引领教师专业发展的同时，全面提高课堂教学质量，促进学生的全面、可持续发展。至 2010 年，学校先后获北京市普通中学规范化建设达标学校、北京市中小学校园环境示范校、北京市教科研先进校等号。2010 年，学校为初级中学，占地面积 40000 平方米，建筑面积 10086 平方米，运动场面积 17390 平方米。普通教室 21 个，专用教室 10 个。图书室藏书 1.2 万册。招生 215 人，毕业 153 人，教学班 18 个，在校生 537 人。教职工 79 人，其中专任教师 57 人；高级职称教师 11 人。党总支书记、校长王洪满。

北京市房山区房山第五中学

校址：房山区周口店镇娄子水村南

2006 年 8 月建校，是房山区教委实施的山区教育工程之一，由原周口店第二中学、十渡中学、蒲洼中学、磁家务中学、长沟峪中学 5 所中学整体外迁合并而成，是房山区教委直属寄宿制初级中学。学校在养成教育、艺术教育、校园文化建设、校本课程建设等方面形成特色。2008 年 9 月至 2010 年，学校共接收青海果洛藏族学生 60 人。2010 年 10 月 27 日，“北京市少年科技园”挂牌启动仪式在学校举行，成为北京市首批“少年科技园”。至 2010 年，学校先后获得北京市百所课间操先进校、北京市教育信息化工作先进单位等奖励。2010 年，学校占地面积 92004 平方米，建筑面积 36822 平方米，运动场面积 27964 平方米。普通教室 36 个，专用教室 42 个。图书室藏书 3.36 万册。招生 341 人，毕业 484 人，教学班 36 个，在校生 1230 人。教职工 152 人，其中专任教师 128 人；高级职称教师 18 人。党总支书记、校长马连山。

北京市房山区房山中学

校址：房山区城关街道东大街 13 号

前身是始建于清朝雍正年间的云峰书院，1905 年书院改为高等小学，1944 年在高等小学内开设初中课程，形成房山中学的雏形。1958 年，设立高中，成为一所完全中学。1977 年，定名为房山县房山中学。20 世纪 80 年代被确定为区属重点完全中学。1987 年，改称北京市房山区房山中学。1994 年，被房山区教委确定为示范校。2003 年起，房山中学开始为期两年的市级示范高中创建工作。至 2005 年 9 月，示范高中建设工程的硬件建设基本竣工，多项建设和改造装修工程政府累计投资 4884.6 万元。2005 年，转制为纯高中校，创立首届宏志班。2007 年，学校被确定为新课程改革市级样本校。2009 年 9 月，学校重点开发“人生发展规划课”“人文综合素养选修课”等校本课程。

2010 年，学校占地面积 43958 平方米，建筑面积 29816 平方米，运动场面积 19204 平方米。普通教室 51 个，专用教室 21 个。图书室藏书 6.59 万册。招生 405 人，毕业 398 人，高中教学班 30 个，在校生数 1212 人。教职工 177 人，其中专任教师 111 人；高级职称教师 54 人，北京市骨干教师 5 人。党总支书记、校长张丽华。

北京市房山区韩村河中学

校址：房山区韩村河镇韩村河村圣园路甲 1 号

1995 年 6 月成立，由赵各庄中学和曹章中学合并组建。1996 年 7 月，设立高中班，成为房山区乡属完全中学。2008 年 11 月，承办市教委组织的“祥云行动”校长走进课改德育课堂活动。2010年12月，承办北京市中小学礼仪地方教材区域整合推进模式研究现场会。2010年，学校占地面积44405平方米，建筑面积14153平方米，运动场面积14379平方米。普通教室24个，专用教室15个，报告厅1个。图书室藏书5.64万册。招生241人。毕业260人，教学班24个，在校生805人。教职工105人，其中专任教师80人；高级职称教师14人。北京市骨干教师2人。校训：团结、守纪、勤奋、创新。党总支书记、校长张学杰。

北京市房山区行宫园学校

校址：房山区良乡行宫园小区西北侧

学校前身是始于1920年的黄辛庄中心小学。1998年9月，黄辛庄中心小学更名为北京市房山区良乡行宫园学校，学校为九年一贯制学校，列入教育局直属单位。1998年12月，学校新教学楼建成。建校以来，学校在养成教育、中小衔接、艺术教育、体育等多方面形成教育特色。2001年9月，承办房山区规范化学校验收现场会。2008年11月，承办北京市小学语文习作教学观摩研讨会。至2010年，学校获中国教育学会“十一五”教育科研重点课题“小学教学方法创新实验与研究”实验学校、北京市基础教育课程改革先进学校等奖励。

2010年，学校占地面积20664平方米，建筑面积9179平方米，塑胶运动场面积10704平方米。普通教室41个，专用教室7个，图书室藏书3.48万册。招生287人（小学137人、初中150人），毕业313人（小学176人、初中137人），教学班43个，在校生1483人（小学1034人、初中449人）。教职工146人，其中专任教师103人；高级职称教师14人，北京市骨干教师4人。党总支书记、校长许春立。

北京市房山区昊天学校

校址：房山区良乡玉竹西路

2004年9月建校，是房山区教委直属九年一贯制学校。2010年12月，“市级骨干教师手拉手、共建有效新课堂”教学研讨活动在校举行，有21位教师做同课异构研究课。至2010年，学校获联合国教科文组织中国可持续发展教育（ESD）项目示范学校、全国中小学生“知荣明耻学做人”挑战大擂台活动优秀组织奖、北京市语言文字示范校等奖励26项。2010年，学校占地面积48024平方米，建筑面积20948平方米，运动场面积24000平方米。普通教室43个，专用教室18个，图书室藏书2.86万册。招生290人（小学109人、初中181人），毕业325人（小学114人、初中211人），教学班38个（小学18个、初中20个），在校生1194人（小学674人、初中520人）。教职工136人，其中专任教师109人；高级职称教师16人。党总支书记、校长王玉茹。

北京市房山区河南中学

校址：房山区河北镇河南村

1954年9月，学校由北京市京西矿区政府创办，命名为北京市河南中学班。1955年9月，更名为北京市第六十九中学。1958年，北京市京西矿区撤销，学校由北京市周口店区管理，更名为北京市周口店区河南中学。1960年，周口店区改名为房山县，学校更名为房山县河南中学。“文化大革命”期间，学校更名为北京抗大中学。1981年，北京市成立矿务局工农区，学校由北京矿务局工农区管理，更名为北京矿务局工农区办事处河南中学。1993年，北京矿务局工农区撤销，学校又由房山区管理，命名为北京市房山区河南中学。

2004年4月16日，河南中学成立京郊校园第一个诗社“山花诗画社”，创设“诗教育人”的特色办学之路。2010年，学校为初级中学，占地面积31901平方米，建筑面积13469平方米，运动场面积8818平方米。普通教室30个，专用教室13个。图书室藏书2.56万册。招生61人，毕业88人，教学班10个，在校生246人。教职工63人，其中专任教师35人；高级职称教师10人。党总支书记、校长王健。

北京市房山区葫芦垡中学

校址：房山区长阳镇葫芦垡村南

1969年建校，为二年制高中，之后葫芦

垡村内的初中迁入。1980年9月，朱岗子中学并入，同年高中部撤销。1984年9月，公议庄中学并入，学校成为原葫芦垡乡唯一初中校。2002年，学校开展青年教师培养活动，先后开展了国家级课题“个性化作文”、市级科研课题“农村初中语文教师解读能力与学生阅读学习的相关性研究”“新课改背景下农村初中学生数学学习分化问题”等6项课题研究。至2010年，学校毕业1293人。学校先后获得基础教育教学研究中心“十一五”“课程改革过程中学生学习分化问题”项目实验校、中央教科所“十五”重点课题“中小学生作文个性化发展研究”先进集体等称号。

2010年，学校占地面积30079平方米，建筑面积2970平方米，运动场面积11000平方米。普通教室6个，专用教室7个。图书室藏书2.12万册。招生68人，毕业72人，教学班6个，在校生197人。教职工36人，其中专任教师28人；高级职称教师1人。校训：团结守纪、严谨治学、求实创新、拼搏奋进。党总支书记、校长王永录。

北京市房山区交道中学

校址：房山区窦店镇交道二街3区66号

学校建于1956年，名为河北省良乡县交道中学。1958年，改名为房山县交道中学。1987年，更名为房山区交道中学，是房山区教委直属完全中学。学校着力塑造“谦恭礼让展绅士风度，和声细雨显淑女气质”的交中学生形象。2010年，学校占地面积56735平方米，建筑面积8241平方米，运动场面积19104平方米。普通教室30个，专用教室13个。图书室藏书2.67万册。招生271人，毕业218人，教学班26个，在校生786人。教职工143人，其中专任教师104人；高级职称教师14人。党总支书记、校长杨建忠。

北京市房山区良乡第二中学

校址：房山区良乡城隍庙街106号

学校建于1974年，是一所初级中学。1978年9月，增建高中班，学制为二年。1981年，学校高中班停招。1982年，学校恢复为初中校。2008年，学校通过校刊、校歌、校训、校园网等校园文化建设构筑校园的立体网络，打造师生们的精神家园。至2010年，学校通过探索校本化，推出“必修+选修+活动课”的课程结构。2010年，学校占地面积32500平方米，建筑面积17005平方米，运动场面积16000平方米。普通教室40个，专用教室19个，图书室藏书6.34万册。学校招生482人，毕业450人，教学班40个，在校生1565人。教职工171人，其中专任教师114人；高级职称教师33人。北京市学科带头人2人，北京市骨干教师5人。党总支书记、校长郭冬红。

北京市房山区良乡第六中学

校址：房山区良乡镇官道村南大街一号

房山区乡属初级中学，1970年建校，名为房山县官道中学。2010年10月，更名为房山区良乡第六中学。2009年，学校开发安全校本课程，先后承办北京市2010年安全应急专题教育现场会、安全教育展示课及“校园生命与安全”课题研讨会等。2010年，学校占地面积36692平方米，建筑面积9984平方米，运动场面积16861平方米。普通教室18个，专用教室7个。图书室藏书3.93万册。招生98人，毕业112人，教学班12个，在校生326人。教职工62人，其中专任教师35人；高级职称教师4人，北京市骨干教师1人。校训：勤奋、守纪、团结、求是。党总支书记、校长郭海涛。

北京市房山区良乡第三中学

校址：房山区良乡西潞街道苏庄大街11号

2001年建校，原隶属房山区良乡镇，2006年，随良乡镇改制划归西潞街道管理。至2010年，学校获国家“十五”重点课题研究先进单位等奖励。学校承担在“ESD”实验中开展主题参与和谐发展的实验研究、基于学生发展的中小学校本研究——“学导互动式”教学模式等国家级、市级科研课题5个。2010年，学校占地面积38000平方米，建筑面积19525平方米，运动场面积17280平方米。普通教室30个，专用教室12个，图书室藏书 2.90 万册。招生 352 人，毕业 274 人，教学班 30 个（初中），在校生 1082 人。教职工 116 人，其中专任教师 84 人；高级职称教师 18 人。北京市骨干教师 2 人。校训：博学、健体、尚德、争先。党总支书记、校长佟明河。

北京市房山区良乡第四中学

校址：房山区良乡卫星城太平庄社区内

学校建于 2001 年 7 月，是房山区乡属初级中学。至 2010 年，学校先后获全国教育科学“十五”规划教育部重点课题“素质教育与学校体育整体改革”实验学校等奖励。2010 年，学校占地面积 27301 平方米，建筑面积 8815 平方米，运动场面积 12000 平方米。普通教室 22 个，专用教室 10 个。图书室藏书 1.42 万册。招生 133 人，毕业 120 人，教学班 13 个，在校生 401 人。教职工 64 人，其中专任教师 45 人；高级职称教师 10 人。校训：立志博学、健康成才。党总支书记翟军，校长李功修。

北京市房山区良乡第五中学

校址：房山区阎村镇大董村二里 101 号

2006 年 8 月建校，是房山区山区教育工程之一，是由原霞云岭中学、史家营中学、南窖中学、大安山中学、班各庄中学 5 所中学整体外迁合并而成的初级中学。2010 年，学校占地面积 104888 平方米，建筑面积 31198 平方米，塑胶运动场面积 17075 平方米。普通教室 39 个，专用教室 24 个。图书室藏书 3.44 万册。招生 364 人，毕业 386 人，教学班 34 个，在校生 1216 人。教职工 146 人，其中专任教师 95 人；高级职称教师 15 人。校训：团结、进取、求实、创新。党总支书记、校长谭铁峰。

北京市房山区良乡中学

校址：房山区良乡南关东路 5 号

1945 年良乡县政府在良乡城内罗府街创办良乡初级中学 .1946 年迁址良乡城内东斜街孔庙。1948 年，与察哈尔省北岳三中合并，定校名为北岳三中。1949 年，改名河北省立良乡中学，系省重点中学。1958 年，更名为北京市房山县良乡中学。2004 年，学校初中部并入良乡昊天学校，良乡中学至此成为一所纯高中校。2007 年，良乡中学开始实行全员寄宿制的教学管理模式。2010 年，学校把《大学》纳入校本课程，要求每一个学生都要背诵、理解《大学》的内容，使学生树立远大的理想，具备社会责任感。至 2010 年，学校先后获联合国教科文组织可持续发展教育项目示范学校、北京市基础教育科学研究先进等奖励，3 名同学在北京市科技创新比赛中荣获一等奖。

2010 年，学校占地面积 57017 平方米，建筑面积 34127 平方米，运动场面积 11700 平方米。普通教室 44 个，专用教室 18 个。图书室藏书 7.5 万册。招生 432 人，毕业 496 人，教学班 37 个，在校生 1337 人。教职工 214 人，其中专任教师 134 人；中、高级职称教师 105 人，北京市骨干教师 5 人。校训：怀天下，求真知，学做人。党总支书记、校长周玉江。

北京市房山区琉璃河中学

校址：房山区琉璃河镇洄城中区 75 号

学校始建于 1951 年 9 月，为河北省良乡县初级师范学校。1952 年 9 月，开始招收初中学生，更名为河北省良乡县初级中学。1954 年 7 月，初级师范撤销，更名为河北省良乡县琉璃河中学。1959 年 9 月，更名为北京市房山县琉璃河中学。1987 年 9 月，定现名。琉璃河中学是房山区教委直属完全中学，校址位于明代古刹岫云观内。

学校依托琉璃河是北京之源的地理优势，加强校本课程体系建设。2005 年 9 月，学校努力打造“书香校园”特色。至 2010 年，学校先后获全国教育科学“十五”重点课题“整体构建学校德育体系深化研究与推广试验”先进学校、全国第三届中小学生心理健康教育优秀成果评选先进学校等奖励。2010 年，学校占地面积 39353 平方米，建筑面积 9922 平方米，运动场面积 13890 平方米。普通教室 30 个，专用教室 14 个。图书室藏书 4.15 万册。招生 281 人，毕业生 204 人，教学班 26 个，在校生 786 人。教职工 135 人，其中专任教师 98 人；高级职称教师 26 人，北京市骨干教师 1 人。校训：团结、勤奋、求实、进取。党总支书记、校长薛文玉。

北京市房山区南梨园中学

校址：房山区阎村镇南梨园村157号

1958年8月建校。1964年至1965年，开设师范班和农医班。1974年至1984年，开办高中，成为完全中学。1984年，大十三里中学、石山中学并入南梨园中学。1984年，撤销高中班，成为房山区乡属初级中学。至2010年，学校先后荣获北京市青少年综合治理先进单位等市级以上奖励5项。2010年，学校占地面积36118平方米，建筑面积6574平方米，运动场面积16309平方米。普通教室18个，专用教室8个。图书室藏书1.68万册。招生145人，毕业152人，教学班16个，在校生451人。教职工74人，其中专任教师62人；高级职称教师11人。校训：和谐、明理、励志、健身。党总支书记、校长钮玉江。

北京市房山区南尚乐中学

校址：房山区大石窝镇南尚乐村

1956年建校，校名为南尚乐中学班。1964年，学校改为半耕半读中学。1971年开设高中班。1978年1月，被房山县教育局确定为直属学校。1987年，学校更名为房山区南尚乐中学，仍为房山区教委直属完全中学。2003年暑假，下滩中学撤并到南尚乐中学。2006年，学校细化过程管理和目标管理两种管理模式，教育教学一体化和科教训一体化得到加强。2007年，学校健全区校两级骨干教师、骨干班主任队伍。至2010年，学校毕业2400人。2010年，学校占地面积43733平方米，建筑面积9559平方米，运动场面积22044平方米。普通教室29个，专用教室9个。图书室藏书5.64万册。招生178人，毕业221人，教学班24个，在校生645人。教职工121人，其中专任教师86人；高级职称教师16人，北京市骨干教师1人。党总支书记、校长周学军。

北京市房山区南召中学

校址：房山区琉璃河镇北白村北

房山区乡属初级中学，1974年5月建校，由路村、薛庄、常舍建立的3所农业中学合并而成。1992年7月，因南召中学教学楼施工，师生暂到西南吕中学工作学习。1993年7月，南召中学的教学楼竣工，西南吕中学、务滋中学并入南召中学。2006年8月，窑上中学并入南召中学。2010年，学校占地面积30015平方米，建筑面积12106平方米，运动场面积10580平方米。普通教室18个，专用教室15个。图书室藏书4.13万册。招生161人，毕业198人，教学班18个，在校生503人。教职工81人，其中专任教师56人；高级职称教师8人。校训：厚德载物，志存高远。党总支书记张凤良，校长陈友才。

北京市房山区青龙湖中学

校址：房山区青龙湖镇豆各庄村下三区68号

房山区乡属初级中学，1958年建校，初名崇各庄乡豆各庄中学。2005年5月，更名为北京市房山区青龙湖中学，同时与北京市第十三中学联合办学，挂牌北京市第十三中学青龙湖分校。2005年8月，房山区常乐寺中学并入青龙湖中学。2009年8月，房山区上万中学并入青龙湖中学。2010年，学校为初级中学，占地面积28424平方米，建筑面积10770平方米，运动场面积6084平方米。普通教室22个，专用教室8个。图书室藏书1.55万册。招生183人，毕业224人，教学班22个，在校生596人。教职工97人，其中专任教师74人；高级职称教师16人。校训：团结、进取、勤奋、求是。党总支书记、校长赵建勋。

北京市房山区实验中学

校址：房山区城关镇兴东大街267号

学校前身是建于1960年的房山师范学校，转制前以培养小学师资力量为主。办学地点历经房山顾册村、房山饶乐府村.1972年迁至房山大石河。2000年，转制为高中。2002年9月，更名为房山区实验中学。至2010年，学校曾获得联合国教科文组织中国可持续发展教育（ESD）项目示范校、北京市教育科研先进学校等奖励。

2010年，学校占地面积98534平方米，建筑面积27267平方米，标准塑胶运动场面积24060平方米。普通教室38个，专用教室21个。图书室藏书4.88万册。招生454人，毕业 412 人，教学班 32 个，在校生 1367 人。教职工 175 人，其中专任教师 104 人；高级职称教师 24 人，北京市骨干教师 4 人。校训：据德、精艺、笃志、报国。党总支书记、校长吕宝新。

北京市房山区石楼中学

校址：石楼镇石楼大街 62 号

1958 年 9 月建校。1972 年 2 月，设高中部，成为一所完全中学。1984 年 9 月，撤销高中部，改为初级中学。学校编辑《石中家教报》、编写乡土教材《热土》，将德育乡土教材和德育阵地建设有机结合，体现“师生互动、生生互动”的双主体教育格局。2010 年，学校占地面积 24997 平方米，建筑面积 5196 平方米，塑胶运动场面积 11000 平方米。普通教室 21 个，专用教室 5 个。图书室藏书 4.25 万册。招生 181 人，毕业 197 人，教学班 20 个，在校生 712 人。教职工 86 人，其中专任教师 66 人；高级职称教师 10 人。校训：博学、尚美、和谐、创新。党总支书记、校长李国民。

北京市房山区石窝中学

校址：房山区大石窝镇石窝村

1958 年建校，名为北京市周口店地区石窝中学。1960 年，学校更名为北京市房山县石窝中学。1987 年，更名为房山区石窝中学，是房山区乡属初级中学。至 2010 年，学校先后获北京市基础教育课程改革先进校、北京市艺术特色学校称号；2008 年至 2010 年，学校校园剧连续三年获北京市艺术节比赛一等奖；2009 年 6 月，学校获北京市中小学生科技英语创意大赛团体特等奖。

2010 年，学校占地面积 23101 平方米，建筑面积 6317 平方米，运动场面积 13650 平方米。普通教室 20 个，专用教室 10 个，图书室藏书 1.69 万册。招生 137 人，毕业 175 人，教学班 16 个，在校生 529 人。教职工 67 人，其中专任教师 43 人；高级职称教师 4 人。党总支书记丁德常，校长赵汉海。

北京市房山区四零一学校

校址：房山区新镇东平街

学校前身是建于 1957 年的北京四零一厂子弟小学。1960 年 9 月，设立初中班。1962 年 9 月，改为北京市四零一厂子弟中学。1964 年 2 月，更名为中科院原子能所职工子弟中学。1965 年 3 月，改名为新镇中学。1972 年，设立高中班。1985 年，更名中国原子能科学研究院职工子弟中学。2001 年 2 月，中国原子能科学研究院职工子弟中学、小学合并，成立中国原子能科学研究院职工子弟学校。2009 年 6 月，学校划归地方，更名为北京市房山区四零一学校，成为房山区教委直属的十二年一贯制学校。建校以来，学校形成德育研究、科技教育、艺体教育的办学特色。

2010 年，学校占地面积 42397 平方米，建筑面积 8393 平方米，运动场面积 15536 平方米。分小学部和中学部两个校区。普通教室 28 个，专用教室 13 个，图书室藏书 2 万册。招生 173 人（小学 137 人、中学 36 人），毕业 159 人（小学 76 人、中学 63 人），教学班 27 个（小学 15 个、中学 12 个），在校生 753 人（小学 393 人、中学 360 人）。教职工 101 人，其中专任教师 75 人；高级职称教师 22 人。党总支书记、校长许真宝。

北京市房山区坨里中学

校址：房山区青龙湖镇坨里大街 15 号

1956 年 9 月建校，名为北京市西矿区第二十六中心小学附设中学班。1958 年，初中班改设为北京市周口店地区坨里中学。1960 年，更名为北京市房山县坨里中学。1987 年，更名为北京市房山区坨里中学，是房山区教委直属完全中学。学校注重师资队伍建设，聘请学科顾问进行专业指导，并鼓励教师积极参加市区各学科教研活动。至 2010 年，学校先后获北京市基础教育科学研究先进学校、北京市普通高中课程改革实验样本校等奖励。2010 年，学校占地面积 22429 平方米，建筑面积 8435 平方米，塑胶运动场面积 5080 平方米。普通教室 32 个，专用教室 16 个。图书室藏书 3.94 万册。招生 249 人，毕业 306 人，教学班 28 个，在校生 839 人。教职工 144 人，其中专任教师 108 人；高级职称教师 26 人。校训：诚实、勤奋、求真、创新。党总支书记、校长徐建华。

北京市房山区夏村中学

校址：房山区石楼镇夏村村北

1958年建校，是房山区乡属初级中学。2003年，学校获得全国教育科学“十五”计划国家重点课题“整体构建学校德育体系深化研究与推广实验”年度先进实验学校称号。2004年，学校召开子课题“学生自主管理”北京市级现场会。学校连续获得中央教育科学研究所“十一五”规划重点课题“整体构建学校、家庭、社会和谐德育体系研究与实验”德育科研先进实验校称号。2010年，学校占地面积12539平方米，建筑面积1867平方米，运动场面积5000平方米。普通教室6个，专用教室3个。图书室藏书0.94万册。招生41人，毕业51人，教学班6个，在校生145人。教职工25人，其中专任教师22人；高级职称教师2人。党总支书记、校长王坡。

北京市房山区岳各庄中学

校址：房山区韩村河镇岳各庄村岳各庄大街甲2号

1967年建校，是一所完全中学。1980年，高中部撤销，成为房山区乡属初级中学。2004年，学校对学生进行分层教学、分层管理和分层评价。2007年，开始全面实施课堂教学改革。至2010年，学校先后获国家德育科研先进实验校等奖励。2010年，学校占地面积33250平方米，建筑面积6029平方米，运动场面积7658平方米。普通教室22个，专用教室9个。图书室藏书1.21万册。招生200人，毕业172人，教学班18个，在校生636人。教职工71人，其中专任教师48人；高级职称教师11人。党总支书记、校长崔森。

北京市房山区张坊中学

校址：房山区张坊镇史各庄村

1970年2月建校，是一所完全中学。1982年7月，撤销高中部，成为初中校。1984年8月，南白岱中学与张坊中学合并为张坊中学。1991年8月，张坊中学分为张坊第一中学和张坊第二中学。1999年9月，张坊第一中学和张坊第二中学又合并为张坊中学，仍为乡属初级中学。学校成立“爱心团社”，倡导学生“每天节约一分钱，和谐校园我来建”；连续五年开展“百名教师进千家”家访活动。2008年10月10日，全国教育科学“十一五”规划课题“和谐德育研究与实验”暨中华传统美德教育现场研讨会在张坊中学举行。学校评选“好媳妇、孝亲之星”的做法被北京市文明办在全市推广。2010年，学校占地面积42288平方米，建筑面积10502平方米，运动场面积16666平方米。普通教室16个，专用教室14个。图书室藏书8600册。招生117人，毕业167人，教学班12个，在校生429人。教职工60人，其中专任教师38人，高级职称教师6人。党总支书记、校长郭洪生。

北京市房山区中院中学

校址：房山区韩村河镇下中院村东

1980年建校。学校原归岳各庄乡管理，2002年归韩村河镇管理，是房山区乡属初级中学。1998年，将自来水引入学校，改变以前靠人推水维持伙房和师生饮用水的局面。2007年完成教室装修，2008年实现办公室前场地和乒乓球场地硬化，2009年完成教师宿舍和食堂改造，2010年完成洗手池改造。学校在2006年获房山区中考进步奖，2008年获房山区阳光体育活动二等奖。2010年，学校占地面积10940平方米，建筑面积1330平方米，运动场面积5534平方米。普通教室6个，多媒体教室1个。招生41人，毕业48人，教学班6个，在校生127人。教职工22人，其中专任教师18人；高级职称教师1人。党总支书记、校长王建平。

北京市房山区周口店中学

校址：房山区周口店大街51号

1955年，京西矿务局创建北京市第七十中学。1958年，成为完全中学，更名为北京市房山县周口店中学，1987年，更名为房山区周口店中学。2006年，学校与周口店村进行学校东院与周口店大队村委会办公楼的置换，结束置换前学校东西两院分离的布局。

1996年，学校开始在初中组建美术小组。2001年，在高中组建美术教学班，发挥美术特长的优势，培养学生的美学素养。2007年，学校探索综合实践活动课程的实施，建立校内现代农业技术实践基地，开发校外资源，把北京人遗址作为学校校外基地。2007年12月7日，承办北京市普通农村中学研究性学习现场会。2010年，学校占地面积47874平方米，建筑面积16953平方米，运动场面积22800平方米。普通教室24个，专用教室23个。图书室藏书5.04万册。招生237人，毕业199人，教学班24个，在校生744人。教职工132人，其中专任教师77人；高级职称教师24人，北京市骨干教师1人。党总支书记、校长隗合才。

表50　　2010年房山区普通中学一览表

序号	学校名称	建校时间	举办者
1	北京师范大学良乡附属中学	2018年	教育部门和集体办
2	北京市房山第四中学	1995年	教育部门和集体办
3	北京市房山区北潞园学校	2000年	教育部门和集体办
4	北京市房山区北洛中学	1971年	教育部门和集体办
5	北京市房山区长沟中学	1958年	教育部门和集体办
6	北京市房山区长阳中学	1972年	教育部门和集体办
7	北京市房山区晨曦中学	1975年	教育部门和集体办
8	北京市房山区大宁学校	2009年	教育部门和集体办
9	北京市房山区电业中学	1952年	教育部门和集体办
10	北京市房山区窦店中学	1958年	教育部门和集体办
11	北京市房山区房山第二中学	1975年	教育部门和集体办
12	北京市房山区房山第三中学	1992年	教育部门和集体办
13	北京市房山区房山第五中学	2006年	教育部门和集体办
14	北京市房山区房山中学	1944年	教育部门和集体办
15	北京市房山区官道中学	1970年	教育部门和集体办
16	北京市房山区韩村河中学	1995年	教育部门和集体办
17	北京市房山区昊天学校	2004年	教育部门和集体办
18	北京市房山区河南中学	1954年	教育部门和集体办
19	北京市房山区葫芦垡中学	1969年	教育部门和集体办
20	北京市房山区交道中学	1956年	教育部门和集体办
21	北京市房山区良乡第二中学	1975年	教育部门和集体办
22	北京市房山区良乡第三中学	1992年	教育部门和集体办
23	北京市房山区良乡第四中学	2001年	教育部门和集体办
24	北京市房山区良乡第五中学	2006年	教育部门和集体办
25	北京市房山区良乡行宫园学校	—	教育部门和集体办
26	北京市房山区良乡中学	1945年	教育部门和集体办
27	北京市房山区琉璃河中学	1951年	教育部门和集体办
28	北京市房山区南梨园中学	1958年	教育部门和集体办
29	北京市房山区南尚乐中学	1956年	教育部门和集体办
30	北京市房山区南召中学	1974年	教育部门和集体办
31	北京市房山区青龙湖中学	1958年	教育部门和集体办
32	北京市房山区实验中学	1948年	教育部门和集体办
33	北京市房山区石楼中学	1958年	教育部门和集体办
34	北京市房山区石窝中学	1958年	教育部门和集体办
35	北京市房山区四零一学校	1957年	教育部门和集体办
36	北京市房山区坨里中学	1956年	教育部门和集体办
37	北京市房山区夏村中学	1958年	教育部门和集体办
38	北京市房山区岳各庄中学	1967年	教育部门和集体办

续表 50

序号	学校名称	建校时间	举办者
39	北京市房山区张坊中学	1970 年	教育部门和集体办
40	北京市房山区中院中学	—	教育部门和集体办
41	北京市房山区周口店中学	1955 年	教育部门和集体办
42	北京房山少林寺文武学校	—	民办
43	北京辅仁音乐学校	—	民办
44	北京市博文学校	—	民办
45	北京中南红星足球学校	—	民办

说明：“—”为资料缺失

附表

表 51　　1991—2010 年房山区小学撤并更名一览表

序号	学校名称	建校时间	撤并或更名说明
1	北京市房山区霞云岭乡大石河小学	1975 年	1992 年并入城关第三小学
2	北京市房山区长操乡中心小学	1935 年	1993 年 3 月与北京矿务局工农区办事处东班各庄乡中心小学合并组建房山区佛子庄乡中心小学
3	北京市房山区西潞街道苏庄完全小学	1978 年	1995 年 8 月更名为苏庄完全小学，1999 年 11 月更名为北京市房山区良乡镇良乡中心小学
4	北京市房山区黄辛庄中心小学	1920 年	1998 年 9 月更名为北京市房山区良乡行宫园学校
5	北京市房山区霞云岭乡北直河小学	1942 年	1998 年 9 月并入房山区霞云岭中心小学
6	北京市房山区琉璃河水泥厂小学	1952 年	1998 年与琉璃河水泥厂中学合并组建琉璃河水泥厂学校
7	北京市房山区南尚乐镇惠南庄小学	1949 年	1998 年并入房山区石楼中心小学下辖大次洛小学
8	北京市房山区石楼镇双孝小学	1940 年	1998 年并入房山区石楼中心小学下辖坨头小学
9	北京市房山区石楼镇双柳树小学	1951 年	1998 年并入房山区石楼中心小学下辖梨元店小学
10	北京市房山区青龙湖镇豆各庄中心小学	1947 年	2000 年更名为房山区青龙湖镇中心小学
11	北京送变电公司子弟学校	1953 年	2001 年 3 月更名为首都师范大学附属良乡实验学校
12	北京市房山区霞云岭乡石板台完全小学	1949 年	2001 年 8 月并入房山区霞云岭乡霞云岭中心小学
13	北京市房山区周口店镇山口小学	1938 年	2001 年 9 月并入房山区周口店中心小学
14	北京市房山区周口店镇良各庄小学	1933 年	2001 年 9 月并入长沟峪煤矿子弟学校。2002 年 1 月，长沟峪煤矿子弟学校转制，更名为长沟峪小学，成为周口店中心小学下属完全小学
15	北京市房山区城关街道迎风坡小学	1949 年	2001 年 7 月并入房山区长育中心小学本校
16	北京市房山区窦店镇丁各庄小学	1905 年	2001 年 7 月并入房山区窦店镇交道中心小学下辖刘平庄小学
17	北京市房山区琉璃河镇东南召小学	1949 年	2001 年 9 月并入房山区西南召中心小学
18	北京市房山区坨里镇辛开口小学	1947 年	2001 年 9 月并入房山区青龙湖镇坨里中心小学
19	北京市房山区长阳镇下寺小学	1947 年	2001 年撤销
20	北京市房山区闫村镇大十三里小学	1910 年	2001 年撤销
21	北京市房山区南尚乐镇塔照小学	1948 年	2001 年撤销
22	北京市房山区十渡镇前石门小学	1937 年	2001 年撤销
23	北京市房山区大安山矿职工子弟学校	1973 年	2001 年划归大安山中心小学，命名为大安山第二完全小学
24	北京市房山区交道镇小高舍小学	1930 年	2002 年 7 月并入房山区交道中心小学

续表 51

序号	学校名称	建校时间	撤并或更名说明
25	北京市房山区城关街道后朱各庄小学	1930 年	2002 年 7 月并入房山区长育中心小学下辖朱各庄小学
26	北京市房山区城关街道丁家洼小学	1949 年	2002 年 7 月分别并入房山区长育中心小学下辖羊头岗小学和饶乐府小学
27	北京市房山区窦店镇窦店镇北柳子小学	1949 年	2002 年 7 月并入房山区交道中心小学下辖兴隆庄小学
28	北京市房山区韩村河镇上中院完全小学	1950 年	2002 年 8 月并入房山区韩村河镇五侯中心小学下辖宝健希望小学
29	北京市房山区韩村河镇东周各庄完全小学	1939 年	2002 年 8 月并入房山区西周各庄小学，2007 年 8 月西周各庄小学并入房山区韩村河镇五侯中心小学下辖天开完全小学
30	北京市房山区蒲洼乡芦子水完全小学	1939 年	2002 年 8 月并入房山区蒲洼乡蒲洼中心小学
31	北京市房山区蒲洼乡东村完全小学	1938 年	2002 年 8 月并入房山区蒲洼乡蒲洼中心小学
32	北京市房山区蒲洼乡宝水完全小学的五六年级	1947 年	2002 年 8 月并入房山区蒲洼乡蒲洼中心小学
33	北京市房山师范学校附属小学	1982 年	2002 年 8 月更名为房山区城关第二小学
34	北京市房山区青龙湖镇果各庄小学	1946 年	2002 年 9 月并入房山区青龙湖镇中心小学
35	北京市房山区青龙湖镇大苑村小学	1947 年	2002 年 9 月分别并入房山区青龙湖沙窝完全小学和房山区青龙湖镇坨里中心小学
36	北京市房山区长沟南良各庄小学	1929 年	2002 年 9 月并入房山区长沟中心小学下辖北良各庄小学
37	北京市房山区阎村镇大紫草坞小学	1976 年	2002 年 9 月分别并入房山区阎村中心小学下辖炒米店、阎村、南梨园三所学校
38	北京市房山区城关丁家洼小学	1949 年	2002 年分别并入房山区长育中心小学下辖羊头岗小学和饶乐府小学
39	北京市房山区大石窝镇岩上小学	1949 年	2002 年并入房山区南尚乐中心小学下辖石窝小学
40	北京市房山区长阳镇南广阳城小学	1946 年	2002 年撤销
41	北京市房山区城关街道瓜市小学	1931 年	2003 年 7 月并入房山区长育中心小学下辖马各庄小学
42	北京市房山区大石窝镇辛庄小学	1917 年	2003 年 7 月并入房山区长育中心小学下辖田各庄小学
43	北京市房山区张坊镇片上完全小学	1946 年	2003 年 8 月并入房山区张坊中心小学
44	北京市房山区张坊镇蔡家口小学	1941 年	2003 年 8 月并入房山区张坊中心小学下辖大峪沟小学
45	北京市房山区张坊镇北白岱完全小学	1938 年	2003 年 8 月并入房山区张坊中心小学下辖南白岱小学
46	北京市房山区琉璃河镇西吕小学	1923 年	2003 年 9 月并入房山区西南召中心小学
47	北京市房山区长沟镇黄元井小学	1948 年	2003 年 9 月并入房山区长沟中心小学下辖北正小学
48	北京市房山区青龙湖镇育新小学	1988 年	2003 年 9 月并入房山区青龙湖镇中心小学下辖南四位小学
49	北京市房山区西潞街道沿村小学	1940 年	2003 年 11 月并入房山区长沟镇长沟中心小学
50	北京市房山区琉璃河镇庄头小学	1907 年	2003 年并入房山区琉璃河中心小学下辖立教小学
51	北京市房山区琉璃河镇白庄小学	1925 年	2003 年并入房山区琉璃河镇二街小学，2004 年二街小学并入房山区琉璃河镇琉璃河中心小学
52	北京市房山区河北镇半壁店小学	1949 年	2003 年并入房山区河北中心小学下辖黄土坡小学
53	北京市房山区韩村河镇潘庄小学	1932 年	2003 年撤销
54	北京市房山区大石窝镇水头小学	1949 年	2003 年并入房山区南尚乐中心小学下辖后石门小学
55	北京市房山区南尚乐镇镇江营小学	1928 年	2003 年并入房山区南尚乐中心小学下辖下滩小学
56	北京市房山区南尚乐镇蔡庄小学	1936 年	2003 年并入房山区南尚乐中心小学下辖下滩小学
57	北京市房山区张坊镇片上小学	1946 年	2003 年并入房山区张坊中心小学

续表 51

序号	学校名称	建校时间	撤并或更名说明
58	北京市房山区周口店镇周口村小学	1927 年	2003 年并入房山区周口店中心小学
59	北京市房山区大石窝镇三岔小学	1949 年	2003 年并入房山区南尚乐中心小学下辖后石门小学
60	北京市房山区窦店镇交道中心小学	1942 年	2004 年 4 月更名为窦店镇交道中心小学
61	北京市房山区长沟坟庄小学	1932 年	2004 年 9 月并入房山区长沟镇长沟中心小学
62	北京市房山区长沟镇双磨小学	1949 年	2004 年 9 月并入房山区长沟中心小学下辖北正小学
63	北京市房山区南正小学	1937 年	2004 年 9 月并入房山区长沟中心小学下辖北正小学
64	北京市房山区良乡镇纸房小学	1950 年	2004 年并入房山区昊天学校
65	北京市房山区琉璃河镇李庄小学	1915 年	2004 年并入房山区琉璃河镇琉璃河中心小学
66	北京市房山区琉璃河镇二街小学	1912 年	2004 年并入房山区琉璃河镇琉璃河中心小学
67	北京市房山区佛子庄乡山川小学	1937 年	2004 年撤销
68	北京市房山区大石窝镇高庄小学	1949 年	2004 年并入房山区南尚乐中心小学下辖石窝小学
69	北京市房山区长阳镇篱笆房小学	1925 年	2004 年撤销
70	北京市房山区南窖乡圣水峪小学	1950 年	2005 年 2 月并入房山区南窖中心小学
71	北京市房山区韩村河镇罗家峪完全小学	1948 年	2005 年 8 月并入房山区韩村河镇五侯中心小学
72	北京市房山区十渡镇西石门完全小学	1937 年	2005 年 8 月并入房山十渡镇十渡中心小学
73	北京市房山区良乡镇张谢小学	1937 年	2005 年 9 月并入房山区良乡镇官道中心小学
74	北京市房山区良乡镇江村小学	1950 年	2005 年 9 月并入房山区良乡镇官道中心小学
75	北京市房山区大安山乡瞧煤涧小学	1938 年	2005 年 9 月并入房山区大安山乡大安山中心小学
76	北京市房山区十渡镇卧龙完全小学	1951 年	2005 年 8 月并入房山十渡镇十渡中心小学
77	北京市房山区长沟北良各庄小学	1949 年	2005 年 11 月并入房山区长沟镇长沟中心小学
78	北京市房山区 窑上乡万里小学	1951 年	2005 年并入房山区琉璃河镇窑上中心小学
79	北京市房山区大石窝镇南河小学	1949 年	2005 年并入房山区大石窝镇南尚乐小学
80	北京市房山区大石窝镇高庄小学	1949 年	2005 年并入房山区南尚乐中心小学下辖石窝小学
81	北京市房山区大石窝镇北尚乐小学	1940 年	2005 年并入房山区大石窝镇南尚乐小学
82	北京市房山区石楼镇梨园店完全小学	1922 年	2005 年并入房山区夏村小学
83	北京市房山区石楼镇二站小学	1912 年	2005 年并入房山区石楼中心小学
84	北京市房山区史家营莲花庵完全小学	1949 年	2005 年并入房山区史家营乡史家营中心小学
85	北京市房山区石楼镇支楼小学	1920 年	2005 年并入房山区石楼中心小学
86	北京市房山区史家营杨林水小学	1938 年	2006 年 8 月并入房山区史家营乡史家营中心小学
87	北京市房山区史家营秋林铺小学	1938 年	2006 年 8 月并入房山区史家营乡史家营中心小学
88	北京市房山区史家营青土涧小学	1927 年	2006 年 8 月并入房山区史家营乡史家营中心小学
89	北京市房山区史家营柳林水小学	1927 年	2006 年 8 月并入房山区史家营乡史家营中心小学
90	北京市房山区十渡镇平峪完全小学	1935 年	2006 年 9 月并入房山区十渡中心小学
91	北京市房山区十渡镇六渡完全小学	1934 年	2006 年 9 月并入房山区十渡中心小学
92	北京市房山区大安山乡西苑小学	1938 年	2006 年 9 月并入房山区大安山乡大安山中心小学
93	北京市房山区河北镇檀木港小学	1927 年	2006 年并入房山区河北中心小学下辖东庄子小学
94	北京市房山区河北镇东升小学	1921 年	2006 年并入房山区河北中心小学下辖磁家务小学
95	北京市房山区大石窝镇辛庄小学	1949 年	2006 年并入房山区石窝小学
96	北京市房山区班各庄乡西班各庄小学	1945 年	2006 年并入房山区佛子庄乡中心小学
97	北京市房山区班各庄乡佛子庄小学	中华人民共和国成立钱	2006 年并入房山区佛子庄乡中心小学
98	北京市房山区班各庄乡北窖小学的四至六年级。	1921 年	2006 年并入房山区佛子庄乡中心小学

续表 51

序号	学校名称	建校时间	撤并或更名说明
99	北京市房山区大石窝镇惠南庄小学	1949 年	2006 年并入房山区南尚乐小学
100	北京市房山区韩村河镇岳各庄完全小学	1919 年	2007 年 8 月并入房山区韩村河镇五侯中心小学
101	北京市房山区韩村河镇西周各庄小学	1972 年	2007 年 8 月并入房山区韩村河镇五侯中心小学下辖天开完全小学
102	北京市房山区窦店镇大高舍小学	1936 年	2007 年 8 月并入房山区窦店镇
103	北京市房山区霞云岭乡庄户台完全小学	1934 年	2007 年 8 月并入房山区霞云岭乡龙门台完全小学
104	北京市房山区霞云岭乡下石堡完全小学	1937 年	2007 年 8 月并入房山区霞云岭乡霞云岭中心小学
105	北京市房山区霞云岭乡堂上完全小学	1952 年	2007 年 8 月并入房山区霞云岭乡龙门台完全小学
106	北京市房山区张坊镇大峪沟完全小学	1932 年	2008 年 9 月并入房山区张坊中心小学下辖西白岱小学
107	北京市房山区韩村河镇尤家坟完全小学	1945 年	2009 年 8 月并入房山区韩村河镇五侯中心小学
108	北京市房山区窦店镇苏村小学	1914 年	2008 年 8 月并入房山区窦店中心小学下辖瓦窑头小学
109	北京市房山区窦店镇刘平庄小学	1925 年	2009 年 8 月并入房山区窦店镇交道中心小学
110	北京市房山区长阳镇高佃小学	1921 年	2009 年 9 月并入房山区长阳镇大宁学校
111	北京市房山区长阳镇稻田小学	1948 年	2009 年 9 月并入房山区长阳镇大宁学校
112	北京市房山区琉璃河镇平各庄完全小学	1916 年	2009 年 9 月并入房山区琉璃河水泥厂学校
113	北京市房山区岳各庄乡圣水峪小学	1950 年	2009 年撤销
114	北京市房山区佛子庄乡长操小学	1935 年	2009 年撤销
115	北京市房山区河北镇半壁店小学	1949 年	2009 年并入房山区南尚乐中心小学下辖石窝小学
116	北京市房山区窦店镇下坡店小学	1949 年	2010 年 8 月并入房山区窦店中心小学下辖于庄小学
117	北京市房山区东营乡西东小学	1933 年	2010 年 9 月分别并入韩村河镇韩村河中心小学和曹章完全小学
118	北京市房山区城关街道前朱各庄小学	1930 年	2010 年 9 月并入房山区城关街道长育中心小学
119	北京市房山区周口店镇西庄小学	1949 年	2010 年 9 月并入房山区周口店中心小学下辖长沟峪小学

表 52　　1991—2010 年房山区普通中学撤并更名一览表

序号	学校名称	建校时间	撤并或更名说明
1	北京电力设备总厂电业中学	1952 年	2007 年 8 月由企业办学划归地方管理，更名为北京市房山区电业中学
2	北京矿务局工农区办事处河南中学	1954 年	1993 年北京矿务局工农区撤销，学校由房山区管理，命名为北京市房山区河南中学
3	北京市房山区班各庄中学	1958 年	2006 年 8 月与霞云岭中学、史家营中学、南窖中学、大安山中学整体外迁，合并组建房山区良乡第五中学
4	北京市房山区北正中学	1970 年	2004 年并入房山区长沟中学
5	北京市房山区曹章中学	1972 年	1995 年 6 月与房山区赵各庄中学合并组建房山区韩村河中学
6	北京市房山区常乐寺中学	1958 年	2005 年 8 月并入房山区青龙湖中学
7	北京市房山区长操中学	1958 年	2003 年撤销
8	北京市房山区长沟峪中学	1974 年	2006 年 8 月与周口店第二中学、十渡中学、蒲洼中学、磁家务中学整体外迁，合并组建房山区房山第五中学

续表 52

序号	学校名称	建校时间	撤并或更名说明
9	北京市房山区磁家务中学	1958 年	2006 年 8 月与周口店第二中学、十渡中学、蒲洼中学、长沟峪中学整体外迁，合并组建房山区房山第五中学
10	北京市房山区大安山中学	1958 年	2006 年 8 月与霞云岭中学、史家营中学、南窖中学、班各庄中学整体外迁，合并组建房山区良乡第五中学
11	北京市房山区豆各庄中学	1958 年	2005 年 5 月更名为北京市房山区青龙湖中学
12	北京市房山区佛子庄中学	—	2005 年撤销
13	北京市房山区官道中学	1970 年	2010 年 10 月更名为房山区良乡第六中学
14	北京市房山区黄山店中学	—	2003 年撤销
15	北京市房山区李庄中学	1975 年	2003 年 8 月并入房山区北洛中学
16	北京市房山区良乡第三中学	1996 年	1998 年 5 月房山区政府与北京师范大学联合办学，改组为北京师范大学良乡附属中学
17	北京市房山区南窖中学	1956 年	2006 年 8 月与霞云岭中学、史家营中学、大安山中学、班各庄中学整体外迁，合并组建房山区良乡第五中学
18	北京市房山区蒲洼中学	1958 年	2006 年 8 月与周口店第二中学、十渡中学、磁家务中学、长沟峪中学整体外迁，合并组建房山区房山第五中学
19	北京市房山区上万中学	1958 年	2009 年 8 月并入房山区青龙湖中学
20	北京市房山区十渡中学	1958 年	2006 年 8 月与周口店第二中学、蒲洼中学、磁家务中学、长沟峪中学整体外迁，合并组建房山区房山第五中学
21	北京市房山区史家营中学	1958 年	2006 年 8 月与霞云岭中学、南窖中学、大安山中学、班各庄中学整体外迁，合并组建房山区良乡第五中学
22	北京市房山区务滋中学	1958 年	1993 年 7 月并入房山区南召中学
23	北京市房山区西南吕中学	1958 年	1993 年 7 月并入房山区南召中学
24	北京市房山区西苑学校	—	2006 年撤销
25	北京市房山区霞云岭中学	1968 年	2006 年 8 月与史家营中学、南窖中学、大安山中学、班各庄中学整体外迁，合并组建房山区良乡第五中学
26	北京市房山区下滩中学	1964 年	2003 年暑假并入房山区南尚乐中学
27	北京市房山区窑上中学	1965 年	2006 年 8 月并入房山区南召中学南召中学
28	北京市房山区于庄中学	1974 年	1995 年 7 月并入房山区窦店中学
29	北京市房山区赵各庄中学	1956 年	1995 年 6 月与房山区曹章中学合并组建房山区韩村河中学
30	北京市房山区周口店第二中学	2006 年	2006 年 8 月与十渡中学、蒲洼中学、磁家务中学、长沟峪中学整体外迁，合并组建房山第五中学

说明：“—”为资料缺失

表 53　　2010 年房山区教委事业教育单位一览表

序号	单位名称	成立时间	地址	沿革
1	北京市房山区教师进修学校	1952 年	房山城关西大街 8 号	前身是始建于 1952 年 10 月的河北省房山县小学教师业余学校和良乡县小学教师业余学校。1959 年 7 月，周口店区将原两县教师辅导站、教师学校和小学教研室合并，组建教师学校。1988 年 7 月，学校迁入现址，定为现名
2	北京市房山区教育委员会仓库	20 世纪 70 年代	房山区大石河靠山居路东侧	原房山县教育局计财科的一个附属办事机构，20 世纪 80 年代始具有独立法人资格，负责教育教学物资设备的存储、收发和安保

续表 53

序号	单位名称	成立时间	地址	沿革
3	北京市房山区教育委员会教育技术装备站	1992 年	房山城关西大街	2003 年以前，装备站的职能主要是负责教学实验仪器和药品的计划调拨工作。2004 年，主要负责全区教育系统的固定资产管理、教学仪器设备采购与调拨、自制教具管理及固定资产管理员、实验管理员、图书管理员的业务培训等工作
4	北京市房山区教育信息与现代教育技术中心	2003 年	房山区西潞街道西潞园小区三里良乡第三小学院内	由原信息中心、传播中心、电教馆合并而成。主要承担着统筹规划全区教育信息化工作并组织实施；负责全区教育城域网的运行、维护和管理；教育资源库群的建设与维护；房山教育门户网站的建设、维护与管理等工作
5	北京市房山区考试中心	2002 年	房山区阎村镇紫园路 113 号	2002 年 3 月成立，负责组织实施房山区高考、中考、成考、自考、高中会考五项教育考试，组织协调高等学校和高级中等学校在本区招生录取，指导区内初级中学和小学的招生录取工作
6	北京市房山区少年宫	1958 年	房山城关东大街 29 号	1958 年房山、良乡两县合并后，在城关小学内设立少年之家。1974 年，改称房山县少年活动站。1978 年,改称房山县少年宫。1983年,迁至房山中学。1986 年,迁至现址。1987 年更为现名
7	北京市房山区校办产业管理中心	1988 年	房山城关北大街北坛胡同 1 号	初名房山区校办工业公司，对房山区各级各类学校所属校办企业进行监督监管。2001 年，房山区校办企业改制，更名为房山区校办产业管理中心。2003 年初，中心下属申宝公司和润福达商贸公司合并，成立申宝工贸有限公司。2009 年，申宝工贸有限公司从校产中心分离
8	北京市房山区职业技术教育中心	1993 年	房山区西潞街道北潞春小区 E7 楼 2 层	负责区内职业技术教育业务指导工作。1996 年 1 月，区教育局职教科并入，职教中心兼具行政管理和业务指导职能。2002 年 2 月，房山区教委成立职成科，负责区内职业教育行政管理，职教中心负责业务指导。中心先后在电业中学、良乡第三小学、行宫园小区等处办公，后迁至现址
9	北京市房山区中小学卫生保健所	1984 年	保健所位于房山区阎村镇紫园路 113 号	最初暂借用房山工业公司三间平房办公。1985 年迁入房山北关北坛胡同 1 号。1997 年迁入房山北大寺 12 号（原教育局办公楼）。2002 年 9 月迁入现址
10	北京市房山区中学生国防劳动技术教育培训中心	1993 年	长阳镇西场村	由西城区、房山区政府和驻区部队出资共建，原址位于窦店镇下坡店村。2005 年 5 月迁入现址

通州区

（1997 年 4 月，通县撤县设区，改称通州区）

幼儿园

北京七色光艺术幼儿园

园址：通州区永顺镇新建工业区 5 号

2001 年建园，民办园。2010 年，占地面积 6200 平方米，建筑面积 2600 平方米，户外活动场所 3600 平方米，活动室 800 平方米。图书 1000 册。教职工 39 人，其中专任教师 16 人，保健员 1 人。开设 8 个教学班。幼儿入园 50 人，离园 20 人，在园 196 人。园长刘秀鸾。

北京市双鹿艺术幼儿园

园址：通州区玉桥西路 1 号

2000 年建园，民办园。2010 年，占地面积 7693 平方米，建筑面积 5689 平方米，活动室 2800 平方米。图书 4000 册。教职工 68 人，其中专任教师 40 人，保健员 3 人。开设 23 个教学班。幼儿入园 243 人，离园 175 人，在园 610 人。园长许淑芳。

北京市通州区贝乐康双语艺术幼儿园

园址：通州区梨园镇半壁店大街 10 号

2003 年建园，民办园。2010 年，占地面积 1500 平方米，建筑面积 840 平方米，户外活动场所 1200 平方米，活动室 320 平方米。教职工 32 人，其中专任教师 22 人，保健员 2 人。开设 7 个教学班。幼儿入园 64 人，离园 59 人，在园 230 人。园长邵秀荣。

北京市通州区春蕾双语艺术幼儿园

园址：通州区艺苑小区东里 1 号

2003 年建园，民办园。2010 年，占地面积 1500 平方米，建筑面积 1150 平方米，户外活动场所 1000 平方米，活动室 400 平方米。图书 1150 册。教职工 30 人，其中专任教师 21 人，保健员 1 人。开设 9 个教学班。幼儿入园 52 人，离园 38 人，在园 229 人。园长杨欣荣。

北京市通州区大杜社中心幼儿园

园址：通州区马驹桥镇大杜社村

1986 年建园，属于集体办园。2009 年 3 月 8 日，成为教委下属公立幼儿园，日托制。2010 年，占地面积 2750 平方米，建筑面积 1037 平方米。专用教室 1 个，普通教室 8 个。教职工 8 人，其中专任教师 6 人，保健员 1 人。开设 3 个教学班。幼儿入园 97 人，在园 97 人。党支部书记 、园长罗小芹。

北京市通州区东方幼儿园

园址：通州区玉带河大街 141 号

2000 年建园，民办园。2010 年，占地面积 4109 平方米，建筑面积 3495 平方米，户外活动场所 370 平方米，活动室 1600 平方米。图书 4000 册。教职工 36 人，其中专任教师 31 人，保健员 1 人。开设 11 个教学班。幼儿入园 130 人，离园 78 人，在园 390 人。园长刘晓雪。

北京市通州区东旭英华双语艺术幼儿园

园址：通州区梨园北街 256 号

2009 年建园，民办园。2010 年，占地面积 2600 平方米，建筑面积 1600 平方米，户外活动场所 1000 平方米，活动室 500 平方米。图书 3000 册。教职工 49 人，其中专任教师 35 人，保健员 1 人。开设 9 个教学班。幼儿入园 45 人，在园 183 人。园长刘殿琴。

北京市通州区芬芳幼儿园

园址：通州区梨园镇砖厂村北

2006 年建园，民办园。2010 年，占地面积 4700 平方米，建筑面积 1640 平方米，户外活动场所 220 平方米，活动室 525 平方米、图书 1860 册。教职工 21 人，其中专任教师 12 人，保健员 2 人。开设 7 个教学班。幼儿入园 149 人，离园 41 人，在园 149 人。园长靳少芬。

北京市通州区哈佛摇篮幼儿园

园址：通州区通胡大街 68 号

2005 年建园，民办园。2010 年，占地面积 6300 平方米，建筑面积 3100 平方米，户外活动场所 3200 平方米，活动室 650 平方米。图书 700 册。教职工 59 人，其中专任教师 36 人，保健员 9 人。开设 14 个教学班。幼儿入园 85 人，离园 44 人，在园 287 人。园长潘跃勇。

北京市通州区翰林华馨幼儿园

园址：通州区台湖镇次渠大街 19 号

2004 年建园，民办园。2010 年，占地面积 6886 平方米，建筑面积 4697 平方米，户外活动场所 3766 平方米，活动室 1073 平方米。图书 1476 册。教职工 58 人，其中专任教师 36 人，保健员 1 人。开设 13 个教学班。幼儿入园 61 人，离园 103 人，在园 313 人。园长陈文。

北京市通州区漷县镇北寺二园

园址：通州区漷县镇北堤寺村

2003 年建园，村办园。2010 年，占地面积 216 平方米，建筑面积 36 平方米，户外活动场所 100 平方米、活动室 36 平方米。图书 30 册。教职工 1 人。开设 1 个教学班。幼儿入园 10 人，离园 13 人，在园 21 人。园长于珊。

北京市通州区漷县镇北寺一园

园址：通州区漷县镇北堤寺村

2003 年建园，村办园。2010 年，占地面积 136 平方米，建筑面积 36 平方米，户外活动场所 80 平方米，活动室 36 平方米。图书 25 册。教职工 1 人。开设 1 个教学班。幼儿入园 7 人，离园 11 人，在园 15 人。园长贾连英 。

北京市通州区漷县镇曹庄幼儿园

园址：通州区漷县镇曹庄村

2003 年建园，村办园。2010 年，占地面积 60 平方米，建筑面积 45 平方米，户外活动场所 15 平方米。图书 40 册。教职工 1 人。开设 1 个教学班。幼儿入园 10 人，离园 19 人，在园 27 人。园长曹淑云。

北京市通州区漷县镇靛庄幼儿园

园址：通州区漷县镇靛庄村

1998 年建园，村办园。2010 年，占地面积 1260 平方米，建筑面积 180 平方米，户外活动场所 100 平方米，活动室 180 平方米。图书 50 册。教职工 1 人，其中专任教师 1 人。开设 1 个教学班。幼儿入园 17 人，离园 20 人，在园 27 人。园长王永珍。

北京市通州区漷县镇东鲁村一园

园址：通州区漷县镇东鲁村

2000 年建园，村办园。2010 年，占地面积 232 平方米，建筑面积 36 平方米，户外活动场所 100 平方米，活动室 36 平方米。图书 35 册。教职工 1 人。开设 1 个教学班。幼儿入园 13 人，离园 11 人，在园 26 人。园长马玉苹。

北京市通州区漷县镇东鲁村二园

园址：通州区漷县镇东鲁村

2000 年建园，村办园。2010 年，占地面积 500 平方米，建筑面积 54 平方米，户外活动场所 200 平方米，活动室 54 平方米。图书

38册。教职工1人。开设1个教学班。幼儿入园15人，离园18人，在园25人。园长沈桐芳。

北京市通州区漷县镇高庄幼儿园

园址：通州区漷县镇高庄村邮编

1999年建园，村办园。2010年，建筑面积54平方米，户外活动场所130平方米，活动室54平方米。图书46册。教职工1人。开设1个教学班。幼儿入园11人,离园21人,在园45人。园长杨淑苹。

北京市通州区漷县镇侯黄庄幼儿园

园址：通州区漷县镇侯黄庄村

2004年建园，村办园。2010年，占地面积140平方米，建筑面积75平方米，户外活动场所60平方米，活动室75平方米。图书40册。教职工1人。开设1个教学班。幼儿入园15人，离园24人，在园36人。园长李广娣。

北京市通州区漷县镇黄厂铺幼儿园

园址：通州区漷县镇黄厂铺村

1999年建园，村办园。2010年，占地面积400平方米，建筑面积36平方米，户外活动场所200平方米，活动室36平方米。图书60册。教职工1人。开设1个教学班。幼儿入园6人,离园10人,在园14人。园长魏俊茹。

北京市通州区漷县镇漷县二园

园址：通州区漷县镇漷县村

2004年建园，村办园。2010年，占地面积300平方米，建筑面积54平方米，户外活动场所165平方米，活动室54平方米。图书60册。教职工1人。开设1个教学班。幼儿入园10人，离园14人，在园17人。园长王书云。

北京市通州区漷县镇马头幼儿园

园址：通州区漷县镇马头村

2002年建园，村办园。2010年，占地面积136平方米，建筑面积36平方米，户外活动场所100平方米，活动室36平方米。图书50册。教职工1人。开设1个教学班。幼儿入园15人，离园12人，在园15人。园长张淑文。

北京市通州区漷县镇觅子店幼儿园

园址：通州区漷县镇觅子店村

1999年建园，村办园。2010年，占地面积920平方米，建筑面积520平方米，户外活动场所370平方米，活动室45方米。图书700册。教职工4人，其中专任教师2人，保健员1人。开设2个教学班。幼儿入园16人，离园32人，在园58人。园长曹俊荣。

北京市通州区漷县镇吴营幼儿园

园址：通州区漷县镇吴营村

2003年建园，村办园。2010年，占地面积288平方米，建筑面积36平方米，户外活动场所100平方米，活动室36平方米。图书25册。教职工1人。开设1个教学班。幼儿入园15人，离园19人，在园27人。园长郭秀伶。

北京市通州区漷县镇西黄垡幼儿园

园址：通州区漷县镇西黄垡村

2001年建园，村办园。2010年，占地面积190平方米，建筑面积54平方米，户外活动场所136平方米，活动室54平方米。图书40册。教职工1人。开设1个教学班。幼儿入园10人，离园19人，在园27人。园长李春莲。

北京市通州区漷县镇小屯幼儿园

园址：通州区漷县镇小屯村

2005年建园，村办园。2010年，占地面积75平方米，建筑面积45平方米，户外活动场所60平方米，活动室45平方米。图书80册。教职工1人。开设1个教学班。幼儿入园18人，离园19人，在园28人。园长韩秀玲。

北京市通州区漷县中心幼儿园

园址：通州区漷县镇漷县村

2009年6月8日建园，设计规模9个班。教委下属公立幼儿园，日托制。2010年，占地面积2139平方米，建筑面积1639平方米。

普通教室6个。教职工8人，其中专任教师7人，保健员1人。开设6个教学班。幼儿入园191人，在园191人。党支部书记、园长王金娜。

北京市通州区教工幼儿园

园址通州区后南仓甲35号

1976年建园，初名通县教工幼儿园。1997年，通县撤县设区更现名。为教育部门办，日托制。2010年，占地面积1708平方米，建筑面积786平方米。普通教室8个。教职工37人，其中专任教师22人，保健员1人。开设8个教学班。幼儿入园102人，离园104人，在园277人。党支部书记、园长凤和礼。

北京市通州区梨园地区扬洼幼儿园

园址：通州区梨园镇杨家洼村

1999年建园，村办园。2010年，占地面积1015平方米，建筑面积311平方米，户外活动场所704平方米，活动室170平方米。图书600册。教职工5人。开设3个教学班，幼儿入园7人，离园12人，在园29人。园长杨桂君。

北京市通州区梨园地区中心幼儿园

园址：通州区梨园镇群芳园小区1号

2007年建园，村办园。2010年，占地面积3410平方米，建筑面积2130平方米，户外活动场所2100平方米，活动室1329平方米。图书26000册。教职工47人，其中专任教师23人，保健员1人。开设9个教学班。幼儿入园129人，离园125人、在园354人。园长李长芸。

北京市通州区梨园镇大稿村幼儿园

园址：通州区梨园镇大稿村

1992年建园，村办园。2010年，占地面积700平方米，建筑面积540平方米，户外活动场所370平方米，活动室30平方米。图书550册。教职工3人。开设3个教学班。幼儿入园20人，离园11人，在园32人。园长刘宝香。

北京市通州区龙旺庄双语艺术幼儿园

园址：通州区永顺镇龙旺庄村

2005年建园，民办园。2010年占地面积1480平方米，建筑面积760平方米，户外活动场所256平方米,活动室191平方米。图书375册。教职工26人，其中专任教师20人，保健员1人。开设8个教学班。幼儿入园83人，离园83人，在园293人。园长梁慧丽。

北京市通州区潞城镇宝宝乐幼儿园

园址：通州区潞城镇孙各庄村

2007年建园，村办园。2010年，占地面积420平方米，建筑面积110平方米，户外活动场所310平方米，活动室90平方米。图书200册。教职工2人。开设2个教学班。幼儿入园19人，离园13人，在园42人。园长段爱荣。

北京市通州区潞城镇郝家府幼儿园

园址：通州区潞城镇郝家府村

2006年建园，村办园。2010年，占地面积300平方米，建筑面积150平方米，户外活动场所200平方米，活动室90平方米。教职工4人。开设3个教学班。幼儿入园14人，离园22人，在园94人。园长何凤伶。

北京市通州区潞城镇武窑幼儿园

园址：通州区潞城镇武窑村

2003年建园，村办园。2010年，占地面积400平方米，建筑面积78平方米，户外活动场所200平方米，活动室78平方米。教职工2人。开设2个教学班。幼儿入园15人，离园13人，在园46人。园长王淑敏。

北京市通州区潞城镇中心幼儿园

园址：通州区潞城镇胡各庄村

1982年建园，村办园。2010年，占地面积1500平方米，建筑面积470平方米，户外活动场所1030平方米，活动室250平方米。教职工13人，其中专任教师8人。开设6个教学班。幼儿入园72人，离园67人，在园187人。园长杨红。

北京市通州区马驹桥中心幼儿园

园址：通州区马驹桥镇西店村

1986年建园。1991—1996年间由镇政府办园，属于集体办园。1997年，通县撤县设区幼儿园更现名。2002年归属于马驹桥镇中心小学，由镇政府办园过渡到校带园。2009年3月8日成为通州区教委下属公立幼儿园，日托制。2010年，占地面积4800平方米，建筑面积1953平方米。专用教室1个，普通教室14个。教职工9人，其中专任教师6人。开设14个教学班。幼儿入园142人、在园436人。党支部书记、园长张友杰。

北京市通州区民族幼儿园

园址：通州区芙蓉路300号

1983年建园，为教育部门办，独立设置的少数民族幼儿园，日托制。2001年9月，幼儿园扩大到6个教学班。2010年10月，幼儿园从靳家胡同3号搬迁至河东芙蓉园。2010年，占地面积6700平方米，建筑面积5207平方米。专用教室3个，普通教室16个。教职工30人，其中专任教师13人，保健员3人。开设4个教学班。离园70人，在园124人。党支部书记、园长魏雪梅 。

北京市通州区牛堡屯中心幼儿园

园址：通州区张家湾镇牛堡屯中街村

1985年建园，初名通县牛堡屯镇儿童乐园。1997年，通县撤县设区，更名为北京市通州区牛堡屯镇儿童乐园。2001年，通州区牛堡屯镇与张家湾镇合并，更名为北京市通州区张家湾镇儿童乐园。2009年更为现名。幼儿园教育部门办，日托制。2010年，占地面积2776平方米，建筑面积1075平方米。专用教室1个，普通教室6个。教职工13 人，其中专任教师7人，保健员 1人。开设5个教学班。幼儿入园80人，在园160人。党支部书记、园长张福荣 。

北京市通州区启智贝尔幼儿园

园址：通州区玉桥东路58号

2007年建园，民办园。2010年，占地面积1046平方米，建筑面积586平方米，户外活动场所460平方米、活动室275平方米、图书300册。教职工20人，其中专任教师10人，保健员1人。开设5个教学班。幼儿入园22人，离园11人，在园112人。园长晏鸣。

北京市通州区情智幼儿园

园址：通州区通惠南路1号

2001年建园，民办园。2010年，占地面积1120平方米，建筑面积725平方米，图书120册。活动室320平方米。教职工11人，其中专任教师8人，保健员1人。开设4个教学班。幼儿入园52人，离园38人、在园103人。园长唐菲遥 。

北京市通州区如意中心幼儿园

园址：通州区如意园小区甲12号

1958年建园，校名不详。1991年，幼儿园称“通镇托儿所”，下设马家回民分园、四元厅分园、后南仓分园、西大街分园等。1997年，幼儿园更名为通州区街道中心幼儿园，为教育部门办，日托制。1998年四元厅分园平房拆迁，搬至公路技校幼儿园，改名为通州区街道中心幼儿园潞河名苑分园。2002年，建成建筑面积1580平方米的通州区街道中心幼儿园本园。2002年11月，归属通州区教委管理。2005年6月，怡佳分园归属该园管理。2006年2月改为现名。2010年，占地面积3706平方米，建筑面积3241平方米。专用教室7个，普通教室54个。教职工26人，其中专任教师3人，保健员5人。开设26个教学班。幼儿入园242人、离园209人、在园792人。党支部书记、园长郑柄元。

北京市通州区宋庄镇大邓幼儿园

园址：通州区宋庄镇大邓村

2003年建园，村办园。2010年，占地面积750平方米，建筑面积350平方米，活动室150平方米，户外活动场所385平方米。教职工2人。开设2个教学班。幼儿入园30人，离园27人，在园32人。园长顾向俊。

北京市通州区宋庄镇葛渠幼儿园

园址：通州区宋庄镇葛渠村

2002年建园，村办园。2010年，占地面积530平方米，建筑面积235平方米，户外活动场所360平方米，活动室135平方米。教职工6人，其中专任教师5人。开设5教学班。幼儿入园30人，离园28人，在园150人。园长田兆新。

北京市通州区宋庄镇沟渠庄幼儿园

园址：通州区宋庄镇沟渠庄村

2001年建园，村办园。2010年，占地面积375平方米，建筑面积375平方米，活动室45平方米。图书200册。教职工2人，其专任教师1人。开设2个教学班。幼儿入园13人，离园14人，在园27人。园长张玉萍。

北京市通州区宋庄镇任庄幼儿园

园址：通州区宋庄镇任庄村

2003年建园，村办园。2010年，占地面积140平方米，建筑面积70平方米，户外活动场所80平方米，活动室45平方米。教职工2人,其中专任教师2人。开设2个教学班。幼儿入园32人，离园28人，在园39人。园长刘文斌。

北京市通州区宋庄镇邢各庄幼儿园

园址：通州区宋庄镇邢各庄村

2001年建园，村办园。2010年，占地面积2500平方米，建筑面积750平方米，户外活动场所1750平方米，活动室210平方米。教职工5人，其中专任教师3人。开设4个教学班。幼儿入园57人，离园36人，在园68人。党支部书记、园长崔淑俊 。

北京市通州区宋庄镇徐辛庄中心幼儿园

园址：通州区宋庄镇徐辛庄村

1997年建园，村办园。2010年，占地面积3000平方米，建筑面积1200平方米，户外活动场所1800平方米、活动室480平方米。图书2000册。教职工17人，其中专任教师10人，保健员5人。开设6个教学班。幼儿入园60人，离园35人，在园218人。园长李金英。

北京市通州区宋庄镇尹各庄幼儿园

园址：通州区宋庄镇尹各庄村

2002年建园，村办园。2010年，占地面积900平方米，建筑面积162平方米，户外活动场所738平方米，活动室108平方米。图书200册。教职工3人,其中专任教师2人。开设3个教学班。幼儿入园28人,离园24人，在园62人。园长徐淑芬。

北京市通州区宋庄镇寨辛庄幼儿园

园址：通州区宋庄镇寨辛庄村

2004年建园，村办园。2010年，占地面积200平方米，建筑面积60平方米，户外活动场所140平方米，活动室45平方米。图书240册。教职工1人，其中专任教师1人。开设1个教学班。幼儿入园6人，离园9人，在园12人。园长西玉珍。

北京市通州区宋庄镇中心幼儿园

园址：通州区宋庄镇宋庄村

1987年建园，村办园。2010年，占地面积10540平方米，建筑面积2370平方米，户外活动场所8130平方米，活动室615平方米。图书150册。教职工8人,其中专任教师4人，保健员1人。开设5个教学班。幼儿入园24人，离园71人，在园103人。园长董春红。

北京市通州区台湖镇中心幼儿园

园址：通州区台湖镇台湖村

1992年建园，村办园。2010年，占地面积3500平方米，建筑面积890平方米，户外活动场所2610平方米，活动室378平方米。图书3600册。教职工17人，其中专任教师6人。开设6个教学班。幼儿入园84人，离园70人，在园273人。园长田淑静。

北京市通州区淘乐思艺术幼儿园

园址：通州区永顺镇果园路果园北区226号

2009年建园，民办园。2010年占地面积3500平方米，建筑面积1300平方米，户外活动场所700平方米，活动室720平方米。图书1200册。教职工63人，其中专任教师36人，保健员 12 人。开设 12 个教学班。幼儿入园 179 人，离园 15 人，在园 295 人。园长刘西洋。

北京市通州区天使宝宝双语艺术幼儿园

园址：通州区通胡大街 25 号

2003 年建园，民办园。2010 年，占地面积 3200 平方米，建筑面积 3200 平方米，户外活动场所 800 平方米，活动室 1000 平方米。图书 1500 册。教职工 40 人，其中专任教师 18 人，保健员 1 人。开设 10 个教学班。幼儿入园 40 人，离园 65 人，在园 296 人。园长陈雪飞。

北京市通州区童乐幼儿园

园址：通州区通惠南路 29 号

2004 年建园，民办园。2010 年，占地面积 990 平方米，建筑面积 798 平方米，户外活动场所 738 平方米、活动室 252 平方米。图书 870 册。教职工 20 人，其中专任教师 8 人，保健员 1 人。开设 4 个教学班。幼儿入园 52 人，离园 53 人，在园 138 人。园长王丽娟。

北京市通州区童心幼儿园

园址：通州区永顺镇西马庄

2009 年建园，民办园。2010 年，占地面积 3842 平方米，建筑面积 2400 平方米，户外活动场所 2880 平方米，活动室 1050 平方米。图书 1020 册。教职工 35 人，其中专任教师 27 人，保健员 2 人。开设 9 个教学班。幼儿入园 55 人，离园 75 人，在园 346 人。园长徐风华。

北京市通州区西集中心幼儿园

园址：通州区西集镇西集村

2010 年 12 月 27 日建园。为教育部门办，日托制。2010 年，占地面积 6965 平方米，建筑面积 2886 平方米。全年教育经费投入 360.05 万元。专用教室 2 个，普通教室 9 个。教职工 10 人，其中专任教师 10 人。开设 4 个教学班。幼儿入园 120 人，在园 120 人。党支部书记、园长王洪洲。

北京市通州区小海豚双语艺术幼儿园

园址：通州区潞苑南大街 85 号

2008 年建园，民办园。2010 年，占地面积 2197 平方米，建筑面积 1362 平方米，户外活动场所 748 平方米，活动室 463 平方米、图书 1000 册。教职工 16 人，其中专任教师 13 人，保健员 1 人。开设 8 个教学班。幼儿入园 60 人，离园 39 人，在园 227 人。园长周宝霞 。

北京市通州区小脚丫幼儿园

园址：通州区潞城镇三元村南

2005 年建园，民办园。2010 年，占地面积 2790 平方米，建筑面积 1269 平方米，户外活动场所 1520 平方米，活动室 470 平方米，图书 850 册。教职工 25 人，其中专任教师 15 人，保健员 2 人。开设 8 个教学班。幼儿入园 50 人，离园 50 人，在园 249 人。园长薛惠珍。

北京市通州区新城东里幼儿园

园址：通州区西营前街 25 号

1983 年建园，为教育部门办，日托制。1997 年，通县撤县设区更现名。2002 年 4 月，被评为北京市通州区第一家一级一类幼儿园。2003 年 10 月，被命名为北京市社会儿童早期教育示范基地。2005 年 4 月，晋升为北京市示范幼儿园。2007 年 9 月，被命名为北京市学前儿童特殊教育示范基地。2009 年 12 月，被命名为北京市学前教育信息化示范基地。2010 年，占地面积 5093 平方米，建筑面积 3213 平方米。专用教室 1 个，普通教室 7 个。教职工 36 人，其中专任教师 24 人，保健员 2 人。开设 8 个教学班。幼儿入园 231 人，离园 78 人，在园 410 人。党支部书记、龚春玲。

北京市通州区新苗幼儿园

园址：通州区永顺镇焦王庄村

2004 年建园，民办园。2010 年，占地面积 6300 平方米，建筑面积 4700 平方米，户外活动场所 1600 平方米，活动室 1330 平方米。图书 1000 册。教职工 60 人，其中专任教师 41 人，保健员 1 人。开设 13 个教学班。幼儿入园 114 人，离园 143 人，在园 450 人。园长韩建军。

北京市通州区新通幼儿园

园址：通州区梨园西里 21 号

2010 年建园，教育部门办，日托制。占地面积 2264 平方米，建筑面积 1687 平方米。

专用教室1个，普通教室6个。教职工15人，其中专任教师8人，保健员1人。开设3个教学班，幼儿入园90人，在园90人。党支部书记、园长于健。

北京市通州区星河幼儿园

园址：通州区玉桥西里70号院

2006年建园，民办园。占地面积3500平方米，建筑面积1200平方米，户外活动场所2300平方米，活动室840平方米、图书1300册。教职工32人，其中专任教师14人，保健员11人。开设11个教学班。幼儿入园120人，离园73人，在园270人。园长王岩。

北京市通州区永顺镇小潞邑幼儿园

园址：通州区永顺镇小潞邑村

2003年建园，村办园。2010年，占地面积498平方米，建筑面积138平方米，户外活动场所360平方米，活动室50平方米。图书180册。教职工2人。开设1个教学班。幼儿入园6人，离园23人，在园23人。园长李秀芹。

北京市通州区永顺镇中心幼儿园

园址：通州区永顺镇杨庄村

1998年建园，村办园。2010年，占地面积4060平方米，建筑面积3650平方米，户外活动场所450平方米，活动室1450平方米。图书2000册。教职工5人，开设2个教学班，其中中班1个，大班1个。幼儿入园16人，离园14人，在园52人。园长刘明远。

北京市通州区幼儿园

园址：通州区中山街36号

1949年建园，初名通州专区保育院。1958年改称通县幼儿园。1997年更现名。2008年8月，幼儿园搬进现址（原址为中山街155号，因通州新城规划拆除）。为教育部门办，日托制。2010年，占地面积5200平方米，建筑面积4802平方米。专用教室4个，普通教室14个。教职工65人，其中专任教师42人，保健员8人。开设14个教学班。幼儿入园192人，离园181人，在园566人。党支部书记、园长张秀华。

北京市通州区玉桥街道运河幼儿园

园址：通州区葛布店北里8号楼北侧

2001年建园，民办园。2010年，占地面积2830平方米，建筑面积1200平方米，户外活动场所 1180平方米，活动室568平方米。图书1100册。教职工32人，其中专任教师23人，保健员1人。开设8个教学班。幼儿入园36人，离园28人，在园138人。园长李文荣。

北京市通州区玉桥幼儿园

园址：通州区玉乔北里47号

2003年建园，民办园。2010年，占地面积1500平方米，建筑面积862平方米，户外活动场所500平方米，活动室592平方米。图书2100册。教职工15人，其中专任教师9人，保健员1人。开设5个教学班。幼儿入园65人，离园35人，在园178人。园长刘宝华。

北京市通州区运河宝宝双语艺术幼儿园

园址：通州区永顺西街32号

2007年建园，民办园。2010年，占地面积870平方米，建筑面积460平方米，户外活动场所420平方米、活动室340平方米。图书280册。教职工16人，其中专任教师7人，保健员1人。开设5个教学班。幼儿入园41人，离园35人，在园138人。园长周凌宇。

北京市通州区张家湾中心幼儿园

园址：通州区张家湾镇西定福庄丙51号

1984年建园，初名通县张家湾儿童乐园。1993年，通过了北京市农村中心园验收，达到了合格标准。1997年，通县撤乡设区更名为北京市通州区张家湾镇中心幼儿园，属集体办园。2002年，因镇城规划，幼儿园暂时周转到芳草园别墅区内，全园占用7栋别墅。2003年6月，新园落成投入使用。同年8月，顺利通过北京市分级分类验收，达到二级二类的办园标准。2010年8月，幼儿园规属区教委直属公办园，更为现名。

2010年，占地面积6129平方米，建筑面积3011平方米。专用教室2个，普通教室10个，教职工51人，其中专任教师19人，保健员3人。开设10个教学班。幼儿入园137人，离园115

人，在园 337 人。党支部书记、园长张玉玲。

北京市通州天天双语艺术幼儿园

园址：通州区潮县镇长凌营村商业广场 B 段

2008 年建园，民办园。2010 年，占地面积 3200 平方米，建筑面积 1800 平方米，户外活动场所 1400 平方米，活动室 960 平方米。教职工 20 人，其中专任教师 7 人，保健员 1 人。开设 6 个教学班。幼儿入园 38 人，离园 38 人，在园 178 人。园长程彩霞。

北京市运乔蓝天幼儿园

园址：通州区乔庄东区 2 号

2001 年建园，民办园。2010 年，占地面积 1400 平方米，建筑面积 2580 平方米，户外活动场所 420 平方米，活动室 853 平方米。图书 10000 册。教职工 50 人，其中专任教师 25 人，保健员 1 人。开设 11 个教学班。幼儿入园 143 人，离园 67 人、在园 290 人。园长毛德胜。

北京市中国人民解放军总参谋部陆航部幼儿园

园址：通州区台湖镇台湖村（中国人民解放军总参谋部陆航学院院内）

2000 年建园，其他部门办园。2010 年，占地面积 2048 平方米，建筑面积 1226 平方米，户外活动场所 1435 平方米，活动室 235 平方米。图书 3500 册。教职工 17 人，其中专任教师 12 人，保健员 1 人。开设 4 个教学班。幼儿入园 23 人，离园 3 人，在园 98 人。园长封婧。

北京武夷大地幼儿园

园址：通州区通胡大街 68 号

2005 年建园，民办园。2010 年，占地面积 3100 平方米，建筑面积 2185 平方米，户外活动场所 915 平方米，活动室 785 平方米。图书 500 册。教职工 33 人，其中专任教师 16 人，保健员 1 人。开设 7 个教学班。幼儿入园 40 人，离园 38 人，在园 230 人。园长李淑媛。

中国科学院印刷厂幼儿园

园址：中国科学院印刷厂院内

2001 年建园，民办园。2010 年，占地面积 1548 平方米，建筑面积 638 平方米，户外活动场所 910 平方米，活动室 260 平方米。图书 1200 册。教职工 17 人，其中专任教师 8 人，保健员 4 人。开设 4 个教学班。幼儿入园 32 人，离园 28 人，在园 132 人。园长张君。

表 54　　2010 年通州区幼儿园一览表

序号	幼儿园名称	建园时间	举办者
1	北京市通州区大杜社中心幼儿园	1986 年	教育部门办
2	北京市通州区漷县中心幼儿园	2009 年	教育部门办
3	北京市通州区教工幼儿园	1976 年	教育部门办
4	北京市通州区马驹桥中心幼儿园	1986 年	教育部门办
5	北京市通州区民族幼儿园	1983 年	教育部门办
6	北京市通州区牛堡屯中心幼儿园	1985 年	教育部门办
7	北京市通州区如意中心幼儿园	1973 年	教育部门办
8	北京市通州区西集中心幼儿园	2010 年	教育部门办
9	北京市通州区新城东里幼儿园	1983 年	教育部门办
10	北京市通州区新通幼儿园	2010 年	教育部门办
11	北京市通州区幼儿园	1949 年	教育部门办
12	北京市通州区张家湾中心幼儿园	1984 年	教育部门办
13	北京市中国人民解放军总参谋部陆航部幼儿园	2000 年	其他部门办
14	北京市通州区漷县镇北寺二园	2003 年	集体办
15	北京市通州区漷县镇北寺一园	2003 年	集体办
16	北京市通州区漷县镇曹庄幼儿园	2003 年	集体办
17	北京市通州区漷县镇靛庄幼儿园	1998 年	集体办
18	北京市通州区漷县镇东鲁村一园	2000 年	集体办

续表 54

序号	幼儿园名称	建园时间	举办者
19	北京市通州区漷县镇东鲁二园	2000 年	集体办
20	北京市通州区漷县镇高庄幼儿园	1999 年	集体办
21	北京市通州区漷县镇侯黄庄幼儿园	2004 年	集体办
22	北京市通州区漷县镇漷县二园	2004 年	集体办
23	北京市通州区漷县镇马头幼儿园	2002 年	集体办
24	北京市通州区漷县镇觅子店幼儿园	1999 年	集体办
25	北京市通州区漷县镇吴营幼儿园	2003 年	集体办
26	北京市通州区漷县镇西黄垡幼儿园	2001 年	集体办
27	北京市通州区漷县镇小屯幼儿园	2005 年	集体办
28	北京市通州区梨园地区扬洼幼儿园	1999 年	集体办
29	北京市通州区梨园地区中心幼儿园	2007 年	集体办
30	北京市通州区梨园镇大稿村幼儿园	1992 年	集体办
31	北京市通州区潞城镇宝宝乐幼儿园	2007 年	集体办
32	北京市通州区潞城镇郝家府幼儿园	2006 年	集体办
33	北京市通州区潞城镇武窑幼儿园	2003 年	集体办
34	北京市通州区潞城镇中心幼儿园	1982 年	集体办
35	北京市通州区宋庄镇大邓幼儿园	2003 年	集体办
36	北京市通州区宋庄镇葛渠幼儿园	2002 年	集体办
37	北京市通州区宋庄镇沟渠庄幼儿园	2001 年	集体办
38	北京市通州区宋庄镇任庄幼儿园	2003 年	集体办
39	北京市通州区宋庄镇邢各庄幼儿园	2001 年	集体办
40	北京市通州区宋庄镇徐辛庄中心幼儿园	1997 年	集体办
41	北京市通州区宋庄镇尹各庄幼儿园	2002 年	集体办
42	北京市通州区宋庄镇寨辛庄幼儿园	2004 年	集体办
43	北京市通州区宋庄镇中心幼儿园	1987 年	集体办
44	北京市通州区台湖镇中心幼儿园	1992 年	集体办
45	北京市通州区永顺镇小潞邑幼儿园	2003 年	集体办
46	通州区漷县镇黄厂铺幼儿园	1999 年	集体办
47	北京市通州区东方幼儿园	2000 年	民办
48	北京市通州区东旭英华双语艺术幼儿园	2009 年	民办
49	北京市通州区芬芳幼儿园	2006 年	民办
50	北京市通州区哈佛摇篮幼儿园	2005 年	民办
51	北京市通州区翰林华馨幼儿园	2004 年	民办
52	北京市通州区龙旺庄双语艺术幼儿园	2005 年	民办
53	北京市通州区启智贝尔幼儿园	2007 年	民办
54	北京市通州区情智幼儿园	2001 年	民办
55	北京市通州区淘乐思艺术幼儿园	2009 年	民办
56	北京市通州区天使宝宝双语艺术幼儿园	2003 年	民办
57	北京市通州区童心幼儿园	2009 年	民办
58	北京市通州区小海豚双语艺术幼儿园	2008 年	民办
59	北京市通州区小脚丫幼儿园	2005 年	民办
60	北京市通州区新苗幼儿园	2004 年	民办
61	北京市通州区星河幼儿园	2006 年	民办
62	北京市通州区玉桥街道运河幼儿园	2001 年	民办
63	北京市通州区玉桥幼儿园	2003 年	民办

续表 54

序号	幼儿园名称	建园时间	举办者
64	北京市通州区运河宝宝双语艺术幼儿园	2007 年	民办
65	北京市通州天天双语艺术幼儿园	2008 年	民办
66	北京市运乔蓝天幼儿园	2001 年	民办
67	北京武夷大地幼儿园	2005 年	民办
68	中国科学院印刷厂幼儿园	2001 年	民办
69	北京七色光艺术幼儿园	2001 年	民办
70	北京市双鹿艺术幼儿园	2000 年	民办
71	北京市通州区贝乐康双语艺术幼儿园	2003 年	民办
72	北京市通州区春蕾双语艺术幼儿园	2003 年	民办

小学

北京教育科学研究院通州区第一实验小学

校址：通州区梨园镇刘老村

1951 年建村办初级小学，1967 年改称通县梨园乡九棵树小学。1997 年，学校更名为通州区梨园乡九棵树小学。2003 年 10 月 23 日，改组为北京教育科学研究院通州区第一实验小学。2010 年，学校占地面积 15800 平方米，建筑面积 6667 平方米，体育场面积 3000 平方米。图书馆藏书 16951 册。普通教室 32 个，专用教室 12 个。教职工 92 人，其中专任教师 83 人；北京市骨干教师 3 人。开设教学班 30 个。毕业 167 人，招生 241 人，在校生 1317 人。党支部书记、校长陈金香。

北京市史家小学通州分校

校址：通州区玉桥东路东小区 A1 区

2009 年 9 月 1 日建校。学校工程 2008 年 3 月动工，2009 年 7 月竣工，办学规模 48 个教学班，可容纳 2000 余名学生就读。学校是通州区办学标准最优小学之一。2010 年，学校占地面积 40049 平方米，建筑面积 30629 平方米，体育场面积 11583 平方米。图书馆藏书 15103 册。普通教室 18 个，专用教室 9 个。教职工 51 人，其中专任教师 42 人；高级职称教师 1 人，北京市骨干教师 2 人。开设教学班 18 个。招生 382 人，在校生 648 人。党支部书记、校长李文凤。

北京市通州区北苑学校

校址：通州区北苑杨富店 104 号

1957 年建校。1996 年西关小学并入。2001 年 8 月，小学部停止招生。2006 年 6 月，小学部恢复招生，中学部停招。2007 年 1 月，北机小学在编人员正式归属北苑学校，属小学人事编制。2009 年 9 月，撤销中学部。2010 年 6—8 月，整体加固 3370 平方米教学楼。2010 年，学校占地面积 8671 平方米，建筑面积 6130 平方米，体育场面积 3600 平方米。图书馆藏书 15854 册。普通教室 14 个，专用教室 12 个。教职工 46 人，其中专任教师 33 人；高级职称教师 2 人。开设教学班 14 个。招生 118 人，在校生 457 人。党支部书记、校长黄春生。

北京市通州区东方小学

校址：通州区西顺城街甲 32 号

1982 年建校，名为通县新城东里小学，1985 年更名为通县东方小学。1997 年，通县撤县设区，学校更现名。2003 年 3 月，通州区公园下坡小学并入，合并后分东西校区。2010 年，学校占地面积 15681 平方米，建筑面积 12568 平方米，体育场面积 8382 平方米。图书馆藏书 25267 册。普通教室 48 个，专用教室 12 个。教职工 144 人，其中专任教师 121 人，北京市骨干教师 3 人。开设教学班 48 个。毕业 301 人、招生 330 人、在校生 2071 人。党支部书记、校长何永彤。

北京市通州区东关小学

校址：通州区顾家坡1号

前身为1905年建校的通州东关初等小学堂，1958年更名为通县东关小学。1997年，通县撤县设区学校更现名。2001年10月，学校安装土暖气。2010年7月，整理学校200平方米操场并在甬路上铺方砖。2010年，学校占地面积8389平方米，建筑面积1820平方米，体育场面积2925平方米。普通教室15个，专用教室3个。教职工52人，其中专任教师45人；高级职称教师1人。开设教学班13个。毕业56人，招生57人，在校生378人。党支部书记、校长崔洪伟。

北京市通州区贡院小学

校址：通州区芙蓉路300号

1903年建校，名为京兆女子师范学校附属小学。1969年，更名为通县贡院小学。1997年，通县撤县设区，学校更现名。2000年8月，靳家胡同小学并入。2010年5月，北关小学并入。学校因新城规划，原址2009年拆除，借北京小学通州分校校址办学。2010年，图书馆藏书29536册。普通教室20个，专用教室6个。教职工95人，其中专任教师86人。开设教学班26个。毕业188人，在校生691人。党支部书记、校长邓敬如。

北京市通州区古城小学

校址：通州区潞城镇古城村

2008年建校，民办小学。2010年，学校占地面积6100平方米，建筑面积2800平方米，体育场面积3100平方米。教职工42人，其中专任教师33人。开设教学班15个。毕业56人，招生197人，在校生766人。校长左增仁。

北京市通州区官园小学

校址：通州区新仓路29号

1986年建南仓小学分校。1987年，改称北京市通县官园小学。1997年，通县撤县设区，学校更现名。2002年，官园小学被中央教育科学研究所批准为全国教育科学"十五"计划"整体构建学校德育体系的深化研究与推广实验"重点课题实验校。2010年，学校占地面积4886平方米，建筑面积5874平方米，体育场面积1500平方米。图书馆藏书33449册。普通教室29个，专用教室10个。教职工90人，其中专任教师86人；高级职称教师2人，北京市骨干教师3人。开设教学班29个。毕业242人，招生168人、在校生1184人。党支部书记、校长赵昆山。

北京市通州区红星小学

校址：通州区马驹桥镇二街村15号

2005年建校，民办小学。2010年，学校占地面积7000平方米，建筑面积1000平方米，体育场面积4000平方米。图书馆藏书1500册。教职工43人，其中专任教师35人。开设教学班17个。毕业112人，招生218人，在校生964人。校长张晓梅。

北京市通州区后南仓小学

校址：通州区新仓路53号

1903年建校，初为美国基督教会办端蒙小学堂。1960年，更名为通县后南仓小学。1997年，通县撤县设区，学校更现名。2002年始，学校建立小生物馆并编写的校本课程教材《七彩课堂》。1995年后，学校相继获全国教育系统示范学校、全国教育系统先进单位等称号。

2010年，学校占地面积7003平方米，建筑面积5835平方米，体育场面积3201平方米。图书馆藏书28128册。普通教室32个，专用教室10个。教职工113人，其中专任教师108人；高级职称教师3人，北京市骨干教师3人。开设教学班31个。毕业266人，招生208人，在校生1399人。党支部书记、校长肖金茹。

北京市通州区漷县镇中心小学

校址：通州区漷县镇漷县村

1921年建县立漷潞高等小学校。1949年称漷县小学。1978年，更名为漷县中心小学。1990年，改称北京市通县漷县镇中心小学。1993年8月，学校整体迁入原北京市通县漷县中学旧址，同时南阳小学、榆林庄小学和长陵营小学并入。1997年，通县撤县设区，学校更现名。2000 年 8 月，马务小学并入。2001 年 8 月迁入现址。2002 年 9 月，经区教委批准学校开办幼儿园和寄宿制学校。2005 年，学校寄宿生搬入寄宿公寓楼。2007 年 3 月，被评为“中华古诗文经典诵读工程特色校”和全国教育系统先进单位。

2010 年，中心小学辖管通州区靛庄小学、通州区草厂小学、通州区马头小学、通州区黄厂铺小学、通州区觅子店小学、通州区东定安小学、通州区张庄小学、通州区曹庄小学 8 所小学，总教学班 85 个，在校生 2260 人，教职工 236 人。中心小学本校占地面积 21206 平方米，建筑面积 7462 平方米，体育场面积 6176 平方米。图书馆藏书 26650 册。普通教室 18 个、专用教室 9 个。教职工 72 人，其中专任教师 49 人；高级职称教师 2 人，北京市骨干教师 2 人。开设教学班 20 个。毕业 105 人，招生 121 人，在校生 661 人。党支部书记、校长冯玉海。

北京市通州区梨园镇中心小学

校址：通州区梨园镇群芳园小区东

1937 年建村办初级小学。1949 年改为县办，1978 年，改称通县公庄小学。1992 年 8 月，通县梨园镇中心校由小街小学迁址到通县公庄小学，公庄小学校名改为“通县梨园镇中心小学”。1993 年 2 月，中心校合并东小马小学和曹元村初小，成为当时全镇最大的一所完全小学。1996 年 9 月，梨园镇中心校迁址九棵树小学，公庄小学恢复原校名。1997 年，通县撤县改区，通县公庄小学正式更名为通州区公庄小学。2002 年 5 月，通州区公庄小学新校址建成投入使用，梨园中心校再次迁址到新建成的公庄小学，并更名为“北京市通州区梨园镇中心小学”。2003 年 10 月，原隶属梨园中心校完小之一的九棵树小学被通州区教委正式划归直属小学从梨园中心校分离。

2010 年，中心小学辖管中心小学本校、通州区大稿新村小学、通州区小街小学 3 所小学，总教学班 60 个，在校生 1964 人，教职工 207 人。中心小学本校占地面积 10000 平方米，建筑面积 4816 平方米，体育场面积 4760 平方米。图书馆藏书 16576 册。普通教室 24 个，专用教室 8 个。教职工 79 人，其中专任教师 66 人。开设教学班 18 个。毕业 142 人，招生 92 人，在校生 609 人。党支部书记、校长杨东。

北京市通州区潞城镇中心小学

校址：通州区潞城镇召里村

1924 年建村办初级小学校。1949 年改为县办。1966 年，改为完全小学，称召里小学。1988 年，称通县胡各庄乡召里中心小学，同年胡各庄小学并入。1997 年，通县撤县设区，学校更名为通州区胡各庄镇中心小学。1991 年始，学校建立了劳动课专用教室，教室设置了理发、洗涤、烤制、烹饪、手工工艺等 9 间小屋，供学生兴趣小组活动。加强“劳动基地”建设，建成了有养殖、有种植、有大棚的 17 亩学农基地。加强劳动教材建设，自编《生活自理》《农家养鸡》《大白菜露天栽培技术》等教材。2001 年，成立潞城镇，学校更为现名。

2010 年，中心小学辖管中心小学本校、通州区南刘小学、通州区大营小学、北京市通州区后屯小学、通州区大东各庄小学、通州区大豆各庄小学、通州区卜落垡小学 7 所小学。中心小学本校占地面积 20667 平方米，建筑面积 2023 平方米，体育场面积 11912 平方米。图书馆藏书 5192 册。普通教室 13 个，专用教室 4 个。教职工 57 人，其中专任教师 41 人；北京市骨干教师 1 人。开设教学班 12 个。毕业 58 人，招生 81 人，在校生 438 人。党支部书记、校长刘宝长。

北京市通州区马驹桥镇中心小学

校址：通州区马驹桥镇兴华大街 9 号

1928 年建初级小学校，1949 年改称通县马驹桥中心小学。1994 年，南堤小学并入。1997 年，通县撤县设区，学校更现名。1999 年，驸马庄小学并入。2002 年，大杜社中心小学并入。2003 年，海户屯小学并入。2010 年，学校完成楼房抗震加固。至 2010 年，学校获得北京市“星星火炬奖”、北京市红领巾读书活动先进单位、北京市百所好家长学校、北京市中小学百所课间操优秀校。

2010年，中心小学辖管中心小学本校、通州区小张湾小学、通州区大杜社小学3所小学，总教学班67个，在校生2351人，教职工171人。中心小学本校占地面积34094平方米，建筑面积6865平方米，体育场面积20172平方米。图书馆藏书27874册。普通教室34个，专用教室8个。教职工94人，其中专任教师80人；高级职称教师1人。开设教学班34个。毕业162人、招生266人、在校生1232人。党支部书记、校长张宝和。

北京市通州区民族小学

校址：通州区回民胡同47号

1940年建穆光小学校。1956年改称通县民族小学。1991年，学校原址建起的教学楼，学生进入教学楼上课。1997年，通县撤县设区，学校更现名。2010年，学校占地面积4379平方米，建筑面积3544平方米，体育场面积2038平方米。图书馆藏书6690册。普通教室7个,专用教室 5个。教职工27人，其中专任教师23人；高级职称教师1人，北京市骨干教师1人。开设教学班6个。毕业27人,招生26人,在校生159人。党支部书记、校长崔淑仙。

北京市通州区明星小学

校址：通州区宋庄镇尹各庄村

2006年建校，民办小学。2010年，学校占地面积5328平方米,建筑面积1670平方米,体育场面积3000平方米。图书馆藏书2000册。教职工29人，其中专任教师21人。开设教学班15个。毕业95人，招生153人，在校生760人。校长王成栋 。

北京市通州区南关小学

校址：通州区东营后街9号

1905年建官立通州初等小学堂。1958年改名为通县南关小学。1997年，通县撤县设区，学校更现名。1991年12月，获北京市中小学电子制作比赛团体一等奖。2003年，被北京市评为课改先进单位。2004年4月，被评为北京市基础教育课程教材改革试验先进单位，2008年2月，被评为北京市语言文字工作先进单位，2010年6月，被评为北京市读书征文活动优秀单位。2010年，学校占地面积8513平方米，建筑面积3594平方米，体育场面积4800平方米。图书馆藏书19238册。普通教室19个，专用教室5个。教职工66人，其中专任教师62人。开设教学班19个。毕业133人,招生100人,在校生724人。党支部书记、校长韩华明。

北京市通州区司空分署街小学

校址：北京市通州区司空小区10号楼

1903年建官立通州小学堂，1905年改为通州高等小学堂。1949年，改为通县模范中心小学。1956年，更名为北京市通县司空分署街小学。1997年，通县撤县设区，学校更现名，同年学校楼房后棚子改建楼板平房。1988年9月，成为通县第一批马芯兰数学教材实验校。2008年9月，学校开设李式太极拳作为校本课程，指导老师史宝国获北京市优秀武术指导员称号，国家一级武术裁判。

2010年，学校占地面积6475平方米，建筑面积3544平方米，体育场面积3000平方米。图书馆藏书33796册。普通教室20个，专用教室 6个。教职工64人，其中专任教师60人。开设教学班20个。毕业127人，招生120人，在校生721人。党支部书记、校长许德胜。

北京市通州区私立博羽小学

校址：通州区台湖镇麦庄村

2001年建校，民办小学。2010年，学校占地面积3330平方米，建筑面积1075平方米，体育场面积2200平方米。图书馆藏书10000册。教职工25人,其中专任教师16人。开设教学班12个。毕业53人，招生100人，在校生412人。党支部书记、校长丛建民。

北京市通州区宋庄镇中心小学

校址：通州区宋庄镇宋庄村

前身为1946年建村办国民学校，1950年改称通县宋庄镇中心小学。1997年，通县撤县设区，学校更现名。同年，邢各庄小学并入，1998 年，六合小学并入。1998 年，该校由于宋庄中学迁址迁入原中学旧址。2004 年，白庙小学并入，2005 年疃里小学并入。

2010 年辖管中心小学本校、通州区北寺庄小学、通州区师姑庄小学、通州区翟里小学、通州区双埠头小学、通州区富豪小学、通州区徐辛庄小学、通州区葛渠小学 8 所小学，总教学班 83 个，在校生 2833 人，教职工 217 名。中心小学本校占地面积 48180 平方米，建筑面积 5294 平方米，体育场面积 21011 平方米。图书馆藏书 25089 册。普通教室 23 个，专用教室 7 个。教职工 72 人，其中专任教师 47 人。开设教学班 18 个。毕业 153 人，招生 151 人，在校生 823 人。党支部书记、校长武志松。

北京市通州区台湖镇培彦学校

校址：通州区台湖镇东石村

2006 年建校，民办小学。2010 年，学校占地面积 1200 平方米，建筑面积 847 平方米，体育场面积 500 平方米。图书馆藏书 1000 册。教职工 15 人，其中专任教师 9 人。开设教学班 6 个。毕业 26 人，招生 58 人，在校生 256 人。校长郝寿臣。

北京市通州区台湖镇中心小学

校址：通州区台湖镇次渠村

1934 年建初级小学校。1981 年，改称北京市通县次渠镇中心小学。1993 年，北小营小学、安定营小学、永隆屯小学并入该校。1997 年，学校更名为北京市通州区次渠镇中心小学。2002 年，由于次渠镇与台湖镇合并为台湖镇，学校改名为通州区次渠小学。2007 年，学校定现名。

2010 年，中心小学辖管中心小学本校、通州区北神树小学、通州区东石小学、通州区麦庄小学 4 所小学，总教学班 79 个，在校生 2689 人，教职工 198 人。中心小学本校占地面积 7700 平方米，建筑面积 4638 平方米，体育场面积 4487 平方米。图书馆藏书 11355 册。普通教室 20 个，专用教室个。教职工 60 人，其中专任教师 46 人。开设教学班 20 个。毕业 103 人，招生 112 人，在校生 701 人。党支部书记 、校长杨建成。

北京市通州区西集镇中心小学

校址：通州区西集镇政府街 25 号

1912 年在西集镇关帝庙办初等小学堂，1917 年改为西集镇高级小学校，1932 年改称西集镇完全小学校，1949 年改称北京市通县西集中心小学。同年，协各庄小学、曹刘小学和于辛庄小学并入。1993 年林屯小学并入。1997 年，通县撤县设区学校更现名。1997 年至 2001 年间，由于学生生源逐渐减少，进行了小班化教学试验。2002 年至 2010 年间，和合站小学并入该校。

2010 年，中心小学辖管中心小学本校、通州区肖林小学、通州区大灰店小学、通州区新东仪小学、通州区郎府小学、通州区杜柳棵小学、通州区沙古堆小学 7 所小学。中心小学本校占地面积 20790 平方米，建筑面积 2893 平方米，体育场面积 9250 平方米。图书馆藏书 17134 册。普通教室 13 个，专用教室 5 个。教职工 50 人，其中专任教师 26 人。开设教学班 13 个。毕业 72 人，招生 62 人，在校生 380 人。党支部书记、校长胡凤岐。

北京市通州区兴顺实验小学

校址：通州区永顺镇刘庄村

2006 年建校，民办小学。2010 年，学校占地面积 14200 平方米，建筑面积 1880 平方米，体育场面积 2000 平方米。图书馆藏书 8000 册。教职工 46 人，其中专任教师 46 人。开设教学班 27 个。毕业 176 人，招生 383 人，在校生 1249 人。校长张军 。

北京市通州区艺才小学

校址：通州区马驹桥镇大葛庄 124 号

2005 年建校，民办小学。2010 年，学校占地面积 2700 平方米，建筑面积 864 平方米，体育场 面积 1836 平方米。图书馆 藏书 14000 册。教职工 19 人，其中专任教师 16 人。开设教学班 11 个。毕业 47 人，招生 120 人，在校生 507 人。党支部书记、校长刘淑荣。

北京市通州区永乐店镇中心小学

校址：通州区永乐店镇永一村

1917 年建校，1950 年定名通县永乐店乡中心小学。1997 年，通县撤县设区，学校更现名。2002 年，通州区南堤寺小学并入。2010 年 1 月，通州区东张各庄小学并入。

2010 年，中心小学辖管中心小学本校、通州区德仁务小学、通州区柴厂屯小学、通州区小务小学校 4 所小学，总教学班 51 个，在校生 1532 人，教职工 159 人。中心小学本校占地面积 21850 平方米，建筑面积 4357 平方米，体育场面积 9760 平方米。图书馆藏书 16080 册。普通教室 17 个，专用教室 6 个。教职工 63 人，其中专任教师 54 人；高级职称教师 1 人。开设教学班 17 个。毕业 102 人，招生 84 人，在校生 533 人。党支部书记、校长张启生。

北京市通州区永顺小学

校址：通州区永顺南街 75 号

1928 年建村办初级小学，1949 年改为公立永顺小学。1986 年，改称通县永顺小学。1997 年,通县撤县设区,学校更现名。2010 年,学校占地面积 5155 平方米，建筑面积 1489 平方米，体育场面积 1159 平方米。图书馆藏书 12650 册。普通教室 12 个、专用教室 3 个。教职工 40 人，其中专任教师 39 人；高级职称教师 1 人，北京市骨干教师 1 人，北京市学科教学带头人 1 人。开设教学班 13 个。毕业 77 人，招生 74 人，在校生 472 人。党支部书记、校长谢希红。

北京市通州区永顺镇中心小学

校址：通州区永顺镇杨庄村

前身为 1905 年建校的黄瓜园村初等小学堂，1912 年称黄瓜园国民学校。1958 年，与红果园初小合并。1963 年，迁至杨庄村改为完全小学。1975 年，改称通县城关镇中心小学，同年 12 月，学校被教育局评为教育质量综合评价一类校。1993 年 11 月，城关中心校科技种植实验获市生物百项评比集体三等奖。1997 年，学校更名为北京市通州区城关镇中心小学。1998 年 5 月，被市教委评为科学技术普及工作先进校。2001 年 9 月，城关镇更名永顺镇，学校定现名。2007 年 11 月 7 日，学校与芳草地小学结成了手拉手校。2006 年 4 月，获北京市“中华美德教育行动”示范校 ，2008 年 12 月，获市“北京市中小学艺术教育特色学校”等荣誉称号。

2010 年，中心小学辖管中心小学本校、通州区西马庄小学、通州区乔庄小学、通州区发电厂小学、通州区龙旺庄小学、通州区焦王庄小学、通州区范庄小学 7 所小学，总教学班 89 个,在校生 2523 人,教职工 192 人。中心小学本校占地面积 18360 平方米，建筑面积 3312 平方米,体育场面积 10465 平方米。图书馆藏书 17741 册。普通教室 16 个，专用教室 8 个。教职工 50 人,其中专任教师 43 人；高级职称教师 15 人。开设教学班 16 个。毕业 57 人，招生 91 人，在校生 465 人。党支部书记、校长黄玉刚。

北京市通州区于家务乡中心小学

校址：通州区于家务乡于家务村

1935 年建村办初级小学校，1953 年改名为于家务民族初级小学。1991 年，该校更名为通县于家务小学。1997 年，通县撤县设区，学校更现名。1998 年，大耕垡小学、神仙小学、南仪阁小学并入。2001 年，东马各庄小学、西马房小学、果村小学并入。2003 年，王各庄小学并入。2004 年，枣林小学并入。2005 年，建设综合楼。2006 年，北辛店小学并入。

2010 年，中心小学辖管中心小学本校、通州区渠头小学、通州区西垡小学 3 所小学，总教学班 38 个,在校生 987 人,教职工 94 人。中心小学本校占地面积 18589 平方米，平方米，体育场面积 9016 平方米。图书馆藏书 15738 册。普通教室 18 个，专用教室 6 个。教职工 50 人，其中专任教师 41 人。开设教学班 21 个。毕业 87 人，招生 117 人，在校生 573 人。党支部书记、校长李德芳。

北京市通州区玉桥小学

校址：通州区玉桥东路 1 号

1995 年建校，称通县玉桥小学。有 12 个教学班，2个专业教室，拥有46名教职工。1997年，通县撤县设区，学校更现名。2010年，学校占地面积8804平方米，建筑面积4336平方米，体育场面积4000平方米。图书馆藏书20079册。普通教室19个，专用教室4个。教职工69人，其中专任教师54人，北京市骨干教师1人。本科及以上学历57人。开设教学班19个。毕业189人，招生108人，在校生796人。党支部书记、校长李涛。

北京市通州区运河小学

校址：通州区运河西大街246号

1989年建校，称通县运河小学。1997年，通县撤县改区，学校更现名。2007年1月1日，北京市核工业化工冶金研究院子弟学校并入该校，学校一校两址办学。2009年，学校分别开发《巧手创艺》《走进美术世界》《国粹京剧》等校本课程，成立管乐团、葫芦丝乐团、十字绣等多个校级兴趣小组。1999年，被评为“北京市教育科学研究先进学校”。2003年，被评为“北京市基础教育课程教材改革实验先进单位”。2010年，获得“北京市中小学科技英语创意大赛团体一等奖”。

2010年，学校占地面积21264平方米，建筑面积9145平方米，体育场面积8615平方米。图书馆藏书44000册。普通教室41个，专用教室14个。教职工126人，其中专任教师120人；高级职称教师1人，北京市骨干教师4人。开设教学班38个。毕业280人，招生241人，在校生1769人。党支部书记、校长张兆红。

北京市通州区张家湾镇中心小学

校址：通州区张家湾镇新镇

1906年建张家湾初级小学堂，校址在本村关帝庙。1914年，改称张家湾镇国民学校。1990年，改称通县张家湾镇中心小学。1997年，通县撤县设区，学校更现名。同年土桥小学和西定小学并入。1998年7月大辛庄小学并入。2001年8月，大高力小学并入。2006年8月，齐善庄小学、上马头小学和梁各庄小学并入。2010年，通过小学规范化办学验收。

2010年，中心小学辖管中心小学本校、通州区张湾村民族小学、通州区张湾镇民族小学、通州区枣林庄民族小学、通州区上店小学、通州区张辛庄小学6所小学，总教学班90个，在校生3032人，教职工252人。中心小学本校占地面积20000平方米，建筑面积6028平方米，体育场面积9338平方米。图书馆 藏书21885册。普通教室28个，专用教室8个。教职工79人，其中专任教师57人。开设教学班19个。毕业116人，招生152人，在校生721人。党支部书记、校长杜士峰。

北京市通州区中山街小学

校址：通州区新华西街16号

1912年建京兆师范学校附属小学校。此后，经河北省立通县师范学校附属小学、北京市通县师范第一附属小学等阶段。1969年，更名为通县中山街小学。1997年，通县撤县设区，更现名。1991—2010年，学校先后获少先大队全国红旗大队、北京市教育科研先进学校、北京市基础教育课程教材改革先进单位、北京市三八红旗集体、全国“十一五”教育科研先进单位等荣誉称号。

2010年，学校占地面积7048平方米，建筑面积5760平方米，体育场面积1400平方米。图书馆藏书32983册。普通教室26个，专用教室15个。教职工83人，其中专任教师80人；高级职称教师1人，北京市骨干教师5人。开设教学班26个。毕业189人，招生164人，在校生1143人。党支部书记、校长闫海霞。

北京小学通州分校

校址：通州区芙蓉路300号

2010年9月1日建校，办学规模36个教学班。2010年，学校占地面积22343平方米，建筑面积19000平方米，体育场面积6106平方米。图书馆藏书15046册。普通教室36个，专用教室7个。教职工23人，其中专任教师16人；高级职称教师6人，北京市骨干教师1人。开设教学班18个。毕业0人，招生146人，在校生146人。党支部书记、校长刘卫红。

表 55　　2010 年通州区小学一览表

序号	学校名称	建校时间	举办者
1	北京教育科学研究院通州区第一实验小学	1951 年	教育部门和集体办
2	北京市史家小学通州分校	2009 年	教育部门和集体办
3	北京市通州区北神树小学	1938 年	教育部门和集体办
4	北京市通州区北寺庄小学	1926 年	教育部门和集体办
5	北京市通州区北苑小学	1957 年	教育部门和集体办
6	北京市通州区卜落垡小学	1911 年	教育部门和集体办
7	北京市通州区曹庄小学	1931 年	教育部门和集体办
8	北京市通州区草厂小学	1940 年	教育部门和集体办
9	北京市通州区柴厂屯小学	1943 年	教育部门和集体办
10	北京市通州区大东小学	1921 年	教育部门和集体办
11	北京市通州区大豆小学	1921 年	教育部门和集体办
12	北京市通州区大杜社小学	1940 年	教育部门和集体办
13	北京市通州区大稿村小学	1921 年	教育部门和集体办
14	北京市通州区大灰店小学	1950 年	教育部门和集体办
15	北京市通州区大营小学	1928 年	教育部门和集体办
16	北京市通州区德仁务小学	1936 年	教育部门和集体办
17	北京市通州区翟里小学	1919 年	教育部门和集体办
18	北京市通州区靛庄小学	1920 年	教育部门和集体办
19	北京市通州区东定安小学	1930 年	教育部门和集体办
20	北京市通州区东方小学	1982 年	教育部门和集体办
21	北京市通州区东关小学	1905 年	教育部门和集体办
22	北京市通州区东石小学	1943 年	教育部门和集体办
23	北京市通州区杜柳棵小学	1923 年	教育部门和集体办
24	北京市通州区发电厂小学	1946 年	教育部门和集体办
25	北京市通州区范庄小学	1920 年	教育部门和集体办
26	北京市通州区富豪小学	1910 年	教育部门和集体办
27	北京市通州区葛渠小学	1936 年	教育部门和集体办
28	北京市通州区贡院小学	1922 年	教育部门和集体办
29	北京市通州区官园小学	1986 年	教育部门和集体办
30	北京市通州区后南仓小学	1903 年	教育部门和集体办
31	北京市通州区后屯小学	1921 年	教育部门和集体办
32	北京市通州区黄厂铺小学	1940 年	教育部门和集体办
33	北京市通州区漷县镇中心小学	1921 年	教育部门和集体办
34	北京市通州区焦王庄小学	1926 年	教育部门和集体办
35	北京市通州区郎府小学	1911 年	教育部门和集体办
36	北京市通州区梨园镇中心小学	1937 年	教育部门和集体办
37	北京市通州区龙旺庄小学	1947 年	教育部门和集体办
38	北京市通州区潞城镇中心小学	1924 年	教育部门和集体办
39	北京市通州区马驹桥镇中心小学	1928 年	教育部门和集体办
40	北京市通州区马头小学	1923 年	教育部门和集体办
41	北京市通州区麦庄小学	1932 年	教育部门和集体办
42	北京市通州区觅子店小学	1937 年	教育部门和集体办
43	北京市通州区民族小学	1940 年	教育部门和集体办

续表 55

序号	学校名称	建校时间	举办者
44	北京市通州区南关小学	1905 年	教育部门和集体办
45	北京市通州区南刘小学	1927 年	教育部门和集体办
46	北京市通州区乔庄小学	1941 年	教育部门和集体办
47	北京市通州区沙古堆小学	1916 年	教育部门和集体办
48	北京市通州区上店小学	1915 年	教育部门和集体办
49	北京市通州区师姑庄小学	1937 年	教育部门和集体办
50	北京市通州区双埠头小学	1924	教育部门和集体办
51	北京市通州区司空分署街小学	1903 年	教育部门和集体办
52	北京市通州区宋庄镇中心小学	1946 年	教育部门和集体办
53	北京市通州区台湖镇中心小学	1934 年	教育部门和集体办
54	北京市通州区西垡小学	1947 年	教育部门和集体办
55	北京市通州区西集镇中心小学	1912 年	教育部门和集体办
56	北京市通州区西马庄小学	1949 年	教育部门和集体办
57	北京市通州区小街小学	1919 年	教育部门和集体办
58	北京市通州区小务小学	1915 年	教育部门和集体办
59	北京市通州区小张湾小学	1940 年	教育部门和集体办
60	北京市通州区肖林小学	1927 年	教育部门和集体办
61	北京市通州区新东仪小学	1910 年	教育部门和集体办
62	北京市通州区徐辛庄小学	1934 年	教育部门和集体办
63	北京市通州区永乐店镇中心小学	1929 年	教育部门和集体办
64	北京市通州区永顺镇中心小学	1928 年	教育部门和集体办
65	北京市通州区永顺镇中心小学	1905 年	教育部门和集体办
66	北京市通州区于家务乡渠头小学	1932 年	教育部门和集体办
67	北京市通州区于家务乡中心小学	1935 年	教育部门和集体办
68	北京市通州区于家务乡中心小学	1935 年	教育部门和集体办
69	北京市通州区玉桥小学	1989 年	教育部门和集体办
70	北京市通州区运河小学	1989 年	教育部门和集体办
71	北京市通州区枣林庄民族小学	1910 年	教育部门和集体办
72	北京市通州区张家湾镇中心小学	1906 年	教育部门和集体办
73	北京市通州区张湾镇民族小学	1940 年	教育部门和集体办
74	北京市通州区张辛庄小学	1912 年	教育部门和集体办
75	北京市通州区张庄小学	1927 年	教育部门和集体办
76	北京市通州区中山街小学	1912 年	教育部门和集体办
77	北京小学通州分校	2010 年	教育部门和集体办
78	通州区张家湾镇张湾村民族小学	1906 年	教育部门和集体办
79	北京探矿机械厂子弟小学	1963 年	其他部门办
80	北京市通州区古城小学	2008 年	民办
81	北京市通州区红星小学	2005 年	民办
82	北京市通州区明星小学	2006 年	民办
83	北京市通州区私立博羽小学	2001 年	民办
84	北京市通州区台湖镇培彦学校	2006 年	民办
85	北京市通州区兴顺实验小学	2006 年	民办
86	北京市通州区艺才小学	2005 年	民办

普通中学

北京潞河国际教育学园

校址：通州区玉带河西街10号

2005年1月13日建校，民办完全中学。2010年，学校占地面积9425平方米、建筑面积43850平方米，图书馆藏书3717册。开设教学班11个（初中班1个、高中班10个）。毕业29人，招生120人，在校生281人。党支部书记、校长张世义。

北京市第二中学通州分校

校址：通州区潞城镇三元村

2006年8月建校，是通州区唯一一所十二年制公立学校。高中教师以新毕业大学生为主，北京市第二中学进行指导培训。2008年，学校食堂和学生宿舍楼完工并投入使用，学校达到36个教学班，其中，小学12个，初中6个，高中18个。2009年，学校第一批初中高中毕业生毕业。2010年，学校高考取得突破，本科上线率达到41%，另18人通过美术特长的专科考试。

2010年，学校占地面积42120平方米，建筑面积23902平方米，体育场面积16360平方米。图书馆藏书30073册。普通教室36个，专用教室2个、实验室6个。教职工191人，其中专任教师118人；高级职称教师18人，特级教师1人，北京市学科教学带头人1人。开设教学班22个（小学16个、初中班5个、高中班1个），毕业366人（初中小学74人、55人、高中237人），招生420人（小学95人、初中75人、高中250人）。高中录取分数线431分（本区），应届高考本科上线率41%。校训：团结、进取、求是、创新。党支部书记、校长杜福栋。

北京市剑桥中学

校址：通州区台湖镇台湖村

民办完全中学，1993年建校。2010年，学校占地面积158746平方米、建筑面积33078平方米，体育场面积41600平方米。图书馆藏书50000册。教职工103人，其中专任教师50人。开设教学班12个（初中班3个、高中班9个），毕业59人，招生155人，在校生287人。党支部书记、校长马福龙。

北京市时代中学

校址：通州区运河西大街35号

民办完全中学，2002年2月21日建校。2010年，学校占地面积46700平方米，建筑面积44559平方米，体育场面积8621平方米。图书馆藏书45000册。教职工56人，其中专任教师24人。开设教学班9个（初中班3个、高中班6个）。毕业57人，招生58人，在校生203人。党支部书记、校长方洪泰。

北京市私立树人·瑞贝学校

校址：通州区宋庄镇小堡南区甲一号

民办十二年一贯制学校，1993年建校。2010年，学校占地面积56670平方米，建筑面积18230平方米，体育场面积1700平方米。图书馆藏书20000册。专任教师40人。开设教学班16个（中学班6个、小学10个）。毕业39人，招生53人，在校生285人。党支部书记、校长王建超。

北京市通州区北关中学

校址：通州区永顺西街62号

1958年建校，称通县北关中学，初中校。1997年9月通州撤县设区，更现名。1999年6月，通州区教育局与牛堡屯开发公司签订校舍改造协议。1999年11月26日，学校建成迁入新教学楼。2010年，学校编订《解读三字经》《论语悟道》《弟子规》等国学教材，在初中三个年级开设国学课程。2010年，学校占地面积7568平方米，建筑面积4795平方米，体育场面积3542平方米。图书馆藏书39124册。普通教室12个、专用教室4个，实验室3个。教职工57人，其中专任教师41人；高级职称教师9人。开设教学班11个。毕业135人，招生69人，在校生247人。党支部书记、校长杜泉喜。

北京市通州区柴厂屯中学

校址：通州区永乐店镇柴厂屯村

1958年建校，称通县柴厂屯中学，初

级中学。1997年，通县撤县设区，学校更现名。学校创建体育特色校。组建软式排球队、足球队，多次在区里比赛中获得第一名。学校多次荣获北京市实施《国家体育锻炼标准》先进集体称号。2010年，学校占地面积24123平方米，建筑面积6529平方米，体育场面积10250平方米。图书馆藏书25466册。普通教室8个，专用教室7个，实验室5个。教职工54人，其中专任教师38人；高级职称教师6人。开设教学班10个。毕业145人，招生81人，在校生300人。党支部书记、校长陈勇。

北京市通州区次渠中学

校址：通州区台湖镇次一村

1958年建校，名称为通县次渠中学，初级中学。1997年，通县撤县设区学校更现名。1994年、1995年完成学校新楼房一期、二期工程。1995年8月，麦庄中学并入。1996年，首批被评为通县中学规范化建设示范校。1994年、1995年，连续两学年度被通县教育局评为"全面育人办有特色"学校，成为农村中学参观展示的窗口校。1998年12月被评为普通中学规范化建设达标学校。2000年1月，被评为北京市中小学校园环境示范学校。

2010年，学校占地面积55500平方米，建筑面积13785平方米，体育场面积24600平方米。图书馆藏书25151册。普通教室23个，专用教室8个，实验室5个。教职工85人，其中专任教师59人；高级职称教师10人。开设教学班23个。毕业311人，招生258人，在校生866人。党支部书记、校长宋长林。

北京市通州区大杜社中学

校址：通州区马驹桥镇大杜社村

1974年建校，名为通县大杜社中学，初级中学。1997年，通县撤县设区，学校更现名。2003年，原农业公司的二层小楼（370平方米）划归学校，设为图书馆楼。2007年10月至2008年6月，改建大操场为塑胶操场并增加2个计算机房。2009年6月，教师马丽娟数学课《反比例函数》获得北京市第三届随班就读评优课一等奖，并被聘为北京市随班就读中学组教研员。同年10月，学校获北京市"特殊教育先进集体"称号，教师杨艳萍被评为市级先进个人。2010年，学校占地面积41940平方米，建筑面积6595平方米，体育场面积26670平方米。图书馆藏书35517册。普通教室18个，专用教室5个，实验室3个。教职工66人，其中专任教师62人；高级职称教师8人。开设教学班11个。毕业146人，招生117人，在校生393人。党支部书记、校长李竹林。

北京市通州区第二中学

校址：通州区玉带河西街28号

1904年建校，初为美国基督教传教富善慕柯创办的私立安士学道院，1926年改称私立富育女学校，后经历河北省立通县女子中学、河北省通县女子初级中学等阶段，1960年改为通县第二中学。1997年，通县撤县设区，学校更现名。

1991年，学校高三普通高中职业高中分流取得成功。1992年10月，北京市教育局授予学校"全面育人，办有特色"奖旗和10万元奖金。1997年后，学校以美育艺术教育为特色，建立近百人的"富育合唱团""管乐团"。学校组建"富育农场"，常年开展师生社会实践活动。2001年，高中教学楼建成。2002年，教学综合楼、公寓楼、食堂建成。2004年6月，体育器材室和西侧学生宿舍修建竣工。

2010年，学校占地面积33158平方米，建筑面积18628平方米，体育场（馆）面积10928平方米。图书馆藏书42709册。普通教室59个，专用教室19个，实验室8个。教职工255人，其中专任教师186人；高级职称教师55人，北京市骨干教师2人。开设教学班58个（初中班40个、高中班18个）。毕业855人（初中619人、高中人236人），招生741人（初中515人、高中226人），在校生2379人（初中1699人、高中680人）。高中录取分数线426分（本区），应届高考本科上线率50%。毕业855人，招生741人，在校生2379人。党支部书记、校长孟凡福。

北京市通州区第六中学

校址：通州区西顺城街 32 号

1972 年建校，称通县第六中学，初中校。1991 年 9 月，被认定为北京市体育传统学校（田径）。1994 年 12 月，被评为“北京市办有特色的学校”。1999 年新建试验楼 912 平方米，翻建、改造平房 648 平方米。2005 年，启动初中建设工程。2007 年，完成教学楼、实验楼屋面防水工程、旱厕改造工程。2008 年 9 月建立通州区唯一的北京市农村中小学骨干教师工作站。1991 年以来，连续 20 年获初三中考成绩区级优秀校称号。

2010 年，学校占地面积 16568 平方米，建筑面积 6848 平方米，体育场面积 9550 平方米。图书馆藏书 17438 册。普通教室 24 个，专用教室 4 个，实验室 4 个。教职工 111 人，其中专任教师 78 人；高级职称教师 20 人，北京市骨干教师 1 人，北京市学科教学带头人 1 人。开设教学班 24 个。毕业 334 人，招生 297 人，在校生 999 人。党支部书记、校长侯玉俊。

北京市通州区第三中学

校址：通州区女师胡同 3 号

1963 年由通县二中分校改建，完全中学。1992—1993 学年，建立具有海军特色的“学校军乐团”。1997 年，通县撤县设区学校更现名。1999 年 4 月，被授予市中小学校园环境示范学校称号。2001 年获得北京市少先队“金质奖章”。2006 年 4 月，被评为北京市基础教育科学研究先进学校。2007 年 5 月，被评为北京市普通高中课程改革实验市级样本校。2008 年 12 月，被评为联合国教科文组织中国可持续发展教育（ESD）项目示范学校和等。2007—2008 学年，被确定为北京市普通高中课程改革实验市级样本校。

2010 年，学校占地面积 42369 平方米，建筑面积 21719 平方米，体育场面积 12636 平方米。图书馆藏书 40784 册。普通教室 56 个，专用教室 7 个，实验室 7 个。教职工 184 人，其中专任教师 132 人；高级职称教师 32 人。开设高中教学班 37 个。毕业 533 人，招生 510 人，在校生 1515 人。高中录取分数线 426 分（本区），应届高考本科上线率 50%。校训：团结、勤奋、求实、创优。党支部书记、校长杨存义。

北京市通州区第四中学

校址：通州区新华西街 45 号

1964 年建校，称通县第四中学。1990 年，有初中 3 个年级 12 个班，职业高中 2 个班。1993 年，学校广泛开展第二课堂活动。1997 年，通县撤县设区学校更现名。同年，组建田径队、篮球队、足球队、乒乓球队。1998 年，获北京市教委“德育先进集体”称号，学校“层次目标教学法”正式向全区推广。当年在徐辛庄村设 1 亩劳动试验田，作为学生劳动训练基地。2001 年，改职业高中为普通高中。2002 年，通过北京市“普通中学规范化建设达标校”验收。2002 年，获北京市教委“普通中学规范化建设达标校”称号等。

2010 年，学校占地面积 25333 平方米，建筑面积 19074 平方米，体育场（馆）面积 8700 平方米。图书馆藏书 19783 册。普通教室 49 个，实验室 12 个。教职工 231 人，其中专任教师 174 人；高级职称教师 48 人，特级教师，北京市骨干教师 2 人。开设教学班 49 个（初中班 30 个、高中班 19 个）。毕业 602 人（初中 331 人、高中 271 人），招生 545 人（初中 277 人、高中 268 人），在校生 1733 人（初中 949 人、高中 784 人）。高中录取分数线 456 分（本区），应届高考本科上线率 56.43%。党支部书记、校长刘宝胜。

北京市通州区第一实验中学

校址：通州区马驹桥镇新海西路 88 号

1956 年建校，称通县马驹桥中学。1996 年，撤销高中，成为初级中学校。1997 年，通县撤县设区，学校更名为通州区马驹桥中学。2004 年 6 月，通州区马驹桥镇姚村中学并入。2005 年，区、镇两级政府投资 6000 多万元建成新校，更现名。2010 年，学校占地面积 56000 平方米，建筑面积 29501 平方米，体育场面积 22020 平方米。图书馆藏书 39094 册。普通教室 42 个，专用教室 6 个，实验室 12 个。教职工 105 人，其中专任教师 66 人；高级职称教师 14 人。开设教学班 24 个。毕业 260 人，招生 269 人，在校生 824 人。党支部书记、校长张本。

北京市通州区甘棠中学

校址：通州区潞城镇侉子店村

2001 年 7 月，通州区大东各庄中学和通州区小豆各庄中学合并迁址到北京市通州区甘棠乡，新建初级中学北京市通州区甘棠中学。2007 年，通过市区“初中校建设工程”验收。2008 年，学校以构建“励志教育文化田园特色农村中学”为办学目标，进行“以田园悦身心，以励志促成才”为主题的校园建设，确定“博学笃志、见贤思齐”的励志教育主旨和“厚德、尚真、博学、善教”教风及“厚德、博学、进取”校训。2010 年，学校占地面积 62400 平方米，建筑面积 7657 平方米，体育场面积 21347 平方米。图书馆藏书 15119 册。普通教室 22 个，专用教室 8 个，实验室 7 个。教职工 62 人，其中专任教师 42 人；高级职称教师 10 人，北京市骨干教师 1 人。开设教学班 10 个。毕业 125 人，招生 99 人，在校生 307 人。党支部书记、校长陈长宝。

北京市通州区侯黄庄中学

校址：通州区漷县镇侯黄庄村

1968 年建校，称通县侯黄庄中学，初中校。1997 年，通县撤县设区，学校更现名。1998 年，学校基本完成校园地面硬化；2004 年，翻建学校办公用房，改建教师宿舍、食堂、浴室等；2010 年，翻建学校。2010 年，学校占地面积 29072 平方米，建筑面积 4739 平方米，体育场面积 12300 平方米。图书馆藏书 21095 册。普通教室 16 个，专用教室 13 个，实验室 7 个。教职工 39 人，其中专任教师 29 人；高级职称教师 4 人。开设教学班 6 个。毕业 69 人，招生 44 人，在校生 154 人。党支部书记、校长常绍贵。

北京市通州区胡各庄中学

校址：通州区潞城镇胡各庄村

1958 年建校，名为通县胡各庄中学，普通农村初中校。1997 年，通县撤县设区，学校更为现名。自 1991 年以来，学校注重集体项目体育运动的发展，参加全区（县）中小学生冬季长跑比赛连续多年获奖。2010 年，学校占地面积 16448 平方米，建筑面积 2911 平方米，体育场面积 9444 平方米。图书馆藏书 22169 册。普通教室 9 个，专用教室 6 个，实验室 4 个。教职工 45 人，其中专任教师 28 人；高级职称教师 7 人，北京市骨干教师 1 人。开设教学班 7 个。毕业 62 人，招生 94 人，在校生 191 人。党支部书记、校长史福春。

北京市通州区漷县中学

校址：通州区漷县镇漷兴一街

1958 年建校，称通县漷县中学，初中校。1993 年 9 月，马头中学并入。1997 年，通县撤县设区，学校更现名。2005 年，学校被通州区教委确定为首批初中建设工程校，市投入 332 万元，区投入 321 万元，镇投入 285 万元。2009 年，被评为“北京市初中建设工程先进校”。

2010 年，学校占地面积 43876 平方米，建筑面积 9570 平方米，体育场面积 20808 平方米。图书馆藏书 25023 册。普通教室 24 个，专用教室 6 个，实验室 7 个。教职工 100 人，其中专任教师 91 人；高级职称教师 11 人。开设初中教学班 20 个。毕业 212 人，招生 179 人，在校生 600 人。党支部书记、校长周立军。

北京市通州区郎府中学

校址：通州区西集镇郎东村

1958 年建校，称通县郎府中学，初中校。同年 8 月，杜柳棵中学并入。1997 年，通县撤县设区学校更现名。2010 年，实施校安工程，翻建、抗震加固 6763 平方米。2010 年，学校占地面积 55874 平方米，建筑面积 7336 平方米，体育场面积 22000 平方米。图书馆藏书 23034 册。普通教室 11 个，专用教室 9 个，实验室 4 个。教职工 63 人，其中专任教师 35 人；高级职称教师 9 人。开设教学班 11 个。毕业 125 人，招生 88 人，在校生 320 人。党支部书记、校长田连启。

北京市通州区梨园中学

校址：通州区梨园镇公庄村

1975 年建校，称通县梨园中学，初中校。1992 年 8 月，通县大稿村中学并入。1993 年

9月，学校搬迁至现址。1997年，通县撤县设区，学校更现名。学校重视体育、艺术教育，被区教委评为注重特色发展成效显著学校。2010年，学校占地面积36402平方米，建筑面积8905平方米，体育场面积23188平方米。图书馆藏书15083册。普通教室24个，专用教室11个，实验室6个。教职工80人，其中专任教师53人；高级职称教师13人。开设教学班15个，毕业130人，招生148人，在校生415人。党支部书记、校长张士东。

北京市通州区立华学校

校址：通州区梨园镇高楼金村

民办九年一贯制学校，2008年建校。2010年，学校占地面积6230平方米，建筑面积5545平方米，体育场面积3000平方米。图书馆藏书10000册。教职工65人，其中专任教师58人。开设教学班33个。毕业185人，招生383人，在校生1524人。党支部书记、校长徐永一。

北京市通州区龙旺庄中学

校址：通州区永顺镇小潞邑村

1958年建校，称通县龙旺庄中学，初中校。1997年，通县撤县设区，学校更现名。1991年10月，学校获北京市教育局颁发的“办好初中成绩显著”称号。1994年至1999年连续获得通县（通州区）教育局“教育质量综合评估先进校”称号。2002年，获得市普通中学规范化建设达标学校称号。2010年，学校占地面积56900平方米，建筑面积22171平方米，体育场面积29243平方米。图书馆藏书45859册。普通教室32个，专用教室18个，实验室个。教职工65人，其中专任教师43人；高级职称教师8人。开设教学班11个。毕业102人，招生114人，在校生292人。党支部书记、校长高文柱。

北京市通州区潞河中学

校址：通州区新华南路135号

1867年建校。初为美国基督教公理会建于通州城北的潞河男塾。至1889年，学校已发展为包括小学、中学、大学和一所神学院（八境神学院）在内的教育机构，名为潞河书院，后又先后更名为协和书院、华北协和大学，1918年，中学部始称私立潞河中学校。1951年，由人民政府接管成为公立完全中学，此后经历了河北省通县中学校、河北省通县一中、北京市通县一中等阶段。1987年，经区政府批准学校恢复潞河中学校名。1998年9月，初中部停止招生，分三年取消初中部建制。2000年9月，潞河中学成为高中校，同年，举办潞河实验中学（体制改革试点校）。2007年9月，北京潞河实验中学停止招生，初中部恢复招生，潞河中学恢复公立完全中学建制。

1991至2010年期间，学校受国家、市、区级奖励600余次，主要有全国群众体育先进单位、全国中小学现代教育技术实验学校、北京市民族团结教育示范校等。2000年7月，承办内地新疆高中班。2000年12月，成为北京市首批示范高中。十年中，学校先后与英国、澳大利亚、新西兰、美国、日本、韩国等多个国家签订了友好学校协议。2010年，学校占地面积227223平方米，建筑面积91690平方米，体育场 面积23400平方米。图书馆藏书140012册。普通教室69个，专用实验室25个。教职工378人，其中专任教师295人；高级职称教师140人，特级教师11人，北京市骨干教师20人，北京市学科教学带头人6人。开设教学班69个（初中班24个、高中班45个）。毕业899人（初中292人、高中607人），招生1058人（初中320人、高中738人），在校生2891人（初中935人、高中1956人）。高中录取分数线510分（本区），应届高考本科上线率99.7%。党支部书记、校长徐华。

北京市通州区潞河中学分校

校址：通州区张家湾镇工业开发区广源西街8号

1956年建校，称通县张家湾中学。1997年，通县撤县改区，学校更名为北京市通州区张家湾中学。2005年，学校迁至镇政府大街西侧，通州区里二泗中学并入。同时，学校更为现名。2010年，学校占地面积93375平方米，建筑面积33112平方米，体育场面积20735平方米。图书馆藏书72372册。普通教室48个，专用教室3个，实验室9个。

教职工 218 人，其中专任教师 160 人；高级职称教师 30 人，北京市骨干教师 1 人。开设教学班 41 个（初中班 20 个、高中班 21 个）。毕业 530 人（初中 272 人、高中 258 人），招生 492 人（初中 239 人、高中 253 人），在校生 1518 人（初中 732 人、高中 786 人）。高中录取分数线 397 分（本区），应届高考本科上线率 11%。党支部书记、校长高原。

北京市通州区潞州中学

校址：通州区宋庄镇徐辛庄村

1956 年建校，称通县草寺中学，初中校。1993 年，尹各庄中学并入。1997 年，通县撤县设区，学校更名为通州区草寺中学。1999 年，被评为北京市规范学校。2002 年，迁新校迁址并更现名。2003 年，通州区教委决定在该校开设高中班。2005 年 7 月，翟里中学并入；12 月，经市教委批准成立潞州中学国际部。2010 年，学校占地面积 73992 平方米，建筑面积 26600 平方米，体育场面积 38057 平方米。图书馆藏书 37425 册。普通教室 42 个、专用教室 9 个，实验室 9 个。教职工 235 人，其中专任教师 165 人；高级职称教师 50 人，北京市骨干教师 1 人，北京市学科教学带头人 1 人。开设教学班 44 个（初中 20 个、高中 24 个）。毕业 624 人（初中 290 人、高中 334 人），招生 605 人（初中 296 人、高中 309 人），在校生 1567 人（初中 627 人、高中 940 人）。党支部书记、校长王德华。

北京市通州区陆辛庄学校

校址：通州区张家湾镇陆辛庄村

1958 年建校，称通县陆辛庄中学。1997 年，更名为北京市通州区陆辛庄中学。2001 年 8 月，南火堡、陆辛庄、北大化 3 所小学并入，更为现名。2005 年 8 月，坨堤小学并入。2007 年 8 月，三间房、垡头两所小学并入。2007 年，认定为区田径项目重点校。2010 年，学校占地面积 38849 平方米，建筑面积 9570 平方米，体育场面积 10196 平方米。图书馆藏书 20000 册。普通教室 27 个，专用教室 15 个，实验室 5 个。教职工 77 人，其中专任教师 57 人；高级职称教师 5 人。开设教学班 27 个（小学班 18 个、初中班 9 个）。毕业 188 人（小学 89 人、初中 99 人），招生 192 人（小学 97 人、初中 95 人），在校生 916 人（小学 617 人、初中 299 人）。党支部书记、校长张万伦。

北京市通州区觅子店中学

校址：通州区漷县镇觅子店村

1958 年建校，称通县觅子店中学，初中校。1997 年，通县撤县设区，学校更现名。学校 1999 年在初中语文双基竞赛中获北京市团体奖。2010 年，被评为 2010 届初三毕业班工作优秀校。2010 年，学校占地面积 26277 平方米，建筑面积 4393 平方米，体育场面积 13700 平方米。图书馆藏书 25324 册。普通教室 20 个，专用教室 20 个，实验室 8 个。教职工 51 人，其中专任教师 46 人；高级职称教师 7 人。开设教学班 10 个，毕业 125 人，招生 62 人，在校生 277 人。党支部书记、校长周连宇。

北京市通州区南刘各庄中学

校址：通州区潞城镇南刘各庄村

1958 年建校，称通县南刘各庄中学，初中校。1993 年，学校被评为北京市体育达标先进单位，多次获得全区（县）中小学生冬季长跑比赛初中组团体总分前六名，三次获得通州区中小学生足球比赛初中男子组第一名。1997 年，通县设区撤县，学校更现名。2010 年，学校占地面积 15928 平方米，建筑面积 2657 平方米，体育场面积 7830 平方米。图书馆藏书 7424 册。普通教室 6 个，专用教室 4 个，实验室 4 个。教职工 30 人，其中专任教师 23 人；高级职称教师 6 人。开设教学班 6 个。毕业 62 人，招生 48 人，在校生 140 人。党支部书记、校长常恩元。

北京市通州区牛堡屯学校

校址：通州区张家湾镇中街村

1956 年建校，名为通县牛堡屯中学。1997 年，更名通州区牛堡屯中学。2004 年，牛堡屯小学并入，成为九年一贯制学校，更为现名。2010 年，学校占地面积 27454 平方米，建筑面积 7913 平方米，体育场面积 12531 平方米。图书馆藏书45791册。普通教室27个，专用教室17个，实验室5个。教职工83人，其中专任教师61人；高级职称教师9人。开设教学班22个（小学班13个,初中班 9个）。毕业185人（小学　90人、初中95人），招生183人（小学82人、初中101人），在校生758人（小学465人、初中293人）。党支部书记、校长刘学友。

北京市通州区七彩学校

校址：通州区台湖镇田家府村

民办九年一贯制学校，2002年建校。2010年，学校占地面积14000平方米，建筑面积3678平方米，体育场面积3600平方米。图书馆藏书20000册。教职工105人，其中专任教师90人。开设教学班35个，初中班9个，小学班26个。毕业246人，招生349人，在校生1810人。党支部书记、校长王占海。

北京市通州区宋庄中学

校址：通州区宋庄镇政府大街

1956年建校，称通县宋庄中学，初中校。1997年1月，被通县教育局评为县普教系统一类校。同年，学校更现名。1998年9月，学校迁入新盖教学楼，师姑庄中学并入。学校先后被评为通县初三中考优秀校、区初三毕业班工作中考优秀校、北京市初中建设工程先进学校等。2010年，学校占地面积55700平方米，建筑面积12299平方米，体育场面积33694平方米。图书馆藏书21450册。普通教室27个、专用教室27个，实验室6个。教职工102人，其中专任教师94人；高级职称教师15人。开设教学班18个。毕业222人，招生211人，在校生607人。党支部书记、校长马俊江。

北京市通州区台湖学校

校址：通州区台湖镇台湖村

1958年建校，称通县台湖中学。1997年，通县撤县设区，学校更名为通州区台湖中学。2007年7月，台湖中学、台湖小学和前营小学合并，成为一所九年一贯制学校，称现名。2000年学校成立民乐团，开展兴趣小组，轮滑队、毽球队代表通州区参加北京市比赛，成为通州区科技艺术体育特色学校。2008年，获第五届全国青少年未来工程师博览与竞赛航天器探月归来项目二等奖，被评为北京市中小学艺术教育特色学校。2010年，获第三十届北京青少年科技创新大赛十佳科技实践活动奖等称号。

2010年，学校占地面积58018平方米，建筑面积35777平方米，体育场面积14867平方米。图书馆藏书25479册。普通教室56个，专用教室28个,实验室10个。教职工128人，其中专任教师114人；高级职称教师10人，北京市骨干教师1人。开设教学班36个（小学24个、初中12个）。毕业247人（小学138人，初中109人），招生302人（小学168人，初中134人），在校生1333人（小学953人，初中380人）。党支部书记、校长丁永明。

北京市通州区西集中学

校址：通州区西集镇国防路47号

1956年建校，称通县西集中学，初中校。1997年，通县撤县设区，学校更现名。2006年7月，通州区肖林中学并入。2010年，学校占地面积61936平方米，建筑面积6377平方米，体育场面积10000平方米。图书馆藏书39674册。普通教室14个，专用教室5个，实验室5个。教职工69人，其中专任教师46人；高级职称教师9人。开设教学班12个，毕业204人，招生120人，在校生415人。党支部书记、校长张晓光。

北京市通州区小务中学

校址：通州区永乐店镇小务村555号

1958年建校，称通县小务中学，初中校。1997年，通县撤县设区，学校更现名。学校办学条件不断改善，教育教学水平不断提高。1992年10月，学校获北京市教育局颁发的办好初中成绩显著校奖状。2003年、2004年、2005年连获通州区教委颁发的初三毕业班工作优秀学校奖状。2010年12月，获北京市中小学资源建设与应用先进学校称号。2010年学，校占地面积32000平方米，建筑面积5709平方米，体育场面积11238平方米。图书馆藏书16716册。普通教室12个，专用教室 8 个，实验室 4 个。教职工 55 人，其中专任教师 41 人；高级职称教师 8 人。开设教学班 12 个。毕业 172 人，招生 99 人，在校生 368 人。党支部书记、校长任效民。

北京市通州区新华学校

校址：通州区新华大街 77 号

1983 年建校。1993 年，学校调整为“三块牌子（北京市通县体育运动学校、北京市通县青少年业余体校、北京市通县新华学校）一套机构”。1997 年，通县撤县设区，学校更现名。2010 年，学校为九年一贯制学校。占地面积 15631 平方米，建筑面积 661 平方米，体育场面积 15361 平方米。普通教室 5 个，专用教室 1 个，实验室 1 个。教职工 18 人，其中专任教师 17 人；高级职称教师 3 人。开设教学班 3 个。毕业 9 人，招生 14 人，在校生 39 人。党支部书记、校长毛宗来。

北京市通州区新未来实验学校

校址：通州区宋庄镇宋庄村

民办九年一贯制学校，2006 年 4 月 26 日建校。2010 年，学校占地面积 3266 平方米，建筑面积 1560 平方米，体育场面积 1966 平方米。图书馆藏书 8000 册。教职工 54 人，其中专任教师 42 人。开设教学班 33 个，初中班 6 个，小学班 27 个。毕业 168 人，招生 355 人，在校生 1312 人。党支部书记、校长周仲海。

北京市通州区永乐店中学

校址：通州区永乐店镇永三村 1 号

1952 年建校。 1994 年 7 月，通县草厂中学并入。1997 年，通县撤县设区，学校更现名。1998 年 12 月 23 日，学生何春永、宋丽在全国高中数学联赛中荣获北京赛区一等奖，填补通州区近十几年全国学生竞赛获一等奖的空白。2005 年，被认定为北京市示范性普通高中。

2010 年，学校占地面积 90007 平方米，建筑面积 41339 平方米，体育场面积 27227 平方米。图书馆藏书 50554 册。普通教室 54 个，专用教室 8 个，实验室 12 个。教职工 267 人，其中专任教师 179 人；高级职称教师 70 人，北京市骨干教师 2 人，北京市学科教学带头人 2 人；本科及以上学历 236 人。开设教学班 52 个。毕业 757 人（初中 146 人、高中 611 人，招生 742 人（初中 133 人、高中 609 人），在校生 2233 人（初中 424 人、高中 1809 人）。党支部书记、校长姜兆海。

北京市通州区于家务中学

校址：通州区于家务回族乡于家务村

1958 年建校，初名于家务中学，1988 年，更名为通县于家务民族中学，属独立设置的少数民族初级中学。2008 年 8 月，学校迁入现校址，9 月更现名。10 月通州区渠头中学并入。学校开发校本课程，创编《中华传统美德与现代做人教育》等系列读本。2010 年 5 月，学校入选通州区国学教育实验校。2010 年，学校占地面积 71607 平方米，建筑面积 31953 平方米，体育场面积 22000 平方米。图书馆藏书 10734 册。普通教室 48 个，专用教室 12 个，实验室 6 个。教职工 92 人，其中专任教师 62 人；高级职称教师 15 人。开设教学班 15 个，毕业 223 人，招生 150 人，在校生 516 人。党支部书记、校长孟繁信。

北京市通州区玉桥中学

校址：通州区梨园北街 23 号

1994 年 8 月建校，称北京市通县玉桥中学，初中校。1997 年更现名。学校先后被评为北京市规范化建设达标校、北京市教科研工作先进集体、北京市优秀少年军校等。2010 年，学校占地面积 17340 平方米，建筑面积 11488 平方米，体育场面积 6988 平方米。图书馆藏书 19457 册。普通教室 36 个，专用教室 16 个，实验室 8 个。教职工 135 人，其中专任教师 120 人；高级职称教师 23 人，北京市骨干教师 2 人；本科及以上学历 102 人。开设教学班 36 个。毕业 537 人，招生 472 人，在校生 1494 人。党支部书记 、校长杜泉喜。

北京市通州区月河学校

校址：通州区台湖镇次一村

2001 年建校，民办九年一贯制学校。

2010年，学校占地面积5596平方米、建筑面积4000平方米，体育场面积3183平方米。图书馆藏书5000册。教职工64人，其中专任教师90人。开设教学班27个,初中班5个，小学班22个。毕业159人，招生311人，在校生1124人。党支部书记、校长付晓霞。

北京市通州区运河中学

校址：通州区运河西大街107号

1984年建校，初为北京市通县新城东里中学。1991年9月，迁址到运河东大街79号，更名为北京市通县运河中学。1997年9月，通县撤县改区，学校更现名。2001年12月,荣获共青团青年文明号称号。2002年5月，荣获第八届学生合唱节校级合唱团一等奖。“十一五”期间,学校立项“研发‘运河文化’校本课程的行动研究”课题，研究成果《运河文化读本》确立为学校的校本课程。2010年，荣获全国“十一五”教育科研先进集体称号和荣获北京市体育传统项目学校称号。

2010年，学校占地面积45958平方米，建筑面积35839 平方米，体育场面积22750平方米。图书馆 藏书32448册。普通教室49个、专用教室11个,实验室13个。教职工228人，其中专任教师168人；高级职称教师80人，特级教师1人，北京市骨干教师11人，北京市学科教学带头人2人。开设教学班45个(初中班12个、高中班33个)。毕业653人（初中158人、高中514人），招生679人（初中161人、高中518人），在校生1996人（初中491人、高中1505人）。高中录取分数线497分（本区），应届高考本科上线率92.1%。党支部书记、校长张佳春。

北京市育才学校通州分校

校址：通州区梨园镇群芳中二街3号

2006年5月18日建校，九年一贯制学校。学校作为“北京市名校办分校”工程，市、区两级政府建筑总投资1.6亿元，2007年9月2日，落成并投入使用。同期，梨园镇中心小学所属完小高楼金小学并入。学校创建艺术教育特色，2009年2月24日学校成立“育才书画苑”，面对本校师生设立国画、书法、素描与工艺美术三个指导方向。2010年，学校占地面积76577平方米，建筑面积44594平方米，体育场面积12551平方米。图书馆藏书40005册。普通教室78个，专用教室33个，实验室13个。教职工123人，其中专任教师114人；高级职称教师9人。开设教学班36个（小学班24 个，初中班12个）。毕业182人（小学54人、初中128人),招生396人(小学244人、初中152人），在校生1308人（小学915人、初中393人）。党支部书记、校长商文庆。

北京中加学校

校址：通州区宋庄镇丛林庄园

1997年成立，是北京市第一所实施中外合作普通高中教育的新型学校。合作办学的中方是北京师范大学附属实验中学，外方是加拿大纽宾士域省教育部和加拿大加皇国际教育集团。学校成立以来已有近万名学生毕业。2010年，学校占地面积74360平方米，建筑面积35596平方米，体育场面积22355平方米。图书馆藏书20311册。教职工228人，其中专任教师77人。开设教学班34个，毕业342人，招生331人，在校生983人。党支部书记、校长王本忠。

表56　　2010年通州区普通中学一览表

序号	学校名称	建校时间	举办者
1	北京市第二中学通州分校	2006年	教育部门和集体办
2	北京市通州区北关中学	1958年	教育部门和集体办
3	北京市通州区柴厂屯中学	1958年	教育部门和集体办
4	北京市通州区次渠中学	1958年	教育部门和集体办
5	北京市通州区大杜社中学	1958年	教育部门和集体办
6	北京市通州区第二中学	1904年	教育部门和集体办
7	北京市通州区第六中学	1964年	教育部门和集体办
8	北京市通州区第三中学	1963年	教育部门和集体办

续表 56

序号	学校名称	建校时间	举办者
9	北京市通州区第四中学	1964 年	教育部门和集体办
10	北京市通州区第一实验中学	1956 年	教育部门和集体办
11	北京市通州区甘棠中学	1973 年	教育部门和集体办
12	北京市通州区侯黄庄中学	1968 年	教育部门和集体办
13	北京市通州区胡各庄中学	1958 年	教育部门和集体办
14	北京市通州区漷县中学	1958 年	教育部门和集体办
15	北京市通州区郎府中学	1958 年	教育部门和集体办
16	北京市通州区梨园中学	1975 年	教育部门和集体办
17	北京市通州区龙旺庄中学	1958 年	教育部门和集体办
18	北京市通州区潞河中学	1867 年	教育部门和集体办
19	北京市通州区潞河中学分校	1956 年	教育部门和集体办
20	北京市通州区潞州中学	1957 年	教育部门和集体办
21	北京市通州区陆辛庄学校	1958 年	教育部门和集体办
22	北京市通州区觅子店中学	1958 年	教育部门和集体办
23	北京市通州区南刘中学	1958 年	教育部门和集体办
24	北京市通州区牛堡屯学校路	1956 年	教育部门和集体办
25	北京市通州区宋庄中学	1956 年	教育部门和集体办
26	北京市通州区台湖学校	1958 年	教育部门和集体办
27	北京市通州区西集中学	1956 年	教育部门和集体办
28	北京市通州区小务中学	1958 年	教育部门和集体办
29	北京市通州区新华学校	1983 年	教育部门和集体办
30	北京市通州区永乐店中学	1952 年	教育部门和集体办
31	北京市通州区于家务中学	1958 年	教育部门和集体办
32	北京市通州区玉桥中学	1994 年	教育部门和集体办
33	北京市通州区运河中学	1984 年	教育部门和集体办
34	北京市育才学校通州分校	2007 年	教育部门和集体办
35	北京潞河国际教育学园	2005 年	民办
36	北京市剑桥中学	1993 年	民办
37	北京市时代中学	2002 年	民办
38	北京市私立树人 · 瑞贝学校	1993 年	民办
39	北京市通州区立华学校	2001 年	民办
40	北京市通州区七彩学校	2002 年	民办
41	北京市通州区新未来实验学校	2006 年	民办
42	北京市通州区月河学校	2001 年	民办
43	北京中加学校	1997 年	民办

特殊教育和工读教育学校

北京市通州区培智学校

校址：通州区运河西大街 6 号

1984 年建校，初为公园小学附设弱智儿童辅读班。1986 年，改称通县培智学校。同年 3 月，因校址拆迁改造，暂借用葛布店北里 9 号楼办学，9 月增设聋儿听力语言康复中心，招收聋儿 7 人。1993 年 9 月，学校迁入现址。1997 年，通县撤县设区，学校更现名。2003 年，获全国残疾人体育先进单位称号，2009 年，被评为北京市特殊教育先进集体等。

2010 年，学校占地面积 11262 平方米，建筑面积7787平方米。图书室藏书8240册。普通教室14个，专用教室17个。教职工48人，其中专任教师43人；高级职称教师1人，北京市骨干教师1人，北京市学科教学带头人1人。开设教学班12个。招生16人，在校生138人。党支部书记、校长张卫东。

附表

表57　　1991—2010年通州区小学撤并更名一览表

序号	学校名称	建校时间	撤并或更名说明
1	北京市通县安定营小学	1937年	1995年并入通县麦庄小学
2	北京市通县熬硝营小学	1934年	1996年并入通县柴厂屯中心小学
3	北京市通县八各庄小学	1933年	1992年并入通县南刘小学
4	北京市通县半壁店小学	1946年	1993年并入通县大稿村小学
5	北京市通县北堤小学	1933年	1992年并入通县次渠中心小学
6	北京市通县北寺庄学校	1924年	1996年8月，与通县辛店小学、通县小杨各庄小学合并为通县北寺庄小学
7	北京市通县北小营小学	1931年	1995年并入通县麦庄小学
8	北京市通县曹刘小学	1942年	1992年并入通县西集镇中心小学
9	北京市通县曹园小学	1926年	1993年并入通县梨园镇中心小学
10	北京市通县长陵营小学	1936年	1992并入通县漷县中心小学
11	北京市通县仇庄小学	1934年	1994年并入通县枣林小学
12	北京市通县崔各庄小学	1930年	1992年并入通县渠头小学
13	北京市通县崔窑小学	1939年	1992年并入通县次渠中心小学
14	北京市通县大地小学	1931年	1992并入通县麦庄小学
15	北京市通县大姚辛庄小学	1938年	1996年并入通县大杜社中心小学
16	北京市通县翟各庄小学	1940年	1993年并入通县漷县中心小学
17	北京市通县东垡小学	1947年	1992年并入通县西垡小学
18	北京市通县东马各庄小学	1937年	2003年并入通州区于家务小学
19	北京市通县东寺庄小学	1930年	1994年并入通县张庄小学
20	北京市通县东田阳小学	1939年	1995年并入通县大杜社小学
21	北京市通县东小马庄小学	1938年	1993年并入通县梨园镇中心小学
22	北京市通县董村小学	1936年	1992年并入通县北神树小学
23	北京市通县富各庄小学	1922年	1992年并入通县渠头小学
24	北京市通县公庄小学	1937年	2002年5月更名为梨园镇中心小学
25	北京市通县沟渠庄小学	1930年	1995年并入通县双阜头小学
26	北京市通县桂家坟小学	1936年	1992年并入通县东石小学
27	北京市通县侯各庄小学	1931年	1992年并入通县新东仪小学
28	北京市通县侯黄庄小学	1950年	1995年并入通县张庄小学
29	北京市通县后营小学	1938年	1994年并入通县马和店小学
30	北京市通县后寨府小学	1948年	1992年通县大灰店小学
31	北京市通县胡村小学	1951年	1996年并入通县柴厂屯中心小学
32	北京市通县纪各庄小学	1936年	1993年并入通县曹庄小学
33	北京市通县碱厂小学	1931年	1995年并入通县尖垡小学
34	北京市通县军庄小学	1929年	1992年并入通县觅子店小学
35	北京市通县侉店小学	1921年	1995年并入通县侉店中心小学
36	北京市通县梨园小学	1919年	1995年并入通县梨园中心小学
37	北京市通县林屯小学	1940年	1992年并入通县西集镇中心小学
38	北京市通县柳营小学	1934年	1994年并入通县牛堡屯小学

续表 57

序号	学校名称	建校时间	撤并或更名说明
39	北京市通县六郎庄小学	1941 年	1995 年并入通县大杜社小学
40	北京市通县鲁城小学	1918 年	1994 年并入通县大务小学
41	北京市通县马堤小学	1931 年	1993 年并入通县马头小学
42	北京市通县毛庄小学	1929 年	1992 并入通县东寺庄小学
43	北京市通县南堤小学	1930 年	1992 年并入通县马驹桥中心小学
44	北京市通县南小营小学	1934 年	1995 年并入通县西田阳小学
45	北京市通县南阳小学	1928 年	1993 年并入通州区漷县镇中心小学
46	北京市通县南仪阁小学	1934 年	1994 年并入通县北辛店小学
47	北京市通县铺头小学	1910 年	1995 年并入通州区前营小学
48	北京市通县前后伏小学	1929 年	1994 年并入通县西垡小学
49	北京市通县前后马坊小学	1947 年	1995 年并入通县半截河小学
50	北京市通县三黄庄小学	1949 年	1993 年并入通县马头小学
51	北京市通县桑园小学	1926 年	1992 年并入通县水南小学
52	北京市通县神驹小学	1927 年	1995 年并入通县柏福小学
53	北京市通县外郎营小学	1932 年	1995 年并入通县台湖小学
54	北京市通县王楼小学	1931 年	1994 年并入通县靛庄小学
55	北京市通县吴寺小学	1931 年	1994 年并入通县枣林小学
56	北京市通县吴营小学	1930 年	1994 年并入通县靛庄小学
57	北京市通县西关小学	1950 年	1996 年并入通县北苑学校
58	北京市通县西鲁村小学	1936 年	1992 年并入通县东鲁村小学
59	北京市通县西太平庄小学	1929 年	1995 年并入通县麦庄小学
60	北京市通县西下营小学	1930 年	1992 年并入通县东下营小学
61	北京市通县小白村小学	1938 年	1995 年并入通县小张湾小学
62	北京市通县小堡小学	1938 年	1992 年并入通县宋庄中心小学
63	北京市通县小北关小学	1931 年	1993 年并入通县大北关小学
64	北京市通县小海字小学	1940 年	1994 年并入通县渠头小学
65	北京市通县小民屯小学	1930 年	1995 年并入通县垛子小学
66	北京市通县小松垡小学	1946 年	1995 年并入通县大松垡小学
67	北京市通县小屯小学	1930 年	1994 年并入通县曹庄小学
68	北京市通县小杨各庄小学	1929 年	1996 年 8 月，与通县北寺庄学校、通县辛店小学三校合并为通县北寺庄小学
69	北京市通县协各庄小学	1939 年	1992 年并入通县西集镇中心小学
70	北京市通县新河小学	1927 年	1995 年并入通县垛子小学
71	北京市通县辛店小学	1939 年	1996 年 8 月，与通县北寺庄学校、通县小杨各庄小学合并为通县北寺庄小学
72	北京市通县兴隆庄小学	1952 年	1995 年并入通县半截河小学
73	北京市通县徐官屯小学	1928 年	1994 年并入通县东定安小学
74	北京市通县燕山营小学	1945 年	1996 年并入通县侉子店小学
75	北京市通县杨秀店小学	1938 年	1996 年并入通县小张湾小学
76	北京市通县样田小学	1928 年	1994 年并入通县陆辛庄小学
77	北京市通县姚辛庄小学	1941 年	1995 年并入通县里二泗小学
78	北京市通县窑上小学	1945 年	1993 年并入通县草寺小学
79	北京市通县尹家河小学	1927 年	1992 年并入通县新东仪小学
80	北京市通县于辛庄小学	1948 年	1992 年并入通县西集镇中心小学
81	北京市通县榆林庄小学	1938 年	1993 年并入通州区漷县镇中心小学
82	北京市通县张各庄小学	1929 年	1993 年并入通县小张湾小学

续表 57

序号	学校名称	建校时间	撤并或更名说明
83	北京市通县张古庄小学	1937 年	1992 年并入通县马驹桥中心小学
84	北京市通县赵庄小学	1943 年	1992 年并入通县新东仪小学
85	北京市通县郑庄小学	1930 年	1995 年并入通县麦庄小学
86	北京市通县周起营小学	1939 年	1992 年并入通县黄厂铺小学
87	北京市通县砖厂小学	1946 年	1994 年并入通州区小街小学
88	北京市通州区白庙小学	1931 年	2004 年并入宋庄中心小学
89	北京市通州区半截河小学	1949 年	2006 年 1 月并入通州区柴厂屯乡中心小学
90	北京市通州区北大化小学	1935 年	2001 年并入通州区陆辛庄学校
91	北京市通州区北堤寺小学	1929 年	2005 年并入通州区黄厂铺小学
92	北京市通州区北关小学	1906 年	2010 年 5 月并入通州区贡院小学
93	北京市通州区北刘各庄小学	1937 年	1999 年通州区师姑庄小学
94	北京市通州区北马庄小学	1932 年	1999 年 5 月并入通州区范庄小学
95	北京市通州区北辛店小学	1946 年	2006 年并入通州区于家务小学
96	北京市通州区边槐庄小学	1912 年	2009 年并入通州区觅子店小学
97	北京市通州区柏福小学	1924 年	2003 年并入通州区大杜社小学
98	北京市通州区草厂乡中心小学	1940 年	2000 年 11 月并入漷县镇中心小学，更名为通州区草厂小学
99	北京市通州区草寺小学	1938 年	2005 年并入通州区徐辛庄小学
100	北京市通州区柴厂屯乡中心小学	1943 年	2002 年 2 月更名通州区永乐店镇中心小学
101	北京市通州区城关镇中心小学	1905 年	2001 年 9 月通州区永顺镇中心小学
102	北京市通州区次渠小学	1934 年	2002 年更名通州区台湖镇中心小学
103	北京市通州区大北关小学	1931 年	1999 年并入通州区牛堡屯小学
104	北京市通州区大邓各庄小学	1947 年	1999 年并入通州区师姑庄小学
105	北京市通州区大杜社乡中心小学	1940 年	2002 年更名为通州区大杜社小学
106	北京市通州区大甘棠小学	1942 年	2001 年并入通州区侉店中心小学
107	北京市通州区大高力庄小学	1936 年	2002 年并入张家湾镇中心小学
108	北京市通州区大耕垡小学	1925 年	1998 年并入通州区于家务小学
109	北京市通州区大松垡小学	1942 年	2002 年并入通州区大杜社小学
110	北京市通州区大务小学	1919 年	2005 年 8 月并入通州区小务小学
111	北京市通州区大香仪小学	1920 年	2010 年 9 月并入通州区马头小学
112	北京市通州区大辛庄小学	1919 年	1998 年并入通州区张家湾镇中心小学
113	北京市通州区大周易小学	1920 年	1998 年并入通州区史村小学
114	北京市通州区丁四庄小学	1938 年	2007 年并入通州区北神树小学
115	北京市通州区东堡小学	1940 年	2006 年并入通州区南刘各庄小学
116	北京市通州区东鲁各庄小学	1940 年	2001 年并入通州区草厂小学
117	北京市通州区东升小学	1943 年	2007 年并入通州区小张湾小学
118	北京市通州区东下营小学	1923 年	2000 年并入通州区台湖中心小学
119	北京市通州区东永和屯小学	1937 年	2000 年并入通州区青山小学
120	北京市通州区东张各庄小学	1939 年	2010 年 1 月并入通州区永乐店中心小学
121	北京市通州区垛子小学	1936 年	2006 年并入通州区麦庄小学
122	北京市通州区垡头小学	1919 年	2007 年 8 月并入通州区陆辛庄学校
123	北京市通州区复兴庄小学	1914 年	2000 年并入通州区后南仓小学
124	北京市通州区驸马庄小学	1931 年	1999 年并入通州区马驹桥中心小学
125	北京市通州区甘棠镇中心小学	1921 年	1997 年易名为通州区甘棠镇中心小学。2001 年通州区大甘棠小学并入该校，学校更名为通州区大豆各庄小学

续表 57

序号	学校名称	建校时间	撤并或更名说明
126	北京市通州区高各庄小学	1964 年	2003 年并入通州区翟里小学
127	北京市通州区高古庄小学	1928 年	2004 年并入通州区麦庄小学
128	北京市通州区高楼金小学	1947 年	2007 年并入北京育才学校通州分校
129	北京市通州区高营小学	1930 年	1999 年并入通州区坨堤小学
130	北京市通州区耿楼小学	1942 年	1998 年并入通州区郎府小学
131	北京市通州区公园下坡小学	1906 年	2003 年 3 月并入通州区东方小学
132	北京市通州区古城小学	1932 年	2006 年并入通州区北京二中通州分校
133	北京市通州区郭柴小学	1946	1999 年并入通州区东升小学
134	北京市通州区果村小学	1940 年	2000 年并入通州区于家务乡中心小学
135	北京市通州区海户屯小学	1926 年	2003 年并入通州区马驹桥中心小学
136	北京市通州区合和站小学	1942 年	2006 年并入通州区肖林小学
137	北京市通州区和合站小学	1942 年	2006 年并入通州区肖林小学
138	北京市通州区后尖平小学	1931 年	2002 年并入通州区觅子店小学
139	北京市通州区胡各庄乡召里中心小学	1924 年	2002 年更名为通州区潞城镇中心小学
140	北京市通州区胡各庄小学	1924 年	2000 年并入通州区潞城中心小学
141	北京市通州区胡家垡小学	1912 年	2003 年并入通州区台湖中心小学
142	北京市通州区贾后疃小学	1944 年	2001 年并入通州区卜落垡小学
143	北京市通州区坚村小学	1937 年	2004 年并入通州区小务小学
144	北京市通州区尖垡小学	1942 年	2003 年并入通州区陆辛庄学校
145	北京市通州区蒋辛庄小学	1925 年	2006 年并入通州区台湖镇中心小学
146	北京市通州区金各庄小学	1949 年	1999 年并入通州区郎府小学
147	北京市通州区靳家胡同小学	1905 年	2000 年 8 月并入通州区贡院小学、
148	北京市通州区孔庄小学	1942 年	2002 年并入通州区永乐店中心小学
149	北京市通州区口子小学	1927 年	2004 年并入通州区前营小学
150	北京市通州区郎府乡中心小学	1911 年	2002 年 2 月更名为通州区郎府小学
151	北京市通州区梨园乡九棵树小学	1951 年	2003 年 10 月 23 日撤销通州区九棵树小学，成立北京教育科学研究院通州区第一实验小学
152	北京市通州区李辛庄小学	1916 年	2003 年并入通州区东定安小学
153	北京市通州区里二泗小学	1937 年	2010 年 7 月并入通州区上店小学
154	北京市通州区梁各庄小学	1910 年	2005 年并入通州区张家湾镇中心小学
155	北京市通州区梁家务小学	1931 年	1997 年并入通州区边槐庄小学
156	北京市通州区刘李庄小学	1918 年	2002 年并入通州区焦王庄小学
157	北京市通州区六合小学	1922 年	2001 年并入通州区宋庄中心小学
158	北京市通州区龙庄小学	1934 年	2002 年并入通州区觅子店小学
159	北京市通州区陆辛庄小学	1924 年	2001 年并入通州区陆辛庄学校
160	北京市通州区罗庄小学	1920 年	1997 年并入通州区边槐庄小学
161	北京市通州区马坊小学	1942 年	1998 年并入通州区杜柳棵小学
162	北京市通州区觅子店镇中心小学	1937 年	2002 年更名通州区觅子店小学
163	北京市通州区南大化小	1931 年	1999 年并入通州区牛堡屯小学
164	北京市通州区南堤寺小学	1929 年	2002 年并入通州区永乐店中心小学
165	北京市通州区南丁庄小学	1929 年	1997 年并入通州区草厂乡中心小学
166	北京市通州区内军庄小学	1911 年	1998 年并入通州区徐辛庄小学
167	北京市通州区牛堡屯小学	1921 年	2005 年并入通州区牛堡屯学校
168	北京市通州区平家疃小学	1940 年	2005 年并入通州区翟里小学
169	北京市通州区齐善庄小学	1937 年	2006 年并入通州区张家湾镇中心小学

续表 57

序号	学校名称	建校时间	撤并或更名说明
170	北京市通州区前街小学	1926 年	2001 年并入通州区牛堡屯学校
171	北京市通州区前银子小学	1932 年	1998 年并入通州区史村小学
172	北京市通州区前营小学	1908 年	2007 年并入通州区台湖学校
173	北京市通州区前榆林庄小学	1932 年	1997 年并入通州区漷县镇中心小学
174	北京市通州区桥上小学	1941 年	2003 年并入通州区肖林小学
175	北京市通州区青山小学	1925 年	2007 年并入通州区牛堡屯学校
176	北京市通州区三垡小学	1938 年	2008 年通州区三垡小学并柴厂屯小学
177	北京市通州区三间房小学	1922 年	2007 年 8 月并入通州区陆辛庄学校
178	北京市通州区上马头小学	1931 年	2005 年并入通州区张家湾镇中心小学
179	北京市通州区石槽小学	1937 年	2001 年并入通州区马头小学
180	北京市通州区史村小学	1918 年	1999 年并入通州区东升小学
181	北京市通州区水南小学	1939 年	2004 年并入通州区麦庄小学
182	北京市通州区苏庄小学	1932 年	1998 年并入通州区靛庄小学
183	北京市通州区太子府小学	1920 年	2001 年并入通州区大东各庄小学
184	北京市通州区田家府小学	1913 年	2004 年并入通州区台湖中心小学
185	北京市通州区通州管头小学	1939 年	2002 年 9 月并入通州区葛渠小学
186	北京市通州区土桥小学	1916 年	1997 年并入通州区张家湾镇中心小学
187	北京市通州区疃里小学	1917 年	2005 年并入宋庄中心小学
188	北京市通州区坨堤小学	1922 年	2004 年并入通州区陆辛庄学校
189	北京市通州区王各庄小学	1927 年	2003 年 9 月并入通州区渠头小学
190	北京市通州区王庄小学	1945 年	1998 年并入通州区郎府小学
191	北京市通州区望君疃小学	1911 年	1998 年并入通州区杜柳棵小学
192	北京市通州区西定小学	1925 年	1997 年并入通州区张家湾镇中心小学
193	北京市通州区西马坊小学	1947 年	2000 年并入通州区于家务乡中心小学
194	北京市通州区西田阳小学	1936 年	2006 年并入通州区大杜社小学
195	北京市通州区小甸屯小学	1948 年	1998 年并入通州区柴厂屯小学
196	北京市通州区小东各庄小学	1915 年	2001 年并入通州区大东各庄小学
197	北京市通州区小耕垡小学	1929 年	1997 年并入通州区前街小学
198	北京市通州区小务乡中心小学	1915 年	2002 年更名为通州区小务小学
199	北京市通州区小辛庄小学	1935 年	1998 年并入通州区杜柳棵小学
200	北京市通州区小营小学	1936 年	1998 年并入通州区徐辛庄小学
201	北京市通州区兴各庄小学	1918 年	2001 年并入通州区大东各庄小学
202	北京市通州区邢各庄小学	1919 年	1999 年并入通州区宋庄中心小学
203	北京市通州区堰上小学	1940 年	2005 年并入通州区大杜社小学
204	北京市通州区杨坨小学	1928 年	2010 年并入北京二中通州分校
205	北京市通州区杨庄小学	1926 年	2006 年并入通州区北京二中通州分校
206	北京市通州区姚村小学	1937 年	2000 年并入通州区马驹桥镇中心小学
207	北京市通州区尹各庄小学	1928 年	2004 年并入通州区富豪小学
208	北京市通州区应寺小学	1914 年	1999 年并入通州区柴厂屯小学
209	北京市通州区于家务小学	1935 年	1997 年更名为通州区于家务乡中心小学
210	北京市通州区枣林小学	1940 年	2004 年 9 月并入通县渠头小学
211	北京市通州区寨辛庄小学	1940 年	1999 年并入通州区葛渠小学
212	核工业北京化工冶金研究院子弟学校	1964 年	2007 年 1 月 1 日并入通州区运河小学

表 58　　1991—2010 年通州区普通中学撤并更名一览表

序号	学校名称	建校时间	撤并或更名说明
1	北京潞河实验中学	2000 年	2009 年因改制停办
2	北京市济才中学	2001 年	2009 年因生源不足停办
3	北京市陶情中学	1998 年	2009 年因生源不足停办
4	北京市通县草厂中学	1968 年	1994 年 7 月并入通县永乐店中学
5	北京市通县大稿村中学	1958 年	1992 年 8 月并入通县梨园中学
6	北京市通县马头中学	1956 年	1993 年 9 月并入通县漷县中学
7	北京市通县麦庄中学	1968 年	1995 年并入通县次渠中学
8	北京市通县尹各庄中学	1958 年	1993 年并入通县草寺中学
9	北京市通州区大东各庄中学	1958 年	2001 年 7 月与通州区小豆各庄中学合并成立通州区甘棠中学
10	北京市通州区翟里中学	1958 年	2005 年 7 月并入通州区潞州中学
11	北京市通州区里二泗中学	1958 年	2005 年并入通州区张家湾中学
12	北京市通州区陆辛庄中学	1958 年	2001 年 8 月更名为通州区陆辛庄学校
13	北京市通州区马驹桥中学	1956 年	2005 年更名为北京市通州区第一实验中学
14	北京市通州区牛堡屯中学	1956 年	2004 年更名为通州区牛堡屯学校
15	北京市通州区渠头中学	1958 年	2008 年 10 月并入通州区于家务中学
16	北京市通州区师姑庄中学	1969 年	1998 年并入通州区宋庄中学
17	北京市通州区小豆各庄中学	1973 年	2001 年 7 月与通州区大东各庄中学合并成立通州区甘棠中学
18	北京市通州区肖林中学	1958 年	2006 年 7 月并入通州区西集中学
19	北京市通州区姚村中学	1972 年	2004 年 6 月并入通州区马驹桥中学
20	北京市通州区逸仙中学	1995 年	2009 年办学资质在通州区，办学地点迁丰台区
21	北京市通州区于家务民族中学	1958 年	2008 年 9 月 22 日更名为通州区于家务中学。
22	北京市通州区张家湾中学	1956 年	2005 年更名为通州区潞河中学分校

表 59　　2010 年通州区教委事业教育单位一览表

序号	单位名称	成立时间	地址	沿革
1	北京市通州区教育服务中心	2002 年 6 月	通州区通朝大街 231 号	成立时办公地点位于北京市通州区东关后坑 12 号。2009 年 10 月因新城建设拆迁搬入现址。工作职责是负责直属单位楼房、校舍的兴建、修缮、物业、供暖设备，车辆保险、维修及保养，配备教学设备、办公、文体、劳保用品，建立教师培训活动基地。组织教师考察、旅游活动。建立学生劳动、教育基地，对学生保险、服装、本册、毕业照、夏令营活动进行统一管理等
2	北京市通州区教育技术设备中心	1989 年 1 月	通州区通朝大街 231 号	前身为北京市通县教学技术装备站，2006 年 7 月更现名。受区教委委派，负责通州区教育系统各单位教学办公设备采购，固定资产使用及管理、实验教学管理、图书馆建设管理
3	北京市通州区教育考试中心	2002 年	通州区葛布店北里 9 号	隶属于通州区教育委员会，承担普通高等院校、高级中等学校、成人高等院校本（专）科学生在通州区的考试和招生录取工作
4	北京市通州区离退休教职工活动中心	1986 年	通州区新华西街甲 18 号	前身为北京市通州区教育委员会老干部活动站，办公校址位于通州区新城南街 9 号。2005 年 11 月更为现名，同时迁现址
5	北京市通州区中小学卫生保健所	1984 年 7 月	通州区玉桥西里 79 号	1991 至 1997 年称北京市通县中小学卫生保健站，1998 年 2 月更现名。2009 年 1 月迁至现址。保健所面向全区中小学，为中小学生服务，承担中小学生卫生保健的宣传、防治、体调、体检、校医培训等

顺义区

（1998年12月，顺义县撤县设区，改称顺义区）

幼儿园

北京市顺义区北石槽中心幼儿园

园址：顺义区北石槽镇府前西街2号

1986年6月建园，始称顺义县北石槽乡中心幼儿园，为乡镇政府办全日制幼儿园。中心幼儿园成立后，各村办园的各项事宜均由中心园统一管理。1994年5月，撤乡设镇，该园更名为顺义县北石槽镇中心幼儿园。1995年，北石槽镇将16个村办园调整为由一个中心园辐射3个村联办园的办园格局，3所村联办园分别设在中滩营村、寺上村、下西市村。1997年，撤并所有村联办园，幼儿与教师全部到中心园就读和开展教育教学工作，当时幼儿园共有37名教职员工，10个教学班，300余名幼儿，是办园以来最高峰。1998年12月，顺义撤县设区，该园更名为北京市顺义区北石槽镇中心幼儿园。2003年7月，该园转制为市立幼儿园，为教育部门公办日托制幼儿园，由区教委和镇政府双管，同时更名为北京市顺义区北石槽中心幼儿园；同年，通过北京市三级三类幼儿园验收。2006年6月，与明天幼稚集团签订联盟协议书成为北京明天幼稚集团联盟园；同年，通过北京市早教基地验收。2008年4月，与北京市明天幼稚集团第一幼儿园结为城乡“手拉手”园。

2010年，北京市顺义区北石槽中心幼儿园为教育部门办园类别，为日托制。占地面积10575平方米，校舍建筑面积2964平方米。睡眠室5个，普通教室5个。教职工14人，其中专任教师9人，保健员1人。开设5个教学班。幼儿入园38人，离园21人，在园132人。党支部书记、园长李秀梅。

北京市顺义区北务中心幼儿园

园址：顺义区北务镇政府街4号

1989年建园，始称顺义县北务乡中心幼儿园，当时为1所中心园下辖14所村办园格局，为乡镇政府办日托制幼儿园。1994年5月，撤销北务乡设立北务镇，幼儿园更名为顺义县北务镇中心幼儿园。1995年，通过北京市农村乡镇中心园达标验收。1998年12月，顺义撤县设区，后幼儿园更名为顺义区北务中心幼儿园。1998年至2002年，间各村级园逐步撤销全部并入北务中心幼儿园，中心园隶属于北务中心小学管理。2003年7月，幼儿园从北务中心小学分离出来，转制为市立园，为教育部门公办日托制，由区教委和镇政府双管。2003年12月，通过北京市二级三类幼儿园验收。2004年，幼儿园进行扩建。2008年4月，通过北京市二级二类幼儿园验收。2010年，通过北京市早教示范基地验收。

2010年，顺义区北务中心幼儿园为教育部门办园，日托制。占地面积7526.73平方米，校舍建筑面积1936平方米。普通教室6个。教职工17人，其中专任教师14人，保健员1人。开设6个教学班。幼儿入园65人，离园42人，在园225人。党支部书记、园长苏金华。

北京市顺义区北小营中心幼儿园

园址：顺义区北小营镇永利小区北侧

1987年5月建园，始称顺义县北小营乡中心幼儿园，为乡镇政府办日托制幼儿园。建园初期设中心园1所，村园17所。1989年11月，北小营撤乡设镇后，幼儿园更名为顺义县北小营中心幼儿园。1990年，被批准为市立园，是顺义县首批被确立为市立园的6所农村乡镇中心园之一。1994年，通过北京市农村幼儿园达标验收。1997年，学前教育布局调整，村园撤并减少到5所。1998年12月，顺义撤县设区后幼儿园更名为北京市顺义区北小营中心幼儿园。2002年，迁现址新建。2003年9月1日，新园正式使用，设中心园1所，村园5所。2004年5月，通过北京市二级二类幼儿园验收。2006年11月，通过北京市早期教育示范基地验收。2007年3月，通过北京市卫生局量化分级管理A级生态验收。2007年9月，村园减少到1所。2010年12月，通过北京市一级一类幼儿园验收。

2010年，幼儿园为公办日托制幼儿园。占地面积6000.6平方米、校舍建筑面积2731.15平方米。教职工29人，其中专任教师28人，保健员1人。开设9个教学班。幼儿入园164人、离园71人、在园319人。党支部书记、园长史海霞。

北京市顺义区滨河幼儿园

园址：顺义区滨河小区14号楼前

1995年9月建园，始称顺义县滨河幼儿园，隶属于顺义县教育局，公办日托制幼儿园。1998年，顺义撤县设区更名为顺义区滨河幼儿园。2004年9月，幼儿园进行全面改造。2005年12月，通过北京市一级一类幼儿园验收。

2010年，幼儿园占地面积2674平方米，校舍建筑面积1763平方米。全年教育经费投入301.5万元。教职工31人，其中专任教师30人，保健员1人。开设7个教学班。幼儿入园102人，离园94人，在园256人。党支部书记、园长王立君。

北京市顺义区泛美幼儿园

园址：顺义区顺通路29号

2000年6月16日建园，北京泛美服装有限公司为解决本厂职工子女、周边农民工子弟及顺义城区第三产业人员的子女入托问题出资承办的民办幼儿园。2010年，幼儿园占地面积1400平方米，校舍建筑面积1008平方米。教职工15人，其中专任教师10人，保健员1人。开设5个教学班。幼儿入园63人，离园42人，在园156人。党支部书记、园长肖文伶。

北京市顺义区港馨幼儿园

园址：顺义区港馨家园西区港馨幼儿园

2007年9月17日正式开园，为教育部门公办日托制幼儿园，主要服务于仁和、南法信等镇的回迁居民。2008年9月，通过北京市社区儿童早期教育示范基地验收；同年12月，通过北京市一级二类幼儿园验收。2010年1月，通过北京市一级一类幼儿园验收。

2010年，幼儿园公办日托制，占地面积3790平方米，校舍建筑面积2922平方米。专用教室3个，普通教室9个。教职工25人，其中专任教师21人，保健员1人。开设9个教学班。幼儿入园112人，离园78人，在园270人。党支部书记、园长冯永建。

北京市顺义区高丽营中心幼儿园

园址：顺义区高丽营镇张喜庄村拓新区14号

1984年6月1日建园，始称顺义县张喜庄乡中心幼儿园，为乡镇政府办日托制幼儿园。1998年4月，张喜庄乡撤销并入高丽营镇，但幼儿园未更名。2000年，幼儿园更名为顺义区高丽营第一幼儿园，2002年迁入现址。2003年7月，与高丽营第二幼儿园合并，同时转制成为市立幼儿园，更名为北京市顺义区高丽营中心幼儿园，高丽营第二幼儿园更名为高丽营中心幼儿园分园。2008年5月，中心园、分园同时通过北京市一级一类幼儿园验收。

顺义区高丽营第二幼儿园建于1988年12月，始称北京市顺义县高丽营乡中心幼儿园，为乡镇政府办日托制幼儿园。1989年11月，更名为顺义县高丽营镇中心幼儿园。1998年4月，张喜庄乡撤销并入高丽营镇但幼儿园未更名、未改变办园形式。1998年12月，顺义撤县设区后更名为北京市顺义区高丽营镇中心幼儿园。2000年，更名为北京市顺义区高丽营第二幼儿园。

2010年，顺义区高丽营中心幼儿园为公办日托制。占地面积9196.3平方米，校舍建筑面积2560平方米。专用教室2个，普通教室7个。教职工56人，其中专任教师46人，保健员2人,开设13个教学班。幼儿入园76人，离园80人，在园235人。党支部书记、园长高丽华。高丽营中心幼儿园分园为公办日托制。占地面积2868平方米，校舍建筑面积2848平方米。固定资产320万元。教职工19人，其中专任教师15人，保健员1人，开设4个教学班。幼儿入园60人,离园66人,在园167人。

北京市顺义区宏城幼儿园

园址：顺义区前进花园石门苑22号

2006年9月建园，为教育部门公办日托制幼儿园。2006年10月，顺义区西辛幼儿园并入，成为其分园。2006年10月，宏城幼儿园与北京市第一幼儿园签署“手拉手”协议书；同月，通过北京市一级二类幼儿园验收。2008年12月，通过北京市一级一类幼儿园。2010年6月，西辛分园析出独立。

2010年，幼儿园公办日托制，占地面积4726平方米，园舍建筑面积3820平方米。专用教室2个，多功能厅2个，普通教室12个。教职工45人，其中专任教师41人，专兼职保健员各1人。开设16个教学班。当年幼儿入园150人，毕业142人，在园510人。党支部书记、园长李明伟。

北京市顺义区后沙峪中心幼儿园

园址：顺义区后沙峪镇双裕西街31号

1983年7月建园，属乡镇政府办日托制幼儿园，始称顺义县后沙峪乡中幼儿园。1994年，后沙峪撤乡设镇，更名为顺义县后沙峪镇中心幼儿园。1995年，后沙峪镇政府投资200万元翻新幼儿园，1996年9月竣工。1998年4月，撤销后沙峪镇设立后沙峪地区办事处，园所未更名。同年12月，顺义区撤县设区后幼儿园更名为顺义区后沙峪镇中心幼儿园。2003年7月，幼儿园转制为市立园，由教育部门办园，后更名为北京市顺义区后沙峪中心幼儿园。2006年1月，通过北京市二级二类幼儿园验收。2000年6月，后沙峪地区办事处设立建制镇，实行“两块牌子，一套人马”。2010年6月，后沙峪中心幼儿园实施“校安工程”，原址拆除改扩建，幼儿园临时搬入清岚花园西区过渡。

2010年，幼儿园占地面积7480平方米，校舍建筑面积2966平方米。专用教室2个，普通教室5个。教职工32人，其中专任教师23人，保健员1人。开设5个教学班。幼儿入园70人，离园46人，在园210人。党支部书记、园长李玉秀。

北京市顺义区建北幼儿园

园址：顺义区建新北区37号

1982年9月建园，始称北京市顺义县建新幼儿园，为教育部门公办日托制。1987年，更名为北京市顺义县建北幼儿园。1998年12月，顺义撤县设区后更名为北京市顺义区建北幼儿园。1989年6月，通过北京市首批一级一类幼儿园验收。2000年8月，在裕龙三区建立建北幼儿园裕龙分园,容纳4个教学班，15名教职工，128名幼儿，后撤销。2003年，开办亲子园。2006年6月15日，通过北京市幼儿早期教育示范基地验收。2008年，承办市级课题观摩研讨活动。

2010年，幼儿园公办日托制，占地面积2803.17平方米，校舍建筑面积1911.7平方米。教职工33人，开设7个教学班。幼儿入园113人，离园74人、在园277人。党支部书记、园长张亚丽。

北京市顺义区建南幼儿园

园址：顺义区建新南区36号楼

1987年11月建园，始称顺义县第三幼儿园，为教育部公办日托制，办园初有教职工5人，入园幼儿40人。1998年12月，顺义撤县设区，更为现名。1997年6月，该园通过北京市一级一类幼儿园验收。2003年10月，通过北京市学前教育示范幼儿园验收，为顺义区第一所示范性幼儿园；同年12月，通过北京市社区儿童早期教育示范基地验收。

2004年4月6日，开设仓上分园，地址在仓上小学院内。2006年3月，通过北京市A级食堂验收。2007年8月，仓上分园撤销。

2010年，幼儿园公办日托制，占地面积6370平方米，校舍建筑面积2956平方米。专用教室1个，普通教室9个。教职工40人，开设教学班10个。幼儿入园122人、离园96人，在园幼儿376人。党支部书、园长张宝兰。

北京市顺义区金汉绿港幼儿园

园址：顺义区金汉绿港三区

2009年批准成立，2010年9月1日正式开园，为教育部门公办日托制一级二类幼儿园，规模12个班。2010年，幼儿园占地面积4200平方米，建筑面积3406平方米。户外场地面积906平方米。教职工27人，其中专任教师18人。开设教学班6个。入园幼儿222人、在园幼儿222人。党支部书记、园长吴冬梅。

北京市顺义区李桥中心幼儿园

园址：顺义区李桥镇沿河村任李路沿河段17号

1986年6月建园，始称顺义县沿河乡中心幼儿园，地址在李桥镇沿河村，为乡镇政府办的日托幼制儿园，共开设大、中、小3个教学班，招收幼儿70余人。1992年，沿河乡各园均由中心幼儿园管理。1995年9月，沿河中心幼儿园永青分园成立。1998年，沿河乡撤销并入李桥镇，幼儿园划归李桥镇管辖。2000年10月，更名为顺义区李桥镇中心幼儿园，迁至现址，同时永青分园并入李桥镇中心幼儿园。2002年，通过北京市二级二类验收。2003年7月，改制为市立园，由教育部门主办，并更名为北京市顺义区李桥中心幼儿园。2007年8月，接管馨港幼儿园设为分园。2009年12月，通过北京市一级一类验收。2010年6月28日，李桥中心幼儿园和馨港分园独立设置，各自独立办园。

2010年，幼儿园占地面积7184平方米，校舍建筑面积3482平方米。体育场面积1589平方米。图书馆藏书5000余册。普通教室8个，1个多功能厅。教职工30人，其中专任教师17人，保健员1人。开设教学班8个，毕业76人，招生125人，在园315人。党支部书记、园长高淑荣。

北京市顺义区李遂中心幼儿园

园址：顺义区李遂镇政府街南孙路李遂段5号

1986年6月建园，始称顺义县李遂乡中心幼儿园，为乡镇政府办日托制幼儿园。1989年11月，李遂撤乡设镇，幼儿园更名为顺义县李遂镇中心幼儿园。1995年6月，通过北京市农村幼儿园级类标准验收。1998年12月，顺义撤县设区后更名为北京市顺义区李遂镇中心幼儿园。2003年7月，幼儿园转制为市立幼儿园，由教育部门办园，并更名为北京市顺义区李遂中心幼儿园。2006年4月21日，与北京市北海幼儿园结为姊妹园。2008年10月，通过北京市社区幼儿早教基地、青年文明号验收。2010年7月，通过北京市一级一类幼儿园验收。

2010年，幼儿园为公办日托制幼儿园。占地面积10005平方米，校舍建筑面积3152.92平方米。专用教室4个，普通教室8个。教职工22人，其中专任教师15人，保健医1人。开设8个教学班。幼儿入园80人，离园120人，在园285人。党支部书记、园长赵玉芝。

北京市顺义区龙湾屯中心幼儿园

园址：顺义区龙湾屯镇府南路东侧4号

1985年3月筹建，1986年6月建园，始称顺义县龙湾屯乡中心幼儿园，为乡镇政府办日托制幼儿园。1994年5月，撤乡设镇，更名为顺义县龙湾屯镇中心幼儿园。1995年9月，通过北京市农村幼儿园达标验收。1997年，全镇形成一所中心园辐射4所村办园格局。1998年顺义撤县设区后幼儿园更名为北京市顺义区龙湾屯镇中心幼儿园，至2003年均为镇办镇管。2003年3月，转制为市立幼儿园，由区教委和镇政府双管，为公办园日托制，同时更为现名；同年11月被评定为北京市三级三类幼儿园。2005年，建中心幼儿园新教学楼。2008年4月，被评定为三级二类幼儿园。2009年，与怡馨幼儿园合作。2010年9月，与石园北区幼儿园建立合作关系。

2010年，幼儿园公办日托制，占地面积5045平方米，校舍建筑面积为2240平方米。专用教室2个，普通教室6个。教职工22人，开设6个教学班。幼儿入园220人，离园30人，在园190人。党支部书记、园长魏淑芳。

北京市顺义区马坡中心幼儿园

园址：顺义区马坡花园南侧

1993年9月建园，始称顺义县马坡乡中心幼儿园，为乡镇政府办日托制幼儿园，建园伊始向阳村、大营村、东丰乐、西丰乐、北上坡、东马坡、西马坡、肖家坡等京密路以东的各村办园撤销，合并到该中心园。1994年6月，通过市乡镇中心幼儿园达标合格验收。1998年4月，撤销马坡乡，设立马坡地区办事处；同年12月顺义撤县设区后，幼儿园更名为北京市顺义区马坡镇中心幼儿园，仍为乡镇政府办园。1996年9月至1998年9月间，全乡有一所中心幼儿园，6所村级幼儿园。1998年9月至2001年9月，全镇有一所中心幼儿园，3所村级幼儿园。1999年11月，马坡地区办事处设立建制镇，实行“两块牌子，一套人马”。2003年7月，幼儿园人员编制从马坡中心小学剥离出来，转制成为市立幼儿园，由教育部门办园，并更名为北京市顺义区马坡中心幼儿园。2004年2月，幼儿园通过北京市二级二类幼儿园验收；同年9月马坡中心幼儿园完成扩建工程。2005年12月，幼儿园通过北京市一级一类幼儿园验收。2006年12月，通过北京市早教基地亲子示范基地验收。2008年，顺义区马坡第二幼儿园成立，为马坡中心幼儿园分园，马卷、荆卷、向前等京密路以西的各村村办园撤销，合并到马坡第二幼儿园。

2010年，马坡中心幼儿园为公办日托制。本园占地面积6276平方米，校舍建筑面积5246平方米。专用教室1个，普通教室13个。教职工41人。开设8个教学班。幼儿入园110人，在园360人，离园98人。马坡第二幼儿园（马坡中心幼儿园分园）占地面积4234平方米，校舍建筑面积2014平方米。教职工20人。开设5个教学班。幼儿入园40人、离园50人，在园140人。党支部书记、园长康伶华。

北京市顺义区木林中心幼儿园

园址：顺义区顺焦公路北侧木林段83号

1986年9月建园，始称顺义县木林乡中心幼儿园，为乡镇政府办日托制幼儿园。1989年11月，木林撤乡设镇，幼儿园更名为顺义县木林中心幼儿园，1990年5月，转为市立园，为教育部门公办日托制，由教育局和镇政府双管。1997年9月1日，幼儿园新教学楼落成并迁至现址。1998年，撤县设区，幼儿园更名为北京市顺义区木林中心幼儿园。2003年8月，李各庄中心幼儿园并入木林中心幼儿园，成为木林中心幼儿园李各庄分园。李各庄中心幼儿园1986年6月建园，始称顺义县李各庄乡中心幼儿园，为乡镇政府办日托制幼儿园。1997年3月，撤销李各庄乡并入木林镇，幼儿园更名为顺义县木林镇李各庄中心幼儿园。2004年2月，木林中心园通过北京市二级二类幼儿园验收。2006年7月，教学楼整体装修。2008年，通过北京市一级二类幼儿园验收。

2010年，木林中心幼儿园（含分园）占地14129.48平方米，校舍建筑面积3535.48平方米。教职工42人。开设教学班13个。幼儿园入园425人，离园34人，在园484人。党支部书记、园长宋晓荣。

北京市顺义区南彩第二幼儿园

园址：顺义区南彩镇政府东侧

1988年建园，始称顺义县俸伯乡中心幼儿园，属于俸伯乡政府办全日制幼儿园，地址在俸伯医院南侧，首届开设3个教学班，在园幼儿园近90人。1997年3月，俸伯乡撤销并入南彩镇，幼儿园更名为顺义县俸伯中心幼儿园。1998年12月，顺义撤县设区，幼儿园更名为顺义区俸伯中心幼儿园。2003年，幼儿园转制成为市立园，为教育部门公办日托制，成为区教委和镇政府双管单位，并迁至俸伯小学东侧的新楼房。同年7月，并入南彩中心幼儿园改称顺义区南彩中心幼儿园分园。2010年6月分园独立，改称北京市顺义区南彩第二幼儿园，属于顺义区教委全额拨款事业单位。

2010年，南彩第二幼儿园为教育部门办园类别，为日托制。占地面积5000平方米，校舍建筑面积2245平方米。教职工26人，其中专任教师19人，保健员1人。开设7个教学班。幼儿入园78人，离园56人，在园202人。党支部书记、园长刘淑芝。

北京市顺义区南彩第一幼儿园

园址：顺义区南彩镇南彩中大街9号

1986年5月建园，始称顺义县南彩乡中心幼儿园，为乡镇政府办日托制幼儿园。1989年7月，南彩乡撤销设立南彩镇，幼儿园更名为顺义县南彩镇中心幼儿园。1992年，幼儿园迁入现址。1994年9月，被评为北京市“花园式园所”。1997年3月，俸伯乡撤销并入南彩镇，顺义县俸伯中心幼儿园划归南彩镇管辖，但两所幼儿园仍分别独立办园。1998年12月，顺义撤县设区，该园更名为顺义区南彩镇中心幼儿园。2003年7月，南彩镇中心幼儿园与俸伯中心幼儿园合并，改制为市立园，并更名为北京市顺义区南彩中心幼儿园，为教育部门公办日托制，为区教委和镇政府双管单位。同年通过北京市三级二类幼儿园验收。2006年10月，与崇文三幼结为“手拉手”共建园。2008年9月，通过北京市社区儿童早期教育示范基地验收。2009年12月，通过北京市一级一类幼儿园验收。2010年6月，南彩中心幼儿园及分园各自独立，分别称顺义区南彩第一幼儿园和顺义区南彩第二幼儿园。

2010年，南彩第一幼儿园占地面积18000平方米，校舍建筑面积2426.8平方米。专用教室1个，普通教室7个。教职工37人，其中专任教师27人，保健员1人。开设8个教学班。幼儿入园96人，离园64人，在园290人。党支部书记、园长叶春清。

北京市顺义区南法信中心幼儿园

园址：顺义区南法信镇政府北顺余西路3号

1991年8月建园，始称顺义县南法信乡中心幼儿园，乡镇政府办日托制幼儿园。园址在原小学旧校址，下设冯家营、北法信、西海洪3所分园。同时东海洪、十里堡、南卷、西杜兰4所村园分别设在村小学内，另外十里堡村还保留2所私办园。1992年，中心园迁入现址新建校舍。1992年9月，开办3家店村园后，十里堡2个私办园自然消失，教师由中心校统一安排。1993年5月，幼儿园通过北京农村中心园达标验收；同年9月，开办马家营村园。1994年9月，各村园均独立成园。1995年9月，撤销西海洪幼儿园，中心园首次引进公办幼儿教师。1996年3月，撤销三家店、西杜兰、北法信村园。1998年4月，撤销南法信乡设立南法信地区办事处，幼儿园未更名。1998年5月，幼儿园通过北京市一级二类园和北京市体育特色园验收。同年9月，撤销东海洪、南卷、十里堡、冯家营4所村园，只保留马家营分园1所。1998年12月，顺义撤县设区后幼儿园更名为顺义区南法信中心幼儿园。1999年9月，鲲鹏集团幼儿园并入中心园。2000年9月，在南法信地区办事处设立建制镇。2003年7月，转制为市立公办幼儿园，隶属区教委和镇政府双管。2005年3月，幼儿园通过北京市A级食堂验收；同年8月，撤销马家营分园。同年12月，通过北京市一级一类幼儿园和北京市早教示范基地验收。2006年，通过北京市社区儿童早期教育示范基地验收。

2010年，幼儿园公办日托制，占公办地面积6580平方米，建筑面积2510平方米。图书室藏书总数7763册。普通教室7个，专用教室6个。教职工35人，开设教学班7个。入园幼儿92人，在园幼儿243人，离园幼儿58人。党支部书记、园长韩佳齐。

北京市顺义区牛山中心幼儿园

园址：顺义区牛栏山镇府前街24号

1983年8月建园，始称顺义县牛栏山乡中心幼儿园，园址在牛山中心小学，隶属于牛山中心小学，为乡镇办政府办日托制幼儿园。1988年迁现址，更名为顺义县牛山幼儿活动中心。1989年11月，撤乡设镇后未更名。1991年9月，更名为顺义县牛山中心幼儿园，并改制为市立公办园，由教育部门和乡镇政府双管，是该县农村中心园中第一批市立园。

1998年12月，顺义撤县设区，幼儿园更名为北京市顺义区牛山中心幼儿园。1998年6月，通过北京市一级二类幼儿园验收。2006年6月，通过北京市一级一类幼儿园验收；同年通过北京市A类食堂验收。2010年，通过北京市早期教育示范基地验收；同年被评为首都绿化美化花园式单位。

2010年，幼儿园占地面积8430平方米，校舍建筑面积2753平方米。教职工40人，其中专任教师29人，保健员1人。开设8个教学班。幼儿入园90人，离园85人，在园280人。党支部书记、园长李然。

北京市顺义区仁和中心幼儿园

园址：顺义区石园南区

1980年，城关公社（现仁和地区）共有幼儿园20所（包括原城关镇和平各庄乡）。1989年11月，撤销平各庄乡并入城关镇，同时更名为顺义镇。幼儿园1996年7月15日开园，始称顺义县顺义镇幼儿园。1998年，撤销顺义镇，设立仁和地区办事处，但幼儿园并为更名；同年12月，顺义撤县设区，幼儿园更名为北京市顺义区仁和幼儿园。2000年6月，仁和地区办事处设立建制镇，实行“两块牌子，一套人马”。2001年，幼儿园转制为市立园，为教育部门公办日托制，更名为顺义区仁和中心幼儿园，由区教委和镇政府双管。2003年6月，通过北京市一级一类幼儿园验收。2004年12月，通过北京市社区早期教育基地验收。2006年，被评为北京市园本教研示范园。2007年11月，通过北京市示范幼儿园验收。2009年4月，通过北京市首批信息化建设示范基地验收。

2010年，幼儿园公办日托制，占地面积3989平方米，校舍建筑面积3852平方米。专用教室2个，普通教室8个。教职工30人，开设9个教学班。幼儿入园117人，离园101人，在园294人。党支部书记、园长王艳芳。

北京市顺义区石园北区幼儿园

园址：顺义区石园北区20号楼前

2004年9月1日开园，为教育部门公办日托制幼儿园，首届招生210余名幼儿，开设7个班。2005年6月，通过北京市一级二类幼儿园验收。2006年9月，成为北京市早期干预幼儿园；同年12月，通过北京市幼儿早教基地验收。2007年12月，通过北京市一级一类幼儿园验收、北京市特殊教育示范基地验收、北京市社区儿童早期教育示范基地验。2008年，通过北京市示范幼儿园验收。

2010年，幼儿园公办日托制，占地面积6300平方米，校舍建筑面积3750平方米。图书馆（室）藏书总数9958册。专用教室4个，普通教室11个。教职工42人，其中专任教师42人，保健员2人。开设11个教学班。幼儿入园147人，离园117人，在园245人。党支部书记、园长杨海君。

北京市顺义区石园幼儿园

园址：顺义区石园西区20号楼

1992年10月建园，始称顺义县第五幼儿园，为教育部门公办日托制幼儿园。1998年7月，通过北京市一级二类幼儿园验收。同年12月，顺义撤县设区后更名为北京市顺义区石园幼儿园。2005年6月，通过北京市一级一类幼儿园验收。2006年6月，通过北京市社区儿童早期教育示范基地验收。2008年4月23日，与北京市朝阳区劲松第一幼儿园签署合作协议。2009年12月4日，通过北京市儿童特殊教育示范基地验收。

2010年，石园幼儿园公办日托制，占地面积2380平方米，校舍建筑面积1772平方米。图书馆藏书共计6290册。普通教室6个。教职工34人，其中专任教师13人，保健员2人。开设7个教学班。幼儿入园90人，离园80人，在园239人。党支部书记、园长杨宝芹。

北京市顺义区双兴幼儿园

园址：顺义区双兴南区26号楼东侧

2005年建园，始称北京市顺义区石幢幼儿园，地址在顺义区中山北街太平胡同内，为教育部门公办日托制幼儿园，拥有3个教学班，17名教职工，93名幼儿。2006年5月，迁入现址，改为现名。拥有6个教学班，1个亲子班，24名教职工。2007年12月，通过北京市一级二类幼儿园验收，入选北京市社区儿童早期教育示范基地。2008年12月，通过北京市一级一类幼儿园验收；同月，被区教科室评为四星级教科室。

2010年，幼儿园占地面积2421平方米，校舍建筑面积2011平方米。成套教学用室6个，亲子教室1个。专任教师24人，保健员1人。开设6个教学班。幼儿入园60人，离园84人，在园273人。党支部书记、园长杜秋红。

北京市顺义区天竺中心幼儿园

园址：顺义区天竺镇府前一街20号

1986年建园，始称顺义县天竺乡中心幼儿园，为乡镇办全日制幼儿园。1989年11月，天竺撤乡设镇后更名为顺义县天竺中心幼儿园。1990年，改制为市立园，为教育部门公办日托制。1998年4月，撤销天竺镇设立天竺地区办事处，但幼儿园未更名。1998年12月，顺义撤县设区后幼儿园更名为北京市顺义区天竺中心幼儿园。2000年6月，天竺地区办事处设立建制镇，实行"两块牌子，一套人马"。2006年12月，通过北京市一级一类幼儿园验收。2009年，通过北京市社区早教示范基地验收。

2010年，幼儿园公办日托制，占地面积6773平方米，校舍建筑面积2796平方米。普通教室10个。教职工31人，开设11个教学班。幼儿入园170人，离园138人，在园410人。党支部书记、园长张红。

北京市顺义区西辛幼儿园

园址：顺义区西辛南区

1996年9月2日开园，始称顺义县西辛幼儿园，教育部门公办日托制幼儿园。首届招收3个班90余名幼儿。1998年，顺义撤县设区，更名为北京市顺义区西辛幼儿园。2003年12月，通过北京市二级二类幼儿园验收。2006年4月，通过北京市0～3岁早期教育示范基地验收。2006年10月12日，并入新落成的顺义区宏城幼儿园，改称顺义区宏城幼儿园西辛分园。2006年10月25日，被认定为北京市一级二类幼儿园。2008年12月，通过北京市一级一类幼儿园验收。2010年6月，西辛分园独立设置，恢复为北京市顺义区西辛幼儿园。独立后，仍为顺义区教育部门所属公办幼儿园。

2010年，西辛幼儿园占地面积3993平方米，校舍建筑面积1902平方米。专用教室2个，普通教室9个。教职工29人，其中专任教师28人，保健员1人。开设教学班10个。幼儿入园114人，离园102人，在园362人。党支部书记、园长杨丽群。

北京市顺义区馨港幼儿园

园址：顺义区李桥镇馨港庄园二区2号

2003年建园，始称为爱得斯幼儿园，为私立幼儿园。2007年，转制成为日托制公立园，同时成为李桥中心幼儿园分园。2008年1月，通过北京市A级食堂验收。2009年，通过北京市一级一类幼儿园验收。2010年6月，独立建制，更名为北京市顺义区馨港幼儿园。

2010年，幼儿园占地面积1620平方米，校舍建筑面积2020平方米。专用教室2个，普通教室6个。教职工17人，其中专任教师16人，保健员1人。开设6个教学班。幼儿入园83人，离园62人，在园138人。党支部书记、园长耿兵。

北京市顺义区幸福幼儿园

园址：顺义区幸福西街六号

1971年建园，始称顺义县供销合作联社幼儿园，为其他部门公办日托制幼儿园。1998年2月21日，改制教育部门公办日托制幼儿园，更名为顺义县幸福幼儿园。1998年12月，顺义撤县设区更名为北京市顺义区幸福幼儿园。2004年2月，通过北京市二级二类幼儿园验收。2006年12月，通过北京市一级一类幼儿园验收和北京市早教示范基地验收。

2010年，幼儿园公办日托制，占地面积3007平方米，校舍建筑面积2240平方米。专用教室3个，普通教室10个。教职工40人，开设11个教学班。幼儿入园80人，离园90人，在园326人。党支部书记、园长张玲。

北京市顺义区杨镇中心幼儿园

园址：顺义区杨镇政府街4号

1987年建园，始称顺义县杨各庄乡儿童

乐园，为乡镇政府办日托制幼儿园。1989年11月，杨各庄乡撤销设立杨镇，幼儿园更名为顺义县杨镇中心幼儿园。1990年，成为市立幼儿园，系顺义县首批市立园之一，为教育部门公办日托制幼儿园，由县教育局和镇政府双管。1998年12月，顺义撤县设区，幼儿园更名为顺义区杨镇中心幼儿园。2002年1月，合并沙岭中心幼儿园。2002年9月，合并小店中心幼儿园设立杨镇中心幼儿园小店分园。

小店中心幼儿园1985年10月建立，始称顺义县小店乡中心幼儿园，位于“鸣飞儿童乐园”内，为乡镇政府办日托制幼儿园。1994年5月，小店乡撤销并入杨镇，幼儿园划归杨镇管辖，仍保留独立办园形式未更名。1998年12月，顺义撤县设区，幼儿园更名为顺义区小店中心幼儿园。2002年9月，小店中心幼儿园撤销中心园建制成为杨镇中心幼儿园小店分园。2006年，小店分园重建改造。

沙岭中心幼儿园1987年9月建立，始称顺义县沙岭乡中心幼儿园。1997年3月，沙岭乡撤销并入杨镇，幼儿园划归杨镇管辖，但仍保留独立办园形式未更名。1998年12月，顺义撤县设区，幼儿园更名为顺义区沙岭中心幼儿园。2002年1月，沙岭中心幼儿园撤销并入杨镇中心幼儿园。2005年9月，恢复建园成为杨镇中心幼儿园沙岭分园。

2004年5月，杨镇中心幼儿园通过北京市一级一类幼儿园验收。2005年9月，设立杨镇中心幼儿园沙岭分园。2005年，杨镇中心幼儿园通过北京市早教示范基地验收。2010年，杨镇中心幼儿园为教育部门办园，日托制。园本部占地面积5854平方米，校舍建筑面积2699平方米。专用教室1个，普通教室14个。教职工42人，其中，教师32人，保育员10人。入园幼儿120人，离园121人，在园487人。党支部书记、园长于红伟。

小店分园占地面积4355平方米，校舍建筑面积1048平方米。教职工9人，其中专任教师6人。开设3个教学班。幼儿入园30人，离园30人，在园90人。

沙岭分园占地面积805平方米，校舍建筑面积356平方米。教职工3人，其中专任教师3人。开设1个教学班。幼儿入园10人，离园10人，在园20人。

北京市顺义区怡馨幼儿园

园址：顺义区怡馨家园27号

2006年9月8日开园，教育部门公办日托制幼儿园。首届招收5个班130名幼儿。2006年12月，通过北京市社区儿童早期教育示范基地验收。2007年12月，通过北京市一级二类幼儿园验收。2008年12月，通过北京市一级一类幼儿园验收。

2010年，幼儿园占地面积2116平方米，校舍建筑面积3228.35平方米。教职工28人。其中专任教师24人，保健员1人。开设10个教学班。幼儿入园125人，离园90人，在园360人。党支部书记、园长李桂芹。

北京市顺义区义宾幼儿园

园址：顺义区义宾南区甲10号

1990年2月建园，始称顺义县义宾幼儿园，为教育部门公办幼儿园，建园伊始招收小、中班幼儿约120人。1998年12月，顺义撤县设区后幼儿园更名为北京市顺义区义宾幼儿园。2004年2月，通过北京市二级二类验收，12月，通过北京市儿童早期教育示范基地验收。2006年12月，通过北京市一级一类幼儿园验收。

2010年，幼儿园公办日托制，占地面积2548平方米，校舍建筑面积2012平方米。全年教育经费投入262.75万元，专用教室2个，普通教室6个。教职工32人，开设7个教学班。幼儿入园76人，离园69人，在园200人。党支部书记、园长邢连荣。

北京市顺义区尹家府中心幼儿园

园址：顺义区大孙各庄镇四福通大街82号

1984年7月建园，始称顺义县尹家府乡儿童乐园，地址在顺义县尹家府乡东尹村，为乡镇政府办全日制幼儿园。1991年7月，成为市立幼儿园，为教育部门公办日托制，由县教育局和乡政府双管。1992年，更名为顺义县尹家府中心幼儿园。1993年，通过北京市农村乡镇中心园验收。1995年8月，校址迁至尹家府乡四福庄村。20世纪90年代后期，尹家府乡陆续撤销各个村级园，仅保留尹家府中心幼儿园。1997 年 3 月，尹家府乡撤销并入大孙各庄镇，划归大孙各庄镇管辖，但幼儿园未更名。2003 年 9 月，大孙各庄中心幼儿园并入尹家府中心幼儿园，成为尹家府中心幼儿园分园。大孙各庄中心幼儿园 1985 年 4 月建立，始称顺义县大孙各庄乡中心幼儿园，为乡镇政府办日托制幼儿园。1994 年 5 月，大孙各庄撤乡设镇，幼儿园更名为顺义区大孙各庄镇中心幼儿园。1995 年 5 月，通过北京市农村乡镇幼儿园验收。1997 年，尹家府乡撤销并入大孙各庄镇，幼儿园仍保留独立办园形式；同年 9 月大孙各庄镇撤销村级办园，幼儿全部集中到大孙各庄镇中心幼儿园。2003 年 9 月，撤销中心园建制成为尹家府中心幼儿园大孙各庄分园。2003 年，尹家府中心幼儿园入选北京市社区儿童早期教育示范基地。2004 年 2 月，通过北京市二级二类幼儿园验收。2006 年 12 月，通过北京市一级一类园所验收。2007 年 9 月，获全国教育系统先进集体称号。

2010 年，尹家府中心幼儿园（含分园）占地面积 14996 平方米，校舍建筑面积 5425 平方米。普通教室 12 个。教职工 63 人，其中专任教师 43 人，保健员 2 人。开设 14 个教学班。幼儿入园 130 人，离园 86 人，在园 384 人。党支部书、园长张秋燕。园训：敬业、修德、求实、进取。

北京市顺义区裕龙幼儿园

园址：顺义区裕龙花园四区 13 号

2004 年建园，始称顺义区大龙实验幼儿园，当时是一所民办园。2010 年 5 月，改为公办幼儿园，更名为北京市顺义区裕龙幼儿园，为一级二类幼儿园（临时）。2010 年 9 月，正式开园，招生 120 人其余 240 人为转制前幼儿。

2010 年，裕龙幼儿园为教育部门办园，日托制。占地面积 2713 平方米，校舍建筑面积 2733 平方米。固定资产 88.62 万元。教职工 38 人，其中专任教师 29 人，保健员 2 人。开设 10 个教学班。幼儿入园 120 人，离园 106 人，在园 360 人。党支部书记、园长郭立娜。

北京市顺义区张镇中心幼儿园

园址：顺义区张镇张各庄村

1990 年 6 月建园，始称顺义县张镇中心幼儿园，为乡镇政府办日托制幼儿园。最初在原政府院内，只有幼儿 60 余人。1995 年，该园通过北京市农村园验收。1998 年 12 月，顺义撤县设区后更名为顺义区张镇中心幼儿园。2001 年 9 月，合并赵各庄乡中心幼儿园设为顺义区张镇中心幼儿园赵各庄分园。2003 年 7 月，张镇中心幼儿园转制成为市立园，为教育部门公办日托制，由区教委和镇政府双管单位；同月，通过北京市三级三类幼儿园验收。2005 年 9 月，张镇中心幼儿园新址建园并落成。2008 年 4 月，通过北京市二级二类幼儿园验收。

张镇中心幼儿园赵各庄分园 1988 年 4 月建园，始称顺义县赵各庄乡中心幼儿园。1997 年 3 月，撤销赵各庄乡划归张镇，但幼儿园未更名。1998 年 12 月，顺义撤县设区，幼儿园更名为北京市顺义区赵各庄中心幼儿园。2001 年 9 月，更名为顺义区张镇中心幼儿园赵各庄分园。

2010 年，张镇中心幼儿园占地面积 3770 平方米，校舍建筑面积 2418.27 平方米。专用教室 1 个，普通教室 7 个。教职工 39 人，其中专任教师 31 人。幼儿入园 98 人，离园 66 人，在园 270 人。赵各庄分园占地面积 1080 平方米，校舍建筑面积 540 平方米。教职工 4 人，其中专任教师 4 人。开设 3 个教学班。幼儿入园 19 人，离园 15 人，在园 50 人。党支部书记、园长李永久。

北京市顺义区赵全营中心幼儿园

园址：顺义区赵全营镇政府路北 113 号

1991 年 9 月建园，始称顺义县赵全营乡中心幼儿园，为乡镇政府办日托制幼儿园。该园成立后，小高丽营、赵全营村幼儿园撤销，合并到中心园。1996 年 9 月，红铜营村办幼儿园撤销合并到中心园。1997 年 3 月，赵全营乡和板桥乡合并建立赵全营镇，幼儿园更名为顺义县赵全营镇中心幼儿园（同时板桥乡中心幼儿园划归赵全营镇管辖并更名为赵全营镇板桥中心幼儿园）。1998 年 9 月，前桑园村幼儿园、后桑园村幼儿园撤销并入中心园。同年12月，顺义撤县设区幼儿园更名为顺义区赵全营镇中心幼儿园。2000年9月，陈各庄村幼儿园、西小营村幼儿园撤销并入中心园。2001年9月，忻州营村幼儿园撤销并入中心园。2003年7月，幼儿园转制成为市立园，为教育部门公办日托制，由区教委和镇政府双管，改称赵全营中心幼儿园。同时板桥中心幼儿园撤销中心园建制，成为赵全营中心幼儿园板桥分园。2004年9月，豹房村幼儿园和小官庄村幼儿园撤销并入中心园。2005年9月，赵全营中心幼儿园板桥分园并入中心园。2010年9月，赵全营中心幼儿园河庄分园撤销并入中心园。

2010年，赵全营中心幼儿园（含分园）占地面积16009平方米，校舍建筑面积4202平方米。教职工20人，其中专任教师11人。开设8个教学班。幼儿入园83人，离园75人，在园245人。党支部书记、园长张雪梅。

中国人民解放军66055部队幼儿园

园址：顺义区拥军路5号

1953年3月建园，始称4561部队幼儿园，地址在4561部队连队的5间平房里，共有教职工11人，在园幼儿80人。1966年，幼儿园随部队建制改称5116部队幼儿园，1969年9月，幼儿园停办。1971年6月，幼儿园再次在原址开办。1991年年初，幼儿园有3个班，6名教养员，6名保育员，1名园长，4名炊事员，80多名幼儿，园舍仍是连队的5间平房。1991年10月，幼儿园从平房搬进新楼。2000年，随部队建制改称中国人民解放军66055部队幼儿园。

2010年，幼儿园为部队办寄宿制幼儿园，占地面积2500平方米，校舍建筑面积1100平方米。教职工18人，其中专任教师8人。开设4个教学班，幼儿入园50人，离园38人，在园109人。党支部书记、园长王舒义。

表60　　2010年顺义区幼儿园一览表

序号	幼儿园名称	建园时间	举办者
1	北京市顺义区北石槽中心幼儿园	1986年	教育部门办
2	北京市顺义区北务中心幼儿园	1989年	教育部门办
3	北京市顺义区北小营中心幼儿园	1987年	教育部门办
4	北京市顺义区滨河幼儿园	1995年	教育部门办
5	北京市顺义区港馨幼儿园	2007年	教育部门办
6	北京市顺义区高丽营中心幼儿园	1984年	教育部门办
7	北京市顺义区高丽营中心幼儿园分园	1988年	教育部门办
8	北京市顺义区宏城幼儿园	2006年	教育部门办
9	北京市顺义区后沙峪中心幼儿园	1983年	教育部门办
10	北京市顺义区建北幼儿园	1982年	教育部门办
11	北京市顺义区建南幼儿园	1987年	教育部门办
12	北京市顺义区金汉绿港幼儿园	2010年	教育部门办
13	北京市顺义区李桥中心幼儿园	1986年	教育部门办
14	北京市顺义区李遂中心幼儿园	1986年	教育部门办
15	北京市顺义区龙湾屯中心幼儿园	1986年	教育部门办
16	北京市顺义区马坡中心幼儿园	1993年	教育部门办
17	北京市顺义区木林中心幼儿园	1986年	教育部门办
18	北京市顺义区南彩第二幼儿园	1988年	教育部门办
19	北京市顺义区南彩第一幼儿园	1986年	教育部门办
20	北京市顺义区南法信中心幼儿园	1991年	教育部门办
21	北京市顺义区牛山中心幼儿园	1983年	教育部门办
22	北京市顺义区仁和中心幼儿园	1996年	教育部门办
23	北京市顺义区石园北区幼儿园	2004年	教育部门办

续表 60

序号	幼儿园名称	建园时间	举办者
24	北京市顺义区石园幼儿园	1992 年	教育部门办
25	北京市顺义区双兴幼儿园	2005 年	教育部门办
26	北京市顺义区天竺中心幼儿园	1986 年	教育部门办
27	北京市顺义区西辛幼儿园	1996 年	教育部门办
28	北京市顺义区馨港幼儿园	2003 年	教育部门办
29	北京市顺义区幸福幼儿园	1971 年	教育部门办
30	北京市顺义区杨镇幼儿园小店分园	1985 年	教育部门办
31	北京市顺义区杨镇中心幼儿园	1987 年	教育部门办
32	北京市顺义区怡馨幼儿园	2006 年	教育部门办
33	北京市顺义区义宾幼儿园	1990 年	教育部门办
34	北京市顺义区尹家府幼儿分园	1985 年	教育部门办
35	北京市顺义区尹家府中心幼儿园	1984 年	教育部门办
36	北京市顺义区裕龙幼儿园	2004 年	教育部门办
37	北京市顺义区张镇赵各庄分园	1987 年	教育部门办
38	北京市顺义区张镇中心幼儿园	1990 年	教育部门办
39	北京市顺义区赵全营中心幼儿园	1991 年	教育部门办
40	北京市顺义区后沙峪白辛庄幼儿园	2009 年	集体办
41	北京市顺义区木林镇大韩庄幼儿园	2009 年	集体办
42	北京市顺义区木林镇王泮庄幼儿园	2009 年	集体办
43	北京市顺义区仁和镇平各庄村幼儿	1998 年	集体办
44	北京市顺义区仁和镇庄头村幼儿园	2009 年	集体办
45	中国人民解放军 66055 部队幼儿园	1953 年	其他部门办
46	北京市顺义区采风幼儿园	2004 年	民办
47	北京市顺义区长颈鹿幼儿园	2001 年	民办
48	北京市顺义区泛美幼儿园	2000 年	民办
49	北京市顺义区欢乐堡幼儿园	2009 年	民办
50	北京市顺义区汇佳东方幼儿园	2009 年	民办
51	北京市顺义区景福幼儿园	2008 年	民办
52	北京市顺义区万科城市花园幼儿园	2000 年	民办
53	北京市顺义区温莎双语幼儿园	2010 年	民办
54	北京市顺义区伊顿幼儿园	2003 年	民办

小学

北京市顺义区板桥中心小学校

校址：顺义区赵全营镇牛板路板桥段 1 号

1950 年建校，始称顺义县板桥中心小学校，地址在板桥村南的老爷庙内，为公办性质。1993 年 3 月，学校迁现址新建教学楼，校舍建筑面积 4858 平方米；同年 10 月学校通过市中心校规范化建设验收。1997 年 3 月，板桥乡和赵全营乡撤销，成立赵全营镇，但是学校未更名。1998 年 12 月，顺义撤县设区，学校更名为北京市顺义区板桥中心小学校。2005 年，学校教学楼全面装修，同年通过区级验收。西绛州营村小、稷山营村小、河庄小学分别于 1993 年 3 月、1999 年 9 月、2002 年 9 月撤并到中心小学。2010 年，学校占地面积 21744 平方米，建筑面积 5500 平方米，体育场面积 8400 平方米。教职工 39 人，其中专任教师 33 人。开设教学班 12 个。毕业 76 人，招生 53 人，在校生 380 人。校训：务本求实，勤奋进取。党支部书记、校长肖玉刚。

北京市顺义区北石槽中心小学校

校址：顺义区北石槽镇府前街11号

1949年建校，始称寺上中心小学。1968年，更名为寺上小学。1978年，恢复中心小学管理体系，更名顺义县东石槽中心小学。1988年9月，更名为顺义县北石槽中心小学校，为公办性质。同年9月，北石槽中心小学教学楼投入使用，并形成1所中心校4所联办校布局，4所联办校为下西市完小、良善庄小学、寺上小学、中滩营小学。1998年，顺义撤县设区后学校更名为北京市顺义区北石槽中心小学校。2003年至2004年8月，4所联办校撤并到中心小学。

2010年，学校占地面积24335平方米，建筑面积5621平方米，体育场面积10350平方米。图书馆藏书2万册。普通教室13个，专用教室13个。教职工52人，其中专任教师35人。开设教学班13个。毕业101人，招生43人，在校生395人。校训：团结、勤奋、求实、创新。党支部书记、校长卢庆元。

北京市顺义区北务中心小学校

校址：顺义区北务镇商业街17号

1948年建校，始称北务小学，校址在北务村内。1975年，新建两批平房。1978年9月，学校迁至北务中学东南并更名顺义县北务中心小学校。1991年11月，北务中心校迁入现址教学楼。同年12月，北务中心小学校下辖珠宝屯完小、郭家务完小2所完小，以及林上小学、王各庄小学2所村小。1992年5月，通过北京市办学条件达标验收。1998年12月，顺义撤县设区后学校更名为顺义区北务中心小学校。2002年8月，珠宝屯分校、郭家务分校、林上小学、王各庄小学4所分校全部撤销，并入中小。2006年9月，评为顺义区教育系统先进集体。

2010年，学校占地面积227610平方米，教学楼建筑面积3400平方米，平房面积600平方米，体育场面积12840平方米。图书室藏书1.51万册。普通教室12个，专用教室9个。教职工40人，其中专任教师39人。开设教学班12个。毕业56人，招生53人，在校学生346人。党支部书记、校长胡建合。

北京市顺义区北小营中心小学校

校址：顺义区北小营镇北小营村平安路47号

1948年12月建校，始称榆林中心小学。1967年，榆林中心小学撤销。1978年9月，恢复中心小学，定名顺义县北小营中心小学，下辖8所分校。1991年9月，北小营中心小学教学楼竣工，8所分校五、六年级学生并入中心校教学楼内，分校只保留一至四年级。1997年9月，小胡营分校撤销并入榆林小学。1998年12月，顺义撤县设区，北小营中心小学更名为北京市顺义区北小营中心小学校。2002年9月至2007年9月，各分校陆续撤销并入中心小学。

2010年，学校占地面积22200平方米，建筑面积7860平方米，体育场面积8000平方米。图书室藏书3.2万册。普通教室24个，专用教室12个。教职工78人，其中专任教师71人。开设教学班24个。毕业105人，招生133人，在校生711人。校训：全面发展，乐学成才。党支部书记、校长田自泉。

北京市顺义区仓上小学

校址：顺义区五里仓小区

1994年建校，始称顺义县仓上小学，为区教委直属公立完全小学。1995年，开设全县唯一的一个计算机实验班。1996年，建成全县第一个劳动教室、第一个自然教室、第一个舞蹈教室，并作为样板接待县内外许多单位现场参观。1998年，顺义撤县设区，学校更名为顺义区仓上小学。1999年7月，设立幼儿园。2000年4月，下属幼儿园由顺义区第三幼儿园（即建新南区幼儿园）接管。2003年9月，成立韩国留学生“汉语部”，成为全区第一个具有招收外国留学生资质的小学校。

2010年，学校占地面积15000平方米，建筑面积5600平方米，体育场面积2700平方米。图书室藏书1.59万册。普通教室25个，专用教室6个。教职工57人，其中专任教师43人；顺义区骨干教师7人。开设教学班19个。毕业70人，招生69人，在校生535人。校训：立志、勤奋、活泼、健体。党支部书记、校长张振毅。

北京市顺义区仇家店中心小学校

校址：顺义区北小营镇仇家店村环村北路25号

前身为东府中心小学，1948年建校，坐落于北小营镇东府村。学校占地约5400平方米。1964年，学校搬到仇家店村，即现在仇家店中心小学所在地。1967年，东府中心小学撤销，学校开始贫下中农管学。1978年9月，北小营公社成立仇家店中心小学校，下辖东府、西府、前鲁、后鲁、上辇、北府、东乌鸡、仇店8个村小。1992年至2010年8月，村小陆续撤销，并入中心小学。

2010年，学校占地面积22495平方米，建筑面积9223平方米，体育场面积8000平方米。图书馆藏书1.71万册。普通教室18个，专用教室11个。教职工65人，其中专任教师42人。开设教学班18个。毕业64人，招生106人，在校生504人。校训：文明、勤学、求实、向上。党支部书记、校长侯立坤。

北京市顺义区大孙各庄中心小学校

校址：顺义区大孙各庄镇府前东街6号

前身薛庄中心小学1949年3月于薛庄村建校。1962年4月，学校迁到大孙各庄村西南，更名为大孙各庄中心小学校，原薛庄中心小学校址改为薛庄完小。1998年，顺义撤县设区，中心校迁回薛庄完小，更名为顺义区大孙各庄中心小学校。1992年11月底，学校教学楼落成。1997年9月，在校生达到历史最高峰，为2660人。1994年至2008年9月，中心校下辖的全部村小、完小逐渐撤并。2010年，学校占地面积27345.2平方米，建筑面积5570.87平方米，体育场面积7110平方米。图书馆藏书3.2万册。普通教室17个，专用教室10个。教职工67人，其中专任教师53人。开设教学班18个。毕业88人，招生84人、在校生570人。校训：诚实、遵纪、活泼、进取。党支部书记、校长黄海军。

北京市顺义区东风小学

校址：顺义区光明南街拥军路9号

1960年6月建校，始称东风小学，部队子弟完全寄宿制学校，其学生分别来自于怀柔、通县张辛、丰台南苑、顺义牛山、昌平南口等部队营职以上子弟。1965年9月，划归地方，更名为顺义县东风小学。1979年8月，被确定为县重点小学。1995年，学校民乐团被市教育局命名为北京市银帆艺术团民乐三团。1998年12月，撤县设区，学校更名为顺义区东风小学。2004年6月，东风小学重组实行集团化管理，将原来的建新小学和裕龙小学纳入，分为本部（东风小学）、东校区（裕龙小学）和西校区（建新小学）统称东风小学集团，共106个教学班，4311名学生，322名教职工，成为顺义区直属规模最大的小学。2010年5月，东风小学由行政上的一个法人单位，分设为三个法人单位，分别恢复为顺义区东风小学、顺义区建新小学、顺义区裕龙小学，日常管理仍实行集团化管理，由东风小学集团统一管理。

2010年，东风小学占地面积22539平方米，建筑面积10780平方米，体育场面积11074平方米。图书馆藏书26741册。普通教室103个，专用教室21个。教职工111人，其中专任教师100人；北京市骨干教师5人。开设教学班33个。毕业686人，招生732人，在校生1418人。校训：主体、合作、成人、成才。党支部书记、校长刘金广。

北京市顺义区俸伯中心小学校

校址：顺义区南彩镇前俸伯村东

1950年3月建校，始称顺义县河北村中心小学校，校址在河北村村内，为公立完全小学。1989年暑假，学校迁至现址教学楼，并更名为顺义县俸伯中心小学校。1997年年底，俸伯中心小学形成一所中心校三所分校的格局（四村联校、郝家疃学校、后俸伯学校）。1998年12月，顺义撤县设区，学校更名为顺义区俸伯中心小学校。2002年，撤销后俸伯学校，学生全部到中心小学就读。2007年，撤销郝家疃学校，俸伯中心小学形成一所中心校和一所完小（四村联校）的格局。

2010年，学校（含下属完小）占地面积48241平方米，建筑面积8047平方米，体育场面积9733平方米。图书馆藏书2.45万册。普通教室27个，专用教室13个。教职工88人，其中专任教师88人。开设教学班27个。毕业113人，招生199人，在校生966人。校训：和谐发展,快乐成长。党支部书记、校长李树东。

北京市顺义区港馨小学

校址：顺义区港馨家园东区

2007年6月临河小学撤销，区教委以原临河小学为班底组建港馨小学。同年9月，港馨小学正式招生，服务范围包括范围包括顺平快速路以南、顺康路以东、顺宁路以西、双河路以北，胡各庄村、临河村以及上述地区的工厂、企业、部队等。学校开设12个教学班，招生122人，在校学生311人，其中189人为原来临河小学转入。

临河小学解放前建校，当时为村办小学，建校伊始至1994年一直为河南村中心小学下辖的一所分校。1994年，林河开发区建立，同年5月临河小学从河南村中心小学析出独立建校，校名为顺义县临河小学，校址在临河村何家巷34号，隶属林和开发区，为顺义县教育局直属小学，全民事业单位。1998年，撤县设区，更名为北京市顺义区临河小学，2007年6月撤销。

2010年，学校占地面积10000平方米，建筑面积8300平方米，体育场面积5300平方米。图书馆藏书2.68万册。普通教室24个，专用教室7个。教职工42人，其中专任教师41人。开设教学班15个。毕业45人，招生77人，在校生440人。校训：诚实、健美、乐学、善思。党支部书记、校长李玉祥。

北京市顺义区高丽营第二小学

校址：顺义区高丽营镇张喜庄村拓新路13号

1949年10月建校，始称张喜庄小学，校址在张喜庄村中心的老爷庙内。1950年2月，张喜庄小学改为张喜庄中心小学。1992年3月，学校迁入张喜庄村西新教学楼。1998年12月，撤县设区，学校更名为顺义区张喜庄中心小学校。1998年4月，撤销张喜庄乡划归高丽营镇。1999年12月，更名为顺义区高丽营第二小学。2005年12月30日，高丽营第二小学与北京市东城区史家小学签订联合办学协议。2007年9月，北京市良种繁殖场小学（简称良种场小学）撤销并入。良种场小学解放前是一所私塾，坐落在文化营村西的寺庙里；解放后成为公办学校，名为蛮子营小学，1958年更名为文化营小学，至1969年均为张喜庄中心小学的分校。1970年1月，从张喜庄中小析出，划归北京市良种繁育场管辖并更名为北京市良种繁殖场小学。

20世纪80年代至90年代，高丽营第二小学下辖于庄、文化营、东马各庄、西马各庄、塘子头、北王路、西王路、南王路、阎家营、前渠河、后渠河、河津营、南郎中、羊房、夏县营15所分校。1992年取消羊坊、河津营2所完小，1997年取消所有分校并入中心校，至此本地区只留张喜庄中心小学一所公办学校。学校连续17年被评为顺义区教育教学管理先进单位。

2010年，学校占地面积4.59万平方米，建筑面积0.89万平方米，体育场面积1.48万平方米。图书馆藏书3.27万册。普通教室26个，专用教室12个。教职工76人，其中专任教师72人；北京市骨干教师1人。开设教学班26个。毕业124人，招生120人，在校生890人。校训：明理、诚信、和谐、向上。党支部书记、校长戴峙宁。

北京市顺义区光明小学

校址：顺义区东安路西侧

1979年9月，前进小学和小东庄小学合并组建顺义县光明小学，校址在顺义县光明北街，为教育部门公办小学。1987年6月，被认定为北京市美育重点学校。1998年12月，顺义撤县设区后该校更名为顺义区光明小学。2000年5月，被认定为北京市校园环境示范校。2010年4月迁入现址。

2010年，学校占地面积20000平方米，建筑面积17061.33平方米，体育场面积7500平方米。图书馆藏书总数3万册。普通教室40个，专用教室15个。教职工114人，其中专任教师80人；北京市骨干教师2人。开设教学班35个。毕业245人，招生244人，在校生1270人。校训：文明、乐学、求实、进取。党支部书记、校长刘君。

北京市顺义区河南村中心小学校

校址：顺义区仁和镇河南村幸福路3号

1931年1月创建，始称河南村小学，系公立完全小学。1955年7月，学校毕业证签章为“河北省立顺义县河南村完全小学”。1973年改建为小学到初中的“一条龙”学校，1978年小学和初中分别独立，小学称顺义县河南村中心小学，辖下临河、平各庄、窑坡、米各庄、吴家营、杨家营、塔河、陶家坟、胡各庄、杜各庄等10所分校。1985年，开办顺义区普通校的第一个培智班，接收学校附近中重度智残儿童、肢残及多重残儿童、孤独症儿童入学。1992年，又率先开展轻度弱智儿童随班就读工作。1998年，撤顺义县设区后更名为顺义区河南村中心小学校。至2009年，各分校分别撤销或合并。

2010年，学校占地面积14924平方米，建筑面积6505平方米，体育场（馆）面积5058平方米。图书馆藏书28513册。普通教室18个，专用教室5个。教职工63人，其中专任教师62人；北京市骨干教师2人。开设教学班15个。毕业67人，招生105人，在校生522人。校训：厚德博学。党支部书记、校长耿贤。

北京市顺义区后沙峪中心小学校

校址：顺义区后沙峪镇安富街

1947年建校，初为村小，校址设在村民周之明家院内。1952年2月，改设为后沙峪中心小学，校址设在后沙峪村西大庙，下辖古城完小、西白辛庄小学、西泗上小学、罗各庄小学、田各庄小学、马头庄小学、前沙峪小学、火神营小学、燕王庄小学9所村小。1971年，后沙峪村将大庙拆除，新校址选在村东头，占地10亩，共有前后两排29间砖木结构的瓦房，学制五年。1998年12月，撤县设区，学校更名为顺义区后沙峪中心小学校。2005年，与北京实验二小实现联合办学，成为实验二小顺义分校。2006年9月，迁入现址新建教学楼，下辖古城、回民营、白辛庄3所完小。2007年9月，古城完小和白辛庄小学划归顺义区空港小学，回民营小学并入后沙峪中心小学，至此该校只剩一所中心校。

2010年，学校占地面积67000平方米，建筑面积14831平方米。体育场面积4万平方米。图书馆藏书总数2.6万册。普通教室48个，专用教室17个。教职工89人，其中专任教师88人。开设教学班29个。毕业180人，招生240人，在校生1106人。校训：团结勤奋，文明向上。党支部书记、校长霍仲英。

北京市顺义区建新小学

校址：顺义区建新南区38号楼

1987年8月建校，始称顺义县建新小学，为县教育局直属公办小学。1998年12月，顺义撤县设区，学校更名为顺义区建新小学。2004年6月，东风小学重组实行集团化管理，东风小学、裕龙小学和建新小学统称东风小学集团，建新小学成为东风小学西校区并更名为顺义区东风小学西校。2005年9月，撤销六年级，2007年9月，撤销五年级，只开设一至四年级。2010年5月，东风小学由一个法人单位，变更成为三个法人单位，学校恢复顺义区建新小学校名，在机构设置上恢复为独立的法人单位，仍属于东风小学集团。2010年，学校占地面积14475平方米，建筑面积8786平方米，体育场面积8382平方米。图书馆藏书25025册。普通教室35个，专用教室12个。教职工106人，其中专任教师77人，北京市骨干教师2人。开设教学班35个。招生374人，在校生1431人。校训：团结、勤奋、快乐、向上。党支部书记刘金广，校长任志梅。

北京市顺义区空港小学

校址：顺义区空港工业B区新新家园南侧

2006年，顺义区编办批复，以原后沙峪中心小学辖下的白辛庄小学和古城完小为基础，新建直属公办小学顺义区空港小学。2007年9月，学校正式投入使用。同年10月，原天竺中心小学下辖的岗山小学并入。

2010年，学校占地面积14000平方米，建筑面积8700平方米，体育场面积4750平方米。图书室藏书2.1万册。普通教室24个，专用教室12个。教职工50人，其中专任教师44人；北京市骨干教师1人。开设教学班17个。毕业76人，招生158人，在校生653人。

校训:尚德、启智、健康、成功。党支部书记、校长李文明。

北京市顺义区李各庄学校

校址：顺义区木林镇李各庄村育才路2号

1976年10月，李各庄人民公社将下辖8个村的小学重新组合，成立顺义县李各庄中心小学校。学校受公社文教组领导，坐落在李各庄村中心位置，由一座荒废多年的大庙改建而成的，共有平房48间。1992年9月，李各庄中心小学新址教学楼落成。1997年3月，李各庄乡撤销并入木林镇，但李各庄中心小学并未更名。1998年12月，顺义撤县设区，学校更名为顺义区李各庄中心小学校。2006年4月，李各庄中心小学、李各庄中学合并，成立北京市顺义区李各庄学校，为九年一贯制学校。2008年8月，李各庄学校中学部并入木林中学，李各庄学校保留小学部，但未更名，仍称顺义区李各庄学校。

李各庄中学1958年9月建立，校址在业兴庄村西北，始称业兴庄中学。1975年8月李各庄公社成立,该中学划归李各庄公社管辖，但未更名。1986年6月，业兴庄中学迁入李各庄村西北,并正式更名为顺义县李各庄中学。1994年，李各庄中学迁入李各庄村育才路2号新址教学楼。1997年3月，李各庄乡撤销并入木林镇，学校未更名。1998年12月，顺义撤县设区后学校更名为顺义区李各庄中学。

2010年，学校占地面积2万平方米，建筑面积8515平方米，体育场面积7560平方米。图书馆藏书2万册。普通教室24个，专用教室8个。教职工32人，其中专任教师32人。开设教学班8个。毕业65人，招生20人，在校生186人。校训:勤奋、团结、求实、进取。党支部书记、校长张忠。

北京市顺义区李桥中心小学校

校址：顺义区李桥镇馨港庄园三区38号楼

1932年建校，初建时校址李家桥村，是一所初级小学校,曾用名“第二模范小学”“李家桥镇初级小学”。1932年学校扩建，更名为李家桥镇高级小学校。1933年学校更名为顺义县国立第三小学。1949年，更名为李家桥完全小学。1954年12月，更名为李家桥中心小学。“文化大革命”期间，撤销中心小学。1978年2月，恢复中心小学，定名为顺义县李家桥中心小学，下辖5所村完小和6所村初小。1990年10月，中心校迁入位于李桥村西的教学楼。1998年12月,顺义撤县设社区，学校更名为顺义区李桥中心小学校。至2005年，下辖村小先后撤销或并入中心校。2005年11月，学校迁入现址。

2010年，学校占地面积1.9万平方米，建筑面积0.8万平方米，体育场面积10362平方米。图书室藏书2.75万册。普通教室33个，专用教室19个。教职工85人，其中专任教师72人。开设教学班29个。毕业134人，招生210人，在校生1052人。校训是：诚信、善思、博知、健美。党支部书记、校长申士江。

北京市顺义区李遂中心小学校

校址：北京市南孙路李遂段17号

20世纪20年代，李遂镇初级小学校在李遂村悟真寺建校。初建时只有一个班，学生29人。以后又建立李遂镇女子初级小学校，地点在李遂村天庆宫。1942年春，两校合并，建立李遂镇完全小学。1947年秋，学校由敌占区迁至箭杆河东解放区的牌楼村。1949年秋中华人民共和国成立，学校由牌楼村迁回李遂村，并改称李遂中心小学。1953年，学校高年级设有双轨班。1966年至1977年，由贫下中农管学。1978年恢复中心校，称顺义县李遂中心小学校。1989年，学校由李遂村中迁至村东的李遂中学旧址。1992年7月，迁至李遂镇政府南侧的教学楼，同年通过北京市教育局验收。1998年12月，顺义撤县设区，学校更名为北京市顺义区李遂中心小学校。至2003年，李遂镇所有村小全部取消，只保留一所中心校。

2010年，学校占地面积22000平方米，建筑面积5000平方米，体育场面积12600平方米。图书馆藏书万册。普通教室18个，专用教室8个。教职工62人,其中专任教师59人；北京市骨干教师1人。开设教学班18个。毕业120人，招生120人，在校生625人。校训：诚实，团结，勤奋，进取。党支部书记、校长马永生。

北京市顺义区龙湾屯中心小学校

校址：顺义区龙湾屯镇府南路 8 号

学校前身是 1915 年成立的老式学堂，没有正式名称。1949 年 2 月正式建校，地址在龙湾屯村中心位置，校名为河北省顺义县第三区龙湾屯小学。1958 年，命名为顺义县木林分社龙湾屯站龙湾屯小学校。1960 年，由于人民公社调整，更名为顺义县龙湾屯中心小学。1968 年，龙湾屯中心小学革命委员会成立，并由贫下中农管学。1978 年，恢复中心校建制，称顺义县龙湾屯中心小学校。1998 年，顺义撤县设区后学校更名为顺义区龙湾屯中心小学校。至 2008 年，龙湾屯地区各村小学、村完全小学全部撤并至龙湾屯中心小学。

2010 年，学校占地面积 17750 平方米，建筑面积 4637 平方米，体育场面积 8764 平方米。图书馆藏书 2.15 万册。普通教室 15 个，专用教室 9 个。教职工 55 人，其中专任教师 42 人。开设教学班 15 个。毕业 90 人，招生 94 人，在校生 482 人。校训：团结、勤奋、文明、活泼。党支部书记、校长浦亚明。

北京市顺义区马坡第二小学

校址：顺义区马坡镇马卷村西

1918 年建校，始称马家卷初级小学，校址设在村七圣庙内。1930 年 4 月 12 日，在初级小学内附设马家卷民众学校。1949 年，建立马卷中心小学，下辖马卷、衙门村、海洪、洼子 5 所完小及多个村小。1949 年至 1957 年，属河北省通专第一区管理。1958 年，属城关人民公社管理。1969 年属马坡人民公社管理。1970 年析马坡公社 7 个村划归刘家河公社，马坡公社形成“一村一校”办学格局，马卷中心小学成为马坡公社 7 所完小之一。1978 年 3 月，顺义县秦武姚中心小学校成立，马卷中心小学更名马卷小学，成为秦武姚中心小学校下属完小。1992 年 5 月，秦武姚中心小学校更名为马坡中心小学校，马卷小学仍为马坡中心小学校下属完小。2008 年 7 月，马圈小学从马坡中心小学校分离，独立建制并更名为马坡第二小学。

2010 年，学校占地面积 22290 平方米，建筑面积 4598.70 平方米。体育场（馆）面积 8550 平方米。图书馆藏书总数 4.13 万册。普通教室 16 个，专用教室 10 个，实验室 1 个。教职工 44 人，其中专任教师 35 人。开设教学班 16 个。毕业学生 52 人，招生 109 人，在校生 514 人。校训：悦纳自我，包容他人，和谐共进。党支部书记、校长王阔。

北京市顺义区马坡中心小学校

校址：顺义区马坡镇向阳西街

1978 年 3 月建校，始称顺义县秦武姚中心小学校，为公办性质。下辖大营小学、向阳小学、东丰乐小学、毛家营小学、马圈小学、衙门村小学 6 所完小。1992 年 5 月中心校搬进教学楼，更名为顺义县马坡中心小学。1998 年 12 月顺义撤县设区，学校更名为顺义区马坡中心小学校。2008 年 7 月马卷完小成为独立法人从马坡中心小学校析出，并更名为马坡第二小学。至此，马坡中心小学校下辖村小、完小先后撤并或独立。

2010 年，学校占地面积 18892 平方米，建筑面积 5872 平方米，体育场面积 8000 平方米。图书室藏书 2.1 万册。普通教室 24 个，专用教室 9 个。教职工 67 人，其中专任教师 54 人；北京市骨干教师 5 人。开设教学班 23 个。毕业 114 人，招生 120 人，在校生 710 人。校训：自主、创新、健康、和谐。党支部书记、校长负献臣。

北京市顺义区明德小学

校址：顺义区木林镇马坊村中心街 5 号

2007 年 8 月，木林镇大韩庄小学、马坊小学、西沿头小学、北小营镇大胡营小学合并组建明德小学。该校为区教委直属公办小学，系台湾台塑集团董事长王永庆援助并命名。

2010 年，学校占地面积 20000 平方米，建筑面积 3800 平方米，体育场面积。普通教室 12 个，专用教室 5 个。教职工 38 人，其中专任教师 38 人。开设教学班 12 个。毕业 43 人，招生 58 人，在校生 331 人。校训：健康、活力、自信、进取。党支部书记、校长李海霞 。

北京市顺义区木林中心小学校

校址：顺义区木林镇木林村东

1940 年建校，始称木林村高级完全小学，有5个年级5个班，学生150人，教职工9人。1944年被八路军接管并保留。1949年秋改称木林中心小学，学制6年。1990年10月，学校新教学楼落成。1998年12月，顺义撤县改区后，学校更名顺义区木林中心小学校。进入21世纪，学校布局调整，木林地区村小逐步撤销合并，至2005年11月，木林地区有中心校一所，完小3所，即西沿头小学、马坊小学、大韩庄小学。2007年8月，西沿头小学、大韩庄小学、马坊小学合并组建明德小学。

2010年，木林中心小学占地面积40000平方米，建筑面积6208.1平方米，体育场面积15000平方米。图书馆藏书2.1万册。普通教室24个，专用教室8个。教职工90人，其中专任教师67人；北京市骨干教师1人。开设教学班21个。毕业130人，招生120人，在校生623人。校训:文明、团结、求实、创新。党支部书记、校长刘向东。

北京市顺义区南法信中心小学校

校址：顺义区南法信镇顺余西路五号

1948年建立，始称北法信中心小学。1960年更名为十里堡中心小学。1963年再次更名为北法信中心小学。1968年至1974年取消中心小学管理体制，由贫下中农管理。1975年恢复中小管理体制后，改称顺义县刘家河中心小学，地址在南法信镇刘家河村。1991年学校新建教学楼。1993年学校更名为顺义县南法信中心小学。1999年更名为顺义区南法信中心小学校。2006年12月十里堡与马家营联校（十马联校）撤并到中心校。2010年9月西海洪完小撤并到中心校。

2010年，学校占地面积25461.18平方米，建筑面积4614平方米，体育场面积11251平方米。图书馆藏书2.58万册。普通教室17个，专用教室5个。教职工70人，其中专任教师45人。开设教学班17个。毕业92人，招生99人，在校生480人。校训：团结、勤奋、文明、进取。党支部书记、校长董淑伶。

北京市顺义区牛栏山中心小学校

校址：顺义区牛栏山镇府前街26号

1915年1月建校，校址设在牛栏山镇内南门外药王庙。1923年，学校规模扩大，年级增加，改名顺义县第二高等小学校。1949年顺义全境解放后，学校定名为牛栏山小学，校址仍在药王庙内。1954年，学校更名为牛栏山中心小学。1990年，学校迁入牛栏山镇府前街26号。1998年，顺义撤县设区，学校更名为顺义区牛栏山中心小学校。至2005年，随学校布局调整，各村小逐步撤并，牛栏山地区只有一所中心校，该地区小学生全部进入牛山中心校就读。

1987年学校获“第二届国家级创造性学与玩竞赛获团体优秀奖”。1990年，学校少先大队被全国少工委授予全国“红旗大队”荣誉称号。1995年，江泽民总书记及部分国家领导人来到牛栏山中心小学视察。2003年，学校获北京市金鹏科技奖、北京市科技示范校、北京市红领巾读书活动先进单位等荣誉。

2010年，学校占地面积35351平方米，建筑面积7800平方米,体育场面积17751平方米。图书馆藏书2.8万册。普通教室38个，专用教室12个。教职工110人,其中专任教师77人；北京市骨干教师1人。开设教学班34个。毕业191人,招生206人,在校生1090人。校训:文明、勤奋、健美、活泼。党支部书记、校长孙景柱。2011年,学校根据镇域教育布局调整，牛栏山中心小学校迁至现址牛栏山镇牛富路2号，改名为牛栏山第一小学。

北京市顺义区仁和中心小学校

校址：顺义区仁和镇望泉寺村

1903年始建，称高等小学堂，募款购万姓民房为校舍。1904年5月开学，称官立高等小学堂，系公立四年制高级小学，设1个年级1个班，学生15人，教职员5人。校址在县城文昌街。1929年收文昌、文庙两地址扩建，并更名顺义县文庙小学。1949年后政府接管文庙小学，更名为顺义县城关中心小学。1989年，撤销平各庄乡并入城关镇，同时更名为顺义镇,但学校未更名。1991年9月，中心校迁至望泉寺村东南角新址，原址校区称城关中心小学北校，为完小。1998年，撤销顺义镇，设立仁和地区办事处，同年顺义撤县设区，学校随之更名为顺义区仁和中心小学校。学校下辖完小（北校）一所。2010年因太平村拆迁改造，完小（北校）并入中心校。1998年以来，学校探索出以小篮球为突破口，形成体育教育特色的路子，威风锣鼓队、女子小篮球队具有较高声誉。

2010年，学校占地面积30344平方米，建筑面积12034平方米，体育场面积10701平方米。图书馆藏书43390册。普通教室21个，专用教室6个。教职工67人，其中专任教师49人；特级教师2人，北京市骨干教师9人，北京市学科教学带头人2人。开设教学班22个。毕业91人，招生77人，在校生556人。校训：团结、勤奋、健美、活泼。党支部书、校长万宗莹。

北京市顺义区石园小学

校址：顺义区石园北区

1993年建校，始称顺义县石园小学，为区直属小学，由东风小学和建新小学统一划拨部分师生到组成，当时学生330人，教师39人。1994年学校被确定为顺义师范教育实践研究基地，更名为顺义县师范学校附属小学。1998年顺义师范停办，学校复名为石园小学。

2010年，学校占地面积18200平方米，建筑面积8073.6平方米，体育场（馆）面积9674平方米。图书馆藏书总数2.8万册。普通教室48个，专用教室8个，实验室2个。教职工155人，其中，专任教师136人；高级职称教师1人，市级骨干教师1人。开设教学班48个。毕业学生329人，招生348人，在校生2194人。校训：尚志、笃学、健美、创新。党支部书记、校长王立国。

北京市顺义区双兴小学

校址：顺义区光明北街22号

1996年建校，始称顺义县双兴小学，为区直属小学。当时学生、教师大部分由城关中心小学（现仁和中心小学）划拨过去。1998年，顺义撤县设区后，学校更名为北京市顺义区双兴小学。1996至2010年，学校获得北京市合唱节小学组一等奖、北京市教育科研先进单位等荣誉。2010年，学校占地面积16000平方米，建筑面积2225平方米。体育场面积8000平方米。图书馆藏书1.78万册。普通教室24个，专用教室7个。教职工72人，其中专任教师67人。开设教学班24个。毕业学生130人，招生121人，在校生858人。校训：德美质优、体健趣雅。党支部书记、校长王宝刚。

北京市顺义区天竺中心小学校

校址：顺义区天竺镇府右街7号

1948年1月建校，始称天竺小学，地址在天竺村东北角娘娘庙，为公办小学。1955年，隶属河北省顺义县李桥区，称顺义县李桥区天竺中心小学。1956年，属河北省顺义县天竺乡。1958年，属北京市顺义县卫星分社天竺管理站。1960年，属北京市顺义县中波公社。1961年，属北京市朝阳区。“文化大革命”时期中心校撤销，公社文教组管理小学、中学。1971年，属北京市顺义县天竺公社管理。1978年恢复天竺中心小学，下辖各村小。1988年至1989年，天竺镇筹资250万元建设小学教学楼工程，建筑面积4500平方米。1993年，天竺中心小学包括学校7所，分别为天竺中心小学、龙山小学（完小）、花梨坎小学、楼台小学、喇苏营小学、马连店小学、岗山小学，教学班53个，学生总数1711人。1995年下辖的裕达隆、龙山2所完小通过顺义县完小示范校验收。1998年顺义撤县设区后，学校更名顺义区天竺中心小学校。2000年以来，学校布局几次调整。截至2010年，天竺中心小学校包括中心校一所、完小一所（裕达隆小学）。

2010年，学校占地面积23549平方米，建筑面积7721平方米。体育场面积11535平方米。图书馆藏书2.22万册。教职工110人，其中专任教师104人；北京市骨干教师5人。开设教学班36个。毕业174人，招生206人，在校生1248人。校训：文明、勤奋、健美、向上。党支部书记、校长张秀华。

北京市顺义区西辛小学

校址：顺义区西辛南区顺西路12号

1996年建校，为区教委直属单位。1998

年顺义撤县设区后，学校更名为北京市顺义区西辛小学。2007年8月设立西辛小学分校。学校先后被评为北京市教育科研先进学校等荣誉。2010年，学校占地面积24470平方米，建筑面积10548平方米，体育场面积7147平方米。图书馆藏书5万册。普通教室43个，专用教室11个。教职工105人，其中专任教师102人；北京市骨干教师1人。开设教学班36个。毕业259人、招生298人、在校生1638人。校训：文明、健美、乐学、进取。党支部书记、校长孙向云。

北京市顺义区小店中心小学校

校址：顺义区杨镇小店村辛庄子小学路4号

1946年建校，校址在小店村娘娘庙之中，始称小店小学。1978年，更名为顺义县小店中心小学。1989年，在小店娘娘庙东侧500米处，新建教学楼。1993年，通过北京市规范化验收。1994年，小店乡并入杨镇，学校归属杨镇管理。1998年，顺义撤县设区后，学校更名为北京市顺义区小店中心小学校。1984年至2005年7月，学校不断进行布局调整，各村小先后撤并，最终只保留一所中心校。

2010年，学校占地面积40847平方米，建筑面积4087平方米，体育场面积23972平方米。图书馆藏书1.92万册。普通教室10个，专用教室9个。教职工41人，其中专任教师37人。开设教学班10个。毕业50人，招生44人，在校生247人。校训：乐学、善思、修德、健体。党支部书记、校长张树民。

北京市顺义区沿河中心小学校

校址：顺义区任李路115号

始建于1978年2月，地址在沿河村南。1990年9月，学校从沿河村迁入李桥镇北河村平沿路北河段137号，下辖王家场小学、沿河小学、苏庄小学、南庄头小学、北庄头小学、北桃园小学、富各庄小学。至2008年，各村小先后撤并。2008年8月，沿河中心小学和沿河中学互换校址，中心小学迁入现址。

2010年，学校占地面积42408.12平方米，建筑面积6300平方米，体育场面积18000平方米。图书馆藏书2.5万册。普通教室22个，专用教室8个。教职工59人，其中专任教师45人。开设教学班22个。毕业100人，招生195人，在校生825人。校训：象树一样苗壮成长。党支部、校长刘春波。

北京市顺义区杨镇中心小学校

校址：顺义区杨镇环镇东路12号

1923年建校，称杨各庄第一初级小学，又称顺义区第二联立小学，校址为杨镇娘娘庙。1927年2月更名县立第三完全小学。1929年与该镇初级小学合并。1949年后，学校名为杨各庄中心小学。1990年，撤销杨各庄乡设立杨镇后，学校更名为顺义县杨镇中心小学，同年通过北京市农村中心学校验收。1991年，杨镇小学中心小学下辖13所完小和村小。1998年，顺义撤县设区，学校更名为顺义区杨镇中心小学校。至2004年，各村小全部撤并入中心小学。

2010年，学校占地面积28000平方米，建筑面积3498.95平方米，体育场面积13337平方米。图书馆藏书2.85万册。普通教室30个，专用教室12个。教职工99人，其中专任教师98人；北京市骨干教师1人。开设教学班30个。毕业234人，招生241人，在校生1423人。校训：勤奋团结，文明向上。党支部书记、校长何希国。

北京市顺义区尹家府中心小学

校址：顺义区大孙各庄镇四福通大街90号

1942年2月在现址建尹家府小学，系完全小学。1950年迁到大段村，改名大段村中心小学。1966年迁回现址，恢复尹家府小学校名。1979年1月更名为顺义县尹家府中心小学。1991年学校下辖大段小学、大崔各庄小学、小段小学、谢辛庄小学、大石各庄小学、大田庄小学等完小村小，其中大段小学、大崔各庄小学为完小。1998年撤县设区后，学校更名为北京市顺义区尹家府中心小学校。至2003年9月，各完小、村小撤并到中心校。

2010年，学校占地面积4.15万平方米，建筑面积0.46万平方米，体育场面积

0.70 万平方米。图书馆藏书 2 万册。普通教室 12 个，专用教室 6 个。教职工 39 人，其中专任教师 29 人。开设教学班 12 个。毕业 55 人、招生 45 人，在校生 295 人。校训：文明、活泼、勤奋、创新。党支部书记、校长杨庆民。

北京市顺义区裕龙小学

校址：顺义区拥军路 1 号

1988 年建校，始称顺义县大东庄小学，是教育行政部门、联合国教科文组织和地方行政联合投资举办的镇办小学。1995 年 5 月改为县直属小学。1998 年 12 月撤县设区，更名为北京市顺义区大东庄小学。1999 年 9 月更名为北京市顺义区裕龙小学。2004 年 6 月，东风小学、裕龙小学和建新小学成立东风小学集团，裕龙小学成为东风小学东校区并更名为东风小学东校。2010 年 5 月，东风小学由一个法人单位变更成为三个法人单位，恢复北京市顺义区裕龙小学校名，在管理上仍由东风小学集团统一管理。2010 年 9 月，因实施校园安全改造工程，迁址到光明小学旧址上课。为解决接送孩子上下学有困难家长的后顾之忧，区教委投资 60 余万元为学校开设学生专车。

2010 年，学校占地面积占地面积 22440 平方米，建筑面积 5560 平方米，体育场面积 5104 平方米。图书室藏书 2.12 万册。普通教室 35 个，专用教室 4 个。教职工 102 人，其中专任教师 101 人；北京市骨干教师 1 人。开设教学班 35 个。招生 405 人、在校生 1462 人。校训：主体合作，成人成才。党支部书记刘金广，校长朱秋庭。

北京市顺义区张镇中心小学校

校址：顺义区张孙路张镇段 2 号

1948 年建校，始称张各庄小学，地址在张镇村会馆。学校性质为公办。“文化大革命”结束后，学校改称张各庄中心小学。1989 年张各庄撤乡设镇更名为张镇，学校更名为顺义县张镇中心小学。20 世纪 80 年代，在现校址建立西校区，1990 年 9 月，西校教学楼投入使用。1988 年至 1990 年间，港西、北营、西影、刘辛庄、麻林山、小三渠、雁户庄、贾家洼子等村小相继撤销。1991 年，镇政府投资 37 万元建驻马庄联办小学。1992 年，张镇中心小学东校撤销，学生全部并入西校，中心校结束东校和西校两址办公状况。1993 年继续扩建中心校和良山完小。至 1996 年，保留中心校和良山、吕布屯 2 所完小。1997 年至 1998 年，政府连续投入 160 万元，改善良山小学办学条件。1998 年顺义撤县设区，顺义县张镇中心小学更名为顺义区张镇中心小学校。2004 年 9 月良山完小撤并到中心校。2005 年 9 月吕布屯完小撤并到中心校。至此，张镇中心小学校结束村小、完小办学历史，只保留一所中心校。2010 年 6 月张镇中心小学校安工程竣工，该校为顺义区校安工程第一所竣工学校。

2010 年，学校占地面积 4 万平方米，建筑面积 11661 平方米，体育场面积 9000 平方米。图书室藏书 22674 册。普通教室 25 个，专用教室 11 个。教职工 68 人，其中专任教师 65 人；北京市骨干教师 1 人。开设教学班 19 个。毕业 77 人，招生 102 人，在校生 567 人。校训：崇德、智优、体健、尚美。党支部书记、校长岳庆良。

北京市顺义区赵全营中心小学校

校址：顺义区牛板路赵全营段 92 号

1978 年 4 月建校，始称北京市顺义县赵全营中心小学，地址在赵全营村南，学校下辖前桑园、西小营、去碑营、小官庄、白庙 4 所完小和小高丽、陈各庄、红铜营 3 所村小，服务 15 个自然村，为公办性质。1993 年 10 月迁入现校址。2003 年 9 月服务片内村小学全部撤销，只保留一所中心校。

2010 年，学校占地面积 29970 平方米，建筑面积 5654 平方米，体育场地 9350 平方米，图书 2.34 万册。普通教室 15 个，专用教室 10 个。教职工 59 人，其中专任教师 40 人；区级园丁新星 1 人，骨干教师 7 人，本科及以上学历 39 人。开设教学班 15 个。毕业 101 人，招生 105 人，在校生 479 人。校训：勤奋好学，诚实健美。党支部书记、校长裴艳玲 。

表 61　　2010 年顺义区小学一览表

序号	学校名称	建校时间	举办者
1	北京市顺义区板桥中心小学校	1949 年	教育部门和集体办
2	北京市顺义区北石槽中心小学校	1949 年	教育部门和集体办
3	北京市顺义区北务中心小学校	1948 年	教育部门和集体办
4	北京市顺义区北小营中心小学校	1948 年	教育部门和集体办
5	北京市顺义区仓上小学	1994 年	教育部门和集体办
6	北京市顺义区仇家店中心小学校	1948 年	教育部门和集体办
7	北京市顺义区大孙各庄中心小学校	1949 年	教育部门和集体办
8	北京市顺义区东风小学	1960 年	教育部门和集体办
9	北京市顺义区俸伯中小联合小学	1997 年	教育部门和集体办
10	北京市顺义区俸伯中心小学校	1950 年	教育部门和集体办
11	北京市顺义区港馨小学	2007 年	教育部门和集体办
12	北京市顺义区高丽营第二小学	1949 年	教育部门和集体办
13	北京市顺义区光明小学	1979 年	教育部门和集体办
14	北京市顺义区河南村中心小学校	1931 年	教育部门和集体办
15	北京市顺义区后沙峪中心小学校	1947 年	教育部门和集体办
16	北京市顺义区建新小学	1987 年	教育部门和集体办
17	北京市顺义区空港小学	2007 年	教育部门和集体办
18	北京市顺义区李各庄学校	1946 年	教育部门和集体办
19	北京市顺义区李桥中心小学校	1932 年	教育部门和集体办
20	北京市顺义区李遂中心小学校	20 世纪 20 年代	教育部门和集体办
21	北京市顺义区龙湾屯中心小学校	1915 年	教育部门和集体办
22	北京市顺义区马坡第二小学	1918 年	教育部门和集体办
23	北京市顺义区马坡中心小学校	1978 年	教育部门和集体办
24	北京市顺义区明德小学	2007 年	教育部门和集体办
25	北京市顺义区木林中心小学校	1940 年	教育部门和集体办
26	北京市顺义区南法信中心小学校	1948 年	教育部门和集体办
27	北京市顺义区牛栏山中心小学校	1915 年	教育部门和集体办
28	北京市顺义区仁和中心小学校	1903 年	教育部门和集体办
29	北京市顺义区石园小学	1993 年	教育部门和集体办
30	北京市顺义区双兴小学	1996 年	教育部门和集体办
31	北京市顺义区天竺中小裕达隆分校	1994 年	教育部门和集体办
32	北京市顺义区天竺中心小学校	1948 年	教育部门和集体办
33	北京市顺义区西辛小学	1996 年	教育部门和集体办
34	北京市顺义区小店中心小学校	1946 年	教育部门和集体办
35	北京市顺义区沿河中心小学	1978 年	教育部门和集体办
36	北京市顺义区杨镇中心小学校	1923 年	教育部门和集体办
37	北京市顺义区尹家府中心小学校	1942 年	教育部门和集体办
38	北京市顺义区裕龙小学	1988 年	教育部门和集体办
39	北京市顺义区张镇中心小学校	1948 年	教育部门和集体办
40	北京市顺义区赵全营中心小学校	1978 年	教育部门和集体办
41	北京市顺义区自强小学	2003 年	其他部门办
42	北京市海嘉双语学校	2006 年	民办

普通中学

北京市第四中学顺义分校（北京市顺义区第十中学）

校址：顺义区后沙峪镇双裕街45号

2004年8月建校，始称北京市顺义区第十中学，为公办完全中学。该校高中部分教师学生为原顺义三中高中部教师学生，同时合并顺义区后沙峪中学为初中部，地址在顺义区后沙峪镇玉马教练场内。2006年开始与北京第四中学联合办学，2010年3月，更名为北京市第四中学顺义分校，同时保留北京市顺义区第十中学校名。同年高中部首次在全市范围内招生，初中部依旧面向后沙峪地区招生。学校设立“四中实验班”，每周周末均由北京四中总校教师授课。

2010年，学校占地面积121187平方米、建筑面积43808.11平方米，体育场面积27560平方米。图书馆藏书3.9万册。普通教室60个，专用教室14个，实验室6个。教职工254人，其中专任教师176人；高级职称教师60人，北京市骨干教师5人。开设教学班56个（初中18个、高中班38个）。毕业735人（初中150人、高中585人），招生701人（初中148人、高中553人），在校生2320人（初中538人、高中1782人），包括寄宿生1096人。高中录取分数线413分（本区），应届高考本科上线率39.4%。校训：和谐温润，达人达己。党支部书记、校长张福利。

北京市牛栏山一中实验学校

校址：顺义区顺安路99号

1998年6月牛栏山一中创办教育体制改革试点校牛栏山一中分校，办学地址在顺义区师范学校校内（向裕龙三区南侧），只开设初中班。2002年学校迁入马坡镇肖家坡村新校址。2008年4月转制为民办学校，更名北京市牛栏山一中绿港学校。2008年11月更名为北京市牛栏山一中实验学校。同年12月，经市教委批准学校增设普通高中和小学教育。2009年学校高中正式招生，但小学暂未招生。

2010年，学校占地面积244916平方米，建筑面积43725平方米，体育场面积23090平方米。图书馆藏书2.28万册。普通教室60个、专用教室10个，实验室12个。教职工232人，其中专任教师180人；北京市骨干教师2人，北京市学科教学带头人1人，高级职称教师68人。开设教学班58个（初中班54个、高中一年级4个班）。毕业849人（全部为初中），招生1186人（初中1002人、高中184人），在校生2783人（初中2599人、高中184人），其中寄宿生2502人。校训：立志、尚学、求实、创新。党支部书记、校长商夏青。

北京市顺义牛栏山第一中学

校址：顺义区牛栏山镇育才大街1号

1950年11月15日在顺义县牛栏山东门外元圣宫建校，始称河北省顺义中学，为河北省立初级中学。1956年发展为完全中学。1958年更名为顺义县牛栏山中学。1963年被定为北京市重点中学。1978年更名为顺义县牛栏山第一中学。1998年，顺义撤县设区，学校更名为北京市顺义牛栏山第一中学。1998年停止招收初中学生。2002年9月学校被认定为北京市示范性普通高中。

1997年创建牛栏山一中分部，接收全市高考复读生。1999年6月分部更名为津桥培训中心（2003年9月津桥培训中心撤销）。1998年8月建立办学体制改革试点校牛栏山一中分校（初中部）。2008年11月更名为北京市牛栏山一中实验学校。2004年暑期，牛栏山一中成立民办高中北京市卧龙学校并开始招生，卧龙学校2007年起不再招生，2009年停办。

2010年，牛栏山一中占地面积181652.3平方米，建筑面积80536平方米。体育场面积1164平方米。图书馆藏书总数70万册。普通教室63个，专用教室10个，实验室13个。教职工441人，其中专任教师400人；高级职称教师136人，特级教师5人，北京市级骨干教师12人，北京市学科带头人2人开设教学班56个（全部为高中）。毕业1022人，招生920人，在校生2348人，寄宿生2241人。高中录取分数线513分（本区），应届高考本科上线率97%。校训：立志、尚学、求实、创新。党委书记、校长刘克祥。

北京市顺义区板桥中学

校址：顺义区赵全营镇板桥村中学街 39 号

1958 年，在板桥乡板桥村西北建校，始称板桥中学，为公办性质。建校初期，学校只有 6 个教学班，没有专用教室。1971 年开始增办高中班，1984 年 8 月高中班停办。1997 年撤销板桥乡和赵全营乡，设立赵全营镇，学校归属赵全营镇。1998 年，顺义撤县设区后学校更名为北京市顺义区板桥中学。2010 年 8 月，板桥中学整建制合并到北京市顺义区赵全营中学，板桥中学保留学校建制成为无生学校，由 6 名教师看校。2010 年，北京市顺义区板桥中学占地面积 31883 平方米，建筑面积 4253 平方米，体育场面积 12956 平方米。赵全营中学党支部书记、校长于长明兼任该校党支部书记、校长。

北京市顺义区北石槽中学

校址：顺义区北石槽镇府前西街 4 号

1958 年 9 月在石槽村东建校，始称北石槽中学。当时，顺义县北石槽公社建立两所农村普通初级中学，即北石槽中学和中滩营中学。1989 年中滩营中学部分并入北石槽中学（部分并入赵全营中学）。1990 年 12 月北石槽中学迁入现址。1997 年通过北京市规范化学校验收。2007 年 6 月 19 日，北石槽中学—北京四中网校开通，学校形成科技教育特色。

2010 年，学校为初中校，占地面积 33801 平方米，建筑面积 4660 平方米，体育场面积 16000 平方米。图书馆藏书 1.91 万册。普通教室 6 个、专用教室 7 个、实验室 3 个。教职工 41 人，其中专任教师 22 人；高级职称教师 10 人，北京市骨干教师 1 人。开设教学班 6 个。毕业 57 人，招生 59 人，在校生 202 人。校训：文明、享学、和谐、践新。党支部书记、校长闫得方。

北京市顺义区北务中学

校址：顺义区北务镇商业街 15 号

1957 年 4 月在现址建校，1958 年 2 月正式招生，名称为顺义县北务中学。1972 年高中部成立并开始招生。1978 年郭家务中学（1970 年建立）撤销并入该校。1979 年珠宝屯中学（1968 年建立）撤销并入该校。1981 年北务中学高中撤销，1983 年北务中学恢复高中，为公办普通完全中学。1991 年北务中学教学楼竣工。1998 年 12 月顺义撤县设区学校更名为北京市顺义区北务中学。2009 年 6 月北务中学高中部撤销并入杨镇一中，北务中学成为初级中学。2010 年 10 月尹家府中学、小店中学整建制并入北务中学，至此学校成为寄宿制初级中学。

北京市顺义区北小营中学

校址：顺义区北小营镇府西路 1 号

1958 年 9 月建校，校址设在顺义区北小营镇北小营村北。1996 年 12 月 2 日，北小营中学迁入现址。1997 年 8 月，马辛庄中学（1973 年建立）并入。2008 年 2 月，仇家店中学（1958 年建立）并入。1998 年 12 月北小营中学通过普通中学规范化建设达标学校验收。2003 年随班就读工作通过教育部、市教委、北京师范大学等单位的检查验收。

2010 年，学校占地面积 57350 平方米，建筑面积 8804 平方米，体育场面积 21000 平方米。图书馆藏书 2.3 万册。普通教室 34 个，专用教室 4 个，实验室 5 个。教职工 86 人，其中专任教师 70 人；高级职称教师 10 人。开设教学班 16 个。毕业 160 人，招生 150 人，在校生 425 人。校训：勤奋求学，成材报国。党支部书记、校长李成文。

北京市顺义区大孙各庄中学

校址：顺义区大孙各庄镇府前东街 8 号

1957 年建校，名为顺义县薛家庄乡综合学校，校址在大孙各庄镇薛家庄村，为民办学校。1958 年政府出资兴建大孙各庄中学。1959 年薛家庄乡综合学校中学班并入大孙各庄中学。1992 年，学校迁入现址拆建教学楼，同年小塘中学（1972 年建立）并入。2010 年，学校为初中校，占地面积 42155 平方米、建筑面积 4367 平方米，体育场面积 17707 平方米。图书室藏书 15000 册。普通教室 19 个，专用教室9个、实验室3个。教职工45人，其中专任教师40人；高级职称教师8人。开设教学班9个，毕业98人，招生83人，校训：团结、勤奋、求实、进取。党支部书记、校长李九林。

北京市顺义区第一中学

校址：顺义区双河大街15号

1956年9月建校，始称顺义县仁和镇小学附设中学班，地址在仁和镇南门外。1958年10月，中学班独立设校，定名为北京市顺义区城关中学。1962年更名为顺义县城关中学并前迁入站前街校址（顺义区站前东街6号）。1970年开设高中班，成为完全中学。1975年7月更名为顺义县城关第一中学。1978年被认定为顺义县重点中学。1998年12月顺义撤县设区后学校更名为北京市顺义区第一中学。1998年暑期停止初一招生，2000年最后一批初三学生毕业，至此，顺义一中由一所完全中学转为纯高中校。2004年被认定为"北京市示范性普通高中"。2004年暑期成立民办校北京市诚谊高级中学并开始招生，2011年12月22日注销。2005年7月顺义一中与仁和中学联合办学。2010年9月1日，迁入现校址。

1991年至2010年，学校被评为全国体育田径传统项目先进学校、全国群众体育先进单位、北京市科技教育示范校、先进科研教改实验学校。到2010年，学校有享受国务院特殊津贴及政府特殊津贴专家的教师2人。全国劳动模范2人，北京市特级教师4人，北京市学科带头人6人，市级骨干教师8人，区首席教师、学科带头人、园丁新星39人。"紫禁杯"优秀班主任数十人。

2010年，学校占地面积44666平方米，建筑面积50600平方米，体育场面积24000平方米。图书馆藏书9.3万册。普通教室60个，专用教室13个，实验室25个。教职工278人，其中专任教师227人；高级职称教师89人，特级教师4人，北京市骨干教师17人，北京市学科教学带头人3人。开设教学班43个。毕业630人，招生725人，在校生2107人，包括寄宿生2107人。高中录取分数线497分（本区），应届高考本科上线率87%。校训：养德、博学、笃行。党委书记茹玉兰，校长李冬。

北京市顺义区第二中学

校址：顺义区前进花园南侧

1970年12月建校，始称"五七"中学，校址西门里铁路东，中山西街路北原文庙内。1971年更名为顺义县城关第二中学。1974年成为完全中学。1991年9月，学校迁入华夏集团肉联厂资助兴建的新校舍，校址在府前西街铁西路北侧。1998年顺义撤县设区后学校更名为北京市顺义区第二中学。2006年9月1日，顺义区二中迁入现址。

1991年，学校被确定为初中体育传统学校，之后，又被确定为北京市女篮传统校，为重点中学和高等院校输送了大批优秀体育生。1992年开设职业高中，2000年停办。1999年6月，通过北京市初中普通校规范化达标验收。2006年3月，与东直门中学结成友好合作校。2010年，学校占地面积43462平方米，建筑面积24718平方米，体育场面积15950平方米。图书馆藏书2.66万册。普通教室51个，专用教室16个，实验室9个。教职工241人，其中专任教师187人；高级职称教师56人，北京市骨干教师2人。开设教学班51个（初中班15个、高中班36个）。毕业863人（初中214人、高中649人），招生681人（初中155人、高中526人），在校生2268人（初中567人、高中1701人）。高中录取分数线459分（本区），应届高考本科上线率80.1%。校训：崇德、砺志、博学、求真。党支部书记、校长高路。

北京市顺义区第三中学

校址：顺义区府前东街27号

1975年建校，始称顺义县城关三中，为公办性质完全中学。1989年9月初一年级8个班划入顺义县城关五中学（现顺义五中）。1995年9月初一、初二年级共26个班及70多名教师划入新成立的顺义县第八中。1998年撤县设区后学校更名为北京市顺义区第三中学。2004年11月，学校高中部撤销，并入新成立的顺义区第十中学，只保留50个初中教学班，成为初级中学。2004 年上半年，与顺义十中联合办学，2004 年 11 月下旬两校独立办学。

2010 年，学校占地面积 20738 平方米，建筑面积 15613 平方米，体育场（馆）面积 6989 平方米。图书馆藏书 3.68 万册。普通教室 44 个、专用教室 4 个、实验室 7 个。教职工 179 人，其中专任教师 143 人；高级职称教师 34 人。开设教学班 44 个（初中），毕业 666 人，在校生 1790 人，其中，寄宿生 400 人。校训：爱生敬业，尊师好学。党支部书记赵振刚，校长张春德。

北京市顺义区第四中学

校址：顺义区光明南街 2 号

1986 年建校，始称顺义县城关四中，地址在顺义县体育运动委员会院内。1987 年学校建教学楼。1998 年 12 月撤县划区后更名为北京市顺义区第四中学。学校由县教育部门和县体委共同举办，初办时办学宗旨是“以体育为主兼顾教育教学”，2008 年以来办学宗旨改为“选材一体化，育人一条龙”。1991 年至 2010 年，曾被评为全国业余训练先进单位、市体委业余训练工作评估一等奖，取得北京市第二届青少年运动会田径比赛丙组团体总分第一名等成绩，两名教师获得全国业余体校先进工作者称号。

2010 年，学校为初中校，占地面积 74049 平方米，建筑面积 51859 平方米，体育场面积 25485 平方米。图书馆藏书 1 万册。普通教室 4 个，专用教室 1 个。教职工 22 人，其中专任教师 22 人；高级职称教师 4 人。开设教学班 3 个。毕业 29 人，招生 41 人，在校生 128 人。校训：学训并重，勤奋进取。党支部书记王秀来，校长王春城。

北京市顺义区第五中学

校址：顺义区石园西区

1989 年 9 月建校，始称顺义县城关五中，属普通初中校，由原城关三中（现顺义三中）初一年级 9 个班 400 余名学生和 30 名教师组成。1991 年 9 月 1 日综合楼竣工投入使用。1993 年 9 月，成立职业高中部，2000 年 9 月职业高中部停招并撤销。1998 年 5 月，学校被顺义区体委确定为体育传统校。1998 年顺义撤县设区，学校更名为北京市顺义区第五中学。2004 年 5 月 22 日，北大附中远程教育顺义五中示范校建立。

2010 年，学校占地面积 40649 平方米，建筑面积 11085 平方米，体育场面积 19668 平方米。图书馆藏书 3.6 万册。普通教室 40 个，专用教室 10 个，实验室 6 个。教职工 150 人，其中专任教师 112 人；高级职称教师 28 人，北京市骨干教师 1 人。开设初中教学班 36 个，毕业 499 人，招生 345 人，在校生 1260 人。校训：团结、勤奋、求实、进取。党支部书记、校长解长林。

北京市顺义区第八中学

校址：顺义区光明北街 18 号

1995 年建校，始称顺义县第八中学，为公办初级中学。该校接收城关三中（现顺义三中）初一、初二年级共 26 个班及 60 名教师。1997 年通过北京市规范化管理学校达标验收。1998 年顺义撤县设区，学校更名为北京市顺义区第八中学。2004 年 12 月学校承办全国教学经验与工作大会。2008 年初三中考 6 个学科全部获得“中考成绩优秀奖”。

2010 年，学校占地面积 19000 平方米，建筑面积 10500 平方米，体育场面积 9700 平方米。图书馆藏书 2.78 万册。普通教室 36 个，专用教室 12 个，实验室 5 个。教职工 141 人，其中专任教师 93 人；高级职称教师 26 人，特级教师 1 人，北京市骨干教师 1 人，北京市学科带头人 2 人。开设初中教学班 32 个，毕业学生 320 人，招生 320 人，在校生 1100 人，包括寄宿生 260 人。校训：学会中西秀，品达古今优。党支部书记王长存，校长何广林。

北京市顺义区第九中学

校址：顺义区仁和镇河南村北

1905 年建校，始称顺义师范传习所，地址在顺义县城西门内文庙处，为中等师范学校性质。1914 年改称顺义单级师范传习所。1930 年更名为顺义简易师范办。1943 年更名为顺义初级农业职业学校。1945 年改为顺义简易师范学校。1949 年更名为河北省顺义初级师范。1958 年，顺义由河北划归北京，学校改为中等师范学校，1962 年停办，1970 年 12 月在顺义牛栏山中学内重建，1973 年迁至顺义县南新校舍，1986 年迁至大东庄原教师进修学校院内。1999 年转制为普通高中，更名顺义区第六中学。2003 年迁入现址，更名为顺义区第九中学。

2010 年，学校占地面积 66667 平方米，建筑面积 32417 平方米，体育场面积 33300 平方米。图书馆藏书 4 万册。普通教室 42 个，专用教室 12 个、实验室 11 个。教职工 216 人，其中专任教师 180 人；高级职称教师 55 人。开设教学班 39 个（全部为高中）。毕业 628 人；招生 569 人，在校生 1843 人，包括寄宿生 1153 人。高中录取分数线 411 分（本区），应届高考本科上线率 39.38%。校训：修德、博学、求实、创新。党总支书记、校长李起方。

北京市顺义区俸伯中学

校址：顺义区南彩镇政府东 200 米路南

1958 年建校，始称顺义县杜各庄中学，地址在南彩镇杜刘庄村西南。1973 年设立两年制高中，1985 年停办。1985 年至 2003 年间，学校开设职高班，学制三年，开设幼儿艺术教育、家电修理 2 个专业。1992 年迁入现址。1998 以来，同北京电子工业学校（中专）联合办学，开设机电一体化专业，招收两届学生共 124 人。1998 年顺义撤县设区后更名为北京市顺义区俸伯中学，同年通过北京市初中规范校验收达标。

2010 年，学校占地面积 26775 平方米，建筑面积 5941 平方米，体育场面积 9971 平方米。图书馆藏书 3.75 万册。普通教室 12 个，专用教室 7 个，实验室 4 个。教职工 73 人，其中专任教师 65 人；高级职称教师 15 人。开设初中教学班 12 个。毕业 94 人，招生 122 人，在校生 352 人。校训：文明、勤奋、求实、创新。党支部书记、校长李国祥。

北京市顺义区高丽营第二中学

校址：顺义区高丽营镇张喜庄村拓新区 12 号

1958 年建校，始称张喜庄中学，地址在张喜庄村正南顺沙路北侧，为公办初级中学。1985 年 8 月学校开设 2 个职高班，1988 年职高班毕业后撤销。1990 年通过北京市基础薄弱校合格验收。1994 年 6 月张喜庄乡在张喜庄村北侧建教学楼，学校迁现址。1999 年 12 月学校更名为北京市顺义区高丽营第二中学。2003 年高丽营二中通过北京市普通中学规范化建设达标。

2010 年，学校为初中校，占地面积 42652 平方米、建筑面积 6140 平方米，体育场面积 17000 平方米。图书馆藏书 2 万册。普通教室 18 个，专用教室 9 个，实验室 4 个。教职工 44 人，其中专任教师 41 人；高级职称教师 8 人。开设初中教学班 6 个，毕业 61 人，招生 55 人，在校生 196 人。校训：敬业、和谐、勤奋、创新。党支部书记、校长王玖。

北京市顺义区高丽营学校

校址：顺义区高丽营镇高泗路四村段 15 号和 21 号

2006 年 4 月顺义区高丽营第一小学和顺义区高丽营第一中学合并组建九年一贯制学校高丽营学校。高丽营第一小学始建于 1948 年 2 月，初名高丽营中心小学，校址在高丽营镇西酿酒作坊院内。1948 年至 1956 年学校属昌平管辖。1956 年划归顺义，当时学校只有中心校和 1 所分校。发展到 1972 年 2 月时，中心校分为 13 个村办小学，由各村管理。1978 年 9 月恢复中心小学管理，至 1987 年 9 月各村小逐步撤销只保留南王路小学一所分校。1990 年迁至现址（15 号）新建教学楼。1998 年 3 月更名为高丽营第一小学。2003 年撤销南王路分校，只保留一所中心校。高丽营第一中学始建于 1956 年 9 月，初名高丽营中学。1981 年 9 月南王路中学（1977 年建校）撤销并入高丽营中学。1998 年 10 月通过北京市基础教育规范化学校验收。同年 12 月顺义撤县设区后学校更名为顺义区高丽营中学。1999 年 12 月更名为顺义区高丽营第一中学。

2010 年，学校占地面积 66769 平方米，建筑面积 12003 平方米。体育场（馆）面积 23451 平方米。图书馆藏书 4.7 万册。普通教室 31 个，专用教室 15 个。教职工 103 人，其中专任教师 78 人；高级职称教师 9 人。开设教学班 31 个（初中 6 个班、小学 15 个班），毕业 66 人（全部为初中），招生 268 人（初中 80 人、小学 188 人），在校生 1022 人（初中 220 人、小学 802 人）。校训：勤奋进取、团结活泼。党支部书记、校长张建民。

北京市顺义区李桥中学

校址：顺通路李家桥段 30 号

1956 年 1 月建校，始称为顺义县李家桥中学，地址在李桥镇李桥村北顺通路东侧，为初级中学。1971 年李家桥中学设立二年制高中。1978 年，设在张辛小学、半壁店小学的中学班并入。1991 年头二营中学并入。1995 年通过北京市办学规范化验收。1998 年顺义撤县社区学校更名为北京市顺义区李桥中学。2009 年 7 月 10 日加入顺义一中教育集团。2010 年，高中撤销，36 名高中教师整建制调入顺义一中，李桥中学再次成为初级中学。

2010 年，学校占地面积 47688.2 平方米，建筑面积 14130 平方米，体育场面积 11000 平方米。图书馆藏书 3 万册。普通教室 22 个，专用教室 11 个，实验室 5 个。教职工 117 人，其中专任教师 113 人；高级职称教师 29 人，北京市骨干教师 11 人。开设教学班 21 个，毕业 390 人，招生 185 人，在校生 260 人。校训：位卑未敢忘忧国。党支部书记、校长张福印。

北京市顺义区李遂中学

校址：顺义区李遂镇南孙路沟北段 38 号

1956 年 3 月建校，校址在李遂村东，始称李遂中心小学带帽中学班。1959 年中学部独立建校，名为李遂中学，为初级中学。1973 年首次招收高中班。1982 年 7 月停招高中，高中班并入北务中学。1981 年崇国庄中学撤销并入。1983 年牌楼中学、前营中学撤销并入。1989 年 8 月李遂中学迁入现校址新建教学楼。1990 年通过北京市办学基本标准达标验收。1998 年顺义撤县设区，学校更名为北京市顺义区李遂中学。2000 年通过北京市规范校验收。2001 年通过北京市办学条件标准达标验收。2005 年 3 月与北京日坛中学结成“手拉手”学校。

2010 年，学校为初中校，占地面积 31600 平方米，建筑面积 3436 平方米，体育场面积 9566 平方米。图书馆藏书 5 万册。普通教室 6 个，专用教室 3 个，实验室 3 个。教职工 47 人，其中专任教师 46 人；高级职称教师 9 人。开设教学班 6 个。毕业 73 人，招生 75 人，在校生 216 人。校训：勤奋、尚学、求实、创新。党支部书记、副校长（主持工作）林魁彪。

北京市顺义区龙湾屯中学

校址：顺义区龙湾屯镇府南路 5 号

1958 年在龙湾屯村内建校，为公办初级中学。1971 年举办高中班，1983 年高中班停办。1978 年大北务中学并入。1979 年丁甲庄中学并入。1986 年 6 月七连庄中学并入。1993 年 9 月龙湾屯中学迁入现址新建教学楼。1998 年 3 月学校通过北京市普通中学规范化建设验收。1998 年顺义撤县设区，学校更名为北京市顺义区龙湾屯中学。1999 年 11 月学校被评为首都先进少年军校。2005 年 3 月龙湾屯中学与木林中学、李各庄中学成立校本培训联合体。

2010 年，学校为初中校，占地面积 33924 平方米，建筑面积 8304 平方米，体育场面积 16420 平方米。图书馆藏书 2 万册。普通教室 24 个，专用教室 9 个，实验室 3 个。教职工 49 人，其中专任教师 47 人；高级职称教师 10 人。开设教学班 7 个。毕业 105 人，招生 61 人，在校生 217 人。党支部书记孟庆良，校长黄卫东。

北京市顺义区马坡中学

校址：顺义区马坡镇秦武姚村东

1971 年 10 月建立，始称顺义县秦武姚中学，地址在秦武姚村东。1972 年开设高中班，成为完全中学。1981 年学校高中部撤销，高中学生分流至顺义二中和牛栏山第二中学。1979 年马卷中学并入。1980 年向阳中学高中班并入。1990 年 9 月向阳中学并入，同时更名为顺义县马坡中学。1992 年通过北京市中学基本办学条件验收。1998 年顺义撤县设区，学校更名为北京市顺义区马坡中学。1999年通过北京市普通中学规范化建设验收。2007年11月通过北京市初中校建设督导验收。

2010年，学校为初中校，占地面积38300平方米，建筑面积7200平方米，体育场面积6940平方米。图书馆藏书2.57万册。普通教室10个，专用教室1个，实验室2个。教职工72人，其中专任教师43人；高级职称教师14人。开设教学班10个，毕业123人，招生110人，在校生301人。校训：真诚、守纪、求实、进取。党支部书记丁春祥，校长王振江。

北京市顺义区木林中学

校址：顺义区木林镇顺焦路1号

1956年建校，始称木林中学，校址木林村南。1971年学校增设2年制高中，成为完全中学。1998年撤县设区后，学校更名为顺义区木林中学。1992年木林中学迁入现址新教学楼。2002年木林中学通过北京市普通中学规范化建设验收。2008年8月李各庄学校初中部并入。1991年至2009年学校为完全中学。2009年6月，高中撤并到杨镇一中，木林中学转为初级中学。2010年，学校占地面积48888平方米，建筑面积12989平方米，体育场面积17410平方米。图书馆藏书3.5万册。普通教室28个，专用教室4个，实验室6个。教职工92人，其中专任教师49人；高级职称教师25人。开设教学班12个，毕业180人，招生140人，在校生396人。校训：团结、勤奋、求实、创新。党支部书记、校长李小波。

北京市顺义区南彩学校

校址：顺义区南彩镇南彩村东

2006年4月，顺义区南彩中心小学、顺义区南彩中学合并成立九年一贯制学校北京市顺义区南彩学校。南彩中心小学始建于1957年7月，校址在南彩村内。1978年学校下辖16所村小，后逐渐撤并。1998年12月顺义撤县设区后，学校更名为顺义区南彩中心小学校。南彩中学1958年7月建校，校址在南彩村，初为初级中学，1978年至1983年开办高中。1980年于辛庄中学撤销并入南彩中学。1985年洼里中学撤销并入南彩学校。1988年9月南彩中学迁入现址新建教学楼。1989年至1999年间，南彩中学开设学制二年的职高班。1998年顺义撤县设区，学校更名为顺义区南彩中学。2000年6月南彩中学通过北京市规范化验收。

2010年，南彩学校占地面积71304平方米，建筑面积32109平方米，体育场面积19502平方米。图书馆藏书4.7万册。普通教室31个，专用教室6个，实验室2个。教职工127人（其中小学部65人、中学部62人），其中专任教师83人（其中小学部42人、中学部41人）。开设教学班31个（小学19个、初中12个）。毕业183人（小学112人、初中71人），招生209人（小学107人、初中102人）；在校生867人（小学570人、初中297人）。校训：敬业 求实 创新。党支部书记、校长孙敬奇。

北京市顺义区南法信中学

校址：顺义区南法信镇西海洪村

1958年8月建校，始称十里堡中学。初建时使用南法信村民房屋，后迁入南法信镇十里堡村北，为公办初级中学。1974年增设高中班成为完全中学，1982年7月高中撤销再次成为初级中学。1986年乡政府投资新建教学楼。1997年更名为顺义县南法信中学。1998年12月顺义撤县设区后更名为顺义区南法信中学。2009年7月首都机场扩建，南法信中学迁入现址。

2010年，学校为初中校，占地面积12834平方米，建筑面积8235平方米，体育场面积13893平方米。图书馆藏书2.1万册。普通教室23个，专用教室12个，实验室8个。教职工49人，其中专任教师29人；高级职称教师6人。开设教学班7个，毕业58人，招生117人，在校生258人。校训：敬、诚、思、勤。党支部书记、校长贾文东。

北京市顺义区牛山第二中学

校址：顺义区牛栏山镇京密路牛山段3号

1964年建校，始称顺义县牛栏山第二中学，校址在牛栏山镇西京密路边。1982年牛栏山二中成为完全中学。1991年通过北京市初中校规范化建设验收。1998年12月顺义撤县设区，学校更名为北京市顺义区牛山第二中学。1999年11月通过北京市普通中学规范化建设达标验收。2008年11月通过北京市初中校建设验收。2009年7月学校高中部师生合并到牛栏山一中，该校转为初级中学。2010年8月牛山三中并入。2010年9月牛栏山二中学从原校址迁到原牛栏山三中校址，即现址。

2010年，学校占地面积49926平方米，建筑面积1200平方米，体育场面积23426平方米。图书馆藏书36548册。普通教室27个，专用教室5个，实验室6个。教职工29人，其中专任教师25人；高级职称教师10人。开设教学班3个，毕业33人，招生12人，在校生68人。校训:立志、笃学、诚信、进取。党支部书记、校长段克成。

北京市顺义区牛山第三中学

校址：顺义区牛栏山镇牛富路2号

1980年建校，名为顺义县牛栏山第三中学，校址在牛栏山镇牛富路2号。1998年8月新建教学楼投入使用。1998年12月顺义撤县设区后，学校更名为北京市顺义区牛山第三中学。1999年12月通过北京市普通中学规范化建设达标验收。2010年8月牛山三中师生并入牛山二中，腾退校址由牛栏山二中迁入并使用，当时暂保留学校建制。

2010年，牛山第三中学占地面积25346平方米，建筑面积3277平方米，体育场面积4565平方米。图书馆藏书1万册。普通教室16个，专用教室12个，实验室4个。教职工30人，其中专任教师17人；高级职称教师4人。开设教学班3个，毕业30人，招生27人，在校生94人。校训:团结、奋进、拼搏、创新。党支部书记、校长李桂茹。

北京市顺义区仁和中学

校址：顺义区站前东街6号

1971年5月建校，校址在河南村西，始称河南村中学西校。1973年2月开始增招高中农技班。1975年9月更名为顺义县平各庄中学。1984年学校高中农技班迁出，河南村中学并入，平各庄中学转为初级中学。1996年8月迁址到仁和镇双河大街15号。1998年11月通过北京市初中规范化校验收。1999年更名为北京市顺义区仁和中学。2005年4月该校与北京市第八中学“手拉手”办学，学校挂牌北京八中顺义仁和分校。2005年7月与顺义区第一中学联合办学。2009年3月仁和中学启动全面改扩建工程，由顺义区仁和镇双河大街15号迁至现址(原顺义一中校址)。

2010年，学校教职工65人，其中专任教师63人；高级职称教师11人。开设教学班19个，均为初中班。在校生784人，包括寄宿生360人。图书室藏书2.81万册。普通教室20个，专用教室6个，实验室6个。校训:养德、博学、笃行。党支部书记、校长孟朝晖。

北京市顺义区沙岭学校

校址：顺义区杨镇沙岭村西青年路5号

2006年4月，顺义区沙岭中心小学与顺义区沙岭中学合并成立九年一贯制学校北京市顺义区沙岭学校。沙岭中心小学始建于1940年前后，校址在大曹庄村西大庙，为初小。1949年发展成公办完全小学。1960年学校领导机构迁址沙岭完小，同时更名为沙岭中心小学，地址在顺义县沙岭村。“文革”期间取消中心校，学校隶属杨各庄公社管辖。1978年恢复沙岭中心小学建制，校址设在原沙岭粮库。1992年学校迁址现址新建的教学楼。沙岭中学始建于1958年9月，地址在沙岭村,1959年9月迁至沙岭村西,称沙岭中学。1990年沙岭中学通过北京市农村薄弱校摘帽验收。1993年在原址新建教学楼，建筑面积3200平方米。1998年学校通过北京市初中校规范化验收。

2010年，沙岭学校占地面积43211平方米，建筑面积9998平方米，体育场面积12891平方米。图书馆藏书2万册。小学部教职工32人，其中专任教师26人。开设教学班12个，毕业67人、招生51人、在校生267人。普通教室24个，专用教室12个。中学部教职工42人，其中专任教师33人。开设初中教学班6个，毕业59人，招生65人，在校生187人。普通教室24个,专用教室12个,实验室6个。校训：自信、图强、求知、创新。党支部书记、校长张伟。

北京市顺义区天竺中学

校址：顺义区天竺镇府前一街29号

1958年8月建校，始称天竺农业中学，后更名为顺义县天竺中学，校址设在天竺乡天竺村村北3个农民院内，为公办校。1974年学校分成6个村办“一条龙”学校，均是从小学到高中的设置。1976年至1992年学校曾举办普通高中、职业高中。1978年6所“一条龙”合并成为一所学校，称天竺中学。1992年后，天竺中学一直为农村普通初中校。1991年通过北京市办学基本条件达标验收。1998年，顺义撤县设区，学校更名为顺义区天竺中学。1999年12月，通过北京市普通中学规范化建设达标验收。2009年6月，通过北京市初中建设工程验收。

2010年，学校初中校，占地面积36783平方米，建筑面积15043平方米，体育场面积7000平方米。图书馆藏书2.44万册。普通教室12个，专用教室16个，实验室5个。教职工55人，其中专任教师41人；高级职称教师7人。开设教学班12个，毕业113人，招生116人，在校生369人。校训：厚德尚学，笃行拓新。党支部书记、校长曾文桂。

北京市顺义区小店中学

校址：顺义区杨镇小店村

1958年建校，校址在小店村娘娘庙，称小店中学，为公办初级中学。1976年学校开设高中班。1984年高中班撤销，学校再次成为初级中学。同年王辛庄中学并入小店中学。1992年新建教学楼投入使用，学校迁入小店新街。1998年，顺义撤县设区，学校更名为顺义区小店中学。同年，学校通过北京市初中校规范化验收。2010年10月，小店中学师生全部并入北务中学，保留学校建制，成为无生校。

北京市顺义区沿河中学

校址：顺义区李桥镇平沿北河路137号

1958年建校。初建时，没有独立校园，学生分别安排在北河小学和北庄头小学内学习，称小学附设初中班。同年，在沿河村北选址建校，定校名为顺义县沿河中学。1968年沿河中学在富各庄村成立富各庄分校。1971年富各庄分校析出独立，称富各庄中学。1972年沿河中学设立高中，1983年撤销高中班再次成为初级中学。1994年学校迁入李桥镇任李路新址。同年，富各庄中学撤销并入沿河中学。1998年12月顺义撤县设区，学校更名为北京市顺义区沿河中学。2008年8月沿河中学与沿河中心小学校址对调，迁入现址。

2010年学校为初中校，占地面积4万平方米，建筑面积3800平方米，体育场面积0.6660万平方米。图书馆藏书1.06万册。普通教室10个，专用教室7个，实验室4个。教职工59人，其中专任教师46人；高级职称教师10人。开设教学班10个，毕业95人，招生78人，在校生157人。校训：真诚、守纪、求实、创新。党支部书记、校长马勇。

北京市顺义区杨镇第二中学

校址：顺义区杨镇三街西

学校前身是建于1951年的顺义第二中学，后改名杨各庄中学。1987年2月，杨各庄中学一分为二，其中西校（初中部分）为普通初中校，定名为顺义县杨镇第二中学东校改为杨镇第一中学。1998年，顺义撤县设区，学校更名为北京市顺义区杨镇第二中学。2002年8月杨镇二中加入杨镇一中教育集团。校长由一中选派，杨镇二中的管理体制也由“二级制”变为“三级制”。2007年暑假，杨镇一中、二中互换校址，杨镇二中搬到集团东半部。

2010年，学校占地面积49476平方米，建筑面积8980平方米，体育场面积12000平方米。图书馆藏书3.30万册。普通教室44个，专用教室20个、实验室10个。教职工160人，其中专任教师156人；高级职称教师23人。开设教学班42个，毕业生680人，招生658人，在校生1890人，其中寄宿生1160人。校训：在自我超越中成就美好人生”。党支部书记、校长王玉辉。

北京市顺义区杨镇第一中学

校址：顺义区杨镇三街

1951 年在顺义县城关小学建校，名为顺义县第二中学，系 3 年制初级中学。1952 年迁杨镇西北的关帝庙内，定校名为顺义中学。1958 年暑假后，学校增设 2 个高中班，学校改名为顺义县杨各庄中学（同时还称北京市第一九七中学）。1978 被顺义县人民政府认定为重点中学。1987 年 2 月，杨各庄中学一分为二：东校为重点高中和重点初中校，更名为杨镇第一中学，属县重点中学；西校为普通初中校，定名为杨镇第二中学。1998 年 12 月顺义撤县设区后顺义县杨镇第一中学更名为北京市顺义区杨镇第一中学。2002 年成立顺义区杨镇一中教育集团（包括顺义区杨镇第一中学、顺义区杨镇第二中学）。2003 年，被认定为北京市示范性普通高中校。2004 年暑期，成立民办炯华中学。2005 年暑期，承办内地新疆高中班。2008 年 10 月，通过北京市民主团结示范校验收。

2010 年，学校占地面积 198900.9 平方米，建筑面积 91795.46 平方米。体育场（馆）面积 9418 平方米。图书馆藏书 10.10 万册。普通教室 74 个，专用教室 16 个，实验室 23 个。教职工 421 人，其中专任教师 288 人；高级职称教师 120 人，特级特级教师 3 人，北京市骨干教师 30 人，北京市学科教学带头人 9 人。开设教学班 74 个（全部为高中）。毕业学生 1100 人，招生 853 人，在校生 3850 人，包括寄宿生 3534 人。校训：在自我超越中成就美好人生。党总支书记、校长孙孟远。

北京市顺义区尹家府中学

校址：顺义区大孙各庄镇四福通大街

1993 年建校，校址在尹家府村四福通大街，始称顺义县尹家府中学，为公办普通初级中学。该校为原区域内的大段中学和大崔各庄中学合并后迁现址新建的中学。1997 年 3 月，撤销尹家府乡并入大孙各庄镇，但学校未更名。1998 年 12 月，顺义撤县设区后学校更名为顺义区尹家府中学。同年尹家府中学通过北京市规范校建设验收。2010 年 10 月，尹家府中学师生全部并入北务中学，保留学校建制，成为无生校。

2010 年 10 月，学校占地面积 42354 平方米，建筑面积 12836 平方米，体育场面积 16418.13 平方米。图书馆藏书 2.56 万册。普通教室 28 个，专用教室 11 个，实验室 5 个。教职工 46 人，其中专任教师 43 人；高级职称教师 8 人。开设教学班 6 个。毕业 53 人，招生 46 人，在校生 144 人。校训：科学民主、严谨扎实、开拓创新。党支部书记张宇，校长李德森。

北京市顺义区张镇中学

校址：顺义区张孙路张镇段 5 号

1956 年建校，校址为张各庄村南大街，始称顺义县张各庄乡张各庄小学附属初中班，最初隶属于河北省通州专区。1958 年顺义划归北京市，学校更名为顺义区张各庄中学，系公办初级中学。1961 年更名为顺义县张各庄中学。1971 年设立高中班，1986 年高中班撤销。1989 年更名为顺义县张镇中学。1991 年学校通过北京市合格达标校验收。1993 年学校迁入现址。1998 年 12 月，顺义撤县设区，学校更名为北京市顺义区张镇中学。2000 年，学校通过北京市普通中学规范化建设达标验收。

2010 年学校为初级中学，占地面积 3 万平方米，建筑面积 0.7 万平方米，体育场面积 3996 平方米。图书馆藏书 1.50 万册。教职工 52 人，其中专任教师 42 人；高级专业技术职务 9 人。开设教学班 10 个，毕业生 105 人，招生 94 人，在校生 335 人。校训：团结、奋进、文明、创新。党支部书记、校长李圣义。

北京市顺义区赵各庄学校

校址：顺义区张镇赵各庄村

2004 年 4 月 29 日，顺义区赵各庄中心小学校与顺义区赵各庄中学合并建立北京市顺义区赵各庄学校，学校为九年一贯制学校。赵各庄中心小学建于 1944 年，始称赵各庄抗日小学。1946 年 2 月改称赵各庄中心小学，校址在赵各庄村里，为公办完全小学。1989 年赵各庄中小教学楼建成，学校迁入赵各庄村东现址教学楼。1998 年 12 月，顺义撤县设区，学校更名为顺义区赵各庄中心小学校。赵各庄中学始建于1958年，校址在赵各庄村西，为公办初级中学。1989年赵各庄中学迁到赵各庄村东现址新建教学楼。1998年顺义撤县设区后，学校更名为顺义区赵各庄中学。1999年赵各庄中学通过北京市普通中学规范化建设达标验收。2000年，赵各庄中学通过北京市达标验收。

2010年，赵各庄学校（小学部）占地面积33807平方米，建筑面积5281平方米，体育场面积7466平方米。图书馆藏书1.35万册。普通教室18个，专用教室5个。教职工42人，其中专任教师40人。开设教学班18个，毕业68人，招生38人，在校生342人。赵各庄学校（初中部）占地面积16903平方米、建筑面积4319平方米，体育场面积4633平方米。图书馆藏书1.2万册。普通教室10个、专用教室8个、实验室3个。教职工37人，其中专任教师37人。开设教学班6个。毕业72人，招生68人，在校生240人。校训“团结、进取、勤奋、求实”。党支部书记聂合连，校长贾德贵。

北京市顺义区赵全营中学

校址：顺义区牛板路赵全营段129号

1972年初建校，地址在赵全营村村南，学校名称为赵全营中学，为公办初级中学。20世纪70年代设立高中班成为完全中学，80年代撤销高中班成为初级中学。1988年11月，前桑园中学并入。1989年3月中滩营中学部分并入。1998年，顺义撤县设区，学校更名为北京市顺义区赵全营中学。2010年8月31日，板桥中学并入赵全营中学，板桥中学保留学校建制，成为无生学校，由6名教师看校。2000年，赵全营中学通过北京市普通中学规范化建设验收。

2010年，学校占地面积41475.5平方米、建筑面积7750.42平方米，体育场面积22575平方米。图书馆藏书3.5万册。普通教室8个，专用教室9个，实验室3个。教职工41人，其中专任教师38人；高级职称教师7人。开设教学班8个。毕业50人，招生102人，在校生222人。校训：文明、诚实、团结、创新。党支部书记、校长于长明。

表62　　2010年顺义区普通中学一览表

序号	学校名称	建校时间	举办者
1	北京市第四中学顺义分校	2004年	教育部门和集体办
2	北京市顺义牛栏山第一中学	1950年	教育部门和集体办
3	北京市顺义区板桥中学	1958年	教育部门和集体办
4	北京市顺义区北石槽中学	1958年	教育部门和集体办
5	北京市顺义区北务中学	1958年	教育部门和集体办
6	北京市顺义区北小营中学	1958年	教育部门和集体办
7	北京市顺义区大孙各庄中学	1957年	教育部门和集体办
8	北京市顺义区第一中学	1956年	教育部门和集体办
9	北京市顺义区第二中学	1970年	教育部门和集体办
10	北京市顺义区第三中学	1975年	教育部门和集体办
11	北京市顺义区第五中学	1989年	教育部门和集体办
12	北京市顺义区第八中学	1995年	教育部门和集体办
13	北京市顺义区第九中学	1905年	教育部门和集体办
14	北京市顺义区俸伯中学	1958年	教育部门和集体办
15	北京市顺义区高丽营第二中学	1958年	教育部门和集体办
16	北京市顺义区高丽营学校	1956年	教育部门和集体办
17	北京市顺义区李桥中学	1956年	教育部门和集体办
18	北京市顺义区李遂中学	1956年	教育部门和集体办
19	北京市顺义区龙湾屯中学	1958年	教育部门和集体办

续表 62

序号	学校名称	建校时间	举办者
20	北京市顺义区马坡中学	1971 年	教育部门和集体办
21	北京市顺义区木林中学	1956 年	教育部门和集体办
22	北京市顺义区南彩学校	1958 年	教育部门和集体办
23	北京市顺义区南法信中学	1958 年	教育部门和集体办
24	北京市顺义区牛山第二中学	1964 年	教育部门和集体办
25	北京市顺义区牛山第三中学	1980 年	教育部门和集体办
26	北京市顺义区仁和中学	1951 年	教育部门和集体办
27	北京市顺义区沙岭学校	1958 年	教育部门和集体办
28	北京市顺义区天竺中学	1958 年	教育部门和集体办
29	北京市顺义区小店中学	1958 年	教育部门和集体办
30	北京市顺义区沿河中学	1958 年	教育部门和集体办
31	北京市顺义区杨镇第二中学	1987 年	教育部门和集体办
32	北京市顺义区杨镇第一中学	1951 年	教育部门和集体办
33	北京市顺义区尹家府中学	1993 年	教育部门和集体办
34	北京市顺义区张镇中学	1956 年	教育部门和集体办
35	北京市顺义区赵各庄学校	1958 年	教育部门和集体办
36	北京市顺义区赵全营中学	1972 年	教育部门和集体办
37	北京市顺义区第四中学（北京市顺义区第十中学）	1986 年	教育部门和集体办
38	北京市新英才学校	2008 年	民办
39	北京市顺义区君诚学校	2005 年	民办
40	北京市圣苑 - 美语实验学校	1993 年	民办
41	中国传媒大学附属中学	—	民办
42	北京市牛栏山一中实验学校	1998 年	民办

说明："—"为资料缺失

特殊教育学校

北京市顺义区特殊教育学校

校址：顺义区光明南街 13 号

1991 年，顺义县少年之家加挂顺义县儿童培智中心牌子，招收本县智力障碍儿童少年，校址在建新北区 15 号。1995 年，顺义县少年之家名称上改挂顺义县特殊教育学校、顺义县儿童培智中心牌子，即"三块牌子、一套人员"，招收本县智力障碍儿童少年。1997 年 9 月成立聋人部，招收本区听力残疾儿童少年。1998 年 12 月，顺义撤县设区，学校更名为顺义区特殊教育学校，顺义区少年之家及顺义区儿童培智中心上加挂该校牌子。2001 年特殊教育学校独立设置，编制 46 人。当年教学班 10 个，在校生 92 人，住宿生 76 人。学校独立设置后，撤销北京市顺义区培智中心。2003 年 9 月学校成立听力言语康复指导中心，同时迁入现址。2005 年，学生单超被评为北京市十佳少先队员。2006 年，学生李佳伟被评为北京市十佳中学生。侯亚军校长先后被评为全国管理创新示范校长、全国三八红旗手、北京市劳动模范。

2010 年，学校占地面积 14593 平方米，建筑面积 4182 平方米，体育场面积 3200 平方米。图书馆藏书 1 万册。普通教室 17 个，专用教室 3 个。教职工 65 人，其中专任教师 61 人；高级职称教师 1 人，北京市骨干教师 1 人。开设教学班 17 个，毕业 12 人，招生 15 人，在校生 146 人。校训：自尊、自信、自强、自立。党支部书记、校长侯亚军。

附表

表 63　　1991—2010 年顺义区小学撤并更名一览表

序号	学校名称	建校时间	撤并或更名说明
1	北京市顺义区大东庄小学	1988 年	1999 年 9 月更名为裕龙小学
2	北京市顺义区北石槽镇寺上小学	1949 年	2004 年 8 月并入北石槽中心小学校
3	北京市顺义区北小营镇大胡营小学	20 世纪 50 年代	2007 年并入顺义区明德小学
4	北京市顺义区北小营镇东府小学	1950 年	2005 年 8 月并入仇家店中心小学校
5	北京市顺义区高丽营第一小学	1948 年	2006 年 4 月与顺义区高丽营第一中学合并建立高丽营学校
6	北京市顺义区高丽营镇南王路完小	解放初	2003 年并入北京市顺义区高丽营第一小学
7	北京市顺义区后沙峪镇吉祥庄小学	1950 年	2001 年 9 月并入后沙峪中心小学校
8	北京市顺义区后沙峪镇马头庄小学	1950 年	2001 年并入后沙峪中心小学校
9	北京市顺义区建新小学	1987 年	2004 年与东风小学合并成为东风小学西校区，2010 年 5 月小学再次成为独立法人单位，并恢复建新小学校名，但仍属于东风教育集团管理。
10	北京市顺义区临河小学	1949 年前	2007 年 9 月临河小学撤销
11	北京市顺义区马坡镇马圈小学	1930 年	2008 年 7 月更名为马坡第二小学
12	北京市顺义区木林镇大韩庄小学	20 世纪 50 年代	2007 年并入顺义区明德小学
13	北京市顺义区木林镇李各庄中心小学校	1946 年	2006 年 4 月与李各庄中学合并成立李各庄学校
14	北京市顺义区木林镇马坊小学	20 世纪 50 年代	2007 年并入顺义区明德小学
15	北京市顺义区木林镇西沿头小学	20 世纪 50 年代	2007 年并入顺义区明德小学
16	北京市顺义区南彩镇双营小学	1957 年	2003 年并入南彩中心小学校
17	北京市顺义区南彩镇洼里小学	1946 年	2006 年并入南彩中心小学校
18	北京市顺义区南彩中心小学校	1957 年	2006 年 4 月与南彩中学合并建立顺义区南彩学校
19	北京市顺义区沙岭中心小学	1940 年前后	2006 年 4 月与顺义区沙岭中学合并成立市顺义区沙岭学校
20	北京市顺义区杨镇安乐庄小学	1954 年	2000 年并入杨镇中心小学校
21	北京市顺义区杨镇东町小学	1954 年	2003 年并入杨镇中心小学校
22	北京市顺义区杨镇二郎庙小学	1952 年	2000 年并入杨镇中心小学校
23	北京市顺义区杨镇沟东小学	1953 年	2000 年并入杨镇中心小学校
24	北京市顺义区杨镇汉石桥小学	1960 年	2000 年并入杨镇中心小学校
25	北京市顺义区杨镇齐家务小学	1961 年	2000 年并入杨镇中心小学校
26	北京市顺义区杨镇松各庄学校	1971 年	2005 年 7 月并入小店中心小学校
27	北京市顺义区杨镇田家营学校	1976 年	2004 年 7 月并入小店中心小学校
28	北京市顺义区杨镇王辛庄学校	1969 年	2005 年 7 月并入小店中心小学校
29	北京市顺义区杨镇下坡小学	1954 年	2000 并入杨镇中心小学校
30	北京市顺义区杨镇下营小学	1950 年	2002 并入杨镇中心小学校
31	北京市顺义区杨镇张家务小学	1957 年	2000 并入杨镇中心小学校
32	北京市顺义区裕龙小学	1988 年	2004 年与东风小学合并成为东风小学东校区，2010 年 5 月小学再次成为独立法人单位，并恢复裕龙小学校名，但仍属于东风教育集团管理。
33	北京市顺义区张镇聂庄小学	1953 年	2003 年并入赵各庄中心小学校
34	北京市顺义区张镇驻马庄小学	1953 年	2004 年并入赵各庄学校
35	北京市顺义区赵各庄中心小学校	1946 年	2004 年 4 月与赵各庄中学合并建立赵各庄学校

续表 63

序号	学校名称	建校时间	撤并或更名说明
36	北京市顺义区赵全营镇河庄小学	1952 年	2002 年 9 月并入板桥中心小学校
37	北京市顺义县大东庄小学	1988 年	1999 年 9 月更名为裕龙小学
38	北京市顺义县大各孙庄乡藓庄小学	1949 年	2004 年撤销
39	北京市顺义县高丽营镇张喜庄中心小学	1949 年	1998 年 12 月更名为张喜庄中心小学校。1999 年 12 月更名为高丽营第二小学
40	北京市顺义县刘家河中心小学	1978 年	1993 年更名为顺义县南法信中心小学，1999 年更名为南法信中心小学校
41	北京市顺义县马坡镇大营小学	1949 年前	1993 年并入马坡中心小学校
42	北京市顺义县马坡镇秦武姚中心小学	1978 年	1992 年 5 月改名为马坡中心小学校
43	北京市顺义县文化营小学	1923 年	始称蛮子营小学，1958 年改称文化营小学，1970 年改名为北京市良种繁殖场小学，2007 年 9 月并入高丽营第二小学
44	北京市顺义县赵全营镇西绛州营村小学	20 世纪 50 年代	1993 年 3 月并入板桥中心小学校

表 64　　1991—2010 年顺义区普通中学撤并更名一览表

序号	学校名称	建校时间	撤并或更名说明
1	北京市顺义区板桥中学	1958 年	2010 年 8 月并入顺义区赵全营中学，板桥中学保留学校建制成为无生学校
2	北京市顺义区仇家店中学	1958 年	2008 年 2 月并入顺义区北小营中学
3	北京市顺义区第六中学	1905 年	2003 年 9 月更名为顺义区第九中学
4	北京市顺义区第十中学	2004 年	2010 年 3 月 10 日更名为北京市第四中学顺义分校，同时保留顺义区第十中学校名
5	北京市顺义区高丽营第一中学	1956 年	2006 年 4 月，与北京市顺义区高丽营第一小学合并建立高丽营学校
6	北京市顺义区后沙峪中学	1958 年	2004 年并入顺义区第十中学
7	北京市顺义区李各庄学校(初中部)	2006 年	2008 年 8 月合并到木林中学
8	北京市顺义区南彩中学	1958 年	2006 年 4 月 12 日与南彩中心小学校合并建立南彩学校
9	北京市顺义区牛栏山一中分校	1998 年	2008 年 4 月转制成为民办非企业单位更名为北京市牛栏山一中绿港学校。2008 年 11 月更名为北京市牛栏山一中实验学校
10	北京市顺义区平各庄中学	1971 年	1999 年更名为仁和中学
11	北京市顺义区沙岭中学	1958 年	2006 年 4 月与顺义区沙岭中学合并成立市顺义区沙岭学校
12	北京市顺义区师范学校	1905 年	1999 年 6 月更名为顺义区第六中学
13	北京市顺义区小店中学	1958 年	2010 年 10 月并入北务中学，小店中学保留学校建制，成为无生学校
14	北京市顺义区尹家府中学	1993 年	2010 年 10 月并入北务中学，尹家府中学保留学校建制，成为无生学校
15	北京市顺义区赵各庄中学	1958 年	2004 年 4 月与赵各庄中心小学校合并建立赵各庄学校
16	北京市顺义县北务中学	1957 年	2009 年 6 月，北务中学高中部并入杨镇一中，北务中学成为初级中学
17	北京市顺义县富各庄中学	1968 年	1994 年并入沿河中学
18	北京市顺义县与辛庄中学	1973 年	1997 年 8 月并入北小营中学
19	北京市顺义县牛栏山第二中学	1964 年	1998 年 12 月顺义区牛山第二中学
20	北京市顺义县牛栏山第三中学	1980 年	1998 年更名为顺义区牛山第三中学
21	北京市顺义县十里堡中学	1958 年	1997 年更名为南法信中学

续表 64

序号	学校名称	建校时间	撤并或更名说明
22	北京市顺义县头二营中学	1958 年	1991 年并入李桥中学
23	北京市顺义县小塘中学	1972 年	1992 年大孙各庄中学
24	北京市顺义县张各庄中学	1956 年	1998 年 12 月更名为顺义区张镇中学

表 65　　2010 年顺义区教委直属事业单位一览表

序号	单位名称	成立时间	地址	沿革
1	北京市顺义区教师之家	1992 年	顺义区光明南街 28 号	建校时与县教育局卫生保健站合署办公，享受完全中学待遇。1993 年 3 月与县教育局卫生保健站拆分，成为独立单位
2	北京市顺义区教育技术装备部	1992 年	顺义区仁和镇庄头村北	负责顺义中小幼教育教学仪器设备、图书资料设备，中小幼资产管理，仪器设备使用培训积极评估工作
3	北京市顺义区教育信息中心	2003 年	顺义区中山西街 31 号	区教委直属单位，隶属教育研究考试中心管理
4	北京市顺义区教育研究考试中心	2001 年	北京市顺义区中山西街 31 号	由顺义区第一教师进修学校、顺义区第二教师进修学校合并而成
5	北京市顺义区少年宫	1983 年	顺义区府前东街 12 号	原址位于顺义县城幸福西街 20 号，2005 年 5 月迁入现址。2010 年，少年宫占地面积 18864 平方米、建筑面积 10688 平方米
6	北京市顺义区少年之家	1959 年	顺义区建新北区 15 号	前身是 1959 年成立的儿童乐园，1988 年 2 月，更名为顺义县少年之家。1991 年少年之家加挂儿童培智中心牌子,1995 年改挂特殊教育学校、儿童培智中心牌子。2001 年特殊教育学校独立设置，校长兼任少年之家主任
7	北京市顺义区社区教育中心	2002 年	顺义区贯通中路西侧	2002 年 4 月撤销区成人教育局成立区社区教育中心。该机构委为区政府直属、归口顺义教委管理的正处级事业单位
8	北京市顺义区幼儿教育培训中心	1992 年 4 月	顺义区光明南街 28 号	前身是顺义县文教办幼教科，成立于 1984 年，地址在光明小学院内。1985 年迁入杜各庄中学。1987 年迁入建南幼儿园。1992 年 4 月更名顺义县幼儿园教育培训中心。1997 年迁入保健所院内。1998 年更名为顺义区幼儿园教育培训中心。2004 年迁入中山北大街校办公司院内。2006 年迁入仁和小学院内。2007 年迁入现址
9	北京市顺义区中小学卫生保健所	1984 年	顺义区幸福西街 1 号	原址在石幢北街路西侧电教馆内，初名县教育局卫生保健站。1992 年迁至顺义区建新北区 36 号楼。2005 年 5 月迁到现址。1993 年 3 月更为现名

昌平区

（1999 年 9 月，昌平县撤县设区，改称昌平区）

幼儿园

北京博苑实验幼儿园

园址：昌平区回龙观龙华园甲 11 号

1998 年建园，名为北京艺海幼儿园，属民办公助、自收自支幼儿园（事业单位），举办者北京富必得高科技有限责任公司，利用小区配套设施办学。1998 年改名北京博苑实验幼儿园。2003 年转制为民办幼儿园，变更举办者为北京伯鸿医药科技公司。2007 年，建成四季恒温的儿童游泳馆。2009 年，建成 1500 平方米博苑小农场，成立农业种植体验基地，成立童子军俱乐部。幼儿园以蒙特梭利为主线搭建基本教学体系，以奥尔夫音乐为龙头开展艺术教育（钢琴、舞蹈、合唱、美术、儿童戏剧）。2010 年，幼儿园占地面积 3300 平方米，建筑面积 2500 平方米，室外活动场地 1700 平方米。教学班 9 个，在园幼儿 270 人。教职员工 50 人。园长张书平。

北京昌平汇佳幼儿园

园址：昌平区回龙观风雅园三区 14 号楼

2000 年 8 月建园，民办全日制幼儿园。举办者汇佳童园幼教发展有限公司，利用小区教育配套设施办学，产权归区教委。2009 年，被评为北京市一级一类幼儿园。2010 年，被评为昌平区示范幼儿园、区卫生保健先进单位。2010 年，幼儿园占地面积 4210 平方米，建筑面积 3379 平方米。藏书 2000 余册。功能教室 3 个，普通教室 15 个。教职工 65 人，其中专任教师 32 人。15 个教学班，在园幼儿 450 人。园长柏林青。

北京昌平绿贝儿中英文幼稚园

园址：昌平区回龙观文化居住区

2007 年 3 月建园，全日制民办教育幼儿园，利用小区教育配套设施办学。2010 年，幼儿园占地面积 3599 平方米，建筑面积 3046.8 平方米。藏书 3092 册。教职工 72 人，其中专任教师 53 人。教学班 13 个。幼儿入园 98 人，离园 87 人，在园幼儿 366 人。园长杨伊。

北京市昌平区爱蕾幼儿园

园址：昌平区回龙观龙锦苑四区

2004 年 12 月建园，全日制民办教育幼儿园。举办者为北京泛阳圣鑫科技开发有限公司，利用小区配套设施办学，产权归区教委。2008 年，被中国教育学会认定为“十一五”课题“儿童早期左右脑潜能开发与思维拓展训练”教学实验基地。2010 年，幼儿园占地面积 5001 平方米，建筑面积 3676.9 平方米。教职工 59 人，其中专任教师 29 人。教学班 12 个。幼儿入园 95 人，离园 103 人，在园人数 343 人。园长白晔。

北京市昌平区北海昌房幼儿园

园址：昌平区东关南里小区 19 号楼

2001 年 9 月建园，民办全日制幼儿园。昌平房地产开发总公司投资经营，北京市北海幼儿园管理与指导。2005年12月，被评为北京市一级一类幼儿园。2006年6月，被评为北京市社区儿童早期教育示范基地。2007年12月，被评为昌平区示范幼儿园。2009年7月，幼儿园由寄宿制改为日托制。2010年被评为全国百佳幼儿园、全国民办教育先进集体。2010年，幼儿园占地面积6667平方米，建筑面积2376平方米。普通教室9个。图书馆藏书2500册。教职员工53人，其中专任教师22人，保育员13人。开设9个教学班。离园幼儿48人，入园幼儿69人，在园幼儿264人。党支部书记、园长陈淑萍。

北京市昌平区财贸幼儿园

园址：昌平区昌平八街大将军胡同2号

1976年10月建园，隶属县商业局。占地面积1960平方米，建筑面积969.6平方米。教职工24人，人事关系归属县委人事局。1984年，更名昌平财贸幼儿园，隶属县财贸委员会。2000年，被评为北京市二级二类幼儿园。2005年，划归昌平区教委。2010年，被评为北京市一级一类幼儿园和区级示范幼儿园。

2010年，幼儿园占地面积2400平方米，建筑面积2120平方米。专用教室9个。在编教职工47人，其中专任教师27人；医务室保健医生2人。教学班9个，在园幼儿246人。毕业幼儿62人。党支部书记、园长沈鸿雁。

北京市昌平区工业幼儿园

园址：昌平区昌平镇西环路11号

1974年11月1日建园，名为昌平县工业幼儿园，隶属县工业局，为联办企业园。1982年6月迁入昌平镇红旗路西侧新园址。1984年3月、1986年9月，昌平县七一制镜厂托儿所、昌平县东风服装厂托儿所先后并入。1991年2月8日，被认定为北京市一级一类幼儿园。1999年12月，更名为昌平区工业幼儿园。2004年6月，划归昌平区教委。2008年10月，入选北京市0～3岁早期教育示范基地。2009年10月，入选市级示范幼儿园、学前特殊教育示范基地。

2010年，幼儿园占地面积10041.8平方米，建筑面积7249.7平方米。普通教室24个，幼儿专用教室3个。教职工115人，其中，教师62人，保育员20人，后勤人员33人，市级骨干教师1人。24个教学班，在园幼儿738人。党支部书记、园长韩梅。

北京市昌平区机关幼儿园

园址：昌平镇鼓楼南大街永安巷5号

1954年12月建园，名为昌平县委机关托儿所，位于昌平县西醋胡同1号。1959年解散，1963年12月恢复，名昌平县直机关幼儿园，位于献陵卫胡同3号。1966年6月，与县教工幼儿园合并，搬入县教育局宿舍大院内，更名为昌平县机关幼儿园。1979年6月，恢复县教工幼儿园，教工幼儿园从机关幼儿园分出。机关幼儿园搬入昌平县政府街1号，隶属于昌平县人事局。1989年9月，迁入县城区镇鼓楼南大街永安巷5号。1999年，更名为昌平区机关幼儿园。2004年6月，划归昌平区教育委员会。2006年11月，被认定为市级示范园。2009年，被评为北京市学前教育信息化示范基地。

2010年，幼儿园占地面积10005平方米，建筑面积6924平方米。藏书3063册。普通教室28个。教职工111人，其中专任教师89人；高级职称教师1人。教学班23个，在园幼儿783人。党支部书记、园长刘淑新。

北京市昌平区教工幼儿园

园址：昌平区西环里小区甲9号

1962年建园，名为昌平县教工幼儿园，为县教育局下属单位。1991年，被评定为北京市一级一类幼儿园。1993年12月，被评为北京市体育幼儿园。1999年，更名为昌平区教工幼儿园。2005年4月5日，幼儿园被评为昌平区首个北京市示范幼儿园。2006年至2010年，与崔村镇中心幼儿园、沙河镇中心幼儿园、国防大学第三幼儿园结成“手拉手”姐妹园所。2007年，闫淑玉被评为“首都百名杰出校长”。

2010年，幼儿园为教育部门办园，日托制。占地面积4525平方米，建筑面积3060平方米。普通教室13个。教职工67人，其中专任教师42人；高级职称教师1人。教学班13

个。幼儿入园96人，离园105人，在园213人。党支部书记、园长闫淑玉。

北京市昌平区启盼幼儿园

园址：昌平区马池口镇上念头村红冶钢厂西侧

2002年5月建园，民办幼儿园。租用原昌平区红冶钢厂幼儿园，主要招收上念头、下念头村及周边村民、流动人员子女入园。2003年3月，迁址租用马池口镇下念头村二层小楼。2004年12月，与上念头村签订协议，租用3亩坑地。2005年春季建设校舍，9月竣工并迁入新址。2010年，幼儿园占地面积2200平方米，建筑面积900平方米。教职工17人，其中专任教师10人。教学班5个，在园幼儿165人。园长陶俊明。

北京市昌平区沙河镇中心幼儿园

园址：昌平区沙河镇西二村南河槽大街76号

1972年建园，初名沙河中心小学托儿所，属镇办校管全日制幼儿园。1990年，沙河镇分为巩华镇和沙河镇，沙河中心小学幼儿园划归巩华中心小学，称巩华中心小学教工幼儿园。2005年区、镇两级政府投资700余万元对幼儿园进行改造。2006年，更名为沙河镇中心幼儿园，为全日制乡镇中心幼儿园。2006年至2009年，与区教工幼儿园建立“手拉手”互助协作关系。2007年，入选区级一级一类幼儿园。2009年，入选北京市一级一类幼儿园。2010年4月，通过北京市社区儿童早教基地验收。

2010年，幼儿园占地面积2376.34平方米，建筑面积2570平方米。教室13个。教职工61人。托、小、中、大13个教学班，在园幼儿387人。党支部书记、园长李士民。

北京市昌平区童星幼儿园

园址：昌平区妇女儿童活动中心

2006年4月建园，民办幼儿园，由贾月贞与昌平区妇女儿童活动中心合作办学。2010年，幼儿园有教室300平方米，多功能活动教室200平方米。图书1200余册。教职工22人，其中专任教师15人。开设6个教学班，在园幼儿178人。园长贾月贞。

北京市昌平区童学园幼儿园

园址：昌平区回龙观龙跃苑三区

2007年6月建园，民办幼儿园，由北京市时代东方国际教育发展中心举办。2010年，幼儿园占地面积6430平方米，建筑面积4066平方米。房屋为租赁性质，租期为15年（至2022年）。专用教室3个，普通教室18个。教职工69人，其中专任教师36人。教学班17个。幼儿入园75人，离园33人，在园548人。园长孔庆荣。

北京市昌平区幸福童年幼儿园

园址：昌平区回龙观龙腾六区16号楼

2004年11月建园，全日制民办幼儿园，由北京幸福童年教育研究中心举办。利用小区教育配套设施配套设施办学，产权归区教委。2004年8月，与北京市第六幼儿园成为姐妹园，并由第六幼儿园委派管理干部指导保教工作。2009年，园长王文韵被评为全国民办幼儿园优秀园长。2010年，幼儿园占地面积5139平方米，建筑面积3555平方米。专用教室6个，普通教室12个。教职工77人，其中专任教师32人。教学班12个。幼儿入园150人、离园100人、在园幼儿370人。园长王文韵。

北京市昌平区育龙幼儿园

园址：昌平区回龙观龙跃苑一区17号

幼儿园始建于1998年，名为北京市育龙幼儿园，为个人承办的民办幼儿园。2005年3月，由昌平区教委审批为全日制民办幼儿园，更名为北京市昌平区育龙幼儿园。2009年被评为市一级一类幼儿园、市社区早教示范基地。2010年，幼儿园占地面积5000平方米。普通教室12个。藏书2500余册。教职工62人，其中专任教师26人。教学班12个。幼儿入园60人，在园350人。园长芦雯。

北京市昌平区中馥慧幼儿园

园址：昌平区回龙观和谐家园小区周良路2号

2008年3月建园，民办全日制幼儿园。

举办者北京市中馥慧幼儿教育顾问有限公司，利用小区配套设施办学，产权归区教委。2010年，幼儿园占地面积6013平方米，建筑面积2500平方米。教室10个，藏书2000余册。教职工49人，其中专任教师20人。教学班10个，在园幼儿247人。园长陈澍瑾。

表66　　2010年昌平区幼儿园一览表

序号	幼儿园名称	建园时间	举办者
1	北京市昌平区财贸幼儿园	1976年	教育部门办
2	北京市昌平区长陵镇中心幼儿园	2008年	教育部门办
3	北京市昌平区崔村镇中心幼儿园	1986年	教育部门办
4	北京市昌平区工业幼儿园	1974年	教育部门办
5	北京市昌平区回龙观镇中心幼儿园	1995年	教育部门办
6	北京市昌平区机关幼儿园	1954年	教育部门办
7	北京市昌平区教工幼儿园	1962年	教育部门办
8	北京市昌平区马池口镇中心幼儿园	2009年	教育部门办
9	北京市昌平区南口镇中心幼儿园	1959年	教育部门办
10	北京市昌平区沙河镇中心幼儿园	2006年	教育部门办
11	北京市昌平区十三陵镇中心幼儿园	2006年	教育部门办
12	北京市昌平区小汤山镇中心幼儿园	1980年	教育部门办
13	北京市昌平区兴寿镇中心幼儿园	2009年	教育部门办
14	北郊农场幼儿园	—	其他部门办
15	北京保温瓶厂托儿所	—	其他部门办
16	北京农学院后勤幼教中心幼儿园	1983年	其他部门办
17	北京市昌平区北海昌房幼儿园	2001年	其他部门办
18	北京市昌平区十三陵特区办事处幼儿园	1988年	其他部门办
19	平板玻璃工业公司幼儿园	1970年	其他部门办
20	首钢生活服务管理中心沙河服务站幼儿园	1974年	其他部门办
21	中国人民解放军63960部队幼儿园	1956年	其他部门办
22	中国人民解放军66325部队幼儿园	—	其他部门办
23	中国人民解放军防化指挥工程学院幼儿园	1957年	其他部门办
24	中国人民解放军国防大学第三幼儿园	1975年	其他部门办
25	中国人民解放军装备指挥技术学院幼儿园	1980年	其他部门办
26	中国政法大学幼儿园	1988年	其他部门办
27	北京市昌平区百善镇吕各庄幼儿园	—	集体办
28	北京市昌平区百善镇孟祖幼儿园	—	集体办
29	北京市昌平区北七家镇宏福苑幼儿园	—	集体办
30	北京市昌平区城北街道三街幼儿园	1950年	集体办
31	北京市昌平区城北街道西关管区幼	1978年	集体办
32	北京市昌平区东小口镇中心幼儿园	1985年	集体办
33	北京市昌平区流村镇北流村幼儿园	—	集体办
34	北京市昌平区流村镇高崖口中心幼儿园	1986年	集体办
35	北京市昌平区流村镇古将村幼儿园	—	集体办
36	北京市昌平区流村镇老峪沟中心幼儿园	1987年	集体办
37	北京市昌平区流村镇南流村幼儿园	—	集体办
38	北京市昌平区流村镇瓦窑村幼儿园	—	集体办
39	北京市昌平区流村镇王峪村幼儿园	—	集体办
40	北京市昌平区流村镇西峰山村幼儿园	—	集体办

续表 66

序号	幼儿园名称	建园时间	举办者
41	北京市昌平区流村镇新建村幼儿园	—	集体办
42	北京市昌平区马池口镇楼自庄村幼儿园	—	集体办
43	北京市昌平区马池口镇西坨村幼儿园	—	集体办
44	北京市昌平区南口镇前桃洼幼儿园	—	集体办
45	北京市昌平区南邵镇中心幼儿园	1987 年	集体办
46	北京市昌平区南邵镇中心幼儿园营坊园	—	集体办
47	北京市昌平区南邵镇中心幼儿园张各庄园	—	集体办
48	北京市昌平区沙河镇白各庄村幼儿园	—	集体办
49	北京市昌平区沙河镇踩河新村幼儿园	—	集体办
50	北京市昌平区沙河镇西沙屯村幼儿园	—	集体办
51	北京市昌平区上苑中心小学幼儿园	—	集体办
52	北京市昌平区小汤山镇大汤山村幼儿园	—	集体办
53	北京市昌平区小汤山镇尚信村幼儿园	—	集体办
54	北京市昌平区小汤山镇双兴苑幼儿园	—	集体办
55	北京昌平汇佳幼儿园	2002 年	民办
56	北京昌平启聪幼儿园	2005 年	民办
57	北京市昌平启盼幼儿园	2002 年	民办
58	北京市昌平区爱蕾幼儿园	2004 年	民办
59	北京市昌平区碧水庄园嘉洛德幼儿	2007 年	民办
60	北京市昌平区博苑实验幼儿园	1998 年	民办
61	北京市昌平区宏景艺术幼儿园	2006 年	民办
62	北京市昌平区绿贝儿中英文幼稚园	2007 年	民办
63	北京市昌平区苹果树幼儿园	2002 年	民办
64	北京市昌平区青草地幼儿园	2004 年	民办
65	北京市昌平区童星幼儿园	2006 年	民办
66	北京市昌平区童学园幼儿园	2007 年	民办
67	北京市昌平区温莎双语幼儿园	2007 年	民办
68	北京市昌平区乌兰幼稚园	2003 年	民办
69	北京市昌平区小脚丫幼儿园	2004 年	民办
70	北京市昌平区新世纪幼儿园	2004 年	民办
71	北京市昌平区幸福童年双语幼儿园	2006 年	民办
72	北京市昌平区幸福童年幼儿园	2004 年	民办
73	北京市昌平区幸福摇篮幼儿园	2006 年	民办
74	北京市昌平区育龙幼儿园	2005 年	民办
75	北京市昌平区中馥慧幼儿园	2008 年	民办
76	北京王府幼儿园	—	民办
77	二十一世纪实验幼儿园	—	民办
78	回龙观红黄蓝幼儿园	—	民办
79	金奥经典艺术幼儿园	—	民办
80	天通苑新起点幼儿园	—	民办
81	天一宝贝幼儿园	—	民办
82	奕青音乐幼儿园	—	民办
83	优美双语幼儿园	—	民办

说明：“—”为资料缺失

小学

北京昌平汇蕾学校

校址：昌平区马池口镇百泉庄村

1997年由潘兹银（河南籍）投资创建。校址租用昌平区水屯村西一个四合院100平方米左右，主要招收水屯市场外来务工人员子女入学。小学一至二年级均为复试班，学生30人左右，附设有学前班。2004年1月8日，经昌平区教委审批为民办教育学校（流动人员子女学校），名为昌平汇蕾学校。2010年，学校占地面积1万平方米，建筑面积近2800平方米。教室16个，图书2万册。设有小学部、初中部，其中小学部12个班级，在校生500人；初中部3个班100人。教职工36人，其中专任教师30人。校长潘兹银。

北京昌平雨竹学校

校址：昌平区马池口镇白浮村50号

2001年7月由黄玉莲（河北籍）投资兴办。校址租用原昌平镇凉水河村废旧库房，主要招收周边流动人口子女入学。第一学期招生80人。2002年8月，迁址马池口镇白浮村完小旧址（租用），学生达到180人。2005年2月，经区教委审批为民办教育学校（流动人口学校）。2004年5月，承办区政府投资建设的马池口镇楼自庄小学东侧流动人口子女专门学校，学校分设白浮、楼自庄两个校区，分别开设一至六年级和学前班。2007年2月，白浮新校舍正式投入使用。2009年7月，撤销楼自庄校区。教师黄玉莲被评为北京市优秀教师。2010年，学校占地面积5000平方米，建筑面积2500平方米。新建600平方米的宿舍楼及400平方米的幼儿园楼。普通教室20个。藏书15000册。教职工41人，其中专任教师23人。17个教学班（学前班3个班，小学14个班），在校生575人。校长黄玉莲。

北京铭师实验学校

校址：昌平区回龙观镇龙泽苑东区26号

2006年3月建校，系民办公助制学校，利用小区教育配套设施办学，主要招收回龙观龙泽东、西小区业主适龄儿童入学。2010年，学校占地面积15929平方米，建筑面积10349.14平方米。有14个教室，以及音乐、美术、古筝等专业教室。篮球场馆1个，乒乓球馆1个，200米环形塑胶跑道运动场1个。开设小学一至六年级13个教学班，在校生314人，专任教师28人。校长刘锦林。

北京市昌平第二实验小学

校址：昌平区回龙观文化居住区龙腾二区30号

2004年7月建校，是区教委直属学校，主要招收回龙观居住区内的学生。同年由于城市规划征用昌平区回龙观中心北店小学建设居民楼，撤销北店小学，该校三至六年级共8个班，23名教师和250多名学生并入昌平第二实验小学。2006年1月，获北京市中小学生艺术节合唱比赛合唱一等奖。2008年3月，开设面塑制作、电脑制作、声乐等19个门类校本课程。2010年，成立阳光龙娃娃青少年体育俱乐部，学校入选“国家级青少年体育俱乐部”。

2010年，学校占地面积15000平方米，建筑面积8308平方米，使用面积5720平方米。体育场面积5000平方米。图书室藏书16172册。普通教室26个，专业教室各7个。教职工75人，其中专任教师65人；市级骨干教师3人。教学班26个。毕业137人，招生144人，在校生895人。校训：志存高远，脚踏实地。党支部书记、校长高海燕。

北京市昌平区北七家中心小学

校址：昌平区北七家镇八仙庄村

1932年在八仙庄村北大庙建八仙庄初级小学校，学制4年，有4个年级1个复式班，30名学生，1名教师。1946年改名八仙庄保国民学校。1949年改为公立八仙庄小学。1954年发展为完全小学。1977年定为现校名。1992年9月迁至现址。2001年入选市中小学体育传统（田径）项目重点学校。

2010年，北七家中心小学下辖鲁疃小学，总占地面积35253平方米，建筑面积3915平方米，体育场面积19500平方米。图书馆藏书2.34万册。普通教室24个,专用教室15个。教职工60人，其中专任教师52人。开设教学班24个。毕业113人，招生144人，在校生837人。党支部书记、校长王建奎。

北京市昌平区昌盛园小学

校址：昌平区城南街道昌盛园小区

1903年在州城内燕平书院建昌平州立高等小学堂。1912年改称昌平县立高级小学。1939年与昌平县立简易师范学校附属小学合并，校名为昌平县立简易师范学校附属小学。1949年称昌平县第一完全小学，1952年称昌平县初级师范学校附属小学。1963年更名昌平县城关小学。1981年城关小学四至六年级师生迁至城北街道西环里32号，原校址和一至三年级师生复建昌平县师范附学校属小学。2005年2月，昌平区师范学校附属小学迁到城南昌盛园四区，更名为北京市昌平区昌盛园小学。2005年1月，学校把4件石刻历史文物送到昌平中心公园石刻园，其中一块刻有“光绪三十三年，学务同人公立，赓云史老父台德政碑”，是证明百年老校的重要历史文物。2008年，被评为全国首批可持续发展教育示范校和节能减排学校——社会项目示范校。2010年,出版昌平区小学首部年鉴《昌盛园小学2010年年鉴》。

2010年，学校占地面积13665平方米，建筑总面积13897.19平方米，使用面积10449平方米，操场面积6300平方米。图书馆藏书25600册。普通教室41个，自然实验室2个。各种专用教室共10个。教职工133人，其中专任教师103人；高级职称教师3人，市级骨干教师6人。毕业274人，招生227人，在校生1738人，开设教学班41个。校训:勤奋、爱校、文明、守纪。党支部书记、校长吴宝文。

北京市昌平区长陵中心小学

校址：昌平区长陵镇长陵村

1940年在景陵监大门内建长景陵初级小学校。1949年称长景陵小学。1956年发展为完全小学，并定为现校名。1967年，长陵公社23个村，村村有学校，长陵中心小学下设21所学校。1996年5月，县教育局连续两年共拨款35万元翻建中心校教室。2006年，编写《长陵中心英语乡土教材》。至2010年，各村校先后撤并，长陵镇只保留长陵中心小学一所学校。

2010年，长陵中心小学占地面积35324平方米，总建筑面积19708平方米，体育场总面积4800平方米。图书馆藏书14318册。普通教室18个,专用教室5个。教职工83人，其中专任教师71人。教学班18个。毕业62人，招生69人，在校生434人。党支部书记、校长刘士森。2011年2月，长陵中心小学、长陵中学合并为长陵学校。

北京市昌平区城北中心小学

校址：昌平区城北街道六街瑞光胡同

1906年在昌平州城内户部街孟宅建成始女学，先后经历昌平县立两等女学校、昌平县城内第二完全小学、昌平师范学校附属小学分校、政府街小学、六街小学。1978年改名昌平镇中心小学。1991年1月，昌平镇中心小学拆分为昌平镇中心小学和城区镇中心小学。拆分后，城区镇中心小学设在六街小学，其所属小学有六街小学、三街小学、东关小学、西关小学、南关小学、朝凤庵小学。2000年6月，城区镇中心小学更名为昌平区城北中心小学，含中心校六街小学，完小三街小学、东关小学、西关小学、朝凤庵小学和南关小学6所学校。

2010年，城北中心小学下辖中心校六街小学，完小三街小学、东关小学和西关小学。总占地面积30722平方米，总建筑面积17414平方米，体育场总面积8658平方米。图书馆藏书8.24万册。普通教室104个、专用教室31个，实验室5个。教职工298人，其中专任教师277人；市级骨干教师5人，高级职称教师2人。开设教学班104个。毕业701人，招生646人,在校生3800人。校训真诚、合作、自主、创新。党支部书记、校长李乃让。

北京市昌平区城关小学

校址：昌平区城北街道西环里32号

1903年在州城内燕平书院建昌平州立高

等小学堂。1912 年改称昌平县立高级小学。1939 年与昌平县立简易师范学校附属小学合并，校名为昌平县立简易师范学校附属小学。1949 年称昌平县第一完全小学。1952 年称昌平县初级师范学校附属小学。1963 改为现校名。1981 年迁至现址，原校址改为昌平县师范学校附属小学。1993 年，学校获得快乐教育先进集体、北京市传统体育项目先进校称号。1998 年，教师柏继明获市青年教师基本功大赛全能第一名。1999 年，学校获得全国自护能力知识大赛先进集体，市初级航模团体第一名、市英语游戏大奖赛第二名。2010 年 9 月，拆除旧教学楼，在操场西侧新建教学楼，并投入使用至今。

2010 年学校占地面积 9795 平方米，建筑面积 9594 平方米，体育场面积 3062 平方米。图书室藏书 2.99 万册。普通教室 31 个，专用教室 4 个。教职工 102 人，其中专任教师 93 人；特级教师 1 人，北京市级骨干教师 3 人，高级职称教师 34 人。开设教学班 31 个。毕业 241 人，招生 239 人，在校生 1140 人。党支部书记、校长柏继明。

北京市昌平区城南中心小学

校址：昌平区南郝庄

1906 年在昌平州城内户部街孟宅建成始女学，先后经历昌平县立两等女学校、昌平县城内第二完全小学、昌平师范学校附属小学分校、政府街小学、六街小学。1978 年改名昌平镇中心小学。1991 年 1 月，昌平镇中心小学拆分为昌平镇中心小学和城区镇中心小学。拆分后，昌平镇中心小学下辖 6 所完小，教职工 95 人，教学班 36 个，学生总数 1098 人。2003 年 9 月 1 日，昌平镇更名为城南街道办事处，昌平镇中心小学更名为昌平区城南中心小学。至 2010 年，城南中心小学下辖旧县小学、邓庄小学 2 所完小。

2010 年，学校总占地面积 25347 平方米，建筑面积 6315 平方米，使用面积 4703 平方米。图书室藏书 2.53 万册。普通教室 35 个，各种专用教室数 6 个。操场面积 8212 平方米。教职工 100 人，其中专任教师 72 人。教学班数 35 个。在校生 948 人，招生 162 人，毕业 112 人。党支部书记、校长李克明。

北京市昌平区崔村中心小学

校址：昌平区崔村镇西崔村

学校始建于 1915 年，原校名为大辛峰学堂，位于大辛峰村药王庙。1949 年，改为公立小学大辛峰完小。1952 年，更名为崔村中心小学，下辖东崔村、西崔村、香堂、南庄营、麻峪、真顺、南庄、八家、棉山、西辛峰、西峪小学。1959 年，崔村中心小学由大辛峰村迁至西崔村村西新址，建筑面积 462 平方米。1986 年，崔村中心小学由西崔村迁至大辛峰村西原中学校址。1990 年，中心校由大辛峰村迁至原崔村中学校址，占地 27 亩，建筑面积 1422 平方米，房屋 110 间。全中心下辖 3 所完小，7 所村小。1993 年，崔村中心小学搬进教学楼，建筑面积 3700 平方米。1998 年，开设珠心算校本课程，与北京中古友谊小学结为“手拉手”学校。2003 年，接管崔村镇中心幼儿园。2010 年，崔村中心小学下辖香堂小学、大辛峰小学两所完小。建校至 2010 年毕业生总数约 3000 人。

2010 年，学校总占地面积 23000 平方米，建筑面积 7738 平方米。图书 40000 册。10 个专用教室。教职工 78 人。教学班 28 个，在校生 658 人（本地生 438 人，借读生 220 人）。党支部书记、校长冯久贵。

北京市昌平区大东流中心小学

校址：昌平区小汤山镇大赴任庄村 56 号学校

1922 年在大赴任庄药王庙建大赴任庄初级小学校，学制 4 年。1946 年改称大赴任庄保国民学校。1948 年称大赴任庄小学，并迁入村西关帝庙。1950 年改为公办小学。1953 年迁址药王庙，定为大东流中心小学，学制 6 年。1961 年改称大赴任庄完全小学。1969 年附设初中班，1974 年撤销。1975 年迁址大赴任庄中学校址，恢复大东流中心小学校名。1991 年 5 月，接受市教育局规范化收验合格。2009 年 11 月，装修改造校舍。

2010 年，大东流中心小学包括本校和东官庄小学和土沟小学，占地面积共计 26339

平方米，建筑面积共计4491平方米，体育场面积12730平方米。图书馆藏书3.54万册。普通教室24个，专用教室8个。教职工64人，其中专任教师52人。开设教学班24个。招生111人，毕业76人，在校生514人。党支部书记、校长张子路。

北京市昌平区东方红学校

校址：昌平区东小口镇兰各庄村乙1号院

1999年8月，在朝阳区洼里乡关西庄村建校，校名固始小学，举办人刘万林。2000年12月，并入洼里乡西村育红学校。2001年3月，育红学校分校（昌平区东小口镇中滩村校区）由刘万林承办，更名为东方红学校。2003年7月，东方红学校迁入东小口镇兰各庄村19号院。2004年2月，迁入兰各庄村乙1号院。2005年8月，承办市政府投资建设的东小口镇东小口村流动人口子女专收学校。2005年12月，昌平区教委审批为民办教育学校（流动人口子女学校），校名昌平区东方红学校。2010年，学校共三个校区，分别是兰各庄村校区、东小口村校区、沙河校区。总占地面积16658平方米，总建筑面积4800平方米。图书5500册。多媒体教室1个，计算机室3个，普通教室44个。教职工68人，其中专任教师57人。在校学生1420人，其中，初中学生91人，学前班学生160人。校长刘万林。

北京市昌平区东小口中心小学

校址：昌平区东小口镇中滩村

1926年2月在东小口村建校，名为东小口学堂。1950年为东小口小学。1956年改为现校名。1958年划归海淀区。1959年划回昌平县，校名为东小口小学。1976年附设初中班。1978年撤销初中班，复称东小口中心小学。1993年，中心校迁至中滩村，中滩小学改为东小口中心小学。

2010年12月，东小口中心小学由一所中心校和一所东小口完小组成，学校占地面积29697平方米，建筑面积2154平方米，体育场面积16105平方米。图书室藏书34220册。普通教室18个、专用教室9个。教职工56人，其中专任教师55人。开设教学班18个。毕业87人，招生119人，在校生691人。党支部书记、校长董祥。

北京市昌平区二毛学校

校址：昌平区城北街道五街胡同

1974年2月建校，校名为北京市第二毛纺厂子弟学校，隶属北京市第二毛纺厂。位于昌平南关北京第二毛纺厂东侧，10个教学班，18名教职工。1989年8月，更名为昌平县二毛学校，迁至现校址。2000年6月，更名为昌平区二毛学校。

1993年9月，三年级开设计算机课，手风琴进入二至六年级课堂。2002年，开发编印3本校本教材、4本教科研专辑。投资42万元建成三层综合教学楼，建成2个计算机教室。2009年5月，艺术教育教材《欢乐琴声伴童年》（共四册）由北京出版社出版。2010年，学校占地面积8920平方米，建筑面积5459平方米，运动场面积3200平方米。图书馆藏书3万册。普通教室25个，专用教室7个。教职工80人，其中市级骨干教师8人。毕业154人，招生155人，教学班25个，在校生838人。校训：有理想、勤学习，有道德、守纪律，尊师长、爱集体，讲卫生、练身体。党支部书记、校长陈玉宏。

北京市昌平区高崖口中心小学

校址：昌平区流村镇瓦窑村

1949年在村内建民办瓦窑小学。1952年改为现名，系公立完全小学。1956年改为瓦窑小学。1980年复为高崖口中心小学并迁入现址。1990年，下辖漆园、瓦窑、狼儿峪、高崖口、韩台5所完小，王峪、小水峪、溜石港、辛开、南照台、北照台、菩萨鹿7所村小。1992年4月，通过市教育局农村中心校合格验收。同年，取消复式班，解决单人岗位（一人教多个年级）和隔年招生问题。1994年9月，改为寄宿制学校。

2010年，高崖口中心小学下辖漆园小学，总占地面积9156平方米，建筑面积2249.6平方米、操场面积3055.4平方米。图书馆藏书10000册。教职工39人。教学班9个。在校生119人，其中住宿生21人。党支部书记、校长刘福良。

北京市昌平区巩华中心小学

校址：昌平区沙河镇南一村安济桥路1号

1930年在沙河花井庙建南会小学。1942年与北会小学、东会小学合并于巩华镇内圣人寺，校名为沙河镇立完全小学。1946年南会村在花井庙内重建南会初级小学。1949年改为南一村小学。1978年，成立沙河中心学区，南一村小学为中心校。1990年6月，沙河镇分为沙河镇和巩华镇，成立巩华中心小学。下辖中心校（原南一村小学）、巩华镇一小（原沙河一小）、巩华镇二小（原沙河二小）、老牛湾村小、北二村小学、少年之家和教工幼儿园。

2010年，巩华中心小学下辖巩华中心第二小学和沙河少年之家，总占地面积16169平方米，总建筑面积20169.6平方米，体育场总面积5257平方米。图书馆藏书5.38万册。普通教室43个，专用教室22个，实验教室2个。教职工138人，其中专任教师126人；市级骨干教师2人，高级职称教师1人。教学班43个，毕业134人，招生164人，在校生1081人。党支部书记、校长赵玉华。

北京市昌平区海清学校

校址：昌平区回龙观三合庄村马家地10号院

1996年建校，校名海清希望小学，系何永琼（河南籍）自建流动人员子女学校，校址在海淀区清河。2000年，更名为海清学校。2003年1月，迁到昌平区回龙观镇三合庄马家地。2005年12月，经昌平区教委审批为民办教育学校（流动人员子女学校）。2010年，学校租地面积4000平方米，建筑面积3100平方米。普通教室30个。图书馆藏书3000多册。教职工33人，其中专任教师25人。教学班18个，毕业生85人，招生137人，在校生624人。校长何永琼。

北京市昌平区华成学校

校址：昌平区北七家镇蓬莱公寓

2004年2月，李清成（黑龙江籍）在朝阳区清河营村租用平房占地面积1980平方米建校，主要接收流动人口子女入学。2005年，经朝阳区教委批准，获得办学许可证。2006年6月迁至孙河乡沈家村，自筹资金建教学楼2480平方米。2007年3月，学校建武术训练厅200平方米，发展武术特色，走文武双修之路。2009年2月，被评为朝阳区民办教育系统先进单位。2010年7月，由于城市改造学校迁址昌平区北七家镇蓬莱公寓，同年由昌平区教委审批为民办教育学校（流动人口子女学校）。2010年学校租用北七家镇蓬莱公寓商务楼主楼，建筑面积3980平方米。设学前部、小学部、中学部，在校生1200人，教学班32个，教职员工90人。校长杨长春。

北京市昌平区回龙观第二小学

校址：昌平区回龙观文博路2号

2009年8月建校，是一所公办完全小学。同时撤销回龙观中心第二小学，教师23人，学生1至5年级各两个班，6年级一个班208人并入回龙观第二小学。2010年，学校占地面积21000平方米，建筑面积8731.98平方米，校舍建筑占地面积3139.69平方米，运动场面积9318平方米。普通教室24个，专用教室8个。教职工44人，其中专任教师35人。开设教学班12个，毕业46人，招生102人，在校生363人；另开设学前班4个，学生147人。在校生363人。校训：尚德、勤思、励学、乐教。党支部书记、校长纪士更。

北京市昌平区回龙观中心小学

校址：昌平区回龙观镇二拨子村

1937年在黄土北店村中大庙建黄土北店初级小学校，1949年改为昌平县第十一完全小学。1956年为黄土中心小学。1961年改为黄土完全小学。1978年改为现校名。同年下辖的回龙观小学独立为北京市重点小学。1988年，回龙观中心小学迁入黄土南店村北新建教学楼。1995年9月，回龙观中心第二小学成立，同年附属幼儿园成立。2002年12月，回龙观小学归并到回龙观中心小学。2009年7月，回龙观中心第二小学独立设置为昌平区回龙观第二小学。2009年8月，回龙观中心小学所属幼儿园，独立为昌平区回龙观镇中心幼儿园。

2010年，中心小学下辖回龙观中心第三小学和回龙观小学，总占地面积14559平方米，建筑面积9454平方米，体育场面积6720平方米。图书馆藏书5.8万册。普通教室33个，自然实验室2个，专用教室20个。教职工79人，其中专任教师77人；特级教师1人，市级骨干教师2人。教学班30个，在校生917人。党支部书记、校长怡久文。

北京市昌平区霍营中心小学

校址：昌平区回龙观龙锦苑三区

1949年在霍营村西建霍营小学。1961年发展为完全小学，并定为现名。1970年改为霍营小学。1978年再次改为霍营中心小学。1999年，霍营乡合并到东小口镇，学校一并归东小口镇。2007年7月，迁至现址，招收回龙观、东小口两镇共32个小区、自然村学生。

2010年，霍营中心小学下辖半截塔小学。中心校占地面积4.6万平方米，建筑面积3万平方米，专用教室21个，400米塑胶运动场及体育馆；半截塔小学占地面积6180平方米，建筑面积1900平方米，专用教室5个。教职工79人，其中专任教师65人。教学班31个，在校生980人，毕业生83人，招生186人。党支部书记、校长王斌。

北京市昌平区老峪沟中心小学

校址：昌平区昌平镇老峪沟村

1949年在老峪沟村旧庙建民办老峪沟小学，1953年发展为完全小学。1958年附设初中班，并改校名为老峪沟中心小学。1970年中学分出独立设校，小学复称老峪沟小学。1978年改称现校名。1995年9月，更名为永安中心小学。1998年，复名为老峪沟中心小学。1999年，合乡并镇，中心小学由高崖口乡划归流村镇。

2010年，学校总占地面积5500平方米，建筑面积1500平方米。图书馆藏书6842册。教职工21人，其中专任教师12人。6个教学班，毕业7人，招生5人，在校生31人。党支部书记、校长陈根生。

北京市昌平区流村中心小学

校址：昌平区流村镇

1949年在北流村西大庙建公立北流村小学。1954年发展为完全小学。1957年定为现校名。1968年附设初中班，并更名为流村学校。1978年撤销初中班，恢复流村中心小学校名。2003年，学校课题研究成果编印成流村中心小学《社会实践校本课程》，共六册，内容主要涉及流村地区的历史文化、自然资源、经济状况等。2006年，承办北京市科学学科现场会。课题组成员修订校本教材，更名为《魅力流村》。2009年7月，校本专项课题“农村小学挖掘地方历史文化自然资源研发运用校本课程的实践研究”结题。

2010年，流村中心小学下辖北流小学、南流小学、西峰山小学、新建村小学、古将小学。总占地面积45897平方米，建筑面积7151平方米，体育场19526平方米。图书馆藏书22658册。普通教室30个，专用教室15个。教职工81人，其中专任教师71人。教学班30个，毕业生72人，招生67人，在校生374人。党支部书记、校长路玉宝。

北京市昌平区马池口中心小学

校址：昌平区马池口镇百泉庄村

学校始建于1907年，名为马池口学堂。1912年改为马池口村初级小学。1946年改称马池口乡中心国民学校。1949年改为昌平县第七完全小学。1954年，定名为昌平县马池口中心小学。1989年迁入村北新建教学楼。2010年，下辖上念头村、白浮村、百泉庄村、娄自庄村、横桥村、畜昚屯村完小。

2010年，学校总占地面积92950平方米，建筑面积19601平方米。教职工158人，其中专任教师150人；北京市级学科带头人1人，市级骨干教师3人；高级职称教师2人。教学班49个，在校学生1276人。党支部书记、校长靳得宏。

北京市昌平区南口铁道北小学

校址：昌平区南口镇铁道北东区平房290

1918年4月建校，校名为南口扶轮公学，由爱国工程师詹天佑创建，直属铁路同仁教育会。校址在昌平县南口镇道北中官房20号（今南口道北东区290号）。1927年2月，改称南口扶轮小学。1950年，隶属北京铁路局教育处。1963年，北京铁路局分局教育科接管。9月，学校分为南口铁路职工子弟第一小学（校址在南口镇道南）、南口铁路职工子弟第二小学（校址在南口镇道北）。1982年9月，两校合并为南口机车车辆机械工厂小学，校址在原第二小学，原一小校址改做工厂职工学校。1990年2月，建起5000平方米新教学楼。1994年，改名为北京南口机车车辆机械厂职工子弟小学。2006年学校由企业办学划转为地方政府办学，以属地更名为北京市昌平区南口铁道北小学（简称南口铁小）。

2010年，学校占地面积17957平方米，建筑面积7698平方米，图书馆藏书5000册。普通教室22个，专用教室12个，运动场地面积7901平方米。教职工62人，其中专任教师52人；高级职称教师1人。教学班15个，毕业43人，招生69人，在校生445人。党支部书记、校长纪华。

北京市昌平区南口镇小学

校址：昌平区南口镇兴隆街33号

1940年在南口镇宝林寺建南口镇国民小学校。1946年更名南口镇中心国民学校，发展为完全小学。1949年改为昌平县第四完全小学。1952年改为现校名。1973年在南口镇南新东路建立南口镇第二小学，南口镇小学更名为南口镇第一小学。1979年南口镇二小并入，恢复现校名。1997年至1998年，投资20多万元修缮和新建实验室。2001年被评为市教科研先进单位。

2010年，学校占地面积13269平方米，建筑面积3548平方米，操场面积6011平方米。图书室藏书25472册。普通教室21个，各种专用教室3个。教职工63人，其中专任教师54人。开设教学班21个，毕业89人，招生99人，在校学生650人。党支部书记、校长徐成。

北京市昌平区南口中心小学

校址：昌平区南口镇南口村城外5号

1948年在南口村娘娘庙内建南口村初级小学。1956年发展为完全小学，改称南口村小学。1978年改为现校名，下辖32个自然村的32所学校（村小、完小），2所中学（九仙庙中学、羊台子中学分别于1986年、1991年撤销）。2007年，投资57万元完成中心校校园改造。2009年4月，政府投资199万元，改善南口中心小学的办学条件。2010年，南口中心下辖中心校和辛力庄小学、七间房小学。

2010年，学校总占地面积34822平方米，建筑面积3809平方米，体育场总面积16730平方米。图书室藏书29661册。普通教室18个，专用教室9个，实验室3个。教职工66人，其中专任教师44人。教学班18个，毕业70人，招生53人，在校生336人。党支部书记、校长张金生。

北京市昌平区南七家村实验学校

校址：昌平区北七家镇南七家村西口

2005年由高长伟（河南籍）投资举办。当年招收学生620多人。2005年12月8日，由昌平区教委审批为民办教育学校（流动人口子女学校）。2010年，学校占地面积5470平方米，建筑面积4800平方米。教室43个。教师42人。图书4000余册。教学班27个，在校学生数1300多人。校长竹庆贺。

北京市昌平区南邵中心小学

校址：昌平区南邵镇南邵村

学校建于1939年，1952年发展为完全小学，定为现校名。1968年改称南邵小学。1986年恢复现名。1991年3月，举办第一届合唱节。1996年学校获县体委传统项目学校田径赛第一名，获市级实施国家体育锻炼标准先进集体等称号。2001年9月，中心校教学楼建成交付使用。2010年南邵中心小学下辖何营小学和三合庄小学两所完小 。2010年2月，校本课程太极功夫扇纳入课程。

2010年，学校总占地面积38624平方米，总建筑面积6855平方米，体育场总面积18990平方米，图书馆藏书35245册。普通教室36个，专用教室12个，实验室3个。教职工87人，其中专任教师82人；市级骨干教师5人。教学班32个。毕业118人，招生174人，在校生853人。党支部书记、校长李晓亮。

北京市昌平区平西府中心小学

校址：昌平区北七家镇白庙村

1929年建村初级小学，原校名平西府小学，位于平西府村，是当时昌平南部唯一的一所学校。1978年定为现校名。全中心有教学班27个，教师61人，共招学生560余人。1991年至1999年，村镇政府多次出资，为中心校翻建教室。2000年，中心小学新教学楼落成。

2010年，平西府中心小学为五所学校构成，下辖平西府小学、郑各庄小学、东沙小学、东二旗小学。校园占地总面积24384平方米，建筑面积9125平方米。图书馆藏书40900册。7000平方米塑胶操场1块。教职工81人，在校学生939人。党支部书记、校长邵国富。

北京市昌平区七里渠中心小学

校址：昌平区沙河镇七里渠北村1号

学校始建于1946年春季，由七里渠周边几个村集资合建，初名七里渠国民小学。学生来自七里渠、白各庄、小沙河、豆各庄、马连店、西三旗、朱辛庄、黄土店等自然村。1949年，更名为七里渠完全小学。1985年中心校（完全小学）下辖白各庄小学、豆各庄小学、七里渠南村小学、小沙河小学四所村小。

2010年，七里渠中心小学下辖白各庄小学、豆各庄小学。3所学校总占地面积27200平方米，总建筑面积6791平方米，体育场占地面积11160平方米。图书馆藏书1.58万册。普通教室27个，专用教室17个。教职工66人。开设教学班27个。毕业91，招生112人，在校生663人。党支部书记、校长陈自东。

北京市昌平区沙河中心小学

校址：昌平区沙河镇丰善村

1930年在沙河花井庙建南会小学。1942年与北会小学、东会小学合并于巩华镇内圣人寺，校名为沙河镇立完全小学。1946年南会村在花井庙内重建南会初级小学，1949年改为南一村小学。1978年，成立沙河中心学区，南一村小学为中心校。1990年6月，沙河镇分为沙河镇和巩华镇。温榆河以南的学校划为沙河中心小学，定丰善小学为中心校。1991年1月，丰善小学改名为沙河中心小学，在丰善村东南建中心校新校区。2010年，中心校由于丰善村拆迁，学生被分为两部分，106人到前锋学校就读，学籍转走，216人到百善学校就读，学籍仍属于沙河中心小学。

2010年，沙河中心小学下辖西沙屯小学、踩河小学、于辛庄小学。总建筑面积5243.69平方米。专用教室14个。图书馆藏书25000册。教职工73人，其中专任教师72人；市级骨干教师1人。教学班28个，在校生462人。党支部书记、校长徐克成。

北京市昌平区上苑中心小学

校址：昌平区兴寿镇东新城村79号

1940年在村北大庙建东新城村初级小学校。1950年发展为完全小学，并改名为东新城中心小学。1968年称东新城小学。1978年改为现校名，并迁入村东新校舍。1991年9月，全乡为一所中心校，三所村小（半壁店小学、西营小学、桃峪口小学）。至2010年，三所村小全部并入中心校。

2010年，学校占地面积22000平方米，建筑面积2539平方米。操场8800平方米，图书馆藏书2.04万册。普通教室12个，专用教室7个。教职工42人，其中专任教师30人。开设教学班12个。招生42人，毕业49人，在校生286人。党支部书记、校长王文昌。

北京市昌平区十三陵中心小学

校址：昌平区十三陵镇涧头村西

1906年在村内菩萨庙建立涧头村初等小学堂。1912年改称涧头村初级小学。1946年称涧头保国民学校。1949年改称涧头小学。2000年8月28日，十三陵中心校迁到涧头小学，学校改称十三陵中心小学。2008年10月，住宿楼投入使用，总建筑面积5500平方米，能容纳150人住宿。2010年9月，南新村小学并入中心校。至2010年，十三陵中心小学除中心校外下辖泰陵园小学。

2010年，中心小学占地面积35591平方米，建筑面积8187平方米，操场面积22502平方米。图书馆藏书19014册。普通教室15个，实验室2个，专用教室10个。教职工78人，其中专任教师76人。教学班15个，在校生331人。校训诚、善、信、实、勤、朴、智、礼。党支部书记、校长陈山。

北京市昌平区史各庄中心小学

校址：昌平区回龙观镇东半壁店村266号

1922年在西半壁店村南庙建西半壁店村初级小学校，校名不详。1946年为半壁店乡中心国民学校。1960年改称西半壁店中心小学，1968年称西半壁店小学。1978年成立史各庄中心小学，西半壁店小学为其中心校，下辖东半壁店、定福皇庄两所完小。1992年，中心下辖的定福皇庄完小更名为定福皇庄回民小学。1995年6月，东半壁店小学、西半壁店小学撤销并入中心校，校址迁至现址。1991年至2010年，史各庄中心小学毕业生总数近1800人。

2010年，史各庄中心小学下辖定福皇庄回民小学，总占地面积21132平方米，总建筑面积4443平方米，体育场面积13007平方米。图书室藏书3.36万册。普通教室18个，专用教室9个。教职工53人，其中专任教师46人。教学班18个，毕业76人，招生83人，在校生479人。党支部书记、校长李子英。

北京市昌平区天通苑小学

校址：昌平区天通苑东一区

2005年9月1日建校，是区教委直属公立小学。当年教职工19人，一年级3个班，二年级、三年级、四年级各1个班，学生192人。2006年与平西府中心小学开展教学交流展示活动。2009年8名教师获区小学教学基本功竞赛一等奖。2010年，学校占地总面积29490平方米，建筑总面积12075平方米，体育场总面积16995平方米。图书馆藏书1.6万册。普通教室24个，专业教室12个，实验教室1个。教职工62人，其中专任教师60人；市级骨干教师1人。教学班24个，毕业117人，招生153人，在校生768人。党支部书记、校长王维启。

北京市昌平区西贯市回民小学

校址：昌平区阳坊镇西贯市村西

1909年先辈助银兴学，在阳坊镇西贯市村清真寺创办回民新式初等小学堂（校名不详），后改为国立北平师范大学乡村教育实验区附设实验小学。此后，经历西贯市国民学校、昌平县乡村第一模范小学、西贯市伊光完小的变化。1981年恢复为民族学校，定名为昌平县西贯市回民小学，同时被昌平县人民政府列为昌平县少数民族重点小学。2003年8月，学校新建教学楼。2009年10月28日，举行百年校庆活动暨昌平区民族团结教育基地揭牌仪式。

2010年，学校占地面积13714.84平方米，建筑面积4790.36平方米。普通教室8个。图书室藏书11455册。教职工21人，其中专任教师19人；回族教师16人，占70%。8个教学班。当年毕业生29人，招生65人，在校学生260人。少数民族学生占46.8%。少数民族学生主要来源于西贯市村，其余为流动人口子女，以农民为主。校训：身为中华好儿女，必做优秀中国人。党支部书记、校长李秋伶。

北京市昌平区向上学校

校址：昌平区回龙观镇三合庄村马家地21号

1998年9月建校，系李润军（河北籍）在昌平回龙观镇回龙观村自建流动人口子女学校。2005年，经昌平区教委审批为民办教育学校（流动人口子女学校）。2009年，因回龙观村拆迁，迁至现址。2010年，学校占地面积4000平方米，建筑面积1500平方米。普通教室23个。藏书1000册。教职工42人。教学班20个。分校一所。在校生包括学前班、小学和初中共1800人。校长周丽芳。

北京市昌平区小汤山中心小学

校址：昌平区小汤山镇市场街

1920年在村北庙建小汤山村初级小学校，学制4年，有4个年级2个复式班，学生50

余人，教师2人。1937年迁址小汤山喇嘛庙，为小汤山国民小学，学制6年。1946年为小汤山中心国民学校。1948年停办。1949年在原校址重建小汤山小学，学制4年。1952年发展为完全小学。1956年改为现校名，并附设初中班，1957年撤销初中班。1968年改称小汤山小学。1978年恢复现校名。1996年，教师崔立冬获市“紫禁杯”优秀班主任一等奖。2003年3月，校报《晨光》创刊。2010年3月，在二年级开设“花钹大鼓”校本课程，被市文化局命名为“北京市非物质文化遗产传承示范校”，并颁发标牌。

2010年，小汤山中心小学下辖马坊、大汤山、后牛坊小学。全中心占地面积39582平方米，建筑面积5786平方米，体育场面积21230平方米。图书馆藏书31635册。普通教室31个，专用教室13个。教职工96人，其中专任教师91人。教学班31个。毕业121人，招生167人，在校生934人。党支部书记、校长李福祥。

北京市昌平区新龙学校

校址：昌平区沙河镇七里渠村369号

2002年8月建校，系宗保平（河北籍）个人投资举办外来务工人员子女学校。校址位于昌平区回龙观城北交易市场内。2006年6月，经昌平区教委审批为民办教育学校（流动人口子女学校）。2007年7月，回龙观城北交易市场改建拆迁，迁入沙河镇七里渠南村工业园。2008年8月，因学生上下学离家较远，迁入现址。2010年，学校占地面积3300平方米，建筑面积2700平方米。普通教室23个，多媒体教室1个，计算机教室1个，藏书5021册。教职工46人，其中专任教师40人。教学班23个（学前班2个班，小学18个班，初中3个班）。在校生1082人。校长李清文。

北京市昌平区阳坊中心小学

校址：昌平区阳坊镇阳坊村

学校前身是1924年在阳坊村西南药王庙创建的私立阳坊村初级小学校。1947—1948年停办。1949年在原址重建阳坊小学，系公立全日制初级小学。1951年发展为完全小学。1956年定为现校名。1968年改为阳坊小学。1978年复称阳坊中心小学。1992年，迁至阳坊镇村北横街1号。

2010年，学校下辖四家庄小学、后白虎涧小学、八口小学。占地面积33434平方米、建筑面积14270平方米，体育场面积15000平方米。图书室藏书31756册。普通教室24个，专用教室12个。教职工73人，其中专任教师61人。开设教学班24个。毕业84人，招生103人，在校生530人。校训：扬帆、博学、明理、健康。党支部书记、校长王孟如。

北京市昌平区振华学校

校址：昌平区东小口镇东小口村

1996年7月，万俊杰（河南籍）在朝阳区洼里投资自建流动人口学校，初名兴旺小学。2004年，迁至昌平区东小口镇东小口村，更为现名。2005年5月，由昌平区教委审批为民办教育学校（流动人口学校）。2005年和2007年，参加全国青少年电子模拟探雷竞赛荣均获“小甲组”团体第一名。2010年，学校占地面积为6000余平方米，建筑面积3420平方米。多媒体教室2间，教室56间。设有学前部、小学部、初中部共28个班级。学生1400多人。教职工48人，其中专任教师46人。校长万俊杰。

北京市昌平区振兴学校

校址：昌平区北七家镇燕丹村东

2000年1月，由王振国（河北籍）个人投资举办，主要招收外来务工人员子女，当年在校生92人。2001年9月，购置两台中巴校车，接送离学校较远的学生。2005年3月，因学校规模扩大，在燕丹村东三角地新建校园。2006年1月，经昌平区教委审批为民办教育学校（流动人口子女学校）。2010年，学校占地面积2970平方米，建筑面积1200平方米。全年教育经费投入78万元。藏书6000册，普通教室18个。教职工30人，其中专任教师24人。教学班18个（学前2个班、小学14个班、初中2个班），在校生1092人。校长王振国。

北京市昌平区智泉学校

校址：昌平区北七家镇东三旗村

2000年8月建校，由秦继杰（河南籍）在朝阳区洼里乡洼边村一废弃小家具厂院落里创办，主要招收周边流动人口子女入学。2002年秋季，迁至昌平区东小口镇中滩村新校址。2004年8月，迁至东三旗村新校区。12月9日，由昌平区教委审批为民办教育学校（流动人口子女学校）。2009年秋季，学生开始享受政府财政补贴（小学每生每年160元，初中生每生每年260元）。2010年学校有两个校区（东三旗校区和中滩校区），占地面积为14300平方米。共30间教室，图书3万余册。在校生1200人，教职工53人。校长秦继杰。

北京市昌平实验小学

校址：昌平区回龙观风雅园三区13号

2000年8月建校，是昌平区第一个由开发商承建区政府主办的小区配套公立学校。2000年9月1日开学。当年一至六年级7个教学班，112名学生，教师17人。至2010年，学校被评为市基础教育课程改革先进学校、中国可持续发展教育项目实验学校等。2010年，学校占地面积13255平方米，建筑面积共8640平方米，体育场面积7046平方米。图书室藏书27647册。普通教室24个，专用教室17个。教职工78人，其中专任教师70人；市级骨干教师1人。开设教学班24个，毕业139人，招生159人，在校生879人。党支部书记、校长苏鹏。

表67　　2010年昌平区小学一览表

序号	学校名称	建校时间	举办者
1	北京市昌平第二实验小学	2004年	教育部门和集体办
2	北京市昌平区百善学校	2007年	教育部门和集体办
3	北京市昌平区北七家中心鲁疃小学	—	教育部门和集体办
4	北京市昌平区北七家中心小学	1937年	教育部门和集体办
5	北京市昌平区昌盛园小学	1903年	教育部门和集体办
6	北京市昌平区长陵中心泰陵小学	1957年	教育部门和集体办
7	北京市昌平区长陵中心下口小学	1967年	教育部门和集体办
8	北京市昌平区长陵中心小学	1940年	教育部门和集体办
9	北京市昌平区城北中心东关小学	1911年	教育部门和集体办
10	北京市昌平区城北中心三姐小学	1920年	教育部门和集体办
11	北京市昌平区城北中心西关小学	1926年	教育部门和集体办
12	北京市昌平区城北中心小学	1906年	教育部门和集体办
13	北京市昌平区城关小学	1903年	教育部门和集体办
14	北京市昌平区城南中心邓庄小学	1908年	教育部门和集体办
15	北京市昌平区城南中心旧县小学	1907年	教育部门和集体办
16	北京市昌平区城南中心小学	1991年	教育部门和集体办
17	北京市昌平区崔村中心大辛峰小学	1915年	教育部门和集体办
18	北京市昌平区崔村中心香堂小学	1919年	教育部门和集体办
19	北京市昌平区崔村中心小学	1935年	教育部门和集体办
20	北京市昌平区大东流中心东官庄小学	1922年	教育部门和集体办
21	北京市昌平区大东流中心土沟小学	1954年	教育部门和集体办
22	北京市昌平区大东流中心小学	1922年	教育部门和集体办
23	北京市昌平区东小口中心东小口小学	—	教育部门和集体办
24	北京市昌平区东小口中心小学	1926年	教育部门和集体办
25	北京市昌平区二毛学校	1974年	教育部门和集体办
26	北京市昌平区二一学校	1958年	教育部门和集体办
27	北京市昌平区高崖口中心漆园小学	1956年	教育部门和集体办

续表 67

序号	学校名称	建校时间	举办者
28	北京市昌平区高崖口中心小学	1949 年	教育部门和集体办
29	北京市昌平区巩华中心第二小学	1930 年	教育部门和集体办
30	北京市昌平区巩华中心小学	1930 年	教育部门和集体办
31	北京市昌平区黑山寨学校	2003 年	教育部门和集体办
32	北京市昌平区黑山寨学校南庄小学	1952 年	教育部门和集体办
33	北京市昌平区回龙观第二小学	2009 年	教育部门和集体办
34	北京市昌平区回龙观中心回龙观小学	1933 年	教育部门和集体办
35	北京市昌平区回龙观中心小学	1937 年	教育部门和集体办
36	北京市昌平区霍营中心半截塔小学	1949 年	教育部门和集体办
37	北京市昌平区霍营中心小学	1949 年	教育部门和集体办
38	北京市昌平区老峪沟中心小学	1949 年	教育部门和集体办
39	北京市昌平区流村中心古将小学	1949 年	教育部门和集体办
40	北京市昌平区流村中心南流村小学	1946 年	教育部门和集体办
41	北京市昌平区流村中心西峰山小学	1950 年	教育部门和集体办
42	北京市昌平区流村中心小学	1949 年	教育部门和集体办
43	北京市昌平区流村中心新建村小学	1946 年	教育部门和集体办
44	北京市昌平区马池口中心白浮小学	1911 年	教育部门和集体办
45	北京市昌平区马池口中心百泉庄小学	1908 年	教育部门和集体办
46	北京市昌平区马池口中心横桥小学	1917 年	教育部门和集体办
47	北京市昌平区马池口中心娄自庄小学	—	教育部门和集体办
48	北京市昌平区马池口中心奤夿屯小学	—	教育部门和集体办
49	北京市昌平区马池口中心上念头小学	—	教育部门和集体办
50	北京市昌平区马池口中心小学	1907 年	教育部门和集体办
51	北京市昌平区南口铁道北小学	1918 年	教育部门和集体办
52	北京市昌平区南口学校	1956 年	教育部门和集体办
53	北京市昌平区南口镇小学	1938 年	教育部门和集体办
54	北京市昌平区南口职业学校	1963 年	教育部门和集体办
55	北京市昌平区南口中心七间房小学	1979 年	教育部门和集体办
56	北京市昌平区南口中心小学	1948 年	教育部门和集体办
57	北京市昌平区南口中心辛力庄小学	1979 年	教育部门和集体办
58	北京市昌平区南邵中心何营小学	1984 年	教育部门和集体办
59	北京市昌平区南邵中心景文屯小学	—	教育部门和集体办
60	北京市昌平区南邵中心三合庄小学	1984 年	教育部门和集体办
61	北京市昌平区南邵中心小学	1939 年	教育部门和集体办
62	北京市昌平区平西府中心东沙各庄小学	1949 年	教育部门和集体办
63	北京市昌平区平西府中心平西府小学	—	教育部门和集体办
64	北京市昌平区平西府中心小学	1949 年	教育部门和集体办
65	北京市昌平区平西府中心郑各庄小学	1949 年	教育部门和集体办
66	北京市昌平区七里渠中心白各庄小学	1949 年	教育部门和集体办
67	北京市昌平区七里渠中心豆各庄小学	1946 年	教育部门和集体办
68	北京市昌平区七里渠中心小学	1946 年	教育部门和集体办
69	北京市昌平区前锋学校	1962 年	教育部门和集体办
70	北京市昌平区沙河中心踩河小学	—	教育部门和集体办
71	北京市昌平区沙河中心西沙屯小学	—	教育部门和集体办
72	北京市昌平区沙河中心小学	1930 年	教育部门和集体办

续表 67

序号	学校名称	建校时间	举办者
73	北京市昌平区沙河中心于辛庄小学	1919 年	教育部门和集体办
74	北京市昌平区上苑中心小学	1940 年	教育部门和集体办
75	北京市昌平区十三陵中心南新村小学	1951 年	教育部门和集体办
76	北京市昌平区十三陵中心泰陵园小学	1914 年	教育部门和集体办
77	北京市昌平区十三陵中心小学	1906 年	教育部门和集体办
78	北京市昌平区史各庄中心定福皇庄回民小学	1946 年	教育部门和集体办
79	北京市昌平区史各庄中心小学	1922 年	教育部门和集体办
80	北京市昌平区桃洼学校檀峪小学	—	教育部门和集体办
81	北京市昌平区桃洼学校小学部	1949 年	教育部门和集体办
82	北京市昌平区天通苑小学	2005 年	教育部门和集体办
83	北京市昌平区天通苑学校	2004 年	教育部门和集体办
84	北京市昌平区亭自庄学校	1997 年	教育部门和集体办
85	北京市昌平区亭自庄学校土楼小学	—	教育部门和集体办
86	北京市昌平区西府中心东三旗小学	1949 年	教育部门和集体办
87	北京市昌平区西贯市回民小学	1909 年	教育部门和集体办
88	北京市昌平区下庄学校	1999 年	教育部门和集体办
89	北京市昌平区小汤山中心大汤山小学	—	教育部门和集体办
90	北京市昌平区小汤山中心后牛坊小学	—	教育部门和集体办
91	北京市昌平区小汤山中心马坊小学	1942 年	教育部门和集体办
92	北京市昌平区小汤山中心小学	1920 年	教育部门和集体办
93	北京市昌平区兴寿学校	2001 年	教育部门和集体办
94	北京市昌平区燕丹学校	1996 年	教育部门和集体办
95	北京市昌平区阳坊中心八口小学	—	教育部门和集体办
96	北京市昌平区阳坊中心后白虎涧小学	1946 年	教育部门和集体办
97	北京市昌平区阳坊中心四家庄小学	1995 年	教育部门和集体办
98	北京市昌平区阳坊中心小学	1924 年	教育部门和集体办
99	北京市昌平实验小学	2000 年	教育部门和集体办
100	北京昌平清源学校	1998 年	民办
101	北京铭师实验学校	2006 年	民办
102	北京少林武术学校	1991 年	民办
103	北京市昌平南七家村实验学校	2005 年	民办
104	北京市昌平区东方红学校	2005 年	民办
105	北京市昌平区海清学校	2005 年	民办
106	北京市昌平区汇蕾学校	2004 年	民办
107	北京市昌平区经纬学校	2006 年	民办
108	北京市昌平区明欣学校	2005 年	民办
109	北京市昌平区天通苑中山实验学校	2001 年	民办
110	北京市昌平区向上学校	2004 年	民办
111	北京市昌平区新龙学校	2006 年	民办
112	北京市昌平区新源学校	2014 年	民办
113	北京市昌平区昱颖学校	2004 年	民办
114	北京市昌平区振华学校	2005 年	民办
115	北京市昌平区振兴学校	2005 年	民办
116	北京市昌平区智泉学校	2004 年	民办
117	北京市昌平雨竹学校	2004 年	民办

续表 67

序号	学校名称	建校时间	举办者
118	北京市私立汇佳学校	1993 年	民办
119	北京王府外国语学校	1996 年	民办

说明：“—”为资料缺失

普通中学

北京市昌平区百善学校

校址：昌平区百善镇孟祖村南

2007 年 8 月，百善中学和百善中心小学合并成立九年一贯制学校昌平区百善学校。百善中学建于 1958 年，初名北京市第一五二中学，后改称昌平区百善中学，1960 年改为昌平县百善中学。百善中心小学始建于 1910 年，初为百善村初等小学堂，1912 年改名为百善村初级小学校，1949 年改称昌平县第十完全小学，1953 年改为百善中心小学。

2007 年，百善学校足球队获区中小学“五人制”足球比赛获冠军和北京市耐克杯中小学足球赛郊区组亚军。学校健身操代表队 2009 年获全国校园健身操大赛北京赛区一等奖，2010 年获肯德基全国青少年校园青春健身操大赛全国总决赛健身操基础套路特等奖第一名和基础套路二等奖，并与人大附中队共同为北京市夺得团体一等奖。2010 年，学校占地面积 51900 平方米，建筑面积 22217 平方米，体育场（馆）面积 16000 平方米。图书馆藏书 42000 册。普通教室 38 个，专用教室 27 个。教职工 133 人，其中专任教师 117 人；高级职称教师 7 人。教学班 34 个（小学班 24 个、初中班 10 个。），在校生 820 人（小学 610 人、初中 210），毕业 168 人（小学 89 人、初中 79 人），招生 186 人（小学 120 人、初中 66 人）。党支部书记、校长林海波。

北京市昌平区北七家中学

校址：昌平区北七家镇羊各庄村

1958 年在北七家村建校，校名北京市第一四六中学，1960 年改称昌平县北七家中学。1977 年，迁至北七家乡羊各庄村北，更名为昌平县羊各庄中学。1991 年，接受北京市基础教育薄弱校义务教育达标挂牌验收，摘掉基础教育薄弱校的帽子。1992 年，在北七家镇沟子头村建立学生劳动基地。1995 年 9 月，恢复北京市昌平县北七家中学校名，同年开始举办中专班。1998 年 9 月，新建教学楼投入使用。2001 年 6 月，通过北京市初中规范化建设验收。2001 年中专班停办。2003 年起举办网络实验班。2009 年 6 月，北七家镇政府与首都师范大学附属中学签订合作协议，将北七家中学改建为首师大附属中学昌平分校。2014 年新的学校投入使用，定名首都师范大学附属中学昌平学校。

2010 年，学校占地面积 33350 平方米，建筑面积 6543 平方米，体育场面积 7700 平方米。图书室藏书 23280 册。普通教室 12 个，专用教室 5 个，实验室 3 个。教职工 41 人，其中专任教师 29 人；高级职称教师 6 人，北京市级骨干教师 1 人。开设初中教学班 7 个。招生 48 人，毕业生 68 人，在校学生 185 人。校训：培新育美，勤学笃行。党支部书记、校长于长水。

北京市昌平区长陵中学

校址：昌平区长陵镇景陵村南侧

1956 年，在长陵中心小学附设初中班。1958 年，初中班迁入长陵乡长陵村东南，定校名昌平区十三陵中学（又称北京市第一四四中学），为初级中学。1967 年，更名为昌平县长陵中学。1991 年 9 月，创办第一届职业高中班。1992 年，与北京第一轻工业学校联办公共关系中专班，全市招生 40 人。2002 年 7 月，长陵中学最后一届职业高中班学生毕业，至此学校转为初中校。2005 年 8 月，学校改建，师生暂借南口职业学校学习，学生实行寄宿制。2007 年 10 月 8 日，师生从南口职业学校迁回。2008 年，获市第十二届学生艺术节曲艺比赛一等奖，区级足球比赛女子冠军。

2010年，学校占地面积35243平方米，操场8609平方米。图书室藏书27530册。普通教室18个，专用教室7个，实验室6个。教职工49人，其中专任教师47人；高级职称教师7人，市级优秀教师1人。教学班10个，在校生226人，毕业生82人。党支部书记、校长李雪涛。2011年2月，长陵中心小学、长陵中学合并为长陵学校。

北京市昌平区陈庄中学

校址：昌平区南口镇陈庄村口

1972年在现址建校，为初级中学，有3个年级4个班，140名学生，11名教职工。1991年，因国家修建八达岭高速（现京藏高速）占用校区，拆除学校西侧部分学生、教工宿舍，学校南北向扩建。1997年，结合实际情况确定“成功教育”的办学思路。2004年，被评为全国教育科学“十五”重点课题“影响学生学习困难的教师因素分析及对策研究”和教育部课程改革项目“建立促进教师成长和学生发展的评价体系——分层评价研究”两个课题研究的先进集体。

2010年，学校占地面积1.8万平方米，建筑面积1890平方米。普通教室6个，专用教室4个，实验室3个。教职工32人，其中专任教师26人；高级职称教师5人，市级骨干教师1人。开设教学班6个。毕业33人，招生34人，在校生101人。党支部书记、校长吕双全。

北京市昌平区崔村中学

校址：昌平区崔村镇政府街

学校始建于1958年8月，校名北京市第一五一中学，后改称昌平区崔村中学，为初级中学。当年招收初一新生240人，四个教学班，师资基本上是新毕业生或高中生，共12人。1960年改为昌平县崔村中学。1988年，招收果林、畜牧、企管、机械制造等中专和职高班。1990年9月，新教学楼竣工。1998年，职高班、中专班停止招生。1999年11月通过北京市普通中学规范化建设验收。2007年，心理健康教育期刊《心灵方舟》创刊，通过北京市初中建设工程验收。2008年被评为区初中教学质量“十佳”学校。

2010年，学校为初中校，占地面积16857平方米，建筑面积5709平方米，普通教室12个，20个专业教室。图书馆藏书13342册。教职工49人，其中专任教师34人；高级职称教师6人。开设教学班8个，毕业51人，招生54人，在校生196人。校训：团结奋进、立志成才。党支部书记刘继华，校长牛东生。

北京市昌平区大东流中学

校址：昌平区小汤山镇大东流村109号

1958年9月建校，名为北京市第一五零中学，1960年改称昌平县大东流中学。1990年有初中3个年级11个班，379名学生，37名教职工。1992年10月，通过北京市基础薄弱初中校检查验收。1997年，装备40台计算机，开设信息技术课。2002年10月，通过北京市规范化建设达标验收。2006年，通过初中校建设达标验收。2007年1月，安保工作交由保安公司，不再自聘保安。2008年12月，举办首届大东流中学文化节。2009年3月，校园网正式开通。

2010年，学校为初中校，占地面积42666平方米，建筑面积4928万平方米，运动场地16000平方米。图书馆藏书17465册。普通教室12个，专业教室6个，实验室3个。教职工39人，其中专任教师35人；高级职称教师6人。开设教学班6个，毕业66人，招生68人，在校生208人。党支部书记郑维杰，校长张丙益。

北京市昌平区第一中学

校址：昌平区昌平镇城北街道东关路16号

1951年底在昌平县城东门外的关帝庙建校，校名昌平县立初级中学，属河北省通州专署管辖，是昌平县第一所正式中学，为公办3年制全日制普通初级中学。1955年改称昌平县第一初级中学。1956年改称北京市第八十三中学，系全县第一所完全中学。1968年与北京市第八十四中学合并，称昌平镇中学，为初级中学。1970年昌平镇中学分为两所，在原八十三中校址的称昌平县第一中学，1971年改为完全中学。1980年被定为县重点中学。1998年9月，停招初中生。2004年8月，入选北京市示范性普通高中。2009年，设立昌平一中天通苑校区，招初中生。

2010年，学校占地面积6.8万平方米，建筑面积5.1万平方米，运动场地2.3万平方米。图书馆藏书10万册。普通教室68个，专用教室40个，实验室16个。教职工255人，其中专任教师169人；特级教师2人、市级骨干教师8人、市级学科带头人2人。开设教学班56个（初中班14个、高中班42个）。毕业554人（高中），招生633人（初中183人、高中450人），在校生1910人（初中384人、高中1526人），住宿生938人。高中录取分数线491分（昌平区），应届高考本科上线率98%。党支部书记、校长林立。

北京市昌平区第二中学

校址：昌平区昌平镇城北街道政府街5号

1946年6月昌平县立简易师范学校附设初中部。1951年初中部迁入新建的昌平县初级中学。1952年昌平县初级师范内再度附设初中部。1955年初昌平县初级师范撤销，改为昌平县第二初级中学。1956年改称北京市第八十四中学。1958年校内办中等师范学校，为两所学校，一套领导班子。1961年取消八十四中校名后，昌平师范学校仍有初中部。1962年底师范部师生迁出，初中部复称北京市第八十四中学。1968年与北京市第八十三中学合并为昌平镇中学。1970年昌平镇中学分为两所，在原八十四中校址的称昌平县第二中学。1971年改为完全中学。1980年被定为县重点中学。1995年入选全国培养体育后备人才试点中学优秀学校，学校艺术团被命名为北京金帆艺术团民族管弦乐三团。2001年，被评为北京地区全国青少年电子技师认定单位。2004年入选北京市普通示范性高中校。2006年8月，举办内地新疆高中班，首届158人入学。

2010年，学校占地面积84342平方米，建筑面积60957平方米，体育场面积12000平方米，体育馆面积8000平方米。图书馆藏书12万册。普通教室77个，专用教室45个。教职工331人，其中专任教师243人；高级职称教师101人，特级教师9人。教学班73个（初中班25个、高中班44个、内地新疆预科4个班）。毕业880人（初中429人、高中451人），招生802人（初中263人、高中539人），在校生2682人（初中1042人、高中1640人），寄宿生1746人。高中录取分数线481分（昌平区），应届高考本科上线率90%。校训“厚德仁爱 博学笃行”。党支部书记、校长吴宇。

北京市昌平区第三中学

校址：昌平区昌平镇城北街道北关果园

前身系1969年初建于昌平镇旧县小学院内的昌平镇“五七”中学，为初级中学。1973年迁入北郝庄西北并改称昌平镇中学。1976年1月，因修建铁路迁到西关路甲一号，更名为昌平县第三中学，并改为完全中学。1980年秋试办工艺美术职高班，以后陆续增办旅游服务、音乐、机械、幼教、烹饪、水利工程管理、文秘、美容美发和国防预备役等职高班。1984年夏，停办普高班。1991年，修建八达岭高速路，占用学校大部分校区，迁入西关环岛东北侧北果园。1995年，停招初中班，转制为职业高中学校，同年经国家教委认定为省（市）级重点职业高级中学。2000年9月，恢复招收初中生。2001年停招职高班，转制为普通完全中学。2001年9月，恢复招收普通高中生，转制为完全普通中学。2007年成立“燕云书画院”。2010年与北京篮协联合开办北京篮协篮球学校。

2010年，学校占地面积43232平方米，建筑面积16834平方米，室外普通操场2个，面积2.1万平方米，体育器材配备1526件。图书馆藏书42286册。普通教室30个，实验室8个。教职工142人，其中专任教师102人；高级教师职务32人，市级骨干教师2人。开设教学班30个（初中班14个、高中班16个）。毕业350人（初中193人、高中 157 人），招生 318 人（初中 123 人、高中 195 人），在校生 997 人（初中 468 人、高中 529 人），寄宿生 280 人。高中录取分数线 443 分。高考录取率 100%（其中本科录取率 40.3%）。校训：行己有耻，德贵日新。党支部书记、校长陈玉林。

北京市昌平区第四中学

校址：昌平区昌平镇城北街道永安路 5 号

1985 年建校，为初级中学。1990 年有初中 3 个年级 16 个班，529 名学生，100 名教职工。1994 年 4 月，与日本板町女子中学建立友好关系。2001 年 3 月，被授予全国现代教育技术实验学校。2003 年 7 月，初一"科技特长班"招生。2006 年 3 月，印刷学生作文集《昕潮》和教师论文集《积跬步，行千里》。2007 年在第 25 届北京学生科技节上获科技教育金鹏奖，两名学生获中学生银帆奖。2008 年 3 月，获第八届市中小学生金鹏科技论坛"金鹏科技奖"。同年编写校本教材《昌平古迹 100 问》《飞向蓝天》。2010 年获市学生合唱节一等奖、市科技英语创意大赛团体表演赛特等奖、区中小学生春季田径运动会初中组团体第一名（五连冠）。

2010 年，学校占地面积 27120 平方米，建筑面积 13682 平方米，操场 15000 平方米。图书馆藏书 29655 册。多媒体教室 30 个，各类专用教室 21 个，实验室 5 个。教职工 129 人，其中，市级学科带头人 2 人，高级职称教师 23 人。开设 30 个教学班。毕业生 292 人，招生 305 人，在校生 936 人。校训：学会生存，自理自律；学会合作，乐于助人；学会创造，追求真知；实现自我，报效祖国。党支部书记、校长许春华。

北京市昌平区第五中学

校址：昌平区昌平镇城北街道富康路 22 号

1992 年建校，是一所初中校。1994 年，招录第一批学生 232 人，6 个教学班，教职工 41 人。1998 年，昌平一中改为纯高中校，昌平区第五中两年内接纳其初中分流教师 56 人。1999 年通过市初中校规范化验收。2000 年开始，学校成立校园之声广播站、铜管乐团、学生文学社团《希望》报社等学生社团。2005 年，学校建造"状元林"，展示建校以来学校教育教学中成绩突出教师和学生。2007 年成立梦舟阳光青少年体育俱乐部。2009 年，总投资 2498 万元建筑面积 8776.2 平方米的综合楼投入使用。至 2010 年，学校连续七年进入区教学十佳行列。

2010 年，学校占地面积 35028 平方米，建筑面积 18869.16 平方米，操场总面积 17000 平方米。普通教室 42 个，专用教室 27 个。图书馆藏书 38001 册。教职工 132 人，其中，高级职称教师 31，市级骨干教师 1 人。开设教学班 42 个，在校生 1643 人。校训：德优怀远，才大博见。党支部书记、校长张玉泉。

北京市昌平区第六中学

校址：昌平区昌平镇城北街道西环南路 31 号

1987 年 7 月建校，名为昌平县六中（又名昌平县业余体育运动学校），校址在县体育局院内。该校是区教委和区体育局两家合办的体教结合的全寄宿制业余体育运动学校，宗旨是在完成九年义务教育的基础上，重点承担培养、选拔、输送体育后备力量的任务。体育训练项目设置田径、自行车两大项目。1991 年，开设小学五年级集训班，招生 23 人，全校共 5 个教学班，学生 118 人。1996 年，建理、化实验室和理、化、生仪器室，结束去外校上实验课的历史。2001 年，学校毕业生景雪竹获全国第九届运动会女子跳高冠军。2008 年在校生参加北京市少年锦标赛获得多项成绩，其中第一名 11 人次。2009 年 4 月，总投资 742.43 万元的教学楼改造工程竣工。

2010 年，学校占地面积 4000 平方米，建筑面积 3440 平方米。图书馆藏书 1.6 万册。实验室 3 个，专业教室 3 个。6 个初中班，在校生 160 人。教职工 31 人，其中专任教师 25 人；高级职称教师 5 人。党支部书记、校长王宝祥。

北京市昌平区二一学校

校址：昌平区阳坊镇防化研究院

学校建于 1958 年，原名防化研究院二一小学，地址在昌平区阳坊镇防化研究院内。

1963年，学校划归交给地方管理，更名为昌平县二一学校，是一所九年一贯制学校。1998年，中国人民解放军防化学院小学合并到昌平县二一学校，学校迁至现址。2007年9月，编印校本课程《国防英语》。

2010年，学校为九年一贯制学校，占地12325平方米，建筑面积4017平方米，操场面积19200平方米。图书室藏书1.5万册。专用教室9个。教职工65人，其中专任教师58人；高职务教师5人。教学班21个。毕业122人(小学77人、初中45人)，招生114人（小学66人、初中48人），在校生497人（小学366人、初中131人）。校训：德优、志远、才高、博见。党支部书记、校长谷天合。

北京市昌平区黑山寨学校

校址：昌平区长陵镇黑山寨村西

2003年1月10日，黑山寨中学和黑山寨中心小学合并为九年一贯制学校昌平区黑山寨学校。学校下辖中学部和小学部。中学部位于黑山寨村西。小学部包括黑山寨完全小学（黑山寨村西）和南庄完全小学（南庄村东）。黑山寨中学始建于1958年9月，校名为黑山寨初等中学。1965年定校名黑山寨中学。1990年由黑山寨村东北角（上庙）迁入现址（黑山寨村西南）新建教学楼。黑山寨中心小学始建于1936年，1952年定名为黑山寨中心小学。2009年2月，黑山寨完全小学搬入黑山寨学校。2004年4月，黑山寨学校教师冯金华被评为北京市优秀教师。2009年6月，刘颖被评为北京市优秀教师。2010年，黑山寨学校总占地面积36000平方米，总建筑面积9797平方米，体育场总面积10716平方米，体育器材1277件。图书馆藏书26957册。普通教室15个，实验室5个，专用教室7个。教职工58人（小学部教师31人、中学部教师27人），其中专任教师48人（小学25人、中学23人）。教学班15个（小学部12个、中学部3个）。毕业67人（小学33人、中学34人），招生38人（小学15人、中学23人），在校生236人（小学153人、中学83人）。党支部书记、校长王建明。

北京市昌平区回龙观中学

校址：昌平区回龙观镇三合庄园西侧

1958年建校，校址在回龙观村。1990年有初中3个年级12个班，326名学生，57名教职工。1991年3月，教师王秀英获北京市中小学“紫禁杯”优秀班主任一等奖。1998年1月，《雏鹰报》月刊创刊。1999年教师蒋建平获北京市中小学“紫禁杯”优秀班主任一等奖。2002年10月通过北京市普通中学规范化建设验收。2004年6月通过北京市普通中小学全面实施素质教育评估验收。7月，投资155万余元装修综合楼、教学楼14836平方米。2007年10月，承办昌平中小学秋季运动会（首届羽毛球比赛）并获初中组团体第一名。教师李娟获北京市中小学“紫禁杯”优秀班主任一等奖。2009年1月，《回龙观时讯》回龙观中学记者站成立。3月，经国家体育总局批准成立回龙观中学腾飞青少年体育俱乐部。2010年腾飞青少年体育俱乐部获北京市先进青少年体育俱乐部一等奖。

2010年，学校为初中校，占地面积33.33万平方米，建筑面积1.75万平方米，体育场面积2万平方米。图书馆藏书20200册。普通教室36个，专用教室16个，实验室5个。教职工107人，其中专任教师88人；高级职称教师17人。教学班24个。毕业202人、招生278人，在校生900人。党支部书记、校长刘向东。

北京市昌平区流村中学

校址：昌平区流村镇北流村

1958年在现校址建校，为初级中学。1990年有初中3个年级11个班，429名学生，48名教职工。1992年9月1日，新教学楼投入使用。当年学校占地45亩，建有一栋教学楼和10间炊事用房、11间简易厕所。2001年8月，老峪沟中学并入流村中学。2005年市、区政府陆续投资1500万元，新建宿舍楼、食堂。2007年9月，高崖口中学并入，学校建成山区寄宿制学校，有12个教学班，350名学生，63名教职工。2002年3月，区政府、区教委、流村镇政府投资408.8万元新建3001平方米综合楼，整修14462平方米的田径场。2005年3月，与北京工业大学附属中学签订“手拉手”合作协议。当年开始，市、区政府陆续投资1500万元，新建宿舍楼、食堂。2006年10月，建筑面积3729.92平方米的学生宿舍楼和建筑面积1980.68平方米的学生食堂工程竣工。2007年9月，成为山区寄宿制初中校。

2010年，学校占地面积37430.81平方米，建筑面积18640平方米，图书馆藏书15000册。教职工58人，其中专任教师52人；高级教师8人。开设初中教学班12个，在校学生355人。党支部书记、校长张瑞祥。

北京市昌平区马池口中学

校址：昌平区马池口镇马池口村

1957年在马池口中心小学附设初中班，有一年级2个班，100名学生，4名教职工。1958年初中班迁入现址，定校名为北京市第一四七中学。后改称昌平区马池口中学，为初级中学。1960年改为现校名。1990年有初中3个年级13个班，517名学生，62名教职工。1991年9月，通过市教育局合格验收，摘掉基础薄弱校帽子。1993年，获县体育达标先进学校。1994年至2010年，学校多次利用上级拨款和自筹资金修建教室和职工住宅，改善教学环境。2007年和2009年，被评为北京市中小学教育教学资源建设与应用先进学校。2007年11月，因京包高速路占用学校校址，在新校未建成情况下学校整体搬迁至南口职业学校，学生住宿。2009年8月，学生由南口职业学校搬迁至前锋学校学习。

2010年，马池口中学暂借前锋学校办学。教职工50人，其中专任教师32人；高级职称教师5人。图书室藏书19879册。开设初中教学班8个。毕业67人，招生74人，在校生232人。党支部书记、校长尚守信。

北京市昌平区满井中学

校址：昌平区沙河镇满井东村南街131号

1975建校，名为昌平县满井中学，位于京昌公路东侧，满井西村村北。占地九亩，建房二十四间共计480平方米。1991年9月，通过北京市农村基础薄弱校达标标准验收。1993年2月迁入现址。2005年，学校将定空竹为学校特色体育项目。2009年12月，举办校首届师生校园歌曲大赛。

2010年，学校为初中校，总占地面积30288.4平方米，总建筑面积5542.6平方米。普通教室6间，专用教室8间，实验室3个。图书馆藏书23054册。教职工37人，其中专任教师36人；高级职称教师6人。开设教学班6个，在校学生171人。党支部书记、校长田俊杰。

北京市昌平区南口铁道北中学

校址：昌平区南口镇道北南厂西区593号

学校建于1957年，名为北京铁路局南口铁路中学，为初中校，校址在南口镇道北南厂西区593号。1968年，更名为铁道部南口机车车辆机械工厂职工子弟中学。1975年，开始设高中，当年高中为4个班，学生200余名。2006年10月，学校移交地方管理，由企业办学变更为政府办学，更名为北京市昌平区南口铁道北中学。学校以航空模型制作为特色，多次在市中小学航模比赛获奖。1999年，学校被评为北京市青少年科技金鹏奖、学生获银帆奖。2009年，学校组织学生选修“三级电子技师”科技课程，教师张爱亭编制校本教材《简易模型飞机的制作及其飞行原理》。

2010年，学校占地面积32793平方米，建筑面积11045平方米。图书馆藏书1.6万册。教职工57人，其中专任教师48人；高级职称教师13人。普通教室10个，实验室6个。开设教学班6个（初中）。毕业95人（初中54人、高中23人），招生35人（初中），在校生131人(初中)。党支部书记、校长钟家俭。

北京市昌平区南口职业学校

校址：昌平区南口镇南农家园小区

1970年3月建于南口农场三分场九间房，由南口农场土楼、葛村和新村3所小学附设初中班合并而成，名称为昌平县南口农场中学，隶属南口农场。同年9月1日，迁入南阳路西侧。1974年发展为完全中学。1980年9月，创办职业高中（果林专业），成为北京市首批职业高中学校。1994年2月，由普通初中附设职业高中班改办为职业高中校（附设初中班）。1998年10月，转为昌平县教育局直属学校。1999年10月，更名为昌平县南口职业学校。2001年8月，老峪沟中学并入南口职业学校。2003年2月，南口农场中心小学并入南口职业学校，设立小学部。秋季，职业高中停止招生，部分专业课教师分流到昌平职业学校，昌平县南口职业学校成为九年义务教育一贯制学校。2007年8月，初中停止招生，在校学生、部分教师分流。2010年6月，中学部房产及其它固定资产由昌平职业学校接收。

2010年，学校（小学部）占地总面积17253平方米，建筑面积1820平方米。在校小学生125人，教学班6个。招生32人，毕业生26人。教职工42人，其中专任教师38人；高级职称教师4人。党支部书记、校长高凤岐。

北京市昌平区南口学校

校址：昌平区南口镇南大街8号

1956年南口镇小学附设初中班。1958年，正式建校，校名为南口中学，为初中校。1972年，首招高中。1993年，与南口第二小学合并，更名为南口学校，成为包括幼儿园、小学、中学、普高、职高的完全学校。1999年，停招职业高中。2001年，取消幼儿园。至此，成为十二年一贯制学校。2005年2月，成立国学研究会，编印中、英两种语言的《南口学校学生国学教育读本》，开展多种形式的国学教育。开展毽球运动，并逐步成为学校体育特色。2009年，参加北京市第十届机器人竞赛，获小学组灭火第一、第二名，初中组足球第三、第四名。

2010年，学校占地面积48000平方米，建筑面积16000平方米，体育运动场18000平方米。图书馆藏书80117册。普通教室50个，专用教室20个，专用实验室6个。教职工201人，其中专任教师135人；高级职称教师35人。开设教学班39个（小学班16个、初中班12个、高中班11个）。毕业266人（小学62人、初中113人、高中158人），招生361人（小学81人、初中122人、高中158人），在校生1168人（小学461人、初中351人、高中356人）。住宿生33人；高中录取分数线为380分（昌平区），高考录取率98.1%。党支部书记、校长郑克瑜。

北京市昌平区南邵中学

校址：昌平区南邵镇南邵村村东

1958年在南邵中心小学附设初中班，有初一年级5个班，250名学生，12名教职工。1959年初中班迁入现址，改为初级中学。1990年有初中3个年级12个班，456名学生，64名教职工。1991年，教师闫树森被评为市先进教育工作者。1995年，集资12.5万元，建校门。1997年，教师纪俊霞获北京市“紫禁杯”班主任特等奖。2000年成立“家长学校”。学生开设信息技术课程。2007年，投资626.99万元改造体育场，铺设400米塑料跑道六条，二个标准篮球场和7000多平方米人工草皮足球场。2010年，开展诚信教育，开始实行无人监考。

2010年，学校占地面积43229平方米，建筑面积5937平方米，操场面积19080平方米。图书馆藏书19524册。普通教室18个，专用教室27个。教职工57人，其中专任教师42人；高级职称教师教师10人开设初中教学班12个，毕业90人，招生96人，在校生300人。党支部书记、校长史建中。

北京市昌平区平西府中学

校址：昌平区北七家镇宏福苑小区南

学校始建于1956年，初名北京市第一一三中学，位于北七家镇平西府村北100米。1958年改称昌平区平西府中学。1973年，开设高中班。1982年，停办高中班，举办职高班，陆续开办畜牧、农业、医护、电工、烹饪教育、服装设计等专业。1995年9月，与北京塑料学校联办中专班。1996年，职业教育达到鼎盛时期，共设有畜牧、化工、烹饪、服装设计、饭庄服务、塑料加工等8个专业，学生156人。2001年9月，停办职高班、中专班，学校迁至现址。

2010年，学校为初中校，占地面积

20746平方米，建筑面积11051平方米，使用面积20640平方米，操场面积5670平方米。图书馆藏书25480册。普通教室15个，专业教室6个，理化生实验室3个。教职工48人，其中专任教师46人；高级职称教师2人。开设教学班8个。在校生257人，毕业生85人，招生79人。校训：诚实文明、勤奋进取。党支部书记、校长云德宝。

北京市昌平区前锋学校

校址：昌平区城北街道水库路20号

1962年在中国人民解放军第三工程兵机械学校院内建校，名为工程兵先锋小学，是一所寄宿制小学。1964年12月，学校移交地方管理，更名为昌平县先锋小学。1967年9月，成立初中部，更名为昌平县前锋学校。1982年9月增设高中。1983年1月，校址迁至现址。1995年，学校成立舞蹈队、小提琴队、合唱队、足球队、田径队、美术小组等。1997年，实施“前锋学校初中学生素质教育综合评价方案”,课堂上杜绝“满堂灌”现象。2000年6月，与北京市艺术学校合作，创办艺术学校分部。6月，撤销学前班。2001年开办英语实验班。2005年，撤销艺术学校分部。2008年8月，新建中学教学楼、办公楼、艺术楼、学生宿舍楼正，原中学教学楼归属小学部。2009年，科技组开发《非线性编辑——绘声绘影》《初级机器人教育》《Flash MX基础动画制作》《航海模型》等校本课程丛书。2010年，招收寄宿制学生。

2010年，学校占地35850平方米，建筑面积3.6万平方米。图书馆藏书6.85万册。开设教学班46个（小学28个班、初中18个班、高中20个班），在校生2294人（小学941人、初中604人、高中749人）。教职工251人，其中专任教师189人，高级职称教师39人，市、区骨干教师62人。党支部书记尚守信，校长李小奇。

北京市昌平区沙河中学

校址：昌平区沙河镇泰清官大街46号

1956年沙河中心小学附设初中班。1957年上半年附设初中班被正式命名为北京市第一零零中学，行政、党务、总务等仍由中心小学兼管。1958年更名为沙河中学。1988年9月学校举办职高班。1995年3月，与丰台职工中专二部联合办学，开设外事服务、导购营销两个专业，同时电子电器、服装裁剪两个专业停招。2001年9月停办职高班。2002年4月，召开杨剑英教学特色研讨会。2007年3月成立“教工之家”。

2010年，学校占地面积3.6万平方米，建筑面积2.1万平方米，使用面积1.6万平方米。普通教室31个，实验室6个。运动场6000平方米。图书馆藏书40556册。教职工131人，其中专任教师96人；高级职称教师30人。开设教学班25个(初中12个、高中13个)。毕业246人（初中133人、高中113人），招生244人（初中68人、高中176人），在校生704人（初中298人、高中406人）。高中录取分数线362分（昌平），高考录取率99.1%。党支部书记郑云，校长刘斌胜。

北京市昌平区上苑中学

校址：昌平区兴寿镇东新城村78号

1958年东新城中心小学附设初中班，1959年初中班独立设置，称昌平区上苑中学。1960年，撤区复设昌平县，更名为昌平县上苑中学。1973年，上苑中学设高中班。1982年停办高中，共培养学生400余人。1991年至1992年，面向全县招职高学生两届。1992年至1998年，与北京远东仪器仪表技校联合办学举办中专班。1998年转为普通初中学校。2008年至2010年，学校改扩建，新建教学楼一座和综合办公楼、宿舍楼。

2010年，学校占地面积41053.86平方米，建筑面积12970平方米。图书馆藏书3000册。教室24个，专用教室14个，300米塑胶操场一个。开设初中教学班5个，在校生108人。教职工33人，其中，高级职称教师6人。党支部书记王玉伦，校长张肃爽。

北京市昌平区十三陵中学

校址：昌平区十三陵镇王庄村东

1961年在现址建十三陵中学泰陵园分

校。1967年独立设置，定名十三陵中学，在长陵乡的原十三陵中学本部改称长陵中学。1991年，获县中学生春季运动会初中组团体总分第一名。2001年10月，通过市教委中小学规范化合格验收。2009年，被评为北京市中小学教育教学资源建设与应用项目先进学校。2010年，学校为初中校，占地面积16150平方米，建筑面积3948平方米，体育场面积7700平方米，250米跑道的塑胶操场。图书馆藏书1.96万册。普通教室9个，专用教室5个，实验室3个。教职工45人，其中专任教师27人；高级职称教师5人。6个教学班，毕业39人，招生32人，在校生116人。校训：学求实，治学从严。党支部书记、校长李宗和。

北京市昌平区桃洼学校

校址：昌平区南口镇后桃洼村村南

2005年5月26日，昌平区桃洼中心小学和昌平区桃洼中学合并成立九年一贯制学校桃洼学校。学校一校三址。中学部位于南口镇后桃洼村南侧，桃洼小学位于南口镇前洼村东南侧，檀峪小学位于南口镇檀峪村西南侧。桃洼中心小学1949年建校。2005年下辖桃洼小学、檀峪小学两所学校。桃洼中学1958年建于桃洼乡花塔村，初名花塔中学，1970年改称桃洼中学。

2007年学校“三结合”教育成果“改家风、变村风、促校风”获“北京市首届中小学德育成果奖”。2008年8月,学校出版《走进桃洼，爱我家乡》校本教材。2009年腰鼓操、民间工艺手工制作定为校本课程。2010年，学校总占地面积41784平方米，建筑面积6378平方米。操场3个，其中室外塑胶运动场1个，面积8100平方米。普通教室18个，专用教室12个。图书藏书27854册。教职工71人，其中专任教师55人；高级职称教师5人。开设教学班17个（初中6个、小学11个）。毕业72人（初中46人、小学26人）,招生74人（初中31人、小学43人），在校生321人（初中126人、小学195人）。党支部书记、校长王海峰。

北京市昌平区天通苑学校

校址：昌平区天通苑西三区13号

2004年2月建校。学校是以原东小口中心太平庄完小为班底组建的九年义务制学校。2004年9月，招收初中生2个班，小学班级数增加到14个，学生总数410人。2005年，继续扩大招生，小学班级17个，初中一、二年级共四个教学班，学生总数839人。总投资170万元的体育运动场建设竣工投入使用。2009年，小学参加区质量监控与抽测荣获优秀学校称号，总体成绩位居全区第二，中考获区十佳学校称号，总体成绩位居全区第三。

2010年，学校占地面积16500平方米，建筑面积12750平方米，体育场面积6500平方米。普通教室36间、专用教室17间，实验室6间。图书2万多册。教职员工120人，其中专任教师112人；高级职称教师9人。教学班40个，学生总数1400余人。校训：德高、志远、做人、发展。党支部书记、校长张志斌。

北京市昌平区亭自庄学校

校址：昌平区马池口镇北小营村

1997年，北小营中学与北小营中心小学合并组建九年一贯制学校昌平县亭自庄学校。北小营中心小学1906年建校，1912年更名为北小营村初级小学，1930年改为村办北小营国民小学，1946年称北小营中心国民学校，1953年更名为北小营中心小学。此后曾更名北小营小学、亭自庄中心小学，1982年定名北小营中心小学。北小营中学始自1958亭子庄中心小学附设初中班，1959年改称北小营中学。1990年有初中3个年级6个班，241名学生，29名教职工。2001年8月，合并亭自庄小学、南口农场土楼小学。2002年7月，合并红冶中学。

2010年，亭自庄学校分中学部（占地面积4.15万平方米）、小学部（占地面积3.88万平方米）。图书馆藏书34843册。普通教室33个，实验室4个，专用教室11个。教职工91人，其中专任教师71人；高级职称教师5人。毕业生128人（小学75人、初中53人）；招生184人（小学104人、初中80人）；在校生 755 人（小学 550 人、初中 205 人）。教学班 30 个（小学 21 个班、初中 9 个班）。党支部书记、校长崔小青。

北京市昌平区下庄学校

校址：昌平区兴寿镇下庄村

1999 年 9 月 10 日，下庄中学、下庄中心小学合并成立九年一贯寄宿制学校下庄学校。合并后下庄学校以原下庄中学为主校区，原下庄中心小学为学生的住宿区，保留下庄中心花果山小学、上庄小学。2000 年 8 月，撤销花果山小学、上庄小学。下庄中学始建于 1958 年，最初为上庄中心小学初中班。1985 年定名下庄中学。1990 年有初中 3 个年级 6 个班，178 名学生，27 名教职工。下庄中心小学建于 1940 年，初为下庄村初级小学校，1949 年改称下庄小学，1962 年发展为完全小学。1978 年改名下庄中心小学。2004 年 9 月，下庄地区村小全部撤销，所有学生转入下庄学校就读。

2010 年，学校占地面积 21330 平方米，建筑面积 6574.68 平方米，体育场 8960.28 平方米。图书馆藏书 15162 册。普通教室 12 个，专用教室 4 个，实验室 7 个。教职工 55 人，其中专任教师 52 人；高级职称教师 5 人。教学班 11 个（小学 6 个班、初中 5 个班）。毕业 70 人（小学 25 人、初中 45 人），招生 39 人（小学 17 人、初中 22 人），在校学生 247 人（小学 153 人、中学 94 人），住宿生 118 人。党支部书记、校长景保鑫。

北京市昌平区小汤山中学

校址：昌平区小汤山镇小汤山村

1956 年小汤山中心小学附设初中班。1957 年初中单列，定校名北京市第一一二中学，为初级中学。1958 年改称小汤山中学。1973 年，开始设高中班。1999 年，学校改为北京市昌平区小汤山中学。2000 年，小汤山中学由小汤山镇大柳树村南迁至小汤山镇西。2004 年 3 月，市长王岐山来学校视察。2005 年 11 月，首次聘请外教任教。

2010 年，学校占地面积 44000 平方米，建筑面积 16738 平方米。图书馆藏书 56514 册。普通教室 30 个，实验室 6 个。教职工 117 人，其中专任教师 108 人；高级职称教师 22 人，市级骨干教师 1 人。毕业 176 人（初中 91 人、高中 85 人），招生 214 人（初中 104 人、高中 110 人），在校生 725 人（初中 425 人、高中 300 人）。开设教学班 30 个（初中 18 个、高中 12 个）。校训：诚实守信，志远求实，勤奋博学，知行统一。党支部书记、校长李士春。

北京市昌平区兴寿学校

校址：昌平区兴寿镇兴寿村

2001 年 8 月，兴寿中学与兴寿中心小学合并建立九年一贯制学校北京市昌平区兴寿学校。兴寿中学始于 1956 年兴寿中心小学附设初中班，1957 年独立设校，校名北京第一一五中学，1958 年改称兴寿中学。兴寿中心小学始建于 1905 年，初为兴寿村初级小学堂，1912 年改称兴寿村初级小学。1951 年改名兴寿中心小学，成为完全小学。

2001 年，兴寿学校通过北京市中小学山区学校验收，新建小学教学楼。2002 年成立《昌平周刊》小记者站成立，28 名学生被聘为小记者。2005 年购置一辆教师班车，解决昌平沿线教职工乘车问题。2008 年 3 月，通过初中建设工程督导验收。2009 年 2 月，教科室编辑出版《草莓开发技术》《雷锋在我身边》《兴寿——美丽的家乡》三本校本教材。9 月，投资 20 万元的校本课程实践基地投入使用。实践基地内建有长 100 米宽 8 米草莓大棚 2 栋，学生劳动教室 2 个。2010 年，学校占地面积 37219 平方米，建筑面积 11850 平方米，使用面积 8780 平方米。图书馆藏书 33458 册。普通教室 34 个，专用教室共 26 个。教职工 107 人，其中，高级职称教师 5 人。开设教学班 32 个（小学班 20 个、中学班 12 个）。毕业生 158 人（小学 79 人、中学 79 人），招生 138 人（小学 70 人、初中 68 人），在校生 702 人（小学 481 人、初中 221 人）。党支部书记李本利，校长赵志启。

北京市昌平区燕丹学校

校址：昌平区北七家镇燕丹村 1 号

1996 年 6 月，燕丹中学和燕丹中心小学合并组建九年一贯制学校燕丹学校。燕丹中学始建于1972年。燕丹中心小学始建于1948年，初名燕丹小学，1960年发展为完全小学，并改称燕丹中心小学。

1996年9月，燕丹学校新建教学楼。2008年，中学男女篮球队获昌平区中小学生篮球比赛冠军。2010年，完成7门校本教材的审阅与修订，包括《十字绣》《毛线编织》《儿童绘画》等12册。2010年，学校占地面积25043.17平方米，建筑面积10432平方米。体育场12000平方米。普通教室39个，专用教室14个，实验室4个。图书室藏书4.29万册。教职工99人，其中专任教师95人；高级职称教师7人。开设教学班32个（小学23个、初中9个），在校生960人（小学735人、初中225人）。校训：爱国、守纪、勤奋、自强。党支部书记、校长王涵。

北京市昌平区阳坊中学

校址：昌平区阳坊镇西大街18号

学校建于1956年，名为河北省昌平县阳坊中心小学附设中学。1956年2月昌平县划归北京市，8月学校更名为北京市一一四中学。1960年，更名为北京市昌平县阳坊中学。1974年2月，开始招收两年制高中生。1980年9月，阳坊地区部分小学附设的初中班并到阳坊中学。至1983年9月，阳坊地区所有小学附设初中班全部并入阳坊中学。1989年，增设职高班。1999年，学校停止招收高中生。2001年，最后一届高中生毕业，成为农村普通初中校。1956年至2010年，初中毕业生11800余名学生，高中毕业生2100余人，职高班毕业生1350人。

2010年，学校占地面积14007平方米，建筑面积4843平方米。普通教室12个，专用教室共8个，图书室藏书26000册。教职工56人，其中专任教师51人；高级职称教师8人。开设初中教学班12个，毕业74人，招生71人，在校生220人。党支部书记、校长刘和发。

北京市昌平区中滩中学

校址：昌平区东小口镇中滩村

1957年建校，名为北京一一一中学，位于中滩村东。1960年更名为昌平县中滩中学。1988年6月开设职高。1993年8月新建教学楼。1996年最后一届职高班毕业，学校转为纯初中校。1999年撤县设区，更名为昌平区中滩中学。1993年8月新建教学楼。2007年4月举办第一届“春之声诗文朗诵比赛”。2010年12月举办首届“冬之恋”英语艺术节活动。

2010年，学校占地面积24300平方米，建筑面积9900平方米。理、化、生实验室3个，各种专用教室11个。教职工54人，其中专任教师41人；高级职称教师9人。开设初中教学班12个。毕业67人，招生117人，在校生281人。校训：团结、勤奋、求实、创新。党支部书记徐树民，校长殷宝振。

北京市昌平实验中学

校址：昌平镇城北街道永安里振兴路101号

1906年昌平州在州城内霸昌道署设立初级师范学堂，又称五属师范，即昌（平）顺（义）密（云）怀（柔）平（谷）五属师范。此后，经历乡村师范学校、县立简易师范学校、昌平师范学校等阶段。1963年6月，学校与海淀师范合并组建北京市第三师范学校。1972年7月，昌平县以师资训练班为基础恢复昌平县师范学校。1979年8月迁入县城水库路2号新建校舍，与教师进修学校为两块校牌一套班子。1995年成为北京市师范发展特色学校。1999年昌平师范学校按照北京市对中等师范学校布局调整的意见要求，停止招收中等师范学生。2000年7月更名为北京市昌平实验中学。至2001年6月，最后一届大专班毕业生，昌平师范学校完成向完全中学的转制工作。2006年9月，开始在初一、高一起始年级实施“全体学生基本艺术素质培养”模式。2009年“实施全体学生基本艺术素质培养模式促进师生和谐发展”课题成果获北京市教学成果（基础教育）一等奖。音乐教师陈文明被评为北京市特级教师。

2010年，学校为完全中学，占地面积34637平方米，建筑面积26575平方米。图书室藏书40854册。普通教室42个，专业教室30个。教职工195人，其中专任教师162人；高级职称教师45人，特级教师1人。开设教学班42个。毕业生441人，招生538人，在校生1616人。党支部书记、校长王冬青。

北京市私立汇佳学校

校址：昌平区昌怀路157号

1993年7月7日建校，名为昌平县私立汇佳小学，举办者王志泽，承租昌平县十三陵乡天寿山宾馆为校址。1995年3月，增设高中部并更名为北京市私立汇佳学校。1996年9月1日，初中部成立。1997年9月3日，经市教委、市外办批准获得招收在华外籍人员子女入学资格。10月20日，被国际文凭组织（IBO）正式批准为国际文凭组织（IBO）成员学校。1998年12月5日，市教委批准与澳大利亚国际投资集团共同创建北京澳华学校。1999年9月30日，根据市教委批示汇佳学校成为教育综合改革实验校。2000年4月10日，经市教委批准与加拿大加里布大学合作开办中加高中班。2004年12月，被评为北京市民办教育先进学校、昌平区初中教学十佳学校。2009年，被评为全国民办优秀中小学，王志泽被评为全国优秀民办中小学校长，任凤玉被评为全国优秀民办中小学教师。

2010年，学校隶属北京汇佳教育机构。学校占地面积93519平方米，建筑面积93874平方米。图书馆藏书59371册。教职工501人，其中专任教师310人；高级职称教师58人，外籍教师69人。教学班81个（小学33个班、中学48个班）。中外籍学生2108人（小学832人，中学1276人），毕业生527人（小学178人、中学349人），高考升学率100%。校长王志泽。

北京王府学校

校址：北京昌平王府花园

2003年3月3日，市教委审批颁发中外合作办学许可证，举办者为北京法政集团。2008年12月，教育部考试中心批准学校设立400个考位的新托福考试中心。2009年学校正式开设美国高中AP课程和英国高中A–L课程。2010年，北京王府学校占地99900平方米，建筑面积10万平方米，体育场（馆）面积3420平方米。图书馆藏书25.1万册。普通教室43个，专用教室23个，实验室9个。教职工263其中专任教师129人；高级职称教师10人。开设教学班43个。高中毕业125人，招生579人，在校生1001人（高中预备班153人、高中848人），全部寄宿。校长王广发。

表68　　2010年昌平区普通中学一览表

序号	学校名称	建校时间	举办者
1	北京市昌平区百善学校	2007年	教育部门和集体办
2	北京市昌平区北七家中学	1958年	教育部门和集体办
3	北京市昌平区长陵中学	1956年	教育部门和集体办
4	北京市昌平区陈庄中学	1972年	教育部门和集体办
5	北京市昌平区崔村中学	1958年	教育部门和集体办
6	北京市昌平区大东流中学	1958年	教育部门和集体办
7	北京市昌平区第一中学	1951年	教育部门和集体办
8	北京市昌平区第二中学	1929年	教育部门和集体办
9	北京市昌平区第三中学	1969年	教育部门和集体办
10	北京市昌平区第四中学	1985年	教育部门和集体办
11	北京市昌平区第五中学	1992年	教育部门和集体办
12	北京市昌平区第六中学	1987年	教育部门和集体办
13	北京市昌平区二一学校	1958年	教育部门和集体办
14	北京市昌平区黑山寨学校	2003年	教育部门和集体办
15	北京市昌平区回龙观中学	1958年	教育部门和集体办
16	北京市昌平区流村中学	1958年	教育部门和集体办

表 68

序号	学校名称	建校时间	举办者
17	北京市昌平区马池口中学	1957 年	教育部门和集体办
18	北京市昌平区满井中学	1975 年	教育部门和集体办
19	北京市昌平区南口铁道北中学	1957 年	教育部门和集体办
20	北京市昌平区南口学校	1956 年	教育部门和集体办
21	北京市昌平区南口职业学校	1996 年	教育部门和集体办
22	北京市昌平区南邵中学	1958 年	教育部门和集体办
23	北京市昌平区平西府中学	1956 年	教育部门和集体办
24	北京市昌平区前锋学校	1962 年	教育部门和集体办
25	北京市昌平区沙河中学	1956 年	教育部门和集体办
26	北京市昌平区上苑中学	1958 年	教育部门和集体办
27	北京市昌平区十三陵中学	1956 年	教育部门和集体办
28	北京市昌平区实验中学	2000 年	教育部门和集体办
29	北京市昌平区桃洼学校	2005 年	教育部门和集体办
30	北京市昌平区天通苑学校	2004 年	教育部门和集体办
31	北京市昌平区亭自庄学校	1997 年	教育部门和集体办
32	北京市昌平区下庄学校	1999 年	教育部门和集体办
33	北京市昌平区小汤山中学	1956 年	教育部门和集体办
34	北京市昌平区兴寿学校	2001 年	教育部门和集体办
35	北京市昌平区燕丹学校	1996 年	教育部门和集体办
36	北京市昌平区阳坊中学	1956 年	教育部门和集体办
37	北京市昌平区中滩中学	1957 年	教育部门和集体办
38	北京昌平清源学校	1998 年	民办
39	北京市昌平区第二中学分校	—	民办
40	北京市昌平区东方红学校	2005 年	民办
41	北京市昌平区海清学校	2005 年	民办
42	北京市昌平区汇蕾学校	2004 年	民办
43	北京市昌平区明欣学校	2005 年	民办
44	北京市昌平区南七家村实验学校	2005 年	民办
45	北京市昌平区私立汇佳学校	1993 年	民办
46	北京市昌平区向上学校	2004 年	民办
47	北京市昌平区新龙学校	2006 年	民办
48	北京市昌平区新源学校	2014 年	民办
49	北京市昌平区昱颖学校	2004 年	民办
50	北京市昌平区振华学校	2005 年	民办
51	北京市昌平区振兴学校	2005 年	民办
52	北京市昌平区智泉学校	2004 年	民办
53	北京市昌平区中山实验学校	2001 年	民办
54	北京王府外国语学校	1996 年	民办
55	少林武术学校	1991 年	民办
56	新东方外国语学校	2010 年	民办
57	北京王府学校	2003 年	中外合作

说明：“—”为资料缺失

特殊教育学校

北京市昌平区特殊儿童教育学校

校址：昌平区流村镇瓦窑村

2009年8月11日建校，位于流村镇瓦窑村（原高崖口中学）。2009年改造修缮校园，改善住校教职工生活条件，完成20间475平方米宿舍主体工程。2010年8月，完成小操场、主席台、锅炉房、暖气主管道（地埋）及配套设施等基建工程，新建心理治疗室和会议室。2010年9月1日，正式开学。2010年，学校占地面积8020平方米，建筑面积2060平方米。普通教室3个，专用教室1个。室外运动面积925平方米。教学班3个，在校生13人（孤独症4人、唐氏综合征3人、智力障碍6人）；寄宿生10人。教职工23人，其中专任教师14人；高级职称教师2人。党支部书记、校长王玉荣。

附表

表69　　1991—2010年昌平区小学撤并更名一览表

序号	学校名称	建校时间	撤并或更名说明
1	北京市昌平区百善中心东沙屯小学	1941年	2005年撤销，学生转入百善中心小学
2	北京市昌平区百善中心牛房圈小学	1914年	2005年撤销，学生转入百善中心小学
3	北京市昌平区百善中心上东廓小学	1950年	2005年7月撤销，学生转入百善中心小学
4	北京市昌平区百善中心小学	1910年	2007年与百善中学合并成立百善学校
5	北京市昌平区北七家小学	1945年	2007年9月撤销，学生转入北七家中心小学
6	北京市昌平区长陵中心小学庆裕陵小学	1945年	2004年8月撤销，学生转入长陵中心小学
7	北京市昌平区城南中心介山小学	1920年	2004年8月撤销，学生转入城南中心山峡小学
8	北京市昌平区城南中心山峡小学	1943年	2005年1月并入昌盛园小学
9	北京市昌平区城南中心水屯小学	1943年	2001年撤销，学生转入城南中心小学
10	北京市昌平区城区镇中心小学	1991年	2000年6月更名为昌平区城北中心小学
11	北京市昌平区大东流小学	1926年	2003年1月撤销，学生转入大东流中心小学
12	北京市昌平区巩华镇北二村小学	1932年	2004年8月撤销，学生转入巩华中心第二小学
13	北京市昌平区黑山寨中心南庄小学	1947年	2003年1月并入黑山寨学校
14	北京市昌平区回龙观小学	1933年	2002年12月并入回龙观中心小学
15	北京市昌平区回龙观中心第二小学	1976年	2009年7月独立设置，更名回龙观第二小学
16	北京市昌平区景文屯小学	1918年	2010年9月撤销，学生转入南邵小学
17	北京市昌平区九里山小学	1985年	2001年10月撤销，学生转入南邵中心小学
18	北京市昌平区居庸关小学	1927年	2002年撤销，学生转入南口中心小学
19	北京市昌平区蔺沟小学	1948年	2003年1月撤销，学生转入大东流中心小学
20	北京市昌平区流村中心黑寨小学	1949年	2004年8月撤销，学生转入流村中心古将小学
21	北京市昌平区马刨泉小学	1942年	2000年8月撤销，学生转入老峪沟中心小学
22	北京市昌平区马连店小学	1949年	2002年11月并入霍营中心小学
23	北京市昌平区孟祖小学	1946年	2003年9月撤销，学生转入百善中心东沙屯小学
24	北京市昌平区南关小学	1906年	2002年撤销南关小学，原校学生已毕业
25	北京市昌平区南口农场土楼小学	1930年	2001年8月并入亭自庄学校
26	北京市昌平区前白虎涧小学	1946年	2003年8月撤销，学生转入阳坊中心后白虎涧小学
27	北京市昌平区秦城小学	1912年	2002年7月并入兴寿学校
28	北京市昌平区上庄小学	1938年	2000年8月撤销，学生转入下庄学校
29	北京市昌平区师范学校附属小学	1930年	2005年更名为昌平区昌盛园小学
30	北京市昌平区十三陵中心南新村小学	1958年	2010年9月并入十三陵中心小学

续表 69

序号	学校名称	建校时间	撤并或更名说明
31	北京市昌平区十三陵中心西山口小学	1928 年	2003 年 9 月撤销，学生转入并入十三陵中心涧头小学
32	北京市昌平区十三陵中心小宫门小学	1928 年	2002 年 7 月撤销，学生转入十三陵中心泰陵园小学
33	北京市昌平区泰陵小学	1946 年	2010 年 9 月撤销，学生转入长陵中心小学
34	北京市昌平区桃林小学	1946 年	2002 年 7 月并入兴寿学校
35	北京市昌平区桃洼中心小学	1949 年	2005 年 5 月与桃洼中学合并成立桃洼学校
36	北京市昌平区亭自庄小学	1936 年	2001 年 8 月并入亭自庄学校
37	北京市昌平区西马坊小学	1927 年	2001 年 8 月撤销，学生转入阳坊中心四家庄小学
38	北京市昌平区下口小学	1945 年	2009 年 9 月 1 日撤销，学生转入长陵中心小学
39	北京市昌平区兴寿中心小学	1905 年	2001 年 8 月与兴寿中心小学合并组建昌平区兴寿学校
40	北京市昌平区于辛庄小学	1919 年	2002 年 12 月并入回龙观中心小学
41	北京市昌平区张各庄小学	1918 年	2002 年 9 月撤销，学生转入南邵中心小学
42	北京市昌平区朝凤庵小学	1923 年	2001 年 8 月撤销，学生转入城北中心三街小学
43	北京市昌平县北小营中心小学	1906 年	1997 年与北小营中学合并成立昌平县亭自庄学校
44	北京市昌平县北新村小学	1958 年	1999 年 9 月撤销，学生转入十三陵中心小学
45	北京市昌平县定福皇庄完小	1949 年	1992 年更名为定福皇庄回民小学
46	北京市昌平县东半壁店小学	1949 年	1995 年 6 月并入史各庄中心小学
47	北京市昌平县丰善小学	1919 年	1991 年 1 月 1 日改名为沙河中心小学
48	北京市昌平县龙虎台小学	1917 年	1992 年撤销，学生转入辛力庄小学
49	北京市昌平县马坊小学	1942 年	2000 年 8 月撤销，学生转入桃洼中心小学
50	北京市昌平县南口镇第二小学	1973 年	1993 年与南口中学合并，更名为南口学校
51	北京市昌平县沙河镇第二小学	1930 年	1990 年更名巩华中心第二小学
52	北京市昌平县沙河镇第一小学	1972 年	1990 年更名巩华中心第一小学，2001 年 8 月并入巩华中心第二小学
53	北京市昌平县西半壁店小学	1922 年	1995 年 6 月并入史各庄中心小学
54	北京市昌平县西官庄小学	1941 年	1997 年 6 月撤销，学生转入东官庄小学
55	北京市昌平县香屯小学	1932 年	2001 年 6 月撤销，学生转入兴寿中心小学
56	北京市昌平县小寨小学	1944 年	1998 年撤销，学生转入西沙屯小学
57	北京市昌平县燕丹中心小学	1948 年	1996 年 6 月与燕丹中学合并为燕丹学校
58	北京市昌平县永安中心小学	1949 年	1998 年恢复为老峪沟中心小学
59	北京市昌平县中滩小学	1940 年	1993 年 2 月中滩小学新校址落成，同时，改称东小口中心小学
60	昌平县长陵中心小学昭陵小学	1948 年	2004 年 8 月撤销，学生转入长陵中心小学
61	昌平县东小口中心小学太平庄完小	1930 年	2004 年 2 月撤销，14 名教师 180 名学生并入天通苑学校
62	昌平镇中心小学	1933 年	2003 年 9 月 1 日更名为城南中心小学
63	中国人民解放军防化学院小学	1958 年	1998 年 7 月撤销，师生并入昌平县二一学校

表 70　　1991—2010 年昌平区普通中学撤并更名一览表

序号	学校名称	建校时间	撤并或更名说明
1	北京市昌平区百善中学	1958 年	2007 年 8 月与百善中心小学合并成立百善学校
2	北京市昌平区高崖口中学	1958 年	2007 年 8 月撤销，学生转入流村中学
3	北京市昌平区红冶中学	1967 年	2002 年 7 月并入亭自庄学校
4	北京市昌平区老峪沟中学	1958 年	2001 年 8 月并入流村中学

续表 70

序号	学校名称	建校时间	撤并或更名说明
5	北京市昌平区师范学校	1906 年	2000 年 7 月更名为北京市昌平实验中学
6	北京市昌平区史各庄中学	1958 年	2002 年 8 月并入昌平区回龙观中学
7	北京市昌平区桃洼中学	1958 年	2005 年 5 月与昌平区桃洼中心小学合并成立桃洼学校
8	北京市昌平县北小营中学	1958 年	1997 年与北小营中心小学合并成立亭自庄学校
9	北京市昌平县讲礼中学	1969 年	1992 年 8 月撤销，学生转入小汤山中学
10	北京市昌平县南口农场中学	1970 年	1999 年 10 月更名为昌平县南口职业学校
11	北京市昌平县南口中学	1956 年	1993 年与原南口第二小学合并成立南口学校
12	北京市昌平县下庄中学	1958 年	1999 年 10 月与下庄中心小学合并成立下庄学校
13	北京市昌平县燕丹中学	1969 年	1996 年 6 月与燕丹中心小学合并成立燕丹学校

表 71　　2010 年昌平区教委直属事业单位一览表

序号	单位名称	成立时间	地址	沿革
1	北京市昌平区成人教育中心	2001 年	昌平区东环路 88 号	区教委直属办学单位，承担全区农民培训、职工培训、成人学历教育、继续教育、岗位技能培训和社会化培训、考试等工作。办公地点原设在昌平区成教局（西环路 60 号），2005 年 4 月迁入现址。2010 年区成教中心下辖北京广播电视大学昌平分校、北京市广播电视中等专业学校昌平区工作站、昌平区成人学校、北京市农业广播电视学校昌平分校、昌平区计算机考试培训中心、昌平区成人教育教研室
2	北京市昌平区教师进修学校	1952 年	昌平区水库路 2 号（后改称府学路 35 号）	初名昌平县小学教师业余进修学校。1961 年定名教师进修学校。学校具有进修和教研两项职能，集教研、教育科研、中小学干部教师培训、现代教育信息技术开发和传播为一体。2010 年内设部门：中学教研室、小学教研室、干训部、德育教研室、学前教研室、体美教研室、教育网络和信息中心、宣教中心、继教办公室、学校办公室、总务处、教育学会
3	北京市昌平区教育党校	1992 年	昌平区水库路 2 号（后改称府学路 35 号）	初设在县教育局机关。1997 年 12 月改设在昌平县教师进修学校，成为进校的一个业务部门，由教育局党委、进校双重管理。2002 年 11 月，党校和区教委干训部合署办公
4	北京市昌平区教育网络和信息中心（昌平区电化教育馆）	1965 年	昌平区水库路 2 号（后改称府学路 35 号）	初名昌平县电化教育馆，1988 年更名为昌平县电化教育馆。2001 年 9 月成立昌平区中小学信息技术教育传播中心。2002 年 8 月区电化教育馆与区中小学信息技术教育传播中心合并，更名为区教育网络和信息中心，保留“昌平区电化教育馆”的牌子
5	北京市昌平区少年宫	1983 年	昌平区少年宫	1983 年县政府投资 42 万元在县城西环南路东侧兴建县少年宫，占地 4800 平方米、建筑面积 1974 平方米。2001 年区政府投资 2700 万元在东环路公园南侧新建 5700 平方米综合楼，由区妇女联合会、妇女儿童活动中心、少年宫共同使用。2002 年 11 月迁入新建综合楼

续表 71

序号	单位名称	成立时间	地址	沿革
6	北京市昌平区学校后勤服务中心	1983年	昌平区水关新村甲22号	初为昌平县校办工业公司。1986年，迁到县教育局办公，一个机构两个牌子，对内称教育局生产劳动教育科，对外称校办工业公司。1988年3月至昌平进修学校后楼。1991年，更名为昌平县校办企业公司。2000年7月迁至现址。2004年3月更名为北京市昌平区学校后勤服务中心。2006年3月，与昌平区教委城镇学校水电暖维修站合并，名北京市昌平区学校后勤服务中心,实行“一套班子，两个账户”
7	北京市昌平区招生考试中心	2001年	昌平区城北街道三街社区	撤销成人教育局的成人高校招生办公室、自学考试办公室和教育局的普通高校招生办公室、高级中等学校招生办公室、高中毕业会考办公室，成立昌平区招生考试中心
8	北京市昌平区中小学教育技术装备中心	1974年	昌平区新储路南侧	1974年在新储路南侧、京藏高速昌平南桥以西500米处建昌平县教学设备库房。1976年定名为昌平县教学设备供应站。1999年更名为昌平区教学设备供应站。2002年7月更名为昌平区中小学教育技术装备中心
9	北京市昌平区中小学卫生保健站	1982年	昌平区水库路2号（后改称府学路35号）	初名昌平县中小学保健站。办公地点先后设在县体委、师范附小南院、县少年宫和二毛小学。1988年3月迁到昌平教师进修学校后楼二楼。1999年更名为昌平区中小学卫生保健站

大兴区

（2001 年 3 月，大兴县撤县设区，改称大兴区）

幼儿园

北京市大兴区安定镇中心幼儿园

园址：大兴区安定镇政府东侧

幼儿园始建于 2005 年 3 月，初名大兴区安定镇中心小学附属幼儿园。2006 年 12 月，被认定为三级三类园。2008 年 8 月更名现名。2009 年至 2010 年 7 月，暂迁原安定中学校址。2010 年 9 月迁至现址。2010 年，幼儿园占地面积 2876 平方米，建筑面积 3059 平方米。教职工 18 人，其中专任教师 6 人。开设教学班 6 个。离园 65 人，入园 154 人，在园幼儿 186 人。园训：团结、奉献、务实、创新。党支部书记、园长赵玉华。

北京市大兴区北臧村镇中心幼儿园

园址：大兴区北臧村镇诸营小学内

2007 年 9 月在现址创建。2008 年 8 月，成为独立法人单位。2010 年 10 月，成为北京市二级三类幼儿园。2010 年，幼儿园占地面积 3100 平方米，建筑面积 1310 平方米。教职工 16 人。开设教学班 3 个。离园 30 人，入园 126 人，在园幼儿 126 人。园训：博爱、真诚。党支部书记、园长潘春倩。

北京市大兴区博雅双语艺术幼儿园

园址：大兴区旧宫镇育龙家园 15 号

2002 年 9 月建园，民办幼儿园，主办人为北京博雅时代教育投资有限公司。2010 年 9 月，更名为大兴区布朗幼儿园。2010 年，幼儿园占地面积 660 平方米，建筑面积 1254 平方米。图书馆藏书 2000 册。教职工 33 人。开设教学班 5 个。幼儿入园 45 人，离园 64 人，在园幼儿 163 人。园长曹萍。

北京市大兴区采育镇第二中心幼儿园

园址：大兴区采育镇潘铁营村

始建于 1994 年 9 月，初名大皮营乡校办联村幼儿园。2008 年更为现名。2010 年，被认定为二级三类园。园所特色教学是剪纸。2010 年，幼儿园占地面积 7700 平方米，建筑面积 1075 平方米。教职工 13 人，其中专任教师 3 人。4 个教学班。离园 45 人，入园 64 人，在园幼儿 118 人。党支部书记、园长张春英。

北京市大兴区采育镇第一中心幼儿园

园址：大兴区采育镇南三二村

1998 年建园，初为采育镇第一中心小学附属幼儿园，2005 年更名为大兴区采育镇第一幼儿园。2008 年 9 月改为独立法人。2009 年 12 月，晋升为北京市二级二类幼儿园。2009 年 3 月，与北京市幼儿武术协会联合开设并普及幼儿武术课程。2010 年 10 月，成为幼儿武术启蒙教学基地。2010 年，占地面积 2470 平方米，建筑面积 670 平方米。教职工 18 人，其中专任教师 4 人。开设教学班 5 个。离园 75 人，入园 91 人，在园幼儿 185 人。园训：健康快乐生活，自信文明发展。党支部书记、园长李鸿娟。

北京市大兴区长子营镇中心幼儿园

园址：大兴区长子营镇河津营村

成立于1993年9月，园址位于本镇下长子村，为日托制公办幼儿园，隶属于长子营镇教委。2002年9月，为长子营镇第一中心学小学附属幼儿园。2008年更为现名，同年成为北京市三级二类幼儿园。2010年4月，迁至现址。2010年，幼儿园占地面积8286平方米，建筑面积1967平方米。固定资产总值116万元。教职工23人。开设教学班4个。离园172人，入园79人，在园幼儿153人。园训：尊重、沟通、和谐、发展。党支部书记、园长张霞颖。

北京市大兴区大地双语幼儿园

园址：北京经济技术开发区大雄城市花园天华园二里二区25号楼

建于2002年9月，日托制民办幼儿园。2010年，幼儿园占地面积797平方米，建筑面积2512平方米。固定资产54万元。普通教室9个，专用教室4个。教职工48人。开设教学班9个。幼儿入园81人，离园46人，在园261人。园长刘桂玲。

北京市大兴区第一幼儿园

园址：大兴区兴业路与富强路交叉西北角

1958年8月建园，初名黄村幼儿园，园址在黄村镇五街火神庙南口，是大兴区创办最早的日托园。1984年12月，更名为黄村第一幼儿园。1999年，被北京市体委命名为“北京市体育特色幼儿园”。2004年9月，更名为大兴区第一幼儿园。2005年，被评为北京市一级一类幼儿园。2007年8月迁至现址。2009年，被评为北京市示范幼儿园。

2010年，幼儿园占地面积12713平方米，建筑面积8663平方米。固定资产总值364.71万元。普通教室19个，专业教室6个。教职工91人，其中专任教师37人；市级骨干教师1人。18个教学班。离园158人，招生217人，在园幼儿648人。园训：忠心献事业，爱心献孩子，诚心献家长，信心留自己。党支部书记、园长范文丽。

北京市大兴区第二幼儿园

园址：大兴区黄村育才北巷2号（总园）
大兴区黄村兴华大街三段3号（实验园）
大兴区林校街道永华路(SOS村分园)

创建于1985年，初名黄村第二幼儿园，为全日制市立幼儿园。1992年被市教委命名为市级体育特色幼儿园。1998年被市教委认定为北京市一级一类幼儿园。2004年9月更为现名。2003年8月，接收原北京化学纤维厂幼儿园（1985年建园），成立二幼实验园。2004年9月，黄村第二幼儿园更名为大兴区第二幼儿园。2010年9月，在北京SOS村开办大兴二幼SOS村分园。

2010年，幼儿园总园占地面积4063.9平方米，建筑面积4694平方米，实验园占地面积5553.5平方米，建筑面积1991.7平方米。固定资产总值725万元。教职工101人，其中专任教师57人，保育员20人。开设教学班22个。毕业172人，招生152人，在园672人。园训：享受幸福教育，奠基幸福人生。党支部书记甘立霞，园长陆薇。

北京市大兴区第三幼儿园

园址：大兴区富华巷5号（总园）
大兴区滨河北里16号（分园）

1988年6月成立，名为大兴县黄村第三幼儿园，全日制幼儿园。1992年成为大兴第一个一级二类园。1999年被市教委认定为北京市一级一类幼儿园。2001年更名为大兴区黄村第三幼儿园。2004年9月更为现名。2009年10月开办分园。2010年，幼儿园占地面积5179平方米（总园3188平方米、分园1991平方米），建筑面积4716平方米（总园2716平方米、分园2000平方米）。图书室藏书4800册。固定资产总值344.14万元。教职工51人，其中专任教师32人。开设教学班13个。离园54人，招生176人，在园幼儿461人。园训：团结凸现个性，求实勇于创新。党支部书记温月英，园长吴秀珍。

北京市大兴区第四幼儿园

园址：大兴区清源小区双清巷1号

始建于1995年7月，名为大兴县黄村第四幼儿园，为日托制幼儿园。1998年1月，被批准为一级二类园。2003年9月，成为市级一级一类幼儿园。2004年4月，更为现名。2010年，幼儿园占地面积3335平方米，建筑面积2088平方米。图书室藏书1931册。教职工42人，其中专任教师28人。开设教学班10个。离园101人，招生128人，在园幼儿362人。园训：团结、创新、和谐、发展。党支部书记、园长周晓燕。

北京市大兴区第五幼儿园

园址：大兴区兴丰南大街红楼东巷

始建于1980年7月，初名为大兴县政府机关托儿所，隶属于县政府机关。1986年10月，更名为大兴县政府机关幼儿园。2003年4月由大兴区教委接管，更为现名。1993年，园内开办兴星艺术学校，开设舞蹈班、绘画班，获市体委、市教育局“幼儿自创自编操”比赛一等奖和优秀创编奖。1994年，开办寄宿班。1998年，被认定为一级二类园。2005年6月，被市教委评为市级一级一类幼儿园。2008年4月，被市武术协会确定为“武术特色实验园”。

2010年，幼儿园占地面积4615平方米，建筑面积3006平方米。图书室藏书1200册。教职工76人，其中专任教师40人；市、区级骨干教师3人，市、区级学科带头人5人。开设教学班14个。离园132人，招生135人，在园幼儿442人。党支部书记、园长周景芝。

北京市大兴区第六幼儿园

园址：大兴区黄村镇育才南巷

始建于1980年，初名大兴县工业局幼儿园。2005年3月，由大兴区教委接管，更为现名。2010年，建筑面积973.26平方米，6个教学班（含大班2个、中班2个、小班2个）。在园幼儿共计210人。教职工30人。园训：团结、奉献、创新。党支部书记、园长关海燕。

北京市大兴区第七幼儿园

园址：大兴区双高路双高花园小区

创建于2006年7月。全日制日托幼儿园。2009年，被认定为市级一级一类幼儿园。2010年，园所占地面积4181平方米，建筑面积2623平方米，活动场地1200平方米。图书室藏书1665册。资产总值2000万元。教职工26人。开设教学班7个。离园86人，招生96人，在园幼儿245人。园训：开拓进取、严谨治学、团结勤奋。党支部书记、园长郭秀琴。

北京市大兴区第八幼儿园

园址：大兴区黄村镇丽园小区B区

始建于2008年8月。2009年9月投入使用，为全日制日托园。2010年12月，被评为市级一级一类幼儿园。园所是大兴区“张雪门行为课程”实验园。开设户外球区、车区、投掷区、跳跃区、平衡钻爬区、大型玩具区等活动区域，开展区域户外体育活动。幼儿园设有一个国际英语特色班，聘请外教教学，设英语、绘画、舞蹈和钢琴等课余兴趣班。2010年，幼儿园占地面积4800平方米，建筑面积3200平方米。固定资产总值540万元。教职工35人，其中专任教师17人。开设教学班6个。招生208人，在园幼儿208人。园训：得益于童年，受益于终身。党支部书记、园长于秀敏。

北京市大兴区第九幼儿园

园址：大兴区兴华大街兴华园小区30号

始建于2010年6月。园所占地面积4150平方米，建筑面积3084平方米，体育场面积1140平方米。图书1000册。教职工20人，其中专任教师10人。开设教学班4个。入园109人，在园109人。党支部书记、园长谭宝清。

北京市大兴区二十一世纪实验幼儿园亦庄园

园址：北京市经济技术开发区天宝中街5号

2003年9月26日开园，日托制民办园。2009年，晋升为北京市一级一类幼儿园。2010年，幼儿园占地面积24324平方米，建筑面积6009平方米。图书馆藏书3300册。固定资产268万元。普通教室54个，专用教室17个。教职工198人,其中专任教师113人。开设教学班44个。入园289人，离园257人，在园890人。园长崔立新。

北京市大兴区红黄蓝幼儿园

园址：大兴区时代龙和小区黄村中里39号楼

2008年4月建园，民办日托制幼儿园。2010年，幼儿园占地面积4350平方米，校舍建筑面积2954平方米,活动场地2584平方米。图书馆藏书1560册。固定资产100万元。普通教室12个，专用教室5个。教职工65人，其中专任教师27人。开设教学班12个。幼儿入园57人，离园25人，在园296人。园长于振媛。

北京市大兴区黄村镇第二中心幼儿园

园址：大兴区黄村镇西芦城村西大街87号（总园）

大兴区黄村镇后辛庄村东（分园）

始建于1990年4月，名为芦城乡中心幼儿园，园址位于芦城乡政府院内，全日制日托公办幼儿园。2002年7月迁至现址。2008年8月，更为现名，并在大兴一职对面建立分园。2010年11月，成为市级一级一类幼儿园。2010年,幼儿园总占地面积9506平方米，建筑面积3150平方米。图书室藏书1500册。教职工50人，其中专任教师5人。开设教学班15个。离园143人，入园202人，在园幼儿557人。园训：健康、快乐、和谐、创新。党支部书记、园长周静梅。

北京市大兴区黄村镇第一中心幼儿园

园址：大兴区观音寺小区20号

始建于1995年7月，初名大兴县黄村镇观音寺幼儿园。1996年2月开始招收幼儿。2006年7月，为二级二类园。12月被评为北京市早期教育示范基地。2008年8月，更为现名。2009年12月，被评为北京市学前儿童特殊教育示范基地。2010年，占地面积5453平方米，建筑面积2456平方米，户外活动场地910平方米。图书室藏书1325册。固定资产总值79万元。教职工52人，其中专任教师19人；市级骨干教师1人。开设教学班11个。离园111人,入园140人,在园幼儿395人。园训:洁、静、雅、真、信、新。党支部书记、园长白淑新。

北京市大兴区金枫阳光双语幼儿园

园址：北京市大兴旧宫小红门路宣颐家园

2004年8月建立，2005年8月完成注册，为日托制民办园。2010年，幼儿园占地面积3600平方米，建筑面积2535平方米。图书馆藏书300册。固定资产94万元。普通教室10个，专用教室2个。教职工45人。开设1教学班10个。幼儿入园55人，离园13人，在园180人。园长张庆民。

北京市大兴区旧宫镇德茂幼儿园

园址：大兴区旧宫镇德茂庄德仁街1号

创办于1986年，位于德茂小区内，初名北京南郊牛奶公司幼儿园。1997年更名为北京德茂物业双语艺术幼儿园，隶属南郊农场。同年7月，被认定为二级二类园。2005年9月更为现名，挂靠旧宫镇政府。2010年，幼儿园占地面积4282平方米，建筑面积1976平方米，户外活动场地2306平方米。教职工38人。开设教学班10个，在园幼儿350人。园训：涓涓爱心润桃李，孜孜耕耘育新苗。园长赵秋梅。

北京市大兴区旧宫镇第一中心幼儿园

园址：大兴区旧宫镇庑殿路碧海公园北侧

建于2010年9月。幼儿园占地面积4000平方米，建筑面积2143平方米。图书室藏书810册。教职工29人。开设教学班6个，招生162人,在园162人。园训:让快乐伴我成长。党支部书记、园长刘清文。

北京市大兴区旧宫镇红星幼儿园

园址：大兴区旧宫镇德茂庄德仁街1号

创办于1987年，初名北京南郊农场红星第二幼儿园，隶属南郊农场。2006年9月，更为现名，挂靠旧宫镇政府；同年晋升为市级二级二类幼儿园。2010 年，幼儿园占地面积 3607 平方米，建筑面积 1738 平方米，图书室藏书 720 册。教职工 32 人。开办教学班 10 个，在园幼儿 350 人。园训：积极和谐，努力奋进。园长袁杰。

北京市大兴区礼贤镇中心幼儿园

园址：大兴区礼贤镇文化站院内

大兴区礼贤镇中心幼儿园始建于 1986 年 9 月，初名为礼贤镇民族幼儿园，园址位于礼贤镇文化站院内。2008 年 8 月，成为独立法人单位，更为现名。2010 年，认定为三级三类园。2010 年，园所占地面积 2596 平方米，建筑面积 312 平方米。图书室藏书 120 册。教职工 15 人，其中专任教师 5 人。开设教学班 16 个。离园 172 人，入园 208 人，在园幼儿 435 人。党支部书记、园长关振江。

北京市大兴区美格幼儿园

园址：北京市经济开发区天华园三里小区

2005 年 3 月建园，全日制民办幼儿园。2010 年，幼儿园占地面积 1980 平方米，建筑面积 13510 平方米。普通教室 6 个。教职工 32 人。开设教学班 5 个。幼儿入园 25 人，离园 25 人，在园 120 人。园长李红艳。

北京市大兴区民族幼儿园

园址：大兴区黄村西巷兴华中里 23 号

始建于 1984 年，园址在黄村西大街西口，初名为大兴县黄村镇民族幼儿园，是大兴第一所民族幼儿园。2005 年 7 月拆迁至黄村兴华大街 53 号、55 号周转房。2009 年 8 月迁现址。2001 年，更名为大兴区黄村镇民族幼儿园。2005 年 8 月 31 日转制，由黄村镇管理转为区教委管理，同时更为现名。2009 年 10 月晋升为北京市一级二类幼儿园。2010 年 12 月晋升为北京市一级一类幼儿园。

2010 年，学校占地面积 2733 平方米、建筑面积 1990 平方米。图书室藏书 2476 册。固定资产总值 169.92 万元。教职工 34 人，其中专任教师 19 人。开设教学班 6 个。毕业 60 人，招生 60 人，在校生 215 人。园训：团结、友爱、真诚、创新。党支部书记、园长张艾仙。

北京市大兴区南希双语幼儿园

园址：大兴区兴华路 5 号

2004 年 9 月建园，民办日托制幼儿园。2010 年，幼儿园占地面积 2980 平方米，建筑面积 2663 平方米，活动场面积 350 平方米。图书室藏书 210 册。固定资产总值 35 万元。普通教室 13 个，专用教室 2 个。教职工 42 人。开设教学班 10 个。幼儿入园 48 人，离园 50 人，在园 215 人。园长葛志芳。

北京市大兴区庞各庄镇中心幼儿园

园址：大兴区庞各庄镇老街

始建于 1974 年，为庞各庄小学附设幼儿园。1991 年定名为庞各庄镇中心幼儿园。2008 年 9 月取得独立法人资格。2009 年 11 月成为北京市二级二类幼儿园。2010 年 4 月，迁至原庞各庄镇中学。2010 年，幼儿园占地面积 3980 平方米，建筑面积 1460 平方米。专任教师 4 人。开设教学班 5 个。离园 90 人，入园 96 人，在园幼儿 186 人。园训：潜心做教育，团结求发展。党支部书记、园长何艳红。

北京市大兴区琴岛金钰双语艺术幼儿园

园址：大兴区金惠园四里青岛嘉园小区

始建于 2003 年 3 月，民办日托制幼儿园。2010 年，园所占地面积 1045 平方米，建筑面积 595 平方米。固定资产 51 万元。普通教室 4 个，专用教室 1 个。教职工 30 人。幼儿入园 102 人，离园 20 人，在园 110 人。园长陈志强。

北京市大兴区青云店中心幼儿园

园址：大兴区青云店镇二村一育才路北侧

始建于 1989 年 9 月，为青云店乡政府办园，由乡妇联统一领导。2006 年 3 月，纳入区教委统一管理，为青云店镇第一中心小学下属完小建制。2007 年 10 月，成为北京市二级二类园。2008 年 9 月更为现名。2010 年 9 月，幼儿园迁至青云店镇五村。

2010 年，幼儿园占地面积 10942 平方米，建筑面积 2196 平方米。图书馆藏书 2300 册。固定资产总值 177 万元。普通教室 10 个，专用教室 1 个，睡眠室 1 个。教职工 27 人。开设教学班 8 个。离园 112 人，入园 97 人，在园幼儿 287 人。园训：强身、益智、崇德、尚美，养好习惯，做好孩子，快乐发展。党支部书记、园长王晨光。

北京市大兴区十一建华实验幼儿园

园址：大兴区顺驰领海小区

2009 年 10 月开园，日托制民办幼儿园，由北京市十一学校和建华实验学校联合创办。2010 年，幼儿园占地面积 9000 平方米，建筑面积 4600 平方米，室外游戏场、运动区、体验区 6000 平方米。固定资产总值 139.1 万元。普通教室 15 个，专用教室 4 个。教职工 79 人。开设教学班 15 个。幼儿入园 344 人、离园 0 人、在园 383 人。园长李晓静。

北京市大兴区魏善庄镇第二中心幼儿园

园址：大兴区魏善庄镇半壁店大桥南 500 米龙河西

始建于 1985 年，初名半壁店中心幼儿园，园址在半壁店乡魏庄村北。2004 年 3 月迁至现址。2008 年 9 月更为现名。2010 年，幼儿园占地面积 3132 平方米，建筑面积 1590 平方米。图书室藏书 1130 册。教职工 25 人，其中专任教师 4 人。设立教学班 6 个。离园 38 人，入园 69 人，在园幼儿 118 人。园训：科学、全面、和谐、健康、快乐、文明。党支部书记、园长孙延华。

北京市大兴区魏善庄镇第一中心幼儿园

园址：大兴区魏善庄镇魏善庄村西侧

始建于 1984 年 1 月，名为魏善庄乡中心幼儿园。2001 年 8 月，更名为魏善庄镇中心幼儿园。2008 年 9 月更为现名。2010 年，被评定为三级二类幼儿园。2010 年，幼儿园占地面积 800 平方米，建筑面积 258 平方米。教职工 12 人，其中专任教师 3 人。开设教学班 4 个。离园 80 人，入园 87 人，在园幼儿 130 人。党支部书记、园长郭金兰。

北京市大兴区西红门双语幼儿园

园址：大兴区西红门兴海公园院内

始建于 1982 年，位于西红门镇七队，隶属于红星公社农场局管理，名为西红门镇中心幼儿园。2001 年迁至现址，并更名为西红门兴海双语幼儿园。2007 年，被认定为市级一级一类园，被评为大兴区示范中心园。2008 年更为现名。2009 年，大班成立 20 人小足球队。2010 年，园所占地面积 7600 平方米，建筑面积 5508 平方米。图书室藏书 4200 册。教职工 74 人，其中专任教师 9 人。开设教学班 15 个。离园 139 人，入园 148 人，在园幼儿 528 人。园训：与时代同步，树幼教典范。党支部书记、园长樊淑敏。

北京市大兴区小大人幼儿园

园址：大兴区亦庄镇小羊坊小康东里

始建于 2006 年 3 月，日托制民办幼儿园。2010 年，幼儿园占地面积 3550 平方米，建筑面积 2550 平方米。图书室藏书 350 册。固定资产 300 万元。普通教室 12 个，专用教室 17 个。教职工 56 人。开设教学班 12 个。幼儿入园 119 人，离园 109 人，在园 380 人。园长崔俐民。

北京市大兴区小星星双语艺术幼儿园

园址：大兴区郁花园一里甲 28 楼

2001 年 9 月建园，民办幼儿园，北京市君谊教育集团下属园。2010 年，幼儿园占地面积 3583 平方米，建筑面积 2688 平方米，运动场面积 2100 平方米。图书室藏书 600 册。固定资产总值 275 万元。普通教室 12 个，专用教室 13 个。教职工 69 人。开设教学班 12 个。入园 321 人，在园幼儿 321 人。园长陈媛媛。

北京市大兴区新安里幼儿园

园址：大兴区黄村镇新安里东区

始建于 2004 年 3 月，民办日托制幼儿园。2010 年，幼儿园占地面积 2000 平方米，建筑面积 1300 平方米。图书馆藏书 930 册。固定资产 13.836 万元。普通教室 9 个，专用教室 1 个。教职工 35 人人。开设教学班 8 个。幼儿入园 48 人，离园 61 人，在园 268 人。园训：和谐、进取、务实、奉献。园长范迎军。

北京市大兴区幸福泉翡翠城幼儿园

园址：大兴区翡翠城香留园 109 号

2005 年建园，日托制民办幼儿园。2010 年，幼儿园占地面积2755平方米，建筑面积2725平方米。固定资产50万元。普通教室10个。教职工30人。开设教学班5个。幼儿入园8人，离园22人，在园97人。园长程淮。

北京市大兴区亦庄镇第二中心幼儿园

园址：大兴区亦庄镇博兴八路东侧

2010年9月1日开园，全日制公立幼儿园。幼儿园占地面积7899平方米，建筑面积5663平方米。图书室藏书102册。教职工41人。开设教学班8个，在园幼儿215人。园训：和谐、奉献、求实、创新。党支部书记、园长王丽。

北京市大兴区亦庄镇中心幼儿园

园址：大兴区亦庄镇广德中巷三号

始建于2005年8月，全日制公立幼儿园。2008年12月，晋升为北京市一级一类幼儿园。2010年，占地面积7600平方米，建筑面积5123平方米。图书室藏书513册。固定资产总值349.5元。普通教室12个，专用教室4个。教职工70人，其中市区级骨干教师1人。开设教学班19个。离园245人，入园176人，在园幼儿504人。园训：尊重、合作、和谐，积极向上。党支部书记、园长李艳秋。

北京市大兴区瀛海镇第二中心幼儿园

园址：大兴区瀛海镇瑞合一村

始建于1992年5月，名为太和乡中心幼儿园，属校办校管。2000年，更名为瀛海镇中心幼儿园，属镇办镇管。2004年3月更为现名。2007年9月，被认定为二级二类幼儿园。自2007年，开设园本特色武术教学。2008年9月，由大兴区教委接管，成为独立法人单位。2010年，占地面积4035平方米，建筑面积1191平方米，活动场地2000平方米。图书室藏书1400册。教职工30人。开设教学班4个。离园160人，入园34人，在园96人。园训：团结、奋进、求实、创新。党支部书记、园长李艳玲。

北京市大兴区瀛海镇第一中心幼儿园

园址：大兴区瀛海镇西一村南三条23号

始建于2004年5月，2007年9月，晋升为二级二类幼儿园。2008年8月，被批准为全额拨款事业单位。2010年9月，迁至红星中学内办园。2010年，幼儿园占地面积4561平方米，建筑面积1258平方米。图书室藏书1530册。教职工15人。开班教学班3个。离园45人，入园42人，在园幼儿120人。园训：勤学、修德、务实、创新、快乐、健康、成长。党支部书记、园长王文果。

北京市大兴区榆垡镇第二中心幼儿园

园址：大兴区榆垡镇祥和街48号院

始建于1997年9月，初为南各庄乡中心小学学前班，园址在榆垡镇南各庄村。2008年9月更为现名。2010年10月，成为市级三级三类幼儿园。2010年，幼儿园占地面积1620平方米，建筑面积433平方米。图书室藏书6000册。教职工13人。开设教学班9个。离园134人，入园156人，在园幼儿205人。园训：追求共同愿景，彰显个性本真。党支部书记、园长吴立华。

北京市大兴区榆垡镇第一中心幼儿园

园址：大兴区榆垡镇古镇街18号院

始建于2007年7月，为大兴区榆垡镇第一中心小学附属幼儿园。2008年9月更为现名；10月被认定为二级二类园。2010年，幼儿园占地面积7289平方米，建筑面积2770平方米。图书室藏书1160册。教职工45人，其中专任教师7人。开设教学班9个。离园78人，入园223人，在园幼儿322人。园训：信心、真心、爱心、耐心。党支部书记、园长李士芹。

北京中芯幼儿园

园址：北京市经济技术开发区泰河园四里3区

2005年8月，由中芯国际集成电路制造（北京）有限公司创办，属于民办全日制学前教育机构。2010年，幼儿园占地面积3000平方米，建筑面积4111平方米，户外游戏场地665平方米。图书馆藏书3000册。固定资产50万元。普通教室12个，专用教室5个。教职工51人，其中专任教师29人。开设教学班11个。入园69人，离园46人，在园213人。园训：品格第一、勇敢自信、健康活泼、快乐成长。园长李雅荣。

表 72　　2010 年大兴区幼儿园一览表

序号	幼儿园名称	建园时间	举办者
1	北京师范大学大兴附属小学附设幼儿园	2010 年	教育部门办
2	北京市大兴区安定镇中心幼儿园	2005 年	教育部门办
3	北京市大兴区北臧村镇中心幼儿园	2007 年	教育部门办
4	北京市大兴区采育镇第二中心幼儿园	1994 年	教育部门办
5	北京市大兴区采育镇第一中心幼儿园	1998 年	教育部门办
6	北京市大兴区长子营镇第二中心小学附设幼儿园	2006 年	教育部门办
7	北京市大兴区长子营镇中心幼儿园	1992 年	教育部门办
8	北京市大兴区第一幼儿园	1958 年	教育部门办
9	北京市大兴区第二幼儿园	1984 年	教育部门办
10	北京市大兴区第二小学附设幼儿园	2006 年	教育部门办
11	北京市大兴区第三幼儿园	1988 年	教育部门办
12	北京市大兴区第四幼儿园	1995 年	教育部门办
13	北京市大兴区第五幼儿园	1980 年	教育部门办
14	北京市大兴区第六幼儿园	1980 年	教育部门办
15	北京市大兴区第七幼儿园	2006 年	教育部门办
16	北京市大兴区第八幼儿园	2008 年	教育部门办
17	北京市大兴区第九幼儿园	2010 年	教育部门办
18	北京市大兴区黄村镇第二中心幼儿园	1990 年	教育部门办
19	北京市大兴区黄村镇第三中心小学附设幼儿园	2007 年	教育部门办
20	北京市大兴区黄村镇第一中心幼儿园	1995 年	教育部门办
21	北京市大兴区黄村镇天堂河小学附设幼儿园	2005 年	教育部门办
22	北京市大兴区旧宫镇第一中心小学附设幼儿园	2009 年	教育部门办
23	北京市大兴区旧宫镇第一中心幼儿园	2010 年	教育部门办
24	北京市大兴区狼各庄民族小学附设幼儿园	2007 年	教育部门办
25	北京市大兴区礼贤镇中心幼儿园	1986 年	教育部门办
26	北京市大兴区民族幼儿园	1984 年	教育部门办
27	北京市大兴区庞各庄镇第二中心小学附设幼儿园	2004 年	教育部门办
28	北京市大兴区庞各庄镇庆国完小附设幼儿园	2005 年	教育部门办
29	北京市大兴区庞各庄镇中心幼儿园	1974 年	教育部门办
30	北京市大兴区青云店镇中心幼儿园	1989 年	教育部门办
31	北京市大兴区少年宫蓓蕾艺术园附设幼儿园	1988 年	教育部门办
32	北京市大兴区团河小学附设幼儿园	2007 年	教育部门办
33	北京市大兴区魏善庄镇第二中心幼儿园	1985 年	教育部门办
34	北京市大兴区魏善庄镇第一中心幼儿园	1984 年	教育部门办
35	北京市大兴区西红门双语幼儿园	1982 年	教育部门办
36	北京市大兴区新建小学附设幼儿园	2004 年	教育部门办
37	北京市大兴区亦庄镇第二中心幼儿园	2010 年	教育部门办
38	北京市大兴区亦庄镇中心幼儿园	2005 年	教育部门办
39	北京市大兴区瀛海镇第二中心幼儿园	1992 年	教育部门办
40	北京市大兴区瀛海镇第一中心幼儿园	2004 年	教育部门办
41	北京市大兴区榆垡镇第二中心幼儿园	1997 年	教育部门办
42	北京市大兴区榆垡镇第一中心幼儿园	2007 年	教育部门办
43	61565 部队幼儿园	1979 年	其他部门办
44	北京市大兴区旧宫镇德茂幼儿园	1986 年	其他部门办
45	北京市大兴区旧宫镇红星幼儿园	1987 年	其他部门办

续表 72

序号	幼儿园名称	建园时间	举办者
46	北京市大兴区博雅双语艺术幼儿园	2002 年	民办
47	北京市大兴区大地双语幼儿园	2002 年	民办
48	北京市大兴区二十一世纪实验幼儿园	2003 年	民办
49	北京市大兴区红黄蓝幼儿园	2008 年	民办
50	北京市大兴区金枫阳光双语幼儿园	2004 年	民办
51	北京市大兴区快乐时光幼儿园	2010 年	民办
52	北京市大兴区绿林苑才艺幼儿园	2002 年	民办
53	北京市大兴区美格双语幼儿园	2005 年	民办
54	北京市大兴区南希双语幼儿园	2004 年	民办
55	北京市大兴区琴岛金钰双语艺术幼儿园	2003 年	民办
56	北京市大兴区十一建华实验幼儿园	2009 年	民办
57	北京市大兴区小大人幼儿园	2006 年	民办
58	北京市大兴区小星星双语艺术幼儿园	2001 年	民办
59	北京市大兴区新安里幼儿园	2004 年	民办
60	北京市大兴区新世纪幼儿园	2005 年	民办
61	北京市大兴区幸福泉翡翠城幼儿园	2005 年	民办
62	北京中芯幼儿园	2005 年	民办

小学

北京师范大学大兴附属小学

校址：大兴区清源街道香园路香海园小区

北京师范大学大兴附属小学是北京师范大学和大兴区人民政府合作举办的一所六年制公办小学，2009 年 8 月 28 日成立。2010 年，学校占地面积 15700 平方米，建筑面积 9520 平方米，体育场面积 7128 平方米。图书馆藏书 2536 册。固定资产总值 217.17 万元。普通教室 24 个，专用教室 20 个，实验室 1 个。教职工 36 人，其中专任教师 29 人；市级骨干教师 2 人。开设教学班 6 个。招生 117 人，在校 183 人。校训：明德、乐学、强身、尚美。党支部书记、校长甄艳玲。

北京市大兴经纬学校

校址：大兴区瀛海镇怡乐村

始建于 2006 年，是专门招收外来务工子女就学的一所全日制小学。2010 年，学校占地面积 7332 平方米，建筑面积 1800 平方米，运动场面积 2100 平方米。图书馆藏书 4000 册。普通教室 24 个，专用教室 2 个。专任教师 34 人。开设教学班 24 个。学生 1200 人。校训：力学、律己、和美、求进。校长徐彩刚。

北京市大兴区安定镇中心小学

校址：大兴区安定镇兴安营村

学校前身是安定小营小学，创建于 1950 年，校址在安定小营村。1959 年，学校搬迁至安定驴房村南、安魏路北侧。1982 年更名为安定乡中心小学。1989 年乡改镇，学校更名安定镇中心小学。1992 年 9 月迁至安定镇（政府东侧）。2010 年 9 月迁至现址新建教学楼。2010 年下辖 4 所完小（东白塔完小、西芦完小、后安定完小、通马坊完小）。2010 年，中心校占地面积 25030 平方米，建筑面积 9789 平方米，200 米标准跑道田径场。图书馆藏书 21000 册。固定资产总值 1899.5 万元。教职工 46 人，其中专任教师 37 人。开设教学班 13 个。毕业 64 人，招生 54 人，在校生 425 人。校训：诚信、进取、求实、成才。党支部书记、校长郭殿昆。

北京市大兴区北臧村镇中心小学

校址：大兴区北臧村镇北臧村西南

始建于 1926 年，名为北臧村小学，初级小学。1969年翻建。1980年成为完全小学。1985年更名为北臧村乡中心小学。2000年7月，新立村小学、大臧村小学并入。同年更为现名。2010年，学校占地面积9145平方米，建筑面积1754平方米，运动场面积3580平方米。图书馆藏书11484册。学校固定资产总值229.8万元。普通教室13个，专用教室2个，实验室1个。教职工47人，其中专任教师39人。开设教学班12个。毕业53人，招生74人，在校349人。校训：团结、勤奋、求实、创新。党支部书记、校长李永安。

北京市大兴区滨河小学

校址：大兴区黄村镇滨河西里

始建于1995年6月，初为初级小学。2001年成为完全小学。2004年9月更为现名。2005年起，开发庞中华硬笔书法特色校本课程，开展硬笔书法培训，庞中华上第一课，并挂牌"庞中华硬笔书法学校"。2008年被评为"北京市中小学艺术教育特色校"。2010年被评为全国学校艺术教育工作先进单位。

2010年，学校占地面积7200平方米，建筑面积4205平方米，体育场面积3640平方米。图书馆藏书7395册。固定资产总值975.73万元。普通教室24个,专用教室8个。教职工65人，其中专任教师57人。开设教学班19个。毕业146人，招生112人，在校761人。校训：团结、文明、勤奋、进取。党支部书记谷敬梅，校长曾志国。

北京市大兴区采育镇第二小学

校址：大兴区采育镇大皮营村

始建于1946年，名为大皮营小学，属公办完全小学，校址在大皮营村中路北大庙内。1978年，学校更名为大皮营乡中心校。1989年，学校迁至大皮营一村北面、凤河南岸新校址。2000年，更为现名。2010年，学校占地面积16605平方米,建筑面积4972平方米，体育场面积6171平方米。图书馆藏书14000册。固定资产总值328万元。普通教室16个，专用教室7个，实验室1个。教职工49人，其中专任教师38人。开设教学班15个。毕业31人，招生48人，在校274人。校训：文明、勤奋、健美、上进。党支部书记刘学江，校长韩益强。

北京市大兴区采育镇第三中心小学

校址：大兴区采育镇凤河营村

始建于1935年，由阎氏兄弟（阎墨缘）在凤河营村内娘娘庙创建。1948年停办。1949年恢复并改为公办。1954发展为完全小学。1978年改为凤河营乡中心小学。2000年，更名为大兴区采育镇第三中心小学。2010年，学校占地面积13360平方米，建筑面积1843平方米。图书室藏书9843册。固定资产总值256.51万元。教职工20人，其中专任教师13人。开设教学班7个,毕业33人,招生37人，在校生164人。党支部书记、校长刘闯。

北京市大兴区采育镇第一中心小学

校址：大兴区采育镇西营二村

始建于1906年，名为大兴县公立两等小学堂。1920年更名为大兴县公立高等小学校。1948年，学校更名为大兴县第五区采育完全小学。1976年唐山大地震，校舍受到波及，校址迁至镇十字街北侧。1979年学校更名为大兴县采育公社中心小学。1982年更名为采育乡中心小学。1990年更名为采育镇中心小学。2001年9月，学校更为现名。学校是北京市体育运动传统校，1991年被评为"北京市体育达标先进单位"。1991年至1996年，先后取得北京市小学体育传统校径赛运动会远郊组团体总分三个第一名和四个第二名。2010年，学校占地面积11414平方米，建筑面积1873平方米，体育场面积6044平方米。图书馆藏书6800册。固定资产总值190.3万元。普通教室21个。教职工38人，其中专任教师27人；北京市骨干教师1人。开设教学班11个。毕业90人,无招生,在校251人。校训：勤思、善问、明理、诚信。党支部书记康景生，校长朱振民。

北京市大兴区长子营镇第二中心小学

校址：大兴区长子营镇朱庄村西

1978年建校，初名朱庄中心小学。2000

年更为现名。2003 年三庄村小并入。2005 年三台村小并入。2007 年三营完小并入。2010 年，学校占地面积 18788 平方米，建筑面积 2587 平方米，体育场面积 6300 平方米。图书馆藏书 1.6 万册。固定资产总值 357 万元。普通教室 15 个，专用教室 8 个，实验室 1 个。教职工 42 人，其中专任教师 21 人。开设教学班 12 个。毕业 48 人，招生 59 人，在校生 290 人。校训：文明、友爱、健康、勤奋。党支部书记、校长张富国。

北京市大兴区长子营镇第一中心小学

校址：大兴区长子营镇长子营村西

始建于 1982 年，校址长子营村，校名为长子营乡第一小学。1989 年乡中心校从河津营小学迁入该校，长子营乡第一小学改为长子营乡中心小学。1995 年 9 月，迁回河津营村新建教学楼办学。2000 年，更为现名。2008 年 11 月，迁至现址；同时北泗完小、郑二营完小并入。2010 年，学校占地面积 37500 平方米，建筑面积 9749 平方米体育场面积 12000 平方米。图书馆藏书 2.7 万册。固定资产总值 603 万元。普通教室 30 个，专用教室 12 个，实验室 2 个。教职工 81 人，其中专任教师 67 人。毕业 184 人，招生 173 人，在校 1297 人。校训：快乐学习、健康成长。党支部书记、校长连洪波。

北京市大兴区诚信学校

校址：大兴区西红门镇四村

2009 年 9 月成立，民办全日制小学。2010 年，学校占地面积 7000 平方米，建筑面积 4000 平方米，操场面积 3000 平方米。图书馆藏书 1000 册。普通教室 20 个，专用教室 3 个。教职工 33 人，其中专任教师 25 人。开设教学班 18 个。毕业 85 人，招生 150 人，在校生 630 人。校训:诚信、和谐勤奋、创新。校长韩凤华。

北京市大兴区第一小学

校址：大兴区黄村兴华大街三段 3 号

大兴区第一小学前身是“黄村书院”，始建于清乾隆四年（1739），院址在黄村南路厅衙署东南(现大兴区中小学保健所南办公地)。清光绪三十三年（1907）改名为黄村初级小学堂。1963 年更名为大兴县黄村第一小学。1984 年 9 月，迁至现址。2004 年 9 月，更为现名。学校先后获大兴区教育科研先进单位、北京市基础教育科学研究先进单位、全国科研兴教示范单位等荣誉。学校办学特色是科技教育，与北京市天文馆联合开展天文观测活动，开设启明星观测社团获区级优秀科技活动社团。

2010 年，学校占地面积 6750 平方米，建筑面积 2605 平方米,体育场面积 2400 平方米。图书馆藏书 1.6 万册。固定资产总值 510 万元。教职工 52 人，其中专任教师 51 人；市级以上骨干教师 2 人。开设教学班 16 个。毕业 107 人，招生 68 人，在校 601 人。校训：认识自我、改变自我、超越自我。党支部书记王敬申，校长高晓光。

北京市大兴区第二小学

校址：大兴区黄村西大街 96 号（总校）

大兴区天官院街道海子角村东(分校)

始建于 1960 年，初名大兴师范附属小学，校址位于黄村镇海子角村北（京开路黄村环岛——现大兴桥）东北角。1963 年，更名为大兴县黄村第二小学。1987 年 7 月，在海子角村东建分校。1998 年 7 月，总校迁至现址。2004 年 9 月更为现名。学校建立少年军校，开展军（警）民共建活动。组建全县第一支鼓号队，参加国家、市、区级各种大型庆典活动。学校校本课程《国学启蒙》将中国传统文化知识融入各科课程中。

2010 年,学校总占地面积 21400 平方米，建筑面积 9876 平方米，运动场面积 9060 平方米。图书馆藏书 2.8 万册。固定资产总值 2200 万元。普通教室 53 个,专用教室 31 个。教职工 192 人，其中专任教师 171 人；高级职称教师 3 人，特级教师 3 人，市级骨干教师 4 人。开设教学班 53 个。毕业 417 人，招生 393 人，在校生 2458 人。校训：德业并重，知行合一。党支部书记盛增贤，校长张存忠。

北京市大兴区第三小学

校址：大兴区黄村镇兴丰大街三段76号

1963年创建，初名大兴县黄村第一小学分校。1965年更名为大兴县黄村第三小学。1987年，国家投资70万元建成教学大楼，学校以电化教育为突破口，加大对电教硬件投入与软件的开发和培训。1999年被评为北京市电化教育示范校，逐渐形成“应用信息技术实施素质教育”的办学特色。2004年9月更为现名。

2010年，学校占地面积11013平方米，建筑面积6710平方米，运动场面积5488平方米。图书馆藏书2.1万册（含电子图书）。固定资产总值1029万元。普通教室25个，专用教室12个。教职工82人，其中专任教师70人；高级职称教师1人；市级骨干教师3人。开设教学班25个。毕业154人，招生154人，在校1031人。校训：品学兼优，学做真人。党支部书记、校长陈宗禹。

北京市大兴区第四小学

校址：大兴区黄村镇车站南里20号

始建于1944年，初名饮马井村小学。1969年迁至现址，更名为黄村七街小学。1972年，更名为大兴县黄村第四小学。2004年9月，更为现名。2010年，学校占地面积是3475平方米，建筑面积1704平方米，图书馆藏书1176册。固定资产总值218万元。普通教室11个，专用教室2个。教职工39人。开设教学班11个。毕业87人，招生63人，在校393人。校训：文明勤奋，合作创优。党支部书记、校长赵文民。

北京市大兴区第五小学

校址：大兴区黄村兴政西里星城商场南巷（总校）
大兴区黄村兴华北路二段78号院158（北校区）

1981年在现址建校，名为大兴县第五小学。2004年9月，更为现名。2010年2月，在大兴黄村兴华园小区西侧建北校区。学校少先队大队两次被评为全国红旗大队。鼓号队领先于全区，2004年获全国七色光鼓乐团一级分团称号；2008年参加北京奥运会火炬传递活动。

2010年，学校南北校区占地面积共12457平方米，建筑面积12035平方米，体育场面积6040平方米。图书馆藏书5万册。固定资产总值1623万元。普通教室41个，专用教室14个，实验室2个。教职工126人，其中专任教师100人；高级职称教师3人，市级骨干教师1人。开设教学班41个。毕业290人，招生297人，在校1788人。学校是北京市科技教育示范校、艺术教育特色校。校训：文明、守纪、勤奋、活泼。党支部书记范素辉，校长师瑞军。

北京市大兴区第六小学

校址：大兴区黄村镇富强东里

始建于1984年，初名大兴县黄村第六小学。2000年10月，成为大兴区黄村剪纸学校。2001年9月，更名为大兴区黄村第六小学。2004年9月，更为现名。2010年，学校占地面积6035平方米，建筑面积2781平方米，体育场面积3805平方米。图书馆藏书5179册。固定资产总值655万元。普通教室13个，专用教室1个。教职工47人，其中专任教师38人；市级骨干教师2人。开设教学班12个。毕业100人，招生71人，在校生449人。校训：健身健智、养成习惯、受益终生。党支部书记、校长陈俊文。

北京市大兴区第七小学

校址：大兴区兴丰街道富华巷9号

始建于1988年，初名为大兴县黄村第七小学。2004年9月，更为现名。2002年学校成立七色光鼓号队。2005年学校被中国教育协会书法专业委员会命名为全国写字教育实验校。学校以书法为校园环境特色，建有墨香苑、中华书法史系列展板、名碑珍帖赏析墙。

2010年，学校占地面积6081平方米，建筑面积3246平方米，体育场（馆）面积1950平方米。图书馆藏书6500册。固定资产总值662万元。普通教室18个，专用教室8个，实验室1个。教职工66人，其中专任教师62人；市级骨干教师1人。开设教学班18个。毕业115人，招生103人，在校666人。校训：文明、勤奋、健美。党支部书记刘建胜，校长郭建国。

北京市大兴区第八小学

校址：大兴区林校街道红楼西巷11号

1989年9月在现址建立，名为大兴县黄村第八小学。1990年9月，开设大兴县第一个特教班。1991年1月，学校成为中国音乐学院第二业余音乐学校。1992年9月，大兴县培智中心学校在该校成立。2001年9月，更名为大兴区黄村第八小学。2004年7月培智中心迁出；9月，学校更为现名。

2010年，学校占地面积9672平方米，建筑面积5246平方米，体育场面积5000平方米。图书馆藏书1.1万册。固定资产总值242.9万元。普通教室29个，专用教室7个，实验室1个。教职工90人，其中专任教师77人；市级骨干教师1人。开设教学班29个。毕业230人，招生200人，在校生1234人。校训：文明、健美、勤学、上进。党支部书记龚玉普，校长田志斌。

北京市大兴区第九小学

校址：大兴区清源街道清源西里小区

1992年9月在现址建成，初名大兴县黄村第九小学。2004年9月，更为现名。学校开发国际象棋为校本教研课程，学生广泛参与这项智力活动，2006年，被授予“棋类传统校”称号。2010年，学校占地面积6528平方米，建筑面积3365平方米，体育场（馆）面积4200平方米。图书馆藏书3800册。固定资产总值753万元。普通教室20个，专用教室4个，实验室1个。教职工71人，其中专任教师67人；高级职称教师2人。毕业132人，招生116人，在校生789人。校训：做高贵的人。党支部书记、校长李曙东。

北京市大兴区第十小学

校址：大兴区黄村镇西芦村南

前身为芦城小学，位于大兴县芦城公社西芦村，始建于1958年7月。1984年，更名为芦城乡中心小学。2001年7月，更名为黄村镇第二中心小学。2007年7月，学校更为现名，并迁至现址，改为区级直属校。

2010年9月，学校占地面积40020平方米，建筑面积14850平方米，体育场（馆）面积6200平方米。图书馆藏书30126册。固定资产总值529.89万元。普通教室30个，专用教室17个，实验室2个。教职工68人，其中专任教师57人。开设教学班26个。毕业107人，招生157人，在校840人。校训：让爱与智慧伴随一生。党支部书记常润泉，校长高爱军。

北京市大兴区黄村镇第二中心小学

校址：大兴区黄村镇狼垡村长丰园小区

始建于1938年，名为狼垡小学。1943年发展为完全小学。1968年迁址村东。1969年附设初中班。1978年初中班单立校。1994年，学校迁入楼房，并更名为芦城乡春明苑小学。2007年，原黄村镇第二中心小学更名大兴区第十小学，春明苑小学更名为新的黄村镇第二中心小学。2010年，学校占地面10866平方米，建筑面积4377平方米，体育场面积4980平方米。图书馆藏书13684册。固定资产总值805.24万元。普通教室18个，专用教室19个，实验室1个。教职工54人，其中专任教师40人。开设教学班18个。毕业82人，招生120人，在校生638人。党支部书记郭伟，校长张敬方。

北京市大兴区黄村镇第三中心小学

校址：大兴区黄村镇工业开发区孙村北侧

始建于1950年2月，名为刘村小学。1965年，迁至邢各庄大队，更名为邢各庄中心小学。1986年，迁至孙村乡政府南侧，更名为孙村中心小学。1995年8月，孙村完小并入。2000年5月，更为现名。2002年8月，王立庄完小并入。2003年5月，迁址东磁小学，原东磁小学并入。2005年8月，三间房小学并入。2007年7月，刘村小学和邢各庄小学并入；9月，学校迁至现址办学。

2010年，学校占地面积29409平方米，建筑面积11373平方米。体育场面积4200平方米。图书馆藏书24007册。普通教室24个，专用教室14个。固定资产总值5747万元。

教职工 68 人，其中专任教师 61 人。开设教学班 23 个。招生 138 人，毕业班 108 人，在校生 756 人。校训：文明、活泼、乐学、善思。党支部书记李艳，校长王培山。

北京市大兴区黄村镇第一中心小学

校址：大兴区黄村镇金华寺东路 3 号

始建于 1986 年，名为大兴县黄村镇中心小学。2001 年，学校更为现名。学校以英语教学、心理健康教育建设为特色。2010 年，学校占地面积 9350 平方米，建筑面积 6450 平方米，体育场面积 4760 平方米。图书馆藏书 24979 册。固定资产总值 1782 万元。普通教室 26 个，专用教室 6 个，实验室 1 个。教职工 90 人，其中专任教师 81 人；高级职称教师 1 人；特级教师 1 人，市级学科带头人 1 人，市级骨干教师 8 人。开设教学班 26 个。毕业 173 人，招生 134 人，在校 888 人。校训：文明、守纪、勤学、奋进。党支部书记赵东玲，校长郝素梅。

北京市大兴区建业学校

校址：大兴区黄村镇鹅房村东

学校建于 2006 年 8 月，是一所专门招收外来务工子女上学的打工子弟学校。2010 年，学校占地面积 10000 平方米，建筑面积 5100 平方米，体育场 4800 平方米。图书馆藏书 50000 册。固定资产总值 310 万元。普通教室 23 个，专用教室 4 个。教职工 58 人，其中专任教师 42 人，本科以上学历 11 人。开设教学班 20 个。毕业 120 人，招生 240 人，在校 1200 人。校训：修德、笃学、尚能、成才。校长孙名姝。

北京市大兴区旧宫镇第二中心小学

校址：大兴区旧宫镇德义街 1 号

学校原名为德茂小学，始建于 1968 年，系初级小学。1972 年发展为完全小学。1979 年更名为德茂中心小学。1986 年西毓顺小学并入。1993 年 11 月，学校迁至现址。2000 年，学校由原属北京市南郊农场牛奶公司（畜牧分场）领导划归为旧宫镇政府管理，并更为现名。2001 年，被首都精神文明建设委员会评为首都先进少年军校。2008 年成为北京 2008 奥林匹克教育“同心结”交流学校。2010 年，学校占地面积 13049 平方米，建筑面积 4261 平方米，体育场面积 4590 平方米。图书馆藏书 2.2 万册。固定资产总值 820.96 万元。普通教室 19 个，专用教室 8 个。教职工 53 人，其中专任教师 42 人。开设教学班 19 个。毕业 110 人，招生 144 人，在校生 745 人。校训：文明、勤奋、诚实、健美。党支部书记、校长高笑梅。

北京市大兴区旧宫镇第一中心小学

校址：大兴区旧宫镇庑店路南口

始建于 1945 年，由私塾改办，校名为旧宫保国民小学。1949 年更名为旧宫小学。1977 年学校迁至旧宫村南，并更名旧宫中心小学。1979 年更名为旧宫乡中心小学。1990 年更名为旧宫镇中心小学。2000 年学校更为现名。2004 年 9 月学校迁至现址，同时集贤小学、庑店小学、旧宫第三中心小学（原四分场小学）并入。2009 年南街小学并入。2010 年，学校占地面积 32168 平方米，建筑面积 14729 平方米。体育场（馆）面积 1080 平方米。图书馆藏书 2.9 万册。固定资产总值 655 万元。普通教室 36 个，专用教室 13 个。教职工 93 人，其中专任教师 75 人；市级骨干教师 1 人。开设教学班 36 个。毕业 230 人，招生 240 人，在校 1343 人。校训：全面发展、学有特色。党支部书记李德义，校长屈彪。

北京市大兴区礼贤镇第二中心小学

校址：大兴区礼贤镇辛英街 4 号

始建于 1914 年，校址在大辛庄老爷庙。1916 年改办为中国农商部农林所第五分所第八农民学校，1924 年撤销。次年兴办村立完全小学。1945 年改为中心小学。1950 年定名为大辛庄完全小学。1960 年与大辛庄中学合并。1968 年中小学分设。1979 年更名为大兴县大辛庄小学。2000 年更为现名。2001 年黄垡小学并入。2006 年，贺北小学并入。2010 年，学校下辖 2 所完小（东梁各庄完小、杨各庄完小）。中心校占地面积 16890 平方米，建筑面积 2245 平方米，体育场（馆）面积 650 平方米。图书馆藏书 1.8 万册。固定资产总值

394.2 万元。普通教室 9 个，专用教室 4 个，实验室 1 个。教职工 31 人，其中专任教师 26 人。开设教学班 7 个。毕业 55 人，招生 26 人，在校 190 人。校训：让我们一起走向成功。党支部书记、校长鲍铁燕。

北京市大兴区礼贤镇第一中心小学

校址：大兴区礼贤镇二村招贤路 1 号

始建于 1918 年，初名礼贤小学，为初级小学。1938 年改为县立高等小学。1949 年复为初级小学，校址在镇西清真寺南讲堂。1953 年迁址镇中关帝庙。1957 年，迁址孔圣庙内，改名大兴县礼贤完全小学，系民族学校。1966 年复改为普通小学。1987 年 8 月更名为大兴县礼贤镇民族小学。1990 年更名为礼贤镇民族小学。2000 年，学校更为现名。2005 年，增名北京市宣武区回民小学分校。2010 年，学校下辖完小 4 所（西里河完小、龙头完小、荆家务完小、孙营完小）。中心校占地面积 32400 平方米，建筑面积 5782 平方米。体育场（馆）面积 6700 平方米。图书馆藏书总数 4562 册。固定资产总值 112.29 万元。普通教室 15 个，专用教室 8 个，实验室 1 个。教职工 55 人，其中专任教师 37 人。开设教学班数 15 个。毕业 88 人，招生 61 人，在校 379 人。校训：团结、进取、勤奋、求实。党支部书记、校长王四清。

北京市大兴区庞各庄镇第二中心小学

校址：大兴区庞各庄镇定福庄村

前身是 1922 年由私塾改办的公立初级小学，名为定福庄国民学校。1926 年更名为定福庄初级小学。1978 年更名为定福庄乡中心小学。2000 年，更为现名。2009 年，曹各庄庄完小并入。学校自 1987 年起为北京市体育传统项目学校（田径）。学校累计 200 多人被输送到上一级体校，获市、区团体及个人冠军 70 多个。2007 年 6 月 1 日，中共中央总书记、国家主席、中央军委主席胡锦涛到校与学生一起共庆“六一”儿童节。

2010 年，学校占地面积 30643 平方米，建筑面积 3308 平方米。图书馆藏书 2100 册。固定资产总值 1004 万元。普通教室 17 个，专用教室 7 个，实验室 1 个。教职工 52 人，其中专任教师 48 人。开设教学班 12 个。毕业 93 人，招生 59 人，在校 390 人。校训：学知识，去创造；学做人，会生存。党支部书记、校长许士凤。

北京市大兴区庞各庄镇第一中心小学

校址：大兴区庞各庄镇幸福村 88 号

前身是“庞各庄书院”，建于 1897 年。1906 年在书院旧址建立公立小学堂。1922 年更名为庞各庄高等国民学校。1950 年，更名为庞各庄小学。1980 年更名庞各庄乡中心小学。1990 年迁至现址办学。2000 年更为现名。2010 年，学校占地面积 22000 平方米，建筑面积 3332 平方米，运动场面积 9830 平方米。图书馆藏书 21241 册。固定资产总值 247.77 万元。普通教室 21 个，专用教室 4 个，实验室 2 个。教职工 42 人，其中专任教师 35 人。开设教学班 15 个。毕业 64 人，招生 70 人，在校学生 437 人。校训：勤奋、好学、团结、向上。党支部书记、校长高林。

北京市大兴区青云店镇第二中心小学

校址：大兴区青云店镇垡上村

始建于 1947 年，1952 年发展为公办完全小学，定校名为垡上小学。1973 年改为垡上中心小学。2000 年 9 月，更为现名。2002 年，西大屯小学并入。2004 年双庄小学并入。2005 年，大张本小学并入。2010 年，中心校占地面积 9580 平方米，建筑面积 1900 平方米，学生运动场面积 4400 平方米。图书馆藏书 7710 册。固定资产总值 210 万元。普通教室 12 个，专用教室 5 个，实验室 1 个。教职工 43 人，其中专任教师 39 人。开设教学班 12 个。毕业 67 人，招生 74 人，在校 409 人。校训：团结奋进，立志成才。党支部书记、校长王文勇。

北京市大兴区青云店镇第一中心小学

校址：大兴区青云店镇

始建于光绪二十二年（1896），称“启善义学”。1918 年，更名为青云店高等国民学校。1954 年更名为青云店完全小学。1978 年更名为青云店乡中心小学。1990年更名为青云店镇中心小学。1991年,迁至原青云店中学平房,二村小学并入。1999年，沙子营小学、老观里小学并入。2000年,一村小学并入。2001年,更为现名。2005年5月，青云店镇进行中小学改建，学校临时迁至西大寺办学。2006年11月，三村小学、大谷店完小并入，并迁至现址办学。2008年，学校被市教育工委授予中小学艺术教育示范校和北京市科技教育示范校称号。

2010年，学校占地12183平方米，建筑面积7816平方米，运动场面积15792平方米（与中学共用），图书馆藏书32330册。固定资产总值403.6万元。普通教室20个，专用教室13个，实验室1个。教职工60人，其中专任教师50人；市级骨干教师1人。开设教学班20个。毕业118人，招生112人，在校635人。校训：读书、求知、做人。党支部书记李才，校长吴春英。

北京市大兴区团河小学

校址：大兴区团河苑小区内

前身是建于1959年的北京市劳改局下属团河农场子弟小学。2004年8月更为现名，2004年由区教委接管。2010年，学校占地面积8850平方米，校舍面积2851平方米。图书馆藏书1.3万册。固定资产总值757万元。教职工39人，其中专任教师37人。开设教学班11个。毕业46人，招生69人，在校生342人。校训：健康、文明、乐学、向上。党支部书记、校长张桂明。

北京市大兴区魏善庄镇第二中心小学

校址：大兴区魏善庄镇半壁店村中心西路13号

始建于1914年，初名为魏庄小学，校址在魏庄村北。1939年改名为半壁店小学校。1985年迁至魏庄小学办学。1988年迁至魏庄村北新建校舍，并更名为半壁店小学。1989年更名为大兴县半壁店乡中心小学。1990年9月迁至岳家务小学办学。1991年9月迁至半壁店小学新址（现魏善庄镇第二幼儿园）。2000年9月更为现名。2006年7月迁至现址。2010年，魏善庄镇第二中心小学下辖一所完小（东研垡完小）。中心校占地面积26171平方米，建筑面积5077平方米。图书馆藏书22129册。固定资产总值732.9万元。普通教室27个，专用教室5个，实验室1个。教职工48人，其中专任教师43人。开设教学班18个。毕业79人，招生96人，在校生516人。校训:爱众亲仁，博学成才。党支部书记、校长张振彪。

北京市大兴区魏善庄镇第一中心小学

校址：大兴区魏善庄镇魏善庄村西

学校始建于1961年，校名为大兴县魏善庄公社王场小学，校址为王场造纸厂。1963年成为完全小学。1976年迁至现址，更名为魏善庄完全小学，原属于王各庄学区的魏善庄小学并入。1979年更名为魏善庄乡中心小学。2001年5月更为现名。

2010年，学校占地面积19986平方米，建筑面积3159平方米，运动场面积12132平方米。图书馆藏书1.35万册。固定资产总值48.71万元。普通教室14个，专用教室7个。教职工36人，其中专任教师27人。开设教学班14个。毕业68人，招生66人，在校生387人。校训：我进步，我坚持，我成长，我幸福。党支部书记、校长李洪祥。

北京市大兴区亦庄镇第二中心小学

校址：大兴区亦庄镇博兴八路东侧、鹿海园三里西

学校前身是1925年庑殿村人李春泽创办由鹿圈义塾改办的鹿圈村初级小学校。1939年更名为鹿圈村公立完全小学。1958年更名为鹿圈小学。1978年定名为大兴县鹿圈中心小学。1992年，乡政府扩建西五号小学，将西五号小学作为新的鹿圈中心小学，鹿圈小学成为其下属完小。2000年鹿圈中心小学更为现名。2003年1月学校迁至亦庄镇第一中心小学校内办学。2006年1月迁入现址，鹿圈小学并入。2010年，学校占地面积16320平方米，建筑面积8759平方米，体育场（馆）面积5000平方米。图书馆藏书4.9万册。固定资产总值682万元。普通教室22个，专用

教室11个，实验室2个。教职工57人，其中专任教师41人。开设教学班22个。毕业123人，招生112人，在校678人。校训：诚信、文明、勤奋、创新。党支部书记乔永斌，校长李广义。

北京市大兴区亦庄镇第一中心小学

校址：大兴区亦庄镇贵园北路6号

前身是始建于1920年的大羊坊国民学校，校址大羊坊村。此后曾先后更名为大羊坊小学和羊坊小学。1989年12月，学校迁至小羊坊村新址，更名亦庄乡中心小学。1997年9月，亦庄乡中心小学迁至亦庄开发区贵园小区新址，广德小学、双桥小学、大粮台村小、东营子村小并入；原址复为完小，更名为三羊小学。2000年3月，亦庄、鹿圈两乡合并为亦庄镇，亦庄乡中心小学更名为亦庄镇第一中心小学。2010年，学校下辖1所完小（三羊小学）。中心校占地面积22100平方米，建筑面积12771平方米，体育场（馆）面积7500平方米。图书馆藏书31002册。固定资产总值3420万元。普通教室36个，专用教室12个，实验室2个。教职工85人，其中专任教师70人。开设教学班34个。毕业210人，招生203人，在校1149人。党支部书记、校长孙旭。

北京市大兴区瀛海镇第二中心小学

校址：大兴区瀛海镇瑞合二村

始建于1949年，校名为瑞合小学。1989年，学校更名为太和乡中心小学，同时四海小学并入。2000年学校更为现名。2002年太和小学并入。2010年，学校下辖四海完小。中心校占地面积14359平方米，建筑面积2493平方米。图书馆藏书13144册。固定资产总值205.48万元。教职工29人，其中专任教师24人。开设教学班8个。毕业66人，招生33人，在校233人。党支部书记王志强，校长常青。

北京市大兴区瀛海镇第一中心小学

校址：大兴区瀛海镇开发区内西一村南

始建于1953年，校名为红星小学。1955年成为完全小学，并附设初中班。1858年，中小学分设。1989年更名为瀛海乡中心小学。1996年南宫村小并入。1999年中兴村小并入；2002年怡乐村小并入。2003年瀛海村小并入。2004年更为现名。2007年学校由三东路迁至现址。2010年，学校占地面积19334平方米，建筑面积11830平方米，运动场面积7000平方米。图书馆藏书2万册。固定资产总值602万元。普通教室24个，专用教室8个。教职工51人，其中专任教师35人。开设教学班19个。毕业88人，招生79人，在校生580人。校训：好好学习，天天向上。党支部书记、校长王学武。

北京市大兴区榆垡镇第二中心小学

校址：大兴区榆垡镇南各庄村

1912年建校，系高初两等小学。1938年改为初级小学。1952年复为完全小学。1983年定名南各庄乡中心小学。2001年5月，更为现名。2010年，学校占地面积18900平方米，建筑面积3076平方米，运动场面积8450平方米。图书馆藏书11437册。固定资产总值371.7万元。普通教室18个，专用教室9个。教职工32人，其中专任教师19人。开设教学班7个。毕业43人，招生19人，学生171人。校训：勤学、守纪、文明、进取。党支部书记、校长李宝成。

北京市大兴区榆垡镇第一中心小学

校址：大兴区榆垡镇榆祥路

始建于1918年，校址在镇观音庵后院，名为榆垡镇高等国民学校，属区立小学。于1937年、1940年先后迁址。1949年更名为榆垡完全小学。1980年迁至乡政府南。1981年更名为榆垡乡中心校。2000年更名为榆垡镇第一中心小学。2006年，迁至现址新建楼房。

学校1999年被评为“全国实施素质教育，提高教学质量的先进校”。2010年，学校占地面积37000平方米，建筑面积15593平方米，体育场面积13797平方米。图书馆藏书9649册。普通教室36个，专用教室10个。教职工83人，其中专任教师71人。开设教学班27个。毕业179人，招生146人，在校874人。校训：团结、勤奋、求实、创新。党支部书记崔宪明，校长李万军。

北京市大兴区枣园小学

校址：大兴区黄村镇枣园小区

始建于2002年6月。学校每年5月份开展英语节，开展“学英语诵国学，铸和谐”走进社区实践活动，以英语教学形成特色。2010年，学校占地面积9887平方米，建筑面积4209平方米。图书馆藏书1.2万册。普通教室24个，专用教室7个。教职工78人，其中专任教师70人；高级职称教师1人。开设教学班24个。毕业166人，招生125人，在校生918人。校训：勤奋、健美、求实、创新。党支部书记、校长王久玲。

北京市大兴区振华学校

校址：大兴区西红门镇星光社区福兴东路4号

始建于1998年，系民办打工子弟学校。2004年5月，经大兴区教委批准取得办学许可证。初建时招收小学、初中学生。2009年9月，初中部撤销。2010年春，区教委为学校配备70台计算机、投影仪等电化教学设施，建设50个座位多媒体教室1个、50座位的微机室1个。2010年，学校占地6670平方米，建筑面积6600平方米，运动场面积6000平方米。图书馆藏书1万册。固定资产总值1000万元。教学设备总价值为55万元。普通教室36个，专用教室3个。教职工51人，其中专任教师42人。开设教学班29个。校训：文明、求实、奋进、创新。校长兼法人王英祥。

北京小学大兴分校

校址：大兴区黄村兴业路

建于2005年。学校开展运用“二八律”优化课堂教学结构研究，探索小学生探究学习能力发展与促进的规律及途径。学校形成市、区、校三级课题研究网络体系，全体教师均参与课题研究。2010年，学校占地面积23575平方米，建筑面积13090平方米，体育场（馆）面积10000平方米。图书馆藏书2万册。固定资产总值1984.46万元。教职工78人，其中高级职称教师3人；特级教师1人，市级骨干教师8人。开设教学班29个。毕业73人，招生182人，在校1008人。校训：脚踏实地做事，顶天立地做人。党支部书记、校长张景浩。

北京小学翡翠城分校

校址：大兴区黄村兴盛街146号翡翠城小区

成立于2008年，是公办走读兼寄宿制学校。2010年，学校占地面积21747平方米，建筑面积16028平方米，体育场（馆）面积3820平方米。图书馆藏书1万册。固定资产总值597万元。普通教室30个，专业教室10个，实验室1个。教职工43人，其中专任教师36人；市级骨干教师2人。开设教学班12个。招生149人，在校351人。校训：脚踏实地做事，顶天立地做人。党支部书记张文凤，校长吴国通。

表73　　2010年大兴区小学一览表

序号	学校名称	建校时间	举办者
1	北京师范大学大兴附属小学	2009年	教育部门和集体办
2	北京市大兴区安定镇东白塔民族小学	1948年	教育部门和集体办
3	北京市大兴区安定镇后安定完全小学	1936年	教育部门和集体办
4	北京市大兴区安定镇通州马坊完全小学	1950年	教育部门和集体办
5	北京市大兴区安定镇西芦各庄完全小学	1950年	教育部门和集体办
6	北京市大兴区安定镇中心小学	1950年	教育部门和集体办
7	北京市大兴区北臧村镇马村小学	1925年	教育部门和集体办
8	北京市大兴区北臧村镇皮各庄小学	1910年	教育部门和集体办
9	北京市大兴区北臧村镇中心小学	1926年	教育部门和集体办
10	北京市大兴区北臧村镇诸营小学	1965年	教育部门和集体办
11	北京市大兴区滨河小学	1995年	教育部门和集体办
12	北京市大兴区采育镇第二小学	1989年	教育部门和集体办

续表 73

序号	学校名称	建校时间	举办者
13	北京市大兴区采育镇第二中心小学	1946 年	教育部门和集体办
14	北京市大兴区采育镇第三中心小学	1935 年	教育部门和集体办
15	北京市大兴区采育镇第一中心小学	1915 年	教育部门和集体办
16	北京市大兴区采育镇辛店小学	1946 年	教育部门和集体办
17	北京市大兴区采育镇张各庄小学	1932 年	教育部门和集体办
18	北京市大兴区长子营镇第二中心小学	1948 年	教育部门和集体办
19	北京市大兴区长子营镇第一中心小学	1982 年	教育部门和集体办
20	北京市大兴区第一小学	1793 年	教育部门和集体办
21	北京市大兴区第二小学	1960 年	教育部门和集体办
22	北京市大兴区第三小学	1963 年	教育部门和集体办
23	北京市大兴区第四小学	1960 年	教育部门和集体办
24	北京市大兴区第五小学	1981 年	教育部门和集体办
25	北京市大兴区第六小学	1984 年	教育部门和集体办
26	北京市大兴区第七小学	1988 年	教育部门和集体办
27	北京市大兴区第八小学	1989 年	教育部门和集体办
28	北京市大兴区第九小学	1992 年	教育部门和集体办
29	北京市大兴区第十小学	1949 年	教育部门和集体办
30	北京市大兴区黄村镇大庄完全小学	1949 年	教育部门和集体办
31	北京市大兴区黄村镇第二中心小学	1938 年	教育部门和集体办
32	北京市大兴区黄村镇第三中心小学	1950 年	教育部门和集体办
33	北京市大兴区黄村镇第一中心小学	1986 年	教育部门和集体办
34	北京市大兴区黄村镇高米店完全小学	1918 年	教育部门和集体办
35	北京市大兴区黄村镇观音寺完全小学	1996 年	教育部门和集体办
36	北京市大兴区黄村镇狼各庄民族小学	1949 年	教育部门和集体办
37	北京市大兴区黄村镇天堂河完全小学	1983 年	教育部门和集体办
38	北京市大兴区黄村镇小营小学	1943 年	教育部门和集体办
39	北京市大兴区黄村镇义和庄小学	1982 年	教育部门和集体办
40	北京市大兴区旧宫镇第二中心小学	1968 年	教育部门和集体办
41	北京市大兴区旧宫镇第一中心小学	1945 年	教育部门和集体办
42	北京市大兴区礼贤镇第二中心小学	1914 年	教育部门和集体办
43	北京市大兴区礼贤镇第一中心小学	1918 年	教育部门和集体办
44	北京市大兴区礼贤镇东梁完全小学	1926 年	教育部门和集体办
45	北京市大兴区礼贤镇荆家务完全小学	1951 年	教育部门和集体办
46	北京市大兴区礼贤镇龙头完全小学	1949 年	教育部门和集体办
47	北京市大兴区礼贤镇孙营完全小学	1956 年	教育部门和集体办
48	北京市大兴区礼贤镇西里河完全小学	1946 年	教育部门和集体办
49	北京市大兴区礼贤镇杨各庄完全小学	1949 年	教育部门和集体办
50	北京市大兴区庞各庄镇北顿垡完全小学	1949 年	教育部门和集体办
51	北京市大兴区庞各庄镇第二中心小学	1922 年	教育部门和集体办
52	北京市大兴区庞各庄镇第一中心小学	1897 年	教育部门和集体办
53	北京市大兴区庞各庄镇梁家务完全小学	1949 年	教育部门和集体办
54	北京市大兴区庞各庄镇留民庄小学	1942 年	教育部门和集体办
55	北京市大兴区庞各庄镇南顿垡完全小学	1950 年	教育部门和集体办
56	北京市大兴区庞各庄镇庆国完全小学	1950 年	教育部门和集体办
57	北京市大兴区庞各庄镇薛营回民小学	1931 年	教育部门和集体办
58	北京市大兴区庞各庄镇张公垡完全小学	1932 年	教育部门和集体办

续表 73

序号	学校名称	建校时间	举办者
59	北京市大兴区庞各庄镇赵村完全小学	1926 年	教育部门和集体办
60	北京市大兴区青云店镇第二中心小学	1947 年	教育部门和集体办
61	北京市大兴区青云店镇第一中心小学	1896 年	教育部门和集体办
62	北京市大兴区青云店镇南红门完全小学	1931 年	教育部门和集体办
63	北京市大兴区青云店镇小回城小学	1938 年	教育部门和集体办
64	北京市大兴区团河小学	2004 年	教育部门和集体办
65	北京市大兴区魏善庄镇第二中心小学	1914 年	教育部门和集体办
66	北京市大兴区魏善庄镇第一中心小学	1961 年	教育部门和集体办
67	北京市大兴区魏善庄镇东研垡小学	1920 年	教育部门和集体办
68	北京市大兴区魏善庄镇后大营完全小学	1944 年	教育部门和集体办
69	北京市大兴区魏善庄镇王各庄完全小学	1943 年	教育部门和集体办
70	北京市大兴区魏善庄镇西芦垡完全小学	1963 年	教育部门和集体办
71	北京市大兴区西红门镇新建小学	1956 年	教育部门和集体办
72	北京市大兴区西红门镇志远小学	1965 年	教育部门和集体办
73	北京市大兴区亦庄镇第二中心小学	1925 年	教育部门和集体办
74	北京市大兴区亦庄镇第一中心小学	1978 年	教育部门和集体办
75	北京市大兴区亦庄镇三羊小学	1920 年	教育部门和集体办
76	北京市大兴区瀛海镇第二中心小学	1949 年	教育部门和集体办
77	北京市大兴区瀛海镇第一中心小学	1953 年	教育部门和集体办
78	北京市大兴区瀛海镇四海小学	1954 年	教育部门和集体办
79	北京市大兴区榆垡镇曹各庄小学	1945 年	教育部门和集体办
80	北京市大兴区榆垡镇曹辛庄小学	1945 年	教育部门和集体办
81	北京市大兴区榆垡镇崔指挥营小学	1949 年	教育部门和集体办
82	北京市大兴区榆垡镇第二中心小学	1912 年	教育部门和集体办
83	北京市大兴区榆垡镇第一中心小学	1918 年	教育部门和集体办
84	北京市大兴区榆垡镇留士庄民族小学	1905 年	教育部门和集体办
85	北京市大兴区榆垡镇南张华小学	1941 年	教育部门和集体办
86	北京市大兴区榆垡镇石垡小学	1915 年	教育部门和集体办
87	北京市大兴区榆垡镇太子务小学	1917 年	教育部门和集体办
88	北京市大兴区榆垡镇小店小学	1925 年	教育部门和集体办
89	北京市大兴区枣园小学	2002 年	教育部门和集体办
90	北京小学大兴分校	2005 年	教育部门和集体办
91	北京小学翡翠城分校	2008 年	教育部门和集体办
92	北京市新世纪双语实验学校	2001 年	民办
93	大兴经纬学校	2006 年	民办
94	大兴区爱心希望学校	2004 年	民办
95	大兴区诚信学校	2009 年	民办
96	大兴区海迪学校	2004 年	民办
97	大兴区行知学校	2001 年	民办
98	大兴区建业学校	2006 年	民办
99	大兴区京豫陈学校	1996 年	民办
100	大兴区龙海学校	2003 年	民办
101	大兴区蒲公英中学	2006 年	民办
102	大兴区星星学校	1997 年	民办
103	大兴区振华学校	2004 年	民办

普通中学

北京师范大学大兴附属中学

校址：大兴区黄村镇滨河街3号

学校建于1972年，初名大兴县黄村第二中学。1975年设立高中。2004年9月，更名为北京市大兴区第二中学。2006年3月15日，更名为北京师范大学大兴附属中学。学校是大兴区体育传统项目学校，是大兴区唯一的全国现代教育技术实验校。学校的铜管乐队、学生电视台、科技小组、金鹏科技论坛和虚拟创造等活动都取得成绩。2006年、2007年获首都文明单位称号；2006年被评为市级教育科研先进校。

2010年，学校占地面积42991平方米，建筑面积33651平方米。体育场面积33651平方米。图书馆藏书6万册。固定资产总值2691万元。固定资产总值2033.9万元。普通教室57个，专用教室7个，实验室13个。教职工291人，其中专任教师249人；高级职称教师150人，特级教师1人，市区级学科带头人和骨干教师及骨干班主任、骨干科研员79人。开设55个教学班，其中初中18个，高中37个。毕业705人（初中315人、高中390人），招生671人（初中227人、高中444人），在校2058人（初中726人、高中1332人）。校训：木铎金声。党支部书记王桂森，校长宋怡。

北京市大兴区北臧村中学

校址：大兴区北臧村镇西

1958年12月建校，初名八家村中学，校址在北臧村镇八家村。次年9月迁至现址，并更名为北臧村中学。1964年7月，改为农业中学（试点），后又改为普通中学。1973年增设高中。1982年高中撤销；同年东方红中学（1968年12月在诸葛营村北建立）并入学校。2010年，学校为初级中学，占地面积36000平方米，建筑面积3268平方米，体育场面积12000平方米，图书馆藏书3500册。固定资产总值253万元。普通教室12个，专用教室7个，实验室3个。教职工55人，其中专任教师33人；高级职称教师10人。开设教学班12个。毕业91人，招生71人，在校生242人。校训:立志、明德、笃学、诚信。党支部书记、校长王斌。

北京市大兴区采育中学

校址：大兴区采育镇福苑路1号

始建于1952年，是大兴第一所中学，校名河北省大兴县第一中学。1958年大兴县划归北京市，学校更名为采育中学。1972年，增设高中，成为农村完全中学。2001年更为现名。2005年7月，辛店中学、大皮营中学并入；8月学校迁至现址办学，与北京市第三十五中学签订合作办学协议，学校又名北京市第三十五中学采育分校。

2010年，学校占地面积80000平方米，建筑面积37291平方米，体育场面积21600平方米。图书馆藏书76137册。固定资产总值7800万元。普通教室54个,专用教室16个，实验室20个。教职工172人，其中专任教师118人；高级职称教师17人，市级骨干教师1人。开设教学班34个。毕业295人，招生245人，在校生925人。校训：善思 笃行 慎独 乐群。党支部书记郭凤池，校长贾金忠。

北京市大兴区长子营中学

校址：大兴区长子营镇沁水营村北

1958年建校,系农村初级中学。1969年，增设2年制高中班，1982年撤销。2001年更为现名。2008年11月,朱庄中学并入。2010年，学校为初级中学，占地面积86710平方米，建筑面积20845平方米，体育场面积12700平方米。图书馆藏书9万册。普通教室28个，专用教室4个。学校固定资产总值1107.7万元。教职工135人，其中专任教师111人；高级职称教师6人。开设教学班28个。毕业325人，招生278人，在校生956人。校训：明德、厚学。党支部书记、校长尹建国。

北京市大兴区大辛庄中学

校址：大兴区礼贤镇中心村大辛庄街5号

学校始建于1958年，系农村初级中学。

1972年增设高中。1975年，高中班并入杨各庄中学。1982年，杨各庄中学并入该校，同年高中撤销。2001年，学校更为现名。2010年，学校为初级中学，占地面积24564平方米，建筑面积3554平方米，体育场面积8570平方米。图书馆藏书27960册。固定资产总值334.5万元。普通教室11个，专用教室9个，实验室3个。教职工50人，其中专任教师41人；高级职称教师5人。开设教学班10个。毕业70人，招生94人，在校生255人。校训：尊师守纪，五育并举。党支部书记杨克成，校长范朝忠。

北京市大兴区德茂中学

校址：大兴区旧宫镇德茂庄德裕街14号

始建于1970年，初名红旗中学。1975年增设农业高中。1977年改为普通高中。1980年学校迁至德茂化工厂，高中撤销。1993年9月，增设职高班，为北京四通公司定向培养。1996年9月，迁入现址。1998年，红星区撤销，学校划归大兴县教育局管理。2001年9月，职高班停止招生，后挂靠大兴一职办学。2004年职高班停止办学。2010年，学校为初级中学，占地面积为25289平方米，建筑面积10079平方米，运动场面积7722平方米。图书馆藏书18072册。固定资产总值1846.17万元。普通教室22个，专用教室7个，实验室7个。教职工104人，其中专任教师82人；高级职称教师13人，市、区级学科带头人和骨干教师13人。开设教学班21个。毕业230人，招生260人，在校生770人。校训：崇德、方正、博学、创新。党支部书记、校长李富荣。

北京市大兴区第一中学

校址：大兴区林校街道兴政街2号

1956年建校，名为黄村中学。1958年9月成为完全中学。1973年更名黄村第一中学。1978年，黄村一中被北京市教育局确定为大兴县重点中学。2002年10月，被评为北京市首批示范性高中。2004年9月更为现名。学校1997年设立学生心理咨询室，与北京卫戍区教导大队、镇派出所等建立军警民共建单位，在大兴电机厂、大兴酒厂、黄村镇大庄村、留民营生态农场、毛主席纪念堂等单位建立德育基地。1999年建立黄村中里社区活动基地。1994年开办“少年军校”和“少年团校”。连续七年各有一名学生获得北京市“希望之星”“十佳中学生”称号。2003年起，每年举办一次“杏花飞坛”教学研讨会。

2010年，学校占地面积59545平方米，建筑面积43647平方米，体育场（馆）面积9820平方米。图书馆藏书11万册。普通教室59个，专用教室16个，实验室8个。教职工308人，其中专任教师213人；高级职称教师120人，市级学科带头人3人，市级骨干教师8人，特级教师7人。开设普通教学班58个（初中班18个、高中班40个），留学生班4个。毕业905人（初中296人、高中609人），招生991人（初中336人、高中655人），在校生2924人（初中921人、高中1903人）。高中录取分数线509（大兴区），应届高考本科上线率90%。校训：勤学善教，尊师爱生。党支部书记刘振凤，校长荣俊利。

北京市大兴区第三中学

校址：大兴区黄村镇三中巷7号（初中部）

大兴区黄村镇清源路18号（高中部）

始建于1975年，建成于1977年，初名大兴县黄村第三中学，为区直属完全普通中学。1976年2月在黄村一小带帽为三中招生2个班。1977年2月，学校迁入新建教学楼（全县中小学第一幢楼房），新招初一学生4个班、160人，带帽初中班迁入为初二年级，从黄村一中、二中分别拨入初二到高二学生共计760人，教学班20个，从黄村一中、二中抽调教师构成教学队伍。1988年改制为职业高中，停止初中招生，1990年撤销初中建制。1991年职高迁出另址办学，恢复初中建制办学。2004年7月学校成立高中部，成为完全中学。2004年9月，更为现名。2008年9月，高中部迁至黄村镇清源路18号。2002年成为大兴区外国语实验学校。2004年被评为北京市科技教育示范校。

2010年，学校占地面积23650平方米，建筑面积19750平方米，体育场面积9000平方米。图书馆藏书 2 万册。普通教室 59 个，专用教室 17 个，实验室 9 个。教职工 265 人，其中专任教师 232 人；高级职称教师 73 人。开设教学班 51 个。毕业 708 人（初中 530 人、高中 178 人），招生 758 人（初中 566 人、高中 192 人），在校 2542 人（初中 2005 人、高中 537 人）。高中录取分数线 468 分（大兴区），应届高考本科上线率 43%。校训：精勤不倦，厚积薄发。党支部书记、校长陈明秀。

北京市大兴区第四中学

校址：大兴区兴华中路 54 号

始建于 1984 年，初名大兴县黄村第四中学。1991 年 7 月，扩建教学楼。1997 年 8 月至 2003 年 7 月，接收大兴区体育运动学校 3 个教学班的学生。2004 年 9 月更为现名。2010 年，学校为初级中学，建筑面积 5176 平方米。图书馆藏书 1.8 万册。固定资产总值 1134.7 万元。专用教室 2 个，实验室 3 个。教职工 93 人，其中高级职称教师 32 人。开设教学班 15 个。毕业 144 人，招生 158 人，在校生 435 人。校训：团结、勤奋、有识、求是。党支部书记毕士秋，校长马士臣。

北京市大兴区第五中学

校址：大兴区黄村镇红楼西巷 20 号

学校始建于 1985 年 9 月，初名大兴县黄村第五中学。1988 年 9 月增设高中部，成为完全中学。2004 年 9 月更为现名。1991 年起，学校向天津市滨江中学学习多媒体教学，增大课堂密度，提高课堂效率，促进教学相长。1996 年，自编《你的心事我知道》心理教材，将其列入初一、高一必修课。2007 年被市妇联、市教委评为北京市家庭教育工作先进集体。

2010 年，学校占地面积 13794 平方米，建筑面积 9085 平方米，体育场用地面积 7900 平方米。图书馆藏书 29311 册。固定资产总值 2094.5 万元。普通教室 38 个，专用教室 9 个。教职工 222 人，其中专任教师 176 人；高级职称教师 64 人，市级骨干教师 3 人。开设教学班 38 个（初中 18 个、高中 20 个）。毕业 434 人（初中 217 人、高中 217 人），招生 545 人（初中 278 人、高中 267 人），在校 1571 人（初中 779、高中 792 人）。高中录取分数线 453 分（本区）。校训：崇德、互育、精研、笃学。党支部书记刘百江，校长于万永。

北京市大兴区第六中学

校址：大兴区京开公路东甲 4 号

1985 年 9 月天堂河农场子弟学校、狼各庄初中班合并组建大兴县黄村第六中学。2004 年 9 月更为现名。2010 年，学校为初级中学，占地面积 17950 平方米，建筑面积 3990 平方米，体育场面积 11250 平方米。图书馆藏书 1.9 万册。固定资产总值 655.58 万元。普通教室 12 个，专用教室 8 个，实验室 3 个。教职工 50 人，其中专任教师 43 人；高级职称教师 10 人。开设教学班 12 个。毕业 60 人，招生 180 人，在校 446 人。校训：团结朴实勤奋 进取。党支部书记、校长赵晨华。

北京市大兴区第七中学

校址：大兴区兴丰大街二段 215 号

1993 年 9 月成立，初名大兴县黄村第七中学。2004 年 9 月更为现名。2007 年 8 月，大兴区芦城中学并入，成为学校西校区。1995 年，学校启动培养青年教师队伍的“三五十工程”，每年评选“十佳青年教师”和“师德模范”。2000 年启动“中青年骨干教师培训工程”。学校逐步形成“规范、科学、草根”科研特色。

2010 年，学校为初级中学。东、西两校区占地面积共计 58352 平方米，建筑面积 34853 平方米，体育场面积 21921 平方米。图书馆藏书 34263 册。固定资产总值 3286 万元。普通教室 60 个，专用教室 11 个，实验教室 11 个。教职工 281 人，其中专任教师 228 人；高级职称教师 96 人，特级教师 1 人，市级骨干教师 5 人。开设教学班 49 个。毕业 531 人，招生 908 人，在校 2409 人。校训：求真、崇善、唯美。党支部书记、校长贾海军。

北京市大兴区第八中学

校址：大兴区黄村镇康庄路40号

学校始建于1995年7月，初名大兴县黄村第八中学。2003年7月，学校成为区直属完全中学。2004年9月更为现名。2005年6月，经市教委、发改委批准，挂牌北京市第八中学大兴分校。2003年，学校启动“蓝青工程”，培养青年教师。2005年，学校成为大兴区中学示范学校。2008年9月，学校设立6门校本课程，进行课堂教学改革实验，在初中实行“4·3·4导学模式”，高中实行“导—学—讲—练—结五步教学模式”。

2010年，学校占地面积29958.45平方米，建筑面积17562平方米，运动场占地面积16306平方米。图书馆藏书2.8万册。固定资产总值4898万元。普通教室36个，专用教室13个，实验室6个。教职工227人，其中专任教师143人；高级职称教师42人，市级骨干教师2人。开设教学班42个。毕业371人（初中233人、高中138人），招生462人（初中305人、高中157人），在校生1338人（初中882人、高中456人）。高中录取分数线459分（本区）。校训：笃志、博学、质朴、方正。党支部书记肖涛，校长樊凤昆。

北京市大兴区定福庄中学

校址：大兴区庞各庄镇定福庄村

1970年建校。1972年增设高中班。1974年高中班改为农业高中。1977年复改为普通高中。1978年赵村中学高中班并入。1982年高中撤销，成为农村初级中学。2006年7月，赵村中学并入。2010年，学校占地面积19820平方米，建筑面积3300平方米，体育运动场10000平方米。图书馆藏书5800册。固定资产总值461.52万元。普通教室12个，专用教室8个，实验室3个。教职工65人，其中专任教师46人；高级职称教师6人。开设教学班12个。毕业99人，招生104人，在校生294人。校训：勤奋、乐学、求实、创新。党支部书记刘国清，校长勾维志。

北京市大兴区垡上中学

校址：大兴区青云店镇垡上村北

1958年建校，系农村初级中学。1959年并入青云店中学。1968年，垡上完全小学附设2个初中班。1973年，中小学分设，垡上中学在现址重新建校。1975年增设高中，1980年停办。1994年曾与大兴二职合办二职分校，2001年停办。2010年，垡上中学为初级中学，占地面积26534平方米，建筑面积4048平方米，体育场11500平方米。图书馆藏书6800册。固定资产总值394万元。普通教室12个，专用教室2个，实验室3个。教职工44人，其中专任教师31人；高级教师职务7人。校训：勤奋、自强、求实、进取。党支部书记、校长王克勇。

北京市大兴区凤河营中学

校址：大兴区采育镇凤河营村凤荣巷15号

学校建于1958年，属农村初级中学。1978年增设高中。1981年撤消。2001年更为现名。2010年，学校占地面积21334平方米，建筑面积4465平方米，体育场（馆）面积8000平方米。图书馆藏书25000册。固定资产总值335.83万元。普通教室12个，专用教室13个，实验室6个。教职工37人，其中专任教师30人；高级职称教师3人。开设教学班6个。毕业55人，招生37人，在校生96人。校训：理想、文明、攀登、向上。党支部书记、校长张奎勋。

北京市大兴区郭家务中学

校址：大兴区榆垡镇郭家务村西

学校始建于1979年（1980年投入使用），系农村初级中学。1982年，曹辛庄中学并入。1983年南各庄中学、南张华中学并入。1984年曹各庄中学并入。2001年，学校更为现名。2010年，学校占地面积34800平方米，建筑面积4882平方米，操场14400平方米。图书馆藏书3.5万册。固定资产总值439.4万元。普通教室16个，专用教室19个，实验室4个。教职工67人，其中专任教师61人；高级职称教师10人。开设教学班13个。毕业145人，招生105人，在校生330人。校训：团结求实，勤奋进取。党支部书记、校长李志信。

北京市大兴区红星中学

校址：大兴区瀛海镇工业区内

学校初为红星小学附设的初中班，建于1955年。1958年中小学分设，初中定名为红星中学。1972年增设高中班，1983年高中撤销。2001年学校更为现名。2008年学校迁至现址。2010年，学校为初级中学，占地面积23345平方米，建筑面积11981平方米，体育场面积15250平方米。图书馆藏书27899册。固定资产总值1080.87万元。普通教室20个，专用教室12个，实验室5个。教职工61人，其中专任教师45人；高级职称教师5人。开设教学班10个。毕业83人，招生74人，在校生219人。校训：求知、做人，求真、创新。党支部书记王玉岭，校长张雪辉。

北京市大兴区金海学校

校址：大兴区西红门镇金星庄

2001年9月金星中学和金星乡中心小学合并成立九年一贯制学校大兴区金海学校。学校下辖两个完全小学（新建小学、志远小学）。2010年，学校占地面积47490平方米，建筑面积为11976平方米，运动场面积28250平方米。图书馆藏书3.5万册。固定资产总值1971.4万元。普通教室32个，专用教室8个，实验室3个。教职工108人，其中专任教师82人；高级职称教师12人。开设教学班32个（小学20个、中学12个）。毕业126人（小学41人、中学85人），招生171人（小学64人、中学107人），在校生678人（小学434人、中学244人）。校训：团结、勤奋、求实、进取。党支部书记、校长姚利辛。

北京市大兴区旧宫中学

校址：大兴区旧宫镇旧宫东路61号

始建于1967年，初名东方红中学。1973年，增设高中，成为完全中学，并更名为旧宫中学。1987年附设职业高中班。1995年迁至现址办学。2001年学校更为现名。2010年，学校为完全中学。占地面积32276平方米，建筑面积13114平方米，体育场（馆）面积11000平方米。图书馆藏书48099册。固定资产总值3063万元。普通教室23个，专用教室7个，实验室5个。教职工149人，其中专任教师122人；高级职称教师23人，市级骨干教师1人。开设教学班25个。毕业198人，招生259人，在校生755人。高中录取分数线408分（大兴区）。校训：求实、创新、勤奋、成才。党支部书记、校长王宾。

北京市大兴区狼垡中学

校址：大兴区黄村镇狼垡村

学校前身为狼垡小学附设初中班，1969年狼垡小学改为狼垡学校。1976年增设两年制高中。1977年高中班并入芦城中学。1978年中小学分设，初中部改为狼垡中学。1998年9月迁至现址新建。2001年，学校更为现名。2010年，学校占地面积19458平方米，建筑面积4763平方米，体育场面积10035平方米。图书馆藏书11000册。固定资产总值598万元。普通教室12个，专用教室6个，实验室4个。教职工51人，其中专任教师41人；高级职称教师4人。开设教学班12个。毕业99人，招生106人，在校生299人。校训：团结、务实、求进、创新。党支部书记、校长杨玉华。

北京市大兴区礼贤民族中学

校址：大兴区礼贤镇礼贤一村青礼路2号

1956年建校，系3年制初级中学。1988年，学校更名为大兴县礼贤第一中学。2003年，迁入现址办学。2005年8月，大兴礼贤第二中学并入，同时学校更为现名。2010年，学校为初级中学，占地面积42712平方米，建筑面积17282平方米，标准运动场23886平方米。图书馆藏书20958册。固定资产总值3768.33万元。普通教室31个，专用教室10个，实验室6个。教职工121人，其中专任教师81人；高级职称教师20人。开设教学班28个。毕业245人，招生221人，在校生751人。校训：德智体美，全面发展。党支部书记、校长王建生。

北京市大兴区庞各庄中学

校址：大兴区庞各庄镇西义堂村北

始建于1956年，是三年制农村中学，校

址在现庞各庄镇政府东侧。1973年，增设高中。1982年撤销。2001年，学校更为现名。2006年7月，北顿垡中学并入，学校迁至现址。2007年6月，学校成为北京市乒乓球训练基地，并加入大兴乒乓球俱乐部。2010年，学校为初级中学，占地面积8万平方米，建筑面积32017平方米，体育场（馆）面积1921平方米。图书馆藏书3万册。普通教室50个，专用教室12个，实验室9个。教职工106人，其中专任教师95人；高级职称教师12人。开设教学班18个。毕业229人，招生174人，在校生5360人。校训：明德至诚，乐学善思。党支部书记高云喜，校长刘兵。

北京市大兴区青云店中学

校址：大兴区青云店镇青采路2号

1949年10月建立，初名大兴初级师范学校，校址在火神庙旧址。1952年，师范停止招生，改办初级中学，校址在关帝庙。1952年至1957年面向全县招生。1954年，学校改称为"河北大兴第二中学"，校址迁到文家大院（原县公安局住址）。1958年，大兴划归北京市，学校改名为大兴县青云店中学，同时增设高中班。1959年，高中班并入黄村中学，高中停办。1972年再设高中，1984年撤销，复为初级中学。1989年，集资建成大兴县农村第一所中学教学楼。2005年孝义营中学并入。2006年9月，迁至现址办学。

2010年，学校为初级中学，占地面积28590平方米，建筑面积14431平方米，体育场面积15714平方米。图书馆藏书1万册。固定资产总值966万元。普通教室19个，专用教室10个，实验室6个。教职工94人，其中专任教师68人；高级职称教师4人。开设21个教学班，毕业生194人，招生207人，在校生591人。校训：业精、志忠、回报、爱国。党支部书记、校长马文祥。

北京市大兴区孙村中学

校址：大兴区黄村镇孙村

1969年建校，为农村初级中学。1977年增设高中，1982年撤销。1996年至2001年，创办四届职业高中。2001年学校更为现名。2007年7月迁至现址。2010年，学校占地面积29409平方米，建筑面积16911平方米，体育场（馆）面积13677平方米。图书馆藏书3.6万册。固定资产总值4527万元。普通教室15个，专用教室10个。教职工59人，其中专任教师50人；高级职称教师12人。开设教学班8个。毕业74人，招生94人，在校256人。校训：求真、向善、有责、笃行。党支部书记、校长王东风。

北京市大兴区太和中学

校址：大兴区瀛海镇太和商业街西

1968年在太和村建校。学校在1984至2007年，连续24年获得区中小学生春季田径运动会初中组团体总分第一名。1999年获得北京市体育传统学校优秀单位。2001年，学校更为现名。2002年7月，四海中学并入，并迁至现址。2010年，学校为初级中学，占地面积40000平方米，建筑面积5750平方米，体育场面积14000平方米。图书馆藏书11468册。固定资产总值2045.2万元。普通教室6个，专用教室10个，实验室2个。教职工59人，其中专任教师45人；高级职称教师10人。开设教学班6个。毕业59人，招生34人，在校生88人。校训：尊师、守纪、勤学、创新。党支部书记张晓彤，校长尹俊恒。

北京市大兴区体育运动学校

校址：大兴区黄村镇兴丰北大街69号

学校建于2003年9月，为大兴区体育局下属单位。此前学校以业余体校名义办学，学生学籍在各自中小学校，实行走训制。1995年首次面向全县招生，招收初中一年级45人，另外，在太和中学、定福庄小学、孙村小学设体育运动分校。2003年9月起，体校学生文化课由区教委选派19名文化课教师到校教学。2003年至2010年，共招收学生650人。2010年，学校占地面积42000平方米，建筑面积4740平方米。固定资产总值2000万元。普通教室12个。教职工60人，其中文化课教师20人。开设教学班5个（小学2个、中学3个）。毕业55人（小学20人、中学35人），招生62人（小学32人、中学30人），在校生109人（小学32人、中学77人）。校长刘国亮。

北京市大兴区魏善庄中学

校址：大兴区魏善庄镇东大街路北

始建于1958年，1972年增设高中，1984年7月，高中撤销。1986年，后大营中学并入。1987年再设高中，成为完全中学。1990年，王各庄中学并入。2001年学校更为现名。2005年3月，与北京市广渠门中学开展联合办学，增挂该校分校校牌；12月学校被评为大兴区中学示范校。2006年7月，半壁店中学并入。

2010年，学校占地面积79368平方米，建筑面积31424平方米。图书馆藏书43902册。固定资产总值6359万元。普通教室36个，专用教室12个，实验室16个。教职工193人，其中专任教师138人；高级职称教师30人。开设教学班36个（初中24个、高中12个）。毕业282人（初中228人、高中54人），招生403人（初中288人、高中115人），在校生1240人（初中772人、高中468人）。校训：团结、勤奋、求是、向上。党支部书记刘瑞金，校长吕斌。

北京市大兴区兴海学校

校址：大兴区西红门镇三村

学校建于1999年，由西红门中心小学与西红门中学合并成立。学校深入开展民族团结教育活动：每学年开展一次“民族团结、民族和谐”主题教育活动，5次代表大兴参加4年一届的北京市民族传统体育运动会。2009年获得市教委、市民委授予“北京市民族团结教育示范校”称号。2010年9月，学校占地面积46932平方米，建筑面积14171平方米。图书馆藏书40984册。固定资产总值3721万元。普通教室46个，专用教室14个。教职工139人，其中专任教师121人；高级职称教师11人。教学班42个（小学30个、中学12个），在校生1357人（小学1039人、中学318人）。校训：团结 勤奋 求是 创新。党支部书记、校长李林田。

北京市大兴区兴华中学

校址：大兴区兴华北路

前身是建于1949年10月的大兴县初级师范学校。1958年改称为大兴县师范学校。1997至2000年，学校开始向普通高中转轨。2000年5月更名兴华中学，定位为全寄宿制纯高中校。2005年，被评为北京市示范性普通高中。学校坚持科研兴教、科研促教。2007—2009学年度教师获奖文章100余篇，在各级刊物发表文章20余篇，参与编辑教育教学书籍4本。

2010年，学校为完全中学，占地面积40626平方米，建筑面积30814平方米，体育场（馆）面积18028平方米。图书馆藏书6万册。固定资产总值6066万元。普通教室34个，专用教室10个，实验室10个。教职工197人，其中专任教师153人；高级职称教师73人，特级教师1人，市级骨干教师4人。开设教学班34个，毕业436人，招生421人，在校1268人，住宿生774人。高中录取分数线488分，应届高考本科上线率78.6%。校训：崇德、敬业、求实、创新。党支部书记李若松，校长李秀亭。

北京市大兴区亦庄中学

校址：大兴区亦庄镇广德中巷1号

学校建于1969年2月校名大兴县亦庄中学，校址在亦庄村。1975年增设高中。1976年新建教学楼。1980年高中撤销。1990年8月开办职高班。1994年8月迁至现址。2001年，学校更为现名。2006年7月，鹿圈中学并入。2009年7月停止举办职高班，先后共招生17届。2010年，学校为初级中学，占地面积28755平方米，建筑面积16592平方米，体育场面积3310平方米。图书馆藏书47034册。固定资产总值3841万元。普通教室24个，专用教室5个，实验室7个。教职工117人，其中专任教师109人；高级职称教师25人，市级学科带头人1人，市级骨干教师1人。开设教学班17个。毕业180人，招生240人，在校生568人。校训：面向开放未来，求实奋进成才。党支部书记、校长姜鸿旗。

北京市大兴区榆垡中学

校址：大兴区榆垡镇今荣街

1956年9月在榆垡镇东北角建校，校名大兴县榆垡中学。1972年，增设高中，成为完全中学。1997年,履磕中学并入。2001年,学校更为现名。2003年9月,迁至现址办学。2005年12月,与北京市第十三中学联合办学,成为其分校。2010年，学校占地面积50756平方米、建筑面积35001平方米,体育场（馆）面积2507平方米。图书馆藏书43000册。固定资产总值6359万元。普通教室48个，专用教室26个，实验室12个。教职工180人，其中专任教师130人；高级职称教师33人。开设教学班35个。毕业262人(初中227人、高中35人)，招生298人（初中219人、高中79人)，在校1041人（初中669人、高中372人)。校训：尊师 守纪 勤学 奋进。党支部书记、校长杨健。

北京市第十四中学大兴安定分校

校址：大兴区安定镇兴安大街1号

学校初名高店中学，始建于1967年，校址在安定镇高店村南某部队后勤部旧址。1975年增设高中，1979年高中撤销。1996年，迁至安定镇政府东侧，更名为大兴县安定镇第二中学。2001年，更名为大兴区安定镇第二中学。2005年8月，学校迁至现址，并更为现名。2006年7月，原安定中学并入。2010年，学校为初级中学，占地面积61240平方米，建筑面积15067平方米，体育场面积26442平方米。图书馆藏书48572册。固定资产总值2843万元。普通教室32个，专用教室12个，实验室7个。教职工122人，其中专任教师98人；高级职称教师15人。开设教学班24个。毕业273人，招生218人，在校生754人。校训：勤、诚、恒、新。党支部书记闫君，校长王金和。

北京市第二零七中学

校址：大兴区黄村镇芦城南口

北京市第二零七中学（北京市第三体育运动学校）成立于1986年8月，隶属于北京市体育局，是一所学训并重的初级中学、中等体育专业学校。2010年，学校占地367000平方米，建筑面积19702平方米，运动场面积35155平方米。文化课教师26人，专业课教师28人。开设教学班2个。毕业37人，在校生55人。校长黄雨江。

北京市美亚学校

校址：大兴区庞各庄镇宋各庄村

学校1993年6月成立，初名大兴县美亚学校，校址在大兴县庞各庄镇，属于民办全寄宿学校，由北京市大兴县庞各庄镇工业公司投资兴建。1995年更现名。1999年6月，大兴县庞各庄镇工业公司与北京中坤科工贸集团签订美亚学校转让协议书，由中坤集团接管。学校设小学部和中学部。2001年起，因学校基础设施改造，暂停对外招生。校训：以勤治学，以正养德，以诚处世，以毅健身。校长黄怒波。

北京市私立君谊中学

校址：大兴区兴业大街与香园路交接处

学校为民办寄宿制完全中学，1993年9月建校，由段君宜女士创办。2010年，学校占地面积24800平方米，建筑面积12000平方米，体育场（馆）面积11000平方米。固定资产总值534万元。普通教室22个，专用教室5个，实验室3个。图书馆藏书24000册。教职工127人，其中专任教师63人；高级职称教师22人，特级教师1人。开设教学班14个（初中6个、高中8个）。毕业107人（初中42人、高中人65人)，招生102人（初中19人、高中83人)，在校生570人（初中325人、高中245人)。校训:勤奋、开拓、朴实、友爱。校长陈媛媛。

北京市中芯学校

校址：北京经济技术开发区凉水河二街9号

学校2009年9月成立，是中芯国际集成电路制造有限公司投资兴办的九年制民办学校。2010年，学校占地面积26800平方米，建筑面积10392平方米，体育场面积14000平方米。图书馆藏书9953册。固定资产总值325.7万元。普通教室27个，专用教室9个。教职工66人，其中专任教师58人；高级职称教师9人。开设教学班20个（小学17个、中学3个）。毕业25人（小学），招生108人（小学93人、中学19人），在校生379人（小学334人、中学25人）。校长李雅荣。

首都师范大学大兴附属中学

校址：大兴区黄村镇海东路4号

学校原名为大兴区兴达中学，成立于2001年3月，校址黄村镇兴华中路东4号，是经市教委批准成立纯高中学校。2003年，学校迁至现址办学。2008年3月27日，学校更名为首都师范大学大兴附属中学。2010年，学校为完全中学。占地面积65665平方米，建筑面积47644平方米，体育场（馆）面积24000平方米。图书馆藏书6.7万册。固定资产6193.26万元。普通教室54个，专用教室27个，实验室11个。教职工205人，其中专任教师149人；高级职称教师36人，市级骨干教师2人。开设教学班38个。毕业317人，招生448人，在校1505人。高中录取分数线438分（大兴区），应届高考本科上线率23.4%。校训：学会求知，学会做事，学会共处，学会做人。党支部书记庞占海，校长朱国占。

表74　　2010年大兴区普通中学一览表

序号	学校名称	建校时间	举办者
1	北京师范大学大兴附属中学	1972年	教育部门和集体办
2	北京市大兴区北臧村中学	1958年	教育部门和集体办
3	北京市大兴区采育中学	1952年	教育部门和集体办
4	北京市大兴区长子营中学	1958年	教育部门和集体办
5	北京市大兴区大辛庄中学	1958年	教育部门和集体办
6	北京市大兴区德茂中学	1970年	教育部门和集体办
7	北京市大兴区第一中学	1956年	教育部门和集体办
8	北京市大兴区第三中学	1975年	教育部门和集体办
9	北京市大兴区第四中学	1984年	教育部门和集体办
10	北京市大兴区第五中学	1985年	教育部门和集体办
11	北京市大兴区第六中学	1985年	教育部门和集体办
12	北京市大兴区第七中学	1993年	教育部门和集体办
13	北京市大兴区第八中学	1995年	教育部门和集体办
14	北京市大兴区定福庄中学	1970年	教育部门和集体办
15	北京市大兴区垡上中学	1958年	教育部门和集体办
16	北京市大兴区凤河营中学	1958年	教育部门和集体办
17	北京市大兴区郭家务中学	1975年	教育部门和集体办
18	北京市大兴区红星中学	1955年	教育部门和集体办
19	北京市大兴区金海学校	2001年	教育部门和集体办
20	北京市大兴区旧宫中学	1967年	教育部门和集体办
21	北京市大兴区狼垡中学	1969年	教育部门和集体办
22	北京市大兴区礼贤民族中学	1956年	教育部门和集体办
23	北京市大兴区庞各庄中学	1956年	教育部门和集体办
24	北京市大兴区青云店中学	1954年	教育部门和集体办
25	北京市大兴区孙村中学	1969年	教育部门和集体办
26	北京市大兴区太和中学	1968年	教育部门和集体办
27	北京市大兴区魏善庄中学	1958年	教育部门和集体办
28	北京市大兴区兴海学校	1999年	教育部门和集体办
29	北京市大兴区兴华中学	1949年	教育部门和集体办
30	北京市大兴区亦庄中学	1972年	教育部门和集体办
31	北京市大兴区榆垡中学	1956年	教育部门和集体办

续表 74

序号	学校名称	建校时间	举办者
32	北京市第十四中学大兴安定分校	1967 年	教育部门和集体办
33	首都师范大学附属大兴中学	2001 年	教育部门和集体办
34	北京市大兴区体育运动学校	2003 年	其他部门办
35	北京市第二零七中学	1986 年	其他部门办
36	北京市美亚学校	1993 年	民办
37	北京市私立君谊中学	1993 年	民办
38	北京市中芯学校	2009 年	民办

特殊教育学校

北京市大兴区特殊教育中心

校址：大兴区黄村西里小区内东侧

学校前身是 1992 年附设在大兴黄村第八小学内的大兴县培智中心学校，校址位于黄村西里小区内西侧，与大兴二幼合用校舍。2003 年 8 月学校更为现名。2007 年 9 月迁至现址。2010 年，学校占地面积 3294 平方米，建筑面积 2324 平方米，体育场（馆）面积 300 平方米。图书馆藏书 500 册。固定资产总值 631 万元。普通教室 8 个，专用教室 12 个。教职工 28 人，其中专任教师 20 人；高级职称教师 1 人。开设教学班 7 个。毕业 4 人，招生 6 人，在校 46 人。校训：自尊、自爱、自立、自强。校长张德胜。

附表

表 75　　1991—2010 年大兴区小学撤并更名一览表

序号	学校名称	建校时间	撤并或更名说明
1	北京市大兴区安定镇高店小学	1918 年	2009 年 3 月撤销
2	北京市大兴区安定镇西白塔小学	1949 年	2004 年 9 月并入大兴区安定镇东白塔民族小学
3	北京市大兴区北臧村镇天宫院小学	1923 年	2009 年 7 月并入大兴区北臧村镇中心小学
4	北京市大兴区采育镇潘铁营小学	1947 年	2005 年 9 月并入大兴区采育镇第二中心小学
5	北京市大兴区采育镇沙窝店小学	1949 年	2005 年 9 月并入大兴区采育镇第三中心小学
6	北京市大兴区长子营镇北泗小学	1949 年	2008 年 11 月并入大兴区长子营镇第一中心小学
7	北京市大兴区大辛庄乡中心小学	1914 年	2000 年更名大兴区礼贤镇第二中心小学
8	北京市大兴区定福庄镇曹各庄小学	1926 年	2009 年 9 月并入大兴区庞各庄镇第二中心小学
9	北京市大兴区红星四分场小学	1963 年	2001 年更名旧宫镇第三中心小学，2004 年 9 月并入旧宫镇第一中心小学
10	北京市大兴区黄村第八小学	1989 年	2004 年 9 月更名大兴区第八小学
11	北京市大兴区黄村第二小学	1960 年	2004 年 9 月更名大兴区第二小学
12	北京市大兴区黄村第九小学	1992 年	2004 年 9 月更名大兴区第九小学
13	北京市大兴区黄村第六小学	1984 年	2004 年 9 月更名大兴区第六小学
14	北京市大兴区黄村第七小学	1988 年	2004 年 9 月更名大兴区第七小学
15	北京市大兴区黄村第三小学	1963 年	2004 年 9 月更名大兴区第三小学
16	北京市大兴区黄村第四小学	1944 年	2004 年 9 月更名大兴区第四小学
17	北京市大兴区黄村第五小学	1981 年	2004 年 9 月更名大兴区第五小学
18	北京市大兴区黄村第一小学	1739 年	2004 年 9 月更名大兴区第一小学
19	北京市大兴区黄村镇春明苑完小	1938 年	2007 年 7 月更名大兴区黄村镇第二中心小学
20	北京市大兴区黄村镇第二中心小学	1949 年	2007 年 7 月更名大兴区第十小学
21	北京市大兴区黄村镇后辛庄完小	1932 年	2007 年 7 月并入大兴区第十小学

续表 75

序号	学校名称	建校时间	撤并或更名说明
22	北京市大兴区黄村镇西黄村小学	1920 年	2010 年 2 月撤销
23	北京市大兴区黄村镇邢各庄小学	1949 年	2007 年 8 月并入大兴区黄村镇第三中心小学
24	北京市大兴区金星中心小学	1956 年	2001 年 9 月与金星中学合并成立大兴区金海学校
25	北京市大兴区旧宫镇集贤小学	1939 年	2004 年 6 月并入大兴区旧宫镇第一中心小学
26	北京市大兴区旧宫镇南街小学	1938 年	2009 年 9 月并入大兴区旧宫镇第一中心小学
27	北京市大兴区旧宫镇庑殿小学	1939 年	2004 年 9 月并入大兴区旧宫镇第一中心小学
28	北京市大兴区芦城乡中心小学	1949 年	2000 年更名大兴区黄村镇第二中心小学
29	北京市大兴区庞各庄镇常各庄小学	1922 年	2001 年 9 月并入大兴区庞各庄镇第二中心小学
30	北京市大兴区庞各庄镇东中堡小学	1931 年	2005 年 9 月并入大兴区庞各庄镇第一中心小学
31	北京市大兴区青云店镇大谷店完小	1939 年	2006 年 9 月并入大兴区青云店镇第一中心小学
32	北京市大兴区魏善庄镇岳家务小学	1920 年	2006 年 9 月并入大兴区魏善庄镇第二中心小学
33	北京市大兴区榆垡镇大练庄小学	1945 年	2003 年 8 月并入大兴区榆垡镇求贤小学
34	北京市大兴区榆垡镇东麻各庄小学	1946 年	2006 年 8 月并入大兴区榆垡镇第一中心小学
35	北京市大兴区榆垡镇求贤小学	1945 年	2006 年 9 月并入大兴区榆垡镇第一中心小学
36	北京市大兴区榆垡镇西胡林小学	1936 年	2006 年 8 月并入大兴区榆垡镇第一中心小学
37	北京市大兴区榆垡镇西黄垡小学	1922 年	2005 年 8 月并入大兴区榆垡镇留士庄民族小学
38	北京市大兴区榆垡镇辛立村小学	1951 年	2003 年 8 月并入大兴区榆垡镇第一中心小学
39	北京市大兴县半壁店乡中心小学	1914 年	2000 年更名大兴县魏善庄镇第二中心小学
40	北京市大兴县北臧村乡大臧村小学	1937 年	2000 年并入大兴县北臧村镇中心小学
41	北京市大兴县北臧村乡新立村小学	1916 年	2000 年并入大兴县北臧村镇中心小学
42	北京市大兴县大皮营乡中心小学	1946 年	2000 年更名大兴县采育镇第二中心小学
43	北京市大兴县德茂乡中心小学	1968 年	2000 年更名大兴县旧宫镇第二中心小学
44	北京市大兴县定福庄乡中心小学	1922 年	2000 年更名大兴县庞各庄镇第二中心小学
45	北京市大兴县垡上乡中心小学	1947 年	2000 年更名大兴县青云店镇第二中心小学
46	北京市大兴县礼贤民族小学	1918 年	2000 年更名大兴县礼贤镇第一中心小学
47	北京市大兴县芦城乡狼垡小学	1938 年	1994 年更名大兴县芦城乡春明苑小学
48	北京市大兴县鹿圈乡西五号小学	1949 年	1992 年扩建后更名大兴县鹿圈乡中心小学
49	北京市大兴县鹿圈乡中心小学	1925 年	2000 年更名大兴县亦庄镇第二中心小学
50	北京市大兴县南各庄乡中心小学	1912 年	2000 年更名大兴县榆垡镇第二中心小学
51	北京市大兴县青云店镇二村小学	1975 年	1991 年并入大兴县青云店中心小学
52	北京市大兴县孙村乡中心小学	1949 年	2000 年更名大兴县黄村镇第三中心小学
53	北京市大兴县太和乡中心小学	1949 年	2000 年更名大兴县瀛海镇第二中心小学
54	北京市大兴县太和乡中心小学	1949 年	2000 年更名大兴县瀛海镇第二中心小学
55	北京市大兴县西红门镇中心小学	1931 年	1999 年 7 月与西红门中学合并成立大兴县兴海学校
56	北京市大兴县亦庄乡广德小学	1954 年	1997 年 9 月并入大兴县亦庄乡中心小学
57	北京市大兴县亦庄乡双桥小学	1924 年	1997 年 9 月并入大兴县亦庄乡中心小学
58	北京市大兴县亦庄乡中心小学	1978 年	2000 年更名大兴县亦庄镇第一中心小学
59	北京市大兴县朱庄乡中心小学	1948 年	2000 年更名大兴县长子营镇第二中心小学

表 76　　1991—2010 年大兴区普通中学撤并更名一览表

序号	学校名称	建校时间	撤并或更名说明
1	北京市大兴区安定镇第二中学	1967 年	2005 年 8 月更名北京市第十四中学大兴安定分校
2	北京市大兴区安定中学	1958 年	2006 年 7 月并入北京市第十四中学大兴安定分校
3	北京市大兴区半壁店中学	1986 年	2006 年 7 月并入大兴区魏善庄中学
4	北京市大兴区北顿堡中学	1958 年	2006 年 7 月并入大兴区庞各庄中学

续表 76

序号	学校名称	建校时间	撤并或更名说明
5	北京市大兴区大皮营中学	1958 年	2005 年 7 月并入大兴区采育中学
6	北京市大兴区第二中学	1972 年	2006 年 4 月更名北京师范大学大兴附属中学
7	北京市大兴区黄村第八中学	1995 年	2004 年 9 月更名大兴区第八中学，2005 年 6 月挂牌北京市第八中学大兴分校
8	北京市大兴区黄村第二中学	1972 年	2004 年 9 月更名大兴区第二中学
9	北京市大兴区黄村第六中学	1985 年	2004 年 9 月更名大兴区第六中学
10	北京市大兴区黄村第七中学	1993 年	2004 年 9 月更名大兴区第七中学
11	北京市大兴区黄村第三中学	1975 年	2004 年 9 月更名大兴区第三中学
12	北京市大兴区黄村第四中学	1984 年	2004 年 9 月更名大兴区第四中学
13	北京市大兴区黄村第五中学	1985 年	2004 年 9 月更名大兴区第五中学
14	北京市大兴区黄村第一中学	1956 年	2004 年 9 月更名大兴区第一中学
15	北京市大兴区金星中学	1958 年	2001 年 9 月与金星中心小学合并成立大兴区金海学校
16	北京市大兴区礼贤镇第二中学	1968 年	2005 年 8 月并入大兴区礼贤镇第一中学
17	北京市大兴区礼贤镇第一中学	1956 年	2005 年 8 月更名大兴区礼贤民族中学
18	北京市大兴区芦城中学	1958 年	2007 年 8 月并入大兴区第七中学
19	北京市大兴区鹿圈中学	1956 年	2006 年 7 月并入大兴区亦庄中学
20	北京市大兴区四海中学	1956 年	2002 年 9 月并入大兴区太和中学
21	北京市大兴区孝义营中学	1974 年	2005 年 7 月并入大兴区青云店中学
22	北京市大兴区辛店中学	1958 年	2005 年 7 月并入大兴区采育中学
23	北京市大兴区兴达中学	2001 年	2008 年 3 月更名首都师范大学大兴附属中学
24	北京市大兴区赵村中学	1970 年	2006 年 7 月并入大兴区定福庄中学
25	北京市大兴区朱庄中学	1974 年	2008 年 11 月并入大兴区长子营中学
26	北京市大兴县高店中学	1967 年	1996 年更名大兴县安定镇第二中学
27	北京市大兴县履磕中学	1958 年	1997 年 7 月并入榆垡中学
28	北京市大兴县西红门中学	1956 年	1999 年与西红门中心小学合并成立兴海学校

表 77　　2010 年大兴区教委直属事业单位一览表

序号	单位名称	成立时间	地址	沿革
1	北京市大兴区教师进修学校	1953 年	大兴区黄村镇兴华大街三段 4 号	初名河北省大兴县小学教师业余进修学校。1955 年更名为河北省通州师范函授部大兴辅导站。1958 年大兴县由河北省划归北京管辖，学校改为大兴区教师进修学校。1960 年，更名大兴县教师进修学校。1966 年停办。1976 年恢复，校址在大兴师范学校内。1978 年与大兴师范学校合并。1980 年，与大兴师范学校分开设立。同年，县教育局中小学教研室并入。1985 年，学校迁址黄村兴政街东口路南。1999 年，县教育局教育科学研究室、教育局干部培训学校、县教育局史志办、县电教馆、县职业教育中心并入
2	北京市大兴区教委房管维修所	1987 年	大兴区黄村镇龙河路东侧	始建时办公地址在原黄村一小。1990 年 1 月迁至现址。主要负责管理教育系统自管平房、自管楼房的日常管理及供暖，同时负责教师分房、调房工作
3	北京市大兴区教委老教师黄村管理站	1991 年	大兴区黄村东里 23 号院内	原名大兴县教育局离退休职工活动站。1999 年 5 月，更为现名。管理站负责落实老干部的政治待遇与生活待遇，组织开展各种活动，开展节日慰问等

续表 77

序号	单位名称	成立时间	地址	沿革
4	北京市大兴区教育考试中心	2001 年	大兴区黄村镇兴丰北大街三段五号	由区教委下属的高级中等学校招生办公室（中招办）、高等学校招生办公室（高招办）与成人教育局下属的成人高等学校招生办公室（成招办）、高等教育自学考试办公室（自考办）合并组建，均在各自原办公地址办公。2004 年，迁至现址
5	北京市大兴区民办教育服务中心	2006 年	大兴区黄村镇龙河路东侧	主要负责全区民办学校安全监管工作
6	北京市大兴区勤工俭学服务中心	1985 年	大兴区黄村镇龙河路东侧	初名北京市大兴县校办工业公司。1985 年 10 月县教育局生产劳动教育科与校办公司合署办公，实行“一套人马、两块牌子”管理体制。1990 年 7 月撤销校办工业公司，成立北京市大兴县中小学勤工俭学服务中心。1994 年 6 月增挂北京市大兴县校办企业总公司牌子
7	北京市大兴区少年宫（北京市大兴区校外教育办公室）	1986 年	大兴区黄村镇弘河北路 1 号	初名大兴县少年宫，地址在黄村西大街路北，与校外办实行“两块牌子、一套人马”运行机制。2001 年更名现名。2008 年 12 月，迁至现址
8	北京市大兴区中小学教学技术装备管理站	1990 年	大兴区黄村镇滨河西里 37 号	初建时的办公地址为兴业路三合南里，2010 年迁至现址。主要负责全区教学仪器设备的采购、固定资产的管理、资产的报废等工作
9	北京市大兴区中小学卫生保健所	1987 年	大兴区黄村镇龙河路东侧；黄村镇滨河西里 37 号	初建时称大兴县中小学卫生保健站，地址是大兴区黄村龙河路东侧。1990 年底获得独立法人资格。1994 年 6 月迁至林校北路 1 号；1997 年 6 月迁至原黄村二小。2000 年 7 月迁回原址，并更为现名。2009 年办公地址增加滨河西里 37 号

门头沟区

幼儿园

北京市门头沟区永定中心幼儿园

园址：门头沟区永定镇冯村新园底商

1998年建园。2006年搬入现址即冯村新园底商，为教育部门办，日托制。2010年，被评为北京市一级二类幼儿园。2010年，占地面积5878平方米，建筑面积4000平方米。教职工44人，其中专任教师30人，保健员1人。开设10个教学班。在园316人。党支部书记施长生，园长宋茂盛。

北京市门头沟区城子幼儿园

园址：门头沟区城子中街16号

1953年创办，名为京西矿区城子教工托儿所。1962年划归地方管理，改名为城子幼儿园。2010年被评为北京市一级一类幼儿园。2010年，占地面积2300平方米，建筑面积1171平方米。教职工38人,其中，专任教师22人，保健员2人。开设7个教学班。在园215人。党支部书记尹玉红，园长贾文红。

北京市门头沟区大台中心幼儿园

园址：门头沟区大台路7号

2003年建园,为教育部门办园。2010年，占地面积2240平方米，建筑面积1520平方米，户外活动场所600平方米。图书500册。教职工16人，其中专任教师14人，保健员1人。开设4个教学班。幼儿入园30人、离园60人，在园120人。党支部书记、园长段长章。

北京市门头沟区东辛房幼儿园

园址：门头沟区东辛房北后街30号

1976年建园，隶属门头沟区教委。1996年,被评为北京市二级二类幼儿园。2010年，占地面积1716平方米,建筑面积784平方米。教职工25人，其中专任教师19人，保健员1人。开设4个教学班。在园133人，离园61人。党支部书记、园长时惠芝。

北京市门头沟区启明星幼儿园

园址：北京市门头沟区三家店西街9号

2010年办园，占地面积16508平方米，建筑面积2771平方米，户外活动场所900平方米。图书室藏书3000册。教职工23人，其中专任教师10人。开设8个教学班。幼儿入园260人，离园240人，在园20人。园长罗梅。

北京市门头沟区王平幼儿园

园址：门头沟区王平镇河北教学楼

2009年建园，2010年6月正式开园。为教育部门办，日托制。2010年，占地面积2049平方米，建筑面积1024平方米，户外活动场所700平方米。图书室藏书5800册。教职工19人，其中专任教师11人，保健医1人。开设有4个教学班。在园102人。园长张利明。

北京市门头沟区新世纪幼儿园

园址：北京市门头沟区滨河居住区1号

2003年建园，民办园。2010年，占地面积3480平方米，建筑面积3130平方米，户外活动场所2500平方米。图书室藏书3000册。教职工53人，其中专任教师42人。开设14个教学班。幼儿入园100人，离园98人，在园350人。园长刘可夫。

北京市门头沟区幼儿园

园址：北京市门头沟区新桥大街44号

1989年6月1日建园。2005年，被评为北京市一级一类示范幼儿园。2010年，占地面积6340平方米，建筑面积3780平方米，体育场地面积1600平方米。教职工60人，专任教师51人。共开设教学班12个，在园390人。设有幼儿活动室12间、睡眠室12间。园长刘秋红。

北京市门头沟区斋堂中心幼儿园

园址：门头沟区斋堂镇斋堂西斋堂村

2001年建园，为教育部门办园。2010年，被评为北京市一级二类幼儿园。2010年，占地面积2036平方米，建筑面积1011平方米，户外活动场所1025平方米。教职工15人，其中专任教师12人。开设4个教学班。幼儿入园29人，离园36人，在园110人。党支部书记杨在元，园长苗青水。

北京市门头沟区中科幼教绿岛幼儿园

园址：门头沟区剧场东街绿岛家园37号楼

2009年建园，民办园。2010年，占地面积4828平方米，建筑面积2951平方米，户外活动场所1423平方米。图书室藏书3000册。教职工49人，其中专任教师25人。开设9个教学班。幼儿入园109人，在园281人。园长胡亚萍。

北京市新星幼儿园

园址：北京市门头沟区增产路12号

1959年建园，为公办性质非教育部门办园。2010年，占地面积3600平方米，建筑面积1741平方米，户外活动场所960平方米。图书室藏书5000册。教职工55人，其中专任教师22人。开设11个教学班。幼儿入园80人，离园80人，在园380人。园长孙桂芬。

表78　　2010年门头沟区幼儿园一览表

序号	幼儿园名称	建园时间	举办者
1	北京市门头沟区城子幼儿园	1953年	教育部门办
2	北京市门头沟区大台中心幼儿园	2003年	教育部门办
3	北京市门头沟区东辛房幼儿园	1976年	教育部门办
4	北京市门头沟区王平幼儿园	2009年	教育部门办
5	北京市门头沟区永定中心幼儿园	1998年	教育部门办
6	北京市门头沟区幼儿园	1989年	教育部门办
7	北京京煤集团有限责任公司幼儿园	—	其他部门办
8	北京市门头沟区斋堂中心幼儿园	2001年	其他部门办
9	北京市新星幼儿园	1959年	其他部门办
10	中铁三局四公司北京市三家店幼儿园	—	其他部门办
11	北京市门头沟区博爱幼儿园	—	民办
12	北京市门头沟区启明星幼儿园	2010年	民办
13	北京市门头沟区小海鸥幼儿园	—	民办
14	北京市门头沟区新世纪幼儿园	2003年	民办
15	北京市门头沟区智慧摇篮幼儿园	—	民办
16	北京市门头沟区中科幼教绿岛幼儿园	2009年	民办

说明：“—”为资料缺失

小学

北京第二实验小学永定分校

校址：门头沟区永定镇冯村

前身为永定中心小学，始建于1908年。原校下辖6所完小，是全区最大的一所中心学校。2006年9月，与北京第二实验小学联合成立北京实验第二小学永定分校。2010年，北京第二实验小学永定分校学校占地面积24012平方米，建筑面积12992平方米，体育场面积800平方米。图书馆藏书2万册。普通教室26个，专用教室10个。教职工229人，其中专任教师200人，北京市骨干教师1人。开设教学班67个。毕业255人，招生294人，在校生1733人。党支部书记施长生，校长宋茂盛。

北京市门头沟区城子小学

校址：门头沟区城子大街10号

1914年在街西关帝庙建宛平县六区第八国民小学校，系村办初级小学。1941年改为公办，更名宛平县立第三完全小学。1949年划归北京市，改为现名。2010年，城子小学学校占地面积5793平方米，建筑面积3415平方米。图书馆藏书1.6万册。普通教室19个，专用教室2个。教职工80人，其中专任教师63人。开设教学班19个。毕业126人，招生110人，在校生717人。党支部书记、校长苏文刚。

北京市门头沟区大台中心小学

校址：门头沟区大台路7号

始建于1958年，是一所典型的矿山小学。2010年，该校下辖三所完小，一所幼儿园。中心小学总占地面积21312平方米，体育场（馆）总面积2406平方米，图书馆藏书2.57万册。普通教室37个，专用教室8个。教职工102人，其中专任教师86人。开设教学班37个。当年毕业119人，招生103人，在校生618人。党支部书记、校长段长章。

北京市门头沟区大峪第二小学

校址：门头沟区新桥路18号

始建于1954年，初名京西矿务局黑山职工子弟小学。1955年成为完全小学。1956年更名为黑山小学。1963年改为现名。1978年4月被确定为市级重点小学。2010年，学校占地面积9591平方米，建筑面积2580平方米，体育场面积607平方米。图书馆藏书3.6万册。普通教室28个，专用教室6个。教职工93人，其中专任教师79人；高级职称教师3人，特级教师1人，北京市骨干教师5人。开设教学班28个。毕业164人，招生200人，在校生1192人。党支部书记、校长高海英。

北京市门头沟区大峪第一小学

校址：门头沟区新桥大街81号

始建于1914年，校址在门头沟大峪村关帝庙，原名宛平县六区第九国民小学。1963年学校更名为大峪第一小学。2010年，学校占地面积5689平方米，校舍建筑面积5474平方米。图书馆藏书22025册。教职工99人，其中专任教师80人。开设教学班27个，学前班4个，学生1362人。当年毕业生152人，招生165人。党支部书记、校长高瑞红。

北京市门头沟区东辛房小学

校址：门头沟区东辛房大街19号

始建于1914年。1949年与门头沟区第二完全小学合并，更名为北京市二十区中心小学。1955年单独建校。1958年改为现校名。2010年，学校有教职工46人，其中专任教师41人；市级骨干教师1人，区级骨干教师1人。学校占地面积3970平方米，校舍建筑面积1790平方米。图书馆藏书1.55万册。普通教室20个，专业教室2个。学校有6个年级，18个教学班，学生443人。招生62人，毕业66人。校长谭峰。

北京市门头沟区付家台中心小学

校址：门头沟区雁翅镇付家台村

始建于1938年。1990年改为农村低年级寄宿制学校。1999年，珠窝中心学校并入。2002年田庄中心小学并入。2009年，大村中心小学并入。现下设完小一所（雁翅小学）。2010年，学校占地面积11918.9平方米，建筑面积2047平方米，体育场面积1830平方米。

图书馆藏书 4.21 万册。普通教室 6 个，专用教室 3 个。教职工 59 人，其中专任教师 34 人。开设教学班 16 个。毕业 25 人，招生 22 人，在校生 149 人。校长王德欣。

北京市门头沟区工人子弟小学

校址：门头沟区七棵树西大街 91 号

始建于 1958 年，是一所有着多年发展历史的全日制公立老校。1992 年，西坡小学撤并到工人子弟小学。2010 年，占地面积 11319 平方米，建筑面积 7926 平方米，体育场面积 3149.3 平方米。图书馆藏书 12373 册。普通教室 16 个，专用教室 4 个。教职工 58 人，其中专任教师 53 人；高级职称教师 1 人，北京市学科教学带头人 1 人。开设教学班 14 个。毕业 33 人，招生 28 人，在校生 206 人。校长李西刚。

北京市门头沟区河南街小学

校址：北京市门头沟路 92 号

前身是 1925 年建校的门头沟中英煤矿子弟小学，办学经费由门头沟中英煤矿拨发。1949 年，更名北京市矿务局机电厂子弟小学。1956 年，由京西矿区教育科接管，更名北京市京西矿区河南街小学，后交由地方管理（具体时间不详），更名为门头沟区河南街小学。2010 年，学校占地面积 9147 平方米，建筑面积 1563.83 平方米。教职工 39 人，其中专任教师 33 人。开设教学班 9 个。毕业 48 人，招生 32 人，在校生 192 人。党支部书记、校长李福兰。

北京市门头沟区黑山小学

校址：门头沟区黑山北小街 3 号

始建于 1963 年。是一所区教委直属的公办学校。2010 年，黑山小学占地面积 9540 平方米，建筑面积 2537.93 平方米，体育场面积 2800 平方米。图书馆藏书 1.5 万册。普通教室 22 个，专用教室 4 个。教职工 70 人，其中专任教师 53 人，北京市骨干教师 2 人。开设教学班 21 个。毕业 93 人，招生 105 人，在校生 684 人。党支部书记、校长陈宏兰。

北京市门头沟区军响中心小学

校址：门头沟区斋堂镇军响村

始建于 1956 年，校址在斋堂镇桑峪村，初名桑峪小学。1990 年，与煤窝中心小学合并，改名军响中心小学。2010 年，学校占地面积 14653 平方米，建筑面积 2868 平方米，体育场面积 4615 平方米。图书馆藏书 1.6 万册。普通教室 6 个，专用教室 4 个。教职工 22 人（含幼儿园），其中专任教师 14 人（含幼儿园）。开设教学班 6 个。毕业 11 人，招生 18 人，在校生 115 人。校长陈建存。

北京市门头沟区军庄中心小学

校址：门头沟区军庄镇军庄村

始建于 1959 年，是一所全日制公立学校。2010 年，占地面积 11881 平方米，建筑面积 3974 平方米。图书馆藏书 1.8 万册。普通教室 14 个，专用教室 2 个。教职工 68 人，其中专任教师 56 人，高级职称教师 1 人。开设教学班 14 个。毕业 70 人，招生 42 人，在校生 324 人。党支部书记、校长王玉明。

北京市门头沟区琉璃渠小学

校址：门头沟区龙泉镇琉璃渠后街 155 号

前身是 1914 年建立的村办初级宛平县六区第五国民小学校。1949 年改为公办，改为现名。学校原属龙泉镇管辖，2004 年归为门头沟区教委直接管理。2010 年，学校占地面积 5033.94 平方米，建筑面积 1204.2 平方米。图书馆藏书 1.16 万册。普通教室 6 个，专用教室 4 个。拥有计算机 55 台。教职工 22 人，其中专任教师 16 人。开设教学班 6 个。毕业 17 人，招生 16 人，在校生 91 人。校长刘伟。

北京市门头沟区龙门小学

校址：门头沟区西龙门 13 号

前身为 1925 年创建的宛平县龙门村小学堂。1948 年发展为完全小学，更名宛平县门头沟镇立第四中心国民学校。1949 年改为现校名。2010 年，总占地面积 4192 平方米，建筑面积 1318.05 平方米。教职工 32 人，在校生 170 人。校长张殿龙。

北京市门头沟区龙泉雾小学

校址：门头沟区龙泉雾村曹家台6号

始建于1916年，当时叫宛平县六区第七国民小学，解放后更名为龙泉雾小学。校址先后在村内洪智寺、村西药王庙，1993年，在现址建成三层小楼的新校园。2010年，学校占地面积6421平方米，建筑面积1568平方米，体育场4284平方米。图书馆藏书2.02万册。普通教室6个，专用教室4个。教职工25人，其中专任教师23人。开设教学班6个。毕业38人，招生28人，在校生142人。党支部书记、校长付万里。

北京市门头沟区坡头小学

校址：门头沟区中门寺街23号

始建于1962年9月，是一所全日制公立学校。2010年，学校占地面积7722平方米，建筑面积3442平方米，体育场面积3534平方米。图书馆藏书1.84万册。普通教室21个，专用教室3个。教职工60人，其中专任教师53人。开设教学班18个。毕业99人，招生80人，在校生527人。校长王翠珍。

北京市门头沟区清水中心小学

校址：门头沟区清水镇上清水村

前身是1920年建校的宛平县下清水村小学校，1958年改为现校名。1988年，燕家台中心小学与清水中心小学合并为新的清水中心小学。2010年，学校占地面积7863平方米，建筑面积3832平方米，体育场面积2500平方米。图书馆藏书1.5万册。普通教室10个，专用教室5个。教职工61人，其中专任教师31人。开设教学班10个。毕业48人，招生25人，在校生258人。校长安臣。

北京市门头沟区圈门小学

校址：门头沟区北涧沟186号

始建于1946年，是一所全日制公立学校。1999年，东店小学撤并到圈门小学。2010年，学校占地面积8271平方米，建筑面积2459.1平方米。图书馆藏书2.24万册。普通教室12个，专用教室5个。教职工32人，其中专任教师27人。开设教学班8个。毕业22人，招生19人，在校生110人。校长刘亚丽。

北京市门头沟区三家店小学

校址：门头沟区三家店中街8号

前身是成立于1914年的宛平县第一区三家店初级小学。1949年，改为公办，更名为北京市第十五区三家店小学。1958年，改为现名。2010年，三家店小学占地面积4360平方米，建筑面积2322.82平方米，体育场面积1008平方米。图书馆（室）藏书1.35万册。普通教室14个，专用教室5个。教职工51人，其中专任教师39人。开设教学班2个。毕业73人，招生62人，在校生374人。党支部书记、校长李西英。

北京市门头沟区潭柘寺中心小学

校址：门头沟区潭柘寺镇鲁家滩村

始建于1950年，原名潭柘寺学区。1958年起，陆续设立初中和高中，管理机构设在潭柘寺镇南辛房村。1981年，中小学分立，中心校迁至鲁家滩村，更名为南辛房中心小学。1988年起更名为潭柘寺中心小学。2010年，学校占地面积15000平方米，建筑面积2930平方米，运动场地面积5500平方米。图书馆藏书2.37万册。普通教室7个、专用教室4个。教职工28人，其中专任教师17人。开设教学班6个。毕业27人，招生26人，在校生152人。校长王健。

北京市门头沟区王平村中心小学

校址：门头沟区王平镇河北社区

前身是1958年在王平村建校的公办初级小学。1981年建立中心校，改为现名。1989年，与吕家坡小学和河北小学合并，迁至现校址并新建教学楼。2003年，北岭中心小学撤并到王平村中心小学。2010年，王平村中心小学占地面积2967平方米，建筑面积2239平方米，体育场面积1000平方米。图书馆藏书17381册。普通教室9个，专用教室4个。教职工42人，其中专任教师26人。开设教学班9个。毕业41人，招生21人，在校生167人。党支部书记、校长张利明。

北京市门头沟区西辛房小学

校址：门头沟区西辛房后街 22 号

始建于 1914 年，初名宛平县六区第二国民小学校，系村办初级小学。1949 年，名为门头沟区第二完全小学，同年与东辛房村、石港村两所小学合并，更名为北京市二十区中心小学。1958 年改为现校名。2010 年，学校占地面积 9147 平方米，建筑面积 1783.96 平方米。教职工 35 人。开设教学班 8 个，毕业 32 人，招生 25 人，在校生 179 人。党支部书记、校长张学明。

北京市门头沟区育园小学

校址：门头沟区新桥南大街 21 号

始建于 1987 年 10 月。学校位于门头沟区城镇中心地带，同时又是区办学规模较大的全日制公立学校。1999 年，河滩小学撤并到育园小学。2010 年，学校占地面积 10200 平方米，建筑面积 6356 平方米，体育场面积 5639 平方米。图书馆藏书 61801 册。普通教室 27 个，专用教室 9 个。教职工 94 人，其中专任教师 83 人。开设教学班 27 个。毕业 183 人，招生 198 人，在校生 1149 人。校长侯勇。

北京市门头沟区斋堂中心小学

校址：门头沟区斋堂镇西斋堂村

始建于 1956 年 3 月，学校地处北京门头沟的深山区，是一所教学质量较高的山区寄宿制学校。2003 年沿河中心小学并入斋堂中心小学。2010 年，斋堂中心小学占地面积 8875 平方米，建筑面积 4474 平方米，体育场面积 1360 平方米。图书馆藏书 15852 册。普通教室 10 个，专用教室 5 个。教职工 54 人（含幼儿园），其中专任教师 40 人（含幼儿园）。开设教学班 15 个（含幼儿园）。毕业 49 人，招生 41 人，在校生 242 人。附设幼儿园在园幼儿 119 人。党支部书记杨在元，校长苗青水。

表 79　　2010 年门头沟区小学一览表

序号	学校名称	建校时间	举办者
1	北京第二实验小学永定分校	2006 年	教育部门和集体办
2	北京市门头沟区北寺小学	—	教育部门和集体办
3	北京市门头沟区城子小学	1914 年	教育部门和集体办
4	北京市门头沟区大台中心小学	1958 年	教育部门和集体办
5	北京市门头沟区大峪第二小学	1954 年	教育部门和集体办
6	北京市门头沟区大峪第一小学	1914 年	教育部门和集体办
7	北京市门头沟区稻地小学	—	教育部门和集体办
8	北京市门头沟区东辛房小学	1914 年	教育部门和集体办
9	北京市门头沟区付家台中心小学	1938 年	教育部门和集体办
10	北京市门头沟区工人子弟小学	1958 年	教育部门和集体办
11	北京市门头沟区河南街小学	1925 年	教育部门和集体办
12	北京市门头沟区黑山小学	1963 年	教育部门和集体办
13	北京市门头沟区灰地小学	—	教育部门和集体办
14	北京市门头沟区军响中心小学	1956 年	教育部门和集体办
15	北京市门头沟区军庄中心小学	1959 年	教育部门和集体办
16	北京市门头沟区栗元庄小学	—	教育部门和集体办
17	北京市门头沟区琉璃渠小学	1914 年	教育部门和集体办
18	北京市门头沟区龙门小学	1925 年	教育部门和集体办
19	北京市门头沟区龙泉雾小学	1916 年	教育部门和集体办
20	北京市门头沟区鲁家滩小学	—	教育部门和集体办
21	北京市门头沟区妙峰山民族学校	2002 年	教育部门和集体办
22	北京市门头沟区南辛房小学	—	教育部门和集体办

续表 79

序号	学校名称	建校时间	举办者
23	北京市门头沟区坡头小学	1962 年	教育部门和集体办
24	北京市门头沟区千军台小学	—	教育部门和集体办
25	北京市门头沟区清水中心小学	1920 年	教育部门和集体办
26	北京市门头沟区圈门小学	1946 年	教育部门和集体办
27	北京市门头沟区三家店小学	1914 年	教育部门和集体办
28	北京市门头沟区上岸小学	—	教育部门和集体办
29	北京市门头沟区石门营小学	—	教育部门和集体办
30	北京市门头沟区唐家坟小学	—	教育部门和集体办
31	北京市门头沟区体育运动学校	—	教育部门和集体办
32	北京市门头沟区王平村中心小学	1958 年	教育部门和集体办
33	北京市门头沟区西辛房小学	1914 年	教育部门和集体办
34	北京市门头沟区西杨坨小学	—	教育部门和集体办
35	北京市门头沟区雁翅小学	—	教育部门和集体办
36	北京市门头沟区育园小学	1987 年	教育部门和集体办
37	北京市门头沟区斋堂中心小学	1956 年	教育部门和集体办
38	北京市三家店铁路中学附属小学	—	教育部门和集体办

说明：“—”为资料缺失

普通中学

北京市大峪中学

校址：门头沟区滨河德露苑 18 号

大峪中学始建于 1946 年。1978 年列为北京市重点中学。2004 年入选北京市普通高中示范校。2010 年，大峪中学学校占地面积 65255 平方米，建筑面积 4.5 万平方米，体育场面积 1581.9 平方米。图书馆藏书 8 万册。普通教室 36 个，专用教室 8 个，实验室 14 个。教职工 172 人，其中专任教师 115 人；高级职称教师 62 人，特级教师 1 人，北京市骨干教师 1 人，北京市学科教学带头人 1 人。开设教学班 32 个。毕业 374 人，招生 370 人，在校生 1253 人。高中录取分数线 476 分（门头沟区），应届高考本科上线率 80%。党支部书记、校长刘景敏。

北京市大峪中学分校

校址：门头沟区石园北路

大峪中学分校成立于 1998 年，原隶属于大峪中学。2001 年，实施“国有、公办、民助”改革。2010 年，占地面积 8538.12 平方米，建筑面积 5849 平方米，体育运动场面积 5000 平方米。图书馆藏书 45858 册。普通教室 24 个，专用教室 8 个，实验室 3 个。拥有计算机 170 台。教职工 97 人，开设初中教学班 22 个，毕业 310 人，招生 240 人，在校生 748 人，包括住宿生 64 人。校长魏芳。

北京市门头沟区军庄中学

校址：门头沟区军庄镇

前身是始建于 1956 年的门头沟区东杨坨中学。1991 年、1994 年先后两次搬迁。1994 年更名为门头沟区军庄中学。2010 年，军庄中学占地面积 23800 平方米，建筑面积 4765.47 平方米，体育场面积 8890 平方米。图书馆藏书 16788 册。普通教室 7 个，专用教室 7 个。教职工 42 人，其中专任教师 29 人；高级职称教师 2 人。开设教学班 7 个。毕业 76 人，招生 51 人、在校生 180 人。党支部书记刘文璞，校长郑秀金。

北京市门头沟区妙峰山民族学校

校址：门头沟区妙峰山镇陇驾庄村

学校前身是陇驾庄学校，建于 20 世纪 70 年代。1982 年，陇驾庄学校分离成陇驾庄中学与小学。2002年，两校再度合并为九年一贯制学校，更名为妙峰山学校。2005年，更名为妙峰山民族学校。2010年，妙峰山民族学校占地面积17467平方米，建筑面积6750平方米，体育场面积5610平方米。图书馆藏书2.5万册。普通教室24个，专用教室6个，实验室3个。教职工109人，其中专任教师69人；高级职称教师2人。开设初中教学班6个。毕业57人，招生40人，在校生145人。校长杜春勇。

北京市门头沟区坡头中学

校址：门头沟区大峪南路1号

始建于1968年10月。2010年，坡头中学学校占地面积15117平方米，建筑面积6173.3平方米，体育场面积6264平方米。图书馆藏书1.60万册。普通教室12个，专用教室6个，实验室3个。教职工78人，其中专任教师51人；高级职称教师15人。开设初中教学班12个。毕业110人，招生155人，在校生392人。党支部书记、校长李明智。

北京市门头沟区清水中学

校址：门头沟区清水镇

清水中学始建于1956年。1991年，清水、黄塔、齐家庄三乡合并为一所镇管寄宿制初级中学。2010年，清水中学占地面积18676平方米，建筑面积5013.30平方米，体育场面积8060平方米。图书馆藏书15769册。普通教室6个，专用教室10个。教职工33人，其中专任教师22人；高级职称教师2人。开设初中教学班6个。毕业28人，招生28人，在校生108人。校长魏子璞。

北京市门头沟区潭柘寺中学

校址：门头沟区潭柘寺镇南辛房村北街119号

潭柘寺中学始建于1958年，当时为南辛房小学附设中学班。1963年9月改为独立中学，名称为南辛房中学。1986年正式定名为潭柘寺中学。2010年，占地面积11651.72平方米，建筑面积4193.83平方米，体育场面积3000平方米。图书馆藏书1.50万册。普通教室6个，专用教室11个。教职工36人，其中专任教师25人；高级职称教师8人。开设初中教学班6个。毕业84人，招生38人，在校生168人。校长吕让华。

北京市门头沟区王平中学

校址：门头沟区王平镇西石古岩村

前身为始建于1956年的色树坟中学。2001年，色树坟中学、唐家地中学和大台中学合并为寄宿制初级中学王平中学。2010年，王平中学占地面积17322.2平方米，建筑面积9037.7平方米，体育场面积8026平方米。图书馆藏书1.75万册。普通教室16个，专用教室9个、实验室3个。教职工77人，其中专任教师52人。开设初中教学班16个。毕业152人，招生121人，在校生407人。党支部书记、校长曹惠敏。

北京市门头沟区西辛房中学

校址：门头沟区门头沟路130号

始建于1964年。1996年，原龙门中学并入西辛房中学。2001年，原圈门中学并入西辛房中学。2010年，西辛房中学占地面积12935平方米，建筑面积5202平方米，体育场面积3346平方米。图书馆藏书3.50万册。普通教室18个，专用教室10个，实验室3个。学校2010年教职工82人，其中专任教师54人；高级职称教师14人，市级骨干教师1人，北京市“紫禁杯”优秀班主任2人。开设初中教学班18个，毕业155人，招生175人，在校生501人。党支部书记、校长韩义昆。

北京市门头沟区新桥路中学

校址：门头沟区新桥大街64号

始建于1976年。1996年，撤并城子中学到新桥路中学。2000年，三家店中学、七棵树中学并入。2003年，琉璃渠中学并入。2010年，新桥路中学占地面积34668.4平方米，建筑面积16757.57平方米，体育场面积7600平方米。图书馆藏书2.40万册。普通教室34个，专用教室20个，实验室6个。教职工162人，其中专任教师106人；高级职称教师34人，北京市骨干教师2人，北京市学科教学带头人1人。开设初中教学班30个。毕业410人，招生323人；在校生1106人，包括寄宿生21人。党支部书记贾民凤，校长胡国友。

北京市门头沟区雁翅中学

校址：门头沟区雁翅镇付家台村

始建于1979年，当时校址在下马岭西。1994年9月，与珠窝中学班合并，并迁至现址。1999年，大村中学、田庄中学并入。2010年，学校占地面积26667平方米，建筑面积6430平方米。在校生154人，其中住宿生110人，开设初中教学班7个。教职工总数48人，其中专任教师35人。校长王辰。

北京市门头沟区育新学校

校址：门头沟区新桥南大街40号

创建于1998年11月，是一所普通初级中学。2010年，占地面积7964.7平方米、建筑面积4442.4平方米，体育场面积3158平方米。图书馆藏书17997册。普通教室21个，专用教室10个，实验室3个。教职工117人，其中专任教师88人；高级职称教师16人。开设初中教学班21个。毕业226人，招生155人，在校生590人。校长李东梅。

北京市门头沟区斋堂中学

校址：门头沟区斋堂镇斋堂大街7号

始建于1951年。建校初期办过初级师范，1958年至1999年办有高中，1993年开始承办过四届高师班，1995年与电大联办一届大专班。2009年9月，为打造山区优质教育学校，学校与北京市第八中学联合办学。2010年，斋堂中学为普通农村寄宿制初中校，占地面积14890.5平方米，建筑面积9750平方米，体育场面积2831平方米。图书馆藏书3.94万册。普通教室8个，专用教室5个，实验室5个。教职工48人，其中专任教师32人；高级职称教师7人。开设初中教学班7个。毕业59人，招生55，在校生188人。校长高玉明。

北京市三家店铁路中学

校址：门头沟三家店铁路中学

始建于1952年，隶属于西宁铁路工程局。随着规模的扩大，1965年，中、小学分开。此时，学校隶属于铁道部第三工程局第四工程处，学校名字分别是铁道部第三工程局第四工程处职工子弟小学和中学。1967年中小学合并，1985年又分开。到1988年，中小学合并，归属第三工程局直辖。校名为铁道部第三工程局北京三家店铁路职工子弟中小学。1997年，学校又重归第四工程处，学校名称也随之改为中铁三局集团第四工程公司北京三家店铁路职工子弟中小学。2007年，学校由企业办学划归地方政府管理，定名为北京市三家店铁路中学。2010年，学校占地面积4292.3平方米，建筑面积12278.02平方米，体育场面积9690平方米。图书馆藏书1523册。普通教室22个，专用教室5个。教职工102人，其中专任教师64人；高级职称教师16人。开设初中教学班19个。毕业124人，招生64人，在校生429人。党支部书记马焕，校长于国文。

北京市育园中学

校址：门头沟区新桥南大街甲21号

1996年建校，是门头沟区的一所独立高中校。2010年，学校占地面积17983平方米，建筑面积10294平方米，体育场面积4950平方米。图书馆藏书6万册。普通教室24个，专用教室12个。教职工146人，其中专任教师103人；高级职称教师57人。开设高中教学班24个。毕业293人，招生345人，在校生969人。党支部书记孙金良，校长张金秋。

首都师范大学附属中学永定分校

校址：门头沟区石龙北路32号

前身是门头沟区石门营中学，始建于1956年，普通农村初中校。1994年9月迁至现校址并更名为永定中学。2007年9月更为现名，改为公办完全中学。2010年，占地面积36029平方米，建筑面积27663平方米，体育场面积9299平方米。图书馆藏书39616册。普通教室33个，专用教室12个，实验室12个。教职工133人，其中专任教师90人；高级职称教师25人，北京市骨干教师2

人；本科以上学历114人。开设教学班33个（高中21个，初中12个）。毕业395人，招生457人，在校生457人，包括寄宿生179人。党支部书记高金华，校长罗金鹏。

表80　　2010年门头沟区普通中学一览表

序号	学校名称	建校时间	举办者
1	北京市大峪中学	1946年	教育部门和集体办
2	北京市大峪中学分校	1998年	教育部门和集体办
3	北京市门头沟区军庄中学	1956年	教育部门和集体办
4	北京市门头沟区坡头中学	1968年	教育部门和集体办
5	北京市门头沟区清水中学	1956年	教育部门和集体办
6	北京市门头沟区潭柘寺中学	1958年	教育部门和集体办
7	北京市门头沟区新桥路中学	1976年	教育部门和集体办
8	北京市门头沟区雁翅中学	1979年	教育部门和集体办
9	北京市门头沟区育新学校	1998年	教育部门和集体办
10	北京市门头沟区斋堂中学	1951年	教育部门和集体办
11	北京市门头沟西辛房中学	1964年	教育部门和集体办
12	北京市三家店铁路中学	1952年	教育部门和集体办
13	北京市王平中学	1956年	教育部门和集体办
14	北京市育园中学	1996年	教育部门和集体办
15	首都师范大学附属中学永定分校	1956年	教育部门和集体办

特殊教育和工读教育

北京市门头沟区工读学校

校址：门头沟区妙峰山镇丁家滩村小学

1979年建校。学校坚持“立足教育、挽救孩子、科学育人、造就人才”方针，招收普通中学中有违法和轻微犯罪行为学生，并进行半强制性教育。2010年，占地面积18872平方米，建筑面积5128平方米，体育场面积4000平方米。图书馆藏书3万册。普通教室8个，专用教室2个。教职工48人，其中专任教师33人；高级职称教师3人。开设教学班5个。毕业23人，招生20人，在校生42人。党支部书记、校长董国舫。

附表

表81　　1991—2010年门头沟区小学撤并更名一览表

序号	学校名称	建校时间	撤并或更名说明
1	北京市门头沟区北岭中心小学	1922年	2003年并入门头沟王平村中心小学
2	北京市门头沟区大村中心小学	1932年	2009年并入门头沟付家台中心小学
3	北京市门头沟区东店小学	1958年	1999年并入门头沟区圈门小学
4	北京市门头沟区河滩小学	1987年	1999年并入门头沟区育园小学
5	北京市门头沟区黄塔中心小学	1939年	2009年并入门头沟工人子弟小学
6	北京市门头沟区妙峰山学校	2002年	2005年更名为妙峰山民族学校
7	北京市门头沟区齐家庄中心小学	1920年	2009年并入门头沟工人子弟小学
8	北京市门头沟区上苇甸中心小学	1937年	2004年并入门头沟区妙峰山学校
9	北京市门头沟区田庄中心小学	1926年	2009年并入门头沟付家台中心小学
10	北京市门头沟区西坡小学	1965年	1992年并入门头沟区工人子弟小学
11	北京市门头沟区沿河中心学校	1933年	2003年并入门头沟斋堂中心小学

续表 81

序号	学校名称	建校时间	撤并或更名说明
12	北京市门头沟区永定中心小学	1914 年	2006 年 9 月与北京第二实验小学联合办学，更名为北京实验二小永定分校
13	北京市门头沟区珠窝中心学校	1939 年	1999 年并入门头沟区付家台中心小学

表 82　　1991—2010 年门头沟区普通中学撤并更名一览表

序号	学校名称	建校时间	撤并或更名说明
1	北京市门头沟区大台中学	1958 年	2001 年与唐家地中学、色树坟中学合并组建王平中学
2	北京市门头沟区城子中学	1946 年	1996 年并入门头沟区新桥路中学
3	北京市门头沟区东杨坨中学	1963 年	1994 年更名为门头沟区军庄中学
4	北京市门头沟区琉璃渠中学	1963 年	2003 年并入门头沟区新桥路中学
5	北京市门头沟区龙门中学	1972 年	1996 年并入门头沟区西辛房中学
6	北京市门头沟区七棵树中学	1975 年	2000 年并入门头沟区新桥路中学
7	北京市门头沟区圈门中学	1962 年	2001 年并入门头沟区西辛房中学
8	北京市门头沟区三家店中学	1973 年	2000 年并入门头沟区新桥路中学
9	北京市门头沟区色树坟中学	1956 年	2001 年与唐家地中学、大台中学合并组建王平中学
10	北京市门头沟区石门营中学	1956 年	1994 年 9 月更名为门头沟区永定中学
11	北京市门头沟区唐家地中学	1984 年	2001 年与大台中学、色树坟中学合并组建王平中学
12	北京市门头沟区永定中学	1956 年	2007 年 9 月更名为首都师范大学附属中学永定分校

表 83　　2010 年门头沟区教委直属事业单位一览表

序号	单位名称	成立时间	地址	沿革
1	北京市门头沟教育会计核算中心	2005 年	门头沟区新桥大街 65-1 号	原在新桥路中学信息楼临时办公，2007 年 4 月迁入现址
2	北京市门头沟区教工招待所	20 世纪 70 年代初期	门头沟永定镇上岸农校	主要任务为本区教师及职工学习、进修等提供后勤服务。2004 年，为引进的外地大学生建立大学生公寓。2015 年 2 月区教委房管所、区教工招待所整合为区教委房管所（挂“北京市门头沟区教工招待所”牌子）
3	北京市门头沟区教师进修学校	1954 年	门头沟区城子桥东街 17 号	主要职责是负责全区教育系统的教育教学研究与指导工作。负责教育科研立项、指导及管理工作；负责全区教师继续教育与培训工作；负责全区教育系统学校课程建设及管理工作。负责学校德育研究、指导及培训工作；协助开展教育系统中小学教育评价工作；协助开展教育系统舆论宣传、党员教育培训和党建研究工作；负责教育系统信息化建设工作等
4	北京市门头沟区教育考试指导中心	1986 年	门头沟区新桥南大街 29 号	初为招生办公室。2006 年 1 月更名教育考试指导中心
5	北京市门头沟区教育委员会教育技术装备站	1994 年	门头沟区黑山北小街 7 号	原为教育局仓库。1994 年 3 月改组为教育技术装备站
6	北京市门头沟区灵溪中小学生态教育基地	1998 年	门头沟区琉璃渠后街 2 号	原为门头沟区环境保护教育基地。2008 年 8 月更名为灵溪中小学生态教育基地

续表 83

序号	单位名称	成立时间	地址	沿革
7	北京市门头沟区琉璃渠中小学劳动艺术教育基地	2000 年	门头沟区门头沟路北涧沟 185 号	原址为琉璃渠中学。2000 年，琉璃渠中学撤销，并开始筹建劳动艺术教育基地。2003 年 9 月接待学生。2008 年 8 月更名为琉璃渠中小学劳动艺术教育基地
8	北京市门头沟区少年宫	1956 年	门头沟区新桥南大街 29 号	前身为少年之家，始建于 1956 年。1973 年 10 月，改建为少年宫
9	北京市门头沟区社区教育中心	2000 年	城子大街 12 号	前身是成教中心。2007 年改组为门头沟区社区教育中心。2012 年 12 月社区教育中心和区商务委所属区财贸干校组合成立门头沟区社区学院，加挂北京市门头沟区市民学校、北京市门头沟区农民科技教育培训中心牌子
10	北京市门头沟区雁翅中小学素质教育基地	2000 年	门头沟区雁翅镇雁翅村	前身为 1992 年创建的门头沟区教师培训中心。2000 年更为现名
11	北京市门头沟区斋堂中小学革命传统教育基地	2005 年	门头沟区斋堂大街 49 号	前身为斋堂职业高中。2005 年 4 月更为现名
12	北京市门头沟区中小学卫生保健所	1984 年	门头沟区永定镇上岸农校	其主要职责是承担全区中小学生体检、常见病的监测与防治工作；负责全区学校卫生专业技术人员培训；开展学校健康教育和健康促进工作；对学校卫生工作进行视导；负责教育系统红十字会和计划生育等工作

怀柔区

（2002年4月，怀柔县撤县设区，改称怀柔区）

幼儿园

北京市怀柔区北房镇中心幼儿园

园址：怀柔区北房镇幸福西街5号

1994年在镇政府组织下，全镇村民集资举办，是一所二级二类全日制幼儿园。2006年，入选北京市社区儿童早期教育示范基地。2010年，幼儿园占地面积为3600平方米，使用面积1080平方米，园舍建筑面积1384平方米。教师21人。设有大、中、小共6个教学班，幼儿在园210人。园长刘冰。

北京市怀柔区渤海镇中心幼儿园

园址：怀柔区渤海镇沙峪村

1983年建园，初为民办幼儿园。1998年，合乡并镇后，转为公办园，并入渤海镇中心小学。2010年，该园旧址废弃，新园筹备建设中，师生迁入沙峪小学院内办学。2010年，幼儿园专用教室1个，普通教室2个。教职工17人，其中专任教师9人，保健员1人。开设3个教学班。幼儿入园130人，离园60人，在园70人。园长王飞。

北京市怀柔区第一幼儿园

园址：怀柔区青春路23号

1985年建园，由怀柔看守所改建而成。1993年4月至1994年7月幼儿园在原址翻建教学楼，改建后的三层教学楼可容纳12个教学班，360名幼儿，是当时怀柔区规模最大的幼儿园。1995年，为迎接世界妇女大会召开，幼儿园扩建办公楼。8月30日至9月8日，接待美国、日本、巴基斯坦等11个国家妇女代表子女入托。2010年，入选北京市早期教育示范基地、市级示范幼儿园。2010年，怀柔区第一幼儿园占地面积4131平方米，建筑面积4249平方米。专用教室3个，普通教室15个。教职工74人，其中专任教师48人，保健员3人。开设17个教学班。幼儿入园200人，离园180人，在园580人。园训：健康、快乐、自信、发展。党支部书记李秀娥，园长郭玉香。

北京市怀柔区第二幼儿园

园址：怀柔区湖光小区15号

1958年建园，是怀柔区第一所幼儿园。初名怀柔县机关幼儿园，园址县政府街100号。1985年，迁入现址，属于日托市立园。2000年，通过北京市一级一类幼儿园的验收。2005年，被评为北京市首批示范园。幼儿园曾接待美国、日本、英国、澳大利亚等多国外宾参观，完成1995年世妇会的外宾接待任务。2010年，幼儿园占地面积4140平方米，建筑面积2625平方米。专用教室5个，普通教室14个。教职工63人，其中专任教师59人，保健员2人。市级骨干教师2人。开设15个教学班。在园幼儿566人，入园幼儿190人，离园幼儿140人。党支部书记孟庆宇，园长王恩侠。

北京市怀柔区第三幼儿园

园址：怀柔区小中富乐二区 75 号

2009 年 9 月建园。2010 年 12 月晋升为北京市一级一类园。2010 年，园所占地面积 16800 平方米，建筑面积 9500 平方米。教职工 74 人，其中专任教师 67 人，保健员 3 人。开设 17 个教学班，其中，亲子班 1 个、小班 6 个、中班 7 个、大班 3 个。幼儿入园 170 人，离园 30 人，在园 528 人。党支部书记王占春，园长武红华。

北京市怀柔区怀北镇中心幼儿园

园址：怀柔区怀北镇东庄村 1 号

1986 年建园。1991 年幼儿园由镇政府机关园转为乡镇中心园，从只接收政府工作人员子女转变为接收附近东、西庄的幼儿入园。1999 年，幼儿园转为中心小学管理，成为小学的附属单位。2006 年，开始接收全镇的适龄幼儿入园，并把每天一餐一点增加至两餐一点。2003 年，通过北京市农村乡（镇）幼儿园验收。2008 年，入选北京市早期教育示范基地。2010 年，幼儿园为怀北学校管辖下的公办园。占地面积 2580 平方米，校舍建筑面积 984 平方米。活动室 1 个，普通教室 3 个。教职工 12 人。开设 3 个教学班。幼儿入园 24 人，离园 26 人，在园 78 人。园长田继荣。

北京市怀柔区怀柔镇中心幼儿园

园址：怀柔区兴怀大街 8 号

1992 年 6 月 1 日建园。2000 年，晋升为二级二类园。2004 年，晋升为一级一类园，成为怀柔区第一家乡镇一级一类园。2010 年，幼儿园占地面积 2209 平方米，校舍建筑面积 1738 平方米。专用教室 3 个，普通教室 17 个。教职工 44 人，其中专任教师 38 人，保健员 1 人。开设 9 个教学班。幼儿入园 90 人，离园 110 人，在园 340 人。园长柳晓兵。

北京市怀柔区九渡河镇中心幼儿园

园址：怀柔区九渡河镇黄坎村西

1993 年建园。办园初期，园址在黄坎村中心小学，园舍属危房，处于半开半停园状态。2003 年 9 月迁至现址。2004 年 10 月，承办北京市山区寄宿制幼儿园现场会。2005 年，通过二级二类验收。2010 年，幼儿园占地面积 2811 平方米，校舍建筑面积 980 平方米。专用教室 4 个，普通教室 3 个。教职工 17 人，其中专任教师 14 人，保健员 1 人。开设 4 个教学班。幼儿入园 118 人，离园 5 人，在园 113 人。园长王海霞 。

北京市怀柔区庙城镇中心幼儿园

园址：怀柔区庙城镇庙城村南 400 号

1989 年建园，属日托制幼儿园。2000 年 1 月，幼儿园并入庙城小学。2006 年 9 月，同庙城小学一道并入庙城学校，作为其分校管理。1992 年 10 月，通过合格乡镇中心园验收。2010 年 3 月，入选二级二类园所。2010 年，幼儿园占地面积 5000 平方米，校舍建筑面积 1114 平方米。活动室、睡眠室各 5 个。教职工 22 人，其中专任教师 15 人，保健医 1 人。开设 5 个教学班。幼儿新入园 58 人，离园 34 人，在园 145 人。园长郭晓红。

北京市怀柔区桥梓镇中心幼儿园

园址：怀柔区桥梓镇镇政府南院

1983 年建园。初为桥梓幼儿园，租用桥梓村农民房屋 30 平方米办学，条件十分艰苦。1986 年 5 月，迁至镇政府南院，由镇政府出资建起 7 间平房 2 间西厢房，共计 200 平方米。1989 年 9 月，镇政府投资将 7 间平房扩建成两层 14 间楼房，建筑面积 337 平方米。2008 年 12 月，镇政府又投资 110 万元在南边扩建占地 480 平方米平房，作为厨房和中、小班活动用房。20 世纪 80 年代，幼儿园由镇妇联管理，90 年代由镇教委管理，教师由各村选派。2005 年起，由中心小学管理，抽调小学教职工担任教师。2012 年 6 月，桥梓幼儿园成为法人独立单位，改名为桥梓镇中心幼儿园。2010 年，幼儿园占地 3084 面积平方米，校舍建筑面积 961 平方米。专用教室 3 个，普通教室 6 个。教职工 31 人，其中专任教师 15 人，保健员 2 人。开设 6 个教学班，在园幼儿 156 人。园长欧阳艳秋。

北京市怀柔区汤河口镇中心幼儿园

园址：怀柔区汤河口镇汤河口大街 13 号

1991 年建园，公办日托制。2010 年，幼儿园占地面积 1700 平方米，校舍建筑面积 540 平方米。睡眠室 1 个，普通教室 1 个。教职工 6 人，其中专任教师 4 人，保健员 1 人。开设 2 个教学班。幼儿入园 58 人，离园 39 人，在园 52 人。园长彭亚军 。

北京市怀柔区雁栖镇中心幼儿园

园址：怀柔区雁栖镇范各庄村北

2002 年 9 月在原雁栖镇中心小学基础上改建而成，公立日托制（寄宿制和日托制兼收），最多容纳 180 名幼儿入园。2010 年 3 月，通过北京市二级二类幼儿园验收。2010 年，幼儿园占地面积 6500 平方米，校舍建筑面积 1653 平方米。普通教室 4 个。教职工 21 人，其中专任教师 20 人，保健员 1 人。开设 4 个教学班。幼儿入园 40 人，离园 34 人，在园 148 人。园长彭兴广。

北京市怀柔区杨宋镇中心幼儿园

园址：怀柔区杨宋镇仙台村 653 号

1991 年 11 月建园。1995 年 5 月通过北京市合格乡镇中心园验收。1999 年被评为北京市体育特色幼儿园。2003 年 7 月，入选北京市二级二类幼儿园、北京市早教示范基地。2006 年 6 月，入选北京市一级一类幼儿园。2010 年，幼儿园占地面积 5161 平方米，校舍建筑面积 2000 平方米。专用教室 1 个，普通教室 8 个。教职工 34 人，其中专任教师 23 人，保健员 1 人。开设 7 个教学班。幼儿入园 69 人，离园 60 人，在园 220 人。园长张敏。

表 84　　2010 年怀柔区幼儿园一览表

序号	幼儿园名称	建园时间	举办者
1	北京市怀柔区北房镇中心幼儿园	1994 年	教育部门办
2	北京市怀柔区渤海镇中心幼儿园	1983 年	教育部门办
3	北京市怀柔区第一幼儿园	1985 年	教育部门办
4	北京市怀柔区第二幼儿园	1958 年	教育部门办
5	北京市怀柔区第三幼儿园	2009 年	教育部门办
6	北京市怀柔区怀北镇中心幼儿园	1986 年	教育部门办
7	北京市怀柔区怀柔镇中心幼儿园	1992 年	教育部门办
8	北京市怀柔区九渡河镇中心幼儿园	1993 年	教育部门办
9	北京市怀柔区庙城镇中心幼儿园	1989 年	教育部门办
10	北京市怀柔区桥梓镇北宅幼儿园	1997 年	教育部门办
11	北京市怀柔区桥梓镇中心幼儿园	1983 年	教育部门办
12	北京市怀柔区汤河口镇中心幼儿园	1991 年	教育部门办
13	北京市怀柔区雁栖镇中心幼儿园	2002 年	教育部门办
14	北京市怀柔区杨宋镇中心幼儿园	1991 年	教育部门办
15	北京市怀柔区装备指挥技术学院政治部幼儿园	1978 年	其他部门办
16	北京市怀柔区北房镇宰相庄幼儿园	1975 年	民办
17	北京市怀柔区博雅幼儿园	2003 年	民办
18	北京市怀柔区湖光第一幼儿园	1984 年	民办
19	北京市怀柔区怀柔镇宝宝乐托儿所	2002 年	民办
20	北京市怀柔区怀柔镇大屯幼儿园	1978 年	民办
21	北京市怀柔区怀柔镇大中富乐春华幼儿园	1997 年	民办
22	北京市怀柔区怀柔镇大中富乐村幼儿园	1988 年	民办
23	北京市怀柔区怀柔镇钓鱼台幼儿园	1996 年	民办
24	北京市怀柔区怀柔镇东关幼儿园	1972 年	民办
25	北京市怀柔区怀柔镇郭家坞幼儿园	1991 年	民办
26	北京市怀柔区怀柔镇津桥幼儿园	2002 年	民办

续表 84

序号	幼儿园名称	建园时间	举办者
27	北京市怀柔区怀柔镇苗康幼儿园	1998 年	民办
28	北京市怀柔区怀柔镇南关幼儿园	1989 年	民办
29	北京市怀柔区怀柔镇七彩光幼儿园	2002 年	民办
30	北京市怀柔区怀柔镇秋实幼儿园	1994 年	民办
31	北京市怀柔区怀柔镇王化幼儿园	1980 年	民办
32	北京市怀柔区怀柔镇下元市场幼儿园	1992 年	民办
33	北京市怀柔区怀柔镇小中富乐幼儿园	1999 年	民办
34	北京市怀柔区庙城镇春艳幼儿园	1995 年	民办
35	北京市怀柔区庙城镇大杜两河幼儿园	1989 年	民办
36	北京市怀柔区庙城镇高两河幼儿园	2008 年	民办
37	北京市怀柔区庙城镇桃山幼儿园	2008 年	民办
38	北京市怀柔区庙城镇西台下幼儿园	1987 年	民办
39	北京市怀柔区庙城镇小芳幼儿园	1993 年	民办
40	北京市怀柔区庙城镇小太阳幼儿园	1983 年	民办
41	北京市怀柔区庙城镇赵各庄幼儿园	1992 年	民办
42	北京市中山第二实验幼儿园	2006 年	民办

小学

北京市怀柔区宝山镇中心小学

校址：怀柔区宝山镇宝山寺村东

1942 年建校，校名不详。1958 年发展为完全小学，校名为宝山寺完全小学。1983 年改为怀柔县宝山寺乡宝山寺中心小学。1994 年创办寄宿制小学。1999 年新建教学楼。2002 年撤乡并镇，学校与碾子乡碾子中心小学合并，更名宝山镇中心小学，下辖碾子小学和道德坑小学。2004 年撤销道德坑完小。2007 年完成宿舍平房改造。

2010 年，学校占地面积 17542 平方米，建筑面积 4177 平方米。普通教室 10 个，专用教室 7 个。教职工 78 人，其中专任教师 35 人。开设教学班 6 个，在校生 167 人。党支部书记 赵子文，校长于连贵。

北京市怀柔区北房镇中心小学

校址：怀柔区北房镇幸福西街 26 号

1915 年在北房村北大庙内建公立 4 年制村初级小学，校名不详。1954 年发展为完全小学。1983 年改为北房乡北房中心小学。1990 年改为北房镇中心小学，迁至现址。1991 年时由 9 所完小组成。2009 年撤并到两所小学：北房镇中心小学及宰相庄小学。2005 年加盟北京第二实验小学教育集团成员校。学校建有育英电视台和《京郊日报》“小记者站”。

2010 年，学校占地面积 17436 平方米，建筑面积 4632 平方米、体育场面积 7392 平方米。图书室藏书 26636 册。普通教室 18 个，专用教室 6 个。教职工 137 人，其中专任教师 99 人；高级职称教师 1 人，北京市骨干教师 1 人。开设教学班 18 个。毕业 101 人，招生 110 人，在校生 605 人。党支部书记高铁军，校长卢通凤。

北京市怀柔区渤海镇中心小学

校址：怀柔区渤海镇渤海所村东

起源于 20 世纪 30 年代初渤海所村村东建校的私塾。当时有一名教职工，十多名学生。1943 年私塾改名为洋学堂。1946 年改名为渤海所小学。1948 年校址迁入沙峪村。1958 年发展为六年制完全小学，属于民办公助小学。1993 年学校进行大规模的翻盖，建新校舍 30 余间，同年修建了学生住宿区。9 月合并铁矿峪、兴隆城、水塘子、景峪等边远村的学校，转为一所寄宿制学校。1998年合并三渡河小学。1998年至2009年先后合并大榛峪小学、洞台小学、南冶小学。1998年改名为渤海镇中心小学。2009年11月，学校再次迁址至渤海所村村东。新校由政府投资5000多万元进行建设。

2010年，学校占地面积18337平方米，建筑面积9653平方米。图书室藏书24000册。普通教室18个，专用教室12个。教职工128人，其中专任教师79人；市级骨干教师7人。开设23个教学班。毕业93人，招生54人，在校生528人，其中住宿学生278人。党支部书记李荣梅，校长董克然。

北京市怀柔区长哨营满族乡中心小学

校址：怀柔区长哨营村西

1948年在村东老爷庙私塾旧址建公立4年制初级小学，同年迁至现址。1954年改为完全小学。1983年校名为长哨营乡中心小学。1990年改为长哨营乡长哨营满族中心小学。1998年8月，与七道河满族乡七道河满族中心小学合并，更为现名。学校先后获得全国创建绿色学校活动先进学校、首都文明单位、北京市中小学科技教育示范学校等多项荣誉。2010年，长哨营满族乡中心小学下辖长哨营满族乡中心小学学前班。

2010年，学校占地面积11370平方米，建筑面积3594平方米。图书室藏书2万册。普通教室12个，专用教室6个。教职工69人，其中专任教师38人；北京市骨干教师1人。开设教学班14个。毕业2个班33人，招生32人，在校生218人。党支部书记刘建军，校长曹仲帅。

北京市怀柔区第一小学

校址：怀柔区迎宾北路13号

1911年春，怀柔本地人张赞臣在怀柔县城中心府前街路北古文庙（孔子庙，今怀柔区第三小学校址）院内原县学基础上兴办高级小学堂。1934年更名为怀柔县第一高级小学校。1944年建怀柔县初级中学，第一高级小学改名为怀柔县初级中学附属小学。1949年3月改名为怀柔县师范学校附属小学。1951年改名为怀柔县城关小学。1982年9月，因兴建城关第二小学，城关小学改名为怀柔县城关第一小学。1987年9月，学校迁至现址。1987年9月更名怀柔县第一小学。该校是北京市体育传统校，2009年建立国家级青少年阳光体育俱乐部。

2010年，学校占地面积15235.27平方米，建筑面积10134平方米，体育场面积8000平方米。图书室藏书4.67万册。普通教室38个，专用教室14个。教职工174人，其中专任教师130人；高级职称教师3人，北京市骨干教师4人。开设教学班43个。毕业429人，招生241人，在校生1807人。党支部书记林连章，校长张贵廷。

北京市怀柔区第二小学

校址：怀柔区湖光小区14号

1982年建校，名为怀柔县城关第二小学。1998年更名为怀柔县第二小学。2002年学校实施名师工程，通过科研、公开课、进修等方式培养校内、区内名师。2010年，开设校本课程，自编《车床利用》《软硬笔书法教材》教材。

2010年，学校占地10260余平方米，建筑面积4000多平方米，体育场面积4000平方米。图书室藏书2万册。普通教室36个，专用教室12个。教职工150人，其中专任教师140人；高级职称教师4人，北京市骨干教师4人。开设教学班36个。毕业360人，招生300人，在校生1750人。党支部书记王秀兰，校长王广学。

北京市怀柔区第三小学

校址：怀柔区府前街11号

1986年建校，名为怀柔县城关第三小学。建校时有2个教学班，教师22名。校址在迎宾北路西侧，即现怀柔一小处。1987年8月，城关一小、城关三小互换校址。城关三小迁入现址。1999年1月，改名为怀柔县第三小学。

2010年，学校占地面积8086.89平方米、建筑面积6021平方米。图书室藏书22941册。普通教室32个，专用教室9个。教职工 139 人，其中专任教师 111 人；高级职称教师 5 人，北京市学科教学带头人 1 人，北京市骨干教师 1 人。开设教学班 32 个。毕业 297 人，招生 210 人，在校生 1469 人。党支部书记王凤阳，校长彭兴江。

北京市怀柔区第六小学

校址：怀柔区开放路 119 号

2009 年 1 月 6 日成立。学校开设声乐、舞蹈、乒乓球、足球等兴趣小组，编写《习惯影响一生》校本教材，多方面培养学生的体育艺术技能。2010 年，怀柔区第六小学占地面积 22530 平方米，建筑面积 13745 平方米。图书室藏书 26000 册。普通教室 30 个，专用教室 20。教职工 40 人，其中专任教师 34 人；高级职称教师 14 人。开设教学班 8 个。招生 360 人、在校生 360 人。校训：习惯影响一生。党支部书记兰芳，校长王元。

北京市怀柔区怀柔镇中心小学

校址：怀柔区南华园三区 2 号

1993 年 3 月，怀柔镇怀柔镇东关中心小学和南关小学合并组建怀柔镇中心小学。怀柔镇东关中心小学 1920 年建校，1952 年名为东南关小学。1983 年改校名为城关镇东关中心小学。1989 年改为怀柔镇东关中心小学。怀柔镇南关小学 1952 年建校。

怀柔镇中心小学 1996 年学校下辖 7 所完小（东四村小学、大屯小学、张各长小学、红军庄小学、卄涧峪小学、孟庄小学、郭家坞小学），1 个中心幼儿园。经学校布局调整，2010 年 9 月学校下辖两所完小：张各长小学（1992 年建校）、郭家坞小学（1992 年建校）。2010 年，怀柔镇中心小学占地面积 62090 平方米，建筑面积 10514 平方米。图书室藏书 6.51 万册。普通教室 61 个，专用教室 19 个。教职工 255 人，其中专任教师 217 人；高级职称教师 1 人，北京市骨干教师 8 人。开设教学班 61 个。毕业 293 人，招生 369 人，在校生 1997 人。校训：文明、守纪、团结、进取。党支部书记王文林，校长张玉晨。

北京市怀柔区九渡河镇中心小学

校址：怀柔区九渡河镇黄坎村西

1998 年 8 月，黄坎乡黄坎中心小学和黄花城乡黄花镇中心小学合并成立九渡河镇中心小学。黄坎中心小学建于 1948 年，1953 年发展为完全小学，1983 年改为中心小学；黄花镇中心小学建于 1946 年，校名黄花镇小学，1962 年发展为完全小学，1989 年改为中心小学。

九渡河镇中心小学建立灯笼制作、石头画、腰鼓、太极扇等社团，开发校本课程《九渡山水五彩路》，被教育部认定为第一批全国中小学中华优秀文化艺术传承学校。2010 年，与北京市史家胡同小学建立“手拉手”协作关系。

2010 年，学校下辖九渡河镇九渡河小学、九渡河镇黄花城小学，总占地面积 39098 平方米（中心校占地面积 14384 平方米、九渡河小学占地面积 11745 平方米、黄花城小学占地面积 12969 平方米）。图书室藏书 3.27 万册。普通教室 18 个，专用教室 27 个。教职工 92 人，其中本区支教教师 8 人。学生毕业 116 人，招生 80 人，在校生 581 人。党支部书记彭殿亮 ，校长张伟锋。

北京市怀柔区喇叭沟门满族乡中心小学

校址：怀柔区喇叭沟门满族乡喇叭沟门村西

1935 年在九神庙内建公立 4 年制初级小学，校名不详。1958 年迁至喇叭沟门村东南。1962 年发展为完全小学。1983 年改为现名。1991 年 8 月迁至喇叭沟门村村西新校园，创建怀柔区第一所寄宿制小学。全乡五、六年级的学生全部集中到中心小学就读。1998 年 9 月，办学规模再度调整，形成一所中心小学挂带帽山、大甸子两个村小的办学格局。2000 年 9 月，撤并帽山、大甸子两个村小，全乡只保留一所中心小学，除学校所在地喇叭沟门村的十几名学生外，90% 以上的学生寄宿读。2002 年，学校开发建设民族小学校本课程，把整理创编的赛威呼、双飞舞、采珍珠等 16 个满族传统体育运动项目列入了体育课外活动。增设民族团结教育课，将民族团结教育纳入校本课程体系，编印《少数民族优秀人物及故事传说》《民族知识知多少》《少数民族作家作品选学》等课本。2008年10月，学校通过市教委、市民委组织的民族团结示范校验收。2009年，学校“挖掘当地资源，丰富民族小学活动课内容”课题研究报告获北京市教育教学成果奖（基础教育）二等奖。

2010年，学校占地面积22877平方米，建筑面积6300平方米。图书室藏书3万册。普通教室8个、专用教室8个。教职工48人，其中专任教师29人。开设教学班12个。毕业26人，招生30人，在校生170人。党支部书记王立新，校长崔旭东。

北京市怀柔区琉璃庙镇中心小学

校址：怀柔区琉璃庙镇琉璃庙村西南

学校始于1936年村西的4年制初级小学，校名不详。1946年迁至老营村。1948年迁至聚源厂。1958年发展为完全小学。1962年迁至现校址。1983年更名为怀柔县琉璃庙乡琉璃庙中心小学。1992年新建两层教学大楼。1999年，更名怀柔县琉璃庙乡中心小学，合并崎峰茶乡中心小学，新建集教学住宿为一体的四层楼房。2002年，更名北京市怀柔区琉璃庙镇中心小学。2010年，琉璃庙镇中心小学下辖 琉璃庙镇中心小学学前班。

2010年，学校占地面积6533平方米，建筑面积1703平方米。图书室藏书1.5万册。普通教室6个，专用教室8个。教职工50人，其中专任教师22人；高级职称教师33人。开设教学班6个。毕业21人，招生14人，在校生130人。党支书记陈建华，校长杜永珍。

北京市怀柔区桥梓镇中心小学

校址：怀柔区桥梓镇后桥梓村

前身为茶坞乡前桥梓小学，始建于1920年11月。校舍为前桥梓村村中旧庙12间。学校设有一至四年级四个教学班，招收前后桥梓村的学生，开设国文、算术、体育和修身等科目，人称“洋学堂”。1935年发展为完全小学。1983年改校名为桥梓乡中心小学。1989年改为现校名。1995年10月迁入新址桥梓镇政府对面的三层小楼。1998年，政府机构合乡并镇，北宅乡中心小学改为村级完小，归桥梓镇中心小学管辖。1999年1月，前辛庄小学并入北宅小学。1999年7月，东庄、峪口、口头三所小学并入北宅小学。1999年6月，桥梓镇中心小学迁入后桥梓村新教学楼（后桥梓小学校址），原教学楼改为办公楼。2003年完成学校布局调整，撤并19所村级完小，建立寄宿制中心小学，下辖桥梓镇北宅小学和桥梓镇中心幼儿园、北宅中心幼儿园。

2010年，学校占地面积33778.77平方米，建筑面积10141平方米。图书室藏书1.6万册。普通教室24个，专用教室10个。教职工131人，其中专任教师86人。开设教学班24个。毕业72人，招生56人，在校生378人。校训：诚实，勤奋，健美，进取。党支部书记彭明军，校长张兴海。

北京市怀柔区实验小学

校址：怀柔区小中富乐一区196号

1992年8月建校，名为怀柔县师范附属小学。2002年4月，更名为怀柔区实验小学。学校以科技、艺术、体育为特色。2010年，学校被国家体育总局评为全国群众体育先进单位。

2010年，学校占地面积35323平方米，建筑面积9000平方米。图书室藏书4万册。普通教室35个，专用教室11个。教职工157人，其中专任教师154人；高级职称教师1人。开设教学班35个。毕业260人，招生199人，在校生1501人。党支部书记宋庚林，校长校长曹庆华。

北京市怀柔区汤河口镇中心小学

校址：怀柔区汤河口镇汤河口大街13号

1912年在村西庙内建公立4年制初级小学。1949年更名为滦平县汤河口高级小学。1950迁至现校址。1990年改为现校名，有6个年级14个班，学生483人，教职工49人。1994年至2000年期间，学校吸引外部资金，扩大办学规模。其间，民营企业家彭大贵（汤河口连石沟人）捐资兴建金恒小学（原东黄梁小学）教学楼及配套工程。港商邵逸夫先生捐资兴建东西庄小学教学楼及配套工程。北京蓝岛大厦捐资改建蓝岛小学（原黄花甸子小学）。三所学校改建后，先后撤并村级完整制小学，全乡保留有四所学校（含中心校），其中，蓝岛小学、金恒小学、中心小学为寄宿制小学。2002年11月，汤河口中心小学完成住宿楼工程，蓝岛小学、金恒小、东西庄小学并入中心校。至此，学校由原来的27所村完小合并成一所现代化的寄宿制小学。

2010年，学校占地面积6357平方米，建筑面积5471平方米。图书室藏书1.6万册。普通教室12个，专用教室8个。教职工65人，其中专任教师37人。开设教学班12个。毕业生45人，招生29人，在校生211人。党支部书记高小兵，校长赵士清。

北京市怀柔区杨宋镇中心小学

校址：怀柔区杨宋镇仙台村北

1919年在杨宋庄村中大庙内建公立4年制初级小学。1951年发展为6年制完全小学。1983年改校名为杨宋庄乡杨宋庄中心小学，同年迁至杨宋庄村北。1989年改为杨宋镇杨宋庄中心小学。1998年由原来的杨宋庄村迁址到仙台村，与仙台小学合并为杨宋镇中心小学。2010年，杨宋镇中心小学下辖杨宋镇中心幼儿园。

2010年，学占地面积28049平方米，建筑面积1160平方米。图书室藏书2.64万册。普通教室30个，专用教室8个。教职工108人，其中专任教师77人；高级职称教师2人，北京市骨干教师4人。开设教学班30个。毕业148人，招生180人，在校生901人。党支部书记唐仁军，校长杜永珍。

表85　　2010年怀柔区小学一览表

序号	学校名称	建校时间	举办者
1	北京市怀柔区宝山镇碾子小学	1991年	教育部门和集体办
2	北京市怀柔区宝山镇中心小学	1942年	教育部门和集体办
3	北京市怀柔区北房镇宰相庄小学	1949年	教育部门和集体办
4	北京市怀柔区北房镇中心小学	1915年	教育部门和集体办
5	北京市怀柔区渤海镇沙峪小学	1943年	教育部门和集体办
6	北京市怀柔区渤海镇中心小学	1938年	教育部门和集体办
7	北京市怀柔区茶坞铁路中学	1989年	教育部门和集体办
8	北京市怀柔区长哨营满族乡中心小学	1948年	教育部门和集体办
9	北京市怀柔区第一小学	1911年	教育部门和集体办
10	北京市怀柔区第二小学	1982年	教育部门和集体办
11	北京市怀柔区第三小学	1986年	教育部门和集体办
12	北京市怀柔区第六小学	2009年	教育部门和集体办
13	北京市怀柔区怀北学校	1921年	教育部门和集体办
14	北京市怀柔区怀柔镇郭家坞小学	1921年	教育部门和集体办
15	北京市怀柔区怀柔镇张各长小学	1942年	教育部门和集体办
16	北京市怀柔区怀柔镇中心小学	1993年	教育部门和集体办
17	北京市怀柔区九渡河镇黄花城小学	1945年	教育部门和集体办
18	北京市怀柔区九渡河镇九渡河小学	1941年	教育部门和集体办
19	北京市怀柔区九渡河镇中心小学	1998年	教育部门和集体办
20	北京市怀柔区喇叭沟门满族乡中心小学	1935年	教育部门和集体办
21	北京市怀柔区琉璃庙镇中心小学	1936年	教育部门和集体办
22	北京市怀柔区庙城学校	1949年	教育部门和集体办
23	北京市怀柔区庙城镇两河小学	1948年	教育部门和集体办
24	北京市怀柔区庙城镇桃山小学	1932年	教育部门和集体办
25	北京市怀柔区桥梓镇北宅小学	1991年	教育部门和集体办

续表 85

序号	学校名称	建校时间	举办者
26	北京市怀柔区桥梓镇中心小学	1920 年	教育部门和集体办
27	北京市怀柔区实验小学	1992 年	教育部门和集体办
28	北京市怀柔区汤河口镇中心小学	1912 年	教育部门和集体办
29	北京市怀柔区雁栖镇长元小学	1924 年	教育部门和集体办
30	北京市怀柔区杨宋镇中心小学	1919 年	教育部门和集体办

普通中学

北京市怀柔区宝山中学

校址：怀柔区宝山寺村北

1962 年 10 月在宝山寺村西建校，校名宝山寺耕中，一个教学班，十多名学生。1968 年 10 月迁至现址并改名为宝山寺中学。1970 年改为完全中学。1981 年撤销高中。2002 年 9 月，因镇乡合并，与碾子中学合并，更名为宝山中学。2010 年，学校占地面积 7895.89 平方米，建筑面积 3006 平方米。图书室藏书 22398 册。普通教室 6 个，专用教室 9 个，实验室 2 个。教职工 51 人，其中专任教师 29 人；高级职称教师 5 人。开设初中教学班 7 个，初中毕业生 91 人。初中招生 37 人，在校生 166 人，寄宿生 97 人。党支部书记朱东顺，校长徐奎东。

北京市怀柔区北房中学

校址：怀柔区北房镇驸马庄村西

1961 年由乡政府、驸马庄大队共同出资兴建，属 3 年制初级中学，校名北房乡驸马庄中学。1999 年，全区所属学校统一以当地政府所在地命名，学校改名为北房中学。2002 年 8 月，投资 800 多万元的教学楼、办公楼、宿舍楼交付使用。2003 年 5 月，学校通过北京市农村中学规范化学校验收。

2010 年，学校占地总面积 29971 平方米，建筑面积 3522 平方米。图书室藏书 1.6 万册。普通教室 18 个，专用教室 7 个，实验室 4 个。教职工 81 人，其中，专任教师 61 人；高级职称教师 13 人。开设初中教学班 18 个，毕业生 163 人，招生 146 人，在校生 412 人。校训：团结、勤奋、求实、创新。党支部书记王金华，校长王海鸥。

北京市怀柔区渤海中学

校址：怀柔区渤海镇沙峪村西北角

1958 年建校，是一所山区初中学校，初名沙峪中学。1998 年 8 月，怀柔区合乡并镇后，三渡河中学与沙峪中学合并，更名为渤海中学，同时设三渡河和渤海所分校。2003 年、2006 年，三渡河中学、渤海所中学分别并入渤海中学。至此，渤海中学成为渤海镇唯一的初中学校。

2010 年，渤海中学占地面积 26180 平方米，建筑面积 5598 平方米。图书馆藏书 14530 册。普通教室 14 个，专用教室 6 个，实验室 3 个。教职工 83 人，其中专任教师 60 人；高级职称教师 13 人，北京市骨干教师 4 人。开设教学班 14 个，毕业 171 人，招生 106 人，在校生 361 人，包含寄宿生 90 人。党支部书记周志峰，校长张金星。

北京市怀柔区茶坞铁路中学

校址：怀柔区桥梓镇西南茶坞铁路小区 22 号

1989 年 8 月建校，九年一贯制学校。原隶属于铁路企业系统。2004 年 6 月划归怀柔区管理。建校初期生源主要为大秦铁路职工子弟（从小学一年级到高中一年级）。2004 年 7 月，划归地方管理后取消高中部，高中班整体划归到怀柔二中。2009 年 9 月被评为北京市初中建设工程先进学校。2010 年，学校占地面积 29383 平方米，建筑面积 10192 平方米。图书室藏书 2.5 万册。普通教室 18 个，专用教室 12 个，实验室 4 个。教职工 59 人，其中专任教师 39 人；高级职称教师 2 人。开设教学班 10 个（小学班 6 个、初中班 4 个）。

毕业71人（小学 28人、初中 43人），招生55人（小学 32人、初中23人），在校生211人（小学 153人、初中 58人）。党支部书记于桂森，校长曹保宏。

北京市怀柔区长哨营满族中学

校址：怀柔区长哨营满族乡长哨营满族村西

1968年9月在现校址建校，校名长哨营中学，属公立3年制初级中学。1971年改为完全中学。1976年高中迁至长哨营南山，改校名为怀柔县长哨营“五七”创业农校。1978年高中迁回现址。1981年撤销高中，改为全日制普通初中校。1991年北湾分校并入本校。1998年，与七道河满族中学合并，更名为长哨营满族中学。2009年被评为怀柔地方课程校本课程先进校。2010年被评为北京市基础教育课程建设先进校等。

2010年，学校占地面积9396平方米，建筑面积4740平方米。图书室藏书4.70万册。普通教室8个，专用教室7个，实验室3个。教职工51人（含少数民族职工9人），其中专任教师32人；高级职称教师4人。毕业68人，招生58人，在校生190人（含少数民族学生111人），寄宿生170人。开设教学班8个。党支部书记王树林，校长郭建友。

北京市怀柔区第一中学

校址：怀柔区府前西街3号

前身是1956年建校的怀柔县城关中学。1962年改称怀柔县城关一中。1971年改为完全中学。1978年定为县级重点中学。1983年改为怀柔县第一中学。2002年改为怀柔区第一中学。2003年学校取消初中。2004年被认定为北京市示范性普通高中。学校先后被评为北京市科技教育示范校、北京市金鹏科技团成员校、全国现代教育技术实验学校、国家级体育传统项目先进学校。2003年至2006年期间，本科升学每年以100的人数递增。2005年考出郊区理科状元，2010年，理科成绩已突破670分。

2010年，学校占地面积56375平方米，建筑面积36416平方米。图书室藏书7.65万册。普通教室60个，专用教室16个，实验室10个。教职工243人，其中专任教师167人；高级职称教师89人，北京市骨干教师11人，北京市学科教学带头人3人。开设高中教学班52个。毕业696人，招生674人（含韩国留学生48人），在校生2060人。高中录取分数线469分（本区），应届高考本科上线率97%。党支部书记 李增田，校长高继来。

北京市怀柔区第二中学

校址：怀柔区湖光南街6号

始建于1962年8月，由停办的怀柔师范学校改建，时称城关二中。初建时，只有初中一年级4个班，180名学生，20名教师职工。1971年增设高中班，由初级中学发展为完全中学。1983年10月，定名为北京市怀柔县第二中学。2002年4月16日撤县设区后，改名为北京市怀柔区第二中学。2006年，学校由完全中学改为普通高中校。2007年学校成立美术、音乐、形体、等特色班。至2010年高考共有艺术本科双上线613人。学校曾获全国首届学校文化建设优秀奖、全国校园青春健美操大赛一等奖、全国科研兴教先进单位。

2010年，学校占地面积30082平方米，建筑面积14300平方米。图书馆藏书5万册。普通教室41个，专用教室8个，实验室3个。教职工213人，其中专任教师148人；高级职称教师57人，市级骨干教师5人；博士1人，研究生4人。开设高中教学班41个，毕业539人。招生544人，在校生1739人，包含寄宿生392人。党支部书记刘东元，校长许建军。

北京市怀柔区第三中学

校址：怀柔区迎宾北路36号

1977年建校，校名怀柔县于家坟中学。1978年2月招生，改校名为怀柔县城关公社中富乐中学，属公办农村完全中学。1981年撤销高中。同年，东四村中学并入，改校名为怀柔县城关第三中学，属县教育局直属城镇中学。1983年改为怀柔县第三中学。1984年办职业高中，初中、职业高中分部管理。1996年9月，扩大职业高中办学规模，停止初中招生。2000年9月，恢复怀柔三中初中招生。2010年9月，撤销职业高中，学校恢复初中建制。2010年12月，通过北京市普通中学规范化建设达标。截至2010年，怀柔三中培养4200多名职高毕业生，就业率达到100%。

2010年,学校占地面积17176.6平方米,建筑面积20387.17平方米。普通教室50个，专用教室8个,实验室6个。教职工205人，其中专任教师197人；高级职称教师41人，北京市学科教学带头人1人，骨干教师4人，区级学科带头人和骨干教师37人。毕业781人（初中627人、职高154人），招生招生576人（初中），在校生1726人（初中1676人、职高50人）。党委书记于学知，校长李德勤。

北京市怀柔区第四中学

校址：怀柔区湖光小区34号

1992年建校。建校之初，借用原怀柔县下园小学校址，有6个教学班，28名教职工。1993年迁入现校址。学校是北京市田径运动传统校，连续十四年获怀柔区中小学生田径运动会团体总分第一名。

2010年，学校为初级中学，占地面积20104平方米，建筑面积11392平方米。图书室藏书48733册。普通教室30个，专用教室12个，实验室6个。教职工145人，其中专任教师104人；高级职称教师31人，北京市骨干教师2人。开设初中教学班30个。毕业488人，招生287人，在校生1070人。党支部书记潘维民，校长刘东元。

北京市怀柔区第五中学

校址：怀柔区东关二区一号

1995年建校，三年制初级中学，为缓解当时怀柔初中入学高峰而建。初建时全校仅1个年级，14个教学班，学生577人，教师67人。1998年，怀柔五中首次参加中考，各项指标均超全区平均水平。至2010年，学校先后获得全国体育先进学校、北京市初中建设工程先进学校等称号。

2010年，怀柔五中占地面积27000平方米、建筑面积14447平方米。图书馆藏书40530册。普通教室45个，专用教室10个，实验室6个。教职工197人，其中专任教师138人；高级职称教师42人，全国优秀教师1人，市级先进工作者（市劳模）2人，市级学科带头人1人，市级骨干教师6人，区级学科带头人10人，区级骨干教师26人。开设初中教学班44个。毕业619人，招生613人,在校生1789人。党支部书记李忠民，校长高铁忠。

北京市怀柔区红螺寺中学

校址：怀柔区小中富乐一区190号

1949年4月建校，初名怀柔县立简易师范学校，后改称怀柔县初级师范学校，校址在县城文庙小学内。1951年迁校址至红螺寺。1952年7月开始招收初中生。1954年9月师范学校停办，学校改为红螺寺中学。1966年8月红螺寺中学改名为红军中学。1970年8月，怀柔县师范学校在红螺寺恢复办学，1974年红军中学改名为怀柔县师范学校。1988年4月迁至现址。1997年9月开始招收普通高中。1999年9月，因北京市停止举办中等师范学校，怀柔县师范学校调整为普通高中校，恢复红螺寺中学校名。2003年8月学生公寓正式启用。2003年9月1日退休老师王万仁捐款20万元设立红螺学子奖学金，表彰奖励学习优异和进步突出的学生。2004年5月成立国际部，开始招收外国学生。2005年7月，最后一批师范本科生毕业。2005年9月在高中一年级开设北京市美术实验班，面向全市招生。2007年9月，新疆班开班，招收维吾尔族、哈萨克族、回族、满族、乌孜别克族、俄罗斯族等10个不同民族的80名新疆学生。

2010年，学校为普通高中校，占地面积26223平方米，建筑面积31414平方米。图书室藏书7.8万册。普通教室32个，专用教室22个，实验室11个。教职工194人，其中专任教师128人；高级职称教师49人，特级教师1人，北京市骨干教师6人。开设高中教学班32个。毕业400人，招生444人，在校生1407人，包含寄宿生956人。高中录取分数线 451 分（本区），应届高考本科上线率 65%。校训：和谐、勤奋、求实、敬业。党支部书记黄海明，校长于荣学。

北京市怀柔区怀北学校

校址：怀柔区怀北镇怀北庄村南

2006 年 8 月，怀北镇中心小学和怀北中学合并组建九年一贯制学校怀柔区怀北学校。怀北镇中心小学前身是 1921 年在在坟头村建校的村小，初名不详。1983 年改称怀北庄中心小学。1998 年改称怀北镇中心小学。怀北中学原名怀柔县龙各庄中学，始建于 1961 年 9 月。2003 年 11 月迁址怀柔区怀北庄村南，更名为怀柔区怀北中学。2005 年 7 月，北京铁路分局怀北铁路子第中学由企业办学转入属地管理并入怀北中学。

2010 年，怀北学校占地面积 26640 平方米，建筑面积 11320 平方米。图书室藏书 1.5 万册。普通教室 30 个，专用教室 12 个，实验室 3 个。教职工 142 人，其中专任教师 85 人;高级职称教师 8 人。开设教学班 23 个（小学班 12 个、初中班 11 个）。毕业 119 人（小学 59 人、初中 60 人），招生 137 人（小学 57 人、初中 80 人），在校生 577 人（小学 310 人、初中 267 人）。下辖的怀北镇中心幼儿园（建于 1986 年）入园 24 人，离园 26 人，在园 78 人。学校校训：勤奋、博学、求实、创新。党支部书记姜学贵，校长彭玉昆。

北京市怀柔区九渡河中学

校址：怀柔区九渡河村东

1958 年在九渡河村西建校，为公办 3 年制初级中学。1959 年迁入现校址。1971 年改为完全中学。2004 年合并黄花城中学。1993 年撤销高中，改为初级中学。2010 年，九渡河中学占地面积 11862 平方米，建筑面积 6178 平方米。图书室藏书 0.82 万册。普通教室 16 个，专用教室 4 个，实验室 3 个。教职工 69 人，其中专任教师 49 人；高级职称教师 8 人，北京市骨干教师 1 人，区级学科教学带头人 1 人，区级骨干 2 人。开设初中教学班 16 个。毕业 156 人，招生 99 人，在校生 335 人,寄宿生 200 人。党支部书记李长福，校长李奉明。

北京市怀柔区喇叭沟门满族中学

校址：怀柔区喇叭沟门满族乡喇叭沟门村西

1965 年 2 月在现址建校，名为喇叭沟门公社农业中学，系社办 3 年制半农半读学校。1966 年改为 3 年制农村初级中学。1971 年改为完全中学。1981 年撤销高中。1988 年 7 月，经市民委批准改名为喇叭沟门满族中学。学校实行全员寄宿制。学校开设民族团结教育课，将民族团结教育纳入教学内容，开设滚铁环、双飞舞、塞威呼等校本课程。学校获普通中学规范化建设达标校，怀柔区教育系统师德先进集体、文明礼仪示范校等称号。

2010 年，学校为初级中学，占地面积 14600 平方米，建筑面积 4702 平方米。图书室藏书 2000 册。普通教室 6 个,专用教室 6 个，实验室 2 个。教职工 37 人，其中专任教师 25 人；高级职称教师 6 人，全国模范教师 1 人，全国中小学优秀班主任 1 人。开设教学班 6 个，共有毕业生 34 人，招生 25 人，在校生 91 人，寄宿生 91 人。校训：身高业精，学高品优。党支部书记刘长全，校长吕海瑞。

北京市怀柔区庙城学校

校址：怀柔区庙城镇庙城村南

2006 年 8 月，庙城镇中心小学和庙城中学合并九年一贯制学校怀柔区庙城学校。学校由中心校、两所完小、一所中心幼儿园组成，两所完小（庙城镇桃山村小学、庙城镇两河村小学）属庙城镇中心小学分校。庙城镇中心小学建于 1949 年。在 1991 年至 2006 年间，庙城镇中心小学由一所中心小学和 2 ～ 10 所完小组成。学校创办独轮车运动特色，四次代表国家参加世界独轮车锦标赛，多次参加全国独轮车锦标赛，获十五项团体冠军，国际金牌 102 枚，国内金牌 124 枚。庙城中学建于 1961 年。在 1991 年至 2006 年间，庙城中学（初中、高中）形成农科教结合的办学特色，先后被评为全国科普教育基地、北京市中小学科技教育示范校、北京市级普通中学规范化建设达标学校等。庙城镇中心幼儿园始建于 1989 年 6 月。2009 年被验收为北京市二级二类园。

2010年，学校占地面积114800平方米，建筑面积21571平方米，体育场面积3030平方米。图书室藏书3.70万册。普通教室58个，专用教室16个，实验室3个。教职工258人，其中专任教师139人；高级职称教师14人。开设教学班64个。毕业288人，招生329人，在校生1496人。此外，中心幼儿园开设4个教学班。幼儿入园54人，离园33人，在园121人。校训：文明、勤奋、和谐、创新"。党支部书记李玉捷，校长郑朝民 。

北京市怀柔区桥梓中学

校址：怀柔区桥梓镇后桥梓村北

1958年8月建校，校名怀柔县八一中学。1959年改为桥梓中学。1987年增设三年制职高班。1990年改为两年制。1990年、1998年桥梓中学先后合并茶坞中学、北宅中学。1991年摘掉基础薄弱校的帽子，获得市教育局"办好初中,成绩显著"的奖励。1996年度，通过北京市农村中学规范化学校验收。1997年度，被北京市教委命名为"校园环境建设示范校"。

2010年，学校为初级中学，占地面积35684.5平方米，建筑面积6020平方米。图书室藏书1.94万册。普通教室18个、专用教室5个，实验室3个。教职工82人，其中专任教师47人；高级职称教师14人。开设教学班14个。毕业85人，招生52人，在校生230人，寄宿生123人。校训：重德、博学、尚美、成才。党支部书记任海燕，校长邢文久。

北京市怀柔区汤河口中学

校址：怀柔区汤河口镇大街3号

1956年建校，最初只有两个初中教学班，8名教职工。1971年学校增设高中班成为一所完全中学。1987年学校发展为建校史上高峰，拥有32个教学班，1600多名学生，150多名教师。2006年8月合并琉璃庙中学。随着生源的减少，2007年汤河口中学撤销高中，转为初中校。2010年，学校占地面积21160平方米，建筑面积10124平方米。图书室藏书1.50万册。普通教室13个,专用教室10个，实验室5个。教职工69人，其中专任教师37人,高级职称教师12人。开设初中教学班8个。毕业73人，招生80人，在校生174人，寄宿生145人。党支部书记张淑德,校长李德志。

北京市怀柔区体育运动学校

校址：怀柔区青春路31号

1987年8月建校。学校由怀柔区体育局和怀柔区教育局共同管理，设全日制初中一年级至三年级和小学六年级预科班，以及射击、摔跤、举重、自行车4个训练项目。教师为区教委在编正式教师，开设教育部门所规定的全部课程。体育局负责场地及训练，教育局负责教学设备、教育教学管理。初建时暂在怀柔一中借读，单独上文化课。1988年12月，体校教学楼竣工并投入使用，校址怀柔县龙山路12号。1993年8月，学校随县体委搬至市射击运动技术学校院内。1994年10月，搬至怀柔县体育运动中心。1991年至2010年，学校输送体育后备人才160人，输送率近40%，高于《国家高水平后备人才培养基地》25%的标准。学校输送的体育后备人才，在代表国家参加国际大赛中取得一系列优异成绩。付凤君获得2002年第十一届亚运会女子赛艇第一名。马校杰获得2006年第十二届亚运会男子划艇第一名。雷东辉获得2008年二十九届奥运会女子垒球第六名。

2010年，学校和体育局共用一个楼，无独立校园。图书室藏书8000册。普通教室4个，实验室1个。教职工33人,其中专任教师16人，专职教练员8人；高级职称教师5人，高级教练2人。开设初中教学班3个,毕业生21人，招生28人，在校生78人，包含寄宿生70人。党支部书记、校长杨玉民。

北京市怀柔区雁栖学校

校址：怀柔区雁栖镇范各庄村西

2001年8月，雁栖镇中心小学和雁栖中学合并组建怀柔区第一所九年一贯制学校怀柔区雁栖学校。雁栖镇中心小学前身是建于1917年的范各庄小学。1983年称范各庄中心小学。1995年1月，范各庄乡改为雁栖镇，学校改称雁栖镇中心小学。雁栖镇中学1968

年在范各庄村北建校，初为初级中学。1972年迁至村南并改为完全中学。1974年迁至范各庄村西。1981年撤销高中。1995年1月，学校改称雁栖镇中学。

2001年8月雁栖学校初建时，学校占地面积30681平方米，建筑面积16519平方米。当时保留八道河和长元两所寄宿制小学。2004年7月雁栖镇八道河小学撤销，师生并入雁栖学校。2010年，雁栖学校下辖雁栖镇长元小学。学校总占地面积28681平方米，建筑面积9600平方米。图书室藏书42000册。普通教室43个，专用教室9个，实验室3个。教职工204人，其中专任教师138人；高级职称教师9人，市级骨干教师1人。开设教学班41个（小学班27个、初中班14个）。毕业334人（小学134人、初中200人），招生318人（小学198人、初中120人），在校生1266人，其中，小学906人（含外省份学生575人、寄宿生64人），初中360人（含外省市学生152人、寄宿生52人）。党支部书记于金红，校长刘立清。

北京市怀柔区杨宋中学

校址：怀柔区杨宋镇杨宋庄村南

1958年9月建校，校名杨宋庄中学。1972年改为完全中学。1981年撤销高中。1988年增设2年制职业高中班。2001年2月职高并入怀柔三中，学校转为农村初级中学。

2010年，学校占地面积50692平方米，建筑面积10700平方米。图书室藏书3万册。普通教室24个，专用教室14个，实验室4个。教职工106人，其中专任教师60人；高级职称教师15人。开设教学班18个。毕业141人，招生123人，在校生334人。校训：仁爱、民主、勤奋、上进。党支部书记张春祥，校长李冬青。

北京市怀柔区张各长中学

校址：怀柔区怀柔镇张各长村西

1970年在现址建校，属公办3年制农村初级中学。1975年改为完全中学。1978年撤销高中。学校学生主要来自大屯、张各长、王化等几个村和学校附近的外来务工子女。2010年，学校占地面积11731平方米，建筑面积2832平方米。图书室藏书1.31万册。普通教室12个，专用教室6个，实验室3个。教职工60人，其中专任教师32人；高级职称教师9人，北京市骨干教师1人。开设教学班12个。毕业60人，招生78人，在校生218人。党支部书记高国庆，校长刘晓旭。

表86　　2010年怀柔区普通中学一览表

序号	学校名称	建校时间	举办者
1	北京市怀柔区宝山中学	1962年	教育部门和集体办
2	北京市怀柔区北房中学	1961年	教育部门和集体办
3	北京市怀柔区渤海中学	1958年	教育部门和集体办
4	北京市怀柔区茶坞铁路中学	1989年	教育部门和集体办
5	北京市怀柔区长哨营满族中学	1968年	教育部门和集体办
6	北京市怀柔区第一中学	1956年	教育部门和集体办
7	北京市怀柔区第二中学	1962年	教育部门和集体办
8	北京市怀柔区第三中学	1977年	教育部门和集体办
9	北京市怀柔区第四中学	1992年	教育部门和集体办
10	北京市怀柔区第五中学	1995年	教育部门和集体办
11	北京市怀柔区红螺寺中学	1949年	教育部门和集体办
12	北京市怀柔区怀北学校	1961年	教育部门和集体办
13	北京市怀柔区九渡河中学	1958年	教育部门和集体办
14	北京市怀柔区喇叭沟门满族中学	1965年	教育部门和集体办
15	北京市怀柔区庙城学校	1961年	教育部门和集体办
16	北京市怀柔区碾子中学	1967年	教育部门和集体办
17	北京市怀柔区桥梓中学	1958年	教育部门和集体办

续表 86

序号	学校名称	建校时间	举办者
18	北京市怀柔区汤河口中学	1956 年	教育部门和集体办
19	北京市怀柔区体育运动学校	1987 年	教育部门和集体办
20	北京市怀柔区雁栖学校	2001 年	教育部门和集体办
21	北京市怀柔区杨宋中学	1958 年	教育部门和集体办
22	北京市怀柔区张各长中学	1970 年	教育部门和集体办
23	北京市怀柔区职业学校	1985 年	教育部门和集体办
24	北京市世纪学校	2004 年	民办
25	北京经济技术开发区实验学校	2000 年	民办

特殊教育学校

北京市怀柔区培智学校

校址：怀柔区怀柔镇下元村北

1989 年建校，是怀柔区唯一一所实施九年义务教育的全日制培智学校。1994 年，被北京市民政局评为社会福利先进集体。2010 年，学校占地面积 3540 平方米，建筑面积 860 平方米，体育操场面积 1050 平方米。图书室藏书 2000 册。教职工 35 人，其中专任教师 16 人；高级职称教师 1 人，市级特殊教育先进个人 1 人。开设 5 个教学班。毕业 5 人，招生 6 人，在校学生 50 人。普通教室 5 个，专用教室 3 个。党支部书记钟联华，校长孙占新。

附表

表 87　　1991—2010 年怀柔区小学撤并更名一览表

序号	学校名称	建校时间	撤并或更名说明
1	北京市怀柔区宝山镇道德坑小学	1952 年	2004 年撤销
2	北京市怀柔区怀北镇大水峪小学	1931 年	2008 年 1 月并入怀北学校
3	北京市怀柔区怀北镇河防口村小学	1940 年	2004 年 7 月并入怀北镇中心小学
4	北京市怀柔区怀北镇中心小学	1921 年	2006 年 9 月与怀北中学合并组建九年一贯制学校怀柔区怀北学校
5	北京市怀柔区怀柔镇东关中心小学	1920 年	1993 年 3 月与怀柔镇南关小学合并组建怀柔镇中心小学
6	北京市怀柔区怀柔镇南关小学	1952 年	1993 年 3 月与怀柔镇东关中心小学合并组建怀柔镇中心小学
7	北京市怀柔区黄坎乡花木村小学	1945 年	2005 年 1 月并入九渡河镇中心小学
8	北京市怀柔区黄坎乡吉寺村小学	1939 年	2005 年 1 月并入九渡河镇中心小学
9	北京市怀柔区庙城镇西台下村小学	1928 年	2004 年 7 月并入庙城镇中心小学
10	北京市怀柔区庙城镇郑重庄小学	1912 年	2004 年 7 月并入庙城镇中心小学
11	北京市怀柔区庙城镇中心小学	1949 年	2006 年 8 月与庙城中学合并组建九年一贯制学校怀柔区庙城学校
59	北京市怀柔区汤河口镇黄花甸子村小学	1940 年	1995 年更名汤河口镇蓝岛小学，2003 年并入汤河口中心小学
12	北京市怀柔区汤河口镇金恒小学	1945 年	2003 年金恒小学并入汤河口中心小学
13	北京市怀柔区杨宋镇年丰小学	1919 年	2002 年 7 月并入杨宋镇中心小学
14	北京市怀柔区杨宋镇太平庄小学	1947 年	2005 年 9 月并入杨宋镇中心小学
15	北京市怀柔县八道河乡大地村小学	1947 年	2000 年 7 月并入雁栖镇八道河学校
16	北京市怀柔县北房镇安各庄小学	1927 年	1998 年 8 月并入北房镇中心小学

续表 87

序号	学校名称	建校时间	撤并或更名说明
17	北京市怀柔县北房镇梨园庄小学	1927 年	1998 年 8 月并入北房镇中心小学
18	北京市怀柔县北房镇南房村小学	1918 年	1998 年 8 月并入北房镇中心小学
19	北京市怀柔县北宅乡口头村小学	1937 年	1999 年 7 月并入桥梓镇北宅小学
20	北京市怀柔县北宅乡前辛庄小学	1950 年	1999 年 1 月并入桥梓镇北宅小学
21	北京市怀柔县渤海镇三渡河小学	1945 年	1998 年并入渤海镇中心小学
22	北京市怀柔县长哨营乡古洞沟小学	1940 年	1998 年 8 月并入长哨营满族乡中心小学
23	北京市怀柔县范各庄乡长园村小学	1924 年	1995 年 1 月更名雁栖镇长元小学，2011 年并入雁栖镇中心小学
24	北京市怀柔县范各庄乡范各庄中心小学	1917 年	1995 年 1 月更名雁栖镇中心小学
25	北京市怀柔县怀柔镇大中富乐小学	1915 年	1992 年 8 月并入怀柔县师范附属小学
26	北京市怀柔县怀柔镇东关小学	1920 年	1993 年 3 月并入怀柔镇中心小学
27	北京市怀柔县怀柔镇东四村小学	1954 年	1996 年 5 月并入怀柔镇中心小学
28	北京市怀柔县怀柔镇郭家坞小学	1921 年	1996 年 5 月并入怀柔镇中心小学
29	北京市怀柔县怀柔镇南关小学	1952 年	1993 年 3 月并入怀柔镇中心小学
30	北京市怀柔县怀柔镇王化村小学	1917 年	1993 年 9 月并入怀柔镇张各长小学
31	北京市怀柔县怀柔镇下元村小学	1927 年	1992 年 7 月并入怀柔镇中心小学
32	北京市怀柔县怀柔镇张各长小学	1942 年	1996 年 5 月并入怀柔镇中心小学
33	北京市怀柔县黄花城乡黄花镇中心小学	1946 年	1998 年 8 月与黄坎乡黄坎中心小学合并组建九渡河镇中心小学
34	北京市怀柔县黄花城乡石湖峪村小学	1944 年	2000 年 7 月并入九渡河镇中心小学
35	北京市怀柔县黄花城乡杏树台村小学	1950 年	2000 年 7 月并入九渡河镇中心小学
36	北京市怀柔县黄坎乡黄坎中心小学	1948 年	1998 年 8 月与黄花城乡黄花镇中心小学合并组建九渡河镇中心小学
37	北京市怀柔县喇叭沟门满族乡大甸子村小学	1935 年	2000 年 9 月并入喇叭沟门满族乡中心小学
38	北京市怀柔县喇叭沟门满族乡帽山村小学	1927 年	2000 年 9 月并入喇叭沟门满族乡中心小学
39	北京市怀柔县琉璃庙乡安洲坝村小学	1948 年	1999 年 7 月并入琉璃庙镇中心小学
40	北京市怀柔县琉璃庙乡西沟门村小学	1946 年	1999 年 7 月并入琉璃庙镇中心小学
41	北京市怀柔县琉璃庙乡小河口村小学	1945 年	1999 年 7 月并入琉璃庙镇中心小学
42	北京市怀柔县庙城镇高各庄小学	1921 年	1999 年 7 月并入庙城镇中心小学
43	北京市怀柔县庙城镇孙史山村小学	1933 年	1997 年 8 月并入庙城镇桃山小学
44	北京市怀柔县碾子乡温珊子村小学	1950 年	2000 年 7 月并入碾子乡碾子中心小学。2002 年改称碾子小学，为宝山镇中心小学分校
45	北京市怀柔县崎峰茶乡中心小学	1946 年	1998 年并入琉璃庙乡中心小学
46	北京市怀柔县桥梓镇北京市怀柔县西茶坞小学	1920 年	1998 年 8 月并入桥梓镇中心小学
47	北京市怀柔县桥梓镇前茶坞小学	1968 年	2000 年 8 月并入桥梓镇中心小学
48	北京市怀柔县沙峪乡渤海所小学	1938 年	2009 年并入渤海镇中心小学
49	北京市怀柔县沙峪乡大榛峪小学	1932 年	2000 年并入渤海镇中心小学
50	北京市怀柔县沙峪乡洞台小学	1947 年	2007 年并入渤海镇中心小学
51	北京市怀柔县沙峪乡南冶小学	1939 年	2009 年并入渤海镇中心小学

续表 87

序号	学校名称	建校时间	撤并或更名说明
52	北京市怀柔县沙峪乡沙峪中心小学	1943 年	1998 年更名渤海镇中心小学
53	北京市怀柔县师范附属小学	1992 年	2002 年 4 月更名为怀柔区实验小学
54	北京市怀柔县汤河口镇小梁前村小学	1947 年	1998 年 8 月并入汤河口镇中心小学
55	北京市怀柔县雁栖镇八道河学校	1947 年	1998 年 8 月中学部师生并入雁栖中学，小学部改为雁栖镇八道河小学，归属雁栖镇中心小学。2004 年 7 月八道河小学撤销，师生并入雁栖学校
56	北京市怀柔县雁栖镇中心小学	1917 年	2001 年 8 月与雁栖中学合并组建九年一贯制学校雁栖学校
57	北京市怀柔县杨宋镇仙台村小学	1923 年	1998 年 8 月并入杨宋镇中心小学
58	北京市怀柔县杨宋镇张自口小学	1913 年	1999 年 7 月并入杨宋镇中心小学

表 88　　1991—2010 年怀柔区普通中学撤并更名一览表

序号	学校名称	建校时间	撤并或更名说明
1	北京市怀柔区渤海所中学	1967 年	2006 年并入渤海中学
2	北京市怀柔区怀北中学	1961 年	2006 年 8 月与怀北镇中心小学合并组建九年一贯制学校怀柔区怀北学校
3	北京市怀柔区黄花城中学	1965 年	2004 年并入九渡河中学
4	北京市怀柔区琉璃庙中学	1958 年	2006 年 8 月并入汤河口中学
5	北京市怀柔区庙城中学	1961 年	2006 年 8 月与庙城镇中心小学合并组建九年一贯制学校怀柔区庙城学校
6	北京市怀柔县八道河学校	1947 年	1998 年 8 月中学部师生并入雁栖中学
7	北京市怀柔县宝山寺中学	1962 年	2002 年 9 月与碾子中学合并，更名宝山中学
8	北京市怀柔县北宅中学	1968 年	1998 年并入怀柔区桥梓中学
9	北京市怀柔县长哨营中学	1968 年	1998 年与七道河满族中学合并，更名长哨营满族中学
10	北京市怀柔县九渡河中学黄坎分校	1970 年	1998 年 11 月并入九渡河中学
11	北京市怀柔县碾子中学	1967 年	2002 年 9 月与宝山寺中学合并，更名宝山中学
12	北京市怀柔县七道河满族中学	1958 年	1998 年与长哨营中学合并，更名长哨营满族中学
13	北京市怀柔县崎峰茶中学	1967 年	1998 年 11 月并入琉璃庙中学
14	北京市怀柔县沙峪中学	1958 年	1998 年 8 月，与三渡河中学合并组建渤海中学
15	北京市怀柔县师范学校	1949 年	1999 年 9 月恢复红螺寺中学校名
16	北京市怀柔县雁栖中学	1968 年	2001 年 8 月与雁栖镇中心小学合并组建九年一贯制学校雁栖学校
17	北京铁路局怀北铁路子弟学校	1980 年	2005 年 7 月并入怀北中学

表 89　　2010 年怀柔区教委直属事业单位一览表

序号	单位名称	成立时间	地址	沿革
1	北京市怀柔区教科研中心	1961 年	怀柔区金台园 315 号	前身为怀柔县教师进修学校。1994 年 2 月电教馆、教科所并入。1996 年 10 月与首师大成人教育学院联合办学，挂牌首都师范大学怀柔分院。2002 年更现名。职责为开展教育科研、师训干训及信息技术普及与推广，为中小学提供教育教学业务指导与咨询。2008 年，与北京教育学院联合办学，成为北京教育学院怀柔分院
2	北京市怀柔区教育技术设备中心	1994 年	怀柔区雁栖镇雁栖红绿灯西 200 米（雁栖学校东侧）	初名怀柔县教育技术装备部，2002 年 6 月与原教育局仓库合并成立怀柔区教育技术设备中心

续表 89

序号	单位名称	成立时间	地址	沿革
3	北京市怀柔区教育考试中心	2002 年	怀柔区迎宾北路 7 号	主要职责是全面负责组织区内的小学入学、小学升初中、高级中等学校、普通高等学校、成人高等学校、高等教育自学招生工作
4	北京市怀柔区学生活动管理中心	2004 年	怀柔区北大街 43 号	1990 年成立怀柔区少年宫筹备处。1998 年政府投资 2900 万元开始兴建少年宫。2000 年少年宫筹备处更名为怀柔区学生活动管理管理中心。2001 年年底中心大楼竣工，建筑总面积 9074 平方米。2004 年 6 月 1 日，学生活动管理中心正式启动
5	北京市怀柔区中小学卫生保健所	1982 年	怀柔区金台园 35 号	承担全区中小学生健康教育与健康促进、体质健康监测、毕业生体检、传染病和常见病防控、学校卫生监督、突发公共卫生事件长效管理、学校卫生技术人员的培训和管理。并承担着国家教育部下达的全国学生体质调研监测任务等工作
6	北京市怀柔社区教育中心	2004 年 11 月	怀柔城区迎宾北路 7 号	主要职责是负责全区社区教育的统筹、协调、管理工作，指导社区教育教育教学改革，创建学习型学习型组织，统筹指导农村、企业组织的综合教育改革，巩固扫盲成果，举办各级各类资质证书培训和岗位培训

平谷区

（2002 年 4 月，平谷县撤县设区，改称平谷区）

幼儿园

北京市平谷区第一幼儿园

园址：北京市平谷区幸福小区 13 号

1979 年建园。2008 年 8 月，由于原址翻建改造，暂时搬迁到平谷第八小学院内。2010 年 9 月园所回迁。2010 年，被评为北京市一级一类园所。2010 年，该园为教育部门办园，日托制。建筑面积 5335 平方米，幼儿活动场地 2125 平方米，绿化用地 1125 平方米。图书室藏书 1 万余册，固定资产总值 276.9 万元。教职工 68 人。开设教学班 14 个。幼儿入园 230 人，离园 120 人，在园 433 人。党支部书记、园长马永彬。

北京市平谷区第二幼儿园

园址：平谷区幸福胡同 12 号

1984 年建园。2006 年被评为北京市一级一类园。2010 年，被评为北京市示范幼儿园。2010 年，该园为教育部门办园，日托制。占地面积 3981 平方米、建筑面积 3567 平方米，体育场面积 1200 平方米。图书室藏书 1.17 万册。固定资产总值 369.58 万元。教职工 71 人，其中专任教师 51 人。开设教学班 16 个。幼儿入园 225 人，离园 202 人，在园 672 人。党支部书记、园长刘秀银。

北京市平谷区第三幼儿园

园址：北京市平谷区平谷镇滨河小区 1 2 号

1993 年建园。2005 年，被评为北京市的一级一类园。2007 年，被评为为北京市示范幼儿园。2010 年，该园为教育部门办园，日托制。占地面积 6317 平方米，建筑面积 3675 平方米，户外活动场地达 3521 平方米。图书室藏书 6000 册。固定资产总值 376 万元。教职工 53 人。设教学班 13 个。幼儿入园 150 人，离园 100 人，在园 500 人。党支部书记、园长于桂华。

北京市平谷区第四幼儿园

园址：北京市平谷区金乡西小区 42 号

1995 年建园。2007 年，被评为北京市一级一类幼儿园。2010 年，该园为教育部门办园，日托制，是市级特殊教育基地。占地面积 5000.25 平方米，校舍建筑面积 3576.06 平方米。固定资产 529 万元。教职工 57 人，其中专任教师 32 人，保育员 16 人，全部专科以上学历。开设教学班 16 个。幼儿园入园 180 人，离园 130 人，在园 720 人。

表 90　　2010 年平谷区幼儿园一览表

序号	幼儿园名称	建园时间	举办者
1	北京市平谷区第一幼儿园	1979 年	教育部门办
2	北京市平谷区第二幼儿园	1984 年	教育部门办
3	北京市平谷区第三幼儿园	1993 年	教育部门办

续表 90

序号	幼儿园名称	建园时间	举办者
4	北京市平谷区第四幼儿园	1995 年	教育部门办
5	北京市平谷区北台头幼儿园	—	其他部门办
6	北京市平谷区大华山中心园	1989 年	其他部门办
7	北京市平谷区大旺务幼儿园	2006 年	其他部门办
8	北京市平谷区大旺务幼儿园	1989 年	其他部门办
9	北京市平谷区大兴庄中心幼儿园	1989 年	其他部门办
10	北京市平谷区东高村中心幼儿园	1989 年	其他部门办
11	北京市平谷区东古幼儿园	2007 年	其他部门办
12	北京市平谷区东辛撞幼儿园	1978 年	其他部门办
13	北京市平谷区峰台幼儿园	—	其他部门办
14	北京市平谷区韩庄中心幼儿园	1978 年	其他部门办
15	北京市平谷区黑豆峪幼儿园	1987 年	其他部门办
16	北京市平谷区红石坎幼儿园	1980 年	其他部门办
17	北京市平谷区黄松峪中心幼儿园	1989 年	其他部门办
18	北京市平谷区纪太务幼儿园	1986 年	其他部门办
19	北京市平谷区靠山集中心幼儿园	1990 年	其他部门办
20	北京市平谷区乐政务幼儿园	1987 年	其他部门办
21	北京市平谷区刘家店幼儿园	1990 年	其他部门办
22	北京市平谷区马昌营中心幼儿园	1984 年	其他部门办
23	北京市平谷区马坊中心幼儿园	1988 年	其他部门办
24	北京市平谷区门楼中心幼儿园	1987 年	其他部门办
25	北京市平谷区南定福幼儿园	1988 年	其他部门办
26	北京市平谷区南独乐河中心幼儿园	1990 年	其他部门办
27	北京市平谷区山东庄幼儿园	1989 年	其他部门办
28	北京市平谷区天井幼儿园	—	其他部门办
29	北京市平谷区王各庄幼儿园	1975 年	其他部门办
30	北京市平谷区西鹿角幼儿园	1987 年	其他部门办
31	北京市平谷区夏各庄中心幼儿园	1990 年	其他部门办
32	北京市平谷区熊儿寨乡熊儿寨中心	1989 年	其他部门办
33	北京市平谷区峪口镇第二幼儿园	1989 年	其他部门办
34	北京市平谷区峪口镇第一幼儿园	1986 年	其他部门办
35	北京市平谷区早立庄幼儿园	1992 年	其他部门办
36	北京市平谷区镇罗营中心幼儿园	1980 年	其他部门办
37	北京市平谷区德翰双语幼儿园	2009 年	民办
38	北京市平谷区第五幼儿园	2009 年	民办
39	北京市平谷区东方幼儿园	2010 年	民办
40	北京市平谷区哆来咪幼儿园	2010 年	民办
41	北京市平谷区乐乐幼儿园	2010 年	民办
42	北京市平谷区农娃幼儿园	2010 年	民办
43	北京市平谷区人子幼儿园	2010 年	民办
44	北京市平谷区顺爱幼儿园	2010 年	民办
45	北京市平谷区思琦幼儿园	2010 年	民办
46	北京市平谷区小红帽艺术幼儿园	2010 年	民办
47	北京市平谷区小树人幼儿园	2010 年	民办
48	北京市平谷区小星星幼儿园	2009 年	民办

续表 90

序号	幼儿园名称	建园时间	举办者
49	北京市平谷区小雨点幼儿园	2010 年	民办
50	北京市平谷区峪口镇新世纪幼儿园	2009 年	民办
51	北京市平谷区育明学校	2009 年	民办

说明："—"为资料缺失

小学

北京市平谷区安固中心小学

校址：平谷区夏各庄镇安固村后街 127 号

前身是 1952 年在古庙内建立的平谷县安固小学。1958 年改为安固中心小学。1965 年复名为平谷县安固小学。1989 年，中心小学由夏各庄迁到安固小学，安固小学再次更名为安固中心小学。1990 年，下属夏各庄小学、张各庄小学、马各庄小学、杨庄户小学、稻地小学、杨各庄小学、纪太务小学、王都庄小学、陈太务小学、魏太务小学、南太务小学、贤王庄小学、龙家务小学。2001 年，成立夏各庄学区，办公地点设在安固中心小学。2010 年学区下属 2 所小学，分别是安固中心小学和夏各庄小学。学区占地面积 56785 平方米，建筑面积 10044 平方米。操场面积 23456 平方米。图书馆藏书 5.5 万册。固定资产总值 595.3 万元。教职工 116 人，其中专任教师 89 人。开设教学班 31 个，毕业 106 人，招生 89 人，在校生 602 人。党支部书记、校长耿殿春。

北京市平谷区北杨桥中心小学

校址：平谷区峪口镇北杨家桥中路 42 号

前身是始建于 1947 年的北杨家桥学校。1951 年改名为北杨家桥小学。1977 年改为北杨家桥中心小学。1990 年，下属梨各庄小学、胡辛庄小学、坨寺小学、大官庄小学、云峰寺小学。2001 年，成立峪口第二学区，设在北杨桥中心小学。2010 年，学区下设北杨桥中心小学和大官庄小学。总占地面积 31349 平方米，校舍建筑面积 4282 平方米。固定资产总值 360.4 万元。专任教师 43 人。毕业 52 人，招生 52 人，在校学生 319 人。开设教学班 15 个。党支部书记、校长史振泉。

北京市平谷区城关第四小学

校址：平谷区保安街 57 号

1989 年建校。2005 年 7 月，平谷区下纸寨小学并入。2010 年 7 月，平谷区上纸寨小学并入。2010 年，学校占地面积 18000 平方米，建筑面积 1500 平方米。体育场（馆）面积 1 万平方米。图书馆藏书 3.38 万册。固定资产总值 717 万元。教职工 117 人，其中，专任教师 79 人，市级骨干教师 1 人。开设教学班 26 个。毕业 240 人，招生 164 人，在校生 1132 人。党支部书记陈凤良，校长朱浩云。

北京市平谷区大华山中心小学

校址：平谷区大华山镇大华山村 122 号

前身是始建于 1944 年的大华山学校。1952 年改为大华山中心小学。1990 年，下属梯子峪小学、砖瓦窑小学、麻子峪小学、东辛撞小学、瓦关头小学、西牛峪小学、西长峪小学、挂甲峪小学、李家峪小学、水峪小学、苏子峪小学、陈庄子小学、西峪小学、小峪子小学、大峪子小学、前北宫小学、后北宫小学。1993 年，香港华达投资集团董事局主席李晓华在后北宫村投资，建 3000 多平方米的教学楼，后北宫小学改名为后北宫晓华小学。2001 年 11 月，东辛撞小学与北京卷烟厂建立长期助学关系，东辛撞小学正式更名为中南海爱心小学。同年，大华山中心小学改名为大华山学区。2006 年 4 月，中南海爱心小学更名为中南海爱心民族小学。经学校布局调整。2010 年，大华山学区下辖大华山中心小学、后北宫晓华小学和中南海爱心民族小学 3 所完小。学区占地面积 44946 平方米，其中建筑面积 11212 平方米。图书馆藏书总计 4.4 万册。学校固定资产 774.67 万元，普通教室数 26 个，专用教室 29 个。教职工 104 人，其中专任教师 89 人。毕业生 99 人，招生 67 人，在校生 503 人。开设教学班 26 个。党支部书记、校长孟红。

北京市平谷区第一小学

校址：平谷区建设西街 3 号

1978 年建校，初名平谷县城关第一小学。2002 年 6 月，改名平谷区第一小学。2006 年 9 月，一、二年级 14 个教学班迁入原平谷特教中心教学楼，成立低年级部。2010 年，学校占地面积 24814.46 平方米，建筑面积 9741.82 平方米。操场面积 4216 平方米。图书室藏书 4 万余册。固定资产总值 756.6 万元。教职工 129 人，其中，专任教师 103 人；高级职称教师 1 人，市级骨干教师 4 人。开设教学班 41 个。毕业生 299 人，招生 248 人，在校生 1577 人。党支部书记刘立荣，校长陈峰。

北京市平谷区第二小学

校址：平谷区平谷镇园田街 8 号

1954 年建校，初名平谷县建设街小学，1981 年，改名为平谷县城关第二小学。1991 年，成为平谷县教育局直属小学，改现名。1999 年 8 月，平谷县园田队小学并入，迁现址。2010 年，学校占地面积 33000 平方米，建筑面积 6800 平方米。图书室藏书 2.6 万册，订阅杂志、报纸 75 种。固定资产总值 412 万元。教职工 105 人，其中，专任教师 72 人；高级职称教师 1 人，北京市骨干教师 4 人。开设教学班 29 个。毕业 169 人，招生 217 人，在校生 1060 人。党支部书记张杰兰，校长贾全旺。

北京市平谷区第三小学

校址：平谷区建设街南小区 1 号

1986 年建校，初名平谷县师范附属小学。2002 年，改现名。同年，平谷区西寺渠小学并入。2010 年，学校占地面积 10750 平方米，建筑面积 4580 平方米，体育场（馆）面积 4800 平方米。图书室藏书 26000 册。固定资产总值 586 万元。教职工 98 人，其中，专任教师 67 人，市级骨干教师 1 人。开设教学班 25 个。毕业 243 人，招生 149 人，在校生 947 人。党支部书记、校长杨玉金。

北京市平谷区第五小学

校址：平谷区海关西园 7 号

1992 年建校，隶属平谷城关学区。1995 年 6 月，变更为教育局直属小学。1995 年平谷县岳各庄小学并入。2010 年，平谷区赵各庄小学并入。2010 年，学校占地面积 14331 平方米，建筑面积 5767 平方米。图书馆藏书 4 万册。教职工 93 人，其中，专任教师 69 人；高级职称教师 3 人，市级骨干教师 2 人。开设教学班 23 个。毕业 799 人，招生 108 人，在校生 153 人。校训：团结友爱，勤奋好学。党支部书记王晓峰，校长王志金。

北京市平谷区第六小学

校址：平谷区金乡西小区 48 号

1996 年 9 月建校。1997 年 2 月，平谷县贾各庄小学部分学生并入。2010 年，学校占地面积 13000 平方米，建筑面积 6000 平方米，体育场（馆）面积 4000 平方米。图书室藏书 5 万册。固定资产总值 911 万元。教职工 110 人，其中，专任教师 86 人，市级骨干教师 4 人。开设教学班 35 个。毕业 265 人，招生 158 人，在校生 1179 人。党支部书记周明所，校长张连翔。

北京市平谷区第七小学

校址：平谷区平谷镇西鹿角村东

1997 年建校，由平谷县城关学区下属东鹿角小学、西鹿角小学、北台头小学合并组建。2010 年，学校占地面积 22922 平方米，建筑面积 7714 平方米，体育场（馆）面积 13300 平方米。图书室藏书 1.6 万册。固定资产总值 742.7 万元。普通教室 20 个，专用教室 11 个，实验室 1 个。教职工 51 人，其中，专任教师 35 人，市级骨干教师 1 人。开设教学班 12 个。毕业 75 人，招生 70 人，在校生 408 人。党支部书记、校长郑玉龙。

北京市平谷区第八小学

校址：平谷区兴谷开发区中罗庄村南

2004 年建校。2005 年 9 月投入使用。同年，平谷区中罗庄小学并入。2006年，平谷区中胡务小学并入。2010年，学校占地面23478.73平方米，建筑面积9754平方米。体育运动场7038平方米，图书室藏书3.5万余册。固定资产总值352万元。教职工69人，其中，专任教师54人，高级职称教师2人。开设教学班24个。毕业生123人，招生133人，在校生767人。党支部书记、校长李再成。

北京市平谷区第九小学

校址：平谷区王辛庄镇校园路2号

1939年建公立小辛寨学校，1952年改名为小辛寨完全小学，1958年改为小辛寨中心小学。2006年改现名。2010年，学校下属上营小学。有普通教室24个、专用教室9个。教职工103人，其中，专任教师68人，市级骨干教师1人。开设教学班24个。毕业86人，招生72人，在校生496人。党支部书记、校长张金旺。

北京市平谷区东高村中心小学

校址：平谷区东高村镇西高村西侧

1951年，在东高村泉水山下的临泉寺建立东高村完全小学。1973年，改名为平谷县东高村小学。1983年改为东高村中心小学。1990年，中心校下属东高村中心小学、大旺务小学、赵家务小学、西高村小学、南埝头小学、克头小学。2001年，设立东高村镇第一学区办公地点仍在东高村中心小学。2004年南埝头小学撤销并入东高村中心小学。2010年，学区下属3所完全小学:东高村中心小学、赵家务小学、大旺务小学。学区总计25个教学班，在校学生467人。占地面积29464平方米，建筑面积9628平方米。教职工102人，其中专任教师78人。毕业55人，招生61人，在校生467人。党支部书记、校长高君。

北京市平谷区放光中心小学

校址：平谷区王辛庄镇放光东路3号

始建于1950年。1990年，放光中心小学下属北辛庄小学、西杏园小学、井峪小学、许家务小学、杨家会小学、莲花潭小学、翟各庄小学、乐政务小学。2001年，成立王辛庄第二学区，办公地点仍在放光中心小学。至2010年，学区下辖放光中心小学、北辛庄小学。2010年，学区学校占地面积20170平方米，建筑面积5200平方米。普通教室12个，专用教室14个。教职工69人，其中专任教师44人，北京市骨干教师1人。开设教学班12个。在校生301人。开设教学班12个。毕业57人，招生44人，在校生301人。党支部书记、校长刘建新。

北京市平谷区黄松峪中心小学

校址：平谷区黄松峪村东街275号

前身是始建于1952年的黄松峪完全小学，1958年，改为黄松峪中心小学，办寄宿制学校。1991年，黄松峪中心小学下属黄松峪中心小学、黑豆峪小学、塔洼小学、大东沟小学、白云寺小学。1994年在黄松峪村东建教学楼，1995年投入使用，学校占地面积8343平方米，建筑面积4479平方米，体育场面积4486平方米。1995年改名为颐安中心小学。1999年又改为黄松峪中心小学。2001年9月，设立黄松峪学区，办公地点仍设在黄松峪中心小学。2010年，黄松峪学区下属小学只有黄松峪中心小学，总占地面积8343平方米，建筑面积4479平方米，操场面积4486平方米，健身房面积30平方米。图书室藏书2万册。固定资产总值368万元。普通教室8个，专用教室8个，实验室2个。教职工46人，其中专任教师26人。毕业41人，招生25人，在校生172人，住宿生62人。开设8个教学班。党支部书记、校长杨德胜。

北京市平谷区金海湖第二小学

校址：平谷区金海湖镇靠山集大街47号

前身是始建于1965年彰作初级小学。1980年改为平谷县彰作小学，1987年改为彰作中心小学。1990年，下属红石坎小学、将军关小学、黑水湾小学、东上营小学、郭家屯小学、中心村小学。1993年，香港新球集团董事长廖新源先生投资100万元，在平谷区金海湖镇靠山集大街47号建成靠山集小学教学楼，1995年9月，新教学楼落成并投入使用，中心校迁到靠山集小学。1997年，中心校改为靠山集学区，仍设在靠山集小学。2004年4月，靠山集小学更名为平谷区金海湖第二小学。2008年至2010年，将军关小学、红石坎小学、中心村小学、黑水湾小学合并到金海湖第二小学。2010年，北京市平谷区金海湖第二小学无下属学校，占地面积19109平方米，建筑面积5045平方米，体育场（馆）面积13600平方米。图书室藏书2.9万册。学校固定资产总值916.6万元。普通教室15个，劳动、美术、音乐、心理咨询、实验等专用教室6个。教职工95人，其中专任教师89人。毕业生88人，招生46人，在校生411人，寄宿生285人。开设教学班15个。党支部书记、校长闫国义。

北京市平谷区金海湖第一小学

校址：平谷区金海湖镇韩庄北街179号

前身是始建于1945年的韩庄学校。1955年改为韩庄小学。1991年更名为韩庄中心小学。2001年，成立韩庄学区，设在韩庄中心小学。2004年2月，韩庄学区更名为金海湖第一小学（学区名）。2009年9月，韩庄中心小学、洙水小学、祖务小学、上宅小学合并到原金海湖第一中学校址集中办学，改称金海湖第一小学（学校名）。2010年，学校占地面积52041平方米，建筑面积10301平方米，体育场（馆）面积18277平方米。图书室藏书7.73万册，固定资产总值1161.22万元。普通教室数36个，专用教室和实验室15个。教职工88人。开设18个教学班。在校生381人，寄宿生300余人。党支部书记、校长王瑞宝。

北京市平谷区刘家店中心小学

校址：平谷区刘家店镇刘家店村西路56号

前身为始建于1938年公立寅洞学校。1952年改名为寅洞小学。1984年改名为刘家店中心小学。1990年，下辖前吉山小学、北吉山小学、孔城峪小学、万家庄小学、胡家店小学、刘家店小学。2001年，成立刘家店学区，设在刘家店中心小学。经学校调整，2010年，刘店学区只有中心小学1所学校，占地面积20428.8平方米，建筑面积6146平方米。体育场（馆）面积8423平方米。图书室藏书19997册，固定资产总值678.94万元。普通教室8个，专用教室7个，实验室1个。教职工51人，其中专任教师36人。党支部书记、校长陈晓东。

北京市平谷区马昌营中心小学

校址：平谷区马昌营镇马昌营村

前身是始建于1948年的公立马昌营高级小学。1950年春改为马昌营完全小学。1951年，成立马昌营中心校，马昌营小学改称为马昌营中心小学。1990年，中心小学下属王各庄小学、东双营小学、东陈各庄小学、西陈各庄小学、毛官营小学、海子村小学、天井小学、南定福小学、屹头小学、前芮营小学。2001年马昌营中心校改称为马昌营学区，办公地点仍设在马昌营中心小学。2010年，马昌营学区下属3所马昌营中心小学、王各庄小学、东双营小学，总占地面积35450平方米，建筑面积8000平方米。教职工76人，共开设教学班24个。在校生450人。党支部书记、校长张立芹。

北京市平谷区马坊中心小学

校址：平谷区马坊镇二条北街7号

始建于1929年2月，是美国基督教长老会贺约翰创建的私立学校，位于马坊西大街，名为私立崇实小学。1945年学校停办。1946年由平谷县民主政府在原址复办小学，改名为平谷县马坊小学。1947年再次停办。1949年在西大街小学校址在办完全小学。20世纪60年代初迁到现址。1979年改名为马坊中心小学。1990年，下属河北村小学、李蔡街小学、石佛寺小学、三条街小学、小屯小学、东店小学、塔寺小学、蒋里庄小学、西大街小学。2001年，成立马坊第一学区，办公地点设在马坊中心小学。至2010年，马坊第一学区下属马坊中心小学、东店小学、早立庄小学。三校占地面积37411平方米，建筑面积6718平方米，体育场面积12540平方米。图书室藏书38790册。普通教室18个，专用教室12个，实验室3个。教学班18个，学生384人。教职工63人。党支部书记、校长康丙春。

北京市平谷区门楼中心小学

校址：平谷区东高村镇北张岱中路94号

前身即1944年在本村大庙建立的公立北张岱学校。1955年改名为北张岱完全小学。1979年改称北张岱中心小学。1990年，中心校下属北张岱中心小学、高庄小学、南宅小学、普贤屯小学、青杨屯小学、门楼庄小学、南张岱小学、辛撞小学。1993年7月，中心校在现址新教学楼，改称门楼中心小学，原北张岱中心小学大部分学生都迁入新校址，只保留了北张岱村的低年级、中年级的学生，北张岱中心小学改名为北张岱小学。1995年12月，市教委将门楼中心小学安塞腰鼓队命名为“北京市银帆艺术团腰鼓队”。2001年，门楼中心小学更名为东高村镇第二学区。2010年，东高村第二学区只有中心小学1所学校，学校占地面积28860平方米，现有在校生253人，教职工68人，其中专任教师52人。普通教室17个，专用教室7个，实验室1个。图书室藏书18689册。固定资产356.47万元。开设教学班14个。毕业56人，招生32人。党支部书记、校长张守国。

北京市平谷区南独乐河中心小学

校址：平谷区南独乐河镇南独乐河村中心校西路3号

始建于1923年，初名南独乐河公立学校，1947年改为6年制完全小学。1983年改为南独乐河中心小学。1990年，下属北独乐河小学、刘家河小学、峨嵋山小学、北寨小学、峰台小学、张辛庄小学、望马台小学、甘营小学、南山小学、新立村小学。2001年，成立南独乐河学区，办公地点设在南独乐河中心小学。2010年，南独乐河学区下属南独乐河中心小学、峨嵋山小学、望马台小学3所完小及峰台初小。2010年，中心小学占地面积51191平方米，建筑面积11271平方米。操场面积29255平方米。图书室藏书45676册。固定资产总值808万元。教职工128人，其中专任教师72人。毕业生199人，招生101人，在校生547人，开设教学班29个。普通教室31个，专用教室22个，实验室3个。党支部书记、校长许宝柱。

北京市平谷区山东庄中心小学

校址：平谷区山东庄镇山东庄村西大街173号

学校始建于1932年。当年山东庄村建立两所学校：一所是山东庄初级小学，另一所是山东庄女子小学。1934年，山东庄女子小学撤销，学生并入山东庄初级小学。1951年，山东庄初级小学改名为山东庄完全小学。1986年改为山东庄中心小学。1990年，下属北屯小学、大北关小学、小北关小学、西沥津高级小学、鱼子山小学、桥头营小学、西沥津小学、大坎小学、东洼小学、北寺小学、北辛庄小学、桃棚小学。1993年，鱼子山小学改制为局直属小学，成为北京市山区窗口校之一。2001年，成立山东庄学区，办公地点设在山东庄中心小学。2010年，学区下属山东庄中心小学和西沥津小学两所完全小学，在校生共计537人。开设24个教学班。教职工106人，其中专任教师99人，市级骨干教师1人。学校占地面积24366平方米，校舍建筑面积8324平方米，体育运动场面积8700平方米。普通教室28个，专用教室12个。固定资产总值629万元。党支部书记、校长刘爱民。

北京市平谷区熊儿寨中心小学

校址：平谷区熊儿寨乡乡儿寨东路36号

前身系始建于1931年的公立熊儿寨学校。1936年停办。1947年政府在旧址复办，1953年发展为完全小学，改为熊儿寨中心小学。1986年建新校舍。1987年学校迁址村北，办起全县第一所寄宿制小学。1990年，下属北土门小学、老泉口小学、魏家湾小学、南岔小学。2000年，魏家湾小学撤并到熊儿寨中心小学。2001年，设立熊儿寨学区，办公地点设在熊儿寨中心小学。2006年，民建北京市委捐资助学，熊儿寨中心小学挂牌熊儿寨民建中心小学。2009年11月，学校由熊儿寨大街163号迁址熊儿寨东街36号区政府投资兴建的新教学楼。至2010年，原下辖小学陆续撤并，中心小学总占地面积17213.62平方米，校舍建筑面积4300平方米。图书室藏书1.5万册。固定资产总值371.87万元。教职工30人，其中，专任教师20人。毕业23人，招生11人，在校生98人。普通教室6个，专用教室14个。党支部书记、校长杜富满。

北京市平谷区英城小学

校址：平谷区马坊镇果各庄村

前身是始建于1939年的公立英城学校，学制4年。1965年改名为英城中心小学，学制6年。1990年，下属果各庄小学、东撞小学、打铁庄小学、梨羊小学、太平庄小学、北石渠小学、河奎小学、洼里小学。2001年，成立马坊第二学区，英城中心小学改称英城小学。2010年，学区下属果各庄中心小学、英城小学。总占地面积为24396平方米，其中建筑面积2976平方米。教学班16个，在校生219人。教职工51人，其中专任教师46人。党支部书记、校长赵玉达。

北京市平谷区峪口中心小学

校址：平谷区峪口镇峪口村育才路46号

始建于1936年，初建时校名不详。1941年校名为峪口镇完全小学，学制6年。1983年改名为峪口中心小学。1990年，下属西营小学、南营小学、东凡各庄小学、西凡各庄小学、中桥小学、兴隆庄小学、胡家营小学、蔡坨小学。2001年，成立峪口镇第一学区，设在峪口中心小学。2010年，峪口镇第一学区下辖峪口中心小学、东凡各庄小学、中桥小学。总占地面积40015平方米，总建筑面积8784平方米，操场总面积15220平方米。图书室藏书19969册。固定资产总值390万元。教室27个，专用教室15个，实验室4个。教职工95人，其中专任教师77人；高级职称教师1人，市级骨干教师1人。毕业147人，招生96人，在校生570人。开设教学班27个。党支部书记、校长杜术苍。

北京市平谷区镇罗营中心小学

校址：平谷区镇罗营东街163号

前身为始建于1937年的公立镇罗营小学。1948年改名为镇罗营完全小学。1978年改为镇罗营中心小学。1990年，中心小学下属下营小学、五里庙小学、杨家台小学、上镇小学、关上小学、核桃洼小学、东寺峪小学、西寺峪小学、东牛角峪小学、见子庄小学、北四岭小学、北水峪小学、玻璃台小学。2005年8月，中心小学建立寄宿制。2010年，平谷区镇罗营学区只有镇罗营中心小学一所学校。总占地面积2.2万平方米，建筑面积4900平方米，体育操场8000平方米。图书室藏书3.20万册。固定资产总值446万元。普通教室12个，专用教室5个，实验室1个。教职工71人，其中专任教师56人。开设12个教学班，招生39人，毕业78人，在校学生269人，寄宿学生80人。党支部书记、校长叶一民。

北京市平谷区周村中心小学

校址：平谷区大兴庄镇周村东路59号

前身是始建于1945年三福庄小学，初名公立三福庄学校。1952年改名为三福庄初级小学。1976年附设初、高中班。1987年底撤销。1981年成立大兴庄中心校，学校改称三福庄中心小学。1998年8月，大兴庄中心校移至周村小学，周村小学改为周村中心小学，恢复三福庄小学。2001年，大兴庄中心校改为大兴庄学区，仍设在周村中心小学。经学校布局调整，2010年，大兴庄学区下属周村中心小学、三福庄小学（初小）。在校生497人，开设教学班22个，毕业生104人，招生196人。教职工104人，其中专任教师77人，市级骨干教师1人。学校占地面积18760平方米，建筑面积5892平方米，体育场面积7750平方米。教室22个，各种专业教室10个，图书室藏书3万册。党支部书记、校长周玉江。

表91　　2010年平谷区小学一览表

序号	学校名称	建校时间	举办者
1	北京市平谷区安固中心小学	1952年	教育部门和集体办
2	北京市平谷区北辛庄小学	1946年	教育部门和集体办

续表 91

序号	学校名称	建校时间	举办者
3	北京市平谷区北杨桥中心小学	1949 年	教育部门和集体办
4	北京市平谷区城关第四小学	1989 年	教育部门和集体办
5	北京市平谷区大官庄小学	1956 年	教育部门和集体办
6	北京市平谷区大华山中心小学	1944 年	教育部门和集体办
7	北京市平谷区大旺务小学	1948 年	教育部门和集体办
8	北京市平谷区第一小学	1978 年	教育部门和集体办
9	北京市平谷区第二小学	1954 年	教育部门和集体办
10	北京市平谷区第三小学	1986 年	教育部门和集体办
11	北京市平谷区第五小学	1992 年	教育部门和集体办
12	北京市平谷区第六小学	1996 年	教育部门和集体办
13	北京市平谷区第七小学	1997 年	教育部门和集体办
14	北京市平谷区第八小学	2004 年	教育部门和集体办
15	北京市平谷区第九小学	1939 年	教育部门和集体办
16	北京市平谷区东店小学	—	教育部门和集体办
17	北京市平谷区东樊各庄小学	1954 年	教育部门和集体办
18	北京市平谷区东高村中心小学	1936 年	教育部门和集体办
19	北京市平谷区东双营小学	1946 年	教育部门和集体办
20	北京市平谷区峨嵋山小学	1925 年	教育部门和集体办
21	北京市平谷区放光中心小学	1950 年	教育部门和集体办
22	北京市平谷区峰台小学	1911 年	教育部门和集体办
23	北京市平谷区果各庄小学	1945 年	教育部门和集体办
24	北京市平谷区后北宫晓华小学	1943 年	教育部门和集体办
25	北京市平谷区黄松峪中心小学	1952 年	教育部门和集体办
26	北京市平谷区金海湖第二小学	1965 年	教育部门和集体办
27	北京市平谷区金海湖第一小学	1945 年	教育部门和集体办
28	北京市平谷区刘家店中心小学	1938 年	教育部门和集体办
29	北京市平谷区马昌营中心小学	1948 年	教育部门和集体办
30	北京市平谷区马坊中心小学	1929 年	教育部门和集体办
31	北京市平谷区门楼中心小学	1944 年	教育部门和集体办
32	北京市平谷区南独乐河中心小学	1923 年	教育部门和集体办
33	北京市平谷区三府庄小学	1945 年	教育部门和集体办
34	北京市平谷区山东庄中心小学	1932 年	教育部门和集体办
35	北京市平谷区上营小学	1930 年	教育部门和集体办
36	北京市平谷区王各庄小学	1947 年	教育部门和集体办
37	北京市平谷区望马台小学	1936 年	教育部门和集体办
38	北京市平谷区西沥津小学	1980 年	教育部门和集体办
39	北京市平谷区夏各庄小学	1950 年	教育部门和集体办
40	北京市平谷区熊儿寨中心小学	1931 年	教育部门和集体办
41	北京市平谷区英城小学	1939 年	教育部门和集体办
42	北京市平谷区峪口中心小学	1936 年	教育部门和集体办
43	北京市平谷区早立庄小学	1992 年	教育部门和集体办
44	北京市平谷区赵家务小学	1944 年	教育部门和集体办
45	北京市平谷区镇罗营中心小学	1937 年	教育部门和集体办
46	北京市平谷区中南海爱心民族小学	1946 年	教育部门和集体办
47	北京市平谷区中桥小学	1953 年	教育部门和集体办

续表 91

序号	学校名称	建校时间	举办者
48	北京市平谷区周村中心小学	1946 年	教育部门和集体办
49	北京市平谷区王子岛实验小学	2009 年	民办

说明：“—”为资料缺失

普通中学

北京绿谷小香玉艺术学校

校址：平谷区顺兴路 2 号

1961 年建校，初名北京市平谷县大兴庄中学。2002 年更名为北京市平谷区第八中学。2003 年，北京市平谷区西柏店中学并入。2010 年 9 月，改为九年一贯制学校，改为现名，部分教师分配到平谷四中。2010 年，学校占地面积 20654 平方米，建筑面积 4922 平方米。教职工 48 人，其中，专任教师 45 人。开设教学班 3 个。毕业 0 人，招生 75 人，在校生 75 人，全部住宿。党支部书记刘军，校长小香玉。

北京师范大学附属平谷中学

校址：平谷区二环北路园丁小区 1 号

1994 年建校，初名北京市平谷县第五中学。1997 年，招高中班，成为完全中学。1998 年，平谷县第三中学高中部并入。2000 年改现名。2004 年，入选北京市示范性普通高中。

2010 年，学校占地面积 87377 平方米，建筑面积 4 万平方米、体育场（馆）面积 4512 平方米。图书馆藏书 8 万册。固定资产总值 7094 万元。普通教室 76 个，专用教室 20 个，实验室 16 个。教职工 401 人，其中，专任教师 258 人；高级职称教师 145 人，特级教师 1 人，北京市学科教学带头人 1 人，市级骨干教师 4 人。开设教学班 67 个（初中班 23 个、高中班 44 个）。毕业 986 人（初中 264 人、高中 722 人），招生 961 人（初中 236 人、高中 725 人），在校生 2888 人（初中 816 人、高中 2072 人）。党支部书记张子胜、校长杜云朋。

北京市平谷区大华山中学

校址：平谷区大华山镇大华山街 263 号

1965 年建校。2005 年，平谷区后北宫中学并入。2008 年，平谷区三元中学并入。2010 年，学校为初级中学，占地面积 31426 平方米，建筑面积 7400 平方米，体育场（馆）面积 7878 平方米。图书馆藏书 1.76 万册。固定资产总值 1027 万元。普通教室 20 个，专用教室 6 个，实验教室 5 个。教职工 122 人，其中，专任教师 69 人，高级职称教师 23 人。开设教学班 15 个。毕业 179 人，招生 77 人，在校生 521 人，包括寄宿生 338 人。党支部书记岳廷坦，校长杜淑清。

北京市平谷区第二中学

校址：平谷区城关镇南门街 2 号

1972 年建校，初名平谷县城关中学。1983 年改为北京市平谷县第二中学。2010 年，平谷区镇罗营中学并入。2010 年，学校占地面积 37923.6 平方米，建筑面积 35152 平方米，体育场（馆）面积 6000 余平方米。图书馆藏书 70000 册。普通教室 42 个，专用教室 12 个。教职工 249 人，其中，专任教师 180 人；高级职称 75 人，市级骨干教师 1 人。开设初中教学班 42 个。毕业 588 人，招生 493 人，在校生 1756 人，包括寄宿生 530 人。党支部书记、校长刘芳。

北京市平谷区第三中学

校址：平谷区文化南街 5 号

1983 年建校，系初级中学。1988 年改为完全中学。1998 年撤销高中班，恢复初级中学。2010 年，学校占地面积 34078 平方米，建筑面积 18733 平方米。图书馆藏书 52000 册。专用教室 21 个。教职工 280 人，其中专任教师 180 人；高级职称 113 人，市级骨干教师 5 人。开设教学班 52 个。毕业生 710 人，招生 630 人，在校生 2066 人，寄宿生 318 人。党支部书记、校长韩同宇。

北京市平谷区第四中学

校址：平谷区平谷镇赵各庄南街 2 号

1972 年建校，初名平谷县赵各庄联办中学。1987 年改为平谷县第四中学。1994 至 2002 年，与北京市交通学校联合办学，其间招收中专生、高中生、初中生。2005 年，挂牌北京市第十四中学平谷分校。2010 年 8 月，学校撤掉高中班，改为初中校。同年，北京市平谷区第八中学部分师生并入。

2010 年，学校占地面积 44409.84 平方米，建筑面积 9300 平方米。体育场面积 19000 平方米。图书馆藏书 8 万多册。固定资产总值 1725 万元。普通教室 29 个，专用教室 7 个，实验室 4 个。教职工 194 人。其中，专任教师 103 人；高级职称教师 32 人，市级学科带头人 2 人。开设初中教学班 29 个。招生 313 人，毕业 685 人，在校生 1540 人，包括寄宿生 504 人。党支部书记、校长杨建华。

北京市平谷区第六中学

校址：平谷区平谷镇建设街 204 号

1931 年建校，初名平谷县立乡村师范学校。1958 年更名为平谷师范学校。1998 年，平谷师范停招普师班，改招 2 个音乐、美术师资班，4 个普通高中班，加挂“平谷县师范学校”和“平谷县第六中学”两个牌子。2001 年 9 月，平谷师范学校撤销，平谷县第六中学成为独立的高级中学。2010 年，招收初中班，学校转为全日制完全中学。

2010 年，学校占地面积 35330 平方米，建筑面积 19319 平方米，体育场（馆）面积 16991.25 平方米。图书馆藏书 7 万册。普通教室 40 个，专用教室 8 个，实验室 9 个。教职工 288 人，其中，专任教师 172 人；高级职称教师 62 人，市级骨干教师 6 人。开设教学班 49 个（初中班 1 个、高中班 48 个）。毕业 602 人（高中），招生 653 人（初中 14 人、高中 639 人），在校生 2070 人（初中 14 人、高中 2056 人），寄宿生 1088 人。党支部书记张旺林，校长张子连。

北京市平谷区第七中学

校址：平谷城区王辛庄镇校园路 14 号

1965 年建校，初名王辛庄乡民办中学。1969 年，更名为北京市平谷县王辛庄中学。2002 年改现名。2007 年 7 月，平谷区杏园中学并入。2010 年，学校为初级中学，占地面积 33350 平方米，建筑面积 5236 平方米，操场面积 13329 平方米。专用教室 21 个，普通教室 22 个。教职工 165 人，其中，专任教师 74 人，高级职称教师 46 人。开设初中教学班 18 个。毕业 197 人，招生 206 人，在校生 570 人，寄宿生 260 人。党支部书记、校长胡敬奎。

北京市平谷区第九中学

校址：平谷区东高村镇西高村村南

1967 年建校，初名北京市平谷县东高村中学。2002 年 6 月，改现名。2010 年，学校占地面积 46000 平方米，建筑面积 7800 平方米，操场面积 22000 平方米。22 个普通教室，13 个专用教室。教职工 87 人，其中，专任教师 52 人，高级职称教师 6 人。开设初中教学班 13 个。毕业 98 人，招生 126 人，在校生 362 人。党支部书记刘春海，校长岳庭坦。

北京市平谷区黄松峪中学

校址：平谷区黄松峪村东大街 343 号

1964 年建校。2001 年 8 月，进行国有民办办学体制改革试点。校产国有，首先保证完成本乡辖区居民子女接受九年义务教育任务，可以面向县内外招收学生。2002 年 8 月，成立高中部，学校成为农村完全中学。2008 年 9 月 1 日，北京市平谷中学分校并入，12 月终止办学体制改革试验，转为公办寄宿制学校。2009 年 9 月，平谷区金海湖第一中学、平谷区南独乐河中学并入。同年，高中一年级停止招收新生，暂时保留高中部。2010 年 9 月，平谷区金海湖第二中学并入，黄松峪中学高中部撤销，高中学生分流到平谷中学、平谷五中、平谷六中。

2010 年，学校占地面积 44680 平方米，建筑面积 23349 平方米，体育场面积 24000

平方米。图书馆藏书 6.8 万册。固定资产总值 890.65 万元。普通教室 41 个，专用教室 6 个，实验室 5 个。教职工 381 人，其中，专任教师 186 人；高级职称教师 26 人，市级学科骨干 2 人。开设初中教学班 41 个。毕业 616 人（初中 491 人，高中 125 人），招生 286 人（全部为初中生），在校生 1336 人。党支部书记、校长李德发。

北京市平谷区刘家河联办中学

校址：平谷区南独乐河镇刘家河村西二路 13 号

1972 年建校，系初级中学。2010 年，学校占地面积 17350.65 平方米，建筑面积 4371 平方米。固定资产总值 423.97 万元。图书馆藏书 1.96 万册。教职工 46 人，其中，专任教师 32 人，高级职称教师 5 人。开设初中教学班 9 个。毕业 145 人，招生 87 人，在校生 275 人。党支部书记、校长张学立。

北京市平谷区马昌营中学

校址：平谷区马昌营镇马昌营村东古槐大街 2 号

1959 年建校。1971 年发展为完全中学。1982 年撤销高中。2010 年，学校为初级中学，占地面积 24900 平方米，建筑面积 5503 平方米，操场面积 5000 平方米。图书馆藏书 16223 册。固定资产总值 525.71 万元。普通教室 6 个，专用教室 4 个，实验室 3 个。教职工 65 人，其中，专任教师 23 人，高级职称教师 15 人。开设初中教学班 8 个。毕业 62 人，招生 56 人；在校生 187 人。党支部书记、校长井志国。

北京市平谷区马坊中学

校址：平谷区马坊镇西大街西路 8 号

1956 年建校。2006 年 7 月，北京市平谷区英城中学并入。2009 年 8 月底，由于校址改迁，暂时迁至原平谷区峪口镇杨桥中学。2010 年，学校为初级中学，占地面积 45599 平方米。藏书 5000 册。普通教室 38 个，专用教室 7 个。教职工 79 人，其中，专任教师 44 人，高级职称教师 16 人。开设初中教学班 12 个。毕业 127 人，招生 85 人，在校 307 人。党支部书记郭洪利，校长杜向亮。

北京市平谷区门楼庄中学

校址：平谷区东高村镇门侯路 3 号

1959 年建校。2010 年，学校为初级中学，占地面积 23345 平方米，建筑面积为 4003 平方米，操场面积 11351 平方米。图书馆藏书 17878 册。普通教室 10 个，专用教室 10 个。教职工 67 人，其中专任教师 33 人，高级职称教师 15 人。开设初中教学班 6 个。毕业 94 人，招生 35 人，在校生 175 人。党支部书记赵双喜，校长吴文胜。

北京市平谷区山东庄中学

校址：平谷区山东庄镇山东庄村西大街 173 号

1970 年建校，系高级中学。2008 年 6 月，学校高中部撤销。2008 年 12 月，北京市平谷中学分校并入。2010 年，学校占地面积 21322 平方米，建筑面积 5343.87 平方米，体育场（馆）面积 8960 平方米。图书馆藏书 4 万册。固定资产总值 903 万元。教职工 99 人，其中，专任教师 31 人，高级职称教师 27 人。开设初中教学班 9 个。毕业生 82 人，招生 84 人，在校生 205 人，包括寄宿生 118 人。党支部书记、校长刘军。

北京市平谷区夏各庄联办中学

校址：平谷区夏各庄镇夏各庄村北街 1 号

平谷区夏各庄联办中学 1964 年建校，系初级中学。1974 年，设农业高中班，设果林、作物种植专业，学制 2 年。1979 年撤销农业高中班。1990 年，在夏各庄村北建一座 4 层教学楼。2010 年，学校为初级中学，占地面积 15966 平方米，建筑面积 4475 平方米，体育场地面积 9433 平方米。普通教室 8 个，理化生实验室 3 个，专用教室 5 个。图书馆藏书 1.7 万册。教职工 59 人。其中，专任教师 37 人；高级职称教师 7 人，市级骨干教师 1 人。开设初中教学班 8 个。毕业 75 人，招生 49 人。在校生 211 人，其中住宿生 94 人。党支部书记、校长李志新。

北京市平谷区峪口中学

校址：平谷区峪口镇峪口西大街50号

1956年建校，初名平谷县峪口小学初中班。1958年更名为平谷县峪口中学。1965年，增设农业高中班培养兽医，次年取消。1968年发展为完全中学。1990年增办职业高中班。2002年撤销职业高中班。2008年，停止高中招生，改为初中校。2008年9月，平谷区刘店中学并入。2009年9月，平谷区杨桥中学并入。2010年，学校占地面积62972平方米，建筑面积23513平方米，体育场面积22085平方米，图书馆藏书4万册。固定资产总值1691.76万元。普通教室28个，专用教室20个，实验室6个。教职工170人，其中，专任教师82人，高级职称教师10人。开设初中教学班18个。毕业192人，招生167人，在校生533人，包括寄宿生335人。党支部书记、校长王学武。

北京市平谷区张各庄中学

校址：平谷区夏各庄镇安固村东

始建于1970年，初建时为高中校学制2年。1972年，改名为“五七”中学，设有木工、红医、文艺等职业教育班。1978年撤销职业教育班，招收初中班，成为普通完全中学，恢复张各庄中学校名。1983年，撤销高中。1994年与北京五中结成友谊学校。2010年，学校占地面积15333平方米，建筑面积4600平方米，体育场地面积9000平方米。图书馆藏书1.86万册，固定资产总值427.46万元。普通教室13个，理化生实验室各1个，专用教室5个。教职工73人，其中，专任教师52人，高级职称教师18人。开设教学班8个。毕业生92人，招生98人，在校生230人，住宿舍132人。党支部书记、校长何海江。

北京市平谷中学

校址：平谷区府前街6号

1951年建校，1955年定校名为河北平谷初级中学。1958年发展为完全中学，定名平谷中学。2002年4月23日，平谷中学与平谷体育运动学校签订联合办学协议书。平谷体育运动学校在保留原校名的基础上挂牌为北京平谷中学附属初中。2003年6月，平谷中学入选北京市示范性普通高中。1998年3月，停止招收初中班，2000年，成为纯高中校。2002年5月，平谷区农村职业技术学校改制为平谷中学分校。2008年，撤销平谷中学分校，教职工并到山东庄中学。2010年，平谷中学重建，学校暂借用平谷迎宾环岛西，原平谷第二职业学校校址上课。

2010年，学校有教职工350人，其中，专任教师204人；高级职称教师175人，特级教师3人，北京市学科教学带头人4人，市级骨干教师12人。开设教学班54个（初中班2个、高中班52个）。毕业684人（初中41人、高中643人），招生781人（全部为高中学生），在校生2337人（初中42人、高中2295人），包括寄宿生1043人。党支部书记巩福利，校长见长江。

表92　2010年平谷区普通中学一览表

序号	学校名称	建校时间	举办者
1	北京绿谷小香玉艺术学校	1961年	教育部门和集体办
2	北京师范大学附属平谷中学	1994年	教育部门和集体办
3	北京市平谷区大华山中学	1956年	教育部门和集体办
4	北京市平谷区第二中学	1972年	教育部门和集体办
5	北京市平谷区第三中学	1983年	教育部门和集体办
6	北京市平谷区第四中学	1972年	教育部门和集体办
7	北京市平谷区第六中学	1998年	教育部门和集体办
8	北京市平谷区第七中学	1965年	教育部门和集体办
9	北京市平谷区第九中学	1967年	教育部门和集体办
10	北京市平谷区黄松峪中学	1964年	教育部门和集体办
11	北京市平谷区刘家河联办中学	1972年	教育部门和集体办

续表 92

序号	学校名称	建校时间	举办者
12	北京市平谷区马昌营中学	1959 年	教育部门和集体办
13	北京市平谷区马坊中学	1956 年	教育部门和集体办
14	北京市平谷区门楼庄中学	1959 年	教育部门和集体办
15	北京市平谷区山东庄中学	1970 年	教育部门和集体办
16	北京市平谷区夏各庄联办中学	1964 年	教育部门和集体办
17	北京市平谷区峪口中学	1956 年	教育部门和集体办
18	北京市平谷区张各庄中学	1970 年	教育部门和集体办
19	北京市平谷中学	1951 年	教育部门和集体办
20	北京市平谷区育才中学	2001 年	民办

特殊教育学校

北京市平谷区特教中心

校址：平谷区建设西街 6 号

前身是 1976 年在北京市平谷县南独乐河开办的聋哑班。1980 年独立建校，校名北京市平谷县聋哑学校。1994 年，开始招收智障学生。同年，平谷县在聋哑学校内成立平谷县特教中心，全县听残儿童 50 人，智残儿童 358 人全部入学。1995 年，特教中心建立北京市第二家地市级语言康复部，同时挂牌平谷残疾儿童康复指导中心。2003 年，成立脑瘫儿童康复训练中心。2007 年 6 月，区编办同意学校加挂北京市平谷区特教中心牌，不增加事业编制和干部职数。2007 年 9 月，成立平谷区第一家智力成年人职业劳动康复站，形成“学前康复训练—小学—初中—职业教育—随班就读教研、教学指导”一条龙的办学格局，成为听残、智残、脑瘫、孤独症、多重残疾教育平衡发展的综合性寄宿制特殊教育学校。

2010 年，学校占地面积 6816.74 平方米，建筑面积 4560 平方米。图书馆藏书 2 万册。固定资产总值 304 万元。普通教室 16 个，专用教室 10 个，实验室 1 个。教职工 64 人，其中，专任教师 40 人；高级职称教师 3 人，市级骨干教师 2 人。开设教学班 16 个。毕业 17 人，招生 14 人，在校生 142 人。在校生中，聋生 42 人，智障 70 人，脑瘫儿童 12 人，孤独症儿童 6 人，多重残疾 12 人。党支部书记、校长张晓成。

附表

表 93　　1991—2010 年平谷区小学撤并更名一览表

序号	学校名称	建校时间	撤并或更名说明
1	北京市平谷区白各庄小学	1946 年	2003 年撤并到周村中心小学
2	北京市平谷区北城子小学	1933 年	2009 年撤并到周村中心小学
3	北京市平谷区北独乐河小学	1945 年	2006 年撤销
4	北京市平谷区北埝头小学	1945 年	2002 年撤并到唐庄子小学
5	北京市平谷区北土门小学	1946 年	2008 年撤并到熊儿寨民建中心小学
6	北京市平谷区北辛庄小学	1946 年	2005 年撤并到西沥津高级小学
7	北京市平谷区北寨小学	1945 年	2004 年撤并到南独乐河中心小学
8	北京市平谷区北张岱小学	1944 年	2001 撤销
9	北京市平谷区彩虹小学	1953 年	2005 年撤并到镇罗营中心小学
10	北京市平谷区蔡坨小学	1943 年	2003 年撤并到峪口中心小学
11	北京市平谷区打铁庄小学	1947 年	2003 年撤并到英城小学

续表 93

序号	学校名称	建校时间	撤并或更名说明
12	北京市平谷区大兴庄小学	1943 年	2002 年撤并到三福庄小学
13	北京市平谷区稻地小学	1927 年	2003 年撤并到安固中心小学
14	北京市平谷区东撞小学	1950 年	2007 年撤并到英城小学
15	北京市平谷区甘营小学	1934 年	2007 年撤销
16	北京市平谷区关上小学	1948 年	2010 年撤并至中心小学
17	北京市平谷区管庄子小学	1943 年	2003 年撤并到周村中心小学
18	北京市平谷区郭家屯小学	1962 年	2000 年撤并到靠山集中心小学
19	北京市平谷区韩屯小学	1947 年	2009 年撤并到周村中心小学
20	北京市平谷区韩庄中心小学	1945 年	2004 年更名为金海湖第一小学
21	北京市平谷区黑豆峪小学	1945 年	2010 年撤并到黄松峪中心小学
22	北京市平谷区黑水湾小学	1963 年	2010 年并入金海湖第二小学
23	北京市平谷区红石坎小学	1963 年	2010 年并入金海湖第二小学
24	北京市平谷区胡家营小学	1944 年	2005 年撤并到峪口中心小学
25	北京市平谷区胡庄小学	1938 年	2008 年撤并到韩庄中心小学
26	北京市平谷区滑子小学	1920 年	2000 年撤并到上宅小学
27	北京市平谷区纪太务小学	1958 年	2010 年撤并到夏各庄小学
28	北京市平谷区将军关小学	1952 年	2008 年撤并到金海湖第二小学
29	北京市平谷区井峪小学	1947 年	2007 年撤并至北辛庄小学
30	北京市平谷区靠山集中心小学	1995 年	2004 年更名为平谷区金海湖第二小学
31	北京市平谷区克头小学	1952 年	2007 年并入赵家务小学
32	北京市平谷区乐政务小学	1950 年	2001 年撤并到西杏园小学
33	北京市平谷区莲花潭小学	1950 年	2002 年撤销
34	北京市平谷区刘家店小学	1945 年	2003 年撤并到前吉山小学
35	北京市平谷区刘家河小学	1932 年	2008 年撤销
36	北京市平谷区龙家务小学	1979 年	2002 年撤并到马各庄小学
37	北京市平谷区鲁各庄小学	1949 年	2006 年撤并到周村中心小学
38	北京市平谷区马各庄小学	1959 年	2008 年撤并到平谷二小
39	北京市平谷区南埝头小学	1949 年	2004 年撤并到东高村中心小学
40	北京市平谷区南山村小学	1946 年	2005 年撤并到南独乐河中心小学
41	北京市平谷区南太务小学	1977 年	2003 年并入夏各庄小学
42	北京市平谷区普贤屯小学	1958 年	2008 年并入门楼庄中心小学
43	北京市平谷区前北宫小学	1946 年	2005 年撤并到后北宫小学
44	北京市平谷区前吉山小学	1982 年	2008 年并入寅洞中心小学
45	北京市平谷区青杨屯小学	1952 年	2002 年 7 月并入门楼庄中心小学
46	北京市平谷区上镇小学	1964 年	2006 年撤并到镇罗营中心小学
47	北京市平谷区上纸寨小学	1945 年	2010 年合并到平谷区第四中心小学
48	北京市平谷区塔洼小学	1950 年	2004 年撤并到黄松峪中心小学
49	北京市平谷区太后小学	1932 年	2006 年并入平谷区上营小学
50	北京市平谷区唐庄子小学	1946 年	2009 年撤并到周村中心小学
51	北京市平谷区万家庄小学	1946 年	2003 年并入刘家店中心小学
52	北京市平谷区五里庙小学	1964 年	2001 年撤并到关上小学
53	北京市平谷区西凡各庄小学	1946 年	2008 年撤并到峪口中心小学
54	北京市平谷区西高村小学	1952 年	2007 年撤销并入东高村中心小学
55	北京市平谷区西谷小学	1947 年	2010 年并入小辛寨中心小学
56	北京市平谷区西杏园小学	1950 年	2007 年撤并至北辛庄小学

续表 93

序号	学校名称	建校时间	撤并或更名说明
57	北京市平谷区西峪小学	1950 年	2005 年撤并到中南海爱心小学
58	北京市平谷区下营小学	1968 年	2004 年撤并到镇罗营中心小学
59	北京市平谷区下纸寨小学	1947 年	2005 年并入平谷第四中心小学
60	北京市平谷区小峪子小学	1946 年	2007 年撤并到大华山中心小学
61	北京市平谷区兴隆庄小学	1950 年	2008 年撤并到峪口中心小学
62	北京市平谷区熊儿寨中心小学	1931 年	2006 年更名为熊儿寨民建中心小学
63	北京市平谷区许家务小学	1945 年	2003 年撤并到放光中心小学
64	北京市平谷区杨各庄小学	1957 年	2003 年撤并到马各庄小学
65	北京市平谷区杨家会小学	1944 年	2003 年撤并到放光中心小学
66	北京市平谷区鱼子山小学、	1955 年	2010 年并入山东庄中心小学
67	北京市平谷区云峰寺小学	1947 年	2006 年撤并到大官庄小学
68	北京市平谷区张各庄小学	1957 年	2002 年撤并到安固中心小学
69	北京市平谷区张辛庄小学	1931 年	2007 年撤销
70	北京市平谷区赵各庄小学	1947 年	2010 年并入平谷区第五小学
71	北京市平谷区中胡家务小学	1945 年	2006 年并入平谷区第八小学
72	北京市平谷区中罗庄小学	1949 年	2005 年并入平谷八小
73	北京市平谷区中心村小学	1963 年	2010 年并入金海湖第二小学
74	北京市平谷区洙水小学	1928 年	2009 年并入金海湖第一小学
75	北京市平谷区祖务小学	1944 年	2009 年并入金海湖第一小学
76	北京市平谷县北吉山小学	1982 年	1993 年 9 月撤并到前吉山小学
77	北京市平谷县北台头小学	1939 年	1997 年与西鹿角小学东鹿角小学、北台头小学组建成立平谷县平谷第七小学
78	北京市平谷县北张岱中心小学	1944 年	1993 年更名北张岱小学
79	北京市平谷县陈庄子小学	1948 年	2001 年撤并到大华山中心小学
80	北京市平谷县城关第二小学	1954 年	1991 年更名为平谷县第二小学
81	北京市平谷县城关第一小学	1978 年	2002 年更名为北京市平谷区第一小学
82	北京市平谷县翟各庄小学	1950 年	2001 年撤销
83	北京市平谷县东鹿角小学	1929 年	1997 年与西鹿角小学、北台头小学组建成立平谷县平谷第七小学
84	北京市平谷县东辛撞小学	1946 年	2001 年更名为平谷县中南海爱心小学。2006 年更名为平谷区中南海爱心民族小学
85	北京市平谷县河北村小学	1946 年	1992 年撤并到早立庄小学
86	北京市平谷县后北官小学	1943 年	1993 年更名后北宫晓华小学
87	北京市平谷县胡家店小学	1946 年	1999 年撤并到刘家店中心小学
88	北京市平谷县李家峪小学	1947 年	2000 年撤销
89	北京市平谷县苏子峪小学	1969 年	2000 年撤销
90	北京市平谷县天井小学	1968 年	2000 年合并到王各庄小学
91	北京市平谷县洼里小学	1943 年	1998 年撤并到果各庄小学
92	北京市平谷县西鹿角小学	1931 年	1997 年与东鹿角小学、北台头小学组建成立平谷县平谷第七小学
93	北京市平谷县西营小学	1943 年	1998 年撤并到峪口中心小学
94	北京市平谷县杨家台小学	1953 年	2001 年改名为平谷县彩虹小学
95	北京市平谷县英城中心小学	1939 年	1998 年更名英城小学
96	北京市平谷县岳各庄小学	1946 年	1995 年并入平谷县第五小学
97	北京市平谷县彰作小学	1965 年	2000 年撤并到靠山集中心小学
98	大北京市平谷区峪子小学	1941 年	2007 年撤并到大华山中心小学

表 94　　1991—2010 年平谷区普通中学撤并更名一览表

序号	学校名称	建校时间	撤并或更名说明
1	北京市平谷区大兴庄中学	1961 年	2002 年更名为北京市平谷区第八中学
2	北京市平谷区第八中学	1961 年	2010 年更名为北京绿谷小香玉艺术学校
3	北京市平谷区东高村中学	1967 年	2002 年更名为平谷区第九中学
4	北京市平谷区后北宫中学	1971 年	2005 年并入北京市平谷区大华山中学
5	北京市平谷区金海湖第二中学	1967 年	2010 年并入北京市平谷区黄松峪中学
6	北京市平谷区刘店中学	1961 年	2008 年并入北京市平谷区峪口中学
7	北京市平谷区南独乐河中学	1959 年	2009 年并入北京市平谷区黄松峪中学
8	北京市平谷区三元中学	1961 年	2008 年并入北京市平谷区大华山中学
9	北京市平谷区王辛庄中学	1965 年	2002 年更名为北京市平谷区第七中学
10	北京市平谷区望马台联办中学	1975 年	2004 年并入北京市平谷区独乐河中学
11	北京市平谷区西柏店联办中学	1969 年	2003 年撤并到北京市平谷区大兴庄中学
12	北京市平谷区杏园中学	1961 年	2007 年撤并到北京市平谷区第七中学
13	北京市平谷区熊儿寨中学	1961 年	2003 年更名为北京市平谷区三元中学
14	北京市平谷区杨桥中学	1970 年	2009 年并入北京市平谷区峪口中学
15	北京市平谷县师范学校	1931 年	2001 年更名为北京市平谷县第六中学
16	北京市平谷中学分校	1990 年	2008 年学校撤销
17	平谷区金海湖第一中学	1956 年	2009 年并入北京市平谷区黄松峪中学

表 95　　2010 年平谷区教委直属事业单位一览表

序号	单位名称	成立时间	地址	沿革
1	北京市平谷区教育考试中心	2006 年	平谷区建设西街 1 号	由平谷区普通教育招生办公室和平谷区成人教育招生办公室合并组建。主要负责全区幼儿入园、小学生入学、小学升初中审查工作，负责小学毕业测试、中考、会考、高考、成人高考和高等教育自学考试的报名、考试、录取等工作，负责教育行政统计工作
2	北京市平谷区教育科研中心	1952 年	平谷镇建设街育才胡同 8 号	初为平谷县教师进修学校。2002 年 1 月，剥离教师学历培训工作后更名为平谷区教育科研中心
3	北京市平谷区教育培训中心（北京市平谷区教育党校）	2002 年	平谷镇建设街育才胡同 8 号	集合进修学校（师训部分）、行政学校、教育党校资源，负责全系统党政干部的岗位培训、任职资格培训、提高培训、研修培训及专题培训；负责开展学校党建与思政、教育管理和党员干部培训工作的研究；负责教师资格学历培训，开展教师继续教育、转岗教师提高培训、新任教师岗位培训
4	北京市平谷区教育设备中心	1983 年	北京联合大学平谷学院西侧	初名教育仪器装备部，2002 年更名为平谷区教育设备中心。主要职责为全面负责教育教学仪器的订购和调配，并实施办学条件软件化管理，每年对全区的教育系统进行清产核资
5	北京市平谷区教育信息中心	2002 年	平谷镇建设西街 3 号	主要职责为负责全区中小学校园网络建设、管理、维护，负责全区中小学网管教师的培训、全区中小学师生电脑作品评选活动的组织，以及中小学资源建设的管理等

续表 95

序号	单位名称	成立时间	地址	沿革
6	北京市平谷区青少年活动中心	1989 年	平谷区新平东路 1 号	初为平谷区青少年科技活动中心，隶属于平谷区科协。2005 年 11 月划归平谷区教育委员会，是全区中、小、幼学校科技、艺术教育的活动中心、培训中心、指导中心和研究中心
7	北京市平谷区实验电教中心	1989 年	平谷镇建设西街 1 号	初为平谷县电化教育馆。2002 年 1 月更名平谷区实验电教中心，负责对学校的实验教学、电化教学进行管理、检查和指导，提供业务咨询、业务培训、技术指导和摄像服务

密云县

幼儿园

北京市密云县成长托儿所

园址：密云县穆家峪镇新农村新宝西路二29号

2004年4月建园，全日制民办托儿所。9月招生，共招收幼儿23人。2010年，托儿所占地面积530平方米，园舍建筑面积270平方米。普通教室6个。教职工15人，其中专任教师11人，保健医1人。幼儿入园64人，离园32人，在园74人。园长王秀兰。

北京市密云县春雷托儿所

园址：密云县穆家峪镇新城路69号

2005年建园，全日制民办托儿所，当年招收幼儿18人。2009年，自行投资6万元进行抗震加固。2010年，托儿所占地面积270平方米，园舍建筑面积100平方米。普通教室1个。教职工2人，其中，教师1人，保健园兼职会计1人。开设1个班。幼儿入园12人，离园16人，在园14人。园长沙春梅。

北京市密云县第一幼儿园

园址：密云县西鱼市口胡同16号

1978年8月20日建园，初名密云县教育局幼儿园。1991年5月，更名为密云县第一幼儿园。1997年7月，合并密云县卫生局幼儿园。2003年9月，被评为北京市一级一类幼儿园。2006年，被评为北京市社区早期教育示范基地。2007年，被评为北京市特殊儿童早期干预示范基地。同年，参加与北师大共建项目幼儿攀登英语研究，有多名教师论文、录像课分别在市、县评比中获奖。2010年，幼儿园日托制，占地面积2993平方米，建筑面积1390平方米。普通教室9个。教职工50人，其中专任教师28人，保健员2人。教学班9个。幼儿入园81人，离园69人，在园272人。党支部书记、园长陈文侠。

北京市密云县第二幼儿园

园址：密云县果园中区

1983年5月建园，初名密云县政府机关幼儿园。1991年，划归教育局管理，更名为密云县第二幼儿园，当时有教学班6个，在园幼儿300多人。2003年，晋升北京市级一级一类幼儿园。2005年，被评为密云县首个北京市社区早期基础教育基地。2006年，幼儿园在原址扩建和改建。2001年、2004年、2006年三次被评为北京市基础教育科学研究先进幼儿园。2010年，幼儿园占地面积2764.23平方米，校舍建筑面积2222平方米。音乐教室1个，普通教室16个。教职工54人，其中专任教师31人，保健人员2人。开设10个教学班。幼儿入园90人，离园103人，在园342人。党支部书记、园长曹书芝。

北京市密云县第三幼儿园

园址：密云县兴云小区8号楼东侧

2003年6月建园，初为密云县房管幼儿

第二园。2009年6月，被密云县教委接收，更名为密云县第三幼儿园。当时，有教学班11个，教职工52人。2010年，该园通过北京市一级一类幼儿园验收，被评为密云县阳光体育优秀园。幼儿园占地面积2711平方米，建筑面积2701平方米。普通教室11个。教职工59人，其中，专任教师33人，保健人员2人。开设11个教学班，幼儿入园94人，离园143人，在园354人。党支部书记、园长王艳平。

北京市密云县第四幼儿园

园址：密云县密云镇新南路107号

2001年12月，密云县回民小学改建成密云县第四幼儿园。2002年3月开始招生，共有4个幼儿班，15名教职工。2003年9月，扩大招生规模，招生达到12个班。2003年，被评为市级一级一类幼儿园。2006年，被评为北京市社区早教基地示范园、北京市“十五”继续教育园本培训示范园和北京市学前教育工作“辛勤育苗”先进单位。2007年，被评为北京市特殊儿童早期干预示范基地。2010年，幼儿园占地面积7544平方米，校舍建筑面积2780平方米。多功能教室各1个，普通教室12个。教职工64人，其中专任教师40人，保健医3人。开设12个教学班。幼儿入园120人，离园108人，在园416人。党支部书记、园长王淳。

北京市密云县第五幼儿园

园址：密云县宾阳里小区28号楼东侧

1995年5月建园，初为密云县房屋土地管理局幼儿园。2007年，房管局划归密云县建委，幼儿园更名为密云县房管局第一幼儿园。2009年6月，幼儿园转制划归密云县教委管理，同时更名为密云县第五幼儿园。2010年5月，该园被评为北京市一级一类幼儿园，11月通过密云县语言文字示范园验收。2010年，幼儿园占地面积2864.4平方米，建筑面积2870平方米。活动室兼睡眠室16个，专用睡眠室3个，保健室1个，普通教室16个。教职工76人，其中专任教师48人，保健医1人。开设16个教学班。幼儿入园123人，离园220人，在园523人。党支部书记、园长张怀萍。

北京市密云县第六幼儿园

园址：密云县檀州家园19号楼南侧

2009年7月建园，当时有4个教学班，97名幼儿，28名教职工。2010年4月，被评为北京市一级二类幼儿园。2010年12月，获得密云县户外自制玩教具评比优秀组织奖。2010年，幼儿园占地面积4209平方米，校舍建筑面积2643平方米。活动室兼睡眠室9个，睡眠室3个，保健室1个，普通教室8个。教职工38人，其中专任教师24人，保健员2人。开设8个教学班。幼儿入园120人，离园4人，在园211人。党支部书记、园长赵淑华。

北京市密云县汇佳幼儿园

园址：密云县密云镇双燕街9号

1989年建园，初为北京市富帛实业股份有限公司幼儿园，为企业办寄宿制幼儿园。2006年，企业倒闭后，幼儿园转制为全日制民办园所，更名为密云县汇佳幼儿园，房屋性质为国有资产，产权归密云县国资委管理，由密政土地开发整理中心托管。2010年，幼儿园占地面积3336平方米，建筑面积2391平方米。普通教室12个。教职工39人，其中专任教师28人，保健员1人。开设9个教学班。幼儿入园75人，离园120人，在园226人。园长王玉英。

北京市密云县嘉士博实验幼儿园

园址：密云县密云镇鼓楼东大街马道胡同5号院内

1983年建园，初为密云县工业品商贸公司幼儿园，属企业办全日制幼儿园。1999年，幼儿园转制为民办幼儿园。1999年8月开始招生，共有2个幼儿班，教职工10人。2006年4月，扩大招生规模，招生达到10个班。2005年，成为剑桥幼儿园英语挂牌基地；同年，被评为市级三级二类幼儿园。2007年，成为北京市早期教育示范基地。2010年，更名密云县嘉士博实验幼儿园。2010年，幼儿园占地面积为1080平方米，校舍建筑面积1680平方米。多功能教室1个，普通教室10个。

教职工41人,其中专任教师30人,保健员3人。开设10个教学班。幼儿入园121人、离园59人、在园350人。园长张秀平。

北京市密云县蓝天幼儿园

园址：密云县沿湖小区南区

1998年建园，全日制民办幼儿园，隶属于密云县房地产开发总公司。建园初期共有教职工23人，幼儿92人，开设4个幼儿班。2006年，被评为北京市社区儿童早期教育示范基地；2006年、2007年分别获第四届、第五届北京市基础教育英语教与学展示活动——幼儿英语戏剧、歌曲表演一、二等奖。2010年，幼儿园占地面积7200平方米，校舍建筑面积4200平方米。专用教室3个，普通教室16个。教职工82人，其中专任教师58人，保健员4人。开设16个教学班。幼儿入园175人，离园172人，在园590人。党支部书记、园长伊春敏。

北京市密云县密西幼儿园

园址：密云镇密西花园小区三期院内

2009年8月建园，全日制民办幼儿园。当年开设5个教学班，招收幼儿182人。2010年，幼儿园占地面积2265平方米，建筑面积1538平方米,户外活动面积1200平方米。全年经费投入为50万元。专用教室4个，普通教室5个。教职工29人,其中专任教师21人,保健员1人。开设5个教学班。在园幼儿175人，离园35人。园长冯兰英。

北京市密云县石桥西区幼儿园

园址：密云县石桥西区22号楼西侧

1998年9月1日建园，为村办园，当年招生21名学龄前儿童入园。2003年4月，转制为民办幼儿园。幼儿园开展舞蹈、美术等特色教育活动，幼儿参加中国舞蹈等级考试，有多人获得等级证书。2010年，幼儿园占地面积870平方米，建筑面积1091.7平方米。舞蹈室教室1个，普通教室7个。教职工30人，其中专任教师21人，保健医1人。开设7个教学班。幼儿入园78人，离园76人，在园215人。园长郭艳芳。

北京市密云县世纪英才实验幼儿园

园址：密云县密云镇鼓花园小区甲53号

2003年8月建园。2007年2月，被密云县教委评为学前教育先进工作单位。2008年，通过市级一级一类园验收。2009年12月，获全国优秀民办园幼儿园称号。2010年5月，被评为北京市社区早期教育示范基地。2010年,幼儿园占地面积5396平方米,校舍建筑面积3812平方米。专用教室4个，普通教室12个。教职工66人，其中专任教师52人，保健员3人。开设12个教学班。幼儿入园138人，离园146人，在园447人。园长胡江英。

北京市密云县文硕幼儿园

园址：密云县宾阳北里小区内

2008年建园，全日制民办幼儿园。当年开设2个教学班，招收幼儿25人。2010年，幼儿园占地面积3468平方米，校舍建筑面积2666平方米。多功能教室1个,普通教室10个。教职工42人，其中专任教师24人，保育员9人,后勤9人。教学班10个。幼儿入园280人，离园25人，在园267人。园长王聪颖。

北京市密云县小博士幼儿园

园址：密云县新南路58号

2005年建园，全日制民办幼儿园，举办单位北京千喜鹊商业城有限公司。初期园舍建筑面积2000平方米，附属设施1000平方米。2008年3月，引进美国蒙台梭利教育方法。2010年被蒙台梭利教育协会认证为蒙台梭利示范园。2010年，举办单位投资1390万元改扩建到校舍。改扩建后，幼儿园占地面积8671平方米，园舍建筑面积3800平方米。专用教室4个,普通教室20个。教职工38人,其中专任教师33人，保健医3人。开设教学班9个。幼儿入园132人，离园105人，在园301人。园长王国珍。

北京市密云县小天使幼儿园

园址：密云县密云镇一街新村18号

2002年7月建园，全日制民办幼儿园。2003年及2005年两名教师分别被密云县教委评为“幼儿喜欢、家长满意”教师。2010年，幼儿园占地面积2500平方米，校舍建筑面积900平方米。专用教室2个，普通教室6个。教职工23人，其中专任教师15人，保健员2人。开设5个教学班。幼儿入园31人、离园46人，在园121人。园长李俊。

北京市密云县信远阳光幼儿园

园址：密云县果园新西路77号

2006年8月建园，全日制民办幼儿园。当年招收1个幼儿班、16名幼儿，有15名教职工。2007年9月，扩大招生规模，招生达到7个班，有幼儿185人。2010年，幼儿园占地面积3500平方米，建筑面积4000平方米。2个专用教室，普通教室12个。教职工58人，其中专任教师39人，保健员2人。开设11个教学班。幼儿入园120人，离园110人，在园383人。园长许桂欣。

北京市密云县育新幼儿园

园址：密云县果园新里北区21号楼院内

1980年建园，初名密云县化工公司幼儿园，属企业办园。1981年5月开始招生，初始有1个复试幼儿班，共有20余名幼儿，教职工10人。1983年2月扩大招生规模，招生达到4个班。2001年，密云县化工公司破产，幼儿园由企业办园改制为民办园，更名为北京育新幼儿园。2005年1月20日，更名为北京市密云县育新幼儿园。2010年，幼儿园占地面积1800平方米，校舍建筑面积788平方米。普通教室6个。教职工30人，其中专任教师20人，保健员2人。开设6个教学班。幼儿入园50人，离园70人，在园222人。园长于淑印。

表96　　2010年密云县幼儿园一览表

序号	幼儿园名称	建园时间	举办者
1	北京市密云县北庄镇中心幼儿园	1989年	教育部门办
2	北京市密云县不老屯镇中心幼儿园	1992年	教育部门办
3	北京市密云县大城子镇中心墙子路幼儿园	2001年	教育部门办
4	北京市密云县大城子镇中心幼儿园	1990年	教育部门办
5	北京市密云县第一幼儿园	1978年	教育部门办
6	北京市密云县第二幼儿园	1983年	教育部门办
7	北京市密云县第三幼儿园	2009年	教育部门办
8	北京市密云县第四幼儿园	2001年	教育部门办
9	北京市密云县第五幼儿园	1995年	教育部门办
10	北京市密云县第六幼儿园	2009年	教育部门办
11	北京市密云县东邵渠镇中心幼儿园	1982年	教育部门办
12	北京市密云县冯家峪镇中心幼儿园	1990年	教育部门办
13	北京市密云县高岭镇第二幼儿园	1980年	教育部门办
14	北京市密云县高岭镇第三幼儿园	1988年	教育部门办
15	北京市密云县高岭镇第四幼儿园	1986年	教育部门办
16	北京市密云县高岭镇第一幼儿园	1983年	教育部门办
17	北京市密云县古北口镇中心幼儿园	1997年	教育部门办
18	北京市密云县河南寨镇第二幼儿园	1980年	教育部门办
19	北京市密云县河南寨镇第三幼儿园	1989年	教育部门办
20	北京市密云县河南寨镇第一幼儿园	1983年	教育部门办
21	北京市密云县巨各庄镇第二幼儿园	1975年	教育部门办
22	北京市密云县巨各庄镇第三幼儿园	1990年	教育部门办
23	北京市密云县巨各庄镇第一幼儿园	1990年	教育部门办
24	北京市密云县密云镇中心幼儿园	1984年	教育部门办
25	北京市密云县穆家峪镇第二幼儿园	1987年	教育部门办
26	北京市密云县穆家峪镇第三幼儿园	1986年	教育部门办

续表 96

序号	幼儿园名称	建园时间	举办者
27	北京市密云县穆家峪镇第四幼儿园	1988 年	教育部门办
28	北京市密云县穆家峪镇第一幼儿园	1982 年	教育部门办
29	北京市密云县十里堡镇第二幼儿园	1987 年	教育部门办
30	北京市密云县十里堡镇第一幼儿园	1984 年	教育部门办
31	北京市密云县石城镇幼儿园	1984 年	教育部门办
32	北京市密云县太师屯镇第二幼儿园	1989 年	教育部门办
33	北京市密云县太师屯镇第三幼儿园	1981 年	教育部门办
34	北京市密云县太师屯镇第一幼儿园	1974 年	教育部门办
35	北京市密云县檀营幼儿园	1987 年	教育部门办
36	北京市密云县溪翁庄镇第三幼儿园	1976 年	教育部门办
37	北京市密云县溪翁庄镇第一幼儿园	1983 年	教育部门办
38	北京市密云县西田各庄镇第二幼儿园	1984 年	教育部门办
39	北京市密云县西田各庄镇第三幼儿园	1975 年	教育部门办
40	北京市密云县西田各庄镇第四幼儿园	1964 年	教育部门办
41	北京市密云县西田各庄镇第一幼儿园	1977 年	教育部门办
42	北京市密云县新城子镇第二幼儿园	1977 年	教育部门办
43	北京市密云县新城子镇第一幼儿园	1990 年	教育部门办
44	北京市密云县蓝天幼儿园	1998 年	民办
45	北京市密云县嘉士博实验幼儿园	1983 年	民办
46	北京市密云县汇佳幼儿园	1989 年	民办
47	北京市密云县世纪英才幼儿园	2003 年	民办
48	北京市密云县石桥西区幼儿园	1996 年	民办
49	北京市密云县小天使幼儿园	2002 年	民办
50	北京市密云县育新幼儿园	1980 年	民办
51	北京市密云县小博士幼儿园	2005 年	民办
52	北京市密云县信远阳光幼儿园	2006 年	民办
53	北京市密云县密西幼儿园	2008 年	民办
54	北京市密云县穆家峪镇成长托儿所	2004 年	民办
55	北京市密云县穆家峪镇春蕾托儿所	2005 年	民办
56	北京市密云县文硕幼儿园	2008 年	民办

小学

北京市密云县北庄镇中心小学

校址：密云县北庄镇北庄村东安街 47 号

1919 年在北庄村大庙内建公办初级小学，后因战乱停办。1948 年在学堂旧址建北庄初级小学。1952 年发展为完全小学，改名为北庄小学。1980 年改为北庄乡中心小学。1991 年，中心小学下辖朱家湾小学、苇子峪小学和杨家堡小学 3 所小学，有教学班 39 个，在校学生 967 人，教职工 74 人。2001 年，由北庄村、北庄镇政府、县教委联合出资建成北教学楼。同年撤乡建镇，学校更名北庄镇中心小学。2006 年，被评为密云县继续教育先进单位。2009 年，被市教委评委学习型先进班组。2009 年，中心幼儿园被评为北京市早期教育示范基地。2010 年 5 月，下属中心幼儿园被评为北京市一级一类幼儿园。2010 年，北庄中心小学下辖一所小学和一所幼儿园，即北庄镇中心小学和北庄镇中心幼儿园。校训：崇义、健体、励志、尚德。党支部书记、校长张建民。

2010 年，北庄镇中心小学学校占地面积 10937 平方米，建筑面积 5105 平方米，体育场4000平方米。图书馆藏书18487册。普通教室14个，专用教室9个。教职工57人，其中专任教师40人；北京市级骨干教师2人。开设教学班14个。毕业60人，招生87人，在校生387人，寄宿生107人。北庄镇中心幼儿园，始建于1989年。2008年，县委、县政府投资600多万元在原址翻建，2009年9月1日正式使用，全园占地面积3000平方米。2010年，有教职工21人，其中专任教师15人。幼儿园开设大、中、小5个教学班，在园幼儿128人。

北京市密云县不老屯镇中心小学

校址：密云县不老屯镇不老屯村

1918年建校。1948年名为不老屯初级小学。1956年发展为完全小学。1982年，迁至现址新校舍，并改为现校名。1991年，学校下辖柳树沟、大窝铺、永乐、学各庄、陈各庄、丑山子、兵马营、学艺厂、沙峪里、转山子、董各庄、杨各庄、黄土坎、燕落、白土沟、边庄子、不老屯17所小学，有教学班103个，在校学生2684人，教职工144人。1994年，半城子乡与不老屯镇两乡镇合并，半城子中心小学所属学校划归不老屯中心小学管理。经学校布局调整，2010年，不老屯镇中心小学下辖半城子小学和两所幼儿园。1996年，学校被确定为北京市田径项目传统校。1997年，学校代表密云县参加北京市田径运会，获得金牌6枚。先后向市、县级各类体校、传统校输送体育特长生80余人。1991年至2010年，16次名列密云县小学生运会团体总分前三名，多次获团体冠军。

2010年，不老屯镇中心小学占地面积24200平方米，建筑面积6061平方米，体育场6600平方米。图书馆藏书26119册。普通教室22个、专用教室9个。教职工94人，其中专任教师64人；市级骨干教师1人。开设教学班19个，毕业121人、招生69人、在校生545人，寄宿生271人。校训：爱与责任同行。校训:爱与责任同行。党支部书记、校长邓小文。

半城子小学位于不老屯镇半城子村，建校于1952年。2010年，学校占地面积15300平方米，建筑面积2936平方米；体育场6600平方米。教师24人，在校学生85人。校内开办幼儿班1个，在园幼儿18人。

不老屯镇中心幼儿园位于不老屯镇不老屯村，建于1992年，前身是不老屯镇机关联办幼儿园，1998年开始挂靠到不老屯中心小学。2004年9月迁入现址。2010年，幼儿园占地面积2065.8平方米，建筑面积837.6平方米。教职工40人，专任教师20人，开班6个，在园幼儿194人。

北京市密云县大城子镇中心小学

校址：密云县大城子镇蔡家峪村

1946年建校，校址在密云县大城子乡高庄子村。1952年发展为完全小学，改称大城子乡中心小学。1991年，大城子乡中心小学下辖墙子路、南沟、苍术会、下栅子、柏崖、庄头、高庄子、聂家峪、庄户峪、张庄子、碰河寺等11所完全小学，有教学班75个，在校学生1725人，教职工133人。1995年9月，中心小学迁至现址新建学校。1997年，幼儿园挂靠到大城子乡中心小学管理。2000年，撤销大城子乡，设立大城子镇，学校更名为大城子中心小学。2010年，大城子中心小学下辖中心园和墙子路幼儿园，服务全镇22个行政村。

2010年，学校占地面积27512平方米，建筑面积9015平方米。图书馆藏书25951册。普通教室18个，专用教室12个。教职工116人，其中专任教师52人；北京市级骨干教师3人。开设教学班14个。毕业117人，招生61人，在校生478人，寄宿生230人。校训：团结、勤奋、探索、求实。党支部书记、校长赵玉龙。

大城子中心园创建于1990年，原址在大城子村。2000年6月迁址到大城子镇高庄子村。2007年进行彻底改建，2008年11月投入使用。2010年，大城子中心园占地面积1656平方米，校舍建筑面积456平方米。专任教师21人，其中市级骨干教师1人。园内开设3个教学班，其中小、中、大各1个班，幼儿数83人。墙子路幼儿园始建于2001年7月，园址在大城子镇墙子路村。2010年，占地面积258平方米，建筑面积126平方米。

开设2个幼儿班，在园幼儿41人，教职工11人，其中专任教师6人。

北京市密云县第一小学

校址：密云县育才路2号

1912年建校，系私立女子初级小学。1919年改名为私立密云女子高等小学校。1945年改名为密云第二中心国民学校，开始男女混合招生。1949年改名为密云城关小学。1956年改为现校名。1991年，被确立为密云县教育局直属学校。2005年，学校与密云地税局联合建立“少年税校”，独立开发税校教材，成为首个北京市青少年税收教育基地。2006年学校开展读书节、科技节、艺术节、体育节等校园文化活动。

2010年，学校占地面积8941平方米，建筑面积4837平方米，体育场地面积3000平方米。图书馆藏书2.60万册。学校有普通教室29个，专用教室8个。教职工100人，其中专任教师75人；北京市级骨干教师4人。开设29个教学班。毕业198人，招生162人，在校生共有1201人。校训：团结、文明、勤奋、进取。党支部书记、校长胡瑞士。

北京市密云县第二小学

校址：密云县鼓楼街道通城胡同

前身为白檀书院，始建于明朝万历二十二年（1594），重建于清道光十三年（1834）。1904年由白檀书院改建密云高等小学堂。1949年改校名为密云师范附属小学。1956年8月，学校更名为密云县第二小学。1963年被北京市确定为全市29所重点校之一。1991年，有教学班46个，在校学生2141人，教职工162人。1993年，承办县级“快乐教育”现场会，向全县中小学推广密云二小办学经验。1996年学校建设南教学楼。2003年，建成密云县第一个塑胶运动场“思源运动场”。2007年起，通过关注教师幸福、构建和谐校园、实施主体性德育、创设自主开放的课堂、开设学生社团等策略实施幸福教育。学校先后获得全国红旗大队、北京市教育科研先进学校、北京市教育信息化工作先进单位等荣誉称号。

2010年，学校占地面积25342平方米，建筑面积7589平方米，体育场10000平方米。图书室藏书26048册。普通教室36个，专用教室10个。教职工111人，其中专任教师81人；高级职称教师4人，特级教师1人，市级骨干教师2人。开设教学班36个。毕业268人，招生238人，在校生1409人。校训：幸福学习，成就人生。党支部书记兼校长王长华。

北京市密云县第三小学

校址：密云镇康复路3号

1963年5月在现址建校，隶属于密云县城关镇学区。1991年，独立设置为密云县教育局直属学校。1991年，有28个教学班，1181名学生，72名教职工。2005年，被评为北京市少先队特色工作示范校。2008年，被评为北京市中小学艺术教育特色学校、北京市语言文字规范化示范学校。2010年，获密云县办学绩效奖。

2010年，学校占地面积8533平方米，建筑面积5570平方米，体育场4000平方米。图书馆藏书28036册。普通教室27个，专用教室7个。教职工89人，其中专任教师64人；北京市级骨干教师2人。开设教学班27个。毕业192人，招生159人，在校生1107人。校训：团结、勤奋、文明、守纪。党支部书记、校长刘小英。

北京市密云县第四小学

校址：密云县城环新北路

1991年建校。建校之初有一至四年级共10个教学班，学生405人，教职工30人。2001年3月，密云镇中心小学沙河小学一至三年级学生合并到四小。2003—2004学年度招收新生245人，6个教学班，学校发展至26个教学班。此后，一直保持24个教学班，教学班不再增加，班容量却在不断增大。2005年，学校被评为北京市基础教育科学研究先进学校。2006年，被评为密云县教育教学先进单位。2008年，被县政府评为生态教育先进校。

2010年，学校占地面积11290平方米，建筑面积5094平方米，体育场5607平方米。

图书室藏书19081册。普通教室24个，专用教室8个。教职工79人，其中专任教师56人;市级骨干教师2人，县级学科带头人1人，县级骨干5人。开设教学班24个。毕业177人，招生159人,在校生956人。校训:团结、守纪、勤奋、向上。党支部书记、校长何义伶。

北京市密云县第五小学

校址：密云县南更大街143号

2004年9月建校,招收4个一年级教学班，120名学生。2005年9月，一至六年级共开设12个教学班，学生319人。学校以“校园诗化教育”为特色，以教育小诗歌、弟子规、毛泽东诗词等作为校本教材，把诗歌带进课堂。2010年，学校编订诗歌校本教材。

2010年，学校占地面积10829平方米，建筑面积4386平方米，体育场6712平方米。图书馆藏书15091册。普通教室18个，专用教室6个。教职工49人，其中专任教师35人，县级骨干教师3人。开设教学班18个。毕业158人，招生113人，在校生649人。校训:团结合作、博览进取。党支部书记、校长刘萍。

北京市密云县第六小学

校址：密云县兴云路23号

1995年9月建校。1997年9月，合并十里堡中心双井小学。1999年8月，合并燕落寨小学。2000年8月，合并岭东小学。2001年，学校规模达到顶峰，有教学班34个，在校学生1281人。1999年7月，编印《整体构建德育体系的研究与实验》课题成果汇编。2002年和2003年，被评为全国教育科学“九五”规划重点课题“整体构建学校德育体系”研究与实验先进学校。2004年12月，学校被评为北京市基础教育课程改革试验先进单位。

2010年，学校占地面积为10765平方米，建筑面积5916平方米，运动场面积7665平方米。图书馆藏书29993册。普通教室28个，专用教室9个。教职工85人，其中专任教师67人；北京市骨干教师2人。开设教学班28个。毕业200人,招生159人,在校生1084人。校训:重德、博学、健体、尚美。党支部书记、校长张书义。

北京市密云县东邵渠镇中心小学

校址：密云县东邵渠镇东邵渠村

1943年建校，系民办初级小学。1958年改名为东邵渠学区。1983年改为东邵渠乡中心小学。1985年迁现址办学。1991年，下辖石峨、西邵渠、银冶岭、东胡4所完全小学，大小岭、道谷峪、界牌、大石门、南达峪5所村小，有教学班56个，在校学生1418人，教职工96人。1997年9月，在原有乡镇幼儿园的基础上改建为中心幼儿园。2001年撤乡建镇，学校更名东邵渠镇中心小学。2002年9月，中心校下辖西邵渠、石峨两所完小。2004年12月，中心小学整体改造，撤并西邵渠、石峨2两所完小，形成全镇唯一的一所小学，同时下辖一所中心幼儿园。学校坚持书法写字特色教育。2006年4月，编印校本教材《写字》。2010年9月，学校被评为全国书法教育先进单位；10月，学校代表密云县参加了北京市小学生体质健康测试取得全市第一名。

2010年，中心小学占地面积21672平方米，建筑面积6314平方米，体育场6200平方米。图书馆藏书1.60万册。普通教室12个，专用教室12个。教职工66人，其中专任教师44人；市级骨干教师1人。开设教学班12个，在校学生376人，招生54人，毕业67人，住宿生145人。校训：感恩、尽责、专注、坚持、自强、向上。党支部书记、校长来景刚。中心幼儿园占地面积2328平方米，建筑面积1821平方米。教职工26人，专任教师12人，小学高级教师8人，县级骨干教师2人。开设幼儿班6个,在园幼儿185人。

北京市密云县冯家峪镇中心小学

校址：密云县冯家峪镇冯家峪村

1949年在冯家峪村建校，系民办公助初级小学，校名不详。1985年改为冯家峪乡中心小学。1991年，中心小学下辖西庄子、下营、朱家峪、石洞子、西白莲峪、董宝峪、西口外、三岔口8所完小，有教学班53个，在校学生 1048 人，教职工 72 人。1992 年 9 月，迁至冯家峪村北新校址。1993 年撤乡建镇，学校改为冯家峪镇中心小学。1996 年 9 月，所属朱家峪、石洞子、西白莲峪、西口外、三岔口 5 所完小撤并到中心小学，冯家峪中心小学改为寄宿制小学。2000 年 9 月，冯家峪中心小学与冯家峪中学合并成立九年一贯制实验学校冯家峪学校。2002 年 9 月，番字牌中心小学并入冯家峪镇，成为冯家峪学校下辖的完小。同时取消九年一贯制学校实验，恢复冯家峪镇中心小学设置。2007 年 9 月，学校迁到冯家峪村南原冯家峪中学校址。2010 年，冯家峪镇中心小学下辖中心小学、番字牌小学和冯家峪镇中心幼儿园。

2010 年，冯家峪镇中心小学占地面积 12628 平方米，建筑面积 10758 平方米，体育场 4500 平方米。图书馆藏书 13935 册。普通教室 6 个，专用教室 7 个。教职工 73 人，其中专任教师 48 人；北京市级骨干教师 1 人。开设教学班 11 个。毕业 42 人，招生 17 人，在校生 204 人，寄宿生 173 人。校训：砺志诚信，健体乐学。党支部书记、校长赵洪卿。

番字牌小学总占地 9600 平方米，建筑面积 1500 平方米。普通教室 6 个，专用教室 6 个。教职工 27 人，其中专任教师 12 人。毕业 17 人，招生 7 人，在校生 77 人，寄宿生 73 人。冯家峪镇中心幼儿园 2010 年占地面积 8203 平方米，建筑面积 2384 平方米，有 2 个班，42 名幼儿。教职工 8 人，其中专任教师 3 人。

北京市密云县高岭镇中心小学

校址：密云县高岭镇高岭屯村

高岭镇中心小学始建于 1951 年，系村办初级小学。1958 年发展为完全小学。1973 年、1983 年、1985 年 3 次扩建校舍。1990 年改为高岭乡中心小学。1991 年，高岭乡中心小学下辖高岭屯小学、放马峪小学、辛庄小学、下会小学、栗榛寨小学、石匣小学、瑶亭小学、芹菜岭小学、东关小学 9 所完小和大屯小学 1 所村小，有教学班 73 个，在校学生 1860 人，教职工 134 人。1994 年，高岭乡与上甸子乡合并为高岭镇，学校改称高岭镇中心小学。1997 年 7 月，高岭镇中心幼儿园挂靠中心小学管理。2001 年 7 月，下会小学、辛庄小学撤并到高岭中心小学，中心小学办成寄宿制小学。2003 年 7 月，栗榛寨小学撤并到中心小学，在原校址办栗榛寨幼儿园。2009 年 10 月，放马峪小学撤并到中心小学，在原校址举办放马峪幼儿园。2010 年，高岭镇中心小学下辖水晶石小学 1 所完小和高岭中心园、放马峪、栗榛寨 3 所幼儿园。

2010 年，高岭镇中心小学本校占地面积 16251 平方米，建筑面积 3453 平方米，运动场面积 9283 平方米。图书馆藏书 18350 册。普通教室 36 个，专用教室 11 个。教职工 64 人，其中专任教师 47 人；县级学科带头人 2 人、县级骨干教师 4 人。开设教学班 12 个，毕业 59 人，招生 59 人，在校生 353 人，寄宿生 233 人。校训：修身、养德、善教、精学。党支部书记、校长陶瑞中。

水晶石小学（上甸子小学）位于高岭镇上甸子村，占地面积 10173 平方米，建筑面积 2298 平方米。普通教室 17 个，专用教室 7 个。教职工 31 人，其中专任教师 20 人。开设 7 个教学班，毕业 47 人，招生 23 人，在校生 174 人，寄宿生 99 人。下属幼儿园开设 3 个幼儿班。入园 11 人，离园 13 人，在园 57 人。

北京市密云县古北口镇中心小学

校址：密云县古北口镇河西村

1923 年地方绅士改造清政府的提督衙门（即现址），创办古北口小学，系义学。1934 年改为公立密云县第三小学校。1950 年改为密云县古北口小学，系完全小学。1990 年改为现校名。1991 年，中心小学下辖河东（满回民族小学）、北甸子、汤河、北台、潮关 5 所完小，有教学班 37 个，在校学生 867 人，教职工 68 人。2000 年，古北口镇中心小学举办农村寄宿制学校。2010 年，古北口中心小学下辖一所小学和一所幼儿园，即古北口镇中心小学和古北口镇中心幼儿园。

2010 年，中心小学占地面积 12988 平方米，建筑面积 4700 平方米，运动场面积 4800 平方米，图书馆藏书 18407 册。普通教室 12 个，专用教室5个。教职工61人，其中专任教师39人；市级骨干教师1人。招生45人，毕业62人，教学班12个，在校生331人，其中住宿生264人。校训：责任、荣誉、仁爱。党支部书记、校长赵玉龙。

古北口镇中心幼儿园位于古北口镇河东村，始建于1997年9月。2010年，幼儿园占地面积1543平方米，建筑面积636平方米。普通教室7个。教职工10人，其中专任教师9人入园幼儿21人，离园31人，教学班3个，在园幼儿85人。

北京市密云县果园小学

校址：密云县果园街道果园路5号

1982年9月建校，校名密云县西果园小学，隶属于密云县城关中心小学。1991年9月，学校从密云城关中心小学分离，成为教育局直属学校，更名为密云县果园小学。时有29个教学班，1133名学生，66名教职工。1990年组建舞蹈队，连续20年在市县级各类比赛中获奖。2001年成立曲艺队，被认定为“北京曲艺协会密云青少年培训基地”。2004年6月，果园小学被列为北京市“十五”计划项目“科学教学中创造能力培养的研究与实验”实验学校。学校以古诗文诵读为校本课程，开展“诵千古美文，做少年君子”一系列的诵读活动和研究。该校开展民族乐器、曲艺、舞蹈等艺术特色教育。

2010年，学校占地面积13850平方米，建筑面积4294平方米，体育场7409平方米。图书馆藏书16879册。普通教室24个、专用教室6个。教职工78人,其中专任教师57人；特级教师1人，北京市骨干教师2人，北京市学科带头人1人。开设教学班24个。毕业169人，招生155人，在校生890人。校训：健体、审美、勤奋、创新。党支部书记、校长李云柱。

北京市密云县河南寨镇中心小学

校址：密云县河南寨镇河南寨村

1949年建校，1960年发展为完全小学。1989年改名河南寨乡中心小学。1991年，中心小学下辖金沟、平头、沙坞、两河、赶河厂、荆园、中庄、宁村、提辖庄、圣水头、陈各庄、台上12所完小，教学班101个，在校学生2657人，教职工160人。2010年年底，河南寨镇中心小学下辖提辖庄满族小学和台上小学2所完全小学和3所幼儿园。

2010年，中心小学本校占地面积16908平方米，建筑面积8021平方米，运动场面积8400平方米。图书馆藏书15659册。普通教室18个，专用教室12个。教职工47人，其中专任教师36人；北京市级骨干教师2人。招生71人，毕业50人，教学班12个，在校生326人。校训：诚实、团结、勤奋、进取。党支部书记兼校长刘晓明。

台上小学位于密云县河南寨镇下屯村，建于20世纪50年代。学校占地面积22233平方米、建筑面积2302平方米。2010年，普通教室12个，专用教室6个。教职工33人，其中专任教师24人。开设教学班12个。毕业61人，招生49人，在校生334人。

提辖庄满族小学位于河南寨镇提辖庄村，学校前身是建于的1918年的提辖庄村初级小学。1950年发展为完全小学。2002年11月更名为河南寨镇提辖庄满族小学。学校占地面积11040平方米，建设面积3026平方米。普通教室6个，专用教室6个。教职工16人，其中专任教师12人。开设教学班6个。毕业25人，招生23人，在校生131人。

北京市密云县季庄小学

校址：密云县果园街道果园西路16号

1947年建校，初为村办小学。解放初期改为村办公助，改校名密云镇季庄小学。1991年归属密云镇中心小学。2007年，学校由从密云镇中心小学独立为县教委直属小学，更名为密云县季庄小学。

2010年，学校占地11827平方米，建筑面积4378平方米。图书馆藏书1.60万册。普通教室20个，专室8个，实验室1个。教职工60人，其中专任教师43人；北京市级骨干教师1人。开设教学班20个。毕业100人，招生115人，在校生743人。校训:“真·实”。党支部书记兼校长王蕊。

北京市密云县巨各庄镇中心小学

校址：密云县巨各庄镇水峪村

1961年建校，位于巨各庄镇八家庄村。1963年发展为完全小学。1989年成为中心小学。1991年，下辖蔡家洼小学、东白岩小学、前焦家务小学、水峪小学、霍各庄小学、八家庄小学、塘子小学、康各庄小学、沙厂小学、达峪小学10所完全小学和后焦家务小学、巨各庄小学、豆各庄小学、张家庄小学4所村小，有教学班102个，在校学生2580人，教职工186人。2003年9月，中心小学迁往水峪村新建学校，同时水峪小学、前焦家务小学、霍各庄小学并入中心校；11月，康各庄小学、达峪小学撤并到中心小学，巨各庄镇中心小学举办寄宿制学校。2002年，巨各庄镇中心小学接管由镇主管的塘子幼儿园、霍各庄幼儿园、水峪幼儿园、前焦家务幼儿园、东白岩幼儿园、蔡家洼幼儿园6所幼儿园，并新建八家庄幼儿园（中心园）。经学校布局调整，2010年，巨各庄镇中心小学除本校外，下辖东白岩小学和3所幼儿园。

2010年，巨各庄镇中心小学占地面积61055平方米，建筑面积13097平方米，体育场28835平方米。图书馆藏书35832册。普通教室41个，专用教室11个。教职工105人，其中专任教师77人；北京市级骨干教师3人。开设教学班18个。毕业123人，招生103人，在校生588人，寄宿生246人。校训：团结、勤奋、健康、快乐。党支部书记、校长支来凤。

东白岩小学位于巨各庄镇东白岩村，1992年新建校舍。占地13332平方米，建筑面积1870平方米。2010年，共有6个教学班，学生162名，教师19名，专任教师16人。

北京市密云县密云镇中心小学

校址：密云镇李各庄村

前身为1948年组建的城关学区。1986年，城关学区更名为城关中心小学。1991年6月，密云城关中心校进行体制改革，先将沙河小学、李各庄小学、唐庄小学、季庄小学、南菜园小学组建成密云镇中心小学。然后将密云县第一小学、密云县第三小学、密云县果园小学独立为教育局直属小学。根据政校合一体制要求，密云镇中心小学由密云一小迁至密云镇季庄小学。2007年1月，季庄小学独立为县教委直属小学，密云镇中心小学从季庄小学迁址到唐庄小学，下辖唐庄小学、李各庄小学和一个幼儿园共17个教学班，学生516人，教职工63人。2008年10月，李各庄小学、唐庄小学并入中心校，中心小学仅保留1所中心校。

2010年，学校占地面积7266平方米，建筑面积1995平方米，体育场2200平方米。图书馆藏书10805册。普通教室13个。教职工46人，其中专任教师35人；高级职称教师1人。开设教学班13个。毕业84人，招生120人，在校生500人。校训：健美厚德、多思进去。党支部书记、校长陈天庆。

北京市密云县穆家峪镇中心小学

地址：密云县穆家峪镇羊山村

前身是1962年建校的新农村小学。1988年改为穆家峪乡中心小学。1991年，中心小学下辖后栗园、南穆家峪等完小7所，水漳、达峪沟等村小12所，有教学班125个，在校学生3347人，教职工212人。1993年撤乡设镇，学校改为穆家峪镇中心小学。2001年9月，中心小学由新农村小学迁至现址。2010年7月，穆家峪镇中心幼儿园在南穆家峪村建成并投入使用。同期，在原前栗园小学旧址新建的前栗园幼儿园投入使用。2010年9月，穆家峪镇中心小学除中心校，下辖新农村和后栗园2所小学及4所幼儿园。校训：天道酬勤，厚德载物。党支部书记丁阔，校长王得印。

2010年，穆家峪镇中心小学占地面积17393平方米，建筑面积3081平方米，体育场7000平方米。图书馆藏书14332册。普通教室16个，专用教室6个。教职工64人，其中专任教师48人；高级职称教师1人，北京市级骨干教师1人。开设教学班15个。毕业106人，招生75人，在校生528人，寄宿生148人。

新农村小学位于穆家峪镇新农村，始建于1962年。2010年9月，新农村小学翻修后投入使用。学校占地面积13803平方米，建筑面积6056平方米。普通教室19个，专用教室7个。教职工41人,其中专任教师35人;北京市级骨干教师2人。开设教学班15个。毕业68人，招生120人，在校生447人。后栗园小学建于1947年，位于穆家峪镇后栗园村。2010年，开设6个班，在校学生110人。教职工17人，专任教师14人。

穆家峪镇第一幼儿园为日托制公办园，园址在南穆家峪村。2010年，占地面积3398平方米，校舍建筑面积2135平方米。教职工31人，其中专任教师19人，保健员1人。开设6个教学班，其中，小班2个、中班2个、大班2个。幼儿入园48人，离园46人，在园146人。穆家峪镇第二幼儿园园址在前栗园村。2010年，占地面积4520平方米，建筑面积1610平方米，有6个班，幼儿110人。教职工23人，专任教师14人。穆家峪镇第三幼儿园园址在后栗园村。2010年，有3个班，79名幼儿。穆家峪镇第四幼儿园园址在西穆家峪村。2010年，占地面积700平方米，建筑面积220平方米，开设2个班，在园幼儿20人，教职工13人，专任教师5人。

北京市密云县南菜园小学

校址：密云檀州家园东区

1923年，在南菜园村村九圣庙建公立初级小学，1965年发展为完全小学，隶属于密云镇中心小学。2006年8月，学校独立成为密云县教委直属小学。学校确立武术特色，先后召开密云县落实新课程标准武术校本课程研讨会、体育教师国培计划项目交流现场会。2008年，该校被评为北京市语言文字示范校、首都校园展评一等奖。2009年，该校被评为北京市健康教育促进校。

2010年，学校占地面积16580平方米，建筑面积5518平方米，体育场8812平方米。图书馆藏书18654册。普通教室22个，专用教室8个。教职工61人,其中专任教师44人。开设教学班22个。毕业100人、招生147人，在校生660人。校训:健康、聪慧、文明、快乐。党支部书记、校长郭立侠。

北京市密云县十里堡镇中心小学

校址：密云县十里堡镇庄禾屯村

1918年建民办小学，地址为河槽村。1948年改为河槽小学。1989年更名为十里堡乡中心小学。1991年，下辖庄禾屯小学、统军庄小学、双井小学、岭东小学、水泉小学、王各庄小学、清水潭小学、燕落寨小学、十里堡小学、靳各寨小学10所完小，有78个班，在校学生2216人，教职工156人。1993年，乡改镇。2002年，中心小学迁至庄禾屯村，下辖统军庄小学、靳各寨小学、水杨红、岭东小学4所完小。2010年，十里堡镇中心小学下辖一所完全小学和一所中心幼儿园。

2010年，十里堡镇中心小学占地面积18667平方米，建筑面积1448平方米，体育场9281平方米。图书馆藏书16667册。普通教室13个，专用教室8个。教职工49人，其中专任教师38人；特级教师1人，北京市级骨干教师2人。开设教学班13个。毕业67人，招生79人，在校生444人。校训：虚心若愚，求知若饥。党支部书记、校长陈长泉。

十里堡镇水杨红小学2006年由水杨红小学、统军庄小学、靳各寨小学三校合并组建，校址在十里堡镇杨辛庄村。2010年，学校占地面积10281平方米，建筑面积3038平方米，体育场5000平方米。图书馆藏书2000册。普通教室12个，专用教室6个。教职工32人,其中专任教师25人。开设教学班12个。毕业64人，招生67人，在校生333人。

北京市密云县石城镇中心小学

校址：密云县石城镇南石城村

1986年建校，名为石城乡中心小学。1987年，撤并山神庙子、对家河、郎房峪等17个单人岗位和3所完小，建成山区寄宿制小学。1991年，中心小学下辖石塘路、赶河厂、张家坟三所完小，教学班32个，在校学生681人，教职工69人。2001年，撤乡设镇，学校更名石城镇中心小学。至2002年7月，三所完小先后撤并，石城中心小学成为石城镇唯一的一所学校。2005年7月始建幼儿园。2007年3月，乡改镇后,石城乡中心小学更名为石城镇中心小学。

2007年，石城镇中心小学获得全国教育系统先进集体称号和密云县校外艺术教育先进学校等称号。2009年，学校进行整体改建，原来的平房改建为教学楼。

2010年，学校占地面积19558平方米，建筑面积9296平方米，体育馆600平方米。图书馆藏书1.96万册。普通教室9个。教职工52人，其中专任教师34人；北京市级骨干教师3人。开设教学班9个。毕业44人，招生28人，在校生223人，其中寄宿生129人。校内幼儿园一所，有2个幼儿班，在园幼儿51人，专任教师6人。校训：求实、求诚、求真、求美。党支部书记、校长王喜明。

北京市密云县太师屯镇中心小学

校址：密云县太师屯镇中心街5号

1930年在太师屯村后大庙建私塾，1939年发展为初级小学，并迁址村前。1943年解散。1951年建太师屯初级小学。1961年发展为完全小学。1985年更名为太师屯镇中心小学。1991年9月，迁至现址，创立太师屯镇第一所寄宿制小学。同年，学校下辖黑古沿、北山、芦各庄、艾洼、禾木水峪、城子、二道河、松树掌、头道岭、陡岭子、许庄子、祖各庄、下弯子、流河峪、陡子峪、大梁16所单人岗位学校和桑园、东田各庄、小漕村、葡萄园、上庄子、流河沟、太师庄、松树峪、前南台、蔡家沟、大漕村、小漕村、黄各庄、前八家庄、后八家庄、上金山、东学各庄等17所完小。有教学班117个，在校学生3020人，教职工220人。1994年1月，撤销东庄禾中心小学，所属4所完小并入太师屯中心小学管辖。是年，黑古沿、北山、芦各庄等16所单人岗位学校全部撤销，所属学生分流到附近小学和中心小学。经布局调整。2010年，太师屯中心小学下辖东庄禾小学、桑园小学和1所幼儿园。

2010年，太师屯镇中心小学占地面积17100平方米，建筑面积9560平方米，体育场5000平方米。图书馆藏书3万册。普通教室44个，专用教室12个。教职工127人，其中专任教师85人；北京市级骨干教师1人。开设教学班26个。毕业260人，招生158人，在校生970人，寄宿生572人。校训：求真尚志，崇文尚学。党支部书记谭凤稳，校长魏国民。

太师屯镇东庄禾小学始建于1918年，原址为太师屯镇东庄禾村。2002年迁至原东庄禾中学校址。2010年，学校占地面积11400平方米，建筑面积4186平方米。普通教室6个、专用教室4个。教职工26人，其中专任教师16人。开设教学班6个。毕业28人，招生14人，在校生121人，寄宿生101人。校内开设幼儿班1个，在园幼儿26人，专任教师2人。太师屯镇桑园小学始建于1950年1月，原址为太师屯镇桑园村。2001年迁至原桑园中学。2010年，学校占地面积13320平方米，建筑面积3800平方米。普通教室6个，专用教室8个。教职工19人，其中专任教师14人。开设教学班6个。毕业23人，招生25人，在校生86人。校内开设幼儿班3个，在园幼儿66人，专任教师6人。

北京市密云县檀营满族蒙古族乡中心小学

校址：密云县城东北檀营街

1944年建校，最早称为扶轮小学，1949年改名檀营小学。学校原隶属于穆家峪乡中心小学。1987年，设立檀营满族蒙古族乡，学校更名为檀营满族蒙古族乡中心小学。1991年，学校有教学班13个，学生420人，教职工44人。1998年8月，檀营村办幼儿园挂靠到学校管理。2010年，檀营满族蒙古族中心小学下辖一所小学和一所幼儿园。学校开展每个学生会唱一首民族曲，行一个民族礼，说一句民族语，跳一支民族舞，写一手漂亮字，会一套武术和一样民族体育项目活动。2002年，成为北京市民族体育项目训练基地。2005年，成为北京市民族教育学会常务理事校、北京市民族艺术校长委员会成员单位。2006年，被评定为全国百所德育科研名校。2008年，编纂民族教育校本教材。2010年6月，蒙古刀术获得北京市民族运动会二等奖，马头琴《蒙古骏马》参加北京市第一届民族艺术展演获得一等奖。2008年、2010年，被评为北京市科研先进学校。

2010年，学校占地面积7563平方米，建筑面积4324平方米。图书馆藏书1.6万册。

普通教室17个，专用教室8个，实验室1个。教职工51人，其中专任教师36人；北京市学科带头人1人，北京市骨干教师1人。开设教学班17个。毕业96人，招生80人，在校生594人。校训：团结、自信、勤奋、创新。党支部书记、校长郭永勤。

檀营幼儿园位于密云县檀营村，占地面积850平方米，建筑面积360平方米。2010年，教职工11人，其中专任教师9人。园内开设大、中、小班各1个，幼儿90人。

北京市密云县溪翁庄镇中心小学

校址：密云县溪翁庄镇溪翁庄村

1917年建村办村级小学，1949年建公办农村小学溪翁庄小学。1983年更名为溪翁庄中心校。1991年，溪翁庄镇中心小学下辖东智东、东智西、东智北、金叵罗、走马庄、北白岩、石马峪7所完全小学，有教学班83个，在校学生3000余人，174名教职工。2001年10月，东智东、东智西、东智北三所小学合并，在东智西村由县、镇和北京军区干休所集资共建东智小学，12个教学班，在校生320人。2003年10月，溪翁庄镇中心小学新建，撤并北白岩、走马庄、金叵罗、水库中学小学部4所小学。同年9月，收编原溪翁庄镇政府管理的溪翁庄镇幼儿园，更名为溪翁庄中心小学第一幼儿园。2010年9月，撤并石马峪小学。溪翁庄镇中心小学第二幼儿园投入使用。至此，溪翁庄镇中心小学下辖东智小学一所完全小学以及2所幼儿园。

2010年，溪翁庄镇中心小学占地面积13825平方米，建筑面积1600平方米，体育场7700平方米。图书馆藏书33554册。普通教室18个，专用教室9个。教职工72人，其中专任教师52人；高级职称教师1人，北京市级骨干教师2人。开设教学班18个。毕业106人，招生88人，在校生546人。校训：知仁讲礼，向善求美。党支部书记兼校长王亚民。

东智小学校址在溪翁庄镇东智西村。2010年，学校占地面积11716平方米，建筑面积1860平方米，体育场6816平方米。图书馆藏书13000册。普通教室6个，专用教室6个。教职工19人，其中专任教师13人。毕业23人，招生38人，在校生128人。

北京市密云县西田各庄镇中心小学

校址：密云县西田各庄镇卸甲山村

1920年在西田各庄村建西田各庄小学，1950年建完全小学。1985年改为西田各庄乡中心小学。1991年，下辖西智、北铁、太子务、东户部庄、韩各庄、朝阳、董各庄、渔家台、仓头、渤海寨、疃里、沿村、建新、大辛庄14所完小，教学班111个，在校学生3333人，教职工230人。1993年乡改镇，学校更为现名。2009年9月，西田各庄镇中心小学迁至卸甲山村，改卸甲山小学为中心校。2010年，西田各庄镇中心小学下辖西田各庄、疃里和太子务3所完全小学和4所幼儿园。

2010年，西田各庄镇中心小学本校占地面积20276平方米、建筑面积6086平方米，体育场5900平方米。图书馆藏书16321册。固定资产总值1111.53万元。普通教室15个、专用教室6个。教职工73人，其中专任教师51人；北京市级骨干教师1人。开设教学班15个。毕业114人，招生60人，在校生472人，寄宿生180人。校训：勤学，守纪，文明，进取。党支部书记兼校长毛明胜。

西田各庄小学占地面积18691平方米，建筑面积2936平方米，体育场5000平方米。教职工35人，其中专任教师26人。开设教学班11个。毕业55人，招生44人，在校生268人。疃里小学占地面积18250平方米，建筑面积2525平方米，体育场5000平方米。教职工36人，其中专任教师30人。开设教学班10个。毕业25人、招生47人，在校生245人。太子务小学占地面积10500平方米、建筑面积1885平方米，体育场6000平方米。教职工23人，其中专任教师17人。开设教学班6个。毕业29人，招生20人，在校生133人。

北京市密云县新城子镇中心小学

校址：密云县新城子镇新城子村

1916年建校。1952年发展成完全小学。1990年改为新城子乡中心小学。1991年，新城子镇中心小学下辖16所小学，教学班75个，在校学生1746人，教职工133人。1994年，大树洼、吉家营、太古石、苏家峪、塔沟、巴各庄、坡头、寨子、崔家峪、东沟小学并入中心校，中心校改为寄宿制小学。2001年，撤乡建镇，学校更名新城子镇中心小学。2005年，自编校本教材《我爱我的家乡》。2006年至2009年，在此基础上开发12门课程的校本教材。2010年，新城子镇中心小学下辖1所中心小学和2所幼儿园。

2010年，新城子镇中心小学占地面积20590平方米，建筑面积6457平方米，体育场6000平方米。图书室藏书21799册。普通教室12个，专用教室8个。教职工61人，其中专任教师36人；北京市级骨干教师1人。开设教学班12个。毕业80人，招生60人，在校生334人，其中寄宿生196人。校训：诚信、博学、合作、创新。党支部书记、校长吴春生。

表97　　2010年密云县小学一览表

序号	学校名称	建校时间	举办者
1	北京市密云县北庄镇中心小学	1919年	教育部门和集体办
2	北京市密云县不老屯镇中心小学	1918年	教育部门和集体办
3	北京市密云县大城子镇中心小学	1946年	教育部门和集体办
4	北京市密云县第一小学	1912年	教育部门和集体办
5	北京市密云县第二小学	1904年	教育部门和集体办
6	北京市密云县第三小学	1963年	教育部门和集体办
7	北京市密云县第四小学	1991年	教育部门和集体办
8	北京市密云县第五小学	2004年	教育部门和集体办
9	北京市密云县第六小学	1995年	教育部门和集体办
10	北京市密云县东邵渠镇中心小学	1943年	教育部门和集体办
11	北京市密云县冯家峪镇中心小学	1949年	教育部门和集体办
12	北京市密云县高岭镇上甸子小学	1946年	教育部门和集体办
13	北京市密云县高岭镇中心小学	1951年	教育部门和集体办
14	北京市密云县古北口镇中心小学	1923年	教育部门和集体办
15	北京市密云县果园小学	1982年	教育部门和集体办
16	北京市密云县河南寨镇台上小学	1951年	教育部门和集体办
17	北京市密云县河南寨镇提辖庄小学	1918年	教育部门和集体办
18	北京市密云县河南寨镇中心小学	1949年	教育部门和集体办
19	北京市密云县季庄小学	1947年	教育部门和集体办
20	北京市密云县巨各庄镇东白岩小学	1928年	教育部门和集体办
21	北京市密云县巨各庄镇中心小学	1961年	教育部门和集体办
22	北京市密云县密云镇中心小学	1928年	教育部门和集体办
23	北京市密云县穆家峪镇后栗园小学	1947年	教育部门和集体办
24	北京市密云县穆家峪镇新农村小学	1962年	教育部门和集体办
25	北京市密云县穆家峪镇中心小学	1962年	教育部门和集体办
26	北京市密云县南菜园小学	1923年	教育部门和集体办
27	北京市密云县十里堡镇水杨红小学	1950年	教育部门和集体办
28	北京市密云县十里堡镇中心小学	1918年	教育部门和集体办
29	北京市密云县石城镇中心小学	1986年	教育部门和集体办
30	北京市密云县太师屯镇东庄禾小学	1918年	教育部门和集体办
31	北京市密云县太师屯镇桑园小学	1952年	教育部门和集体办
32	北京市密云县太师屯镇中心小学	1930年	教育部门和集体办
33	北京市密云县檀营满族蒙古族中心小学	1944年	教育部门和集体办

续表 97

序号	学校名称	建校时间	举办者
34	北京市密云县溪翁庄镇东智小学	1950 年	教育部门和集体办
35	北京市密云县溪翁庄镇中心小学	1917 年	教育部门和集体办
36	北京市密云县西田各庄镇太子务小学	1916 年	教育部门和集体办
37	北京市密云县西田各庄镇疃里小学	1920 年	教育部门和集体办
38	北京市密云县西田各庄镇卸甲山小学	1948 年	教育部门和集体办
39	北京市密云县西田各庄镇中心小学	1920 年	教育部门和集体办
40	北京市密云县新城子镇中心小学	1916 年	教育部门和集体办

普通中学

北京师范大学密云实验中学

校址：密云县密云镇檀城东区阳光街路南

2002 年 9 月建校，名为密云县第二中学分校。开学之初，招收高一年级 14 个教学班，学生 686 人，寄宿生 520 人。教职工 78 人，专任教师 44 人。2004 年 12 月，学校与北京师范大学合作办学，更名为北京师范大学密云实验中学。2005 年 9 月，在校学生 2407 人，达到建校后最高峰。2008 年，被联合国教科文组织中国可持续发展教育（ESD）项目全国工作委员会命名为 ESD 示范学校。

2010 年，北京师范大学密云实验中学占地面积 87220 平方米，建筑面积 29800 平方米，体育场 26800 平方米。图书馆藏书 41000 册。普通教室 42 个，专用教室 9 个，实验室 14 个。教职工 243 人，其中专任教师 161 人；高级职称教师 59 人，市级骨干教师 3 人。开设高中教学班 42 个，毕业生 558 人，招生 630 人，在校生 1833 人，寄宿生 889 人。校训：笃志、勤奋、严谨、和谐。党支部书记柳继友，校长郭连存。

北京市密云水库中学

校址：密云县溪翁庄镇溪翁庄村

1961 年建校，名为密云县溪翁庄中学，系初级中学。1972 年发展为完全中学。1983 年 6 月，以北京第八机床研究所、北京水利电力安装公司、北京市密云水库管理处、北京水电发电厂等中央、市属单位为主，成立学校集资理事会。1984 年，改校名为密云水库中学。1993 年，开办小学部。1995 年，普通高中停止招生。1997 年，普通高中停办。1997 年，开办中技班。1998 年，开办职高班。1999 年，开办中专班。2000 年 9 月，合并接收北白岩中学。2001 年，中技班、职高班、中专班全部停止招生。2003 年，停办小学部。2004 年，中技班、职高班、中专班全部停办，成为一所初中校。2005 年 9 月，合并接收石城中学。2008 年 9 月，合并接收冯家峪中学。

2010 年，学校占地面积 63270 平方米，建筑面积 11813 平方米，体育场 7648 平方米。图书馆藏书 38537 册。普通教室 23 个，专用教室 8 个，实验室 5 个。教职工 143 人，其中专任教师 91 人；高级职称教师 13 人。开设初中教学班 20 个。毕业 325 人，招生 213 人，在校生 772 人，寄宿生 309 人。校训：文明、团结、勤奋、向上。党支部书记王珍华，校长王友。

北京市密云县北庄中学

校址：密云县北庄镇北庄村

1964 年在北庄村创建。1973 年北庄“五七”学校并入，改校名北庄“五七”中学，同年发展为完全中学。1978 年恢复现校名。1982 年撤销高中。1991 年，开设教学班 6 个，在校学生 263 人，教职工 40 人。1992 年，被密云县教育局指定为中学生田径训练基地。2001 年 3 月，现代教育报社《中学生周刊》在该校建立学生记者站。2005 年，初二学生参加密云县中学生英语拼词大赛获团体冠军。

2010 年，北庄中学为寄宿制初级中学，占地面积 15880 平方米，建筑面积 3578 平方米，体育场6312平方米。图书馆藏书14600册。普通教室8个，专用教室18个，实验室3个。教职工45人，其中专任教师32人；高级职称教师7人。开设教学班8个。毕业104人，招生76人，在校生268人，其中，寄宿生80人。校训：博爱尚礼，博学创新。党支部书记、校长梁荣兴。

北京市密云县不老屯中学

校址：密云县不老屯镇不老屯村

1962年建校。1972年发展为完全中学。1991年，在校学生15个班665人，教职工96人。1999年，同属本镇的沙峪里中学、兵马营中学分别撤并至该校。2003年，半城子中学撤并至该校。2004年，该校高中停办，办学规模逐步缩小。至2010年，成为不老屯镇唯一的初中校。2010年，学校占地面积33337平方米，建筑面积9487平方米，体育场面积1000平方米。图书室藏书2万余册。标准教室14个，专用教室13个。教职工90人，其中专任教师58人；高级职称教师11人。开设初中教学班13个，招生137人，毕业181人，在校生438人，其中住宿生175人。校训：知行合一，勇于超越。校长崔宝静。

北京市密云县大城子中学

校址：密云县大城子镇大城子村

1967年建校，初为初级中学。1976年发展为完全中学，1982年撤销高中，恢复为初级中学。1991年，在校学生三个年级8个班共393人，教职工42人。1998年6月，程各庄中学并入大城子中学。2001年6月，墙子路中学并入大城子中学。2010年，学校开发出“成长”“高跷”两门校本课程。2004年5月，学校举办密云县贯彻民族体育现场会。2005年，被评为密云县教育教学先进单位。

2010年，大城子中学占地面积17342平方米，建筑面积4984平方米，建有200米环形跑道塑胶操场。图书馆藏书22320册。普通教室15个，专用教室24个，实验室8个。教职工69人，其中专任教师45人；高级职称教师7人，市级骨干教师2人。开设初中教学班13个，毕业180人，招生116人，在校生459人，其中寄宿生230人。校训：竭忠尽志，勤奋上进。党支部书记王同发，校长刘长军。

北京市密云县第二中学

校址：密云县城关镇康复路5号

1944年10月建校，初期为密云县立初级农业职业学校。1954年招收初中生。1955年1月更名为县立第二初级中学，1956年招收高中班，成为全县第一所完全中学。1960年9月，更名为密云县第二中学，1991年，教学班33个，在校学生1713人，教职工222人。1991年起，开办四届高师班，为首师大输送150多名优秀学生。1996年，创办高中宏志班。1998年，初中停止招生。2000年，成为一所纯高中校。2004年，入选北京市普通高中示范校。2009年9月，初中部在大唐庄村复建，就近招生8个班。

2010年，密云二中占地面积109万平方米（高中部76000平方米、初中部33801平方米），建筑面积46939平方米（高中部34224平方米、初中部12715平方米）。普通教室74个，专用教室28个，实验室23个。教职工311人，其中专任教师283人；高级职称教师76人，特级教师4人，市级学科带头人5人，市级骨干教师7人。开设教学班58个（高中42个、初中16个）。毕业615人（高中），招生928人（高中633人、初中295人），在校学生2737人（高中2160人、初中577人），寄宿生477人。高中录取分数线503分，应届高考本科上线率96%。校训：厚德博学，善思笃行。党支部书记赵玉海，校长孙立凤。

北京市密云县第三中学

校址：密云县密云镇育才路3号

1972年3月建校，名为密云县城关中学，1976年更名为密云县第三中学。1991年，教学班22个，在校学生1051人，教职工132人。1997年7月撤销高中招生后成为一所城镇初级中学。2010年，占地总面积18737平方米，建筑总面积10095平方米，体育场面积7896平方米，图书馆藏书3.7万册。普通教室36个，实验室6个，专用教室12个。教职工147人，其中高级职称教师18人。毕业480人，招生399人；在校生1281人，开设教学班32个。校训:勤奋、求实、团结、创新。党支部书记、校长张文明。

北京市密云县第四中学

校址：密云县密云镇阳光街6号

1978年建校，原址在密云镇南更大街，系完全中学。1983年7月，撤销高中部，成为初中校。1991年，教学班20个，在校学生801人，教职工112人。2004年，校合唱队在北京市第九届学生合唱节获一等奖。2005年5月，学校迁入现址办学。2009年，学校被评为密云县优秀基层党组织、市青年文明号。

2010年，学校占地面积37514平方米，建筑面积12987平方米，体育场18848平方米。图书馆藏书18636册。普通教室35个、专用教室14个,实验室7个。教职工121人，其中专任教师88人；高级职称教师11人，市级骨干教师1人。开设教学班28个，均为初中班。毕业391人，招生277人，在校生1062人。校训：勤奋求实，文明进取。党支部书记王士义，校长吴振发。

北京市密云县第五中学

校址：密云县鼓楼街道行宫街

1994年建校，为公办城镇初级中学。1994年6月30日开始招收第一届初一年级学生773人，共有19个教学班。2001年，被评为"北京市(田径)体育传统项目校。2002年，是密云五中建校以来规模最大的一年，共有学生1872人，42个教学班。2003年，学校被评为北京市教育科研先进学校。2005年，被评为北京市教育科研先进单位、北京市基础教育课程教材改革先进单位。

2010年，学校占地面积43599平方米，建筑面积4166平方米，体育场19998平方米。图书馆藏书28604册。普通教室34个，专用教室11个，实验室6个。教职工150人，其中专任教师107人；高级职称教师22人，市级骨干教师3人。开设教学班34个，毕业530人，招生367人，在校学生1302人。校训:自强不息，厚德载物。党支部书记王晓光，校长王守才。

北京市密云县第六中学

校址：密云县密云镇兴云路23号

2000年9月，密云县师范学校招收初中8个教学班。2001年7月,密云师范学校撤销，更名为密云县第六中学。同时，密云县第一中学6个初中班并入第六中学。2004年，教学班增至30个，教职工121人。

2010年，学校为初级中学，占地面积32240平方米，建筑面积8692平方米，体育场10000平方米。图书馆藏书25000册。普通教室30个，专用教室10个，实验室5个。教职工125人，其中专任教师101人；高级职称教师25人，市级骨干教师2人。开设教学班30个。毕业398人，招生374人，在校生1173人。校训：正心、修身、勤奋、成才。党支部书记、校长纪桂明。

北京市密云县东邵渠中学

校址：密云县东邵渠镇东邵渠村

1961年建校，学制3年。1972年发展为完全中学，1983年撤销高中。1991年，教学班12个，在校学生201人，教职工20人。1995年暑假，西邵渠中学、石峨中学撤并到东邵渠中学,学校成为东邵渠镇唯一的初中校。

2010年，学校占地面积26780平方米，建筑面积8700平方米，体育场7600平方米。图书馆藏书18000册。普通教室9个，专用教室6个，实验室3个。教职工61人，其中专任教师40人；高级职称教师8人，市级骨干教师1人。开设教学班9个。毕业115人，招生87人,在校生291人,寄宿生79人。校训:敦品励学，弘毅笃行。党支部书记、校长冷维武。

北京市密云县高岭中学

校址：密云县高岭镇高岭屯村

1955年在石匣镇石匣小学内附设初中班。1959年迁至现址，定名高岭中学，发展为完全中学。1983年恢复为初级中学。1991年，在校学生8个班307人,教职工57人。1999年，石匣中学撤并到高岭中学。2002 年，上甸子中学撤并到高岭中学。2007 年，学校分住宿班和走读班。2010 年 3 月，被评为北京市（田径）体育传统项目校。

2010 年，高岭中学占地面积为 33360 平方米，建筑面积 6044 平方米，体育场 6000 平方米。图书馆藏书 18478 册。普通教室 13 个，专用教室 4 个，实验室 3 个。教职工 86 人，其中专任教师 52 人；高级职称教师 5 人。开设初中教学班 13 个，毕业生 171 人，招生 151 人，在校生 467 人，其中寄宿生 331 人。校训：励志崇德，尚礼诚信，博爱笃学。党支部书记、校长蔡立志。

北京市密云县古北口中学

校址：密云县古北口镇河东大街

1960 年在古北口村创建。1961 年迁至现址。1968 年解散，1970 年恢复，1974 年发展为完全中学。1991 年，在校学生 7 个班 272 人，教职工 37 人。学校开发“魅力古北口”“北京文化之旅”“花卉的识别”“地震知识”四门校本课程。2000 年，被评为密云县教学先进单位。2009 年，被评为北京市校本课程先进校、北京市初中建设工程先进单位。

2010 年，学校为农村寄宿制初级中学，占地面积为 8700 平方米，建筑面积 4022 平方米。体育运动场面积 4800 平方米。图书馆藏书 18863 册。普通教室 6 个，专用教室 10 个，实验室 3 个。教职工 43 人，其中专任教师 33 人；高级职称教师 3 人。开设初中教学班 6 个，毕业生 73 人，招生 50 人，在校生 196 人，其中寄宿生 156 人。校训：厚德、博学。党支部书记、校长王学安。

北京市密云县河南寨中学

校址：密云县河南寨镇芦古庄村

2001 年建校，由密云县河南寨镇辖区内陈各庄中学和台上中学合并组建，系农村初级中学。2009 年，评为北京市初中建设工程先进学校。2010 年，学校占地面积 33310 平方米，建筑面积 9175 平方米，体育运动场 18315 平方米。图书馆藏书 21976 册。普通教室 18 个，专用教室 6 个，实验室 5 个。教职工 104 人，其中专任教师 73 人；高级职称教师 18 人，特级教师 1 人。开设教学班 18 个，毕业 202 人，招生 142，在校生 533 人。校训：团结求实，勤奋上进。党支部书记、校长邓德栩。

北京市密云县巨各庄中学

校址：密云县巨各庄镇前焦家坞村

2006 年 11 月建校，由原塘子中学和焦家坞中学两校合并组建，为密云县教委直属全日制完全中学。2007 年、2008 年，学校在全县“教职工技能大赛”中均获优秀组织奖。2008 年 2 月，该校被评为 2007 年度支持地区发展先进单位。2008 年 12 月，被评为首都绿化美化花园式单位。2010 年，该校被评为 2009—2010 学年度办学绩效优秀单位、北京市健康促进学校。

2010 年，学校占地面积 43000 平方米，建筑面积 20300 平方米，体育场 19800 平方米。图书馆藏书 44132 册。普通教室 35 个，专用教室 12 个，实验室 9 个。教职工 199 人，其中专任教师 144 人；高级职称教师 27 人，市级学科带头人 1 人，市级骨干教师 3 人，县级学科带头人 3 人，县级骨干教师 10 人。开设教学班 35 个（初中班 16 个、高中班 19 个）。毕业 424 人，招生 506 人，在校生 1299 人（初中 567 人、高中 732 人），其中寄宿生 613 人。校训：明礼、诚信、励志、笃学。党支部书记、校长王学军。

北京市密云县穆家峪中学

校址：密云县穆家峪镇羊山村

1959 年建校，为乡镇初中校。1973 年发展成为完全中学。1983 年撤销高中。1991 年，开设教学班 10 个，在校学生 408 人，教职工 60 人。是年，为密云县华云建筑集团举办专业技术人员培训班培养实用型人才。1996 暑假，合并密云县下峪中学。1998 年，学校首批通过北京市远郊区县规范学校验收。2006 年 12 月，被评为教育教学先进单位、教职工技能大赛先进单位。2009 至 2010 年连续获得先进基层党组织荣誉称号。

2010 年，学校占地面积 28441 平方米，建筑面积 6316 平方米，体育场 9000 平方米。

图书馆藏书 21500 册。普通教室 12 个，专用教室 13 个，实验室 3 个。教职工 66 人，其中专任教师 45 人；高级职称教师 7 人，市级骨干教师 2 人。开设初中教学班 12 个，毕业生 135 人，在校生 244 人，其中寄宿生 162 人。校训：诚·智。党支部书记、校长刘显如。

北京市密云县十里堡中学

校址：密云县十里堡镇十里堡村

1961 年建校，为乡镇初中校。1962 年停办，师生转入密云县第一中学。1971 年复校。1975 年发展为完全中学。1981 年撤销高中，恢复为初中校。1991 年，教学班 14 个，在校学生 588 人，教职工 61 人。1991 年，全镇每户集资 200 元，共筹资 200 余万元建成四层教学楼一栋。1993 年 9 月正式使用。1993 年 3 月，密云县教育局印发《关于学习十里堡中学抓教育教学质量的决定》，学习十里堡中学提升教学质量的做法和经验。1995 年，学校自筹资金建成密云县第一批计算机房。2010 年，学校独立立项的市级课题“创建班级文化对加强班集体建设作用的研究”获北京市教育学会“十一五”教育科学规划课题研究成果优秀奖。

2010 年，学校为初级中学，占地面积 20914 平方米，建筑面积 1816 平方米，体育场面积 11556 平方米。图书馆藏书 2.05 万册。普通教室 14 个，专用教室 10 个，实验室 3 个。教职工 78 人，其中专任教师 55 人；高级职称教师 12 人。开设教学班 14 个。毕业 161 人，招生 124 人。在校生 430 人，其中借读生 121 人。校训：明理、善学、求实、创新。党支部书记张明生，校长郭宝山。

北京市密云县太师庄中学

校址：密云县太师屯镇太师庄村东

1958 年建校。1972 年发展为完全中学。初中服务于 27 个自然村，高中服务于全县 18 个乡镇，为密云县库北地区最大的乡镇中学。1991 年，教学班 15 个，在校学生 700 人，教职工 95 人。2001 年、2002 年、2003 年，桑园中学、东庄禾中学、白龙潭中学分别撤并到太师庄中学。2000 年，学校开设美术、体育、象棋等 15 个校本课程小组。2007 年，学校被评为教育教学先进单位。2010 年，被评为密云县创建学习型学校先进单位、北京市教育科研先进校。

2010 年，学校占地面积 43082 平方米、建筑面积 19622 平方米，体育场 19633 平方米。图书馆藏书 48238 册。普通教室 41 个，专用教室 13 个，实验室 11 个。教职工 232 人，其中专任教师 166 人；高级职称教师 44 人，特级教师 1 人，市级骨干教师 2 人，市级学科带头人 1 人。开设教学班 41 个（初中班 23 个、高中班 18 个）。毕业 538 人，招生 499 人，在校生 1538 人（初中 826 人、高中 712 人），寄宿生 996 人。校训：学会做人，学会求知，学会健体，学会合作。党支部书记广继昌，校长张福征。

北京市密云县西田各庄中学

校址：密云县西田各庄镇西田各庄村

1956 年西田各庄小学附设初中班。1958 年改为现名，同年，董各庄中学并入。1972 年发展为完全中学。1984 年，普通高中改为职业高中，成为职普并存完全中学。2001 年，职高停止招生，成为全日制普通初级中学。2000 年、2001 年、2003 年先后合并署地中学、疃里中学、康各庄中学。

2010 年，学校占地面积 55336 平方米，建筑面积 6990 平方米，体育场 12743 平方米。图书馆藏书 28477 册。普通教室 22 个，专用教室 11 个，实验室 5 个。教职工 133 人，其中专任教师 94 人；高级职称教师 25 人，市级学科带头人 1 人。开设初中教学班 22 个。毕业 309 人，招生 219 人，在校生 786 人。校训：立德修身、志存高远。党支部书记、校长杨福军。

北京市密云县新城子中学

校址：密云县新城子镇新城子村

1958 年在现址创建，学制 3 年，有 1 个年级 2 个班，学生 98 人，教职工 10 人。1972 年改为完全中学。1983 年恢复为初级中学。1991 年，在校学生 8 个班 339 人，教职工 43 人。2001 年 7 月，曹家路中学并入新城子中学。2010年，学校占地面积31349平方米，建筑面积5187平方米，塑胶操场面积6600平方米。图书馆藏书26000余册。普通教室10个，专用教室8个，实验室3个。教职工59人，其中专任教师36人；高级教师职务8人。毕业95人、招生77人。开设8个教学班，在校生263人，包括寄宿生159人、外省份借读生7人。校训:进德、修业、成才、报国。党支部书记尚学文，校长高光斌。

北京市密云县新农村中学

校址：密云县穆家峪镇新农村

1966年建校，是一所乡镇完全中学。1972年发展为完全中学。1984年增设职高。1991年，开设教学班20个，在校学生826人，教职工140人。1998年取消高中招生。2001年成为一所全日制初级中学。2009年5月21日，新农村中学与北京市第一六一中学签订"名校办分校"办学合作协议，成为一六一中分校。2009—2010学年度，被密云县教委评为教学质量先进单位。2010年，学校占地面积为36800平方米，建筑面积4448平方米，体育场19000平方米。图书馆藏书31501册。普通教室15个，专用教室8个，实验室6个。教职工90人，其中专任教师63人；高级职称教师12人，市级骨干教师1人。开设初中教学班15个，毕业180人，招生119人，在校生共有458人。校训：厚德、笃学。党支部书记冯瑞唐，校长张春生。

首都师范大学附属密云中学

校址：密云县兴云路27号

1951年建校，校名为密云中学，校址在宁家花园（现密云二小校址）。1955年，更名为密云县第一初级中学。1963年更名密云县第一中学。1962年，学校迁到现址办学。1973年春季，学校开始招收高中生2个班，成为完全中学。1983年6月，市教育局批准密云一中的高中由二年制改为三年制。同时被县政府确定为县级重点学校。1991年，教学班25个，在校学生1189人，教职工139人。2000年7月，停止初中招生。2004年9月1日，密云一中与首都师范大学合作办学，更名为首都师范大学附属密云中学。2007年，学校启动新课程改革实验，编辑出版160万字的校本教材《学科核心基础知识研究教学设计》。2010年9月，被评为密云县办学绩效优秀单位、体质监测优秀单位和高考质量优秀单位。

2010年，学校占地53778平方米，建筑面积26489平方米，体育场（馆）面积3735平方米，图书馆藏书48358册。普通教室42个，专用教室10个，实验室13个。教职工233人，其中专任教师166人；高级职称教师58人，市级骨干教师3人，市级学科带头人5人。开设高中教学班42个，毕业生557人，招生629人。在校生1818人，住宿生628人。高中录取分数线480分，应届高考本科上线率75.5%。校训：正心修身，格物致知。党支部书记高士享，校长赵向东。

表98　　2010年密云县普通中学一览表

序号	学校名称	建校时间	举办者
1	北京师范大学密云实验中学	2002年	教育部门和集体办
2	北京市密云水库中学	1961年	教育部门和集体办
3	北京市密云县北庄中学	1964年	教育部门和集体办
4	北京市密云县不老屯中学	1960年	教育部门和集体办
5	北京市密云县大城子中学	1967年	教育部门和集体办
6	北京市密云县第二中学	1944年	教育部门和集体办
7	北京市密云县第三中学	1972年	教育部门和集体办
8	北京市密云县第四中学	1978年	教育部门和集体办
9	北京市密云县第五中学	1994年	教育部门和集体办
10	北京市密云县第六中学	2001年	教育部门和集体办
11	北京市密云县东邵渠中学	1961年	教育部门和集体办
12	北京市密云县高岭中学	1955年	教育部门和集体办

续表 98

序号	学校名称	建校时间	举办者
13	北京市密云县古北口中学	1960 年	教育部门和集体办
14	北京市密云县河南寨中学	2001 年	教育部门和集体办
15	北京市密云县巨各庄中学	2006 年	教育部门和集体办
16	北京市密云县聋人学校	1979 年	教育部门和集体办
17	北京市密云县穆家峪中学	1959 年	教育部门和集体办
18	北京市密云县十里堡中学	1961 年	教育部门和集体办
19	北京市密云县太师庄中学	1958 年	教育部门和集体办
20	北京市密云县西田各庄中学	1956 年	教育部门和集体办
21	北京市密云县新城子中学	1958 年	教育部门和集体办
22	北京市密云县新农村中学	1965 年	教育部门和集体办
23	首都师范大学附属密云中学	1951 年	教育部门和集体办

特殊教育学校

北京市密云县聋人学校

校址：密云县兴云路 21 号

1977 年建校，初名密云县聋哑学校，位于密云县巨各庄乡后焦家坞村。1989 年 4 月迁至现址。1998 年 7 月更名为密云县聋人学校。1995 年，学校被评为全国特殊教育先进校。2009 年，被评为北京市特殊教育工作先进集体。2010 年，获得北京市非物质文化遗产传承教育示范校称号。截至 2010 年年底，学校先后举办十届读书节、三届艺术节、三届科技节、三届体育节，并开创智障学生军训的先河，先后组织三期军训活动。

2010 年，学校占地面积 4593 平方米，建筑面积 1965 平方米。图书室藏书 2229 册。普通教室 12 个，专用教室 4 个。教职工 39 人，其中专任教师 24 人；高级职称教师 1 人。开设教学班 12 个。毕业 10 人，招生 24 人，在校生 126 人，其中寄宿生 103 人。党支部书记、校长王万福。

附表

表 99　　1991—2010 年密云县小学撤并更名一览表

序号	学校名称	建校时间	撤并或更名说明
1	北京市密云县半城子中心小学	1952 年	1994 年更名为不老屯镇半城子小学
2	北京市密云县北庄镇朱家湾小学	1947 年	2002 年并入北庄镇中心小学
3	北京市密云县不老屯镇兵马营小学	1912 年	2004 年并入不老屯镇中心小学
4	北京市密云县不老屯镇黄土坎小学	1928 年	2008 年并入不老屯镇中心小学
5	北京市密云县不老屯镇燕落小学	1910 年	2008 年并入不老屯镇中心小学
6	北京市密云县不老屯镇燕落小学	1910 年	2008 年并入不老屯镇中心小学
7	北京市密云县不老屯镇永乐小学	1949 年	2001 年并入不老屯镇中心小学
8	北京市密云县大城子乡聂家峪小学	1947 年	1995 年 9 月并入大城子乡中心小学
9	北京市密云县大城子镇柏崖小学	1950 年	2004 年 9 月并入大城子镇中心小学
10	北京市密云县大城子镇苍术会小学	1948 年	2006 年 9 月并入大城子镇中心小学
11	北京市密云县大城子镇墙子路小学	1912 年	2008 年 9 月并入大城子镇中心小学
12	北京市密云县大城子镇下栅子小学	1969 年	2002 年 9 月并入大城子镇中心小学
13	北京市密云县大城子镇张庄子小学	1952 年	2001 年 9 月并入大城子镇中心小学
14	北京市密云县东邵渠镇石峨小学	1949 年	2004 年 12 月并入东邵渠镇中心小学

续表 99

序号	学校名称	建校时间	撤并或更名说明
15	北京市密云县东邵渠镇西邵渠小学	1944 年	2004 年 12 月并入东邵渠镇中心小学
16	北京市密云县东庄禾乡车道峪小学	1948 年	1994 年 1 月并入东庄禾小学
17	北京市密云县东庄禾乡令公小学	1918 年	1994 年 1 月并入太师屯镇东庄禾小学
18	北京市密云县东庄禾乡落洼小学	1951 年	1994 年 1 月并入太师屯镇东庄禾小学
19	北京市密云县东庄禾乡司马台小学	1954 年	1993 年更名古北口镇司马台小学，2001 年 9 月并入古北口镇中心小学
20	北京市密云县东庄禾中心小学	1918 年	1994 年 1 月更名为太师屯镇东庄禾小学
21	北京市密云县番字牌中心小学	1988 年	2002 年 9 月更名为冯家峪镇番字牌小学
22	北京市密云县冯家峪镇西庄子小学	1951 年	2003 年 9 月并入冯家峪镇中心小学
23	北京市密云县冯家峪镇下营小学	1968 年	2008 年 9 月并入冯家峪镇中心小学
24	北京市密云县高岭乡高岭屯小学	1951 年	1994 年并入高岭镇中心小学
25	北京市密云县高岭乡石匣小学	1918 年	1997 年 7 月并入高岭镇芹菜岭小学
26	北京市密云县高岭乡下会小学	1949 年	2001 年 7 月并入高岭镇中心小学
27	北京市密云县高岭乡辛庄小学	1950 年	2001 年 7 月并入高岭镇中心小学
28	北京市密云县高岭镇放马峪小学	1949 年	2009 年 10 月并入高岭镇中心小学
29	北京市密云县高岭镇栗榛寨小学	1924 年	2003 年 7 月并入高岭镇中心小学
30	北京市密云县高岭镇芹菜岭小学	1985 年	2007 年 7 月并入高岭镇中心小学
31	北京市密云县高岭镇瑶亭小学	1946 年	2002 年 7 月并入高岭镇中心小学
32	北京市密云县古北口镇北甸子小学	1951 年	2003 年 9 月并入古北口镇中心小学
33	北京市密云县河南寨镇两河小学	1924 年	2002 年 9 月并入河南寨镇台上小学
34	北京市密云县河南寨镇宁村小学	1925 年	2002 年 9 月并入河南寨镇中心小学
35	北京市密云县河南寨镇平头小学	1940 年	2004 年 9 月并入河南寨镇台上小学
36	北京市密云县河南寨镇沙坞小学	1971 年	2002 年 9 月并入河南寨镇台上小学
37	北京市密云县河南寨镇圣水头小学	1968 年	1994 年 9 月并入河南寨镇中心小学
38	北京市密云县回民小学	中华人民共和国成立前	2001 年并入密云县第二小学
39	北京市密云县巨各庄镇八家庄小学	1988 年	2008 年 9 月并入巨各庄镇中心小学
40	北京市密云县巨各庄镇蔡家洼小学	1941 年	2003 年 12 月并入巨各庄镇东白岩小学
41	北京市密云县巨各庄镇霍各庄小学	1935 年	2003 年 9 月并入巨各庄镇中心小学
42	北京市密云县巨各庄镇巨各庄小学	1938 年	1999 年 9 月并入巨各庄镇八家庄小学
43	北京市密云县巨各庄镇康各庄小学	1971 年	2003 年 11 月并入巨各庄镇中心小学
44	北京市密云县巨各庄镇前焦家坞小学	1917 年	2003 年 9 月并入巨各庄镇中心小学
45	北京市密云县巨各庄镇沙厂小学	1954 年	2002 年 9 月，沙厂小学撤并到八家庄小学
46	北京市密云县巨各庄镇水峪小学	1918 年	2003 年 9 月并入巨各庄镇中心小学
47	北京市密云县巨各庄镇塘子小学	1921 年	2009 年 9 月并入巨各庄镇中心小学
48	北京市密云县密云镇李各庄小学	1928 年	2008 年 10 月并入并入密云镇中心小学
49	北京市密云县密云镇沙河小学	1949 年	1991 年 6 月沙河小学划归密云镇中心小学。2001 年 3 月，沙河小学撤销
50	北京市密云县密云镇唐庄小学	1925 年	2008 年 10 月并入并入密云镇中心小学
51	北京市密云县穆家峪镇碱厂小学	1949 年	2003 年 7 月并入穆家峪镇中心小学
52	北京市密云县穆家峪镇南穆家峪小学	1950 年	2002 年 7 月并入穆家峪镇中心小学
53	北京市密云县穆家峪镇前栗园小学	1916 年	2009 年 7 月并入穆家峪镇新农村小学
54	北京市密云县穆家峪镇水漳小学	1942 年	2002 年 7 月并入穆家峪镇后栗园小学
55	北京市密云县穆家峪镇西穆家峪小学	1920 年	2010 年 7 月并入穆家峪镇中心小学

续表 99

序号	学校名称	建校时间	撤并或更名说明
56	北京市密云县上甸子乡上甸子小学	1946 年	1994 年更名高岭镇上甸子小学。2004 年 9 月更名为高岭镇水晶石小学
57	北京市密云县上甸子乡上甸子中心小学	1946 年	1994 年 7 月更名为高岭镇上甸子小学，划归高岭镇中心小学管理
58	北京市密云县十里堡乡水泉小学	1950 年	1995 年与杨辛庄、红光三所小学合并成立十里堡乡水杨红小学
59	北京市密云县十里堡镇靳各寨小学	1931 年	2006 年并入十里堡镇水杨红小学
60	北京市密云县十里堡镇清水潭小学	1930 年	2001 年并入统军庄小学
61	北京市密云县十里堡镇统军庄小学	1905 年	2006 年并入十里堡镇水杨红小学
62	北京市密云县十里堡镇王各庄小学	1938 年	2002 年并入十里堡镇中心小学
63	北京市密云县十里堡镇庄禾屯小学	1928 年	2002 年更名十里堡镇中心小学
64	北京市密云县石城乡赶河厂小学	1923 年	1995 年并入石城乡中心小学
65	北京市密云县石城乡赶河厂小学	1923 年	1995 年 7 月并入石城乡中心小学
66	北京市密云县石城乡石塘路小学	1948 年	1998 年并入石城乡中心小学
67	北京市密云县水库中学小学部	1993 年	2003 年 10 月并入溪翁庄镇中心小学
68	北京市密云县太师屯镇东田各庄小学	1941 年	2005 年 1 月并入太师屯镇中心小学
69	北京市密云县太师屯镇后八家庄小学	1930 年	1998 年 7 月并入太师屯镇中心小学
70	北京市密云县太师屯镇葡萄园小学	1945 年	1997 年 7 月并入太师屯镇中心小学
71	北京市密云县太师屯镇前南台小学	1943 年	2002 年 9 月并入太师屯镇桑园小学
72	北京市密云县太师屯镇上庄子小学	1946 年	2005 年 1 月并入太师屯镇中心小学
73	北京市密云县太师屯镇松树峪小学	1939 年	2002 年 9 月并入太师屯镇桑园小学
74	北京市密云县太师屯镇太师庄小学	1948 年	1998 年 7 月并入太师屯镇中心小学
75	北京市密云县太师屯镇小漕村小学	1916 年	2010 年 9 月并入太师屯镇中心小学
76	北京市密云县溪翁庄镇北白岩小学	1902 年	2003 年 10 月并入溪翁庄镇中心小学
77	北京市密云县溪翁庄镇东智小学	2001 年	2001 年 10 月东智东、东智西、东智北三所小学合并组建
78	北京市密云县溪翁庄镇金叵罗小学	1905 年	2003 年 10 月并入溪翁庄镇中心小学
79	北京市密云县溪翁庄镇石马峪小学	1951 年	2010 年 9 月并入溪翁庄镇中心小学
80	北京市密云县溪翁庄镇走马庄小学	1977 年	2003 年 10 月并入溪翁庄镇中心小学
81	北京市密云县西果园小学	1982 年	1991 年 9 月更名密云县果园小学
82	北京市密云县西田各庄镇渤海寨小学	1909 年	2002 年并入西田各庄镇疃里小学
83	北京市密云县西田各庄镇仓头小学	1914 年	2002 年并入西田各庄镇疃里小学
84	北京市密云县西田各庄镇大辛庄小学	1930 年	2007 年 7 月并入西田各庄镇疃里小学
85	北京市密云县西田各庄镇东户部庄小学	1942 年	2001 年并入西田各庄镇太子务小学
86	北京市密云县西田各庄镇董各庄小学	1936 年	2002 年并入西田各庄镇中心小学
87	北京市密云县西田各庄镇韩各庄小学	1915 年	2006 年并入西田各庄镇中心小学
88	北京市密云县西田各庄镇河北庄小学	1948 年	2001 年并入西田各庄镇卸甲山小学
89	北京市密云县西田各庄镇西智小学	1928 年	2002 年并入西田各庄镇太子务小学
90	北京市密云县西田各庄镇西庄户小学	1958 年	2003 年 11 月并入西田各庄镇卸甲山小学

续表 99

序号	学校名称	建校时间	撤并或更名说明
91	北京市密云县西田各庄镇新联小学	1993 年	1993 年，卸甲山乡署地、黄坨子、牛盆峪、坟庄小学合并成立卸甲山乡新联小学。2003 年 11 月并入西田各庄镇卸甲山小学
92	北京市密云县卸甲山乡河北庄小学	1931 年	1994 年并入西田各庄镇中心小学
93	北京市密云县卸甲山乡西康各庄小学	1938 年	1994 年并入西田各庄镇中心小学
94	北京市密云县卸甲山乡西庄窠小学	1923 年	1994 年并入西田各庄镇中心小学
95	北京市密云县卸甲山中心小学	1948 年	1994 年更名西田各庄镇卸甲山小学
96	北京市密云县新城子镇曹家路小学	1918 年	2009 年并入新城子镇中心小学
97	北京市密云县新城子镇大角峪小学	1918 年	2001 年并入新城子镇中心小学
98	密云四合堂乡中心小学	1985 年	1993 年 12 月更名为石城镇四合堂小学，划归石城镇中心小学管理

表 100　　1991—2010 年密云县普通中学撤并更名一览表

序号	学校名称	建校时间	撤并或更名说明
1	北京市密云县白龙潭中学	1961 年	2003 年并入密云县太师庄中学
2	北京市密云县半城子中学	1964 年	2003 年并入密云县不老屯中学
3	北京市密云县北白岩中学	1970 年	2000 年 9 月并入密云县密云县水库中学
4	北京市密云县兵马营中学	1970 年	1999 年并入密云县不老屯中学
5	北京市密云县曹家路中学	1964 年	2001 年 7 月并入密云县新城子中学
6	北京市密云县陈各庄中学	1968 年	2001 年与密云县陈各庄中学合并成立河南寨中学
7	北京市密云县程各庄中学	1964 年	1998 年 6 月并密云县入大城子中学
8	北京市密云县第六中学	2001 年	2001 年 7 月密云县师范学校撤销，改建为密云县第六中学
9	北京市密云县第一中学	1951 年	2004 年 9 月 1 日更名为首都师范大学附属密云中学
10	北京市密云县东庄禾中学	1991 年	2002 年并入密云县太师庄中学
11	北京市密云县番字牌中学	1965 年	2002 年 7 月并入密云县密云县冯家峪中学
12	北京市密云县冯家峪中学	1958 年	2008 年 9 月并入密云县水库中学
13	北京市密云县焦家坞中学	1967 年	2006 年 8 月并入密云县密云县巨各庄中学
14	北京市密云县栗树园中学	1966 年	1992 年并入密云县半城子中学
15	北京市密云县令公中学	1964 年	1991 年与落洼中学合并成立密云县东庄禾中学
16	北京市密云县落洼中学	1966 年	1991 年与令公中学合并成立密云县东庄禾中学
17	北京市密云县墙子路中学	1968 年	2001 年 6 月并入密云县大城子中学
18	北京市密云县桑园中学	1967 年	2001 年并入密云县太师庄中学
19	北京市密云县沙峪里中学	1976 年	1999 年并入密云县不老屯中学
20	北京市密云县上甸子中学	1965 年	2002 年并入密云县高岭中学
21	北京市密云县石城中学	1964 年	2005 年 9 月并入密云县水库中学
22	北京市密云县石峨中学	1968 年	1995 年并入密云县东邵渠中学
23	北京市密云县石匣中学	1965 年	1999 年并入密云县高岭中学
24	北京市密云县署地中学	1976 年	2000 年 8 月并入密云县西田各庄中学
25	北京市密云县四合堂中学	1965 年	1991 年 8 月并入密云县水库中学
26	北京市密云县台上中学	1961 年	2001 年与密云县陈各庄中学合并成立河南寨中学
27	北京市密云县塘子中学	1956 年	2006 年 11 月并入密云县巨各庄中学
28	北京市密云县疃里中学	1975 年	2001 年 8 月并入密云县西田各庄中学
29	北京市密云县西康各庄中学	1974 年	2003 年 8 月并入密云县西田各庄中学
30	北京市密云县西邵渠中学	1971 年	1995 年并入密云县东邵渠中学
31	北京市密云县下峪中学	1974 年	1996 年并入密云县穆家峪中学

表 101 2010 年密云县教委直属事业单位一览表

序号	单位名称	成立时间	地址	沿革
1	北京市密云县教师培训中心	1995 年	密云县兴云路 23 号	1995 年在密云县教师进修学校中的干部培训、继续教育、学历进修三部分的基础上成立密云县教育局培训中心，与密云县师范学校合署办公，一套班子、两块牌子。2001 年密云师范学校改为密云县第六中学，培训中心又与密云六中合署办公。2003 年培训中心独立，同时更名为密云县教师培训中心
2	北京市密云县教研中心	1995 年	密云县新南路 105 号	前身为 1952 年成立的密云县教师进修学校，1995 年更名为县教育局教研中心，2003 年更名为密云县教研中心
3	北京市密云县教育技术装备部	1994 年	密云县工业开发区西大桥村南	1994 年在原云县教学仪器管理站基础上成立。1998 年，与教育局仓库合并
4	密云县教育信息中心	1979 年	密云县新南路 114 号	1979 年密云县电化教育站成立，后改称密云县电化教育馆，1987 年并入密云县教师进修学校。1995 年独立建制。2002 年与密云县教委信息科合并，成立密云县教委教育信息中心
5	北京市密云县考试中心	2002 年 3 月	密云县新南路 103 号	前身为县教育局招生办公室。下设中招办、高招办和成招自考办，主要负责全县教育系统中小学、中等专业学校、中等技术学校、普通高中、成人高等学校、自学考试的招生、考试的组织管理
6	北京市密云县教委离休干部工作室	1984 年	密云县新南路 103 号	主要要职责是落实教育系统全体离休教师的政治、生活两项待遇。1996 年密云县教育局老教育工作者协会办公室挂靠在离干室。2005 年密云县教育系统关心下一代工作委员会办公室又挂靠在离干室
7	北京市密云县青少年宫	1996 年	密云县新南路 114 号	1996 年密云县教育局校外办和少年宫筹建处合并组建密云县青少年活动中心。办公地点设在原密云县师范学校艺术楼。2004 年迁入现址。2008 年更名为密云县青少年宫
8	北京市密云县社区教育中心	1994 年	密云镇李各庄村南	1994 年密云县成人教育局合并五所成人中学校成立密云县职工教育中心。2002 年密云县职工教育中心更名为成人教育中心。2008 年北京电大密云分校与密云县成人教育中心合并成立密云县社区教育中心
9	北京市密云县学前教育中心	1995 年	密云县西鱼市口胡同 14 号	1995 年密云县教育局撤销幼教科后，成立密云县学前教育中心。原址在密云镇环新北路四小院内，2002 年迁入现址
10	北京市密云县中小学卫生保健所	1983 年 10 月	密云县兴云路 25 号	保健所承担卫生教育和卫生保健双重职能。成立初期办公地点在县教育局一层，1995 年迁入教育局前院二层办公，2000 年迁入现址

延庆县

幼儿园

北京市延庆县第一幼儿园

园址：延庆县延庆镇儒林街道西街 11 号

前身为延庆县幼儿园，1957 年 3 月建园。2000 年 8 月，被评为一级一类园所；2004 年 10 月，被命名为北京市社区早期教育示范基地。2004 年 12 月，更名为延庆县第一幼儿园。该园为教育部门办园，日托制。2010 年，幼儿园占地面积 2976.22 平方米，校舍建筑面积 2297 平方米。教职工 54 人，其中专任教师 36 人。开设 10 个教学班。幼儿入园 117 人，离园 108 人，在园 346 人。党支部书记、园长吴丽娟。

北京市延庆县第二幼儿园

园址：延庆县百莲路 10 号

前身是延庆县南菜园幼儿园，1981 年建园。至 2000 年，位于延庆县南菜园妫水南街 10 号。2001 年至 2004 年，园所拆迁改建。2004 年 6 月回迁现址，改现名。2004 年 11 月，通过一级一类园验收。2007 年 4 月，通过北京市示范园验收。2010 年 10 月，通过北京市首批学习型学校验收。

2010 年，幼儿园为教育部门办园，日托制。占地面积 3564 平方米，校舍建筑面积 5500 平方米。教职工 68 人，其中专任教师 55 人。开设 17 教学班。幼儿入园 487 人，离园 220 人，在园 707 人。园训：奉献、严谨、进取、创新。党支部书记、园长李月英。

北京市延庆县第三幼儿园

园址：延庆县新城街 133 号

前身是延庆县新城幼儿园，1985 年 8 月建园。2004 年 12 月改现名。1998 年，被认定为一级一类幼儿园。2002 年，通过北京市示范园验收，成为北京市远郊区县第一所市级示范园。2003 年，被指定为贯彻《北京市幼儿园教育指导纲要》试点园。2004 年，荣获北京市社区儿童早期教育示范基地称号。该园为教育部门办园，寄宿制、日托制、寄宿和日托兼收。校训：润泽心灵，承载幸福。

2010 年，幼儿园占地面积 4439.54 平方米，校舍建筑面积 2865 平方米。教职工 57 人，其中专任教师 40 人。开设 12 个教学班。幼儿入园 133 人，离园 154 人，在园 472 人。党支部书记、园长李爱华。

北京市延庆县第四幼儿园

园址：延庆县高塔街 49 号

2005 年建园。2007 年 6 月，通过北京市一级一类园验收。2008 年 5 月，通过北京市早期教育示范基地验收。2010 年，幼儿园为教育部门办园，日托制。占地面积 11319.24 平方米，校舍建筑面积 7503.20 平方米。教职工 95 人，其中专任教师 64 人。开设 19 个教学班。幼儿入园 276 人，离园 157 人，在园 760 人。党支部书记、园长张秀丽。

表 102　　2010 年延庆县幼儿园一览表

序号	幼儿园名称	建园时间	举办者
1	北京市延庆县第一幼儿园	1957 年	教育部门办
2	北京市延庆县第二幼儿园	1981 年	教育部门办
3	北京市延庆县第三幼儿园	1985 年	教育部门办
4	北京市延庆县第四幼儿园	2005 年	教育部门办
5	北京市延庆县诚远幼儿园	2002 年	民办
6	北京市延庆县金才幼儿园	2009 年	民办
7	北京市延庆县康庄幼儿园	1999 年	民办
8	北京市延庆县蒙蒙双语幼儿园	—	民办
9	北京市延庆县七彩童星幼儿园	—	民办
10	北京市延庆县三育幼儿园	2007 年	民办
11	北京市延庆县双语幼儿园	—	民办
12	北京市延庆县探春幼儿园	—	民办
13	北京市延庆县腾飞幼儿园	2009 年	民办
14	北京市延庆县五星幼儿园	1997 年	民办
15	北京市延庆县小明星幼儿园	—	民办
16	北京市延庆县小太阳幼儿园	2000 年	民办
17	北京市延庆县新生幼儿园	—	民办
18	北京市延庆县新鑫幼儿园	1989 年	民办
19	北京市延庆县阳光幼儿园	2003 年	民办
20	北京市延庆县英博幼儿园	—	民办
21	北京市延庆县育才幼儿园	2002 年	民办
22	北京市延庆县育心幼儿园	—	民办

说明：“—”为资料缺失

小学

北京市延庆县八达岭中心小学

校址：延庆县八达岭镇西拨子村

1952 年建校。1982 年 9 月改为延庆县西拨子中心小学。1994 年 5 月，改为延庆县八达岭中心小学。1998 年 8 月，由北京市、延庆县、八达岭镇出资建成的新校园投入使用。2000 年以后学校逐步开发“长城文化”校本课程体系。2009 年确立“培养具有国际视野的长城人”的办学目标。

2010 年，学校占地面积 8276 多平方米，建筑面积 6599 平方米，体育场面积 6000 平方米。图书室藏书 1.66 万册。普通教室 14 个，专用教室 7 个。教职工 61 人，其中专任教师 46 人。开设教学班 14 个。毕业 45 人，招生 45 人，在校生 318 人。附属中心幼儿园为公办园类别，日托制。占地面积 1155 平方米，校舍建筑面积 569 平方米。固定资产 173.28 万元。教职工 11 人，其中专任教师 10 人，专科及以上学历 9 人。开设 3 个教学班。幼儿入园 52 人，离园 2 人，在园 71 人。校训：全面发展，学有特长。党支部书记、校长解静安。

北京市延庆县八里庄中心小学

校址：延庆县延庆镇八里庄村南

前身是八里庄村初级小学，1951 年建校。1963 年改现名。1996 年 1 月，广积屯、王泉营两所学校师生从八里店中心小学划归到八里庄中心小学，分校数量增加到 6 所。2010 年，分校数量减少到 1 所，只有广积屯完小。学校占地面积 25710 平方米，建筑面积 4798 平方米。体育场面积 10171 平方米。图书馆藏书 2.5 万册。普通教室 18 个，专用教室 14 个。教职工 70 人，其中专任教师 64 人。开设教学班22个。毕业73人，招生38人，在校生273人。附属幼儿园招生27人，在学幼儿71人。校训：文明、勤奋、活泼、创新。党支部书记、校长梅景龙。

北京市延庆县大柏老中心小学

校址：延庆县旧县镇大柏老村西

1952年建校，全日制农村小学，学制6年。1992年，下设米粮屯、古城、常家营、团山、西龙湾、常里营、白草洼小学。1996年，迁址新建中心校。2003年9月新建校办幼儿园。2007年，新建米粮屯完小。2009年9月古城小学撤并到米粮屯完小。

2010年，大柏老中心小学下辖米粮屯完小和校办幼儿园。中心校占地面积14000平方米，建筑面积3307平方米，体育场面积7497平方米。图书室藏书2.06万册。固定资产总值774.57万元。普通教室10个，专用教室8个。教职工47人，其中专任教师32人。开设教学班10个。毕业32人，招生15人，在校生161人。校训：和谐、求真、创新、发展。党支部书记、校长高尚忠。

北京市延庆县大榆树中心小学

校址：延庆县大榆树镇大榆树村西249号

1995年，延庆县下辛庄中心小学和延庆县大泥河中心小学组建新校，因香港柏宁顿集团公司投资建校，初名延庆县大榆树（柏宁顿纪念）中心小学。2007年，改现名。2007年新建综合教学楼。2008年校园整体改造。至2010年9月，经布局调整，下属学校学生全部集中到中心校上学。

2010年，学校占地面积16675平方米，建筑面积4751平方米，体育场面积5000平方米。图书室藏书2.68万册。普通教室16个，专用教室10个。教职工81人，其中专任教师63人。开设教学班18人，毕业61人，招生45人，在校生325人。校训：勤学、守纪、团结、创新。党支部书记时永昌，校长丁淑平。

北京市延庆县大庄科中心小学

校址：延庆县大庄科乡大庄科村南

1950年建校，初为村办4年制初级小学。1981年定现名。1992年10月，通过市级山区工程检查验收。2007年7月，改教师宿舍、教室门窗为塑钢，旱厕改水冲厕所。2008年6月建塑胶操场，9月投入使用。经布局调整。至2009年9月，大庄科乡保留该中心校一所学校。

2010年，学校占地面积12746.6平方米，建筑面积2821平方米，体育场面积4050平方米。图书室藏书2.23万册。普通教室8个，专用教室7个。教职工38人，其中专任教师23人。开设教学班8个。毕业49人，招生16人，在校生153人。校训：博学成才，笃行为人。党支部书记、校长卢云刚。

北京市延庆县第一小学

校址：延庆县延庆镇杨家胡同42号

前身为在冠山书院基础上改建的延庆州高等小学堂，1903年建校。1977年更名为延庆小学。1998年改现名。1991年，学校民乐特色逐渐凸显，开设扬琴、琵琶、打击乐、唢呐、笙等11个乐种。1992年，民乐团被命名为北京市银帆艺术团。2004年，被命名为北京市金帆民族乐团。

2010年，学校占地面积7700平方米，建筑面积8302.22平方米。图书室藏书4.11万册。教职工104人，其中专任教师90人，北京市学科教学带头人1人、市级骨干教师6人。开设教学班34个。毕业213人，招生212人，在校生1343人。校训：诚敬敏毅。党支部书记、校长吴晓波。

北京市延庆县第二小学

校址：延庆县高塔街19号

前身是延庆县实验小学，1988年建校。1998年1月1日改现名。2003年，被评为少先队全国红旗大队。学校开设长笛、萨克斯、长号、双簧管等10个乐种，带动声乐、舞蹈、威风锣鼓、腰鼓等艺术活动协同发展。学校先后成立校合唱队、威风锣鼓队，开设哑鼓校本课程。

2010年，学校占地面积25282.76平方米，建筑面积9235平方米，体育场面积10825平方米。图书室藏书35967册。教职工139人，其中专任教师110人，北京市骨干教师3人。

开设教学班 45 个。毕业 295 人，招生 252 人，在校生 1840 人。校训：健康、求真、自主、创新。党支部书记、校长刘明军。

北京市延庆县第三小学

校址：延庆县东外大街 66 号

前身是延庆县团结小学，1989 年成立，1998 年 1 月 1 日改现名。2007 年 2 月，学校确定以京剧为主线的多样化的校本课程发展思路。开设京剧、脸谱、篆刻、泥塑、舞蹈、葫芦、乒乓球等多样的校本课程。

2010 年，学校占地面积 15665 平方米，建筑面积 8568 平方米，体育场面积 4480 平方米。图书室藏书 4.10 万册。普通教室 32 个，专用教室 12 个，实验室 1 个。教职工 105 人，其中专任教师 99 人，北京市骨干教师 4 人。开设教学班 32 个。毕业 221 人，招生 183 人，在校生 1115 人。校训：团结、勤奋、活泼、健康。党支部书记、校长孙广。

北京市延庆县第四小学

校址：延庆县南菜园二区

1979 年 8 月建立延庆师范附属小学，校址为延庆县南菜园居民区南菜园街 26 号，属于教育局直属小学，业务受师范学校领导。建校时 17 名教职工，200 名学生，7 个教学班。1996 年 8 月，撤并到延庆县振兴小学，校址为延庆县南菜园二区，撤并时共有学生 558 人，69 名教职工。从建校到撤并累计毕业生 1821 人。1998 年 1 月，振兴小学更为现名。

2010 年，学校占地面积 34446.8 平方米，建筑面积 9204 平方米、体育场面积 12500 平方米。图书室藏书 3.20 万册。普通教室 36 个，专用教室 13 个，实验室 1 个。教职工 129 人，其中专任教师 102 人，市级骨干教师 2 人。开设教学班 36 个。毕业 256 人，招生 204 人，在校生 1295 人。校办附属幼儿园 3 个班，收托幼儿 105 人。党支部书记、校长段金星。

北京市延庆县花盆中心小学

校址：延庆县千家店镇鹿叫村南

1946 年建校。1982 年改现名。1984 年迁现址。2002 年，通过验收被评为寄宿制达标学校。2005 年起，延庆四小骨干教师分期、分批到学校支教。吴正宪工作站送课下乡，对学校青年教师的成长起到了很大的促进作用。

2010 年，花盆中心小学学校占地面积 7500 平方米，建筑面积 2142 平方米。图书室藏书 7760 册。普通教室 6 个，专用教室 5 个。教职工 19 人，其中专任教师 15 人。开设教学班 2 个。毕业 8 人，在校生 20 人。党支部书记、校长韩建明。

北京市延庆县靳家堡中心小学

校址：延庆县张山营镇靳家堡村

1950 年建校，初为公办全日制农村小学。1978 年改用现校名。1986 年迁入现址。至 2010 年，靳家堡小学与山东枣庄红旗小学、北京通州史家小学分校建立“手拉手”关系。

2010 年，学校占地面积 12145 平方米，建筑面积 2450 平方米，体育场面积 5400 平方米。图书室藏书 1.40 万册。普通教室 6 个，专业教室 4 个，实验室 1 个。教职工 43 人，其中专任教师 42 人。开设教学班 6 个。毕业 26 人，招生 22 人，在校生 155 人。校训：志高行德，启智创新。党支部书记崔福，校长黄志民。

北京市延庆县井家庄中心小学

校址：延庆县井庄镇井家庄村西

前身是王木营小学，1950 年 6 月建校。1982 年改现名。1998 年开始，中心小学陆续将学生人数较少的村小进行撤并。2001 年，学校形成一所中心，两所完小（柳沟完小、王木营完小）、一所幼儿园（井庄中心园）的规模。至 2010 年，井家庄中心小学下辖一所完小、一所中心园。2003 年，学校开始创建“花样跳绳”体育特色，体育教师、班主任和学生集体创编、合作训练，学生在集体的花样跳绳中团队意识不断增强。

2010 年，学校占地面积 14802.94 平方米，建筑面积 2400 平方米，体育场面积 8735 平方米。图书室藏书 2.50 万册。普通教室 17 个，专用教室 12 个。教职工 65 人，其中专任教师 59 人。开设教学班 17 个。毕业 68 人，招生 16 人，在校生 310 人。校训：文明、团结、勤学、活泼。党支部书记、校长尤帅武。

北京市延庆县旧县中心小学

校址：延庆县旧县镇旧县村教学楼西街 3 号

1949 年建校，初为旧县初级小学。1982 年改现名。2000 年 9 月，旧中心校及村小车坊小学、白河堡小学撤并到旧县中心小学。至 2006 年 9 月，全部村小撤并至旧县中心小学。2010 年，学校占地面积 18500 平方米，建筑面积 5276.9 平方米，体育场面积 6000 平方米。图书室藏书 2.73 万册。普通教室 13 个，专用教室 10 个。教职工 64 人，其中专任教师 52 人；北京市骨干教师 1 人。开设教学班 13 个。毕业 90 人，招生 44 人，在校生 356 人。校训:爱众亲仁，博学笃行。党支部书记、校长周学恺。

北京市延庆县康庄中心小学

校址：延庆县康庄镇一街村

1937 年建校。1959 年改现名。1983 年，全中心所属分校合并成榆林、大王庄、屯军营、刁千户营 4 所分校，全中心 5 所学校全部改为单式班完全小学。1999 年 9 月，中心小学校舍改造完成并投入使用。2008 年，康庄小学被批准为北京市足球传统特色校，北京市艺术教育特色校。附设幼儿园通过一级一类幼儿园验收。2010 年，学校占地面积 26664 平方米，建筑面积 3997 平方米，体育场面积 8379 平方米。图书室藏书 2.95 万册。普通教室 18 个、专用教室 7 个。教职工 81 人，其中专任教师 68 人。开设教学班 18 个。毕业 116 人，招生 93 人，在校生 609 人。党支部书记赵建会，校长纪桂武。

北京市延庆县刘斌堡中心小学

校址：延庆县刘斌堡乡刘斌堡村东

1907 年建校，初为刘斌堡初级小学堂。1952 年为刘斌堡完全小学。1981 年改现名。1995 年新建乡办校管刘斌堡乡中心幼儿园。1996 年至 2010 年，多次新建教室，改善校园环境。2002 年，学校把“名诗名篇诵读”作为校本课程。同年开始把珠心算作为校本课程。2010 年，学校占地面积 18502 平方米，其中建筑面积 4076 平方米，操场面积 3001 平方米。图书室藏书 15100 册。普通教室 16 个，专用教室 7 个，公共教学用房 6 个。教职工 61 人，其中专任教师 45 人。开设教学班 16 个（小学班 12 个、幼儿园 4 个班）。小学毕业生 51 人，招生 21 人，在校学生 224 人。在园儿童 90 人。校训：文明、守纪、勤俭、进取。党支部书记、校长张学明。

北京市延庆县南张庄中心小学

校址：延庆县永宁镇南张庄村

1946 年建校。1953 年为完全小学。1980 年为张庄学区。1982 年定现校名。1992 年，学校通过农村中心校的达标验收。学校主要从写字、武术、国学经典诵读等方面打造学校特色。2010 年，学校占地面积 16000 平方米，建筑面积 1600 平方米，体育场面积 4000 平方米，普通教室 720 平方米，实验室 60 平方米。图书室藏书 1.90 万册。普通教室 6 个，专用教室 6 个。教职工 25 人，其中专任教师 18 人;北京市骨干教师 1 人。开设教学班 6 个。毕业 14 人，招生 6 人，在校生 75 人。校训：团结进取，文明乐学。党支部书记、校长丁建培。

北京市延庆县千家店学校

校址：延庆县千家店镇政府西侧后沟村 33 号

学校始建于 1937 年，初名光明小学。1982 年更名为千家店中心小学。2008 年 4 月，改名为千家店学校。1996 年建学生住宿楼。2004 年至 2010 年，校园改造，重建小学教职工宿舍并为校舍加固。学校自编《美丽的千家店》校本教材。2010 年，学校占地面积 31443.31 平方米。教职工 47 人，其中专任教师 25 人。教学班 11 个，住宿生 94 人。在校学生 196 人。校训：团结、活泼、勤奋、乐学。党支部书记龙云国，校长陈计军。

北京市延庆县清泉铺中心小学

校址：延庆县永宁镇清泉铺村东

1951 年建校，初为公办狗儿铺小学。1963 年发展为完全小学，改校名为清泉铺小学。1982年定现名。1995年7月，成为农村寄宿制小学，1998年6月，与北京石油学院附属小学结成“手拉手”对子，每学期选送15人前往石油附小学习一周。2008年8月编纂校本教材《豆塑》。2010年，学校占地面积6667平方米,建筑面积2050平方米。藏书1.3万册。固定资产总值150.96万元。普通教室6个，专用教室2个。教职工23人，其中北京市骨干教师1人。开设教学班3个，毕业17人，无新生，在校生39人。党支部书记、校长宋立华。

北京市延庆县沙梁子中心小学

校址：延庆县千家店镇沙梁子村北

前身是黑龙潭私塾学堂，1938年建校。1951年校名沙梁子小学。1980年改现名。1991年大楝树分校新建校舍，1998年国际组织为小学修建自来水饮水工程。2004年，沙梁子小学迁入原沙梁子中学，并对学校进行维修改造。2003年，同海淀区万泉小学建立“手拉手”关系。2005年，同延庆县第二小学建立“手拉手”关系。

2010年，沙梁子中心小学占地面积8608平方米，建筑面积1884平方米，体育场面积224平方米。图书室藏书1.11万册。普通教室6个，专用教室4个。教职工20人，其中专任教师14人。开设教学班6个。毕业15人，招生10人，在校82人。党支部书记、校长穆桂山。

北京市延庆县沈家营中心小学

校址：延庆县沈家营镇冯庄村路口北

1951年建校，初名香村营小学。1982年改现名。1995年建立沈家营中心幼儿园。2004年8月3日迁入现址。2003年，学校在一年级开设“诵读古诗文，做少年君子”国学诵读课。2004年至2005年,完成校园改造。2005年与西城区奋斗小学建立“手拉手”关系。2010年，学校占地面积23923平方米，建筑面积4800平方米。图书室藏书26059册。普通教室18个，专用教室8个。教职工82人，其中专任教师61人。开设教学班17个。毕业76人，招生55人，在校生401人。校训：诚信、自律、勤思、博学。党支部书记、校长裴巨发。

北京市延庆县四海中心小学

校址：延庆县四海镇四海村

前身是四海国民学校，1948年建校。1952年发展为完全小学。1981年改现名。学校先后与多所城区小学建立联系，学习课堂教学、教学管理和档案管理等。1993年至2010年，学校珠心算小组多次参加县市比赛。编辑《走进大自然——药材篇》，建设生物标本室，制作大量的药材标本及植物标本。2010年，四海小学占地面积20156平方米，建筑面积4002平方米，体育场面积9002平方米。图书室藏书20097册。普通教室9个，专用教室6个。教职工45人，其中专任教师25人。开设教学班9个。毕业48人，招生14人，在校生191人。党支部书记、校长杨成云。

北京市延庆县太平庄中心小学

校址：延庆县康庄镇马营村东

前身是村办公立初级小学，1949年9月建校。1982年改现名。2010年学校迁入现址。学校是民族小学,民族体育工作特色鲜明,“推铁环”成为传统体育项目，曾多次代表延庆县参加北京市民族传统运动会。2010年，学校占地面积12410平方米，建筑面积2320平方米，体育场面积6000平方米。图书室藏书16653册。普通教室12个，专用教室5个。教职工62人，其中专任教师53人。开设教学班16个。毕业49人，招生19人，在校生186人。校训:好习惯,好未来。党支部书记、校长于江。

北京市延庆县西二道河中心小学

校址：延庆县井庄镇西二道河村南

1949年建校。建校初期，全校共有校舍8间。经过1988年和1997年的两次扩建，前后新增校舍36间，建筑面积648平方米。2010年，学校既有校舍大部分翻建。2010年，学校占地面积11700平方米，建筑面积3750平方米，体育场面积3000平方米。图书室藏书1.5万册。教职工30人，其中，在岗教师29人。设有6个教学班。招生11人，毕业16人，在校生86人。校训:团结、进取、勤奋、文明。党支部书记、校长吕文祥。

北京市延庆县西屯中心小学

校址：延庆县延庆镇新白庙村北

前身是4年制初级小学，1949年建校。1983年改现名。2002年9月，西屯中心小学成立西屯中心幼儿园。2007年4月，隶属于西屯中心小学的联友小学划归延庆县特殊教育中心。2010年,学校占地面积31726平方米，建筑面积5807平方米，体育场面积11891平方米。图书室藏书2.34万册。固定资产总值1810.61万元。普通教室24个,专用教室17个。教职工90人，其中专任教师76人。开设教学班33个（包括2个学前班和3个幼儿班）。毕业84人，招生106人，在校生716人（包括学前班和幼儿班学生145人）。校训：把握今天，成就未来。党支部书记、校长张建国。

北京市延庆县下屯中心小学

校址：延庆县大榆树镇下屯村

1952建校，初为公办全日制农村小学。1982年改现名。1991年设立分校簸箕营小学。于2009年撤除分校，学生并入下屯中心小学。2010年，学校占地面积13050平方米，建筑面积2192.86平方米，体育场面积5265平方米。图书室藏书1.6万册。普通教室9个，专业教室8个，实验室1个。教职工41人，其中专任教师31人。开设教学班8个。毕业38人，招生11人，在校生148人。校训:团结向上,勤奋学习。党支部书记黄志亮，校长胡密云。

北京市延庆县小丰营中心小学

校址：延庆县康庄镇小丰营村

前身是延庆州小丰营村建立的村级小学，1912年建校。1942年正式定名小丰营小学，校址在南善房。1958年，迁现址。1982年改为中心小学。1989年7月至2001年12月，学校修建音乐、图书、实验、劳动4个专用教室。2005年冬季取暖与小丰营村住宅小区连片供暖。2002年9月开设校本课程。2010年，学校占地面积13069平方米，建筑面积2275平方米，体育场面积5000平方米。图书室藏书1.5万册。普通教室6个、专用教室5个。教职工30人，其中专任教师26人。开设教学班6个。毕业26人、招生12人、在校生107人。校训：文明、团结、勤学、奋进。党支部书记、校长郭志强。

北京市延庆县姚家营中心小学

校址：延庆县张山营镇姚家营村

1949年建校，初为公办农村初级小学。1982年定现名。1991年至2001年先后撤并前庙、后庙、水峪、胡家营、东门营五所规模较小的村小，形成一所中心校下辖下营、西五里营两所完小的布局。学校先后同北京市丰台区东铁匠营小学、丰台试验小学建立“手拉手”帮扶关系，互派教师到对方校任教。学校根据地方特点自编《葡萄养植于果树栽培》《阅读与写字》教材，开设校本课。2010年，学校占地面积24039平方米，建筑面积6142平方米，体育场面积165平方米。图书室藏书3.84万册。普通教室21个，专用教室9个。教职工54人，其中专任教师44人。开设教学班18个。毕业26人，招生24人，在校生204人。校训:文明、勤奋、求实、创新。党支部书记蒋登山，校长王建军。

北京市延庆县永宁小学

校址：延庆县永宁镇东街14号

1912年在清末缙山书院基础上建立永宁初级学校。1945年发展为完全小学并定现名。1985年永宁小学成立中心幼儿园。1987年开设特教班，招生20人。2006年9月永宁小学特教班撤并到延庆县特殊教育中心。1995年至2008年，学校多次进行校园改造，校园环境得到很大改善，并建立缙山书院历史文化展室。

2010年，学校占地面积11000平方米，建筑面积4224平方米，体育场面积3750平方米。图书室藏书21936册。普通教室43个，专用教室8个。教职工64人，其中专任教师47人；北京市骨干教师1人。开设教学班17

个。毕业78人，招生55人，在校生484人。校训：全面发展，学有特长。党支部书记、校长吕东。

北京市延庆县永宁镇民族小学

校址：延庆县永宁镇吴坊营村西

1984年建校。2008年起，学校每学期组织一次以“民族大家庭”为主题的手抄报和演讲比赛，举办一次以“满汉民族团结”为主要内容的民族文化节活动。2010年，学校新建民族展室。学校编制《手工艺苑》《多彩的塑艺》《走进民族歌舞》《中华民族》《英语小天地》《民族传统体育》六套校本教材，开展推铁环、踩高跷活动，注重教学与民族团结教育融合贯通、有机结合。2010年，学校占地面积8002平方米，建筑面积1610平方米，体育场面积2200平方米。普通教室7个，专用教室7个。教职工33人，其中专任教师20人。开设教学班6个。毕业28人，招生3人，在校生119人，其中满族学生23人，蒙古族学生1人。校训：健康活泼、敏思好学、团结友爱、科学民主。党支部书记、校长辛红利。

北京市延庆县张山营中心小学

校址：延庆县张山营镇小河屯村

1951年建校，初为上板泉村小。1978年改为张山营学区张山营中心校，校址为张山营村。1982年改用现校名。1993年中心校迁至上板泉村。2000年中心校迁至小河屯村。学校建立德育基地、学农基地，实行小黄帽路队制，通过丰富多彩的活动教育学生。2010年，学校占地面积39262.68平方米，建筑面积5007平方米，体育场面积6654平方米。图书室藏书2.65万册。固定资产总值857.79万元。普通教室14个，专用教室5个。教职工48人，其中专任教师42人。教学班14个。毕业学生51人，招生23人，在校生228人。校训：全面发展，学有特长。党支部书记王书兴，校长李文峰。

北京市延庆县珍珠泉中心小学

校址：延庆县珍珠泉乡珍珠泉村村东

1930年建校，初为村办私塾班。1942年改为公立小学，定名珍珠泉洋学堂。1962年改现名。1995年，与延庆县珍珠泉中学实行九年一贯制管理，两校建制保持独立。2007年，中学撤并至延庆县第八中学。2003年，学校以《珍珠喷玉》校本教育读本为基础，开发以热爱家乡为主题的校本课程。2008年，新建幼儿园综合楼。

2010年，学校占地面积9749平方米。普通教室6个，专用教室5个。教职工34人，其中专任教师25人。开设教学班9个（小学班6个、幼儿园3个班）。小学毕业生28人，招生17人，在校学生89人。校训：勤奋、进取、活泼、创新。党支部书记、校长孙晓兵。

北京市延庆县左所屯中心小学

校址：延庆县永宁镇左所屯村西区1号

1949年建校，初为公办全日制农村小学，1989年改现名。2003年至2010年，学校先后完成校舍改造、专用教室建设、操场改建工程。2010年，学校占地面积15000平方米，建筑面积3350平方米，体育场面积8797.17平方米。图书室藏书2.23万册。普通教室10个，专用教室8个。教职工54人，其中专任教师33人。开设教学班10个，毕业生52人，招生是16人，在校生206人。校训：乐观自信、彰显个性。党支部书记、校长穆春德。

表103　　2010年延庆县小学一览表

序号	学校名称	建校时间	举办者
1	北京市延庆县八达岭中心小学	1964年	教育部门和集体办
2	北京市延庆县八里庄中心小学	1951年	教育部门和集体办
3	北京市延庆县大柏老中心小学	1952年	教育部门和集体办
4	北京市延庆县大榆树中心小学	1995年	教育部门和集体办
5	北京市延庆县大庄科中心小学	1950年	教育部门和集体办
6	北京市延庆县第一小学	1903年	教育部门和集体办

续表 103

序号	学校名称	建校时间	举办者
7	北京市延庆县第二小学	1987 年	教育部门和集体办
8	北京市延庆县第三小学	1989 年	教育部门和集体办
9	北京市延庆县第四小学	1979 年	教育部门和集体办
10	北京市延庆县花盆中心小学	1946 年	教育部门和集体办
11	北京市延庆县靳家堡中心小学	1950 年	教育部门和集体办
12	北京市延庆县井家庄中心小学	1950 年	教育部门和集体办
13	北京市延庆县旧县中心小学	1949 年	教育部门和集体办
14	北京市延庆县康庄中心小学	1937 年	教育部门和集体办
15	北京市延庆县刘斌堡中心小学	1907 年	教育部门和集体办
16	北京市延庆县南张庄中心小学	1946 年	教育部门和集体办
17	北京市延庆县千家店中心学校	1937 年	教育部门和集体办
18	北京市延庆县清泉铺中心小学	1951 年	教育部门和集体办
19	北京市延庆县沙梁子中心小学	1938 年	教育部门和集体办
20	北京市延庆县沈家营中心小学	1949 年	教育部门和集体办
21	北京市延庆县四海中心小学	1948 年	教育部门和集体办
22	北京市延庆县太平庄中心小学	1949 年	教育部门和集体办
23	北京市延庆县西二道河小学	1949 年	教育部门和集体办
24	北京市延庆县西屯中心小学	1983 年	教育部门和集体办
25	北京市延庆县下屯中心小学	1982 年	教育部门和集体办
26	北京市延庆县小丰营中心小学	1912 年	教育部门和集体办
27	北京市延庆县姚家营中心小学	1948 年	教育部门和集体办
28	北京市延庆县永宁小学	1912 年	教育部门和集体办
29	北京市延庆县永宁镇民族小学	1984 年	教育部门和集体办
30	北京市延庆县张山营中心小学	1951 年	教育部门和集体办
31	北京市延庆县珍珠泉小学	1930 年	教育部门和集体办
32	北京市延庆县左所屯中心小学	1949 年	教育部门和集体办

普通中学

北京市延庆县八达岭中学

校址：延庆县八达岭镇西拨子村北

前身是延庆县西拨子中学，1968 年建校。1993 年改现名。1992 年至 2003 年，学校创办三年制职业高中教育，开办旅游服务和涉外英语两个专业共培养职高毕业生 500 人。2010 年，学校占地面积 19736 平方米，建筑面积 3672 平方米，体育场（馆）面积 4500 平方米。图书馆藏书 1.62 万册。普通教室 9 个，专用教室 12 个，实验室 3 个。教职工 39 人，其中专任教师 23 人。开设教学班 8 个，毕业生 70 人，招生 40 人，在校生 173 人。校训：文明、勤奋、和谐、创新。党支部书记、校长张昕轶。

北京市延庆县大榆树中学

校址：延庆县大榆树镇大榆树村东南

前身是宗家营小学附设初中班，1959 年建校。1969 年改现名。1992 年招收服装专业的职高班，至 1999 年撤销。1998 年开始只招收初中三个年级的学生。1990 年 10 月 15 日通过北京市基础薄弱校验收。1998 年通过北京市规范化学校验收。2008 年通过北京市农村中学优质校建设。2010 年，学校占地面积 34242 平方米，建筑面积 3318 平方米，体育场（馆）面积 6532 平方米。图书馆藏书 3.27 万册。教职工 55 人，其中专任教师 43 人；高级职称教师 4 人。开设教学班 8 个。毕业生

81人，招生54人，在校生205人。校训：明理、启智、健体、合作。党支部书记、校长胡振坤。

北京市延庆县第一中学

校址：延庆县延庆镇高塔路5号

1956年建校，校名为河北省延庆县延庆镇小学附属中学班。1957年，改为河北省延庆县第二初级中学。1958年11月，更名为北京市延庆县第二中学。1961年7月再次变更为北京市延庆县延庆中学。1965年至1978年为南北两校时期，北校名为城关中学，南校名为延庆中学。1978年9月18日，城关中学与延庆中学合并，名为延庆中学，同时被认定为县属重点中学。1998年1月更名为延庆县第一中学。2000年7月17日，学校初中分离，初中单独成立延庆县第四中学。延庆一中成为纯高中校。

2004年4月7日，学校被市教委认定为北京市示范性普通高中。1990年至2010年，学校先后建成科技楼、宿舍楼、体育馆、礼堂、天文台和图书馆楼等建筑。2007年以来，共开设80门校本课程，27门校本活动课程。2000年学校被评为课题研究优秀实验学校和全国中小学现代教育技术实验学校。2007年与北师大二附中结成友好学校。与海淀、西城的教科研中心建立长期的合作关系。从2008年始接纳美国学生进行“体验性”活动。2010年9月起，聘请首都师范大学数学学院、物理学院教授组成学科指导团进行课堂教学指导。2010年，学校占地面积75917平方米，建筑面积37421平方米，体育场（馆）面积23000平方米。图书馆藏书5.51万册。普通教室46个，专用教室16个，实验室11个。教职工261人，其中专任教师140人；高级职称教师68人，特级教师3人，北京市骨干教师3人，北京市学科带头人2人。开设教学班39个。毕业498人，招生593人，在校生1746人，包括寄宿生551人。校训：崇德、博学、求实、创新。党支部书记、校长王少华。

北京市延庆县第二中学

校址：延庆县延庆镇莱园南街19号

1979年8月建校，初名延庆县南菜园中学。1985年，学校形成初中、普高、职高为一体的办学格局。1997年、1998年、1999年三年未招普高，只招收初中及职业高中生。1998年3月，改现名。从2000年9月开始，学校转轨，职高停止招生，由初中、职高为一体的办学格局转为招收初中、普高学生的普通完全中学。1995年至2009年，学校建成综合楼、学生宿舍楼、科技实验楼、天文圆顶、阳光生物大棚及运动场。2004年4月，学校开办北京市郊区第一个“宏志班”，招收40人，一届三年，每人每年可享受4000元资助。至2010年，共招收10个宏志班400名宏志生。

2010年，学校占地面积为30493平方米，建筑面积16942平方米，体育场面积10036平方米。图书馆藏书35997册。普通教室42个，专用教室23个，实验室9个。教职工216人，其中专任教师136人；高级职称教师37人。开设教学班35个，毕业405人，招生444人，在校学生1265人，包括寄宿生282人。校训：和谐、求真、合作、发展。党支部书记吴飞宇，校长张进来。

北京市延庆县第三中学

校址：延庆县延庆镇香苑街106号

1991年建校，初名延庆县新城中学。1991年至1993年，只招收初中生，属于纯初中校。从1994年开始，招收高中生，发展为完全中学。1997年12月改现名。学校聘请北京是第四中学、北京市第八十中学特级教师，校长到校专题培训，派遣教师赴国内外学习，至2010年专任教师学历达标达到100%。

2010年，学习占地面积25913平方米，建筑面积10598平方米，体育场面积13500平方米。图书馆藏书52625册。教职工164人，其中专任教师106人；高级职称教师15人，北京市骨干教师1人。开设教学班32个（初中18个、高中14个）。毕业生444人（初中267人、高中177人），招生345人（初中176人、高中169人），在校生1157人（初中639人、高中518人），寄宿生264人。校训：文明、勤奋、同心、求实。党支部书记、校长谢秋汇。

北京市延庆县第四中学

校址：延庆县香苑街110号

2000年7月，延庆县第一中学初中部独立设置，定名延庆县第四中学，为县教委直属公办初中校。2002年，学校完成规范化达标验收。2006年12月16日，学校被评为全国科学教育试验基地。2010年，学校为初级中学占地面积26968平方米，建筑面积16213平方米，体育场面积10200平方米。图书馆藏书23495册。普通教室30个，专用教室12个，实验室6个。教职工150人，其中专任教师91人，高级职称教师7人，北京市骨干教师2人，北京市学科带头人1人。开设初中教学班30个。毕业436人，招生465人，在校生1371人，包括寄宿生131人。校训：崇德、博学、创新、发展。党支部书记、校长李明强。

北京市延庆县第五中学

校址：延庆县延庆镇湖南东路10号

前身是北京市延庆县师范学校，1969年建校。2000年4月，北京市延庆县师范学校增挂北京市延庆县第五中学校牌，开始增招普通高中4个班，后逐年递增。2002年7月，学校定现名，北京市延庆县师范学校撤销。

2010年，学校为高中校，占地面积8万平方米、总建筑面积31193平方米，体育场面积2万平方米。图书馆藏书40018册。普通教室52个，专用教室27个，实验室16个。教职工263人，其中专任教师161人；高级职称教师41人，全国优秀教师1人，北京市优秀教师1人，北京市骨干教师1人。开设高中教学班38个。毕业496人，招生606人，在校生1632人，包括寄宿生825人。校训：明德育智，健体报国。党支部书记、校长谢秋海。

北京市延庆县第七中学

校址：延庆县延庆镇西关村北

2006年7月建校。该校为初中校，主要接收由山区撤并的初中校部分生源以及外来务工人员子女适龄生源。2008年，延庆县千家店中学、延庆县赵庄中学、延庆县西屯中学撤销，三所学校师生全部并入该校。2008年10月27日，学校一期建设工程竣工，正式投入使用。2009年7月，接受撤销的延庆县太平庄中学部分师生。学校是独轮车和足球特色学校。

2010年，学校占地面积42180平方米，建筑面积16408平方米。图书馆藏书2.50万册。普通教室18个，专用教室15个，其中实验室6个。教职工119人，其中专任教师59人；高级职称教师3人。开设初中教学班18个。毕业216人，招生198人，在校生675人，寄宿生439人。校训：立志、厚德、勤奋、进取。党支部书记吴同在，校长黄佩君。

北京市延庆县第八中学

校址：延庆县延庆镇广积屯村甲5号

2006年9月建校，农村寄宿制初级中学。同年，延庆县大庄科中学，延庆县珍珠泉中学、延庆县二道河中学、延庆县大柏老中学、延庆县姚家营中学五所山区学校撤销，师生并入该校。2007年7月，延庆县四海中学并入。学校制定课外小组活动实施方案，把竞赛辅导、兴趣发展、科技活动、社会大课堂活动整合起来做，每个年级都有20多个兴趣小组。2010年，学校占地面积38866平方米，建筑面积17217平方米，体育场面积11021.47平方米。图书馆藏书24991册。普通教室26个，专用教室21个，实验室7个。教职工132名，其中专任教师80人；高级职称教师6人，北京市骨干教师1人。开设教学班24个。毕业358人，招生279人，在校生839人，全部寄宿。党支部书记王瑞琴，校长焦文杰。

北京市延庆县靳家堡中学

校址：延庆县靳家堡乡靳家堡村西

前身是蔡河完小附设初中班，1967年建校。1969年改现名。1999年，在中国贸易促进委员会帮助下，学校实现锅炉集中供暖。在北京外文出版社赞助下成立“靳家堡中学奖励基金”，并多次启动奖励基金，奖励优秀的干部、教师，资助贫困学生。2010年，学校占地面积19840平方米，建筑面积2927.5平方米，体育场面积10416平方米。图书馆藏书 27295 册。普通教室 6 个，专用教室 15 个、实验室 3 个。教职工 43 人，其中专任教师 23 人。开设教学班 6 个。毕业 63 人，招生 42 人，在校生 145 人。校训：团结、进取、求实、创新。党支部书记、校长程瑞明。

北京市延庆县井庄中学

校址：延庆县井庄镇艾官营村南

前身是王木营小学农中班，1958 年建校，1966 年改现名。至 2010 年，学校编写校本教材《井庄中学环境教育》读本，开展讲座、竞赛、演讲、漫画、征文等多形式环保教育活动。2010 年，学校占地面积 13244 平方米，建筑面积 2627 平方米，体育场面积 5974 平方米。图书馆藏书 2.14 万册。普通教室 8 个，专用教室 9 个，实验室 3 个。教职工 45 人，其中专任教师 25 人。开设初中教学班 6 个。毕业 79 人，招生 49 人，在校生 164 人。校训：文明勤奋，健康向上，快乐求知，和谐求质。党支部书记、校长王起彬。

北京市延庆县旧县中学

校址：延庆县旧县镇旧县村西

前身是 1960 年由大柏老小学戴帽中学转出 4 个初中教学班建成的延庆四中。1964 年改现名。1993 年 8 月，白河堡中学撤并到旧县中学。2003 年 8 月 29 日，旧县中学高中二年级学生全部转到延庆五中学习，旧县中学高中停招。2007 年，学校开设篆刻小组，2008 年将陶艺和篆刻定为学校的校本课程。

2010 年，学校为初级中学，占地面积 31033 平方米，建筑面积 6403 平方米，体育场面积 8547 平方米。图书馆藏书 4 万册。普通教室 14 个，专用教室 11 个，实验室 5 个。教职工 77 人，其中专任教师 45 人；高级职称教师 13 人。开设教学班 12 个。毕业 93 人，招生 96 人，在校生 286 人，包括寄宿生 57 人。校训：团结、勤奋、拼搏、进取。党支部书记谢宝忠，校长卓海金。

北京市延庆县康庄中学

校址：延庆县康庄镇榆林堡村东

创建于 1952 年的康庄中学，始称河北延庆初级中学。1957 年改名为河北延庆第一初级中学。1958 年改名为北京市延庆第一中学。1961 年改名为现在的延庆县康庄中学。1998 年 11 月 3 日，学校通过北京市普通中学规范化建设达标验收。2009 年，学校被授予“北京市初中建设工程先进学校”称号。2006 年开始，学校通过“读国学”培养学生“忠孝礼义廉耻”的道德品质。

2010 年，学校占地面积 63237 平方米，建筑面积 9940 平方米。专用教室 24 个，体育场面积 16526 平方米。图书馆藏书 1.57 万册。教职工 85 人，其中专任教师 54 人；高级职称教师 1 人。开设教学班 12 个。毕业 97 人，招生 110 人，在校生 324 人，包括住宿生 130 人。校训：润德养志，励学敦行。党支部书记贾建锋，校长蒋旺。

北京市延庆县刘斌堡中学

校址：延庆县刘斌堡乡刘斌堡村东

前身是延庆县大观头中学，1966 年建校，1988 年改现名。1998 年至 2009 年进行危房改造、新建教室、修建操场。学校开展中国的传统文化教育，包括古文、民族音乐、民族戏剧等。2010 年，学校占地面积 13495 平方米，建筑面积 2899 平方米，体育场面积 2108 平方米。图书馆藏书 13194 册。普通教室 6 个，专用教室 6 个，实验室 3 个。教职工 39 人，其中专任教师 22 人；高级职称教师 2 人。开设初中教学班 6 个。毕业 53 人，招生 36 人，在校生 142 人，包括寄宿生 45 人。校训：团结勤奋，求实进取。党支部书记苏桂余，校长程智民。

北京市延庆县沈家营中学

校址：延庆县沈家营乡冯庄村北

1966 年 9 月建校，初名沈家营农中。1971 学校改现名。2001 年，新建教学实验综合楼。2003 年，更新教学设备。2010 年，学校占地面积 25570 平方米，建筑面积 5813 平方米，操场面积 8304.3 平方米。图书馆藏书 40815 册。普通教室 12 个，专用教室 8 个，实验室 5 个。教职工 79 人，其中专任教师 36 人，高级职称教师 2 人。开设初中教学班 12 个。

毕业92人，招生56人，在校生181人。校训：修德、明礼、博学、健体。党支部书记宋革非，校长张爱国。

北京市延庆县十一学校

校址：延庆县延庆镇自由街三清观29号

2002年6月建校，是延庆县教委直属九年一贯学校。学校聘请首都师范大学、北京教育学院专家、教授到校进行专题讲座，注重教师基本功培训。2010年，学校占地面积19017平方米，建筑面积12071平方米，体育场面积6648平方米。图书馆藏书21428册。普通教室50个，专用教室10个，实验室7个。教职工182人，其中专任教师153人；高级职称教师16人，北京市骨干教师2人，北京市学科带头人1人。开设教学班50个（小学24个、初中26个）。毕业生590人（小学177人、初中413人），招生数402人（小学138人、初中264人），在校生数2168（小学1072人、初中1096人），包括寄宿生53人。校训：勤奋自信，厚德博学，求是创新，最优发展。党支部书记韩书华，校长王云平。

北京市延庆县体育运动学校

校址：延庆县延庆镇赵庄村

1988年7月建校，并附设小学五、六年级。1989年8月正式定名。1991年迁入延庆县体育局校舍。1998年5月至2008年7月，在延庆县香苑街110号办学。2008年8月迁入现址。学校由县教委主办，县体委协办，学生上午在延庆中学（延庆一中）文化课学习，下午在体委运动场体育训练，晚上有2节晚自习，设有田径和举重项目。学校实行“三集中”（学生教学、训练、食宿一体）、“双学籍”（学生在体校和延庆中学分别保留学籍）的管理模式。

2010年，学校占地面积24155平方米，建筑面积7675平方米，体育场（馆）面积6046平方米。图书馆藏书22579册。普通教室6个，专用教室3个，实验室4个。教职工52人，其中专任教师24人；高级职称教师4人。开设教学班4个。毕业21人，招生24人，在校生77人，全部为寄宿生。校训：勤奋刻苦，兴体报国。党支部书记、校长纪文广。

北京市延庆县下屯中学

校址：延庆县大榆树镇下屯村北

前身是下屯村建下屯中学班，1966年建校。1975年定现名。1992年，新建校舍36间。学校从2003年开始开发校本教材《美育读本》《围棋》，成为学校特色校本课程。2004年，“中学数学学困生研究的对策”课题荣获国家级先进试验校。2010年，学校占地面积24053平方米，建筑面积4047平方米，体育场面积6100平方米。图书馆藏书3.19万册。普通教室7个，专用教室12个，实验室4个。教职工54人，其中专任教师33人；高级职称教师4人。开设初中教学班7个。毕业71人，招生58人，在校生190人。校训：厚德笃学，追求卓越。党支部书记焦杰锋，校长刘永祥。

北京市延庆县香营学校

校址：延庆县香营乡香营村西

2008年，延庆县东白庙中心小学（1953年建校）和延庆县香营中学（1966年建校）合并组建，系九年一贯制学校。2009年，建香营学校中心幼儿园，园址在延庆县香营乡后所屯村。2001年，开设根雕艺术、自行车修理、书法兴趣班。2009年，开设音乐班、舞蹈班、硬软笔书法班、武术班、国际象棋班，学校各班诵读传统文化。

2010年，学校占地面积19202平方米，建筑面积6073平方米，体育场面积7519平方米。图书馆藏书31522册。普通教室17个，专用教室11个，实验室7个。教职工83人，其中专任教师58人；高级职称教师2人，北京市骨干教师1人。开设教学班21个（小学12个、初中9个）。毕业143人（小学76人、中学67人），招生98人（小学招生28人、中学招生70人），在校生471人（小学271人、中学200人）。校训：崇德、求质、发展、创新。党支部书记、校长董国良。

北京市延庆县新华民族中学

校址：延庆县永宁镇新华营村西

前身是永宁中学分校，1968年建校。

1986年改现名，招生对象为永宁镇以西四个行政村即新华营、吴坊营、上磨、小庄科，俗称“西四村”，少数民族的学生以满族为主。2003年，学校编制第一套古典诗词读本《吟诵古典诗词，陶冶健康情操》校本教材。2005年，学校开设民族政策常识教育课。学生体育活动以少数民族体育项目为主。2005年，被授予全国民族团结进步模范集体。

2010年，学校占地面积12000平方米，建筑面积1860平方米，体育场面积5350平方米。图书馆藏书1.74万册。普通教室6个，专用教室13个，实验室3个。教职工33人，其中专任教师18人；高级职称教师2人。开设初中教学班5个。毕业生39人,招生15人，在校生77人。在校生中少数民族学生27人。党支部书记、校长卫宏杰。

北京市延庆县永宁中学

校址：延庆县永宁镇东门外

前身是永宁小学附设初中班，1956年建校。1961年改现名。1993年新建教学楼。1999年，扩大学校占地面积。2007年，人大附中与永宁中学联合办学，在永宁中学成立中国人民大学附属中学延庆分校。2011年，政府投资近亿元进行城乡一体现代化学校建设，对永宁中学办学条件进行全面升级改造。

2010年，学校占地面积64630平方米，建筑面积16128平方米，体育场面积21577平方米。图书馆藏书6.94万册。普通教室24个，专用教室6个，实验室12个。教职工188人，其中专任教师84人；高级职称教师13人，北京市骨干教师1人。开设教学班24个（初中20个、高中4个）。毕业343人（初中212人、高中131人），招生151人（初中151人、高中0人），在校生675人（初中554人、高中121人）。校训：坚定方向，求实进取，学有特长，全面发展。党支部书记刘锦江，校长朱江。

北京市延庆县张山营中学

校址：延庆县张山营镇下芦凤营村村西

前身是三年制公办农业学校，1965年建校，1972年，改现名。1992年8月，上板泉中学并入，同时增设职业高中班，2003年职业高中班停办。2005年最后一届职高学生毕业后，学校恢复为纯初中校。学校先后开展“分层教学”“小组合作学习”等科研课题的实验研究。

2010年，学校占地面积85338平方米，建筑面积8464平方米，体育场面积16100平方米。图书馆藏书1.96万册。普通教室16个，专用教室8个、实验室4个。教职工36人，其中专任教师20人；高级职称教师1人。开设初中教学班6个。毕业51人，招生43人，在校生104人。校训:厚德、乐学、和谐、创新。党支部书记、校长刘仁臣。

表104　　2010年延庆县普通中学一览表

序号	学校名称	建校时间	举办者
1	北京市延庆县八达岭中学	1968年	教育部门和集体办
2	北京市延庆县大榆树中学	1959年	教育部门和集体办
3	北京市延庆县第一中学	1956年	教育部门和集体办
4	北京市延庆县第二中学	1979年	教育部门和集体办
5	北京市延庆县第三中学	1991年	教育部门和集体办
6	北京市延庆县第四中学	2000年	教育部门和集体办
7	北京市延庆县第五中学	2000年	教育部门和集体办
8	北京市延庆县第七中学	2006年	教育部门和集体办
9	北京市延庆县第八中学	2006年	教育部门和集体办
10	北京市延庆县靳家堡中学	1967年	教育部门和集体办
11	北京市延庆县井庄中学	1959年	教育部门和集体办
12	北京市延庆县旧县中学	1960年	教育部门和集体办
13	北京市延庆县康庄中学	1952年	教育部门和集体办

续表 104

序号	学校名称	建校时间	举办者
14	北京市延庆县刘斌堡中学	1966 年	教育部门和集体办
15	北京市延庆县沈家营中学	1966 年	教育部门和集体办
16	北京市延庆县十一学校	2002 年	教育部门和集体办
17	北京市延庆县体育运动学校	1989 年	教育部门和集体办
18	北京市延庆县下屯中学	1966 年	教育部门和集体办
19	北京市延庆县香营校学	1966 年	教育部门和集体办
20	北京市延庆县新华民族中学	1968 年	教育部门和集体办
21	北京市延庆县永宁中学	1956 年	教育部门和集体办
22	北京市延庆县张山营中学	1965 年	教育部门和集体办

特殊教育学校

北京市延庆县特殊教育中心

校址：延庆县延庆镇谷家营村东

2006 年 9 月建校，是延庆县唯一的一所集教育教学、康复训练、技能培训、特教科研、随班就读师资培训为一体的特殊教育机构，主要满足有基本自理能力的残障少年儿童接受九年义务教育的需要。学校根据学生家庭住址、身体状况、家庭的需要，实行寄宿制和半封闭式管理，通过康复训练课程、生存能力训练课程、生活自理等课程，以交叉式、螺旋式教学方法帮助学生提高生活能力，使每个学生至少掌握一种以上专业技能。

2010 年，学校占地面积 5200 平方米，建筑面积 2735 平方米，体育场面积 810 平方米。图书室藏书 5 万册。普通教室 5 个，专用教室 6 个，实验室 2 个。教职工 25 人，专任教师 15 人。开设教学班 6 个。毕业 3 人，招生 8 人，在校生 54 人，包括寄宿生 48 人。校训：自尊、自信、自立、自强。党支部书记董文，校长孙春锁。

附表

表 105　　1991—2010 年延庆县小学撤并更名一览表

序号	学校名称	建校时间	撤并或更名说明
1	北京市延庆县八里店中心小学	1950 年	2006 年延庆县沈家营中心小学
2	北京市延庆县白河堡中心小学	1946 年	1989 年 7 月与白河堡中学合并组建白河堡学校，1998 年白河堡学校学校撤销，小学并入东白庙中心小学
3	北京市延庆县百眼泉小学	1954 年	2009 年撤销
4	北京市延庆县大泥河中心小学	1978 年	1995 年 9 月并入延庆县大榆树中心小学
5	北京市延庆县东白庙中心小学	1952 年	2008 年与香营中学合并成立延庆县香营学校
6	北京市延庆县东三岔小学	1950 年	2009 年 9 月并入延庆县大庄科中心小学
7	北京市延庆县古城小学	1952 年	2009 年 7 月并入延庆县米粮屯小学
8	北京市延庆县汉家川小学	1950 年	2009 年 9 月并入延庆县大庄科中心小学
9	北京市延庆县黑汉岭中心小学	1956 年	2009 年撤并到四海中心小学和刘斌堡中心小学
10	北京市延庆县红旗甸中心小学	1951 年	2004 年并入延庆县千家店中心小学
11	北京市延庆县米粮屯中心小学	1966 年	1992 年 9 月撤并至大柏老中心小学
12	北京市延庆县师范附属小学	1979 年	1996 年 8 月并入延庆县振兴小学
13	北京市延庆县实验小学	1988 年	1998 年更名延庆县第二小学
14	北京市延庆县下辛庄中心小学	1951 年	1995 年 9 月并入延庆县大榆树中心小学
15	北京市延庆县下辛庄中心小学	1951 年	2010 年 9 月并入延庆县大榆树中心小学

续表 105

序号	学校名称	建校时间	撤并或更名说明
16	北京市延庆县小川中心小学	1962 年	2001 年并入延庆县到珍珠泉中心小学
17	北京市延庆县延庆小学	1903 年	1998 年更名延庆县第一小学
18	北京市延庆县振兴小学	1996 年	1998 年更名延庆县第四小学

表 106　　1991—2010 年延庆县普通中学撤并更名一览表

序号	学校名称	建校时间	撤并或更名说明
1	北京市延庆县白河堡中学	1965 年	1989 年 7 月与白河堡中心小学合并组建白河堡学校。1998 年 7 月撤销，中学并入延庆县旧县中学，小学并入延庆县东白庙中心小学
2	北京市延庆县大柏老中学	1974 年	2006 年并入延庆县第八中学
3	北京市延庆县大庄科中学	1965 年	2006 年并入延庆县第八中学
4	北京市延庆县黑汉岭中学	1966 年	2004 年并入延庆县永宁中学
5	北京市延庆县红旗甸中学	1966 年	2000 年撤销，学生并入到千家店中学
6	北京市延庆县花盆中学	1965 年	2004 年并入延庆县千家店中学
7	北京市延庆县黄柏寺中学	1972 年	1993 年并入延庆县靳家堡中学
8	北京市延庆县南菜园中学	1979 年	1998 年 3 月更名延庆县第二中学
9	北京市延庆县南张庄中学	1969 年	1996 年并入延庆县永宁中学
10	北京市延庆县千家店中学	1959 年	2008 年 7 月并入延庆县县第七中学
11	北京市延庆县清泉铺中学	1971 年	1993 年撤销，学生并入到延庆县永宁中学
12	北京市延庆县沙梁子中学	1972 年	2004 年并入延庆县千家店中学
13	北京市延庆县上板泉中学	1961 年	1991 年撤销，学生并入延庆县张山营中学
14	北京市延庆县师范学校	1904 年	2000 年 4 月延庆县师范学校增挂延庆县第五中学校牌。2002 年 7 月，学校更名为延庆县第五中学
15	北京市延庆县四海中学	1958 年	2007 年 7 月并入延庆县第八中学
16	北京市延庆县太平庄中学	1959 年	2009 年 7 月并入延庆县第七中学读书
17	北京市延庆县西拨子中学	1968 年	1993 年更名为延庆县八达岭中学
18	北京市延庆县西二道河中学	1965 年	2006 年并入延庆县第八中学
19	北京市延庆县西屯中学	1970 年	2008 年 7 月并入延庆县第七中学
20	北京市延庆县香营中学	1966 年	2008 年与东白庙中心小学合并成立香营学校
21	北京市延庆县小川中学	1967 年	1980 年撤销高中。后撤销，时间不详
22	北京市延庆县新城中学	1991 年	1997 年 12 月更名延庆县第三中学
23	北京市延庆县延庆中学	1956 年	1998 年 1 月更名延庆县第一中学
24	北京市延庆县姚家营中学	1959 年	2006 年并入延庆县第八中学
25	北京市延庆县赵庄中学	1962 年	2008 年并入延庆县第七中学
26	北京市延庆县珍珠泉中学	1967 年	2006 年撤销，学生并入延庆县第八中学

表 107　　2010 年延庆县教委直属单位一览表

序号	单位名称	成立时间	地址	沿革
1	北京市延庆县教育会计中心	2000 年	延庆县南菜园功德巷 10 号	初名延庆县教育局会计工作总站，2002 年 5 月更为现名
2	北京市延庆县教育科学研究中心	1954 年	延庆县新城街 112 号	初为延庆县小学教学研究视导室，后改称延庆县教师进修学校。2002 年 1 月与县教委中教部、电教馆合并组建延庆县教育科学研究中心（师资培训中心）

续表 107

序号	单位名称	成立时间	地址	沿革
3	北京市延庆县教育委员会后勤服务中心	2006 年	延庆高塔街 51 号	负责延庆县教委机关办公楼及大院安全保卫、消防、卫生保洁、绿化美化、房屋、水、电、暖、空调等基础设施、设备的维护和维修；内部车辆管理、机关公务用车调动；值班室、食堂、库房等公共场所卫生安全管理及其他后勤服务性工作，单位人事管理、财务管理及队伍建设等政务性工作
4	北京市延庆县教育委员会基建办公室	1984 年	延庆县高塔街 51 号	初为延庆县教育局基建办公室，2001 年更现名。主要工作职责和工作范围：延庆县普教系统校舍建设、修缮、管理、使用；教育系统特种设备更新、维修、维护管理等，包括电梯、锅炉、茶浴炉等
5	北京市延庆县教育委员会教育国有资产管理中心	1990 年	延庆县高塔街 51 号	初为校办工业公司，1995 年 9 月更名为延庆县教育局校办企业管理办公室。2000 年 10 月更名延庆县教育局校办产业管理办公室。2002 年 2 月更现名
6	北京市延庆县教育委员会教育技术装备部	1991 年	延庆县沈家营镇八里店村西	与供应站、教育局仓库合署办公，“3 块牌子、一套班子”。其职能是负责全县教育系统物资的计划、采购、运输、保管、分配、调拨、发放、注销和管理等工作；负责全县教育系统中小学、幼儿园实验室规范化管理和实验员培训等工作
7	北京市延庆县教育信息中心	1965 年	延庆县新城街 112 号	初为延庆电化教育站，1990 年 9 月改称为延庆电化教育馆。2002 年 1 月，电教馆和教委信息办合并到延庆县教育科学研究中心，成立现代教育技术部。2006 年 7 月以现代教育技术部为基础，独立设置延庆县教育信息中心
8	北京市延庆县考试中心	2001 年	延庆镇庆园街 80 号 C 座	由延庆教育局高招办、中招办及延庆成人教育局成招办、自考办等机构合并组建
9	北京市延庆县青少年活动中心	2001 年	延庆县庆园街 78 号	承担着全县青少年儿童的艺术、体育、文化类的培训、活动和指导任务。设有器乐、舞蹈、书画、声乐、学科类等 30 余个专业
10	北京市延庆县社区教育中心	1981 年	延庆县南菜园功德巷 10 号	初名延庆职工干部学校。1988 年更名延庆县职工中等专业学校。1989 年更名延庆县职工中专学校。2001 年更现名，主要从事成人学历教育以及社区教育工作
11	北京市延庆县中小学卫生保健站	1983 年	延庆县延庆镇香苑街 110 号	1989 年延庆县中小学卫生保健站的职能由教育局体卫科承担。1992 年重新组建卫生保健站。2000 年中小学卫生保健站从体美科正式分离，独立行使法人权利

燕山

幼儿园

北京市燕山幼儿园

园址：房山区燕山杏花西里 32 号

1983 年 5 月建园。1997 年 7 月，通过北京市二级二类幼儿园的验收。2002 年 8 月，创建燕山地区第一所早期教育基地——月亮船亲子乐园。2003 年 7 月，被北京市教委命名为首批社区早期教育示范基地。2005 年 7 月，晋升为北京市一级二类幼儿园。2009 年，晋升为北京市一级一类幼儿园。

2010 年，该园为教育部门办园，日托制。占地面积 3367 平方米、校舍建筑面积 1640 平方米。普通教室 7 个。教职工 38 人，其中，专任教师 15 人，保健员 2 人。开设 7 个教学班。幼儿入园 71 人、离园 61 人、在园 230 人。党支部书记杨蓓，园长马洪宜。

表 108　　2010 年燕山幼儿园一览表

序号	幼儿园名称	建园时间	举办者
1	北京市房山区东风幼儿园	1972 年	教育部门办
2	北京市房山区星城幼儿园	2000 年	教育部门办
3	北京市房山区燕山向阳幼儿园	1970 年	教育部门办
4	北京市房山区燕山小天使幼儿园	1992 年	教育部门办
5	北京市房山区燕山迎风幼儿园	1972 年	教育部门办
6	北京市房山区阳光幼儿园	1972 年	教育部门办
7	北京市燕山幼儿园	1983 年	教育部门办

小学

北京市房山区燕山星城第二小学

校址：房山区燕山星城健德一里 40 号

1998 年 7 月建校，坐落于房山区燕化星城小区。2000 年迁现址。学生主要来源燕山石油化工集团有限公司职工子弟。2010 年，学校占地面积 10320 平方米、建筑面积 6216 平方米，体育场面积 5500 平方米。图书馆藏书 10.08 万册。普通教室 18 个，专用教室 7 个。教职工 56 人，其中专任教师 53 人，北京市骨干教师 1 人。开设教学班 18 个。毕业 89 人，招生 110 人，在校生 476 人。党支部书记孟勤，校长刘晔。

北京市房山区燕山星城小学

校址：房山区燕山星城健德一里41号

1995年建校。1996年9月增设寄宿部。2010年9月撤销寄宿部。2001年9月，学校被定为“北京市21世纪基础教育课程教材改革试验校”。学校在开设基因识字、阅读、古诗文诵读、抖空竹等校本课程的基础上，又尝试在三年级开设书法、线描、剪纸和茶艺等体现浓郁的中华传统文化气息的系列课程，并实行走班制。2010年，学校占地面积8953.78平方米，建筑面积5036平方米，体育场面积3565平方米。图书馆藏书3.60万册。普通教室11个，专用教室6个。教职工52人，其中专任教师50人，北京市骨干教师2人。开设教学班11个。毕业55人，招生57人，在校生289人。党支部书记周军兰，校长王玉凤。

北京市房山区燕山羊耳峪小学

校址：房山区燕山羊耳峪东里一号

1993年9月建校。1995年9月与北京市燕山化政小学合并。2004年9月与北京市燕山培智学校合并。2010年，学校占地面积9120平方米，建筑面积4745平方米，操场面积4000平方米。图书馆藏书21642册。普通教室24个，专用教室5个。教职工30人，其中专任教师20人。开设教学班11个。毕业37人，招生49人，在校生258人。党支部书记石迎凤，校长魏惠萍。

北京市燕山东风小学

校址：房山区燕山东风街16号

1982年建校。1997年北京市燕山机修小学并入。学校开发建设校本课程近20门。2010年，政府投资近3000万元在原址新建校园。2010年，学校占地面积7596平方米，建筑面积4563平方米，体育场与东风中学合用。图书馆藏书2万册。普通教室16个，专用教室4个。教职工42人，其中专任教师38人。开设教学班14个，毕业72人，招生92人，在校生451人。党支部书记李吉文，校长孟繁红。

北京市燕山前进第二小学

校址：房山区燕山迎风街道杏花西里40号

1987年9月建校，2008年成立手风琴乐团。2008年12月，学校获评北京市信息技术教育先进校、北京市小学电化教育专业委员会常务理事校。2010年，学校占地面积11334.80平方米，建筑面积5415.88平方米，体育场面积4180平方米。图书馆藏书2万册。普通教室24个，专用教室9个。教职工67人，其中专任教师63人；高级职称教师1人，特级教师1人，北京市骨干教师2人。开设教学班21个。毕业180人，招生116人，在校生720人。党支部书记周铁梅，校长左玉霞。

北京市燕山前进第一小学

校址：房山区燕山迎风四里1号

1981年建校，前身是北京燕山前进小学。1987年，改现名。1992年至今，学校实行五四学制。2010年，学校占地面积8509平方米，建筑面积5163平方米，体育场面积3264平方米。图书馆藏书2.5万册。普通教室16个，专用教室8个。教职工55人，其中专任教师51人；高级职称教师1人，北京市骨干教师4人。开设教学班16个。毕业118人，招生108人，在校生552人。党支部书记张春宁，校长李桂荣。

北京市燕山向阳小学

校址：房山区燕山向阳里一巷9号

1972年建校，前身为燕山向阳厂职工子弟学校。1984年改现名。2008年，学校“追风”轮滑队在奥运会和残奥会期间滑进鸟巢，进行轮滑运动展示。学校被评为全国校园文化建设优秀学校金奖。2010年，学校占地面积4333.30平方米，建筑面积4576平方米，体育场面积10500平方米。图书馆藏书3万册。普通教室15个，专用教室8个。教职工54人，其中专任教师50人；高级职称教师2人，北京市骨干教师3人。开设教学班15个。毕业120人，招生81人，在校生449人。党支部书记宋振成，校长田玉贞。

表 109　　2010 年燕山小学一览表

序号	学校名称	建校时间	举办者
1	北京市房山区燕山星城第二小学	1998 年	教育部门和集体办
2	北京市房山区燕山星城小学	1995 年	教育部门和集体办
3	北京市房山区燕山羊耳峪小学	1993 年	教育部门和集体办
4	北京市燕山东风小学	1982 年	教育部门和集体办
5	北京市燕山前进第二小学	1987 年	教育部门和集体办
6	北京市燕山前进第一小学	1981 年	教育部门和集体办
7	北京市燕山向阳小学	1984 年	教育部门和集体办

普通中学

北京师范大学燕化附属中学

校址：房山区燕山迎风南路 2 号

1985 年建校，校址燕山迎风街。1997 年 9 月迁现址。学校先后被评为北京市高中示范校、北京市首批奥林匹克教育示范校、北京市新课程改革样板校等。2010 年，学校占地面积 57362 平方米，建筑面积 35000 平方米，体育场面积 20000 平方米。图书馆藏书 15 万册。普通教室 50 个，专用教室 4 个，实验室 9 个。教职工 155 人，其中专任教师 121 人；高级职称教师 46 人，特级教师 1 人、北京市骨干教师 2 人，北京市学科教学带头人 2 人。开设高中教学班 28 个。毕业 346 人，招生 320 人，在校生 1000 人，包括寄宿生 1000 人。校训：勤奋、励志、博学、笃行。党支部书记曾辉，校长马熙玲。

北京市燕山东风中学

校址：房山区燕山东风街 15 号

1971 年建校，前身是北京东风化工厂职工子弟学校。1984 年改现名。2002 年 2 月，北京市燕山羊耳峪中学并入。2004 年完成学校操场的改造，泥土场地改造成塑胶场地。2008 年在原址完成教学楼重建。2010 年，学校占地面积 20260 平方米、建筑面积 8860 平方米，体育场面积 12000 平方米。图书馆藏书 28000 册。普通教室 16 个，专用教室 9 个，实验室 7 个。教职工 74 人，其中专任教师 53 人；高级职称教师 13 人，北京市骨干教师 1 人。开设初中教学班 16 个。毕业 118 人，招生 145 人，在校生 589 人。党支部书记李吉英，校长杜成合。

北京市燕山前进中学

校址：房山区燕山杏花西里 46 号

1987 年建校。学校是燕山地区全民所有制示范性初级中学。2009 年 9 月，新教学楼落成。2008 年以来，学校开设合作学习型、综合实践型、艺体特长型和研究性学习型四类校本课程。2010 年，学校占地面积 1.6762 万平方米，建筑面积 1.0938 万平方米，体育场面积 0.6782 万平方米。图书馆藏书 2.96 万册。普通教室 24 个，专用教室 16 个，实验室 6 个。教职工 86 人，其中专任教师 71 人；高级职称教师 11 人。开设初中教学班 24 个，在校生 826 人，招生 206 人，毕业 179 人。校训：尊师、守纪、勤奋、刻苦。党支部书记姜亚芳，校长张国俊。

北京市燕山向阳中学

校址：房山区燕山工体街 68 号

1972 年建校，校址向阳里 11 号，初名北京石油化工总厂向阳化工厂职工子弟学校，招收小学、初中、高中三个阶段的学生。1981 年高中部撤出。1984 年小学独立建校，中学迁入现址上课。1987 年更名为北京市燕山向阳中学，为是燕山地区全民所有制初级中学。2001 年 7 月，北京市燕山迎风中学撤销并入向阳中学。1993 年 9 月，燕山地区进行“五四”学制教改实验，初中校同时招入两个初一年级，分别是五年级、六年级毕业的小学生。“六三”学制的小学生在初中学习三年，“五四”学制的学生在初中学习四年。2010年，学校占地面积19107平方米，建筑面积5999平方米。图书馆藏书11888册。普通教室16个，专用教室3个，实验室3个。教职工68人，其中专任教师55人；高级职称教师9人，北京市骨干教师2人。开设初中教学班14个，在校生454人，当年毕业86人，招生91人。校训:爱国、进取、立志、成才。党支部书记李薇，校长王建民。

北京市燕山星城中学

校址：房山区燕化星城健德三里34号

1996年9月建校。2001年1月，燕山地区教育结构调整，将1998年建校的北京市燕山星城第二中学并入星城中学。学校实行五四学制。学校举办艺术节、科技节、体育节，丰富广大师生的文化精神生活，加强校园文化建设，并取得了显著成绩。2010年，学校占地面积32000平方米，建筑面积9514平方米，体育场面积5800平方米。图书馆藏书5.75万册。普通教室23个，专用教室7个、实验室5个。教职工92人，其中专任教师84人；高级职称教师15人，北京市学科教学带头人1人，北京市骨干教师2人。开设初中教学班21个。毕业175人，招生163人，在校生629人。校训：团结、进取、求实、创新。党支部书记陈捍东，校长韩耀华。

表110　　2010年燕山普通中学一览表

序号	学校名称	建校时间	举办者
1	北京师范大学燕化附属中学	1985年	教育部门和集体办
2	北京市燕山东风中学	1971年	教育部门和集体办
3	北京市燕山前进中学	1987年	教育部门和集体办
4	北京市燕山向阳中学	1972年	教育部门和集体办
5	北京市燕山星城中学	1996年	教育部门和集体办

附表

表111　　1991—2010年燕山小学撤并更名一览表

序号	学校名称	建校时间	撤并或更名说明
1	北京市燕山北庄小学	1949年	1990年后撤销，具体资料缺失
2	北京市燕山东流水小学	1937年	1990年后撤销，具体资料缺失
3	北京市燕山凤凰亭小学	1982年	2001年7月撤销
4	北京市燕山宏塔小学	1991年	2003年7月撤销
5	北京市燕山化政小学	1950年	1995年并入北京市房山区燕山羊耳峪小学
6	北京市燕山机修小学	1972年	1997年并入燕山东风小学
7	北京市燕山培智学校	1989年	2004年并入北京市房山区燕山羊耳峪小学
8	北京市燕山胜利小学	1969年	1998年撤销
9	北京市燕山一局子弟学校	—	1990年后撤销，具体资料缺失
10	北京市燕山迎风小学	1975年	2000年撤销
11	北京市中建一局安装公司子弟学校	1976年	与中建一局机械施工公司子弟学校合并成立北京市燕山一局子弟学校（具体年份不详）
12	北京市中建一局机械施工公司子弟学校	1973年	与中建一局安装公司子弟学校合并成立北京市燕山一局子弟学校（具体年份不详）

说明：“—”为资料缺失

表 112　　1991—2010 年燕山小学撤并更名一览表

序号	学校名称	建校时间	撤并或更名说明
1	北京市燕山东炼中学	1969 年	1997 年撤销
2	北京市燕山高级中学	2000 年	2005 年并入北京师范大学燕化附属中学
3	北京市燕山星城第二中学	1998 年	2001 年并入北京市燕山星城中学
4	北京市燕山羊耳峪中学	1950 年	2002 年并入北京市燕山东风中学
5	北京市燕山迎风中学	1978 年	2001 年并入北京市燕山向阳中学

表 113　　2010 年燕山教委直属事业单位一览表

序号	单位名称	成立时间	地址	沿革
1	北京市燕山少年宫	1979 年	房山区燕山迎风四巷 1 号	宫址初为房山区燕山北庄小学西侧 14 间平房（燕山化工一厂对面），1995 年迁入新址新建少年宫。新少年宫占地面积 7000 平方米，建筑面积 4580 平方米，建筑分为综合楼、美工楼、艺术楼和中心大厅四部分组成
2	燕山教委教研中心	1988 年	房山区燕山迎风街一巷二号	1988 年 12 月燕山教师进修学校更名为燕山教委教研中心。2010 年设有中学教研室、小学教研室、电化教育教研室和办公室四个科室
3	燕山教委教育信息中心	2001 年	房山区燕山工体街 68 号	初名北京市中小学信息技术教育传播中心燕山分中心，2003 年 7 月与燕山教委教研中心电化教研室合并，成立燕山教委教育信息中心

后 记

《北京市学校志稿（基础教育卷）》原为《北京教育志》学校篇基础教育部分，纳入《北京教育系统第二轮修志工作规划（修订）》。此后《北京教育志》改为《北京教育志丛书（1991—2010）》，《北京市学校志稿（基础教育卷）》作为丛书之一单独出版。

《北京市学校志稿（基础教育卷）》编纂工作2012年6月随北京教育系统第二轮修志资料收集工作而展开，先后经历基层学校编写、区县编辑加工、全书统纂、区县复核补充等阶段。其间，因人员变动和学校调整，学校资料收集和复核工作极其困难，全书编纂工作几经停顿。在有关领导和学校、区县修志人员的支持下，数易其稿，终成此书。

本书接续一轮志稿，主要以条目体记述了北京市基础教育学校1991年到2010年的建置沿革、办学条件、学校规模等，并以表格形式反映2010年在册学校数据和学校撤并更名情况。在本志稿编纂过程中，基础资料由区县、学校提供，北京教育志编纂委员会办公室二轮修志课题组负责编纂组织和稿件修订。郑明负责初稿编写工作，林业、张驰负责二稿和三稿编写工作。汪玥、韩倩参与资料收集整理和考证复核工作。由于编纂过程较长、参与人员众多，本志稿在史料的收集、考证、选取方面尚存不足，难以避免留有错误和纰漏，恳请有关读者不吝指正。

2020年12月